TOXICOLOGIA FORENSE

Blucher

Organizadores
Daniel Junqueira Dorta
Mauricio Yonamine
José Luiz da Costa
Bruno Spinosa De Martinis

TOXICOLOGIA FORENSE

Toxicologia forense

Editora Edgard Blücher Ltda.

Imagem da capa: iStockphoto

Blucher

Rua Pedroso Alvarenga, 1245, 4° andar
04531-934 – São Paulo – SP – Brasil
Tel.: 55 11 3078-5366
contato@blucher.com.br
www.blucher.com.br

Segundo o Novo Acordo Ortográfico, conforme 5. ed. do *Vocabulário Ortográfico da Língua Portuguesa*, Academia Brasileira de Letras, março de 2009.

Dados Internacionais de Catalogação na Publicação (CIP)
Angélica Ilacqua CRB-8/7057

Toxicologia forense / Daniel Junqueira Dorta... [et al.]. -- São Paulo : Blucher, 2018.
750 p.

Bibliografia
ISBN 978-85-212-1367-3 (impresso)
ISBN 978-85-212-1368-0 (e-book)

1. Toxicologia 2. Toxicologia forense I. Dorta, Daniel Junqueira

18-1646 CDD 614.13

Índice para catálogo sistemático:
1. Toxicologia forense

PREFÁCIO

Graças a alguns amigos brasileiros e, em particular, ao Prof. Bruno Spinosa De Martinis, durante os últimos dez anos eu fortaleci progressivamente minhas ligações profissionais e pessoais com este país. Então, para mim é uma honra e um prazer escrever um prefácio à primeira edição deste livro dedicado à toxicologia forense.

Estabelecida por volta da metade do século XIX para investigar casos de envenenamento, a toxicologia forense estendeu gradualmente seu escopo a muitas outras áreas: direção sob a influência de drogas e álcool, crimes facilitados por drogas, testes de drogas no ambiente de trabalho, controle de dopagem, identificação e quantificação de drogas de abuso em materiais apreendidos, avaliação do uso de agentes de guerra química etc.

Todas essas áreas foram tratadas em capítulos separados deste livro a partir de uma perspectiva que leva em consideração a natureza multidisciplinar da toxicologia forense, incluindo competências de vários campos diferentes do conhecimento humano, como medicina, química e direito.

Na verdade, a toxicologia forense não é a mera aplicação de técnicas sofisticadas para a identificação e a quantificação de drogas e venenos, como muitos que estão de fora tendem a acreditar. É uma abordagem abrangente que considera todas as diferentes fases de cada caso, da investigação da cena do crime à coleta de amostras, da aplicação de técnicas de triagem e análise de suspeitos à interpretação das evidências de um ponto de vista toxicológico e jurídico.

Entender o trabalho complexo, meticuloso e interdisciplinar por trás de qualquer investigação toxicológica forense é um requisito essencial para fazer bom uso de seus resultados e suas interpretações com vistas a uma aplicação correta e justa da lei.

Assim, tenho muita esperança de que este livro seja usado não só por estudantes, a quem é primariamente dirigido, mas também por agentes de justiça, juízes e todos aqueles que procuram um laboratório de toxicologia forense para pedir uma investigação.

La Farneta, 24 de abril de 2018

Prof. Aldo Polettini, Ph.D.

O Prof. Aldo Polettini é Prof. Associado do Departamento de Diagnóstico & Saúde Pública da Universidade Estadual de Verona, ministrando disciplinas de Toxicologia Forense, Bioética, e Medicina Legal nas Faculdades de Medicina, Direito, Ciências Sociais e Educação Física, bem como nas Escolas de Especialização em Medicina Legal e Higiene. Desde setembro de 2009 ele também atua como consultor especialista em bioanálise de substâncias de abuso para o Synlab Italia e, desde 2014, para o Synlab Alemanha. Desde 1989, ele atua como perito tanto para promotores quanto para a Defesa em casos de intoxicação letal, crimes facilitados por drogas, direção sob influência, uso ilícito de drogas em esportes (doping) e análise de preparações de drogas ilícitas. Desde 2001, ele foi indicado como especialista em drogas de abuso em vários comissões do Ministério da Saúde italiano, do Centro Europeu de Vigilância da Saúde, Drogas e Toxicodependência (EMCDDA), da União Europeia e do Escritório das Nações Unidas sobre Drogas e Crime (UNODC).

FOREWORD

Thanks to a few Brazilian friends and to Prof. Bruno Spinosa De Martinis in particular, during the last 10 years I have progressively strengthened my professional and personal links to this country. It is therefore an honor and a pleasure for me to write a foreword to the first edition of this book devoted to Forensic Toxicology.

Established around the middle of the 19th century to investigate poisoning cases, Forensic Toxicology has progressively extended its scopes into many other areas: driving under influence of drugs and alcohol, drug-facilitated crimes, workplace drug testing, doping control, identification and quantification of drugs of abuse in seized materials, assessing the use of chemical warfare agents, etc.

All these areas have been treated in separate chapters of this book from a perspective that considers the multidisciplinary nature of Forensic Toxicology, encompassing competences from quite different fields of human knowledge, such as medicine, chemistry and law.

As a matter of fact, Forensic toxicology is not the mere application of sophisticated techniques to the identification and quantification of drugs and poisons, as many not-insiders tend to believe. It is a comprehensive approach that considers all the different phases of each case, from crime scene investigation to sample collection, from the application of screening and target analytical techniques to the interpretation of findings from a toxicological and juridical standpoint.

Understanding the complex, meticulous, and interdisciplinary work laying behind any forensic toxicological investigation is an essential requirement in order to make good use of its results and interpretations in view of a correct and fair application of the Law.

Therefore, it is my strong hope that this book will be used not only by students, to whom it is primarily directed, but also by law officers, magistrates, and to all those who turn to a forensic toxicology laboratory with an investigation request.

La Farneta, 24th April 2018

Prof. Aldo Polettini, Ph.D.

SOBRE OS ORGANIZADORES

Bruno Spinosa De Martinis

Possui bacharelado em Química pela Universidade de São Paulo (USP), mestrado e doutorado em Química Analítica pela USP, doutorado-sanduíche pelo Lawrence Berkeley National Laboratory, nos Estados Unidos, pós-doutorado pela Faculdade de Ciências Farmacêuticas de Ribeirão Preto da USP, pós-doutorado pelo National Institute on Drug Abuse (NIDA), pós-doutorado pelo The Center for Forensic Science Research & Education. Professor associado do Departamento de Química da Faculdade de Filosofia, Ciências e Letras de Ribeirão Preto (FFCLRP) da USP. Desenvolve pesquisa na área de Análise Toxicológica Forense e Química Forense. Membro fundador da Sociedade Brasileira de Ciências Forenses (SBCF). Presidente da SBCF no biênio 2013-2014 e diretor financeiro da SBCF desde 2014.

Daniel Junqueira Dorta

Farmacêutico bioquímico pela Universidade Metodista de Piracicaba (Unimep). Mestre e doutor em Toxicologia pela Faculdade de Ciências Farmacêuticas de Ribeirão Preto da Universidade de São Paulo (FCFRP-USP), com pós-doutorado em Farmacologia pela Universidade Federal de São Paulo (Unifesp). Professor associado da Faculdade de Filosofia, Ciências e Letras de Ribeirão Preto da Universidade de São Paulo (FFCLRP-USP). Ex-presidente da Sociedade Brasileira de Toxicologia (SBTox) no biênio 2014-2015. Ex-membro diretor do comitê executivo da International Union of Toxicology (IUTOX) no triênio 2014-2016. Membro fundador da Sociedade Brasileira de Ciências Forenses (SBCF).

José Luiz da Costa

Farmacêutico bioquímico pela Universidade Federal de Alfenas (Unifal), mestre e doutor pela Universidade de São Paulo (USP), com pós-doutorado realizado no National Institute on Drug Abuse (NIDA). Foi perito criminal (2002-2016) da Superintendência da Polícia Técnico-Científica de São Paulo. Ex-presidente da Sociedade Brasileira de Toxicologia (SBTox) no biênio 2012-2013. Atualmente, é professor da Faculdade de Ciências Farmacêuticas da Universidade Estadual de Campinas (FCF-Unicamp).

Mauricio Yonamine

Graduado em Farmácia Bioquímica pela Faculdade de Ciências Farmacêuticas da Universidade de São Paulo (FCF-USP). Mestre e doutor em Toxicologia e Análises Toxicológicas pela FCF-USP. Professor associado da FCF-USP. Vice-presidente da Sociedade Brasileira de Toxicologia (SBTox) no biênio de 2016-2017.

SOBRE OS AUTORES

Adriano Cressoni Araujo

Farmacêutico bioquímico, mestre em Toxicologia pela Faculdade de Ciências Farmacêuticas da Universidade de São Paulo (FCF-USP), doutor em Biologia Geral e Aplicada pela Universidade Estadual Paulista "Júlio de Mesquita Filho" (Unesp), campus de Botucatu. Professor titular de Farmacologia do curso de Medicina e de Toxicologia dos cursos de Biomedicina e Farmácia da Universidade de Marília (Unimar).

Alice Aparecida da Matta Chasin

Doutora em Toxicologia pela Universidade de São Paulo (USP). Perita criminal aposentada do Núcleo de Toxicologia Forense do Instituto Médico Legal (NTF-IML) de São Paulo. Professora titular das Faculdades Oswaldo Cruz. Coordenadora da área de saúde do Centro de Pós-Graduação do Grupo Oswaldo Cruz. Ex-presidente da Sociedade Brasileira de Toxicologia (SBTox) no biênio 2004-2005.

André Valle de Bairros

Graduado em Farmácia e mestre em Bioquímica Toxicológica pela Universidade Federal de Santa Maria (UFSM). Doutor em Toxicologia e Análises Toxicológicas pela Universidade de São Paulo (USP). Professor de Toxicologia do curso de Farmácia da UFSM.

Ariana dos Santos

Perita criminal da Divisão de Homicídios da Polícia Civil do Rio de Janeiro. Doutora em Toxicologia e Análises Toxicológicas pela Università degli Studi di Milano. Graduada em Farmácia Bioquímica Clínica pela Universidade Regional Integrada, campus de Erechim.

Bruno Lemos Batista

Possui graduação em Farmácia (2004) pela Universidade Federal de Alfenas (Unifal) com habilitação em Análises Clínicas (2005) pela mesma universidade. É mestre e doutor em Toxicologia pela Faculdade de Ciências Farmacêuticas de Ribeirão Preto da Universidade de São Paulo (FCFRP-USP). Atualmente, é professor adjunto de Química Analítica da Universidade Federal do ABC (UFABC). Atua na área de determinação de elementos químicos com ênfase em arsênio e especiação química.

Carla Speroni Ceron

Possui graduação em Farmácia pela Universidade Federal de Santa Maria (UFSM), doutorado em Farmacologia pela Faculdade de Medicina de Ribeirão Preto da Universidade de São Paulo (FMRP-USP), pós-doutorado pela University of California. Foi bolsista do programa Jovens Talentos do CNPq na Escola de Enfermagem de Ribeirão Preto (EERP) da USP. Professora adjunta na Universidade Federal de Alfenas (Unifal).

Carlos Andrey González Blanco

Licenciado em Microbiologia e Química Clínica (2007) pela Universidade de Costa Rica (UCR). Perito forense na seção de toxicologia, organismo de investigação judiciária, poder judiciário, República de Costa Rica (2008-2013). Doutorando do programa de Análises Clínicas e Toxicológicas (2013-2017) pela Faculdade de Ciências Farmacêuticas da Universidade de São Paulo (FCF-USP).

Carlos Renato Tirapelli

Possui graduação em Farmácia pela Universidade São Paulo (USP), mestrado e doutorado em Farmacologia pela Faculdade de Medicina de Ribeirão Preto (FMRP) da USP, pós-doutorado pela Université de Sherbrooke, no Canadá. Atualmente, é professor associado da USP.

Carolina Dizioli Rodrigues de Oliveira

Mestre e doutora em Toxicologia e Análises Toxicológicas pela Faculdade de Ciências Farmacêuticas da Universidade de São Paulo (FCF-USP). Farmacêutica do Laboratório de Análises Toxicológicas do Centro de Controle de Intoxicações da Coordenação de Vigilância em Saúde da Prefeitura de São Paulo.

Cinthia de Carvalho Mantovani

Farmacêutica bioquímica e mestre em Toxicologia e Análises Toxicológicas pela Universidade de São Paulo (USP).

Claudia Maria Padovan

Professora de Neuroanatomia e Neurofisiologia, possui mestrado e doutorado em Ciências na área de concentração em Farmacologia. Sua linha de pesquisa é investigar as bases neurobiológicas da resposta ao estresse em modelos animais de depressão e na resposta à abstinência ao etanol.

Daniela Morais Leme

Graduada em Ciências Biológicas pelo Instituto de Biociências da Universidade Estadual Universidade Estadual Paulista "Júlio de Mesquita Filho" (IB-Unesp), campus de Rio Claro (Unesp). Mestre e doutora em Ciências Biológicas na área de concentração em Biologia Celular e Molecular pela mesma instituição. Atualmente, é professora adjunta da Universidade Federal do Paraná (UFPR) lotada no Departamento de Genética. Tem experiência na área de toxicologia ambiental, atuando, principalmente, nos temas de toxicologia genética, ecotoxicologia, alternativas a experimentação animal.

Danielle Palma de Oliveira

Farmacêutica bioquímica pela Universidade Federal de Alfenas (Unifal). Mestre e doutora em Toxicologia e Análises Toxicológicas pela Faculdade de Ciências Farmacêuticas da Universidade de São Paulo (FCF-USP). Professora associada da Faculdade de Ciências Farmacêuticas de Ribeirão Preto (FCFRP) da USP. Ex-presidente da Sociedade Brasileira de Toxicologia (SBTox) no biênio 2016-2017.

Dayanne Cristiane Mozaner Bordin

Farmacêutica bioquímica, especialista em Toxicologia e Análises Toxicológicas pela Universidade Estadual de Campinas (Unicamp). Mestre e doutora em Ciências com ênfase em Toxicologia pela Faculdade de Ciências Farmacêuticas de Ribeirão Preto da Universidade de São Paulo (FCFRP-USP). Doutora em Química Analítica pela University of Technology Sydney, Austrália. Membro da International Association of Forensic Toxicologists (TIAFT).

Eduardo Geraldo de Campos

Bacharel em Química Forense e mestre em Química pela Faculdade de Filosofia, Ciências e Letras de Ribeirão Preto da Universidade de São Paulo (FFCLRP-USP). Atualmente, é doutorando em Química pela FFCLRP-USP. Membro da Sociedade Brasileira de Ciências Forenses (SBCF), da International Association of Forensic Toxicologists (TIAFT) e da Sociedade Brasileira de Toxicologia (SBTox).

Elen Landgraf Guiguer

Farmacêutica, mestre e doutora em Fármacos e Medicamentos pela Faculdade de Ciências Farmacêuticas de Ribeirão Preto da Universidade de São Paulo (FCFRP-USP). Professora titular de farmacologia do curso de Medicina e de farmacognosia do curso de Farmácia da Universidade de Marília (Unimar).

Elvis Medeiros de Aquino

Farmacêutico bioquímico (2002) formado pela Faculdade de Ciências Farmacêuticas da Universidade de São Paulo (FCF-USP), mestre em Química Orgânica (2006) pelo Instituto de Química (IQ) da USP, farmacêutico do Departamento de Controle e Pesquisas Antidopagem do Jockey Club de São Paulo (2006-2009), professor do curso de Farmácia (2008) da Universidade Paulista (Unip) e, atualmente, é perito criminal desde 2009. Lotado no Núcleo de Exames de Entorpecentes do Instituto de Criminalística da Polícia Técnico-Científica do Estado de São Paulo desde 2013.

Ernani Pinto

Farmacêutico (1997) pela Faculdade de Ciências Farmacêuticas da Universidade de São Paulo (FCF--USP) e doutor em Bioquímica (2002) pelo Instituto de Química (IQ) da USP. Atualmente, é professor associado (livre-docente) da FCF-USP. Atua na área de toxicologia, metabolômica e proteômica, com ênfase em análises de toxinas, produtos naturais de algas e cianobactérias e produtos de degradação de medicamentos.

Evandro de Souza Nogueira

Especialista em defesa contra armas químicas, doutor em Química pelo Instituto Militar de Engenharia (IME) e professor do programa de pós-graduação de seu departamento de Engenharia Química. Assessor da Coordenação de Química da Autoridade Nacional brasileira ante a Organização para a Proibição de Armas Químicas (OPAQ) e coordenador dos cursos de Capacitação em Segurança Química junto à OPAQ. Membro do Conselho Consultivo Científico da OPAQ e do Scientific Advisory Board da Organisation for the Prohibition of Chemical Weapons (OPCW).

Fabiana Roberta Segura

Engenheira química graduada nas Faculdades Oswaldo Cruz, especialista em Química Ambiental (2014). Doutoranda em Ciência e Tecnologia Química da Universidade Federal do ABC (UFABC), com ênfase em química analítica, elementos químicos e alimentos.

Fábio Cardoso Cruz

Graduado em Farmácia Bioquímica pela Universidade Estadual Paulista "Júlio de Mesquita Filho" (Unesp), possui mestrado e doutorado pelo Programa Interinstitucional de Pós-Graduação em Ciências Fisiológicas da Unesp e da Universidade Federal de São Carlos (UFSCar), pós-doutorado pelo National Institute on Drug Abuse (NIDA). Atualmente, é jovem pesquisador na Universidade de São Paulo (USP).

Fabrício Souza Pelição

Farmacêutico bioquímico pela Universidade Federal do Espírito Santo (Ufes), especialista em Análises Clínicas pela Escola Superior de Ciências da Santa Casa de Misericórdia de Vitória (Emescam), mestre em Ciências pela Ufes e doutor em Toxicologia pela Faculdade de Ciências Farmacêuticas de Ribeirão Preto da Universidade de São Paulo (FCFRP- USP). Atualmente, é perito bioquímico toxicologista da Polícia Civil do Espírito Santo.

Fernanda Ferreira da Silva Souza Monedeiro

Bacharela em Química com habilitação em Química Forense pela Faculdade de Filosofia, Ciências e Letras de Ribeirão Preto da Universidade de São Paulo (FFCLRP-USP). Doutora em Ciências, sua área de concentração é Química pela FFCLRP-USP.

Fernando Barbosa Júnior

Químico, professor titular da Faculdade de Ciências Farmacêuticas de Ribeirão Preto da Universidade de São Paulo (FCFRP-USP). Atua na área de toxicologia de elementos químicos e contaminantes emergentes. É também editor e revisor de importantes revistas científicas.

Gabriel Andreuccetti

Doutor e mestre em Epidemiologia. Realizou doutorado-sanduíche pelo Departamento de Medicina Preventiva da Faculdade de Medicina da Universidade de São Paulo (FMUSP) e pela Escola de Saúde Pública da University of California (UC). Possui bacharelado e licenciatura em Ciências Biológicas pelo Instituto de Biociências (IB) da USP, especialização em Histopatologia e Biologia Forense pelo Hospital das Clínicas da FMUSP e mestrado em Epidemiologia pelo Departamento de Medicina Preventiva da FMUSP.

Gabriela de Oliveira Silveira

Graduada em Farmácia (2011) pela Universidade Federal de Sergipe (UFS). Possui especialização em Toxicologia Analítica (2012) pela Faculdade de Ciências Médicas da Universidade Estadual de Campinas (FCF-Unicamp). Mestranda do Programa de Pós-Graduação em Toxicologia e Análises Toxicológicas da Faculdade de Ciências Farmacêuticas da Universidade de São Paulo (FCF-USP).

Gisele Augusto Rodrigues de Oliveira

Farmacêutica bioquímica (2007) pela Universidade Federal de Alfenas. Mestre (2010) e doutora (2013) em Toxicologia pela Faculdade de Ciências Farmacêuticas de Ribeirão Preto da Universidade de São Paulo (FCFRP-USP), com pós-doutorado em Toxicologia pela mesma instituição. Professora adjunta C (nível 1) da Faculdade de Farmácia da Universidade Federal de Goiás (FF-UFG).

Helena Maria de Sousa Ferreira e Teixeira

Especialista superior de Medicina Legal e diretora do Departamento de Investigação, Formação e Documentação no Instituto Nacional de Medicina Legal e Ciências Forenses (INMLCF) de Portugal. É professora da Faculdade de Medicina da Universidade de Coimbra (FM-UC). É graduada em Ciências Farmacêuticas, mestre em Patologia Experimental e doutora em Ciências Biomédicas. Publicou mais de sessenta trabalhos e seus principais tópicos são drogas e condução, toxicologia post mortem e toxicologia analítica. Foi a presidente do 51st International Association of Forensic Toxicologists (TIAFT) Meeting, realizado em Madeira, em setembro de 2013. É a representante regional de Portugal da TIAFT desde 2004, pertenceu ao Board of Young Scientists da TIAF de 2007 a 2015, e é membro do Conselho Consultivo da Sociedade Brasileira de Ciências Forenses (SBCF) desde 2013.

Heloísa Helena Vilela Costa

Possui graduação em Farmácia (2010) e mestrado pelo Programa Multicêntrico de Pós-Graduação em Ciências Fisiológicas (2013) da Universidade Federal de Alfenas (Unifal). Doutora pelo Programa de Pós-graduação em Farmacologia da FMRP-USP, com período sanduíche na Ruhr-Universität Bochum (RUB), na Alemanha.

Idylla Silva Tavares

Possui graduação em Farmácia (2007) pela Universidade Federal do Rio Grande do Norte (UFRN), especialização em Ciências Forenses pela Faculdade Estácio de Sá do Rio Grande do Norte (Fatern) e mestrado (2011) em Química pela UFRN. Perita química da Polícia Civil da Paraíba e doutoranda do programa de Toxicologia e Análises Toxicológicas da Universidade de São Paulo (USP).

Iolana Campestrini

Bacharel em Química pela Universidade Federal de Santa Catarina (UFSC), com mestrado em Química Analítica pela UFSC e doutorado em Ciências pela Universidade Estadual de Campinas (Unicamp). Atualmente, cursa pós-doutorado em Toxicologia Analítica na Universidade de São Paulo (USP). Sua área de pesquisa abrange a química ambiental e a química forense, com foco no desenvolvimento de métodos analíticos empregando LC-MS/MS e GC-MS e especial interesse em estudos sobre a epidemiologia do esgoto e a ocorrência de drogas de abuso em amostras ambientais e em amostras de urina.

Jauber Fornaciari Pissinate

Farmacêutico com habilitação em Análises Clínicas pela Universidade Federal do Espírito Santo (Ufes), mestre em Patologia Geral das Doenças Infecciosas pela Ufes. Perito bioquímico toxicologista da Polícia Civil do Estado do Espírito Santo desde 2010.

João Emanuel Santos Pinheiro

Vice-presidente do Instituto Nacional de Medicina Legal e Ciências Forenses (INMLCF), conselheiro do Conselho Médico-Legal, médico com especialidade em Medicina Legal e grau de consultor, mestre em Saúde Ocupacional pela Universidade de Coimbra (UC) e doutor em Patologia Forense pela Universidade de Santiago de Compostela (USC). É assistente convidado de Medicina Legal da Faculdade de Medicina da Universidade Nova de Lisboa (FM-UNL) e professor titular de Anatomia na Escola Superior de Tecnologias da Saúde de Coimbra (ESTeSC).

Juliana Romera Mansilha Dias

Possui graduação em Farmácia e Bioquímica (1999) pela Universidade de São Paulo (USP), modalidade Análises Clínicas e Especialização em Educação em Saúde (2012) pela Universidade Federal de São Paulo (Unifesp). Atualmente, é perita criminal da Superintendência da Polícia Técnico-Científica de São Paulo, onde atua no Laboratório de DNA como administradora do Banco de Dados de Perfis Genéticos do Estado de São Paulo, e professora de Biologia Forense da Academia de Polícia Civil de São Paulo. Tem experiência na área de biologia molecular, com ênfase em identificação humana aplicada à elucidação de crimes.

Júlio César Padovan

Possui graduação em Química pela Universidade São Paulo (USP), doutorado em Bioquímica pela Faculdade de Medicina de Ribeirão Preto (FMRP) da USP e pós-doutorado pela Rockefeller University, nos Estados Unidos. É Adjunct Assistant na York College, City University of New York e Senior Research Associate no Laboratory of Mass Spectrometry and Gaseous Ion Chemistry, da Rockefeller University.

Julio de Carvalho Ponce

Bacharel em Ciências Moleculares e Farmácia Bioquímica pela Universidade de São Paulo (USP). Mestre em Ciências pela Faculdade de Medicina (FM) da USP. Perito criminal da Superintendência da Polícia Técnico-Científica do Estado de São Paulo.

Katia de Mello Cypriano

Graduação em Farmácia pela Universidade São Judas Tadeu (USJT). Especialização em Farmácia Clínica pelo Hospital Israelita Albert Einstein. Doutoranda no programa de Pós-Graduação em Toxicologia e Análises Toxicológicas na Universidade de São Paulo (USP).

Larissa Helena Torres

Professora adjunta na Faculdade de Ciências Farmacêuticas da Universidade Federal de Alfenas (FCF-Unifal). Tem pós-doutorado pelo Departamento de Análises Clínicas e Toxicológicas da Universidade de São Paulo (USP), doutorado e mestrado em Toxicologia e Análises Toxicológicas pela Faculdade de Ciências Farmacêuticas (FCF) da USP. Farmacêutica com habilitação em Análises Clínicas e Toxicológicas pela Unifal.

Lilian Cristina Pereira

Bacharel em Farmácia pela União das Faculdades da Fundação Hermínio Omett (FHO-Uniararas), mestre e doutora em Toxicologia pela Faculdade de Ciências Farmacêuticas de Ribeirão Preto da Universidade de São Paulo (FCFRP-USP). Atualmente, é docente na Universidade Estadual Paulista "Júlio de Mesquita Filho" (Unesp), campus de Botucatu. Atuando na avaliação de mecanismos de citotoxicidade, genotoxicidade e mutagenicidade de contaminantes ambientais.

Lorena do Nascimento Pantaleão

Possui graduação em Farmácia e Bioquímica pela Universidade Federal de Ouro Preto (UFOP). Especialista em Qualidade e Produtividade pela Fundação Carlos Alberto Vanzolini da Universidade de São Paulo (USP). Mestre em Toxicologia e Análises Toxicológicas pela Faculdade de Ciências Farmacêuticas (FCF) da USP. Doutoranda em Toxicologia e Análises Toxicológicas pela mesma instituição.

Marcela Nogueira Rabelo Alves

Farmacêutica e bioquímica graduada pela Faculdade de Ciências Farmacêuticas de Ribeirão Preto da Universidade de São Paulo (FCFRP-USP). Mestre e doutora em Ciências pelo Programa de Pós-Graduação em Toxicologia da FCFRP-USP, com período de doutorado-sanduíche na Universidade de Verona.

Marcelo Filonzi dos Santos

Farmacêutico bioquímico graduado pela Faculdade de Ciências Farmacêuticas da Universidade de São Paulo (FCF-USP), mestre em Farmacologia pela Universidade Federal de São Paulo (Unifesp), doutor e pós-doutorando em Toxicologia pela FCF-USP.

Marcos Adriano Vieira Messias

Farmacêutico bioquímico, especialista em Toxicologia e Analítica, pesquisador de desenvolvimento analítico na EMS.

Maria Fernanda Hornos Carneiro

Biomédica graduada pela Fundação Faculdade Federal de Ciências Médicas. Mestre em Ciências da Saúde pela Universidade Federal de Ciências da Saúde de Porto Alegre (UFCSPA). Doutora em Ciências/Toxicologia pela Faculdade de Ciências Farmacêuticas de Ribeirão Preto da Universidade de São Paulo (FCFRP-USP).

Mariana Dadalto Peres

Graduada em Farmácia e Bioquímica (2010) pela Universidade Federal do Espírito Santo (Ufes). Doutora em Toxicologia (2015) pela Faculdade de Ciências Farmacêuticas de Ribeirão Preto da Universidade de São Paulo (FCFRP-USP). Atualmente, é perita bioquímica-toxicologista da Polícia Civil do Espírito Santo.

Mariana Furio Franco-Bernardes

Graduada em Ciências Biológicas e mestre em Biologia Animal pelo Instituto de Biociências, Letras e Ciências Exatas da Universidade Estadual Paulista "Júlio de Mesquita Filho" (Ibilce-Unesp). Doutora em Toxicologia pela Faculdade de Ciências Farmacêuticas de Ribeirão Preto da Universidade de São Paulo (FCFRP-USP), com período sanduíche na University of Minnesota (UMD). Atualmente, é docente substituta da disciplina de toxicologia na Universidade de Brasília (UnB).

Marina Venzon Antunes

Biomédica com especialização em Análises Clínicas e Toxicológicas, mestrado e doutorado em Ciências Médicas pela Universidade Federal do Rio Grande do Sul (UFRGS). É professora adjunta na Universidade Feevale nos cursos de graduação em Biomedicina e Farmácia e no mestrado em Toxicologia e Análises Toxicológicas. Atua em pesquisa na área do monitoramento terapêutico de fármacos, estratégias de amostragem alternativas e no desenvolvimento e validação de metodologias aplicadas às análises toxicológicas.

Murilo Pazin Silva

Possui graduação em Ciências Biológicas (2012) pela Universidade Federal de Alfenas (Unifal), mestrado (2014) e doutorado em Ciências, área de concentração em Toxicologia, pela Faculdade de Ciências Farmacêuticas de Ribeirão Preto (FCFRP-USP) com período sanduíche na Universidade de Coimbra (UC).

Norma Sueli Bonaccorso

Possui graduação em Ciências Biológicas e em Direito, mestrado e doutorado em Direito Penal pela Universidade de São Paulo (USP). Exerceu o cargo de perita criminal de 1987 a 2015. Trabalhou dez anos no Laboratório de Toxicologia do Instituto Médico Legal (IML) e, por treze anos, no Laboratório de DNA do Instituto de Criminalística (IC). De abril de 2013 a janeiro de 2015, exerceu a função de Superintendente da Polícia Técnico-Científica de São Paulo. É professora de Medicina Legal e de Criminalística na Faculdade de Direito (FD) da USP e da Fundação Armando Alvares Penteado (FAAP) e em curso da pós-graduação em Ciências Forenses das Faculdades Oswaldo Cruz.

Otávio Pelegrino Rocha

Possui graduação em Farmácia Bioquímica pela Faculdade de Ciências Farmacêuticas de Ribeirão Preto (FCFRP-USP) e mestrado em Toxicologia pela mesma faculdade. Realizou estágios em Toxicologia na University of Saskatchewan (U of S), no Canadá, e na Universidad Nacional Autónoma de México (Unam).

Pablo Alves Marinho

Graduado em Farmácia com ênfase em análises clínica e toxicológicas e mestre em Ciências Farmacêuticas pela Universidade Federal de Minas Gerais (UFMG). Perito criminal da Polícia Civil de Minas Gerais, onde coordena a Divisão de Laboratórios do Instituto de Criminalística. Professor da Academia de Polícia Civil de Minas Gerais e do Centro Universitário Una em Belo Horizonte. Tem como linha de pesquisa desenvolvimento de métodos de análise de drogas, medicamentos e praguicidas em matrizes de interesse forense.

Paula Cristina Bianchi

Bióloga formada pela Universidade Estadual Paulista "Júlio de Mesquita Filho" (Unesp), campus de Bauru. Mestre pelo Programa Interinstitucional de Pós-Graduação em Ciências Fisiológicas (PIPGCF) da Universidade de São Carlos (UFSCar) e da Unesp, campus de Araraquara. Atualmente, faz doutorado em Ciências Fisiológicas pelo PIPGCF.

Paulo Eduardo Carneiro de Oliveira

Graduado em Farmácia e Bioquímica pela Universidade Estadual de Londrina (UEL). Tem mestrado e doutorado pelo Programa Interinstitucional de Pós-Graduação em Ciências Fisiológicas (PIPGCF) da Universidade de São Carlos (UFSCar) e da Universidade Estadual Paulista "Júlio de Mesquita Filho" (Unesp). Atualmente, é pesquisador colaborador da Faculdade de Ciências Farmacêuticas (FCFar) da Unesp.

Paulo Fernando Pinto Malízia Alves

Especialista *ad hoc* da Organização para a Proibição de Armas Químicas (OPAQ) para assuntos de proteção contra ameaça química. Mestre em Química pelo Instituto Militar de Engenharia (IME), com vinte anos de atuação em Defesa Química, Biológica, Radiológica e Nuclear (QBRN) no Centro Tecnológico do Exército (CTEx), onde foi responsável pela implantação da área. Assessor técnico de Defesa QBRN do Ministério da Defesa durante a Copa do Mundo de 2014. Responsável pela implantação do laboratório de identificação de armas químicas do CTEx.

Rafael Lanaro

Farmacêutico bioquímico, mestre em Toxicologia e Análises Toxicológicas, responsável pelas análises toxicológicas do Centro de Controle de Intoxicações da Universidade Estadual de Campinas (Unicamp), professor de Toxicologia do curso de Farmácia da Pontifícia Universidade Católica (PUC) de Campinas, membro do comitê de Jovens Cientistas da International Association of Forensic Toxicologists (TIAFT).

Rafael Linden

Doutor em Biologia Celular e Molecular pela Pontifícia Universidade Católica do Rio Grande do Sul (PUCRS), mestre em Ciências Farmacêuticas pela Universidade Federal do Rio Grande do Sul (UFRGS), especialista em Toxicologia Forense pela University of Florida e Farmacêutico pela UFRGS. Professor titular e coordenador do Programa de Pós-Graduação em Toxicologia e Análises Toxicológicas da Universidade Feevale.

Rafael Menck de Almeida

Farmacêutico bioquímico, mestre e doutor pelo Programa de Pós-Graduação em Toxicologia e Análises Toxicológicas da Universidade de São Paulo (USP).

Raphael Caio Tamborelli Garcia

Professor adjunto de Toxicologia e Análises Toxicológicas do Instituto de Ciências Ambientais, Químicas e Farmacêuticas da Universidade Federal de São Paulo (ICAQF-Unifesp). Possui experiência em neurotoxicologia, com ênfase em neurotoxicidade de xenobióticos in vitro e farmacodependência.

Rodrigo Molini Leão

Possui graduação em Farmácia Bioquímica pela Universidade Estadual Paulista "Júlio de Mesquita Filho" (Unesp), doutorado pelo Programa Interinstitucional de Pós-Graduação em Ciências Fisiológicas da Unesp e da Universidade Federal de São Carlos (UFSCar), pós-doutorado pelo National Institute on Drug Abuse (NIDA/NIH) e pós-doutorado pela Unesp. Atualmente, é professor adjunto da disciplina de Farmacologia na Universidade Federal da Bahia (UFBA).

Rosa Helena Arnaut Mota Henriques de Gouveia

Médica, anátomo-patologista (hospitalar e forense), com subespecialização em Patologia Cardiovascular, doutorado em Anatomia Patológica (morte súbita cardíaca) pela Universidade Nova de Lisboa (UNL). Professora auxiliar convidada de Anatomia Patológica na Faculdade de Medicina da Universidade de Coimbra (FM-UC).

Sarah Carobini Werner de Souza Eller Franco de Oliveira

Graduada em Farmácia pela Universidade Estadual da Paraíba (UEPB), com período de intercâmbio na Universidade de Coimbra (UC) como bolsista do programa Mobility Network Europe-South America. Mestre em Toxicologia e Análises Toxicológicas pela Universidade de São Paulo (USP). Doutora pelo Programa de Pós-Graduação em Toxicologia e Análises Toxicológicas da Faculdade de Ciências Farmacêuticas da USP.

Silvia de Oliveira Santos Cazenave

Farmacêutica bioquímica, mestre em Toxicologia e Análises Toxicológicas e doutora em Toxicologia pela USP. Especialista em Análise de Drogas pela Organização Mundial de Saúde (OMS), divisão de Narcóticos (UNODC). Professora titular de Toxicologia do curso de Farmácia da Pontifícia Universidade Católica (PUC) de Campinas, perita criminal do Instituto de Criminalística (IC) de Campinas e superintendente de Toxicologia da Agência Nacional de Vigilância Sanitária (Anvisa).

Sônia Aparecida Carvalho Dreossi

Formada em Farmácia Bioquímica pela Universidade Federal de Alfenas (Unifal), possui 30 anos de experiência em Análises Toxicológicas e Toxicologia Social como Técnica Especializada de Nível Superior pela Faculdade de Ciências Farmacêuticas de Ribeirão Preto da Universidade de São Paulo (FCFRP-USP).

Tamires Amabile Valim Brigante

Farmacêutica pela Universidade Federal de Alfenas (Unifal) e mestra em Ciências pelo Programa de Pós-Graduação em Toxicologia da Faculdade de Ciências Farmacêuticas de Ribeirão Preto da Universidade de São Paulo (FCFRP-USP), na área de Toxicologia Analítica. Atualmente, faz doutorado pelo mesmo programa, na área de Toxicologia Experimental.

Tania Marcourakis

Farmacêutica bioquímica formada pela Faculdade de Ciências Farmacêuticas da Universidade de São Paulo (FCF-USP). Professora associada do Departamento de Análises Clínicas e Toxicológicas da FCF-USP.

Vanessa Bergamin Boralli Marques

Graduada em Farmácia Bioquímica pela Faculdade de Ciências Farmacêuticas de Ribeirão Preto da Universidade São Paulo (FCFRP-USP) e doutora em Toxicologia pela FCFRP-USP. Professora adjunta nas disciplinas de Toxicologia pela Universidade Federal de Alfenas (Unifal).

Vilma Leyton

Farmacêutica bioquímica pela Faculdade de Ciências Farmacêuticas da Universidade de São Paulo (FCF-USP), mestre em Análises Toxicológicas e doutora em Toxicologia pela USP. Professora do Departamento de Medicina Legal, Ética Médica e Medicina Social e do Trabalho da Faculdade de Medicina (FM) da USP. Diretora dos Departamentos de Álcool e Drogas e de Pesquisas da Associação Brasileira de Medicina de Tráfego. Perita criminal toxicologista aposentada do Instituto Médico Legal (IML) de São Paulo.

Virgínia Martins Carvalho

Bacharel em Farmácia pela Universidade Guarulhos (UNG), mestre e doutora em Toxicologia e Análises Toxicológicas pela Universidade de São Paulo (USP), pós-doutora em Toxicologia do Desenvolvimento e Neurocomportamental pela USP, professora adjunta da Faculdade de Farmácia da Universidade Federal do Rio de Janeiro (FF-UFRJ).

Wilson Roberto Malfará

Farmacêutico bioquímico, especialista em Toxicologia pelo Hospital das Clínicas da Faculdade de Medicina de Ribeirão Preto da Universidade de São Paulo (HCFMRP-USP). Mestre em Fármacos e Medicamentos pela Faculdade de Ciências Farmacêuticas de Ribeirão Preto (FCFRP) da USP. Doutor em Toxicologia pela FCFRP-USP. Professor titular de Farmacologia e Terapêutica para o curso de Medicina e de Farmacologia, Farmácia Clínica e Toxicologia para os cursos de Medicina Veterinária, Farmácia, Biomedicina na Universidade Paulista (Unip), campus de Ribeirão Preto, e no Centro Universitário Barão de Mauá (CBM), campus de Ribeirão Preto.

CONTEÚDO

CAPÍTULO 1

INTRODUÇÃO À TOXICOLOGIA FORENSE E CONTEXTO HISTÓRICO

Carolina Dizioli Rodrigues de Oliveira

Cinthia de Carvalho Mantovani

Gabriela de Oliveira Silveira

Mauricio Yonamine

1.1 INTRODUÇÃO

A toxicologia forense é definida como a aplicação da toxicologia para os propósitos da lei. Essa definição é, de fato, bastante ampla, e a aplicação mais comum da toxicologia forense é a identificação de substâncias que poderiam estar envolvidas em morte ou prejuízos à saúde de indivíduos ou ser a causa de danos à propriedade e ao ambiente. Embora a história da utilização de venenos pelo homem remonte a tempos antigos, até o Renascimento era muito difícil, se não impossível, comprovar um envenenamento por evidências científicas. Somente no século XIX a toxicologia forense emergiria como ciência. Nessa época, dois ilustres cientistas se destacaram em sua consolidação: Mathieu J. B. Orfila e Jean Servais Stas. As autópsias se tornaram mais populares, bem como os vários métodos de detecção de agentes tóxicos em amostras biológicas. Em 1814, Orfila, considerado o pai da toxicologia moderna, publicou o livro *Traité des poisons*, a primeira abordagem sistemática do estudo de substâncias químicas e seus efeitos nocivos. Stas, por sua vez, foi o primeiro a identificar e a isolar nicotina de tecidos de uma vítima de um caso de envenenamento ocorrido em 1850, conferindo aspectos de química analítica à toxicologia forense. Desde então, muito se evoluiu do ponto de vista tecnológico, o que tem possibilitado aos toxicologistas utilizar modernas técnicas analíticas para a identificação de substâncias em casos forenses. Atualmente, os achados toxicológicos são utilizados em processos criminais como forma de auxiliar o sistema judiciário. Neste capítulo, serão abordados os aspectos históricos da toxicologia forense, bem como os principais conceitos e as áreas de atuação.

1.2 CONTEXTO HISTÓRICO

Com base na exploração do ambiente e na procura por alimentos, o homem observou a cura ou os efeitos nocivos advindos de minerais, plantas, insetos e animais, percebendo, por exemplo, que a picada de certos insetos e répteis promovia doenças ou levava à morte. Dessas constatações, foi uma progressão natural o uso de venenos para a caça, contra inimigos numa guerra ou para promover homicídios [1].

O primeiro uso de venenos em flechas provavelmente ocorreu durante a Idade Mesolítica. As evidências arqueológicas não são conclusivas, mas é possível que os caçadores de Masai, que viviam na região do atual Quênia em 18000 a.C., usassem venenos em suas flechas [2].

Na Idade Antiga, a medicina egípcia era fortemente fundamentada no trabalho de "deuses" e na presença de "maus espíritos" em casos de doença. Uma parte da medicina egípcia, porém, era baseada na experimentação e na observação, incluindo o efeito de venenos. A primeira lista de venenos e antídotos de que se tem conhecimento foi escrita entre 3500 e 3000 a.C. por Menés, faraó egípcio, que estudou os efeitos de alguns venenos e plantas medicinais. Do Antigo Egito também foi descoberto o papiro de Ebers, um dos mais antigos tratados médicos da história da humanidade (datado de 1500 a.C.). Nele estão contidas informações sobre costumes, práticas e tradições daquele povo, além de uma lista de medicamentos e cerca de oitocentas receitas, algumas das quais apresentam informações sobre venenos, como cicuta, acônito e ópio, e alguns metais pesados [1,2]. Os egípcios também usavam compostos químicos na aplicação da justiça. Na "penalidade do pêssego", os acusados ingeriam um destilado de caroços esmagados de pêssego (que, sabe-se agora, são ricos em ácido prússico ou cianídrico). Se o acusado morresse, presumia-se a culpa; se sobrevivesse, era inocentado. Esse uso de compostos químicos na aplicação da justiça continuou em outras culturas ao longo dos anos (entre gregos e romanos, por exemplo), chegando até os dias de hoje [1,3,4].

Na China, em meados de 2735 a.C., o imperador Shen Nung, considerado pai da medicina e da agricultura chinesas, publicou um trabalho de quarenta volumes que continha plantas medicinais e tóxicas, com seus efeitos e possíveis antídotos. Substâncias com propriedades terapêuticas e tóxicas eram apresentadas em conjunto, prenunciando o conceito de que a dose diferenciava veneno de remédio [1,5].

Dos gregos, herdamos a palavra *toxicon*. Toxicologia, tóxico e intoxicação são palavras da língua portuguesa originadas a partir desse radical e usadas para referir-se a venenos [1]. Os gregos marcaram fortemente a história da medicina e da toxicologia. Eles tinham listas de venenos e antídotos, com amplo conhecimento de plantas e metais tóxicos. Contribuíram significativamente para o avanço dessa disciplina, tendo feito descrições detalhadas sobre os efeitos de diversas substâncias no organismo humano, seus antídotos e princípios de conduta em casos de envenenamento. Muitas figuras míticas e históricas também protagonizaram eventos envolvendo toxicologia na Grécia Antiga. Na mitologia, por exemplo, a mortal Medeia era uma feiticeira, ligada à deusa da bruxaria, Hécate. Ela usou a planta açafrão-do-prado (*Colchium autumnale*), conhecida como colchicina, na tentativa de envenenar seu enteado Teseu [3,5]. Olímpia, mãe de Alexandre, o Grande (356-323 a.C.), e esposa de Filipe II da Macedônia, foi considerada a envenenadora mais famosa da Grécia. Os gregos também executavam condenados utilizando venenos, sendo Sócrates (*c.* 470-399 a.C.) uma das vítimas mais famosas. O filósofo foi considerado culpado dos crimes de não aceitar os deuses reconhecidos pelo Estado e de introduzir divindades novas, além de corromper a juventude. Morreu no cumprimento de sua sentença, bebendo calmamente uma taça contendo cicuta. Já Pitágoras de Samos (*c.* 570-*c.* 496 a.C.) foi o primeiro grego a ter influência na toxicologia como ciência. Embora seja mais conhecido como o matemático que desenvolveu a teoria dos números e fundador da aritmética, ele também realizou estudos sobre efeitos de metais (chumbo, cobre, estanho, ferro, mercúrio, prata, ouro) no corpo humano [1,3,5]. Hipócrates (460-377 a.C.) forneceu contribuições que foram bastante relevantes para o avanço da medicina. Direcionou os conhecimentos em saúde para o caminho científico, rejeitando a superstição e as práticas mágicas. Desenvolveu uma lista de substâncias tóxicas e de princípios de toxicologia clínica relacionados à biodisponibilidade e à superdosagem. Aristóteles (384-322 a.C.), conhecido filósofo grego, aluno de Platão e professor de Alexandre, o Grande, descreveu a preparação de flechas com veneno pelos citas, antigo povo iraniano, usando um fluido com a combinação de sangue em decomposição e um líquido de putrefação de cobras. Teofrasto (*c.* 372-*c.* 287 a.C.), aluno de Aristóteles, incluiu inúmeros trabalhos sobre venenos de plantas (*De Historia Plantarum*), bem como o reconhecimento de alimentos adulterados [1,3,5].

Ainda na Idade Antiga, Mitrídates (*c.* 132-63 a.C.), rei do Ponto (atual Turquia), tinha a reputação de conhecer mais sobre venenos e antídotos que qualquer outra pessoa de sua época. Por temer a possibilidade de ser assassinado por envenenamento, ele experimentava venenos e antídotos em si próprio e também em prisioneiros. Como medida de proteção, tomava venenos diariamente; iniciou com pequenas doses e aumentou gradativamente a quantidade, com o intuito de adquirir tolerância polivalente. O *mithridatum*, seu "antídoto universal", era ingerido diariamente após o café da manhã para prevenção de um possível envenenamento. Após ser derrotado pelo romano Pompeu, tentou suicidar-se com um veneno, mas fracassou devido à suposta resistência adquirida. Forçou, então, um de seus soldados a matá-lo com uma espada [1,4,6].

O povo romano também tinha um intenso interesse em venenos. Registros de cerca de 400 a.C. indicam que envenenamentos eram comuns, tanto em casos de suicídio quanto em assassinatos. A primeira lei contra envenenamentos, *Lex Cornelia de sicariis et veneficis* (Lei Cornélia sobre apunhaladores e envenenadores), foi proposta pelo ditador Cornélio Sula e promulgada em 82 a.C., estabelecendo pena de morte aos infratores. O médico Aurelius Cornelius Celsus (*c.* 25 a.C.-*c.* 50 d.C.), autor do primeiro tratado médico romano (*De Medicina*), descreveu os clássicos sinais de inflamação (dor, calor, tumor e rubor) e deixou, como contribuição para a toxicologia, uma lista de venenos, antídotos e procedimentos nos casos de envenenamento [1,4,7]. A primeira classificação de agentes tóxicos segundo sua origem (animal, mineral ou vegetal) foi feita por Dioscórides (40-90 d.C.), médico farmacologista grego que desenvolveu seus trabalhos em Roma, na época do imperador Nero. Outra importante figura da antiguidade romana, Galeno (129-216 d.C.), segundo médico mais importante para o desenvolvimento da medicina após Hipócrates, foi pioneiro na prática de experimentação nas ciências da saúde. Entre outras atividades, mencionou a fórmula *theriac* (palavra grega para "antídoto"), uma mistura de mais de cem plantas, sais e mingau de aveia, usada no tratamento de picada de aranhas, escorpiões e serpentes. Elaborou uma lista de formulações vegetais, conhecidas como fórmulas galênicas, compostas de mel e vinho. Introduziu a alopatia e os primeiros conceitos de vigilância sanitária, advertindo sobre adulterações de ervas e especiarias [1].

Com o declínio e a queda do Império Romano, em 476 d.C., tem início a Idade Média; nesse momento, a Europa perdeu contato com grande parte de sua herança médica. A Igreja tornou-se o centro intelectual do continente, e a doença passou a ser vista como uma condição causada por forças sobrenaturais ou punição divina, de modo que a cura seria realizada somente por homens santos [1,4,7].

Ao mesmo tempo em que a Europa se afastava da medicina, uma nova civilização surgia a leste. Influenciado por ensinamentos gregos, o povo árabe destacava-se por descobertas na química. Foram os inventores dos processos de destilação, sublimação e cristalização. Gerber (705-769), pai da alquimia árabe, descobriu o mercúrio, produziu sulfeto de arsênico e escreveu o primeiro tratado farmacológico em árabe. Avicena (980-1037), nascido em Afshana, uma cidade de Bukhara (sul da Rússia atual), foi conhecido como o "príncipe dos médicos" e escreveu a obra *O cânone da medicina*. Sua contribuição para a toxicologia abrange a descrição de mecanismos de ação de venenos, incluindo a neurotoxicidade e os efeitos no metabolismo. Entre outras receitas, ele indicava a pedra de bezoar (secreções biliares de bode) como antídoto para envenenamentos e para prevenção de doenças. Seu *Cânone* foi traduzido para o latim no século XIII, influenciando intensamente os trabalhos farmacêuticos de toda a Europa até o século XVII [1,3].

O frade dominicano Alberto Magno (*c.* 1200-1280) escreveu extensamente sobre a compatibilidade da religião e da ciência e também isolou o arsênico em 1250. Em 1275, o químico espanhol Raimundo Lilius descobriu o éter, chamando-o de vitriol doce. César Bórgia (1475-1507), junto com seu pai, Rodrigo Bórgia, promoveu envenenamentos de diversas pessoas na Itália para obter ganhos políticos e financeiros. Eles usavam uma cocção de arsênico conhecida como *la cantarella*. Na mesma época, Leonardo da Vinci (1452-1519) realizou diversos estudos de bioacumulação de venenos em animais [1,3,5,8,9].

Uma figura importante na história da ciência e da medicina no final da Idade Média foi o renascentista Philippus Aureolus Theophrastus Bombastus von Hohenheim (1493-1541), conhecido como Paracelsus, nascido em Einsiedeln, Suíça. Foi médico, alquimista, químico e astrólogo, tendo sido essencial para o desenvolvimento da ciência nos séculos XVII e XVIII. Paracelsus estabeleceu alguns estudos com princípios que permanecem até hoje na estrutura da toxicologia, da farmacologia e da terapêutica. Determinou o agente tóxico primário como uma entidade química e afirmou que: (1) a experimentação é essencial no exame das respostas aos produtos químicos; (2) deve-se fazer distinção entre as propriedades terapêuticas e tóxicas de produtos químicos; (3) essas propriedades nem sempre são distinguíveis, exceto pela dose; (4) pode-se verificar um grau de especificidade de produtos químicos e os seus efeitos terapêuticos ou tóxicos. Estes princípios levaram Paracelsus a articular a relação dose-resposta como baluarte da toxicologia. Embora Ulrich Ellenbog (1435-1499) já tivesse escrito, em 1480, sobre a toxicidade do mercúrio e chumbo em minas de extração de metais, o trabalho de Paracelsus, *On the miners' sickness and other diseases of the miners* (1567), foi o estudo mais completo até então realizado sobre toxicologia ocupacional, relatando sintomas e tratamento, bem como prevenção de doenças [1,5,6,10].

Baseados nos conceitos de Paracelsus, outros pesquisadores também desenvolveram importantes experimentos, como é o caso de Bernardino Ramazzini (1633-1714), que descreveu, de forma compreensiva, sistemática e detalhada, problemas de saúde do trabalhador em seu *Discourse on the disease of workers*; e de Felice Fontana (1730-1805) que estudou a ação fisiológica de venenos, principalmente de cobras, discorrendo sobre conceitos de toxicidade em órgãos-alvo e toxicidade secundária [1,5,6,10].

A toxicologia forense, a aplicação de técnicas analíticas para a detecção de compostos tóxicos e as autópsias tiveram início com o austríaco Joseph Jacob Plenck (1735-1807), que, em seu texto *Elementa medicinae et chirurgiae forensis*, expõe que a única prova de intoxicação se dá pela identificação do agente tóxico em órgãos do indivíduo exposto. Embora esse seja o princípio básico de toxicologia forense, só foi aceito após o trabalho do espanhol Mathieu Joseph Bonaventura Orfila (1787-1853). Orfila, pai da toxicologia moderna, estudou medicina em Paris e era professor particular de química. Com apenas 26 anos, em 1814, publicou o famoso livro *Traité des poisons*, uma combinação de toxicologia forense, toxicologia clínica e química analítica. Sua revolucionária obra descreve observações de sintomas de diversos tipos de envenenamentos, apresentando efeitos dos venenos no organismo, seus mecanismos de ação e as formas de detectá-los. Apresentava propriedades químicas, físicas, fisiológicas e tóxicas de cada composto estudado, além dos métodos de tratamento e sua identificação. Orfila identificou arsênico em uma variedade de espécimes *post mortem* e afirmou que os venenos precisam ser absorvidos para manifestar seus efeitos tóxicos. Seus achados foram precursores das modernas toxicocinética e toxicodinâmica [1,5,6,8,10,11]. Em 1851, Jean Servais Stas (1813-1891), um químico belga, desenvolveu o primeiro método para extração de alcaloides de espécimes biológicos. Com esse método, foi capaz de detectar nicotina de várias amostras *post mortem* de um famoso caso no qual a vítima, Gustave Fougnies, havia sido envenenada por seu cunhado. Em 1856, o procedimento de Stas foi modificado pelo farmacêutico alemão Friedrich J. Otto. Esse procedimento modificado, conhecido como método Stas-Otto, é considerado a base para a extração atual de alcaloides de matrizes biológicas [11,12].

De fato, avanços em toxicologia forense surgem em paralelo com avanços em química analítica. Porém, poucos progressos sobre a compreensão dos mecanismos de ação dos agentes tóxicos ocorreram no mesmo período. A chamada "Era da Toxicologia Mecanística" iniciou-se com estudos de François Magendie (1783-1855) e de seu aluno Claude Bernard (1813-1878). Magendie descreveu os mecanismos de ação da estricnina e da emetina, incluindo a dinâmica do movimento através de membranas. Bernard introduziu o conceito de toxicidade de compostos em órgãos-alvo, demonstrando que o princípio básico de toxicologia e farmacologia são idênticos, e mostrou que fármacos e outros compostos químicos podem modificar a função e a estrutura dos tecidos. Os estudos mecanicistas foram enriquecidos com os trabalhos do alemão Paul Ehrlich (1854-1915), que propôs o conceito de receptor como local específico de interações químico-biológicas [1,5,10].

A toxicologia evoluiu rapidamente durante o século XX. As controvérsias sobre patentes médicas e venda de produtos de segurança questionável foram seguidas pelos rápidos avanços nos métodos de química analítica que fomentaram os avanços na toxicologia forense (Quadro 1.1) [3]. Em 1915, a Guerra Química era uma realidade. O alemão Fritz Haber (1868-1934) desenvolveu os gases cloro e cianeto. Na Primeira Guerra Mundial, houve uso contínuo de fumaças e gases irritantes. Em 1925, foi assinado o Protocolo de Genebra, acordo que proibia o uso de armas químicas. Ele foi atualizado em 1993, com a Convenção de Armas Químicas, que também proibiu o desenvolvimento, produção, armazenagem e utilização de armas químicas, bem como determinou sua destruição [1,6,7].

O crescimento exponencial desta ciência pode ser atribuído à época da Segunda Guerra Mundial, quando se aumentou a produção de drogas, praguicidas, armamentos, fibras sintéticas e substâncias químicas de uso industrial [3]. Nesse período, as autoridades nazistas usaram cianeto e monóxido de carbono para matar milhões de judeus e outros grupos. Entre 1942 e 1945, chegaram a produzir 12 mil toneladas de tabun (etil-N-dimetil-fosforamidocianidato), inseticida organofosforado, neurotóxico inibidor da acetilcolinesterase, que, felizmente, não chegaram a ser utilizadas [1,5].

Durante a guerra entre Irã e Iraque (1980-1988), ataques químicos de destruição em massa foram realizados pelos iraquianos, que usaram grande quantidade de gás mostarda e tabun, assassinando cerca de 7 mil iranianos; os sobreviventes permaneceram com problemas de saúde muito tempo depois do ataque [1,5].

Quadro 1.1 Breve histórico da evolução das técnicas analíticas para detecção de compostos químicos de interesse na toxicologia

ANO	TÉCNICA ANALÍTICA
< 1960	Testes colorimétricos e de microcristais Microscopia térmica, pontos de fusão, cromatografia em papel
1960	Espectrofotometria UV-Vis Espectrometria de infravermelho Espectrometria de ressonância magnética nuclear
1970	Cromatografia em camada delgada Cromatografia gasosa Cromatografia líquida de alta *performance*
1980	Imunoensaios Cromatografia gasosa acoplada a espectrometria de massas Cromatografia líquida acoplada a espectrometria de massas Eletroforese capilar
2000	Cromatografia líquida acoplada a espectrometria de massas no modo tandem Cromatografia líquida acoplada a espectrometria de massas por tempo de voo Cromatografia líquida acoplada ao detector de nitrogênio por quimioluminescência
2005	Coleta da fração corrida em LC/MS-MS e subsequente reanálise com infusão por *chip* em vários tipos de analisadores de massas

Fonte: extraído de [62].

O enorme e ainda crescente número de substâncias químicas produzidas pelo homem no ambiente ao qual estamos potencialmente expostos impulsionou muito a toxicologia. Isso também demandou estudos organizados das substâncias tóxicas pelas indústrias que as produzem, bem como impôs a necessidade de legislação que as controle, o que, por sua vez, resultou no estabelecimento de agências regulatórias governamentais para implementação da legislação resultante [13]. Ainda nesse contexto, estudos de avaliação de risco, além de estudos de carcinogenicidade, mutagenicidade e teratogenicidade de substâncias químicas, foram conduzidos em todo o mundo. Em 1963, foi fundada em Londres The International Association of Forensic Toxicologists (TIAFT) e, em 1970, foi fundada por um grupo de toxicologistas forenses a Society of Forensic Toxicologists (SOFT) [1,7-9].

Contudo, até o século XX, a toxicologia forense se limitava-se a estabelecer a origem tóxica de um determinado crime; o "toxicologista" atuava diretamente no cadáver, com a mera intenção de pesquisa e identificação do agente. Atualmente, o campo de ação dessa ciência é mais vasto, estendendo-se de perícias no vivo e no cadáver até circunstâncias de saúde pública, tais como aspectos da investigação relacionados à eventual falsificação ou adulteração de medicamentos e de acidentes químicos de massa [14].

No século XXI, o sequenciamento do genoma humano e do genoma de vários outros organismos afetou marcadamente todas as ciências biológicas – e a toxicologia não é exceção [3]. A análise farmacogenética em contextos forenses e, especialmente, em toxicologia *post mortem* pode revelar novos aspectos na rotina forense. Portanto, uma abordagem de análise molecular, incluindo a genotipagem de DNA, juntamente com análises forenses e toxicológicas, deve ser vista como um progresso [15]. Na Figura 1.1, mostra-se a linha do tempo com os principais nomes e acontecimentos históricos que influenciaram a toxicologia forense.

A toxicologia, portanto, tornou-se uma ciência que reúne muitas disciplinas, entre as quais algumas que pareciam tão diferentes em outro momento histórico, como é o caso de química analítica, bioquímica e genética. Ela é, certamente, um campo em constante evolução; será interessante ver o que o futuro irá trazer [10].

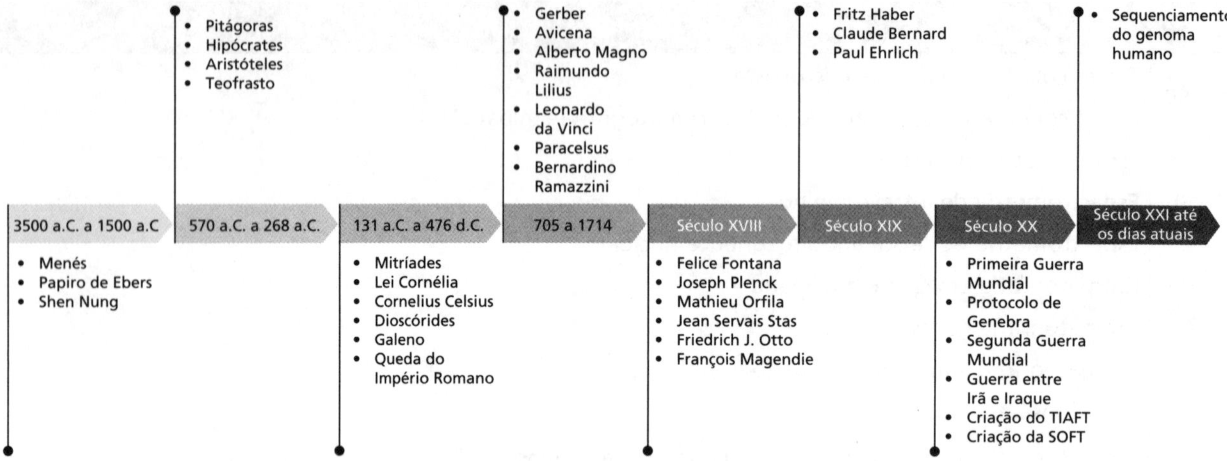

Figura 1.1 Linha do tempo resumida com as principais figuras e os fatos históricos que influenciaram a toxicologia forense.

1.3 Conceitos

Toxicologia é a ciência que estuda os efeitos nocivos de substâncias químicas em organismos vivos, apresentando, portanto, ampla aplicação. Entre essas aplicações, a toxicologia forense é o ramo que se utiliza dos princípios fundamentais da toxicologia com o objetivo de auxiliar no esclarecimento de fatos que apresentem interesse médico-legal [16].

Nesse sentido, o escopo do toxicologista forense engloba a detecção, a identificação e a quantificação de xenobióticos possivelmente envolvidos, de forma parcial ou total, nas circunstâncias que levaram à instauração de um inquérito. Para isso, são utilizadas matrizes biológicas ou não biológicas, as quais passam por processos de extração e são posteriormente submetidas a procedimentos analíticos que irão fornecer resultados acerca da presença ou da ausência de determinada substância, bem como de sua quantidade em alguns casos específicos.

Cabe também ao toxicologista a interpretação dos resultados obtidos, correlacionando-os com dados científicos e fornecendo, assim, respaldo para os achados laboratoriais que serão utilizados como provas jurídicas [17].

Para melhor compreensão dos diferentes aspectos relacionados à prática do toxicologista forense, os conceitos aqui abordados serão divididos didaticamente em terminologia, aspectos gerais das análises forenses e áreas de aplicação.

1.4 Terminologia

Antes da discussão acerca das aplicações da toxicologia forense, é importante definir e contextualizar os termos utilizados para designar os tipos de substâncias pertinentes às análises forenses. Adiante, seguem os mais relevantes:

a) Agente tóxico: é utilizado para definir qualquer composto de origem animal, mineral, vegetal ou sintética, capaz de provocar prejuízo a um organismo vivo, que pode resultar em alterações funcionais ou morte.

b) Veneno: termo utilizado popularmente para designar compostos químicos – ou a mistura deles – que, mesmo quando administrados em baixas doses, causam intoxicação ou morte.

c) Fármaco: substância de estrutura química definida, utilizada com o objetivo de obter efeitos benéficos ao organismo, devido à sua capacidade de modificar o sistema fisiológico ou o estado patológico.

d) Droga: popularmente, também se refere a medicamentos, assim como o termo fármaco; mas, diferente deste, cientificamente, esse termo não traz nenhum significado quanto à qualidade do efeito. Para a melhor compreensão da diferença entre os termos "fármaco" e "droga", pode-se tomar como exemplo a diferença entre ópio e morfina. O ópio é uma droga de abuso obtida pela secagem e a pulverização do exsudato leitoso das sementes da papoula, contendo quantidade considerável de alcaloides, entre os quais a morfina; esta, por sua vez, é um composto químico de estrutura definida que apresenta aplicabilidade terapêutica no combate à dor visceral e à dor intensa, sendo designada, portanto, como fármaco.
e) Xenobiótico: refere-se aos compostos químicos qualitativa ou quantitativamente estranhos ao organismo. Inseticidas, como os organofosforados e os carbamatos, são compostos que não apresentam papel fisiológico para o ser humano, sendo qualitativamente estranhos a seu organismo. Por outro lado, metais como ferro e manganês são essenciais em diversos processos fisiológicos, mas a exposição a concentrações elevadas desses elementos pode causar intoxicação com danos irreversíveis ao organismo, o que os caracteriza como xenobióticos no aspecto quantitativo da exposição [18].

No que se refere aos métodos analíticos empregados em análises toxicológicas, é necessário diferenciar e definir os termos "detecção", "identificação" e "quantificação".

a) Detecção: é realizada por técnicas de triagem e não fornece resultados conclusivos sobre a presença ou a ausência do agente químico e seus produtos de biotransformação na amostra.
b) Identificação: diferentemente da detecção, a identificação gera resultados específicos, com a utilização de métodos físico-químicos que permitem a elaboração de um laudo conclusivo.
c) Quantificação: processo pelo qual a quantidade de uma determinada substância é medida de forma precisa.

A interpretação conjunta dos resultados obtidos na identificação e na quantificação, em concordância com dados científicos, irá auxiliar na resposta às perguntas levantadas no inquérito judicial [19].

1.5 Aspectos gerais das análises toxicológicas forenses

A exposição a xenobióticos pode levar a alterações bioquímicas que, em determinadas doses e sob determinadas condições de exposição, promovem desequilíbrio fisiológico, denominado intoxicação. Na maioria dos casos de intoxicação, os sintomas e as lesões teciduais decorrentes da exposição são inespecíficos, impossibilitando a identificação direta do agente tóxico envolvido. Nesses casos, a presença de compostos tóxicos em diferentes tecidos só pode ser determinada por meio de métodos analíticos que possibilitem o isolamento, a identificação e a quantificação do agente [20].

Para a determinação dos agentes envolvidos em intoxicações, são utilizadas matrizes biológicas que consistem em porções de tecidos ou fluidos biológicos coletados sob condições padronizadas [21]. É importante ressaltar que, além das análises em matrizes biológicas, a toxicologia forense também abrange situações nas quais, devido ao interesse judicial, são analisadas amostras não biológicas. Pode-se citar como exemplo análises de solo e água, nos casos de contaminações ambientais; análise de comprimidos, em casos de suicídio ou de adulteração de medicamentos; e a detecção de vestígios de drogas ilícitas em objetos presentes na cena do crime.

A escolha da matriz biológica a ser utilizada em análises forenses deve levar em conta a disponibilidade da amostra e o tipo de exposição. Nos casos de exposição aguda, como a dopagem no esporte, a tentativa de suicídio ou o monitoramento da farmacodependência, sangue, urina e saliva podem ser as matrizes mais adequadas para as análises. Ainda com relação à exposição aguda, o ar exalado é uma amostra bastante utilizada para comprovar a ingestão de bebidas alcoólicas por parte dos condutores de veículos automotores. Diferentemente, para avaliação da exposição crônica a agentes tóxicos, como em alguns casos de envenenamento por arsênico, cabelos e unhas são matrizes consideradas mais adequadas, por fornecerem informações de período mais longo de exposição. Além das amostras anteriormente citadas, mecônio e cordão umbilical são matrizes que permitem acessar informações acerca da exposição crônica *in utero* a agentes tóxicos.

Outro importante aspecto a ser considerado nas análises forenses é a biotransformação. Os xenobióticos são quimicamente modificados no organismo de modo contínuo, na tentativa de tornar o composto mais hidrossolúvel e possibilitar sua maior eliminação [18]. Esse processo é denominado biotransformação, sendo que o período decorrido entre a administração ou a ingestão da substância e a coleta das amostras determina quais analitos poderão ser identificados, já que, em alguns casos, o produto de biotransformação é o único indício da exposição a determinado agente tóxico [12]. Dessa maneira, é essencial que o toxicologista tenha conhecimento das diferentes vias de biotransformação, possibilitando a condução correta das análises, assim como a interpretação adequada dos resultados [20].

A aplicação de métodos analíticos em diferentes tipos de amostras requer, inicialmente, que a coleta, o acondicionamento, o transporte e o armazenamento sejam realizados de forma adequada, garantindo assim estabilidade e preservação de suas características e evitando possíveis contaminações [21]. Além disso, todo o histórico da amostra deve ser documentado, permitindo a rastreabilidade da matriz, assim como de sua manipulação. Esse processo é denominado cadeia de custódia e é essencial para confiabilidade dos resultados apresentados em um tribunal [22].

A identificação de um agente tóxico desconhecido em uma matriz biológica é tarefa desafiadora para o toxicologista, devido, em parte, à necessidade de métodos que possibilitem a detecção, a identificação e a quantificação simultâneas de diferentes classes de substâncias [23,24]. Além disso, as matrizes biológicas utilizadas em análises toxicológicas geralmente são complexas, e a concentração das substâncias em tais amostras é relativamente baixa. Por esses motivos, o toxicologista deve receber dados detalhados do caso em questão, possibilitando o planejamento da investigação a ser conduzida. Características do indivíduo, como sexo, idade, peso, histórico medicamentoso e de saúde, ocupação, assim como o detalhamento dos achados da autópsia e das circunstâncias que levaram à suspeita do envolvimento de um agente tóxico, são algumas das informações relevantes que devem ser fornecidas ao responsável pelas análises [24].

Geralmente, ensaios de triagem para diferentes substâncias tóxicas são utilizados no início da investigação. Esses ensaios são testes qualitativos que possibilitam determinar a presença ou a ausência de algum agente tóxico na amostra biológica. Ou seja, permitem a detecção do agente sem, entretanto, identificá-lo conclusivamente [24]. Na maioria das vezes, dispensam etapas de purificação da matriz, apresentando vantagens como rapidez, simplicidade e baixo custo em relação a outras técnicas analíticas, como os métodos cromatográficos [12]. A sensibilidade desses procedimentos deve ser adequada aos seus propósitos, sendo sua aplicação validada para a matriz biológica utilizada nas análises e apresentando limite de detecção que contemple as concentrações geralmente encontradas na amostra [25]. Entretanto, devido a sua baixa especificidade, apresentam limitações, não podendo ser utilizados como único teste na liberação de um laudo criminal.

Os testes de triagem mais utilizados em análises toxicológicas são os imunoensaios. Alguns foram desenvolvidos para detecção de um único composto, mas geralmente identificam, simultaneamente, diferentes grupos de substâncias, como anfetaminas, opiáceos, barbitúricos, benzodiazepínicos etc. [16]. Os imunoensaios baseiam-se no princípio de competição entre antígenos pelo sítio de ligação de um anticorpo específico. Os testes comerciais apresentam, em sua composição, o anticorpo e um antígeno marcado, sendo este último constituído pela droga de abuso conjugada a uma enzima, radioisótopo ou grupo emissor de fluorescência. Quando se adiciona a amostra ao imunoensaio, o antígeno marcado e o antígeno presente na amostra competem pelo sítio de ligação do anticorpo, fornecendo, assim, uma resposta específica. Baseando-se no sinal obtido mediante a análise por comparação com uma amostra de concentração conhecida e padronizada, é possível determinar se a amostra em questão é positiva ou negativa [26].

Uma das primeiras ferramentas utilizadas por toxicologistas na identificação de agentes tóxicos foram os testes colorimétricos. Atualmente, são aplicados principalmente nos casos de análises de pós e comprimidos, mas também podem ser utilizados na identificação de compostos presentes em algumas matrizes biológicas, como urina e conteúdo estomacal. Os testes colorimétricos possibilitam a detecção de compostos tóxicos por meio da interação com grupos funcionais presentes na estrutura química dos compostos, resultando numa cor característica que possibilita a interpretação dos resultados. Análogos aos imunoensaios, eles têm como vantagens a facilidade de execução e o baixo custo, assim como o uso reduzido de reagentes. São empregados na identificação de grupos de xenobióticos, como metais, álcoois, canabinoides, opiáceos, cocaína, benzodiazepínicos, barbitúricos, anfetaminas etc. [27].

Além dos imunoensaios e dos testes colorimétricos, existem outros métodos aplicados na triagem de xenobióticos. A cromatografia gasosa (*gas chromatography*, GC), acoplada a diferentes tipos de detectores, também é uma técnica amplamente utilizada nos laboratórios de toxicologia. O detector nitrogênio-fósforo (*nitrogen-phosphorus detector*, NPD), por exemplo, apresenta compatibilidade com grande parte dos agentes tóxicos analisados em toxicologia forense, já que muitas das substâncias de interesse forense contêm átomos de nitrogênio em sua estrutura, importante requisito para aplicação dessa técnica [28]. Esse tipo de detector é particularmente útil em análises de praguicidas que apresentam átomos de fósforo, assim como para triagem de fármacos de caráter básico que apresentam grupamentos amina [28,29].

Além do NPD, o detector por ionização em chama (*flame ionization detector*, FID) também é bastante empregado, associado à cromatografia gasosa, na triagem de compostos tóxicos voláteis em amostras biológicas. O FID permite a detecção de diversas classes de compostos por meio da oxidação dos efluentes da coluna cromatográfica e, apesar de apresentar seletividade e sensibilidade inferiores ao NPD, é bastante utilizado em análises de álcoois e outros compostos voláteis, em associação com extração por *headspace*, como será explicado adiante [29].

Apesar de os resultados dos testes de triagem serem reportados no relatório final das análises, sua aplicação está limitada a nortear as técnicas empregadas subsequentemente nas análises confirmatórias. Os procedimentos analíticos confirmatórios possibilitam a identificação dos xenobióticos envolvidos na intoxicação, fornecendo resultados inequívocos que poderão ser utilizados como provas no inquérito judicial. De acordo com o *Guia para laboratórios forenses*, elaborado pela SOFT e pela *American Academy of Forensic Sciences* (AAFS), sempre que possível, o teste confirmatório deve apresentar maior especificidade que aquele utilizado na triagem. Além disso, é indicado que a análise confirmatória seja realizada utilizando-se técnica de princípios físico-químicos diferentes daqueles do exame de triagem [25]. Para isso, utilizam-se detectores ou até mesmo colunas cromatográficas distintas, sendo que, no último caso, o tempo de retenção das substâncias deve apresentar diferença significativa entre os testes de triagem e a metodologia confirmatória [12].

Diversos procedimentos analíticos podem ser utilizados nas análises toxicológicas confirmatórias. Geralmente, utiliza-se uma combinação de métodos cromatográficos, empregados para separação dos compostos presentes na amostra, e espectroscópicos, para detecção e identificação dos compostos separados anteriormente. Entre as técnicas cromatográficas mais empregadas, pode-se citar a cromatografia em camada delgada (*thin layer chromatography*, TLC), a eletroforese capilar (*capillary electrophoresis*, CE), a cromatografia gasosa e a cromatografia líquida (*liquid chromatography*, LC). No que se refere aos métodos espectroscópicos, detectores por absorção molecular no ultravioleta, visível e infravermelho, bem como a espectrometria de massas, são os mais utilizados [31].

Atualmente, a cromatografia gasosa acoplada à espectrometria de massas (*gas chromatography-mass spectrometry*, GC-MS) e a cromatografia líquida acoplada à espectrometria de massas (*liquid chromatography-mass spectrometry*, LC-MS) são as técnicas mais recomendadas para análises confirmatórias. Isso se deve à alta especificidade das técnicas, atendendo, assim, aos requisitos das análises toxicológicas confirmatórias no âmbito forense [19]. Abaixo, serão abordados, sucintamente, os princípios pertinentes às cromatografias gasosa e líquida, assim como os princípios da espectrometria de massas.

A cromatografia, como citado anteriormente, é um método de separação de substâncias químicas presentes em uma amostra. Isso ocorre em uma coluna, que pode conter uma fase estacionária líquida ou sólida, através da qual um eluente flui continuamente, podendo este ser um gás inerte, no caso da GC, ou um solvente líquido, no caso da LC. Quando uma mistura de substâncias é injetada na coluna, seus componentes sofrem partição entre a fase estacionária e a fase móvel, sendo arrastados para o detector. O tempo necessário para que compostos com características químicas diferentes, mas sob um mesmo fluxo, alcancem o detector é dependente da afinidade específica de cada uma delas pela fase estacionária. Moléculas que apresentam maior afinidade pela fase estacionária exibem maior tempo de retenção, sendo o oposto também verdadeiro. Ao alcançar o detector, um sinal proporcional à quantidade de substância presente é produzido (Figura 1.2-A) [30].

Existem diferentes tipos de detectores por espectrometria de massas, mas, de maneira geral, o princípio de funcionamento é similar. O detector é mantido sob vácuo e, no caso da ionização por elétrons (técnica mais comumente utilizada), o efluente da coluna é bombardeado por elétrons. As substâncias presentes absorvem energia, o que causa ionização e subsequente fragmentação destas. Os íons formados são filtrados de acordo com sua massa (de maneira decrescente), e o detector fornece a abundância relativa de cada fragmento. Esse processo ocorre diversas vezes por segundo e o espectro (padrão de fragmentação) formado é único para cada substância (Figura 1.2-B) [31]. Sendo assim, de acordo com o tempo de retenção da substância (resultado da separação cromatográfica) e com o espectro fornecido, é possível identificar o analito presente na amostra.

No que se refere aos métodos analíticos geralmente empregados em análises toxicológicas no âmbito forense, é importante ressaltar que a maioria deles requer etapas de purificação e concentração anteriormente às etapas de detecção, identificação e quantificação. Para isso, são utilizadas técnicas de separação que permitem isolar da matriz biológica o analito de interesse. Um dos métodos de extração mais utilizados nos laboratórios consiste na extração líquido-líquido (*liquid-liquid extraction*, LLE), pela qual os compostos presentes em amostras líquidas são seletivamente transferidos para outra fase líquida (fase aceptora) [32]. Essa transferência ocorre uma vez que os componentes da amostra apresentam diferentes solubilidades na fase aceptora, o que permite a separação dos agentes tóxicos de outros componentes da amostra que poderiam interferir nas análises.

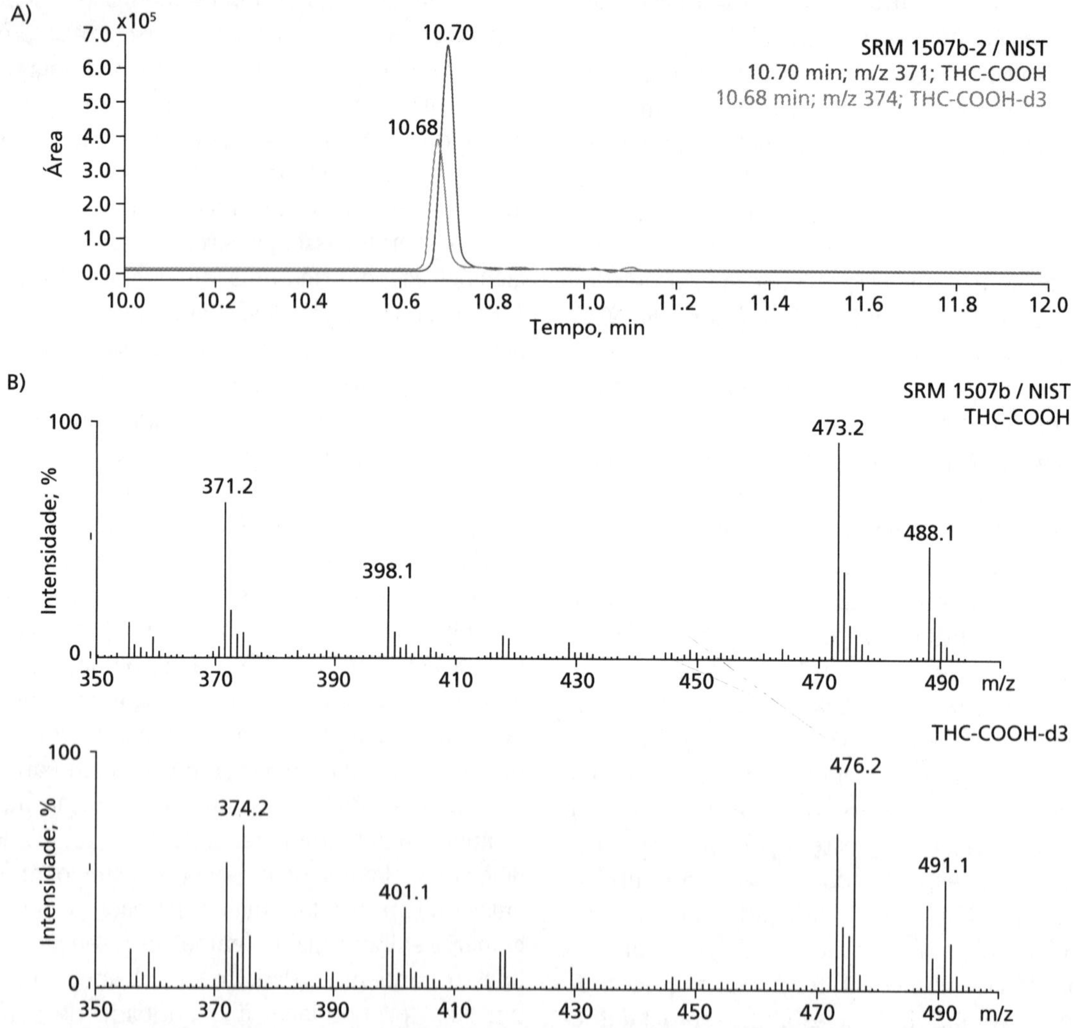

Figura 1.2 A) Representação do cromatograma obtido por GC de uma amostra de urina contendo ácido 11-nor-Δ9-tetraidrocanabinol carboxílico (THC-COOH) e 11-nor-Δ9-tetraidrocanabinol carboxílico deuterado (THC-COOH-d3) em urina. B) Representação do espectro de massas do THC-COOH e THC-COOH-d3 (padrão interno).

Fonte: retirado de Eller, 2014 [63].

Além da LLE, a extração em fase sólida (*solid phase extraction*, SPE) é uma técnica bastante empregada em análises forenses. A extração dos compostos de interesse ocorre por meio da absorção destes à fase sólida e posterior eluição pela utilização de um solvente adequado. A SPE apresenta aplicação cada vez mais disseminada, pois os diferentes tipos de fase sólida permitem a extração de ampla gama de compostos, além de ser uma técnica de alta eficiência [32].

A técnica de extração por *headspace*, muito utilizada nas análises de álcoois e outros compostos voláteis, baseia-se no princípio de que as substâncias voláteis de uma amostra, condicionadas em um frasco hermeticamente fechado e sob temperatura constante, estabelecem um ponto de equilíbrio entre a amostra e a fase gasosa acima dela, sendo esta última o denominado *headspace*. Utilizando-se uma seringa apropriada, um determinado volume de fase gasosa coletado e injetado no cromatógrafo gasoso [21]. Esse método apresenta a vantagem de ser simples, barato e facilmente automatizado, o que justifica sua ampla aplicação na triagem de compostos.

Outras técnicas de extração, como microextração em fase sólida (*solid phase microextraction*, SPME), microextração em fase líquida (*liquid phase microextraction*, LPME), extração por fluido supercrítico (supercritical fluid extraction, SFE) e extração acelerada por solvente (accelerated solvent extraction, ASE), também apresentam aplicações na toxicologia forense. Em associação com os métodos analíticos de detecção/identificação, fornecem resultados que devem ser interpretados pelo toxicologista forense com base em dados científicos. Cabe a ele, assim, a complexa tarefa de predizer os efeitos fisiológicos e comportamentais por meio da interpretação dos resultados qualitativos e quantitativos das análises [12]. Tendo em mente que o toxicologista forense atua em diversas áreas, devido à necessidade de comprovação científica dos fatos relevantes ao inquérito judicial, pode-se concluir que tanto a abordagem metodológica como a interpretação dos resultados dependem das peculiaridades de cada caso, devendo ser conduzidas de acordo com essas características.

1.6 Áreas de aplicação

1.6.1 Toxicologia *post mortem*

A toxicologia *post mortem* é, historicamente, o ramo mais antigo da toxicologia forense. As análises *post mortem* são aplicadas em investigações de crimes envolvendo vítimas fatais nas quais há suspeita de que substâncias tóxicas podem ter contribuído ou causado a morte do indivíduo [28]. Além dos casos em que há indícios do envolvimento de substâncias tóxicas, a pesquisa por drogas de abuso e medicamentos em vítimas de homicídio e mortes acidentais é importante, pois, em diversos casos, pode existir correlação entre o uso de tais drogas e as circunstâncias relativas à *causa mortis* [11]. De forma análoga, mortes aparentemente acidentais podem, na verdade, ser resultantes de ações criminosas. Um exemplo clássico desse tipo de ocorrência consiste na determinação da *causa mortis* em casos de incêndios supostamente acidentais. A saturação sanguínea de monóxido de carbono pode indicar se a vítima faleceu em decorrência da intoxicação resultante do incêndio ou se a morte ocorreu anteriormente ao início do incêndio, o que mudaria completamente a interpretação dos fatos [12].

As análises *post mortem* apresentam aspectos peculiares que são essenciais no encaminhamento das investigações. Um deles refere-se à escolha das matrizes biológicas a serem utilizadas nas análises. A disponibilidade de amostras para análise toxicológica de casos *post mortem* pode ser numerosa ou limitada, dependendo do histórico do caso e do intervalo de tempo entre a morte e a coleta das amostras [33]. Teoricamente, qualquer amostra biológica pode ser utilizada na determinação de xenobióticos. Entretanto, a interpretação dos resultados é dependente da existência de dados científicos apropriados; por isso, sangue, fígado, conteúdo gástrico e humor vítreo são preferencialmente coletados. Nos casos de corpos de vítimas que se encontram em estágio avançado de decomposição, as matrizes anteriormente citadas podem não estar disponíveis, havendo a necessidade de se utilizar amostras alternativas, como músculo, cabelo, cérebro e ossos [28].

Outro aspecto relevante a ser considerado nas análises *post mortem* é o fenômeno da redistribuição. Esse termo é utilizado para designar processos que afetam a concentração das substâncias presentes nos tecidos e fluidos corporais após a morte [28]. É um fenômeno complexo, relacionado a mecanismos diversos que podem ocorrer em diferentes extensões. Entre eles, podem-se citar a distribuição incompleta da substância no momento da morte, o rompimento das ligações de proteínas plasmáticas e a difusão passiva da substância contida em uma cavidade corporal, como estômago e pulmão, para o sangue presente em órgãos adjacentes [34]. A falta de conhecimento sobre a redistribuição *post mortem* pode levar à interpretação errônea dos achados laboratoriais; portanto, uma análise cuidadosa deve ser conduzida, buscando embasamento científico e evitando, com isso, conclusões inadequadas.

1.6.2 Toxicologia *ante mortem*

Apesar de a evolução da toxicologia forense estar muitas vezes relacionada a estudos de casos *post mortem*, nas últimas décadas se observa o envolvimento crescente do toxicologista forense em análises de matrizes biológicas provenientes de indivíduos vivos, já que, em muitos casos, a utilização de substâncias tóxicas culmina em fatos de interesse médico-legal, sem que haja necessariamente a morte da vítima [12].

Há muito se reconhece a associação entre o uso de substâncias psicoativas e violência [35]. A utilização de drogas com o objetivo de facilitar o cometimento de um crime, por exemplo, é prática realizada há séculos [36]. A Bíblia, numa passagem do livro Gênesis (19: 30-38), narra a história das filhas de Jó, que, com o objetivo de terem relações sexuais com o pai, o embriagaram. Outro relato famoso data do final do século XVII, no qual Mickey Finn adicionou hidrato de cloral, potente hipnótico e sedativo, à bebida alcoólica de seus patrões com a intenção de roubá-los enquanto estavam intoxicados [37]. Nas últimas décadas, observou-se aumento considerável no número de casos envolvendo a administração de drogas com o objetivo de incapacitar um indivíduo, facilitando, assim, a ocorrência de um crime.

O termo "droga facilitadora de crime" (DFC) designa uma série de substâncias psicoativas que, quando administradas sem o consentimento da vítima, resultam na incapacitação do indivíduo durante um período de tempo, o que possibilita ações criminosas sem que haja qualquer reação contra o agressor [37]. A utilização de DFC está correlacionada a crimes como roubo, homicídio, sequestro e estupro. O último deles é, de maneira geral, o mais prevalente; envolve principalmente vítimas do sexo feminino, que são sujeitadas a contato sexual não autorizado com o agressor devido a um estado de inconsciência ou incapacitação [36].

Geralmente, as DFC são substâncias que causam amnésia anterógrada, sedação profunda com perda da consciência, sonolência e alucinações [38]. Esses sintomas, muitas vezes, fazem com que a vítima se sinta confusa em relação aos fatos, postergando a realização da denúncia para as autoridades responsáveis. Isso dificulta consideravelmente as investigações, uma vez que alguns fármacos, como o ácido gama-hidroxibutírico (GHB), apresentam tempo de meia-vida curto, sendo eliminados rapidamente do organismo [39]. Portanto, quanto maior o intervalo entre a exposição e a coleta das amostras, mais difícil será detectar, identificar e quantificar as substâncias envolvidas no crime. Essa, entretanto, é somente uma das dificuldades enfrentadas nas análises de DFC.

Diferentemente da atenção dispensada às DFC, a exposição infantil intencional a agentes tóxicos, apesar do interesse forense, apresenta limitada abordagem científica. Entre as crianças, a incidência de morte decorrente desse tipo de intoxicação é relativamente baixa se comparada ao número total de homicídios [40]. Os fatores que levam à administração de agentes tóxicos em crianças pelos seus cuidadores são diversos, abrangendo desde impaciência no tratamento das crianças até desordens psiquiátricas [41]. Desse modo, é necessário que haja atenção especial dos profissionais da área da saúde, a fim de analisar de forma crítica a plausibilidade do histórico da intoxicação, tomando as medidas cabíveis em casos de envenenamento intencional por parte dos cuidadores.

No Brasil, a interrupção voluntária da gestação só é permitida quando a gravidez é decorrente de estupro, quando é comprovado que o feto é anencéfalo ou quando a gestação coloca em risco a vida da mulher [42]. Devido às restrições impostas pelo código criminal brasileiro, muitas mulheres realizam abortos ilegais, mesmo tendo consciência dos riscos inerentes a essa prática [43]. Entre os métodos abortivos ilegalmente utilizados, a administração de medicamentos é a prática mais prevalente no Brasil – em pesquisa realizada no país, verificou-se que, entre as mulheres que realizaram aborto, 48% utilizaram medicamentos para interrupção da gestação [44]. Dados estatísticos que permitam a identificação dos medicamentos mais comumente utilizados em abortos são escassos, entretanto, acredita-se que o misoprostol, um análogo sintético da prostaglandina E1, seja um dos mais utilizados, mesmo com as restrições na venda desse medicamento instituídas pelo Ministério da Saúde [45].

1.6.3 Dopagem no esporte

No que se refere à autoadministração, o escopo da toxicologia forense se estende às áreas de monitoramento do uso de drogas de abuso e medicamentos responsáveis por alteração no desempenho humano. Em alguns casos, fármacos utilizados sem objetivos terapêuticos e drogas de abuso são administrados a fim de se obter melhora no desempenho. Um exemplo dessa aplicação é a dopagem no esporte. Essa é uma prática antiga na humanidade, havendo relatos desde os Jogos Olímpicos realizados na Grécia, no final do século III a.C., mas só recentemente, na década de 60 do século XX, autoridades governamentais e esportivas instituíram leis que regulamentam o controle da dopagem no esporte [46].

A *World Anti-Doping Agency* (Wada), agência internacional atualmente responsável pela prevenção e pelo controle da dopagem no esporte, definiu de forma simplificada, no Código Antidopagem do Movimento Olímpico, o conceito de dopagem: "o uso de um expediente (substância ou método) que é potencialmente danoso à saúde do atleta e/ou capaz de melhorar sua *performance*, ou [...] A presença no corpo do atleta de substância proibida ou evidência de seu uso, ou evidência do uso de um método proibido" [47].

A Wada vem realizando alterações na definição de dopagem, visando minimizar o uso não terapêutico de métodos e substâncias potencialmente danosas ao atleta. O Código Mundial Antidopagem de 2015 define dopagem como "a ocorrência de uma ou mais violações das regras antidopagem constantes nos Artigos 2.1 a 2.10 do Código". Além da presença de marcadores, da substância inalterada ou de seus produtos de biotransformação nas amostras biológicas, são incluídos como formas de violação das regras antidopagem a recusa em fornecer amostras para os testes de controle; a adulteração das amostras fornecidas; a posse ou o tráfico de substâncias e/ou métodos proibidos; e a administração ou a tentativa de administrar substâncias ou métodos proibidos aos outros atletas. Também é dada total responsabilidade ao atleta no que se refere à administração de substâncias ou métodos. Desse modo, cabe a ele garantir a não ocorrência de violação do código, mesmo que a administração seja realizada por terceiros [48].

Tendo em vista a amplitude do conceito de dopagem, faz-se necessário estabelecer quais substâncias e métodos são considerados formas desta. Para isso, a Wada divulga anualmente uma lista relacionando as classes de substâncias e os métodos proibidos, entre os quais podem ser citados, como exemplo, os agentes anabólicos, os estimulantes, os narcóticos, os diuréticos e a dopagem sanguínea ou genética [49]. As substâncias e os métodos constantes na lista, de acordo com os critérios de inclusão da Wada, podem: melhorar o desempenho do atleta; e/ou ser potencialmente danosos à sua saúde, sendo este um dado comprovado cientificamente; e/ou violar o espírito esportivo da competição [48].

O controle da dopagem no esporte é um aspecto de interesse forense, já que a detecção de substância ou método proibido resulta em sanções legais que podem até mesmo banir o atleta da prática esportiva. Por isso, todo o processo envolvido nas análises de amostras biológicas para o controle da dopagem no esporte deve ser conduzido de modo rigoroso, seguindo as regulamentações determinadas pela Wada [48].

1.6.4 Uso de drogas no ambiente de trabalho e no trânsito

No que se refere à autoadministração de medicamentos e drogas de abuso, existe crescente preocupação quanto aos efeitos negativos na saúde dos indivíduos expostos, assim como aos reflexos observados na sociedade, em casos que vão além do uso de tais substâncias na prática esportiva. Nesse contexto, há especial interesse nas consequências do uso abusivo de medicamentos e substâncias ilícitas no ambiente de trabalho. Estudos mostram que a farmacodependência entre trabalhadores gera maiores gastos para os empregadores, devido à redução na produtividade e ao aumento no absenteísmo e no número de acidentes durante a jornada de trabalho [50]. Por isso, observa-se aumento constante no número de empregadores que recorrem às análises toxicológicas com o objetivo de monitorar a farmacodependência de seus funcionários e, associadas a programas de reabilitação, reduzir os impactos negativos decorrentes do uso de tais substâncias.

A aplicação das análises toxicológicas nesse contexto iniciou-se há cerca de quatro décadas nos Estados Unidos [51]. Para essa aplicação, os métodos analíticos empregados, assim como a obtenção das amostras e a cadeia de custódia a elas relacionada, devem seguir critérios rigorosos, visando garantir máxima confiabilidade aos resultados. Órgãos internacionais, como a *Substance Abuse and Mental Health Services Administration* (SAMHSA), dos Estados Unidos, e a *European Workplace Drug Testing Society* (EWDTS), da União Europeia, apresentam diretrizes que estabelecem as drogas a serem monitoradas, assim como valores de referência, denominados *cut-offs* dos testes de triagem e confirmatórios.

Além das aplicações já citadas, uma das áreas de maior atuação da toxicologia do desempenho humano é a relacionada à direção de veículos automotores sob influência de drogas de abuso ou medicamentos. O número elevado de acidentes envolvendo vítimas sob influência de tais substâncias levou à instituição de leis específicas acerca do monitoramento de condutores em diversos países. Entre os agentes utilizados, o álcool é, sem dúvida, o principal nos casos de direção sob influência de substâncias que alteram o desempenho humano [52]. Estudos epidemiológicos mostram que de 40% a 60% das vítimas fatais de acidentes de trânsito apresentam concentração sanguínea de álcool significativa, o que corrobora a necessidade de regulamentações e monitoramento dos condutores [53].

Nas últimas décadas, houve crescente preocupação quanto à direção sob influência de drogas ilícitas e medicamentos. Percebeu-se que, entre os condutores envolvidos em acidentes fatais, a prevalência dessas substâncias em amostras biológicas é considerável e que, portanto, outras drogas além do álcool devem ser monitoradas nos condutores [12]. Entretanto, existem alguns aspectos que dificultam a atuação do toxicologista nessa área, já que diferentes substâncias podem estar envolvidas e a correlação entre a concentração da amostra com os efeitos fisiológicos pode ser complexa, uma vez que, mesmo quando expostos à mesma concentração, indivíduos diferentes podem apresentar respostas fisiológicas distintas, dificultando a interpretação dos resultados.

1.6.5 Toxicogenômica

Tendo em vista as diferenças interindividuais no que diz respeito à resposta observada para diferentes agentes tóxicos, atualmente a toxicologia forense busca individualizar a interpretação dos resultados pela utilização da genotipagem. Essa aplicação resultou no surgimento da toxicogenômica, área responsável por avaliar diferenças farmacocinéticas e farmacodinâmicas decorrentes do perfil genético dos indivíduos [54].

Fatores diversos, como idade, sexo, comorbidades, alimentação e hábito de fumar ou consumir bebidas alcoólicas, apresentam influência sob os processos farmacocinéticos e farmacodinâmicos dos xenobióticos. Estima-se, ademais, que de 15% a 30% das diferenças interindividuais observadas na biotransformação e na resposta aos xenobióticos sejam decorrentes de fatores genéticos, sendo que para algumas drogas específicas essa taxa pode chegar a 95% [55]. Dessa maneira, em casos nos quais os resultados analíticos não são suficientes para estabelecer a *causa mortis*, a toxicogenética pode ser ferramenta complementar, mostrando que características individuais justificam, por exemplo, uma hipótese de overdose [56].

1.6.6 Armas químicas

A toxicologia forense, de maneira geral, não somente apresenta aplicação em áreas relacionadas a análises de matrizes biológicas, como também é responsável por auxiliar investigações sobre o uso de armas químicas. Historicamente, as armas químicas foram artifícios muito utilizados em guerras; entretanto, nas últimas décadas, observa-se mudança nessa finalidade, sendo empregadas em atentados a civis [56]. De acordo com a *Chemical Weapons Convention* (CWC), arma química consiste em qualquer composto químico tóxico, ou precursor, que cause morte, dano, incapacidade temporária ou irritação nos sistemas sensoriais por meio de ação química. Além disso, munições (ou qualquer outro sistema) que permitam a disseminação de armas químicas também são assim classificadas [57].

Diversos compostos apresentam aplicações como armas químicas e seus efeitos sobre o organismo podem causar desde irritações, convulsões e paralisias até asfixia e morte. Assim, a rápida identificação do agente é essencial para minimizar os danos por ele causados, mediante tratamento adequado das vítimas. Além disso, a detecção e a identificação dos agentes em amostras biológicas, como sangue e urina, podem ser utilizadas como provas jurídicas nos casos de acusações de crimes militares e terroristas [58].

A detecção e a identificação de armas químicas em matrizes biológicas é tarefa difícil para o toxicologista. Geralmente, esses compostos apresentam características eletrofílicas, o que lhes confere alta reatividade, resultando na rápida biotransformação da maior parte da dose absorvida. Por isso, grande parte dos métodos analíticos disponíveis para avaliação da exposição humana às armas químicas visa à detecção de produtos de biotransformação ou adutos – designados biomarcadores de exposição [58]. Entretanto, a atenção dispensada às técnicas de biomonitoramento de armas químicas é recente, sendo limitados os métodos disponíveis e a literatura científica. Para alguns compostos, ainda não existem métodos validados em humanos, enquanto outros requerem técnicas de alto custo e de difícil operação, o que mostra a necessidade de avanços científicos na área.

Diferentemente do biomonitoramento de armas químicas, métodos para detecção e identificação desses compostos, assim como de seus produtos de degradação, foram amplamente desenvolvidos nas últimas três décadas [59]. Em parte, isso se deve à instituição, em 1993, da CWC, que determinou a destruição de diversos tipos de armas de destruição em massa, entre as quais as armas químicas. Para o cumprimento das determinações da CWC, foram necessários avanços nas técnicas de detecção e identificação de armas químicas, culminando na obtenção de métodos analíticos sensíveis e confiáveis [60].

1.6.7 Toxicologia ambiental

A última grande área a ser aqui abordada é a toxicologia ambiental forense. Existe interesse crescente em correlacionar, de forma cientificamente comprovada, contaminações ambientais a seus respectivos responsáveis. Esse é, portanto, um campo de atuação do toxicologista forense, que buscará identificar a origem da contaminação, demonstrando os mecanismos pelos quais tais materiais chegaram ao local atingido. A complexidade da toxicologia ambiental forense resulta da variedade de circunstâncias envolvidas. Em alguns casos, existem múltiplas fontes de contaminação possíveis, em outros, os compostos naturais ou historicamente presentes no ambiente podem ser os responsáveis, e ainda há aqueles nos quais a origem do material é desconhecida. A identificação da origem da contaminação pode ser realizada, por exemplo, por métodos que determinem o gradiente de concentração do composto, levando ao seu sítio de origem. Além disso, a mistura envolvida pode apresentar padrão específico de proporcionalidade dos componentes, o que poderia auxiliar na identificação da fonte responsável. Isso também pode ser realizado por análises isotópicas da mistura, técnica empregada rotineiramente nas análises forenses ambientais [61]. Observa-se evolução nas técnicas de identificação de substâncias tóxicas presentes no ambiente, existindo cobrança cada vez maior de comprovações científicas da responsabilidade de tais contaminações.

1.7 Conclusões

A toxicologia forense tem se desenvolvido de modo substancial nas últimas décadas, juntamente com os avanços observados no aprimoramento de técnicas analíticas de identificação dos mais variados tipos de compostos químicos. Entretanto, a diversidade de situações forenses com os quais toxicologista pode se deparar faz dessa ciência um desafio constante.

Questões para estudo

1. Defina toxicologia forense e discorra sobre o escopo básico de atuação dos profissionais da área.
2. Diferencie e defina os termos agente tóxico, fármaco, droga e xenobiótico.
3. Quais aspectos são importantes na determinação de agentes tóxicos envolvidos em intoxicações?
4. Explique os procedimentos utilizados na determinação de substâncias químicas em matrizes biológicas.
5. Quais são as principais áreas de aplicação da toxicologia forense?

Respostas

1. A toxicologia forense é o ramo que se utiliza dos princípios fundamentais da toxicologia com o objetivo de auxiliar o esclarecimento de fatos que apresentam interesse médico-legal. Para tanto, baseia-se na detecção, na identificação e na quantificação de substâncias químicas em matrizes biológicas e não biológicas com o objetivo de fornecer resultados acerca da presença ou da ausência destas no espécime analisado.
2. Agente tóxico é o termo utilizado para referir-se a qualquer composto de origem animal, mineral, vegetal ou sintética capaz de causar prejuízo a um organismo vivo. Diferentemente, fármaco é uma substância de estrutura química definida, utilizada para obtenção de efeitos benéficos sobre o organismo. O termo droga, por sua vez, se refere às substâncias capazes de causar modificações no organismo, sejam elas benéficas ou não. Xenobiótico é o termo utilizado para designar qualquer substância química qualitativa ou quantitativamente estranha ao organismo.
3. A determinação de agentes tóxicos envolvidos em intoxicações baseia-se, de maneira geral, nas análises de amostras biológicas. A escolha do espécime deve levar em conta o tipo de exposição (crônica ou aguda) e a disponibilidade da amostra, que deve ser coletada, transportada e armazenada de maneira adequada, a fim de garantir sua preservação e evitar contaminações. Além disso, ao planejar as análises, a biotransformação das substâncias no organismo deve ser considerada. O período transcorrido entre a exposição e a coleta, assim como o tipo de matriz empregada, pode definir quais analitos poderão ser utilizados para determinação do agente tóxico.

4. De maneira geral, inicialmente ensaios de triagem são utilizados nas análises. Estes permitem a detecção do agente, sem que, entretanto, seja realizada sua identificação conclusiva. Suas vantagens são: rapidez das análises, simplicidade e baixo custo. Os ensaios confirmatórios, em contrapartida, geralmente necessitam de etapas de purificação e concentração dos analitos, sendo, portanto, mais custosos e trabalhosos, mas essenciais para confiabilidade dos resultados positivos. Atualmente, a cromatografia gasosa, ou líquida, acoplada à espectrometria de massas é considerada a técnica de escolha para análises confirmatórias. Isso se deve à alta especificidade dessas técnicas, atendendo aos requisitos das análises toxicológicas no âmbito forense.
5. A toxicologia *post mortem* é uma das principais e mais antigas áreas da toxicologia forense; destina-se à investigação de crimes envolvendo vítimas fatais, quando há suspeita de que substâncias tóxicas podem ter contribuído ou causado a morte do indivíduo. A administração de drogas também pode ser utilizada com o objetivo de incapacitar um indivíduo, facilitando assim a ocorrência de um crime. Nesse sentido, tem-se a utilização de uma série de substâncias psicoativas (drogas facilitadoras de crimes) que, geralmente administradas sem o consentimento da vítima, resultam na sua incapacitação durante um período de tempo, possibilitando ações criminosas como roubo, homicídio, sequestro e estupro.

   A determinação da exposição intencional a substâncias químicas também faz parte da atuação do toxicologista forense. Como exemplos, podem ser citados a exposição infantil a agentes tóxicos, a interrupção voluntária e ilegal da gestação, o consumo de substâncias para melhora do desempenho físico em competições esportivas (dopagem no esporte), o consumo de drogas de abuso no ambiente de trabalho e a condução de veículos automotores sob influência de álcool ou outras drogas.

   Além das aplicações relacionadas à determinação de agentes tóxicos em seres humanos, a toxicologia forense também é utilizada na determinação de compostos em matrizes não biológicas. Como exemplos, temos a identificação de armas químicas e de contaminações ambientais, quando a determinação do composto envolvido, assim como de sua origem, pode fornecer importantes informações para a identificação dos responsáveis legais.

Lista de abreviaturas

AAFS	American Academy of Forensic Sciences
CE	Eletroforese capilar (do inglês *capillary electrophoresis*)
CWC	Chemical Weapons Convention
DFC	Droga facilitadora de crime
FID	Detector de ionização de chama (do inglês *flame ionization detector*)
GC	Cromatografia a gás (do inglês *gas chromatography*)
GC-MS	Cromatografia a gás acoplada a espectrometria de massas (do inglês *gas chromatography coupled to mass spectrometry*)
GHB	Gama-hidroxibutirato
LC	Cromatografia líquida (do inglês *liquid chromatography*)
LC-MS	Cromatografia líquida acoplada a espectrometria de massas (do inglês *liquid chromatography coupled to mass spectrometry*)
LLE	Extração líquido-líquido (do inglês *liquid liquid extraction*)
LPME	Microextração em fase líquida (do inglês *liquid phase microextraction*)
NPD	Detector de nitrogênio e fósforo (do inglês *nitrogen phosphorous detector*)
SAMHSA	Substance Abuse and Mental Health Services Administration
SPE	Extração em fase sólida (do inglês *solid phase extraction*)
SPME	Microextração em fase sólida (do inglês *solid phase microextraction*)
SOFT	Society of Forensic Toxicologists
TIAFT	The International Association of Forensic Toxicologists

TLC	Cromatografia em camada delgada (do inglês *thin layer chromatography*)
WADA	World Anti-Doping Agency

Lista de palavras

Agente tóxico	Fármaco	Veneno
Armas químicas	Imunoensaio	Xenobiótico
Cromatografia	Jean Servais Stas	
Dopagem	Mathieu J. B. Orfila	
Droga	Paracelsus	
Espectrometria de massas	Toxicologia *post mortem*	

REFERÊNCIAS

1. Lane RW, Borzelleca JF. Harming and helping through time. The history of toxicology. In: Hayes WA. Principles and methods of toxicology. London: Taylor & Francis; 2008. p. 2-41.

2. Watson KD, Wexler P. History of toxicology. In: Wexler P. Information resources of toxicology. California: Academy Press; 2009. p. 11-29.

3. Gallo M. History and scope of toxicology. In: Klaassen CD. Toxicology: the basic sciences of poisons. New York: McGraw-Hill; 2008. p. 3-11.

4. Trestail JH. Criminal Poisoning: investigation guide for Law enforcement, toxicologists, forensic scients, and attorneys. New Jersey: Human Press; 2000. 160 p.

5. Hayes AN, Gilbert SG. Historical milestones and discoveries that shaped the toxicological sciences. In: Luch A. Molecular, clinical and environmental toxicology. London: Birkhäuser; 2009.

6. Oga S, Camargo MMA, Batistuzzo JAO. Fundamentos de toxicologia. São Paulo: Atheneu; 2008.

7. Tillstone WJ, Savage KA, Clark LA. Encyclopedia of forensic sciences: an encyclopedia of history, methods, and techniques. California: ABC-Clio; 2006. 307 p.

8. Eckert WG. Introduction to forensic sciences. Florida: CRC Press; 1997. 380 p.

9. Gilbert SG. A small dose of toxicology: the health effects of common chemicals. Healthy Word Press; 2012. 260 p.

10. Langmam LJ, Kapur BM. Toxicology: then and now. Clin Biochem. 2006;39:498-510.

11. Levine B: Postmortem forensic toxicology. In: Levine B. Principles of forensic toxicology. Washington: AACC Press; 2003. p. 3-13.

12. Goldberger BA, Wilkins DG. Analytical and forensic toxicology. In: Klaassen CD. Casarett & Doull's toxicology: the basic science of poisons. New York: McGraw-Hill; 2014. p. 1357-274.

13. Timbrell J. Introduction to toxicology. Florida: CRC Press, 2001.

14. Alves, SR. Toxicologia forense e saúde pública: desenvolvimento e avaliação de um sistema de informações como ferramenta para a vigilância de agravos decorrentes da utilização de substâncias químicas [tese de doutorado]. Rio de Janeiro: Escola Nacional de Saúde Pública; 2005.

15. Musshoff F, Stamer UM, Madea B. Pharmacogenetics and forensic toxicology. Forensic science international. 2010;203(1):53-62.

16. Thorne DP, Russell ME. Toxicology. In: Bishop ML, Fody EP, Schoeff LE. Clinical chemistry: techniques, principles, correlations. Maryland: Lippincot Williams & Wilkins; 2010. p. 622-36.

17. Finkle BS. Forensic toxicology in the 1980s. The role of the analytical chemistry. Anal Chem. 1982;54:433A-447A.

18. Oga S, Farsky SHP, Marcourakis T. Toxicocinética. In: Oga S, Camargo MMA, Batstuzzo JAO. Fundamentos de toxicologia. São Paulo: Atheneu; 2008. p. 11-26.

19. Moffat AC, Osselton MD, Widdop B, Jickells S, Negrusz A. Introduction to forensic toxicology. In: Jickells S, Negrusz A. Clarke's analytical forensic toxicology. London: Pharmaceutical Press; 2008. p. 1-11.

20. Poklis A. Forensic Toxicology. In: Eckert WG. Introduction to forensic science. Florida: CRC Press; 1997. p. 107-132.

21. Flanagan RJ, Taylor A, Watson ID, Whelpton R. Fundamentals of analytical toxicology. West Sussex: John Wiley & Sons; 2007. 505 p.

22. Smith FP. Overview of forensic drug analysis. In: Smith FP. Handbook of forensic drug analysis. Oxford: Elsevier Academic Press; 2005. p. 1-12.

23. Langman LJ, Kapur BM. Toxicology: then and now. Clin Biochem. 2006;39:498-510.

24. Osselton MD, Moffat AC, Widdop B. Forensic toxicology. In: Moffat AC, Osselton MD, Widdop B, Watts J. Clarke's analysis of drugs and poisons. London: Pharmaceutical Press; 2011. p. 160-175.

25. Society of Forensic Toxicologists & American Academy of Forensic Science. Forensic toxicology laboratory guidelines, 2006 [cited 2014 Aug 20]. Available from: <http://www.soft-tox.org/files/Guidelines_2006_Final.pdf>.

26. Hand C, Baldwin D. Immunoassays. In: Jickells S, Negrusz A. Clarke's analytical forensic toxicology. London: Pharmaceutical Press; 2008. p. 375-92.

27. Jeffery W, Poole CF. Colour tests and thin-layer chromatography. In: Jickells S, Negrusz A. Clarke's analytical forensic toxicology. London: Pharmaceutical Press; 2008. p. 335-73.

28. Jones GR. Postmortem toxicology. In: Jickells S, Negrusz A. Clarke's analytical forensic toxicology. London: Pharmaceutical Press; 2008. p. 191-217.

29. Hearn WL, Walls HC. Common methods in postmortem toxicology. In: Karch SB. Postmortem toxicology of abused drugs. Florida: CRC Press; 2008. p. 31-66.

30. MC Master M, MC Master C. CG/MS A pratical user's guide. New York: Wiley-VCH; 1998. p. 3-21.

31. Dawling S, Jickells S, Negrusz A. Gas chromatography. In: Moffat AC, Osselton MD, Widdop B, Watts J. Clarke's analysis of drugs and poisons. London: Pharmaceutical Press; 2011. p. 469-512.

32. Jones G. Postmortem toxicology. In: Moffat AC, Osselton MD, Widdop B, Watts J. Clarke's analysis of drugs and poisons. London: Pharmaceutical Press; 2011. p. 176-89.

33. Hepler BR, Isenschmid DS. Specimen selection, collection, preservation, and security. In: Karch SB. Postmortem toxicology of abused drugs. Florida: CRC Press; 2008. p. 13-30.

34. Skopp G. Postmortem toxicology. Forensic Sci Med Pathol. 2010;6:314-25.

35. Darke S. The toxicology of homicide offenders and victims: a review. Drug Alcohol Rev. 2010;29:202-15.

36. Lebeau MA. Guidance for improved detection of drugs used to facilitate crimes. Ther Drug Monit. 2008;30:229-33.

37. Shbair MKS, Lhermitte M. Drug-facilitated crimes: definitions, prevalence, difficulties and recommendations. A review. Ann Pharm Fr. 2010;68:136-47.

38. Shbair MKS, Eljabour S, Lhermitte M. Drugs involved in drug-facilitated crimes: Part I: Alcohol, sedative-hypnotic drugs, gamma-hydroxybutyrate and ketamine. A review. Ann Pharm Fr. 2010;68:275-85.

39. Osselton MS. Drug-facilitated sexual assalt. In: Moffat AC, Osselton MD, Widdop B, Watts J. Clarke's analysis of drugs and poisons. London: Pharmaceutical Press; 2011. p. 147-59.

40. Reith D. Paediatric toxicology. In: Moffat AC, Osselton MD, Widdop B, Watts J. Clarke's analysis of drugs and poisons. London: Pharmaceutical Press; 2011. p. 429-44.

41. Dine MS, McGovern ME. Intentional poisoning of children – An overlooked category of child abuse: report of seven cases and review of the literature. Pediatrics. 1982;70:32-5.

42. Medeiros RD, Azevedo GD, Oliveira EAA, Araújo FA, Cavalcanti FJB, et Al. Opinião de estudantes dos cursos de direito e medicina da Universidade Federal do Rio Grande do Norte sobre o aborto no Brasil. Rev Bras Ginecol Obstet. 2012;34:16-21.

43. Costa SH. Commercial availability of misoprostol and induced abortion in Brazil. Int J Gynecol Obstet. 1998;63:S131-S139.

44. Diniz D, Medeiros M. Aborto no Brasil: uma pesquisa domiciliar com técnica de urna. Ciênc Saúde Coletiva. 2010;15(supl. 1):959-66.

45. Ministério da Saúde. Aborto e saúde pública – 20 anos de pesquisas no Brasil [cited 2014 Aug 15]. Available from: <http://portal.saude.gov.br/portal/arquivos/pdf/aborto_e_saude_publica_vs_preliminar.pdf>.

46. Yonamine M, Paula DML. Dopagem no esporte. In: Oga S, Camargo MMA, Batstuzzo JAO. Fundamentos de toxicologia. São Paulo: Atheneu; 2008. p. 467-79.

47. Cowan DA. Drug testing in human sport. In: Moffat AC, Osselton MD, Widdop B, Watts J. Clarke's analysis of drugs and poisons. London: Pharmaceutical Press; 2011. p. 127-37.

48. World Anti-Doping Agency. World anti-doping code 2015 [cited 2014 Aug 25]. Available from: <https://wada-main-prod.s3.amazonaws.com/resources/files/wada-2015-world-anti-doping-code.pdf>.

49. World Anti-Doping Agency. The 2014 Prohibited List – International Standard, 2014 [cited 2014 Mar 25]. Available from: <http://list.wada-ama.org/wp-content/uploads/2013/11/2014-Prohibited-List-ENGLISH-FINAL.pdf>.

50. Normand J, Lempert RO, O'Brien CP. Under the influence? Drugs and the American work force. Washington: National Academy Press; 1994. 321 p.

51. Caplan YH, Huestis MA. Introdution: drugs in the workplace. In: Karch SB. Workplace drug testing. Florida: CRC Press: Taylor & Francis Group; 2008. p. 1-5.

52. Logan BK, Gullberg RG, Negrusz A, Jickells S. Alcohol, drugs and driving. In: Jickells S, Negrusz A. Clarke's analytical forensic toxicology. London: Pharmaceutical Press; 2008. p. 299-321.

53. Kunsman GW. Human performance toxicology. In: Levine B. Principles of forensic toxicology. Washington: AACC Press; 2003. p. 15-29.

54. Musshoff F, Stamer UM, Madea B. Pharmacogenetics and forensic toxicology. Forensic Sci Int. 2010;203:53-62.

55. Sajantila A, Palo JU, Ojanperä I, Davis C, Budowle B. Pharmacogenetics in medico-legal context. Forensic Sci Int. 2010;203:44-52.

56. Wong SHY. Challenges of toxicology for the millennium. Ther Drug Monit. 2000;22:52-7.

57. Organization for the Prohibition of Chemical Weapons. Brief description of chemical weapons [cited 2014 Aug 25]. Available from: <http://www.opcw.org/about-chemical-weapons/what-is-a-chemical-weapon/>.

58. Black RM, Noort D. Biological markers of exposure to chemical warfare agents. In: Marrs TC, Maynard RL, Sidell FR. Chemical warfare agents – Toxicology and treatment. West Sussex: Wiley; 2007. p. 127-56.

59. Noort D, Benschop HP, Black R. Biomonitoring of exposure to chemical warfare agents: a review. Toxicol Appl Pharmacol. 2002;184:116-26.

60. Kientz CE. Chromatography and mass spectrometry of chemical warfare agents, toxins and related compounds: state of the art and future prospects. J Chromatogr A. 1998;814:1-23.

61. Mudge SM. Environmental forensics and the importance of source identification. In: Hester RE, Harrison RM. Environmental forensics. London: Royal Society of Chemistry; 2008. p. 1-16.

62. Wennig R. Forensic toxicology – Environmental toxicology and human health. Encyclopedia of Life Support Systems [cited 2015 Jul 6]. Available from: <http://www.eolss.net/Sample-Chapters/C09/E6-12-23-00.pdf>.

63. Eller SCWS. Estudo da incerteza de medição em análises toxicológicas de substâncias psicoativas em urina [dissertação de mestrado]. São Paulo: Faculdade de Ciências Farmacêuticas, Universidade de São Paulo; 2014.

CAPÍTULO 2

CADEIA DE CUSTÓDIA E LABORATÓRIOS DE TOXICOLOGIA FORENSE

Norma Sueli Bonaccorso

Juliana Romera Mansilha Dias

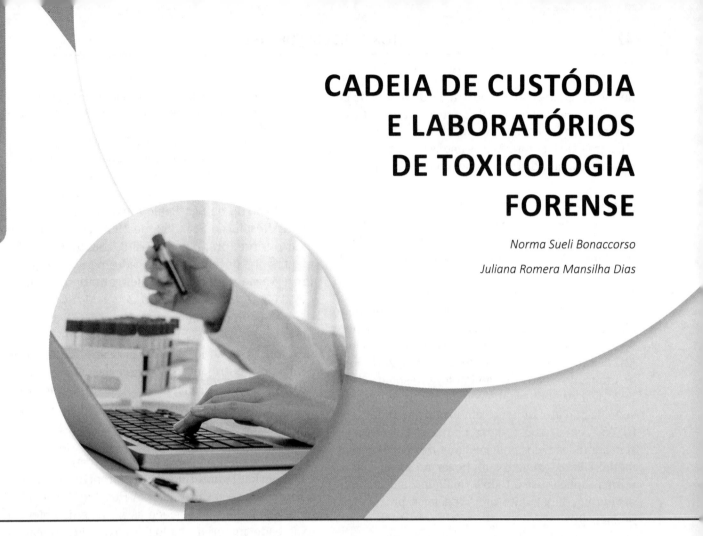

2.1 Conceitos iniciais

Cadeia de custódia é um conceito oriundo da jurisprudência estrangeira que se aplica à *manipulação de amostras e vestígios* e à *integridade destes*. A cadeia de custódia também se refere à *documentação* que serve para o *rastreamento da amostra*, através da demonstração de todos os passos por ela percorridos. Este conceito surgiu tendo em vista que *vestígios* ou *indícios* podem ser *usados em juízo* para a condenação de pessoas pela prática de crimes e, por isto, devem ser assegurados, de forma escrupulosa, os cuidados para se evitar alegações tardias que possam alterar ou comprometer a argumentação da acusação ou da defesa [1].

Em outras palavras, a *cadeia de custódia* é o conjunto de todos os procedimentos realizados, por exemplo, com um vestígio desde quando ele foi encontrado em um local de crime até sua juntada no processo. Esses procedimentos vão da coleta, identificação e acondicionamento do vestígio adequados nesse momento; passam pelo correto armazenamento, transporte, recebimento e registro nos laboratórios forenses para exames; e chegam até a manipulação durante as análises laboratoriais, guarda de parte do material para eventual nova perícia, bem como a devolução do material restante (quando a quantidade assim o permitir) devidamente identificado e, finalmente, a elaboração do respectivo Laudo ou Relatório de Análise. Dessa forma, busca-se garantir que o resultado (contido no laudo), a ser juntado ao processo, realmente trate a respeito do vestígio deixado originalmente no local do crime.

O conceito de cadeia de custódia está presente *intuitivamente* na maioria de nós, quando, por exemplo, comparamos o conjunto desses procedimentos a um sistema de *controle de qualidade* adotado em um laboratório clínico para garantir a qualidade dos resultados. Assim, espera-se que o resultado entregue ao paciente sobre determinado exame realmente seja oriundo da amostra dele coletada, e que o resultado expresso seja o mais correto possível, dentro das limitações de cada técnica. A cadeia de custódia, entretanto, por estar inserida em um contexto legal, é muito mais complexa do que um controle de qualidade laboratorial, pois promove a consubstanciação e a idoneidade da perícia.

Em termos didáticos, a cadeia de custódia pode ser dividida em duas fases: a da *custódia externa*, que se preocupa com a amostra desde o local da coleta até chegada ao laboratório; e a da *custódia interna*, cuja preocupação vai desde o recebimento da amostra pelo laboratório e os dados de transferência e armazenamento até a sua destinação final [1].

2.2 Cadeia de custódia externa

Considerando a cadeia de custódia externa, é importante salientar que a *correta preservação do local do crime* é o primeiro elo a ser estabelecido para a efetiva *instalação da cadeia de custódia*. Nesse sentido, o primeiro policial a chegar ao local e providenciar a preservação constitui o primeiro elemento da cadeia. Além dos ditames dos artigos 6.° e 169 do Código de Processo Penal brasileiro [2], quanto à necessidade de preservação do local de crime, no estado de São Paulo, a Resolução SSP-382, de 1-9-1999, estabelece as diretrizes a serem seguidas no atendimento em locais de crime. O artigo 5.°, em especial, deixa claras as normas a serem adotadas pelos policiais militares (que normalmente são os primeiros a chegar no local, mas as normas aplicam-se a todo e qualquer policial), que devem imediatamente providenciar a preservação do local [3]:

> Artigo 5.° – Deverão ser adotadas as seguintes normas, sob pena de responsabilidade:
>
> I – se o local for de difícil acesso, acionar o Corpo de Bombeiros;
>
> II – preservar o local, não lhe alterando a forma em nenhuma hipótese, incluindo-se nisso:
>
> a) não mexer em absolutamente nada que componha a cena do crime, em especial não retirando, colocando, ou modificando a posição do que quer que seja;
>
> b) não revirar os bolsos das vestes do cadáver, quando houver;
>
> c) não recolher pertences;
>
> d) não mexer nos instrumentos do crime, principalmente armas;
>
> e) não tocar no cadáver, principalmente não movê-lo de sua posição original;
>
> f) não tocar nos objetos que estão sob guarda;
>
> g) não realizar a identificação do cadáver, a qual ficará a cargo da perícia;
>
> h) não fumar, nem comer ou beber nada na cena do crime;
>
> i) em locais internos, não usar o telefone, sanitário ou lavatório eventualmente existentes;
>
> j) em locais internos, manter portas, janelas, mobiliário, eletrodomésticos, utensílios, tais como foram encontrados, não os abrindo ou fechando, não os ligando ou desligando, salvo o estritamente necessário para conter risco eventualmente existente;
>
> k) tomar o cuidado de afastar animais soltos, principalmente em locais externos e, em especial, onde houver cadáver;
>
> Parágrafo único – a constatação do óbito da vítima torna desnecessária e prejudicial à investigação sua remoção para hospitais.

O estado de São Paulo é pioneiro nessa questão. A Resolução SSP-382, de 1999, apesar de não citar o termo propriamente dito, traz todos os elementos que devem ser observados para a adequada preservação do local do crime, garantindo assim a devida *instalação da cadeia de custódia*.

Além do policial que preserva o local, os próximos *elos da cadeia* são a *autoridade policial*, que deve dirigir-se ao local para verificar a natureza da ocorrência, entre outras providências; os servidores do Instituto de Criminalística, para realização do exame pericial; e os do Instituto Médico-Legal, se for necessária remoção de cadáver.

O perito criminal deve estar atento aos corretos procedimentos para coleta dos vestígios do local do crime, garantindo a manutenção da cadeia que acabou se ser instalada. A Resolução SSP-194, de 2-6-1999 [4], estabelece as normas da coleta e exame de materiais biológicos para identificação humana. Os cuidados para evitar a contaminação, troca e degradação dos vestígios biológicos coletados, descritos detalhadamente nessa resolução, podem ser extrapolados para a coleta de quaisquer outros vestígios e, por muito tempo, como essas normas eram as únicas existentes para a área, serviram de referência para vários outras Unidades Federativas do Brasil.

Recentemente, a Secretaria Nacional de Segurança Pública do Ministério da Justiça (Senasp) publicou a Portaria n.° 82, de 16 de julho de 2014 (Anexo I) [5], que estabelece as diretrizes dos procedimentos a serem observados no tocante à cadeia de custódia de vestígios, considerando, entre outras, a necessidade de instituir em âmbito nacional a padronização da cadeia de custódia. Tal publicação foi resultado de trabalho e esforço conjunto da Senasp e dos dirigentes das polícias científicas de todo o território nacional, tendo o estado de São Paulo participado ativamente da elaboração das normas em consequência da experiência prévia e tradição no assunto.

Entre os procedimentos necessários para garantir a *manutenção da cadeia de custódia*, um dos mais importantes é a documentação completa de todas as etapas pelas quais o vestígio passou, desde a coleta no local do crime até a elaboração do laudo ou relatório final, de modo que tal amostra possa ser rastreada em todas essas etapas e, assim, suportar contestações legais quanto à sua autenticidade. Uma maneira simples de registrar essas etapas é adotar um modelo de Relatório de Rastreamento (Anexo II), que consiste em uma tabela impressa a ser preenchida com dados relativos a todos aqueles que manipularam a amostra em determinado momento.

Outros elementos essenciais para a manutenção da cadeia de custódia são: o acondicionamento em embalagens lacradas e detalhadamente identificadas, a preservação e transporte em condições adequadas (por exemplo, sob refrigeração para o caso de amostras biológicas), além do registro da numeração de lacres e identificações em documentos apropriados, os quais devem acompanhar a amostra em todas as etapas.

Um erro conceitual bastante comum é imaginar que o rompimento do lacre de uma embalagem contendo material relacionado a um exame pericial por outro profissional que não seja o perito criminal constitui quebra da cadeia de custódia. Desde que o procedimento seja justificável e esteja devidamente *documentado* (por exemplo, em um tipo de Relatório de Rastreamento de Amostra), *a cadeia de custódia do material está mantida*. Assim, todos aqueles envolvidos de alguma maneira com o fluxo dos materiais a serem submetidos a exames periciais constituem os diversos elos da cadeia e devem estar comprometidos e envidar esforços para que a cadeia de custódia não seja prejudicada.

Nesse sentido, surge a necessidade de elaboração de protocolos a serem seguidos por todos os elos da cadeia, de modo que estes sejam uniformes e tenham sustentabilidade, como pequenos elos metálicos que se unem para formar uma forte corrente.

Pode-se considerar que cada um desses elos exerce sempre um ciclo formado de três etapas em relação aos materiais de exames periciais: *recepção* (quando o material chega às mãos daquele receptor); *registro* (aquilo que efetivamente permite o exercício da função da cadeia de custódia, pois propicia a rastreabilidade dos operadores e dos materiais); e *transmissão* (os procedimentos adotados quando da entrega do material ao próximo elo da cadeia).

2.3 Cadeia de custódia interna

Quanto à cadeia de custódia interna, cujo escopo vai desde o recebimento da amostra pelo laboratório e os dados de transferência e armazenamento até a sua destinação final, diversos procedimentos devem ser adotados, que serão detalhados a seguir.

A conferência inicial do material e de toda a documentação que o acompanha é uma das etapas mais importantes deste estágio da cadeia. Assim, antes de aceitar uma amostra para ser submetida a um exame laboratorial forense de toxicologia, biologia molecular ou quaisquer outros, o funcionário responsável deverá conferir os seguintes itens: descrição, identificação e quantidade do material; presença de lacre vedando adequadamente a embalagem; requisição de exame corretamente elaborada; termo de coleta ou termo de consentimento livre e esclarecido de doação de material biológico de referência devidamente assinado, quando aplicável; condições de armazenamento e transporte apropriadas (como refrigeração mantida, quando for o caso). Se houver discrepâncias que coloquem em dúvida a origem ou a autenticidade da amostra e possam configurar a quebra da cadeia de custódia, o ideal é que o material não seja aceito, e que a devolução fique registrada em Termo de Devolução especificando quais são as não conformidades encontradas durante o recebimento. Tal termo deve ser devidamente assinado pelo responsável por sua devolução e pelo portador, para que sejam providenciadas as ações corretivas necessárias pelo requisitante.

Após o aceite do material no laboratório, os peritos que forem designados para a realização das análises devem tomar todas as cautelas necessárias para garantir a manutenção da cadeia de custódia *durante* esse processo. Assim, deverão realizar nova conferência de todos os dados e documentações antes da abertura das embalagens; "desidentificação" das amostras recebidas, de forma que os técnicos trabalhem às cegas; codificação e numeração adequada dos itens constantes de cada caso, quando necessário; preenchimento de ficha de acompanhamento do caso, detalhando todas as etapas técnicas realizadas, inclusive sob a forma de registros de manipulação e transferência de tubos durante as análises. Para maior robustez do laudo pericial, recomenda-se que se faça referência à observância desses procedimentos [1].

Todos os procedimentos técnicos realizados pelos laboratórios devem ser certificados por protocolos padronizados e supervisionados, de modo que se garanta a segurança e autenticidade das amostras. Por exemplo, não é recomendável que uma pessoa, seja o perito criminal ou algum técnico de laboratório, permaneça sozinha manipulando amostras em laboratórios forenses.

No caso da necessidade de amostras derivadas, ou seja, retirada de alíquotas para análise em outros laboratórios da Instituição Pericial, a atenção e todas as recomendações anteriormente citadas devem ser redobradas, para evitar que a cadeia de custódia se quebre durante esses trâmites.

Após a realização de todos os procedimentos laboratoriais necessários, é importante que, sempre que possível, o perito reserve parte do material analisado para uma eventual nova perícia. Esse material reservado, guardado em poder do perito criminal que realizou as análises, devidamente identificado e lacrado (*cujo número deve constar do laudo emitido*), é o que se chama de contraperícia.

Nesse ponto é importante comentar sobre a correta definição dos termos *contraperícia* e *contraprova*, que, muitas vezes, são erroneamente utilizados como sinônimos. Enquanto contraperícia "refere-se à elaboração de uma *nova perícia em material remanescente* da perícia anteriormente realizada", contraprova "diz respeito à *realização de exame em material que fora depositado, em local seguro e isento, cuja outra parte dele, anteriormente examinada*, deu origem a uma prova que está sendo contestada". [1]

Em outras palavras, a contraprova é *parte do material que foi coletado e reservado fora da instituição pericial* para uma eventual repetição, sem que tenha sido enviado para análises periciais. E contraperícia é o *material remanescente após as análises do perito criminal*, que também deve ser preservado adequadamente para eventual nova perícia.

2.4 Cadeia de custódia em laboratórios de toxicologia forense

De acordo com o **Decreto Estadual n.º 48.009, de 11 de agosto de 2003** [6], que dispõe sobre o detalhamento das atribuições das unidades específicas do Instituto de Criminalística e do Instituto Médico-Legal, ambos da Superintendência da Polícia Técnico-Científica da Secretaria da Segurança Pública do Estado de São Paulo, e dá providências correlatas, o Núcleo de Exames de Entorpecentes (do Centro de Exames de Análises e Pesquisas do Instituto de Criminalística) tem por atribuição "realizar exames de identificação, constatação e comprovação de substâncias tóxicas e de outras drogas classificadas como causadoras de dependência física ou psíquica".

A Resolução SSP-336, de 11-12-2008 [7], dispõe sobre os procedimentos referentes à formalização da apreensão, acondicionamento, guarda e incineração de drogas no estado de São Paulo (Anexo III). Ela é disciplinada pelas Portarias DGP n.º 35 de 17-12-2008 [8] e n.º 30 de 03-06-2011 [9] (respectivamente, Anexos IV e V).

A Seção I da Portaria DGP n.º 35 de 17-12-2008 determina as normas que devem ser seguidas quando da apreensão de substâncias entorpecentes:

> Art. 1.º. A Autoridade Policial, ao receber a notícia de apreensão de droga cujas providências de polícia judiciária sejam de sua atribuição, deverá:
>
> a) dirigir-se ao local, caso não lhe seja apresentada na Unidade Policial;
> b) determinar a pesagem da droga bruta, para formalizar o auto de exibição e apreensão;
> c) determinar a fotografação da droga;
> d) lacrar a droga;
> e) requisitar exames de constatação prévia e definitivo da droga apreendida;
> f) providenciar local público seguro para a guarda da droga que não for encaminhada para a perícia.
>
> Art. 2.º. Caso haja a necessidade de dirigir-se ao local onde foi realizada a apreensão, a Autoridade Policial analisará a conveniência de serem a pesagem e fotografação da droga requisitadas à equipe do Instituto de Criminalística.
>
> Art. 3.º. A pesagem da droga deverá ser realizada na forma bruta, como lhe foi exibida (incluindo eventuais revestimentos, embalagens etc.), anotando-se tal circunstância no auto de exibição e apreensão.
>
> Parágrafo único. Não sendo possível a realização da pesagem, a Autoridade Policial deverá consignar os motivos do impedimento no respectivo boletim de ocorrência.
>
> Art. 4.º. Para fotografar a droga, a Autoridade Policial poderá se valer de qualquer meio que dispuser, desde que permita a posterior impressão da fotografia para instruir o respectivo procedimento de polícia judiciária.
>
> Parágrafo único. Caso a Autoridade Policial não disponha de meios de impressão da fotografia, requisitará esta providência do Setor de Perícias Criminais competente.
>
> Art. 5.º. A droga será embalada em presença da Autoridade Policial e, a seguir, deverá ser aposto lacre numerado, consignando-se o respectivo número no auto de exibição e apreensão e na requisição para exame pericial.
>
> § 1.º. Não havendo possibilidade de se proceder à embalagem da droga, em virtude de sua quantidade ou

condições em que se encontra, deverá a Autoridade Policial esclarecer tal circunstância no respectivo auto de exibição e apreensão.

§ 2.°. A pesagem, fotografação e lacração de grandes quantidades de droga deverão ser realizadas na presença dos policiais que realizaram a apreensão, salvo justificada impossibilidade, que deverá ser consignada no respectivo boletim de ocorrência.

§ 3.°. Cada unidade deverá manter registro, em livro próprio, dos lacres utilizados, discriminando:

a) número do lacre;

b) data do ato;

c) quantidade e natureza da droga;

d) número do procedimento de polícia judiciária a que se refere a apreensão;

e) número do lacre definitivo utilizado pela SPTC.

§ 4.°. Ao requisitar a constatação prévia e o exame definitivo, a Autoridade Policial deverá, além dos quesitos de praxe, indagar a respeito do grau de pureza da droga.

Art. 6.°. É vedada a guarda de drogas apreendidas em áreas particulares.

O não cumprimento das etapas determinadas nessa portaria, que visa disciplinar a Resolução SSP-336, de 11-12-2008, ou seja, estabelecer a rotina a ser seguida nos casos de apreensão de drogas, de acordo com o preconizado pela resolução, *pode caracterizar a quebra da cadeia de custódia e inviabilizar o recebimento de materiais* pelos laboratórios responsáveis por análises em substâncias entorpecentes no Instituto de Criminalística de São Paulo, o que deve ser feito mediante preenchimento de Termo de Devolução de materiais, conforme comentado anteriormente.

Está claro também que, *durante as análises laboratoriais toxicológicas*, todos os procedimentos já descritos para manutenção da cadeia de custódia interna devem ser adotados, levando em conta também as boas práticas de laboratório para evitar contaminações, acidentes, trocas de amostras, entre outros eventos.

Ao término dos exames em substâncias entorpecentes, os peritos devem sempre retirar alíquota do material remanescente com finalidade de guarda de contraperícia, *em embalagem devidamente identificada e lacrada*. Devido ao grande volume de análises realizadas diariamente, um método eficiente de controle das contraperícias deve ser estabelecido, considerando algum tipo de marcador para facilitar as buscas em caso de eventuais novas perícias solicitadas.

A Seção II da Portaria DGP n.° *35 de 17-12-*2008 trata da incineração das substâncias entorpecentes apreendidas, sendo que, de acordo com os termos do artigo 7.° *des*sa portaria, em conformidade com o preestabelecido pela Resolução SSP-336, de 11-12-2008, após o recebimento do laudo definitivo dos exames toxicológicos realizados, a autoridade policial deverá solicitar ao juízo competente a autorização para destruir a droga: "Art. 7.°. A Autoridade Policial solicitará à Autoridade Judiciária a necessária autorização para incinerar a droga tão logo receba o laudo de exame químico-toxicológico".

Nessa mesma portaria, complementada pela Portaria DGP n.° 30 de 03-06-2011, estão estabelecidas todas as etapas e regras a serem seguidas no processo de destruição por incineração das substâncias entorpecentes analisadas.

É de se ressaltar aqui que, em 4 de abril de 2014, houve a edição da Lei Federal n.° 12.961 [10], alterando a Lei n.° 11.343, de 23 de agosto de 2006, conhecida como "lei de drogas", introduzindo algumas alterações nos procedimentos de destruição de drogas apreendidas.

Tais mudanças vieram principalmente no sentido de abreviar o prazo para execução dos procedimentos de destruição das drogas apreendidas, bem como daqueles destinados à realização de exames definitivos e contraperícias.

Dada a recentidade da edição da lei, ainda não foram disciplinados novos procedimentos no estado de São Paulo.

O Decreto n.° 48.009/2003 estabelece também que o Núcleo de Toxicologia Forense (do Centro de Exames de Análises e Pesquisas do Instituto Médico-Legal de São Paulo) tem por atribuição *realizar exames em sangue, urina, secreções e vísceras de seres humanos, a fim de detectar substâncias que causem envenenamento e/ou dependência*.

Os dois núcleos citados são as duas principais vertentes em termos de laboratórios de toxicologia forense da Polícia Científica do Estado de São Paulo. A diferença fundamental entre eles baseia-se no fato de que o laboratório vinculado ao Instituto de Criminalística realiza exames toxicológicos apenas em substâncias que causam *dependência* e que estejam contidas em *suportes não biológicos*, enquanto que o laboratório vinculado ao Instituto Médico-Legal realiza análises toxicológicas de substâncias que causem *dependência e/ou envenenamento* e que estejam contidas em *materiais biológicos*, tais como sangue, urina, vísceras.

O Núcleo de Toxicologia Forense do Instituto Médico-Legal também segue as mesmas regras para manutenção da cadeia de custódia, sendo que *as normas e procedimentos para envio de materiais biológicos para análises* nesse núcleo estão regulamentados pela Portaria s/n.º de 04-07-2012, do Diretor Técnico Departamental do Instituto Médico-Legal [11].

Durante as análises, todas as recomendações citadas anteriormente devem ser adotadas, sendo que o ideal é que as análises sejam realizadas em duplicidade e que os gráficos gerados com os resultados para cada exame sejam eternizados.

É recomendável a guarda de material para a contraperícia de exames toxicológicos realizados em materiais biológicos, pois, apesar de os agentes tóxicos eventualmente presentes nesses materiais, na maioria das vezes, se degradarem facilmente ou serem passíveis de alterações, o que inviabiliza a repetição dos resultados após determinado período de tempo, é importante sua guarda. O ideal é que se armazene parte do material biológico a título de posterior identificação do indivíduo gerador daquele material por análises genéticas, caso haja questionamentos sobre a identidade do doador da amostra biológica analisada.

2.5 Conclusões

As preocupações concernentes à adequada instalação e manutenção da cadeia de custódia, aqui discutidas, são de suma importância, uma vez que conferem transparência ao trabalho pericial, o que é cada vez mais cobrado pela sociedade das instituições policiais, e constitui um dos principais instrumentos que contribuem para a manutenção do Estado Democrático do Direito. Assim, a perícia criminal colabora para que se faça justiça e zela, mesmo que indiretamente, pela segurança do cidadão.

Em seu pioneirismo, a Superintendência da Polícia Técnico-Científica de São Paulo já previu em 1998 a instalação de um Centro de Custódia no Estado de São Paulo, que se trataria de um organismo centralizador de segurança, destinado à guarda de materiais, substâncias, instrumentos e objetos a serem periciados, já periciados ou com perícia em andamento, os quais, muitas vezes, devido a interesses econômicos ou mesmo escusos, podem sofrer extravios [1].

Os desafios para a efetiva implementação de um sistema adequado de cadeia de custódia são promover, além da infraestrutura e da especialização necessária da mão de obra para que todas as ferramentas técnicas atualmente disponíveis sejam efetivamente utilizadas pelas instituições policiais no Brasil, uma real condição de multidisciplinaridade, tanto entre as diversas áreas técnicas da perícia, quanto aos diferentes operadores do direito, para que cada vez mais o trabalho pericial seja devidamente requisitado e seus resultados corretamente interpretados e, dessa forma, aproveitados em todo o seu potencial.

Questões para estudo

1. O que se entende por *cadeia de custódia* de vestígios?

a) São procedimentos que visam otimizar a aplicação de procedimentos de coleta de alguns tipos de vestígios.
b) São procedimentos que visam aumentar o estado de conservação de alguns vestígios biológicos.
c) É o conjunto de procedimentos que visa garantir a autenticidade dos materiais submetidos a exames periciais.
d) É o conjunto de procedimentos que visa garantir o uso de protocolos de análises nos exames periciais.
e) São procedimentos que permitem rastrear diferentes métodos de análise aos quais os vestígios foram submetidos.

2. A *cadeia de custódia* visa garantir principalmente:

a) a *acessibilidade* do material.
b) a *sensibilidade* do material.
c) a *especificidade* do material.
d) a *identidade* do material.
e) a *autenticidade* do material.

3. Assinale a alternativa **incorreta**. Quanto aos procedimentos relacionados com a *instalação* e *manutenção* da *cadeia de custódia* de materiais, pode-se afirmar que:

a) são *posteriores* à realização dos exames aqueles relacionados com a devolução de materiais, quando cabível, e a demonstração da manutenção da cadeia de custódia.

b) são *concomitantes* à realização dos exames aqueles relacionados com a coleta, preparo e encaminhamento de materiais.

c) são *anteriores* à realização dos exames aqueles relacionados com a coleta, preparo e encaminhamento de materiais.

d) são *concomitantes* à realização dos exames aqueles relacionados com a recepção, manipulação, guarda e/ou devolução de materiais, quando cabível.

e) os procedimentos *intramuros* equivalem aos *concomitantes* à realização dos exames.

Respostas

1. Alternativa C.
2. Alternativa E.
3. Alternativa B.

Lista de palavras

Cadeia de custódia	Documentação	Termo de coleta
Cadeia de custódia interna	Entorpecentes	Toxicologia forense
Cadeia de custódia externa	Lacre	Vestígios
Contraperícia	Registro	
Contraprova	Termo de devolução	

REFERÊNCIAS

1. Bonaccorso, N. S. Aplicação do exame de DNA na elucidação de crimes [dissertação]. São Paulo: Faculdade de Direito da Universidade de São Paulo; 2005 [cited 2014 Nov 14]. Available from: <http://www.teses.usp.br/teses/disponiveis/2/2136/tde-15092010-145947/>.

2. Brasil. Código de Processo Penal. Decreto-Lei n.º 3.684, de 3 de outubro de 1941.

3. São Paulo. Secretaria de Segurança Pública. Resolução SSP-382, de 1 de setembro de 1999. In: Diário Oficial do Estado de São Paulo, n. 167, Poder Executivo, Seção 1, São Paulo (SP) 02 set 1999: 19.

4. São Paulo. Secretaria de Segurança Pública. Resolução SSP-194, de 2 de junho de 1999. In: Diário Oficial do Estado de São Paulo, n. 104, Poder Executivo, Seção 1, São Paulo (SP) 03 jun 1999: 3-4.

5. Brasil. Secretaria Nacional de Segurança Pública. Portaria n. 82, de 16 de julho de 2014. Estabelece as diretrizes sobre os procedimentos a serem observados no tocante à cadeia de custódia de vestígios. In: Diário Oficial da União, Brasília (DF) 2014 jul. 136; Sec. 1: 42.

6. São Paulo. Decreto Estadual n.º 48.009, de 11 de agosto de 2003. In: Diário Oficial do Estado de São Paulo, n. 150, Poder Executivo, Seção 1, São Paulo (SP) 12 ago 2003: 3-4.

7. São Paulo. Secretaria de Segurança Pública. Resolução SSP-336, de 11 de dezembro de 2008. In: Diário Oficial do Estado de São Paulo, n. 236, Poder Executivo, Seção 1, São Paulo (SP) 13 dez 2008: 50.

8. São Paulo. Polícia Civil do Estado de São Paulo. Delegacia Geral de Polícia. Portaria DGP 35, de 17 de dezembro de 2008. In: Diário Oficial do Estado de São Paulo, n. 240, Poder Executivo, Seção 1, São Paulo (SP) 19 dez 2008: 12.

9. São Paulo. Polícia Civil do Estado de São Paulo. Delegacia Geral de Polícia. Portaria DGP 30, de 03 de junho de 2011. In: Diário Oficial do Estado de São Paulo, n. 105, Poder Executivo, Seção 1, São Paulo (SP) 04 jun 2011: 10.

10. Brasil. Lei n.º 12.961, de 04 de abril de 2014. Altera a Lei n.º 11.343, de 23 de agosto de 2006, para dispor sobre a destruição de drogas apreendidas. In: Diário Oficial da União, Brasília (DF) 05 abr. 2014.

11. São Paulo. Superintendência da Polícia Técnico-Científica. Instituto Médico-Legal. Portaria do Diretor Técnico de Departamento, de 04-07-2012. In: Diário Oficial do Estado de São Paulo, n. 127, Poder Executivo, Seção 1, São Paulo (SP) 07 jul 2012: 11.

ANEXO I

Portaria Senasp n.º 82, de 16 de julho de 2014

Estabelece as Diretrizes sobre os procedimentos a serem observados no tocante à cadeia de custódia de vestígios.

A SECRETARIA NACIONAL DE SEGURANÇA PÚBLICA DO MINISTÉRIO DA JUSTIÇA, no uso das atribuições que lhe conferem o art. 45, do Anexo I, do Decreto n.º 6.061, de 15 de março de 2007 e o art. 40, do Regimento Interno aprovado pela Portaria n.º 1.821, de 13 de outubro de 2006, do Ministério da Justiça; e

Considerando que a cadeia de custódia é fundamental para garantir a idoneidade e a rastreabilidade dos vestígios, com vistas a preservar a confiabilidade e a transparência da produção da prova pericial até a conclusão do processo judicial;

Considerando que a garantia da cadeia de custódia confere aos vestígios certificação de origem e destinação e, consequentemente, atribui à prova pericial resultante de sua análise, credibilidade e robustez suficientes para propiciar sua admissão e permanência no elenco probatório; e

Considerando a necessidade de instituir, em âmbito nacional, a padronização da cadeia de custódia, resolve:

Art. 1.º. Ficam estabelecidas, na forma do anexo I desta Portaria, Diretrizes sobre os procedimentos a serem observados no tocante à cadeia de custódia de vestígios.

Art. 2.º. A observância da norma técnica mencionada no artigo anterior passa a ser de uso obrigatório pela Força Nacional de Segurança Pública.

Art. 3.º. O repasse de recursos pela Secretaria Nacional de Segurança Pública para fortalecimento da perícia criminal oficial nos Estados e no Distrito Federal levará em conta a observância da presente norma técnica.

Art. 4.º. Esta portaria entra em vigor na data de sua publicação.

REGINA MARIA FILOMENA DE LUCA MIKI

Anexo I

Diretrizes sobre cadeia de custódia

1. Da cadeia de custódia

1.1. Denomina-se cadeia de custódia o conjunto de todos os procedimentos utilizados para manter e documentar a história cronológica do vestígio, para rastrear sua posse e manuseio a partir de seu reconhecimento até o descarte.

1.2. O início da cadeia de custódia se dá com a preservação do local de crime e/ou com procedimentos policiais ou periciais nos quais seja detectada a existência de vestígio.

1.3. O agente público que reconhecer um elemento como de potencial interesse para a produção da prova pericial fica responsável por sua preservação.

1.4. A busca por vestígios em local de crime se dará em toda área imediata, mediata e relacionada.

1.5. A cadeia de custódia compreende o rastreamento do vestígio nas seguintes etapas:

a. reconhecimento: consiste no ato de distinguir um elemento como de potencial interesse para a produção da prova pericial;
b. fixação: é a descrição detalhada do vestígio conforme se encontra no local de crime ou no corpo de delito, e a sua posição na área de exames, ilustrada por fotografias, filmagens e/ou croqui;
c. coleta: consiste no ato de recolher o vestígio que será submetido à análise pericial respeitando suas características e natureza;
d. acondicionamento: procedimento por meio do qual cada vestígio coletado é embalado de forma individualizada, de acordo com suas características físicas, químicas e biológicas, para posterior análise, com anotação da data, hora e nome de quem realizou a coleta e o acondicionamento;
e. transporte: consiste no ato de transferir o vestígio de um local para o outro, utilizando as condições adequadas (embalagens, veículos, temperatura, etc.), de modo a garantir a manutenção de suas características originais, bem como o controle de sua posse;
f. recebimento: ato formal de transferência da posse do vestígio que deve ser documentado com, no mínimo, as seguintes informações: número de procedimento e unidade de polícia judiciária relacionada, local de origem, nome de quem transportou o vestígio, código de rastreamento, natureza do exame, tipo do vestígio, protocolo, assinatura e identificação de quem recebeu;
g. processamento: é o exame pericial em si, manipulação do vestígio de acordo com a metodologia adequada às suas características biológicas, físicas e químicas, a fim de se obter o resultado desejado que deverá ser formalizado em laudo;
h. armazenamento: é o procedimento referente à guarda, em condições adequadas, do material a ser processado, guardado para realização de contraperícia, descartado ou transportado, com vinculação ao número do laudo correspondente;
i. descarte: procedimento referente à liberação do vestígio, respeitando a legislação vigente e, quando pertinente, mediante autorização judicial.

2. Das etapas da cadeia de custódia

2.1. As etapas da cadeia de custódia se distribuem nas fases externa e interna.

2.2. A fase externa compreende todos os passos entre preservação do local de crime ou apreensões dos elementos de prova e a chegada do vestígio ao órgão pericial encarregado de processá-lo, compreendendo, portanto:

a. preservação do local de crime;
b. busca do vestígio;
c. reconhecimento do vestígio;
d. fixação do vestígio;
e. coleta do vestígio;
f. acondicionamento do vestígio;
g. transporte do vestígio;
h. recebimento do vestígio.

2.3. A fase interna compreende todas as etapas entre a entrada do vestígio no órgão pericial até sua devolução juntamente com o laudo pericial, ao órgão requisitante da perícia, compreendendo, portanto:

a. recepção e conferência do vestígio;
b. classificação, guarda e/ou distribuição do vestígio;
c. análise pericial propriamente dita;
d. guarda e devolução do vestígio de prova;
e. guarda de vestígios para contraperícia;
f. registro da cadeia de custódia.

3. Do manuseio do vestígio

3.1. Na coleta de vestígio deverão ser observados os seguintes requisitos mínimos:

a. realização por profissionais de perícia criminal ou, excepcionalmente, na falta destes, por pessoa investida de função pública, nos termos da legislação vigente;
b. realização com a utilização de equipamento de proteção individual (EPI) e materiais específicos para tal fim;
c. numeração inequívoca do vestígio de maneira a individualizá-lo.

3.2. O recipiente para acondicionamento do vestígio será determinado pela natureza do material, podendo ser utilizados: sacos plásticos, envelopes, frascos e caixas descartáveis ou caixas térmicas, dentre outros.

3.3. Todos os recipientes deverão ser selados com lacres, com numeração individualizada, de forma a garantir a inviolabilidade e idoneidade do vestígio durante o transporte.

3.4. O recipiente deverá individualizar o vestígio, preservar suas características, impedir contaminação e vazamento, ter grau de resistência adequado e espaço para registro de informações sobre seu conteúdo.

3.5. Todos os vestígios coletados deverão ser registrados individualmente em formulário próprio no qual deverão constar, no mínimo, as seguintes informações:

a. especificação do vestígio;
b. quantidade;
c. identificação numérica individualizadora;
d. local exato e data da coleta;
e. órgão e o nome /identificação funcional do agente coletor;
f. nome /identificação funcional do agente entregador e o órgão de destino (transferência da custódia);
g. nome /identificação funcional do agente recebedor e o protocolo de recebimento;
h. assinaturas e rubricas;
i. número de procedimento e respectiva unidade de polícia judiciária a que o vestígio estiver vinculado.

3.6. O recipiente só poderá ser aberto pelo perito que vai proceder à análise e, motivadamente, por pessoas autorizadas.

3.7. Após cada rompimento de lacre, deve se fazer constar na ficha de acompanhamento de vestígio o nome e matrícula do responsável, a data, o local, a finalidade, bem como as informações referentes ao novo lacre utilizado.

3.8. O lacre rompido deverá ser acondicionado no interior do novo recipiente.

4. Da central de custódia

4.1. Todas as unidades de perícia deverão ter uma central de custódia destinada à guarda e controle dos vestígios. A central poderá ser compartilhada entre as diferentes unidades de perícia e recomenda-se que sua gestão seja vinculada diretamente ao órgão central de perícia.

4.2. Na central de custódia, a entrada e a saída de vestígio deverá ser protocolada, consignando-se informações sobre a ocorrência/inquérito que a eles se relacionam.

4.3. Todas as pessoas que tiverem acesso ao vestígio armazenado deverão ser identificadas e deverá ser registrada data e hora do acesso.

4.4. Quando da tramitação do vestígio armazenado, todas as ações deverão ser registradas, consignando-se a identificação do responsável pela tramitação, destinação, data e horário da ação.

4.5. O procedimento relacionado ao registro deverá:

a. ser informatizado ou através de protocolos manuais sem rasuras;
b. permitir rastreamento do objeto/vestígio (onde e com quem se encontra) e a emissão de relatórios;
c. permitir a consignação de sinais de violação, bem como descrevê-los;
d. permitir a identificação do ponto de rompimento da cadeia de custódia com a devida justificativa (responsabilização);
e. receber tratamento de proteção que não permita a alteração dos registros anteriormente efetuados, se informatizado. As alterações por erro devem ser editadas e justificadas;
f. permitir a realização de auditorias.

5. Das disposições gerais

5.1. As unidades de polícia e de perícia deverão ter uma central de custódia que concentre e absorva os serviços de protocolo, possua local para conferência, recepção, devolução de materiais e documentos, possibilitando a seleção, classificação e distribuição de materiais. A central de custódia deve ser um espaço seguro, com entrada controlada, e apresentar condições ambientais que não interfiram nas características do vestígio.

5.2. O profissional de perícia poderá devolver o vestígio em caso de não conformidade entre o conteúdo e sua descrição, registrando tal situação na ficha de acompanhamento de vestígio.

5.3. Enquanto o vestígio permanecer na Delegacia de Polícia deverá ser mantido em embalagem lacrada em local seguro e apropriado a sua preservação. Nessa situação, caso haja necessidade de se abrir o lacre para qualquer fim, caberá à Autoridade Policial realizar diretamente a abertura ou autorizar formalmente que terceiro a realize, observado o disposto no item 3.7

Anexo II
Glossário

AGENTE PÚBLICO: todo aquele que exerce, ainda que transitoriamente ou sem remuneração, por eleição, nomeação, designação, contratação ou qualquer forma de investidura ou vínculo, mandato, cargo, emprego ou função pública.

ÁREA IMEDIATA: área onde ocorreu o evento alvo da investigação. É a área em que se presume encontrar a maior concentração de vestígios relacionados ao fato.

ÁREA MEDIATA: compreende as adjacências do local do crime. A área intermediária entre o local onde ocorreu o fato e o grande ambiente exterior que pode conter vestígios relacionados ao fato sob investigação. Entre o local imediato e o mediato existe uma continuidade geográfica.

ÁREA RELACIONADA: é todo e qualquer lugar sem ligação geográfica direta com o local do crime e que possa conter algum vestígio ou informação que propicie ser relacionado ou venha a auxiliar no contexto do exame pericial.

CÓDIGO DE RASTREAMENTO: trata-se de um conjunto de algarismos sequenciais que possui a capacidade de traçar o caminho da história, aplicação, uso e localização de um objeto individual ou de um conjunto de características de um objeto. Ou seja: a habilidade de se poder saber através de um código numérico qual a identidade de um objeto e as suas origens.

CONTRAPERÍCIA: nova perícia realizada em material depositado em local seguro e isento que já teve parte anteriormente examinada, originando prova que está sendo contestada.

CONTRAPROVA: resultado da contraperícia.

EQUIPAMENTO DE PROTEÇÃO INDIVIDUAL (EPI): Todo dispositivo ou produto, de uso individual, destinado à redução de riscos à integridade física ou à vida dos profissionais de segurança pública.

FICHA DE ACOMPANHAMENTO DE VESTÍGIO: é o documento onde se registram as características de um vestígio, local de coleta, data, hora, responsável pela coleta e demais informações que deverão acompanhar o vestígio para a realização dos exames.

LACRE: meio utilizado para fechar uma embalagem que contenha algo sob controle, cuja abertura somente poderá ocorrer pelo seu rompimento. Ex.: lacres plásticos, lacre por aquecimento, fitas de lacre e etiqueta adesiva.

PESSOA INVESTIDA DE FUNÇÃO PÚBLICA: indivíduo em relação ao qual a Administração confere atribuição ou conjunto de atribuições.

PRESERVAÇÃO DE LOCAL DE CRIME: manutenção do estado original das coisas em locais de crime até a chegada dos profissionais de perícia criminal.

PROFISSIONAIS DE PERÍCIA CRIMINAL: profissionais que atuam nas diversas áreas da perícia criminal, como médicos legistas, peritos criminais, papiloscopistas e técnicos de perícia.

VESTÍGIO: é todo objeto ou material bruto, de interesse para elucidação dos fatos, constatado e/ou recolhido em local de crime ou em corpo de delito e que será periciado.

ANEXO II

Modelo de relatório derastreamento a ser adotado

RELATÓRIO PARA RASTREAMENTO DA MANIPULAÇÃO DE MATERIAIS DESTINADOS A EXAMES PERICIAIS

Descrição sucinta do(s) material(is): ____________________________________

____

CADEIA DE CUSTÓDIA						
LACRE		MANIPULADOR RESPONSÁVEL			DATA E MOTIVO DA MANIPULAÇÃO	
cor	número	Nome	RG	assinatura	Unidade Policial	
						//
						//
						//
						//
						//

Observações sobre o(s) material(is): ____________________________________

____

ESTE DOCUMENTO INTEGRA O LAUDO PERICIAL/RELATÓRIO DE ANÁLISE N.º: ________________

____

ANEXO III

Resolução SSP-336, de 11-12-2008

Dispõe sobre os procedimentos referentes à formalização da apreensão, acondicionamento, guarda e incineração de drogas no Estado de São Paulo

O Secretário da Segurança Pública, Considerando a necessidade de disciplinar os procedimentos referentes à formalização da apreensão, acondicionamento, guarda e, em especial, à incineração de drogas no Estado de São Paulo, nos termos do art. 31 e seguintes da Lei Federal 11.343, de 23 de agosto de 2006;

Considerando, ainda, que é dever da Administração zelar pela guarda e destruição, quando autorizada pelo Poder Judiciário, de toda e qualquer droga, nos termos da Lei, resolve:

Art. 1.°. Nas ocorrências policiais em que houver apreensão de drogas, deverá o produto ser acondicionado em embalagens apropriadas transparentes, as quais serão devidamente lacradas, na presença da Autoridade Policial, do escrivão e dos policiais que efetuaram a apreensão e imediatamente encaminhadas à competente unidade da Superintendência da Polícia Técnico-Científica (SPTC), mediante o preenchimento da requisição de exame constando o número de lacre daquele lote, além dos dados de praxe da requisição.

Art. 2.°. Antes do encaminhamento, a Autoridade Policial deverá determinar que o material apreendido, já acondicionado, seja lacrado, fotografado e pesado na forma bruta. Parágrafo único. A fotografia deverá instruir o respectivo procedimento de polícia judiciária.

Art. 3.°. Recebido o material, o responsável pela perícia o fotografará novamente e providenciará, após conferência do número do lacre, a retirada deste e de quantidade necessária para a realização das perícias, tanto de constatação, quanto da definitiva.

Parágrafo único. Após o exame, a droga deverá ser novamente acondicionada em embalagem própria da SPTC e receber novo lacre numerado.

Art. 4.°. Do laudo de constatação provisório deverão constar o peso líquido, identificação da substância, os números dos lacres recebidos da Autoridade Policial e os colocados na sede da unidade da SPTC.

Art. 5.°. A Autoridade Policial, decidindo pela elaboração do auto de prisão em flagrante delito, ao remeter cópia deste ao Poder Judiciário, solicitará autorização para a incineração da substância apreendida, fazendo constar nesse expediente os números definitivos dos lacres dos invólucros.

§ 1.°. Nas hipóteses de apreensão de drogas sem que haja prisão em flagrante delito, deverá a Autoridade Policial providenciar para que o material seja mantido em local público seguro.

§ 2.°. A Autoridade Policial solicitará ao Juízo competente a autorização para destruir a droga, após o recebimento do laudo de exame químico toxicológico, que deverá ser elaborado em até 10 dias.

Art. 6.°. Nas hipóteses de apreensão de grande quantidade de droga e sendo inviável a embalagem de todo o produto, a Autoridade Policial fará constar tal circunstância no auto de exibição e apreensão, providenciando, após a remessa da amostra para ser examinada à unidade da SPTC, para que a droga seja acondicionada e guardada em local público seguro, após devidamente pesada e fotografada, se possível, na presença dos policiais que efetuaram a apreensão.

Art. 7.°. Uma vez obtida a autorização judicial para a incineração, a Autoridade Policial deverá requisitar o concurso de empresas previamente cadastradas para esse fim, a qual deverá se realizar dentro do prazo de 30 dias contados da data da autorização judicial respectiva.

Art. 8.°. A destruição de drogas, em regra, deverá ser realizada mensalmente, nos locais determinados nos termos do art. 12 desta Resolução.

Art. 9.°. Definida a data da incineração, com antecedência mínima de 7 dias, a Autoridade Policial encaminhará comunicação ao Promotor de Justiça Secretário da Promotoria Criminal do local da realização do ato, à Vigilância Sanitária e à Superintendência da Polícia Técnico-Científica.

Parágrafo único. Da comunicação deverá constar:

a) a natureza e quantidade da droga;

b) número do processo ou inquérito policial;

c) números dos lacres;

d) cópias do auto de exibição e apreensão, do laudo de exame químico-toxicológico e da autorização judicial;

e) endereço do local de guarda das drogas;

f) horário de saída para o local de incineração;

g) indicação precisa de onde a incineração será realizada.

Art. 10. No local da incineração, os presentes farão a conferência dos lacres e da integridade dos invólucros dos lotes referentes ao processo ou inquérito policial relacionado.

§ 1.°. Havendo dúvida fundada acerca da integridade dos lacres ou dos invólucros de quaisquer dos itens a serem destruídos, o material referente ao lote será retirado, fotografado e encaminhado à unidade da SPTC para nova perícia e pesagem, fazendo constar do auto de incineração este fato.

§ 2.°. Não havendo dúvida por parte dos presentes, será confeccionado, no local, o auto circunstanciado de incineração e, após assinatura de todos, que receberão uma cópia, será encaminhada uma via ao Juízo competente.

§ 3.°. Qualquer dos presentes poderá indicar a realização de perícia, por meio de conjunto de reagente próprio, para a constatação da natureza da substância que será incinerada.

§ 4.°. Se do exame da amostra suspeita resultar conclusão diversa daquela constante no respectivo laudo pericial, será a droga retirada do lote a ser incinerado, para as providências de caráter administrativo e/ou criminal, fazendo constar do auto de incineração esta circunstância.

Art. 11. Deverá ser encaminhada cópia do auto de incineração ao Departamento de Investigações Sobre Narcóticos (Denarc), para fins de inserção em banco de dados criado especialmente para este fim.

Parágrafo único. O Denarc, trimestralmente, encaminhará relatório das quantidades de drogas incineradas para a Coordenadoria de Análise e Planejamento (CAP) da Secretaria da Segurança Pública, para inserção nos controles estatísticos estaduais.

Art. 12. O Delegado Geral de Polícia disciplinará o cadastramento de locais para a incineração.

Art. 13. O Delegado Geral de Polícia e o Superintendente da Polícia Técnico-Científica disciplinarão, nas respectivas instituições e no prazo de 15 dias, os modelos e formas de controle dos lacres a serem adquiridos e distribuídos às Unidades da Polícia Civil e Polícia Científica.

Parágrafo único. A Delegacia Geral de Polícia disciplinará, igualmente, a fotografação da droga prevista no art. 2.°, caput, assim como os demais procedimentos necessários à fiel execução da presente Resolução.

Art. 14. No prazo de 120 dias, a Delegacia Geral de Polícia adotará as providências necessárias para incinerar as drogas que se encontram apreendidas em suas unidades e que estejam em condições legais de serem destruídas, observando o teor desta Resolução, naquilo que for aplicável.

Art. 14. Esta Resolução entra em vigor 30 dias após a sua publicação, ficando revogadas as disposições em contrário.

ANEXO IV

Portaria DGP 35, de 17 de dezembro de 2008

Disciplina o cumprimento da Resolução SSP-336/2008, que trata dos procedimentos relativos à apreensão, acondicionamento, guarda e incineração de drogas

O Delegado Geral de Polícia,

Considerando a necessidade de se estabelecer rotina que assegure o fiel cumprimento, por todas as Unidades Policiais Civis do Estado, dos termos da Resolução SSP- 336/2008; determina:

Seção I

Da apreensão e guarda

Art. 1.°. A Autoridade Policial, ao receber a notícia de apreensão de droga cujas providências de polícia judiciária sejam de sua atribuição deverá:

a) dirigir-se ao local, caso não lhe seja apresentada na Unidade Policial;
b) determinar a pesagem da droga bruta, para formalizar o auto de exibição e apreensão;
c) determinar a fotografação da droga;
d) lacrar a droga;
e) requisitar exames de constatação prévia e definitivo da droga apreendida;
f) providenciar local público seguro para a guarda da droga que não for encaminhada para a perícia.

Art. 2.°. Caso haja a necessidade de dirigir-se ao local onde foi realizada a apreensão, a Autoridade Policial analisará a conveniência de serem a pesagem e fotografação da droga requisitadas à equipe do Instituto de Criminalística.

Art. 3.°. A pesagem da droga deverá ser realizada na forma bruta, como lhe foi exibida (incluindo eventuais revestimentos, embalagens etc.), anotando-se tal circunstância no auto de exibição e apreensão.

Parágrafo único. Não sendo possível a realização da pesagem, a Autoridade Policial deverá consignar os motivos do impedimento no respectivo boletim de ocorrência.

Art. 4.°. Para fotografar a droga, a Autoridade Policial poderá se valer de qualquer meio que dispuser, desde que permita a posterior impressão da fotografia para instruir o respectivo procedimento de polícia judiciária.

Parágrafo único. Caso a Autoridade Policial não disponha de meios de impressão da fotografia, requisitará esta providência do Setor de Perícias Criminais competente.

Art. 5.°. A droga será embalada em presença da Autoridade Policial e, a seguir, deverá ser aposto lacre numerado, consignando-se o respectivo número no auto de exibição e apreensão e na requisição para exame pericial.

§ 1.°. Não havendo possibilidade de se proceder à embalagem da droga, em virtude de sua quantidade ou condições em que se encontra, deverá a Autoridade Policial esclarecer tal circunstância no respectivo auto de exibição e apreensão.

§ 2.°. A pesagem, fotografação e lacração de grandes quantidades de droga deverão ser realizadas na presença dos policiais que realizaram a apreensão, salvo justificada impossibilidade, que deverá ser consignada no respectivo boletim de ocorrência.

§ 3.°. Cada unidade deverá manter registro, em livro próprio, dos lacres utilizados, discriminando:

a) número do lacre;
b) data do ato;
c) quantidade e natureza da droga;
d) número do procedimento de polícia judiciária a que se refere a apreensão;
e) número do lacre definitivo utilizado pela SPTC.

§ 4.°. Ao requisitar a constatação prévia e o exame definitivo, a Autoridade Policial deverá, além dos quesitos de praxe, indagar a respeito do grau de pureza da droga.

Art. 6.°. É vedada a guarda de drogas apreendidas em áreas particulares.

Seção II

Da incineração

Art. 7.°. A Autoridade Policial solicitará à Autoridade Judiciária a necessária autorização para incinerar a droga tão logo receba o laudo de exame químico-toxicológico.

§ 1.°. da solicitação, deverá constar:

a) a natureza e número do procedimento a que se refere;
b) a quantidade e natureza da droga;
c) o número do lacre definitivo;
d) o local onde se encontra a droga;
e) o local onde será realizada a incineração.

§ 2.°. Decorrido o prazo de 30 dias sem que haja manifestação judicial a respeito, a Autoridade Policial deverá reiterar o pedido.

Art. 8.°. A incineração de drogas deverá ocorrer mensalmente e em locais cadastrados, salvo circunstâncias que recomendem maior frequência da medida.

Art. 9.°. Obtida a autorização judicial para a incineração, a Autoridade Policial deverá acordar a data do ato, observando o horário de funcionamento do local de incineração e as atribuições funcionais dos que deverão estar presentes.

Parágrafo único. Definida a data para o ato, a Autoridade Policial deverá, com antecedência mínima de 7 dias, encaminhar comunicação ao Promotor de Justiça Secretário da Promotoria Criminal do local da realização do ato, à Vigilância Sanitária e à Superintendência da Polícia Técnico-Científica (SPTC), devendo constar da comunicação:

a) a natureza e quantidade da droga;
b) número do processo ou inquérito policial;
c) números dos lacres;
d) cópias do auto de exibição e apreensão, do laudo de exame químico-toxicológico e da autorização judicial;
e) endereço do local de guarda das drogas;
f) horário de saída para o local de incineração;
g) indicação precisa de onde a incineração será realizada.

Art. 10. No local da incineração, os presentes farão a conferência dos lacres e da integridade dos invólucros dos lotes referentes ao processo ou inquérito policial relacionado.

§ 1.°. Havendo dúvida fundada acerca da integridade dos lacres ou dos invólucros de quaisquer dos itens a serem destruídos, o material referente ao lote será retirado, fotografado e encaminhado à unidade da SPTC para nova perícia e pesagem, fazendo constar do auto de incineração este fato.

§ 2.°. Não havendo dúvida por parte dos presentes, será confeccionado, no local, o auto circunstanciado de incineração e, após assinatura de todos, que receberão uma cópia, será encaminhada uma via ao Juízo competente.

§ 3.°. Qualquer dos presentes poderá indicar a realização de perícia, por meio de conjunto de reagente próprio, para a constatação da natureza da substância que será incinerada.

§ 4.°. Se do exame da amostra suspeita resultar conclusão diversa daquela constante no respectivo laudo pericial, será a droga retirada do lote a ser incinerado, para as providências cabíveis, fazendo constar do auto de incineração esta circunstância.

§ 5.°. Deverá ser encaminhada cópia do auto de incineração ao Departamento de Investigações Sobre Narcóticos (Denarc), para fins de inserção em banco de dados criado especialmente para este fim.

§ 6.°. O Denarc, trimestralmente, encaminhará relatório das quantidades de drogas incineradas para a Coordenadoria de Análise e Planejamento (CAP) da Secretaria da Segurança Pública, para inserção nos controles estatísticos estaduais.

Art. 11. Havendo, por qualquer motivo, no momento da incineração a necessidade de ser realizada nova perícia, a Autoridade Policial além dos quesitos de praxe, deverá indagar dos Peritos se, em virtude do tempo decorrido e das condições de armazenamento, poderia haver alteração das características da droga (peso, princípio ativo, coloração, grau de pureza e volume).

Seção III

Disposições Finais

Art. 12. No interior do Estado e na Macro São Paulo, as Delegacias Seccionais de Polícia, com apoio dos respectivos Departamentos, deverão:

a) cadastrar local para a realização das incinerações de droga, considerando-se a quantidade média e frequência recomendável, observado o disposto no art. 8.° da Resolução SSP-336/2008;
b) proceder à aquisição por meio das Unidades Gestoras Executoras de lacres numerados e invólucros para acondicionar as drogas apreendidas, bem como do que mais for necessário à perfeita execução da presente portaria e da Resolução SSP- 336/2008.

Parágrafo único. Na Capital, as providências referidas no caput deverão ser adotadas conjuntamente pelo Departamento de Polícia Judiciária da Capital (Decap) e Departamento de Investigações Sobre Narcóticos (Denarc).

Art. 13. Os Departamentos de Polícia Judiciária do Interior (Deinter 1 a 9), cada qual em sua respectiva área, e, conjuntamente, o Demacro, o Decap e o Denarc, formarão comissões para, no prazo improrrogável de 30 dias, apresentarem relatórios conclusivos a respeito do cumprimento do disposto no art.14 da Resolução SSP-336/2008.

Art. 14. Os Delegados Seccionais de Polícia, nos Departamentos de base territorial, e os Diretores de Departamentos, em todos os casos, quando de suas correições ordinárias e extraordinárias, deverão fiscalizar o perfeito cumprimento do disposto na Resolução SSP-336/2008 e nesta Portaria, consignando o que for verificado na respectiva ata e determinando as providências administrativas, criminais e disciplinares que forem cabíveis.

Art. 15. A presente portaria entrará em vigor na data de sua publicação, revogando-se as disposições que lhe forem contrárias, especialmente a Portaria DGP-11, 29-6-2000.

ANEXO V

Portaria DGP-30, de 03-6-2011

Acrescenta dispositivos à Portaria n.° 35 de 17/12/2008, que trata dos procedimentos relativos à apreensão, acondicionamento, guarda e incineração de drogas

O Delegado Geral de Polícia,

Considerando a necessidade de aperfeiçoamento das rotinas de trabalho envolvendo o manuseio e a incineração das substâncias entorpecentes apreendidas pela Polícia Civil do Estado de São Paulo,

Considerando o contido no expediente protocolado DGPAD-12567/10, resolve:

Art. 1.º. – O Auto de Incineração de Substâncias Entorpecentes a que alude a Resolução SSP-336/08, deverá conter obrigatoriamente indicação do número do inquérito policial, do processo criminal, da respectiva vara judicial, da substância entorpecente com o respectivo peso, nome do réu, número do lacre e número do laudo de constatação (anexo).

Art. 2.º. Os invólucros contendo as substâncias a serem incineradas deverão estar acompanhados dos respectivos laudos de constatação e serão acondicionados em caixas ou recipientes adequados, na mesma ordem dos lacres descritos no Auto de Incineração, a fim de facilitar os trabalhos disciplinados no artigo 10 da Resolução SSP-336/2008;

Art. 3.º. Esta portaria entrará em vigor da data de sua publicação, revogadas as disposições que lhe forem contrárias.

ANEXO DA PORTARIA DGP – 30/2011

AUTO DE INCINERAÇÃO DE SUBSTÂNCIAS ENTORPECENTES

modelo

Aos ________ dias do mês de _________ do ano de _________, nas instalações da empresa ___________________, situada à Rua _________________________, município de _____________, onde presente estava o Doutor___________________, Delegado de Polícia da ____________________, comigo, Escrivão de Polícia ao final assinado, na presença das testemunhas, Srs. _______________ e _________________, foi determinada a incineração das substâncias entorpecentes abaixo relacionadas, das quais existem amostras para contra-perícia no Núcleo de Exames de Entorpecentes do Instituto de Criminalística e cuja destruição foi autorizada pela (s) Autoridade (s) Judiciária (s) competente (s), conforme preconiza a Lei n.º 11.343/06, e em obediência ao disposto nas Normas de Serviço da Corregedoria Geral da Justiça, Capítulo V, Seção V, n.º 110 e 111, Resolução SSP-SP-336/08 e Portarias DGP-35/08 e 30/2011.

Lote Substância Peso líquido (g) Lacre

N.º do Laudo de constatação

Nome do indiciado

I.P./ano Município Unid. Pol. Processo Vara Judicial

A seguir, foram exibidas as substâncias entorpecentes acima descritas às pessoas supra nominadas, bem como ao (a)

Promotor(a) de Justiça de ___________, ____________________, aos Peritos Criminais _________________ e _________________, e ao Fiscal da Vigilância Sanitária, ____________________. Após, um a um, juntamente com as respectivas embalagens, foram colocados os lotes no interior dos incineradores acesos, sob as vistas de todos, sendo as substâncias entorpecentes consumidas pelas chamas. Incinerados todos os lotes e nada mais havendo a tratar, determinou a Autoridade que se encerrasse o presente auto que, após lido e achado conforme, vai devidamente assinado. Eu,______________, Escrivão que o digitei.

Delegado de Polícia

Testemunhas:

____

Promotor de Justiça

____

Perito Criminal

____

Perito Criminal

____

Representante da Vigilância Sanitária

____

Escrivão de Polícia

CAPÍTULO 3

TOXICOCINÉTICA

Vanessa Bergamin Boralli Marques

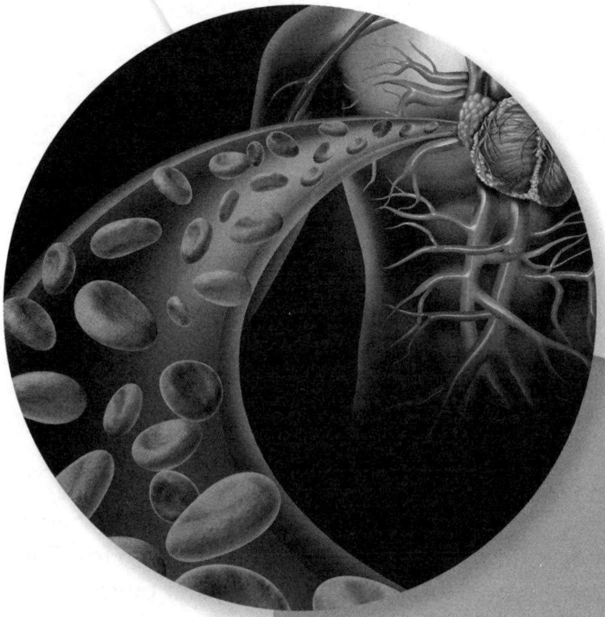

3.1 Resumo

A sequência de eventos entre a exposição a um xenobiótico e o aparecimento de efeito resultante de sua interação com o sistema biológico pode ser dividida em duas fases: a toxicocinética, que é caracterizada pela chegada do xenobiótico no sítio de ação, e a toxicodinâmica, que é a interação com o receptor propriamente dita. A toxicocinética é o estudo dos processos de movimento do xenobiótico no organismo, incluindo absorção, distribuição, biotransformação e excreção. Esses processos podem se apresentar saturados em determinadas situações, como a superdosagem, e mostrar modificação em suas velocidades. A toxicocinética pode ser determinada medindo-se a concentração do xenobiótico em sangue ou plasma em várias colheitas após a exposição. A interpretação dos dados obtidos requer entendimento dos processos cinéticos e produz parâmetros que os descrevem. Tanto a análise compartimental quanto a análise com base fisiológica podem ser utilizadas para interpretação e entendimento dos processos cinéticos.

3.2 Introdução

A toxicocinética é o estudo da disposição cinética de xenobióticos e descreve a quantificação e determinação em função do tempo dos processos de absorção, distribuição, metabolismo e excreção. Em linhas gerais, os xenobióticos podem ser absorvidos pelo organismo e, uma vez nele, atingir a corrente circulatória. Do sangue, podem ser eliminados e distribuídos a diferentes locais no organismo, exercendo seu efeito [1]. Ressalta-se que alguns toxicantes não precisam ser absorvidos para produzir efeito tóxico, pois possuem toxicidade local (Figura 3.1) [2].

Vários fatores podem influenciar o processo de disposição de toxicantes no organismo: pode ocorrer a não absorção, o toxicante pode se depositar em um tecido de armazenamento, ou o metabolismo pode reduzir sua toxicidade. A separação dos processos de absorção, distribuição, biotransformação e excreção é meramente didática, uma vez que os processos estão inter-relacionados e acontecem ao mesmo tempo [3].

Modelos matemáticos são utilizados para descrever o processo de disposição de toxicantes. As velocidades com que os processos de distribuição,

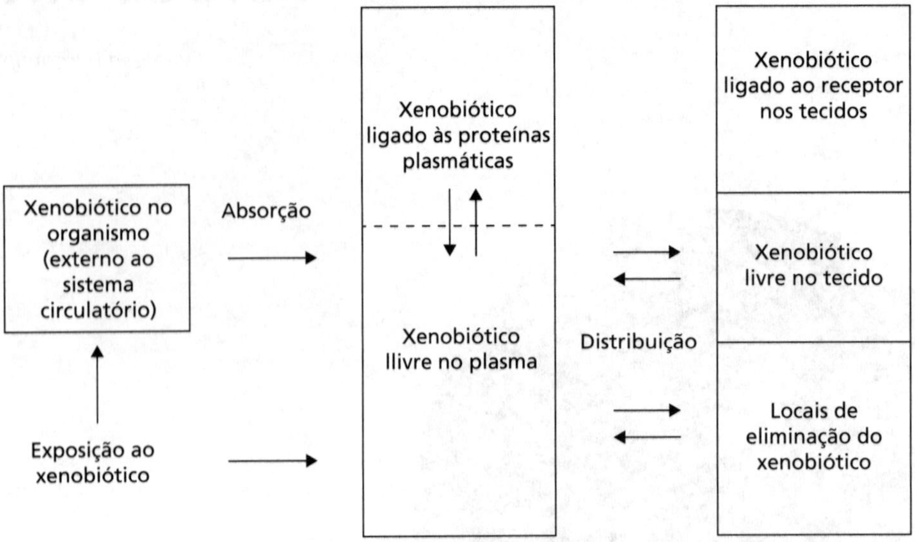

Figura 3.1 Disposição do xenobiótico no organismo.

biotransformação e excreção acontecem podem ser integradas em um único modelo de cinética. Modelos podem ser úteis em predizer o comportamento de um toxicante sob condições de exposição diferentes, entre outras aplicações. Basicamente, os modelos podem ser divididos em clássicos e baseados em fisiologia [4].

Além disso, em situações em que os organismos são expostos a doses muito elevadas dos toxicantes, os processos de transporte e biotransformação envolvidos na toxicocinética estão na maioria das vezes alterados. Os modelos cinéticos clássicos podem ainda ser aplicados, porém não há taxa de eliminação constante, pois a cinética, que era de primeira ordem, passa a ser de ordem zero [5].

Outros fatores podem ainda contribuir para alterações na resposta, como a diferença de gênero, massa corpórea, idade, estados patológicos e interações entre substâncias que podem alterar o curso destas no organismo. Esses fatores serão visualizados nos aspectos qualitativos e quantitativos da toxicocinética, discutidos neste capítulo.

3.3 Transporte através das membranas

3.3.1 Difusão passiva

Todos os xenobióticos que atingem a circulação sistêmica cruzam as membranas, exceto os que são introduzidos diretamente no sangue. Em termos de estrutura, sejam elas dos pulmões, do trato gastrointestinal, da pele ou de alvo de órgão ou tecido, as membranas são bastante similares. São constituídas por uma bicamada lipídica, com interior apolar e parte externa polar, com rigidez que garante a estrutura da membrana. À temperatura corporal, o interior da membrana apresenta-se fluido, pela natureza dos ácidos graxos que a constituem, o que facilita o transporte ativo e passivo dos compostos. Existem ainda proteínas inseridas nas membranas, sendo que algumas atravessam a membranas, formando poros conhecidos como aquaporinas [6].

Os principais mecanismos de transporte de compostos se dividem em difusão passiva, difusão facilitada e transporte ativo.

A difusão passiva é o método utilizado pela maioria dos compostos. Dois fatores influenciam a passagem: a diferença de concentração no interior e exterior da membrana e a facilidade com que as moléculas de xenobióticos atravessam as membranas. A facilidade de difusão é influenciada pela lipofilicidade do composto, pelo seu grau de ionização e pelo tamanho da molécula.

3.3.1.1 Lipofilicidade

A característica de solubilidade em lipídeos é expressa pelo coeficiente de partição octanol/água ou óleo/água. A velocidade de passagem através das membranas está correlacionada com o coeficiente de partição. Sendo assim, quanto mais lipossolúvel o composto, maior seu coeficiente de partição e mais fácil é sua passagem pelas membranas.

3.3.1.2 *Tamanho da molécula*

Moléculas muito pequenas, mesmo que hidrofílicas, podem cruzar a membrana pelos poros, porém, como a quantidade de poros é pequena comparada à extensão total da membrana, haverá sempre maior dificuldade de passagem para os compostos hidrofílicos. O tamanho dos poros varia de acordo com a membrana à qual eles pertencem, sendo que mesmo os poros maiores ainda têm tamanho suficiente para excluir as proteínas plasmáticas.

As moléculas com lipofilicidade aumentada e menor tamanho vão ter maior velocidade de passagem. Em situações em que o coeficiente de partição octanol/água é equivalente, o formato da molécula pode influenciar, sendo que cadeias ramificadas podem contribuir para o impedimento estérico em transpor as membranas [2,7].

3.3.1.3 *Grau de ionização*

Com exceção das pequenas moléculas, que, mesmo ionizadas, podem atravessar os poros da membrana, os compostos, para serem absorvidos, precisam atravessar a membrana na forma não ionizada. Grande parte dos xenobióticos são ácidos ou bases fracas e costumam estar ionizados nos valores de pH encontrados nos fluidos corporais [8].

Os valores de pH em que a base e os ácidos orgânicos fracos se encontram 50% na forma não ionizada são chamados de pK_b e pK_a, respectivamente. Uma vez que:

$$pK_a = 14 - pK_b$$

pode-se calcular também o pK_a para as bases orgânicas fracas.

O grau de ionização de uma molécula depende do pK_a e do pH da solução em que a molécula se encontra. A relação pode ser descrita pela equação de Henderson-Hasselbalch:

Para os ácidos:

$$pK_a - pH = \log \frac{(\text{forma não ionizada})}{(\text{forma ionizada})} = \log \frac{(HA)}{(A^-)}$$

Para as bases:

$$pK_a - pH = \log \frac{(\text{forma ionizada})}{(\text{forma não ionizada})} = \log \frac{(HB^+)}{(B)}$$

Ácidos que apresentem um valor pK_a baixo são considerados ácidos fortes; um valor de pK_a mais alto é um ácido fraco. Para as bases a regra é inversa. De acordo com as equações anteriormente descritas, sabe-se que ácidos fracos apresentam maiores concentrações das formas ionizadas nos valores de pH do estômago, sendo este preferencialmente seu local de absorção. Já as bases encontram-se em maiores concentrações na forma não ionizada no intestino, ocorrendo aí grande parte da absorção. Para os dois tipos de compostos aqui descritos, considera-se aqui somente o grau de ionização, e não a área superficial do sítio de absorção, que pode influenciar a quantidade absorvida [8].

3.3.2 Difusão facilitada

Esse processo de transporte requer a participação de uma proteína carreadora, e, uma vez que as proteínas estão presentes na membrana em número finito, haverá aqui uma razão de difusão máxima, que pode ser limitante. As proteínas transportadoras podem ser inibidas de maneira seletiva ou competitiva por moléculas que competem pelo sítio de ligação nas proteínas, e deve-se considerar que esse transporte acontece contra e também a favor do gradiente de concentração; no primeiro caso, há gasto de energia [9,10].

3.3.3 Transporte ativo

Além de participar na absorção de xenobióticos, o transporte ativo é essencial à regulação do suprimento de nutrientes essenciais ao organismo. Assim, não há, nessa situação, necessidade de manter as concentrações a favor do gradiente de concentração. Muitas vezes esse transporte acontece, no caso de eletrólitos, para manter notadamente as diferenças entre os meios intra e extracelular acontecendo às expensas de energia e demonstrando seletividade [5].

Várias famílias de proteínas transportadoras já foram identificadas, e podem ser divididas em proteínas de efluxo e proteínas de influxo. A glicoproteína P, que pode ser expressa em vários locais no organismo, é responsável pelo efluxo da substância recém-absorvida, diminuindo suas concentrações no meio interno.

As proteínas de influxo exercem funções importantes no fígado e nos rins; são expressas ainda na placenta, intestino, entre outros locais. Os transportadores orgânicos de peptídeos (OATP) atuam na absorção de substâncias pelo fígado; já os transportadores de ânions (OAT) e de cátions (OCT) desempenham importante papel na reabsorção de compostos nos rins, sendo que também são expressos no fígado. Há ainda transportadores para metais, peptídeos e nucleotídeos [6,11].

Os avanços no entendimento do papel dos transportadores são recentes e, uma vez que apresentam também polimorfismo genético, podem auxiliar na compreensão da variabilidade interindividual na resposta a xenobióticos, antes basicamente centrada em diferenças na metabolização [12].

3.4 Absorção

A passagem dos xenobióticos através das membranas para a corrente circulatória é considerada absorção. Os principais sítios de absorção, em termos quantitativos, são o trato gastrointestinal, os pulmões e a pele. Não há mecanismos especiais para os xenobióticos; eles utilizam os mesmos processos dos nutrientes. Mesmo sendo os pulmões e o trato gastrintestinal órgãos internos do organismo, os seus conteúdos são considerados externos à circulação.

3.4.1 Trato gastrointestinal

O trato gastrointestinal é muito importante para a absorção de xenobióticos, pois estes podem estar presentes nos alimentos, nos líquidos, ou ainda, se inalados sem que haja condições aerodinâmicas próprias para absorção, podem ficar impactados na nasofaringe e ser deglutidos com o alimento. Além disso, muitas situações de tentativa de suicídio acontecem pela ingestão de grande quantidade de toxicantes por via oral.

A absorção acontece desde a cavidade oral até o reto, e as bases e ácidos orgânicos terão locais preferenciais de absorção. O pH do estômago varia de 1 a 3, e valores entre 5 e 8 são observados entre o intestino delgado e o colón.

Com a aplicação da equação de Henderson-Hasselbalch, podemos esperar que, na maior parte, os ácidos fracos estejam na forma não ionizada no estômago e na forma ionizada no intestino. Sendo assim, uma vez absorvidos os ácidos fracos, estes se ionizam, na grande maioria, e não podem atravessar membranas quando nessa condição. Por outro lado, as bases fracas terão prevalência de formas não ionizadas no intestino e ionizadas no estômago [6,10].

Porém, há de se ressaltar que há um equilíbrio, mesmo que deslocado pelo pH local, entre as formas ionizadas e não ionizadas de um composto. Sendo assim, mesmo que exista somente uma pequena quantidade de um ácido na forma não ionizada no intestino, em virtude de a área superficial desse órgão ser muito maior que a do estômago, pela existência das vilosidades e microvilosidades intestinais, uma vez absorvido o não ionizado, o equilíbrio é deslocado e, portanto, considera-se o intestino como um local de absorção de ácidos fracos, e, da mesma maneira, o estômago pode ser considerado para as bases fracas pela ação da lei das massas.

A presença da glicoproteína P no intestino diminui a absorção de substâncias, uma vez que atua no efluxo de compostos absorvidos. Alguns deles têm a propriedade de induzir a expressão da proteína, resultando em uma redução ainda maior das concentrações na circulação [13].

O transporte ativo e a difusão facilitada também estão presentes no trato gastrointestinal, sendo que compostos que possuam similaridade em tamanho, configuração, entre outras características, podem utilizar os mesmos transportadores para serem absorvidos.

Os compostos podem sofrer alterações ainda pelo pH ácido do estômago degradando o xenobiótico, e este pode nunca atingir o intestino. As bactérias da microflora intestinal também podem modificar os toxicantes antes da absorção. As enzimas presentes no estômago e no intestino podem metabolizar os compostos e, juntamente com o metabolismo de primeira passagem hepático, contribuir para a redução da biodisponibilidade [2,6].

A presença de outros compostos pode favorecer ou diminuir a absorção do xenobiótico, por competição que ocorre naturalmente entre eles. O tempo de permanência no trato gasto intestinal pode ser reduzido ou aumentado, por patologias, alterações em condições fisiológicas e medicamentos, resultando em maior ou menor motilidade e, neste último caso, em maior absorção. Serão observadas diferenças na absorção em situações de plenitude de alimentos e jejum, sendo que as variações observadas dependerão da natureza do xenobiótico a ser absorvido; compostos lipofílicos terão aumento de biodisponibilidade se ingeridos com alimentação preferencialmente gordurosa [1,14].

3.4.2 Pele

A pele é uma barreira muito eficiente à absorção, pela presença do estrato córneo queratinizado, que é impermeável a grande parte dos toxicantes, embora a permeabilidade varie entre os diferentes locais do corpo. Existem, porém, exceções de substâncias que podem ser absorvidas pela pele intacta, como o tetracloreto de carbono, e que, em quantidade, são capazes de causar dano renal [15].

Mesmo possuindo uma espessura muito pequena quando comparado à espessura da derme e epiderme juntas, o estrato córneo é a barreira limitante na absorção. Os anexos da pele – as glândulas sudoríparas e os folículos pilosos – podem contribuir para a absorção através deles próprios, porém, quando comparamos sua presença em relação à superfície total da pele, a absorção por essas rotas se torna quantitativamente desprezível.

Para ser absorvido, o xenobiótico precisar ultrapassar muitas camadas de células até atingir os capilares sanguíneos. Os compostos lipofílicos são muito mais bem absorvidos do que os hidrofílicos, uma vez que o principal mecanismo para a absorção é a difusão passiva.

A absorção dérmica pode ser influenciada de diversas maneiras. A abrasão, que remove o estrato córneo, pode aumentar a permeabilidade na área danificada, uma vez que, apesar de haver sete camadas a serem transpostas, a justaposição da primeira camada é a etapa limitante do processo. O nível de hidratação da pele aumenta a permeabilidade e favorece a absorção. Quando a temperatura do ambiente aumenta, o mecanismo de aumento de fluxo sanguíneo capilar, que evita a perda de calor, aumenta a absorção percutânea [15].

3.4.3 Pulmões

Uma gama diversa de compostos pode ser absorvida pelos pulmões, incluindo gases, vapores, líquidos voláteis e material particulado. A absorção de gases e vapores é diferente dos aerossóis, e o local de deposição dos aerossóis influenciará o seu grau de absorção.

3.4.3.1 Gases e vapores

A absorção dos gases e vapores depende da solubilidade destes no sangue que perfunde os pulmões. Porém, em um primeiro momento, antes de atingir os pulmões, esses compostos são aspirados pelo nariz e os hidrossolúveis permanecem retidos na mucosa nasal, podendo causar toxicidade local, mas não pulmonar. O grau de ionização dos compostos não interfere muito na absorção, uma vez que moléculas ionizáveis não são, em sua maioria, voláteis [16].

Quando um gás é inalado, as moléculas se difundem no espaço alveolar e se dissolvem no sangue. Dessa maneira, acontece uma simples partição entre o ar e o sangue, que é regida por um parâmetro conhecido como coeficiente de partição sangue/ar, e há um valor para cada composto.

Compostos com alta solubilidade no sangue são quase completamente transferidos do ar inalado para o sangue em uma única respiração. Para esses compostos, o aumento do fluxo de sangue pulmonar tem pouco efeito na absorção dos toxicantes, e o aumento da ventilação, ou seja, a frequência respiratória, favorecerá a absorção.

Para gases pouco solúveis no sangue, uma pequena quantidade do composto é transferida ao sangue em uma respiração. Geralmente esses compostos, que rapidamente saturam o sangue, somente terão sua absorção aumentada com o aumento do fluxo sanguíneo pulmonar. Ressalta-se que situações de esforço físico aumentam tanto a circulação quanto a frequência respiratória, favorecendo a absorção dos dois tipos de compostos [16].

3.4.3.2 Aerossóis e partículas

Anatomicamente, podemos considerar que o pulmão possui três regiões distintas: a região nasofaríngea, a região traqueobronquiolar e a região alveolar. Uma vez que o grau de ionização não é importante neste momento, características como a solubilidade em água e o tamanho aerodinâmico da partícula influenciarão a absorção [17].

Partículas maiores que 5 µm de diâmetro ficarão depositadas na região nasofaríngea. Desse local podem ser removidas pela tosse, espirro ou pelo ato de assoar o nariz. Algumas partículas, que ficam em locais específicos da nasofaringe, onde há movimento ciliar, podem ser devolvidas a porções superiores e deglutidas; de acordo com a sua solubilidade, algumas podem se dissolver no muco e ser absorvidas no trato gastrointestinal.

Já partículas com diâmetro em um intervalo de 2 a 5 µm alcançarão a região traqueobronquiolar, podendo ser removidas pelo movimento ciliar e até atingir a cavidade oral, sendo deglutidas com as acima descritas.

As menores partículas, com diâmetro menor que 1 µm, atingirão a região alveolar, local onde se dá majoritariamente a absorção de compostos pela via inalatória. Uma vez nos alvéolos, elas se dissolvem e são absorvidas, atingindo a corrente circulatória. Compostos que não tenham solubilidade adequada para absorção podem ser removidos mediante fagocitose pelos macrófagos alveolares ou pela linfa. Esses processos são mais lentos, em termos de velocidade, do que a absorção de gases e vapores e são majoritariamente controlados pela solubilidade do material particulado [6].

3.4.4 Barreiras fisiológicas

3.4.4.1 Placenta

A placenta é uma barreira que provê nutrientes ao feto, realiza trocas gasosas, excreta material fetal e mantém a gestação. Muitas substâncias podem cruzar a placenta (xenobióticos, vírus, patógenos, entre outros). Mesmo com várias camadas a serem transpostas, a difusão passiva e os fatores que a afetam são importantes para determinar a absorção placentária.

Sabe-se que a placenta expressa diferentes tipos de transportadores, principalmente de efluxo, que tem a função de proteger o feto do efeito tóxico de certos compostos. Além disso, há ainda a capacidade de biotransformação da placenta, que também atua no sentido de reduzir concentrações de muitos compostos. Sob condições de equilíbrio, para substâncias lipossolúveis, as concentrações dos xenobióticos têm relação 1:1 entre sangue materno e sangue fetal [18,19].

3.4.4.2 Barreira hematoencefálica

A barreira hematoencefálica é uma das barreiras menos permeáveis do organismo, o que é conseguido pela justaposição das células, com quase ausência de poros entre estas, associada à presença de transportadores de efluxo. Essas características praticamente excluem compostos hidrossolúveis de absorção [20].

A expressão dos transportadores de efluxo, que diminui as concentrações dos xenobióticos também no sistema nervoso central, tem efeito protetor à toxicidade desses compostos [20,21]. Vários estudos com animais de experimentação geneticamente modificados para não expressarem os transportadores de efluxo demonstraram a eficiência desse mecanismo.

O desenvolvimento da barreira hematoencefálica não está completo no momento do nascimento, e, sendo assim, há maior expressão de toxicidade no sistema nervoso central em recém-nascidos quando comparados a adultos, sendo esse um dos fatores de risco da neurotoxicidade causada pela icterícia fisiológica do recém-nascido [2].

3.4.5 Outras vias de entrada

As vias intramuscular, subcutânea e intravenosa também devem ser consideradas na exposição a toxicantes. Na via intravenosa, com a introdução direta na corrente circulatória, está excluída a etapa de absorção. As vias intramuscular e subcutânea têm velocidades variáveis de absorção, dependendo do local de administração. Todas as vias onde há processos de absorção poderão reduzir concentrações do xenobiótico, uma vez que este estará sujeito ao metabolismo hepático de primeira passagem [6,22].

3.5 Distribuição

Quando o toxicante atinge a corrente circulatória, passando ou não por processos de absorção, ele se encontra disponível para a distribuição. A velocidade em que a distribuição acontece depende basicamente da taxa de perfusão dos órgãos; os locais para os quais o toxicante vai se distribuir depende da afinidade deste para os tecidos utilizando os mesmos mecanismos de passagem através de membranas já abordados previamente.

Os fluidos do organismo agem como solventes e transportadores para todos os xenobióticos, que, basicamente, são constituídos de água. Quanto à localização, há três locais principais: intracelular, intersticial e água da corrente circulatória.

A maioria dos compostos pode ser transportada dos seus locais de absorção para os de ação ou eliminação através da corrente circulatória. Alguns xenobióticos estão somente dissolvidos na água do plasma, porém outros podem estar associados aos componentes do plasma, como albumina, globulinas, lipoproteínas e eritrócitos. Uma vez que a fração não ligada do xenobiótico é que pode produzir efeito, a ligação aos componentes do sangue altera a distribuição.

Uma vez que somente a fração livre pode ser distribuída, e lembrando que ocorre equilíbrio dinâmico entre as formas livre e ligada, ressalta-se que o complexo formado entre xenobiótico e proteínas funciona como reservatório dinâmico, uma vez que, se o composto livre se distribui ou é eliminado, mais composto é liberado.

Quantitativamente, a albumina é a proteína plasmática mais abundante e funciona como depósito e carreador para muitos compostos que se ligam a ela, sendo que compostos neutros e ácidos irão primariamente fazer essa ligação. Se a albumina se tornar saturada, essas substâncias irão então se ligar à lipoproteína. Compostos básicos irão se ligar à alfa-1-glicoproteína ácida [2,22,23].

O tecido gorduroso é capaz de armazenar grande quantidade de xenobiótico lipofílicos. O equilíbrio nesse tecido demora a ser estabelecido, uma vez que sua perfusão é baixa. Para a eliminação, a mobilização do composto desse tecido também é lenta, fazendo do tecido gorduroso um sítio de armazenamento de substâncias lipossolúveis no organismo. Após períodos de emagrecimento drásticos, podem ser observados efeitos tóxicos provenientes de uma exposição que ocorreu em tempo passado [24].

Os ossos também funcionam como depósito para alguns compostos, que se distribuem por eles através do fluido extracelular, que transporta os toxicantes. Uma vez em contato com cristais de hidroxiapatita presentes nos ossos, por similaridade no tamanho do composto e na carga, acabam substituindo ou o grupamento hidroxila ou o cálcio presente nos ossos. O chumbo tem como seu principal órgão de depósito no organismo os ossos, onde não possui toxicidade. A mobilização reversa também é lenta, pela reduzida perfusão [2].

Alguns órgãos no organismo também podem funcionar como depósito de substâncias, sendo que os rins e o fígado possuem a metalotioneína, uma proteína que tem a capacidade de ligar metais. Estes, após atingirem a corrente sanguínea, em um curto espaço de tempo têm suas concentrações diminuídas, pois os órgãos são de alta perfusão [2,6,22].

3.6 Biotransformação

A biotransformação ou metabolismo é um dos mecanismos gerais de eliminação definitiva dos xenobióticos do organismo. As propriedades físico-químicas que permitem que um xenobiótico seja bem absorvido, como sua lipofilicidade, são obstáculos à sua eliminação. Consequentemente, para que ocorra a eliminação do composto do organismo, este deve ser quimicamente modificado em um composto hidrossolúvel, com maior facilidade em ser excretado [2,6].

Com a modificação estrutural do composto, há também a alteração de seu efeito, o que é muito desejável quando este for altamente tóxico. Certas situações, porém, levam ao aumento da reatividade de composto, sendo que o produto formado após a biotransformação tem toxicidade mais alta do que seu precursor. Nesses casos, o processo é denominado bioativação [25].

Podemos dividir as reações em dois tipos: fase I e fase II. As reações de fase I são reações catabólicas, que adicionam grupamentos ou expõem grupos reativos no composto precursor, sendo realizadas por reações de oxidação, redução e hidrólise. Os produtos das reações de fase I são substratos para as reações de fase II. Nesta última, as reações de fase II são basicamente de conjugação com cofatores endógenos (glicuronidação, sulfatação, acetilação, metilação, conjugação com glutationa ou aminoácidos), adicionam grupamentos que tornam os produtos da reação de fase II hidrossolúveis, passíveis de serem excretados [26,27].

As reações de ambas as fases são geralmente catalisadas por enzimas, e não necessariamente os compostos passam pela fase I e subsequentemente pela fase II para serem eliminados, podendo ser submetidos somente a uma das fases, ou ainda não ser metabolizados.

3.6.1 Fase I

Não há um órgão exclusivo para a biotransformação, sendo que esta ocorre praticamente em todos os órgãos e tecidos do organismo; além disso, muitas vezes ocorre no sítio de absorção, antes de atingir a corrente circulatória. Embora as enzimas estejam presentes em praticamente todos os tecidos, o fígado é, sem dúvida, o órgão mais importante no metabolismo de substâncias [2,28,29].

Em virtude da anatomia da circulação êntero-hepática, o fígado recebe a quantidade total do xenobiótico absorvida do trato gastrointestinal; uma vez no fígado, órgão altamente vascularizado, com grande quantidade de enzimas metabolizadoras, a rápida difusão dos xenobióticos acontece e os metabólitos são produzidos [30].

As enzimas metabolizadoras estão localizadas no retículo endoplasmático rugoso, na fração microssomal. A estrutura da cadeia de aminoácidos que codifica uma enzima da biotransformação pode variar entre os indivíduos, resultando em diferença na razão metabólica. Esse polimorfismo genético tem porcentagens variáveis entre as populações, e mesmo mutações pontuais podem levar as alterações importantes bastante estudadas pela farmacogenética [28].

O citocromo P450 (CYP) pertence à superfamília de proteínas que contém um grupamento heme; geralmente são enzimas de função oxidase. O ferro na enzima normalmente se apresenta no estado férrico (Fe^{+3}); quando reduzido ao estado ferroso (Fe^{+2}), o citocromo pode se ligar ao O_2 ou ao monóxido de carbono (CO). Esse complexo formado tem máxima absorbância no comprimento de onda de 450 nm, que é de onde o nome do complexo deriva [2,28,31].

A reação básica catalisada pelo CYP é a mono-oxigenação, em que um átomo de oxigênio é incorporado pelo xenobiótico (designado como XH) e outro contribui para a formação de uma molécula de água com elétrons doados pelo NADPH, como na equação:

$$XH + O_2 + NADPH + H^+ \rightarrow XOH + H_2O + NADP^+$$

Basicamente, o xenobiótico (X) se liga ao citocromo e o ferro é reduzido de Fe^{+3} para Fe^{+2}, onde é possível a adição de um elétron via NADPH redutase. O oxigênio então se liga ao Fe^{+2} e o complexo formado, $Fe^{+2}O_2$, é convertido a FeOOH pela adição de um próton e um segundo elétron derivado do NADPH ou citocromo b_5 (NADH). A entrada do segundo próton quebra o complexo e produz água e $(FeO)^{+3}$, que transfere um átomo de oxigênio ao xenobiótico. O xenobiótico é então liberado oxidado e o ciclo retorna ao estado inicial (Figura 3.2) [2,28].

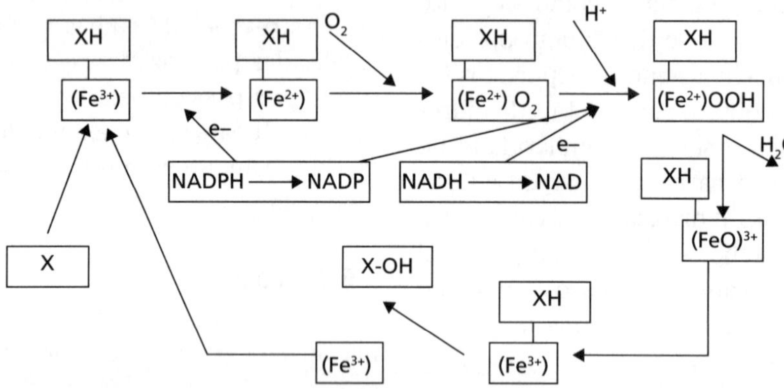

Figura 3.2 Ciclo catalítico do citocromo P450.

Várias reações de oxidação podem ser catalisadas pelo CYP. Entre elas estão: hidroxilação, epoxidação, hidrólise, desalquilação, desaminação, sulfoxidação e desalogenação, algumas delas com oxidação do substrato, e outras com oxidação seguida de rearranjo no substrato. A versatilidade do CYP se dá principalmente por duas razões: existem múltiplas formas de CYP presentes nas diferentes espécies, além da capacidade de biotransformar uma vasta gama de compostos. Cada citocromo P450 é identificado pelo símbolo CYP, seguido de um algarismo que denomina a família, uma letra maiúscula que designa a subfamília e outro algarismo que determina o gene individual (por exemplo, CYP3A4) [28,30].

Em geral, quando as enzimas que codificam uma proteína do CYP têm similaridade maior que 40%, são consideradas da mesma família, e quando maior que 55%, são incluídas na mesma subfamília. Os compostos exógenos, que incluem os toxicantes, são metabolizados pelas famílias 1, 2 e 3; outras famílias parecem estar mais envolvidas no metabolismo de substâncias endógenas [28,30].

Existem outros sistemas de oxidação capazes de oxidar os xenobióticos, entre eles: álcool e aldeído desidrogenase; xantina e monoamina oxidase; flavina monoxigenase (FMO). O sistema FMO oxida substratos contendo oxigênio, nitrogênio e enxofre presentes em compostos contendo carbamatos e tioéter, também com participação do NADPH [28].

Condições anaeróbias não inviabilizam a metabolização, uma vez que as mesmas enzimas do CYP envolvidas na oxidação são capazes de, nessas condições, realizar reações de redução nos xenobióticos. Na ausência de oxigênio, os elétrons provenientes do NADPH não vão para o oxigênio, sendo transferidos diretamente para o substrato [22,28,30].

3.6.2 Fase II

As reações de fase II geralmente envolvem o acoplamento do xenobiótico ou seu metabólito a um composto endógeno. A maioria das reações de conjugação resulta em detoxificação, porém há uma minoria de casos de bioativação em fase II.

Os cofatores endógenos reagem com grupos funcionais presentes ou introduzidos/expostos pelas reações de fase I. Há um aumento muito importante na hidrofilicidade do composto após as reações de glicuronidação, sulfatação, conjugação com glutationa e aminoácidos. As reações de metilação e acetilação não aumentam a hidrofilicidade com as primeiras citadas. Uma vez que as reações de fase II têm uma velocidade maior que as de fase I, a velocidade do processo é limitada pela primeira reação [4,30].

Na glicuronidação, o grupamento ácido glicurônico é transferido do seu cofator precursor para um grupamento carboxila, hidroxila ou até amina. Os glicuronídeos formados são secretados na bile e no túbulo proximal dos rins para serem excretados. As bactérias da flora intestinal são capazes de quebrar a ligação entre o glicuronídeos e o metabólito de fase I ou o xenobiótico original e liberá-lo no intestino, onde pode ser reabsorvido [2,22,28].

A sulfatação pode ser uma conjugação alternativa aos compostos que apresentem grupamento hidroxila. Uma vez que a concentração de sulfato é limitada no meio intracelular, em altas concentrações de xenobiótico essa fase pode ser limitante.

A conjugação com a glutationa é importante para detoxificar compostos reativos gerados em fase I, principalmente com centros eletrofílicos (epóxidos, hidroxilaminas, grupamentos nitro, entre outros). Ressalta-se que essa conjugação pode ocorrer de maneira não enzimática, bem como ser catalisada por uma transferase [28].

Uma vez que as reações de acetilação e metilação não promovem o aumento da hidrofilicidade, a sua função é diminuir a reatividade dos centros formados na biotransformação. Certos compostos formados podem até mesmo apresentar-se como precipitados na urina, pela reduzida hidrossolubilidade, como as sulfonamidas, resultando em dano renal.

3.7 Excreção

A excreção acontece simultaneamente à biotransformação e à distribuição. Todos os compostos que são biotransformados, em sua grande maioria, se tornam mais hidrossolúveis e compatíveis com a eliminação do organismo. Os rins são os órgãos excretores mais importantes em número de compostos excretados, mas o fígado e o pulmão são de extrema necessidade para a excreção de outros compostos; o pulmão pela excreção de voláteis e gases; e o fígado é a peça-chave na biotransformação [2,6,32]. A excreção dos produtos finais do metabolismo, ou mesmo do xenobiótico inalterado, acontece por várias vias: fezes, urina, saliva, suor, ar exalado, leite, lágrimas.

3.7.1 Excreção urinária

Os rins removem os produtos finais da biotransformação utilizando três mecanismos: filtração glomerular, secreção tubular e difusão tubular passiva. Com um grande aporte de débito cardíaco (cerca de 25%), 20% desse montante é filtrado no glomérulo. Somente xenobióticos não ligados às proteínas podem ser filtrados, uma vez que o tamanho do poro se torna limitante ao conjunto proteína-xenobiótico [30,33].

O composto que foi filtrado pode permanecer no lúmen do órgão e ser excretado com a urina, ou ser reabsorvido. Para que aconteça a reabsorção, os mesmos princípios de passagem por membranas devem ser observados: maior lipossolubilidade e estar na forma não ionizada no pH urinário. A modificação dos valores de pH urinário, que em situações de normalidade variam de 5,5 a 7,0, pode alterar a eliminação dos compostos. A alcalinização da urina com administração de bicarbonato de sódio favorecerá a excreção de ácidos fracos, que ficam em forma ionizada em valores de pH acima de pK_a [2,6].

Os processos de reabsorção e secreção ativa acontecem nos túbulos proximais, com a participação de vários transportadores especializados. No túbulo renal, a secreção tubular ativa pode aumentar a quantidade de fármaco na luz do órgão em razão da presença de transportadores como a glicoproteína P, responsáveis pela secreção de xenobióticos conjugados. Os transportadores orgânicos de ânions e cátions, de maneira inversa, são responsáveis pela receptação de compostos para o fluido extracelular [34].

O *clearance* renal é função do volume de plasma depurado do xenobiótico, pela ação de todos os mecanismos especificados, em função do tempo. Qualquer alteração da função renal, como uma patologia, afetará a taxa de eliminação renal do composto.

3.7.2 Excreção fecal

A fração do xenobiótico não absorvida é o primeiro componente quantitativo da excreção fecal. Somada à fração não absorvida, há a excreção biliar, em que metabólitos formados pelo fígado são diretamente excretados na bile. Existem pelo menos três tipos de transportadores de compostos orgânicos do fígado para a bile: um para ácidos, um para bases e outro para compostos neutros.

As propriedades físico-químicas dos compostos que determinam se estes serão excretados na bile ou na urina são o peso molecular e a carga. Normalmente, compostos maiores e muitos polares são encontrados na bile. Uma vez excretado na bile, o composto pode ser excretado com as fezes ou ser reabsorvido. A recirculação êntero-hepática é o processo que acontece quando bactérias da microflora intestinal tem enzimas capazes de hidrolisar os glicuronídeos formados em reação de fase II, que os torna disponíveis para serem reabsorvidos no intestino [30].

Uma vez que os compostos excretados por essa via vêm de biotransformação hepática, tanto a alteração do fluxo biliar quanto a modificação da capacidade metabólica hepática podem alterar a velocidade de excreção dessa via.

3.7.3 Excreção no ar exalado

Importante para a excreção de compostos voláteis e gases, os pulmões eliminam os xenobióticos por mecanismo de difusão simples. A capacidade de transferência do composto para o ar será proporcional à sua concentração no sangue. De maneira inversa à absorção, as substâncias que possuírem baixa solubilidade no sangue terão a excreção limitada pela perfusão sanguínea, enquanto as substâncias com alta solubilidade terão a excreção limitada pela ventilação. Os compostos voláteis com alta lipossolubilidade, por permanecerem depositados no tecido gorduroso, poderão ser eliminados pelo ar exalado em tempo muito posterior à exposição, pela baixa perfusão do tecido de armazenamento [30].

3.7.4 Outras rotas de eliminação

Em termos quantitativos, suor, cabelo, unhas não são vias importantes de excreção e são preferencialmente utilizadas na identificação da exposição do indivíduo a determinado xenobiótico.

Já a excreção no leite tem grande importância, pois, além de os lactentes estarem expostos por essa via, existe o grande consumo de produtos lácteos pelas populações. O mecanismo de excreção é a difusão passiva, e, sendo o pH do leite (6,5) mais ácido que o do plasma, a excreção de substâncias básicas pode estar favorecida nessa situação.

A porcentagem de gordura no leite é da ordem de 3%-5% e favorecerá a concentração de xenobióticos lipossolúveis em maior extensão. Ressalta-se ainda a propriedade que os metais e agentes quelantes têm para fazer ligação com o cálcio, aumentando sua excreção nesse fluido [18,30].

3.8 Fatores que alteram os processos toxicocinéticos

Muitas vezes, exposições a doses similares de xenobióticos produzem efeitos diferentes nos indivíduos, e essas diferenças estão relacionadas a variações nos processos toxicocinéticos e aos muitos fatores que podem alterar a cinética. A capacidade de metabolizar compostos pode estar modificada, sendo que as enzimas podem estar induzidas ou inibidas, possuir modificações genéticas, ou ainda estar alteradas por fatores fisiológicos, como idade ou gênero [28].

Situações em que estímulos temporários provenientes de exposição a uma substância qualquer, como exposição acidental a substâncias tóxicas, medicações prescritas, contaminantes ou constituintes naturais dos alimentos, podem interferir na atividade enzimática. As alterações podem ser tanto de natureza inibitória quanto indutora, podendo ser específicas de um grupo de enzimas ou isoladas, de uma única enzima e única reação [35].

A situação de indução é geralmente resultado do aumento da quantidade de enzima presente. Sendo assim, a indução estimula a síntese de novas enzimas; processos de transcrição proteica não são imediatos, e o tempo para que a indução se instale pode ser de horas ou até mesmo dias. Após a indução, o retorno para o nível normal de atividade também leva um tempo considerável. O padrão de indução enzimática, de fase I ou de fase II, e o tempo necessário para que aconteça dependem do agente indutor [2,28].

Vários compostos podem atuar como indutores enzimáticos, entre eles fármacos, substâncias de abuso e poluentes em geral. As consequências da indução são diversas: pode ocorrer aumento do metabolismo da própria substância ou de outros xenobióticos. Além disso, a indução geral de enzimas microssomais pode levar ao aumento do metabolismo de substratos endógenos, como a bilirrubina e alguns esteroides. Certos casos de tolerância a xenobióticos observados em alguns indivíduos podem ser explicados por indução metabólica. Situações em que a indução ocorre nas enzimas de fase I tendem a ser mais problemáticas, pois, via de regra, nessa fase são produzidos compostos mais reativos [22].

Um dos motivos da ocorrência de inibição no metabolismo é a falta de especificidade das enzimas a um determinado substrato; assim, muitos compostos competem pelas mesmas enzimas e podem inibir mutuamente o metabolismo um do outro. Três tipos principais de inibição podem ser evidenciados: no primeiro, dois xenobióticos são metabolizados pela mesma enzima e competem pelo metabolismo; no segundo tipo, também de natureza competitiva, o inibidor não é substrato da enzima que ele inibiu; e o terceiro tipo, mais uma vez de natureza não competitiva, é o do metabolismo dependente, que leva a inativação enzimática. As situações de inibição são, potencialmente, as de maior potencial tóxico, pois implicam acúmulo dos xenobióticos no organismo [23,27].

A idade do indivíduo, nos seus pontos extremos, altera as funções dos principais órgãos, reduzindo suas funções [36]. Em neonatos, especialmente prematuros, e idosos, as funções renal e hepática encontram-se bastante reduzidas [37]. A redução da função renal começa aos 40 anos; nos neonatos a função aumenta progressivamente, se igualando ou ficando até mesmo com capacidade superior à de um adulto jovem com o desenvolvimento do recém-nascido. Em termos de metabolismo, as crianças têm uma eliminação geral muito aumentada quando comparadas a adultos. A composição corporal também se altera: idosos mostram redução de água e massa magra, e neonatos também têm alteração da água corporal, alterando a distribuição. Há ainda diferenças no gênero: indivíduos do sexo masculino têm maior capacidade metabólica que indivíduos do sexo feminino [38].

As alterações fisiológicas vistas na gestação produzem muitas alterações na toxicocinética, pois observam-se indução metabólica pela ação hormonal, alteração do volume de distribuição, alterações na ligação às proteínas plasmáticas causadas pela hipoalbuminemia, entre outros efeitos. Dependendo da combinação das propriedades do xenobiótico (lipofilicidade e porcentagem de ligação às proteínas plasmáticas), haverá aumento ou não do potencial de efeito tóxico.

A disposição dos xenobióticos pode estar alterada na presença de muitas patologias, mas especialmente no fígado e nos rins, que são órgãos de eliminação, e no coração, que é responsável pelo fluxo de sangue (distribuição) para o organismo. Pacientes com disfunção nos órgãos responsáveis pela eliminação terão redução desta e aumento da permanência no organismo. Pode acontecer a associação dessas patologias, levando o paciente a estados críticos de toxicidade [22].

A obesidade, que é comum em nossa sociedade, altera a toxicocinética principalmente dos compostos lipofílicos, além de o tecido adiposo ter uma menor quantidade de água que o tecido magro, resultando em uma menor quantidade de água por quilo de peso em um obeso, quando comparado a um não obeso. As substâncias lipofílicas terão menor toxicidade nos obesos, pois se distribuem para os tecidos de armazenamento, e sua mobilização é lenta, pela baixa perfusão sanguínea tecidual.

A alteração causada pela expressão anormal de sequências de aminoácidos que codificam proteínas (polimorfismo) pode ser a maior variável na resposta a diferentes toxicantes. Essas alterações podem afetar enzimas responsáveis pela metabolização e também por transportadores, levando a alterações em absorção, distribuição, biotransformação e excreção. Muitas variantes alélicas têm sido observadas para o CYP450 e que podem causar variações na resposta. Dependendo da magnitude da alteração, como redução muito severa da formação de metabólitos, ou metabolização muito rápida do xenobiótico original, os indivíduos são classificados com metabolizadores lentos ou metabolizadores ultrarrápidos, respectivamente [39].

3.9 Processos toxicocinéticos não lineares

As situações em que há intoxicação aguda ou mesmo acúmulo de substâncias podem levar à saturação dos processos cinéticos de transporte e/ou metabolismo. Com a superdosagem em via oral, por exemplo, a absorção no trato gastrointestinal pode ser alterada em virtude de retardo no tempo de esvaziamento gástrico, alterações na mobilidade intestinal, entre outros [9,38].

Diversos mecanismos podem acontecer simultaneamente na distribuição das substâncias, causando alterações na disposição destas no organismo. Um exemplo seria a biodisponibilidade de uma substância com uma elevada taxa de metabolismo de primeira passagem, que poderia estar aumentada, uma vez que ocorre a saturação das enzimas hepáticas. Na mesma linha de raciocínio, a concentração livre no plasma pode estar aumentada, uma vez que ocorre a saturação da ligação às proteínas. Isso implica toxicidade para substâncias altamente ligadas às proteínas plasmáticas. Ressalta-se ainda que algumas substâncias, por promoverem alterações no débito cardíaco, podem modificar o fluxo sanguíneo periférico e alterar parâmetros de distribuição, com consequente observação de aumento em concentrações no sangue [38].

O processo de biotransformação pode também estar alterado em virtude da saturação das enzimas participantes do metabolismo nas situações de superdosagem ou overdose. Nessa ocasião, o *clearance* é reduzido, a meia-vida é prolongada e, assim, as concentrações permanecem elevadas por um tempo maior. Se duas substâncias forem ingeridas concomitantemente, pode acontecer inibição competitiva do metabolismo. Pode acontecer ainda que, com redução do fluxo sanguíneo hepático, em virtude de efeitos cardiovasculares ou danos na função hepática, a biotransformação das substâncias esteja ainda mais reduzida [28].

As alterações das funções renais podem acontecer ou não na situação de superdosagem. A modificação do *clearance* renal pode ser utilizada como ferramenta terapêutica para acelerar a eliminação renal. O ajuste do pH urinário pode aumentar o *clearance* de substâncias ácidas ou básicas [4].

3.10 Modelos cinéticos

A toxicocinética se refere à modelagem matemática que descreve a disposição do agente tóxico no organismo em função do tempo (absorção, distribuição, metabolismo e excreção). Usualmente, modelos compartimentais, de um ou dois compartimentos, são utilizados para representar o organismo, sem qualquer relação fisiológica ou anatômica [2].

Existem ainda modelos fisiológicos, que são capazes de descrever o comportamento dos órgãos e tecidos baseados em uma série de equações [17]. Os modelos compartimentais clássicos, em condições ideais, não conseguem predizer concentrações em tecidos em particular, porém os modelos fisiológicos podem não predizer as concentrações em situações específicas na toxicocinética nas quais certos valores necessários para os cálculos não podem ser definidos ou até mesmo estimados [4].

A determinação das concentrações das substâncias em amostras de sangue ou plasma em diferentes tempos de colheita tem se mostrado como a forma mais eficiente de se obter informações a respeitos dos processos de absorção, distribuição, metabolismo e eliminação. Dado o princípio da homogeneidade cinética pelo qual se assume que as concentrações nos fluidos são diretamente proporcionais às concentrações nos tecidos, quaisquer alterações que forem observadas em plasma nas concentrações dos xenobióticos serão refletidas nos tecidos. Dessa maneira, modelos cinéticos clássicos de baixa complexidade são capazes de descrever o comportamento do xenobiótico [6].

3.10.1 Modelos compartimentais

Os modelos cinéticos compartimentais consistem geralmente de um compartimento central, com alto grau de perfusão, onde as concentrações do xenobiótico rapidamente se equilibram com os tecidos, que estão ligados ou não a um ou vários compartimentos periféricos; estes têm uma perfusão mais lenta e, consequentemente, o equilíbrio demora mais para ser estabelecido (Figura 3.3) [3].

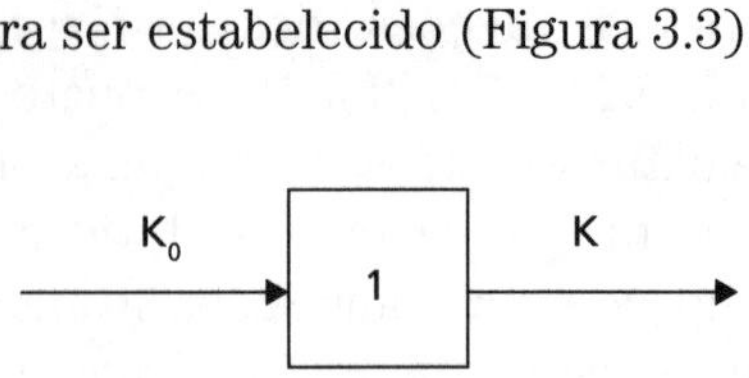

Modelo monocompartimental

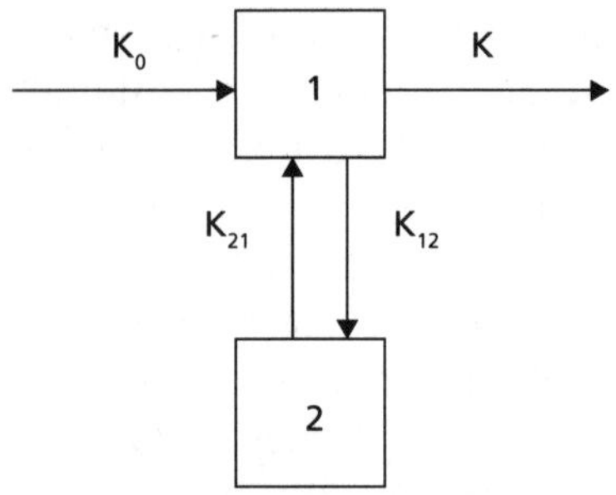

Modelo bicompartimental

Figura 3.3 Modelos toxicocinéticos compartimentais. K_0 é a constante de absorção para o compartimento central, e K é a constante de eliminação.

Quando o indivíduo se expõe a determinados toxicantes, estes podem ou não passar por processos de absorção, atingir o compartimento central e se distribuir entre os compartimentos. A eliminação ocorre do compartimento central, que pode ser representado pelos órgãos de alta perfusão, como os rins, fígado e pulmões [2,3].

Outra simplificação dos processos no organismo consiste em demonstrar a cinética pela mudança na quantidade de xenobiótico no organismo em função do tempo, expressando-os por taxas de eliminação. Em processos em que não há saturação, as taxas de eliminação permanecem constantes em função do tempo. Se o modelo monocompartimental é capaz de predizer o comportamento do xenobiótico em função do tempo, então não há necessidade de aplicar modelos bi ou multicompartimentais [3].

Os modelos compartimentais têm ainda a capacidade de estabelecer o curso de tempo da substância no organismo nos fluidos e tecidos, bem como identificar a extensão de acúmulo após múltiplas doses, além da determinação de doses efetivas.

3.10.1.1 Modelo monocompartimental

Esse tipo de modelo se aplica quando o comportamento é observado após o organismo ser exposto a substâncias por vias intra ou extravasculares, de forma não visualizada graficamente, em uma fase de distribuição distinta em velocidade da fase de eliminação [3].

Sabe-se que, do ponto de vista matemático, podemos predizer concentrações em tempos não amostrados se a relação entre concentração e tempo for apresentada de maneira linear. Sendo assim, isso pode ser realizado plotando-se os valores de concentrações como logaritmo natural em função do tempo. A plotagem gera um gráfico em escala cartesiana, que, quando plotado em escala semilogarítmica, proverá uma reta se o processo seguir cinética de primeira ordem, isto é, quando a quantidade de xenobiótico eliminado do organismo é dependente da quantidade de substância em função do tempo (Figuras 3.4-A e 3.4-B).

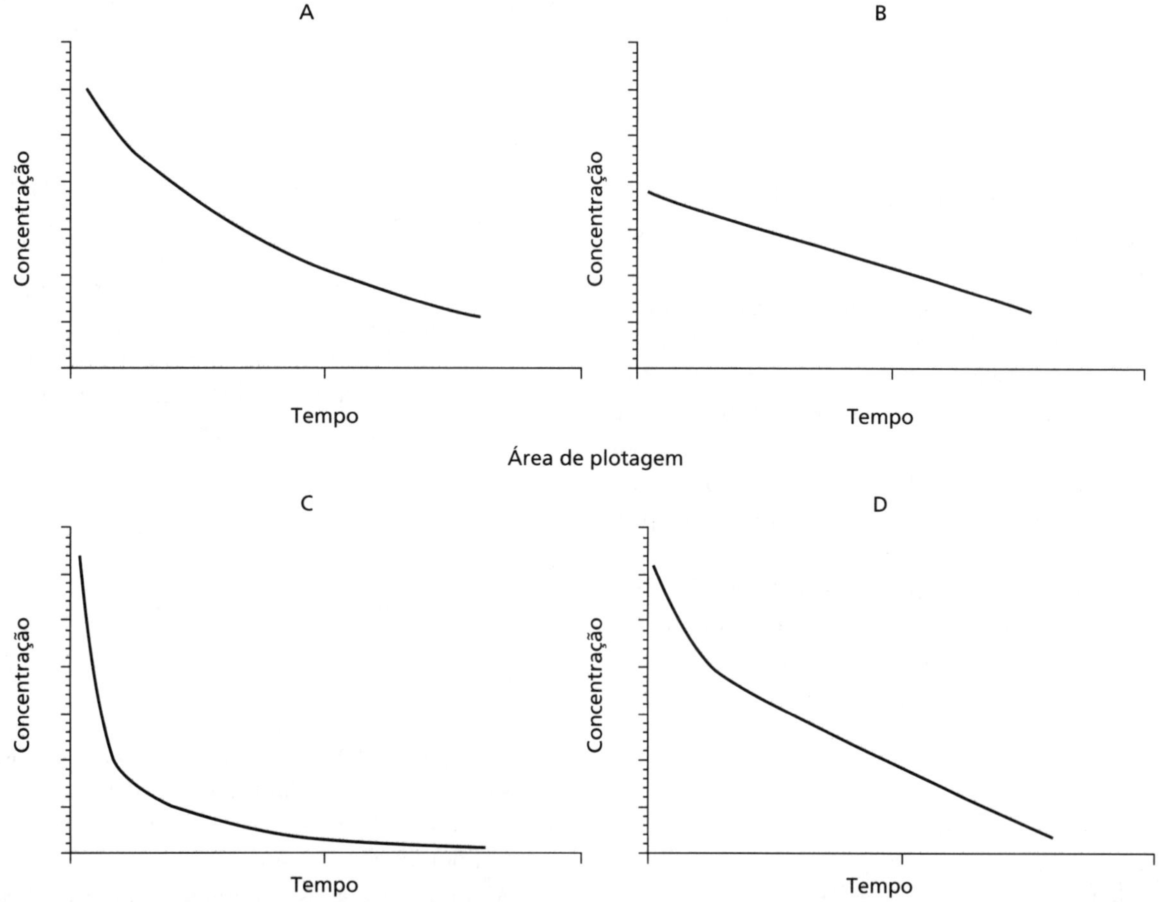

Figura 3.4 Gráficos de concentração plasmática em função do tempo. A) Perfil monocompartimental, em escala cartesiana; B) perfil monocompartimental, em escala semilogarítmica; C) perfil bicompartimental, em escala cartesiana; D) perfil bicompartimental, em escala semilogarítmica.

Substâncias que apresentam esse perfil cinético possuem um equilíbrio rápido entre o sangue e os vários tecidos no que se refere à taxa de eliminação. Uma definição importante é que substâncias que têm distribuição monocompartimental não permanecem em um só local, podendo ser distribuídas pelo organismo, normalmente a órgãos e tecidos altamente perfundidos. Portanto, a concentração no organismo como um todo não é necessariamente a mesma, porém assume-se que as alterações no sangue são proporcionais às observadas nos tecidos [2,3].

Em situação de administração intravenosa com cinética monocompartimental, a relação entre concentração e tempo pode ser descrita pela seguinte equação:

$$C = C_0 \times e^{-kt}$$

em que:

C = concentração plasmática no tempo t;

C_0 = concentração plasmática no tempo 0;

k = constante de eliminação;

t = tempo após a administração da dose;

e = base do logaritmo natural (aproximadamente 2,718).

Essa equação é extremamente importante, pois permite estimar a concentração a qualquer tempo.

Quando um composto é utilizado por qualquer via extravascular, haverá a fase de absorção, dependente da capacidade do xenobiótico de atravessar as membranas fisiológicas e atingir a circulação sistêmica. A extensão da absorção dependerá, portanto, de propriedades físico-químicas do composto e fisiológicas do organismo exposto.

A quantidade de xenobiótico que atinge a corrente circulatória determina sua biodisponibilidade. Somam-se à absorção o metabolismo no sítio de absorção e o metabolismo hepático de primeira passagem para definir a biodisponibilidade. Em uma curva semilogarítmica de concentração plasmática em função do tempo, a área sob a curva (ASC) reflete a quantidade total de xenobiótico que atingiu a circulação. O perfil gráfico observado é caracterizado por duas fases distintas: uma fase inicial, em que há aumento das concentrações por predomínio de processo de absorção, e uma fase terminal, com predomínio de processos de eliminação (Figura 3.5). Ressalta-se que todos os processos cinéticos acontecem ao mesmo tempo, porém em determinadas fases há predomínio de um ou de outro [2,3].

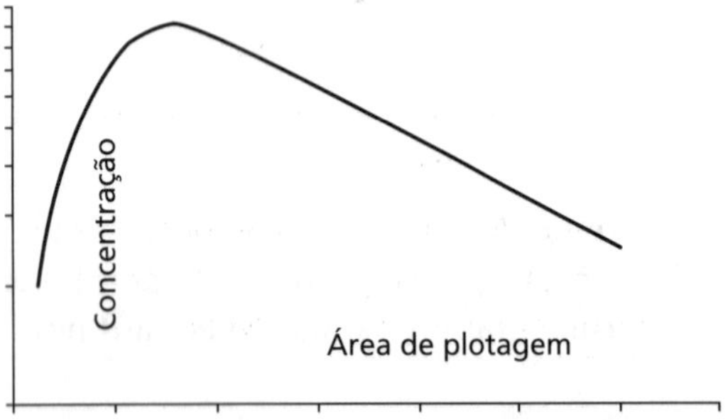

Figura 3.5 Perfil típico de um gráfico de concentração plasmática em função do tempo, monocompartimental, em escala semilogarítmica, resultante de exposição por via extravascular.

Pela comparação da ASC obtida após administração do xenobiótico por via intravascular, onde não há absorção, com outra via extravascular qualquer, levando em consideração a dose administrada por cada via, pode-se determinar a biodisponibilidade absoluta da via extravascular em questão [2,3].

3.10.1.2 Modelos bicompartimentais

Esses modelos geralmente são aplicados quando, após a administração de um xenobiótico, seja este por via intra ou extravascular, as concentrações plotadas como logaritmo natural não produzem uma única linha reta, ou seja, não podem ser caracterizadas por uma única função exponencial (Figura 3.4-D). Nesses casos, modelos multicompartimentais são construídos para descrever a mudança da concentração em função do tempo [3].

Entre os modelos multicompartimentais, os bicompartimentais são os mais comumente utilizados. Consistem em um compartimento central com órgãos e tecidos de alta perfusão e compartimentos periféricos menos perfundidos. A equação multiexponencial que descreve a eliminação desse xenobiótico pode ser descrita por dois termos exponenciais do plasma, da seguinte maneira:

$$C = A \times e^{-\alpha t} + B \times e^{-\beta t}$$

em que:

A e B = constantes de proporcionalidade;

α e β = constantes de velocidades de distribuição e eliminação, respectivamente.

Durante a fase de distribuição (α), as concentrações do xenobiótico diminuem no sangue ou plasma com uma velocidade maior do que a observada na fase final de eliminação (β).

Algumas vezes, essa equação com dois termos exponenciais pode não descrever o perfil de algumas substâncias, como aquelas que apresentam fase de distribuição muito lenta seguida de redistribuição para tecido ou órgão profundo. Essas substâncias são, então, mais bem descritas por modelos que possuam mais termos exponenciais.

3.10.2 Eliminação

A eliminação das substâncias do organismo não se dá somente na excreção destas pelas diferentes vias (renal, intestinal, pulmonar, entre outras), mas também pela biotransformação, que é primordialmente hepática, mas ocorre em outros locais no organismo [30].

No modelo monoexponencial, com administração intravascular, em cinética de primeira ordem, a equação $C = C_0 \times e^{-kt}$ pode ser transformada em uma equação logarítmica que terá a forma de uma reta, com função y = mx + b

$$\log C = -(k / 2{,}303) \times t + \log C_0$$

em que:

log de C_0 = intercepto no eixo y ou concentração no tempo 0;

– (k/2,303) = inclinação da reta.

Portanto a taxa de eliminação (k) pode ser determinada pela inclinação da reta log de C em função do tempo. Em cinética de primeira ordem, k (constante de eliminação do modelo mono) e β (constante de eliminação do modelo bi) são independentes da dose [3].

3.10.3 Volume aparente de distribuição

O volume de distribuição (Vd) é um importante indicador da extensão da distribuição de um xenobiótico no fluidos e tecidos do organismo. Esse parâmetro relaciona a quantidade da substância no organismo com a concentração que pode ser determinada em sangue ou plasma, sendo descrito em unidade de volume. Assim, essa constante de proporcionalidade indica a extensão da distribuição, mas não a qual local (tecidos ou órgãos) [2,3,6].

O volume de distribuição pode então ser calculado da seguinte maneira

$$Vd = Dose/Concentração$$

Valores de volume de distribuição altos indicam que a substância se distribui extensivamente aos tecidos e fluidos. De maneira inversa, valores reduzidos podem indicar que a substância fica restrita aos compartimentos vasculares. Uma vez que não há significado fisiológico exato que se relacione ao valor obtido, esse volume então é considerado aparente. Um xenobiótico com grande afinidade por ligação aos tecidos terá um alto valor de Vd [2].

Para um modelo monocompartimental, com administração intravascular, o Vd pode ser simplificado pela equação:

$$Vd = Dose/C_0$$

em que:

C_0 = concentração plasmática no tempo zero. O mesmo pode ser determinado extrapolando-se a curva até o eixo da concentração (y).

3.10.4 *Clearance*

O *clearance* ou depuração é um importante conceito de toxicocinética que descreve a quantidade de xenobiótico eliminado do organismo em função do tempo. Sendo assim, é expresso em termos do volume do fluido que continha a substância eliminado em função do tempo. Quando um agente qualquer apresenta altos valores de *clearance*, geralmente podemos considerar que a remoção é rápida; ao contrário, valores menores remetem a eliminação mais lenta e menos eficiente [4,30].

O *clearance* total (Cl_T) é definido como a soma de todos os *clearances* individuais dos órgãos responsáveis pela eliminação dos órgãos individuais:

$$CL_T = Cl_R + Cl_H + Cl_P + \dots$$

em que:

Cl_R (*clearance* renal); Cl_H (*clearance* hepático); Cl_P (*clearance* pulmonar).

O *clearance* de um órgão isolado nunca excede, portanto, o *clearance* total. Além disso, o *clearance* de um determinado órgão é função do fluxo de sangue que passa pelo órgão e da capacidade que o órgão tem de eliminar o xenobiótico. Portanto, o *clearance* de um órgão não excede o fluxo de sangue do mesmo.

O *clearance* total (Cl_T) pode ser definido como:

$$Cl_T = Dose/ASC_{0-\infty}$$

em que:

$ASC_{0-\infty}$ = área sob a curva concentração plasmática em função do tempo, calculada do tempo 0 até o infinito.

O *clearance* pode ainda ser calculado utilizando o volume de distribuição e a constante velocidade de eliminação, sendo definido por:

$$Cl = Vd \times k,$$

aplicado a modelos monocompartimentais, e

$$Cl = Vd \times \beta,$$

aplicado a modelos de dois compartimentos. Todas as alterações observadas nos parâmetros cinéticos são baseadas em alterações observadas no *clearance* [3].

3.10.5 Meia-vida

Conceitualmente, a meia-vida ($t_{½}$) é o tempo necessário para que a concentração do xenobiótico seja reduzida à metade, sendo dependente do volume de distribuição e do *clearance*. A $t_{½}$ pode ser calculada segundo a equação:

$$t_{½} = (0{,}693 \times Vd)/Cl$$

De acordo com essa relação, deduz-se que a meia-vida é influenciada pelo volume de distribuição e pela taxa com a qual o xenobiótico é eliminado do organismo. Portanto, se o Vd aumenta, a meia-vida aumenta, mantendo-se o *clearance* constante. De maneira inversa, para um Vd fixo, observamos uma diminuição da meia-vida, com aumento do *clearance*.

Dada a relação:

$$t_{½} = 0{,}693 \times k,$$

a meia-vida de um composto pode ser calculada pela determinação de k ou β derivados da inclinação da reta que representa a fase de eliminação na curva logarítmica da concentração em função do tempo.

Para situações de cinética de primeira ordem em que não há saturação dos processos, o tempo gasto para que metade da concentração seja eliminada é constante. Uma vez que a cada meia-vida se elimina metade da dose, em teoria, o xenobiótico nunca seria eliminado do organismo, porém considera-se que, após sete meias-vidas, com a eliminação de 99,2% da dose, não existem mais concentrações capazes de produzir alterações no sistema biológico. Em cinética de primeira ordem, a meia-vida é independente da dose, não se alterando com o aumento desta [2,3].

3.10.6 Cinética não linear

Nas situações em que as doses são muito altas, por exemplo, as de intoxicações agudas, os processos de distribuição e eliminação podem ter etapas limitantes que se tornam saturadas. A percepção disso vem de certas situações em que a relação de dose, concentração plasmática e ASC não se mostra linear. Os processos toxicocinéticos com esse comportamento podem ser denominados não lineares, ordem zero ou cinética dose-dependente [5,38].

Isso se explica pelo fato de que processos como metabolismo, transporte ativo ou ligação às proteínas plasmáticas têm capacidade limitada e, em determinado ponto, podem encontrar-se saturados. Como exemplo, na situação de absorção não linear, a fração da substância absorvida por minuto muda de acordo com a quantidade disponível para ser absorvida. Certos medicamentos exibem esse padrão de comportamento, mesmo em situações de concentrações em faixa terapêutica [5].

Os processos de eliminação também podem ser saturáveis. Após a administração de uma dose elevada, há uma fase de eliminação lenta (o *clearance* diminui com concentrações plasmáticas elevadas) seguida de uma fase de eliminação mais rápida em menores concentrações (Figura 3.6, curva 1). De maneira inversa, quando uma dose reduzida é administrada (Figura 3.6, curva 2), o processo de eliminação não tem velocidade modificada em seu decurso. Em concentrações elevadas, o processo tem características de ordem zero e, quando as concentrações diminuem, passam a ter cinética de primeira ordem [3].

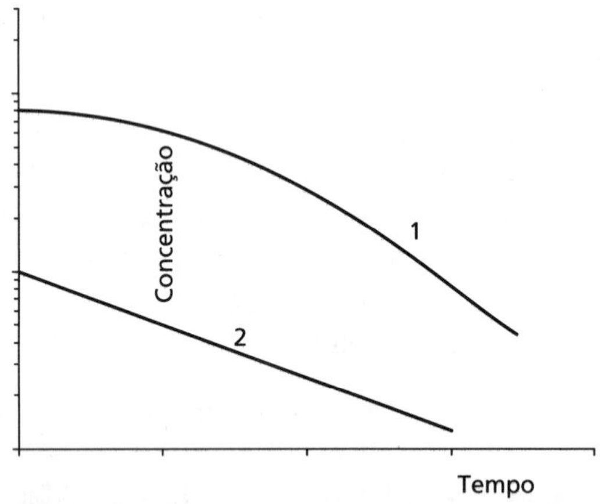

Figura 3.6 Representação gráfica de *clearance* dose-dependente de xenobióticos que apresentam processos saturáveis.

Os processos saturáveis são descritos pela cinética enzimática de *Michaelis-Menten*; o processo descreve a relação entre a enzima e seu substrato, neste caso, o xenobiótico. Quando a concentração da substância no organismo é maior que o Km (concentração da substância na metade de $V_{máx}$, a capacidade metabólica máxima), a razão de eliminação não é proporcional à dose [3].

A equação que descreve a cinética de eliminação do xenobiótico nesta situação é

$$\text{taxa de eliminação do xenobiótico} = \frac{V_{máx} \times C}{Km + C}$$

em que:

$V_{máx}$ = velocidade máxima teórica, e representa a quantidade máxima da substância que pode ser eliminada em um período determinado de tempo.

A constante Km é a concentração do xenobiótico onde a velocidade de eliminação é metade da velocidade máxima ($V_{máx}$). $V_{máx}$ e Km se relacionam à concentração plasmática e à velocidade de eliminação, como pode ser observado na Figura 3.7.

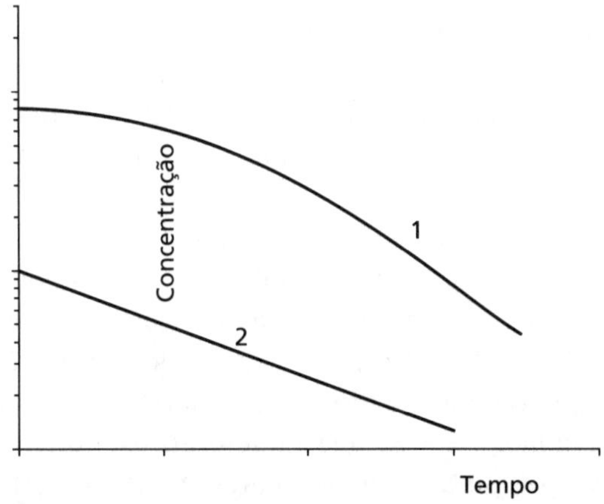

Figura 3.7 Relação entre a taxa de eliminação do xenobiótico e a concentração plasmática em processos com eliminação saturável.

Quando a concentração plasmática da substância é menor que o Km, a cinética de eliminação é de primeira ordem. Quando a concentração é muito menor que o Km, a razão de eliminação, para xenobióticos com cinética não linear, é aproximadamente o $V_{máx}$, entretanto, se o $V_{máx}$ aumenta (em situação de indução enzimática), a velocidade de eliminação aumenta [2,3].

Para compostos que apresentam processo saturável na eliminação, com o aumento das concentrações plasmáticas, a velocidade de eliminação se aproxima da velocidade máxima. Quando a concentração em plasma é muito maior que o Km, a velocidade de eliminação se aproxima do $V_{máx}$ e o processo de eliminação comporta-se como cinética de ordem zero [2,3].

Em resumo, as principais características do processo que apresenta ordem zero são: gráfico de concentração plasmática em função do tempo se apresenta linear em escala não logarítmica; não existem valores fixos para $t_{½}$ ou k, sendo que estes variam em função do tempo e a quantidade do xenobiótico eliminado em função do tempo é constante e independe da quantidade remanescente no organismo.

3.11 Modelos toxicocinéticos com base fisiológica

Modelos de cinética baseados em fisiologia são complexos, porém estão correlacionados fisiológica e anatomicamente ao organismo. Os tecidos são agrupados de acordo com a perfusão sanguínea e também pela presença de locais especializados em absorção ou excreção. Para que o modelo seja construído, são necessárias informações como razão de perfusão dos diversos órgãos e tecidos e afinidade aos tecidos, que podem ser obtidas da literatura [4,40].

Um elemento de extrema importância para esse modelo é o entendimento de como a substância pode ser absorvida pelos tecidos. Se, na cinética, a etapa limitante é o fluxo sanguíneo no tecido, presume-se que o equilíbrio entre concentração no sangue e tecido é assumido de maneira rápida. A partição do xenobiótico pode ser descrita de maneira adequada pelos coeficientes de partição da substância, que pode ser determinado em ensaios de equilíbrio *in vitro* [17,25].

As situações em que a etapa limitante não é o fluxo, e sim a capacidade de ligação ou metabolização pelo tecido, necessitam de dados provenientes de estudos de ligação, nos quais são determinados coeficientes de afinidade entre substância e tecidos [2,25].

Os modelos fisiológicos descrevem também a cinética na qual a difusão é a etapa limitante. Em processos nessa condição, o processo de passagem através da membrana que separa o tecido do fluxo sanguíneo é a etapa limitante.

Além disso, informações a respeito do metabolismo devem ser conhecidas, pois existem especificidades sobre cada tecido. Dessa maneira, uma das desvantagens desses modelos fisiológicos é que são necessárias informações sobre absorção, metabolismo e excreção dos compostos, e esses valores variam entre espécies, cepas ou mesmo por influência de patologias. Por outro lado, além de prover informação do xenobiótico em órgãos ou tecidos específicos, é possível também estimar os efeitos de alterações de fatores fisiológicos [4,25].

O diagrama esquemático representado na Figura 3.8 representa um modelo toxicocinético com base fisiológica que pode ser aplicado a qualquer agente volátil lipofílico. O sentido de orientação das setas do modelo representa o sentido do fluxo de sangue para o órgão, com sangue arterial adentrando no órgão, e sangue venoso saindo e retornando ao pulmão para as trocas gasosas. Órgãos onde ocorre a absorção, como o pulmão; órgãos de eliminação, como intestino e pulmão; e órgãos de metabolização, processos de recirculação e ainda tecidos de armazenamento devem ser representados no modelo [41].

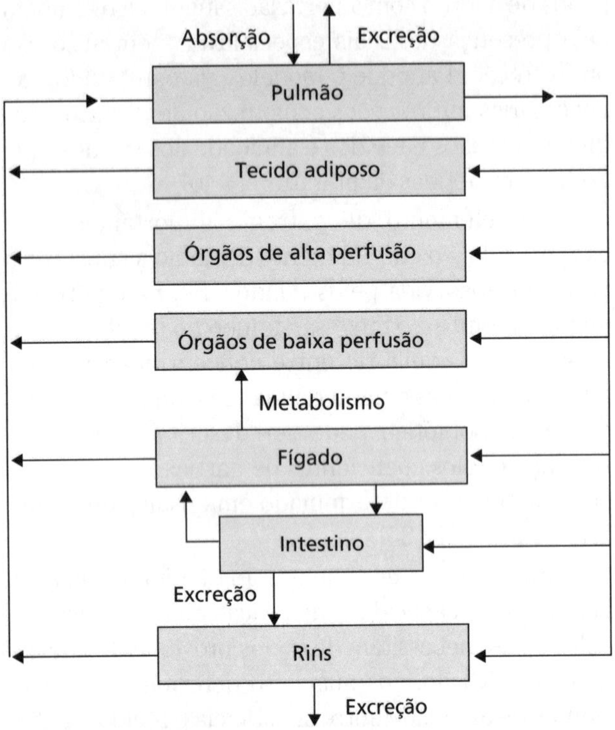

Figura 3.8 Representação esquemática de um modelo toxicocinético com base fisiológica para um xenobiótico volátil.

3.12 Conclusões

Os xenobióticos aos quais os indivíduos estão expostos podem, dependendo de suas características intrínsecas, ser absorvidos no organismo ou atingir diretamente a corrente circulatória. Uma vez na corrente circulatória, eles são distribuídos para os vários órgãos e tecidos do organismo. Para excreção dos xenobióticos, as condições que favoreceram a absorção dificultam sua excreção, e a biotransformação deles pode facilitar a excreção. Em determinadas situações, principalmente em situações de intoxicações agudas, esses processos cinéticos tornam-se saturados. Alterações em condições fisiológicas, patologias, polimorfismo genético em enzimas e transportadores, entre outras condições, contribuem para o aumento da variabilidade entre os indivíduos.

Modelos matemáticos compartimentais podem ser construídos com informações de concentração do xenobiótico obtidas em sangue ou plasma e se mostram ferramentas úteis, porém têm a limitação de que as informações obtidas com dados de circulação sanguínea podem apresentar dissociação temporal com o aparecimento do efeito, uma vez que, em grande parte dos casos, o sítio de ação não está na corrente circulatória. Modelos toxicocinéticos com base fisiológica necessitam de muitas informações para serem construídos, mas elas podem ser obtidas na literatura, e esses modelos são capazes de prover a descrição cinética do xenobióticos nos vários fluidos e tecidos do organismo de maneira simultânea.

Questões para estudo

1. Discuta os principais fatores fisiológicos e físico-químicos que afetam a distribuição de um xenobiótico e como esses fatores podem alterar o volume aparente de distribuição.
2. Descreva situações em que a alteração do pH urinário com agentes acidificantes ou alcalinizantes pode ser utilizada para favorecer a eliminação dos xenobióticos.
3. Descreva as consequências do caráter reversível do movimento de xenobióticos através das membranas.
4. Quais fatores influenciam a absorção de um xenobiótico pela via oral?
5. Descreva como o metabolismo de primeira passagem pode atuar aumentando ou diminuindo a toxicidade dos xenobióticos.
6. Explique como a meia-vida sofre influência do *clearance* e do volume de distribuição.
7. Discorra sobre as alterações que podem ser observadas na toxicocinética, em situações de dano renal e dano hepático.
8. Explique por que o metabolismo pode ser responsável pela eliminação dos toxicantes do organismo.
9. Analise, utilizando a equação de Michaelis-Menten, o que acontece quando a dose é muito menor que o Km e quando excede o Km.

Respostas

1. A velocidade com que a distribuição acontece depende da taxa de perfusão dos órgãos e tecidos. A afinidade do toxicante por tecidos é regida por seu caráter hidrofílico ou lipofílico, e sofre influência do grau de ionização nos diferentes tecidos. De forma geral, substâncias lipofílicas tendem a exibir um maior volume aparente de distribuição.

   A ligação aos componentes do sangue (albumina, globulinas, lipoproteínas, eritrócitos) altera a distribuição do xenobiótico. Apenas a fração livre, ou fração não ligada, é que pode ser distribuída.

   A presença de grande massa de tecido adiposo pode funcionar como um depósito para xenobióticos lipofílicos, aumentando o volume aparente de distribuição.

2. Para que aconteça a reabsorção, os princípios de passagem por membranas devem ser observados, como maior lipossolubilidade, e estar na forma não ionizada no pH urinário. A intoxicação por fenobarbital pode ser tratada com a administração de bicarbonato de sódio, o qual favorecerá a excreção de ácidos fracos, que ficam em sua forma ionizada em valores de pH acima do pK_a. De forma análoga, pode-se acidificar a urina para aumentar a excreção de bases fracas, como a fenciclidina.

3. 3. O movimento reversível de xenobióticos através das membranas pode ser explicado pelo transporte ativo desempenhado pelas diversas famílias de proteínas transportadoras existentes.

   A glicoproteína P é uma proteína de efluxo expressa em células tumorais, intestino, cérebro, fígado, placenta, rins e outros locais. Os xenobióticos com afinidade por esse transportador podem penetrar na célula ou tecido e, em seguida, ser expulsos para o meio extracelular, diminuindo suas concentrações intracelulares. Esse mecanismo pode ocasionar diversos efeitos, como: resistência de células tumorais a diversos quimioterápicos; aumento do *clearance* intestinal e consequente diminuição da biodisponibilidade de xenobióticos; proteção do cérebro e do feto contra a presença de xenobióticos que porventura atravessem a barreira hematoencefálica e a placenta.

   Os transportadores de ânions (OAT) e de cátion (OCT) são proteínas de influxo e desempenham importante papel na reabsorção de compostos nos rins, levando a um maior tempo de permanência do xenobiótico no organismo. Esses transportadores também são expressos no fígado, onde podem contribuir para a seletividade na permeabilidade de xenobióticos nesse órgão e sua consequente biotransformação, o que contribui para a sua eliminação.

4. A absorção de xenobióticos pode ocorrer em todo o trato gastrointestinal, desde a cavidade oral até o reto. Ácidos fracos e bases fracas tendem a ser absorvidos por difusão simples em regiões do trato gastrointestinal.

   Considerando apenas o grau de ionização dos diferentes compostos nos valores de pH do estômago e do intestino, sabemos que um composto de caráter ácido apresenta maiores concentrações de sua forma não ionizada (mais lipofílica) no estômago, onde é mais rapidamente absorvido, pois o pH do estômago varia de 1 a 3. Diversamente, um composto de caráter básico apresenta maiores concentrações de sua forma não ionizada (mais lipofílica) no intestino, onde é mais rapidamente absorvido, haja vista seu caráter quase neutro, com valores de pH entre 5 e 8.

   Em geral, os xenobióticos são absorvidos em maior quantidade no intestino do que no estômago, considerando a área superficial muito maior do intestino em relação à do estômago e o deslocamento de equilíbrio químico e a lei das massas.

5. O metabolismo de primeira passagem promove modificações estruturais dos compostos, e também a consequente alteração de seus efeitos, o que é muito desejável quando este for altamente tóxico, pois diminuirá os efeitos tóxicos. Certas situações, porém, levam ao aumento da reatividade de composto, sendo que o produto formado após a biotransformação tem toxicidade mais alta do que seu precursor. Nesses casos, o processo é denominado bioativação.

$$t_{1/2} = \frac{0,693 \times Vd}{C1}$$

$t_{1/2}$ meia-vida
Vd volume de distribuição
Cl *clearance*

De acordo com a relação acima, deduz-se que a meia-vida é influenciada pelo volume de distribuição e pela taxa com a qual o xenobiótico é eliminado do organismo. Portanto, se o Vd aumenta, a meia-vida aumenta, mantendo-se o *clearance* constante. De maneira inversa, para um Vd fixo, observamos uma diminuição da meia-vida, com aumento do *clearance*.

Dessa forma, pode-se ter variações da meia-vida em função do aumento ou diminuição do *clearance* e do volume de distribuição, como nos exemplos abaixo:

Vd aumentado, Cl inalterado: $t_{1/2}$ aumenta

$$\uparrow t_{‰} = \frac{0,693 \times \uparrow Vd}{C1}$$

Vd diminuído, Cl inalterado: $t_{1/2}$ diminui

$$\downarrow t_{‰} = \frac{0,693 \times \downarrow Vd}{C1}$$

Vd inalterado, Cl aumentado: $t_{1/2}$ diminui

$$\downarrow t_{1/2} = \frac{0,693 \times \downarrow Vd}{\uparrow C1}$$

Vd inalterado, Cl diminuído: $t_{1/2}$ aumenta

$$\uparrow t_{‰} = \frac{0,693 \times \downarrow Vd}{\downarrow C1}$$

Também é possível que ocorram variações simultâneas do *clearance* e do volume de distribuição.

6. A disposição dos xenobióticos pode estar alterada na presença de muitas patologias, mas especialmente no fígado e nos rins, que são órgãos de eliminação. Pacientes com disfunção nos órgãos responsáveis pela eliminação terão redução desta e aumento da permanência do xenobiótico no organismo.
7. A biotransformação ou metabolismo é um dos mecanismos gerais de eliminação definitiva dos xenobióticcos no organismo. Para que ocorra a eliminação do composto do organismo, este deve ser quimicamente modificado em um composto hidrossolúvel, com maior facilidade em ser excretado. A maioria das reações de conjugação resulta em detoxificação.
8. Sabendo que:

$$\text{taxa de eliminação do xenobiótico} = \frac{V_{máx} \times C}{Km + C}$$

$V_{máx}$ velocidade máxima teórica
Km concentração do xenobiótico em que a velocidade de eliminação é metade da velocidade máxima ($V_{máx}$)
C concentração do xenobiótico

Quando a dose é muito menor que Km (C <<< Km) a velocidade de eliminação segue um processo de primeira ordem, já que os parâmetros $V_{máx}$ e Km são constantes.

$$\text{taxa de eliminação do xenobiótico} = \frac{V_{máx} \times \downarrow\downarrow\downarrow C}{Km + \downarrow\downarrow\downarrow C} \approx \frac{V_{máx}}{Km}$$

Quando a dose excede que Km (C >>> Km) o processo segue uma cinética de ordem zero, já que a velocidade se torna independente da concentração.

$$\text{taxa de eliminação do xenobiótico} = \frac{V_{máx} \times \uparrow\uparrow\uparrow C}{Km + \uparrow\uparrow\uparrow C} \approx \frac{V_{máx} \times \uparrow\uparrow\uparrow C}{\uparrow\uparrow\uparrow C} = V_{máx}$$

LISTA DE ABREVIATURAS

µm	Micrômetros
A, B	Constantes de proporcionalidade do modelo bicompartimental
A^-	Base conjugada de ha
ASC	Área sob a curva de concentração plasmática em função do tempo
$ASC_{0-\infty}$	Área sob a curva de concentração plasmática em função do tempo, calculada do tempo 0 até o infinito
B	Base na forma não ionizada
C	Concentração plasmática no tempo = t;
C_0	Concentração plasmática no tempo = 0;
cl_H	*Clearance* hepático
Cl_P	*Clearance* pulmonar
Cl_R	*Clearance* renal
CL_T	*Clearance* total
cO	Monóxido de carbono
CYP	Citocromo
CYP450	Citocromo p450
e	Base do logaritmo natural
Fe^{+2}	Ferro no estado ferroso
Fe^{+3}	Ferro no estado férrico
FMO	Flavina mono-oxigenase
HA	Forma protonada do ácido, molecular, não ionizada

HB^+	Forma protonada da base, ionizada
k	Constante de eliminação
K_0	Constante de absorção para o compartimento central
K_{12}	Constante de transferência do xenobiótico do compartimento central para o compartimento periférico
K_{21}	Constante de transferência do xenobiótico do compartimento periférico para o compartimento central
Km	Concentração da substância na metade de $v_{máx}$
Log	Logaritmo
NADH	Nicotinamida adenina dinucleotídeo
NADPH	Nicotinamida adenina dinucleotídeo fosfato
nm	Nanômetro
O_2	Oxigênio
OAT	Transportador orgânico de ânions
OATP	Polipeptídio transportador de ânions orgânicos
OCT	Transportador orgânico de cátions
Ph	Potencial hidrogeniônico
pK_a	Logaritmo do inverso da constante de acidez
pK_b	Logaritmo do inverso da constante de basicidade
t	Tempo após a administração da dose
$t_{½}$	Meia-vida
Vd	Volume de distribuição
V_{max}	Velocidade máxima teórica
XH	Xenobiótico não metabolizado
α	Constante de velocidades de distribuição
β	Constante de velocidades de eliminação

Lista de palavras

Absorção
Área sob a curva de concentração plasmática em função do tempo
Biotransformação
Clearance
Coeficiente de partição octanol/água
Compartimentos
CYP450
Distribuição
Excreção
Fração livre
Glicoproteína P
Lipofílico
Meia-vida
Membranas
Metabolismo
Metabolismo de primeira passagem
Modelo com base fisiológica
Modelo compartimental
Permeabilidade
pH
pK_a
Transportadores de efluxo
Transportadores de influxo
Volume de distribuição

REFERÊNCIAS

1. Welling PG. Toxicol Pathol. 1995-Welling-143-7. 2008;(2):1-5.

2. Klaassen CD. editor. Casarett and Doull's toxicology: the basic science of poisons. New York: McGraw-Hill; 2013. 1236 p.

3. Shargel L, Yu A, Wu-Pong S. Applied biopharmaceutics & pharmacokinetics. 6th ed. New York: McGraw-Hill Education; 2012.

4. Andersen ME. Toxicokinetic modeling and its applications in chemical risk assessment. Toxicol Lett. 2003;138(1-2):9-27.

5. Roberts DM, Buckley NA. Pharmacokinetic considerations in clinical toxicology: clinical applications. Clin Pharmacokinet. 2007;46(11):897-939.

6. Brunton LL, Chabner BA, Knollmann BC. Goodman & Gilman's The pharmacological basis of therapeutics. New York: McGraw-Hill Education; 2011. 2084 p.

7. Evans A. Membrane transport as a determinant of the hepatic elimination of drugs and metabolites. Clin Exp Pharmacol Physiol. 1996;23(10-11):970-4.

8. Charifson PS, Walters WP. Acidic and basic drugs in medicinal chemistry: a perspective. J Med Chem. 2014;57(23):9701-17.

9. Standaert FG. Absorption and distribution of xenobiotics. Environ Health Perspect. 1988;77:63-71.

10. Sjögren E, Westergren J, Grant I, Hanisch G, Lindfors L, Lennernäs H, et al. In silico predictions of gastrointestinal drug absorption in pharmaceutical product development: application of the mechanistic absorption model GI-Sim. Eur J Pharm Sci. 2013;49(4):679-98.

11. Meyer MR, Maurer HH. Absorption, distribution, metabolism and excretion pharmacogenomics of drugs of abuse. Pharmacogenomics. 2011;12(2):215-33.

12. Bruhn O, Cascorbi I. Polymorphisms of the drug transporters ABCB1, ABCG2, ABCC2 and ABCC3 and their impact on drug bioavailability and clinical relevance. Expert Opin Drug Metab Toxicol. 2014;10(10):1337-54.

13. Zakeri-Milani P, Valizadeh H. Intestinal transporters: enhanced absorption through P-glycoprotein-related drug interactions. Expert Opin Drug Metab Toxicol. 2014;10(6):859-71.

14. Jones AW. Evidence-based survey of the elimination rates of ethanol from blood with applications in forensic casework. Forensic Sci Int. Elsevier Ireland Ltd; 2010;200(1-3):1-20.

15. Blickenstaff NR, Coman G, Blattner CM, Andersen R, Maibach HI. Biology of percutaneous penetration. Rev Environ Health. 2014;29(3).

16. Medinsky MA, Bond JA. Sites and mechanisms for uptake of gases and vapors in the respiratory tract. Toxicology. 2001;160(1-3):165-72.

17. Coecke S, Pelkonen O, Leite SB, Bernauer U, Bessems JGM, Bois FY, et al. Toxicokinetics as a key to the integrated toxicity risk assessment based primarily on non-animal approaches. Toxicol Vitr. Elsevier Ltd; 2013;27(5):1570-7.

18. Needham LL, Grandjean P, Heinzow B, Jørgensen PJ, Nielsen F, Patterson DG, et al. Partition of environmental chemicals between maternal and fetal blood and tissues. Environ Sci Technol. 2011;45(3):1121-6.

19. Ginsberg G, Slikker W, Bruckner J, Sonawane B. Incorporating children's toxicokinetics into a risk framework. Environmental Health Perspectives. 2004:272-83.

20. Tsuji A, Tamai I. Carrier-mediated or specialized transport of drugs across the blood-brain barrier. Advanced Drug Delivery Reviews. 1999:277-90.

21. Smith MW, Gumbleton M. Endocytosis at the blood-brain barrier: from basic understanding to drug delivery strategies. J Drug Target. 2006;14(4):191-214.

22. Timbrell J. Principles of Biochemical Toxicology. 4th ed. New York: Informa Healthcare, 2008.

23. Singh SS. Preclinical pharmacokinetics: an approach towards safer and efficacious drugs. Curr Drug Metab. 2006;7(2):165-82.

24. Van Asperen J, Rijcken WRP, Lammers JHCM. Application of physiologically based toxicokinetic modelling to study the impact of the exposure scenario on the toxicokinetics and the behavioural effects of toluene in rats. Toxicol Lett. 2003;138(1-2):51-62.

25. Kedderis GL, Lipscomb JC. Application of in vitro biotransformation data and pharmacokinetic modeling to risk assessment. Toxicol Ind Health. 2001;17(5-10):315-21.

26. Ioannides C. Enzyme systems that metabolise drugs and other xenobiotics. Chichester: John Wiley & Sons, 2001. 568 p.

27. Zhou S-F. Drugs behave as substrates, inhibitors and inducers of human cytochrome P450 3A4. Curr Drug Metab. 2008;9(4):310-22.

28. De Montellano PRO. Cytochrome P450: Structure, mechanism, and biochemistry: 3rd ed. New York: Plenum, 2005. 689 p.

29. Gonzalez M, Goracci L, Cruciani G, Poggesi I. Some considerations on the predictions of pharmacokinetic alterations in subjects with liver disease. Expert Opin Drug Metab Toxicol. 2014;10(10):1397-408.

30. Wilkinson JN, Moppett IK, Hardman JG. Modes of drug elimination. Anaesth Intensive Care Med. 2008;9(8):362-5.

31. Meyer MR, Maurer HH. Absorption, distribution, metabolism and excretion pharmacogenomics of drugs of abuse. Pharmacogenomics. 2011;12(2):215-33.

32. Pichette V, Leblond FA. Drug metabolism in chronic renal failure. Curr Drug Metab. 2003;4(2):91-103.

33. Jones AW. Biomarkers of recent drinking, retrograde extrapolation of blood-alcohol concentration and plasma-to-blood distribution ratio in a case of driving under the influence of alcohol. J Forensic Leg Med. Elsevier Ltd; 2011;18(5):213-6.

34. Nies AT, Koepsell H, Damme K, Schwab M. Organic cation transporters (OCTs, MATEs), in vitro and in vivo evidence for the importance in drug therapy. Handbook of Experimental Pharmacology. 2011:105-67.

35. Evans AM. Influence of dietary components on the gastrointestinal metabolism and transport of drugs. Ther Drug Monit. 2000;22(1):131-6.

36. Kinirons MT, O'Mahony MS. Drug metabolism and ageing. British Journal of Clinical Pharmacology. 2004:540-4.

37. Dotta A, Chukhlantseva N. Ontogeny and drug metabolism in newborns. J Matern Neonatal Med. 2012;25(S4):75-6.

38. Mayer PR. Absorption, metabolism, and other factors that influence drug exposure in toxicology studies. Toxicol Pathol. 1995 Mar-Apr;23(2):165-9.

39. Chen ML. Ethnic or racial differences revisited: impact of dosage regimen and dosage form on pharmacokinetics and pharmacodynamics. Clin Pharmacokinet. 2006;45(10):957-64.

40. Kostewicz ES, Aarons L, Bergstrand M, Bolger MB, Galetin A, Hatley O, et al. PBPK models for the prediction of in vivo performance of oral dosage forms. Eur J Pharm Sci. 2014;57(1):300-21.

41. Bogdanffy MS, Sarangapani R. Physiologically-based kinetic modeling of vapours toxic to the respiratory tract. Toxicol Lett. 2003;138(1-2):103-17.

FUNDAMENTOS EM TOXICODINÂMICA

Lilian Cristina Pereira

Mariana Furio Franco-Bernardes

Daniel Junqueira Dorta

4.1 Relação entre toxicocinética e toxicodinâmica

A toxicologia se baseia no paradigma de Paracelsus (1493-1541) de que toda substância química pode causar algum efeito tóxico à saúde, e de que a diferença entre o agente terapêutico e o agente tóxico está na magnitude da exposição (dose). Dessa forma, fica implícito que, para qualquer efeito ocorra, é necessária exposição à substância química. Por outro lado, pode-se afirmar que o "risco zero" é possível apenas quando não existir exposição à substância química, pois, caso ocorra, sempre poderá ocasionar algum efeito tóxico segundo a intensidade de exposição [1,2].

No entanto, são inúmeros os agentes potencialmente tóxicos aos quais a população está exposta rotineiramente, por meio do ar que respira, da água, do alimento, que representam as diversas formas de exposições [3]. A toxicologia trabalha com a possibilidade de prevenir e/ou minimizar a incidência de mortes ou doenças decorrentes da interação das substâncias químicas com o organismo.

Desse modo, a toxicidade é a propriedade potencial de substâncias químicas de promover injúrias às estruturas biológicas, em consequência da sua introdução e distribuição (toxicocinética) e interação (toxicodinâmica) com o organismo [4].

O efeito tóxico (intoxicação) é geralmente proporcional à concentração do agente tóxico, ou dose efetiva deste, no sítio molecular de ação (descrito também como sítio-alvo). O agente tóxico em questão pode ser a substância química inicial ou seu metabólito gerado após o processo de biotransformação. A toxicidade dificilmente está relacionada com um evento molecular único, sendo geralmente consequência de uma cascata de eventos que se inicia com a exposição, seguida da introdução da substância química no organismo, ou seja, a passagem de substâncias do local de contato para a corrente sanguínea e posterior distribuição, biotransformação e, finalmente, interação do agente tóxico com biomoléculas-alvo e expressão dos sinais e sintomas da intoxicação. Ela pode ser atenuada pela excreção do agente tóxico e de seus metabólitos ou também pelo sistema de reparo endógeno, quando ativado [5].

O surgimento dos primeiros efeitos biológicos acontece quando o agente tóxico alcança seu sítio de ação em quantidades suficientes para induzir alterações estruturais ou funcionais (Figura 4.1). Contudo, todos esses eventos são influenciados por características peculiares de cada organismo ou indivíduo (os fatores de susceptibilidade). Recentemente, as variações em toxicocinética e toxicodinâmica foram relacionadas com alterações metabólicas entre os indivíduos expostos (toxicogenética), no caso de diferentes polimorfismos genéticos (metabolizadores lentos e rápidos, por exemplo) e diferenças entre adultos saudáveis e alguns subgrupos (idosos, lactentes) [6,7,8,3].

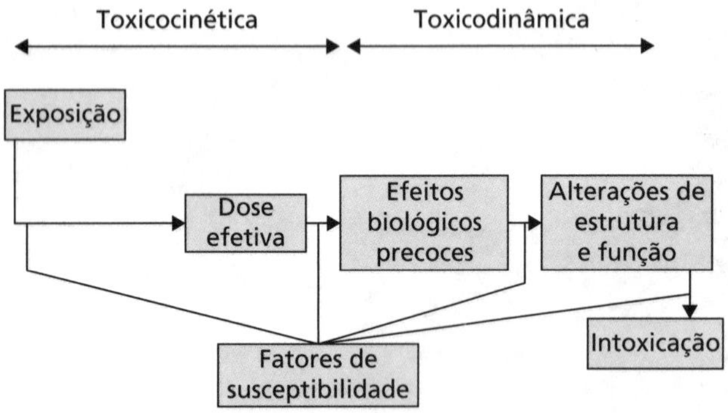

Figura 4.1 Relação entre toxicocinética e toxicodinâmica. Após a exposição à substância química, a dose efetiva do agente tóxico desencadeia alterações nos sistemas biológicos decorrente de sua interação com seu sítio-alvo, o que resulta em alterações estruturais e funcionais do sítio-alvo e, consequentemente, a manifestação dos sinais e sintomas da intoxicação. Todas essas etapas são influenciadas por fatores de suscetibilidade.

4.2 Conceitos

Uma vez que o agente tóxico ou seu metabólito alcança o seu alvo em concentração adequada, desencadeará alterações moleculares, bioquímicas ou fisiológicas que serão responsáveis por seu efeito tóxico (dano) (Figura 4.2). A progressão do dano pode ser interceptada por mecanismos de reparo que agem em nível molecular, celular e tecidual [9]. Contudo, o mecanismo de reparo pode falhar ou não ser ativado e, com isso, a toxicidade ser expressa.

Alvo é o termo frequentemente usado para designar o sítio ou local do organismo com o qual o agente tóxico interage e apresenta a resposta biológica. Pode estar relacionado a uma molécula (DNA, proteína etc.), um receptor ou um órgão (cérebro, fígado, rim etc.) [10]. Nesse contexto, a toxicodinâmica é o estudo dos mecanismos de ação tóxica das substâncias químicas nos organismos vivos, incluindo sua reação e ligação com constituintes celulares-alvo.

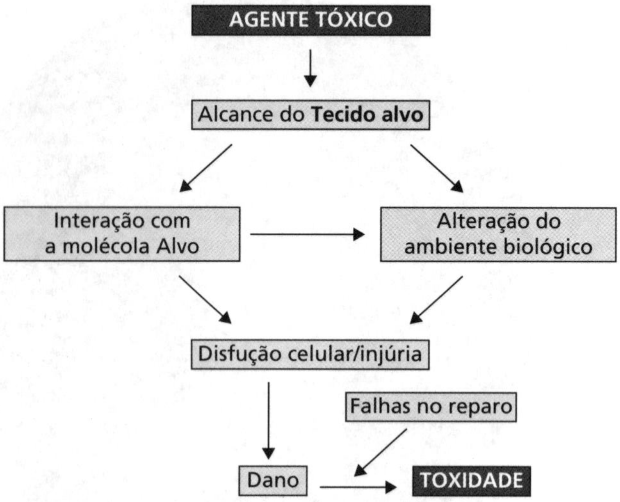

Figura 4.2 Etapas da toxicodinâmica no desenvolvimento da toxicidade.

Fonte: adaptado de [9].

Compondo a base racional da toxicologia, a toxicodinâmica é a terceira fase da intoxicação, pautada em estudos científicos para elucidação dos mecanismos de toxicidade [2], tendo como objetivos:

- Auxiliar na avaliação do risco, análise da probabilidade de uma substância química causar efeitos deletérios e definir qual população pode ser atingida.
- Auxiliar o desenvolvimento de substâncias químicas menos perigosas, ou mais seletivas, por exemplo, praguicidas que apresentem maior seletividade de ação ao organismo-alvo.
- Melhor compreensão dos processos fisiológicos e bioquímicos, uma vez que os estudos de mecanismos de toxicidade de substâncias químicas têm auxiliado no entendimento de processos de reparo de DNA, carcinogênese, entre outros.
- Estabelecer ou desenvolver procedimentos que visam prevenir ou tratar intoxicações.

4.3 Agentes tóxicos e tipos de reações

A toxicodinâmica descreve os efeitos ou alterações em um organismo resultantes de uma interação causada por diferentes níveis de exposição (ou dose) a um agente tóxico ou toxicante [11]. O agente tóxico pode ser classificado de diversas maneiras, dependendo dos critérios adotados que podem ser:

a) Características físicas: (1) gases: apresentam-se em estado gasoso em condições normais de temperatura e pressão; (2) vapores: forma gasosa de substâncias que se apresentam na forma líquida ou sólida em condições normais de temperatura e pressão; (3) partículas: partículas de tamanho microscópico.
b) Características químicas: de acordo com a estrutura química do agente tóxico, entre os mais relevantes na toxicologia, podemos citar halogenados, hidrocarbonetos e metais.

Estamos expostos a uma infinidade de substâncias químicas que podem desencadear efeitos tóxicos. Geralmente nos expomos a uma mistura de substâncias químicas, e não a uma substância química isolada, podendo ser a substância química original, diretamente tóxica, ou o seu metabólito, visto que algumas substâncias precisam passar pela etapa de bioativação para desencadear os efeitos tóxicos no sítio-alvo. Para ser considerada alvo, a molécula ou estrutura endógena deve apresentar reatividade ou conformidade estrutural para que o agente tóxico interaja. Assim, praticamente todas as estruturas biológicas e reações bioquímicas podem ser consideradas alvo e serem afetadas. A interação do agente tóxico com seu sítio ativo, ou molécula-alvo, pode se dar de várias maneiras. Os dois principais tipos de interação são:

- Ligação não covalente: há um compartilhamento de elétrons entre as moléculas envolvidas; por isso é denominada interação intra ou intermolecular. Trata-se de ligações fracas, ou seja, com pouco envolvimento de energia e muito frequentes em nosso organismo; por exemplo, as moléculas de DNA e RNA, bem como as proteínas, mantêm suas estruturas tridimensionais por meio de interações não covalentes [12,9]. Esse tipo de interação é também observado na ligação da doxorrubicina (quimioterápico) com a molécula de DNA [13].
- Ligação covalente: é descrita como uma reação praticamente irreversível, com alto envolvimento energético e de grande importância toxicológica, tendo em vista que o sítio-alvo desta interação covalente é afetado de forma estável, indefinidamente [14]. Um exemplo clássico deste tipo de interação é a ligação entre os praguicidas organofosforados com a acetilcolinesterase (AChE) [15].

Entretanto, quando consideramos a complexidade dos sistemas biológicos, é importante ressaltar que mais de um mecanismo de ação pode estar envolvido na toxicidade de um agente tóxico e que os efeitos tóxicos podem se apresentar concomitante ou sequencialmente [10]. O chumbo, por exemplo, apresenta diversos mecanismos de toxicidade ao mesmo tempo: complexação com proteínas, alteração da homeostase cálcica e indução de estresse oxidativo [16]. Enquanto a toxicidade do praguicida paraquat inicia-se com a produção de espécies reativas, ocasionando lipoperoxidação e, consequentemente, alteração na homeostase cálcica [17].

4.4 Mecanismos de ação tóxica

Os agentes tóxicos atuam alterando as condições fisiológicas das células. Alguns desses compostos agem indistintamente, podendo causar irritação ou corrosão no tecido de contato [18], como os agentes cáusticos e os gases irritantes.

Os agentes cáusticos incluem ácidos fortes, bases e oxidantes, tais como ácido clorídrico, ácido sulfúrico, hidróxido de sódio, fenol e soluções de hipoclorito concentradas. Exposições cutâneas a esses agentes podem provocar queimaduras e, quando inalados, atingem as vias aéreas por lesão celular direta, levando a necrose, edema e aumento de secreções [19].

O cloro e o fosgênio são exemplos de gases que, quando inalados, causam irritação no sistema respiratório. Em contato com a água, tanto o cloro quanto o fosgênio geram ácido clorídrico, resultando em danos cáusticos. Esses agentes foram utilizados em conjunto na Primeira Guerra Mundial, por serem mais pesados que o ar e, assim, alcançarem rapidamente as trincheiras, obrigando os soldados a abandoná-las. Houve também uma liberação não intencional de fosgênio em 1928, em Hamburgo, Alemanha, em que 11 mil toneladas do composto formaram uma nuvem de gás de dez quilômetros de extensão, causando pelo menos trezentas mortes [19].

Os agentes tóxicos também podem exercer seu efeito em alvos específicos, que podem ser lipídeos de membrana, proteínas e DNA. Nesses casos, um efeito será desencadeado por meio da interação do agente tóxico com as biomoléculas no local de destino, o que caracteriza os mecanismos de ação tóxica específicos [20], detalhados a seguir.

4.4.1 Peroxidação lipídica

A peroxidação lipídica envolve a formação e propagação de radicais lipídicos, a captação de oxigênio, um rearranjo das ligações duplas em lipídeos insaturados e a destruição de lipídeos de membrana, com a produção de uma variedade de produtos de degradação, incluindo álcoois, cetonas, aldeídos, alcanos e éteres [21,22].

Os lipídeos podem ser oxidados por três mecanismos: oxidação enzimática, oxidação não enzimática mediada por radicais livres e oxidação não enzimática não mediada por radicais livres.

Quando ocorre a oxidação enzimática, há o envolvimento das lipoxigenases e cicloxigenases. Já na oxidação não enzimática mediada por radicais livres, há a atuação do citocromo P450, bem elucidada. Por fim, no caso da oxidação não enzimática não mediada por radicais livres, o oxigênio singlete e o ozônio são exemplos de moléculas que a induzem [23].

Radical livre é a espécie que tem um ou mais elétrons desemparelhados. Essa definição engloba o átomo de hidrogênio, a maioria dos íons de metais de transição e o oxigênio molecular. O oxigênio singlete e o ozônio podem ser classificados como espécies reativas, terminologia que inclui os radicais livres e outras espécies que, embora não possuam elétrons desemparelhados, são muito reativas em decorrência de sua instabilidade [24,25]. Como exemplo, a primeira fase da biotransformação de xenobióticos, por meio do citocromo P450, pode originar espécies reativas, que correspondem aos produtos da redução incompleta do oxigênio molecular, como o radical ânion superóxido ($O_2^{\bullet}$), o radical hidroxila ($^{\bullet}OH$) e o peróxido de hidrogênio (H_2O_2) [26].

A produção de espécies reativas pode danificar também os ácidos nucleicos e aminoácidos, porém os ácidos graxos poli-insaturados, que compõem as membranas biológicas, são alvos principais para o ataque dessas espécies, gerando a peroxidação lipídica. A oxidação de fosfolipídeos ocorre na maioria das membranas celulares, como na de mitocôndrias, microssomos, peroxissomos e na membrana plasmática. Em mamíferos, a peroxidação lipídica está envolvida com neurotoxicidade, hepatotoxicidade e nefrotoxicidade [27,22]. A peroxidação lipídica pode implicar várias doenças como arterioesclerose, artrite reumatoide e doenças neurodegenerativas [23].

4.4.2 Inibição enzimática

Inibidor enzimático é toda substância que retarda ou reduz o processo de catálise enzimática, bem como a especificidade dessa reação. A inibição enzimática pode ser classificada em reversível ou irreversível, dependendo da formação do complexo enzima-inibidor, que pode ou não ser desfeito [28].

Entre os inibidores reversíveis, existem os competitivos, os incompetitivos e os não competitivos. A identificação do tipo de inibição é revelada pela cinética da reação catalisada em presença do inibidor [29].

No primeiro caso, um inibidor compete com o substrato pela ligação com a enzima livre. Esse inibidor pode ser estruturalmente semelhante ao substrato ou não, e a ligação pode ser no sítio ativo da enzima ou em um sítio diferente, porém, de qualquer forma, o inibidor irá impedir a ligação enzima-substrato [30]. O complexo enzima-inibidor competitivo não gera produto e a atividade enzimática é diminuída de acordo com a fração de enzima que estiver ligada ao inibidor. O grau dessa inibição é dependente da afinidade relativa entre enzima-substrato e entre enzima-inibidor e da concentração relativa do inibidor e do substrato. Em altas concentrações de substrato, a ação do inibidor pode ser anulada, e a velocidade máxima da reação será igual à da reação sem inibidor, desde que as concentrações de substrato sejam maiores do que as da reação não inibida [29].

Um inibidor incompetitivo se liga ao complexo enzima-substrato. Essa ligação não ocorre no sítio em que o substrato se une à enzima, mas em um sítio alternativo, não impedindo a formação do complexo enzima-substrato. Nesse caso, o aumento da concentração de substrato não irá superar o efeito do inibidor [30].

Um inibidor não competitivo pode se ligar tanto à enzima livre quanto ao complexo enzima-substrato [30]. Seu efeito é provocado por ligação a radicais que não pertencem ao centro ativo. Essa ligação altera a estrutura enzimática, inviabilizando a catálise, e não há, portanto, a formação do produto. Um inibidor não competitivo se liga à cadeia lateral de um aminoácido, como em grupos OH de serina e grupos SH de cisteína. Tais grupos são frequentes nas enzimas, o que torna a ação desses inibidores não específica. Embora o inibidor não competitivo não esteja sempre ligado à mesma molécula de enzima, pois se trata de uma ligação reversível, onde um determinado percentual de moléculas de enzima está sempre ligado ao inibidor, e, portanto, estas são inativas. Dessa forma, a velocidade de reação será menor do que na ausência do inibidor para qualquer concentração de substrato. Exemplos de inibidores não competitivos são os metais mercúrio, chumbo e prata, que reagem com grupos sulfidrila das proteínas [29].

Existem inúmeros exemplos de substâncias capazes de inibir uma reação enzimática. Por exemplo, os inseticidas organofosforados e carbamatos são inibidores da acetilcolinesterase [31]. Essa enzima é responsável por catalisar a hidrólise da acetilcolina em colina e ácido acético. A inibição da acetilcolinesterase resulta no acúmulo de acetilcolina nos gânglios e terminações nervosas pós-ganglionares, interrompendo a transmissão dos impulsos nervosos [15]. Tanto os organofosforados quanto os carbamatos podem se ligar covalentemente à serina no sítio esterásico da acetilcolinesterase e impedir sua função natural no catabolismo de neurotransmissores [32].

Os organofosforados são formados por uma porção fosfato (tio ou ditiofosfato) e uma porção orgânica [32]. A porção fosfato do inseticida se liga à enzima, como mostrado na Figura 4.3. A estabilidade dessa ligação depende da estrutura química do inibidor, porém, normalmente, a regeneração da enzima é extremamente lenta, sendo essa reação considerada irreversível [33].

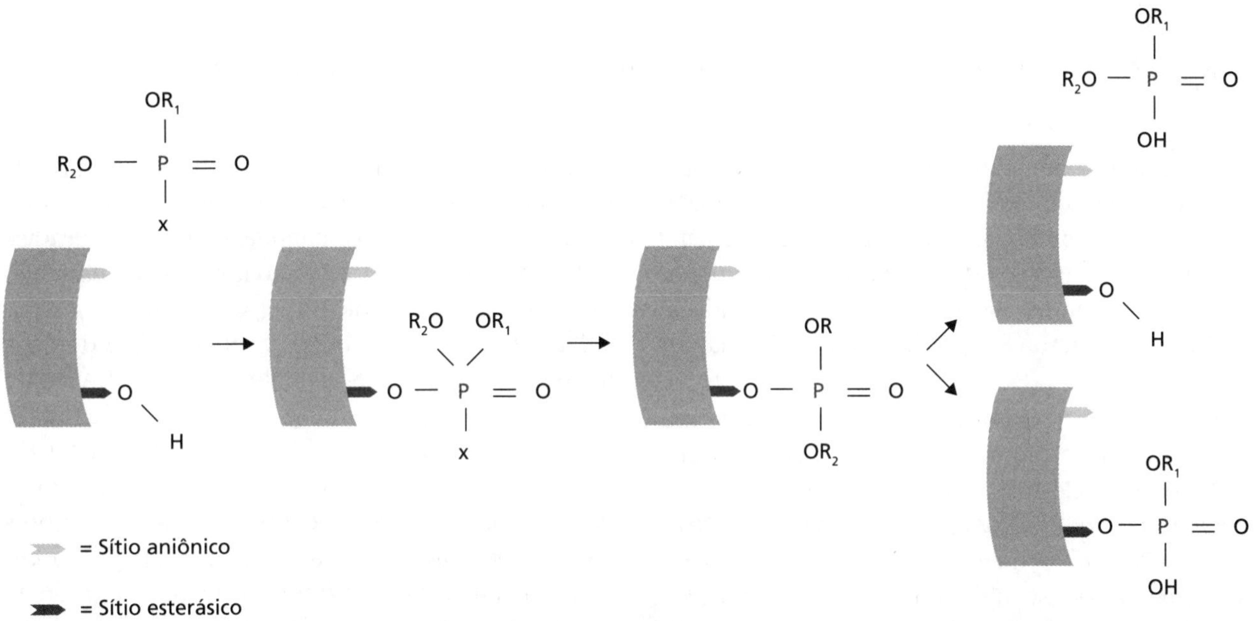

Figura 4.3 Reação de inibição da enzima acetilcolinesterase por inseticidas organofosforados.

Os efeitos dos organofosforados, principalmente em *spray*, são direcionados para os insetos, uma vez que sua área de superfície de contato é grande quando comparada à dos vertebrados, o que significa uma maior absorção do composto [18]. Porém os efeitos desse inseticida também podem ser provocados nos vertebrados e no homem [32].

Entre os inseticidas, os organofosforados são responsáveis pelo maior número de intoxicações e por um grande número das mortes por praguicidas no Brasil [34]. A toxicidade dos organofosforados pode ocorrer após a inalação, ingestão ou através da pele. Intoxicações ocupacionais ocorrem por inalação durante a pulverização, principalmente por meio da pele. Menos comumente, ocorre a ingestão de pequenas doses acidentalmente no local de trabalho. No entanto, há inúmeros casos de ingestão deliberada de organofosforado com intenção suicida, que geralmente resulta em intoxicação grave [15], como será apresentado em capítulo específico mais adiante.

Os carbamatos possuem o mesmo mecanismo de ação tóxica dos organofosforados, porém a ligação ocorre entre o carbono do inseticida e a serina do sítio esterásico da enzima, como mostrado na Figura 4.4 [33]. Essa ligação é menos estável e, portanto, reversível, sendo os efeitos dos carbamatos menos graves do que os dos organofosforados [32].

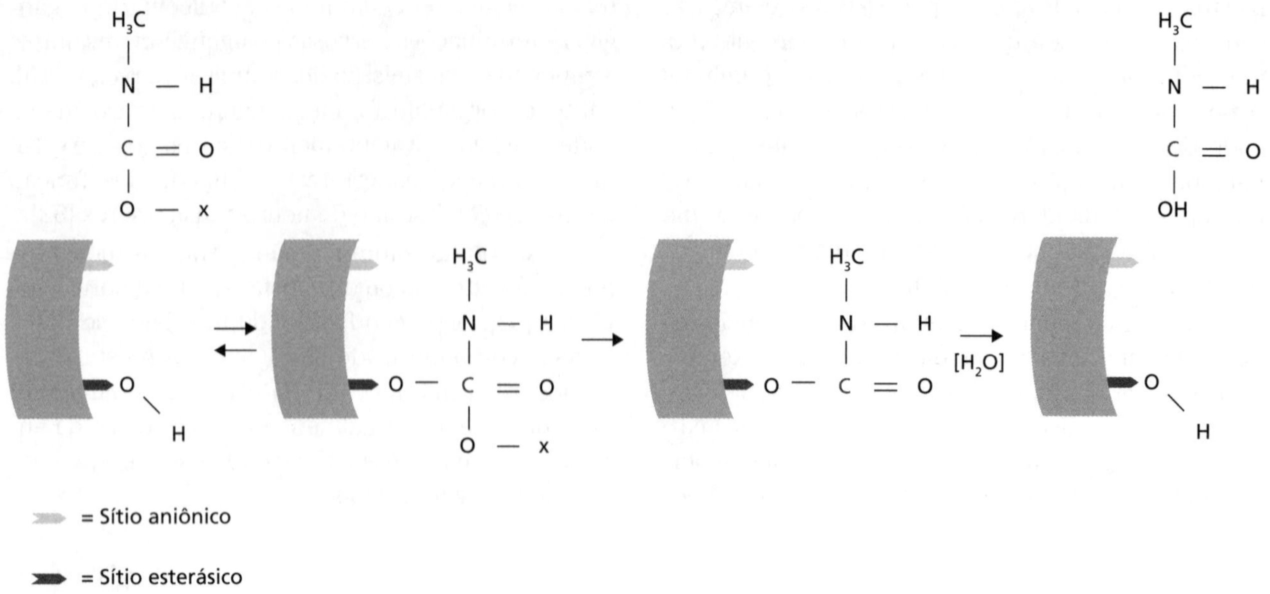

Figura 4.4 Reação de inibição da enzima acetilcolinesterase por inseticidas carbamatos.

O cianeto é um inibidor enzimático que interfere no citocromo *c* oxidase, localizada no complexo IV da cadeia respiratória mitocondrial. Essa enzima é o receptor final de elétrons da cadeia de transporte de elétrons mitocondrial, catalisando a oxidação do ferro do citocromo *c* por oxigênio molecular gasoso [35,36].

A cadeia respiratória é uma sequência de reações de oxirredução composta por diversos transportadores de elétrons, sendo estes carreados até o oxigênio no final da cadeia. Esse fluxo de elétrons está acoplado a um mecanismo que sintetiza ATP. O citocromo *c* oxidase, último transportador da cadeia e, portanto, carreador de elétrons ao oxigênio, é composto por íons de Fe^{+2} ou Fe^{+3}. O cianeto se liga ao Fe^{+3} da enzima e impede que este volte ao estado Fe^{+2}, bloqueando a transferência de elétrons para o oxigênio molecular e consequentemente interrompendo indiretamente a síntese de ATP [36]. O papel do citocromo *c* oxidase na geração de ATP está mais detalhada no item "Fosforilação oxidativa", a seguir.

O cianeto pode causar toxicidade aguda por ingestão em tentativa de suicídio ou homicídio, ou ainda por inalação [37]. Um caso com grande repercussão de intoxicação por cianeto no Brasil foi o incêndio de uma boate no município de Santa Maria, no Rio Grande do Sul. Detalhes do caso são mostrados no capítulo específico sobre cianeto.

Metais também podem apresentar toxicidade por inibição enzimática. O chumbo inibe várias enzimas relacionadas à biossíntese da heme, resultando na redução da concentração de hemoglobina no sangue. As enzimas ácido δ-aminolevulínico desidratase (ALA-D) e ferro quelatase são inibidas por esse metal, que tem afinidade principalmente por grupos sulfidrila. A ALA-D catalisa a condensação de duas moléculas de ácido δ-aminolevulínico (ALA) para formar uma de porfobilinogênio, e a ferro quelatase catalisa a inserção de Fe^{+2} no anel da protoporfirina. Além da interferência na produção da heme, ocorre uma maior produção e excreção dos precursores das enzimas inibidas, como o ALA, que pode ser encontrado na urina, e a protoporfirina, encontrada no sangue e comumente ligada ao zinco, uma vez que a ligação com o Fe^{+2} foi prejudicada [38,39].

As intoxicações por chumbo podem ocorrer, por exemplo, por meio da ingestão acidental de alimentos e bebidas contaminadas e por partículas suspensas no ar, e também no ambiente de trabalho, principalmente por via inalatória [40].

4.4.3 Interação com receptores

A comunicação celular envolve a sinalização via moléculas secretadas que se ligam a seus receptores, promovendo uma cascata de reações. Os principais tipos de receptores são: receptores canais iônicos ligante-dependentes, receptores ligados a enzimas, receptores de citocinas, receptores acoplados a proteína G e receptores intracelulares. Os quatro primeiros tipos de receptores se localizam nas membranas biológicas, enquanto o último pode ser encontrado no citoplasma ou no núcleo das células [30].

Os receptores de canais iônicos ligante-dependentes são ativados por moléculas pequenas, que se difundem rapidamente. Esses receptores sofrem então uma mudança na conformação, permitindo a passagem de íons, cujo fluxo muda rapidamente o potencial de membrana. Essa reação demora milissegundos, e um exemplo é o receptor nicotínico da acetilcolina.

Os receptores ligados a enzimas possuem domínios intramembrana com atividades enzimáticas como a da proteína quinase. Esses receptores promovem reações em uma escala de minutos a horas, iniciando cascatas de sinalização que culminam na ativação ou na inibição da expressão gênica. O receptor de insulina é um exemplo de receptor ligado a enzimas.

Receptores de citocinas se ligam a essas moléculas, que agem como reguladores de crescimento e diferenciação. A ligação desencadeia uma cascata de sinalizações que, no final, conduzem a mudança na expressão gênica. Esses receptores não possuem atividade intrínseca de quinases.

Os receptores acoplados à proteína G representam um alvo de diversos ligantes que incluem proteínas, lipídeos e nucleotídeos. Quando o receptor é ativado, subunidades da proteína G ativam um efetor, que pode ser um canal iônico ou uma enzima de membrana. O receptor muscarínico da acetilcolina é um exemplo desse tipo de receptor.

No caso dos receptores intracelulares, moléculas hidrofóbicas atravessam facilmente a membrana para ativá-los. Uma vez ativados, esses receptores, no núcleo, irão se ligar a sequências específicas do DNA em elementos regulatórios, aumentando ou reprimindo a transcrição e, consequentemente, alterando a expressão de determinadas proteínas. A ativação desses receptores produz uma resposta na escala de horas ou dias [30]. A Figura 4.5 ilustra os principais tipos de receptores.

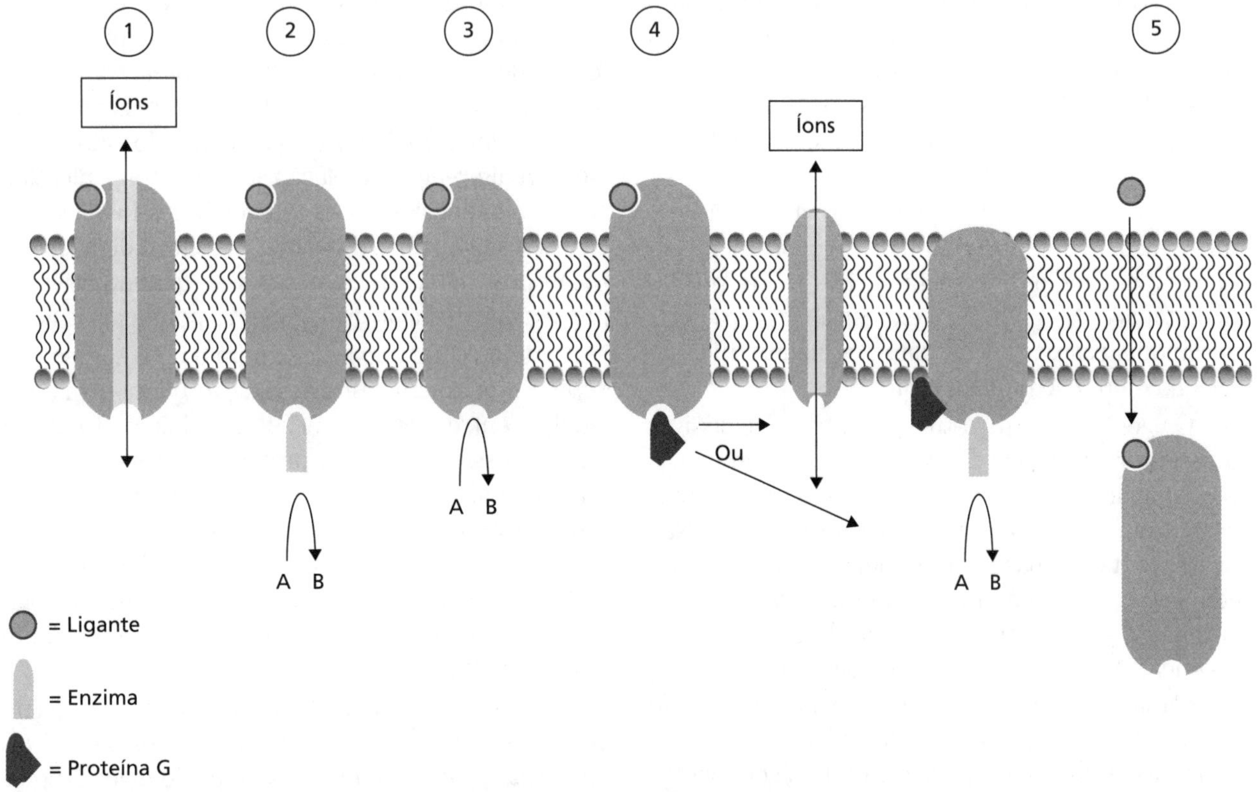

Figura 4.5 Tipos de receptores. 1) Receptores canais iônicos ligantes-dependentes; 2) receptores ligados a enzimas; 3) receptores de citocinas; 4) receptores associados à proteína G; 5) receptores intracelulares.

Um ligante pode ativar a transdução do sinal, chamado assim de agonista, ou pode impedir essa transdução, nesse caso, chamado de antagonista. Um agonista ou um antagonista fisiológico é uma molécula de ocorrência natural (como um hormônio ou neurotransmissor) que atua como um ligante para um receptor [30]. No entanto, substâncias exógenas também podem interagir com receptores, agindo como agonistas ou antagonistas. A seguir, citaremos exemplos de agentes que podem interferir na resposta gerada pelos receptores.

Os receptores nicotínicos da acetilcolina são responsáveis pela transmissão de impulsos nervosos no sistema nervoso central (SNC) e no sistema nervoso periférico (SNP), e dos nervos motores às fibras musculares. Esses receptores canais iônicos ligante-dependentes, quando ativados pela acetilcolina, mudam sua conformação, abrindo um canal que permite o fluxo de íons, gerando um potencial de ação e transmitindo o impulso nervoso [41,42]. A nicotina, em baixas doses, é um clássico agonista dos receptores nicotínicos da acetilcolina, que têm o nome derivado dessa substância. Nos gânglios do sistema nervoso autônomo, pequenas doses são capazes de provocar uma mudança conformacional no receptor, permitindo o influxo de cátions (sódio e cálcio), que, na sequência, estimula o potencial de ação e a transmissão do impulso nervoso [43]. Esse estímulo do sistema nervoso autônomo provoca um aumento da frequência cardíaca e da pressão arterial [44,45]. Porém, o uso de altas doses de nicotina tem rápido efeito estimulante seguido de efeito depressor duradouro [43].

Intoxicações agudas pela nicotina não são comuns, mas já foi documentada a ocorrência em crianças, por meio da ingestão acidental de produtos do tabaco. No entanto, a exposição crônica pode causar doenças cardiovasculares e alguns tipos de câncer, como o de pulmão [46].

O agente exógeno d-tubocurarina pode se ligar ao receptor nicotínico da acetilcolina presente nas junções neuromusculares, porém não é capaz de provocar a mudança conformacional no receptor. Não haverá, portanto, passagem de íons, principalmente sódio e potássio, que provocariam uma despolarização na região da extremidade da placa musculoesquelética. A d-tubocurarina provoca, dessa forma, uma paralisia muscular e, por bloquear a resposta do receptor, é considerada um antagonista competitivo [41,47]. Essa substância pode ser extraída de plantas presentes na América do Sul e foi muito utilizada pelos índios, juntamente com outros alcaloides, em uma mistura conhecida como curare. Essa mistura era colocada na ponta das flechas para a caça de animais, que tinham seus músculos paralisados [18].

Os receptores muscarínicos da acetilcolina também são amplamente distribuídos por diversos sistemas biológicos e participam de funções vitais. Há cinco subtipos desses receptores bem conhecidos, e todos são acoplados à proteína G [42]. Dessa forma, quando ativados pela acetilcolina na face externa da membrana, a proteína G, situada na face interna, desencadeia reações responsáveis pela sinalização [48,49]. A ativação desses receptores no sistema nervoso periférico promove efeitos como a redução da frequência cardíaca e o relaxamento de vasos sanguíneos periféricos. No sistema nervoso central, estão relacionados com funções cognitivas como memória, aprendizado e atenção [42]. A muscarina age como agonista no receptor muscarínico da acetilcolina. Por isso esse receptor tem o nome derivado dessa substância. A muscarina, portanto, ativa o receptor em questão permitindo a transdução do sinal, o que promove os efeitos desencadeados pela ativação do receptor muscarínico da acetilcolina. A atropina, por sua vez, é um antagonista do receptor e bloqueia a transdução do sinal [50].

Os receptores para o ácido 7-aminobutírico (GABA) são canais iônicos ligante-dependentes. Uma vez ativados pelo GABA, mudam sua conformação, formando um canal que permite a passagem de íons de cloreto, causando hiperpolarização e, consequentemente, inibição do potencial de ação [51,52]. Nota-se uma diferença em relação aos receptores nicotínicos da acetilcolina. Estes, quando ativados pelo seu ligante fisiológico, provocam o potencial de ação. Os receptores de GABA, por sua vez, quando ativados por seu ligante fisiológico, inibem o potencial de ação.

Além do sítio de ligação para o GABA, esses receptores possuem sítios de ligação para outras moléculas, entre elas, os benzodiazepínicos. Uma vez ligadas, essas moléculas provocam alterações conformacionais no receptor, que, consequentemente, terá sua afinidade pelo GABA aumentada. Dessa forma, os benzodiazepínicos atuam melhorando os efeitos inibitórios do GABA e, por isso, farmacologicamente, são utilizados como ansiolítico e relaxante muscular [52].

Intoxicações por benzodiazepínicos podem ocorrer acidentalmente, com o uso de doses elevadas do fármaco, porém há muitos casos de ingestão proposital de benzodiazepínicos em tentativas de suicídio, principalmente em conjunto com outras drogas. Esses fármacos são também um dos componentes da droga popularmente conhecida como "boa noite cinderela", que causa efeitos como sonolência, inconsciência e amnésia, geralmente usada para dopar vítimas de assalto ou abuso sexual [53,54].

4.4.4 Fosforilação oxidativa

O metabolismo aeróbio é um mecanismo altamente eficiente para o organismo converter a energia proveniente dos nutrientes em trifosfato de adenosina (ATP). A produção de ATP na mitocôndria é o resultado da *fosforilação oxidativa*, pela qual o ADP é fosforilado em ATP como resultado do transporte de elétrons ao longo da membrana interna da mitocôndria associado ao transporte de prótons pela membrana interna [55,56,57].

A cadeia transportadora de elétrons consiste em quatro complexos proteicos que, por meio de reações sucessivas de transferência de oxidorredução, conduzem elétrons ao longo da membrana, de um complexo para outro, até que os elétrons atinjam o seu aceptor final, o oxigênio molecular (O_2). Neste, os elétrons se combinam com o O_2, reduzindo-o a duas moléculas de água (H_2O). Os complexos I, III e IV funcionam como bombas de prótons, que se acumulam no espaço intermembranas, criando uma diferença de potencial eletroquímico ou gradiente eletroquímico ($\Delta\psi$). O fluxo inverso de prótons para a matriz mitocondrial, pelo complexo enzimático ATP-sintase, é utilizado como força motriz para a produção de ATP, ligando adenosina difosfato (ADP) e fosfato para catalisar ATP [57]. O ATP é posteriormente transportado para fora da mitocôndria, com o concomitante transporte de ADP para dentro da mitocôndria por meio de um canal antiporte [58].

As células humanas apoiam-se na produção de ATP pelas mitocôndrias para a execução de seus processos de crescimento, diferenciação e resposta a estímulos, incluindo interações com substâncias químicas. O funcionamento das mitocôndrias é complexo e altamente regulado, e a capacidade de interação de compostos químicos em diversos pontos desse sistema implica disfunção mitocondrial e, consequentemente, lesão celular. Dessa forma, a organela é alvo de vários agentes tóxicos por danos diretos ou indiretos (Figura 4.6).

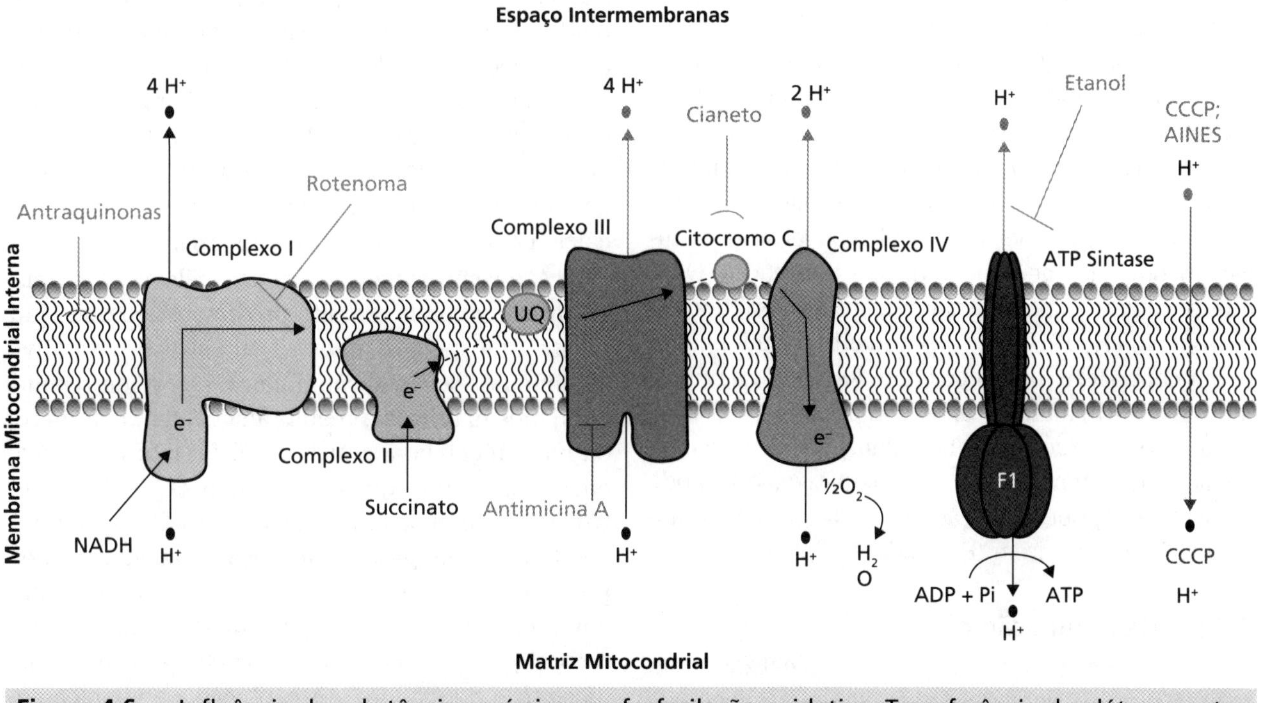

Figura 4.6 Influência de substâncias químicas na fosforilação oxidativa. Transferência de elétrons entre os complexos I, II, III e IV para o aceptor final (O_2). Concomitantemente, há o bombeamento de prótons pelos complexos I, III e IV gerando um potencial eletroquímico entre o espaço intermembranas e a matriz mitocondrial. Os prótons bombeados retornam à matriz mitocondrial com o auxílio da ATP-sintase e a força motriz fosforila o ADP em ATP. [Veja esta figura colorida ao final do livro.]

Há muitas substâncias químicas capazes de desenvolver efeitos adversos interferindo na fosforilação oxidativa. Essas interações podem ocorrer pela simples presença de fármacos na membrana mitocondrial, por exemplo, antraquinonas que possuem grande afinidade pelas cardiolipinas presentes na porção interna da membrana mitocondrial. Essa interação provoca alterações na fluidez da membrana, podendo acarretar prejuízos nos processos energéticos da organela, visto que estes são sensíveis à organização estrutural da mitocôndria [59,60]. Além disso, existem exemplos de substâncias químicas que interagem como inibidores de proteínas específicas da cadeia transportadora de elétrons, como a rotenona, antimicina A e cianeto, que interagem com os complexos I, III e com a citocromo *C* oxigenase (complexo IV), respectivamente, assim como o consumo crônico de etanol pode ocasionar uma inibição na enzima ATP-sintase [61]. A interferência na fosforilação pode se dar também por meio de substâncias que causam colapso no gradiente eletroquímico entre a matriz mitocondrial e o espaço intermembranas, por exemplo, o carbonil cianeto m-clorofenil-hidrazona (CCCP) e também anti-inflamatórios não esteroides (AINES), como nimesulida e meloxicam [59,62].

Além disso, quando o fluxo de elétrons é inibido, bloqueando assim o processo de fosforilação oxidativa, uma pequena fração de O_2 disponível sofre redução incompleta, gerando radical superóxido ($O_2^{\cdot-}$), que por sua vez poderá dar origem ao peróxido de hidrogênio (H_2O_2). Tanto o $O_2^{\cdot-}$ quanto o H_2O_2 podem reagir com o ferro ou com o cobre formando o radical hidroxila ($OH^{\cdot}$) ainda mais reativo. Estas espécies reativas podem se acumular no organismo e levar a uma situação denominada estresse oxidativo, que pode resultar em lipoperoxidação de membranas e biomoléculas [63]. Ver o item "Peroxidação lipídica".

4.4.5 Desregulação cálcica

O íon cálcio é um importante sinalizador de muitas funções celulares, por exemplo, exocitose, contração muscular, ativação e inativação de enzimas, funcionamento de organelas, e sua alteração pode representar prejuízo em diversos processos celulares [64]. Cerca de 99% do cálcio nos organismos compõe os ossos e dentes, e o restante está dividido entre matriz extracelular, intracelular e organelas. A sinalização cálcica está relacionada justamente com a manutenção da homeostase de cálcio livre nos compartimentos intracelulares, extracelulares e em organelas como mitocôndria e retículo endoplasmático [65].

A concentração nos diferentes compartimentos celulares é altamente regulada. Para manter a homeostase cálcica, as células dispõem de vários mecanismos, como canais para cálcio regulados por voltagem, canais para cálcio regulados por ligantes, troca de sódio-cálcio e canais para cálcio operados por reserva. Estudos recentes mostram que a concentração de Ca^{2+} no citoplasma ou concentração intracelular de cálcio $[Ca^{2+}]_i$ é mantida entre 0,05 e 0,2 µmol/L, enquanto que o valor de concentração de cálcio extracelular pode alcançar 1,3 mmol/L [66]. Essa diferença nas concentrações (de cerca de 10 mil vezes) é mantida pela impermeabilidade da membrana para o cálcio e também por mecanismos de efluxo de cálcio intracelular.

Como a $[Ca^{2+}]_i$ desempenha um papel-chave na função celular, a desregulação da homeostase cálcica é um dos importantes mecanismos de toxicidade de substâncias químicas que podem induzir elevação da $[Ca^{2+}]_i$ aumentando a entrada de cálcio ou inibindo a sua saída do citoplasma. O aumento de cálcio intracelular pode ser observado como consequência da exposição ao praguicida clordecona (CD) em conjunto com tetracloreto de carbono (CCl_4), que inibem concomitantemente a captação de cálcio para armazenamento nas mitocôndrias e o efluxo de cálcio pela membrana celular [66,67].

A relação entre homeostase cálcica e espécies reativas em célula é muito próxima, visto que o aumento de espécies reativas, ou estresse oxidativo, culmina em peroxidação lipídica, que pode resultar em danos extensos à membrana celular, com perda da impermeabilidade para o cálcio, fato observável em situações de isquemia e reperfusão [68]. Por outro lado, alterações na concentração de cálcio mitocondrial podem gerar a produção e acúmulo de espécies reativas no interior da organela, o que resulta em alterações da permeabilidade da membrana mitocondrial, que pode ocasionar colapso energético da síntese de ATP [57]. A captação e a liberação de cálcio pelas mitocôndrias têm um papel fisiológico muito importante na proliferação e diferenciação celular, e alterações na regulação de cálcio mitocondrial podem desencadear morte celular [65].

A diminuição do efluxo de cálcio pode também alterar a homeostase cálcica. Essa inibição ocorre quando os transportadores responsáveis por bombear o cálcio para o espaço extracelular estão bloqueados por substâncias químicas como, por exemplo, o praguicida DDT [69,70]. Além disso, substâncias que depletam os níveis de ATP acarretam a diminuição do efluxo de cálcio do meio intracelular, já que os transportadores que realizam essa saída são ATP-dependentes.

Íons metálicos, tais como cádmio (Cd^{2+}), cobalto (Co^{2+}), níquel (Ni^{2+}), manganês (Mn^{2+}), magnésio (Mg^{2+}), que podem estar presentem no meio ambiente, apresentam capacidade de interferir na $[Ca^{2+}]_i$, interagindo com os sistemas de transporte de cálcio [71,66]. Assim como substâncias que são capazes de formar poros na membrana plasmática, como detergentes, fosfolipases presentes em venenos de algumas serpentes e também o antimicrobiano anfotericina B, indiretamente afetam os níveis de $[Ca^{2+}]_i$ [9].

4.4.6 Potencial de ação

As membranas celulares controlam a composição do compartimento celular por meio da exclusão de vários íons e moléculas com o auxílio de sistemas de transporte seletivos. Os lipídeos e as proteínas são os principais componentes de todas as membranas. As proteínas de membranas desempenham várias funções, incluindo papel estrutural da célula, receptores para complexação de hormônios e fatores de crescimento, além de participar do movimento de solutos e íons pela membrana. Os glicerofosfolipídeos, esfingolipídeos e colesterol são os três principais lipídeos componentes de membranas eucarióticas e apresentam principalmente função estrutural [72]. Os lipídeos são distribuídos assimetricamente nas duas bicamadas lipídicas. Cada camada apresenta composição diferente entre glicerofosfolipídeos e esfingolipídeos, sendo esfingomielina e fosfatidilcolina predominantes na camada externa, e fosfatidiletanolamina e fosfatidilserina predominantes na porção interna da bicamada lipídica. Essa assimetria de lipídeos é mantida por meio de transportadores de lipídeos, ATP-dependentes flipases e flopases, que catalisam o movimento de dentro para fora e de fora para dentro, respectivamente [73,74].

Nas membranas de todas as células existe potencial de membrana. Além disso, algumas células, por exemplo, as neurais e musculares, são consideradas membranas "excitáveis", ou seja, são capazes de gerar impulsos eletroquímicos em suas membranas para transmissão de sinais que vão da condução nervosa à formação de impulsos nervosos, comunicação celular e contração muscular, entre outros. As membranas excitáveis são reguladas por moléculas sinalizadoras (neurotransmissores). A complexação dos neurotransmissores aos receptores gera a manifestação do efeito biológico por aumento dos níveis de cálcio intracelular, fosforilação de proteínas ou alterações no potencial de membrana.

Para a manutenção celular, as membranas contam com diversos canais iônicos, conforme demonstrado na Figura 4.7. Os canais iônicos são proteínas que formam poros na membrana celular, permitindo assim a passagem de íons específicos para cada um desses canais, como íons de potássio, íons de sódio e íons de cálcio, por meio dos quais passa a corrente elétrica pela célula. A especificidade depende da afinidade estrutural, e eles são encontrados em grande variedade na membrana celular e se estendem transversalmente de um lado a outro da membrana, facilitando assim a passagem de íons através da membrana.

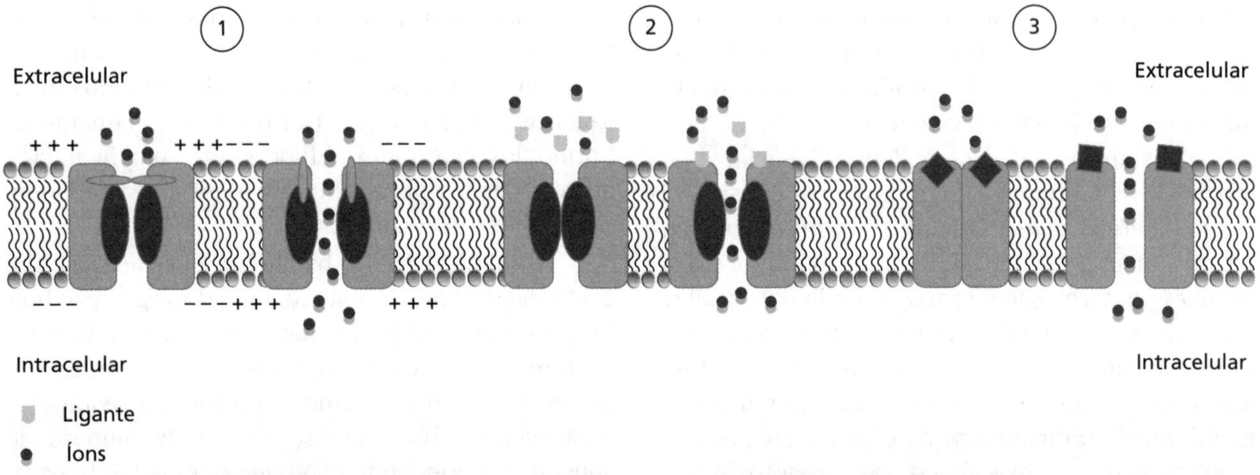

Figura 4.7 Tipos de canais iônicos. 1) Canais iônicos que são ativados por alterações no potencial elétrico próximo ao canal; 2) canais iônicos regulados por ligantes; 3) canais iônicos sensíveis a alterações de volume.

O líquido intersticial, então, contém alta proporção de cátions sódio (Na^+) e menor proporção de cálcio (Ca^{2+}), potássio (K) e magnésio (Mg^{2+}), e alta proporção de ânions cloreto (Cl^-) e fosfatos (HPO_4^-); já o compartimento celular contém grande proporção de K^+ e menor proporção de Mg^{2+} e Na^+, e, em contrapartida, os ânions em maior proporção são proteínas, HPO_4^- e HCO_3^-, e a menor concentração é de Cl^- [75].

Os compostos químicos podem alterar o funcionamento de células excitáveis em diferentes estágios, bloqueando os canais iônicos e inibindo o fluxo de íons por eles, por complexação reversível ou irreversível com receptores ou até mesmo alterando a disponibilidade de neurotransmissores. As drogas de abuso, cocaína e análogos sintéticos de catinona bloqueiam a recaptação de neurotransmissores – como noradrenalina, serotonina e dopamina – da fenda sináptica, exacerbando os efeitos mediados por esses neurotransmissores [76].

Compostos lipofílicos, como os solventes orgânicos, apresentam grande afinidade pelas membranas graças às suas características físico-químicas, podendo intercalar-se na porção lipídica das membranas, alterando a fluidez e estrutura das membranas pelo simples fato de estarem presentes nesse ambiente. Tais solventes orgânicos, como tolueno, xileno e metanol, são considerados depressores do sistema nervoso central (SNC), pois apresentam capacidades de desestruturar as biomembranas, prejudicando eventos moleculares nas membranas [77]. Os efeitos bioquímicos e comportamentais resultantes da intoxicação por etanol podem ser explicados pelo fato de este também apresentar capacidade de desorganizar a estrutura de membranas, resultando em aumento de fluidez e menor viscosidade, além de afetar diversos mecanismos de transporte nas membranas, com prejuízo em vários processos cognitivos [78,79].

Substâncias químicas podem influenciar o potencial de membrana interagindo com os canais iônicos presentes nas membranas das células e que auxiliam a manter a composição do meio intra e extracelular e na formação e propagação do potencial de membrana. As substâncias químicas podem tanto bloquear como manter esses canais abertos. Algumas toxinas apresentam capacidade de influenciar membranas excitáveis, graças a essa capacidade de interagir com os canais iônicos. A tetrodotoxina, toxina presente em alguns peixes comum no Japão e no baiacu no Brasil, bloqueia canais de sódio ocasionando paralisia completa e, consequentemente, a morte [80]. A batracotoxina, toxina encontrada na pele de algumas espécies sul-americanas de sapo, mantém os canais de Na^+ abertos por períodos maiores de tempo, aumentando a permeabilidade das membranas aos íons de Na^+ [81].

Canais de Na^+ desempenham papel muito importante na comunicação célula a célula por estarem envolvidos na geração de potencial de ação que será propagado pelas células excitáveis do SNC, por exemplo [82]. Substâncias que agem bloqueando o fluxo de íons por esses canais influenciam diretamente na propagação do potencial de membrana. É o caso de bloqueio de canais de Na^+ por anestésicos gerais e inalatórios. A inibição dos canais de Na^+ pré-sinápticos levam a redução da liberação de neurotransmissor na fenda sináptica gerando os efeitos esperados dos anestésicos: amnésia, inconsciência e imobilidade [83,84]. Nesse contexto, o uso de quetamina (anestésico de uso veterinário) tem despontado entre os jovens em festas noturnas. A medicação é administrada na forma de cápsulas (via oral), e o uso tem preocupado autoridades e cientistas em virtude dos efeitos alucinógenos e também como depressor do SNC.

4.4.7 Desregulação hormonal

O termo hormônio hoje se refere a qualquer substância de um organismo que transmite um "sinal" para gerar alguma alteração em nível celular, regulando o crescimento, a diferenciação e a função de inúmeras células que expressam receptores específicos para cada hormônio. Eles podem se agrupar em três categorias principais: hormônios peptídicos, hormônios derivados do aminoácido tirosina e hormônios esteroides. Os hormônios peptídicos interagem com receptores de superfície celular e transmitem seus sinais por meio de segundos mensageiros gerados no interior da célula, enquanto os hormônios esteroides difundem-se com facilidade através das membranas plasmáticas e se ligam com receptores intracelulares.

O número de substâncias que apresentam como mecanismo de ação tóxica a desregulação hormonal é vasto. Algumas dessas substâncias já apresentam seu mecanismo bem definido e compreendido, enquanto outras ainda apresentam resultados controversos. Há também um grande número de substâncias que ainda não tiveram esse efeito estudado ou descoberto.

Os desreguladores endócrinos ou hormonais são uma categoria de poluentes ambientais que abrangem grande número de substâncias químicas com estruturas distintas, incluindo hormônios sintéticos e naturais, fitoestrogênios encontrados em plantas, praguicidas organoclorados (DDT), plastificantes (bisfenol-A), retardantes de chama (PBDE), entre outras, que apresentam capacidade de interferir nas funções do sistema endócrino [85,86]. Uma característica importante dessas substâncias é a similaridade estrutural entre elas e nossos hormônios endógenos, conforme demonstrado na Figura 4.8. Entretanto, essa similaridade não é obrigatória para que o efeito ocorra.

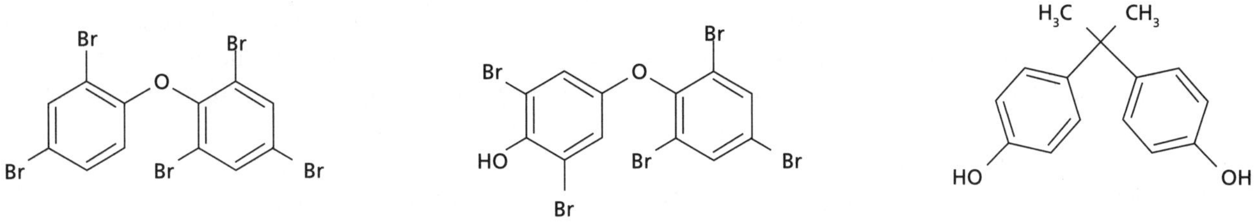

2,2', 4,4', 6 - pentabro difenil eter (PBDE-100)

4-(2', 4', 6' - tribromofenoxi) - 2,6 - dibromofenol (Hidroxi PBDE-100)

Bisfenol-A

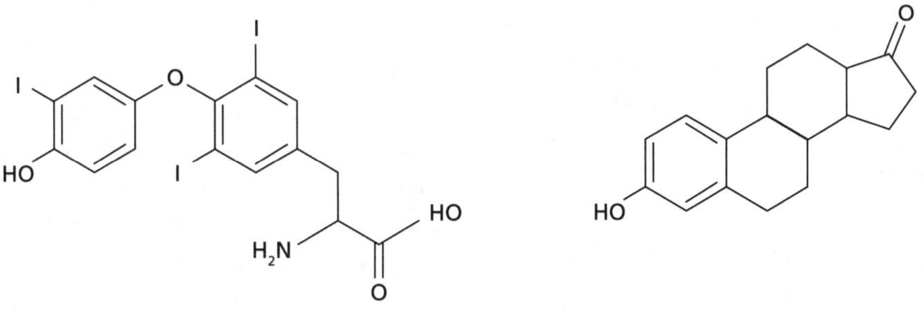

Triiodotiroxina (T3)

Estrona

Figura 4.8 Similaridade das estruturas de desreguladores endócrinos e o hormônio tireoidiano tri-iodotiroxina (T_3) e hormônio endógeno estrona.

A Organização Mundial de Saúde (OMS) define como desregulador ou interferente endócrino uma substância ou mistura de substâncias que apresentam capacidade de alterar as funções do sistema endócrino e, como consequência, ocasionam efeitos adversos no organismo, nos seus descendentes ou população. Em adição, de acordo com a Environmental Protection Agency (EPA), um desregulador endócrino é um agente exógeno que tem capacidade de interferir com a síntese, excreção, transporte, ligação, ação ou eliminação de um hormônio natural [87,88].

O DDT e seus metabólitos estão entre os casos mais famosos acerca da desregulação endócrina. Trata-se de um pesticida muito utilizado nas décadas de 1950 e 1960 (ainda permitido em alguns países), capaz de afetar o sistema reprodutivo de mamíferos e pássaros por sua atividade estrogênica comprovada [88]. Um exemplo clássico de desregulador endócrino que pode ocasionar danos aos descendentes da população exposta é o caso do estrogênio sintético DES, prescrito para mulheres grávidas entre os anos de 1948 e 1970 para evitar abortos e promover o crescimento fetal. Entretanto, descobriu-se que crianças nascidas de gestantes que fizeram o uso da medicação apresentaram redução na fertilidade e disfunção no sistema reprodutivo, com possíveis efeitos duradouros no sistema reprodutivo [85].

Plastificantes, utilizados como aditivos na produção de plásticos, também são classificados como desreguladores endócrinos. O bisfenol A, por exemplo, é muito utilizado na fabricação de adesivos, papéis para fax, revestimentos de latas de conserva e frascos de alimentos para bebês, podendo ser liberado para o alimento e causar problemas sérios para a saúde humana [85]. Os retardantes de chama, por exemplo, os diferentes congêneres de éteres de difenila polibromados (PBDE), adicionados a diversos bens de consumo para torná-los resistentes ao fogo e a altas temperaturas, são substâncias capazes de induzir disfunção mitocondrial e levar a morte celular, além de ter efeito como desregulador endócrino [87,89]. Nesse caso, é descrito na literatura que tanto os congêneres quanto os seus metabólitos apresentam a atividade de desregulação endócrina.

Os efeitos adversos para a saúde humana pela exposição aos desreguladores endócrinos incluem aqueles no sistema reprodutivo feminino (diferenciação sexual, alteração de função nos ovários, maior probabilidade de desenvolver câncer de mama, ovários policísticos e endometriose), no sistema reprodutivo masculino (diminuição de produção de esperma, maior probabilidade de câncer de próstata, infertilidade) e, tanto em homens como em mulheres, alterações nos níveis dos hormônios tireoidianos [88,90,86]. A desregulação endócrina pode se manifestar mimetizando, antagonizando ou alterando os níveis de hormônios endógenos, e associada à lipofilicidade e capacidade de interação com macromoléculas e ligação com sítios específicos de receptores e enzinas.

4.4.8 Interferência no material genético

A vida depende da habilidade das células em armazenar e processar as informações genéticas necessárias para a manutenção do organismo. Essas informações, contidas no DNA, devem ser transmitidas de maneira muito precisa para as células filhas durante a divisão celular. Porém, mudanças ocasionais na sequência de DNA ocorrem com certa frequência nos organismos, e a maioria delas é reparada pelo mecanismo celular [91]. Caso a lesão seja fixada ou reparada erroneamente e transmitida às células-filhas, tem-se o processo de mutagênese. As mutações são a fonte de variabilidade genética de uma população, sendo, portanto, fundamentais para a manutenção das espécies. Porém, podem causar danos tanto aos indivíduos como a seus descendentes, dependendo da quantidade, do tipo e do local onde ocorrem. Quando em células germinativas, a mutação será transmitida à futura geração, e, quando em células somáticas, afetará apenas o organismo portador da mutação [92].

As mutações podem ocorrer espontaneamente, porém, a exposição a determinados agentes aumenta sua frequência. As substâncias chamadas genotóxicas interagem quimicamente com o material genético, formando adutos, alteração oxidativa, ou mesmo quebras da molécula de DNA. Se esse dano não for reparado, pode dar origem a uma mutação, e a substância é considerada mutagênica [92].

A extensão do material genético afetado pode ir desde um único par de bases até cromossomos inteiros. Essa diferença classifica as lesões no DNA em micro e macrolesões. As microlesões dizem respeito basicamente a mutações pontuais, como ocorrência de substituições, perdas e adições de bases. As macrolesões, por sua vez, incluem as translocações, deleções e duplicações cromossômicas, além da amplificação de grandes extensões de DNA [18].

Danos no material genético são considerados como um mecanismo primário para doenças como a carcinogênese e teratogênese [93].

4.4.8.1 Carcinogênese

O câncer tem origem genética e epigenética. O termo genético é referente às mutações no DNA, tanto em células germinativas quanto em células somáticas. O termo epigenético se refere a mudanças na expressão gênica sem qualquer alteração na sequência de DNA, e seus mecanismos incluem a metilação do DNA, modificações de histonas e expressão de RNAs não codificantes [93].

Várias mutações são necessárias para o desenvolvimento do câncer. Este se inicia a partir de uma única célula mutada, mas, para sua progressão, as células-filhas provenientes dessa célula com a mutação devem submeter-se a mudanças adicionais, que incluem mutações e eventos epigenéticos. A célula de origem pode ser tanto uma célula-tronco de algum tecido ou uma célula com maior diferenciação que adquire a capacidade de autorrenovação. A progressão tumoral geralmente demora anos. Na progressão, as células somáticas que sofreram mutação acompanhada de eventos epigenéticos têm vantagem evolutiva em relação às células normais – por exemplo, maior proliferação. Essas células são geneticamente instáveis e, por isso, mais susceptíveis a novas mutações, o que irá originar nova população de células modificadas. As células que sofreram mudanças vão aumentar sua população mais rapidamente que as demais, originando o tumor por ciclos sucessivos de alterações genéticas e epigenéticas e seleção de populações modificadas [91].

Existem sequências no DNA que, quando sofrem mutação, são potencialmente oncogênicas. Alterações nos mecanismos que regulam a proliferação e diferenciação celular podem provocar câncer. Os proto-oncogenes são genes que regulam positivamente a proliferação celular em resposta a estímulos fisiológicos. Mutações nesses genes podem modificá-los, levando à formação dos oncogenes, que promovem a proliferação celular contínua e independente de estímulos externos, levando à formação de tumor [94,95]. Os genes supressores de tumor, por sua vez, codificam proteínas que controlam a divisão celular. Mutações nesses genes que levem à inibição dessas proteínas podem provocar uma proliferação incontrolada nas células, resultando também na formação do câncer [96].

Embora as mutações possam surgir espontaneamente, a maioria delas é provocada por agentes químicos, físicos ou biológicos.

Os compostos químicos podem causar danos ao DNA por várias formas: agindo diretamente sobre a molécula, originando metabólitos que reagem com o DNA, gerando espécies reativas que interagem com o material genético e causando inibição no reparo e na síntese do DNA. [97]. No caso de agentes físicos, podemos citar as radiações, que correspondem à emissão e propagação de energia e podem interferir no material genético. As radiações ionizantes são as capazes de remover elétrons das moléculas, dando origem a íons [34]. Quanto aos agentes biológicos, alguns vírus demonstram seu papel na carcinogênese, como o vírus da hepatite B, associado ao câncer hepático [18].

O câncer normalmente demanda um longo tempo entre a exposição ao agente cancerígeno e o início dos sintomas clínicos. Estabelecer o nexo causal entre a exposição aos agentes potencialmente cancerígenos e o desenvolvimento de câncer nem sempre é possível. Porém, em epidemiologia, são aceitas associações entre a exposição a um agente e a ocorrência de câncer quando existe consistência com outros estudos e plausibilidade biológica. No caso da explosão das bombas atômicas em Hiroshima e Nagazaki, a associação de exposição a radiações ionizantes e surgimento de câncer é bem-aceita. Sobreviventes foram acompanhados ao longo de 45 anos após a exposição, e foi observado o surgimento de certos tipos de câncer como leucemia e câncer de mama [34].

4.4.8.2 Teratogênese

A teratogênese é um efeito sobre um sistema que está se desenvolvendo, resultando em alterações na formação de células, tecidos ou órgãos, com consequentes anomalias congênitas. Portanto, um agente teratogênico tem a habilidade de produzir má-formação fetal [98].

Vários mecanismos têm sido associados ao desenvolvimento de malformação fetal, como a hipóxia embrionária, o aumento da pressão de CO_2 no plasma materno e a capacidade de o agente causar alterações no DNA. A indução da diminuição do débito cardíaco em camundongos sugere que a hipóxia embrionária esteja associada à teratogênese. Ainda em camundongos, a inibição da enzima anidrase carbônica provoca uma elevada pressão de CO_2 no plasma materno, o que também é associado à teratogênese. Em relação à interferência no material genético, danos no DNA podem afetar a migração e a diferenciação celular, processos essenciais para a formação fetal [96].

Um exemplo clássico de ocorrência de teratogênese por medicamento é o episódio da talidomida (α[N-ftalimido]-glutarimida). A droga foi desenvolvida e comercializada por uma empresa farmacêutica alemã em 1957, prescrita como sedativo e para amenizar as náuseas decorrentes da gestação. O uso de talidomida durante a gravidez precoce provocou defeitos nos membros (amelia e focomelia) dos bebês – mais de 10 mil crianças foram afetadas em todo o mundo [99].

INTERAÇÕES ENTRE COMPOSTOS QUÍMICOS

Como se pode observar, muitos são os mecanismos de toxicidade e muitas são as substâncias químicas a que nos expomos concomitantemente. A exposição ambiental ou tratamentos médicos, por exemplo, geralmente consistem em múltiplas exposições. Na água que bebemos podemos encontrar praguicidas, metais, produtos farmacêuticos, solventes e outras substâncias [100]. Em grandes cidades, o ar contém milhares de substâncias químicas resultantes da queima de combustíveis, emissão de indústrias e cigarros. Em 2015, a International Agency for Research on Cancer (IARC) considerou o ar da China como possivelmente cancerígeno [101]. Todas essas substâncias podem agir de forma independente umas das outras. Entretanto, na maioria dos casos uma substância interage com outra substância química interferindo na toxicidade, sendo o efeito resultante maior ou menor [102]. Interações do tipo adição, sinergismo e potenciação resultam em um aumento do efeito tóxico após a exposição, enquanto interações do tipo *antagonismo* resultam em diminuição do efeito.

- *Adição*: o efeito tóxico final é a soma da combinação dos efeitos tóxicos esperados para dois compostos separados.
- *Sinergismo*: a exposição a um composto químico aumenta em muito o efeito tóxico resultante da exposição de outro composto químico, ou seja, o efeito tóxico final da interação é muito maior que a soma dos dois compostos separados.
- *Potenciação*: a exposição a um composto inicialmente desprovido de toxicidade aumenta a toxicidade de outro composto.
- *Antagonismo:* esta interação resulta na diminuição do efeito tóxico de um composto por outro composto químico.

A Tabela 4.1 demonstra quantitativamente, em porcentagem, a toxicidade dos compostos X e Y e suas possíveis interações.

Tabela 4.1 Diferentes tipos de interações entre compostos químicos. Porcentagem de toxicidade dos compostos X e Y separados e toxicidade resultante após interação entre os compostos

TIPO DE INTERAÇÃO	TOXICIDADE DO COMPOSTO X	TOXICIDADE DO COMPOSTO Y	TOXICIDADE RESULTANTE DA INTERAÇÃO
Adição	40%	60%	100%
Sinergismo	40%	60%	200%
Potenciação	0%	60%	100%
Antagonismo	40%	60%	10%

4.5 Fatores que influenciam a intoxicação

Os efeitos tóxicos são consequência das alterações do funcionamento normal do organismo, que, uma vez em contato com a substância, dependendo das condições, pode sofrer uma intoxicação mais branda, mais severa, ou mesmo não sofrer nenhuma alteração. Os fatores que influenciam a intoxicação são listados a seguir.

Os fatores relacionados à exposição abrangem a dose ou concentração da substância, a via de introdução e a frequência de exposição a ela. Os fatores ligados ao composto incluem suas propriedades físico-químicas (como solubilidade, grau de ionização, coeficiente de partição óleo/água, pKa, tamanho molecular, estado físico etc.), suas impurezas ou contaminantes e sua formulação (como veículo e adjuvantes, por exemplo). Entre os fatores relacionados com o organismo, podemos citar a espécie (que inclui determinada fisiologia, composição bioquímica, morfologia, toxicocinética etc.), linhagem, fatores genéticos, fatores imunológicos, estado nutricional, dieta, sexo, estado hormonal, idade, peso corpóreo, estado emocional e estado patológico. E, por fim, quanto aos fatores relacionados com o ambiente, há a temperatura, pressão, radiações, luz, umidade etc. [103].

Questões para estudo

1. A penicilina interfere na formação de ligações cruzadas de peptideoglicano na parede celular bacteriana, enfraquecendo a parede celular e, por fim, causando a morte da bactéria. Qual das seguintes afirmativas é verdadeira?
   a) O tratamento com penicilina é um bom exemplo de toxicidade seletiva.
   b) A penicilina interfere na estrutura da membrana plasmática humana.
   c) A penicilina é um bom exemplo de fármaco com baixo índice terapêutico.
   d) A penicilina também é eficaz no tratamento de infecções virais.
   e) A penicilina é totalmente inofensiva para seres humanos.
2. A probabilidade de um evento adverso é definida como:
   a) perigo.
   b) taxa de exposição.
   c) risco.
   d) suscetibilidade.
   e) epidemiologia.
3. Por que um organismo apresenta um efeito tóxico quando exposto a um xenobiótico?
   a) Porque o xenobiótico alcançou o sítio-alvo em concentrações altas.
   b) Porque o organismo apresentou algum problema no sistema de reparo ou de detoxificação.
   c) Porque o xenobiótico apresentava baixo índice terapêutico e alto risco.
   d) Porque o xenobiótico ocasionou alterações bioquímicas e fisiológicas no organismo.
   e) Porque o xenobiótico apresentava alta toxicidade.
4. O que é a inibição enzimática e como pode ser classificada?
5. Como é o funcionamento dos receptores de canais iônicos ligante-dependentes? Dê um exemplo, citando um agonista e um antagonista.
6. O que é teratogênese?

Respostas

1. Alternativa A.
2. Alternativa C.
3. Alternativa D.
4. Inibição enzimática é o retardo ou redução do processo de catálise enzimática, tendo como causa a ligação de um inibidor com a enzima. Pode ser classificada em reversível e irreversível.
5. Esses receptores são ativados por moléculas pequenas, que se difundem rapidamente e vão causar uma mudança conformacional no receptor, que, por sua vez, permitirá a passagem de íons, alterando o potencial de membrana. Um exemplo é o receptor nicotínico da acetilcolina, que tem como agonista baixas doses de nicotina e como antagonista a d-tubocurarina.
6. A teratogênese é um efeito sobre um sistema que está se desenvolvendo, podendo provocar anomalias congênitas em razão de alterações na formação de células, tecidos ou órgãos.

Lista de abreviaturas

AChE	Acetilcolinesterase	EPA	Environmental Protection Agency
ADP	Adenosina Difosfato	GABA	Ácido 7-aminobutírico
AINEs	Anti-inflamatórios não esteroides	IARC	International Agency for Research on Cancer
ALA-D	Ácido δ-aminolevulínico desidratase	OMS	Organização Mundial de Saúde
ATP	Adenosina Trifosfato	PBDEs	Éteres de difenila polibromados
CCCP	Carbonil cianeto m-clorofenil-hidrazona	RNA	Ácido Ribonucleico
CD	Clordecona	SNC	Sistema Nervoso Central
DES	Estrogênio Sintético	SNP	Sistema Nervoso Periférico
DNA	Ácido Desoxirribonucleico		

Lista de palavras

Acetilcolisterase
Adenosina Trifosfato
Adição
Agente tóxico
Antagonismo
Biotransformação
Cadeia Transportadora de Elétrons
Canais Iônicos
Carbamato
Carcinogênese
Complexo Enzima-Substrato
Desregulação Cálcica
Desregulação Hormonal
Desreguladores Endócrinos
Disfunção Celular
Dose efetiva
Espécies Reativas
Exposição
Fosforilação Oxidativa
Inibição Enzimática
Interação com receptores
Intoxicação
Ligação covalente
Ligação não covalente
Mitocôndrias
Molécula-Alvo
Mutação
Organoclorado
Organofosforado
Peroxidação Lipídica
Potencial de Ação
Potencialização
Praguicidas
Proteína G
Radicais Livres
Retardantes de Chama
Sinergismo
Sítio-alvo
Tecido-Alvo
Teratogênese
Toxicocinética
Toxicodinâmica
Toxicogenética

REFERÊNCIAS

1. Rozman KK, Doull. Paracelsus, Haber and Arndt. Toxicology. 2001;160:191-6.

2. Camargo JLV, Barros SBM. Informações científicas e avaliação do risco toxicológico. Revista Brasileira de Toxicologia. 2011;24:1-9.

3. Dorne JLCM. Metabolism, variability and risk assessment. Toxicology. 2005;268:156-64.

4. Rozman KK, Doull J. General principles of toxicology. In: Rose J, editor. Environmental toxicology. Current developments Gordon and Breach. Amsterdam: Science Publications; 1998.

5. Rozman KK, Doull J. Dose and time as variable of toxicity. Toxicology. 2000;144:169-78.

6. Dorne JLCM, Renwick AG. Prediction of human variability using kinetic data and Monte Carlo modelling for the derivation of pathway-related uncertainty factors for compounds handled by multiple pathways. Toxicology Letters. 2003;144 (Suppl. 1):S195.

7. Hattis D, Banati P, Goble R, Burmaster DE. Human interindividual variability in parameters related to health risks. Risk Analysis. 1999;19:711-26.

8. Dorne JLCM, Walton K, Renwick AG. Human variability in xenobiotic metabolism and pathway-related uncertainty factors for chemical risk assessment: a review. Food and Chemical Toxicology. 2005;43:203-16.

9. Gregus Z. Mechanisms of toxicity. In: Klassen CD, editor Cassarett and Doull's toxicology. The basic science of poisons. 7th ed. New York: McGraw-Hill; 2008.

10. Muckter, H. What is toxicology and how does toxicity occur? Best Practice & Research Clinical Anaesthesiology. 2003;17:5-27.

11. Yadav SK. Dose-response models to understand toxicodynamics for pollutants in ecosystems. International Journal of Environmental Science. 2013;4:77-80.

12. Yeagle PL. Non-covalent binding of membrane lipids to membrane proteins. Biochimica et Biophysica Acta – Biomembranes. 2014;1838:1548-59.

13. Hajian R, Shams N, Mohagheghian M. Study on the interaction between doxorubicin and deoxyribonucleic acid with the use of methylene blue as a probe. Journal of Brazilian Chemical Society. 2009;20:1399-405.

14. Boelsterli UA. Specific targets of covalent drug-protein interactions in hepatocytes and their toxicological significance in drug-induced liver injury. Drug Metab Rev. 1993;25:395-451.

15. Vale JA. Toxicokinetic and toxicodynamic aspects of organophosphorus (OP) insecticide poisoning. Toxicology Letters. 1998;102-103:649-52.

16. Koslowski H, Kolkowska P, Watly J, Krzywoszynska K, Potocki S. General aspects of metal toxicity. Current Medicinal Chemistry. 2014;21.

17. Blanco-Ayala T, Andérica-Romero AC, Pedraza-Chaverri J. New insights into antioxidant strategies against paraquat toxicity. Free Radical Research. 2014;48:623-40.

18. Oga S, Camargo MMA, Batistuzzo JAO. Fundamentos de toxicologia. 4. ed. São Paulo: Atheneu; 2014.

19. Warden CR. Respiratory agents: irritant gases, riot control agents, incapacitants, and caustics. Critical Care Clinics. 2005;2:719-37.

20. Escher BI, Ashauer R, Dyer SZ, Hermens JLM, Lee JH, Leslie HA, Mayer P, Meador JP, Warne MSJ. Crucial role of mechanisms and modes of toxic action for understanding tissue residue toxicity and internal effect concentrations of organic chemicals. Integrated Environmental Assessment and Management. 2010;7:28-49.

21. Dianzani M, Barrera G. Pathology and physiology of lipid peroxidation and its carbonyl products. In: Álvarez S, Evelson P., editors. Free Radical Pathophysiology. Kerala, India: Transworld Research Network; 2008.

22. Repetto M, Semprine J, Boveris A. Lipid peroxidation: chemical mechanism, biological implications and analytical determination. In: Catala A, editor. Lipid peroxidation. Rijeka: InTech; 2012.

23. Niki E, Yoshida Y, Saito Y, Noguchi N. Lipid peroxidation: mechanisms, inhibition, and biological effects. Biochemical and Biophysical Research Communications. 2005;338:668-76.

24. Halliwell B, Gutteridge JMC. Free radicals in biology and medicine. 3rd ed. Oxford: Oxford University Press; 2005. 936 p.

25. Ribeiro SMR, Queiroz JH, Pelúzo MCG, Costa NMB, Matta SLP, Queiroz MELR. The formation and the effects of the reactive oxygen species in biological media. Bioscience Journal. 2005;21:133-49.

26. Van der Oost R, Beyer J, Vermeulen NPE. Fish bioaccumulation and biomarkers in environmental risk assessment: a review. Environmental Toxicology and Pharmacology. 2003;13:57-149.

27. Boveris A, Repetto MG, Bustamante J, Boveris AD, Valdez LB. The concept of oxidative stress in pathology. In: Álvarez S, Evelson P, editors. Free radical. Pathophysiology. Kerala, India: Transworld Research Network; 2008.

28. Lehninger A, Nelson D, Cox MM. Princípios de bioquímica. 3. ed. São Paulo: Sarvier; 2003.

29. Marzzoco A, Torres BB. Bioquímica básica. 3. ed. Rio de Janeiro: Guanabara Koogan; 2007.

30. Devlin TM. Manual de bioquímica com correlações clínicas. São Paulo: Blucher; 2011.

31. Kretschmann A, Ashauer R, Hollender J, Escher BI. Toxicokinetic and toxicodynamic model for diazinon toxicity-mechanistic explanation of differences in the sensitivity of daphnia magna and gammarus pulex. Environmental Toxicology and Chemistry. 2012;31:2014-22.

32. Barr DB, Needham LL. Analytical methods for biological monitoring of exposure to pesticides: a review. Journal of Chromatography B. 2002;778:5-29.

33. Midio AF, Silva ES. Inseticidas, acaricidas, organofosforados e carbamatos. São Paulo: Roca; 1995.

34. Ribeiro FSN, Mendonça GASM, Reis MR, Brito PF, Turci SRB, Otero UB. Vigilância do câncer relacionado ao trabalho e ao ambiente. Rio de Janeiro: Instituto Nacional do Câncer (Inca); 2006.

35. Ikegaya H, Iwase H, Hatanaka K, Sakurada K, Yoshida K, Takatori T. Diagnosis of cyanide intoxication by measurement of cytochrome c oxidase activity. Toxicology Letters. 2000;119:117-23.

36. Cooper CE, Brown GC. The inhibition of mitochondrial cytochrome oxidase by the gases carbon monoxide, nitric oxide, hydrogen cyanide and hydrogen sulfide: chemical mechanism and physiological significance. Journal of Bioenergetics and Biomembranes. 2008;40:533-9.

37. Chin RG, Calderon Y. Acute cyanide poisoning: a case report. The Journal of Emergency Medicine. 2000;18:441-5.

38. Chisolm JJ. Lead poisoning. Scientific American. 1971;224:15-23.

39. Beutler E. Hemolitic anemia resulting from chemical and physical agents. In: Lichtman MA, Beutler E, Kipps TJ, Seligsohn U, Kaushansky K, Prchal JT, editors. Williams hematology. 7th ed. New York: McGraw-Hill Medical; 2006.

40. Paoliello MMB, Chasin AAM. Ecotoxicologia do chumbo e seus compostos. Salvador: Centro de Recursos Ambientais (CRA); 2001.

41. Jenkinson DH. The antagonism between tubocurarine and substances which depolarize the motor end-plate. Journal of Physiology. 1960;152:309-324.

42. Ventura ALM, Abbreu PA, Freitas RCC, Sathler PC, Loureiro N, Castro HC. Colinergic system: revisiting receptors, regulation and the relationship with Alzheimer disease, schizophrenia, epilepsy and smoking. Revista de Psiquiatria Clínica. 2010;37:66-72.

43. Franken RA, Nitrini G, Franken M, Fonseca AJ, Leite JCT. Nicotina. Ações e interações. Arquivos Brasileiros de Cardiologia. 1996;66:371-3.

44. Rang HP, Dale MM, Ritter JM, Moore PK. Farmacologia. Tradução da 5.ª edição. Tradutores: Voeux PL, Moreira AJMS. Rio de Janeiro: Elsevier; 2004.

45. Cunha GH, Jorge ARC, Fonteles MMF, Souza FC, Viana GSB, Vasconcelos SMM. Nicotine and smoking. Revista Eletrônica Pesquisa Médica. 2007;1:1-10.

46. Klassen CD. Casarett & Doull's toxicology: the basic science of poisons. 7th ed. New York: McGraw-Hill; 2008.

47. Bufler J, Wilhem R, Parnas H, Franke CH, Dudel J. Open channel and competitive block of the embryonic form of the nicotinic receptor of mouse myotubes by (+)-tubocurarine. Journal of Physiology. 1996;495.1:83-95.

48. Guyton AC, Hall JE. Textbook of medical physiology. Philadelphia: Elsevier; 2006.

49. ATSDR. Cholinesterase inhibitors: including pesticides and chemical warfare nerve agents. Agency for Toxic Substances and Disease Registry, 2010.

50. Rumack BH, Spoerk DG. Handbook of mushroom poisoning: diagnosis and treatment. Boca Raton: CRC Press; 1994.

51. Haefely WE. Structure and function of the benzodiazepine receptor. Chimia. 1987;41:389-96.

52. Nilsson A. Pharmacokinetics of benzodiazepines and their antagonists. Baillière's Clinical Anaesthesiology. 1991;5:615-34.

53. Novo MCD. Drogas – Fora da lei e dentro do usuário. Vox Forensis. 2010;3:87-120.

54. Martinez ST, Almeida MR, Pinto AC. Alucinógenos naturais: um voo da Europa medieval ao Brasil. Química Nova. 2009;32:2101-507.

55. Luft R. The development of mitochondrial medicine. Proc Natl Acad Sci. 1994;91:8731-8.

56. Nelson DL, Cox MM. Lehninger, Principles of Biochemistry. 3rd ed. New York: Worth Publishers; 2000. 1255 p.

57. Pereira LC, De Souza AO, Pazin M, Dorta DJ. Mitocôndria como alvo para avaliação de toxicidade de xenobiótico. Revista Brasileira de Toxicologia. 2012;25:1-14.

58. Galluzzi L, Kepp O, Trojel-Hansen C, Kroemer G. Mitochondrial control of cellular life, stress, and death. Circ Res. 2012;111:1198-207.

59. Wallace KB, Starkov AA. Mitochondrial targets of drug toxicity. Annu Rev Pharmacol Toxicol. 2000;40:353-88.

60. Huber LA, Xu QB, Jurgens G, Bock G, Buhler E, Grey KF, et al. Correlation of lymphocyte lipid composition membrane microviscosity and mitogen response in the aged. Eur J Immunol. 1991;21:2761-5.

61. Trayer WS, Rubin E. Effects of chronic ethanol intoxication on oxidative phosphorylation in rat liver submitochondrial particles. The Journal of Biological Chemistry. 1979;254:7717-23.

62. Nadanaciva S, Will Y. New insights in drug-induced mitochondrial toxicity. Curr Pharm Des. 2011;17:2100-12.

63. Kowaltowski AJ, Souza-Pinto NC, Castilho RF, Vercesi AE. Mitochondria and reactive oxygen species. Free Radic Biol Med. 2009;47:333-43.

64. Verkhratsky A, Parpura V. Calcium signalling and calcium channels: evolution and general principles. European Journal of Pharmacology. 2013.

65. Richter C, Kass GEN. Oxidative stress in mitochondria: its relationship to Cellular Ca^{2+} homeostasis, cell death, proliferation, and differentiation. Chemical Biology and Interactions. 1991;77:1-23.

66. Nicotera P, Bellomo G, Orrenius S. Calcium-mediated mechanisms in chemically induced cell death. Annual Reviews Pharmacology and Toxicology. 1992;32:449-70.

67. Kodavanti PRS, Rao VC, Mehendale HM. Loss of calcium homeostasis leads to progressive phase of chlordecone-potentiated carbon tetrachloride hepatotoxicity. Toxicology and Applied Pharmacology. 1993;122:77-87.

68. Piper HM, Abdallah Y, Schafer C. The first minutes of reperfusion: a window of opportunity for cardioprotection. Cardiovascular Research. 2004;15:365-71.

69. Madhukar BV, Yoneyama M, Matsumura F, Trosko JE, Tsushimoto, G. Alteration of calcium transport by tumor promoters, 12-O-tetradecanoyl phorbol-13-acetate and p,p'-dichlorodiphenyltrichloroethane, in the Chinese hamster V79 fibroblast cell line. Cancer Letters. 1983;18:251-9.

70. Mariussen E, Fonnum F. Neurochemical targets and behavioral effects of organohalogen compounds: an update. Critical Reviews in Toxicology. 2006;36:253-89.

71. Reuter H. Calcium channel modulation by neurotransmitters, enzymes and drugs. Nature. 1983;301:569-73.

72. Gil T, Ipsen JH, Mouritsen OG, Sabra MC, Sperotto MM, Zuckermann MJ. Theoretical analysis of protein organization in lipid membranes. Biochimica et Biophysica Acta. 1998;1376:245-66.

73. Scott HL. Modeling the lipid component of membranes. Curr Opin Struct Biol. 2002;12(4):495-502.

74. Daleke DL. Phospholipid flippases. The Journal of Biological Chemistry. 2007;282:821-5.

75. Marcondes MCCG. Bioeletrogênese: potencial de membrana e potencial de ação. In: Carvalho HF, Recco-Pimentel SM, editors. A célula. 3. ed. São Paulo: Manole; 2013. 590 p.

76. Paillet-Loilier M, Cesbron A, Boisselier RL, Bourgine J, Debruyne D. Emerging drugs of abuse: current perspectives on substituted cathinones. Substance Abuse and Rehabilitation. 2014;5:37-52.

77. Leite EMA. Solventes orgânicos. In: Oga S, Camargo MMA, Batistuzzo JAO, editors. Fundamentos de toxicologia. 4. ed. São Paulo: Atheneu; 2008. 677 p.

78. Swann AC. Membrane effects of ethanol in excitable cells. Reviews in Clinical & Basic Pharmacology. 1987;3:213-48.

79. Muller-Oehring EM, Jung YC, Pfefferbaum A, Sullivan EV, Schulte T. The resting brain of alcoholics. Cerebral Cortex Advance. 2014;1-14.

80. Chen R, Chung SH. Mechanism of tetrodotoxin block and resistance in sodium channels. Biochemical and Biophysical Research Communications. 2014;446:370-4.

81. Tikhonov DB, Zhorov BS. Sodium channel activators: model of binding inside the pore and a possible mechanism of action. FEBS Letters. 2005;579:4207-12.

82. Hodgkin A, Huxley A. A quantitative description of membrane current and its application to conduction and excitation in nerve. J. Physiol. 1952;117:500-44.

83. Herold KF, Hemmings JR HC. Sodium channels as targets for volatile anesthetics. Frontiers in Pharmacology. 2012;3:1-7.

84. Ciechanowicz S, Patil V. Lipid emulsion for local anesthetic systemic toxicity. Anesthesiology Research and Practice. 2012;2012:1-11.

85. Bila DM, Dezotti M. Desreguladores endócrinos no meio ambiente: efeitos e consequências. Química Nova. 2007;30:651-66.

86. Bergman A, Heindel JJ, Jobling S, Kidd KA, Zoeller T. State of the Science of Endocrine Disrupting Chemicals – 2012. United Nations Environment Programme and the World Health Organization; 2013. 261 p.

87. Oliveira DP, Dorta DJ. Contaminantes emergentes da água. In: Oga S, Camargo MMA, Batstuzzo JAO (Org.). Fundamentos de toxicologia. 4. ed. São Paulo: Atheneu; 2014. 685 p.

88. United States of Environmental Protection Agency – USEPA. special report on environmental endocrine disruption: an effects assessment and analysis. U.S. Environmental Protection Agency, Report No. EPA/630/R-96/012. Washington D.C.; 1997.

89. Pereira LC, Souza AO, Dorta DJ. Polybrominated diphenyl ether congener (BDE-100) induces mitochondrial impairment. Basic & Clinical Pharmacology & Toxicology. 2013;112:418-24.

90. Moraes NV, Grando MD, Valerio DAR, Oliveira DP. Exposição ambiental a desreguladores endócrinos: alterações na homeostase dos hormônios esteroidais e tireoideanos. Revista Brasileira de Toxicologia. 2008;21:1-8.

91. Alberts B, Johson A, Lewis J, Raff M, Roberts K, Walter P. The cell. 5th ed. New York: Garland Science; 2008.

92. Umbuzeiro GA, Roubicek DA. Genotoxicidade ambiental. In: Zagato PA, Bertoletti E, editores. Ecotoxicologia aquática – Princípios e aplicações. São Carlos: Rima; 2003. p. 327-44.

93. Mostafalou S, Abdollahi M. Pesticides and human chronic diseases: evidences, mechanisms, and perspectives. Toxicology and Applied Pharmacology. 2013;268:157-77.

94. Macleod K. Tumor suppressor genes. Current Opinion in Genetics and Development. 2000;10:81-93.

95. Amendola LCB, Vieira R. BRCA genes contribution in the hereditary predisposition for breast cancer. Revista Brasileira de Cancerologia. 2005;51:325-30.

96. Azevedo FA, Chasin AAM. As bases toxicológicas da ecotoxicologia. São Paulo: Rima; 2003.

97. Lee RF, Steinert S. Use of the single cell gel electrophoresis/comet assay for detecting DNA damage in aquatic (marine and freshwater) animals. Mutation Research. 2003;544:43-64.

98. Schvartsman S. Child development in hostile environments. Pediatrics. 1986;8:176-7.

99. Ito T, Ando H, Handa H. Teratogenic effects of thalidomide: molecular mechanisms. Cellular and Molecular Life Sciences. 2011;68:1569-79.

100. Collier AC. Pharmaceutical contaminants in potable water: potential concerns for pregnant women and children. EcoHealth. 2007;4:164-71.

101. Loomis D, Huang W, Chen G. The International Agency for Research on Cancer (IARC) evaluation or the cancinogenicity of outdoor air pollution: focus on China. Chinese Journal of Cancer. 2014;3:189-96.

102. Page N, Perkins M, Howard J. National Library of Medicine, NIH, 2014 Apr [cited 2014 Aug 3]. Available from: <http://sis.nlm.nih.gov/enviro/toxtutor.html>.

103. Passagli M. Toxicologia forense – Teoria e prática. Campinas: Millennium; 2013.

CAPÍTULO 5

ETANOL

Carlos Renato Tirapelli

Carla Speroni Ceron

Júlio César Padovan

Claudia Maria Padovan

5.1 Resumo

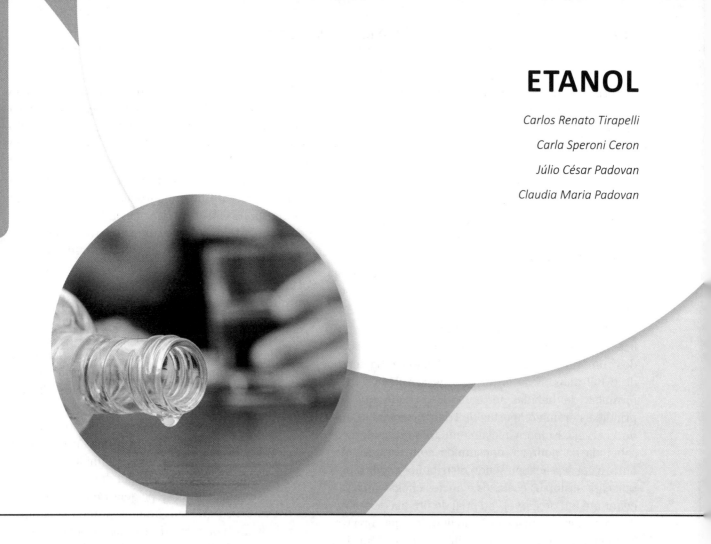

O etanol (C_2H_5OH), ou álcool etílico, é a droga mais consumida de modo abusivo no mundo. Em quantidades baixas a moderadas, alivia a ansiedade e cria sensação de bem-estar ou até mesmo de euforia. No entanto, o etanol causa mais morbidade e mortalidade e gera mais custos com a assistência à saúde pública que todas as outras drogas ilícitas combinadas. O consumo crônico de etanol altera a função de órgãos vitais. A lesão tecidual causada por essa ingestão crônica resulta diretamente dos efeitos tóxicos desse composto e de seu metabólito, o acetaldeído. No Brasil, o consumo anual médio de etanol é superior à média mundial e está associado a cirrose hepática e acidentes de trânsito. Portanto, a detecção e quantificação do etanol são importantes no âmbito forense e em outras situações, como na pesquisa e prática clínica e no monitoramento do uso de etanol no ambiente ocupacional.

Diferentes matrizes biológicas podem ser empregadas para avaliação do etanol, dependendo da finalidade da análise. Os meios mais comuns utilizados para medir-se o consumo recente de etanol são sua medida direta no ar expirado ou no sangue. Os marcadores biológicos do consumo de etanol são indicadores fisiológicos da exposição ou ingestão desse álcool. Eles refletem o uso crônico ou agudo e podem indicar altos níveis de consumo de bebidas alcoólicas. Considerando a ampla aplicabilidade desses marcadores biológicos, conclui-se que são ferramentas valiosas que, se somadas aos relatos dos pacientes e/ou informações obtidas na anamnese realizada por um profissional especializado, auxiliam no diagnóstico e acompanhamento de problemas decorrentes do uso do etanol. Sangue, urina e até fios de cabelo podem ser utilizados na detecção e quantificação desses biomarcadores. As técnicas são usadas para monitorar pacientes com problemas de dependência, cientistas forenses, companhias de seguro e até pela polícia, na investigação de acidentes de trânsito envolvendo motoristas alcoolizados.

Não obstante o alto investimento em recursos e pesquisas básicas, o alcoolismo continua sendo uma doença crônica comum e de difícil tratamento. Este capítulo faz uma revisão da farmacodinâmica e farmacocinética do etanol e de seus efeitos em vários sistemas fisiológicos; na sequência, enfatiza os meios de detecção e quantificação diretos do etanol, as características dos principais biomarcadores do consumo de etanol e o uso do etanol no tratamento da intoxicação por metanol.

5.2 Histórico

O consumo de bebidas alcoólicas pela humanidade data de aproximadamente 8 mil anos atrás, tendo as primeiras evidências sido encontradas no norte da China. Nessa região, com o nascimento da agricultura, a mistura de diferentes produtos fermentados à base de arroz, mel, uvas e um tipo de cereja compunha um tipo de bebida consumida pelos habitantes da época.

Outra evidência do consumo de bebidas alcoólicas fermentadas refere-se à época da civilização dos sumérios, no Egito antigo e Babilônia, há cerca de 6 mil anos. Essa civilização desenvolveu várias fórmulas de bebidas fermentadas, sendo que as principais eram compostas de trigo e cevada, criando a cerveja. Embora inicialmente fosse considerada a bebida da nobreza, consumida com canudos de ouro, a cerveja acabou sendo distribuída a toda a população. Assim, os escravos egípcios chegavam a receber até 5 L de cerveja ao final de um dia de trabalho, o que era chamado de "pão líquido", que aliviava os efeitos de um dia de trabalho intenso, além dos efeitos embriagantes resultantes do etanol.

Outra bebida criada pelos egípcios e que foi amplamente consumida por todas as civilizações da África à Ásia foi o vinho. Era considerada uma bebida nobre; os reis egípcios, como Tutancâmon, chegavam a ser enterrados com várias jarras da bebida, para que ela não faltasse em sua nova vida após a morte. Posteriormente, novas variedades de vinho foram desenvolvidas pelos gregos, e essa bebida adquiriu significado ainda maior, sendo usada como desinfetante pelos soldados romanos durante as guerras, ou ainda como forma de subjugar outros povos, que eram atacados quando se recuperavam do consumo exagerado da bebida.

As bebidas alcoólicas também foram utilizadas como medicamento. Ainda no século XIV, quando da ocorrência da peste negra, o abade da cidade de Oudenburg, na Bélgica, proibiu o consumo de água, a qual foi substituída pela cerveja, levando a uma maior sobrevivência à epidemia, pela reduzida contaminação da cerveja. Além disso, o etanol também era utilizado na fabricação de perfumes, poções mágicas e, principalmente, acompanhando ritos religiosos, de alimentação, comemoração ou confraternização. No entanto, com a Revolução Industrial no século XVII e a introdução da técnica de destilação pelos árabes, uma grande alteração no padrão de consumo de bebidas alcoólicas foi observada [1,2].

Embora os efeitos euforizantes do etanol sobre o comportamento humano fossem conhecidos, com a mudança na estrutura da sociedade, o fácil acesso a essas bebidas e seu consumo abusivo, também se passou a observar comportamentos de agressividade, resultando em problemas familiares e também sociais. Assim, no início do século XVIII surgiu o conceito de alcoolismo, já evidenciando a preocupação com o consumo abusivo de bebidas alcoólicas e as suas consequências para a sociedade, como destacado por Benjamin Rush em sua frase "Beber inicia num ato de liberdade, caminha para o hábito e, finalmente, afunda na necessidade" [1,3].

Além de Benjamin Rush, Thomas Trotter foi o primeiro a referir-se ao alcoolismo como doença. Já no século XIX, o sueco Magnus Huss introduziu o conceito de alcoolismo crônico, definido como um estado de intoxicação pelo etanol durante o qual se observa sintomas físicos, psiquiátricos ou ambos. Foi nessa época que surgiram as primeiras campanhas contra o consumo de bebida alcoólica, resultando, no século XX, na conhecida "Lei Seca" decretada nos Estados Unidos da América, que buscavam controlar ou prevenir o uso abusivo. A lei seria revogada mais tarde, e hoje o etanol continua a ser a substância psicoativa legal mais consumida, tendo seu consumo admitido e até mesmo incentivado pela sociedade, e permanece presente em rituais religiosos (como no caso do consumo de vinho), comemorações ou ainda no preparo de pratos culinários, além de sua utilização na indústria farmacêutica e cosmética.

Ainda no século XX, o psiquiatra Morton Jellinek reestruturou o conceito de alcoolismo, classificando-o como doença, considerando que o comportamento de beber do indivíduo levava a prejuízos para ele próprio, para a sociedade ou para ambos. Jellinek considerou, ainda, a quantidade de álcool ingerida pelos indivíduos em sua classificação, assim como a ocorrência de tolerância (no sentido da necessidade de doses cada vez maiores para se obter o mesmo efeito ou diminuição dos efeitos do etanol com as doses anteriormente ingeridas), abstinência (quadro de desconforto físico e/ou psíquico em decorrência da diminuição ou interrupção do consumo de etanol) e perda de controle.

Atualmente a Organização Mundial da Saúde (OMS) define o alcoolista como um "bebedor excessivo", cuja dependência em relação ao etanol vem acompanhada de perturbações mentais, da saúde física, bem como do comportamento social e econômico e de sua relação com os outros [4].

5.3 Consumo de etanol no Brasil e no mundo

No ano de 2007 foi avaliado pela Secretaria Nacional Antidrogas (Senad) o padrão de consumo de etanol na população brasileira. O estudo foi realizado em 143 municípios do país e constatou que 52% dos brasileiros acima de 18 anos faziam uso de bebida alcoólica pelo menos uma vez ao ano. Do total de homens adultos, 11% bebiam todos os dias, e 28%, de uma a quatro vezes por semana. Em relação à intensidade do consumo de bebidas alcoólicas, 24% da população bebia frequentemente e de forma excessiva (cinco ou mais doses, pelo menos uma vez por semana,) e 29% são bebedores pouco frequentes e não fazem uso excessivo do etanol [5].

Segundo dados da Organização Mundial da Saúde (OMS), aproximadamente 3,3 milhões de mortes foram atribuídas ao consumo de etanol no ano de 2012 em todo o mundo. Esse número corresponde a 5,9% de todas as mortes registradas e decorrem principalmente de doenças cardiovasculares, acidentes de trânsito, doenças gastrointestinais e câncer associado ao consumo de etanol. Nesse levantamento realizado pela OMS, constatou-se que o brasileiro consome anualmente média de 8,7 L de etanol, valor superior à média mundial (6,2 L por pessoa). Esse consumo elevado foi associado a cerca de 60% dos índices de cirrose hepática e a 18% dos acidentes de trânsito em 2012 no país. Esses dados são semelhantes aos observados no Canadá, onde o consumo de etanol foi associado a cerca de 60% dos casos de cirrose hepática e a 13% dos acidentes de trânsito nesse mesmo ano. Nos Estados Unidos os números foram parecidos: o consumo foi associado a cerca de 60% dos casos de cirrose hepática e a 12% dos acidentes de trânsito. Na França o etanol foi relacionado a 70% dos casos de cirrose hepática e a 18% dos acidentes de trânsito. Já na Alemanha a ingestão de etanol foi considerada causa de cerca de 70% dos índices de cirrose hepática e de 12% dos acidentes de trânsito, enquanto na Itália esses números são de cerca de 40% e de 12%, respectivamente [6].

Na tentativa de diminuir o número de acidentes, a legislação de trânsito tem sido alterada no Brasil e em outros países das Américas e da Europa. Nesses países, regras mais severas, que incluem multa, apreensão da carteira de habilitação e do veículo, bem como prisão por até seis meses, estão sendo aplicadas aos condutores que dirigirem sob efeito de etanol ou outras substâncias psicoativas. De acordo com a Associação Brasileira de Medicina de Tráfego (Abramet), pelo menos 40 mil pessoas morrem em decorrência de acidentes de trânsito todo ano nas estradas brasileiras [7], e, segundo estudo realizado pelo Ministério da Saúde, a utilização de bebidas alcoólicas é responsável por 16,7% do total de acidentes de trânsito no país [8].

5.4 Farmacocinética do etanol

O etanol é uma pequena molécula formada por dois átomos de carbono que, devido ao seu tamanho e à presença de um grupo hidroxila, é solúvel tanto em ambientes aquosos como lipídicos. Essas características químicas fazem com que o etanol possa se movimentar livremente dos fluidos corporais para o meio intracelular. Por esse motivo, ele é absorvido rapidamente pelo trato gastrointestinal após ingestão por via oral. Cerca de 20% do etanol ingerido é absorvido no estômago, enquanto o intestino delgado é responsável por 80% da absorção. A absorção gástrica do etanol é relativamente lenta se comparada à absorção intestinal. Uma vez que grande parte do etanol é absorvida no intestino, o esvaziamento gástrico é fator determinante em sua absorção. A concentração sanguínea máxima do etanol é alcançada entre trinta e noventa minutos após sua ingestão em jejum. Esse tempo é amplamente alterado pela alimentação, uma vez que a presença de alimentos retarda o esvaziamento gástrico e, consequentemente, sua absorção intestinal. Nesse caso, o período de latência para que a concentração sanguínea máxima do etanol seja atingida pode aumentar em até três vezes. Após a absorção, o etanol é levado pelo sistema porta hepático até o fígado, onde é metabolizado.

Por suas características de solubilidade, o etanol é distribuído rapidamente após a absorção, sem que ocorra ligação a proteínas plasmáticas. A distribuição ocorre para todos os compartimentos aquosos do organismo, sendo a concentração de etanol diretamente proporcional ao conteúdo de água corporal. De fato, o volume de distribuição do etanol é semelhante ao da água corporal total (0,5 a 0,7 L/kg). Assim, para uma dose oral equivalente de etanol, as mulheres apresentam concentrações máximas de etanol mais altas do que os homens, em parte pelo fato de terem menor conteúdo total de água corporal. A concentração sanguínea do etanol reflete a de todo o organismo, uma vez que todas as membranas biológicas são permeáveis à sua passagem. O etanol difunde-se pela placenta e atinge no feto o mesmo nível de alcoolemia da mãe, podendo afetar o desenvolvimento fetal. Também se difunde com facilidade pela barreira hematoencefálica, fazendo com que a concentração de etanol no sistema nervoso central rapidamente se equilibre com sua concentração sanguínea.

Cerca de 90% a 98% do etanol é metabolizado no fígado, sendo uma pequena fração eliminada de maneira inalterada pelos pulmões (ar expirado), rins (urina), no suor e na saliva. O metabolismo do etanol ocorre por vias oxidativas e não oxidativas. As vias oxidativas envolvem a enzima álcool desidrogenase (ADH), o sistema microssomal de oxidação do etanol (*microsomal ethanol oxidizing system*, MEOS) e a enzima catalase. Independente do sistema enzimático, ADH, MEOS ou catalase, a primeira etapa do metabolismo oxidativo do etanol leva à produção de acetaldeído (Figura 5.1).

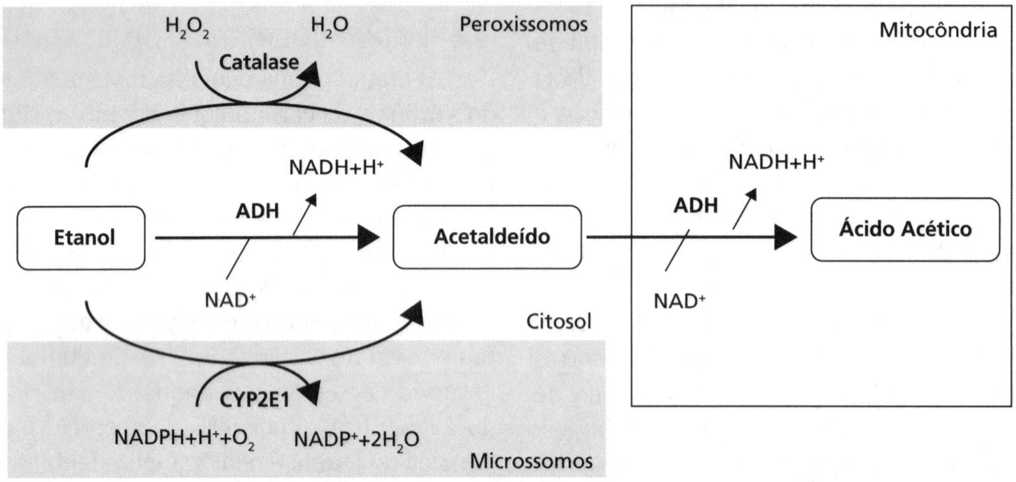

Figura 5.1 Vias do metabolismo oxidativo do etanol. O etanol é convertido a acetaldeído pelas enzimas álcool desidrogenase (ADH), citocromo P450 2E1 (CYP2E1) ou catalase. A ADH catalisa a conversão do etanol em acetaldeído principalmente no fígado. Essa reação envolve o carreador de elétrons nicotinamida adenina dinucleotídeo (NAD^+), que é reduzido, formando o NADH. A catalase localizada nos peroxissomos utiliza o peróxido de hidrogênio (H_2O_2) para conversão de etanol em acetaldeído. A CYP2E1 microssomal também converte etanol em acetaldeído. Na mitocôndria, o acetaldeído é metabolizado pela enzima aldeído desidrogenase (ALDH), formando o ácido acético e NADH.

5.4.1 Álcool desidrogenase (ADH)

A principal via de metabolismo oxidativo do etanol no fígado envolve a enzima ADH. A ADH é uma enzima citosólica presente principalmente no fígado, mas que também é encontrada em outros órgãos, como o estômago. É membro de uma complexa família de enzimas composta por diferentes isoformas. Em humanos, cinco classes da ADH foram categorizadas com base em suas propriedades cinéticas e estruturais. A classe I é composta pelas enzimas ADH1A, ADH1B*1, ADH1B*2, ADH1B*3, ADH1C*1 e ADH1C*2. As classes II, III, IV e V são compostas pelas enzimas ADH4, ADH5, ADH7 e ADH6, respectivamente [9]. A ADH também está presente no estômago, contribuindo assim para o metabolismo gástrico do etanol. No estômago, a atividade da ADH é menor nas mulheres quando comparada aos homens, fato que ajuda a explicar por que os níveis sanguíneos de etanol são maiores em mulheres do que em homens quando doses equivalentes dessa substância são consumidas. A expressão da ADH no cérebro é baixa e, nesse órgão, o metabolismo oxidativo do etanol ocorre principalmente pelas enzimas CYP2E1 e catalase.

As isoformas hepáticas da ADH são codificadas pelos genes da classe I: ADH1A, ADH1B e ADH1C. A oxidação hepática do etanol via ADH é a principal via de metabolismo desse composto em nosso organismo. É um processo sequencial em que o etanol é inicialmente convertido em acetaldeído pela ADH e, posteriormente, em ácido acético pela enzima aldeído desidrogenase (ALDH). Essas etapas metabólicas utilizam o carreador de elétrons nicotinamida adenina dinucleotídeo (NAD^+), que é reduzido, formando o NADH. A oxidação de 46 g de etanol (1 mol) em 1 mol de ácido acético requer 2 mol de NAD^+. No entanto, essa quantidade é superior ao suprimento de NAD^+ hepático, e, por esse motivo, a disponibilidade de NAD^+ limita o metabolismo hepático do etanol para 8 a 10 g/mL por hora em um adulto de 70 kg. Durante a conversão do etanol em acetaldeído, ocorre transferência de elétrons para o cofator NAD^+, formando NADH. Como consequência, a oxidação do etanol produz quantidades excessivas de NADH hepática, alterando a relação $NADH/NAD^+$. Essa alteração está relacionada a alguns distúrbios metabólicos associados ao etilismo crônico. Esse processo reduz a gliconeogênese (processo metabólico hepático pelo qual é produzida glicose a partir de compostos não glicídicos), podendo levar à hipoglicemia. Além disso, pode ocorrer acúmulo de lactato, ocasionando a acidose láctica. A variação de $NADH/NAD^+$ aumenta a síntese de triacilgliceróis, que podem causar a esteatose hepática associada ao consumo crônico de etanol.

5.4.2 Sistema microssomal de oxidação do etanol (MEOS)

As enzimas do citocromo P450, como a CYP2E1, CYP1A2 e CYP3A4, presentes nos microssomos hepáticos, também contribuem para a oxidação do etanol. Entre essas enzimas, a CYP2E1 é a mais importante no processo de oxidação do etanol. A CYP2E1 usa o O_2 e a nicotinamida adenina dinucleotídeo fosfato reduzida (NADPH) para realizar a oxidação do etanol. A participação da CYP2E1 no metabolismo do etanol torna-se mais importante em condições como o etilismo crônico, em que há indução de sua expressão pelo etanol. Além de acetaldeído, essa via metabólica produz também espécies reativas de oxigênio, incluindo o ânion superóxido e radicais hidroxila, que aumentam o risco de dano tecidual e têm papel importante na patogênese da doença hepática alcoólica. Essa enzima também participa do processo de metabolismo de fármacos como o propranolol, a varfarina e o diazepam. Quando consumido regularmente, o etanol induz o aumento da expressão da CYP2E1, elevando assim seu próprio metabolismo e o de outras drogas/fármacos. Como resultado, indivíduos que consomem altas doses de etanol regularmente podem metabolizá-lo mais rapidamente do que indivíduos que o consomem ocasionalmente ou moderadamente.

5.4.3 Catalase

A catalase, localizada nos peroxissomos hepáticos, também promove a oxidação de etanol em acetaldeído. A ação da catalase requer a presença do peróxido de hidrogênio (H_2O_2) que é consumido na reação. No entanto, a contribuição da catalase na oxidação hepática do etanol é menor quando comparada à ADH e CYP2E1, tornando-se mais relevante no cérebro, onde a expressão da ADH é baixa [10].

O acetaldeído, produzido pelas vias oxidativas descritas anteriormente, é rapidamente metabolizado a ácido acético. Em humanos, há dois genes identificados como ALDH1A1 e ALDH2 que codificam as enzimas ALDH1 e ALDH2, respectivamente. A ALDH1 é uma enzima citosólica, enquanto a ALDH2 está localizada na mitocôndria, sendo a principal responsável pela formação de ácido acético a partir do acetaldeído. Além do ácido acético, a reação gera NADPH, que posteriormente é oxidada na mitocôndria pela cadeia transportadora de elétrons (ou cadeia respiratória). O acetaldeído produzido a partir do etanol pode causar danos celulares e teciduais por diferentes mecanismos. Esse composto liga-se a proteínas como enzimas, microtúbulos e proteínas microssomais, alterando sua estrutura e afetando sua atividade. Além disso, o acetaldeído pode ligar-se covalentemente ao DNA, iniciando um processo de carcinogênese. Em excesso no organismo, o acetaldeído causa cefaleia, náuseas e vasodilatação, com consequente taquicardia e queda da pressão arterial. A inibição da ALDH por drogas como o dissulfiram leva ao aumento da quantidade de acetaldeído, acentuando os efeitos desagradáveis desse composto no organismo. Esses efeitos denominam-se "efeito Antabuse" ou "efeito dissulfiram". Assim, o dissulfiram, comercializado com o nome de Antabuse, é uma opção farmacológica no tratamento de etilistas. Para esse propósito, o dissulfiram é indicado na faixa de 125 a 500 mg/dia, sendo capaz de aumentar a concentração de acetaldeído de cinco a dez vezes acima do nível alcançado quando o etanol é ingerido por um indivíduo não tratado com o fármaco. Cerca de cinco a dez minutos após a administração de dissulfiram, a face torna-se quente e, pouco depois, ruborizada. O indivíduo sente pulsações na cabeça e no pescoço, dor torácica, hipotensão, síncope ortostática, fraqueza, vertigem e confusão. O acúmulo de acetaldeído no organismo faz com que o etilista rejeite o etanol por associação da ingestão desse álcool aos efeitos descritos.

O ácido acético é o produto da reação da ALDH com o acetaldeído. Parte do ácido acético produzido atinge a corrente sanguínea e é metabolizado a CO_2 no coração, músculo esquelético e cérebro. Outra parte do ácido acético pode ser transformada na mitocôndria em corpos cetônicos ou no citoplasma em acetil-CoA.

O metabolismo não oxidativo do etanol é mínimo. Duas vias principais estão envolvidas nesse processo. Uma das vias leva à formação de ésteres etílicos de ácidos graxos (*fatty acid ethyl esters*, FAEE – formados a partir da reação de etanol com ácidos graxos), enquanto a outra leva à formação de fosfatidil etanol (*phosphatidylethanol*, PEth – formado a partir da reação do etanol com um fosfolipídeo). Os FAEE são utilizados como marcadores de consumo de etanol, uma vez que são detectados no sangue e tecidos mesmo quando o etanol já não é mais detectado no organismo. A participação dos FAEE nas disfunções teciduais associadas ao consumo de etanol permanece elusiva. A segunda via não oxidativa de metabolismo do etanol envolve a enzima fosfolipase D, que catalisa a conversão de etanol a PEth, um grupo de compostos que sofrem pouco metabolismo e que se acumulam no organismo. Por esse motivo, os PEth têm sido usado como marcadores biológicos do consumo de etanol [11,12].

5.5 FARMACODINÂMICA DO ETANOL

O etanol altera seletiva e especificamente a função de várias proteínas ligadas à membrana, produzindo efeitos fisiopatológicos e afetando vários sistemas de neurotransmissores. Agudamente, o etanol em doses elevadas deprime o sistema nervoso central (SNC), por causa de sua ação sobre os sistemas de neurotransmissores mediados pelo ácido gama-aminobutírico (GABA) e glutamato. No entanto, a ação sobre esses sistemas depende da frequência do consumo de etanol.

O GABA é o principal neurotransmissor inibitório do SNC, agindo principalmente sobre receptores de tipo $GABA_A$ e $GABA_B$. Os receptores $GABA_A$ são compostos por diferentes subunidades proteicas (estrutura pentamérica), que formam um complexo com um canal permeável a íons de cloreto (Cl^-). Assim, a ação do GABA sobre seus receptores aumenta o influxo de Cl^- na célula, levando a uma hiperpolarização da célula e um potencial pós-sináptico inibitório. O consumo agudo de etanol potencializa os efeitos da ação do GABA sobre seus receptores, enquanto o consumo crônico e abusivo leva a alterações funcionais do receptor $GABA_A$, por alterações na expressão gênica de suas diferentes subunidades e, consequentemente, alterações de seu perfil farmacológico. Entre os efeitos observados, destaca-se os de dependência e tolerância, associados a uma hiperexcitabilidade neuronal.

O glutamato é o principal neurotransmissor excitatório do SNC. Suas respostas são mediadas por diferentes tipos de receptores, como os ligados a um canal iônico (receptores ionotrópicos) ou a uma proteína G (receptores metabotrópicos). Os receptores ionotrópicos são estruturas tetra ou pentaméricas, compostas por diferentes subunidades proteicas. Esses receptores são classificados de acordo com sua afinidade pelos agonistas dos aminoácidos sintéticos N-metil-D-aspartato (receptor NMDA) e ácido propriônico α-amino-3-hidróxi-5-metil-isoxazol (receptor AMPA), enquanto o receptor de kainato foi classificado por sua afinidade pelo ácido caínico, extraído da *Digenea simplex* [13, 14]. Os receptores NMDA, quando ativados, aumentam a concentração intracelular de íons cálcio (Ca^{2+}), seja pelo influxo de Ca^{2+} através de seu canal, seja pelos canais de Ca^{2+} voltagem-dependentes, ou ainda pela liberação de Ca^{2+} dos estoques do retículo endoplasmático em resposta ao aumento de Ca^{2+} intracelular. Um dos principais efeitos decorrentes da estimulação excessiva de receptores ionotrópicos, principalmente os de tipo NMDA, é a excitotoxicidade, levando à morte neuronal pelo aumento na permeabilidade do canal de Ca^{2+}.

Agudamente, o consumo de etanol leva a uma inibição das atividades dos receptores de tipo NMDA, com redução do influxo de Ca^{2+}, prevenindo a excitotoxicidade induzida pela ativação de NMDA [15]. Por outro lado, o consumo crônico de etanol leva a alterações funcionais e do número de receptores NMDA, as quais podem levar a alterações no influxo de Ca^{2+}, liberação de glutamato ou até mesmo do perfil farmacológico desses receptores, em decorrência de alterações na sua composição (pela expressão de suas diferentes subunidades).

Em suma, o efeito do consumo agudo de etanol leva a uma potencialização do GABA sobre seus receptores, ao mesmo tempo que inibe a ação do glutamato sobre os receptores de tipo NMDA. Por sua vez, o consumo crônico leva a alterações na expressão e composição das diferentes subunidades dos receptores $GABA_A$ e NMDA, alterando seus perfis farmacológicos e, consequentemente, levando a um estado de hiperexcitabilidade neuronal, o que pode explicar a tolerância e a dependência observadas.

5.6 Níveis sanguíneos e intoxicação pelo etanol

Comparada a outras drogas, a quantidade de etanol que deve ser ingerida para produzir efeitos fisiológicos é maior. O teor alcoólico das bebidas varia de 40% (volume/volume) ou mais nas bebidas destiladas, 10% a 15% no vinho e 4% a 6% na cerveja. No contexto brasileiro, um copo de cerveja ou vinho ou de uma bebida destilada contém aproximadamente 14 g de etanol, o que corresponde a 0,3 mol de etanol ou a uma dose de etanol. O consumo de uma a duas doses (14 a 28 g de etanol) ao longo de algumas horas é comum e, desse modo, o etanol é consumido em quantidades da ordem de gramas, enquanto a maioria das outras drogas é usada em doses de miligramas ou microgramas.

O nível sanguíneo de etanol nos seres humanos pode ser estimado pela determinação das concentrações de etanol no ar expirado uma vez que a relação entre o etanol presente nos gases alveolares ao final da expiração e seu nível sanguíneo é consistente. Leis com o objetivo de restringir a condução de veículos sob influência do etanol foram adotadas em quase todos os países. Os níveis sanguíneos de etanol em geral permitidos por lei são estabelecidos em 80 mg de etanol por 100 mL de sangue (80 mg%) ou menos. Essa quantidade equivale à concentração de 17 mM de etanol no sangue. No contexto brasileiro, uma lata de cerveja (350 mL), uma taça de vinho (100 a 150 mL) ou uma dose de uma bebida destilada (45 mL) a 40% contêm cerca de 14 g de etanol. O consumo de uma dessas bebidas por um indivíduo de 70 kg resulta no nível sanguíneo de etanol de cerca de 30 mg%. Entretanto, é importante destacar que esse valor é aproximado, uma vez que o nível sanguíneo de etanol é influenciado por alguns fatores, como o gênero, o peso corporal e percentual de água do indivíduo e as taxas de esvaziamento gástrico e metabolismo. Por exemplo, a ingestão de três doses de etanol (42 g de etanol) em jejum produz concentrações sanguíneas máximas entre 65 e 90 mg/dL nos homens. Após a refeição, há redução da concentração sanguínea máxima produzida por essas mesmas três doses que pode variar de 30 a 55 mg/dL. As concentrações sanguíneas de etanol são mais altas em mulheres do que em homens que ingerem a mesma quantidade de etanol. São duas as explicações para esse fato: 1) na média, as mulheres são menores que os homens e, por esse motivo, têm menos água corporal por unidade de peso (na qual o etanol pode ser distribuído); e 2) a enzima ADH gástrica é menos ativa em mulheres do que nos homens, fazendo com que o metabolismo gástrico do etanol seja menor nas mulheres.

Os sinais de intoxicação típicos de depressão do SNC ocorrem na maioria dos indivíduos depois da ingestão de duas a três doses (28 a 42 gramas de etanol). Os efeitos mais proeminentes coincidem com os níveis sanguíneos de etanol mais altos, que são atingidos cerca de trinta a noventa minutos depois da ingestão com estômago vazio. Eles incluem uma sensação inicial de estimulação, seguida por relaxamento muscular, tontura e alterações do raciocínio. Cerca de 50% dos indivíduos desenvolvem intoxicações graves com concentrações de etanol em torno de 150 mg/dL (~32 mM). Os níveis sanguíneos de 80 mg/dL (~17 mM) estão associados a fala enrolada, perda de coordenação motora, instabilidade da marcha e déficits potenciais de atenção. As concentrações entre 80 e 200 mg/dL (~17 a 43 mM) estão associadas a flutuações extremas do humor e a déficits cognitivos mais graves, muitas vezes acompanhadas por amnésia anterógrada e agressividade. Níveis sanguíneos de etanol superiores a 200 mg/dL podem causar adormecimento involuntário e nistagmo (oscilação repetida, involuntária e rítmica de um ou ambos os olhos). Níveis de 300 mg/dL (~65 mM) ou superiores podem causar instabilidade dos sinais vitais, coma e morte. Nos casos fatais, a concentração sanguínea média de etanol é de 400 mg/dL.

A cinética de metabolismo do etanol difere da maioria das drogas, nas quais, quando há aumento plasmático de seus níveis, a quantidade de droga metabolizada por unidade de tempo também aumenta. No caso do etanol, mesmo com aumento de sua concentração sanguínea, não há alteração de sua taxa de metabolização, ou seja, o etanol é metabolizado de maneira constante. Portanto, a taxa de oxidação do etanol segue uma cinética de ordem zero, isto é, independe do tempo e da concentração da droga. Em um indivíduo de 70 kg que tem função hepática normal, o etanol é metabolizado à taxa de uma dose (14 g de etanol) a cada sessenta a noventa minutos. Os níveis sanguíneos de etanol diminuem a uma taxa aproximada de 15 mg/dL/h. O consumo crônico pode induzir o aumento da expressão da enzima CYP2E1, alterando essa taxa.

5.7 Efeitos tóxicos teciduais do etanol

O consumo crônico de etanol altera a função de vários órgãos vitais. A lesão tecidual causada pela ingestão crônica de etanol resulta diretamente dos efeitos tóxicos desse composto e de seu metabólito, o acetaldeído. Os mecanismos implicados na lesão tecidual incluem aumento do estresse oxidativo, redução da atividade de sistemas antioxidantes teciduais, lesão mitocondrial e potenciação das lesões induzidas por citocinas pró-inflamatórias.

5.7.1 Sistema nervoso central (SNC)

O etanol é um depressor do SNC, embora a ingestão de quantidades moderadas possua ação ansiolítica e cause desinibição e euforia. Os sinais de intoxicação aguda são caracterizados por alterações do humor. Em doses mais elevadas, instala-se um estado de coma que pode ser acompanhado de depressão respiratória, sendo necessária ventilação mecânica para evitar comprometimento das funções cerebrais. O consumo crônico é acompanhado de tolerância (necessidade do aumento da dose para se obter os mesmos efeitos) e dependência (desejo mórbido pela droga). O etanol é neurotóxico. Inicialmente ele potencializa os efeitos inibitórios do neurotransmissor GABA. Em consequência, diversas regiões do cérebro são afetadas pelo efeito sedativo do etanol, por exemplo, as responsáveis pelo movimento, memória, julgamento e respiração. Doses altas de etanol podem causar amnésia anterógrada. A ingestão crônica de grande quantidade de etanol também aumenta o risco do desenvolvimento de déficit cognitivo duradouro – caso conhecido como demência alcoólica. O mecanismo pelo qual o etanol leva à demência parece estar associado à atrofia cortical, que pode ser parcialmente reversível com a abstinência. Além disso, outras síndromes neurológicas graves, como neuropatia periférica, degeneração cerebelar e síndrome de Wernicke-Korsakoff, que ocorre por causa da absorção prejudicada de vitamina B1, podem ser causadas pelo consumo de etanol [16,17].

5.7.2 Sistema reprodutor

Sabe-se que ingestão aguda e crônica de etanol tem sido associada à impotência sexual, apesar do efeito do etanol de aumento da libido. A impotência gerada pelo consumo dessa substância chega a acometer 50% dos etilistas crônicos. O etanol tem efeito prejudicial em todos os níveis do sistema reprodutor masculino. Em concentrações sanguíneas elevadas, diminui o estimulo sexual, prolonga a latência ejaculatória e diminui o prazer do orgasmo. Estudos experimentais e clínicos sugerem que o consumo de etanol pode alterar a secreção de testosterona, a espermatogênese, causar atrofia testicular e reduzir a fertilidade (por distúrbios hipotalâmicos e efeitos tóxicos diretos nas células de Leydig) e também ginecomastia. As mulheres apresentam redução da lubrificação vaginal, diminuição da libido, anormalidades menstruais e redução da taxa de fertilidade [16,18].

5.7.3 Tecido muscular esquelético

O consumo crônico de doses elevadas de etanol tem sido associado à lesão de células musculares esqueléticas e excreção renal de mioglobina. Essa miopatia é caracterizada por dor intensa, câimbras musculares e necrose muscular. Também ocorre redução da força muscular, elevação da atividade da creatinoquinase plasmática, reservas reduzidas de glicogênio e da atividade da piruvatoquinase [18].

5.7.4 Sistema gastrointestinal

O consumo de etanol tem sido associado à disfunção esofágica, ao desenvolvimento de refluxo esofágico e pode aumentar o risco de câncer de esôfago. No estômago, o etanol altera a barreira mucosa protetora, causando gastrite. Bebidas alcoólicas parecem estimular a liberação de gastrina e histamina, e as que possuem teor alcoólico superior 40% podem causar lesão direta da mucosa. Além disso, o consumo crônico e abusivo do etanol leva a má absorção de nutrientes no intestino delgado, diarreia e perda de peso. São observadas alterações morfológicas na parede intestinal e redução nas enzimas digestivas. Essas alterações são, geralmente, reversíveis após interrupção do consumo de etanol. O consumo crônico também tem sido associado ao desenvolvimento de câncer colorretal, embora por mecanismos não totalmente elucidados, e é uma das principais causas da pancreatite aguda e crônica. Em alguns casos leva a pancreatite hemorrágica acompanhada de choque, insuficiência renal e respiratória, podendo ser fatal. Sabe-se que o pâncreas tem a capacidade de metabolizar o etanol e que os metabólitos resultantes e seus derivados exercem efeito tóxico sobre esse órgão [16,19].

O abuso de etanol é a maior causa de doença hepática nos países ocidentais. Os principais danos causados pelo etanol no fígado são infiltração gordurosa, hepatite e cirrose. Em estágios iniciais o etanol leva ao desenvolvimento do fígado gorduroso (esteatose). A geração de quantidades excessivas de NADH pelas ações da ADH e ALDH contribui para a inibição do ciclo de Krebs e o acúmulo de lipídeos no tecido hepático. Com o passar do tempo ocorre morte celular e substituição por tecido fibroso, principal causa da cirrose. Pessoas com cirrose não metabolizam adequadamente a amônia, proveniente do catabolismo de aminoácidos, e a bilirrubina, proveniente do metabolismo da hemoglobina. Pode ocorrer hemorragia por síntese defeituosa de fatores de coagulação. A exposição ao etanol também altera a ação de componentes da imunidade inata, pois ativa o sistema do complemento e células de Kupffer, induz a síntese de citocinas pró-inflamatórias e inibe componentes como as células NK, que desempenham função fundamental em defesas antiviral, antitumoral e antifibrótico. Todas essas alterações contribuem para a patogênese da doença hepática associada ao consumo de etanol [16,20].

5.7.5 Efeitos imunológicos e hematológicos

O consumo de etanol leva ao desenvolvimento de anemia microcítica por perda crônica de sangue e deficiência de ferro. Anemia macrocítica e aumento do volume corpuscular médio também são comuns. Além disso, tem sido associado a trombocitopenia reversível, leucopenia, alterações na produção de imunoglobulinas, nas subpopulações linfocitárias, diminuição da mitogênese dos linfócitos T e pode interferir na regulação das citocinas como a interleucina-2 (IL-2), alterando a distribuição e função de células linfoides. Pode ainda favorecer a replicação do vírus da imunodeficiência humana (HIV) *in vitro* por suprimir a função dos linfócitos T CD4 e a produção de IL-2 [16,20].

5.7.6 Efeitos no sistema cardiovascular

O consumo de etanol em três ou mais doses ao dia tem sido associado a diversas doenças cardiovasculares. Entre elas, miocardiopatia alcoólica, hipertensão arterial, acidente vascular encefálico (AVE) e arritmias idiopáticas parecem ser as de maior importância clínica. O consumo crônico de etanol (mais de 80 g/dia por período de cinco anos ou mais) é responsável por 40% dos casos de miocardiopatia dilatada não isquêmica. A doença é caracterizada por dilatação e afinamento da parede ventricular, aumento da massa do miocárdio, disfunção ventricular e insuficiência cardíaca. A insuficiência do bombeamento cardíaco ativa vias compensatórias, como o sistema renina-angiotensina, o sistema nervoso simpático e a produção de citocinas, que levam a danos secundários no músculo cardíaco. Associado a esse quadro, a geração de espécies reativas de oxigênio em decorrência do metabolismo do etanol induz peroxidação lipídica e contribui para o mau funcionamento cardíaco. Entre os diferentes tipos de arritmias, a taquicardia supraventricular, a fibrilação e o *flutter* atrial são os mais associados ao consumo de etanol. As alterações na condução cardíaca e as arritmias induzidas pelo consumo de etanol parecem decorrer de uma ampliação do intervalo QT do eletrocardiograma, prolongamento da despolarização ventricular e estimulação simpática [16,20].

O aumento das pressões sistólica e diastólica também é observado com o consumo de etanol. Os mecanismos pelos quais o consumo de etanol em mais de duas doses diárias leva a hipertensão arterial não estão totalmente elucidados, mas a ativação do sistema nervoso simpático, a estimulação do sistema renina-angiotensina, o aumento do estresse oxidativo e a disfunção endotelial participam dessa resposta [16,21]. Outra doença cardiovascular que pode ser causada pelo consumo crônico de etanol é o AVE, que ocorre principalmente em indivíduos que consomem de 40 a 60 g de etanol por dia (três ou mais doses). Tem-se considerado o etanol como responsável pelo desenvolvimento de arritmias cardíacas com posterior formação de trombos e pelo aumento da pressão arterial com subsequente degeneração ou alteração dos tônus das artérias cerebrais, condições envolvidas no desenvolvimento do AVE [16].

5.7.7 Temperatura corporal e diurese

O etanol aumenta a irrigação sanguínea do estômago e da pele, causando sensação de calor e rubor facial. O calor é dissipado rapidamente e a temperatura corporal diminui por causa do aumento da transpiração promovido pelo etanol. Seu consumo também deprime o mecanismo central de regulação térmica, podendo levar a queda pronunciada da temperatura, o que, em regiões frias, pode levar à morte por hipotermia. Além disso, o consumo de etanol inibe a liberação do hormônio antidiurético (vasopressina) pela hipófise posterior, o que aumenta a diurese. O aumento da diurese é um fenômeno que sofre tolerância, pois pessoas que fazem uso crônico de etanol têm volume de urina menor do que pessoas que fazem apenas uso agudo [16].

5.7.8 Efeitos teratogênicos

A gravidade dos efeitos teratogênicos do etanol ingerido na gestação depende dos padrões de consumo e da quantidade ingerida pela gestante. Acredita-se que o consumo de duas doses ao dia no segundo semestre de gestação esteja associado a um pior desempenho escolar. Além da dificuldade de aprendizagem, podem ser observados sinais de hiperatividade, déficit de atenção e retardo mental nessas crianças. Cerca de 5% dos bebês de mães alcoólatras desenvolvem a síndrome alcoólica fetal (SAF), padrão de dismorfologia caracterizado por microencefalia, fendas palpebrais curtas, filtro liso e longo, pregas epicantais e achatamento da face na região central, disfunção do SNC e atraso do crescimento pré e pós-natal. Com o crescimento da criança observam-se distúrbios na fala, auditivos e neurológicos. Quando as crianças não preenchem todos os critérios que definem a SAF, o fenótipo é chamado efeitos fetais do álcool (EFA), que apresenta incidência maior que a SAF [16].

5.8 Legislação que regula o consumo de etanol no Brasil

O Código de Trânsito Brasileiro foi implementado em 1997 com o objetivo de regulamentar o trânsito de qualquer origem nas vias terrestres do território nacional. Em maio de 2007, a Política Nacional sobre o Álcool foi implementada no Brasil pelo Decreto Presidencial n.º 6.117/07, na tentativa de reduzir e prevenir os danos à saúde e à vida associados ao uso de bebidas alcoólicas. Nessa política, é considerada bebida alcoólica aquela que contiver 0,5 grau Gay-Lussac (°GL) ou mais de concentração de etanol (1°GL = 1% v/v). Estão incluídas nessa definição bebidas destiladas, fermentadas e outras preparações, como preparações farmacêuticas que contenham teor alcoólico igual ou superior a esse valor [22].

No ano de 2008, a Lei n.º 11.705, conhecida como Lei Seca, alterou os artigos 165, 276 e 277 do Código de Trânsito Brasileiro (CTB). Desde então, segundo o artigo 165 do CTB, dirigir sob a influência de etanol ou outra substância psicoativa é considerado infração gravíssima (sete pontos na CNH), sujeita a multa de R$ 957,70, suspensão do direito de dirigir por doze meses, recolhimento da habilitação e retenção do veículo até a apresentação de condutor habilitado. A presença de qualquer concentração de etanol no sangue leva às penalidades. Em casos específicos, a margem de tolerância de etanol no sangue é de dois decigramas por litro de sangue (2 dg/L). Caso a aferição seja feita por meio de etilômetros (bafômetros), a margem de tolerância é de um décimo de miligrama por litro (0,1 mg/L) de ar expelido dos pulmões [22]. Quem for flagrado com concentração sanguínea de etanol entre 0,1 e 0,29 mg/L de ar expelido é enquadrado no artigo 165 do CTB, descrito anteriormente. No entanto, quem for flagrado com concentração sanguínea de 0,30 mg/L ou superior está cometendo crime de trânsito, pelo artigo 306 do CTB. Nesse caso, o condutor está sujeito a pena de detenção (por seis meses a três anos), multa e suspensão ou mesmo proibição de se obter a habilitação [22].

A abordagem de condutores por policiais se enquadra no campo da toxicologia forense. Para detectar se o motorista está dirigindo sob o efeito de etanol, utilizam-se técnicas de fácil execução que apresentem respostas rápidas. Geralmente, a medida direta da quantidade de etanol é realizada no ar expelido pelos pulmões utilizando etilômetros, e testes laboratoriais são realizados em amostras de sangue para confirmar o resultado positivo. Nesse caso, o exame é realizado por uma técnica que apresente princípio de detecção diferente, como a cromatografia em fase gasosa (*gas chromatography*, GC) ou a cromatografia líquida de alta eficiência (*high-performance liquid chromatography*, HPLC), acoplada a detector de massas (EM) ou massas/massas (EM/EM). O relatório da análise deve indicar o método empregado, sua sensibilidade, suas limitações e descrição dos prováveis interferentes [23]. Detalhes em relação a essas técnicas serão discutidos a seguir.

A equivalência entre os distintos testes de alcoolemia é a seguinte: concentração igual ou superior a seis decigramas de etanol por litro de sangue (6 dg/L) em exame de sangue ou concentração de etanol igual ou superior a três décimos de miligrama por litro (0,3 mg/L) de ar expelido dos pulmões em teste realizado em etilômetro [22].

5.9 Detecção de etanol em espécimes biológicos

A detecção e quantificação do etanol são importantes no âmbito forense e em outras situações, como na pesquisa e prática clínica e no monitoramento do uso de etanol no ambiente ocupacional. Diferentes matrizes biológicas podem ser empregadas para a avaliação do etanol, dependendo da finalidade da análise. O meio mais comum utilizado para medir-se o consumo recente de etanol é a medida direta desse álcool. No entanto, a medida direta apresenta algumas desvantagens. O fato de o etanol ter uma curta meia-vida no organismo torna sua medida direta útil apenas para determinar o consumo recente. Por exemplo, o tempo para detecção de etanol na saliva, respiração ou no sangue é geralmente inferior a doze horas. No caso da urina, esse período pode se estender por mais algumas horas por causa da retenção de urina na bexiga. Outra desvantagem é que a concentração de etanol varia dependendo do local onde é medido e, portanto, a concentração de etanol encontrada no sangue ou na expiração do ar pode ser diferente daquela encontrada nos tecidos. O armazenamento das amostras pode ser outro problema, de modo que o congelamento e o uso de conservantes são medidas necessárias para manter a concentração de etanol inalterada nas amostras.

Não existe método padrão na legislação brasileira para verificação do nível de etanol em fluidos biológicos. Atualmente, a detecção e quantificação de etanol em fluidos biológicos são geralmente realizadas por análises cromatográficas. A GC pela técnica de separação por *headspace* (GC-HS) é muito utilizada na análise de compostos voláteis, e a análise de etanol no sangue realizada por essa técnica é um exame comum no âmbito da toxicologia forense. A GC-HS apresenta variação de parâmetros entre os autores e instituições que a utilizam. Nesse sentido, diferentes temperaturas para injetor, detector e coluna são descritas. De maneira semelhante, variações no fluxo de gás na coluna, tempo de análise, tipo de coluna capilar, curva de calibração e padrão interno são descritas [24-26]. A técnica de GC-HS também é utilizada para a detecção e quantificação de etanol em urina e saliva [24,26].

O sangue é a amostra mais utilizada para quantificação de etanol quando a respiração não está disponível. O plasma e o soro são mais apropriados que o sangue total. No entanto, para efeitos legais, as amostras utilizadas são de sangue total. A coleta do sangue para análise é normalmente feita em condutores de veículos ou funcionários de empresas, ou ainda *post mortem*. Para coleta da amostra de sangue, a área da pele deve ser desinfetada com um antisséptico. O uso de soluções de etanol para desinfecção não é recomendado. Recomenda-se a adição de um anticoagulante à amostra e, caso esta não seja analisada imediatamente, o anticoagulante recomendado é o fluoreto de sódio, pois, além de anticoagulante, ele também é um conservante. A amostra deve ser mantida à temperatura de 4 °C. Quando a determinação do etanol é feita *post mortem* (em cadáveres), a coleta de sangue é feita a partir das câmaras cardíacas ou das veias femorais. Amostras de sangue tomadas das veias femorais ou das câmaras cardíacas intactas dentro de 48 horas da morte são igualmente confiáveis como índices das quantidades de etanol ingeridas antes da morte. Nesses casos, as amostras de sangue devem ser coletadas do cadáver o mais cedo possível, ou, caso contrário, este deve ser armazenado imediatamente em câmara frigorífica, pois em baixas temperaturas pouca ou nenhuma formação de etanol ocorre no período de 24 horas. Se essas condições não forem respeitadas, alterações dos níveis de etanol podem ser identificadas em virtude de uma destruição ou neoformação de etanol *post mortem* resultante da atividade de micro-organismos sobre a glicose, aminoácidos ou ácidos graxos.

Em casos em que o sangue não está disponível, outros fluidos podem ser coletados para a dosagem de etanol em cadáveres, como urina, bile, humor vítreo ou liquor. Nos casos em que não é possível a coleta de sangue, a melhor opção para dosagem de etanol é o humor vítreo (substância gelatinosa da parte posterior do interior do globo ocular). O uso do humor vítreo apresenta algumas vantagens: fácil coleta, obtenção sem a realização de autópsia completa e o fato de que sua localização o protege dos efeitos da putrefação. No entanto, alguns detalhes em relação a seu uso devem ser considerados. A concentração de água no humor vítreo é maior que a do sangue total, e, por isso, a concentração de etanol será igual à do plasma. Outro fator importante é que, como a difusão do etanol do sangue para o humor vítreo é lenta, se o indivíduo estiver na fase de absorção do etanol, seu valor vai ser menor do que o do encontrado no sangue.

5.10 Análise laboratorial

5.10.1 Princípios físico-químicos

A análise química qualitativa e quantitativa de etanol leva em consideração uma das propriedades físico-químicas dessa substância que se encontra em apreciável contraste com as propriedades das demais substâncias presentes nas diversas soluções fisiológicas: sua relativamente alta pressão de vapor e consequente volatilidade. Considera-se como substância volátil todo e qualquer composto com pressão de vapor igual ou superior a 0,1 mmHg a 20 °C. Dessa forma, a análise química de etanol em sangue, urina e líquido fecal é preferencialmente realizada por meio de técnicas de cromatografia líquido-gasosa (CLG) [27], mais comumente conhecida pela sua denominação incompleta de cromatografia gasosa e acrônimo. Entre as diversas técnicas de amostragem desenvolvidas até então para análise de etanol em soluções fisiológicas, destacam-se a de amostragem direta [28,29] e a de volume complementar [30,31], do inglês *headspace sampling*.

5.10.2 Amostragem

Na técnica de amostragem direta [28,29], um volume específico e conhecido da amostra é injetado na câmara de inserção do cromatógrafo líquido-gasoso, onde ela é submetida a altas temperaturas. Nessa fase, os componentes voláteis são extraídos pela corrente de gás e carreados para a coluna cromatográfica, onde ocorre a posterior resolução da mistura e quantificação de seus componentes. As vantagens dessa técnica incluem volumes de amostra relativamente pequenos, geralmente entre 2 e 10 μL, ausência de derivatização ou quaisquer processos de manipulação anterior à análise, não obrigatoriedade do uso de padrões internos e seu enorme potencial para automação. No caso de processos automáticos, os volumes podem ser decrescidos para frações de microlitro sem significativo aumento na imprecisão da amostragem. Embora relativamente mais simples como técnica de introdução de amostras no cromatógrafo, a amostragem direta requer exatidão dos volumes injetados e invariavelmente causa contaminação do amostrador/injetor, seja em nível da agulha de injeção, das válvulas, das linhas de transferência etc., e pode também levar à obstrução parcial ou completa da coluna cromatográfica pela presença de particulado suspenso no volume injetado. Quando não há obstrução completa, a presença de componentes solúveis, porém fixos, leva à formação gradual de depósitos ínsitos nas linhas de transferência e em outros pontos do amostrador/injetor e do meio de separação, produzindo um alongamento da jusante do pico cromatográfico, o qual distorce a quantificação, diminuindo a vida útil da coluna cromatográfica.

A técnica de volume complementar [30,31] vem subtrair essas dificuldades analíticas com a inserção da solução fisiológica em um tubo de análise e amostragem apenas da fase gasosa adjacente à solução fisiológica, sem quaisquer particulados ou substâncias de baixa solubilidade. Após selagem com septo e barrete apropriados, o volume de ar aprisionado entre a superfície da solução fisiológica e o septo do tubo de amostragem corresponde ao volume complementar; nesse sentido, entende-se por complementar o volume de ar que preenche o restante do volume do tubo de amostragem. É possível calcular o volume complementar por simples subtração e, dessa forma, conhecer o volume da fase gasosa, embora a utilização de padrão interno dispense o conhecimento dos volumes de solução fisiológica e do tubo de amostragem com exatidão. Esse tipo de amostragem apresenta enorme aplicabilidade porquanto a maioria das substâncias presentes em soluções fisiológicas apresentam pressão de vapor insignificante ou comparativamente reduzida em relação à do etanol. No caso de substâncias com pressão de vapor significativas, dá-se a passagem de uma quantidade dessa substância da fase líquida, a solução fisiológica, para a fase gasosa, e desta para a fase líquida, até que um equilíbrio se estabeleça entre as duas fases, quando as velocidades de transferência de uma a outra fase se igualam. Diz-se então que a substância em questão se encontra particionada e em equilíbrio entre as duas fases. Para o etanol, o equilíbrio químico é definido como $C_2H_5OH(aq) \rightleftharpoons C_2H_5OH(g)$ e pode ser matematicamente avaliado pela correspondente constante de equilíbrio $K = [C_2H_5OH(g)] \times [C_2H_5OH(aq)]^{-1}$. Essa relação matemática permite o cálculo da concentração de etanol na solução fisiológica, $[C_2H_5OH(aq)]$, quando se conhece a constante de equilíbrio e se determina diretamente a concentração dessa substância na fase gasosa. Alguns autores definem o equilíbrio químico no sentido inverso, isto é, escrito no sentido da fase gasosa para a solução fisiológica, e, nesse caso, a constante de partição κ representa simplesmente o recíproco da constante do equilíbrio definido anteriormente, ou $\kappa = K^{-1}$ para $C_2H_5OH(g) \rightleftharpoons C_2H_5OH(aq)$.

Entretanto, seja por uma definição ou por outra, o fato é que o equilíbrio químico da substância entre as duas fases permite a determinação da concentração de etanol no fluido fisiológico. Esse tipo de amostragem é, por sua vez, dependente de certos fatores, quais sejam: geometria do tubo de amostragem, volumes das duas fases, temperatura e presença de substâncias fixas na solução fisiológica. A geometria do amostrador influencia no tocante à criação da superfície de contato entre as duas fases, líquida e gasosa. Tubos de amostragem de fundo redondo são, portanto, mais utilizados porque distribuem o volume da fase líquida em uma área mais larga e profundidade menor, o que contribui para a superfície de contato. A razão entre os volumes das duas fases é também crucial porque se encontra associada à quantidade da substância na fase gasosa e ao tempo necessário para que o equilíbrio de partição seja alcançado. Finalmente, sendo a partição do etanol entre os dois volumes físicos um equilíbrio químico, este pode ser alterado por meio de variações de temperatura e processos coligativos, sendo o último efetuado pela adição de substâncias iônicas fixas ao fluido fisiológico, tais como cloreto de sódio e nitrato de potássio.

Embora esses fatores sejam considerados por alguns autores como desvantagens, a automação do processo tem eliminado muitas das dificuldades encontradas por pesquisadores e analistas, e a utilização do volume gasoso tem a enorme vantagem de inserir amostras com concentrações de particulado significativamente menores, contribuindo para a estabilidade da análise e longevidade da coluna cromatográfica. Uma das principais críticas a essa metodologia é a de que a partição do etanol para a fase gasosa é dependente de inúmeros fatores coligativos e biofísico-químicos que são difíceis de serem controlados em razão do imenso espectro de variações a que os fluidos fisiológicos estão submetidos. Embora essas considerações sejam válidas, a diluição das amostras na proporção volumétrica de 1:10 no caso de plasma, por exemplo, reduz as concentrações das espécies químicas mais abundantes para valores que não mais alteram significativamente as propriedades coligativas das espécies químicas presentes e permitem, assim, a análise das espécies voláteis. Comparações realizadas entre os dois processos de amostragem e inserção, direta e de volume complementar, não revelaram variações significativas, e a escolha de uma ou outra metodologia pode basear-se em critério e capacidade profissionais próprios, assim como no equipamento disponível [30,32-34]. Atualmente, a técnica de amostragem de volume complementar responde pela grande maioria das análises de fluido fisiológico no que toca à quantificação de acetaldeído, acetona, ácido acético, 1-butanol e 2-butanol, etanol, metanol, e 1-propanol e 2-propanol.

A fase gasosa derivada do tubo de amostragem pode ser então inserida no cromatógrafo em uma de duas formas: contínua ou por injeção de volume fixo. No caso da amostragem contínua, a fase gasosa presente no volume adjacente do tubo de amostragem é carreada por fluxo de nitrogênio molecular para a câmara de inserção do cromatógrafo, onde a mistura é aquecida e posteriormente injetada na coluna cromatográfica. Esse tipo de amostragem é conveniente para soluções diluídas, de baixa concentração, mas apresenta a desvantagem de causar extensão da jusante dos picos cromatográficos e até mesmo duplicação de picos cromatográficos para um mesmo composto, dependendo da razão entre o volume de amostra carreado para a coluna e o volume desta. A inserção de amostras por volume fixo alivia este último problema pela inserção controlada de volumes sempre menores que 5% do volume da coluna cromatográfica, mas produz maiores coeficientes de variação para concentrações menores. Entretanto, essa forma de inserção ainda é a mais utilizada para análises de etanol em amostras fisiológicas, por sua reprodutibilidade intrínseca (diária) e extrínseca (em vários meses).

5.10.3 Análise por cromatografia líquido-gasosa

Independentemente da forma de amostragem e inserção, a resolução da mistura é efetuada pelo cromatógrafo. A amostra é carreada pela fase móvel gasosa, geralmente composta por gás inerte, como o nitrogênio molecular (N_2), embora outros gases também sejam utilizados (He, Ar). Cada composto estabelece então um equilíbrio de partição entre a fase móvel gasosa e a fase estacionária líquida ou sólida que compõe a coluna cromatográfica, geralmente montadas em tubos capilares de sílica fundida de 30 a 50 m e diâmetros internos entre 50 e 350 mm. Há inúmeros tipos de fase móvel, mas o princípio de interação em nível das forças intermoleculares é o mesmo: estabelece-se uma situação de quase equilíbrio em que as espécies químicas eluem da coluna cromatográfica na ordem reversa de sua interação com a fase estacionária. A resolução da mistura se dá na dimensão temporal, caracterizada pelo tempo de retenção resultante da partição de cada composto entre as fases móvel e estacionária; e a intensidade, ou segunda dimensão, é obtida quando cada espécie eluída atravessa subsequentemente um detector, produzindo um sinal elétrico ou eletrônico específico. É importante salientar neste ponto que nenhuma técnica cromatográfica identifica composto algum. O que se observa é a presença ou ausência de um pico cromatográfico ou sinal em determinado tempo de análise. A comparação do tempo de retenção do pico cromatográfico com o de um padrão conhecido processado em condições idênticas fornece um parâmetro associativo ou de inferência, porém não constitui identificação do composto químico em pauta.

5.10.4 Detecção de etanol por detectores de chama ionizante e de espectrometria de massa

Há vários tipos de detectores para cromatógrafos líquido-gasosos, embora os mais comumente utilizados para a detecção de etanol sejam o de chama ionizante (DCI) [35,36] e o espectrômetro de massa (EM) [32,37,38].

O detector de chama ionizante é uma técnica analítica destrutiva, pois opera a queima dos compostos resolvidos pela coluna cromatográfica na presença de oxigênio e hidrogênio moleculares quando aqueles adentram a câmara do detector. Nesse tipo de detector, a mistura gasosa da coluna cromatográfica é combinada com hidrogênio molecular e forma um jato gasoso ao passar pela embocadura do queimador. A mistura entra em combustão mediante a ignição de chama na presença de oxigênio molecular, e os íons produzidos pela pirólise e oxidação dos compostos, em grande parte CHO^+, são então coletados no cátodo, o elétrodo negativo, produzindo uma corrente elétrica que é detectada pelo amperímetro e sucessivamente amplificada. Por meio da calibração do instrumento analítico, a corrente elétrica é grafada na forma de um sinal correspondente a uma área de pico cromatográfico, concentração ou ainda quantidade. É importante compreender que a resposta desse tipo de detector é proporcional à quantidade do composto que adentra a câmara de combustão, e não à sua concentração, portanto a mistura com os gases de combustão não afeta a determinação analítica por efeito de diluição. Embora esse detector seja o mais utilizado e o mais simples para essa finalidade experimental, com uma faixa dinâmica linear que se estende por sete ordens de magnitude e um limite de detecção de fentomols (10^{-15} mol) de material, não há, nesse caso, uma identificação do composto; para tal, é necessário recorrer à espectrometria de massa.

O espectrômetro de massa corresponde a um instrumento analítico completo, com câmara de inserção, analisador ou analisadores, e detectores próprios. Isso posto, a técnica de espectrometria de massa não corresponde apenas a um detector para a cromatografia líquido-gasosa, mas compreende uma técnica analítica híbrida: a da cromatografia líquido-gasosa-espectrometria de massa (CLG-EM). Nessa metodologia híbrida, o efluente cromatográfico é ionizado na câmara ou fonte de ionização do espectrômetro por meio de ionização química, termiônica ou por eletrificação. Os íons moleculares assim formados podem apresentar diferentes fórmulas químicas, dependendo do processo de ionização. Embora os compostos formem íons moleculares, não há destruição destes para a sua detecção. Esses compostos são então resolvidos pelo analisador do espectrômetro de massa, que, neste caso, é constituído por um quadrípolo único. Esta técnica de análise espectrométrica, denominada espectrometria de massa de quadrípolo simples, apenas proporciona a determinação da massa do composto analisado, mas não sua identificação. Para tal, é necessária a utilização da espectrometria de massa de quadrípolo triplo. Nessa técnica, os compostos resolvidos pela coluna cromatográfica são ionizados na câmara de ionização, selecionados pelo primeiro quadrípolo com base em suas massas moleculares, fragmentados individualmente por meio de colisão com argônio ou outro gás inerte no segundo quadrípolo, e as massas dos fragmentos são determinadas no terceiro quadrípolo. O espectro de massa obtido nesse caso corresponde ao da fragmentação de cada composto, e sua interpretação leva à massa molecular e à identificação do composto pelos fragmentos específicos que gera quando de sua ativação e fragmentação por colisão com gases inertes no segundo quadrípolo.

A técnica de espectrometria de massa de quadrípolo triplo é extremamente versátil, rápida e precisa, além de fornecer não apenas a massa, mas a identificação do composto, e capacitar a análise de quantidades de material na ordem de atomols (10^{-18} mol). O custo do instrumento analítico e a perícia necessária para a sua manipulação, no entanto, ainda são suas grandes desvantagens.

5.10.5 Etilômetros

Coloquialmente conhecido como "bafômetro", o etilômetro [39,40] é um aparelho portátil utilizado para a detecção e quantificação de etanol no ar expirado. Esse equipamento analítico não mede, portanto, o conteúdo ou concentração de etanol no sangue, o que requer análise por outras técnicas. Na verdade, o etilômetro estima a concentração de etanol no sangue indiretamente, pela análise da quantidade dessa substância no ar alveolar expelido. O etilômetro é, antes de qualquer coisa, um aparelho de campo, portátil, utilizado pelas autoridades vigilantes para a determinação *in situ* do conteúdo alcoólico de motoristas suspeitos de dirigirem sob influência toxicológica ou mesmo embriagados. O princípio básico do etilômetro se encontra alicerçado também no coeficiente de partição. O etanol ingerido, circulante na corrente sanguínea, atravessa a membrana dos alvéolos pulmonares e estabelece um equilíbrio entre sua concentração no fluido fisiológico e no volume de ar dos pulmões. Quando esse volume é exalado, pode ser interceptado, e seu conteúdo, analisado para a presença de etanol. O fato de esse método não ser invasivo constitui grande vantagem, principalmente com relação a todas as técnicas de dosagem de etanol a partir de amostras sanguíneas. O equilíbrio de partição do etanol entre sangue e volume de ar pulmonar é de 2.100, o que equivale a dizer que a concentração de etanol no sangue é 2.100 vezes aquela detectada no ar expelido dos pulmões ou que 2,1 L de ar alveolar contêm a mesma quantidade de etanol que 1 mL de sangue. É importante salientar que a razão de 2.100:1 é um valor médio que leva em consideração a temperatura do ar alveolar, que egressa do corpo a 34 °C, e a lei de William Henry para a solubilidade de gases em líquidos. Vários fatores alteram essa razão e, portanto, diminuem a precisão da determinação do conteúdo etílico. O que se obtém, portanto, é uma estimativa com margem de variação de ±20%. Nos casos-limite, legalmente duvidosos, amostras sanguíneas são requeridas do motorista suspeito para uma análise mais criteriosa.

Há vários tipos de medidores de etanol, todos equipados com uma peça bucal para a entrada de ar e uma câmara de reação. O restante do equipamento varia de acordo com o processo físico-químico que lhe é inerente. Os principais tipos são o etilômetro comum ou de reação química, o analisador toxicológico ou etilômetro de infravermelho, e o sensor de etanol ou etilômetro de célula de combustão.

5.10.6 Etilômetro comum ou de reação química

No etilômetro comum [40], o etanol expirado juntamente com o ar alveolar passa inicialmente através de uma solução aquosa contendo ácido sulfúrico, dicromato de potássio e nitrato de prata. O etanol é então extraído e fixado na sua forma oxidada de ácido acético pela reação com dicromato de potássio em solução de ácido sulfúrico, reação esta catalisada pelos íons de $Ag^{+}(aq)$:

$$2\,Cr_2O_7^{2-}(aq) + 3\,C_2H_5OH(aq) + 16\,H^{+}(aq) \rightarrow$$
$$4\,Cr^{3+}(aq) + 3\,CH_3COOH(aq) + 11\,H_2O(l)$$

A solução, inicialmente vermelho-alaranjada pela presença de íons $Cr_2O_7^{2-}(aq)$, torna-se verde com a formação da espécie iônica reduzida $Cr^{3+}(aq)$ e este comprimento de onda que é detectado pelas células fotoelétricas do detector acoplado à câmara de reação. A concentração de etanol é assim determinada pela lei de Lambert-Beer, que relaciona a concentração de uma espécie química específica com sua absorção espectrofotométrica.

5.10.7 Analisador toxicológico ou etilômetro de infravermelho

Enquanto o etilômetro comum é baseado no princípio espectrofotométrico de absorção de luz visível, o analisador toxicológico alicerça-se sobre os fundamentos da espectrometria de infravermelho. Assim, uma lâmpada de luz infravermelha produz um feixe de múltiplo espectro que é focalizado para a câmara de detecção, onde atravessa o ar expirado. O feixe posteriormente passa por múltiplos filtros montados sobre um disco giratório, filtros estes que selecionam os comprimentos de onda respectivos de estiramentos e vibrações específicos das ligações químicas presentes na molécula de etanol. Células fotoelétricas produzem então um sinal elétrico para cada filtro; pelo conjunto de comprimentos de onda específicos identifica-se a molécula, e pela intensidade de absorção de cada comprimento de onda eletromagnética calcula-se a concentração de etanol no ar alveolar e estima-se, subsequentemente, sua concentração sanguínea.

5.10.8 Sensor de etanol ou etilômetro de célula de combustão

O mais portátil e compacto dos etilômetros em uso, o sensor de etanol ou etilômetro de célula de combustão detecta concentrações de etanol por meio de sua reatividade química em uma célula de combustão formada de dois eletrodos de platina perfurados e um material intermediário poroso ácido e repleto de eletrólitos. Os eletrodos de platina estão conectados externamente a um amperímetro, fechando o circuito elétrico. O etanol expirado reage inicialmente no ânodo (polo negativo) e forma ácido acético, íons hidrônios e elétrons. Estes últimos percorrem o circuito elétrico externo através do amperímetro, onde uma corrente elétrica é determinada, e retornam à meia-célula de redução no cátodo (polo positivo), produzindo água a partir de oxigênio molecular. A corrente elétrica gerada é proporcional à concentração de etanol presente no ar expirado, e o equipamento pode ser calibrado para a conversão dessa corrente elétrica em concentração de etanol no ar alveolar e/ou sangue.

(meia-célula de oxidação) $CH_3CH_2OH(aq) + H_2O(l) \rightleftharpoons CH_3COOH(aq) + 4\ H^+(aq) + 4\ e^-$

(meia-célula de redução) $O_2(g) + 4\ H^+(aq) + 4\ e^- \rightleftharpoons 2\ H_2O(l)$

(reação completa) $C_2H_5OH(aq) + O_2(g) \rightleftharpoons CH_3COOH(aq) + H_2O(l)$

Os detectores de campo para etanol são de extrema importância para as autoridades por causa de sua robustez, simplicidade e velocidade de análise. Em todos os casos, representantes das autoridades legais necessitam de treinamento apropriado para a execução adequada das análises de campo, uma vez que, embora essas metodologias não requeiram uma compreensão profunda dos princípios físico-químicos envolvidos, elas demandam a correta manipulação física dos aparelhos. Ainda que essas metodologias sejam inferiores às técnicas laboratoriais com respeito aos coeficientes de variação e exatidão das medidas, elas fornecem aos oficiais uma forma objetiva de avaliação do conteúdo etílico de motoristas suspeitos. O valor de 0,1 g de etanol por decilitro de sangue (ou 100 mL) se encontra universalmente adotado como o limite máximo legal, mas em muitas localidades já se utiliza o máximo de 0,08 g/dL e estuda-se a possibilidade de reduzir ainda mais esse patamar, porquanto já existem estudos que demonstram sérias disfunções reflexo-motoras em número significativo de indivíduos com conteúdo etílico entre 0,08 e 0,10 g/dL.

5.11 MARCADORES BIOLÓGICOS DO CONSUMO DE ETANOL

Os marcadores biológicos do consumo de etanol são indicadores fisiológicos da exposição ou ingestão desse álcool. Eles refletem o uso crônico ou agudo e podem indicar ingestão de altos níveis de bebidas alcoólicas. Considerando a ampla aplicabilidade desses marcadores biológicos, conclui-se que são ferramentas valiosas que, uma vez somadas aos autorrelatos dos pacientes e/ou informações obtidas na anamnese realizada por um profissional especializado, auxiliam no diagnóstico e acompanhamento de problemas decorrentes do uso do etanol. Sangue, urina e até fios de cabelo podem ser utilizados na detecção e quantificação desses biomarcadores. As técnicas são usadas para monitorar pacientes com problemas de dependência, por cientistas forenses, companhias de seguro e até pela polícia, na investigação de acidentes de trânsito envolvendo motoristas alcoolizados.

Os biomarcadores do etanol podem ser divididos em duas categorias: tradicionais e diretos. Os tradicionais geralmente são de natureza indireta, uma vez que sugerem o consumo excessivo de etanol pela detecção de alterações bioquímicas ou dos efeitos tóxicos que esse composto pode induzir em alguns órgãos. Atualmente, no Brasil, os marcadores biológicos usados em estudos científicos e como parâmetros para mensurar o consumo de etanol contemplam basicamente os pertencentes a esse grupo, sendo os mais conhecidos a gama-glutamiltransferase (gama GT ou GGT), alanina aminotransferase (ALT), aspartato aminotransferase (AST), volume corpuscular médio (VCM) e transferrina deficiente de carboidrato (*carbohydrate-deficient transferrin*, CDT).

Os três primeiros se referem a enzimas produzidas pelo fígado que são dosadas no sangue, cuja elevação se relaciona com danos hepáticos decorrentes do uso de etanol. A GGT é uma enzima envolvida na transferência de um resíduo gama glutamil de alguns peptídeos para outros compostos (água, aminoácidos e outros peptídeos menores). Fisiologicamente, está envolvida na síntese proteica e peptídica, regulação dos níveis teciduais de glutationa e transporte de aminoácidos entre membranas. É encontrada em vários tecidos, como os dos rins, cérebro, pâncreas e fígado (quase a totalidade da GGT corpórea está presente nos hepatócitos). No fígado, essa enzima está localizada nos canalículos das células hepáticas e particularmente nas células epiteliais dos ductos biliares. Graças a essa localização característica, a enzima aparece elevada em quase todas as desordens hepatobiliares, sendo um dos testes mais sensíveis no diagnóstico dessas condições. Para a análise da GGT é feita coleta de sangue venoso. Os *valores de referência* estão entre 8 e 61 U/L para os homens e entre 5 e 36 U/L para as mulheres, sendo que esses valores podem variar um pouco de um laboratório para outro. Pequenos aumentos não são considerados importantes; apenas valores superiores a 100 U/L nos homens e acima de 70 U/L nas mulheres devem ser levados em conta para considerar o exame com uma alteração importante. A ingestão de etanol provoca elevação da GGT mesmo em voluntários sadios, contudo ela é maior nos etilistas crônicos e em indivíduos com hepatopatia. Essa elevação da GGT ocorre em 30% a 90% dos etilistas crônicos e está relacionada à indução enzimática e à lesão dos hepatócitos. Os níveis de GGT estão normalmente elevados em indivíduos que consomem três ou mais doses de etanol por semana (42 gramas de etanol ou mais). No período de abstinência ao etanol há redução progressiva da GGT sérica, com normalização ao fim de seis a oito semanas, podendo ocorrer elevação em curto prazo se a ingestão de etanol é retomada. O teste não é específico para o consumo de etanol, e valores aumentados podem ser também observados em casos de hepatites, cirrose hepática (não alcoólica), tumores hepáticos e uso de drogas ou fármacos hepatotóxicos. Alguns fármacos que podem elevar os níveis da GGT incluem a fenitoína, fenobarbital, carbamazepina, ácido valproico e anticoncepcionais. Condições como obesidade, *diabetes mellitus*, pancreatites e insuficiência cardíaca também estão relacionadas a aumentos da GGT.

A alanina aminotransferase (ALT), também chamada transaminase glutâmica pirúvica sérica (TGP), é uma enzima presente nos hepatócitos e, quando há lesão celular, atinge a corrente sanguínea e seus níveis séricos podem, portanto, ser mensurados. O valor de referência é de 1 a 50 U/L na maioria dos laboratórios. A aspartato aminotransferase (AST), também chamada de transaminase glutâmica oxalacética sérica (TGO), é similar à ALT, de modo que é outra enzima associada às células parenquimais do fígado. O valor de referência é de 1 a 45 U/L na maioria dos laboratórios. As enzimas AST e ALT catalisam reações químicas nas células nas quais um grupo amino é transferido de uma molécula doadora a uma molécula recipiente. Por esse motivo, são chamadas de transaminases. Essas enzimas são um bom índice do dano ao hepatócito, mas não existe correlação confiável do nível de enzimas com o grau da lesão hepática. A proporção entre a AST e a ALT é às vezes útil para diferenciar as causas da lesão hepática. No etilismo crônico, os níveis de AST costumam elevar-se mais que os de ALT, provavelmente porque nessa condição há deficiência de piridoxina, cofator necessário à síntese de ALT [41]. Na doença hepática alcoólica, o índice AST/ALT geralmente é maior que 1 e, na maioria das vezes, é superior a 2 [42,43]. Também pode ser utilizada a determinação sérica da isoenzima mitocondrial da AST (ASTm) [44]. A ASTm está aumentada em etilistas, apresenta pico de elevação precoce após a ingestão de etanol e reduz-se à metade após sete dias de abstinência. A sensibilidade varia entre 65% e 85%. Este último teste, embora mais sensível e específico, é pouco utilizado na prática clínica. Além disso, não há consenso acerca da interpretação da relação ASTm/AST total [45]. Deve ser enfatizado que níveis séricos elevados de AST e ALT não necessariamente indicam uma lesão hepática causada pelo consumo de etanol. São encontrados níveis elevados das transaminases nas hepatites virais e esteatose (comum no *diabetes mellitus* e obesidade). Alguns fármacos podem elevar as transaminases, entre eles o paracetamol, ibuprofeno, naproxeno, diclofenaco, fenilbutazona, fenitoína, ácido valproico, carbamazepina, tetraciclinas, sulfonamidas, estatinas e antidepressivos tricíclicos.

O volume corpuscular médio (VCM) avalia a média do tamanho (volume) das hemácias. Se o VCM é elevado, as hemácias são maiores que o normal, ou macrocíticas, e se o VCM é baixo, as hemácias são menores que o normal, ou microcíticas. Expresso em fentolitros (fL), ele classifica as anemias em microcíticas (VCM < 80 fL) ou macrocíticas (VCM > 100 fL). O valor de referência para o VCM é entre 80 e 100 fL. O VCM é calculado utilizando-se a seguinte fórmula: VCM = hematócrito × 10/n.º de hemácias (milhões/mm^3). O VCM encontra-se elevado em etilistas não anêmicos [46]. É um teste sensível, barato e de fácil execução. A presença de hemácias macrocíticas e o aumento de VCM (> 100 fL) são observados em um grande número de indivíduos que ingerem elevadas quantidades diárias de etanol, variando sua frequência de 20% a 96% nos diversos estudos apresentados. A dosagem de folato é geralmente normal nesses indivíduos, e a administração de folato não reverte a macrocitose induzida pelo etanol [47]. A elevação do VCM sem relação com a anemia é a alteração hematológica mais frequente no etilismo, ocorrendo em 40% a 96% dos etilistas crônicos. Essa elevação ocorre somente com a ingestão prolongada de quantidades superiores a 60 g de etanol por dia (cerca de quatro doses diárias), por períodos prolongados [47,48]. O VCM normaliza-se após três a quatro meses de abstinência e volta a se elevar se houver recaída. Normalmente, a macrocitose induzida pelo consumo de etanol não está associada a anemia e a doença hepática. O mecanismo que leva ao seu aparecimento ainda não é totalmente entendido, mas parece envolver alteração nos lipídeos da membrana eritrocitária [48].

A determinação da %CDT (*carbohydrate-deficient transferrin*) pode ser usada no acompanhamento de indivíduos dependentes de etanol [49]. A transferrina é uma glicoproteína sérica que transporta ferro para a medula óssea, o fígado e o baço. Quimicamente, a glicoproteína compreende um polipeptídio simples, formando n-polissacarídeos que possuem resíduos terminais de ácido siálico. A transferrina pode apresentar-se sob seis isoformas, que possuem diferentes níveis de sialilação. Em indivíduos saudáveis, a forma predominante é a isoforma tetrassialo, que tem uma meia-vida de sete dias na circulação. A transferrina tem sua carga isoelétrica afetada em etilistas, o que leva a um decréscimo no número de cadeias de carboidratos. Em indivíduos que consomem elevadas quantidades de etanol, as formas monossiálicas e dissiálicas da glicoproteína são predominantes. Essas isoformas possuem meia-vida mais longa, de aproximadamente quatorze dias. O teste é descrito como o mais específico marcador do consumo crônico de etanol. Sua medida é feita em percentual, ou seja, considera diferenças de cada indivíduo em relação à quantidade basal, preexistente de CDT. O valor de referência da %CDT é inferior a 2,6%. A ingestão de quantidades diárias de etanol superiores a 60 g (aproximadamente quatro doses) por períodos superiores a duas semanas induz o aumento dos valores de %CDT. Esse aumento permanece por duas a quatro semanas após a última ingestão de etanol. O teste apresenta sensibilidade entre 50% e 80% e especificidade entre 80% e 100%. A elevação da %CDT é proporcional ao grau de consumo de etanol, seja aguda ou cronicamente. A vantagem desse teste, comparado aos citados anteriormente, é o fato de poucos fatores, além do uso de etanol, levarem à sua alteração (maior especificidade). Resultados falso-positivos de %CDT podem ser encontrados em casos de cirrose biliar primária, na fase final de doenças do fígado, nas hepatites cronicamente ativas e em uma síndrome muito rara de glicoproteína deficiente de carboidrato. Como acompanhamento de tratamento da dependência ao etanol, a %CDT é o melhor marcador disponível, podendo ser acompanhado de outros testes e da história clínica do paciente. As principais características dos marcadores tradicionais do consumo de etanol encontram-se sumarizadas na Tabela 5.1.

Tabela 5.1 Marcadores biológicos tradicionais do consumo de etanol e suas principais características

MARCADOR TRADICIONAL	CONSUMO DETECTADO	SENSIBILIDADE/ ESPECIFICIDADE	VALORES ASSOCIADOS AO ETILISMO	FALSOS-POSITIVOS
GGT	Três ou mais doses*/ semana. Normaliza após seis a oito semanas de abstinência	Não específico para consumo de etanol. Elevado em 30% a 90% dos etilistas crônicos	Valores séricos ≥ 100 U/L em homens e ≥ 70 U/L em mulheres	Hepatites, cirrose hepática não alcoólica, tumores hepáticos, *diabetes mellitus*, obesidade, insuficiência cardíaca, uso de drogas e fármacos como fenitoína, fenobarbital, anticoncepcionais, carbamazepina, entre outros.
AST/ALT	Consumo crônico. Normaliza após duas a quatro semanas de abstinência	Não específico para consumo de etanol	Razão sérica AST/ALT ≥ 1 ou 2	Hepatites virais e esteatose (*diabetes mellitus* e obesidade), fármacos como paracetamol, ibuprofeno, naproxeno, diclofenaco, entre outros
VCM	Quatro doses/dia por períodos prolongados. Normaliza após três a quatro meses de abstinência.	Não específico para consumo de etanol. Elevado em 40% a 96% dos etilistas crônicos	Sangue total com hemácias macrocíticas e VCM ≥ 100 fL	Hemólise, sangramentos diversos, anemia, hipotireoidismo, hiperglicemia
%CDT	Quatro doses de etanol por duas semanas ou mais. Normaliza após quatro semanas de abstinência	Mais utilizado. Sensibilidade de 50% a 80% e especificidade de 80% a 100%	Valor sérico ≥ 2,6 %	Cirrose biliar primária, doenças do fígado, hepatites crônicas e síndrome rara da glicoproteína deficiente em carboidrato

GGT (gama-glutamiltransferase), VCM (volume corpuscular médio), AST (aspartato aminotransferase), ALT (alanina aminotransferase), CDT (transferrina deficiente de carboidrato).

*Uma dose corresponde a 14 g de etanol.

Os marcadores biológicos diretos recebem essa denominação por serem metabólitos do etanol. Embora grande parte do etanol seja metabolizada por vias oxidativas no fígado, uma pequena quantidade é metabolizada de maneira não oxidativa, gerando compostos que podem ser medidos no sangue ou na urina por período mais longo do que apenas aquele gerado quando o etanol está de fato presente no organismo. Entre eles, destacam-se o etilglicuronídeo (EtG), etilsulfato (EtS), fosfatidil etanol (*phosphatidyl ethanol*, PEth) e etil ésteres de ácidos graxos (*fatty acid ethyl esters* – FAEE).

Uma pequena quantidade do etanol ingerido (< 0,1%) é conjugado com o ácido glicurônico e o sulfato de etila, de modo a formar etilglicuronídeo (EtG) e etilsulfato (EtS), respectivamente. Essas reações de fase II são catalisadas pelas enzimas UDP-glicuronosiltransferase e sulfotransferase. Embora o EtG e o EtS estejam presentes em todo o fluido corporal, eles geralmente são medidos na urina por GC ou HPLC acoplada à espectrometria de massas. Possuem janela de detecção grande, são altamente sensíveis, podendo apresentar resultados positivos mesmo quando são consumidas pequenas quantidades de etanol. Esses metabólitos permanecem detectáveis por até dois dias após o consumo de etanol. Por esse motivo, a avaliação de EtG e EtS na urina ganhou popularidade como um método sensível para detectar a ingestão recente de etanol. A presença de EtG e EtS fornece um forte indício desse consumo recente, mesmo quando o etanol não é mais detectável na urina. Por esse motivo, a detecção do EtG é recomendada para uso em investigações clínicas e forenses que buscam avaliar o consumo de etanol [50]. Os metabólitos EtG e EtS são detectáveis na urina por um período igual ou menor que 24 horas após a ingestão de uma quantidade igual ou menor que 0,25 g/kg de etanol ou menos e por um período de 48 horas após a ingestão de etanol numa dose igual ou menor que 0,50 g/kg [50,51]. O consumo de pequenas doses de etanol (≤ 10 g) é detectável na urina por muitas horas depois do consumo. Em casos de intoxicação com etanol, os tempos de detecção para EtG urinária aumentam, podendo chegar a 75 horas. Produtos domésticos, incluindo os limpadores à base de etanol, enxaguantes bucais e alguns produtos cosméticos também contêm etanol, que, quando absorvido pela pele, pode elevar os níveis de EtG na urina [52]. O EtG, mas não o EtS, pode ser produzido pós-amostragem em amostras contento *Escherichia coli*, e, no caso de esse micro-organismo estar presente em uma amostra de urina, pode ser gerado resultado falso-positivo [53]. A quantificação de EtS na urina mostra-se mais confiável e livre de interferências de álcoois de pequeno peso molecular, aldeídos, cetonas e glicóis, substâncias que podem levar a um resultado falso-positivo em outros métodos. No sangue, os tempos de detecção são consideravelmente mais curtos se comparados à urina (por exemplo, ≤ 14 horas com consumo de 0,5 g/kg de etanol) [50].

Outras matrizes biológicas utilizadas para a detecção de EtG e EtS são o cabelo e o mecônio. Resultado negativo para EtG no cabelo não exclui a possibilidade de ter ocorrido exposição ao etanol, uma vez que esse marcador pode aparecer negativo no cabelo de indivíduos que ingerem baixas quantidades de etanol. De fato, a detecção de EtG no cabelo não é adequada como marcador de exposição eventual, sendo mais efetiva como marcador do consumo diário de etanol (30 g/dia ou mais). Para diferenciação entre consumo social e consumo excessivo de etanol, o ponto de corte (valor de *cut-off*) estabelecido para EtG no cabelo é de 30 pg/mg [54]. Tratamentos capilares como tintura, relaxamento, permanente e clareamento podem diminuir as concentrações de EtG no cabelo, mas ainda assim sua detecção é possível. Resultados falso-positivos para o EtG podem ocorrer após a utilização tópica de cosméticos contendo etanol. O EtG se incorpora preferencialmente na região proximal do fio, e, por esse motivo, sua concentração decresce da região proximal para a distal [55]. O EtG pode também ser detectado em amostras de mecônio com o objetivo de avaliar a exposição intrauterina ao etanol [56]. A avaliação desse metabólito no mecônio reflete o uso crônico de etanol no segundo e terceiro trimestres da gestação [57].

Os FAEE são metabólitos do etanol formados por reações de esterificação do etanol com ácidos graxos livres, triacilgliceróis, lipoproteínas e fosfolipídeos em um grande número de tecidos. Os FAEE são utilizados como marcadores do consumo de etanol, pois são compostos que preservam o grupo etila do etanol em sua estrutura. Existem mais de vinte FAEE, entre os quais os mais estudados são o etil laurato (E12), etil miristato (E14), etil palmitato (E16), etil palmitoleato (E16:1), etil estearato (E18), etil oleato (E18:1), etil linoleato (E18:2), etil linoleneato (E18:3), etil araquidonato (E20:4) e etil decosa-hexaenoato (E22:6). As matrizes biológicas mais utilizadas para a detecção dos FAEE são o mecônio e o cabelo. O mecônio é uma matriz utilizada para identificar exposições intrauterinas ao etanol, uma vez que esse álcool atravessa facilmente a placenta por difusão passiva. Até sete ésteres etílicos são medidos no mecônio, e a soma das suas concentrações é utilizada para a interpretação do teste. Uma vez que pequenas concentrações de FAEE foram encontradas também no mecônio de recém-nascidos de mães que não consumiram etanol, um valor de corte de 600 ng/g é aplicado com 100% de sensibilidade e 98,4% de especificidade [58].

Estão presentes no cabelo mais de vinte ésteres etílicos de ácidos graxos saturados ou insaturados com cadeias lineares ou ramificadas contendo doze a vinte átomos de carbono. Estudo publicado por Pragst et al. [59] revisou os métodos analíticos empregados e a faixa de detecção dos FAEE. Quatro ésteres etílicos foram escolhidos para análise de rotina: miristato de etila, palmitato de etila, oleato de etila e estearato de etila. Numa amostra de cabelo típico, esses quatro ésteres estão presentes em uma proporção de concentração de cerca de 1:4:4:1. Os limites de detecção desses ésteres individualmente situam-se entre 0,003 e 0,01 ng/mg de cabelo. Concentrações de FAEE entre 0,08 ng/mg e 0,87 ng/mg são detectados em indivíduos que consomem entre 2 e 20 g diários de etanol. Em amostras de cabelo de casos de morte por intoxicação ao etanol, esses valores podem ficar entre 0,4 e 42 ng/mg. A extração primária líquido-líquido com hexano para mecônio e heptano para cabelo com posterior extração ou microextração em fase sólida são os métodos de extração de FAEE mais utilizados. Os métodos de detecção incluem GC acoplada à espectrometria de massas (CG-EM) e cromatografia líquida acoplada à espectrometria de massas (CL-EM).

Outro marcador biológico de consumo de etanol é o PEth medido no sangue. Os PEth compreendem um grupo de fosfolipídeos formados na presença de etanol via fosfolipase D. Essa enzima tem alta afinidade por álcoois de cadeias curtas e, na presença de etanol, promove a reação de transfosfatidilação, gerando os PEth. Em humanos, duas isoformas da enzima são descritas (fosfolipase D1 e fosfolipase D2), e ambas catalisam a formação de PEth no sangue. Quimicamente, os PEth são um grupo de glicerofosfolipídeos homólogos com um grupo fosfoetanol comum ao qual estão ligadas duas cadeias longas de ácidos graxos que contém de quatorze a 22 átomos de carbono e que apresentam diferentes graus de insaturação (zero a seis duplas ligações). Esses homólogos são normalmente descritos na forma "PEth A:B/C:D", em que A e C indicam o número de carbonos das cadeias laterais do ácido graxo, enquanto B e D indicam o número de duplas ligações em cada cadeia lateral. Até o momento, 48 homólogos foram identificados no sangue humano, sendo que cinco deles constituem mais de 80% do total dos PEth (16:0/18:1, 16:0/18:2, 16:0/20:4, 18:1/18:1, 18:1/18:2).

Diferentemente de outros biomarcadores indiretos tradicionais, a concentração sanguínea de PEth não parece ser influenciada por idade, gênero, substâncias ingeridas ou doenças, tais como hipertensão arterial, doenças renais e/ou hepáticas. Por essa razão, os PEth são considerados como sendo de alta sensibilidade e especificidade para a detecção do consumo excessivo de etanol. Uma questão particularmente importante, e que ainda precisa ser respondida, diz respeito à quantidade de etanol que deve ser consumida durante um determinado período de tempo para gerar resultado positivo para os PEth. O limiar de consumo de etanol que gera esse resultado positivo é estimado em cerca de 50 g diários de etanol por um período de três semanas. Os PEth são detectados no sangue entre 0,5 e oito horas após ingestão de 50 a 100 g de etanol e, nesse caso, suas concentrações podem atingir valores entre 0,05 e 0,10 µM. A redução dos níveis sanguíneos de etanol está relacionada diretamente à redução dos níveis sanguíneos dos PEth. As concentrações de PEth total em indivíduos etilistas internados para desintoxicação varia significativamente nos estudos clínicos (variação: 0,0 a 7,7 µM) [60]. Em indivíduos que consomem quantidades de etanol iguais ou superiores a 60 g/dia, a média da concentração de PEth é de aproximadamente 3,9 µM, enquanto indivíduos que ingerem quantidades inferiores a 60 g de etanol apresentam valor médio de 0,3 µM.

Os PEth podem ser detectados até 28 dias após o consumo de etanol. Para sua análise, o sangue venoso é coletado em tubos contendo ácido etilenodiamino tetracético (EDTA) e as amostras são centrifugadas. Elas permanecem estáveis por 24 horas em temperatura ambiente. A exposição de células vermelhas do sangue humano a diferentes concentrações de etanol (50 a 100 mM) leva à geração de PEth *in vitro*. Essa característica representa uma desvantagem no uso de PEth como marcador biológico para o consumo de etanol, uma vez que, em situações nas quais a concentração sanguínea de etanol é superior a 0,1 g/L, pode ocorrer a geração de PEth *in vitro* (no período de pós-coleta da amostra). Esse processo pode ocorrer à temperatura ambiente (16 a 20 °C) ou até mesmo a –20 °C, sendo sua formação inibida somente a –80 °C [61]. Por esse motivo, para períodos mais longos de estocagem, as amostras devem ser mantidas a –80 °C para evitar a formação *in vitro* do PEth. Muitos métodos analíticos têm sido utilizados para quantificar os PEth sanguíneo: cromatografia em camada delgada, HPLC acoplado a um detector evaporativo de luz dispersa, GC acoplado a um espectrômetro de massa, eletroforese capilar em meio não aquoso e imunoensaio com anticorpos monoclonais específicos para PEth. O HPLC acoplado a um detector evaporativo de luz dispersa é o método mais utilizado para avaliação dos PEth em toxicologia clínica. Nesse método, o sangue total e o padrão interno (fosfatidilbutanol 18:1/18:1) são extraídos com 2-propanol e hexano, e em seguida é realizada quantificação dos PEth no extrato com o sistema de HPLC acoplado a um detector evaporativo de luz dispersa utilizando o PEth 18:1/18:1 como calibrador. As principais características dos marcadores biológicos diretos do consumo de etanol encontram-se sumarizadas na Tabela 5.2.

Tabela 5.2 Marcadores biológicos diretos do consumo de etanol e suas principais características

MARCADOR DIRETO	CONSUMO DETECTADO E TIPO DE AMOSTRA	SENSIBILIDADE/ ESPECIFICIDADE E VALORES ASSOCIADOS AO ETILISMO	MÉTODO DE DETECÇÃO	FALSO-POSITIVOS
EtG e EtS	Pequenas doses (< 10 g) de etanol. Na urina, permanece de duas a cinco dias; no sangue, por 36 horas 30 g/dia de etanol em amostra de cabelo e uso crônico no 2.° e 3.° trimestre de gestação no mecônio	Altamente sensíveis	GC ou HPLC/EM	Cosméticos e medicamentos contendo etanol podem ser detectados pelo exame
FAEE	Pequenas doses (2- 20 g) de etanol. Mais dosado em amostras de mecônio e cabelo. Pode ser determinado após dois meses de abstinência	Alta sensibilidade e especificidade. Valores acima de 600 ng/g em mecônio. Valores detectados em cabelo: entre 0,8 e 0,87 ng/mg. Em caso de morte por intoxicação com etanol: 0,4-42 ng/mg.	GC/EM ou HPLC/EM	Alguns produtos para o cabelo
PEth	Estima-se que 50 g/dia durante três semanas. Detectado em até 28 dias após o consumo de etanol em amostras de sangue	Alta sensibilidade e especificidade. Concentrações sanguíneas de 0,3 μM para consumo < 60 g de etanol/dia e de 3,9 μM para ≥ 60 g	HPLC acoplado a um detector evaporativo de luz dispersa	Desconhecido. Estocar a amostra a –80 °C para evitar formação *in vitro* do PEth

EtG (etilglicuronídeo), EtS (etilsulfato), FAEE (ésteres etílicos de ácidos graxos), PEth (fosfatidil etanol), CG/EM (cromatografia em fase gasosa com detector de massas), HPLC/EM (cromatografia líquida de alta eficiência com detector de massas).

*Uma dose corresponde a 14 g de etanol.

5.12 Uso de etanol no tratamento da intoxicação por metanol

Intoxicações por álcoois tóxicos, como metanol (CH_3OH), representam um sério risco toxicológico em todo o mundo. Nos Estados Unidos, pesquisa realizada no banco de dados da American Association of Poison Control Centers revelou que foram registrados 30.395 casos de intoxicação por metanol no país entre os anos de 2000 e 2013. Desses, foram relatadas 174 mortes por intoxicação (0,7% dos casos) [62]. Em outra recente pesquisa realizada na Holanda pelo Dutch Poisons Information Centre (DPIC), foram relatados oitocentos casos de exposição ao metanol entre os anos de 2005 e 2012 [63].

No Brasil, no estado da Bahia, registraram-se casos de intoxicação por consumo de bebidas destiladas contaminadas com metanol, apontadas como suspeitas de causar cerca de quarenta mortes por intoxicação aguda no ano de 1999. Além disso, a falsificação de bebidas alcoólicas na década de 1990 foi documentada pelo Instituto Adolfo Lutz em São Paulo. Nesse estudo foram encontradas bebidas clandestinas que apresentavam teor de metanol suficiente para causar intoxicação aguda (10 a 14 g/100 mL) [64].

Os sinais de intoxicação pelo metanol começam cerca de oito horas após sua ingestão. A quantidade de 15 mL de metanol pode causar efeitos tóxicos (inclusive cegueira), enquanto doses acima de 70 mL podem levar à morte. A intoxicação por metanol caracteriza-se por cefaleia, desconforto gastrointestinal e dor (parcialmente relacionada com lesão do pâncreas), dificuldade respiratória, inquietude e turvação da visão associada a hiperemia dos discos ópticos. Dependendo da dose, o metanol pode levar a acidose metabólica, insuficiência renal e alterações do campo visual que levam a cegueira e morte. As sequelas de intoxicação por metanol tendem a persistir (distúrbios visuais e danos neurológicos) com o passar dos anos [65]. O metanol é largamente usado como solvente na produção de outros produtos químicos na indústria, como removedores de tintas e verniz. Além disso, produtos como plásticos, tintas e explosivos são derivados do principal produto do metanol, o formaldeído. O etanol é utilizado na clínica para o tratamento desse tipo de intoxicação. Para entender seu papel nesse tratamento, é necessário o entendimento do mecanismo pelo qual o metanol causa intoxicação [63,65,66].

A absorção do metanol após a administração oral é rápida (pico de concentração sanguínea entre trinta e sessenta minutos). Também pode ser absorvido por via inalatória e por via transdérmica. Seu volume de distribuição é semelhante ao da água corpórea. A toxicidade do metanol está relacionada à produção de metabolitos tóxicos, principalmente no fígado. O composto é metabolizado a formaldeído pela enzima ADH na presença de NAD^+. O formaldeído possui meia-vida curta (um a dois minutos) e é rapidamente metabolizado pela enzima aldeído-desidrogenase (ALDH) em ácido fórmico (meia-vida de 20 horas), que é extremamente tóxico. O ácido fórmico é metabolizado a CO_2 e H_2O, processo lento e dependente das concentrações hepáticas de ácido fólico (processo facilmente saturável). Durante a oxidação do metanol, o piruvato é metabolizado graças à redução de NAD^+ a NADH, formando ácido láctico. A acidose metabólica ocorre em virtude do acúmulo de ácido fórmico e ácido láctico (Figura 5.2). Os distúrbios visuais associados à intoxicação por metanol são um componente importante do quadro clínico e são atribuídos à lesão das células ganglionares da retina pelo metabólito ácido fórmico, que é seguida de inflamação, atrofia e possivelmente cegueira bilateral. A meia-vida de eliminação do metanol sem tratamento é de quatorze a dezoito horas. Uma pequena parte do metanol é eliminada pelos pulmões e pelos rins (cerca de 12% e 3%, respectivamente) [66-68].

As seguintes medidas devem ser tomadas em caso de intoxicação por metanol [67]:

1. Lavagem gástrica, indução da emese ou uso de carvão ativado (para esses tratamentos serem eficiente, devem ser realizados em até trinta a sessenta minutos após a ingestão do metanol).
2. Terapia de suporte (administração de fluidos intravenosos, correção de eletrólitos e da acidose metabólica e permanente avaliação da função renal) e uso de antídotos (os mais utilizados são o etanol e o fomepizol).
3. Hemodiálise (para eliminar tanto o metanol quanto o seu metabólito tóxico, reduzindo a duração do tratamento com o antídoto).

O etanol tem afinidade dez vezes maior que o metanol pela enzima ADH, responsável pela etapa inicial do metabolismo do metanol. Quando o etanol é administrado (por via oral ou injetável), ocorre inibição do metabolismo do metanol a ácido fórmico e seu acúmulo no organismo diminui. A administração de etanol deve ser feita o quanto antes em pacientes com níveis séricos de metanol superiores a 20 mg/dL ou com conhecida história de ingestão de metanol [62,66,67]. O tratamento com etanol é de baixo custo financeiro e está disponível na maioria dos hospitais. Ele pode ser administrado por via intravenosa ou por via oral. Possui rápida absorção no trato gastrointestinal e volume de distribuição de 0,5 a 0,7 L/kg. Sua concentração deve ser monitorada no soro de modo a ser mantida entre 100 e 150 mg/dL (necessária para inibição da ADH) até que a acidose metabólica seja corrigida e os níveis séricos de metanol não sejam mais detectáveis [67]. O tratamento com etanol deve ser realizado com cautela se o paciente possui história de doença hepática, de úlcera gastrointestinal e se tiver ingerido outros depressores do SNC, pois o etanol pode aumentar o efeito depressor dessas drogas. Efeitos adversos desse tratamento incluem a hipoglicemia em pacientes malnutridos ou crianças e sintomas de intoxicação pelo próprio etanol [66]. O fomepizol é um inibidor da ADH com afinidade quinhentas a mil vezes maior que o etanol por essa enzima e, por isso, pode ser utilizado em concentrações menores no tratamento da intoxicação por metanol. No entanto, possui custo bastante elevado, sendo pouco disponível nos hospitais [63]

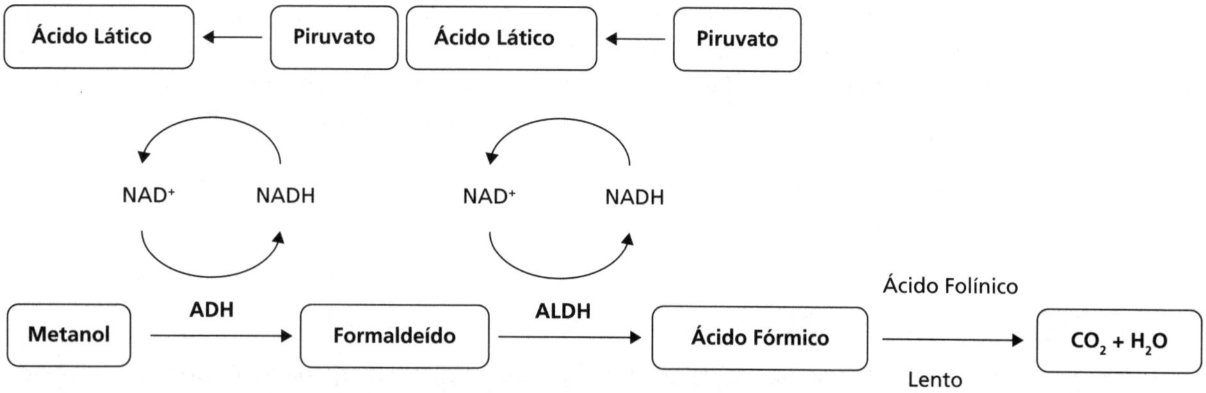

Figura 5.2 Metabolismo oxidativo do metanol. O metanol é convertido a formaldeído pela enzima álcool desidrogenase (ADH) no fígado. O formaldeído é rapidamente metabolizado pela enzima aldeído desidrogenase (ADH) em ácido fórmico. Essa reação envolve o carreador de elétrons nicotinamida adenina dinucleotídeo (NAD^+), que é reduzido formando o NADH. O formaldeído é metabolizado rapidamente, formando ácido fórmico e NADH. O ácido fórmico é metabolizado lentamente em CO_2 e H_2O, processo lento e facilmente saturável, dependente das concentrações hepáticas de ácido fólico. Durante a oxidação do metanol o piruvato é metabolizado graças à redução de NAD^+ a NADH, formando ácido láctico.

VARIAÇÕES GENÉTICAS NO METABOLISMO DO ETANOL X

Variações nos genes que codificam a ADH (ADH1A, ADH1B e ADH1C) e a ALDH (ALDH1 e ALDH2), principais enzimas que metabolizam o etanol e o acetaldeído, geram enzimas que variam em atividade e possuem diferentes distribuições étnicas. Essa variabilidade genética influencia a susceptibilidade de uma pessoa ao etilismo e aos danos teciduais causados pelo etanol. O gene da ADH é responsável pela metabolização de 70% do etanol ingerido. Uma forma variante do gene ADH1B, a ADH1B*2, possui um aumento de quarenta vezes na velocidade da metabolização do etanol pela enzima. Essa variante está presente em cerca de 40% dos chineses, japoneses e coreanos, menos de 10% dos europeus e entre 50% e 90% dos russos e judeus. Existem ainda as variantes ADH1B*1, encontrada predominantemente em caucasianos e afro-americanos, ADH1B*3, encontrada principalmente em africanos, e ADH1C*1 e ADH1C*2, frequentes em caucasianos. Todas essas variantes são associadas a uma maior velocidade enzimática, níveis transitórios elevados de acetaldeído e menores riscos de danos por ingestão de etanol [9,16].

O gene da ALDH2 possui um polimorfismo, o ALDH2*2, que torna o gene não funcional em homozigotos. Está presente em 5% a 10% da população japonesa, chinesa e coreana, fazendo com que esses indivíduos apresentem graves reações adversas após a ingestão de etanol, pois não metabolizam o acetaldeído. Os heterozigotos (ALDH2*1) representam 30% a 40% dos asiáticos e apresentam rubor facial após ingerir etanol. A cirrose é reduzida em 70% das populações que possuem o alelo ALDH2*2. Os indivíduos heterozigotos (ALDH2*1) que consomem etanol possuem risco aumentado do desenvolvimento de câncer, pancreatite e outras lesões em órgãos, provavelmente pelo acúmulo de acetaldeído. Indivíduos homozigotos dificilmente consomem grandes quantidades de etanol por causa da gravidade das reações adversas que apresentam. O gene ALDH1 também possui polimorfismos, no entanto seus impactos no metabolismo permanecem controversos [16,69].

5.13 Conclusões

O uso abusivo de etanol é um grande problema de saúde pública no Brasil e no mundo. No Brasil, 25% da população ingere etanol de forma a comprometer a saúde. Gastos elevados em saúde pública, violência, desestruturação familiar, abstenções no trabalho, diminuição da produtividade e acidentes de trânsito associados ao etanol são algumas das consequências desse tipo de consumo. O meio mais utilizado para medir-se o consumo recente de etanol é a medida direta desse álcool. Geralmente, a medida direta da quantidade de etanol é realizada no ar expelido pelos pulmões utilizando etilômetros, e testes laboratoriais são realizados em amostras de sangue para confirmar o resultado positivo. O sangue é a amostra mais utilizada para quantificação de etanol, quando a respiração não está disponível. A GC com a técnica de separação por *headspace* (GC-HS) é a mais utilizada na análise de etanol no sangue. No entanto, apesar da sensibilidade dos métodos empregados, a medida direta do etanol apresenta algumas desvantagens. O fato de o etanol ter uma meia-vida curta no organismo torna sua medida direta útil apenas para determinar o consumo recente desse álcool. Por esse motivo, a utilização de biomarcadores do consumo de etanol tem sido frequentemente empregada, uma vez que permite avaliação desse consumo por períodos mais prolongados. Os biomarcadores tradicionais geralmente são de natureza indireta e sugerem o consumo excessivo de etanol pela detecção de alterações bioquímicas ou dos efeitos tóxicos que esse composto pode induzir em alguns órgãos. Os marcadores biológicos diretos recebem essa denominação por serem metabólitos do etanol. A medida direta do etanol, bem como a avaliação de seus biomarcadores, pode ser utilizada para fins clínicos e legais. Todas as análises são de interesse e devem ser realizadas e interpretadas considerando seus métodos analíticos, limitações e interferentes.

QUESTÕES PARA ESTUDO

1. Como ocorre o metabolismo oxidativo do etanol e qual o principal órgão envolvido nesse processo?
2. Quais os principais compostos formados a partir do metabolismo não oxidativo do etanol?
3. Quais fatores podem interferir nos níveis sanguíneos de etanol?
4. Por que as concentrações sanguíneas de etanol são mais altas em mulheres do que em homens que ingerem a mesma quantidade de etanol?
5. Qual a taxa de metabolismo do etanol em um indivíduo adulto sadio?
6. Quais as técnicas mais utilizadas na análise e detecção do etanol no sangue?
7. Quais biomarcadores tradicionais podem ser utilizados para avaliação do consumo de etanol?

Respostas

1. O etanol é convertido a acetaldeído pelas enzimas álcool desidrogenase (ADH), citocromo P450 2E1 (CYP2E1) ou catalase. A ADH catalisa a conversão do etanol em acetaldeído principalmente no fígado. A catalase localizada nos peroxissomos utiliza o peróxido de hidrogênio (H_2O_2) para conversão de etanol em acetaldeído. A CYP2E1 microssomal também converte etanol em acetaldeído. Na mitocôndria, o acetaldeído é metabolizado pela enzima aldeído desidrogenase (ALDH) formando o ácido acético e NADH.
2. O metabolismo não oxidativo do etanol leva à formação de ésteres etílicos de ácidos graxos (*fatty acid ethyl esters*, FAEE – formados a partir da reação de etanol com ácidos graxos) e de fosfatidil etanol (*phosphatidylethanol*, PEth – formado a partir da reação do etanol com um fosfolipídeo).
3. O nível sanguíneo de etanol é influenciado por fatores como o gênero, o peso corporal e percentual de água do indivíduo e as taxas de esvaziamento gástrico e metabolismo.
4. São duas as explicações para esse fato: (1) na média, as mulheres são menores que os homens e, por isso, têm menos água corporal por unidade de peso (na qual o etanol pode ser distribuído); e (2) a enzima ADH gástrica é menos ativa nas mulheres do que nos homens, fazendo com que o metabolismo gástrico do etanol seja menor nas mulheres.
5. Em um indivíduo de 70 kg que tem função hepática normal, o etanol é metabolizado à taxa de uma dose (14 g de etanol) a cada 60-90 minutos.
6. A análise química de etanol em sangue é preferencialmente realizada por meio de cromatografia líquido-gasosa (CLG). Os detectores mais comumente utilizados para a detecção de etanol são o de chama ionizante (DCI) e o espectrômetro de massa (EM).
7. Os marcadores tradicionais geralmente são de natureza indireta, e os mais utilizados são: a gama-glutamiltransferase (gama GT ou GGT), alanina aminotransferase (ALT), aspartato aminotransferase (AST), volume corpuscular médio (VCM) e transferrina deficiente de carboidrato (*carbohydrate-deficient transferrin*, CDT).

Lista de abreviaturas

SENAD	Secretaria Nacional Antidrogas	SAF	Síndrome alcoólica fetal
OMS	Organização Mundial da Saúde	EFA	Efeitos fetais do álcool
ADH	Enzima álcool desidrogenase	CTB	Código de Trânsito Brasileiro
MEOS	Sistema microssomal de oxidação do etanol	GC	Cromatografia em fase gasosa
CYP2E1	Citocromo P450 2E1	HPLC	Cromatografia líquida de alta eficiência
NAD^+	Nicotinamida adenina dinucleotídeo	GC-HS	GC com separação por *headspace*
ALDH	Enzima aldeído desidrogenase	GGT	Gama-glutamiltransferase
NADPH	Nicotinamida adenina dinucleotídeo fosfato reduzida	ALT	Alanina aminotransferase
FAEE	Ésteres etílicos de ácidos graxos	AST	Aspartato aminotransferase
PEth	Fosfatidil etanol	VCM	Volume corpuscular médio
SNC	Sistema nervoso central	CDT	Transferrina deficiente de carboidrato
IL	Interleucina	EtG	Etilglicuronídeo
AVE	Acidente vascular encefálico	EtS	Etilsulfato

Lista de palavras

Acetaldeído
Alanina aminotransferase
Álcool desidrogenase
Aldeído desidrogenase
Aspartato aminotransferase
Cromatografia em fase gasosa
Cromatografia líquida de alta eficiência
Ésteres etílicos de ácidos graxos
Etanol
Etilglicuronídeo
Etilsulfato
Fosfatidil etanol
Gama-glutamiltransferase
Transferrina deficiente de carboidrato
Volume corpuscular médio

REFERÊNCIAS

1. Gigliotti A, Bessa MA. Síndrome de Dependência do Álcool: critérios diagnósticos. Revista Brasileira de Psiquiatria 2004;26(Supl. I):11-3.

2. Laranjeira R, Nicastri S. Abuso e dependência de álcool e drogas. In: Almeida OP, Dratcu L, Laranjeira R, editors. Manual de psiquiatria. Rio de Janeiro: Guanabara Koogan; 1996.

3. Bermond I IDM, Tose H. Consumo de bebidas alcoólicas: interpretações com o benzeno e outras substâncias de uso ocupacional. Revista de Psiquiatria Clínica. 2000;27(2).

4. World Health Organization WHO. Global status report on alcohol 2004. Genebra: WHO; 2004.

5. SENAD. Secretaria Nacional Antidrogas. 2007. Available from: <www.obid.senad.gov.br/>.

6. World Health Organization – WHO. Global status report on alcohol and health 2014. Genebra: The Organization; 2014.

7. Mello Jorge MHP. Acidentes de trânsito no Brasil: um atlas de sua distribuição. São Paulo: Abramet; 2013.

8. Ministério da Saúde. Sistema de Vigilância de Violências e Acidentes (Viva): 2009, 2010 e 2011. Brasília; 2013. 164 p.

9. Zakhari S. Overview: how is alcohol metabolized by the body? Alcohol Research & health: The Journal of the National Institute on Alcohol Abuse and Alcoholism. 2006;29(4):245-54.

10. Zimatkin SM, Dietrich RA. Ethanol metabolism in the brain. Addiction Biology. 1997;2:387-99.

11. Hansson P, Caron M, Johnson G, Gustavsson L, Alling C. Blood phosphatidylethanol as a marker of alcohol abuse: levels in alcoholic males during withdrawal. Alcoholism, Clinical and Experimental Research. 1997;21(1):108-10.

12. Hansson P, Varga A, Krantz P, Alling C. Phosphatidylethanol in post-mortem blood as a marker of previous heavy drinking. International Journal of Legal Medicine. 2001;115(3):158-61.

13. Feldman RS, Meyer JS, Quenzer LF. The amino acid neurotransmitters and histamine. In: Principles of Neuropsychopharmacology. Sunderland: Sinauer; 1996.

14. Feldman RS, Meyer JS, Quenzer LF. Alcohol. In: Principles of Neuropsychopharmacology. Sunderland: Sinauer; 1996.

15. Lovinger DM. Excitotoxicity and alcohol-related brain damage. Alcoholism, clinical and experimental research. 1993;17(1):19-27.

16. Brunton LL. As bases farmacológicas da terapêutica de Goodman & Gilman. Porto Alegre: Artmed; 2012.

17. Fadda F, Rossetti ZL. Chronic ethanol consumption: from neuroadaptation to neurodegeneration. Progress in Neurobiology. 1998;56(4):385-431.

18. La Vignera S, Condorelli RA, Balercia G, Vicari E, Calogero AE. Does alcohol have any effect on male reproductive function? A review of literature. Asian Journal of Andrology. 2013;15(2):221-5.

19. Warren KR, Murray MM. Alcoholic liver disease and pancreatitis: global health problems being addressed by the US National Institute on Alcohol Abuse and Alcoholism. Journal of Gastroenterology and Hepatology. 2013;28 Suppl 1:4-6.

20. Casarett LJ, Klaassen CD. Casarett & Doull's toxicology: the basic science of poisons. New York: McGraw-Hill Medical; 2008.

21. Marchi KC, Muniz JJ, Tirapelli CR. Hypertension and chronic ethanol consumption: What do we know after a century of study? World Journal of Cardiology. 2014;6(5):283-94.

22. Senad. Legislação e Políticas Públicas sobre Drogas no Brasil. Brasília; 2011.

23. Pechansky F, Arruda PC, Duarte V, De Boni RB. Uso de bebidas alcoólicas e outras drogas nas rodovias brasileiras e outros estudos. Porto Alegre; 2010.

24. Bendtsen P, Hultberg J, Carlsson M, Jones AW. Monitoring ethanol exposure in a clinical setting by analysis of blood, breath, saliva, and urine. Alcoholism, Clinical and Experimental Research. 1999;23(9):1446-51.

25. Gubala W, Zuba D. Gender differences in the pharmacokinetics of ethanol in saliva and blood after oral ingestion. Polish Journal of Pharmacology. 2003;55(4):639-44.

26. Swift R. Direct measurement of alcohol and its metabolites. Addiction. 2003;98 Suppl 2:73-80.

27. Eiceman GA, Hill HH, Jr., Gardea-Torresdey J. Gas chromatography. Analytical Chemistry. 1998;70(12):321R-39R.

28. Pontes H, Guedes de Pinho P, Casal S, Carmo H, Santos A, Magalhaes T, et al. GC determination of acetone, acetaldehyde, ethanol, and methanol in biological matrices and cell culture. Journal of Chromatographic Science. 2009;47(4):272-8.

29. Tangerman A. Highly sensitive gas chromatographic analysis of ethanol in whole blood, serum, urine, and fecal supernatants by the direct injection method. Clinical Chemistry. 1997;43(6 Pt 1):1003-9.

30. Jones AW, Fransson M. Blood analysis by headspace gas chromatography: does a deficient sample volume distort ethanol concentration? Medicine, Science, and the Law. 2003;43(3):241-7.

31. Seto Y. Determination of volatile substances in biological samples by headspace gas-chromatography. Journal of Chromatography A. 1994;674(1-2):25-62.

32. Cordell RL, Pandya H, Hubbard M, Turner MA, Monks PS. GC-MS analysis of ethanol and other volatile compounds in micro-volume blood samples–quantifying neonatal exposure. Analytical and Bioanalytical Chemistry. 2013;405(12):4139-47.

33. Portari GV, Marchini JS, Jordão AA. Validation of a manual headspace gas chromatography method for determining volatile compounds in biological fluids. Labmedicine. 2008;39(1):42-5.

34. Smith RM. Before the injection–modern methods of sample preparation for separation techniques. Journal of Chromatography A. 2003;1000(1-2):3-27.

35. Halász I, Schneider W. Quantitative gas chromatographic analysis of hydrocarbons with capillary column and flame ionization detector. Analytical Chemistry. 1961;33(8):978-82.

36. Skoog DA, Holler FJ, Crouch SR. Principles of instrumental analysis. 6th ed. United States: Thomson Brooks/Cole; 2007.

37. Wasfi IA, Al-Awadhi AH, Al-Hatali ZN, Al-Rayami FJ, Al Katheeri NA. Rapid and sensitive static headspace gas chromatography-mass spectrometry method for the analysis of ethanol and abused inhalants in blood. Journal of Chromatography B, Analytical Technologies in the Band Life Sciences. 2004;799(2):331-6.

38. Watanabe-Suzuki K, Seno H, Ishii A, Kumazawa T, Suzuki O. Ultra-sensitive method for determination of ethanol in whole blood by headspace capillary gas chromatography with cryogenic oven trapping. Journal of Chromatography B, Biomedical Sciences and Applications. 1999;727(1-2):89-94.

39. Begg TB, Hill ID, Nickolls LC. Breathalyzer and Kitagawa-Wright Methods of Measuring Breath Alcohol. British Medical Journal. 1964;1(5374):9-15.

40. Borkenstein RF, inventor. Method for rapid quantitative analysis of ethyl alcohol. Patent USPTO 3,208,827, September 28, 1965.

41. Diehl AM, Potter J, Boitnott J, Van Duyn MA, Herlong HF, Mezey E. Relationship between pyridoxal 5'-phosphate deficiency and aminotransferase levels in alcoholic hepatitis. Gastroenterology. 1984;86(4):632-6.

42. Diehl AM, Goodman Z, Ishak KG. Alcohollike liver disease in nonalcoholics. A clinical and histologic comparison with alcohol-induced liver injury. Gastroenterology. 1988;95(4):1056-62.

43. Baptista A, BianchI L, de Groote J, Desmet V, Gedigk, Korb, et al. Alcoholic liver disease: morphological manifestations. Review by an international group. Lancet. 1981;1(8222):707-11.

44. Fletcher LM, Kwoh-Gain I, Powell EE, Powell LW, Halliday JW. Markers of chronic alcohol ingestion in patients with nonalcoholic steatohepatitis: an aid to diagnosis. Hepatology. 1991;13(3):455-9.

45. Nalpas B, Vassault A, Charpin S, Lacour B, Berthelot P. Serum mitochondrial aspartate aminotransferase as a marker of chronic alcoholism: diagnostic value and interpretation in a liver unit. Hepatology. 1986;6(4):608-14.

46. Eichner ER, Hillman RS. The evolution of anemia in alcoholic patients. The American Journal of Medicine. 1971;50(2):218-32.

47. Wu A, Chanarin I, Slavin G, Levi AJ. Folate deficiency in the alcoholic–its relationship to clinical and haematological abnormalities, liver disease and folate stores. British Journal of Haematology. 1975;29(3):469-78.

48. Alling C, Gustavsson L, Kristensson-Aas A, Wallerstedt S. Changes in fatty acid composition of major glycerophospholipids in erythrocyte membranes from chronic alcoholics during withdrawal. Scandinavian Journal of Clinical and Laboratory Investigation. 1984;44(4):283-9.

49. Van Pelt J. Carbohydrate-deficient transferrin: a new biochemical marker for chronic excessive alcohol consumption. Nederlands Tijdschrift voor Geneeskunde. 1997;141(16):773-7.

50. Hoiseth G, Bernard JP, Karinen R, Johnsen L, Helander A, Christophersen AS, et al. A pharmacokinetic study of ethyl glucuronide in blood and urine: applications to forensic toxicology. Forensic Science International. 2007;172(2-3):119-24.

51. Dahl H, Stephanson N, Beck O, Helander A. Comparison of urinary excretion characteristics of ethanol and ethyl glucuronide. Journal of Analytical Toxicology. 2002;26(4):201-4.

52. Costantino A, Digregorio EJ, Korn W, Spayd S, Rieders F. The effect of the use of mouthwash on ethylglucuronide concentrations in urine. Journal of Analytical Toxicology. 2006;30(9):659-62.

53. Helander A, Olsson I, Dahl H. Postcollection synthesis of ethyl glucuronide by bacteria in urine may cause false identification of alcohol consumption. Clinical Chemistry. 2007;53(10):1855-7.

54. Pragst F, Rothe M, Moench B, Hastedt M, Herre S, Simmert D. Combined use of fatty acid ethyl esters and ethyl glucuronide in hair for diagnosis of alcohol abuse: interpretation and advantages. Forensic Science International. 2010;196(1-3):101-10.

55. Yegles M, Labarthe A, Auwarter V, Hartwig S, Vater H, Wennig R, et al. Comparison of ethyl glucuronide and fatty acid ethyl ester concentrations in hair of alcoholics, social drinkers and teetotallers. Forensic Science International. 2004;145(2-3):167-73.

56. Bakdash A, Burger P, Goecke TW, Fasching PA, Reulbach U, Bleich S, et al. Quantification of fatty acid ethyl esters (FAEE) and ethyl glucuronide (EtG) in meconium from newborns for detection of alcohol abuse in a maternal health evaluation study. Analytical and Bioanalytical Chemistry. 2010;396(7):2469-77.

57. Ostrea EM, Jr., Hernandez JD, Bielawski DM, Kan JM, Leonardo GM, Abela MB, et al. Fatty acid ethyl esters in meconium: are they biomarkers of fetal alcohol exposure and effect? Alcoholism, Clinical and Experimental Research. 2006;30(7):1152-9.

58. Chan D, Klein J, Koren G. Validation of meconium fatty acid ethyl esters as biomarkers for prenatal alcohol exposure. The Journal of Pediatrics. 2004;144(5):692.

59. Pragst F, Yegles M. Determination of fatty acid ethyl esters (FAEE) and ethyl glucuronide (EtG) in hair: a promising way for retrospective detection of alcohol abuse during pregnancy? Therapeutic Drug Monitoring. 2008;30(2):255-63.

60. Viel G, Boscolo-Berto R, Cecchetto G, Fais P, Nalesso A, Ferrara SD. Phosphatidylethanol in blood as a marker of chronic alcohol use: a systematic review and meta-analysis. International Journal of Molecular Sciences. 2012;13(11):14788-812.

61. Aradottir S, Moller K, Alling C. Phosphatidylethanol formation and degradation in human and rat blood. Alcohol and Alcoholism. 2004;39(1):8-13.

62. Ghannoum M, Hoffman RS, Mowry JB, Lavergne V. Trends in toxic alcohol exposures in the United States from 2000 to 2013: a focus on the use of antidotes and extracorporeal treatments. Seminars in Dialysis. 2014;27(4):395-401.

63. Rietjens SJ, de Lange DW, Meulenbelt J. Ethylene glycol or methanol intoxication: which antidote should be used, fomepizole or ethanol? The Netherlands Journal of Medicine. 2014;72(2):73-9.

64. Nagato LAF, Duran MC, Caruso MSF, Barsotti RC, Badolato ESG. Monitoramento da autenticidade de amostras de bebidas alcoólicas enviadas ao Instituto Adolfo Lutz em São Paulo. Ciência e Tecnologia de Alimentos. 2001;21(1):39-42.

65. Paasma R, Hovda KE, Jacobsen D. Methanol poisoning and long term sequelae–a six years follow-up after a large methanol outbreak. BMC Clinical Pharmacology. 2009;9:5.

66. Kraut JA, Kurtz I. Toxic alcohol ingestions: clinical features, diagnosis, and management. Clinical Journal of the American Society of Nephrology: CJASN. 2008;3(1):208-25.

67. Barceloux DG, Bond GR, Krenzelok EP, Cooper H, Vale JA, American Academy of Clinical Toxicology Ad Hoc Committee on the Treatment Guidelines for Methanol P. American Academy of Clinical Toxicology practice guidelines on the treatment of methanol poisoning. Journal of Toxicology Clinical Toxicology. 2002;40(4):415-46.

68. Abramson S, Singh AK. Treatment of the alcohol intoxications: ethylene glycol, methanol and isopropanol. Current Opinion in Nephrology and Hypertension. 2000;9(6):695-701.

69. Edenberg HJ. The genetics of alcohol metabolism: role of alcohol dehydrogenase and aldehyde dehydrogenase variants. Alcohol Research & Health: the Journal of the National Institute on Alcohol Abuse and Alcoholism. 2007;30(1):5-13.

CAPÍTULO 6

SOLVENTES ORGÂNICOS

Elvis Medeiros de Aquino

José Luiz da Costa

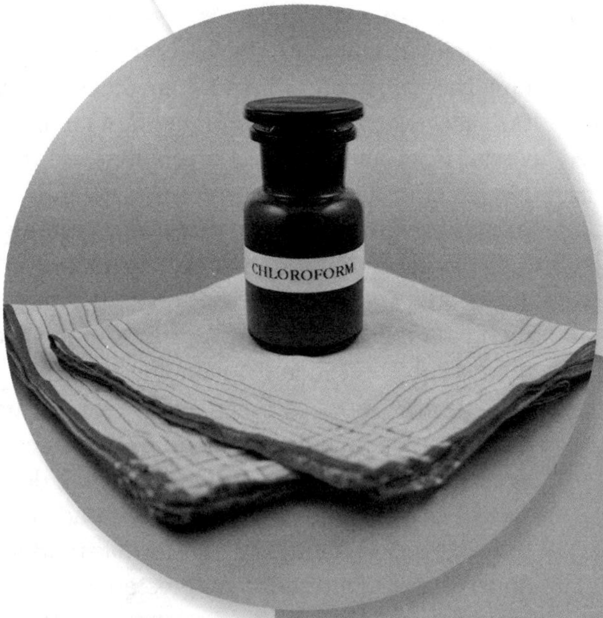

6.1 Introdução

6.1.1 Considerações gerais

Podemos definir solvente como sendo um líquido empregado na solubilização de uma ou mais substâncias com o propósito de se obter uma solução [1]. Como o propósito do emprego do solvente é a solubilização de algo, sua quantidade é bem maior em relação àquilo que se deseja solubilizar (soluto) [2]. Logo, quando nos referimos a solventes, estamos pensando sempre em grandes quantidades, sobretudo quando saímos das escalas de medida do cotidiano e passamos a pensar em termos de produção industrial para atender à demanda de determinado produto para amplo mercado consumidor.

Como exemplo de solvente, temos a água, solvente inorgânico, capaz de solubilizar diversos tipos compostos polares e iônicos, tais como: ácidos, álcalis, sais, além de moléculas complexas, como as proteínas [1,2].

Todavia, dado o seu caráter polar, a água não apresenta a capacidade de solubilizar de forma eficaz substâncias de caráter apolar ou de baixa polaridade, presentes em desde processos de produção utilizados sobretudo na indústria química e na farmacêutica até produtos que fazem parte de nosso cotidiano [2].

Tal fato seria um grande problema, não fosse pela grande variedade de solventes cuja polaridade varia de alta para a nula, classificados como compostos orgânicos, isto é, substâncias que apresentam em sua composição o elemento carbono [2-4]. Os chamados solventes orgânicos desempenham um papel bastante fundamental na construção do mundo tal qual o conhecemos [5], já que, sem eles, importantes processos relacionados à produção de bens de consumo não seria viável ou apresentaria custos impeditivos. Até mesmo a indústria alimentícia se vale do uso desses compostos, por exemplo, em alguns processos relacionados à produção de café descafeinado [5,6].

Mas não é apenas do ponto de vista de grandes processos industriais que os solventes permeiam nosso cotidiano. Eles estão presentes, por exemplo, em produtos de limpeza, em aerossóis, tinta, vernizes e adesivos [5,7-10].

Contudo, infelizmente não é apenas do ponto de vista benéfico que os solventes orgânicos se destacam. Eles podem trazer sérias consequências não só à saúde humana, como também a outros seres vivos e ao meio ambiente, motivos pelos quais são objeto de estudo da toxicologia.

Dada a amplitude do tema e o escopo proposto para este capítulo, as próximas páginas serão dedicadas a uma análise dos solventes sobre o ponto de vista da toxicologia forense, em especial do uso destes na produção das assim denominadas droga de abuso, bem como na intoxicação voluntária com o propósito de ocasionar a alteração de estado de consciência do usuário.

Além da caracterização de alguns dos malefícios causados à saúde humana, serão apresentados e discutidos alguns dos aspectos legais mais importantes em relação à sua caracterização.

Também será apresentada e discutida a técnica utilizada atualmente para a caracterização de solventes orgânicos, empregada no Núcleo de Exames de Entorpecentes do Instituto de Criminalística de São Paulo.

6.1.2 Intoxicação voluntária por solventes

Desde tempos antigos, a via respiratória tem sido empregada como porta de acesso do corpo para substâncias capazes de alterar o estado de consciência. Assim, das pitonisas gregas aos xamãs das antigas civilizações da América do Sul, há exemplos de uso de compostos sob a forma de vapor com o propósito de realizar uma comunhão com deuses e espíritos diversos [4,11].

Essa via foi usada por cirurgiões no século XIX para causar anestesia com o emprego sobretudo de éter etílico e clorofórmio, sendo este último usado amplamente por médicos durante as cirurgias decorrentes de ferimentos e infecções causadas nos campos de batalha da Guerra Civil Americana [12].

Ainda em relação ao clorofórmio, há um relato histórico interessante: representantes da Igreja católica escocesa questionaram o seu emprego como anestésico de parturientes, uma vez que, de acordo a Bíblia – mais especificamente no livro de Gênesis, capítulo III, versículo 16 –, Deus, ao se dirigir a Eva, teria lhe dito que multiplicaria grandemente o sofrimento desta na gravidez e que tal sofrimento ocorreria também durante o parto, devido à desobediência que culminou no pecado original descrito na Bíblia [13-15].

Tal afirmação foi rebatida pelo médico escocês Sir James Young Simpson, introdutor da anestesia obstétrica por clorofórmio, por meio de citação do próprio livro de Gênesis, que, em seu capítulo II, versículo 21, narra que Deus fez o homem cair em profundo sono e, enquanto este dormia (logo, durante uma espécie de anestesia), foi-lhe tirada uma costela, a partir da qual teria sido feita Eva, a primeira mulher [15]. Apesar da inusitada argumentação, o embate só chegou ao fim após a Rainha Vitória ter sido anestesiada com esse solvente durante os trabalhos de parto de seu oitavo filho, Leopoldo [12,16].

Com o passar do tempo, o emprego desses solventes em cirurgias mostrou-se perigoso. Como o éter é um solvente inflamável e volátil, havia o risco de queimaduras tanto de pacientes como da equipe envolvida nos procedimentos médicos, já que muitas salas usadas para a cirurgia eram iluminadas por velas [17]. Também havia o problema de desidratação, e, em relação ao clorofórmio, além do risco de parada respiratória decorrente do estímulo vagal, havia ainda os danos hepáticos em virtude da exposição aguda e intensa a esse solvente. Atualmente a medicina ainda utiliza a propriedade anestésica de alguns solventes, como o halotano [18].

Apesar da obsolescência do clorofórmio e do éter no campo medicinal, tal qual ocorre com outros tipos de fármacos controlados e/ou proibidos, os solventes orgânicos continuam a ser usados para autointoxicação voluntária de forma recreativo ou abusiva, como alteradores de estados de consciência, sobretudo por jovens e crianças [7,19].

6.1.3 Motivações para a intoxicação voluntária por solventes

Considerar-se-á inalante a substância que se apresenta sob a forma de líquido de baixo ponto de ebulição ou gás e que é usada propositalmente para a alteração de estado de consciência. Dentro dessa definição encontram-se diferentes classes básicas que podem ser agrupadas em quatro grupos, a saber: a dos solventes orgânicos, a dos gases, a dos nitritos orgânicos e óxido nitroso, sendo que o enfoque deste texto ficará restrito ao primeiro [5,8,9].

Estudos epidemiológicos feitos por meio de entrevistas com estudantes norte-americanos com idade entre 12 e 14 anos, em 2013, revelaram que, num período de trinta dias, 2,7% dos entrevistados fizeram uso de algum tipo de inalante (considera-se inalante tanto solventes orgânicos como os gases de diferentes classes químicas), fazendo com que o consumo desses compostos ficasse atrás apenas da maconha [5]. Essa mesma predileção foi observada em jovens marginalizados que ocupavam as ruas da Cidade do México [19].

Mesmo diante dessa considerável prevalência, há poucos estudos em relação ao uso de solventes com o propósito de intoxicação voluntária [19]. Chama atenção ainda o fato de que o uso abusivo desses compostos é em geral atribuído a camadas menos favorecidas da sociedade [19-21]. Também se observa que há poucos trabalhos sobre as bases celulares para o mecanismo de ação dessas substâncias [22]. Além desse aparente descaso, outros fatos importantes do ponto de vista do estudo do consumo abusivo de solventes residem na falta de padronização de nomenclatura e definições pertinentes ao estudo desse tipo de composto, já que a não uniformização de termos usados pode mascarar não apenas as tendências de consumo, como ainda a real extensão destes [7,23].

Por conta das múltiplas formas de apresentação e de formulações, da variedade de classes e de fontes de substâncias voláteis, incluindo aquelas que em temperatura ambiente são gases, verifica-se, por exemplo, que o termo inalante ora é empregado como sinônimo de solvente, ora como compostos líquidos ou gasosos comumente usados para alteração de estados de consciência. Também não há um ponto pacífico no que concerne à classificação não apenas de inalantes de uma forma geral, como ainda de solventes dentro do universo de uso abusivo [5,23]. Na Figura 6.1, observam-se algumas das formas mais comuns de apresentação de inalantes.

Inúmeras são as razões encontradas na literatura para justificar o uso abusivo de solventes; entre elas, as mais frequentemente arguidas são a facilidade de aquisição (já que eles são facilmente encontrados em produtos domésticos do cotidiano, tais como produtos de limpeza, tíner, lacas e tintas), a rápida alteração de estado de consciência proporcionada por esses compostos, a dissimulação ou facilidade de ocultação das embalagens e o baixo custo [10,19,21].

Outros fatores como a impossibilidade de aquisição de outras drogas (uso vicário), sobretudo pela falta de recursos financeiros, também são atribuídos ao consumo abusivo dessas substâncias, o que aumentaria o estigma dos usuários destas, pelo menos daqueles que de alguma forma se encontram à margem da sociedade [19,21]. A autointoxicação voluntária como forma de aceitação por um determinado grupo de usuários de solventes também se destaca como importante porta de entrada para o mundo dos compostos voláteis [24].

Apesar disso, estudo recente sugere que há pessoas que apresentam predileção pelo uso de solventes mesmo tendo a possibilidade do uso de outros tipos de droga de abuso [19]. Há ainda o fato de que a sensação de euforia causada por inalantes (e, dessa forma, por solventes) pode ser um dos fatores para o desenvolvimento de uma possível dependência psicológica [5,21].

Figura 6.1 Apresentação comum de inalantes.

Chamam atenção ainda estudos norte-americanos que observaram a correlação entre o comportamento antissocial, bem como a maior prevalência de uma série de predicados negativos, tais como pensamentos e tendência suicida e inclinação ao comportamento criminoso, e o uso de solventes por jovens, quando comparados a um grupo de não usuários desse tipo de droga de abuso [20,25].

SOLVENTES ORGÂNICOS NO CINEMA E NA MÚSICA

No filme *Medo e delírio* (*Fear and loathing in Las Vegas*), de 1998, que retrata as aventuras de um jornalista na cobertura de uma corrida de motos no deserto, o personagem Dr. Thompson, interpretado por Johnny Depp, faz uso de diversos tipos de drogas de abuso, além de nitrito de isoamila (em conjunto com o personagem Dr. Gonzo, interpretado pelo ator Benicio Del Toro) e éter etílico. Com este último, Dr. Thompson emprega uma técnica bastante difundida dos usuários de solventes: encharca um tecido (no caso: a bandeira dos Estados Unidos da América) com o éter para em seguida inalá-lo [26].

Na história da MPB, há pelo menos duas músicas que citam, ainda que de maneira indireta, o uso abusivo de solventes orgânicos (no caso, o cloreto de etila): a primeira é "Lança perfume", interpretada por Rita Lee [27]. A outra é "Não quero mais andar na contramão", versão de Raul Seixas para a música "No, No Song", de Ringo Starr [28].

6.1.4 Solventes como insumos para o preparo de drogas de abuso

Não é só no uso interno que os solventes têm importância em termos de toxicologia, sobretudo forense. Pelo fato de apresentarem certas características físico-químicas, tais compostos podem ser empregados tanto na obtenção como na purificação de drogas de abuso, sobretudo quando estas apresentam nitrogênio em sua estrutura e/ou média/baixa polaridade [29,30], sendo que tal uso pode ser na verdade o principal motivo pelo qual essas substâncias são controladas no mundo, e não por conta de seu uso para autointoxicação voluntária [10].

Assim, solventes imiscíveis com a água e de polaridade entre média e baixa podem ser usados em um tipo de procedimento de extração denominado de extração líquido-líquido (ELL, ou LLE, do inglês *liquid-liquid extraction*), bastante útil na extração e purificação de alcaloides, como a cocaína e morfina, e também na purificação de drogas sintéticas que apresentam nitrogênio em sua composição, sobretudo quando associada à alteração de pH da fase aquosa. Outra possibilidade de emprego de solventes refere-se à purificação feita por meio de recristalização [29,30].

Além disso, os solventes orgânicos com baixo ponto de ebulição podem ser facilmente eliminados de uma solução por meio de evaporação simples, fazendo com que o soluto (no caso, a droga de interesse) seja facilmente obtido [29,30].

Como exemplos de solventes empregados como insumos para a produção de drogas, temos o éter etílico e os compostos clorados, como o clorofórmio e o diclorometano [29]. Além de substâncias com caráter hidrofóbicos, pode-se empregar também aquelas com caráter hidrofílico, como a acetona [30,31].

6.2 Casuística

6.2.1 Casuística brasileira de declaração de consumo abusivo de solventes/inalantes por estudantes do ensino médio e superior

De acordo com pesquisa realizada em 2010 pela Secretaria Nacional de Política sobre Drogas (Senad) em parceria com outras instituições, 8,7% dos 50.890 estudantes do ensino fundamental (a partir do 6.º ano) e médio de instituições públicas e privadas entrevistados declararam ter feito uso, pelo menos uma vez na vida, de algum tipo de solvente ou inalante, colocando o consumo desse grupo de substância no primeiro lugar das drogas de abuso utilizadas por esse público, quando excluídos o álcool e o tabaco e seus derivados [32].

Para se ter uma ideia mais ampla sobre o significado dessa cifra, basta olhar para a maconha, segunda colocada no *ranking* em questão, e que apresenta uma taxa de consumo de 5,8%, ou seja, o consumo de solventes/inalantes supera o de maconha em uma proporção de cerca de 40% (32).

Em outra pesquisa, cujo público-alvo era composto por estudantes universitários (com 17.573 participantes), essa classe de drogas de abuso passou a ocupar a segunda posição (20,4%), ficando atrás apenas da maconha (26,1%), quando excluídos o álcool, o tabaco e seus derivados [33,34].

6.2.2 Casuística de declaração de consumo abusivo de solventes/inalantes na cidade de São Paulo por estudantes do ensino fundamental e médio

Ainda em relação aos números divulgados em 2010 pela Senad, 8,6% dos estudantes entrevistados do ensino fundamental e médio da rede pública (num total de 4.073 estudantes) declararam ter feito uso, pelo menos uma vez na vida, de algum tipo de solvente/inalante [32].

Novamente, em ambos os casos o consumo de solventes/inalantes foi maior do que o de maconha (5,1%), segunda colocada no *ranking* de declaração de consumo abusivo, excluindo-se o álcool e o tabaco [32].

Quando comparadas as taxas dos dois primeiros lugares na preferência desses estudantes, observamos que a proporção de estudantes que fez uso de solventes/inalantes pelo menos uma vez na vida é cerca de 10% maior na cidade de São Paulo do que no restante do país [32].

Se compararmos os números relativos ao primeiro e segundo lugares da pesquisa na cidade de São Paulo, observamos que houve um consumo aproximadamente 70% maior de solventes/inalantes do que de maconha [32].

6.2.3 Casuística paulista (capital e Grande São Paulo) de análise de material oriundo de apreensões policiais

Os solventes, excetuando o cloreto de etila, aparecem frequentemente em embalagens com pequeno volume, como frascos de perfume ou de amostras deste e ainda em pequenas garrafas de vidro (Figura 6.2).

Figura 6.2 Apreensão policial de frascos de vidro contendo diclorometano. Ao todo, 389 frascos contendo um volume médio de 20 mL cada um foram apreendidos.

Com o provável intuito de deixar os solventes mais agradável aos sentidos, são adicionados a eles corantes e aromas alimentícios das mais variadas cores. Ainda em relação a tal propósito, há o relato da adição de doces coloridos e com sabores diversos, tornando-os semelhantes aos frascos com líquido colorido que se observa na Figura 6.1 [35].

Na região da capital e Grande São Paulo, os solventes mais apreendidos no ano de 2013 foram o diclorometano e o tricloroetileno, sendo o primeiro, não raro, misturado a etanol. Também figura nesse conjunto, ainda que em menor proporção, o cloreto de etila, o clorofórmio e o éter etílico, conforme se observa nos gráficos da Figura 6.3 [36].

Ainda em relação ao ano de 2013, foram observados dois casos, aparentemente relacionados, de uma mistura de dimetil éter e freon, acondicionada em frascos semelhantes àqueles nos quais geralmente se encontra o cloreto de etila.

Somente no primeiro trimestre de 2015 foram realizados mais de duzentos exames desse tipo de material pelo Núcleo de Exames de Entorpecentes [37]. A análise dos dados referentes a esse período revela que o perfil do material apreendido teve uma grande mudança, sobretudo pelo aumento significativo de apreensões relacionadas ao tricloroetileno, que ultrapassaram aquelas relacionadas ao diclorometano (Figuras 6.4 e 6.5).

Quando observamos apenas os números referentes ao solvente principal (componente majoritário) presente no material examinado, vemos que o tricloroetileno passa a ter uma participação ainda maior na matriz de solventes apreendidos em operações policiais (sai de 51% e atinge o patamar de 61% do total de apreensões).

Na análise dos números referentes aos anos de 2013 e 2015 houve um aumento significativo do percentual de casos de tricloroetileno em apreensões policiais, que passaram de 26% para 51%, uma alta de quase 100%.

Em contrapartida, os números referentes ao diclorometano e aos demais solventes apresentaram queda, evidenciando uma tendência do consumo abusivo do tricloroetileno.

Ainda a comparação direta entre os valores possa ter um viés por conta da sazonalidade (já que os números comparados não se referem a períodos idênticos do ano), a diferença é tamanha que se torna improvável que um aumento real não tenha ocorrido.

Composição de amostras de solventes analisados pelo núcleo de exames de entorpecentes em 2013

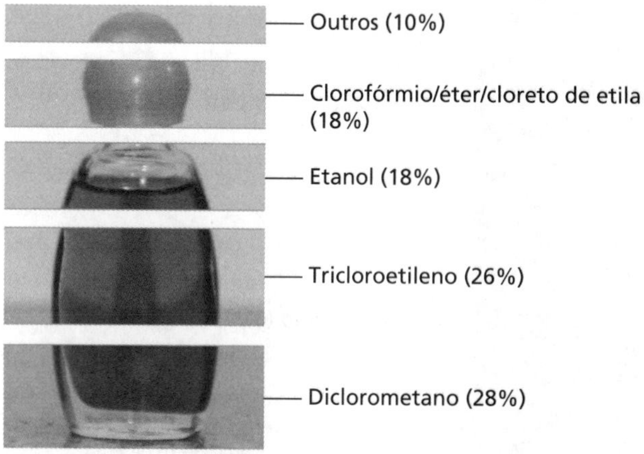

Figura 6.3 Números relativos à composição dos solventes analisados pelo Núcleo de Exames de Entorpecentes no ano de 2013 (amostras de cem casos; período de julho a setembro); os dados levam em conta até três compostos majoritários presentes na amostra.

Composição de amostras de solventes analisados pelo núcleo de exames de entorpecentes em 2015

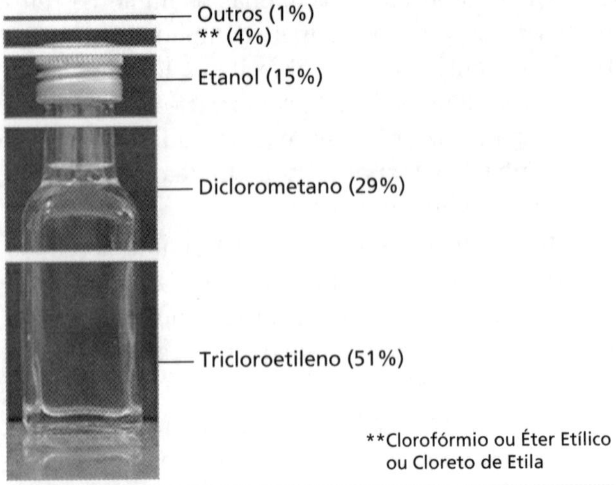

Figura 6.4 Números relativos à composição dos solventes analisados pelo Núcleo de Exames de Entorpecentes no ano de 2015 (amostras de 204 casos; período de janeiro a março); os dados levam em conta até três compostos majoritários presentes na amostra.

Componente principal de amostras de solventes analisados pelo núcleo de exames de entorpecentes no ano de 2015

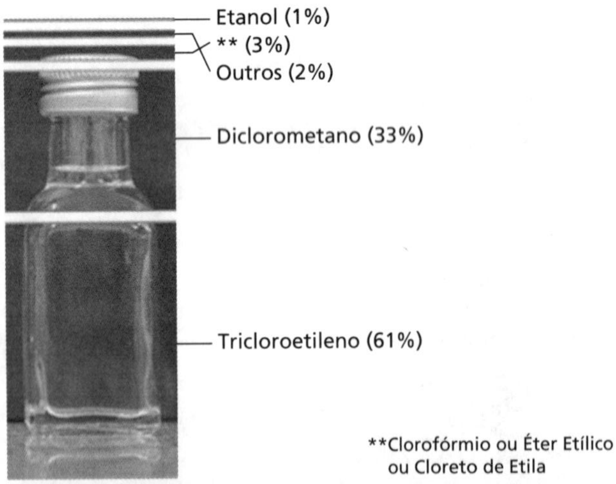

Figura 6.5 Números relativos à composição dos solventes analisados pelo Núcleo de Exames de Entorpecentes no ano de 2015 (amostras de duzentos casos; período de janeiro a março); os dados levam em conta apenas o componente principal presente na amostra: $CHCl_3$/éter e EtCl referem-se, respectivamente, ao clorofórmio, ao éter etílico e ao cloreto de etila.

O LUCRATIVO NEGÓCIO DOS SOLVENTES

De acordo com recente reportagem, um frasco de solvente contendo 5,0 mL (cinco mililitros) é comercializado na região central de São Paulo por R$ 7,00 (sete reais) [35].

Se considerarmos que o preço do tricloroetileno grau analítico é da ordem de R$ 50,00 (cinquenta reais) e que um frasco com capacidade de aproximadamente 5,0 mL tem um custo de R$ 0,50 (cinquenta centavos de real), temos a seguinte equação de custo (C) de produção de cada unidade comercializada [35,38]:

$$C = 0{,}50R\$ + \frac{50{,}00R\$}{1000mL} \times 5{,}0mL = 0{,}75R\$$$

Se a unidade tem volume de 5 mL, a partir de um litro é possível produzir duzentas delas. Assim, o custo para a transformação de 1 L de tricloroetileno em duzentas "unidades comumente comercializadas" (C') é de R$ 0,75 × 200 = R$ 150,00.

Como cada unidade é comercializada pela quantia de R$ 7,00, o fracionamento de um litro de tricloroetileno pode gerar uma receita bruta (R) de R = R$ 7,00 × 200 = R$ 1.400,00.

Dessa forma, temos que o lucro com o comércio dessas duzentas unidades (L) é igual a R$ 1.400,00 – R$ 150,00 = R$ 1.250,00. Em outras palavras, para cada real "investido" no fracionamento e distribuição, foi obtido lucro de mais de oito reais, possivelmente em transações comerciais em espécie, livres de impostos e encargos trabalhistas. É razoável inferir que tal lucro seja um dos fatores relacionados ao aumento nos últimos anos do número de apreensões de solventes relacionados ao uso abusivo. Pelo menos desde 2006 os meios eletrônicos vêm noticiando a expansão desse mercado em território nacional [39-41].

6.2.4 Toxicologia dos solventes

Em geral, o relato de indivíduos que fizeram uso abusivo de solventes envolve a descrição de sensações semelhantes àquelas provocadas pelo consumo de álcool, ou seja: euforia inicial, perda de coordenação motora e da fala, seguidas de diminuição da consciência [42].

Tais efeitos também podem, de forma geral, ser comparados àqueles produzidos por fármacos depressores do sistema nervoso central (SNC), como os barbitúricos [9,10].

Os solventes não apresentam apenas uma grande variedade em termos estruturais: seus efeitos tóxicos são amplos e podem atingir diferentes órgãos e sistemas. Assim, hepatotoxicidade, perda de sensibilidade da face, distúrbios hematopoiéticos como anemia, aplasia e leucemia são algumas das diversas manifestações da ação tóxica dessa classe de compostos [43].

Além desses, outro risco é a morte súbita induzida pelo uso abusivo de solventes, conhecida genericamente como "morte súbita por inalação de solventes" (*sudden sniffing death syndrome*, SSDS), que pode ser definido como um problema cardíaco decorrente do uso abusivo dessas substâncias, seguido da execução de uma atividade estressante ou desgastante, situação na qual a musculatura cardíaca passa a ter maior sensibilidade aos efeitos da adrenalina [42,44].

A Tabela 6.1 traz um resumo de alguns dos principais solventes orgânicos e seus efeitos tóxicos no organismo.

Apesar do conhecimento acerca dessas manifestações, pouco se sabe sobre o modo pelo qual os solventes agem no organismo para desencadear sua toxicidade. O que de certa forma é ponto pacífico é a relação entre o caráter lipofílico e o efeito farmacológico dessas substâncias [42].

Tabela 6.1 Efeitos tóxicos de alguns dos principais solventes utilizados de forma recreativa

CLASSE	SOLVENTE	EFEITO TÓXICO
Haloalcanos	Diclorometano	Danos hepáticos [43]
	Clorofórmio	Danos hepáticos; toxicidade cardíaca [43]
	Tricloroetileno	Neuropatia trigeminal, danos hepáticos, como cirrose [42,43], além de danos auditivos, visuais e no sistema reprodutor [42]
	Cloreto de etila	Danos hepáticos [43]
Éteres	Éter dietílico	Hipertermia maligna [45]
Hidrocarbonetos	Tolueno	Neuropatia cranial, perda de audição [43]

PARA ALÉM DA TOXICOLOGIA...

Não é só das manifestações físicas diretas que alguém pode se tornar vítima do uso abusivo de solventes. Mortes decorrentes de asfixia, acidentes de trânsito, além de outros acidentes, são apenas algumas das diversas formas pelas quais alguém pode vir a falecer em decorrência da autointoxicação voluntária com solventes.

6.3 Metodologia de análise

Por se tratar de compostos que apresentam alta pressão de vapor e, assim, volatilidade, os solventes orgânicos são em geral analisados por meio de cromatografia gasosa (*gas chromatography*, GC) [10,42].

Como as preparações de solventes são usualmente feitas com corantes e edulcorantes que, por meio de injeção líquida, tendem a acumular-se na porta de injeção do cromatógrafo (*inlet*), exigindo maior número de intervenções do analista (manutenções preventivas e/ou corretivas), a forma de injeção mais interessante é por meio de *headspace*, combinada ou não com microextração em fase sólida (*solid phase micro extraction*, SPME), já que, dessa forma, apenas os compostos voláteis presentes na amostra é que são introduzidos no cromatógrafo.

Esse mesmo raciocínio pode ser aplicado para amostras biológicas, sobretudo as de sangue coletado de vivos ou de cadáveres, já que estas apresentam matriz complexa, e, por isso, uma injeção no modo líquido poderia ocasionar acúmulo de sujidades que demandariam manutenções preventivas do equipamento em um pequeno intervalo de tempo [30].

Chama-se atenção ainda ao fato de que um maior número de detalhes deve ser levado em conta quando se trabalha com matriz biológica; entre esses detalhes, destacam-se a coleta, o acondicionamento, o armazenamento e o transporte da amostra [10]. Na Tabela 6.2, encontra-se a descrição de cuidados que vão desde a escolha do material e forma de preenchimento do frasco de coleta até os tipos de conservantes e temperatura de armazenamento da amostra [10].

Tabela 6.2 Recomendações para a coleta e transporte de amostras biológicas [10]

ETAPA	COMENTÁRIOS
Coleta	Recomenda-se a utilização em frasco de vidro e que este seja preenchido o máximo possível; é interessante ainda o emprego de anticoagulante como heparina e/ou outros conservantes, conforme a suspeita do tipo de inalante presente na amostra.
Armazenamento	A manutenção da amostra sob baixas temperaturas (tipicamente entre –5 e 4 °C) diminui a possibilidade de degradação do analito de interesse; outro detalhe é que a segregação do material biológico em relação a eventuais objetos suspeitos de conterem solventes faz-se necessária (por exemplo, não acondicionar no mesmo invólucro ou dentro do mesmo espaço amostras biológicas e objetos coletados com vítimas de intoxicação ou de locais relacionados à prática da autointoxicação voluntária com solventes). O mesmo é válido em relação à necessidade de espaços de armazenamento específicos para amostras e padrões de substâncias voláteis.
Transporte	Além da questão da segregação da amostra (conforme descrito no tópico anterior), faz-se necessário o transporte sob refrigeração adequada.

Além de sangue, outras matrizes podem ser bastante úteis na pesquisa de inalantes/voláteis, por exemplo, o cérebro [10].

Apesar da possibilidade do uso de diferentes tipos de detectores hifenados a essa técnica de separação, os sistemas mais comuns são o de ionização de chama (*flame ionization detector*, FID), o detector por captura de elétrons (*electron capture detector*, ECD) e o espectrômetro de massas [42], sendo este último de especial interesse, uma vez que possibilita não apenas a determinação de tempo de retenção como parâmetro de identificação de um dado solvente, como também fornece ao analista informações acerca da estrutura química por meio do padrão de fragmentação, da distribuição isotópica de átomos como o bromo e o cloro, além de possibilitar a estimação da quantidade de átomos de nitrogênio na estrutura (regra do nitrogênio) [30].

Além disso, por conta da forma da aquisição de dados pelo espectrômetro de massas, é possível que sejam identificados simultaneamente diferentes compostos de interesse, ainda que estes se apresentem coeluídos entre si ou ainda com interferentes de matriz (Figuras 6.6 e 6.7).

Essa capacidade de identificação confere à cromatografia gasosa hifenada à espectrometria de massas (*mass spectrometry*, MS) o título de metodologia padrão-ouro (*gold standard*).

Tal procedimento pode ser facilmente empreendido por meio de diferentes recursos computacionais, entre os quais se destaca a deconvolução de espectros de massas, sendo que seu maior expoente ainda hoje é o *automated mass spectral deconvolution and identification system* (AMDIS) [46], infelizmente ainda pouco utilizado no Brasil.

Assim, essa possibilidade de análise de compostos ainda que ocorra coeluição faz com que o desenvolvimento de métodos seja mais simples e que estes sejam em geral mais curtos do que seriam caso outro tipo de sistema de detecção fosse empregado (por exemplo, a cromatografia gasosa com detecção por ionização de chama), conforme ilustrado na Figura 6.8.

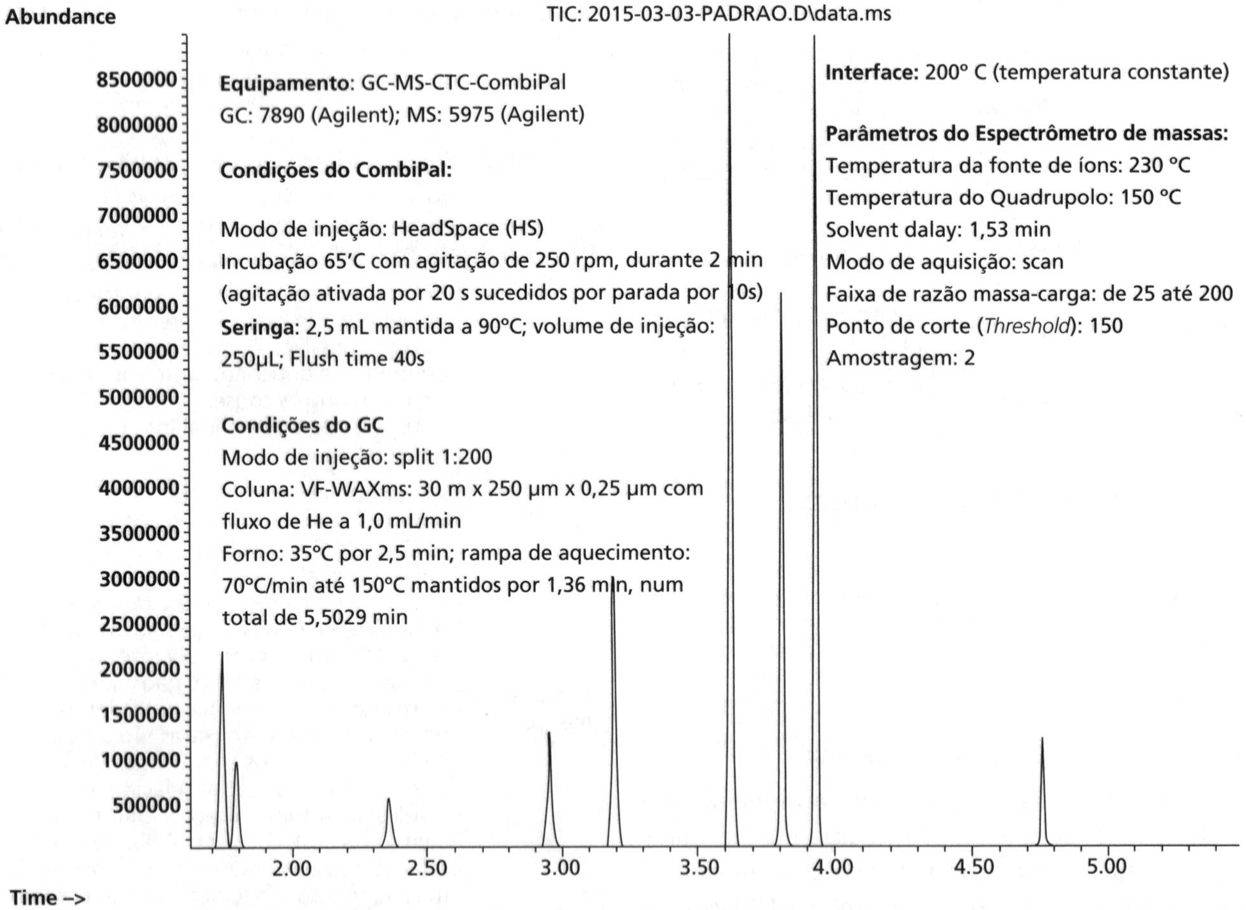

Figura 6.6 *Total ion chromatogram* (TIC) de mistura de padrões de solventes e as configurações do método para GC-MS utilizadas para a aquisição de dados no Núcleo de Exames de Entorpecentes do Instituto de Criminalística de São Paulo [36]. O volume de amostra utilizado era de 10 µL em 250 µL de solução aquosa de álcool isoamílico 0,4%.

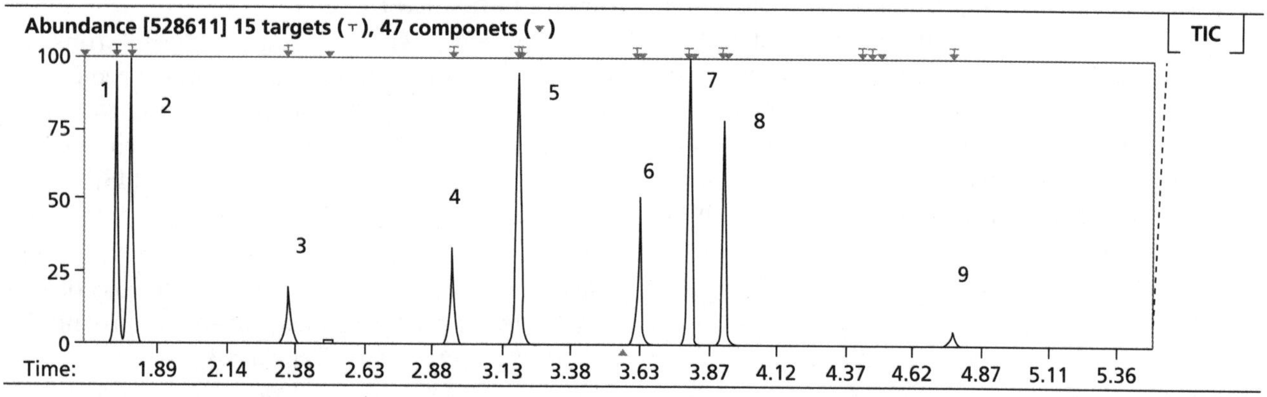

Figura 6.7 *Total ion chromatogram* (TIC) de uma mistura de padrões de solventes: (1) éter etílico; (2) cloreto de etila; (3) acetona; (4) metil-etil cetona; (5) cloreto de metileno; (6) tricloroetileno; (7) clorofórmio; (8) tolueno; (9) álcool isoamílico (padrão interno).

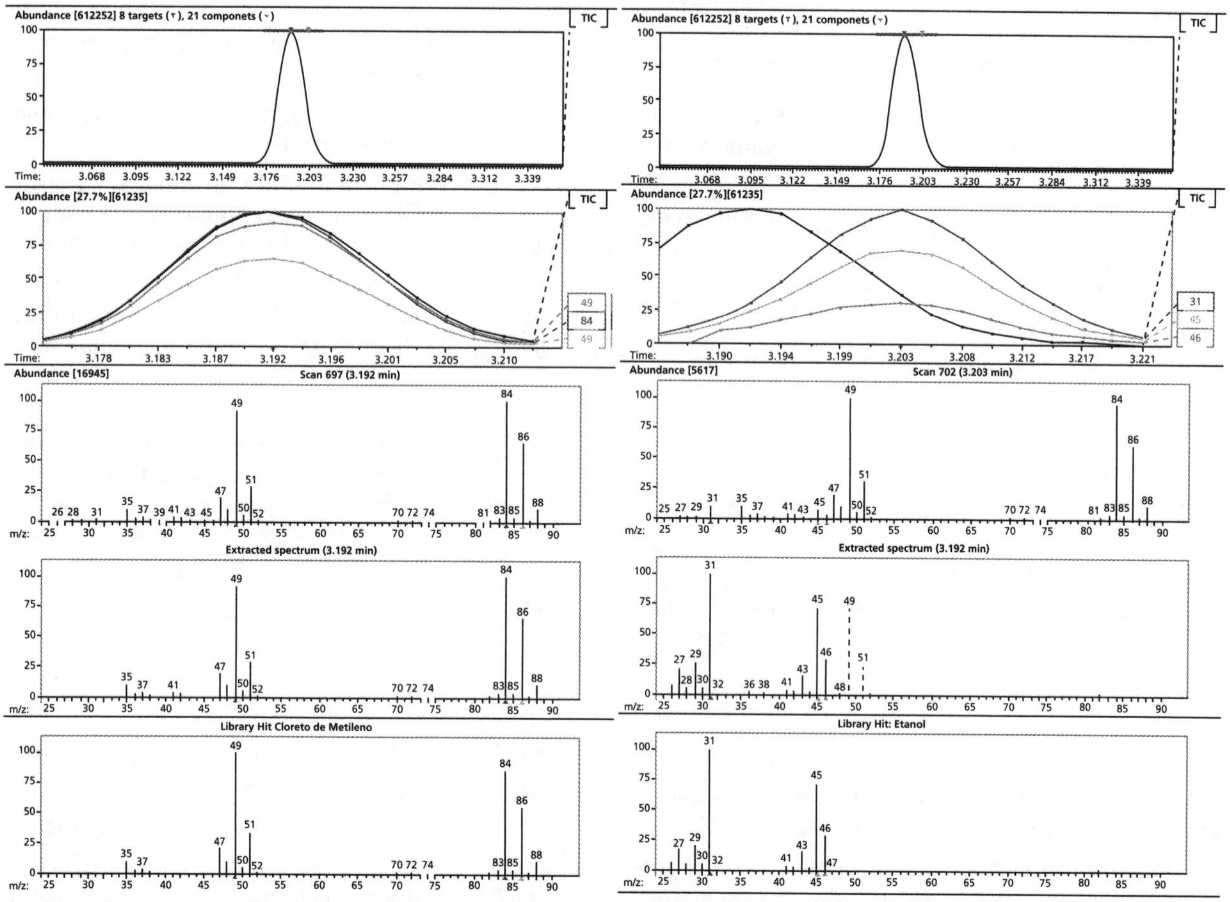

Figura 6.8 Exemplo de análise feita via AMDIS. Em um mesmo pico e sem necessidade de uso de ferramentas de subtração ou média, o algoritmo é capaz de separar espectros oriundos de duas substâncias que coeluíram (etanol e diclorometano). Observar que os picos referentes aos fragmentos relacionados ao diclorometano encontram-se alinhados com o TIC, enquanto que os picos dos fragmentos do etanol encontram-se desalinhados em relação ao traçado geral do pico (estão à direita do pico).

No entanto, não necessariamente essa combinação de técnicas deve ser usada para a identificação de um dado solvente, já que para essa classe de compostos também valem não apenas os critérios de positividade como ainda as demais recomendações de grupos internacionais como o Scientific Working Group for the Analysis of Seized Drugs (SWGDRUG) [47].

6.3.1 Legislação

A principal lei que norteia a análise forense de solventes utilizados como inalantes e precursores usados na produção dos denominados entorpecentes é a Portaria SVS-MS 344/98, cuja última atualização ocorreu em 13 de fevereiro de 2015 [48].

Essa portaria traz, sobretudo na sua Lista D2 ("Lista de insumos químicos utilizados para a fabricação e síntese de entorpecentes e/ou psicotrópicos"), alguns dos principais solventes apreendidos em operações policiais (Tabela 6.3).

Tabela 6.3 Solventes e alguns de seus usos lícitos e ilícitos

CLASSE	COMPOSTO	PRINCIPAL USO	USO ILÍCITO
Cetona	Metil etil cetona	Solvente para a produção de borracha sintética e produtos de limpeza	Usado como inalante
	Acetona	Solvente industrial	Pode ser usado na extração e purificação de cocaína
Haloalcano	Cloreto de etila*	Solvente para as indústrias química e farmacêutica	Inalante vulgarmente conhecido como "lança-perfume"
	Cloreto de metileno	Usado em métodos para produção de café descafeinado	Usado puro ou em mistura com outros solventes para o preparo do inalante conhecido vulgarmente como "loló" ou "cheirinho da loló"
	Clorofórmio	Extração líquido-líquido [29]	Usado puro ou em mistura com outros solventes para o preparo do inalante conhecido vulgarmente como "loló" ou "cheirinho da loló"
Éter	Éter etílico	Extração líquido-líquido [29]	Usado puro ou em mistura com outros solventes para o preparo do inalante conhecido vulgarmente como "loló" ou "cheirinho da loló". Pode ser usado na extração e purificação de cocaína
Hidrocarboneto	Tolueno	Solvente de tintas, lacas e vernizes	Usado como inalante

* Presente na Lista B2.

Nesse dispositivo, mais especificamente na Lista D2, estão elencados os principais solventes comumente apreendidos em operações policiais.

Ainda em relação a essa portaria, destaca-se a presença de outro solvente de grande prevalência no estado de São Paulo: o tricloroetileno, que aparece na Lista C1 (lista das outras substâncias sujeitas a controle especial sujeitas a receita de controle especial em duas vias) [48].

Apesar de elencado, é preciso ter cautela ao relatar o encontro de tricloroetileno em amostras de interesse forense, já que a própria Portaria 344 disciplina, no adendo de número 6 da lista em questão, quando essa substância encontra-se sob seu controle [48]:

6) excetuam-se das disposições legais deste Regulamento Técnico as substâncias *TRICLOROETILENO*, DISSULFIRAM, LÍTIO (metálico e seus sais) e HIDRATO DE CLORAL, *quando, comprovadamente, forem utilizadas para outros fins, que não as formulações medicamentosas, e, portanto não estão sujeitos ao controle e fiscalização previstos nas Portarias SVS/MS n.º 344/98 e 6/99.*

Uma vez que não é razoável classificar o abuso de tricloroetileno como uso medicamentoso pela interpretação direta da lei, esse composto, quando oriundo de apreensões policiais relacionadas ao combate ao tráfico de drogas e apresentado sob a forma fracionada e relacionada à inalação, via de regra, não deveria ser enquadrado como substância pertencente ao rol da Lista C1 da Portaria 344/98, sendo mais adequada sua classificação dentro da lista de produtos controlados pela Polícia Federal, de acordo com a Portaria n.° 1274/03 do Ministério da Justiça (anexo I, lista IV, item 30) [49].

Embora não se possa determinar com absoluta certeza por que razão há essa particularidade na Portaria 344, é possível inferir com base em argumentação da literatura que, apesar da importância da autointoxicação voluntária por solventes, estes acabam sendo controlados não por esse motivo, mas pelo fato de apresentarem o potencial uso na produção de outras drogas de abuso, como a cocaína e a heroína [10].

Assim, compostos como o tricloroetileno, o dimetil éter e até mesmo o freon não figuram entre as substâncias de controle pela Agência Nacional de Vigilância Sanitária (Anvisa), ainda que representem um problema de saúde pública em potencial.

6.4 Conclusões

Apesar do papel essencial dos solventes para a manutenção e desenvolvimento da sociedade tal qual a conhecemos hoje, há que se levar em conta o potencial risco destes para a saúde pública em decorrência do uso recreativo.

Para tanto, estudos mais aprofundados sobre as múltiplas faces que envolvem a questão da autointoxicação voluntária por solventes se fazem necessários, sobretudo aqueles relacionados aos efeitos deletérios e a políticas públicas educacionais que enfatizem para a população os riscos à saúde oriundos do consumo abusivo dessas substâncias.

Há que se considerar também a revisão da legislação no sentido de encontrar um ponto de equilíbrio entre a diminuição do acesso ao consumo abusivo desses compostos e o não comprometimento de atividades essenciais, não apenas do ponto de vista doméstico como também do enfoque industrial, já que ambos os setores dependem de forma direta ou indireta do uso de solventes.

Em relação ao atual cenário paulista, é preciso ter em mente as consequências futuras do uso de solventes, não apenas em relação aos possíveis episódios de morte súbita causados pelo uso abusivo desses compostos, como ainda os problemas de saúde acarretados pela exposição aos já identificados solventes envolvidos em apreensões policiais.

Questões para estudo

1. Considerando as condições de análise apresentadas na Figura 6.5, sugira modificações no sentido de:
   a) diminuir o tempo de análise;
   b) evitar a coeluição do etanol com o diclorometano.
2. Sabendo que o ponto de ebulição do cloreto de etila é de aproximadamente 12 °C e que grandes concentrações desse solvente podem danificar o espectrômetro de massas (altas concentrações de analito podem implicar a queima de filamento, bem como danos na multiplicadora de elétrons), sugira duas formas de transferir esse solvente para os *vials* de tal forma a garantir uma análise confiável e sem risco ao equipamento.
3. Partindo de condições analíticas semelhantes àquelas apresentadas na Figura 6.3, um perito resolveu adaptar o método de análise de solventes oriundos de apreensões policiais para amostras biológicas (por exemplo, o sangue). Sabendo que a sensibilidade do método adaptado é menor do que a observada no método original, sugira modificações que aumentem a sensibilidade do método para a análise de solventes em material biológico.
4. Sabendo que um analista utilizou fluoreto de sódio no sentido de evitar a degradação do(s) suposto(s) solvente(s) presente(s) no sangue e que tal conservante é um inibidor de esterase:
   a) indique, entre as moléculas abaixo, qual(is) era(m) a(s) provável(is) suspeita(s) do analista, quando da escolha do fluoreto de sódio como conservante?
   b) qual(is) o(s) outro(s) achado(s) que o analista observará caso a quantidade de conservante utilizada não tenha sido suficiente para impedir a degradação da molécula de seu interesse?

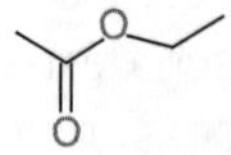
a

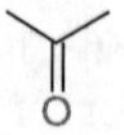
b

c

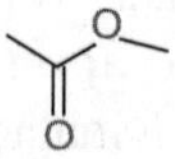
d

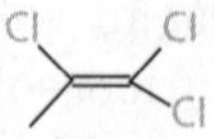
e

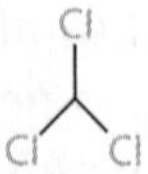
f

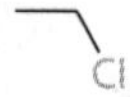
g

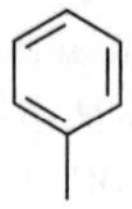
h

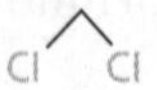
i

5. Por conta de redução de custos e da disposição de espaço, um laboratório de toxicologia é construído para atender às seguintes demandas:
   - Análise de solventes em amostras biológicas
   - Amostras brutas de solventes

   O laboratório dispõe de um único refrigerador doméstico (sem saída de gases) e a região destinada ao preparo de amostras é compartilhado para a recepção de casos, abertura de amostras e fracionamento destas.

   Diante dessas informações:

   a) Discuta quais as possíveis implicações analíticas das condições ambientais.

   b) De que maneira eventuais não conformidades poderiam ser monitoradas?

Respostas

1. a) Tomar uma ou um conjunto das seguintes ações: diminuir o comprimento da coluna, aumentar a taxa de aquecimento do forno, aumentar a temperatura inicial do forno, aumentar o fluxo da coluna.

   b) Tomar uma ou um conjunto das seguintes ações: diminuir a taxa de aquecimento na região próxima da saída do diclorometano, mudar a fase estacionária da coluna, aumentar o comprimento da coluna, diminuir o fluxo da coluna.
2. Há pelo menos duas formas básicas de fazer esse tipo de transferência: na primeira delas, deve-se resfriar a amostra, preferencialmente em *freezer*, e então colocá-la em recipiente adequado (por exemplo, copo béquer também resfriado) para que possa ser transferida ao *vial*.

   Outra forma mais rápida e menos reprodutiva (e, portanto, não recomendada para análises quantitativas) é: com o *vial* para *headspace* aberto, aspergir o vapor de cloreto de etila para o interior do *vial*. Em seguida, introduzir neste último fluxo de gás inerte no sentido de diluir o cloreto de etila (tipicamente, fluxos de 5 a 10 mL/min durante cinco segundos).
3. Há várias formas de aumentar a sensibilidade do método, entre as quais destacam-se:
   - aumentar o volume de amostra injetado;
   - diminuir a taxa de *split*;
   - aumentar o potencial aplicado à eletromultiplicadora.
4. a) As moléculas eram o acetato de etila e o acetato de metila, já que estas são as únicas representantes dos grupos dos ésteres que seriam impedidas de degradação pelo fluoreto de sódio.

   b) Caso a quantidade de conservante não tenha sido adequada, as esterases sanguíneas atuarão sobre os ésteres, produzindo o ácido acético, o etanol e o metanol. Os dois álcoois poderão aparecer no cromatograma quando da análise dos compostos voláteis. Já o ácido acético aparecerá apenas se a amostra estiver suficientemente ácida para que aquele permaneça na forma molecular e com isso seja volatilizado.
5. a) A disponibilidade de um único refrigerador sem exaustão de gases no qual possivelmente serão guardados padrões analíticos e amostras tanto de solventes brutos como amostras biológicas favorece a contaminação cruzada entre amostras e padrões. Além disso, o compartilhamento da mesma área tanto de recepção e abertura de material bruto como de amostras biológicas favorece a contaminação destas últimas, sobretudo pelo fato de estas apresentarem, quando positivas para determinado tipo de inalante, concentração bem menor do que aquela encontrada em material bruto.

   b) Eventuais medidas de controle para avaliação do grau de contaminação dos ambientes (refrigerador e espaço disponível para recepção/abertura de casos), tais como análise do ar ambiental, podem ajudar a mensurar o grau de contaminação bem como verificar se a criação de novos espaços foi suficiente para a redução a níveis aceitáveis de contaminação ambiental.

Lista de abreviaturas

AMDIS	*Automated mass spectral deconvolution & identification system*	TIC	*Total ion chromatogram*
ECD	*Electron capture detector*	Senad	Secretaria Nacional de Política sobre Drogas
ELL	Extração líquido-líquido	SNC	Sistema nervoso central
FID	*Flame ionization detector*	SPME	*Solid phase micro extraction*
GC	*Gas chromatography* ou *gas chromatographer*	SWGDRUG	Scientific Working Group for the Analysis of Seized Drugs
MS	*Mass spectrometry* ou *mass spectrometer*		

Lista de palavras

AMDIS
Cloreto de etila
Clorofórmio
Cromatografia gasosa acoplada à espectrometria de massas
Diclorometano
Éter etílico
Headspace
Hepatotoxicidade
Inalantes
Lança-perfume
Loló
Morte súbita por inalação de solventes
Solventes
Tolueno
Tricloroetileno

REFERÊNCIAS

1. Daintith J. Dictionary of Chemistry. 3rd ed. Oxford: Oxford University Press; 1996.

2. Atkins P, Jones L. Molecules, metter and change. 3rd ed. W H Freeman & Co; 1996.

3. Boyd RN, Morrison RT. Organic Chemistry. 6th ed. New Jersey: Prentice Hall; 1992.

4. Hofman A, Schultes RE, Rälsch C. Las plantas de los dioces. México: Fondo De Cultura Económica; 2000.

5. Beckley JT, Woodward JJ. Volatile solvents as drugs of abuse: focus on the cortico-mesolimbic circuitry. Neuropsychopharmacology. 2013;38(13):2555-67.

6. Trugo LC, Toci A, Farah A. Efeito do processo de descafeinação com diclorometano sobre a composição química dos cafés arábica e robusta antes e após a torração. Quim Nova. 2006;29(5):7.

7. Williams JF, Storck M. Inhalant Abuse. Pediatrics. 2007;119(5):1009-17.

8. Bale AS, Barone S, Scott CS, Cooper GS. A review of potential neurotoxic mechanisms among three chlorinated organic solvents. 2011[cited 255 1];113-26.

9. Evans EB, Balster RL. CNS depressant effects of volatile organic solvents. Neuroscience and Biobehavioral Reviews. 1991;15:9.

10. Flanagan RJ, Streete PJ, Ramsey JD. Volatile substance abuse practical guidelines for analytical investigation of suspected cases and interpretation of results. UNDCP Technical Series. 1997.

11. SeuHistory.com. The Stoned Ages A&E Television Networks LLC; [cited 2015]; Available from: https://www.youtube.com/watch?v=2D9GB9v28Zc.

12. History. Ether and Chloroform. [cited 2015]. Available from: <http://www.history.com/topics/ether-and-chloroform>.

13. Kalliardou E, Tsiotou AG, Velegrakis D, Avgerinopoulou A, Poulakou E, Papadimitriou L. Historical aspects of inhalation anesthesia in children: ether and chloroform. Pediatric Anesthesia. 2006;16(1):3-10.

14. Mai CL, Coté CJ. A history of pediatric anesthesia: a tale of pioneers and equipment. Pediatric Anesthesia. 2012;22(6):511-20.

15. Hunt AM. Anesthesia: principles and practice. New York: G. P. Putnam's Sons; 1949.

16. Connor H, Connor T. Did the use of chloroform by Queen Victoria influence its acceptance in obstetric practice? Anaesthesia. 1996;51:3.

17. McDonald AG. A short history of fires and explosions caused by anaesthesic agents. British Journal of Anaesthesia. 1994;72:13.

18. Ostercamp DL. Chemical aspects of general anesthesia: part I. From ether to halothane. J Chem Educ. 2006;83(12).

19. Gigengack R. The chemo and the mona: inhalants, devotion and street youth in Mexico City. International Journal of Drug Policy. 2014;25(1):61-70.

20. Howard MO, Jenson JM. Inhalant use among antisocial youth: prevalence and correlates. Addictive Behaviors. 1999;24(1):16.

21. Álcool e Drogas sem Distorção [Internet]. Drogas inalantes: uma atualização. Parte I – epidemiologia. Núcleo Einstein de Álcool e Drogas do Hospital Israelita Albert Einstein; 2002 [cited 2015 April 10]; Available from: <http://apps.einstein.br/alcooledrogas/novosite/atualizacoes/as_101.htm>.

22. Balster RL. Neural basis of inhalant abuse. Drug and Alcohol Dependence. 1998;51:8.

23. Balster RL, Cruz SL, Howard MO, Dell CA, Cottler LB. Classification of abused inhalants. Addiction. 2009;104(6):878-82.

24. Cottrell-Boyce J, editor. The role of solvents in the lives of Kenyan street children: an ethnographic perspective. African Journal of Drug & Alcohol Studies. 2010.

25. McGarvey EL, Canterbury RJ, Waite D. Delinquency and family problems in incarcerated adolescents with and without a history of inhalant use. Addictive Behaviors. 1996;21(4):6.

26. Gilliam T. Fear and loathing in Las Vegas. EUA: Paris Filmes; 1998.

27. Lee R, Carvalho R. Lança perfume: Som Livre; 1980.

28. Seixas R. Não quero mais andar na contramão (No, No, Song). Copacabana; 1988.

29. Henriques AT, Kerber VA, Moreno PRH, Simões CMI. In: Simões CMO, editor. Farmacognosia: da planta ao medicamento. 6. ed. Porto Alegre: Editora UFRGS; 2010. p. 765-92.

30. Bell S. Forensic chemistry. 2nd ed. Glenview: Pearson Education; 2013.

31. World Drug Report 2014. New York: United Nations Office on Drugs and Crime; 2014.

32. Carlini EA, Noto AR, Sanchez ZM. VI Levantamento nacional sobre o consumo de drogas psicotrópicas entre estudantes do ensino fundamental e médio das redes pública e privada de ensino nas 27 capitais brasileiras – 2010. Brasília: Secretaria Nacional de Políticas sobre Drogas (Senad); 2010 [cited 2010]. Available from: <http://www.cebrid.epm.br/index.php>.

33. Andrade AG, Duart PCAV, Oliveira LG. I levantamento nacional sobre o uso de álcool, tabaco e outras drogas entre universitários das 27 capitais brasileiras. Brasília: Secretaria Nacional de Políticas sobre Drogas (Senad); 2010.

34. I levantamento nacional sobre o uso de álcool, tabaco e outras drogas entre universitários das 27 capitais brasileiras. Secretaria Nacional de Política sobre Drogas; 2010 [cited 2015 April 10]; Available from: http://obid.senad.gov.br/obid/dados-informacoes-sobre-drogas/pesquisa-e-estatisticas/populacoes-em-contextos/universitarios-1

35. Zanchetta D. Traficantes vendem lança-perfume 'turbinado' com solvente na noite de SP. Estadão; 2015 [cited 2016 June 14]; Available from: <http://sao-paulo.estadao.com.br/noticias/geral,traficantes-vendem-lanca-perfume-turbinado-com-solvente-na-noite-de-sp,1672346>.

36. Medeiros EA, Togni LR, Calemi DBA, Costa JL, editors. Uso de headspace-GC-MS para análise substâncias presentes em inalantes apreendidos. Congresso Brasileiro de Toxicologia; 2013 7/10/2013; Porto Alegre; 2013.

37. Aquino EM. Perfil de solventes relacionados a apreensões policiais na capital e na Grande São Paulo em 2015. 2015 [não publicado]

38. Mercado Livre [Internet]; 2015 [cited 2015 April 20]; Available from: <http://produto.mercadolivre.com.br/MLB-639242195-frasco-para-amostra-de-perfume-45-ml-50-unidades-_JM>.

39. Ferreira R. Spray usado como droga tem venda livre na Capital. Grupo Gazeta de Comunicação; 2006 [cited 2015 May 15]; Available from: <http://www.gazetadigital.com.br/conteudo/show/secao/9/materia/120194/t/spray-usado-como-droga-tem-venda-livre-na-capital>.

40. Antidrogas S. Solvente de solda é usado como droga em São Paulo. Anti Drogas; 2007 [cited 2015 April 15]; Available from: <http://www.antidrogas.com.br/mostraartigo.php?c=1516&msg=Solvente%20de%20solda%20%E9%20usado%20como%20droga%20em%20S%E3o%20Paulo>.

41. Torres E. Nova droga invade festas populares da Região Metropolitana. Diário Gaúcho; 2012 [cited 2016 June 15]; Available from: <http://diariogaucho.clicrbs.com.br/rs/policia/noticia/2012/08/nova-droga-invade-festas-populares-da-regiao-metropolitana-3852839.html>.

42. Volatile substances drug profile. The European Monitoring Centre for Drugs and Drug Addiction (EMCDDA); [cited 2015 April 10]; Available from: <http://www.emcdda.europa.eu/publications/drug-profiles/volatile>.

43. Brailowsky S. Las sustancias de los sueños: neuropsicofarmacología. 4th ed. Distrito Federal: Fondo de Cultura Económica; 2002.

44. Cartilha sobre maconha, cocaína e inalantes. Brasília: Secretaria Nacional de Políticas sobre Drogas (Senad); 2005 [cited 2015]; Available from: <http://www.saude.sp.gov.br/resources/ses/perfil/cidadao/orientacao/cartilha_sobre_maconha_cocaina_e_inalantes.pdf>.

45. Brit BA. Recent advances in Malignant Hyperthermia. Anesthesia & Analgesia. 1972;51(5):9.

46. D'Arcy P, Mallard WG. AMDIS – User guide 2004 [cited 2016 June 15]; Available from: <http://chemdata.nist.gov/mass-spc/amdis/downloads/>.

47. Scientific Working Group for the Analysis of Seized Drugs (SWGDRUG); 2015 [updated 2015 April 1; cited 2015 April 10]; Available from: <http://www.swgdrug.org/index.htm>.

48. Resolução – RDC N.° 8, de 13 de fevereiro de 2015. Sect. 1 (2015).

49. Portaria 1274/03 (2003).

CAPÍTULO 7

COCAÍNA

Alice Aparecida da Matta Chasin

Virgínia Martins Carvalho

7.1 Resumo

A cocaína (COC) é um alcaloide extraído da folha de coca com propriedade anestésica local e estimulante do sistema nervoso central (SNC) que, dependendo das condições de uso, pode gerar distúrbios psiquiátricos e situações de fragilidade social ao usuário. Embora, ao longo da história, já tenha feito parte de formulações farmacêuticas e de produtos alimentícios, no início do século XX foi criminalizada, constituindo atualmente um dos maiores problemas de segurança pública.

Em 2013, a prevalência global de uso foi de 0,4% (cerca de 17 milhões de pessoas), situando-se entre as drogas de maior consumo mundial, com apreensão estimada em 687 toneladas. A posição geográfica do Brasil, que possui fronteiras com os principais produtores de cocaína (Colômbia, Peru e Bolívia), torna-o vulnerável à entrada de grandes quantidades da droga (quarenta toneladas apreendidas em 2013), sendo não somente um território de trânsito, mas de destino. O aumento do uso da cocaína fumada (*crack*), associado a sensação de insegurança, desconforto social e degradação humana, impulsionou o governo federal brasileiro a instituir em 2010 o Plano Integrado de Enfrentamento ao Crack e outras Drogas, com esforços voltados à repressão ao tráfico, prevenção e tratamento.

Sendo a cocaína uma das principais fontes de renda do crime organizado, sua origem, seu mercado, formas de obtenção, propriedades físico-químicas, análises de material de apreensão são de especial interesse na criminalística; e, sendo uma droga ilícita que pode causar distúrbios psiquiátricos, o envolvimento da COC com situações delituosas é presumível, justificando os exames toxicológicos em indivíduos vivos e cadáveres que auxiliarão no estabelecimento do nexo causal em situações de interesse forense. Nesse contexto, este capítulo apresenta vários aspectos da cocaína, como sua história, legislação, mercado, neurobiologia e análises toxicológicas aplicadas à investigação da droga e seu consumo.

7.2 Introdução

A cocaína é uma substância alcaloide presente na planta denominada botanicamente *Erythroxylum coca*. Essa planta nativa da região andina faz parte da cultura de países como Peru, Bolívia, Equador e Colômbia desde a época da civilização inca, com relatos de uso de suas folhas na forma mascada com cinzas para liberação de seus alcaloides por tribos peruanas há 2 mil anos, antes da colonização do continente americano pelos europeus [1].

Há registro do uso médico das folhas de coca datado de 1596 por um médico espanhol, mas o isolamento e caracterização do alcaloide cocaína se deu apenas em 1859, atribuídos a Albert Niemann. A partir de seu isolamento, a cocaína foi alvo de vários estudos, principalmente na área da psiquiatria. Um dos resultados foi o artigo "*Über Coca*" ("Sobre a cocaína"), publicado em 1884 por Sigmund Freud, que descreveu seu efeito supressor de fome, sono e fadiga e seu potencial no tratamento da depressão e da dependência à morfina, sendo referida a recomendação da dose de 50 a 100 mg por via oral como estimulante e euforizante em estados depressivos [1]. No entanto, após experiência clínica, Freud verificou que o tratamento com cocaína resultava em complicações psiquiátricas, como delírios paranoides e dependência, e tais efeitos colaterais levaram à retificação de sua publicação em 1892 [2].

Além do uso no tratamento de enfermidades psiquiátricas, a cocaína foi bastante utilizada como anestésico local, principalmente na área oftálmica. Na mesma época as folhas de coca eram utilizadas em preparações alimentícias, como o vinho adicionado de folhas de coca denominado Vin Mariani, apreciado por personalidades como o Papa Leão XIII, sendo que ainda hoje são encontradas várias ilustrações na *web* sobre tal bebida. Talvez o uso de maior impacto econômico tenha sido na produção de uma bebida que continha o extrato de folhas de coca, patenteada pelos norte-americanos e registrada como Coca-Cola®, bebida essa que ainda hoje é uma das mais consumidas no mundo e foi produzida com o extrato de folhas de coca de1886 a1906 [3].

A partir da Comissão Consultiva do Ópio, em 1921, a cocaína tornou-se proibida, mas tornou-se uma questão de preocupação social a partir da década de 1960. Atualmente é a droga de abuso ilícita mais consumida nas Américas, após a maconha, e representa um grande mercado ilícito, com grande impacto na segurança pública.

A partir da década de 1990, a cocaína, que antes se apresentava apenas na forma de sais de cloridrato ou sulfato e era utilizada pela via intranasal (IN) e intravenosa (IV), passou a ser utilizada também pela via pulmonar, com o advento do *crack* (do inglês *crack cocaine*), sendo essa via favorecida em relação à IV e IN pela facilidade de administração com rapidez e potência de efeitos semelhantes à via IV. Quando surgiu, nos Estados Unidos, o *crack* era obtido a partir dos sais de cocaína (na forma de cloridrato ou sulfato); mas atualmente, no Brasil, a cocaína fumada, embora seja alcunhada de *crack*– e, menos frequentemente, de *merla* e *oxy* –, apresenta características da pasta de coca, que é o produto obtido a partir da primeira extração das folhas, apresentando vários compostos derivados de petróleo e outros adulterantes que a tornam potencialmente mais tóxica que os sais de COC [4,5]. Seja qual for sua composição ou forma de obtenção, no Brasil se convencionou em todos os meios (acadêmico, de serviços de saúde, de veículos de comunicação etc.) utilizar a palavra *crack* para cocaína fumada. E o aumento progressivo dessa droga nas últimas décadas, com prevalências estimadas nas capitais e no Distrito Federal em torno de 370 mil pessoas, com 115 mil usuários na Região Sudeste, associado com a sensação de insegurança, desconforto social e degradação humana, impulsionou a publicação em 2010 do Decreto nº 7.79, que instituiu o Plano Integrado de Enfrentamento ao Crack e outras Drogas, sendo lançado em 2011, como parte desse plano, o programa "Crack, é possível vencer", que prevê medidas de integração de ações em três eixos: prevenção, cuidado e autoridade [6].

Embora a cocaína se origine de uma planta considerada sagrada na cultura andina e defendida no contexto cultural por algumas nações, como a Bolívia, que conseguiu tal reconhecimento da Organização das Nações Unidas (ONU), é uma substância criminalizada que representa uma das maiores fontes de renda do crime organizado nas Américas e, portanto, de grande interesse na área forense.

7.3 Legislação internacional e nacional

A legislação de drogas no Brasil se origina de convenções internacionais celebradas pelos países membros das Nações Unidas.

De relevância histórica houve a Conferência de Xangai, em 1909, e a Convenção Internacional do Ópio, em 1912, que regulamentou a produção e comercialização da morfina, heroína e cocaína, mas teve sua execução protelada em virtude da Primeira Guerra Mundial, entrando em vigor somente em 1921, com a criação da Comissão Consultiva do Ópio e Outras Drogas Nocivas. Essa comissão foi sucedida pela Comissão das Drogas Narcóticas (*Commission on Narcotic Drugs*, CND), e, em 1924, o conceito de substância entorpecente foi ampliado na Conferência de Genebra, sendo instituído o sistema de controle do tráfico internacional por meio de certificados de importação e autorização de exportação. Em 1925, o Acordo de Genebra (revisto em 1931 e 1936) estabeleceu a obrigação de os Estados participantes tomarem as providências para proibir, nos âmbitos nacionais, a disseminação do vício [7].

Em 1961, após várias atualizações dos protocolos e assinatura destes na ONU, foi firmada a Convenção Única de Nova York sobre Entorpecentes, onde os psicotrópicos foram relacionados e classificados segundo suas propriedades em quatro listas, estabelecendo-se as medidas de controle, fiscalização e atribuindo às Nações Unidas a competência em matéria de fiscalização internacional, incluindo as medidas que deveriam ser adotadas nos planos nacionais para a efetiva ação contra o tráfico ilícito, prestando-se ainda aos Estados assistência recíproca em luta coordenada pela cooperação internacional. Além disso, essa convenção de 1961 trouxe disposições penais, recomendando que todas as formas dolosas de tráfico, produção, posse etc. de entorpecentes em desacordo com a convenção fossem punidas adequadamente. Embora o tratamento médico dos dependentes fosse previsto, a diferenciação entre a forma dolosa de posse e o consumo decorrente da dependência não foi claramente tipificada. Novamente, em 1971, os países-membros das Nações Unidas discutiram a questão das drogas firmando a chamada Convenção sobre as Substâncias Psicotrópicas, concluída em 1988 com a denominação Convenção contra o Tráfico Ilícito de Entorpecentes e de Substâncias Psicotrópicas, que entrou em vigor em 1990, com a inclusão de substâncias como o éter etílico e a acetona, empregadas na preparação de outras drogas, principalmente a cocaína [7].

Por ser signatário das convenções internacionais sobre drogas, o Brasil promulgou em 1938 o Decreto-Lei nº 891, que criou medidas de fiscalização de entorpecentes criminalizando o uso, porte e tráfico e produção de ópio e seus derivados, cocaína e seus derivados e *Cannabis sativa*. A publicação do Código Penal de 1940 tipificou o crime de comércio, posse ou uso de entorpecente ou substância que determine dependência física ou psíquica em seu artigo 281, prevendo pena de reclusão de um a seis anos e multa de cinquenta a cem vezes o maior valor do salário mínimo vigente no país. Sob a influência da chamada "guerra às drogas" (*war on drugs*), declarada por Richard Nixon, presidente dos Estados Unidos, em 1971, mesmo ano em que novamente os países membros das Nações Unidas discutiram a questão das drogas, resultando na Convenção sobre as Substâncias Psicotrópicas, o Brasil criou em 21 de outubro de 1976 a Lei n.º 6.368, denominada Lei de Drogas. A Lei de Drogas é uma norma penal em branco, porque necessita de um complemento regulamentar para ser aplicada, e até 1998 a Convenção contra o Tráfico Ilícito de Entorpecentes e de Substâncias Psicotrópicas, por meio de suas listas, embasava a Lei de Drogas. Em 1998 foi publicada a Portaria n.º 344, que aprovou o regulamento técnico sobre substâncias e medicamentos sujeitos a controle especial e foi formulada com base nas convenções sobre drogas de 1961 (Decreto n.º 54.216/64), de 1971 (Decreto n.º 79.388/77), de 1988 (Decreto n.º 154/91), nas leis de drogas promulgadas em âmbito nacional e nas leis sanitárias que regem o controle de produtos farmacêuticos. Assim, a Portaria 344/98 contém as listas de substâncias sob regulamento especial e as proscritas, que incluem substâncias que em determinado momento da história foram utilizadas na medicina e que atualmente são proibidas, como é o caso da cocaína.

Apesar de a planta de coca ter sido reconhecida como patrimônio cultural dos povos andinos na Bolívia e o comércio de suas folhas para consumo na forma de chá ser permitido nos países andinos, a produção e comercialização de seu principal alcaloide, cocaína, para fins recreacionais não é permitido em nenhum país do mundo. No Brasil não é permitido nem o chá (ainda que das folhas descocainizadas, como acontece, por exemplo, nos Estados Unidos), pois aqui a planta é proscrita em toda sua totalidade. A Lei nº 11.343, publicada em 23 de agosto de 2006, instituiu o Sistema Nacional de Políticas Públicas sobre Drogas (Sisnad), contemplando medidas de prevenção e cuidado ao usuário (prevenção do uso indevido, atenção e reinserção social de usuários e dependentes de drogas) e medidas de repressão à produção e comercialização de drogas psicotrópicas [8]. Como república federativa, o Brasil tem uma Lei de Drogas única em todo o território nacional, e determina a proibição das drogas, bem como o plantio, a cultura, a colheita e a exploração de vegetais e substratos dos quais possam ser extraídas ou produzidas drogas, ressalvada a hipótese de autorização legal ou regulamentar e no caso de uso ritualístico-religioso contemplado na Convenção de Viena de 1971 [8].

7.4 O MERCADO DA COCAÍNA

A produção de cocaína a partir das folhas da planta do gênero *Erythroxylum* é realizada na Colômbia, Peru, Equador e Bolívia. Vários tipos podem ser empregados, mas as espécies tradicionalmente cultivadas são *Erythroxylum coca* variedade *coca* na Bolívia; *Erythroxylum coca* variedade *coca*, *Erythroxylum novogranatense* variedade *truxillense* e *Erythroxylum coca* variedade *ipadu* no Peru; e *Erythroxylum novogranatense* variedade *novogranatense*, *Erythroxylumcoca* variedade *ipadu*, *Erythroxylum novogranatense* variedade *truxillense* na Colômbia [9]. Essa planta é um arbusto encontrado ao leste dos Andes e acima da Bacia Amazônica, cultivado em clima tropical em altitudes que variam entre 450 m e 1800 m [10].

A preparação da droga se dá em laboratórios artesanais, próximos aos locais de plantio e com fornecimento constante de água limpa, utilizada na preparação da droga. A preparação da pasta de coca (*coca paste*) é realizada em um poço raso cavado no solo, que é forrado com plástico grosso, ou em tambores, onde as folhas secas de coca são misturadas com solução alcalina, por exemplo, carbonato de sódio e água, e é adicionado solvente orgânico, por exemplo, querosene ou gasolina; nesta etapa, quando a preparação ocorre em poço raso, os produtores costumam pisotear a mistura para facilitar a migração dos alcaloides para o solvente orgânico, a mistura é filtrada, e a fase orgânica, recolhida, adicionando-se a esta uma solução de ácido sulfúrico seguida de um composto alcalino como o carbonato de sódio. Forma-se um precipitado que é seco e constitui, assim, a pasta de coca (*coca paste*) [9,5]. Esta ainda é purificada por meio da conversão para cocaína básica (*cocaine base*); para tanto, a pasta de coca é diluída com solução ácida (ácido sulfúrico ou clorídrico) e um agente oxidante, como o permanganato de potássio, para remoção de impurezas e alcaloides indesejáveis – como a cinamoil cocaína (metilecgonina cinamato ou cinamoilcocaína), encontrada em altas concentrações em variedades da planta *Erythroxylum novogranatense.* Após repouso da mistura por cerca de seis horas, a solução é filtrada e o precipitado é descartado; em seguida, se adicionada solução alcalina (hidróxido de amônio), precipita-se a cocaína básica, que, após processo de secagem, é utilizada na preparação de cloridrato de cocaína [9]. Para obtenção desse sal, a cocaína básica é dissolvida em acetona ou éter e filtrada. A adição de ácido clorídrico promove a cristalização do sal cloridrato de cocaína, e os cristais são filtrados e secos. Em média, 1kg de cocaína básica resulta em 0,5 kg de cocaína na forma de sal [9].

Apesar da preparação da droga ser bastante descrita, havendo inclusive vídeos de acesso público disponíveis na *web*, não é fácil a distinção entre a pasta de coca (*pasta básica*, no idioma espanhol) e a cocaína básica (*base de cocaína*, no idioma espanhol). Em geral se utiliza em espanhol o termo *base de cocaína* quando os cultivadores/produtores informam o uso de permanganato de potássio no processamento da folha de coca, enquanto o termo *pasta básica* é utilizado para referir o primeiro produto obtido no processo de extração das folhas de coca utilizando ácido sulfúrico e combustíveis, sendo que tal produto contém diversas impurezas e resíduos do processo de extração [11].

No que tange às formas de cocaína comercializadas no mercado ilícito, podem ser subdivididas em pasta de coca (*pasta básica*), cocaína básica (*base de cocaína* ou *cocaína base*), *crack* e sal (geralmente cristais de cloridrato). O critério utilizado pela Polícia Federal brasileira são os mesmos estabelecidos pelo *Drug Enforcement Administration* (DEA) com base nos níveis de oxidação da cocaína pela análise do subproduto cinamoilcocaína (CICOC). Assim, classifica-se como *crack* a cocaína na forma de base livre altamente oxidada com teores de CICOC inferior a 2%, *freebase* a cocaína na forma de base livre moderadamente oxidada com teores de CICOC entre 2% e 6% e pasta de coca a cocaína na forma de base livre não oxidada com teores de CICOC superiores a 6% [4]. Embora se adote esse sistema de classificação com base no teor de CICOC, a denominação *crack* (*crack cocaine*) teve origem nos Estados Unidos, no início da década de 1980, referindo-se ao som onomatopeico da crepitação decorrente do aquecimento do bicarbonato ou do cloreto de sódio, impurezas provenientes do processo de síntese do *crack* que emitem um som característico quando são queimadas. O processo de conversão da cocaína na forma de sal (cloridrato ou sulfato) para o *crack* se dá pela adição de agente alcalinizante (bicarbonato de sódio, hidróxido de sódio ou hidróxido de amônio) sob aquecimento. Esse procedimento resulta em um precipitado com aspecto de película fina que, após secagem, adquire a aparência de pequenas pedras, as quais são a cocaína na forma de base livre, que, ao contrário dos sais, apresenta baixo ponto de fusão, é resistente à degradação térmica em temperatura requerida para sua volatilização, é mais lipossolúvel e facilmente volatilizável e, portanto, pode ser fumada [12,13,14,15].

O processo de extração da pasta de coca tem sido melhorado ao longo dos anos. Na região do Pacífico colombiano, estimou-se que cada tonelada de folha fresca de coca rendeu em média 2,4 kg de pasta de coca em 2014, enquanto a mesma quantidade de folha fresca de coca rendeu 1,6 kg e 1,7 kg de pasta de coca em 2005 e 2009, respectivamente. Considerando estudos de estimação de produção com pureza média da cocaína básica de 81% e taxa de conversão da cocaína básica para cloridrato de cocaína de 1:1, a produção de cocaína básica na Colômbia equivaleu a 442 toneladas de cloridrato de cocaína puro em 2014 (8,3 kg de cocaína básica e 6,7 kg de cloridrato de cocaína por hectare de coca plantada) [11]. Em âmbito mundial, o Relatório Mundial sobre Drogas informa que em 2013 foram apreendidas 687 toneladas de cocaína e derivados no mundo, contra 684 toneladas em 2012, os maiores consumidores de cocaína são América do Norte, América do Sul, Europa Ocidental e Europa Central e, considerando o uso global, foi estimada prevalência de 0,4% da população mundial (em torno de 17 milhões) entre 15 e 64 anos [16]. Nos Estados Unidos foram apreendidas 106 toneladas de cocaína e derivados em 2011, sendo a maior parte originária da Colômbia tendo o México como rota de entrada [17], número que se manteve constante em 2012, com 104 toneladas, e reduziu-se em 65% em 2013, com apreensão estimada em 37 toneladas [16]. Os Estados Unidos, por meio do DEA, disponibilizam uma base de dados chamada *System to Retrieve Information from Drug Evidence* (STRIDE), onde são publicadas as estatísticas de apreensão de cocaína por Estado, nível de pureza e preço (*post price*) [16].

Na América do Sul foram estimados 3,35 milhões de usuários de cocaína e derivados em 2012, com aumento significativo do consumo de cocaína fumada, incluindo *crack* e outras formas brutas de cocaína básica [17]. O Brasil representa aproximadamente metade da população da América do Sul, e o mercado de cocaína se encontra em ascensão –foram apreendidas quarenta toneladas da droga em 2013, que entram por via aérea (pequenos aviões), terrestre e fluvial (Região Amazônica) [16]. Em ordem de frequência de consumo, citam-se as Américas, Europa e Oceania, sendo praticamente toda a cocaína consumida nesses continentes produzida por apenas três países (Colômbia, Equador e Peru). Na Europa Ocidental e Central foram apreendidas 71 toneladas em 2012, contra 53 toneladas em 2009, com registro de aumento nos países de trânsito Bélgica, Espanha e Portugal. Países do Leste Europeu considerados de trânsito e a região dos Países Bálticos constituem rota de entrada para a Rússia. Na Oceania, foi apreendida na Austrália 1,6 tonelada em 2012, e na África, embora pequena quantidade tenha sido apreendida (três toneladas no Leste Africano e na África Central, sendo que 2,2 toneladas foram apreendidas em Cabo Verde), acredita-se que o Leste Africano continue sendo uma rota de tráfico aérea para a Europa. Na Ásia o mercado é ainda mais restrito, com apreensões anuais estimadas em valores inferiores a 100 kg na China e na Índia em 2011 [17].

A despeito dos programas de repressão ao consumo e tráfico de drogas, em 2014, na Colômbia, o potencial de produção das folhas frescas de coca aumentou 48,2% e os preços aumentaram 7,5% em relação ao ano de 2013, situando-se em US$ 1,1/kg, e cerca de 60% dos cultivadores vendem a folha sem nenhum tipo de processamento. Naquele país, no mesmo ano a pasta de coca, a cocaína básica e o cloridrato de cocaína custaram em média US$ 983/kg, US$ 1.238/kg e US$ 2.269/kg, respectivamente. No entanto o preço aumenta conforme a distância entre o local de destino e de produção, assim o quilograma de cloridrato de cocaína, que custa US$ 2269 na Colômbia, com pureza estimada de 77,12%em 2014, é vendido com preços entre US$ 2.800 e US$ 10.000 na América Central, entre US$ 15.000 e US$ 17.000 no México ou em algum porto nos EUA e entre US$ 54.000 e US$ 57.000 em algum porto na Espanha. Esses valores, que se referem ao quilograma do cloridrato de cocaína em trânsito, aumentam conforme chega ao mercado final, ao passo que outras substâncias (adulterantes) são adicionadas à droga para aumentar seu rendimento [11].

No mercado final os sais de cocaína são comercializados misturados com várias substâncias consideradas diluentes e que dão volume, como talco, farinha, açúcares, sais (bicarbonato de sódio e sulfato de magnésio) e fármacos adulterantes, sendo os mais comumente referidos os anestésicos locais, principalmente a lidocaína e a benzocaína, e os estimulantes, em especial a cafeína [18,19]. Recentemente foi verificado, em estudo realizado na França, que as amostras apreendidas apresentavam teor médio de cocaína de 29%, sendo os adulterantes de maior frequência fenacetina (54%), cafeína (17%), paracetamol (14%), diltiazem (11%), lidocaína (11%) e levamisol (6%) [20].

Lapachinske et al. [21] analisaram 54 amostras apreendidas pela Polícia Federal brasileira no aeroporto internacional de São Paulo, relacionadas ao tráfico internacional, durante o ano de 2011 e verificaram que o teor de cocaína variou de 16,5% a 91,4%. O levamisol foi o mais frequente e abundante adulterante, ocorrendo em 55,6% das amostras e com concentrações relativas (peso/percentual do peso) variando de 0,7% a 23%. Lidocaína, cafeína, fenacetina e 4-dimetilaminoantipirina foram também identificadas nestas amostras em concentrações menores.

Hidroxizina e diltiazem também são referidos como importantes adulterantes encontrados e em amostras apreendidas [22].

No Brasil a cocaína fumada apresenta vários adulterantes e tem aspecto de pasta de coca. Em estudo realizado com 404 amostras apreendidas como *crack* pela Polícia Militar do Estado de São Paulo, entre março de 2008 e novembro de 2009, o teor médio de cocaína foi de 71,3%, a maioria (74%) apresentou coloração amarelada, e mais de 90%, odor característico de solvente orgânico, sendo que a análise da fumaça por espectrometria de massas acusou a presença de lidocaína, cafeína, hexadieno (1,3-hexadieno-5-ina e 1,5-hexadieno), naftaleno, bifenila, piridina, ciclo-octatotraeno (1,3,5,7-ciclo-octatotraeno), benzonitrila, benzeno a benzoato de amônio. A presença desses resíduos orgânicos em conjunto com as características macroscópicas e organolépticas das amostras analisadas foi compatível com pasta de coca (Figura 7.1) [5]. Outro estudo realizado no estado do Acre constatou que o teor médio mensurado em amostras apreendidas nesse estado (N = 43) foi de 73%, e o único adulterante encontrado em algumas amostras foi a fenacetina; além disso, a maioria das amostras se apresentou não oxidada, atendendo o critério do teor de cinamoilcocaína (<2%) para classificação como pasta de coca, e verificou-se que o chamado *oxy*, referido como nova droga pela mídia brasileira, não tinha diferença da droga denominada *crack*, concluindo-se que tais amostras eram em sua maioria pasta de coca [4].

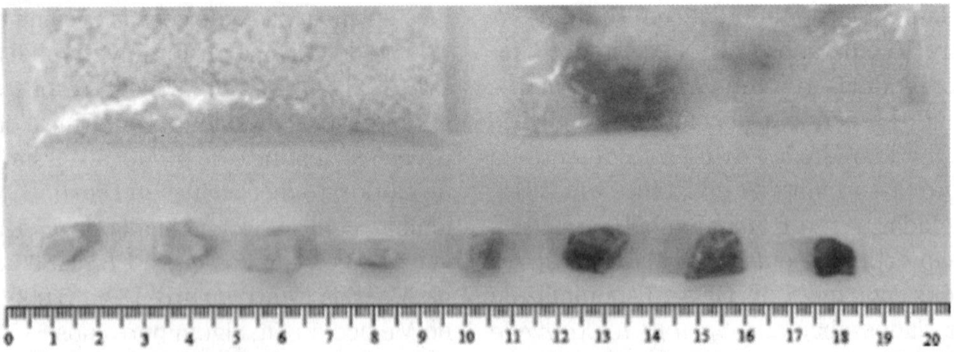

Figura 7.1 Algumas amostras identificadas como *crack* pela polícia do estado de São Paulo. [Veja esta figura colorida ao final do livro.]

Fonte: extraído de [5].

7.5 Neurobiologia da cocaína

7.5.1 Toxicocinética

A velocidade de absorção da cocaína e a máxima concentração plasmática atingida são dependentes das vias de introdução pelas quais ocorre a autoadministração da droga, sendo as mais comuns as vias respiratória e intranasal, e menos frequente, atualmente, a intravenosa. Considerando o pico máximo de concentração plasmática, a via respiratória é comparável à via intravenosa, oferecendo o meio mais rápido de penetração do fármaco no compartimento central através da absorção pelos alvéolos pulmonares, levando cerca de oito segundos para produzir seus efeitos. Esse tempo contrasta com as outras vias, que, em média, levam de três a cinco minutos, no caso da via intravenosa, e de dez a quinze minutos, no caso da via intranasal [14]. Apesar da diferença no tempo para iniciar os efeitos, as vias intravenosa e respiratória apresentam padrões cinéticos similares. A duração dos efeitos é considerada curta para as duas vias, sendo consideravelmente maior na via intranasal [23].

Além da cocaína, os adulterantes e resíduos do processo de produção da droga também são absorvidos. Na via respiratória, de especial importância são os solventes orgânicos presentes na pasta de coca e a formação do produto de combustão da cocaína denominado éster metilanidroecgonina (EMA). A disponibilidade química da COC fumada é de cerca de 70%, dependendo de vários fatores, como a temperatura empregada para vaporização, o recipiente onde a droga é aquecida e efetividade da tragada, relacionada à experiência do usuário [24-30]. Na via intranasal, a biodisponibilidade varia entre 49% e 94%, apresentando absorção de baixa velocidade, e os teores plasmáticos, apesar de menores, são mantidos por período mais prolongado em razão da velocidade mais lenta de absorção. A concentração plasmática de pico ocorre, em média, após trinta minutos e está condicionada às diferenças na efetividade da técnica de aspiração (deglutição parcial da dose) e às características individuais do usuário. Doses de aproximadamente 0,4 mg/kg de peso corpóreo, aproximadamente 30 a 40 mg, são associadas a pico de concentração plasmática de 50 ng/mL, enquanto que aquelas correspondentes a 1-2 mg/kg estão associadas a 100-200 ng/mL [31,25,23] e concentrações médias plasmáticas em torno de 350 ng/mL foram verificadas após quatorze minutos da administração de segunda dose de 1,37 mg/kg (segunda dose administrada após quarenta minutos da primeira dose) em usuários crônicos após administração de cloridrato de cocaína por via intranasal.

Na etapa de distribuição a COC se liga às proteínas plasmáticas, demonstrando alta afinidade pela α-glicoproteína ácida e baixa pela albumina, e apresentando velocidade de distribuição relativamente rápida. A fração livre situa-se entre 67% e 68% da quantidade absorvida, na faixa de concentração de 300 a 1.500 ng/mL, e, embora independa da concentração, varia com a mudança de pH (77% a 49%, respectivamente, em pH sanguíneo 7,0 e 7,8) [33]. Escobedo et al. [34] referem que, nos casos de overdose, as concentrações de COC em sangue são mais baixas quando a overdose foi consequência da utilização por via respiratória (base livre) em relação às outras vias (ésteres como cloridrato ou sulfato). Comparando esse dado, Chasin [35] determinou a média de concentração de COC em sangue em caso de overdose, levando em consideração o histórico para o uso na forma de base livre, e os resultados mostraram que a média de concentração de COC foi menor no grupo em que houve relato de uso por via respiratória [35,34].

A partir do compartimento central, a COC é rapidamente distribuída para o SNC, atingindo máxima captação na região do estriato, que possui alta densidade de transportadores de dopamina, com meia-vida biológica de vinte minutos, sendo também captada pelo cerebelo, região desprovida de receptores de dopamina [36]. Apesar de a cocaína atuar principalmente nas vias dopaminérgicas, foi verificado que se distribui homogeneamente no encéfalo, não havendo diferenças significativas quando comparada às concentrações presentes no córtex frontal e núcleos da base, que têm alta densidade de receptores dopaminérgicos, e cerebelo [37]. A norcocaína também é rapidamente captada pelo tecido encefálico, apresentando depuração mais lenta provavelmente em razão da maior lipossolubilidade (o coeficiente de partição octanol-água da norcocaína e da cocaína são 18,5 e 7,6, respectivamente). Além do SNC, foi observada a distribuição para órgãos periféricos com velocidades em ordem decrescente para coração, rins, glândulas adrenais e fígado [36].

A eliminação da cocaína, também conhecida quimicamente como éster metilbenzoilecgonina, é predominantemente controlada pela sua biotransformação, que, pelas características da molécula, é muito extensa, sendo apenas pequenas quantidades excretadas inalteradas na urina. Assim, a biotransformação (Figura 7.2) origina vários metabólitos, principalmente a benzoilecgonina (BE) – cerca de 45% – e o éster metilecgonina (EME) – cerca de 40% –, sendo produzidos em menor porcentagem norcocaína, ecgonina, benzoilnorcocaína e n-hidroxinorcocaína [38].

A BE é originada por meio da hidrólise espontânea ou por reação catalisada pelas carboxilesterases (EC.3.1.1.1) [39], enquanto o éster metilecgonina resulta da hidrólise do grupo benzoato da COC e ocorre por ação da butirilcolinesterase, (EC.3.1.1.8), também chamada de pseudocolinesterase [40,41].

Apesar de a biotransformação da COC ocorrer em maior extensão no sangue, o fígado também apresenta papel importante na formação da norcocaína formada por N-demetilação oxidativa, por meio de enzimas específicas, presentes no complexo citocromo P-450. Esse produto de biotransformação é uma hepatotoxina e também é distribuído para o cérebro, sendo farmacologicamente ativo [38].

Quando a COC é administrada juntamente com etanol, é formado, pela ação de carboxilesterases, um produto de transesterificação denominado cocaetileno (CE), etilcocaína ou éster etilbenzoilecgonina, que pode ser empregado como marcador de uso de COC concomitantemente ao etanol (Figura 7.2). Esta molécula apresenta ação farmacológica comparável à da COC, sendo mais apolar e, portanto, permanece mais tempo no organismo [39,35]. Estudo *in vitro* demonstrou que a formação do cocaetileno e a hidrólise da COC à benzoilecgonina (BE) ocorrem concomitantemente pela ação da mesma enzima; no entanto, em altas concentrações de etanol (100 mM), a velocidade de transesterificação é maior que a hidrólise (3,5 vezes mais rápido) [39].

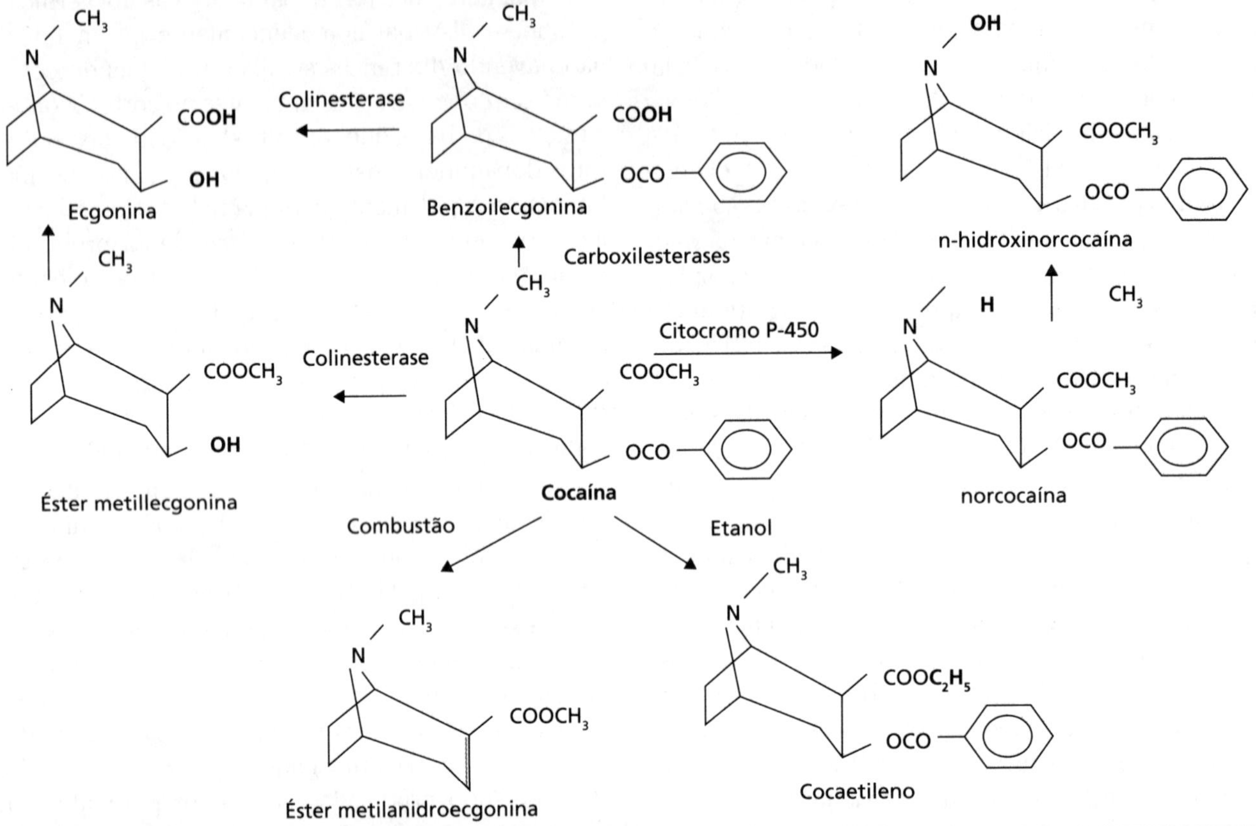

Figura 7.2 Produtos de biotransformação, combustão e transesterificação da cocaína [42].

No caso de uso da cocaína por via inalatória, haverá a absorção do produto de combustão, éster metilanidroecgonina (EMA), que pode ser empregado como marcador dessa via de introdução. A metabolização do éster metilanidroecgonina (Figura 7.3) segue vias semelhantes ao demonstrado para COC, sendo hidrolisado a anidroecgonina devido à butirilcolinesterase e processos não enzimáticos. Pode sofrer N-oxidação e formar éster metilanidroecgonina-N-óxido e N-desmetilação para formar éster metilnoranidroecgonina. Semelhante à formação do cocaetileno, o éster metilanidroecgonina sofre etiltransesterificação em presença de etanol, formando éster etilanidroecgonina[43], e este pode ser hidrolisado, resultando no éster etilecgonina [44]. O éster etilanidroecgonina permite estimar o consumo por via respiratória concomitante ao etanol [43,45,46]. Apesar de o metabolismo do éster metilanidroecgonina ainda não estar bem esclarecido, é possível prever a extensão de sua biotransformação em cada compartimento considerando a atividade enzimática, que é maior no sangue e no fígado [43].

A meia-vida plasmática de eliminação da COC, considerando o modelo bicompartimental, situa-se entre 2,7 e 7,3 horas para a via intranasal e entre 2,7-6,3 horas e 2,4-5,8 minutos para as vias respiratória e intravenosa, respectivamente [23]. A COC apresenta valores de volume de distribuição aparente situados entre 1,2 e 1,9 L/kg [31], indicando que é passível de acumular em certos tecidos. De fato, estudo procedido em amostra proveniente de cadáver mostra concentrações muito maiores no encéfalo e no fígado em comparação com o sangue [47]. Além disso, foi observado em tecido cerebral de ratos que a hidrólise enzimática da COC corresponde a 1,3 ± 0,12% em comparação com o sangue (GAO et al., 2008). Assim, o cérebro é uma matriz de especial valor na análise toxicológica *post mortem*, pois apresenta baixa atividade enzimática, resultando em baixa degradação da cocaína. Em virtude de o principal metabólito benzoilecgonina ser uma molecular polar, não atravessa a barreira hematoencefálica e, portanto, as concentrações encefálicas se referem à biotransformação da cocaína nesse compartimento, que, por ser isolado, apresenta alta relação com as concentrações *peri mortem*. Além disso, a alta lipossolubilidade propicia a acumulação da cocaína e ainda representa o local de ação do fármaco [49,50,51,37].

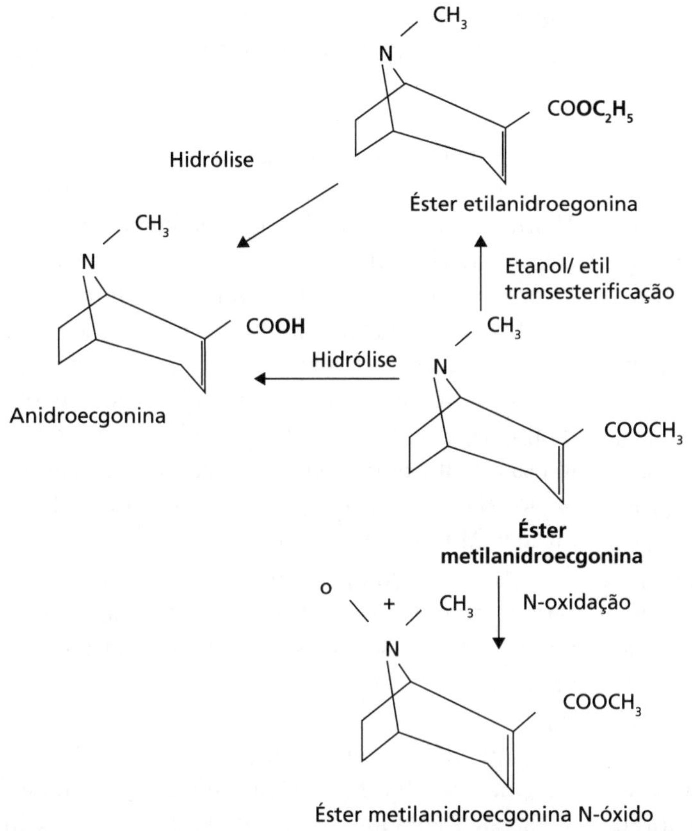

Figura 7.3 Produtos de biotransformação e transesterificação do éster metilanidroecgonina [42].

7.5.2 Toxicodinâmica

Farmacologicamente, a cocaína é classificada como anestésico local e estimulante do sistema nervoso central (SNC), onde interfere na neurotransmissão dopaminérgica, noradrenérgica e serotoninérgica. Os efeitos caracterizados por sensação de estímulo e euforia no SNC são atribuídos principalmente ao bloqueio dos transportadores de dopamina, com consequente elevação da concentração extracelular de dopamina que atua nos receptores D1 e D2 [52-55]. Várias regiões encefálicas apresentam receptores dopaminérgicos, mas, quando classificado em termos de densidade, o grupo formado por *putamen*, núcleo *accumbens* e caudato apresenta maior densidade, seguido pelo grupo formado por tálamo, *precuneus*, giro cingulado posterior, amígdala, hipocampo e lobo temporal, com densidade moderada, sendo o terceiro grupo representado por córtex orbital, giro pré-central e cerebelo, com baixa densidade [36]. Os neurônios dopaminérgicos estão relacionados com a sensação de prazer atribuído ao sistema de recompensa, que anatomicamente é composto pelo feixe prosencéfalo medial (hipotálamo com conexões para o septo, amígdala, algumas áreas do tálamo e núcleos da base) e as regiões por ele integradas, como a da área tegmentar ventral, hipotálamo, núcleo *accumbens*, córtex cingulado anterior e córtex pré-frontal; essas regiões anatômicas que correspondem ao sistema de recompensa compõem o circuito denominado sistema mesolímbico [56], bastante estudado na teoria do efeito reforçador positivo na neurobiologia da dependência [57].

O uso repetido da cocaína promove alterações neurofisiológicas que resultarão na neuroadaptação. A principal neuroadaptação observada é a tolerância caracterizada pelo aumento progressivo da dose administrada para obter as mesmas sensações que eram experimentadas com a dose inicial; assim, com o uso repetido ocorre a diminuição dos efeitos de uma dose fixa inicial [58]. Isso ocorre pelo acúmulo repetido dos neurotransmissores na fenda sináptica, causando indução dos receptores pré-sinápticos em resposta ao mecanismo de autorregulação e subsequente depleção do neurotransmissor, fazendo com que tanto a noradrenalina quanto a dopamina tornem-se significativamente reduzidas no encéfalo [33]. Outro fenômeno de neuroadaptação decorrente do uso repetido é a sensibilização comportamental causada pela sensibilização nas vias dopaminérgicas, caracterizada pelo aumento da resposta à droga e a outros estímulos que levaria ao comportamento compulsivo e à fissura [58,59].

As alterações neurofisiológicas causadas pela cocaína, principalmente nas vias dopaminérgicas, resultam em complicações psiquiátricas, sendo os episódios psicóticos e a dependência os que mais geram impacto na sociedade. No caso da cocaína fumada, tais complicações parecem ser de maior gravidade. Inicialmente o *crack* provoca sensações de extremo prazer; denominadas *rush* ou *flash*, essas sensações são de intensa euforia, ilusão de onipotência e autoconfiança, efeito que dura cerca de cinco minutos [25,15,60]. Os ciclos intermitentes de consumo repetido da droga denominam-se padrão *binge* e podem durar dias. O término do *rush* é caracterizado por disforia, compulsão e fissura para a nova administração da droga, sendo esse quadro chamado *craving*. Quando o indivíduo está na fase de *craving*, torna-se agressivo e utiliza qualquer recurso para obter a droga, como roubar, vender seus pertences e dos familiares e prestar favores sexuais. Geralmente, nos ciclos intermitentes de consumo repetido da droga, o usuário não se alimenta, não dorme, não tem cuidados básicos de higiene, perde o interesse por sua aparência física. Além da fissura, pode surgir uma gama enorme de outros efeitos, que se intensificam com o uso crônico: agitação, disforia, paranoia, delírio e alucinações. Destaca-se, dentre esses efeitos, a paranoia, que se caracteriza por um medo terrível de ser descoberto (principalmente pela polícia ou por algum parente) fazendo uso da droga. Ainda sob esse estado persecutório, os usuários tornam-se muito desconfiados, chegando frequentemente a um estado de violência e interpretando qualquer barulho como a chegada de alguém não desejado. Com o desenvolvimento da tolerância, necessitam de doses cada vez maiores e, por outro lado, apresentam maior frequência e maior grau de ansiedade, paranoia e depressão com o uso crônico. Essa dualidade de efeitos, que ocorre com o aumento da dose, provoca um sentimento muito intenso de angústia [15,61]. Embora esse quadro psiquiátrico seja característico da farmacodependência, o diagnóstico desse distúrbio psiquiátrico é de alta complexidade, sendo adotados os critérios arrolados no Manual de Diagnóstico e Estatística dos Transtornos Mentais (*Diagnostic and Statistical Manual of Mental Disorders*, DSM), que define a dependência como um conjunto de sintomas que indicam que uma pessoa usa compulsivamente uma ou mais substância apesar dos problemas que esse comportamento possa estar causando (comportamento que foge ao controle do indivíduo) [57]. Os transtornos mentais e comportamentais devidos ao uso de cocaína são codificados como F14 na Classificação Internacional de Doenças (CID-10) publicada pela Organização Mundial de Saúde (OMS).

Além das complicações psiquiátricas, são de interesse forense os efeitos cardíacos que frequentemente estão associadas à letalidade da cocaína. O efeito cardiotóxico da cocaína é facilitado por sua rápida distribuição para o tecido cardíaco [36]. Infere-se que há um sinergismo da ação simpatomimética (inibição da recaptação de catecolaminas) e anestésica (bloqueio dos canais de sódio). A inibição do influxo de sódio nas células cardíacas prejudica a condução do impulso nervoso, criando substrato ideal para a ação da noradrenalina de gerar taquicardia e, eventualmente, fibrilação ventricular. Essa ação adrenérgica é corroborada pela estimulação central do hipotálamo e medula, que, além da taquicardia, origina constrição vascular periférica e subsequente elevação da pressão arterial e velocidade do pulso verificado na intoxicação por COC [33]. Além disso, estudos demonstram que a COC inibe competitivamente os receptores muscarínicos M_2 no cérebro e no tecido cardíaco, indicando que essa ação anticolinérgica tenha importante papel na cardiotoxicidade [62-65] e ainda diminua a produção de óxido nítrico (substância envolvida na vasodilatação) nas células endoteliais da artéria coronária. Esse mecanismo está envolvido com a mobilização de cálcio e com os níveis da proteína óxido nitrito sintetase (eNOS), sendo que cronicamente a cocaína foi capaz de diminuir a expressão dessa proteína. Tal efeito está relacionado com o vasoespasmo coronário de forma aguda e a diminuição dos níveis de eNOS (*down-regulation*), com a progressão das patologias da artéria coronária [66].

Os efeitos da cocaína no SNC são dose-dependentes. Baixas doses aumentam a estimulação e a atividade motora, e doses moderadas causam o aumento do débito cardíaco; a hipertensão é resultado do aumento da resistência periférica (por causa da vasoconstrição) e do aumento do débito cardíaco; ocorre também hipertermia. O efeito cardiovascular da COC baseia-se na ação simpatomimética; a artéria coronária torna-se mais sensível às substâncias vasoativas e, com isso, ocorre vasoconstrição e se diminui o fluxo sanguíneo na coronária, podendo ocorrer arritmia ventricular, isquemia e infarto agudo do miocárdio [66,67,68].

Quando se aborda a via de administração respiratória da COC (fumada), é necessário considerar seu produto de queima, o éster metilanidroecgonina (EMA). Ainda pouco se conhece em relação à sua toxicodinâmica, mas foi proposto que apresenta efeito colinérgico no sistema nervoso periférico, sendo observados hipotensão e efeito inotrópico negativo no miocárdio ventricular decorrente da estimulação dos receptores muscarínicos, ocorrendo, nesse caso, a inibição da disponibilidade de cálcio durante o processo de excitação-contração, sugerindo que os efeitos cardiotóxicos da COC, combinados com os efeitos do éster metilanidroecgonina, no caso da cocaína fumada, levam à complicação cardiopulmonar aguda mais intensa do que outras vias de administração [70].

O efeito da cocaína pode ser potencializado em indivíduos com polimorfismo genético, sensíveis à succinilcolina, situação em que a atividade da butirilcolinesterase plasmática é muito menor, o mesmo ocorrendo em fetos, crianças, idosos, gestantes e pessoas com doenças hepáticas ou que sofreram infarto do miocárdio [40,41].

Tradicionalmente os marcadores empregados na toxicologia forense para fazer inferências sobre o nexo causal entre a cocaína e o fato são as concentrações do fármaco e seus metabólitos em matrizes biológicas. No entanto, é plausível considerar que marcadores neuroquímicos podem constituir valiosa ferramenta quando se associa a neurobiologia da cocaína com o fato de interesse forense. Considerando a ação da cocaína nas vias dopaminérgicas, são previsíveis alterações nos níveis de dopamina de usuários e nas avaliações *post mortem*; apesar da disponibilidade de encéfalo para as análises, a questão ainda não bem esclarecida é o perfil neuroquímico com valores de referência para as concentrações de dopamina e metabólitos. Na tentativa de avaliar tal perfil neuroquímico, os níveis de dopamina e seus metabólitos 3,4-di-hidroxifenilacético (DOPAC) e ácido homovanílico (HVA) foram quantificados em núcleos da base provenientes de cadáveres usuários de cocaína e em um grupo de controle em que não se detectou o uso recente de cocaína. Tal avaliação mostrou que as concentrações de dopamina e seus metabólitos foram significantemente maiores entre os usuários de cocaína [42].

O perfil neuroquímico representa um aspecto importante na avaliação do fenômeno conhecido como *síndrome do delírio excitado* (*excited delirium syndrome*), termo que vem sendo empregado para descrever uma síndrome caracterizada por delírio, agitação, hipertermia e comportamento violento, que geralmente culmina em morte súbita inexplicável. Apesar de não haver causa anatômica de morte, foram mencionadas arritmias cardíacas induzidas por catecolaminas, asfixia por força ou posicional ou outros efeitos adversos cardiorrespiratórios causados por uso de armas de choque. Demonstrou-se que as vítimas dessa síndrome apresentaram estado clínico instável, com imediata piora e alto risco de óbito, mesmo em casos de intervenção médica ou quando a coerção física não foi utilizada na abordagem do indivíduo. O termo delírio pode ser definido como uma síndrome ou grupo de sintomas causados por um distúrbio de consciência durante o funcionamento normal do cérebro. No delírio hiperativo ocorre mudança de consciência e resposta ao ambiente, que se manifestam como agitação, alucinações, desilusões e psicoses [71].

A relação entre a síndrome do delírio excitado e as mortes súbitas envolvidas com cocaína está baseada na capacidade do fármaco em causar descargas de dopamina no sistema nervoso central [71]. Assim, as catecolaminas podem representar bons marcadores para investigar várias respostas estressantes no processo de morte e, no caso da cocaína, esta aumenta a concentração extracelular de dopamina por bloquear o transportador desse neurotransmissor nos nervos terminais. Dessa forma, a determinação das concentrações de dopamina e metabólitos pode constituir uma ferramenta aplicável nas avaliações *post mortem*, desde que cotejadas com as concentrações de cocaína e seus metabólitos em matrizes biológicas e resguardado o fato de ainda não haver valores de referência para marcadores neuroquímicos em cadáveres [42].

7.6 MÉTODOS ANALÍTICOS APLICADOS A MATERIAL DE APREENSÃO

Em toxicologia forense o resultado analítico tem que se provar confiável, e, para tanto, os preceitos de cadeia de custódia (já abordado no Capítulo 2) e validação de métodos devem ser contemplados.

O material apreendido pelas autoridades requisitantes é enviado sob custódia aos laboratórios estaduais e federais, e uma etapa muito importante para análise é a amostragem. Esta deve obedecer a critérios científicos [72] e contemplar a quantidade que ficará retida no laboratório para efeito de reanálise e contraperícia.

O valor científico de uma análise e a significância dos resultados, obviamente, são influenciados pela propriedade da amostragem, ou seja, a amostra analisada representa a composição do todo. Os analistas que trabalham em laboratórios que realizam principalmente apreensões de drogas de rua com frequência se deparam com a questão da amostragem. Perguntas como "quantas amostras devem ser analisadas quando um grande número de amostras aparentemente similares são apreendidas?" são frequentemente levantadas sempre que ocorre, por exemplo, a apreensão de centenas ou milhares de invólucros contendo cocaína.

Coulson et al. [72] preconizam que o cálculo deve se pautar na abordagem bayesiana, que se baseia no grau de certeza atribuído a uma medida, ou seja, determina-se a probabilidade de haver representatividade do todo com determinado grau de confiança (95% ou 99%). Há autores, entretanto, que preconizam que a amostragem seja feita por protocolos: Colón et al. [73] referem que há evidências de que pode ser usada para a seleção de amostra representativa drogas apreendidas a seguinte fórmula:

$$[n = 20 + 10\%(N - 20)]$$

em que:

n = tamanho da amostra;

N = total apreendido ($N > 20$).

Definida a amostragem, a detecção da cocaína envolve vários métodos presuntivos e confirmatórios. Os métodos colorimétricos, de precipitação e cristalização são geralmente utilizados nas análises presuntivas, enquanto os métodos espectroscópicos, aplicados nas análises confirmativas.

O teste de Scott é o método colorimétrico e de precipitação de eleição. O princípio do método se baseia no desenvolvimento de um complexo de coloração azul que se forma na reação do tiocianato de cobalto com a cocaína em meio ácido.

A cromatografia em camada delgada (CCD) permite a separação de uma mistura de dois ou mais compostos para distribuição entre duas fases, uma estacionária e uma móvel. Essa separação resulta em um deslocamento menor ou maior na fase estacionária. Esse método é usado para confirmar a presença de cocaína e adulterantes (fenacetina, cafeína, lidocaína, benzocaína e aminopirina) quando se comparam as amostras com uma série de padrões diferentes presentes num feixe de luz com algumas substâncias.

A cromatografia em fase gasosa (GC) com detector de ionização em chama (GC/FID) constitui técnica muito utilizada para confirmar a presença de cocaína em uma amostra e quantificar ou determinar a sua pureza para comparar o seu desempenho com uma série de padrões de calibração de concentração conhecida. É também muito útil na caracterização dos adulterantes que frequentemente estão presentes nessas amostras apreendidas como drogas de rua. A cromatografia gasosa acoplada à espectrometria de massas (GC/MS) constitui técnica considerada "padrão-ouro", pois fornece espectro único para cada substância(impressão digital). Essa técnica é usada para confirmar a identidade de substâncias de difícil identificação, quer por sua natureza ou pela pequena quantidade disponível.

Outras técnicas podem também ser utilizadas para análise da cocaína e adulterantes, como o UV/Vis (metodologia analítica baseada no princípio da absorção de comprimentos de onda). As técnicas de HPLC-UV e a FTIR (espectrofotômetro infravermelho com transformador de Furier com a utilização de um acessório de reflectância total atenuada – FTIR-ATR) são especialmente úteis na determinação da forma de apresentação da cocaína.

A *United Nations Office on Drugs and Crime* (UNODC) publicou em 2012 um manual dos métodos recomendados para identificação e análise de cocaína em materiais apreendidos por laboratórios forenses. Nele, reitera-se que, qualquer que seja o método escolhido, deverá ser validado antes de integrar a rotina de um laboratório [22].

Atualmente o assim chamado perfil químico da droga de rua, que consta de análises químicas detalhadas de drogas de abuso (diluentes e adulterantes) para a identificação de características de origem e de possível correlação entre amostras apreendidas com vistas a estabelecer origens geográficas e rotas do tráfico de drogas de abuso comercializadas no Brasil e no mundo, tem sido realizado pela Polícia Federal rotineiramente, e alguns Estados estão ensejando esse projeto. Esse feito é especialmente importante, posto que a toxicidade dessas substâncias pode excedera da própria cocaína.

Qualquer que seja o método utilizado, deverá ser validado, e os parâmetros analíticos de mérito deverão estar bem estabelecidos para que o resultado a ser emitido seja irrefutável. O método analítico é prerrogativa do laboratório, que deve manter registros de sua validação consubstanciado em procedimentos operacionais padrão (POPs).

7.7 MÉTODOS ANALÍTICOS APLICADOS ÀS AMOSTRAS BIOLÓGICAS

7.7.1 Matrizes

À semelhança do que ocorre nas análises em material *in natura*, a confiança associada ao resultado analítico está atrelada à cadeia de custódia e à validação analítica. Quando se trata de material biológico, entretanto, a interpretação do achado é fator decisivo para lastrear uma condenação.

Como já abordado, os estudos cinéticos da cocaína mostram que há extensa distribuição do precursor e seus metabólitos. O conhecimento dessa distribuição entre os diversos fluidos e material biológico e a finalidade analítica orientam a escolha do material (matriz biológica) que irá constituir a matriz analítica para a análise da cocaína e de seus produtos de biotransformação [35,74].

As análises forenses para verificação da presença de cocaína e/ou de seus produtos de biotransformação objetivam a caracterização da exposição recente ou pregressa à cocaína, sendo que, via de regra, a presença do EMA evidencia a o uso da cocaína na forma fumável, e a do CE revela o uso concomitante da cocaína (em qualquer forma de uso) e do etanol.

A finalidade analítica das análises de cocaína em material biológico engloba, na justiça criminal, três situações: direção perigosa, clínica médico-legal e tanatologia (análises *post mortem*).

Tanto na clínica médico-legal como na verificação de direção perigosa, trata-se da análise em indivíduos vivos, e as matrizes mais comumente utilizadas são sangue e urina, porém outras amostras alternativas podem ser utilizadas. Tanto melhor é uma amostra quanto menos invasiva for considerada. Por esse motivo, a urina é considerada matriz de eleição para verificação de uso recente da cocaína, porém apresenta o inconveniente, por vezes, da difícil correlação com os teores sanguíneos, informação esta que é em muitos casos absolutamente necessária para se estabelecer o nexo causal entre a presença do analito e a causa da intoxicação (e, eventualmente, da *causa mortis*). Enquanto as análises de urina mostram exposição recente (horas, se o analito enfocado for a COC, e até dois dias, caso sejam analisadas a BE ou EME), o sangue permite estabelecer nexo causal entre a quantidade encontrada e o evento de origem [35].

No entanto, com o aprimoramento e sofisticação dos instrumentos utilizados, amostras alternativas como a saliva (fluido oral) começaram a ser cada vez mais usadas, principalmente devido à simplicidade da coleta da amostra. A saliva se assemelha à urina no que tange ao espectro temporal (horas) e, dada a praticidade de coleta, é a matriz de eleição quando se pretende fazer análises de campo, como aquelas para verificação de direção perigosa (*blitz*) [75].

Cada vez mais utilizado na rotina da clínica médico-forense, o cabelo é uma amostra bastante utilizada para verificação de cocaína (e outras drogas) nos casos de verificação pregressa (pelo menos uma semana atrás) de exposição [76]. Como exemplo podemos citar a análise de cabelo na disputa de custódia de menores, verificação de exposição em empregados de determinadas corporações e testes admissionais em instituições policiais [75].

No caso das análises *post mortem*, quando há histórico da intoxicação, orienta-se a coleta de acordo com o conhecimento da disposição (distribuição/armazenamento) da substância no organismo. No caso da cocaína, que é amplamente distribuída nos diversos compartimentos, é factível sua análise e/ou seus produtos de biotransformações. As matrizes *post mortem* mais comumente utilizadas nas análises qualitativas são fígado, rim (urina) e sangue, sendo que no sangue são realizadas as análises quantitativas, necessárias para a interpretação do achado. O humor vítreo é uma valiosa matriz em análises *post mortem*, posto que é preservado nos fenômenos de putrefação e de fácil coleta. O tecido cerebral também constitui matriz valiosa, uma vez que: (1) a sua a atividade metabólica é baixa, o que resulta numa degradação mais lenta da COC;(2) o metabólito benzoilecgonina (BEC) não atravessa a barreira hematoencefálica; e (3) está dentro de um compartimento isolado, onde as concentrações de COC medidas estão perto ou são iguais à concentração *perimortem*. Além disso, existe a já demonstrada possibilidade de estabelecer a ocorrência de morte por overdose por meio de estudos da distribuição e razão da concentração de COC/BEC no cérebro e no sangue [37].

Ao enfocarmos situações específicas como o embalsamamento, por exemplo, as amostras para análises toxicológicas devem ser coletadas antes do embalsamento, já que nesse processo substâncias como etanol e metanol são utilizadas e podem resultar num falso resultado positivo [77].

No caso de cadáveres queimados, exumados ou putrefatos, amostras não usuais devem ser coletadas para análise. Nesse caso, músculo esquelético, medula óssea, cabelo e humor vítreo são as opções de eleição. No caso de queimados, o sangue pode ser uma amostra difícil e o humor vítreo sempre permanece. O cabelo também é utilizado nesses casos. No caso dos corpos severamente decompostos (na ausência de sangue e/ou tecidos), pode-se coletar e analisar *maggots* que se alimentam do organismo morto (não necessita de metodologia especial) [77].

7.7.2 Métodos analíticos utilizados em amostras biológicas

Considerando os métodos analíticos aplicáveis na identificação e quantificação de COC e metabólitos, a cromatografia gasosa (GC) é uma das mais referidas. Permite a análise de compostos mais apolares como a COC, sendo que no caso da BEC é necessário realizar uma derivação para torná-la volatilizável. É muito empregada acoplada a diferentes detectores, como o detector por ionização em chama (FID), detector de nitrogênio e fósforo (NPD) e espectrômetro de massas (MS) [42].

A espectrometria de massas é a técnica que apresenta melhor especificidade e, por esse motivo, é muito utilizada em análises forenses, pois a probabilidade de falso-positivo diminui muito com sua utilização. É, como já vimos, considerada como sendo "padrão-ouro". A possibilidade de se dispor em sequência dois ou mais espectrômetros (MS-MS ou MSn), aumenta ainda mais a especificidade da técnica.

O advento da cromatografia líquida acoplada ao espectrômetro de massas (LC-MS) e cromatografia líquida acoplada a dois espectrômetros de massas dispostos em sequência transformou essa técnica na mais utilizada para verificação do diagnóstico laboratorial da cocaína, posto que possibilita a análise do precursor e de seus metabólitos polares sem que haja a necessidade de derivatização.

A HPLC pode também ser acoplada ao detector de arranjo de diodos (DAD), que identifica a substância por espectroscopia na região do visível (VIS) ou ultravioleta (UV) e ainda pode ser acoplada ao MS. Pela possibilidade de identificação da substância através de seu perfil espectral de absorção, escolha de mais de um comprimento de onda (λ) para aquisição dos dados (registro dos picos cromatográficos, sendo estes proporcionais à absorção do analito em determinado λ) e menor custo que o MS, muitos trabalhos referem o emprego de HPLC-DAD para análise de COC e seus metabólitos [42].

Outra técnica que vem sendo referida como aplicável nas análises de COC é a eletroforese capilar. Trata-se de uma técnica de separação baseada no transporte em solução eletrolítica de compostos carregados eletricamente sob a influência de um campo elétrico no qual a separação entre dois solutos ocorre de acordo com diferenças entre as suas mobilidades eletroforéticas. Emprega capilares com diâmetros internos extremamente pequenos que permitem melhor dissipação do calor, possibilitando obter alta eficiência de separação com tempo reduzido de análise [78,79].

Seja qual for a técnica selecionada para identificação e quantificação dos analitos, a análise de matrizes biológicas requer um pré-tratamento da amostra por causa de sua complexidade, que vem, por exemplo, da presença de proteínas que são incompatíveis com as colunas cromatográficas e das baixas concentrações das substâncias a serem analisadas. Assim, as técnicas de extração e/ou pré-concentração permitem que a análise dos componentes de interesse se torne possível, tendo como meta final a obtenção de uma subfração da amostra original enriquecida com substâncias de interesse analítico, de forma que se obtenha uma separação cromatográfica livre de interferentes, com detecção adequada e um tempo razoável de análise [80,42]. As técnicas mais comumente utilizadas para extração e/ou pré-concentração dos analitos presentes na matriz biológica são extração líquido-líquido (LLE), extração em fase sólida (SPE), microextração em fase sólida (SPME), extração com fluido supercrítico e extração com membranas sólidas (diálise e ultrafiltração) [81,80] ou líquidas, como a microextração líquido-líquido dispersiva (DLLME) [82].

7.7.3 Interpretação do achado nas amostras biológicas

A interpretação dos achados laboratoriais, quer em situações *in vivo* ou no estabelecimento da *causa mortis*, requer a integração dos conhecimentos sobre a toxicocinética do agente (absorção, distribuição, biotransformação e eliminação) e toxicodinâmica (mecanismo de ação e reatividade dos receptores) e achados analíticos que evidenciem ser o toxicante o responsável pelo efeito tóxico e, eventualmente, letal [35]. Assim, dependendo da finalidade das análises, enfoca-se a matriz usada e o método.

A determinação simultânea da COC, CE e seus produtos de biotransformação, incluindo o EMA, é de suma importância na caracterização da intoxicação, quer do ponto de vista clínico ou do forense. Muitas vezes, a exiguidade de um fluido exige que outros sejam utilizados para que se caracterize a exposição com propriedade. Obviamente, os conhecimentos da disposição cinética e o objetivo da análise orientam a escolha da amostra biológica a ser utilizada [35,42].

Assim, em relação às análises para verificação de uso (indivíduos vivos ou mortos), as análises de urina são frequentemente utilizadas, porém não possibilitam encontrar o nexo causal (relação entre a concentração encontrada e a explicação do efeito). Os analitos mais frequentemente encontrados na urina são a COC, BE, EME, CE e EMA. As meias-vidas determinam a duração da eliminação desses analitos e, via de regra, a cocaína é encontrada durante horas após o consumo, e a BE e EME, dias após a última utilização. A urina constitui matriz de escolha na verificação de uso recente, pela relativa quantidade de amostra obtida e pelas concentrações detectáveis. Além disso, é considerada amostra "não invasiva". A presença de BE ou EME na urina, mesmo que não haja a presença da cocaína, mostra que houve exposição recente à COC. Da mesma forma, a presença de cocaetileno revela a exposição concomitante de COC e etanol e a presença da EMA, evidenciando o fato de que a COC foi fumada.

Além de urina, a saliva (fluido oral) também representa uma matriz não invasiva, e a análise de cocaína nesta matriz apresenta a vantagem de demonstrar a exposição horas antes da tomada de amostra de urina [75].

O cabelo é a matriz que mostra exposição pregressa e, no caso da cocaína, para que se afaste totalmente a possibilidade de contaminação ambiental, é necessário que se comprove a presença de BE em certas proporções em relação à COC para confirmar o uso dessa droga. Os critérios de decisão recomendados pelo *Substance Abuse & Mental Health Services Administration* (SAMHSA) e pela *Society of Hair Test* (SoHT) para confirmar o uso de cocaína e dirimir a contaminação ambiental são a presença de cocaína em níveis acima de 0,5 ng/mg de cabelo, com uma proporção de benzoilecgonina para cocaína superior a 5%, ou a detecção de cocaetileno e/ou de norcocaína acima de 0,05 ng/mg [76]. Em razão do aumento significativo das análises nessa matriz em nosso país, a Sociedade Brasileira de Toxicologia ensejou a organização de diretrizes sobre o exame em pelos. O documento se baseia nas recomendações da *European Workplace Drug Testing Society* (EWDTS) e da SoHT.

Assim como os pelos (cabelo), a unha, também matriz queratínica, é material suplementar e considerada de largo espectro, posto que evidencia exposição pregressa. Ao longo dos últimos anos, as análises de cabelo foram usadas rotineiramente em análises toxicológicas forenses, toxicologia clínica e ocupacional; a unha, como matriz biológica, apareceu em um número menor de artigos e frequentemente como matriz que evidencia a exposição intrauterina em neonatos [83]. À semelhança do que acontece na análise de cabelo, a BEC também deve ser analisada.

As vísceras e o humor vítreo são matrizes muito utilizadas nas análises de cocaína *post mortem*, sendo o tecido cerebral muito importante para explicitar o histórico do uso *ante mortem*, como já explicado anteriormente.

O sangue é uma matriz para estabelecer o nexo causal e, sempre que possível, deve ser a de eleição, mormente nos casos em que seja necessária a inferência comportamental ou em relação à intoxicação cocaínica. Via de regra, quando da utilização da cocaína para fins recreacionais, suas concentrações estão entre 50 e 200 ng/mL, podendo chegar a níveis bem mais altos dependendo da tolerância do indivíduo. Estudos epidemiológicos revelam que os óbitos atribuídos à toxicidade da COC podem ser agrupados em, pelo menos, três categorias, baseadas nos achados laboratoriais e fatores circunstanciais. A primeira se refere à "clássica" overdose por COC, fácil de ser reconhecida por seus teores sanguíneos relativamente altos, ou seja, acima de 1,0 ug/mL. A segunda refere-se aos casos em que, embora os teores não sejam equivalentemente altos (por volta de 400 a 1000 ng/mL), a sintomatologia que precedeu o óbito (convulsões, comportamento bizarro, elevação da temperatura corpórea etc.) ou os achados evidentes de necropsia facilitam a caracterização. A terceira e mais frequente categoria é a chamada "toxicidade de dose baixa", em que, mesmo nos casos em que as evidências sugerem a COC para a causa do óbito, as concentrações sanguíneas se encontram na mesma faixa de concentração que as apresentadas por usuários e a conclusão da *causa mortis* não pode ser estabelecida apenas pelo diagnóstico laboratorial [35].

Também pode constituir ferramenta útil a comparação das relações de concentração cocaína/benzoilecgonina (COC/BE) no sangue e no encéfalo, pois um valor de relação COC/BE superior a 1 em ambas as matrizes pode ser sugestivo de overdose. Caso a análise de encéfalo não seja factível, as concentrações de cocaína e metabólitos presentes no humor vítreo apresentam alta correlação com o sangue femoral e cardíaco, enquanto a urina deve ser empregada apenas para qualificação dada à dificuldade de interpretação da concentração [84].

A interpretação dos achados *post mortem* é, em geral, difícil. A presença de adulterantes e diluentes na droga de rua e as susceptibilidades individuais, inevitavelmente, introduzem complicadores a essa interpretação.

7.8 MÉTODOS ANALÍTICOS APLICADOS A OUTRAS AMOSTRAS

A análise da cocaína pode ocorrer ainda em materiais relacionados ao local do crime de homicídio ou suicídio, ou, de alguma forma, a ele relacionados. De maneira geral podemos citar como sendo os mais frequentemente encontrados nos laboratórios que realizam análises toxicológicas com finalidade forense os utensílios relacionados ao uso, como cachimbos, colheres de metal com resíduo, pratos de balanças, copos com líquidos, seringas com líquidos ou sangue encontrados ao lado da vítima etc.

Um dos materiais mais inusitados no qual a análise de cocaína é feita são as cédulas, que, quando novas, são utilizadas como instrumento para se inalar a cocaína na forma de pó. Há trabalhos com vários papéis-moedas, como dólares e reais, mostrando a presença de cocaína e outras substâncias ilícitas. Além de ser um instrumento de uso direto, ocasiona também contaminação por manuseio durante o tráfego e adulteração. Trabalho realizado por Di Donato et al. [85] em notas brasileiras de R$1,00 mostrou que 93% das notas analisadas continham cocaína, com concentração média de 51 ug/nota, podendo chegar a 922 ug/nota.

Em outro trabalho com notas de papel-moeda brasileira, notas de reais de diversos valores (2, 5, 10, 20, 50 e 100 reais), recolhidas em várias regiões da cidade do Rio de Janeiro e em alguns municípios do mesmo estado (Caxias, Petrópolis e Maricá), foram analisadas. Praticamente todas (cerca de 86% das notas) mostrou quantidade detectável de cocaína. Um dos objetivos do trabalho foi o de avaliar as concentrações encontradas em notas apreendidas com traficantes (manuseio direto) e comparar com aquelas utilizadas para administrar a cocaína por via intranasal. O resultado das análises mostrou que não houve diferença que pudesse indicar algum fato e que concentrações da ordem de mg foram encontradas em notas apreendidas diretamente com traficantes e também nas notas recolhidas imediatamente após um usuário de drogas inalar a cocaína [86].

Rodrigues et al. [87] analisaram cinquenta cédulas de R$ 2,00 que circulavam em estabelecimentos comerciais de Belo Horizonte (MG) e verificaram que 43 delas apresentaram resíduos de cocaína. A concentração média de cocaína encontrada nas notas foi de 150 µg/nota (CV = 155%), sendo que 36% apresentaram teores entre 10 e 50 µg/nota.

Outra amostra utilizada para indicar o uso de cocaína em uma população e, indiretamente, mostrar a real dimensão do problema são estudos de campo que referem a presença da cocaína e da benzoilecgonina em águas de rios e em estações de tratamento de águas residuais urbanas (tratamento de esgoto). Zuccato et al. [88] estimaram que, por análises do rio Po (maior rio italiano), evidenciou-se o uso médio diário de pelo menos 27 doses de 100 mg cada para cada mil jovens adultos, o que excedia em muito as estimativas realizadas com outros indicadores de saúde pública. Estudo realizado na Croácia [89] em estação de tratamento de esgoto da cidade de Zagreb (780 mil habitantes) analisou, além da cocaína, também heroína, maconha, anfetaminas e *ecstasy*, e foi feita com base nas respectivas taxas de excreção ao longo de um período de oito meses, mostrando consumo de 47 kg por ano, bem menor que a maconha (1.000 kg/ano) e também menor que a heroína (75 kg/ano). Mostrou também que o consumo de cocaína é sistematicamente maior durante os finais de semana.

A análise de amostras como dinheiro e instrumentos pode ser de grande valor no esclarecimento de potenciais atividades ilícitas ou na inferência de casos relacionados à medicina legal. Por outro lado, a avaliação de efluentes ainda constitui ferramenta de pesquisa podendo potencialmente ter aplicação em saúde pública e na política de drogas. Os estudos relacionados a essas amostras demonstram que há um vasto campo de aplicação das análises toxicológicas forenses que transcendem sua própria área de atuação.

Questões para estudo

1. Explique as formas de obtenção e preparação da cocaína e a importância da nomenclatura da droga de rua.
2. Explique a aplicação da Portaria 344/98 da Anvisa nas análises de drogas proibidas.
3. Em relação à análise de material de apreensão referido como cocaína, explique a aplicação da diferenciação da cinamoilcocaína.
4. Explique a importância de se determinar a relação COC/BE no tecido cerebral.
5. Indique as matrizes de análise da cocaína e suas principais características analíticas e de interpretação do resultado.
6. Explique como diferenciar laboratorialmente o consumo da cocaína por via inalatória (fumada).
7. Explique a aplicação da análise neuroquímica nos casos *post mortem* envolvendo cocaína.

Respostas

1. A produção de cocaína a partir das folhas da planta do gênero *Erythroxylum*, podendo ser utilizada espécies como a coca e a novogranatense.

   A preparação da droga se dá em laboratórios artesanais, próximos aos locais de plantio. A preparação da pasta de coca é realizada em um poço raso cavado no solo, que é forrado com plástico grosso, ou em tambores, onde as folhas secas de coca são misturadas com solução alcalina, por exemplo, carbonato de sódio e água, e é adicionado solvente orgânico, por exemplo, querosene ou gasolina; a mistura é filtrada, e a fase orgânica, recolhida, adicionando-se a esta uma solução de ácido sulfúrico seguida de um composto alcalino como o carbonato de sódio. Forma-se um precipitado que é seco que é a pasta de coca. Esta é purificada pela conversão para cocaína básica; para tanto, a pasta de coca é diluída com solução ácida (ácido sulfúrico ou clorídrico) e um agente oxidante, como o permanganato de potássio, para remoção de impurezas e alcaloides indesejáveis – como a cinamoilcocaína. Após repouso da mistura por cerca de seis horas, a solução é filtrada e o precipitado é descartado; em seguida, se adiciona solução alcalina (hidróxido de amônio), precipita-se a cocaína básica, que, após processo de secagem, é utilizada na preparação de cloridrato de cocaína. Para obtenção desse sal, a cocaína básica é dissolvida em acetona ou éter e filtrada. A adição de ácido clorídrico promove a cristalização do sal cloridrato de cocaína, e os cristais são filtrados e secos.

   Em geral, se utiliza em espanhol o termo base de cocaína quando os produtores informam o uso de permanganato de potássio no processamento da folha de coca, enquanto o termo pasta básica é utilizado para referir o primeiro produto obtido no processo de extração das folhas de coca utilizando ácido sulfúrico e combustíveis, sendo que tal produto contém diversas impurezas e resíduos do processo de extração. Já no mercado ilícito, podem ser subdivididas em pasta de coca (pasta básica), cocaína básica (base de cocaína ou cocaína base), crack e sal (geralmente cristais de cloridrato).
2. A Portaria 344/98 contém as listas de substâncias sob regulamento especial e as proscritas, que incluem substâncias que em determinado momento da história foram utilizadas na medicina e que atualmente são proibidas, como é o caso da cocaína e veio para complementar a Lei nº 6.368, denominada Lei de Drogas, que é considerada como uma norma penal em branco, porque necessita de um complemento regulamentar para ser aplicada.
3. O critério utilizado pela Polícia Federal brasileira para diferenciação de material referido como cocaína são os mesmos estabelecidos pelo Drug Enforcement Administration (DEA) com base nos níveis de oxidação da cocaína pela análise do subproduto cinamoilcocaína (CICOC). Assim, classifica-se como *crack* a cocaína na forma de base livre altamente oxidada com teores de CICOC inferior a 2%, *freebase* a cocaína na forma de base livre moderadamente oxidada com teores de CICOC entre 2% e 6% e pasta de coca a cocaína na forma de base livre não oxidada com teores de CICOC superiores a 6%.
4. A determinação da razão das concentrações de cocaína/benzoilecgonina (COC/BE) no sangue e no encéfalo, são importantes pois um valor de relação COC/BE superior a 1 em ambas as matrizes pode ser sugestivo de overdose.
5. **Urina**: não possibilita estabelecer uma relação entre a concentração encontrada e a explicação do efeito. Os analitos mais frequentemente encontrados na urina são a COC, BE, EME, CE e EMA. As meias-vidas determinam a duração da eliminação desses analitos e, via de regra, a cocaína é encontrada durante horas após o consumo, e a BE e EME, dias após a última utilização. A urina constitui matriz de escolha na verificação de uso recente, pela relativa quantidade de amostra obtida e pelas concentrações detectáveis. Além disso, é considerada amostra "não invasiva". ▶

presença de BE ou EME na urina, mesmo que não haja a presença da cocaína, mostra que houve exposição recente à COC. Da mesma forma, a presença de cocaetileno revela a exposição concomitante de COC e etanol e a presença da EMA, evidenciando o fato de que a COC foi fumada.

Sangue: matriz para estabelecer o nexo causal e, sempre que possível, deve ser a de eleição nos casos em que seja necessária a inferência comportamental ou em relação à intoxicação cocaínica. Óbitos atribuídos à toxicidade da COC podem ser agrupados em, pelo menos, três categorias, baseadas nos achados laboratoriais e nos fatores circunstanciais. A primeira se refere à "clássica" overdose por COC, fácil de ser reconhecida por seus teores sanguíneos relativamente altos, ou seja, acima de 1,0 ug/mL. A segunda refere-se aos casos em que, embora os teores não sejam equivalentemente altos (por volta de 400 a 1000 ng/mL), a sintomatologia que precedeu o óbito (convulsões, comportamento bizarro, elevação da temperatura corpórea etc.) ou os achados evidentes de necropsia facilitam a caracterização. A terceira e mais frequente categoria é a chamada "toxicidade de dose baixa", em que, mesmo nos casos em que as evidências sugerem a COC para a causa do óbito, as concentrações sanguíneas se encontram na mesma faixa de concentração que as apresentadas por usuários e a conclusão da *causa mortis* não pode ser estabelecida apenas pelo diagnóstico laboratorial.

Saliva: representa uma matriz não invasiva e a análise de cocaína nesta matriz apresenta a vantagem de demonstrar a exposição horas antes da tomada de amostra de urina.

Cabelo: é uma matriz que mostra exposição pregressa e, no caso da cocaína, para que se afaste totalmente a possibilidade de contaminação ambiental, é necessário que se comprove a presença de BE em certas proporções em relação à COC para confirmar o uso dessa droga. Os critérios de decisão recomendados pelo Substance Abuse & Mental Health Services Administration (SAMHSA) e pela Society of Hair Test (SoHT) para confirmar o uso de cocaína e dirimir a contaminação ambiental são a presença de cocaína em níveis acima de 0,5 ng/mg de cabelo, com uma proporção de benzoilecgonina para cocaína superior a 5%, ou a detecção de cocaetileno e/ou de norcocaína acima de 0,05 ng/MG.

Vísceras e humor vítreo: são matrizes muito utilizadas nas análises de cocaína *post mortem*, sendo o tecido cerebral muito importante para explicitar o histórico do uso *ante mortem*.

6. Deve-se analisar a presença de éster metilanidroecgonina (EMA) em laboratório para confirmar a utilização da cocaína na forma fumada.
7. O perfil neuroquímico representa um aspecto importante na avaliação do fenômeno conhecido como síndrome do delírio excitado, termo que vem sendo empregado para descrever uma síndrome caracterizada por delírio, agitação, hipertermia e comportamento violento, que geralmente culmina em morte súbita inexplicável. A relação entre a síndrome do delírio excitado e as mortes súbitas envolvidas com cocaína está baseada na capacidade do fármaco em causar descargas de dopamina no sistema nervoso central. Assim, as catecolaminas podem representar bons marcadores para investigar várias respostas estressantes no processo de morte e, no caso da cocaína, esta aumenta a concentração extracelular de dopamina por bloquear o transportador desse neurotransmissor nos nervos terminais. Dessa forma, a determinação das concentrações de dopamina e metabólitos pode constituir uma ferramenta aplicável nas avaliações *post mortem*, desde que cotejadas com as concentrações de cocaína e seus metabólitos em matrizes biológicas e resguardado o fato de ainda não haver valores de referência para marcadores neuroquímicos em cadáveres.

Lista de abreviaturas

BE	Benzoilecgonina	HPLC	Cromatografia líquida de alta eficiência (*high performance liquid chromatography*)
CCD	Cromatografia em camada delgada	HVA	Ácido homovanílico
CE	Cocaetileno	IN	Intranasal
CICOC	Cinamoilcocaína	IV	Intravenoso
CID	Código Internacional de Doenças	LC	*Liquid chromatography*
CND	Commission on Narcotic Drugs	LLE	Extração líquido-líquido
COC	Cocaína	MS	Espectrometria de massas (*mass spectrometry*)
DAD	Detector de arranjo de diodos	NPD	Detector de nitrogênio e fósforo (*nitrogen phosphorus detector*)
DLLME	Microextração líquido-líquido dispersiva	OMS	Organização Mundial de Saúde
DEA	Drug Enforcement Administration	ONU	Organização das Nações Unidas
DOPAC	3,4-Di-hidroxifenilacético	POPs	Procedimentos operacionais padrão
DSM	Manual de Diagnóstico de Transtornos Mentais (Diagnostic and Statistical Manual of Mental Disorders)	SAMHSA	Substance Abuse & Mental Health Services Administration Sisnad Sistema Nacional de Políticas Públicas sobre Drogas
EMA	Éster metilanidroecgonina	SNC	Sistema Nervoso Central

EME	Éster metilecgonina	SoHT	Society of Hair Test
e-Nos	Óxido nitrito sintetase	SPE	Extração em fase sólida
EWDTS	European Workplace Drug Testing Society	SPME	Microextração em fase sólida
FID	Detector de ionização em chama (*flame ionization detector*)	STRIDE	System to Retrieve Information from Drug Evidence
FTIR	Espectrofotômetro infravermelho com transformador de Furier	UNODC	Escritório de crimes e drogas das Nações Unidas (United Nations Office on Crimes and Drugs)
FTIR-ATR	Espectrofotômetro infravermelho com transformador de Furier com refletância total atenuada	UV	Ultravioleta
GC	Cromatografia gasosa (*gas chromatography*)	VIS	Visível

Lista de palavras

Adulterantes fármacos
Biodisponibilidade dose
Biotransformação reações
Crack
Cocaína básica

REFERÊNCIAS

1. Fukushima AR. Perfil da cocaína comercializada como crack na região metropolitana de São Paulo em período de 20 meses (2008-2009) [dissertação de mestrado]. São Paulo: Faculdade de Ciências Farmacêuticas da Universidade de São Paulo; 2010.

2. Brick R. Freud e a cocaína. Rio de Janeiro: Espaço e Tempo; 1989. 383p.

3. Chasin AAM, Lima IV. Alguns aspectos históricos do uso da coca e da cocaína. Revista Intertox de Toxicologia, Risco Ambiental e Sociedade.2008;1(1).

4. Silva Junior RC, Gomes CS, Goulart Júnior SS, et al. Desmystifying "oxy" cocaine: chemical profiling analysis of a "new Brazilian drug" from Acre State. Forensic Science International. 2012;19(221):113-9.

5. Fukushima AR, Carvalho VM, Carvalho DG, Diaz E, Bustillos JOWV, Spinosa HS, Chasin AAM. Purity and adulterant analysis of crack seizures in Brasil. Forensic Science International. 2014;243:95-8.

6. OBID – Observatório Brasileiro de Informações sobre Drogas. Estimativa do número de usuários de crack e/ou similares nas capitais do país [cited 2014 May 10]. Available from: <http://www.obid.senad.gov.br/portais/OBID/biblioteca/documentos/Relatorios/329534.pdf>.

7. Carvalho VM. Drogas: descriminalização? In: Alvino AS, Shecaira SS, org. Criminologia e os problemas da atualidade. 1. ed. São Paulo: Atlas; 2008. v. 1, p. 123-39.

8. Brasil. [Lei antidrogas (2006)]. Sistema Nacional de Políticas Públicas sobre Drogas – Sisnad: Lei n.º 11.343, de 23 de agosto de 2006, e legislação correlata. 2nd ed. [recurso eletrônico] Brasília: Câmara dos Deputados, Edições Câmara; 2012.43 p. (Série Legislação; n. 77).

9. DEA. Coca cultivation and cocaine processing: an overview. Drug Enforcement Administration Intelligence Division, Strategic Intelligence Section, September 1993 [cited 2015 Aug. 3]. Available from: <https://www.erowid.org/archive/rhodium/chemistry/coca2cocaine.html>.

10. Ferreira PEM, Martini RK. Cocaína: lendas, história e abuso. Revista Brasileira de Psiquiatria.2001;23(2):96-9.

11. Gobierno de Colombia, UNODC. Colombia: monitoreo de cultivos de coca, censo de cultivos de coca 2014. United Nations Publications; 2015.

12. Fisher S, Raskin A, Uhlenhuth EH. Cocaine: clinical and biobehavioral aspects. New York: Oxford University Press; 1987.175p.

13. Redda KK. Cocaine, marijuana, designer drugs: chemistry pharmacology, and behavior. Boca Raton: CRC Press; 1989. p. 43-72.

14. Schwartz RH, Luxenberg MG, Hoffmann NG. Crack use by american middle-class adolescent polidrug abusers. The JournalofPediatrics.1991;1:150-5.

15. Nappo SA. Baqueros e craqueros. Um estudo etnográfico sobre o consumo de cocaína na cidade de São Paulo [tese de doutorado]. São Paulo: EPM-Unifesp; 1996.

16. United Nations. Office on Drug and Crime. World Drug Report. Washington: United Nations Publications; 2015.

17. United Nations. Office on Drug and Crime. World Drug Report. Washington: United Nations Publications; 2014.

18. Carvalho DG. Determinação dos componentes de cloridrato de cocaína ilegalmente comercializado na região metropolitana de São Paulo no ano de 1997 [dissertação de mestrado]. São Paulo: Faculdade de Ciências Farmacêuticas, Universidade de São Paulo; 2000.

19. Carter JC, Brewer WE, Angel SM. Raman spectroscopy for the in situ identification of cocaine and selected adulterants. Applied Spectroscopy. 2000;54(12):1876-81.

20. Evrard I, Legleye S, Taïrou AC. Composition, purity and perceived quality of street cocaine in France. International Journal of Drug Policy. 2010;21(5):399-406. doi: 10.1016/j.drugpo.2010.03.004

21. Lapachinske SF, Okai GG, Dos Santos A, Barrios AV, Yonamine M. Analysis of cocaine and its adulterants in drugs for international trafficking seized by the Brazilian Federal Police. Forensic Science International. 2015;247:48-53.

22. United Nations. Office on Drug and Crime. Recommended methods for the Identification and Analysis of Cocaine in Seized Materials. Washington: United Nations Publications; 2012.

23. Cone EJ. Recent discoveries in pharmacokinetics of drugs of abuse. Toxicology Letters. 1998;102(103):97-101.

24. Cone EJ, Hillsgrove M, Darwin WD. Simultaneous measurement of cocaine, cocaethylene, their metabolites, and "crack" pyrolysis products by gas chromatography-mass spectrometry. Clinical Chemistry. 1994;40:1299-305.

25, Cone EJ. Pharmacokinetics and pharmacodynamics of cocaine. Journal of Analytical Toxicology. 1995;19:459-77.

26. Jacob P, Ewis ER, Elias-Baker BA, Jones RT. A pyrolysis product, an hydroecgonine Methyl ester (methylecgonidine), is in the urine of cocaine smokers. Journal of Analytical Toxicology. 1990;14:353-7.

27. Kintz P, Cirimele V, Sengler C, Mangin P. Testing human hair and urine for anhydroecgonine methyl ester, a pyrolysis product of cocaine. Journal of Analytical Toxicology. 1995;19:478-82.

28. Nakahara Y, Ishigami A. Inhalation efficiency of free--base cocaine by pyrolysis of "Crack" and cocaine hydrochloride. Journal of Analytical Toxicology. 1991;15:105-9.

29. Neudorfl P, Hupe M, Pilon P, Lawrence AH. Determination of ecgonidine methyl ester vapour pressure using a dynamic gas blending system and gas chromatographic analysis. Analytical Chemistry. 1997;69(20):4283-5.

30. Shimomura ET, Hodge GD, Paul BD. Examination of postmortem fluids and tissues for the presence of methylecgonidine, ecgonidine, cocaine, and benzoylecgonine using solid-phase extraction and gas chomatography--mass spectrometry. Clinical Chemistry. 2001;47:1040-7.

31. Barnett G, Hawks R, Resnick R. Cocaine pharmacokinetics in humans. Journal of Ethnopharmacology. 1981;3:353-66.

32. Foltin RW, Haney M. Intranasal cocaine in humans: acute tolerance, cardiovascular and subjective effects. Pharmacology, Biochemistry and Behaviour. 2004;78:93-101.

33. Chasin AAM, Silva ES, Carvalho VM. Estimulantes do sistema nervoso central. In: Oga S, Carmargo MMA, Batistuzzo JAO. Fundamentos de toxicologia. 4. ed. São Paulo: Atheneu; 2014, p.365-83.

34. Escobedo LG, Ruttenber AJ, Agocs MM, Anda RF, Wetli CV. Emerging patterns of cocaine use and the epidemic of cocaine overdose deaths in Date-County, Florida. Archives Pathology & Laboratory Medicine.1991;115:900-5.

35. Chasin, AAM. Cocaína e cocaetileno: influência do etanol nas concentrações de cocaína em sangue humano post mortem[tese de doutorado]. São Paulo: Faculdade de Ciências Farmacêuticas – Universidade de São Paulo; 1996. 141p.

36. Fowler JS, Volkow ND, Wang GJ, Gatley SJ, Logan J. Cocaine: PET studies of cocaine pharmacokinetics, dopamine transporter availability and dopamine transporter occupancy. Nuclear Medicine and Biology. 2001;28:561-72.

37. Carvalho VM, Fukushima AR, Fontes LR, Fuzinato DV, Florio JC, Chasin AAM. Cocaine postmortem distribution in three brain structures: a comparison with whole blood and vitreous humour. Journal of Forensic and Legal Medicine. 2013;20:143-5.

38. Mets B, Diaz J, Soo E, Jamdar S. Cocaine, norcocaine, ecgoninemethylester and benzoylecgonine pharmacokinetics in the rat. Life Sciences. 1999;65(12):1317-28.

39. Brzezinski MR, Abraham TL, Stone CL, Dean RA, Bosron WF. Purification and characterization of a human liver cocaine carboxylesterase that catalyzes the production of benzoylecgonine and the formation of cocaethylene from alcohol and cocaine. Biochemical Pharmacology. 1994;48(9):1747-55.

40. Carmona GN, Baum I, Schindler CW, Goldberg SR, Jufer RA, Cone, EJ, Belendiuk, GW, Gorelick DA. Plasma butyrylcholinesterase activity differs significantly in rhesus and squirrel monkeys. Life Science. 1996;59:939-43.

41. Hoffman RS, Henry GC, Wax PM, Weisman RS, Howland MA, Goldfrank LR. Decreased plasma cholinesterase activity enhances cocaine toxicity in mice. Journal of Pharmacology and Experimental Therapeutics. 1992;263:698-702.

42. Carvalho, VM. Redistribuição da cocaína e sua influência na neuroquímica *post mortem* [tese de doutorado]. São Paulo: Faculdade de Ciências Farmacêuticas da Universidade de São Paulo; 2011. 181 p.

43. Fandiño AS, Toennes SW, Kauert GF. Studies on hydrolytic and oxidative metabolic pathways of anhydroecgonine methyl ester (methylecgonidine) using microsomal preparations from rat organs. Chemical Research in Toxicology. 2002;15:1543-48.

44. Jenkins AJ, Goldberger, BA. Identification of unique cocaine metabolites and smoking by-products in postmortem blood and urina specimens. Journal Forensic Sciences. 1997;42(5):824-7.

45. Myers AL, Willians HE, Kraner JC. Identification of anhydroecgonine ethyl ester in the urine of a drug overdose victim. Journal Forensic Science. 2005;50(6):1481-5.

46. Paul BD, Lalani S, Bosy T, Jacobs AJ, Huestis MA. Concentrations profiles of cocaine, pyrolitic methyl ecgonidine and thirteen metabolites in human blood and urine: determinations by gas chromatography-mass spectrometry. Biomedical Chromatography 2005;19:677-88.

47. Takekawa K. Cocaine and its metabolites. In: Suzuki O, Watanabe K. Drugs and poisons in humans: a handbook of practical analysis. Heidelberg: Springer; 2005. cap. 2.4, p. 207-18.

48. Gao Y, LaFleur D, Shah R, Zhao Q, Singh M, Brimijoin S. An albumin-butyrylcholinesterase for cocaine toxicity and addiction: Catalytic and pharmacokinetic properties. Chemico-Biological Interactions. 2008;175:83-7.

49. Spiehler VR, Reed D. Brain concentrations of cocaine and benzoylecgonine in fatal cases. Journal of Forensic Science. 1985;30:1003-11.

50. Bertol E, Trignano C, Di Milia MG, Di Padua M, Mari F. Cocaine-related deaths: an enigma still under investigation. Forensic Science International. 2008;176:121-3.

51. Stimpfl T, Reichel S. Distribution of drugs of abuse within specific regions of the human brain. Forensic Science International. 2007;170:179-82.

52. Carboni E, Spielewoy C, Vacca C, Nosten-Bertrand C, Giros M, Di Chiara G. Cocaine and amphetamine increase extracellular dopamine in the nucleus accumbens of mice lacking the dopamine transporter gene. Journal of Neurocience. 2001;21(141):1-4.

53. Hows MEP, Lacroix L, Heidbreder C, Organ AJ, Shah AJ. High-performance liquid chromatography/tandem mass spectrometric assay for the simultaneous measurement of dopamine, norepinephrine, 5-hydroxytryptamine and cocaine in biological samples. Journal of Neuroscience Methods. 2004;138:123-32.

54. Ritz MC, Lamb RJ, Goldberg SR, Kuhar MJ. Cocaine receptors on dopamine transporters are related to self--administration of cocaine. Science. 1987;237:1219-23.

55. Heien MLAV, Khan AS, Ariansen JL, Cheer JF, Phillips PEM, Wassum KM, Wightman RM. Real-time measurement of dopamine fluctuations after cocaine in the brain of behaving rats. Proceedings of the National Academy of Sciences of the United States of America. 2005;102(29):10023-8.

56. Espiridião-Antonio V, Majeski-Colombo M, Toledo--Monteverde D, Moraes-Martins G, Fernandes JJ, Assis MB, Sequeira-Batista R. Neurobiologia das Emoções. Revista de Psiquiatria Clínica.2008;35(2):55-65.

57. Garcia-Mijares M, Silva MTA. Dependência de drogas. Psicologia USP. 2006;17(4):213-40.

58. Planeta CS, Cruz FC, Marin MT, Aizenstein ML, DeLucia R. Ontogênese, estresse e dependência de substâncias psicoativas. Revista Brasileira de Ciências Farmacêuticas. 2007;43(3):335-46.

59. Moreau RLM, Camarini R. Drogas de abuso. In: Oga S, Carmargo MMA, Batistuzzo JAO. Fundamentos de toxicologia. 4. ed. São Paulo: Atheneu; 2014. p. 343-51.

60. Kleerup EC, Koyal SN, Magallanes JAM, Goldman MD, Tashkin DP. Chronic and acute effects of "crack" cocaine on diffusing capacity, membrane diffusion, and pulmonary capillary blood volume in the lung. Chest. 2002;122(2):629-38.

61. Foltin RW, Fischman MW. Residual effects of repeated cocaine smoking in humans. Drug and Alcohol Dependence. 1997;47:117-24.

62. Flynn DD, Vaishnav AA, Mash DC .Interactions of cocaine with primary and secondary recognition sites on muscarinic receptors. Molecular Pharmacology. 1992;41:736-42.

63. Miao L, Qui Z, Morgan JP. Cholinergic stimulation modulates negative inotropic effect of cocaine on ferret ventricular myocardium. American Journal of Physiology. 1996, 270:H678-H684.

64. Sharkey J, Ritz MC, Schenden JA, Hanson RC, Kuhar MJ. Cocaine inhibits muscarinic cholinergic receptors in heart and brain. The Journal of Pharmacology and Experimental Therapeutics. 1988;246:1048-52.

65. Shannon RP, Stambler BS, Komamura K, Ihara T, Vatner SF. Cholinergic modulation of the coronary vasoconstriction induced by cocaine in conscious dogs. Circulation. 1993;87:939-49.

66. He J, Yang S, Zhang L. Effect of cocaine on nitric oxide production in bovine coronary artery endothelial cells. The Journal of Pharmacology and Experimental Therapeutics. 2005;314(3):380-6.

67. Kiyatkin EA, Brown PL. Dopamine-dependent and dopamine-independent actions of cocaine as revealed by brain thermorecording in freely moving rats. European Journal of Neuroscience. 2005;22:930-8.

68. Vongpatanasin W, Mansour Y, Chavoshan B, Arbique D, Victor RG. Cocaine stimulates the human cardiovascular system via a central mechanism of action. Circulation. 1999;100(5):497-502.

69. Scheidweiler KB, Shojaie J, Plessinger MA, Wood, RW, Kwong TC. Stability of methylecgonidine and ecgonidine in sheep plasma in vitro. Clinical Chemistry. 2000;46:1787-95.

70. Erzouki HK, Allen AC, Newman AH, Goldberg SR, Schindler CW. Effects of cocaine, cocaine metabolites and cocaine pirolysis products on the hindbrain cardiac and respiratory centers of the rabbit. Life Sciences. 1995;57:1861-8.

71. Mash DC, Duque L, Pablo J, Qin Y, Adi N, Hearn WL, Hymab BA, Karch SB, Druid H, Wetli CV. Brain biomarkers for identifying excited delirium as a cause of sudden death. Forensic Science International. 2009;190:13-9.

72. Coulson SA, Coxon A, Buckleton JS. How many samples from a drug seizure need to be analyzed? J Forensic Sci. 2001;46(6):1456-61.

73. Colón M, Rodríguez G, Orlando Díaz R. Representative Sampling of "Street" Drug Exhibits. J Forensic Sci.1993;38(3):641-8.

74. Tsanaclis L, Wicks JFC, Chasin AAM. Workplace drug testing, different matrices: different objectives. Drug Test Anal. 2012;4(2):83-8.

75. Tsanaclis L, Wicks JFC, Chasin AAM. Análises de drogas em cabelos ou pelos. Revista InterTox de Toxicologia, Risco Ambiental e Sociedade. 2011;2(1):1-29.

76. Salvadori MC, Andraus MH, Azevedo CP, Tsanaclis LM. Análise de drogas e metabólitos em cabelo e fluido oral. In: Moreau RLM, Bastos MEP, editores. Ciências farmacêuticas: toxicologia analítica. 2. ed. Rio de Janeiro: Guanabara Koogan; 2015. 400 p.

77. Lima IV, Chasin AAM. Coleta de material. In: Chasin AAM. Apostila de toxicologia forense – Curso de Formação de Perito Químico-Legal do Estado da Paraíba.2004. 366p.

78. Tavares MFM. Eletroforese capilar: conceitos básicos. Química Nova. 1996;20(5):493-11.

79. Costa, J. L. Eletroforese capilar como ferramenta analítica para toxicologia forense [tese de doutorado]. São Paulo: Instituto de Química, Universidade de São Paulo; 2008. 170 p.

80. Queiroz SCN, Collins CH, Jardim ICSF. Métodos de extração e/ou concentração de compostos encontrados em fluidos biológicos para posterior determinação cromatográfica. Química Nova. 2001;24(1):68-76.

81. Chen Y, Guo Z, Wang X, Qiu C. Sample preparation. Journal of Chromatography A. 2008;1184:191-219.

82. Moreira BJ, Yokoya JMC, Gaitani CM. Microextração líquido-líquido dispersiva (DLLME): fundamentos, inovações e aplicações biológicas. Scientia Chromatographica. 2014;6(3):186-204.

83. Mari F, Politi L, Bertol E. Nails of newborns in monitoring drug exposure during pregnancy. Forensic Science International. 2008;179:176-80.

84. Carvalho VM, Fontes LR, Lima IV, Fuzinato DV. Toxicologia post mortem. In: Oga S, Carmargo MMA, Batistuzzo JAO. Fundamentos de toxicologia. 4. ed. São Paulo: Atheneu; 2014. p. 645-56.

85. Di Donato E, Martin CCS, De Martinis BS. Determination of cocaine in brazilian paper currency by capillary gas chromatography/mass spectrometry. Química Nova. 2007;30:1966-7.

86. Almeida VGK, Cassella RJ, Pacheco WF Determination of cocaine in Real banknotes circulating at the State of Rio de Janeiro, Brazil. Forensic Science International. 2015;251: 50-5.

87. Rodrigues NM, Guedes M, Augusti R, Marinho P. A cocaine contamination in Belo Horizonte-MG Paper Currency. Rev. Virtual Quim. 2013;5(2):125-36 [cited 2016 Sep 23]. Available from: <http://www.uff.br/rvq>.

88. Ettore Zuccato E, Chiabrando C, Castiglioni S, Calamari D, Bagnati R, Schiarea S, Fanelli R. Cocaine in surface waters: a new evidence-based tool to monitor community drug abuse. Environmental Health: A Global Access Science Source. 2005;4:14.

89. Terzic S, SentaI, Ahel M. Illicit drugs in wastewater of the city of Zagreb (Croatia) –Estimation of drug abuse in a transition country. Environmental Pollution. 2010;158(8): 2686-93.

ANFETAMINA E DERIVADOS

Fábio Cardoso Cruz

Paulo Eduardo Carneiro de Oliveira

Rodrigo Molini Leão

Paula Cristina Bianchi

8.1 HISTÓRICO

No início do século XX, começaram a surgir substâncias sintéticas com potencial de abuso. Entre elas, destaca-se a anfetamina (β-fenilisopropilamina). A anfetamina foi sintetizada pela primeira vez em 1887 pelo romeno Lazăr Edeleanu na Alemanha. Na mesma época pesquisadores japoneses isolaram vários compostos obtidos a partir da planta *Ephedra sinica*, conhecida na China como *Ma-huang*. As principais substâncias isoladas foram a efedrina e a pseudoefedrina, que em testes farmacológicos apresentaram um efeito midriático considerável. Apesar dos esforços em comercializar a efedrina como agente midriático, sua venda só seria iniciada em 1923, na Europa e Estados Unidos, como descongestionante nasal e fármaco para o alívio da asma (efeito mais proeminente que a adrenalina) [1-6].

Em 1927, o pesquisador Gordon Alles, pesquisando um descongestionante nasal e um broncodilatador mais potente que a efedrina, sintetizou novamente a anfetamina. O primeiro teste em humanos ocorreu em 1929. Alles injetou em si mesmo 50 mg da substância anfentamina e descreveu alguns efeitos como: mucosa nasal seca, bem-estar, palpitação e falta de sono. Por outro lado, os efeitos sobre respostas alérgicas foram mínimos [1-6].

A partir de 1933, a indústria farmacêutica americana Smith, Kline & French (SKF) passou a comercializar um produto inalável cujo nome comercial era Benzedrina®, que continha anfetamina na forma de base livre, sem necessidade de prescrição médica, e utilizado como descongestionante nasal. Os efeitos secundários da Benzedrina®, como redução da fadiga, aumento do alerta e sensação de euforia, despertaram o interesse da SKF, que prontamente começou a promover testes com a nova droga na forma de sulfato de anfetamina em tabletes. Quando a venda de sulfato de Benzedrina® foi aprovada pelo Conselho Americano de Farmácia, em 1937 a substância passou a ser indicada para o tratamento de depressão, narcolepsia, obesidade e para melhorar o desempenho cognitivo. A anfetamina é considerada o primeiro antidepressivo usado clinicamente [1-6].

O sucesso da Benzedrina® despertou o interesse de outras indústrias farmacêuticas concorrentes, que, por causa da patente, buscaram derivados anfentamina. Assim, em 1938 a companhia alemã

Temmler lançou o Pervitin®, tabletes que continham metanfetamina na sua composição. No início da Segunda Guerra Mundial, o exército alemão disponibilizou o Pervitin® para os soldados, pois a droga diminuía a fadiga e o medo e aumentava o alerta. Porém, no fim de 1940, médicos do exército exigiram a redução drástica do consumo da substância por causa dos crescentes casos de abuso e de falta de julgamento no campo de batalha. Ironicamente, os aliados introduziram o uso de Benzedrina® nas forças armadas no início de 1941. Logo os britânicos perceberam os efeitos nocivos da anfetamina e, em 1943, baniram o uso. Entretanto, os soldados americanos continuaram o consumo até o fim da guerra e mantiveram o uso durante a guerra contra a Coreia do Norte, na década de 1950 [1-6].

Após o fim da Segunda Guerra Mundial, o consumo de anfetamina para o tratamento da depressão e perda de peso cresceu nos Estados Unidos. Graças à ausência de restrições, o uso não médico de produtos anfetamínicos continuou a crescer, e logo foram descritos relatos do uso abusivo dessa substância por suas propriedades estimulantes. Dessa maneira, a Food and Drug Administration (FDA) começou a regular a fabricação e distribuição de anfetamínicos e outras substâncias e passou a limitar a venda, permitindo-a somente sob prescrição médica. A exigência para obter produtos anfetamínicos aumentou o número de laboratórios clandestinos nos Estados Unidos. Em 2011 foram desmontados cerca de 12.571 laboratórios clandestinos de metanfetamina. Em 2012 esse número foi ainda maior, chegando a 14.322 laboratórios, a maioria em locais próximos à fronteira com o México. A quantidade de metanfetamina apreendida em todo o mundo aumentou de 24 toneladas em 2008 para 114 toneladas em 2012 [1-7].

8.2 EPIDEMIOLOGIA DO USO DE ANFETAMINA E DERIVADOS

Na atualidade, convivemos com um crescimento significativo no consumo de anfetamina e derivados, em concentrações e doses cada vez mais elevadas [8]. Esse aumento vem acompanhado do desenvolvimento de substâncias novas e vias de administração alternativas de produtos já conhecidos, incrementando os efeitos e aumentando o potencial de desenvolvimento de dependência destes [8]. Anfetamina e seus derivados têm sido amplamente utilizados pela população mundial. Um relatório divulgado pelo Escritório contra Drogas e Crimes da Organização Mundial de Saúde (UNODC) mostrou que a prevalência anual do uso de anfetamínicos no mundo é de 0,5%, sendo a segunda substância de abuso mais consumida, excluindo cigarro e álcool [9]. No mesmo sentido, estimativas revelam que o número de usuários no mundo pode chegar a 54,8 milhões de pessoas. Já para o *ecstasy* (um derivado anfetamínico) o número de usuários pode chegar a 28,2 milhões. O Brasil lidera o uso de anfetamínicos na América Latina, com cerca de 700 mil usuários [9]. Esse uso dá-se principalmente por seus efeitos estimulantes e anorexígenos [2]. Um estudo realizado em 2009 entre estudantes do ensino fundamental e médio (10-19 anos) de 27 capitais brasileiras mostrou que 0,3% dos entrevistados faziam uso pesado de anfetamina e derivados. Outro estudo realizado pelo Centro Brasileiro de informação sobre Drogas (CEBRID), mostrou que cerca de 0,2% da população brasileira que já fez uso de anfetamínicos pelo menos uma vez na vida apresenta quadros de dependência dessa substância [8,10].

8.3 O USO DE ANFETAMINAS E DERIVADOS

A anfetamina é uma amina simpatomimética de ação indireta, encontrada sob três formas: dextrógira (dexanfetamina), levógira (levanfetamina) e racêmica (dl-anfetamina). Além disso, as anfetaminas exercem ações simpatomiméticas periféricas, produzindo elevação na pressão sanguínea, inibição da motilidade gastrintestinal, broncodilatação, vasoconstrição periférica, aumento da frequência cardíaca e da força de contração do miocárdio [11-13].

As anfetaminas são consumidas principalmente por via nasal (pó), via endovenosa (pó), via oral (comprimidos) e via pulmonar (cristal). Entre os principais efeitos centrais das anfetaminas, inclui-se aumento do estado de alerta, anorexia, diminuição da fadiga, elevação do humor, euforia e aumento da atividade motora. O uso terapêutico dos derivados da anfetamina é bastante restrito, sendo utilizado para o tratamento da obesidade, transtorno de déficit de atenção e hiperatividade (TDAH) e narcolepsia [11-13].

A anfetamina foi o primeiro fármaco utilizado no tratamento da obesidade, entretanto, por seus efeitos adversos, como estimulação central, alterações cardiovasculares e potencial de causar dependência, tornou-se uma substância proscrita. Assim, dois derivados (anfepramona e femproporex) com propriedades anoréticas foram introduzidos no tratamento da obesidade. A anfepramona (dietilpropiona) é o derivado mais antigo aprovado e comercializado no Brasil, e o femproporex é prescrito desde a década de

1970. Esses medicamentos agem em neurônios hipotalâmicos, aumentando as concentrações sinápticas das catecolaminas e promovendo assim seu efeito anorexígeno. Os efeitos adversos mais frequentes desses derivados são: secura na boca, insônia, cefaleia, taquicardia, irritabilidade e euforia [11-13]. Na Figura 8.1, são apresentadas as estruturas químicas de anfetaminas e compostos relacionados.

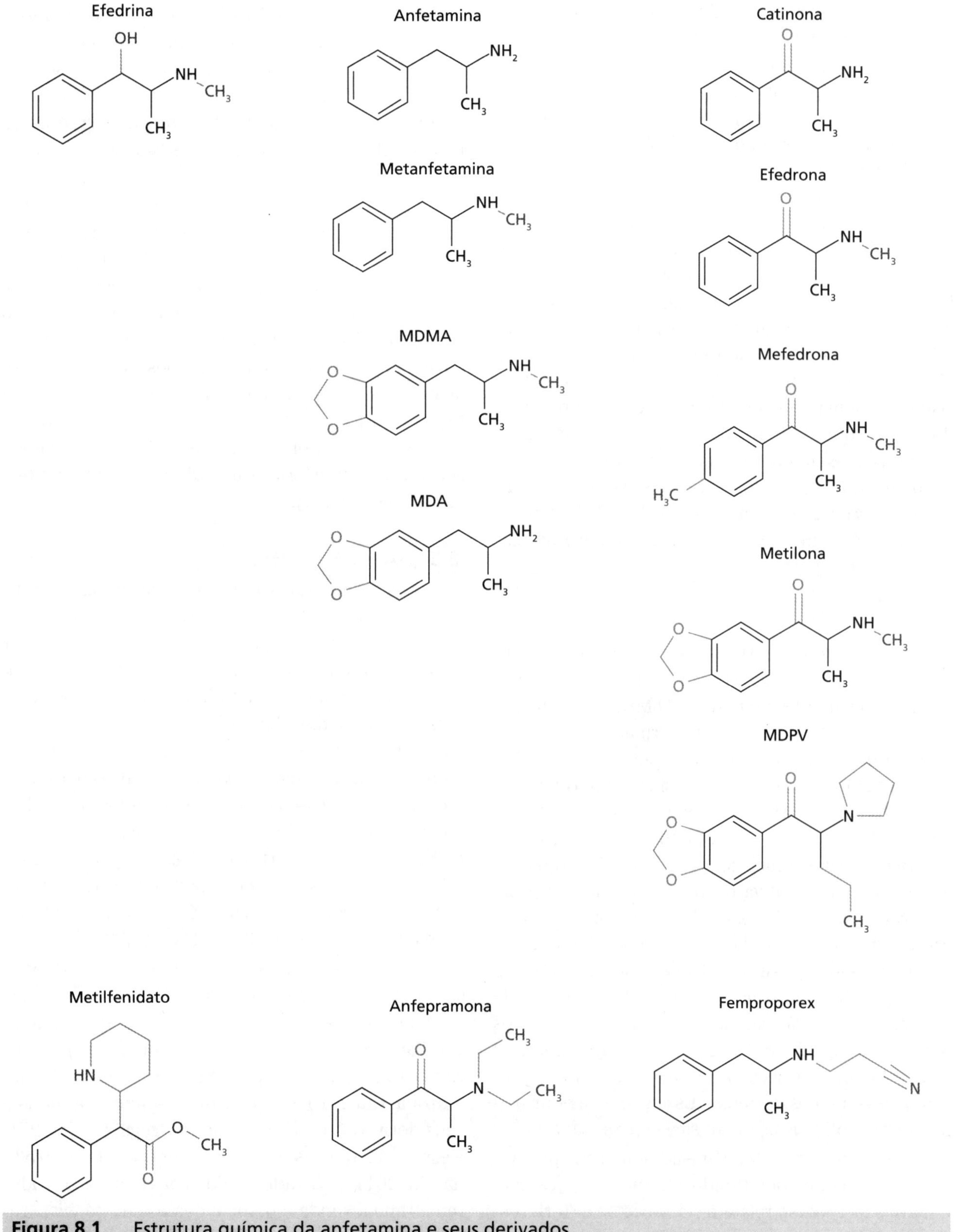

Figura 8.1 Estrutura química da anfetamina e seus derivados.

Para o tratamento do TDAH, o derivado anfetamínico utilizado é o metilfenidato. O metilfenidato é uma substância quiral, em que apenas o d-enantiômero (deximetilfenidato) possui atividade farmacológica [11]. O mecanismo de ação do metilfenidato não é tão bem estabelecido; evidências demonstram que o metilfenidato bloqueia o transportador de recaptação de dopamina, principalmente no estriado e córtex pré-frontal, aumentando a disponibilidade desse fármaco nas fendas sinápticas. Além disso, esse fármaco, embora com menos afinidade, é capaz de bloquear os transportadores noradrenérgicos e serotoninérgicos [14-16]. O efeito dessa substância na TDAH é devido a sua capacidade de promover nos pacientes, aumento da capacidade de concentração, pela redução dos impulsos agressivos e melhoria da percepção auditiva e visual dessas crianças [17,18]. Os efeitos colaterais do metilfenidato incluem desconforto abdominal, náusea, azia, nervosismo e insônia no início do tratamento, diminuição de apetite que pode resultar em perda de peso ou atraso de crescimento em crianças, dor de cabeça, sonolência, tontura, alterações nos batimentos cardíacos, febre e reações alérgicas [11-13,19]. O metilfenidato também é utilizado no tratamento de narcolepsia [17,18].

8.4 *Ecstasy*

O *ecstasy* ou MDMA (3,4-metilenodioximetanfetamina) é uma das substâncias psicoativas de abuso mais consumidas no mundo. O MDMA foi sintetizado em 1912 pela indústria farmacêutica Merck para ser utilizado como fármaco anorexígeno, embora a substância nunca tenha sido comercializada com esse fim. Os primeiros testes foram conduzidos na década de 1950 pelo exército americano, juntamente com a substância MDA (3,4-metilenodioxianfetamina), na tentativa de usá-las em interrogatórios. Na década de 1970, o MDMA passou a ser indicado como adjuvante da psicoterapia e tratamento da depressão, Parkinson, transtorno do estresse pós-traumático, autismo e dependência. Apesar de o comércio e fabricação do MDMA serem regulados por órgãos especializados, o uso da droga aumentou sensivelmente na década de 1980 e até hoje apresenta altos índices de abuso. Esse uso ocorre principalmente em festivais de música eletrônica [20].

Normalmente, o MDMA é administrado pela via oral na forma de comprimido, o conhecido *ecstasy*. Usuários de *ecstasy* relatam sensação de euforia, estimulação psicomotora, alucinações visuais e auditivas, aumento da socialização, sensibilidade ao toque e aumento de respostas emotivas ante estímulos considerados normais [20,21].

O MDMA tem maior afinidade por transportadores de serotonina (SERT) quando comparados com transportadores de outras monoaminas (NET e DAT). Isso implica um aumento da atividade serotoninérgica após a administração da substância. Acredita-se que os efeitos alucinógenos decorrentes do uso do MDMA ocorram devido à ligação deste a receptores de serotonina do tipo 2A (5-HT2A) [20,21].

O efeito adverso mais comum após a ingestão de MDMA é o aumento da temperatura corporal. Por ser um estimulante psicomotor, o MDMA promove aumento da atividade locomotora, a qual, por si só, aumenta a temperatura corporal. Além do efeito motor, o MDMA induz a produção de calor através da metabolização do tecido adiposo marrom ao se ligar aos receptores 3-adrenérgicos. O aumento da temperatura do corpo é agravado quando o MDMA liga-se aos receptores 1-adrenérgico e promove vasoconstrição periférica, impedindo que o corpo dissipe o calor [20,21].

8.5 Sais de banho

Nos últimos anos, o uso de novas drogas sintéticas tem sido relatado por hospitais e unidades de emergência. Entre essas substâncias podemos citar os derivados da catinona, como a efedrona, mefedrona, metilona e MDPV. A catinona é uma substância extraída da planta khat (*Catha edulis Forsk*), encontrada no leste e no Chifre da África e no noroeste da península Arábica. O khat é consumido por quase 20 milhões de pessoas diariamente na forma de chás ou mascando a planta *in natura*. A planta é usada há milhares de anos em rituais religiosos, para diminuir a fadiga, mascarar o sono e pela sensação de bem-estar. O comércio da planta é a principal fonte de renda de alguns países dessas regiões [22-27].

Os primeiros relatos de abuso das catinonas sintéticas surgiram em 2007. Essas substâncias eram facilmente obtidas por *sites* da internet, que as vendiam como sais de banho ou alimento de plantas. Em 2010 a União Europeia baniu o comércio da mefedrona. Em 2010 o Reino Unido incluiu a catinona e seus derivados no UK Misuse of Drugs Act de 1971, e essas substâncias passaram a ter a venda controlada. Em 2011 os Estados Unidos passaram a considerar crime a venda e o porte dessas substâncias. No Brasil a catinona e seus derivados, por meio da RDC nº 39 de 9 de julho de 2012 emitida pela Anvisa, foram incluídos na lista de substâncias de uso proscrito [1,22-28].

A apresentação dessas substâncias é na forma de cristais, e seu uso ocorre principalmente pelas vias oral, nasal, pulmonar e endovenosa. Os principais efeitos do uso agudo dessas substâncias são euforia, alucinações e diminuição da fadiga. Os efeitos adversos causados pelo uso prolongado e pela abstinência incluem ansiedade, ataques de pânico, psicose, comportamento agressivo, depressão, paranoia e convulsões. Os efeitos periféricos mais comuns são hiponatremia e hipertermia [22-27].

8.6 Toxicodinâmica da anfetamina e seus derivados

As anfetaminas são psicoestimulantes de ação central cujo efeito ocorre principalmente na neurotransmissão de monoaminas como a norepinefrina (NE), dopamina (DA) e serotonina (5-HT). As anfetaminas agem nos terminais sinápticos dos neurônios monoaminérgicos aumentando a disponibilidade dessas substâncias na fenda sináptica. Alguns mecanismos são amplamente aceitos no que diz respeito à ação das anfetaminas na transmissão dessas monoaminas [13,29].

Em primeiro lugar, sabe-se que essas substâncias promovem o bloqueio dos transportadores de norepinefrina (NET), dopamina (DAT) e serotonina (SERT), impedindo a recaptação desses neurotransmissores. Na Tabela 8.1, é apresentada a diferença de afinidade da anfetamina e seus derivapelos transportadores de recaptação de monoaminas. As anfetaminas também promovem o transporte reverso das monoaminas através dos próprios transportadores de recaptação. Elas se ligam no transportador e nesse momento ocorre uma troca. O transportador envia a anfetamina para o interior da célula e em troca manda a monoamina para a fenda sináptica. Essa troca depende do gradiente de concentração dessas substâncias dentro e fora do citoplasma (Figura 8.2) [13,29-33].

A anfetamina também é capaz de bloquear os transportadores vesiculares de monoaminas VMAT e inibir as enzimas que degradam essas monoaminas. Como consequência ocorre um grande acúmulo dessas monoaminas no citoplasma que favorece o transporte reverso dependente do gradiente de concentração (Figura 8.2) [13,29].

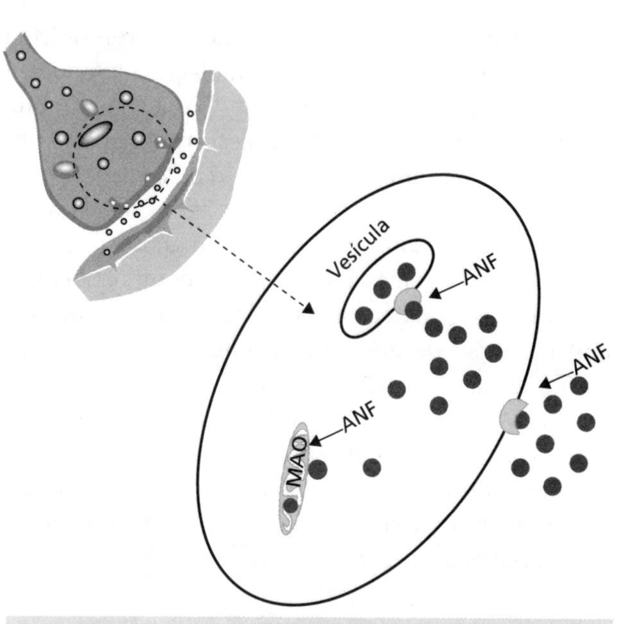

Figura 8.2 Representação de uma sinapse de monoaminas, demonstrando os locais de ação da anfetamina e derivados.

A anfetamina e seus análogos são estimulantes do sistema nervoso central. Mediante bloqueio ou inversão da direção dos transportadores de neurotransmissores que medeiam a receptação das monoaminas (dopamina, norepinefrina e serotonina) para as terminações pré-sinápticas, potencializam a neurotransmissão dopaminérgica, adrenérgica e serotoninérgica. Assim, promovem os efeitos agudos da substância, como: estimulação locomotora, euforia, comportamento estereotipado e anorexia. Além disso, os anfetamínicos são inibidores da MAO, enzima responsável pela oxidação da norepinefrina e serotonina [13,29].

O aumento na concentração de dopamina observada na estrutura límbica denominada *accumbens* é o responsável pela sensação de prazer e euforia no início do uso da substância. Esse aumento deve-se à depleção vesicular da dopamina; inibição da sua receptação; e reversão do seu transportador (DAT), que, por sua vez, promove efluxo de dopamina na fenda sináptica [13,29].

Estudos pré-clínicos mostram que a administração de anfetamínicos a curto e longo prazo em animais de laboratório produz modificação nas concentrações de noradrenalina, dopamina e seus metabólitos. Ocorre também diminuição de serotonina cerebral e de seu metabólito (ácido 5-hidroxindolacético) após a administração crônica em altas doses [13,29].

Outros estudos mostram que a norepinefrina cerebral é responsável pela estimulação locomotora induzida pela anfetamina, enquanto que a dopamina se relaciona ao comportamento estereotipado verificado na psicose anfetamínica, após o uso repetido. A psicose anfetamínica assemelha-se a um ataque agudo de esquizofrenia, com alucinações acompanhadas por sintomas paranoicos e comportamento agressivo. Efeitos cardiovasculares podem surgir a partir do uso de anfetamina, uma vez que ela aumenta a concentração de norepinefrina nas sinapses. Altas concentrações de norepinefrina no sistema cardiovascular causam a morte de células do músculo cardíaco, aumento da frequência cardíaca, aumento da pressão arterial sistólica, insuficiência coronariana, entre outros [13,29].

Tabela 8.1 Afinidade da anfetamina e seus derivados pelos transportadores de recaptação de monoaminas [30-33]

AFINIDADE PELOS TRANSPORTADORES DE MONOAMINAS	
Anfetamina	NET>DAT>>SERT
Efedrina	NET>DAT
Metanfetamina	NET>DAT>>SERT
MDMA (*ecstasy*)	SERT=NET>DAT
Metilfenidato	NET=DAT>>>SERT
Catinona	NET=DAT>>SERT

8.7 Toxicocinética da anfetamina e seus derivados

As anfetaminas apresentam boa absorção através das membranas biológicas, sendo rapidamente absorvidas pelo trato gastrointestinal após administração oral. A ingestão de 10 a 15 mg da substância faz com que ela atinja o pico máximo de concentração plasmática no período de uma a duas horas, sendo que a absorção geralmente se completa em quatro a seis horas. Metilfenidato e fenfluramina apresentam pico de concentração plasmática em cerca de três horas após a administração. Após a absorção, a ligação às proteínas plasmáticas variam de 15%-16% (metilfenidato, anfetamina) a 34% (fenfluramina). A distribuição dos anfetamínicos ocorre de forma ampla. Graças a sua lipossolubilidade, atravessam a barreira placentária e hematoencefálica e são encontradas em altas concentrações no leite materno. As concentrações cerebrais elevadas parecem estar relacionadas a transportes especiais de penetração na barreira, que ocorrem concomitantemente à difusão passiva. Tal mecanismo explicaria a rápida velocidade de penetração da anfetamina (pKa de 9,9) no encéfalo, enquanto que, no pH do sangue (7,4), cerca de 99,7% apresentam a forma ionizada [29,34].

A biotransformação dos anfetamínicos ocorre no fígado e, por causa das diferentes estruturas químicas, apresentam-se como principais vias de biotransformação a hidroxilação aromática (na posição 4 do anel), β-hidroxilação na cadeia lateral, desaminação oxidativa, N-desalquilação, no caso dos anfetamínicos N-substituídos, N-oxidação e conjugação com o átomo de nitrogênio. Os produtos hidroxilados são normalmente excretados conjugados com sulfato. Durante a fase de biotransformação, grande parte dos anfetamínicos podem ser convertidos em anfetamina e/ou metanfetamina. Como exemplo, o femproporex pode dar origem a quatorze produtos de biotransformação e, após a ingestão de 20 mg de femproporex, os produtos de biotransformação podem ser detectados por mais de 58 horas [29,34]. A biotransformação da metanfetamina e anfetamina estão representadas na Figura 8.3.

Em condições normais, 30% da dose administrada é excretada inalterada na urina em 24 horas. Em função disso, há relatos de dependentes que ingerem a própria urina. Entretanto, a excreção dos anfetamínicos é dependente do pH urinário; em pH ácido (5,5-6,0) 60% da dose de anfetamina é excretada inalterada em 48 horas, enquanto que em pH básico (7,5-8,0) apenas 3% a 7% são eliminados inalterados no mesmo período. Assim, para cada aumento de unidade de pH há um aumento de, aproximadamente, sete horas na meia-vida plasmática. A redução da quantidade inalterada excretada em pH básico deve-se à reabsorção renal da anfetamina em meio alcalino, o que a torna mais disponível para ser biotransformada [11,13,19,29,35].

Assim como as anfetaminas, a 3,4-metilenodioximetanfetamina MDMA é biotransformada em outros metabólitos ativos, como a 3,4-metilenodioxianfetamina (MDA) e a HMMA (4-hidroxi-3-metoximetanfetamina), que também sofrem biotransformação, formando a HMA (4-hidroxi-3-metoxianfetamina) também ativa (Figura 8.4). Todas essas substâncias são excretadas na urina. Observa-se que, independentemente da dose administrada de MDMA, cerca de 50% a 65% são excretados inalterados na urina em 24 horas [11,13,19,29,35].

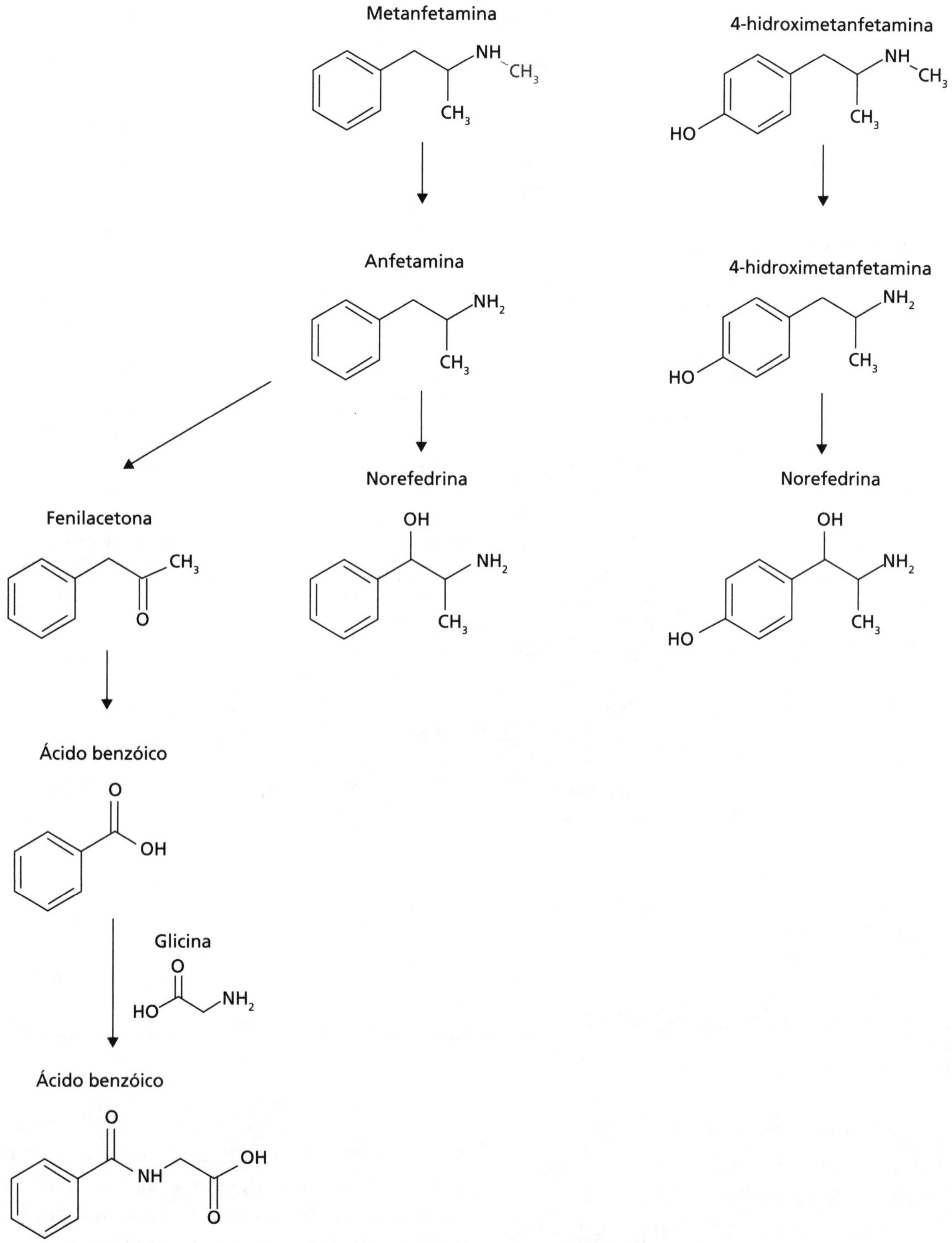

Figura 8.3 Esquema da biotransformação da metanfetamina e anfetamina.

Fonte: adaptado de [35].

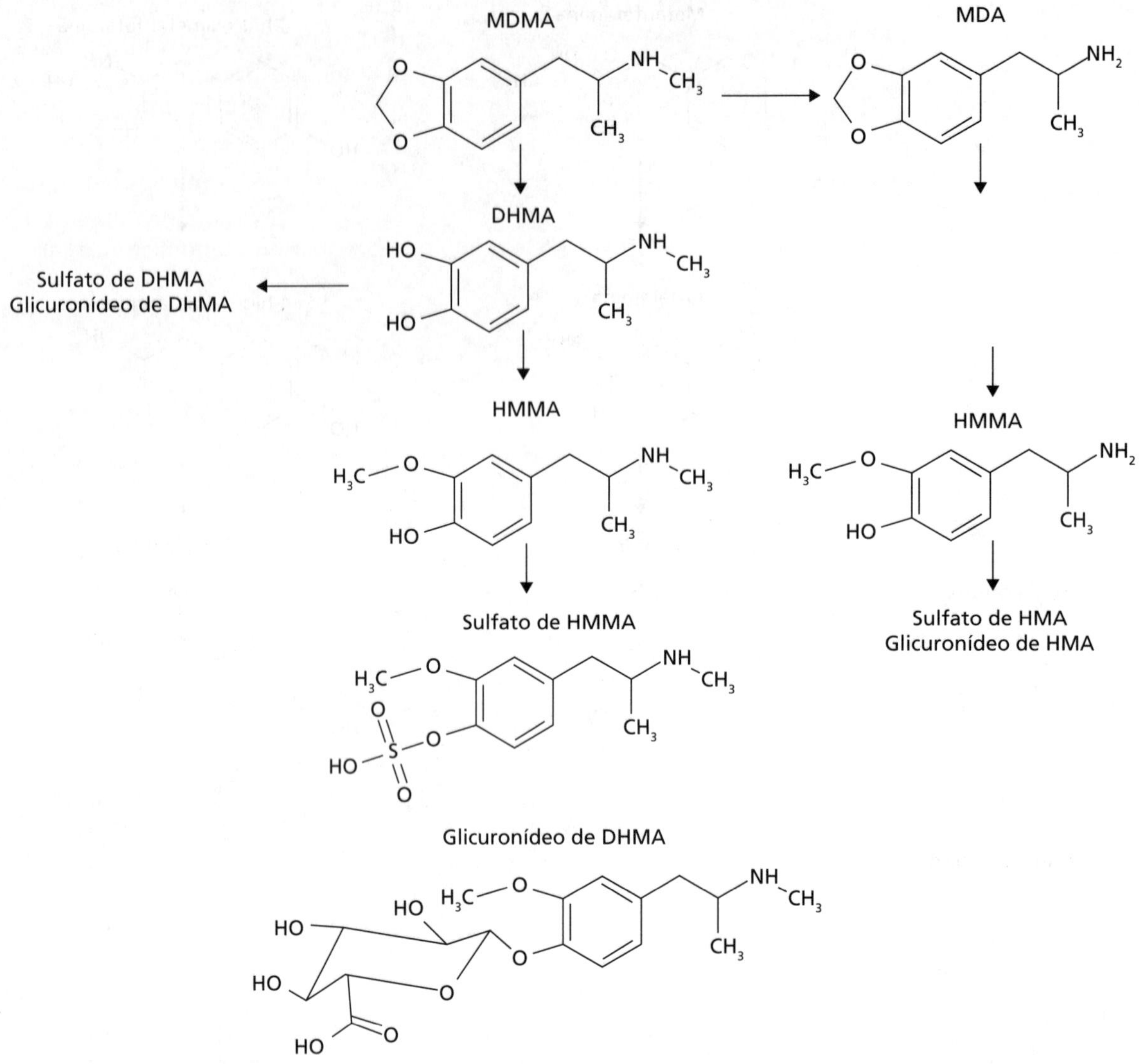

Figura 8.4 Biotransformação da MDMA.

Fonte: adaptado de [13].

8.8 Tolerância e efeitos tóxicos decorrentes do uso da anfetamina e seus derivados

A intoxicação aguda produzida pelos anfetamínicos se dá pela acentuação dos efeitos farmacológicos no sistema nervoso central e cardiovascular. Os principais sintomas são: hipertermia, edema cerebral, hemorragia intracraniana difusa ou colapso cardiovascular, sudorese, taquipneia, taquicardia e falência renal. O *ecstasy* pode induzir insuficiência renal, aumento da sede, excesso de hidratação e hiponatremia (intoxicação hídrica) [11,13,19,29,35].

A tolerância aguda ou taquifilaxia se desenvolve rapidamente para os efeitos simpaticomiméticos periféricos e anorexígenos e mais lentamente para os demais efeitos (estimulação locomotora, euforia e comportamento estereotipado). Doses de anfetamina normalmente utilizadas, tanto nas prescrições médicas quanto nas autoadministrações, encontram-se entre 20 e 40 mg, por via oral, diariamente, e são frequentemente aumentadas para doses de 50 e 150 mg. Entretanto, doses elevadas podem ser toleradas por usuários crônicos; para esses indivíduos, doses de 400 a 500 mg podem não ser letais [11,13,19,29,35].

Para obter ou prolongar a chamada fase *rush*, nome dado às sensações extremamente prazerosas obtidas após a injeção de drogas de abuso, usuários crônicos chegam a utilizar doses repetidas de anfetamina ou metanfetamina que atingem 1 g por episódio ou 5-15 g por dia. A DL 50 da anfetamina gira em torno de 20 a 25 mg/kg. Estudos em animais sugerem que doses de 5 mg/kg podem causar morte, sendo a menor dose letal relatada de 1,5 mg/kg [11,13,19,29,35].

A interrupção do uso crônico causa sinais e sintomas desagradáveis, como: depressão, desejo intenso de usar a droga (fissura), ansiedade, insônia, cansaço físico, disfunção cognitiva, quadros psicóticos, paranoia e irritabilidade. Os sintomas são mais intensos nas primeiras semanas de abstinência, mas podem persistir por meses. A psicose anfetamínica é caracterizada por sintomas como comportamento de grandiosidade, depressão grave, ansiedade, agressividade, comportamento hostil, estereotipado, hiperatividade física e alucinações tácteis. Os sintomas da psicose desaparecem após a retirada do fármaco, porém os indivíduos podem permanecer hipersensíveis aos efeitos da anfetamina [11,13,19,29,35].

8.9 Dependência

Embora milhões de pessoas façam uso ocasional de anfetamina e seus derivados, apenas 20% progridem para um quadro de dependência [36]. Inúmeros são os fatores que influenciam a passagem do uso ocasional para a dependência, entre os quais podemos citar: estresse, hereditariedade, gênero, expectativa do uso, ambiente social, comorbidade com outras psicopatologias e idade do início do uso [37,38]. O principal efeito responsável pelo abuso dessas substâncias é a sensação de intenso prazer, chamada de euforia. Essa sensação motiva os indivíduos a quererem usar essas substâncias de maneira repetida. Por outro lado, o uso dessas substâncias pode ajudar os indivíduos a aliviar emoções desagradáveis, motivando-os a utilizar cada vez mais essas substâncias. A repetição do uso promove plasticidades neurais que são responsáveis pelo desenvolvimento da dependência [11,19].

Os sintomas de dependência a anfetaminas e seus derivados incluem: desejo irresistível de usar a substância, perda do controle do uso, continuação do uso a despeito dos efeitos adversos, interferência do uso nas atividades ou obrigações sociais, aumento da quantidade utilizada ao longo do uso, desenvolvimento de tolerância, gasto de grande período do dia utilizando, planejando utilizar ou obtendo a substância e presença de síndrome de abstinência na retirada ou durante a redução do uso [36,39].

A tolerância instala-se lenta e progressivamente e, com o uso prolongado, pode ocorrer a instalação também da psicose anfetamínica. A síndrome de abstinência a essas substâncias é caracterizada por fadiga, letargia, depressão, insônia, inquietação e fome exagerada [11].

8.10 *Doping*

A primeira morte de um atleta decorrente de *doping* nos Jogos Olímpicos ocorreu durante uma prova de estrada em 1960, em Roma. E, em 13 de julho de 1967, o ciclista inglês Tom Simpson foi vítima de infarto agudo do miocárdio durante a prova "Mont Ventoux", na França. Nos dois casos, a autópsia acusou a presença de estimulantes do tipo anfetamina, e a partir daí iniciou-se a organização para o Controle Anti-Doping nas competições internacionais e olímpicas, sendo que o primeiro Controle Antidoping ocorreu nos Jogos Olímpicos de 1968, na Cidade do México. Os compostos anfetamínicos são utilizadas em modalidades esportivas que exigem resistência [40]. O uso dessas substâncias como *doping* no esporte ocorre por seus efeitos como inibição da fadiga, aumento da capacidade perceptiva dos sentidos e da coordenação motora, sensação de capacidade física aumentada, aumento da autoconfiança e euforia [40]. O atleta que faz uso de anfetamina e seus derivados é capaz de executar uma atividade qualquer por mais tempo, sentindo menos cansaço. Essas substâncias fazem com que o organismo reaja acima de suas capacidades, exercendo esforços excessivos e prejudicando, a médio e longo prazo, a saúde do usuário.

8.11 Metodologia de análise

As anfetaminas e seus derivados são geralmente analisados por meio de cromatografia gasosa (GC), cromatografia líquida de alta eficiência (HPLC), cromatografia líquida convencional (LC), e existem ainda outros métodos que são extremamente úteis para a continuidade e acoplados na análise, que são a ionização de chama (FID), o detector por captura de elétrons e a espectrometria de massa (MS) [41-43]. Assim, a análise por cromatografia gasosa seguida da espectrometria de massas é metodologia padrão-ouro (*gold standard*), sendo um ótimo método alternativo à cromatografia líquida acoplada com espectrometria de massas (LC-MS) [44]. As análises podem, por vezes, necessitar previamente de uma microextração de fase sólida ou líquida para uma análise com mais acurácia, precisão e confiabilidade [43,45].

A escolha da amostra biológica é uma etapa muito importante para uma análise confiável para qualquer composto. Têm sido aceitos diferentes tipos de amostras biológicas para a análise e detecção de anfetamina e compostos derivados de anfetaminas, e os mais usuais são urina, sangue, cabelo, saliva e unha [46,47]. Por muitos anos, urina e sangue têm sido as matrizes biológicas tradicionais, porém algumas amostras biológicas podem conferir resultados complementares para a análise [48,49]. O cabelo, como amostra biológica, tem sido uma ótima escolha para detecção de amostras de indivíduos em abstinência principalmente para programas de reabilitação, podendo até mesmo estimar a dose, frequência e padrões de uso [43].

O limite e duração de detecção podem variar para cada tipo de composto e para cada tipo de amostra biológica e método de detecção escolhido. A Tabela 8.2 enumera o limite de detecção para alguns tipos de anfetamínicos em diferentes amostras biológicas.

Tabela 8.2 Limite de detecção de anfetamínicos em diferentes amostras biológicas utilizando-se o método padrão-ouro

DROGA	TIPO DE MATRIZES BIOLÓGICAS	LIMITE DE DETECÇÃO
Anfepramona	Sangue (plasma)	1,5 ng/mL
	Saliva	0,26 ng/mL
Anfetamina	Urina	10,0 ng/mL
	Cabelo	0,15-0,5 ng/mg
	Sangue total e plasma	1,0 ng/mL
	Saliva	0,26 ng/mL
Femproporex	Sangue (plasma)	2,0 ng/mL
	Saliva	0,65 ng/mL
MDMA	Urina	1,0 ng/mL
	Cabelo	0,05 ng/mg
	Sangue total	1,0 ng/mL
Metanfetamina	Urina	25,0 ng/mL
	Cabelo	0,1-0,5 ng/mg
	Sangue total	2,0 ng/mL
	Saliva	0,52 ng/mL
Metilfenidato	Urina	50 ng/mL
	Saliva	0,52 ng/mL

QUESTÕES PARA ESTUDO

1. Os efeitos da anfetamina e seus derivados são decorrentes do aumento da concentração de catecolaminas no organismo. Qual o mecanismo de ação envolvido nesse aumento?
2. Por que a anfetamina e seus derivados estão listados nas substâncias proibidas da agência mundial antidopagem?
3. Quais os principais sintomas que caracterizam a dependência de anfetamina e seus derivados?
4. Com base na farmacocinética da anfetamina, por que o pH urinário deve ser considerado na interpretação da análise de sua concentração na urina?
5. Quais os principais sinais e sintomas da intoxicação por derivados anfetamínicos?

Respostas

1. A anfetamina promove aumento da concentração de catecolaminas no organismo pelos seguintes mecanismos:
   a) bloqueio dos transportadores de receptação de catecolaminas;
   b) promoção o transporte reverso de catecolaminas das vesículas para o terminal neural e do terminal para sinapses;
   c) inibição o metabolismo intracelular de catecolaminas pela MAO.
2. O uso dessas substâncias promove inibição da fadiga, aumento da capacidade perceptiva dos sentidos e da coordenação motora, sensação de capacidade física aumentada, aumento da autoconfiança e euforia.
3. Os sintomas de dependência a anfetaminas e seus derivados incluem: desejo irresistível de usar a substância, perda do controle do uso, continuação do uso a despeito dos efeitos adversos, interferência do uso nas atividades ou obrigações sociais, aumento da quantidade utilizada ao longo do uso, desenvolvimento de tolerância, gasto de grande período do dia utilizando, planejando utilizar ou obtendo a substância e presença de síndrome de abstinência na retirada ou durante a redução do uso.

4. Em condições normais, 30% da dose administrada é excretada inalterada na urina em 24 horas. Entretanto, a excreção dos anfetamínicos é dependente do pH urinário; em pH ácido (5,5-6,0) 60% da dose de anfetamina é excretada inalterada em 48 horas, enquanto em pH básico (7,5-8,0) apenas 3% a 7% são eliminados inalterados no mesmo período. Assim, para cada aumento de unidade de pH há um aumento de, aproximadamente, sete horas na meia-vida plasmática. A redução da quantidade inalterada excretada em pH básico deve-se à reabsorção renal da anfetamina em meio alcalino.
5. Os principais sintomas são: hipertermia, edema cerebral, hemorragia intracraniana difusa ou colapso cardiovascular, sudorese, taquipneia, taquicardia e falência renal.

Lista de abreviaturas

5-HT	5-hidroxitriptamina	LC	Cromatografia líquida
5-HT2A	Receptor de serotonina do subtipo 2A	LC-MS	Cromatografia líquida acoplada à espectrometria de massas
ANF	Anfetamina	MAO	Monoaminoxidase
CEBRID	Centro Brasileiro de Informação sobre Drogas	MDA	3,4-metilenodioxianfetamina
DA	Dopamina	MDMA	3,4-metilenodioximetanfetamina
DAT	Transportador de dopamina	MDPV	3,4-metilenodioxipirovalerona
DHMA	Di-hidroximetanfetamina	MS	Espectrometria de massas
DL	Dose letal	NE	Norepinefrina
FDA	Food and Drug Administration	NET	Transportador de norepinefrina
FID	Detector por ionização de chama	RDC	Resolução da diretoria colegiada
GC	Cromatografia a gás	SERT	Transportador de serotonina
HMA	4-hidroxi-3-metoxianfetamina	TDAH	Transtorno de déficit de atenção e hiperatividade
HMMA	4-hidroxi-3-metoximetanfetamina	VMAT	Transportador vesicular de monoaminas
HPLC	Cromatografia líquida de alta eficiência		

Lista de palavras

5-HT
Anfepramona
Anfetamina
Dopamina
Efedrina
Ecstasy
Femproporex
MDMA
MDPV
Metanfetamina
Metilfenidato
Norepinefrina
Serotonina
TDAH

REFERÊNCIAS

1. Hanson GR, Rau KS, Fleckenstein AE. The methamphetamine experience: a NIDA partnership. Neuropharmacology. 2004;47 Suppl 1:92-100.

2. Luna GC. Use and abuse of amphetamine-type stimulants in the United States of America. Rev Panam Salud Publica. 2001;9(2):114-22.

3. Rasmussen N. Making the first anti-depressant: amphetamine in American medicine, 1929-1950. Journal of the history of medicine and allied sciences. 2006;61(3):288-323.

4. Rasmussen N. America's first amphetamine epidemic 1929-1971: a quantitative and qualitative retrospective with implications for the present. American Journal of Public Health. 2008;98(6):974-85.

5. Rasmussen N. Medical science and the military: the Allies' use of amphetamine during World War II. The Journal of interdisciplinary history. 2011;42(2):205-33.

6. Rasmussen N. Amphetamine-type stimulants: the early history of their medical and non-medical uses. International Review of Neurobiology. 2015;120:9-25.

7. UNITED NATIONS OFFICE ON DRUGS AND CRIME. *World Drug Report 2014*. New York, United Nations, 2014.

8. Carlini EA, Galduróz JCF, Noto AR, Nappo SA. VI Levantamento nacional sobre o consumo de drogas psicotrópicas entre estudantes do ensino fundamental e médio das redes pública e privada de ensino nas 27 capitais brasileiras. Cebrid. 2002;503.

9. UNITED NATIONS OFFICE ON DRUGS AND CRIME. *World Drug Report 2015*. United Nations publication, Sales 2015.

10. Carlini ELA, Noto AR, Sanchez VZM, Carlini CMA, Locatelli DP, Abeid LR, et al. VI Levantamento nacional sobre o consumo de drogas psicotrópicas entre estudantes do ensino fundamental e médio das redes pública e privada de ensino nas 27 capitais brasileiras. Brasília: Senad; 2010. 503 p.

11. DeLucia R, Planeta CS, Gallacci M, Avellar MCW, Oliveira Filho RM. Farmacologia integrada. 5. ed. São Paulo: Clube de Autores; 2014. 486 p.

12. Hilal-Dandan R, Brunton LL, Goodman LS. Goodman and Gilman's manual of pharmacology and therapeutics. Hilal-Dandan R, Brunton LL, editors. 2nd ed. New York: McGraw-Hill; 2014. vii, 1206 p.

13. Rang HP, Dale MM, Ritter JM, Gardner P. Farmacologia. Rio de Janeiro: Elsevier; 2012. 776 p.

14. Gatley SJ, Pan D, Chen R, Chaturvedi G, Ding YS. Affinities of methylphenidate derivatives for dopamine, norepinephrine and serotonin transporters. Life sciences. 1996;58(12):231-9.

15. Volkow ND, Ding YS, Fowler JS, Wang GJ, Logan J, Gatley SJ, et al. Dopamine transporters decrease with age. Journal of nuclear medicine: official publication, Society of Nuclear Medicine. 1996;37(4):554-9.

16. Volkow ND, Wang GJ, Fowler JS, Gatley SJ, Ding YS, Logan J, et al. Relationship between psychostimulant-induced "high" and dopamine transporter occupancy. Proceedings of the National Academy of Sciences of the United States of America. 1996;93(19):10388-92.

17. Grizenko N, Bhat M, Schwartz G, Ter-Stepanian M, Joober R. Efficacy of methylphenidate in children with attention-deficit hyperactivity disorder and learning disabilities: a randomized crossover trial. Journal of Psychiatry & Neuroscience. 2006;31(1):46-51.

18. Grizenko N, Kovacina B, Amor LB, Schwartz G, Ter-Stepanian M, Joober R. Relationship between response to methylphenidate treatment in children with ADHD and psychopathology in their families. Journal of the American Academy of Child and Adolescent Psychiatry. 2006;45(1):47-53.

19. Goodman LS, Brunton LL, Chabner B, Knollmann BrC. Goodman & Gilman's pharmacological basis of therapeutics. 12th ed. New York: McGraw-Hill; 2011. 2084 p.

20. Barceloux DG. Medical toxicology of drug abuse: synthesized chemicals and psychoactive plants. Hoboken, N.J.: John Wiley & Sons; 2012. xix, 1041 p.

21. Docherty JR, Green AR. The role of monoamines in the changes in body temperature induced by 3,4-methylenedioxymethamphetamine (MDMA, ecstasy) and its derivatives. British Journal of Pharmacology. 2010;160(5):1029-44.

22. Araujo AM, Valente MJ, Carvalho M, Dias da Silva D, Gaspar H, Carvalho F, et al. Raising awareness of new psychoactive substances: chemical analysis and in vitro toxicity screening of "legal high" packages containing synthetic cathinones. Archives of Toxicology. 2015;89(5):757-71.

23. Coppola M, Mondola R. Synthetic cathinones: chemistry, pharmacology and toxicology of a new class of designer drugs of abuse marketed as "bath salts" or "plant food". Toxicology Letters. 2012;211(2):144-9.

24. German CL, Fleckenstein AE, Hanson GR. Bath salts and synthetic cathinones: an emerging designer drug phenomenon. Life Sciences. 2014;97(1):2-8.

25. Patel NB. "Natural amphetamine" Khat: a cultural tradition or a drug of abuse? International Review of Neurobiology. 2015;120:235-55.

26. Prosser JM, Nelson LS. The toxicology of bath salts: a review of synthetic cathinones. Journal of Medical Toxicology: Official Journal of the American College of Medical Toxicology. 2012;8(1):33-42.

27. Valente MJ, Guedes de Pinho P, de Lourdes Bastos M, Carvalho F, Carvalho M. Khat and synthetic cathinones: a review. Archives of Toxicology. 2014;88(1):15-45.

28. Sanitária DCdANdV. Resolução da diretoria colegiada – RDC n.° 39 de 9 de julho de 2012. 2012.

29. Chasin AAM, Soares da Silva E, Carvalho VM. Estimulantes do sistema nervoso central. 2. ed. São Paulo: Atheneu; 2003. p. 350-74.

30. Fleckenstein AE, Volz TJ, Riddle EL, Gibb JW, Hanson GR. New insights into the mechanism of action of amphetamines. Annual Review of Pharmacology and Toxicology. 2007;47:681-98.

31. Sitte HH, Freissmuth M. Amphetamines, new psychoactive drugs and the monoamine transporter cycle. Trends in Pharmacological Sciences. 2015;36(1):41-50.

32. Sulzer D. How addictive drugs disrupt presynaptic dopamine neurotransmission. Neuron. 2011;69(4):628-49.

33. Sulzer D, Sonders MS, Poulsen NW, Galli A. Mechanisms of neurotransmitter release by amphetamines: a review. Progress in Neurobiology. 2005;75(6):406-33.

34. Pantaleão LN. Análise toxicológica de anfetaminas e benzodiazepínicos em amostras de cabelo por cromatografia gasosa acoplada a espectrometria de massa. São Paulo: Universidade de São Paulo; 2012.

35. Musshoff F. Illegal or legitimate use? Precursor compounds to amphetamine and methamphetamine. Drug Metabolism Reviews. 2000;32(1):15-44.

36. Administration SAaMHS. Results from the 2012 National Survey on Drug Use and Health: Summary of National Findings. Rockville, MD: Substance Abuse and Mental Health Services Administration; 2012.

37. Leao RM, Cruz FC, Marin MT, Planeta CS. Stress induces behavioral sensitization, increases nicotine-seeking behavior and leads to a decrease of CREB in the nucleus accumbens. Pharmacology, Biochemistry, and Behavior. 2012;101(3):434-42.

38. Marin MT, Cruz FC, Planeta CS. Cocaine-induced behavioral sensitization in adolescent rats endures until adulthood: lack of association with GluR1 and NR1 glutamate receptor subunits and tyrosine hydroxylase. Pharmacology, Biochemistry, and Behavior. 2008;91(1):109-14.

39. American Psychiatric Association. DSM-5 Task Force. Diagnostic and statistical manual of mental disorders: DSM-5. 5th ed. Washington, D.C.: American Psychiatric Association; 2013. xliv, 947 p.

40. Weineck J. Biologia do esporte. São Paulo: Manole; 2005. 758 p.

41. Deventer K, Van Eenoo P, Delbeke FT. Screening for amphetamine and amphetamine-type drugs in doping analysis by liquid chromatography/mass spectrometry. Rapid Communications in Mass Spectrometry. 2006;20(5):877-82.

42. Han E, Lee S, In S, Park M, Park Y, Cho S, et al. Relationship between methamphetamine use history and segmental hair analysis findings of MA users. Forensic Science International. 2015(254):59-67.

43. Suwannachom N, Thananchai T, Junkuy A, O'Brien TE, Sribanditmongkol P. Duration of detection of methamphetamine in hair after abstinence. Forensic Science International. 2015;254:80-6.

44. Vertraete A, Peat M. Workplace drug testing. Pharmaceuticals, body fluids an postmortemmaterial. London: Pharmaceutical Press; 2011. p. 73-85.

45. Pedersen-Bjergaard S, Rasmussen KE. Bioanalysis of drugs by liquid-phase microextraction coupled to separation techniques. Journal of Chromatography B, Analytical Technologies in the Biomedical and Life Sciences. 2005;817(1):3-12.

46. Silva OA, Yonamine M. Uso de drogas entre trabalhadores de regiões do Brasil Revista de Saúde Pública. 2004(38):552-6.

47. Moeller K, Lee K, Kissack J. Urine drug screening: practical guide for clinicians. Mayo Clinic Proceedings. 2008;83:66-76.

48. Margalho C, Franco J, Vieira DI. llicit drugs in alternative biological specimens: a case report. Journal of Forensic and Legal Medicine. 2011;18:132-5.

49. Kintz P. Hair analysis. 4th ed. Clarke's analysis of drug and poisons: in pharmaceuticals, body fluids an postmortemmaterial. London: Pharmaceutical Press; 2011. p. 323-33.

CAPÍTULO 9

OPIÁCEOS E OPIOIDES

Helena Maria de Sousa Ferreira e Teixeira

9.1 Resumo

Reconhecendo a gravidade dos problemas relacionados com o abuso e dependência de drogas, e porque direta ou indiretamente fazemos parte deste mundo enigmático, torna-se pertinente um estudo e reflexão de tal problemática.

O consumo de drogas remonta a inúmeros anos, podendo-se afirmar que a história das drogas é a história da humanidade. É praticamente impossível definir ao certo quando terá começado, uma vez que sempre fizeram parte da cultura do ser humano, dos seus rituais religiosos, das suas relações humanas. O seu consumo, bem como os seus efeitos e consequências, constitui um dos problemas de saúde dominantes e uma das principais situações de risco da população atual.

Efetivamente, o consumo de drogas de abuso tem graves consequências no que diz respeito a questões de índole social, e, em termos de saúde pública, as mortes relacionadas com o consumo de droga são a mais grave consequência. Assim, existe uma clara necessidade de responder aos problemas causados pelo consumo de múltiplas substâncias psicoativas, bem como os causados pelo abuso do consumo de álcool. Urge conhecer os processos e contextos que advêm dessa problemática, bem como o papel que esta vem assumindo nas sociedades modernas.

Entre as drogas ilícitas (e, em certos casos, lícitas), destacam-se os opioides, alvos deste capítulo. Analgésicos opioides são um conjunto de fármacos que têm em comum afinidade e eficácia ou atividade intrínseca para os receptores do sistema opioide endógeno, e grande importância no tratamento da dor e no impacto social que resulta do seu abuso.

9.2 Introdução

O uso do ópio é tão antigo quanto a própria civilização humana. Trata-se de um dos primeiros agentes farmacológicos conhecidos, sendo extraído de uma espécie de papoila, a *Papaver somniferum*. Os primeiros relatos do seu uso datam de 4000 a.C., pelo povo sumeriano, o qual deu a conhecer a outros povos, tais como os assírios e os egípcios, os efeitos de satisfação que advinham do seu consumo. A partir dessa planta foram isolados, sucessivamente, diferentes alcaloides. Além de exercerem ponderável influência sobre o comportamento dos seres humanos, têm sido utilizados como calmantes e como analgésicos [1].

A partir do século XIX, com o isolamento dos alcaloides do ópio e as facilidades para o emprego dessas substâncias por via parenteral, houve aumento do interesse pelo uso criterioso dos opioides na área médica e pela análise das consequências sociais do seu uso abusivo. Com o decorrer do tempo, recorreu-se ao uso do ópio em larga escala e, em simultâneo, ao aumento das investigações científicas acerca do que estaria por detrás dos seus efeitos. Só em 1803 Sertürner descobriria que é a morfina a principal substância constituinte do suco da papoila. Outros alcaloides foram posteriormente descobertos, nomeadamente a codeína, em 1832, por Robiquet, e a papaverina, em 1848, por Merck [2].

A morfina foi rapidamente reconhecida como agente com grande potencial de induzir a dependência, como o ópio. Da tentativa de conjugar as propriedades antinociceptivas e antidiarreicas da morfina com o mínimo de efeitos nocivos de tolerância e de dependência, resultou a síntese da diacetilmorfina por Dreser, em 1898, atualmente denominada heroína.

Em 1939, a procura por um substituto sintético da atropina culminou na descoberta da meperidina, o primeiro opioide com uma estrutura distinta da morfina, seguindo a síntese de metadona, em 1946, outro composto estruturalmente não relacionado, mas com propriedades semelhantes à da morfina [2]. Em 1942, Weijlard and Erikson produzem a nalorfina, o primeiro antagonista opioide [3]. Esse composto poderia reverter a depressão respiratória produzida pela morfina e precipitar a síndrome de abstinência em dependentes. Apesar do fato de a nalorfina contrariar as ações da morfina, esta é eficaz como um agente analgésico, porque corresponde a um agonista-antagonista misto.

Em meados da década de 1960, era evidente que as ações dos agonistas opioides, antagonistas e agonistas-antagonistas mistos poderiam ser mais bem explicadas por ações em vários receptores opioides. Goldstein, Lowney e Pal [4] sugeriram que as drogas marcadas radioativamente podiam ser utilizadas para demonstrar a existência desses receptores e caracterizá-los. No entanto, os seus esforços falharam, uma vez que não foram capazes de obter radioligantes com altas atividades específicas.

Em 1973, Pert e Snyder [5], Simon, Hiller e Edelman [6] e Terenius [7] conseguiram, quase simultaneamente, mostrar que existem locais de ligação de opioides estereoespecíficos no sistema nervoso central e, logo em seguida, confirmou-se que esses receptores não tinham uma distribuição uniforme nesse nível [8-9]. Em 1975, Kosterlitz e Hughes identificaram dois pentapeptídeos endógenos com atividade morfina-*like* – a leu-encefalina e a met-encefalina. Atualmente, continuam a decorrer estudos sobre os receptores opioides com o objetivo de melhorar a compreensão da sua biofarmacologia e, assim, manipular os efeitos benéficos dos opioides enquanto se diminui as suas consequências indesejadas [10].

Os opioides são os fármacos mais poderosos para combater a dor. No entanto, o seu perfil farmacológico nunca satisfez as exigências dos médicos e doentes, razão pela qual houve necessidade de procurar alternativas, quer naturais, quer de síntese. Assim, a dor severa pode ser tratada com fentanil, hidromorfona, metadona, morfina, oxicodona, tramadol e petidina, enquanto que a dor leve a moderada pode ser tratada com codeína, dihidrocodeína, e dextropropoxifeno. Outros opioides podem ser usados para induzir ou complementar a anestesia, tal como o fentanil ou seus análogos; e como supressores da tosse (antitússicos), tais como a codeína, di-hidrocodeína e, em menor extensão, a folcodina. A metadona, buprenorfina, naltrexona e naloxona podem, por sua vez, ser utilizadas para o tratamento da dependência de opioides [11].

Não deixa, no entanto, de ser interessante verificar que, apesar de todos os esforços e investimentos, a morfina continua a ser a referência do grupo e a substância com o maior número de análogos já estudado *in vivo*. Globalmente, estima-se que 16 milhões de pessoas consomem opioides, incluindo 11 milhões que usam heroína. Em muitos países, a maioria dos toxicodependentes que procuram tratamento são principalmente dependentes em heroína. No entanto, constitui uma preocupação crescente o fato de que os opioides de utilização legal, tais como oxicodona e metadona, estão sendo desviados para um uso ilegal [11].

9.3 Desenvolvimento

9.3.1 História

O ópio, substância obtida da papoila *Papaver somniferum* (também conhecida na gíria popular como papoila dormideira), é uma das drogas mais antigas conhecidas pelo homem. O seu uso remonta à Pré-História; foram encontrados restos de cápsulas dessa planta que indicam com clareza que as suas ações narcóticas eram conhecidas e aproveitadas nessa época. O ópio é a resina que se obtém através de incisões nas cápsulas da papoila *Papaver somniferum*, constituindo uma substância pastosa de coloração acastanhada, de forte odor e sabor amargo. É comercializado em diversas qualidades dependendo de quando foi obtido, ditando a textura que terá, que vai de pastosa a seca e dura [12-13]. O processo de obtenção do ópio não sofreu grandes variações no decorrer dos séculos, sendo, de um modo geral, obedecida a descrição feita por Cohen [14], Wright [15] e Tallmadge [16].

Alguns povos utilizavam o ópio em estado bruto, mas já no antigo Egito o seu uso foi aperfeiçoado, adicionando-lhe outros ingredientes [1]. Essa droga era essencialmente usada para esquecer as preocupações cotidianas, a fome e a fadiga, e até no culto aos seus deuses. Por intermédio da cultura grega e, mais tarde, da romana, as propriedades terapêuticas do ópio chegaram aos médicos da Europa Medieval, sendo essa droga prescrita pelas suas propriedades antitussígenas, antidiarreicas, hipnóticas, analgésicas, ansiolíticas e euforizantes [12]. Efetivamente, o ópio chegou a ter uma grande importância na civilização romana, simbolizando o sono e a morte [17], chegando a ponto de Galeno, no século II d.C., ter sido um grande entusiasta das virtudes dessa substância, cujo uso se tornou muito popular em Roma [18]. Galeno percebeu, no entanto, os riscos do uso exagerado do ópio pelo caso do imperador Antonino, de quem era médico e que, ao que tudo indica, foi vítima de dependência da droga [15]. Efetivamente, o final do século XVIII foi marcado pela vontade de certos investigadores de purificar o ópio para poder tirar melhor partido deste. No Ocidente, o hábito de fumar ópio surge no século XVIII e coincide com o aumento de plantações da *Papaver somniferum*, o que contribuiu para o aparecimento de casos de dependência, considerados estados patológicos [12]. Em seguida, naquele que talvez seja o fato farmacológico mais importante do início do século XIX, em 1803, Friedrich Sertürner, na Alemanha, isola a morfina a partir do ópio [19] e, mais tarde, Alexander Wood, na Escócia, descobre uma nova forma de administrar a morfina, utilizando-a na sua forma pura, pela via parental, para o tratamento da dor. Isso acarretou aumentos consideráveis na história da adição por opioides, pelos efeitos instantâneos e quase três vezes mais potentes [20-21]. Curiosamente, é Sertürner quem, anos mais tarde, alerta para os riscos desse primeiro alcaloide extraído do ópio, que ele mesmo descobrira.

A grande época do ópio foi no século XIX, quando essa droga se tornou um centro de conflito internacional que opôs a Inglaterra à China, desencadeando a denominada Guerra do Ópio. Esta durou cerca de dois anos e saldou-se pela derrota dos exércitos chineses e, devido a isso, pela queda dos entraves à livre importação de ópio. Esse fato evidenciou que foram não os interesses humanitários, e sim os políticos e comerciais que nortearam, através dos tempos, as ações de combate ao uso de drogas. Seguiu-se outro período de guerras, nomeadamente a Franco-Prussiana, que gerou, entre os feridos, inúmeros casos de dependência do ópio e da morfina. Entre os indivíduos em que a dependência persistiu, muitos tiveram uma vida normal e produtiva sem qualquer diferença da população dita normal, a não ser a sua necessidade de administração periódica de ópio. Charles Romley Wright, pesquisador inglês, em 1874, foi o primeiro a sintetizar a heroína, ou diacetilmorfina, sendo que, no início do século XIX, em várias revistas médicas, os médicos discutiram os efeitos colaterais do uso dessa substância e os sintomas de abstinência [20-21]. No final do século XIX, o consumo de morfina esteve muito interligado ao meio artístico e literários ocidentais. O esnobismo, levado ao seu extremo, fez com que se considerasse positivo o consumo de morfina. Os conceitos de tolerância e dependência psíquica e física passaram a ser amplamente discutidos apenas no século XX [22]. A classe médica e as autoridades sanitárias ganharam consciência do risco que pressupõe o uso de opioides e demandaram que se estabelecessem restrições quanto ao seu uso [1].

Os opioides, embora eficientes e importantes para o alívio da dor, assim como medicamentos usados no tratamento de manutenção de opioides, são frequentemente abusados como narcóticos. Apesar do uso ilícito de cocaína e de heroína ter diminuído, as mortes acidentais por overdose de drogas têm aumentado, assim como o consumo de analgésicos opioides [23]. A fácil disponibilidade de opioides de prescrição mantém o problema de abuso, resultando numa tendência de utilização destes [24]. Esse aumento do abuso de drogas contribui para a ocorrência de cada vez mais crimes relacionados com a droga, para os problemas sociais e de saúde, hospitalização e mortalidade. O problema é transversal a todo o mundo, como o sul da Ásia, por exemplo, diante de uma luta com o tratamento inadequado da dor e o abuso de opioides generalizado, além do insuficiente acesso ao tratamento de manutenção por opioides [25]. É, assim, crucial a descrição dos efeitos nocivos dos opioides em nível internacional, para o controle e prevenção de epidemias de opioides não unicamente na Europa [26], mas em todo o mundo. Em comparação com a América do Norte, o consumo de opioides de prescrição na Europa tem sido, até agora, consideravelmente mais baixo [26-28]. Na França, esse abuso encontra-se especialmente relacionado com a buprenorfina, em ligação com o tratamento de manutenção de opioides, a morfina, usada como um analgésico, e, até certo grau, a metadona e a codeína [29]. No Reino Unido, as mortes associadas ao tramadol sofreram um notável aumento [30-31]. As mortes relacionadas a essa substância são muitas vezes involuntárias, e a coadministração com psicolépticos ou com álcool aumenta o risco de mortes [31]. Contrariamente, alguns investigadores alemães concluíram que o risco de uso indevido ou abuso de tramadol e sua prevalência na prática clínica é baixa, e temem que as restrições rígidas para a sua prescrição conduzirão a um tratamento inadequado da dor [32]. O tratamento da dor na Europa de hoje parece, no entanto, não ser inferior ao da América do Norte, apesar de um consumo inferior de opioides na Europa [27].

9.3.2 Fontes e classificação dos opiáceos/opioides

A morfina e a codeína são alcaloides extraídos do suco leitoso e caules de papoila do ópio, *Papaver somniferum*. O conteúdo de morfina nessas plantas pode variar de 5% a 25%. A codeína existe em quantidades muito menores (~0,2%) e o conteúdo de outros alcaloides que ocorrem naturalmente, tais como a tebaína (~0,1-0,3%), a narcotina (~0,3%), a narceína (~4-10%) e a papaverina (~1%), pode também variar, dependendo da qualidade e origem da planta [33].

As substâncias chamadas de *drogas opiáceas* ou simplesmente *opiáceos* são aquelas obtidas do ópio; podem ser opiáceos naturais, quando não sofrem nenhuma modificação (morfina, codeína), ou opiáceos semissintéticos, quando são resultantes de modificações parciais das substâncias naturais. Muitos derivados semissintéticos de opiáceos são feitos por meio de modificações relativamente simples da molécula da morfina ou tebaína, por exemplo, a heroína (diacetilmorfina), que é um opiáceo semissintético produzido a partir da acetilação de morfina. Outros fármacos semissintéticos produzidos a partir da molécula de morfina ou de tebaína incluem a hidromorfona, oxicodona e naloxona [11]. Opioides naturais são encontrados em plantas (morfina) ou produzidos pelo corpo humano (opioides endógenos), onde são amplamente distribuídos por todo o SNC. Esses opioides endógenos são peptídeos que apresentam diferentes potências e afinidades com cada grupo de receptores opioides. As suas ações incluem a modulação da dor e controle do sistema cardiovascular, principalmente em situações críticas. Embora a compreensão de sua farmacologia seja importante, os opioides endógenos não possuem destaque clínico. Opioides sintéticos e semissintéticos são amplamente utilizados na prática clínica, especialmente pela sua ação analgésica.

Mas o ser humano foi capaz de imitar a natureza, fabricando em laboratórios várias substâncias com ação semelhante à dos opiáceos: meperidina, o propoxifeno, a metadona são alguns exemplos. Essas substâncias totalmente sintéticas são chamadas de *opioides* (isto é, semelhante aos opiáceos).

O termo opioide foi proposto por Acheson para designar os fármacos com ação semelhante à da morfina, mas com estrutura química distinta. Esse conceito rapidamente evoluiu e passou a incluir todas as substâncias naturais, semissintéticas ou sintéticas que reagem com os receptores opioides, quer como agonista, quer como antagonista [34]. Desde o isolamento da morfina, as investigações médicas desenvolveram uma diversidade de agentes naturais, semissintéticos e sintéticos que, apesar das várias diferenças, apresentam efeitos farmacológicos semelhantes aos da morfina. Para fins clínicos, esses compostos podem ser classificados de acordo com a sua origem – naturais, semissintéticos e sintéticos (Tabela 9.1 –, a estrutura química – fenantrenos, fenilpiperidinos, fenil-heptilaminas, benzomorfanos e morfinanos –, a intensidade de dor que suprimem – fracos ou fortes –, a interação com o receptor – afinidade para μ, δ, κ e eficácia (agonistas, antagonistas, agonista parcial) – e a sua duração de ação.

A nomenclatura dos derivados do ópio tem sido alterada com o decorrer dos anos, tendo sido já denominados como narcóticos, hipnoanalgésicos e narcoanalgésicos, termos considerados impróprios por incluírem outras substâncias que provocam o sono. Foram seguidamente denominados opiáceos, de início correspondendo a uma designação genérica, passando depois a ser restrita aos derivados do ópio [35].

Tabela 9.1 Classificação dos opioides

TRADICIONAL	ORIGEM	FUNÇÃO
Forte	**Natural**	**Agonista puro**
Morfina	Morfina	Morfina
Petidina	Codeína	Fentanil
Fentanil	Papaverina	Alfentanil
Alfentanil	Tebaína	Remifentanil
Remifentanil		Sufentanil
Sufentanil	**Semissintético**	
	Diamorfina	**Agonista parcial**
Intermediário	Diidrocodeína	Buprenorfina
Buprenorfina	Buprenorfina	
Pentazocina		**Agonista-Antagonista**
Butorfanol	**Sintético**	Pentazocina
Nalbufina	Fenilpiperidina	Nalbufina
	Difenilpropilamina	
Fraco	Morfina	**Antagonista puro**
Codeína	Benzilmorfina	Naloxona
		Naltrexona

9.3.3 Mecanismo de ação

Os opioides atuam em nível celular ligando-se aos receptores opioides presentes em todo o sistema nervoso central (SNC), especialmente no núcleo do trato solitário, área cinzenta periaquedutal, córtex cerebral, tálamo e substância gelatinosa da medula espinhal. Os receptores opioides também podem estar presentes em terminações nervosas aferentes periféricas e em diversos outros órgãos.

Existem quatro tipos de receptores opioides: μ (miu), κ (kappa), δ (delta), e o mais recentemente descoberto receptor da nocicetina. Em 1996, a International Union on Receptor Nomenclature propôs a alteração da nomenclatura para OP3, OP2, OP1 e OP4, respectivamente [5,36-37]:

- *Receptor* μ *(OP3)* – Existem em maior densidade no córtex cerebral, tálamo e substância cinzenta periaquedutal. São responsáveis pela maioria dos efeitos analgésicos dos opioides e por alguns dos efeitos indesejáveis importantes (por exemplo, diminuição da motilidade gastrointestinal, depressão respiratória, euforia, sedação e dependência). Os opioides analgésicos são, na sua maioria, agonistas dos receptores μ, e a morfina é um agonista com uma afinidade cinquenta vezes superior à de outros opioides. Esses receptores podem ser divididos em duas subclasses: os receptores μ1, que são responsáveis por quase todas as propriedades analgésicas; e os receptores μ2 [38], caracterizados por apresentar menor afinidade para os opioides, são responsáveis pelos efeitos indesejados, como depressão respiratória, retenção urinária, euforia, anorexia e dependência física. O primeiro agonista identificado para esse tipo de receptores foi a morfina, e como antagonista, a naloxona [39].
- *Receptores* κ *(OP2)* – Encontram-se, sobretudo, na medula espinhal, tálamo, hipotálamo e córtex cerebral. Contribuem para a analgesia em nível medular e podem induzir sedação, disforia, dispneia, miose, efeitos psicomiméticos e, em menor grau que nos receptores μ, depressão respiratória. Não contribuem para a dependência. Nesses receptores, o primeiro agonista identificado foi a cetociclazocina, e como antagonista, a norbinaltorfimina [39].
- *Receptores* δ *(OP1)* – Apresentam uma distribuição difusa, sendo mais importantes na periferia, embora também possam contribuir para a analgesia – em especial a analgesia espinhal – e, mais especificamente, para os estímulos nociceptivos térmicos, assim como modular funções cognitivas e de dependência física [37].
- *Receptores da nocicetina (OP4)* – Os resultados da estimulação do receptor da nocicetina não estão ainda totalmente esclarecidos, principalmente porque em algumas situações experimentais a sua estimulação provoca analgesia, e em outras, hiperalgesia.

Os receptores opioides estão ligados às proteínas G inibitórias. A ativação dessa proteína desencadeia uma cascata de eventos: fechamento dos canais de cálcio (dependentes de voltagem nas terminações pré-sinápticas), redução na produção de monofosfato de adenosina cíclico (AMPc) e estímulo ao efluxo de potássio, resultando em hiperpolarização celular. Isso leva a uma hiperpolarização desse neurônio, bloqueando parcialmente a transmissão do estímulo doloroso. Assim, o efeito final é a redução da excitabilidade neuronal, resultando em redução da neurotransmissão de impulsos nociceptivos [40].

Agonistas opioides puros (morfina, diamorfina, petidina, fentanil) apresentam alta afinidade para os receptores opioides e elevada atividade intrínseca em nível celular. *Agonistas parciais* (buprenorfina, pentazocina), ao ligarem-se aos receptores opioides, produzem efeito submáximo quando comparados aos agonistas puros. *Antagonistas opioides* (naloxona, naltrexona) possuem afinidade com os receptores, porém nenhuma atividade intrínseca.

9.3.4 Principais compostos

Não sendo possível fazer uma descrição detalhada de todos os compostos que fazem parte deste grande grupo, far-se-á uma breve referência aos principais opioides.

9.3.4.1 Morfina

Tal como já referido anteriormente, em 1806, foi isolado o principal elemento ativo do ópio, a morfina; Friedrich William Adam Sertürner classificou-a como um fármaco narcótico do grupo dos opiáceos, constituindo a base dos opiáceos naturais e semissintéticos [1]. Essa designação foi escolhida em honra do Deus grego do sono, Morfeu, tornando-se um dos estupefacientes mais ativos conhecidos e um produto de grande aplicação médica. No entanto, a descoberta dessa substância seria oficialmente atribuída a Sertürner somente em 1817, ano em que ele atribui o nome de *morphium* ao produto que acaba de extrair do leite de papoila *Papaver somniferum* [41]. A morfina é o opiáceo mais antigo e mais utilizado, constituindo o analgésico de eleição em doentes terminais ou em quadros agudos, tal como infarto do miocárdio [1]. As ações centrais mais importantes da morfina, aquelas sobre as quais giram grande parte das suas indicações terapêuticas e das suas limitações, são analgesia, sedação e diminuição da ansiedade, depressão respiratória, dependência e prurido [42]. Farmacologicamente, trata-se de um agonista opioide. Sob a forma de pó, líquido ou barra, a morfina é introduzida por via oral ou injetada no organismo, onde rapidamente se espalha pela corrente sanguínea, chegando rapidamente ao SNC, para o qual apresenta grande tropismo. Mediante pequenas variações na sua molécula, podem obter-se fármacos como, por exemplo, a codeína.

9.3.4.2 Heroína

A partir da morfina, o químico alemão Dreser sintetizou um novo produto ainda mais potente, a heroína, introduzida no mercado como medicamento em 1898 [41]. Efetivamente, a heroína, também conhecida como diacetilmorfina, é uma droga semissintética produzida e derivada do ópio, com uma ação depressora (funcionando como um poderoso analgésico e abrandando o seu funcionamento) sobre o SNC, capaz de induzir dependência física e psicológica. Esse opiáceo aparece sob a forma de pó castanho, podendo também ser branco ou apresentar-se num tom entre essas duas cores, sendo usado, habitualmente, por inalação ou injetado. O seu consumo crônico está associado a uma série de efeitos, tais como alívio da dor e da ansiedade, euforia, entre outros. Depressão do sistema respiratório, edema pulmonar, hipotermia e morte são consequências de overdose [12].

Heroína foi o nome comercial com que foi registrada pela farmacêutica alemã Bayer®, tendo sido utilizada como fármaco de 1898 a 1910, ironicamente (uma vez que é muito mais aditiva) como substituto não causador de dependência para a morfina, e como antitussígeno para crianças. A heroína foi usada, inicialmente, em doentes com tuberculose incurável e, mais tarde, chegou a ser considerada uma cura para os viciados em morfina. A descoberta do seu potencial analgésico duas a três vezes superior ao da droga-mãe – a morfina – e, consequentemente, seu maior potencial de causar dependência conduziram à proibição da sua comercialização no mundo inteiro [43]. O uso dessa droga com fins recreativos deu origem a diversas epidemias que se têm sucedido ao longo da história. A mais recente epidemia começou nos anos 1960, na Europa Ocidental e Estados Unidos. Enquanto as classes médias e superiores se inclinavam mais para o consumo de haxixe e alucinógenos, as classes mais baixas, de zonas urbanas, preferiam o abuso de heroína. Esta é, então, proibida nos países ocidentais no início do século XX, devido aos comportamentos violentos que estimulava nos seus conhecimentos [1]. A heroína é mais lipofílica do que os outros opioides, o que leva à sua absorção de forma mais rápida para o cérebro. É mais solúvel que a morfina e, ao ser mais lipossolúvel, distribui-se rapidamente para o SNC, pelo que a sua ação é mais intensa. No organismo, rapidamente se transforma em 6-monoacetilmorfina e, logo a seguir, em morfina. A conversão nesses compostos, no interior da barreira hematoencefálica, dá lugar a um fenômeno que reforça uma vez mais a ação farmacológica no SNC. Efetivamente, essa rápida metabolização em morfina comprova que é esta última a responsável pelas ações farmacológicas verificadas. A biodisponibilidade por via oral é inferior à da morfina. Metabolizada no fígado, a rapidez de efeito é importante para os toxicodependentes, uma vez que proporciona inicialmente maiores concentrações, traduzindo-se em prazer intenso após a injeção. Outra via de administração frequente é a inalação do pó, que será posteriormente absorvido pela mucosa nasal. A administração parental da heroína requer a sua solubilização em água e, para isso, os usuários podem acidificar ligeiramente a água, utilizando para o efeito o célebre limão, aquecendo suavemente a mistura [1]. É de salientar o fato de que a heroína vendida nas ruas raramente apresenta uma concentração superior a 10%. A relação de compostos empregues para a sua adulteração, denominados produtos de corte, é muito extensa e varia de maneira constante. Fundamentalmente, dividem-se em três grupos, nomeadamente os compostos que derivam dos processos de extração do ópio, ou acetilação da heroína, os diluentes e adulterantes que se adicionam de forma deliberada e, por fim, compostos com ação farmacológica potenciadora ou simuladora de alguns efeitos da heroína. A heroína comercial tem apenas 2% a 5% de heroína pura, sendo o restante adulterantes que aumentam o volume da droga e os seus efeitos. Os adulterantes mais vulgarmente utilizados são os estimulantes (cafeína, anfetaminas) e os anestésicos e substâncias inertes (lactose, glicose, talco, farinha) [1].

9.3.4.3 Codeína

A codeína tem um interesse toxicológico inferior ao dos compostos anteriores. É um alcaloide do ópio e um pró-fármaco de morfina, ou seja, quimicamente deriva da morfina [1,42]. É absorvida por via oral e a sua eliminação é fundamentalmente hepática, por biotransformação em metabólitos inativos excretados na urina. A potência por via parenteral é dez vezes menor do que a da morfina. É largamente utilizada como antitussígeno e muito menos utilizada como analgésico, em doses relativamente baixas.

A administração intravenosa pode desencadear hipotensão grave, o que não deve ser confundido com a intoxicação típica por opiáceos [44].

9.3.4.4 Metadona

A metadona é um opioide de síntese ligeiramente mais potente que a morfina e bem absorvido por via oral. Apresenta dependência física cruzada com a heroína (e outros agonistas), mas os sintomas de privação, quando da suspensão da metadona usada cronicamente, são menos intensos e de instalação mais lenta do que os da heroína. O seu uso está, hoje, quase limitado ao tratamento da toxicodependência, embora se justifique o seu uso mais generalizado como analgésico [42].

9.3.4.5 Tramadol

O tramadol é um analgésico de ação central que tem um duplo mecanismo de ação: por um lado é metabolizado, tal como a codeína, pelo CYP2D6, em O-desmetiltramadol, que é um agonista µ parcial, e, por outro, favorece a função da via inibitória descendente espinhal, por inibir a recaptação da 5-hidroxitriptamina pré-sináptica. É, assim, evidente que o efeito analgésico só é parcialmente antagonizado pela naloxona. O uso clínico de tramadol confirmou a sua eficácia em dores agudas, incluindo as pós-operatórias de média e fraca intensidades e que podem provocar efeitos depressores centrais leves. O seu uso pode provocar cefaleias, zumbidos, sonolência, náuseas e vômitos [42].

9.3.5 Farmacocinética

9.3.5.1 Absorção e distribuição

Os opioides são bases fracas (pKa 6,5 a 8,7). Em solução, dissociam-se em fração ionizada e não ionizada, em proporção dependente do pH do meio e do pKa do opioide. A fração não ionizada é mais difusível que a ionizada. Em meios ácidos, como o estômago, os opioides apresentam alto grau de ionização e baixa absorção. Em contrapartida, em meios básicos, como intestino delgado, ocorre predomínio da sua forma não ionizada e alta absorção. Porém, muitos opioides sofrem metabolismo de primeira passagem hepática e intestinal, resultando em baixa biodisponibilidade oral.

A elevada lipossolubilidade dos opioides facilita a sua disponibilidade para a biofase (sítio efetivo), assim, quanto maior a lipossolubilidade, mais rápido o início de ação.

Drogas com elevada lipossolubilidade, maior fração não ionizada (baixo pKa) e baixo grau de ligação proteica apresentam maior volume de distribuição. A maioria dos opioides apresenta volume de distribuição muito acima do volume de água corporal. O breve efeito de baixas doses endovenosas de opioides de curta duração (alfentanil, fentanil, sufentanil) deve-se à rápida redistribuição da droga, que leva à queda da concentração plasmática e cerebral a níveis abaixo do seu limiar de ação.

Os opioides estão disponíveis sob a forma de variadas formas farmacêuticas, permitindo diferentes vias de administração incluindo a oral, parenteral, transdérmica, transmucosa, epidural, intratecal e intranasal. A extensão da absorção depende do tipo de opioide e da via de administração. Quando administrados por via oral, alguns deles, particularmente a morfina e a heroína, são removidos da circulação portal de forma muito eficiente pelo fígado e são extensivamente metabolizados, de modo que a quantidade que atinge a circulação sistêmica é consideravelmente menor do que a quantidade absorvida na veia portal. Esse efeito é conhecido como o efeito de primeira passagem. Como consequência, a dose disponível é apenas uma fração da dose administrada. A administração oral de morfina tem 1/6 da eficácia da administração parenteral. Contrariamente, a codeína é bem absorvida e ativa quando administrada por via oral. Na verdade, a codeína tem aproximadamente 2/3 da eficácia por via oral, quando comparada à via parentérica [45]. Efetivamente, quando absorvida no trato gastrointestinal, por exemplo, a morfina sofre um extenso efeito de primeira passagem hepático, que condiciona uma biodisponibilidade oral de 10% a 45%, em contraste com os 60% da codeína. A biodistribuição é feita, essencialmente, por acoplamento às proteínas plasmáticas, com uma taxa de ligação que vai desde 7%, no caso da codeína, até 90%, no caso da metadona. Essas taxas podem ser afetadas por vários fatores, tais como a disponibilidade de proteínas plasmáticas ou o pH sanguíneo. A passagem pela barreira hematoencefálica está condicionada pela lipossolubilidade e polaridade das moléculas. Compostos como a heroína e a codeína atravessam mais facilmente do que a morfina, por exemplo.

9.3.5.2 *Metabolismo*

Os opioides passam por um extenso metabolismo em humanos. De modo geral, eles são metabolizados no fígado, acreditando-se que os metabólitos resultantes sejam responsáveis não só por alguns efeitos terapêuticos, mas também pelos efeitos tóxicos. Existem três vias principais de biotransformação que foram estabelecidas para o metabolismo dos opioides: hidrólise, glucuronidação e oxidação. Por exemplo, após injeção intravenosa, a heroína é rapidamente convertida (dentro de segundos) em 6-monoacetilmorfina (6-MAM), que é posteriormente hidrolisada (em minutos) para morfina. A conversão de heroína a 6-MAM ocorre como resultado tanto de enzimas como de hidrólise espontânea [46]. A maior parte do metabolismo opioide em humanos ocorre no fígado, por um processo denominado glicuronidação. Esse processo ocorre, principalmente, no fígado e, em menor grau, na mucosa intestinal e rins [47-48]. Por exemplo, a morfina é conjugada principalmente em morfina-3-glicuronídeo (M3G) e, em menor medida, em morfina-6-glicuronídeo (M6G) (Figura 9.1).

9.3.5.3 *Excreção*

A excreção ocorre, essencialmente, em nível renal, com uma pequena quantidade eliminada pelo trato gastrointestinal, via circulação êntero-hepática. A insuficiência renal, tal como a disfunção hepática, conduz à acumulação dos opioides e seus metabólitos e, consequentemente, a efeitos tóxicos. A maioria dos opioides é excretada na urina, geralmente dentro das primeiras 24 horas após a administração. As concentrações de metabólitos conjugados normalmente excedem aquelas do fármaco original e podem estar presentes durante longos períodos de tempo [49]. Tal como acontece com a maioria dos parâmetros farmacocinéticos, existe uma grande variabilidade individual na meia-vida de eliminação. Esse valor é consideravelmente prolongado no caso da existência de uma insuficiência renal, levando a uma acumulação da droga. Alguns opioides com meias-vidas longas, como a metadona, podem acumular-se nos tecidos, acumulação essa que pode ser tóxica ou até mesmo fatal se as doses não forem convenientemente administradas e se a droga não tiver tempo suficiente ser eliminada do organismo. Isso pode levar a uma depressão respiratória prolongada e a um fenômeno pronunciado de recirculação êntero-hepática [50]. A via de biotransformação principal da morfina consiste na sua esterificação com ácido glicurônico, por meio dos grupos hidroxila, sendo as principais vias de eliminação a bílis e a urina. Na urina, podem detectar-se todos os metabólitos, assim como pequenas quantidades de morfina [41].

9.3.6 Farmacodinâmica e efeitos secundários

Os opioides são considerados agentes analgésicos de largo espectro, que afetam um grande número de sistemas de órgãos, influenciando amplamente muitas funções do corpo humano (Tabela 9.2). Infelizmente, enquanto alguns dos seus efeitos são úteis, a maioria é indesejável, sendo a principal causa de interrupção dos tratamentos.

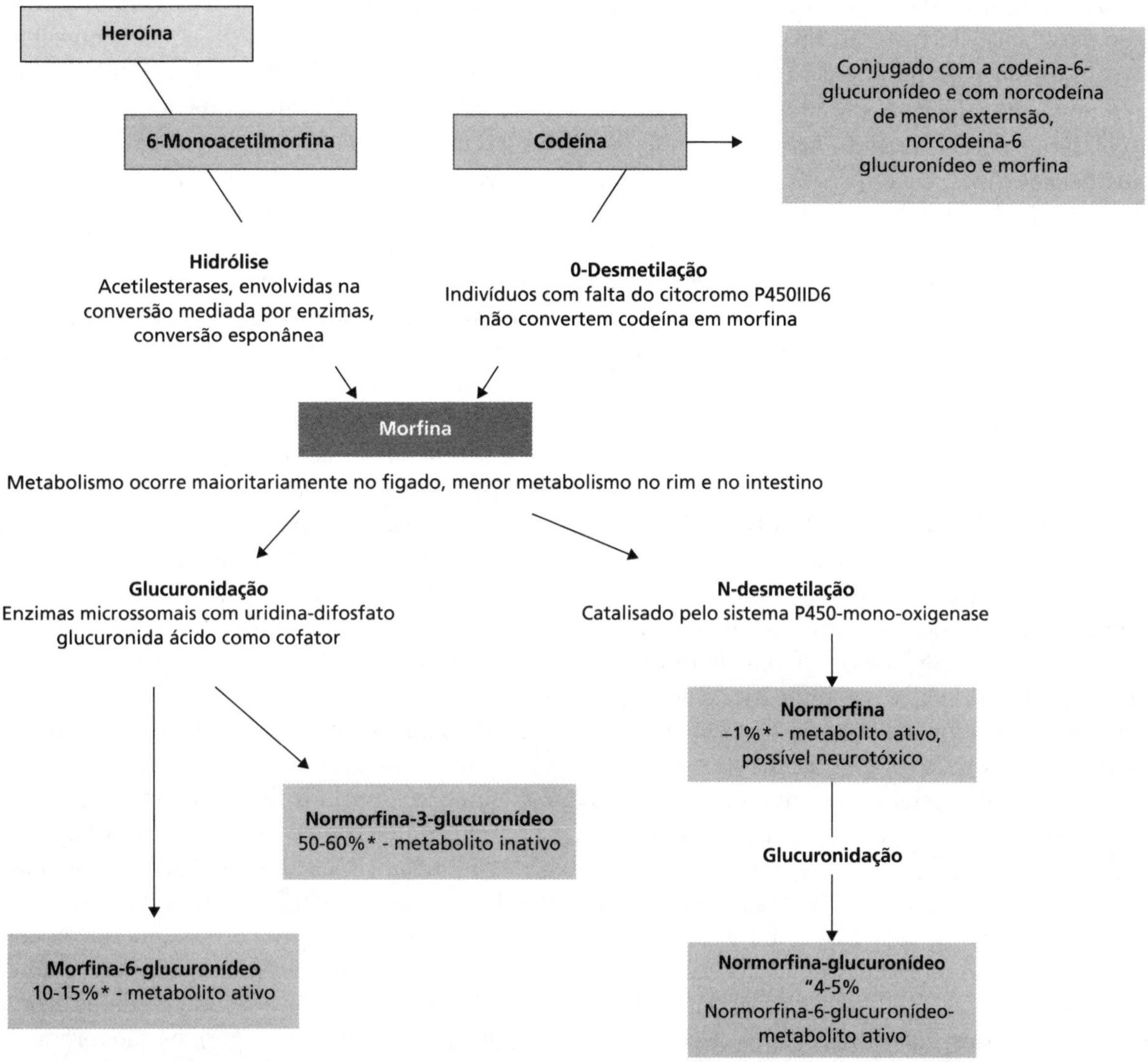

Figura 9.1 Biotransformação de opioides no organismo.

Tabela 9.2 Efeitos adversos dos opioides segundo a sua frequência

COMUM	OCASIONAL	RARO
Náuseas	Alucinações	Depressão respiratória
Vômitos	Alteração do humor	Delírio
Obstipação	Ansiedade	Convulsões
Sedação	Prurido	Hiperalgesia
Sonolência	Mioclonia	Espasmo biliar
Compromisso cognitivo	Rigidez	Edema pulmonar
Miose	Boca seca	Tolerância
Supressão da tosse	Estase gástrica	Dependência
Retenção urinária	Broncoconstrição	

A intoxicação aguda por opioides é um quadro frequente e sempre grave, que requer tratamento e controle médico. A elevada prevalência do consumo de opioides, em associação com os problemas que gera o seu consumo ilícito, justifica a alta prevalência de problemas de outra índole, tais como as doenças oportunistas decorrentes do seu consumo. Na prática clínica, a intoxicação aguda por opioides é vista apenas como consequência da sua administração intravenosa, surgindo em menor número os casos por via oral. As práticas de fumar ou inalar heroína não chega a produzir intoxicações graves, apesar de serem utilizadas como vias de administração habituais de muitos toxicodependentes. A heroína é o opiáceo ilícito mais frequentemente implicado nas intoxicações agudas e nas crônicas [1]. O uso excessivo de opioides pode levar à depressão do SNC, levando a diminuição da frequência respiratória, asfixia ou parada cardiorrespiratória.

O abuso de heroína por via intravenosa pode levar a uma série de outros efeitos e/ou complicações colaterais potencialmente fatais, incluindo distúrbios neurológicos, baixa pressão arterial, edema cerebral, acidente vascular cerebral, morte do tecido vascular etc. Os usuários de drogas injetáveis têm uma elevada suscetibilidade a infeções e outras doenças, por causa da supressão de seus sistemas imunológicos. As complicações infecciosas, como resultado de todos esses fatores, incluem endocardite e septicemia, hepatite viral, cirrose hepática, meningite e tétano [51].

9.3.6.1 Efeitos no sistema nervoso central

Os opioides exercem os seus diferentes efeitos farmacológicos por ligação aos receptores opioides, distribuídos em padrões distintos ao longo do sistema nervoso central (SNC) e do sistema nervoso periférico (SNP). O principal uso terapêutico dos opioides é a modulação ou redução da dor. Quando um opioide é administrado terapeuticamente a doentes que sofrem de dor, a sensação de dor é reduzida e o seu sofrimento torna-se menos intenso. No entanto, quando se administra um opioide a indivíduos normais sem drogas, estes desenvolvem sintomatologia, sendo as mais comuns náuseas e vômitos, juntamente com sonolência, letargia e uma atividade física reduzida. Os pacientes podem evidenciar um estado eufórico, e em doses superiores os efeitos colaterais tendem a tornar-se mais graves, atingindo um quadro de rigidez muscular e depressão respiratória. Doses mais altas, bastante superiores às necessárias para a produção de analgesia, podem levar a convulsões [33].

9.3.6.2 Sedação/efeitos cognitivos

É bem conhecido que grandes doses de opioides alteram as capacidades cognitivas de um indivíduo, podendo levar a um estado de sonolência, letargia, e até mesmo à morte. Sedação, aumento do tempo de reação e dificuldade de concentração são efeitos comuns em pacientes que usam opioides, principalmente em pacientes que nunca os experimentaram anteriormente [52]. No entanto, rapidamente se desenvolve tolerância a esses efeitos, pelo que é importante estar alerta quando se inicia um tratamento, ou quando se aumentam rapidamente as doses administradas [53]. Os pacientes devem ser avisados em relação a esses possíveis efeitos, assim como a sua interação com outros agentes que atuam no SNC, como o álcool, e devem ser aconselhados a não conduzir ou realizar atividades potencialmente perigosas quando sentirem qualquer grau de debilitação cognitiva [54].

No entanto, os estudos são, por vezes, contraditórios, sendo que alguns demonstraram que os efeitos secundários em nível cognitivo e sedativo são negligenciáveis na maioria dos casos, desde que estejam sob um tratamento prolongado com uma dose estável. Desse modo, essas pessoas podem realizar trabalhos de alta exigência mental e física, sem comprometer a respectiva função exigida [55]. Na verdade, existem alguns estudos que indicam que os opioides podem mesmo melhorar o funcionamento cognitivo. Isso porque a própria dor apresenta um grande impacto no funcionamento cognitivo do doente [52]. É realmente um fato que os efeitos causados em doentes com doses normalmente utilizadas para o tratamento ambulatorial da dor são mais complexos, uma vez que a dor em si pode comprometer a função cognitiva. Por isso, os estudos que avaliam o efeito de opioides nas habilidades cognitivas em comparação com indivíduos saudáveis podem não ser representativos do seu efeito sobre as pessoas que evidenciam dor extrema. Assim sendo, curiosamente, não há evidências que provem que, na ausência de sinais ou sintomas de debilitação cognitiva, os pacientes sob terapêutica crônica com doses estáveis de opioides devam ser impedidos de conduzir [54]. Os tratamentos sugeridos são a redução da dose administrada, a rotação de opioides e o uso de psicoestimulantes, como o metilfenidato [53]. No entanto, como os opioides podem prejudicar as habilidades cognitivas em pessoas saudáveis [56] e as pessoas com dor já têm algum comprometimento cognitivo, é razoável supor que os indivíduos com medicação opioide para combater a dor muito provavelmente já apresentam algum comprometimento cognitivo. Pelo menos um estudo prospectivo demonstrou que aqueles que apresentam dor crônica em tratamento com opioides têm déficits cognitivos, incluindo redução da capacidade de memória espacial e alterações do desempenho em trabalho de avaliação de memória [57].

9.3.6.3 Depressão respiratória

A maioria dos opioides deprime o centro respiratório, sendo um efeito dependente da dose, o que pode ser fatal. O efeito subsequente de concentrações crescentes de íons de hidrogênio, como resultado da dissociação do ácido carbônico, leva à redução do pH sanguíneo, afetando diretamente os centros medulares envolvidos na regulação da função respiratória. Isso tem o efeito de reduzir a taxa de respiração e, com quantidades tóxicas de morfina, a taxa pode cair para três ou quatro respirações por minuto em vez de doze a dezesseis. A codeína é muito menos tóxica do que a morfina e, mesmo em doses elevadas, não parece ter as características fortes depressoras do SNC da morfina. Efetivamente, a depressão da respiração é um efeito resultante da estimulação dos receptores opioides µ (embora haja uma componente relacionada com a estimulação dos receptores k). Como resultado dessa estimulação dos receptores opioides µ do centro respiratório bulbar, os seus quimiorreceptores tornam-se menos sensíveis à estimulação fisiológica pela $PaCO_2$ (pressão parcial do CO_2 no sangue arterial) [42]. Apesar de ser um efeito secundário pouco frequente, é o mais temido. No entanto, excluindo os casos de pacientes com hipertensão intracraniana, *cor pulmonale* ou doença pulmonar obstrutiva crônica, a maioria dos pacientes tolera a administração cautelosa de opioides [58]. Nos tratamentos crônicos, os doentes desenvolvem tolerância ao efeito respiratório dos agonistas dos receptores µ. A depressão respiratória raramente ocorre em pacientes tolerantes aos opioides, mas convém não esquecer os efeitos aditivos ou sinérgicos que outros depressores do SNC podem ter quando associados a eles [58].

Segundo Fohr [59], quando os opioides são usados adequadamente para o alívio da dor, o risco de depressão respiratória é mais um mito do que um fato. O único tratamento disponível atualmente para reverter a depressão respiratória é a infusão de naloxona [60].

A apneia do sono é semelhante ao que ocorre quando as pessoas deixam periodicamente de respirar durante a noite, até que os seus níveis de dióxido de carbono sejam suficientemente altos para estimular o seu cérebro. Quando os opioides interferem nessa resposta, o efeito pode ser fatal, tendo sido igualmente demonstrado que os opioides agravam os episódios de apneia do sono [61].

9.3.6.4 Supressão do reflexo da tosse

Os opioides deprimem o reflexo da tosse por um efeito direto sobre o centro desta, no nível da medula. Não parece haver nenhuma relação entre o efeito analgésico ou a ação depressora em nível respiratório dos opioides e a consequente supressão da tosse. No entanto, alguns opioides são mais eficazes em deprimir o reflexo da tosse do que outros. A codeína e, em maior extensão, a folcodina são mais eficazes do que a morfina em deprimir o esse reflexo [62-63].

9.3.6.5 Efeitos cardíacos

De modo geral, os opioides causam hipotensão, crendo-se que o mecanismo causador desse efeito, especialmente no caso da morfina, esteja associado à libertação de histamina e consequente vasodilatação e hipotensão. Porém, segundo Pugsley [64], a redução da pressão arterial encontra-se relacionada com uma diminuição da atividade simpática no nível do SNC.

9.3.6.6 Efeitos em nível do trato gastrointestinal

Obstipação

Os opioides podem causar diversos efeitos sobre o trato gastrointestinal, dependendo da dose e do tipo de droga. Por exemplo, a morfina causa um aumento notável ao nível do tônus muscular e uma motilidade reduzida, resultando em prisão de ventre, ao passo que a codeína tem um menor efeito obstipante do que a morfina e pode ser usada para aliviar a dor abdominal. O esvaziamento gástrico também pode sofrer um atraso, o que pode retardar ainda mais a absorção de drogas, uma propriedade partilhada pela maior parte dos opioides [33]. A obstipação ocorre em 40% a 95% dos pacientes e pode surgir mesmo com uma dose única de morfina [53,65]. Por ser comum, é muitas vezes desvalorizado, porém as suas consequências a longo prazo têm grande impacto na qualidade de vida do doente e resultam em morbilidade e mortalidade significativas. A obstipação crônica pode causar a formação de hemorroidas, dor e ardência retal, obstrução intestinal, provável perfuração e morte.

O mecanismo responsável pela obstipação ainda não está esclarecido, mas acredita-se que haja uma combinação de fenômenos em nível central e periférico. A morfina atua no SNC alterando o fluxo autonômico para o intestino e, perifericamente, estimula de modo direto os receptores opioides do sistema nervoso entérico, afetando a motilidade intestinal [66]. A obstipação é parcialmente atenuada pela alteração de opioides usados, das vias de administração ou pela combinação com outros fármacos. Os agentes farmacológicos mais usados são laxantes expansores do volume fecal, emolientes, laxantes osmóticos ou laxantes estimulantes. Os efeitos de tais terapias, porém, são inespecíficos e imprevisíveis e, usualmente, causam diarreia e cólicas. Além disso, muitos pacientes não respondem aos tratamentos, pelo que são necessárias terapias mais específicas, baseadas na patofisiologia da obstipação mediada por opioides [67]. Atualmente, as investigações rumam na busca de uma substância que antagonize os efeitos gastrointestinais no nível dos receptores opioides periféricos, sem inibir os efeitos analgésicos centrais [53].

Náuseas e vômitos

Esses são efeitos secundários comuns a medicação com opioides, ocorrendo igualmente por causa da reduzida atividade peristáltica do estômago e do intestino delgado. Cerca de 2/3 dos pacientes sofrem desses efeitos no início da terapia opioide. O efeito é dependente da dose e pode-se desenvolver tolerância rapidamente, isto é, as náuseas e vômitos são mais comuns no início da terapia, razão da prescrição de antieméticos nessa etapa, uma abordagem terapêutica muito útil. Se as náuseas e os vômitos persistirem, é aconselhado mudar o opioide ou a via de administração. Esses efeitos ocorrem em cerca de 25% das pessoas medicadas [65], como resultado da ação dos opioides na região quimiorreceptora do cérebro. São comuns inicialmente, mas em geral desaparecem com a administração repetida. Todos os opioides clinicamente úteis são capazes de produzir algum grau de náuseas e vômitos [33], e alguns antieméticos, tais como haloperidol e proclorperazina, são comumente utilizados para tratar o vômito em situações clínicas, e a metoclopramida é frequentemente útil se as náuseas e vômitos persistirem [63]. Cepeda e Alvarez [68] mostraram que a naloxona pode ser usada para tratar náuseas, vômitos e prurido, desde que administrada a uma taxa de infusão inferior a 1/5 da necessária para reverter a analgesia opioide. Essa dose, porém, não reverte a obstipação, e em doses mais altas reverte a analgesia.

Hemorragia gastrointestinal

A hemorragia gastrointestinal é comumente associada à utilização de medicamentos AINE (anti-inflamatórios não esteroides), mas pode igualmente ocorrer com opioides. Solomon e colaboradores mostraram que, em idosos em terapia com opioides, a incidência de hemorragia digestiva alta foi de quatorze por 1.000 doentes/ano. Essa taxa foi idêntica à verificada com medicamentos AINE [69].

9.3.6.7 Disfunção vesical

A administração sistêmica de opioides pode causar disúria e retenção urinária, por causa de diminuição do tônus do detrusor, diminuição da sensação de repleção e inibição do reflexo de micção [70].

9.3.6.8 Hiperalgesia

A hiperalgesia, um efeito adverso reconhecido há relativamente pouco tempo, é definida como um aumento de sensibilidade à dor. Como os opioides diminuem a sensibilidade do nosso cérebro para os sinais de dor provenientes do resto do corpo, o cérebro começa a compensar, aumentando o nosso reconhecimento e sensibilidade à dor. Apesar de se fazer inicialmente uma associação entre hiperalgesia e dependência, na última década estudos mostraram que esse efeito também ocorre no contexto de terapias de curto prazo e contínuas, nas quais não há história de dependência física nem síndrome de privação [71]. Os neurônios da dor que vão para o cérebro se alteram, de forma a se tornar mais sensíveis às dores e a aumentar a nossa perceção à dor. Essa mudança é denominada de neuroplasticidade da célula nervosa, e sabe-se que são muitos os mecanismos que podem estar envolvidos nessas mudanças [72]. O resultado dessa modificação é que, depois de os níveis de opioides diminuírem, as nossas fibras de dor estão mais sensíveis do que antes do consumo destes, o que resulta num aumento na dor. Embora a frequência de hiperalgesia induzida por opioide seja desconhecida, acredita-se ser bastante comum e significativa. Em um estudo com a administração IV de remifentanil (um opioide de muito curta ação administrado por via intravenosa) durante uma cirurgia, os pacientes no pós-operatório tiveram mais dor e foi necessária a administração de mais opioides, em comparação com aqueles que não receberam essa medicação [73]. Algumas das estratégias clínicas usadas para o tratamento da tolerância e hiperalgesia são, apesar das evidências que as apoiem serem escassas, a rotação e a terapia poupadora de opioides, isto é, uma terapia que associa um opioide a baixa dose com uma droga adjuvante, como um antidepressivo ou um anticonvulsivo. Estão sendo estudadas outras estratégias que recorrem ao uso concomitante de antagonistas opioides em baixas doses, ou a antagonistas da CCK (*cholecystokinin*, ou colecistoquinina) e dos receptores de NMDA (N-metil-D-aspartato) [74]. A abordagem da hiperalgesia deverá ter como objetivo a sua detecção precoce, nunca esquecendo os mecanismos complexos que estão na sua base, para que seja possível intervir, o mais cedo possível, reduzindo a dose ou eliminando o opioide agressor. Por exemplo, a metadona, por ser um agonista μ, com atividade antagonista dos receptores de NMDA, tem sido estudada como agente que potencialmente pode prevenir a tolerância e a hiperalgesia [75].

Efetivamente, do uso de opioides podem resultar vários efeitos adversos. No entanto, na maioria dos casos, e se a terapêutica for instituída apropriadamente, é possível evitá-los ou controlá-los facilmente. Normalmente, a toxicidade opioide é mais frequente quando a intensificação da dose administrada é demasiado rápida, em pacientes com insuficiência renal, em casos que não respondem à terapêutica opioide e após outras intervenções para alívio da dor, como radioterapia, quimioterapia e bloqueio nervoso [76]. Nos casos de tratamentos opioides com elevada ocorrência de efeitos adversos, deve-se considerar a redução das doses dos opioides sistêmicos, tratamento específico do efeito indesejado, rotação dos opioides e alteração da via de administração [77]. Se a dor piora com a redução da dose opioide, deve-se intensificar as terapias adjuvantes.

9.3.6.9 *Efeitos hormonais*

O uso crônico de medicamentos opioides pode levar a várias anormalidades endócrinas. Os efeitos hormonais decorrentes desse uso afetam tanto o homem como a mulher, e ocorrem com qualquer via de administração [53]. Nas terapias em longo prazo com opioides, é comum haver supressão da secreção hipotalâmica do hormônio liberador de gonadotropina (GnRH), que resulta numa diminuição da liberação dos hormônios luteinizante (LH) e estimulante folicular (FSH) e, consequentemente, ocorre diminuição da produção de testosterona e estrogênios. Esses baixos níveis hormonais ocorrerão em mais de 50% das pessoas com terapêutica crônica com opioides [78].

Os potenciais sintomas são perda da libido, infertilidade, fadiga, depressão, ansiedade, osteoporose e, mais especificamente, impotência sexual no homem e irregularidades menstruais na mulher [79].

9.3.6.10 *Tolerância e dependência*

A *tolerância* é o fenômeno que se observa quando, depois de repetir a administração de uma droga, se produz, com a mesma dose, um efeito farmacológico decrescente, ou seja, é necessário aumentar a quantidade administrada para observar os mesmos efeitos que se obteriam anteriormente com a dose original.

Alterações cerebrais e sintomas de abstinência que sejam mensuráveis podem ocorrer após administração de opioides [80]. Na prática clínica, os sintomas de abstinência podem ocorrer de cinco a sete dias após administração IV de medicação opioide [81]. Os sintomas de abstinência podem passar por mialgia (dor muscular), calafrios, sudorese, ansiedade, aumento da dor, taquicardia, dilatação das pupilas, bocejos, diarreia e náuseas. A remoção da substância é extremamente desagradável e pode ser aliviada apenas com a toma de nova dose de opioides. Tolerância e abstinência não são consideradas dependência. Tolerância ocorre por causa de alterações fisiológicas resultantes da exposição a opioides. Abstinência corresponde aos sintomas físicos e emocionais desagradáveis que ocorrem após a remoção do opioide depois de ter ocorrido tolerância. A tolerância é um fenômeno comum a todos os opioides, não se devendo a um único fator, e sim a várias circunstâncias. Em primeiro lugar, produzem-se mecanismos neurológicos de adaptação aos estimulantes dos receptores dos opioides, especialmente os receptores μ, estando esses mecanismos de adaptação na base da dependência farmacológica aos opioides, que se inicia com as primeiras doses. Em segundo lugar, o indivíduo adaptado ao consumo de opioides é capaz de biotransformá-los com eficácia, o que, de certa forma, o protege de uma intoxicação aguda, não constituindo um fator muito relevante para a prática clínica, mas sendo de extrema importância nos frequentes casos em que, por hepatites virais ou hepatopatias de outra causa, essa capacidade biotransformadora de desintoxicação se encontra diminuída, contribuindo para o prolongamento da meia-vida plasmática desse tóxico, aumentando a sensibilidade do organismo a ele. Por exemplo, uma dose inicial de 100-200 mg de morfina será suficiente para provocar sedação profunda, depressão respiratória, anoxia e morte. No entanto, os indivíduos tolerantes podem suportar essa dose e muito mais que isso [62]. Dessa forma, a dose tóxica real não aumenta em paralelo ao desenvolvimento da tolerância psíquica, pelo que um heroinômano terminal aproxima perigosamente a sua dose eficaz da sua dose tóxica, diminuindo o índice terapêutico da heroína e outros opioides à medida que se vai avançando no desenvolvimento de tolerância a ela.

É importante realçar que o heroinômano não só procura na heroína o alívio ou prevenção da sua síndrome de abstinência, como também os seus efeitos euforizantes, que se encontram na base de alterações do SNC. Ao administrar as primeiras doses, a sensação provocada é de intenso prazer, associado a um rubor e formigamento generalizado, que, com a continuação, deixa lugar a um sentimento de bem-estar e egocentrismo característico desse quadro. A primeira fase imediata à administração só é produzida se a quantidade de heroína ou o agonista μ com rápida distribuição no SNC é suficientemente elevada, podendo ser adicionados certos adulterantes que, com menores doses, podem simular esse efeito, podendo ter efeitos tóxicos característicos ou modificar o quadro produzido pela heroína. Algumas semanas de interrupção do consumo de heroína diminuem consideravelmente a tolerância não só em nível dos efeitos psíquicos como das suas ações farmacológicas. Dessa forma, doses que anteriormente eram utilizadas como manutenção do vício podem ter efeitos tóxicos no indivíduo desadaptado ao seu uso, constituindo uma das causas comuns de sobredosagem nesses indivíduos [1].

*

A *dependência*, adição ou vício é uma condição que se desenvolve como resultado da administração repetida de drogas e/ou abuso. É caracterizada por uma enorme necessidade de continuar a tomar aquele medicamento, ou um outro com uma propriedade farmacológica semelhante. A dependência física é um estado de adaptação neurofisiológica, que se manifesta por uma síndrome de privação, quando a terapia opioide é interrompida abruptamente, quando se reduz a dose rapidamente ou quando se administra um antagonista farmacológico [82]. Note-se, no entanto, que não é claro o momento exato em que a dependência física se desenvolve, mas julga-se que ocorre três dias após o uso continuado de opioides [83]. Quando esse fenômeno ocorre, é necessário fazer um desmame cuidadoso de forma a prevenir o aparecimento da síndrome de privação. A dependência física, tal como a tolerância, são comuns em tratamentos continuados com opioides. No entanto, por si só, não indicam que haja adição ou mau uso [55]. Deve ser feita uma distinção entre dependência física e psíquica: a dependência psíquica manifesta-se pela componente psicológica da síndrome de privação, isto é, por anedonia, disforia e um desejo intenso de consumir a droga (*craving*), sendo este último em parte mediado pela componente física da privação [84]. A abrupta retirada de opioides de pessoas fisicamente dependentes deles pode precipitar uma síndrome de abstinência, cuja gravidade depende do indivíduo, da droga usada, da quantidade e frequência da dose, assim como do tempo de uso de drogas. Os analgésicos opioides com alguma atividade antagonista, como buprenorfina, butorfanol ou pentazocina, também podem levar a sintomas de abstinência em pacientes dependentes de narcóticos opioides. O início e duração dos sintomas de abstinência também podem variar de acordo com a duração da ação específica da droga. Os sintomas de abstinência podem ser denunciados por uma dose adequada de morfina ou outro opioide. A metadona é atualmente o agente farmacoterapêutico mais amplamente utilizado para o tratamento de manutenção de viciados em heroína [85].

A dependência não é uma fraqueza moral, mas uma doença complexa, na qual a predisposição genética, exposição aos opioides, estresse social e estado de saúde mental desempenham um papel. É caracterizado por um ou mais dos seguintes comportamentos: perda de controle do uso da droga, uso compulsivo, uso contínuo apesar de prejudicial, e *craving*. Algumas pessoas acreditam que passaram a ser viciados após a sua primeira dose – mesmo se prescrito por um prestador de serviços médicos [86]. As vias neuronais que constituem o chamado "circuito de recompensa" correspondem ao sistema mesocorticolímbico dopaminérgico e desempenham o papel central no uso compulsivo e na adição de drogas. Todas as drogas aditivas atuam nesse sistema, e da sua estimulação resulta a euforia e o reforço dos comportamentos de procura da droga [83]. Uma das teorias explicativas da adição defende que, com o uso continuado de drogas aditivas, ocorre uma desregulação do mecanismo de recompensa, condicionando uma diminuição dos efeitos de prazer, enquanto que o efeito *craving* aumenta, o que leva a uma procura compulsiva da droga [87]. Essas adaptações não dependem apenas do uso continuado de drogas, mas do resultado de interações complexas entre as drogas e os fatores genéticos, ambientais, psicossociais e comportamentais que produzem adaptações de longa duração, as quais explicam os efeitos duradouros da adição [83].

9.3.7 Clínica e diagnóstico

O diagnóstico de intoxicação aguda por opioides é, inicialmente, um diagnóstico de presunção que se confirma ou se exclui mediante o emprego de antagonistas e a investigação químico-toxicológica. Na prática, o paciente não apresenta um quadro típico gerado pelas ações farmacológicas puras do opioide, tais como diminuição do nível de consciência, miose, depressão respiratória, diminuição dos movimentos intestinais, pele enrijecida e rubor acentuado, hipotensão e bradicardia relativa. Por outro lado, quando o clínico examina o intoxicado, este encontra-se numa situação de franca hipoxia, com pupilas midriáticas ou anisocóricas e pouco reativas, podendo ter episódios convulsivos, de etiologia hipóxica, encontrando-se no geral cianosado, sendo a sua auscultação e radiografias pulmonares claramente patológicas. No caso típico de administração parental do tóxico, ajuda ao diagnóstico encontrar sinais de punção venosa ou veias endurecidas características desse consumo. Inclusive, é frequente por parte de quem acompanha esses indivíduos a referência a administração parental de heroína ou mesmo o indivíduo ser recolhido fazendo-se acompanhar pela seringa e respectivos utensílios de injeção ao lado do corpo, e até mesmo com a própria agulha da seringa ainda inserida na veia. Em todo caso, deve-se ter em conta que uma elevada percentagem de indivíduos dependentes dos opioides utilizam vias de administração alternativas (fumado ou inalado) e, quando utilizam a via intravenosa, fazem-no variando com frequência os pontos de injeção utilizando material pouco lesivo. É comum, em pacientes muito cianóticos, com severa depressão respiratória, o aparecimento do denominado cogumelo de espuma. A hipóxia mantida produz, frequentemente, arritmias cardíacas que, em conjunto com a hipotensão, supõem um importante risco de falência cardiovascular. As convulsões são frequentes e a sua base fisiopatológica mais comum é a hipóxia cerebral com consequente edema, resultado de alguns opioides que possuem uma ação convulsionante específica [1].

9.3.8 Morte relacionada com opiáceos/opioides

O mecanismo de morte nos consumidores de opioides é muitas vezes incerto, mas é provável que seja multifatorial. Por exemplo, a utilização de heroína resulta numa ampla gama de efeitos adversos em razão de uma variedade de respostas farmacológicas e fisiológicas, reações de hipersensibilidade aos agentes de corte ou contaminantes, e doenças associadas à utilização intravenosa. O maior número de mortes é atribuído a uma reação aguda, em que a morte ocorre logo após a injeção [88-89]. Os produtos de corte utilizados podem desencadear nos indivíduos graves quadros alérgicos. Outro acidente tóxico comum na administração por via parental é a superdosagem. Esta produz-se fundamentalmente em três circunstâncias, nomeadamente: quando da chegada ao mercado de novas remessas de heroína, ou o aparecimento de novos canais de distribuição que, para captar clientes, vendem o produto menos adulterado; a administração deliberada ou superdosagem com fins homicidas ou suicidas; e, por fim, o período de administração que pode trazer um descanso prolongado de semanas ou meses da administração da mesma dose que se utilizava na fase máxima de adaptação. Este último ponto é frequente entre os recém-toxicodependentes, que, além do risco acrescido, sofrem com frequência intoxicações agudas por superdosagem. Em suma, a denominada morte súbita do heroin**ô**mano, os fen**ô**menos tóxicos graves decorrentes da sua administração parental, pode ter etiologias tais como a morte por superdosagem (intoxicação aguda), fen**ô**menos alérgicos aos adulterantes e, finalmente, fen**ô**menos tóxicos ante adulterantes. São reconhecidas três síndromes de overdose: morte por depressão respiratória profunda, morte por arritmia e parada cardíaca e morte como consequência de edema pulmonar grave [90]. A morte também pode ocorrer indiretamente como uma complicação de perda de consciência. Isso é causado por uma dose não fatal, conduzindo à obstrução das vias aéreas, num ambiente de função respiratória diminuída. Doença respiratória também pode reduzir a capacidade da pessoa para tolerar uma dose de opioide. Fentanil, metadona, oxicodona, hidrocodona e morfina são os opioides legais mais comuns que podem causar a morte em caso de má utilização [91]. Há um fator que muitas vezes não é considerado na prescrição de opioides na dor, que é o aumento global do número de mortes. Efetivamente, os opioides são responsáveis por mais mortes do que qualquer outro medicamento, sendo que mais de 16 mil pessoas morrem todos os anos por overdose de opioides. Por causa do uso ilícito desses medicamentos, temos uma situação que é única para os opioides e outras substâncias controladas: muitos dos que morrem são mortes colaterais; a essas pessoas nunca foram prescritos os medicamentos que os mataram [92]. Os opioides podem levar a um aumento no número de mortes, que são frequentemente atribuídas a outras causas. Por exemplo, o estado de influenciado por opioides pode levar à morte por acidentes rodoviários ou acidentes de trabalho, assim como levar a quedas e aumentar as taxas de mortalidade em idosos.

Também é importante perceber que o risco de morte é acentuadamente maior quando os opioides são administrados concomitantemente com medicamentos benzodiazepínicos. Os consumidores de opioides tomam frequentemente benzodiazepinas – por exemplo, diazepam, nitrazepam etc. – para reduzir a ansiedade e para minimizar o desconforto dos sintomas de abstinência. Combinações de drogas são, portanto, complicações potencialmente graves em consumidores de opioides, em particular para os usuários de heroína. A combinação de opioides e benzodiazepinas constitui a principal causa de morte por overdose quando existe policonsumo [93]. Apesar desse perigo, os benzodiazepínicos são prescritos para cerca de 30% das pessoas com terapêutica opioide crônica. Efetivamente, drogas como o álcool, barbitúricos e benzodiazepínicos podem aumentar os efeitos depressores dos opioides sobre o SNC [94]. Outros fármacos, tais como anti-histamínicos sedativos, podem prolongar o metabolismo da morfina, levando a um aumento da depressão respiratória. As fenotiazinas, incluindo prometazina e clorpromazina, são também conhecidas por potenciar os efeitos dos opioides, graças à interferência que têm com o metabolismo de morfina [95].

9.3.9 Investigação toxicológica e interpretação de resultados toxicológicos

A maioria dos laboratórios clínicos e forenses tem necessidade de testar a presença de opioides em suas amostras, na fase inicial das suas investigações. Esses testes iniciais, denominados de *screening* ou de triagem, são habitualmente imunoensaios, eficazes para os opioides mais comuns, tais como a morfina, codeína, heroína e seus metabólitos. No entanto, esse tipo de tecnologia permite que todos os membros da classe possam ser detectados, mas por suas distintas imunorreatividades, a sensibilidade a diferentes opioides e seus metabólitos pode variar, podendo, inclusive, ser muito deficitária para alguns deles. Assim sendo, o toxicologista evoluiu sempre no sentido de desenvolver metodologias cada vez mais específicas e sensíveis para a detecção desse tipo de substâncias. Os testes iniciais desse tipo de ensaio são normalmente conduzidos em amostras de urina, uma vez que a concentração de opioides e seus metabólitos é frequentemente mais elevada nessa matriz do que em sangue. Existem, no entanto, imunoensaios para sangue/plasma, ou mesmo fluido oral, disponíveis comercialmente, sendo um exemplo disso o *enzyme-linked immunosorbent assay* (Elisa).

No entanto, uma análise qualitativa carece de validade real, já que a presença de uma substância tóxica ou dos seus metabólitos em urina, por exemplo, nos indica que o indivíduo esteve em contato com a substância, mas não nos dá a relação da droga em questão com os acontecimentos que lhe podem ser imputados. Assim sendo, após esses ensaios de triagem, há necessidade de se proceder à confirmação dos resultados, confirmação esta que não somente vai permitir detectar o grupo e sim todas as substâncias (incluindo metabólitos), além de identificar, confirmar e, finalmente, proceder à sua quantificação, para poder estabelecer com precisão a relação entre a substância encontrada, a sua respectiva concentração e os seus possíveis efeitos.

A bateria de técnicas dependerá da droga implicada, da via de administração, das suas características farmacocinéticas e do material biológico existente, podendo passar, por exemplo, pela cromatografia gasosa ou cromatografia líquida com espectrometria de massa (GC-MS e LC-MS, respectivamente), ou métodos em tandem de LC-MS, que agora dominam a medição para essa classe de substâncias, por sua sensibilidade e especificidade muito elevadas e por requererem pouca ou nenhuma modificação química para permitir a análise cromatográfica. Em todas essas determinações é sempre importante ter em atenção a biotransformação das substâncias, uma vez que nem sempre é encontrada a molécula-"mãe" inicialmente administrada, como é, por exemplo, o caso da heroína, na qual mais frequentemente se detecta a 6-MAM ou a morfina, dado o rápido metabolismo que essa substância sofre. Assim, a detecção na urina ou soro de 6-monoacetilmorfina ou os seus conjugados permite afirmar que ocorreu uma administração prévia de heroína [1]. No caso do cadáver, é muito importante a quantificação da substância em órgão-alvo, que nos informa não unicamente a quantidade do tóxico que deu entrada no organismo, mas também a quantidade do tóxico presente nos locais onde se produz o efeito farmacológico ou tóxico.

A interpretação dos resultados em matrizes *post mortem* é dependente de uma série de considerações, tais como uso crônico ou agudo da droga, o fato de a concentração de droga poder ser mais elevada nos consumidores habituais, permitindo alguma avaliação de toxicidade. A via de administração também é importante. A ingestão oral de opioides significa que alguma parte da eficácia da dose é removida pelo fígado antes de o medicamento ter entrado na corrente sanguínea (efeito de primeira passagem). Outro fator que irá afetar a interpretação dos resultados toxicológicos inclui a existência de doenças – por exemplo, HIV, hepatites etc. –, a presença de insuficiências hepáticas e/ou renais, bem como outras doenças imunológicas supressoras que possam afetar o metabolismo e a excreção de opioides e seus metabólitos A acumulação de opioides pode resultar em efeitos adversos e até mesmo na morte. A presença de outras drogas, a possibilidade de antagonismo de um medicamento por um outro e, mais frequentemente, os efeitos aditivos ou sinergísticos produzidos pela interação de duas ou mais drogas depressoras devem ser todos considerados.

A difusão dos opioides e seus metabólitos pelos diversos tecidos e sua redistribuição é igualmente importante para avaliar a eventual contribuição dos opioides para o desenvolvimento de efeitos adversos e morte [11].

Na verdade, a variação na concentração entre diferentes locais do organismo, em estudos *post mortem*, tem sido atribuída a um metabolismo opioide ou distribuição após a morte. O metabolismo pode ser descartado como uma causa de variação pois, após a morte, não ocorre circulação a partir do local de metabolismo para o local de amostragem. Mas é um fato que o fenômeno de redistribuição tem sido discutido por variados autores [96-103]. Prouty e Anderson [96] observaram que a dependência foi maior nos casos em que a causa da morte foi considerada ser overdose, embora também tenham notado que essa diferença poderia ser vista nos casos em que o uso de drogas foi considerada terapêutica e só em casos em que os níveis não foram significativamente elevados. Gerostamoulos e Drummer [101] não encontraram nenhuma evidência de redistribuição de morfina em nível *post mortem* em quarenta casos analisados, assim como Logan e Smirnow [97] examinaram as mudanças dependentes do tempo e do local em 32 mortes atribuídas à morfina e não encontraram nenhuma evidência de que alguma dessas variáveis afetasse a concentração. Nos casos em que os relatórios forenses citam diferenças de concentrações entre o sangue cardíaco e o sangue femoral, essas diferenças devem-se, provavelmente, ao fato de que uma elevada dose foi capaz de matar o indivíduo antes da distribuição total se ter verificado. Sob essas circunstâncias, será de esperar que o sangue arterial obtido a partir de uma punção ventricular esquerda tenha níveis mais elevados do que o sangue venoso obtido da veia femoral ou outra veia. Logo, acredita-se que algumas das variações das concentrações de droga encontradas por diversos autores podem ser justificadas pelo fato de o local de recolha da amostra sanguínea nem sempre ser especificado. A grande maioria dos dados *post mortem* é obtida por meio de mortes nas quais se detectou mais do que um depressor. Sabe-se que as respostas individuais para um único medicamento sofrem uma grande variabilidade e a adição de um ou mais fármacos conhecidos por terem propriedades antidepressivas pode aumentar a probabilidade de um resultado fatal, e a resposta de um indivíduo a uma associação é, naturalmente, impossível de prever. A interpretação desses níveis de opioides como sendo fatais em pacientes tolerantes pode, assim, ser incorreta. É necessário ter muita cautela no momento da interpretação de concentrações sanguíneas de opioides obtidas em doentes com dor crônica sob o tratamento desse tipo de compostos, uma vez que nada têm a ver com eventuais situações em que concentrações semelhantes podem estar relacionadas com overdoses, quando falamos de indivíduos que não estão sob qualquer tipo de tratamento com opioides [104].

Questões para estudo

1. O que é o ópio? Quais alcaloides podem ser extraídos do ópio?
2. Diferencie o termo "opiáceos" de "opioides".
3. Quais são os tipos de receptores opioides existentes no organismo humano?
4. O que é a heroína? Quais as diferenças químicas e farmacológicas entre a heroína e a morfina?
5. Cite alguns efeitos adversos decorrentes do abuso de opioides sobre os sistemas nervoso central, respiratório, cardiovascular e gastrointestinal.

Respostas

1. O ópio é a resina que se obtém através de incisões nas cápsulas da papoila *Papaver somniferum*, constituindo uma substância pastosa de coloração acastanhada, de forte odor e sabor amargo. Deste material podem ser extraídos alguns alcaloides como morfina, codeína, tebaína, narcotina, narceína e papaverina.

2. Opiáceos são substâncias provenientes do ópio e podem ser opiáceos naturais, quando não sofrem nenhuma modificação (ex., morfina, codeína) ou opiáceos semissintéticos, quando são resultantes de modificações parciais das substâncias naturais (ex., heroína, um opiáceo semissintético produzido a partir da acetilação da morfina). O termo opioide designa as substâncias naturais, semissintéticas ou sintéticas que reagem com os receptores opioides, como agonista ou antagonista (ex., metadona, tramadol, meperidina).
3. Existem quatro tipos de receptores opioides: μ (miu), κ (kappa), δ (delta), e o mais recentemente descoberto receptor da nocicetina. Em 1996, a International Union on Receptor Nomenclature propôs a alteração da nomenclatura para OP3, OP2, OP1 e OP4, respectivamente.
4. A heroína é uma droga semissintética produzida a partir da acetilação da morfina e também é conhecida como diacetilmorfina. Essa modificação química promove maior lipossolubilidade à molécula, o que leva à sua absorção de forma mais rápida para o cérebro do que a própria morfina. Contudo, biotransforma-se rapidamente em 6-monoacetilmorfina e, logo a seguir, em morfina. Efetivamente, essa rápida metabolização em morfina comprova que é esta última a responsável pelas ações farmacológicas verificadas no organismo humano.
5. Os opioides são considerados agentes analgésicos de largo espectro, que afetam um grande número de sistemas de órgãos, influenciando amplamente muitas funções do corpo humano. Dentre os efeitos adversos sobre os diversos sistemas, podemos mencionar: alteração da capacidade cognitiva, aumento do tempo de reação, dificuldade de concentração, sedação, tolerância, dependência, depressão respiratória, hipotensão, náuseas, vômitos, obstipação e hemorragia gastrointestinal.

LISTA DE ABREVIATURAS

6-MAM	6-monoacetilmorfina	LC-MS	*Liquid chromatography-mass spectrometry*, cromatografia líquida acoplada à espectrometria de massa
AMPc	Monofosfato de adenosina cíclico	LH	Hormônio luteinizante
FSH	Hormônio foliculoestimulante	M3G	Morfina-3-glicuronídeo
GC-MS	*Gas chromatography-mass spectrometry*, cromatografia em fase gasosa acoplada à espectrometria de massa	M6G	Morfina-6-glicuronídeo
GnRH	Hormônio liberador de gonadotropina	NMDA	N-metil-d-aspartato
IV	Intravenoso	SNC	Sistema nervoso central

LISTA DE PALAVRAS

Codeína
Diacetilmorfina
Heroína
Metadona
Morfina
Opiáceos
Ópio
Opioides
Papaver somniferum
Papoila
Receptores opioides
Tramadol

REFERÊNCIAS

1. Ladron de GJ, Moya PV. Toxicología medica clinica y laboral. Interamericana: McGraw-Hill; 1995.
2. Brownstein MJ. A brief history of opiates, opioid peptides, and opioid receptors. Proc Natl Acad Sci USA. 1993;90:5391-3.
3. Unna K. Antagonistic effect of N-allynormorphine upon morphine. J Pharmacol Exp Ther. 1943;79:27-31.
4. Goldstein A, Lowney LI, Pal BK. Stereospecific and nonspecific interactions of the morphine congener levorphanol in subcellular fractions of mouse brain. Proc Natl Acad Sci USA. 1971;68:1742-7.
5. Pert CB, Snyder SH. Opiate receptor: demonstration in nervous tissue. Science. 1973;179:1011-4.
6. Simon EJ, Hiller JM, Edelman I. Stereospecific binding of the potent narcotic analgesic (3H) Etorphine to rat-brain homogenate. Proc Natl Acad Sci USA. 1973;70:1947-9.
7. Terenius L. Characteristics of the "receptor" for narcotic analgesics in synaptic plasma membrane fraction from rat brain. Acta Pharmacol Toxicol. 1973;33:377-84.
8. Hiller JM, Pearson J, Simon EJ. Distribution of stereospecific binding of the potent narcotic analgesic etorphine in the human brain: predominance in the limbic system. Res Commun Chem Pathol Pharmacol. 1973;6:1052-62.
9. Kuhar MJ, Pert CB, Snyder SH. Regional distribution of opiate receptor binding in monkey and human brain. Nature. 1973;245:447-51.

10. Kosterlitz HW, Waterfield AA. In vitro models in the study of structure-activity relationships of narcotic analgesics. Annu Rev Pharmacol Toxicol. 1975;15:29-47.

11. Gerostamoulos D. Opioids. Wiley encyclopedia of forensic science. Chichester: John Wiley and Sons; 2009.

12. Karch SB, Olaf D. Karch's Pathology of Drug Abuse. 3rd ed. USA: CRC Press; 2002.

13. Maldonado AL, Albornoz EOC. Drogas de Abuso. In: Cañadas EV, editors. Gilber Calabuig. Medicina legal y toxicología. 6. ed. Masson; 2004; p.1014-34.

14. Cohen MM. The history of opium and opiates. Tex Med. 1969;65:76-85.

15. Wright AD. The history of opium. Med Biol Illus. 1968;18:62-70.

16. Tallmadge CK. Some anesthetics of antiquity. J Hist Med Allied Sci. 1946;1:515-20.

17. Duarte DF. Uma breve história do ópio e dos opioides. Rev Bras Anestesiol. 2005;55(1):135-46.

18. Kritikos PG, Kapadaki SP. The history of poppy and opium and their expansion in antiquity in the Eastern Mediterranean Area. Bull. Narcotics. 1967;19:5-10.

19. Macht DI. The history of opium and some of its preparation and alkaloids. JAMA. 1915;64:477-61.

20. Wright AD. The history of opium. Trans Stud Coll Physicians Phila. 1961;29(1):22-27.

21. Baraka A. Historical aspects of opium. Middle East J Anaesthesiol. 1982,6(5):289-302.

22. Basile AC, Sertie JAA, De Lucia R. Farmacodependência. In: De Lucia R, Valle LBS, Oliveira Filho RM, et al, editors. Farmacologia integrada. São Paulo: Livraria Atheneu Editora; 1991. p. 157-70.

23. Paulozzi L, Baldwin G, Franklin G, Kerlikowske RG, Jones CM, Ghiya N, Popovic T. CDC grand rounds: prescription drug overdoses – a U.S. epidemic. MMWR: Morb Mortal Wkly. 2012;61:10-13.

24. Wightman R, Perrone J, Portelli I, Nelson L. Likeability and abuse liability of commonly prescribed opioids. J Med Toxicol. 2012;8:335-340.

25. Larance B, Ambekar A, Azim T, Murthy P, Panda S, Degenhardt L, Mathers B. The availability, diversion and injection of pharmaceutical opioids in South Asia. Drug Alcohol Rev. 2011;30:246-54.

26. Weisberg D, Stannard C. Lost in translation? Learning from the opioid epidemic in the USA. Anaesthesia. 2013;68:1215-19.

27. Fischer B, Jones W, Rehm J. High correlations between levels of consumption and mortality related to strong prescription opioid analgesics in British Columbia and Ontario, 2005–2009. Pharmacoepidemiol Drug Safe. 2013;22:438-442.

28. Kotecha MK, Sites BD. Pain policy and abuse of prescription opioids in the USA: a cautionary tale for Europe. Anaesthesia. 2013;68:1210-5.

29. Pauly V, Pradel V, Pourcel L, Nordmann S, Frauger E, Lapeyre-Mestre M, Micallef J, Thirion. Estimated magnitude of diversion and abuse of opioids relative to benzodiazepines in France. Drug Alcohol Depend. 2012;126:13-20.

30. Giraudon I, Lowitz K, Dargan PI, Wood DM, Dart RC. Prescription opioid abuse in the UK. Br. J. Clin. Pharmacol. 2013;76:823-4.

31. Randall C, Crane J. Tramadol deaths in Northern Ireland: a review of cases from 1996 to 2012. J. Forensic Legal Med. 2014;23:32-6.

32. Radbruch L, Glaeske G, Grond S, Münchberg F, Scherbaum N, Storz E, Tholen K, Zagermann-Muncke P, Zieglgänsberger W, Hoffmann-Menzel H , Greve H, Cremer-Schaeffer P. Topical review on the abuse and misuse potential of tramadol and tilidine in Germany. Subst Abus. 2013;34:313-20.

33. Jaffe JH, Martin WR. Opioide analgesics and antagonists. In: Gilman AG, Goodman LS, Rall TW, Murad F, editors. The pharmacological basis of therapeutics. 7th ed. New York: Macmillan; 1985. p. 495-531.

34. Martin WR. Pharmacology of opioids. Pharmacol Rev. 1983;35:283-303.

35. Gozzani JL. Opioides e antagonistas. Rev Bras Anestesiol. 1994;44:65-73.

36. Piestrzeniewicz KM, Fichna J, Michna J, Janecka A. Opioid receptors and their selective ligands. Postepy Biochem. 2006;52(3):313-19.

37. Dhawan BN, Cesselin F, Raghubir R, Reisine T, Bradley PB, Portoghese PS, Hamon M. International Union of Pharmacology. XII. Classification of opioid receptors. Pharmacol Rev. 1996;48(4):567-92.

38. Wolozin BL, Pasternak GW. Classification of multiple morphine and enkephalin binding sites in the central nervous system. Proc Natl Acad Sci USA. 1981;78(10):6181-5.

39. Emmerson PJ, Liu MR, Woods JH, Medzihradsky F. Binding affinity and selectivity of opioids at mu, delta and kappa receptors in monkey brain membranes. J Pharmacol Exp Ther. 1994;271(3):1630-7.

40. Jordan BA, Devi LA. G-protein-coupled receptors heterodimerization modulates receptor function. Nature. 1999;399(6737):697-700.

41. Angel P, Richard D, Valleur M. Toxicomanias. Lisboa: Climepsi; 2002.

42. Tavares JC. Analgésicos de ação central e seus antagonistas. In: Guimarães S, Moura D, Silva PS. Terapêutica medicamentosa e suas bases farmacológicas. Manual de Farmacologia e Farmacoterapia. 6. ed. Porto: Porto Editora; 2014. p. 195-206.

43. Levine B. Principles of Forensic Toxicology. Washington: AACC Press; 2003.

44. Parker TJ, Nandi PR, Bird KJ, Jewkes DA. Profound hypotension following intravenous codeine phosfate. Three case reports and some recommendations. Anaesthesia. 1992;47: 852-4.

45. Reynolds JEF. Martindale: the complete drug reference. 30th ed. London: Pharmaceutical Press; 1999. p. 1065-98.

46. Yonemitsu K, Pounder DJ. Postmortem toxico-kinetics of co-proxamol. International Journal of Legal Medicine. 1992;104(6):347-53.

47. Regnard CF, Twycross RG. Metabolism of narcotics. British Medical Journal (Clinical Research Ed). 1984;288(6420):860.

48. McQuay HJ, Moore RA, Hand CW, Sear JW. Potency of oral morphine. Lancet. 1987; 2(8573):1458-9.

49. Schneider JJ, Ravenscroft P, Cavenagh JD, Brown AM, Bradley JP. Plasma morphine- 3-glucuronide, morphine-6-glucuronide and morphine concentrations in patients receiving long-term epidural morphine. British Journal of Clinical Pharmacology. 1992;34(5):431-3.

50. Hanks GW, Hoskin PJ, Aherne GW, Chapman D, Turner P, Poulain P. Enterohepatic circulation of morphine. Lancet. 1988;1(8583):469.

51. Janssen W, Trubner K, Puschel K. Death caused by drug addiction: a review of the experiences in Hamburg and the situation in the Federal Republic of Germany in comparison with the literature. Forensic Science International. 1989;43(3):223-37.

52. Ersek M, Cherrier MM, Overman SS, Irving GA. The cognitive effects of opioids. Pain Manag Nurs. 2004;5(2):75-93.

53. Benyamin R, Trescot AM, Datta S, Buenaventura R, Adlaka R, Sehgal N, Glaser SE, Vallejo R. Opioid complications and side effects. Pain Physician. 2008;2 Suppl,11:s105-20.

54. Chou R, Ballantyne JC, Fanciullo GJ, Fine PG, Miaskowski C. Research gaps on use of opioids for chronic noncancer pain: findings from a review of the evidence for an American Pain Society and American Academy of Pain Medicine clinical practice guideline. J Pain. 2009;10(2):147-59.

55. Savage AK, Constantinides MG, Han J, Picard D, Martin E, Li B, Lantz O, Bendelac A. The transcription factor PLZF directs the effector program of the NKT cell lineage. Immunity. 2008;29(3):391-403.

56. Cherrier MM, Amory JK, Ersek M, Risler L, Shen DD. Comparative cognitive and subjective side effects of immediate-release oxycodone in healthy middle-aged and older adults. The Journal of Pain: Official Journal of the American Pain Society. 2009;10(10): 1038-50.

57. Schiltenwolf M, Akbar M, Hug A, Pfüller U, Gantz S, Neubauer E, Flor H, Wang, H. Evidence of specific cognitive deficits in patients with chronic low back pain under long-term substitution treatment of opioids. Pain Physician. 2014;17(1):9-20.

58. Dews TE, Mekhail N. Safe use of opioids in chronic noncancer pain. Cleveland Clinic Journal of Medicine. 2004;71(11):897-904.

59. Fohr SA. The double effect of pain medication: separating myth from reality. J Palliat Med. 1998;1:315-28.

60. Dahan A, Aarts L, Smith TW. Incidence, reversal, and prevention of opioid-induced respiratory depression. Anesthesiology. 2010;112(1):226-38.

61. Jungquist CR, Flannery M, Perlis ML, Grace JT. (2012). Relationship of chronic pain and opioid use with respiratory disturbance during sleep. Pain Management Nursing: Official Journal of the American Society of Pain Management Nurses. 2012;13(2):70-9.

62. Rang HP. In: Rang HP, Dale MM, editors. Pharmacology. 2nd ed. Edinburgh: Churchill Livingstone; 1987. p. 547-67.

63. Badewitz-Dodd LH. The MIMS Annual. Australian Edition. Crows Nest: Intercontinental Medical Statistics (Australasia); 1994. p. 302-33.

64. Pugsley MK. Antiarrhythmic drug development: historical review and future perspective. Drug Development Research. 2002;55(1):3-16.

65. Swegle JM, Logemann C. Management of common opioid-induced adverse effects. Am Fam Physician. 2006;74(8):1347-54.

66. Yuan C, Foss J. Methylnaltrexone: investigation of clinical applications. Drug Development Research. 2000;50:133-41.

67. Pappagallo M. Incidence, prevalence, and management of opioid bowel dysfunction. Am J Surg. 2001;182:11S-18S.

68. Cepeda MS, Alvarez H, Morales O, Carr D. Addition of ultralow dose naloxone to postoperative morphine PCA: unchanged analgesia and opioid requirement but decreased incidence of opioid side effects. J Pain. 2004;107:41-6.

69. Solomon D H, Rassen JA, Glynn RJ, Lee J, Levin R, Schneeweiss S. The comparative safety of analgesics in older adults with arthritis. Archives of Internal Medicine. 2010;170(22):1968-76.

70. Malinovsky JM, Le Normand L, Lepage JY, Malinge M, Cozian A, Pinaud M, Buzelin JM. The urodynamic effects of intravenous opioids and ketoprofen in humans. Anesthesia Analgesia. 1998;87(2):456-61.

71. Angst MS, Clark JD. Opioid-induced hyperalgesia: a qualitative systematic review. Anesthesiology. 2006;104(3):570-87.

72. Lee M, Silverman S M, Hansen H, Patel VB, Manchikanti L. A comprehensive review of opioid-induced hyperalgesia. Pain Physician. 2011;14(2):145-61.

73. Kim SH, Stoicea N, Soghomonyan S, Bergese SD. Intraoperative use of remifentanil and opioid induced hyperalgesia/acute opioid tolerance: systematic review. Frontiers in Pharmacology. 2014;5:108.

74. Dupen A, Shen D, Ersek M. Mechanisms of opioid-induced tolerance and hyperalgesia. Pain Manage Nurs. 2007;8(3):113-21.

75. Morley JS. Opioid rotation: does it have a role? Palliative Medicine. 1998;12:464-6.

76. Quigley C. The role of opioids in cancer pain. BMJ. 2005;331:825-9.

77. Harris JD. Management of expected and unexpected opioid-related side effects. Clin J Pain. 2008;24 suppl,10:S8-S13.

78. Reddy R, Aung T, Karavitaki N, Wass J. Opioid induced hypogonadism. BMJ. 2010;341:c4462.

79. Katz N. The Impact of opioids on the endocrine system. Pain Management Rounds. 2005;1(9).

80. Rothwell P, Thomas M, Gewirtz J. Protracted manifestations of acute dependence after a single morphine exposure. Psychopharmacology (Berl). 2012;219(4):991-8.

81. Anand KJS, Willson DF, Berger J, Harrison R, Meert KL, Zimmerman J, Carcillo J, Newth CJ, Prodhan P, Dean JM, Nicholson, C. Tolerance and withdrawal from prolonged opioid use in critically ill children. Pediatrics. 2010;125(5):e1208-25.

82. Dews TE, Mekhail N. Safe use of opioids in chronic noncancer pain. Cleveland Clinic Journal of Medicine. 2004;71(11):897-904.

83. Ballantyne JC, LaForge KS. Opioid dependence and addiction during opioid treatment of chronic pain. J Pain. 2007;129(3):235-55.

84. Ballantyne JC, Shin NS. Efficacy of opioids for chronic pain: a review of the evidence. Clin J Pain. 2008;24(6):469-78.

85. Peachey JE. The role of drugs in the treatment of opioid addicts. The Medical Journal of Australia. 1986;145(8):395-9.

86. Doe J. My story: how one Percocet prescription triggered my addiction. Journal of Medical Toxicology: Official Journal of the American College of Medical Toxicology. 2012;8(4):327-9;329-30.

87. Robinson TE, Berridge KC. Addiction. Annu Rev Psychol. 2003;54:25-53.

88. Helpern M. Fatalities from narcotic addiction in New York City. Incidence, circumstances, and pathologic Findings. Human Pathology. 1972;3(1):13-21.

89. Baden M. Investigations of death from drug abuse. In: Spitz WU, editors. Medicolegal Investigation of Death: Guidelines for the Application of Pathology to Crime Investigation. 3rd ed. Springfield, IL: Charles C. Thomas; 1993. p. 527-55.

90. Kumar V, Abbas AK, Fausto N. Cellular responses to stress and toxic insults: adaptation, injury, and death. In: Cotran RS, Kumar V, Robbins SL, editors. Robbins Pathologic Basis of Disease. 4th ed. Philadelphia: Saunders; 1989. p. 497-98.

91. Stout PR, Farrell LJ. Opioids – effects on human performance and behavior. Forensic Science Review. 2002;15:29.

92. Jones C, Paulozzi L, Mack K. sources of prescription opioid pain relievers by frequency of past-year nonmedical use: United States, 2008-2011. JAMA Internal Medicine. 2014;174(5):802-3.

93. Calcaterra S, Glanz J, Binswanger IA. National trends in pharmaceutical opioid related overdose deaths compared to other substance related overdose deaths: 1999-2009. Drug and Alcohol Dependence. 2013;131(3):263-70.

94. Iwamoto ET, Fudala PJ, Mundy WR. Mundy. In: Ho IK, editors. Toxicology of CNS Depressants. Boca Raton: CRC Press; 1987. p. 145-96.

95. Keeri-Szanto M. The mode of action of promethazine in potentiating narcotic drugs. British Journal of Anaesthesia. 1974;46(12):918-24.

96. Prouty PW, Anderson WT. The forensic science implications of site and temporal influences on postmortem blood-drug concentrations. J Forensic Sci. 1990;35:243-70.

97. Logan BK, Smirnow D. Postmortem distribution and redistribution in man. J Forensic Sci. 1996;41:221-9.

98. Pounder DJ, Adam E, Fuke C, Langford AM. Site to site variability of post mortem drug concentrations in liver and lung. J Forensic Sci. 1996;41:927-32.

99. Anderson DT, Muto JJ. Duragesic transdermal patch: postmortem tissue distribution of fentanyl in 25 cases. J Anal Toxicol. 2000;24:627-34.

100. Cook DS, Braithwaite RA, Hale KA. Estimating antemortem drug concentrations from postmortem blood samples: the influence of postmortem redistribution. J Clin Pathol. 2000;53:282-5.

101. Gerostamoulos J, Drummer OH. Postmortem redistribution of morphine and its metabolites. J Forensic Sci. 2000;45:843-5.

102. Wolff K. Characterization of methadone overdose: clinical considerations and the scientific evidence. Ther Drug Monit. 2002;24:457-70.

103. Cone EJ, Fant RV, Rohay JM, Caplan YH, Ballina M, Reder RF, Haddox JD. Oxycodone involvement in drug abuse deaths. II. Evidence for toxic multiple drug-drug interactions. J Anal Toxicol. 2004;28:217-25.

104. Jung FB, Reidenberg MM. Interpretation of opioid levels: comparison of levels during chronic pain therapy to levels from forensic autopsies. Clinical Pharmacology Grand Rounds. 2005;77(4):324-34.

CAPÍTULO 10

MACONHA (*CANNABIS SATIVA L.*)

Adriano Cressoni Araujo

Elen Landgraf Guiguer

Wilson Roberto Malfará

10.1 HISTÓRICO

De certa forma a história do Brasil está intimamente ligada à planta *Cannabis sativa L.*, desde a chegada à nova terra das primeiras caravelas portuguesas em 1500, pois não só as velas, mas também o cordame daquelas frágeis embarcações eram feitos de fibra de cânhamo, que representa um anagrama da palavra maconha [1]. Segundo relatos, a planta teria sido introduzida em nosso país em 1549, pelos escravos negros que a utilizavam nas senzalas por suas propriedades hipnóticas, tendo suas sementes sido trazidas em bonecas de pano [1].

A maconha é uma das plantas mais antigas conhecidas pelo homem. Os registros datam de 2723 a.C., quando foi mencionada na farmacopeia chinesa. Linné foi quem a primeiramente classificou como *Cannabis sativa*, em meados de 1753.

A maconha é uma das drogas ilícitas mais consumidas no Brasil. Para jovens maiores de 12 anos, é a droga com maior frequência de uso na vida, seguida pelos solventes e pela cocaína.

O uso de álcool, produtos de tabaco e outras drogas é um fenômeno mundial que tem transcendido a categoria de "problema de saúde". No mundo, em 2007, 172 a 250 milhões de pessoas usaram alguma droga ilícita. Entre as drogas de uso ilícito, a maconha é a de maior prevalência anual de uso (entre 143 e 190 milhões de pessoas), seguida imediatamente pelas anfetaminas, cocaína, opiáceos e *ecstasy* [2].

A *Cannabis* contém mais de quatrocentos constituintes, sendo que mais de sessenta deles são canabinoides (classe de compostos com 21 átomos de carbono) únicos na planta do gênero *Cannabis*, além de meroterpenos, álcoois, ácidos, esteroides, fenóis etc. A farmacologia de muitos desses canabinoides ainda é desconhecida, mas sua principal substância psicoativa – Δ^9THC (Δ^9tetra-hidrocanabinol) – foi isolada em 1964 por Mechoulam, e ainda tem sido objeto de muitos estudos [3]. Outros canabinoides de importância psicoativa se fazem presentes na planta, entre eles o Δ^8THC, o canabinol e o canabidiol (Figura 10.1). Esses e outros canabinoides possuem efeitos aditivos, sinérgicos ou antagônicos em relação ao THC, quando a planta é fumada. Mais recentemente, o canabidiol tem sido relacionado a uma vasta utilização terapêutica, conforme será abordado posteriormente [3].

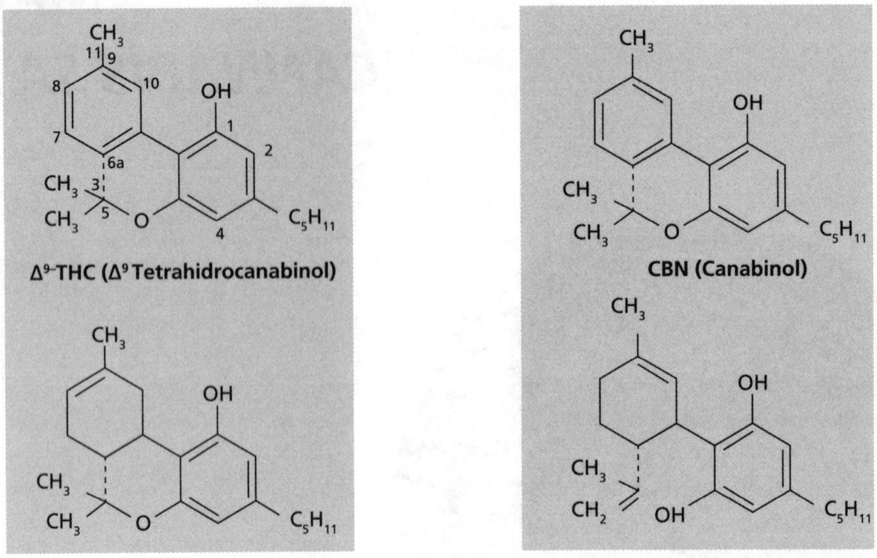

Δ⁸-THC (Δ⁸ Tetrahidrocanabinol)

CBD (Canabidiol)

Figura 10.1 Estruturas químicas dos principais canabinoides presentes na *Cannabis sativa.*

Fonte: adaptado de [3].

O Δ⁹THC sintético (dronabinol) parece possuir atividade analgésica, anticonvulsivante e sedativo-hipnótica, além de atenuar náuseas e vômitos em pacientes sob quimioterapia, sendo comercializado nos Estados Unidos e em alguns países, como Holanda e Bélgica, onde é utilizado como medicação alternativa antiemética (Marinol®), composto em cápsulas de utilização oral, desde os anos 1980.

10.2 Formas e padrão de uso

A prevalência do uso da maconha é superada apenas pela do álcool e a do tabaco, sendo a droga ilícita mais consumida no mundo. Seu potencial uso terapêutico, no entanto, deve estar condicionado não apenas à comprovação de sua eficácia nos quadros clínicos até então sugeridos, sendo necessário assegurar também que o seu uso regular não esteja associado a danos à saúde, incluindo prejuízos no funcionamento cerebral. Desse modo, o estabelecimento de uma relação benefício/risco favorável é fundamental para a condução da calorosa discussão envolvendo a liberação do seu uso terapêutico. Diferentes estratégias têm se mostrado promissoras na investigação de eventuais prejuízos no funcionamento cerebral decorrentes do uso regular de substâncias, destacando-se as técnicas de neuroimagem funcional e estrutural e a avaliação neuropsicológica [4]. Almeida et al. [4] sugerem um estudo mais aprofundado acerca da utilização da maconha contando com técnicas de neuroimagem estrutural e funcional, as quais poderão colaborar de forma mais significativa com os achados neuronais induzidos pela *Cannabis*.

Em 2005, Crippa et al. [5] analisaram os efeitos cerebrais da maconha por meio de estudos de neuroimagem, concluindo que tais estudos poderão auxiliar no entendimento das bases neurocognitivas dos efeitos agudos e crônicos da *Cannabis* e dos canabinoides, e as possíveis aplicações clínicas poderão servir para detectar sujeitos com vulnerabilidade a complicações do uso da *Cannabis* ou para verificar a eficácia dos tratamentos da abstinência e da dependência em normalizar a função cerebral, contribuindo para um debate atual sobre o papel da *Cannabis* como fator de risco para o desenvolvimento de transtornos psicóticos e de déficits cognitivos irreversíveis.

A maconha é normalmente fumada como um cigarro ou em um cachimbo especial – existem mais de trezentos termos ou gírias para nomeá-la, incluindo "baseado" ou "erva". Atualmente ela vem sendo consumida também de maneira "mesclada", combinada com outras drogas, como *crack* e cocaína. Alguns usuários também misturam a maconha com comida (bolo de maconha) ou fazem chá de suas folhas.

A quantidade de THC em uma dose pode variar intensamente, de acordo com a procedência da droga e a forma como é consumida, visto que as novas técnicas de cultivo estão se tornando cada vez mais sofisticadas, aumentando consideravelmente sua potência. Nos anos 1960 e 1970, um cigarro comum de maconha continha cerca de 10 mg de THC; atualmente um baseado feito de *skunkweed* (subespécie de *Cannabis sativa*) pode conter cerca de 150 mg de THC, chegando até a 300 mg, se utilizado o óleo de haxixe. Assim, o usuário contemporâneo de maconha na forma fumada pode estar exposto a doses cerca de quinze vezes maiores de THC que os jovens dos anos 1960 e 1970. Esse fato pode ser relevante considerando-se que os efeitos do THC no cérebro variam de acordo com a dose consumida, e que grande parte dos estudos com maconha foram realizados na década de 1970 utilizando doses de 5 a 25 mg de THC, o que torna obsoleto muito do que se acreditou sobre os riscos e consequências implicados na substância.

Atualmente, está claro que a maconha é mais prejudicial quanto mais precoce o uso, quanto mais anos se usa e quando há exposição intrauterina. Adicionalmente, há outros componentes como genótipo, condições ambientais e de neurodesenvolvimento.

A psicoatividade da *Cannabis* deve-se a vários fatores, como os de ordem genética da planta e o teor de Δ^9THC (características fotolábil e termolábil), que, de acordo com a preparação e via de exposição, podem originar percentuais diferentes, dependentes do país de uso – por exemplo, o *skunk* (supermaconha) tem teores de Δ^9THC que podem ser de sete a dez vezes superiores aos de uma planta normal, e a *AMP* é uma maconha embebida em formaldeído com efeitos psíquicos acentuados, tipo de fibra, parte da planta (maiores quantidades em inflorescências, folhas, e traços nos caules e ramos, excluindo apenas as raízes e sementes de toda a planta).

A maior parte dos usuários de maconha tem um padrão de uso intermitente e de tempo limitado. Grande parte interrompe o consumo por volta dos 20 anos, mas uma parcela significativa desenvolve padrão de uso diário durante anos. Nos Estados Unidos e na Austrália, cerca de 10% das pessoas que experimentam maconha tornam-se usuários diários, e outros 20% a 30% usam a droga semanalmente. Embora esse padrão represente uma maioria, não é possível torná-lo determinante a todos os usuários.

10.3 Toxicocinética/toxicodinâmica

A *Cannabis* e seus canabinoides são consumidos, como já mencionado, principalmente por inalação (em cigarros), oralmente (como ocorre com o fármaco dronabinol) ou ainda associada a alimentos e bebidas [6]. A Figura 10.2 ilustra os principais trajetos do Δ^9THC endogenamente, segundo Brenneisen [7].

A toxicocinética dos canabinoides engloba absorção após diversas vias de administração e a partir de diferentes formulações da droga. Há distribuição do analito através do corpo, onde a biotransformação é hepática, e nos tecidos extra-hepáticos, e eliminação pelas fezes, urina, suor, saliva e cabelo. Os processos farmacocinéticos são dinâmicos e podem mudar ao longo do tempo, sendo afetados pela frequência e magnitude da exposição à droga.

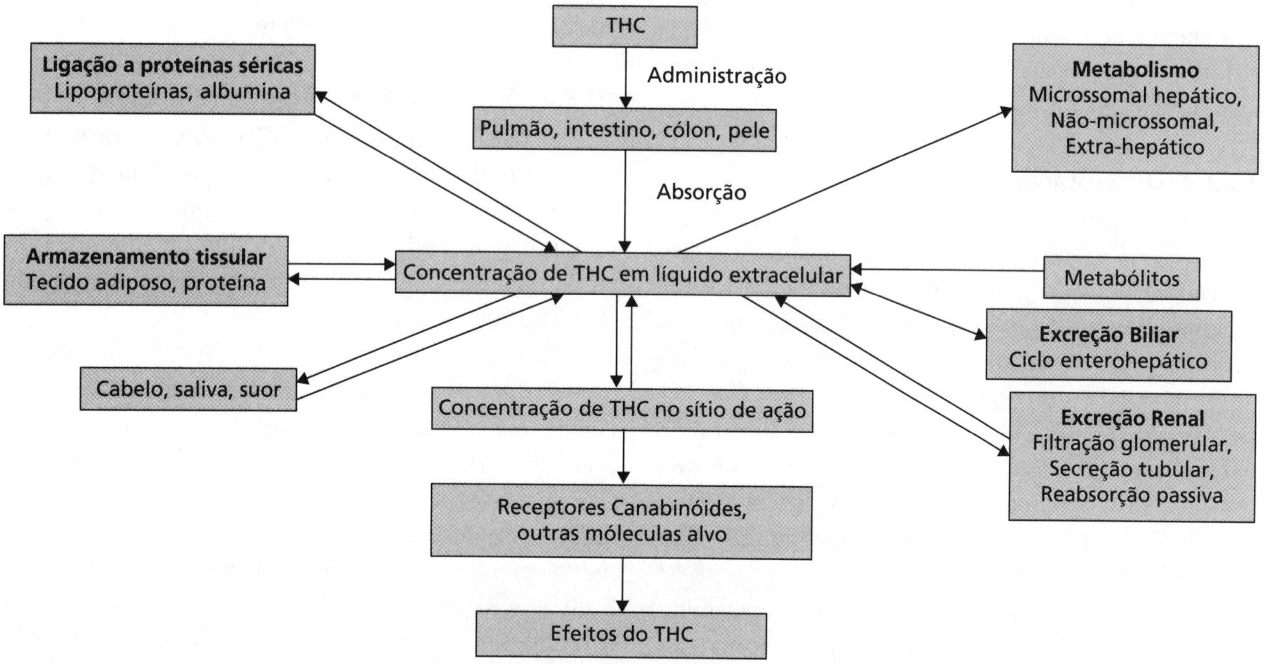

Figura 10.2 Propriedades farmacocinéticas do THC.

Fonte: adaptado e extraído de [7].

10.3.1 Absorção pulmonar

O THC é detectável no plasma poucos segundos depois da primeira tragada de um cigarro de maconha, com pico atingido entre três e dez minutos após o início, pois os pulmões oferecem uma grande superfície alveolar, além de uma extensa rede de capilares com alto fluxo sanguíneo. A biodisponibilidade depende da profundidade de inalação e duração da tragada, geralmente variando entre 10% e 35%. Para usuários ocasionais e pesados foram relatadas biodisponibilidades sistêmicas de respectivamente 10 ± 7% e 27 ± 10%. Nos usuários regulares observa-se uma eficiência maior em cada tragada [7-8].

10.3.2 Absorção pelo trato gastrintestinal

Após a administração oral, a absorção dos canabinoides é lenta e irregular. A maioria do THC sofre absorção em nível entérico, e a biodisponibilidade oral é muito baixa, com valores entre 6% e 7%, em razão do extenso efeito de primeira passagem hepático.

Outra forma de exposição oral a *Cannabis* ocorre pelos alimentos, por exemplo, óleo de cânhamo, cerveja e outros produtos comercialmente disponíveis para consumo em países como Estados Unidos e outros na Europa. O óleo de cânhamo é produzido a partir de sementes de *Cannabis* e é uma excelente fonte de aminoácidos essenciais e ácidos graxos ω-linoleico e linolênico. Atualmente, as concentrações de THC no óleo de cânhamo nos Estados Unidos são baixas, refletindo os esforços dos fabricantes para reduzi-las [7].

10.3.3 Distribuição

O THC apresenta-se distribuído por toda a parte endógena seguindo um modelo bifásico. Sua presença inicial leva segundos no plasma e minutos em tecidos altamente perfundidos e cérebro, podendo posteriormente levar dias em tecidos menos perfundidos e na gordura (Figura 10.3) [3].

Cerca de 90% do THC no sangue é distribuído para o plasma e 10% para as hemácias, onde 95-99% do THC plasmático está ligado às proteínas plasmáticas, principalmente às lipoproteínas e menos à albumina.

O curso de tempo pela concentração plasmática dos canabinoides tem sido descrito em modelos de até seis compartimentos, visando uma compreensão acerca da sua distribuição nos diferentes tecidos e fluidos biológicos.

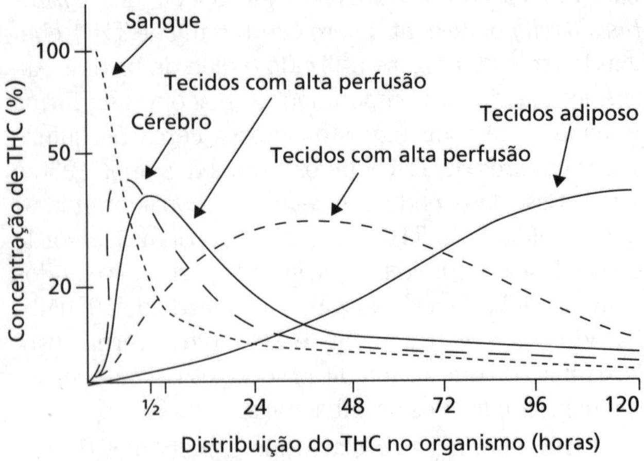

Figura 10.3 Representação da distribuição do THC plasmático e corporal em uma administração única.

Fonte: adaptado e extraído de [3].

Em animais e no homem, o THC atravessa rapidamente a placenta. As concentrações de THC no sangue fetal se aproximam do maternal, ainda que as concentrações plasmáticas fetais encontradas tenham sido menores em comparação às concentrações da mãe em várias espécies. Os metabólitos 11-OH-THC e 11-nor-9-carboxi-Δ^9-tetra-hidrocanabinol (THC-COOH) atravessam a placenta de forma menos eficiente que o THC. Após a ingestão oral, as concentrações plasmáticas de THC no feto são cerca de 1/10 da concentração plasmática materna [7].

10.3.4 Biotransformação e eliminação

A biotransformação do THC ocorre principalmente no fígado, mediante enzimas microssomais por hidroxilação e oxidação catalisada pelo complexo citocromo P450 (CYP), em que um membro da subfamília CYP2C desempenha o papel mais importante no ser humano.

Em ratos, mais de 80% do THC é biotransformado em menos de cinco minutos, havendo diferenciação nas taxas metabólicas entre espécies, que pode ser atribuída a diferentes perfis das isoenzimas CYP. Esse fato pode ser em parte responsável por alguns problemas de extrapolação dos efeitos farmacológicos e toxicológicos interespécies. Em seres humanos, a oxidação alílica, epoxidação, hidroxilação alifática e conjugação com ácido glicurônico foram descritas como as que mais ocorrem, e cerca de cem metabólitos foram identificados. Além do fígado, os pulmões e o coração também biotransformam os canabinoides em menor velocidade àquela observada no fígado [7]. A Figura 10.4 demonstra a principal via de biotransformação do THC.

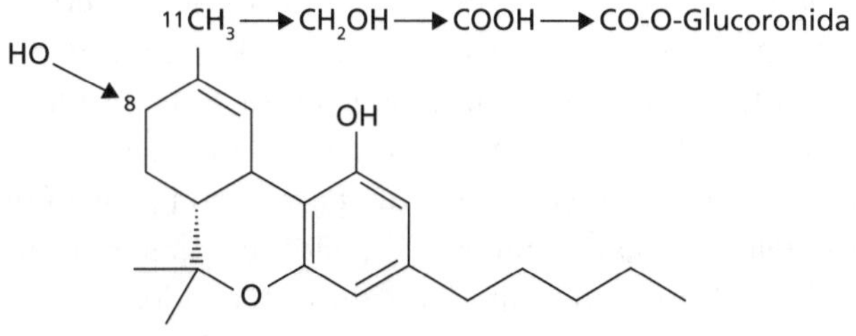

Figura 10.4 Representação da principal via de biotransformação do THC.

Fonte: adaptado de de [7].

Os principais metabólitos gerados são o 11-hidroxitetrahidrocanabinol (11-OH-THC) e o 11-nor-9--carboxitetra-hidrocanabinol (THC-COOH), sendo este último conjugado a glicuronídeos, com posterior excreção na bile, fezes e, em menor grau, na urina. Os metabólitos na urina apresentam caráter ácido, enquanto que nas fezes o caráter é neutro. A velocidade de eliminação é lenta, podendo compreender período de semanas para uma remoção completa dos metabólitos após a interrupção do uso da *Cannabis*, com um tempo aproximado em usuários crônicos de trinta a sessenta dias e em usuários agudos de aproximadamente sete dias [7].

10.3.5 Toxicocinética do canabidiol (CBD)

A biodisponibilidade sistêmica média do CBD inalado em um grupo de usuários de *Cannabis* foi de 31% (intervalo de 11-45%), com concentração plasmática semelhante à concentração de THC. Em pacientes com doença de Huntington (causada por um defeito genético no cromossomo 4), doses orais diárias de 10 mg/kg de CBD por seis semanas resultaram em concentrações plasmáticas médias semanais de 5,9-11,2 mg/L. O volume de distribuição é de cerca de 30 L/kg, maior do que para THC. O padrão metabólico e a depuração plasmática são similares às do THC, variando entre 58-94 L/h (960-1560 ml/min). A $T_{1/2}\beta$ (meia-vida biológica de eliminação) foi de 24 horas (intervalo de 18-33 horas). Vários canabinoides ciclisados foram identificados, entre eles Δ^9-THC, Δ^8-THC e canabinol. A taxa de excreção de metabólitos em urina (16% em 72 horas) é semelhante ao do THC [12], mas, ao contrário deste, uma percentagem elevada do CBD inalterado é excretada nas fezes [7].

Interação metabólica entre os canabinoides foi observada, mas apenas o canabidiol parece ter um efeito significativo sobre o THC, inibindo a via hepática microssomal pela inativação do sistema CYP oxidativo. Ratos tratados com doses elevadas de CBD (120 mg/kg) apresentaram alterações do metabolismo do THC (12 mg/kg) e elevação modesta nas concentrações plasmáticas deste, com concentrações cerebrais cerca de três vezes maiores. Porém, em humanos, pouca ou nenhuma influência do CBD foi observada sobre a concentração plasmática de THC, sendo que o pré-tratamento com 40 mg de CBD por via oral resultou em uma ação retardada e apenas ligeiramente mais reforçada de 20 mg THC oral [7].

10.3.6 Toxicodinâmica

A maioria dos efeitos dos canabinoides é mediada por meio de ações agonistas ou antagonistas em sítios receptores específicos (CB1, CB2). Os receptores canabinoides e os seus ligantes endógenos, juntos, constituem o "sistema canabinoide endógeno" (já descrito anteriormente) ou o "sistema endocanabinoide". Alguns efeitos não mediados por receptores de fitocanabinoides e seus derivados sintéticos também foram descritos, por exemplo, efeitos sobre o sistema imune, efeitos neuroprotetores em isquemia e hipóxia e alguns efeitos sobre a circulação.

Em revisão sobre o sistema canabinoide endógeno, Saito, Wotjak e Moreira [9] concluíram que estudos sobre o perfil farmacológico dos canabinoides levaram à descoberta do sistema endocanabinoide do cérebro de mamíferos. Esse sistema é composto por pelo menos dois receptores acoplados a uma proteína G, CB1 e CB2, pelos seus ligantes endógenos (endocanabinoides: anandamida e do 2-araquidonoil glicerol) e pelas enzimas responsáveis por sintetizá-los e metabolizá-los. Os endocanabinoides representam uma classe de mensageiros neurais que são sintetizados sob demanda e liberados de neurônios pós-sinápticos para restringir a liberação de neurotransmissores clássicos de terminais pré--sinápticos (Figura 10.5). Essa sinalização retrógrada modula uma diversidade de funções cerebrais, incluindo ansiedade, medo e humor, em que a ativação de receptores CB1 pode exercer efeitos ansiolítico e antidepressivo comprovados em estudos pré--clínicos. Novas descobertas sugerem a existência de um terceiro receptor ("CB3") que seria sensível a estimulação da anandamida, mas que não seria ativado pelo THC.

Os endocanabinoides são conhecidos por serem envolvidos na regulação de apetite e consumo alimentar, e o tetra-hidrocanabinol e canabinoides endógenos são bem conhecidos por estimular o apetite via ativação do receptor canabinoide CB1 (antagonistas de CB1, por exemplo, rimonabanto, reduzem a ingesta de alimentos). Então, não é nenhuma surpresa que uma série de experiências foram e estão sendo concebidas para examinar a ligação da grelina (hormônio orexígeno produzido pelo estômago e, em menor quantidade, pelo cérebro) com os canabinoides [10].

O rimonabanto foi o primeiro composto farmacológico que interferia no sistema endocanabinoide a ser aprovado para o tratamento da síndrome metabólica. Hoje se sabe que o fármaco exerce seus efeitos benéficos principalmente pelo bloqueio dos receptores CB1 na periferia. No entanto, por sua natureza lipofílica, o rimonabanto podia cruzar a barreira hematoencefálica e ingressar no sistema nervoso central, onde tinha efeitos devastadores em pacientes, tais como aumento de depressão, ideação suicida e transtornos de ansiedade. Após ser rejeitado pela FDA, o rimonabanto (também conhecido como Accomplia®) foi retirado do mercado pela Sanofi-Aventis. A saga desse fármaco ilustra como os clínicos aprenderam de forma "acidental" que a gama de efeitos ansiogênicos descritos para o composto em modelos animais também se aplicava aos seres humanos. Eles poderiam ter sido "advertidos" antes pelos efeitos dramáticos do abuso de *Cannabis* na regulação dos estados emocionais: o consumo de *Cannabis* pode induzir efeitos a ansiolíticos, eufóricos e recompensadores, além de melhorar o humor. No entanto, após o consumo de *Cannabis*, foram frequentemente encontrados sintomas psicóticos, ataques de pânico e distúrbios do humor [9].

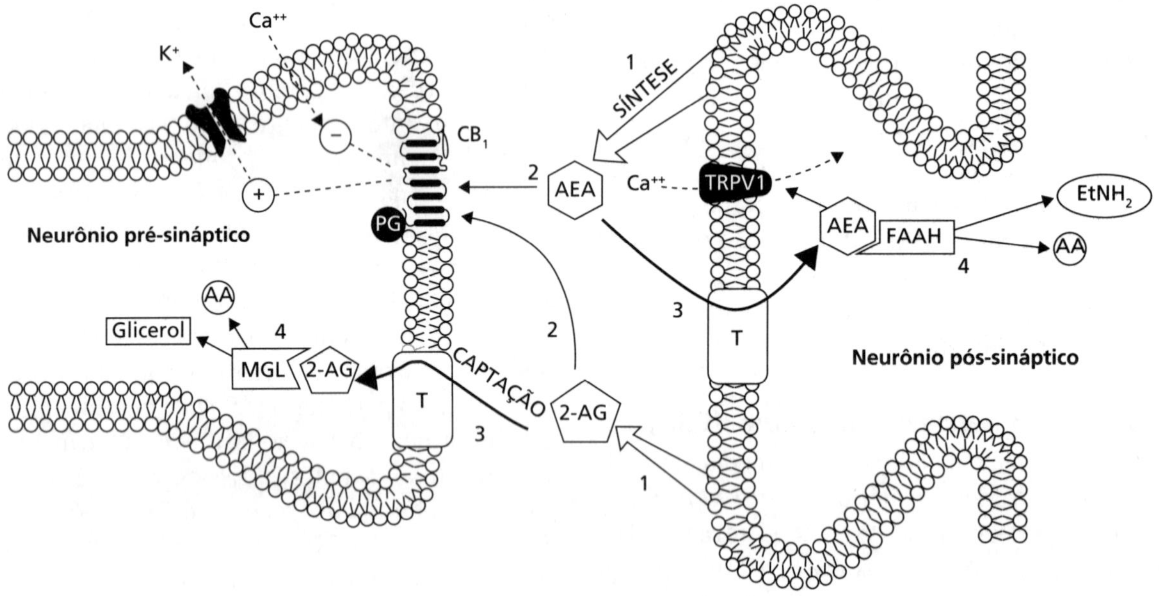

Figura 10.5 Representação esquemática da ação endocanabinoide. Os canabinoides são sintetizados e liberados da membrana dos neurônios pós-sinápticos segundo a demanda após o influxo de cálcio (1). Eles ativam os receptores CB1 pré-sinápticos, e restringem a atividade neural (2). A anandamida e a 2-AG são removidas da fenda sináptica pela captação na pós e pré-sinapse, respectivamente (3). Uma vez dentro dos neurônios, a anandamida acopla-se ao TRPV1 (com consequências opostas às da ativação do CB1) e passa por hidrólise pela FAAH (amida hidrolase de ácidos graxos), ao passo que a 2-AG é hidrolisada pela MGL (lipase monoacilglicerol) (4).

Fonte: extraído e adaptado de [9].

O mau funcionamento do sistema endocanabinoide pode promover o desenvolvimento e a manutenção de transtornos psiquiátricos como depressão, fobias e transtorno de pânico. Assim, espera-se que os agonistas de CB1 ou os inibidores da hidrólise de anandamida exerçam efeitos antidepressivos e ansiolíticos [9].

10.3.7 Toxicidade

A dose letal mediana (DL_{50}) de THC oral em ratos é de 800-1.900 mg/kg, dependendo do sexo. Não houve casos de morte pela toxicidade seguintes à dose máxima de THC oral em cães (até 3.000 mg/kg) e macacos (até 9.000 mg/kg). No entanto, enfarte do miocárdio pode ser desencadeado por THC em virtude dos efeitos na circulação, os quais são improváveis de acontecer em indivíduos saudáveis, mas, em pessoas com doença cardíaca coronária ou em portadores de hipotensão ortostática ou aumento da frequência cardíaca, pode representar um risco.

Os efeitos nocivos dos produtos oriundos da combustão durante o ato de fumar maconha têm que ser distinguidos dos efeitos da *Cannabis* ou dos canabinoides com aplicações terapêuticas. Os efeitos adversos do uso de *Cannabis* medicinal estão dentro da gama de efeitos tolerados para outros medicamentos.

O potencial de induzir a dependência é leve a moderado, sendo relatada tolerância apenas quando a exposição ocorrer em altas doses, principalmente para taquicardia e euforia, e os sinais de abstinência, ainda que após uma utilização intensa, são leves, observando-se irritabilidade, inquietação, insônia, anorexia, náuseas, sudorese, salivação, tremores que normalmente se iniciam quatro horas após a interrupção da administração.

A *Cannabis* pode induzir comportamentos psicóticos e esquizofrenia em pessoas vulneráveis, presumivelmente sem aumentar a incidência da doença.

Volkow et al. [11], em um artigo de revisão, descrevem e separam os efeitos adversos da *Cannabis* relacionados ao uso agudo, compreendendo memória prejudicada (que torna difícil aprender e reter informações), coordenação motora diminuída (interferindo com a capacidade de direção, aumentando o risco de lesões) e julgamento alterado (aumentando o risco de comportamentos sexuais que facilitam a transmissão de doenças sexualmente transmissíveis). A Figura 10.6 representa resultados do desempenho de um piloto de avião em teste de simulação de voo, configurando as alterações centrais que um cigarro de maconha contendo THC pode induzir [3].

Dentre os efeitos relacionados ao uso crônico, destacam-se: paranoia e psicose (em doses elevadas), dependência (em cerca de 9% dos usuários globais, 17% das pessoas que começam o uso na adolescência e 25% a 50% dos consumidores diários), desenvolvimento cerebral alterado, resultado educacional pobre e maior probabilidade de abandonar a escola, prejuízo cognitivo, com menor quociente intelectual (extraído) entre aqueles que eram usuários frequentes durante a adolescência, redução na qualidade de vida, sintomas de bronquite crônica e aumento do risco de distúrbios psicóticos crônicos (incluindo esquizofrenia) em pessoas com predisposição para tais desordens [11].

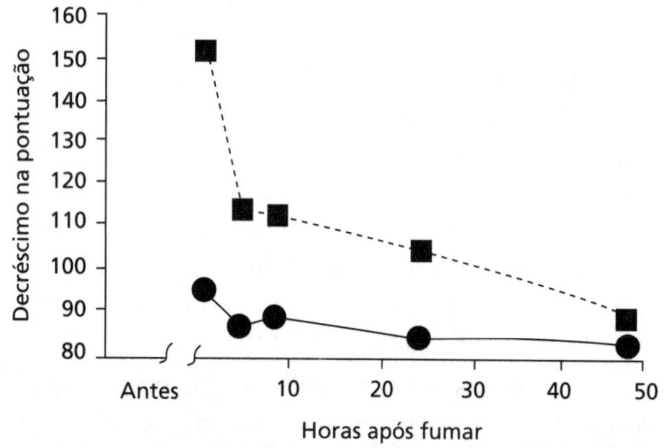

Figura 10.6 Representação do efeito de um cigarro de maconha contendo 20 mg de THC sobre a performance em teste de simulação de voo (--■-- = 20 mg THC; ---●--- = placebo).

Fonte: extraído e adaptado de [3].

Embora haja ainda muitos efeitos adversos acerca da utilização da *Cannabis* e de seus canabinoides, eles oferecem também uma gama de aplicações clínicas, como em casos de glaucoma, náuseas, aumento de apetite, dor crônica, inflamação, esclerose múltipla, epilepsia, segundo descrevem Panagopoulos e Ralevski [11].

Vários estudos recentes têm comprovado a aplicabilidade clínica de compostos advindos da *Cannabis sativa*, especificamente o canabidiol (CBD), conforme estudos de Schier et al. [12] que evidenciam um potencial efeito ansiolítico provavelmente por atuação em receptores serotoninérgicos 5-HT1A, corroborando outros autores que comparam os efeitos antidepressivos do canabidiol (CBD) com antidepressivos tricíclicos [13].

O canabidiol (CBD) que não apresenta relação com a psicoatividade tem-se mostrado promissor como um agente neuroprotetor em estudos pré-clínicos e clínicos. Vários autores comprovam isso associando seu uso no tratamento de várias desordens psíquicas, com resultados altamente satisfatórios.

10.4 Produção, cultivo e apreensões da *Cannabis*

O cultivo de *Cannabis* continua a ser generalizado na maioria das regiões, indo do cultivo pessoal ao de grande escala, tornando assim difícil predizer os níveis globais de produção e cultivo. Enquanto a erva da *Cannabis* é cultivada em quase todos os países do mundo, a produção de resina de *Cannabis* se limita a apenas alguns países do norte da África, Oriente Médio e Sudoeste Asiático. No Afeganistão, com base em estimativas de cultivo e de produção disponíveis, em 2012, a área total de cultivo de *Cannabis* foi de 10 mil hectares, abaixo dos 12 mil hectares de 2011, mas o potencial de produção de resina, devido ao maior rendimento por hectare, foi estimado em 1.400 toneladas em 2012 [14].

As apreensões de maconha parecem estar crescendo mais fortemente na América do Sul, em especial no Estado Plurinacional da Bolívia. A queda nas apreensões de maconha no México foi compensada por um aumento significativo na América do Sul, principalmente pela contribuição da Bolívia.

Conforme relato do governo boliviano, as apreensões mais do que dobraram em 2008, e houve um aumento adicional de 74% em 2009, dando sequência a uma tendência de rápido crescimento que pode ser rastreada a partir de 1999. Durante o período de 2003 a 2009, em especial, as apreensões de maconha na Bolívia aumentaram de forma constante, passando de 8,5 toneladas em 2003 para 1.937 toneladas em 2009. Isso representou um aumento de 228 vezes em um período de seis anos – o equivalente a um aumento anual de 147% por seis anos consecutivos. O índice de apreensões em 2008 foi o terceiro maior relatado por um país, e o índice de 2009 foi superior ao das quantidades relatadas em todo o mundo em 2008 [14].

Nas Américas, foi observada alta prevalência da maioria das drogas ilícitas, impulsionada essencialmente pelas estimativas da América do Norte, com as prevalências de *Cannabis* (7,9%) e cocaína (1,3%) particularmente elevadas na região. A maioria dos países da América Latina e do Caribe tem registrado uma elevação em apreensões de erva de *Cannabis* nos últimos anos. Três países da América Latina (Brasil, Colômbia e Paraguai) apreenderam grandes quantidades em 2011. No Brasil, o número de apreensões foi praticamente o mesmo em 2010 e 2011 (885 e 878 casos, respectivamente), mas a quantidade total de *Cannabis* apreendida passou de 155 toneladas em 2010 para 174 toneladas em 2011, o terceiro aumento consecutivo [15].

10.5 Aspectos analíticos

A pesquisa da *Cannabis sativa* ou dos canabinoides pode ser solicitada em diversas circunstâncias. Para sua realização, podem ser utilizadas a planta *in natura*, seus derivados ou ainda amostras biológicas.

Geralmente, a pesquisa de canabinoides, quer seja na planta, em seus produtos, ou em amostras biológicas, é feita com uma etapa inicial de triagem, na qual são utilizados métodos menos específicos, seguido de uma etapa de confirmação, com a utilização de métodos mais específicos e sensíveis.

Muitos dos métodos utilizados para análise de *Cannabis* foram desenvolvidos há várias décadas. Porém, o uso crescente da planta e seus derivados tornou necessário o desenvolvimento de métodos mais eficientes para identificação e quantificação dos canabinoides [16].

A análise do referido grupo de compostos pode ser feita por diversas técnicas, que incluem ensaios colorimétricos, métodos imunológicos, cromatografia planar – tanto convencional (TLC) quando de alta resolução (HPTLC) – e cromatografia gasosa (GC) e cromatografia líquida de alta resolução (HPLC), sendo essas duas acopladas ou não a espectrometria de massas (GC-MS, LC-MS) [16].

10.5.1 Análise da *Cannabis sativa* e seus produtos

A análise toxicológica da *Cannabis sativa* bem como de seus produtos envolve sua identificação botânica, tanto macroscópica quanto microscópica, assim como a identificação química dos canabinoides presentes na planta e em seus derivados, e é frequentemente solicitada no âmbito forense.

Nesse sentido, o artigo 50 da Lei Federal n.º 11.343 de 23 de agosto de 2006 (conhecida como Lei Antidrogas), em seu parágrafo 1.º, dispõe: "Para efeito da lavratura do auto de prisão em flagrante e estabelecimento da materialidade do delito, é suficiente o laudo de constatação da natureza e quantidade da droga, firmado por perito oficial ou, na falta deste, por pessoa idônea" [17]. Dessa forma, o laudo pericial é imprescindível para relatar as circunstâncias do fato, bem como justificar as razões que levaram à classificação do delito [18]. Nesse sentido, as análises botânica e química da *Cannabis sativa* são importantes na identificação de plantações do referido vegetal bem como de material suspeito apreendido, sendo úteis no âmbito forense, pois podem fornecer evidências para a materialização de um crime.

10.5.1.1 Identificação botânica da Cannabis sativa L. *(*Linnaeus*)*

A *Cannabis sativa* pode ser dividida em várias subespécies, as quais apresentam teores variáveis de canabinoides, sendo algumas utilizadas comercialmente em determinados países. Porém, normalmente os motivos dessa divisão não são perceptíveis e, além disso, as distinções morfológicas e químicas parecem variar de acordo com o ambiente. Dessa forma, para a maioria das finalidades, é suficiente aplicar o nome *Cannabis sativa* para todas as plantas do gênero *Cannabis* [19,20].

Quando da análise da *Cannabis sativa*, as amostras devem ser armazenadas preferencialmente em locais com temperaturas amenas, escuros (visto que o THC é sensível à luz UV, que pode oxidá-lo em CBN) e preferencialmente secos (a umidade pode manter a degradação dos principais canabinoides) [19]. Se for exposta a luz ou calor, a *Cannabis* pode deteriorar-se em dois anos [20].

A *Cannabis* é uma planta dioica na qual os machos tendem a ser mais altos, mas menos robustos que as fêmeas. A altura da planta pode variar, podendo atingir em média um a três metros. O grau de ramificação bem como a altura dependem de fatores hereditários e ambientais e do método de cultivo [19,20].

Macroscopicamente, é possível observar que o caule é sulcado, e as folhas, lanceoladas e com as bordas denteadas. Além disso, as folhas (que podem ser mais abundantes no topo das fêmeas) apresentam uma nervura central de onde partem nervuras menores que percorrem obliquamente as folhas até a extremidade denteada. Nos machos, as folhas são mais longamente lanceadas e as flores encontram-se reunidas em panículas e são formadas por cinco sépalas com pelos e cinco estames. Nas fêmeas as flores são desprovidas de pedúnculo e apresentam uma bráctea verde que envolve o ovário e dois estigmas longos e finos que se projetam acima da bráctea. O fruto é o aquênio e contém uma única semente [19,20,21].

A análise microscópica tem grande importância na identificação da *Cannabis sativa*. No microscópio com ampliação de quarenta vezes, o corte transversal das folhas evidencia os tricomas, estruturas presentes na superfície das folhas [18,19]. Estes podem ser glandulares e não glandulares.

Os tricomas não glandulares são unicelulares, rígidos e curvos, sendo geralmente mais numerosos. Podem ser cistolíticos e não cistolíticos (Figura 10.7). Os tricomas cistolíticos são encontrados na superfície superior das folhas, apresentam característica de "garra" e, em sua base, podem conter cristais de carbonato de cálcio que são liberados quando o tricoma é quebrado. Os tricomas não cistolíticos, por sua vez, apresentam a base mais alargada e são encontrados nas brácteas e na superfície inferior das folhas. Assim, a presença simultânea de tricomas cistólicos na face superior das folhas e de tricomas não cistólicos na face inferior é uma característica da *Cannabis sativa* [19].

Por outro lado, os tricomas glandulares (Figura 10.8) são encontrados nas flores, na parte inferior das folhas, nas inflorescências (sobretudo nas femininas) e eventualmente no caule de plantas jovens. São as estruturas onde a resina de *Cannabis* é produzida e armazenada [19,21].

Existem algumas plantas que podem apresentar características morfológicas com alguma semelhança com a *Cannabis sativa*, dentre as quais *Hibiscus cannabinus, Acer palmatum, Urtica cannabina* e *Datisca cannabina*. Além disso, mudas muito maduras e caules sem a presença das folhas não permitem a identificação da *Cannabis sativa* através da análise botânica [19]. Adicionalmente, algumas plantas podem apresentar tricomas e serem confundidas com a *Cannabis* [18,19]. Apesar de serem as estruturas mais importantes na identificação da planta, os tricomas são difíceis de visualizar quando a planta está muito dividida ou misturada a outros vegetais [18]. Porém, uma análise mais atenta das características macro e microscópica torna a análise mais confiável. A presença de tricomas cistolíticos sobre a superfície superior das folhas e de tricomas tanto não cistolíticos quanto glandulares na parte inferior são características exclusivas da *Cannabis* e permitem a identificação positiva da amostra [19].

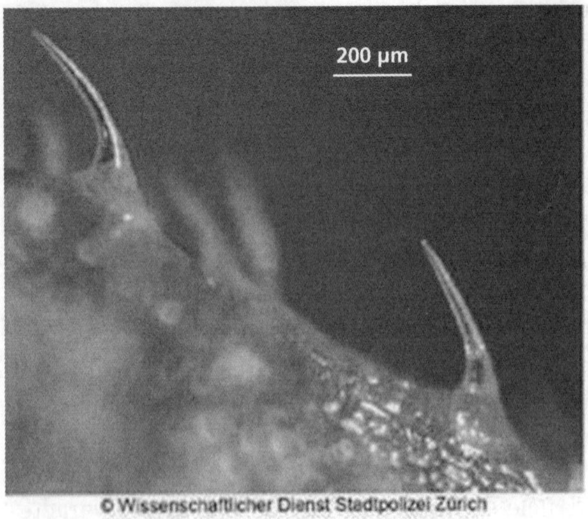

Tricomascistolíticos

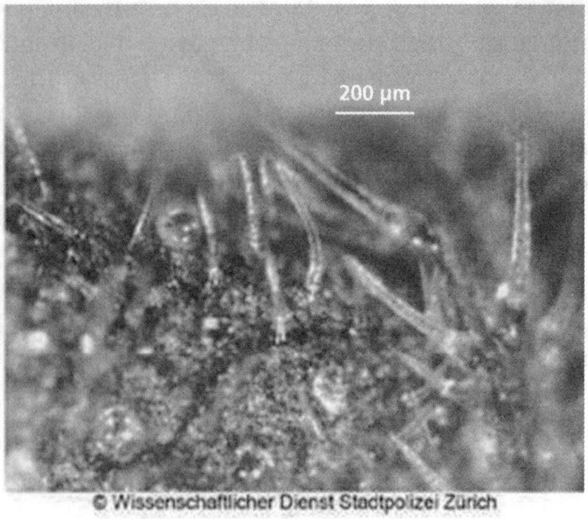

Tricomas não cistolíticos

Figura 10.7 Tricomas não glandulares cistolítico e não cistolítico encontrados na *Cannabis sativa* visualizados com microscopia óptica com aumento de 40×. [Veja esta figura colorida ao final do livro.]

Fonte: extraído de [19].

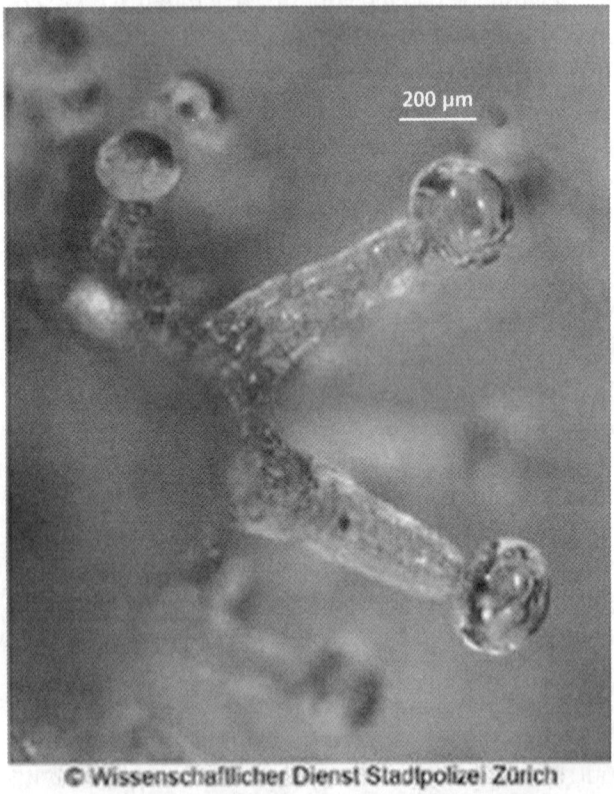

Figura 10.8 Tricomas glandulares encontrados na *Cannabis sativa*, visualizados através de microscopia optica em aumento de 40×. [Veja esta figura colorida ao final do livro.]

Fonte: extraído de [19].

10.5.1.2 Análise química da Cannabis sativa L. *e de seus produtos*

Testes colorimétricos

A despeito do fato de que os laboratórios forenses atualmente utilizam técnicas como GC ou HPLC, os testes colorimétricos ainda são importantes para indicar a presença ou ausência de um grupo de drogas ou, mais especificamente, de uma classe de compostos quimicamente relacionados, nesse caso, os canabinoides. Geralmente, a triagem da *Cannabis* bem como de seus derivados (maconha, haxixe, óleo etc.) é realizada por meio desses testes, visto que podem proporcionar uma análise rápida e mais econômica do material suspeito apreendido para que as técnicas mais onerosas possam ser priorizadas na confirmação dos resultados [22].

Um dos testes utilizados é o teste de *Fast Blue B* (sal de azul sólido beta), no qual a amostra do vegetal ou de seus produtos tem os canabinoides extraídos com solvente orgânico (geralmente éter de petróleo) e o extrato resultante é gotejado em papel de filtro. Por fim, o reativo de cor *Fast Blue B* é adicionado ao papel de filtro, e a coloração de vermelha a púrpura indica resultado positivo [18]. A extração com éter de petróleo pode ser feita diretamente no papel de filtro [19].

Além do *Fast Blue B*, o teste de Duquenois-Levine também é aceito para análise da *Cannabis*. Resumidamente, os canabinoides são extraídos com vanilina etanólica e ao extrato é adicionado ácido clorídrico. O resultado é positivo se ocorrer formação de anel azul violáceo [18, 23].

Apesar de serem relativamente específicos, alguns vegetais podem produzir resultados falso-positivos nesses testes [18,19,23] e, nesse sentido o *Fast Blue B* demonstra maior especificidade quando comparado ao Duquenois-Levine. A utilização dos dois testes aumenta a confiabilidade dos resultados [18] e, independentemente de qual seja o teste, é importante a análise paralela de "amostra controle" e de "amostra branco" para melhorar a confiabilidade [19]. Mesmo tomando-se todas as precauções, os resultados dos testes colorimétricos devem ser confirmados por técnicas cromatográficas e espectrofotométricas [18,23].

10.5.1.3 Cromatografia em camada delgada (TLC) e cromatografia em camada delgada de alta eficiência (HPTLC)

A triagem da *Cannabis* bem como de seus derivados pode ser realizada por TLC e HPTLC, técnicas nas quais os canabinoides são separados por desenvolvimento da cromatoplaca. Existem muitos métodos de análise de *Cannabis* por TLC/HPTLC, utilizando geralmente sílica gel G como fase estacionária. O preparo da amostra e o sistema solvente podem variar de acordo com o método. Esses métodos geralmente apresentam resultados aceitáveis, mas é fundamental que sejam validados antes da utilização na rotina do laboratório [18].

Se a análise for realizada por HPTLC, a fase estacionária proporciona uma melhor separação dos canabinoides presentes na amostra.

A visualização normalmente é feita por revelação com *Fast Blue B*. Os resultados são interpretados considerando-se o Rf (fator de retenção) dos constituintes bem como a coloração [16,19]. Os valores de Rf podem variar em função das condições da análise e do laboratório. Assim, nas análises por cromatografia em placa, mesmo na HPTLC, é importante a análise paralela de padrões de referência na mesma placa da amostra [19].

10.5.1.4 Cromatografia gasosa (GC) e cromatografia líquida de alta resolução (HPLC)

Mesmo que a pesquisa botânica e química por testes colorimétricos e por cromatografia em placa seja considerada suficiente para a análise de canabinoides por muitos laboratórios, técnicas mais elaboradas foram desenvolvidas e proporcionam análises mais sensíveis e confiáveis [24]. Nesse sentido, GC (com ou sem derivatização dos canabinoides) e HPLC, acopladas ou não a espectrometria de massas (GC/MS e LC/MS, respectivamente) são as mais utilizadas para determinação qualitativa e quantitativa dos canabinoides presentes na amostra [24,25]. Na planta, o maior conteúdo (90%) não é de THC, mas de seu precursor, o THCA-A (ácido A- ^{9}-tetrahidrocanabinólico) [26,27]. Dessa forma, para melhorar a análise, alguns desses métodos baseiam-se na conversão do THCA-A em THC. Essa conversão pode ser realizada aquecendo-se previamente o material ou, no caso da GC, pode ser feita diretamente no cromatógrafo, desde que o sistema de injeção seja aquecido. Nesses casos, variações na conversão podem alterar os resultados [26]. A análise por esses métodos associada ao avanço tanto do instrumental quanto do tratamento de dados permite não apenas a dosagem de THC, mas também a aplicação da metabolômica (estudo dos metabólitos do THC, nesse caso presentes na amostra apreendida) [24,25]. Como o teor de canabinoides pode variar de acordo com as características de cultivo e da região (climáticas, solo etc.), a metabolômica pode ser uma ferramenta valiosa para as agências de controle de drogas, pois pode ajudar a estabelecer rotas de tráfego, fontes da droga e até a relação entre materiais apreendidos [24]. Além disso, a determinação da relação entre os canabinoides presentes no material pode ser relevante. A relação CBN/THC pode ser utilizada como indicador da deterioração do material em virtude de estocagem por longos períodos e/ou exposição ao ar [26]. Outra relação importante é a CBD/THC, que pode ser útil nos países nos quais o cultivo de cânhamo é permitido. Geralmente, no cânhamo o CBD é o maior canabinoide e seu conteúdo tende a ser maior que o de THC [26,28].

10.5.1.5 Outras abordagens para análise de Cannabis sativa

Os métodos para identificação de *Cannabis sativa* e/ou canabinoides estão bem estabelecidos na rotina dos laboratórios e, nesse sentido, análises por GC ou HPLC são suficientes para produzir a prova material em casos de tráfico, plantio e/ou posse ilegal da droga. Porém, conforme descrito anteriormente, uma análise mais individualizada pode ser importante, especialmente para a inteligência policial estabelecer a relação entre apreensões e rotas de tráfego [29].

Apesar de útil, nem sempre a metabolômica pode indicar um perfil químico das amostras apreendidas que forneça evidências para relacionar o material apreendido com o produtor. Nesse sentido, alguns métodos que não fazem parte da rotina dos laboratórios forenses estão sendo desenvolvidos. Eles parecem ser promissores, pois são capazes de individualizar a análise, correlacionando amostras de *Cannabis sativa* apreendidas tanto entre si quanto com o local de origem. Dentre esses métodos, destacam-se os baseados em assinaturas químicas e os baseados no polimorfismo do DNA [29].

Nos métodos baseados em assinatura química, são avaliados os constituintes inorgânicos (cobre, cobalto, bário, zinco, ferro e manganês, entre outros) presentes na amostra, visto que estes refletem as características do solo no qual a planta foi cultivada. Além deles, também é analisada a distribuição isotópica do carbono e do nitrogênio, que guarda relação com o clima da região de origem da planta [30].

Métodos baseados no polimorfismo do DNA tornaram-se possíveis graças aos avanços da biologia molecular. Inicialmente tinham por objetivo identificar e distinguir amostras de *Cannabis* de outros vegetais com características semelhantes. Mais recentemente, surgiram métodos que buscam a distinção entre amostras de *Cannabis*. Dentre as técnicas utilizadas, destacam-se reação de cadeia de polimerase (PCR), polimorfismo de DNA amplificado ao acaso (RAPD) e polimorfismo de comprimento dos fragmentos de restrição (RFLP) [28,29]. Por fim, os microssatélites, unidades de repetição de pares de bases do DNA que revelam o polimorfismo genético, podem ser utilizados como marcadores na avaliação do parentesco entre amostras [29].

10.5.2 Pesquisa de canabinoides em amostras biológicas

Governo, setores privados e outras organizações têm implementado programas para desencorajar o uso de *Cannabis* [31]. Nesse sentido, a pesquisa de canabinoides em material biológico tem por objetivo a comprovação do uso de produtos derivados da *Cannabis*, podendo ser solicitada no âmbito forense, além de ser útil também em programas de reabilitação (para comprovação de abstinência) ou ainda em programas de vigilância e prevenção ao uso de drogas adotados por empresas nos quais se faz a monitorização de trabalhadores [32].

Nas amostras biológicas, os canabinoides podem ser pesquisados por meio de métodos cromatográficos (para as quais são descritas diversas fases móveis e estacionárias) ou ainda por meio de métodos imunológicos. Nesse sentido, os métodos de eleição são GC/MS e LC/MS, que apresentam elevada especificidade e sensibilidade, mas demandam maior tempo e maior custo. Por isso, a pesquisa de canabinoides em amostras biológicas geralmente se inicia com uma etapa de triagem na qual são utilizados TLC, HPTLC, GC ou imunoensaios e, em caso de resultado positivo, procede-se a uma etapa de confirmação por GC/MS ou LC/MS.

Diversas amostras biológicas podem ser utilizadas para a análise de canabinoides, com destaque para sangue, urina, cabelo e saliva. Cada uma das amostras tem suas particularidades, com vantagens e desvantagens [33]. Qualquer que seja a amostra, seu preparo requer atenção especial, pois terá consequências no resultado da análise [34]. Nesse sentido, as técnicas utilizadas podem incluir extração líquido-líquido, extração em fase sólida ou ainda microextração em fase sólida.

Dependendo da amostra utilizada, quer seja na triagem ou na confirmação, poderão ser pesquisados o próprio THC e/ou seus metabólitos, especialmente o THC-COOH, ou ainda o 11-OH-THC.

Em relação aos referidos metabólitos, é importante ressaltar que são excretados na forma de glicuronídeos e, dessa forma, pode ser necessária uma etapa de hidrólise (geralmente alcalina e/ou com uso de β-glicuronidase) [35,37]. Além disso, amostras analisadas por GC ou GC/MS podem necessitar de uma etapa de derivatização e, nesse caso, serão pesquisados os derivados voláteis dos canabinoides [25].

O período de detecção dos canabinoides depende de diversos fatores, como dose utilizada, tempo de utilização (uso agudo ou crônico), limite de detecção do método de análise, matriz biológica utilizada, canabinoide pesquisado e variações individuais, especialmente de biotransformação [31,35].

10.5.2.1 Sangue

A pesquisa de canabinoides utilizando sangue como amostra pode ser solicitada no âmbito Forense para avaliar a possível relação de algum delito com o uso da *Cannabis*. Nesse sentido, é importante ressaltar que os efeitos se iniciam logo após o uso, podendo durar várias horas, e incluem euforia e prejuízos na memória, nas funções cognitivas e na coordenação motora. A maioria dos efeitos comportamentais e cognitivos cessa após três a cinco horas, mas alguns autores relatam que efeitos específicos, como realização de tarefas complexas e até déficit de atenção, podem perdurar por mais tempo [36].

Como o THC apresenta elevada lipossolubilidade, com consequente rápida distribuição, para serem obtidas concentrações detectáveis o ideal é que a coleta de sangue seja feita em até duas horas após o possível delito. Isso nem sempre é possível e, dessa forma, a interpretação dos resultados frequentemente tem que ser baseada na concentração do THC-COOH. Porém, esse metabólito não é psicoativo e apresenta $t_{1/2}$ longa, com acúmulo quando do uso frequente de *Cannabis* [37]. Tanto o THC quanto o THC-COOH podem permanecer detectáveis no sangue por pelo menos sete dias em usuários crônicos [38]. Por isso, não é possível estabelecer uma relação entre a concentração de THC-COOH e os efeitos decorrentes do uso de *Cannabis* [37]. Nesse sentido, visando estimar o tempo de uso e correlacioná-lo com o efeito dos canabinoides, alguns modelos têm sido propostos, utilizando isoladamente a concentração plasmática de THC, a relação THC-COOH/THC ou ainda a concentração plasmática de 11-OH-THC [31,36,37]. Para maiores detalhes, consultar Huestis, Henningfield e Cone [39], Manno et al. [37] e Huestis, Barnes e Smith [36].

Quando se utiliza sangue para pesquisa de canabinoides, deve-se considerar a elevada ligação destes aos eritrócitos, que tem como consequência uma diferença nas concentrações no sangue total em relação ao plasma. Apesar dos dados serem escassos, alguns autores estimam a relação dos canabinoides no sangue total e no plasma em 0,5 [36]. Além disso, está demonstrado que, nas mesmas condições de armazenamento (tempo e temperatura), a diminuição das concentrações de THC-COOH foi maior no sangue que na urina [31].

10.5.2.2 Urina

Métodos para a detecção de drogas de abuso em urina estão bem estabelecidos e são aplicados na rotina dos laboratórios que realizam o controle do uso de drogas [35].

O THC apresenta eliminação lenta. Isso se deve a sua elevada lipossolubilidade, que faz com que se acumule nos tecidos, especialmente o adiposo, e tenha uma lenta saída destes em direção ao plasma. Além disso, a lipossolubilidade faz com que ocorra extensa reabsorção tubular e consequente baixa excreção renal. A circulação êntero-hepática dos metabólitos e a elevada ligação dos canabinoides às proteínas plasmáticas também contribuem para a eliminação urinária lenta, com meia-vida de eliminação ($t_{1/2\beta}$) longa [31]. Dentre os metabólitos encontrados na urina, destacam-se o 11-OH-THC e o THC-COOH, sendo o último encontrado em maiores quantidades (geralmente na forma de glicuronídeo). Apesar de ser o mais importante metabólito em termos analíticos [31,34,37], o THC-COOH apresenta $t_{1/2}$ de seis dias e sua dosagem isolada não é suficiente para estimar o tempo de uso da *Cannabis* [35,37].

Conforme descrito anteriormente, vários fatores podem influenciar a concentração e período de detecção dos canabinoides em matrizes biológicas, incluindo a urina. Além dos descritos anteriormente (dose, tempo de uso etc.), dependendo do teor de tecido adiposo e grau de diluição da urina, resultados positivos podem persistir por várias semanas. A janela de detecção de THC-COOH na urina é maior que a do THC e do THC-OH e pode variar de vários dias em usuários esporádicos a várias semanas (o maior tempo de detecção encontrado foi de 96 dias) em usuários frequentes [31,34,35].

Um dos problemas na interpretação dos resultados da análise em urina é a diluição da amostra. Nesse sentido, alguns autores sugerem que a dosagem de creatinina pode ser útil para avaliar uma potencial diluição/adulteração [31,34,40].

Outro inconveniente na interpretação dos resultados é a relativa instabilidade dos canabinoides. Geralmente, processos oxidativos diminuem a concentração urinária destes, e alguns estudos mostram que a temperatura de armazenagem é o principal fator relacionado à degradação, com diminuição de aproximadamente 22% em dez dias quando a estocagem é feita em temperatura ambiente e perdas consideravelmente menores quando a amostra é armazenada sob refrigeração. Além da temperatura, a diminuição de canabinoides na urina pode estar relacionada à descarboxilação do THC-COOH por fungos ou bactérias. Está demonstrado que, durante o armazenamento da urina, o THC-COOH é liberado do ácido glicurônico. Essa mudança é dependente do tempo e temperatura, com elevada diferença interindividual. Alguns autores sugerem que a acidificação da urina para um pH próximo de 5 pode melhorar a estabilidade dos analitos. Normalmente a amostra é congelada para o armazenamento [31].

10.5.2.3 Cabelo

A análise de cabelo é uma ferramenta importante para a toxicologia, uma vez que diversas drogas, incluindo os canabinoides, podem ser incorporadas nessa matriz biológica [41]. Apesar de alguns aspectos não muito esclarecidos, existem alguns mecanismos propostos para a incorporação dos canabinoides nessa matriz. Acredita-se que os canabinoides possam difundir-se para o bulbo capilar a partir dos capilares sanguíneos ou ainda serem incorporados ao cabelo juntamente com a secreção sebácea ou de suor. A incorporação do THC e do THC-COOH ao cabelo é lenta e ocorre em concentrações menores se comparado com outras drogas [31]. Porém, uma vez incorporados na fibra capilar, os canabinoides permanecem estáveis na matriz queratinosa [42].

A pesquisa de canabinoides em cabelo pode complementar a análise no sangue e na urina, além de apresentar vantagens como a coleta menos invasiva, a não necessidade de armazenamento e transporte em condições especiais (visto que é uma amostra estável por longo período) e, se houver necessidade de nova coleta, a amostra manterá as características. Além disso, a janela de detecção é ampla (semanas a meses), podendo dar subsídios para comprovar exposições passadas [31,41,42]. Adicionalmente, baseado no crescimento médio do fio (1 a 1,3 cm/mês) e na análise de segmentos deste, é possível se realizar uma análise retrospectiva do uso de *Cannabis* [41,42].

Uma desvantagem da pesquisa de *Cannabis* em cabelo é o fato de que a referida droga é fumada e, dessa forma, existe a possibilidade de contaminação do cabelo com THC, CBD e CBN. Assim, indivíduos expostos passivamente a fumaça poderiam ter resultados falso-positivos para *Cannabis* por contaminação externa [27,43]. Por isso, procedimentos de lavagem da amostra foram propostos para eliminar a possibilidade de falso-positivos, sendo que a pesquisa de canabinoides no lavado poderia diferenciar a exposição ativa ou passiva aos canabinoides [43]. Porém, segundo alguns autores, não é possível afirmar que esses procedimentos eliminem todos os traços de canabinoides [31]. Sendo assim, a prova inequívoca de que não houve contaminação externa é a presença do THC-COOH, metabólito que não está presente na fumaça, visto que é formado após a biotransformação do THC [27,31,43,44]. É válido ressaltar que, por sua natureza ácida, a taxa de incorporação do THC-COOH no cabelo é baixa e, dessa forma, as concentrações encontradas são pequenas, o que requer metodologia com elevada sensibilidade e limites de detecção baixos [27]. Assim, a confirmação da presença desse metabólito no cabelo geralmente é realizada por GC/MS, HPLC/MS ou, preferencialmente, GC/MS/MS (cromatografia gasosa com detecção por espectrometria de massas acoplada a espectrometria de massas) ou ainda LC/MS/MS (cromatografia líquida de alta resolução acoplada à espectrometria de massas sequencial).

10.5.2.4 Saliva

A saliva é uma amostra cada vez mais utilizada para verificar o uso de *Cannabis*, tanto em programas de tratamento de dependência quanto em programas de prevenção e vigilância do uso de drogas no trabalho, ou ainda no âmbito forense, para correlacionar delitos com o uso de *Cannabis* [45]. A saliva é uma amostra de coleta não invasiva, com menor risco de adulteração e janela de detecção mais curta, que permite uma melhor indicação de uso recente em comparação a urina, visto que a concentração do agente tóxico na saliva reflete sua fração livre no plasma [38,46,47]. Uma desvantagem dessa amostra é a dificuldade para a coleta de um volume adequado, por causa de estados patológicos e emocionais e até uso de canabinoides, que podem diminuir a secreção salivar. Nesse sentido, as técnicas para pesquisa de canabinoides em saliva devem ser adequadas para pesquisa em pequenos volumes de amostra ou ainda capazes de detectar concentrações baixas, visto que frequentemente é necessária a diluição da saliva para obter-se um volume adequado [33,46].

O THC é o canabinoide mais pesquisado na saliva. Sua presença ocorre inicialmente por deposição na mucosa oral devido à ingestão ou ato de fumar e posteriormente por difusão do sangue para a saliva. Existe ainda a possibilidade de deposição por exposição passiva a fumaça, o que pode gerar resultados falso-positivos. Porém, a presença de THC-COOH pode confirmar o resultado [38].

10.6 Conclusões

A *Cannabis* é uma das plantas que implicam muitas dúvidas acerca dos seus efeitos, visto que, pela aplicabilidade desde tempos passados, passou a adquirir conotações pejorativas, principalmente no século XX. Desde 1961, está inserida na Convenção Única de Entorpecente da ONU como uma droga particularmente perigosa, juntamente com outras como a heroína.

Na segunda metade do século XX, a maconha mereceu destaque pelo número de estudos a ela direcionados, bem como pelas muitas descobertas importantes que foram feitas isolando-se o Δ9-tetra-

-hidrocanabinol (Δ^9THC), princípio ativo responsável em boa parte pela sua psicoatividade. Além desses achados, houve também a descoberta de um sistema endógeno chamado endocanabinoide, representado por receptores (CB1 e CB2), dos quais a anandamida estabelece ligação.

A análise da *Cannabis sativa*, quer seja da planta *in natura* ou de seus derivados, abrange tanto a análise botânica, macro e microscópica quanto a análise química para evidenciar a presença de canabinoides, que pode ser realizada por testes colorimétricos ou ainda por cromatografia. A análise de canabinoides em amostras biológicas é frequentemente solicitada, com diversas finalidades. Nesse sentido destacam-se sangue, urina, cabelo e saliva. Cada uma das amostras apresenta vantagens e desvantagens, mas, independentemente da amostra utilizada, as características toxicocinéticas devem ser consideradas para uma correta interpretação dos resultados. O avanço no uso da planta, bem como no uso terapêutico dos canabinoides, trouxe a necessidade de metodologias analíticas cada vez mais sensíveis. Nesse sentido, o avanço nos métodos analíticos, especialmente cromatografia gasosa e cromatografia líquida de alta resolução, ambas podendo ser acopladas a espectrometria de massas, possibilitou uma análise muito mais elaborada dos canabinoides, quer seja em amostras apreendidas ou em amostras biológicas.

Na sequência dos estudos acerca da *Cannabis*, pesquisas científicas comprovaram que a maconha fumada ou ingerida oralmente trazia sérios danos cognitivos e psíquicos, e que estes têm relação com o Δ^9THC; no entanto, tornou-se, em vários países, medicamento indicado no combate a náuseas e vômitos na quimioterapia.

Mais recentemente surgiu evidência dos efeitos do CBD (canabidiol) canabinoide, que parece ser desprovido dos efeitos do Δ^9THC, tendo, contrariamente a este, uma atividade ansiolítica com aplicabilidade clínica, segundo relatam inúmeros trabalhos, para várias desordens centrais, envolvendo esclerose múltipla, doença de Parkinson, episódios maníacos e desordens afetivas, epilepsia, entre outras.

Para os pesquisadores, está começando um ciclo recente do uso dos derivados da *Cannabis* como medicamento, onde os mecanismos de ação dos diferentes compostos químicos presentes na planta estão sendo elucidados e sua eficácia e segurança, cientificamente comprovadas.

Questões para estudo

1. O cabelo pode ser utilizado como amostra para detecção de canabinoides. Um dos problemas da referida amostra é a presença de THC devido a exposição passiva à fumaça da maconha. Como esse problema pode ser resolvido?
2. Algumas plantas podem apresentar características semelhantes à *Cannabis sativa*. Por isso, a análise microscópica é importante para confirmar o resultado. Descreva as características microscópicas encontradas durante a análise da *Cannabis sativa* que confirmam um resultado positivo.
3. O THC-COOH é um metabólito do THC frequentemente pesquisado em amostras de urina. Quando se pesquisa o referido metabólito, geralmente é necessária uma etapa de hidrólise. Explique por quê.
4. Indique o item cujo(s) efeito(s) NÃO é(são) relacionado(s) ao uso da maconha (tetra-hidrocanabinol-Δ^9THC).
   a) Euforia e sensação de bem-estar.
   b) Doses elevadas podem produzir desorientação alucinações e psicose tóxica.
   c) Analgesia, sedação e desenvolvimento de tolerância a alguns de seus efeitos.
   d) É excretada pelo leite materno.
   e) Aumento da memória.
5. Principal receptor ativado pelo Δ^9THC, sendo o responsável pela sua psicoatividade:
   a) M3.
   b) CB1.
   c) D1.
   d) Beta1.
   e) Alfa1.

►

Respostas

1. Apesar de terem sido propostos procedimentos de lavagem da amostra de cabelo, recomenda-se a pesquisa do THC--COOH, metabólito formado pela biotransformação do THC. A detecção do referido metabólito no cabelo confirma a presença de canabinoides devido ao uso da *Cannabis* ou de seus derivados.
1. Microscopicamente, observa-se a presença de tricomas, estruturas semelhantes a "pelos", encontrados especialmente (mas não exclusivamente) nas folhas. Os tricomas podem ser cistolíticos (com cristais de carbonato de cálcio), não cistolíticos ou ainda glandulares. A presença de tricomas cistolíticos sobre a superfície superior das folhas e de tricomas tanto não cistolíticos quanto glandulares na parte inferior são características exclusivas da *Cannabis* e permitem a identificação positiva da amostra.
2. O THC-COOH é excretado na urina após conjugação com ácido glicurônico. Dessa forma, para otimizar a análise, faz-se a hidrólise, alcalina ou enzimática, a fim de desligar o THC-COOH do ácido glicurônico.
3. Alternativa E.
4. Alternativa B.

Lista de abreviaturas

11-OH-THC	11-Hidroxitetra-hidrocanabinol	LC/MS	Cromatografia líquida de alta resolução acoplada a espectrometria de massas
5HT1A	Receptor serotinérgico	MGL	Lipase monoacilglicerol
a.C.	Antes de cristo	PCR	Reação de cadeia de polimerase
CB1, CB2, CB3	Receptores endocanabinoides	QI	Quociente intelectual
CBD	Canabidiol	RAPD	Polimorfismo de dna amplificado ao acaso
CBN	Canabinol	Rf	Fator de retenção
CYP	Citocromo p450	RFLP	Polimorfismo de comprimento dos fragmentos de restrição
DL_{50}	Dose letal mediana	THC	Δ9-tetra-hidrocanabinol (Δ^9thc)
FAAH	Amida hidrolase de ácidos graxos	THCA-A	Ácido a-δ^9-tetra-hidrocanabinólico
FDA	Food and drug administration	THC-COOH	11-Nor-9-carboxitetra-hidrocanabinol
GC	Cromatografia gasosa	TLC	Cromatografia em camada delgada;
GC/MS	Cromatografia gasosa acoplada a espectrometria de massas	TRPV1	Receptor vaniloide
HPLC	Cromatografia líquida de alta resolução	δ^8THC	Δ^8-tetra-hidrocanabinol
HPTLC	Cromatografia em camada delgada de alta resolução	δ^9THC	Δ^9-tetra-hidrocanabinol

Lista de palavras

11-hidroxitetra-hidrocanabinol
11-nor-9-carboxitetra-hidrocanabinol
Anandamida
Canabidiol
Canabinoides
Canabinol
Cannabis sativa
Cromatografia
Delta9-tetra-hidrocanabinol
Duquenóis-Levine
Endocanabinoides
Fast Blue B
Haxixe
Maconha
Skunk
Testes colorimétricos
Tricoma

REFERÊNCIAS

1. Carlini EA. A história da maconha no Brasil. J Bras Psiquiatr. 2006;55(4):314-7.

2. UNODC. Multilingual dictionary of narcotic drugs and psychotropic substances under international control, 2007. Available from: https://www.unodc.org/documents/scientific/MLD-06-58676_Vol_1_ebook.pdf. Acesso em 20/04/2017.

3. Ashton CH. Pharmacology and effects of cannabis: a brief review. British Journal of Psychiatry. 2001;178:101-6.

4. Almeida PP, Novaes MAFP, Bressan RA Lacerda ALT. Revisão: funcionamento executivo e uso de maconha. Rev Bras Psiquiatr [online]. 2008;30(1):69-76.

5. Crippa JA, Lacerda ALT, Amaro E, Busatto Filho G, Zuardi AW, Bressan RA. Efeitos cerebrais da maconha – resultados dos estudos de neuroimagem. Rev Bras Psiquiatr. 2005;27(1):70-8.

6. Grotenhermen F. Pharmacokinetics and pharmacodynamics of cannabinoids. Clin Pharmacokinet. 2003;42(4):327-60.

7. Brenneisen R. Pharmakokinetik. In: Grotenhermen F, editor. Cannabis und Cannabinoide. Pharmakologie, Toxikologie und Therapeutisches Potenzial. Göttingen: Hans Huber Verlag; 2001. p. 87-92.

8. Huestis MA. Human cannabinoid pharmacokinetics. Chem Biodivers. 2007;4(8):1770-804.

9. Saito VM, Wotjak CT, Moreira FA. Exploração farmacológica do sistema endocanabinoide: novas perspectivas para o tratamento de transtornos de ansiedade e depressão? Rev Bras Psiquiatr. 2010;32(1):S7-S14.

10. Panagopoulos VN, Ralevski E. The role of ghrelin in addiction: a review. Psychopharmacology. 2014;231:2725-40.

11. Volkow ND, Baler RD, Compton WM, WEISS SRB. Adverse health effects of marijuana use. N Engl J Med. 2014;370:2219-27.

12. Schier ARM, Ribeiro NPO, Silva ACO, Hallak JEC, Crippa JAS, Nardi AE, Zuardi AW. Canabidiol, um componente da *Cannabis sativa*, como um ansiolítico. Rev Bras Psiquiatr. 2012;34(Supl1):S104-S117.

13. Zanelati TV, Biojone1 C, Moreira FA, Guimarães FS, Joca SRL. Antidepressant-like effects of cannabidiol in mice: possible involvement of 5-HT1A receptors. British Journal of Pharmacology. 2010;159:122-8.bph_521 122..128

14. UNODOC – United Nations Office on Drugs and Crime. World Drug Report. 2012. 112 p.

15. UNODOC – United Nations Office on Drugs and Crime. World Drug Report. 2014. 128 p.

16. Galand N, Ernouf D, Montigny F, Dollet J, Pothier J. Separation and identification of cannabis components by different planar chromatography techniques (TLC, AMD, OPLC). J Chromatogr Sci. 2004;42:130-4.

17. BRASIL. Lei nº 11.343, de 23 de agosto de 2006 [cited 2014 Sept]. Available from: <http://www.planalto.gov.br/ccivil_03/_ato2004-2006/2006/lei/l11343.htm>.

18. Bordin DC, Messias M, Lanaro R, Cazenave SOS, Costa, JL. Análise forense: pesquisa de drogas vegetais interferentes de testes colorimétricos para identificação dos canabinoides da maconha (*Cannabis sativa* L.). Quim Nova. 2012;35(10):2040-3.

19. UNODOC – United Nations Office on Drugs and Crime. Recommended methods for the identification and analysis of cannabis and cannabis products. New York; 2009 [cited 2014 Sept]. Available from: http://www.unodc.org/documents/scientific/ST-NAR-40-Ebook.pdf

20. Srivastava A, Yadav VK, Saini VR, Chouhan S. Microscopical and Chemical Study of Cannabis Sativa. International Journal of Scientific & Engineering Research. 2014;5(1):2284-95.

21. Costa AF. Farmacognosia. 5. ed. Lisboa: Fundação Calouste Gulbenkion; 2002.

22. Isaacs, RCA. A structure-reactivity relationship driven approach to the identification of a color test protocol for the presumptive indication of synthetic cannabimimetic drugs of abuse. Forensic Sci Int. 2014;242:135-41.

23. Kelly JF, Addanki K, Bagasra O. The non-specificity of the Duquenois-Levine field test for marijuana. The Open Forensic Science Journal. 2012;5:4-8.

24. Eiras MM, de Oliveira DN, Ferreira MS, Benassi M, Cazenave SOS, Catharin RR. Fast fingerprinting of cannabinoid markers by laser desorption ionization using silica plate extraction. Anal Methods. 2014;6:1350-2.

25. Omar J, Olivares M, Amigo JM, Etxebarria N. Resolution of co-eluting of Cannabis Sativa in comprehensive two-dimensional gas chromatography/mass spectrometry detection with Multivariate Curve Resolution-Alternating Least Squares. Talanta. 2014;121:273-80.

26. Ambach L, Penitschka F, Broillet A, Konig S, Weinmann W. Simultaneous quantification of delta-9-THC, THC-acid A, CBN and CBD in seized drugs using HPLC-DAD. Forensic Sci Int. 2014;243:107-11.

27. Auwärter V, Wohlfarth A, Traber J, Thieme D, Weinmann W. Hair analysis for Δ^9-tetrahydrocannabinolic acid A-New insights into the mechanism of drug incorporation of cannabinoids into hair. Forensic Sci Int. 2010;196:10-3.

28. Pinarkara E, Kayis SA, Hakki EE, Sag A. RAPD analysis of seized marijuana (Cannabis sativa L.) in Turkey. Eletron J Biothecnol. 2009;12(1):1-8.

29. Castro JLO. Desempenho forense de microssatélites para a investigação da origem de Cannabis sativa no Brasil e Paraguai [dissertação de mestrado]. Brasília: Universidade Católica de Brasília; 2006.

30. Shibuya EK. Rastreamento da origem geográfica de amostras de maconha apreendidas nas ruas de São Paulo por meio de assinaturas químicas [tese de doutorado]. São Paulo: Universidade de São Paulo; 2005.

31. Musshoff F, Madea B. Review of matrices (urine, blood, hair) as indicators of recente or ongoing Cannabis use. Ther Drug Monit. 2006;28(2):155-63.

32. Spinelli E. Cannabis Sativa: determinação do 11-nor-9--carboxi-tetraidrocanabinol em urina por cromatografia em camada delgada de alta eficiência. In: Moreau RLM, Siqueira MEPB. Toxicologia analítica. 1. ed. Rio de Janeiro: Guanabara Koogan; 2008. p. 228-31.

33. Drummer, OH. Drug testing in oral fluid. Clin Biochem Rev. 2006;27:147-59.

34. Nestíc M, Babic S, Pavlovic DM, Sutlovic, D. Molecularly imprented solid phase extraction for simultaneous determination of Δ^9-tetrahydrocannabinol and its main metabolites by gas chromatography-mass spectrometry in urine samples. Forensic Sci Int. 2013;231:317-24.

35. Lowe RH, Abraham TT, Darwin WD, Herning R, Cadet LJ, Huestis MA. Extended urinary Δ9-tetrahydrocannabinol excretion in chronic cannabis users precludes use as a biomarker of new drug exposure. Drug Alchool Depend. 2009;105(1-2):24-32.

36. Huestis MA, Barnes A, Smith ML. Estimating the time of last cannabis use from plasma delta-9-tetrahydrocannabinol and 11-nor-9-carboxy-delta-9-tetrahydrocannabinol concentrations. Clin Chem. 2005;51(12):2289-95.

37. Manno JE, Manno BR, Kemp PM, Alford DD, Abukhalaf IK, McWilliams ME, Hagaman FN, Fitzgerald MJ. temporal indication of marijuana use can be estimated from plasma and urine concentrations of δ9-tetrahydrocannabinol, 11-hydroxy-δ9-tetrahydrocannabmol, and 11-nor- δ9-tetrahydrocannabinol-9-carboxylic acid. J Anal Toxicol. 2001;25:538-49.

38. Lee D, Milman G, Barnes AJ, Goodwin RS, Hirvonen J, Huestis MA. oral fluid cannabinoids in chronic, daily cannabis smokers during sustained, monitored abstinence. Clin Chem. 2011;57(8):1127-36.

39. Huestis MA, Henningfield JE, Cone EJ. Blood cannabinoids. II. Models plasma concentrations of delta 9-tetrahydrocanabinol (THC) and 11-nor-9-carboxy-delta-9-tetrahydrocanabinol (THCCOOH). J Anal Toxicol. 1992;16:283-90.

40. Smith-Kielland A, Skuterub B, Morland J. Urinary excretion of 11-nor-9-carboxy-Δ^9-tetrahydrocannabinol and cannabinoids in frequent and infrequent drugs users. J Anal Toxicol. 1999;23:323-32.

41. Duvivier WF, van Beek TA, Pennings EDM, Nielen MWF. Rapid analysis of Δ^9-tetrahydrocanabinol in hair using direct analysis in real time ambient ionization orbitrap mass spectrometry. Mass Spectrom. 2014;28:682-90.

42. Oliveira CDR. Determinação de canabinoides em cabelo por microextração em fase sólida por headspace e análise por espectrometria de massa associada à cromatografia em fase gasosa [dissertação de mestrado]. São Paulo: Faculdade de Ciências Farmacêuticas da Universidade de São Paulo; 2005.

43. Tsanaclis L, Nutt J, Bagley K, Bevan S, Wicks J. Differentiation between consumption and external contamination when testing for cocaine and cannabis in hair samples. Drug Test Analysis. 2014;6:37-41.

44. Dulaurent S, Gaulier JM, Impert L, Morla A, Lachâte G. Simultaneous determination of Δ^9-tetrahydrocanabinol, cannabidiol, cannabinol and 11-nor-Δ^9-tetrahydrocanabinol-9-carboxylic acid in hair using liquid chromatography-tandem mass spectrometry. Forensic Sci Int. 2014;236:151-6.

45. Anizan S, Milman G, Desrosiers N, Barnes AJ, Gorelick DA, Huestis MA. Oral fluid cannabinoid concentrations following controlled smoked cannabis in chronic and occasional smokers. Anal Bioanal Chem. 2013;405:8451-61.

46. Molnar A, Lewis J, Doble P, Hansen G, Prolov T, Fu S. A rapid and sensitive method for delta-9-tetrahydrocanabinol in oral fluid by liquid chromatography-tandem mass spectrometry. Forensic Sci Int. 2012;215:92-6.

47. Costa JL. Características das amostras convencionais e não convencionais. In: Moreau RLM, Siqueira MEPB. Toxicologia analítica. 1. ed. Rio de Janeiro: Guanabara Koogan; 2008. p. 41-5.

CAPÍTULO 11

ALUCINÓGENOS

Pablo Alves Marinho

Silvia de Oliveira Santos Cazenave

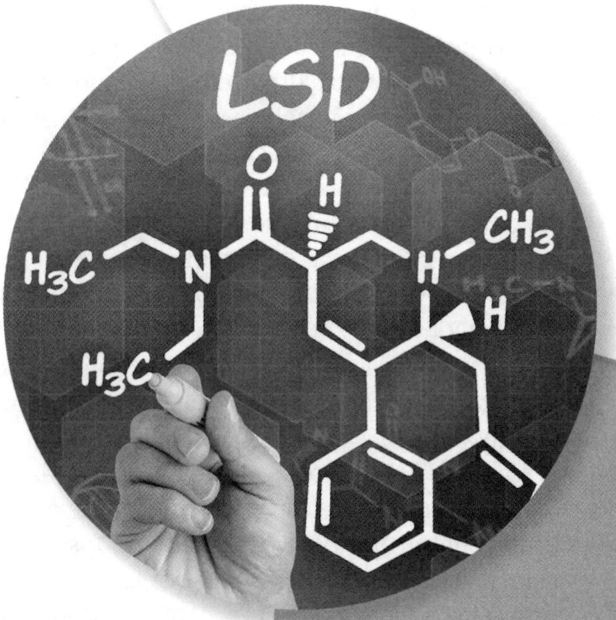

11.1 Resumo

Alucinógenos são substâncias psicoativas capazes de causar intensas alterações na percepção, humor e cognição mediadas, na maior parte das vezes, pela interação com o sistema serotoninérgico. Muitos desses compostos foram e até hoje são utilizados em cerimônias ritualísticas, com intuito de aproximar o indivíduo com as divindades espirituais. Apesar de possuírem menor toxicidade aguda em doses recreacionais do que as drogas convencionais e pelo fato de os alucinógenos clássicos não induzirem dependência química, são equivocadamente considerados como drogas seguras pelo público que os utiliza para fins abusivos. A aplicação desses compostos na terapêutica médica para diversos distúrbios psíquicos e orgânicos sempre acompanhou a história dessas drogas, porém com pouco sucesso evidenciado até o presente momento. O presente capítulo traz uma revisão de alguns alucinógenos mais estudados pela literatura científica, que, embora sejam proscritos em vários países, são utilizados para fins recreacionais.

11.2 Drogas alucinógenas

Alucinógenos são substâncias que têm a capacidade de provocar alucinação, mas também outros efeitos, como delírios, alteração da consciência, percepção, ânimo e perda do contato com a realidade. Desse modo, alguns autores os denominaram de psicomiméticos, pela capacidade de mimetizar efeitos psicóticos e psicodélicos[1]. Graças à utilização dessas substâncias em rituais religiosos, provocando efeitos místicos sobre os seguidores de determinadas seitas, o termo enteógeno passou a ser utilizado também [2]. No entanto, existem denominações mais genéricas para o termo alucinógeno, podendo contemplar compostos como os canabinoides, *ecstasy*, colinérgicos etc. [1].

Uma das características dessas substâncias é o potencial de causar profunda distorção da percepção da realidade no indivíduo, desencadeando efeitos relatados pelos usuários como experiências rápidas, mudanças intensas de emoções, capacidade de visualizar coisas, ouvir sons e sentir sensações que, apesar de parecerem reais, não o são.

Basicamente podemos dividir os alucinógenos entre os de origem natural, presentes em plantas (DMT, ibogaína, mescalina, salvinorina A) e fungos (psilocibina), e os de origem sintética ou semissintética (LSD, MDMA, DOB, NBOMe). Também podemos separá-los em alucinógenos clássicos (LSD, mescalina, psilocibina) e drogas dissociativas (cetamina, fenciclidina) [3].

Quimicamente, pode-se dividi-los em derivados das triptaminas, que possuem semelhança estrutural com a serotonina, e derivados das fenetilaminas, que possuem estrutura química similar às catecolaminas endógenas, como a norepinefrina, dopamina e epinefrina.

Os agentes psicodélicos diferem das outras classes de drogas por sua capacidade de induzir estados de percepção alterada, além de pensamentos e sentimentos dificilmente experimentados em outras ocasiões, salvo em sonhos ou em experiências místicas e religiosas. Apesar de a toxicodinâmica desses alucinógenos não estar completamente elucidada, por sua complexidade de atuação no sistema nervoso central, os estudos demonstram que seus efeitos são decorrentes de uma ação agonista sobre receptores serotoninérgicos, principalmente no subtipo $5HT_{2A}$ [1]. Dessa forma, esses compostos provocariam uma alteração temporária da comunicação entre regiões do cérebro com o sistema nervoso periférico, responsáveis por regularem atividades como percepções sensoriais, humor, sono, fome, temperatura corporal, desejo sexual e controle motor [3].

Entre os efeitos típicos do uso dos alucinógenos podemos citar os sintomas psíquicos (alterações de humor, tempo, despersonalização, alucinações visuais); sintomas de percepção (alterações das formas e cores, dificuldade em focar objetos, aguçamento da audição, sinestesia) e sintomas somáticos (tonturas, fraqueza, tremores, náuseas, sonolência, parestesia, visão turva) [4]. Essas manifestações de alguma forma alteram a psique do indivíduo, modificando sua percepção da realidade e, em última instância, alterando sua forma de enxergar a vida e a morte.

Sua relativa baixa toxicidade quando utilizados em doses recreativas não causa danos significativos nos órgãos periféricos dos usuários, e relatos de mortes decorrente do uso isolado desses compostos não são descritos na literatura até o presente momento. Outro ponto a se destacar é que os alucinógenos clássicos não possuem a capacidade de ativar o sistema de gratificação cerebral, mediado pelos neurotransmissores dopaminérgicos, impedindo o desenvolvimento de um padrão de reforço e de dependência química com essas drogas em humanos e em modelos animais [5]. No entanto, principalmente no caso de usuários de LSD, são relatados efeitos adversos como o *flashback*, caracterizado por recorrentes alucinações visuais no indivíduo que já teve contato com a droga em algum momento da sua vida. Tal experiência não possui relação com a frequência de uso da droga nem possui uma prevalência significativa entre os usuários. Apesar de os casos de overdose não serem comuns, os efeitos psíquicos podem levar o indivíduo a perder a racionalidade sobre seu padrão de comportamento e realizar atividades que o coloque em risco de morte [6].

A população em geral pouco conhece sobre os efeitos e riscos associados aos alucinógenos, bem como os profissionais da área de saúde que costumam lidar com drogas em geral. Apesar das tentativas de utilizá-los na terapêutica, nenhum deles apresentou um risco/benefício que fosse aceitável. Pesquisas que poderiam ser realizadas para entender mais profundamente o mecanismo molecular desses compostos e propor sua utilização em determinadas condições patológicas dificilmente são realizadas em razão do controle legal que existe mundialmente sobre a maioria dos alucinógenos [1].

Apesar da maior segurança toxicológica ante outras drogas [7] e do não desenvolvimento de dependência química de alguns desses compostos, nos Estados Unidos e no Brasil a maioria dos alucinógenos são proibidos.

11.2.1 LSD (dietilamida do ácido lisérgico)

11.2.1.1 Histórico

No verão de 1938, o LSD foi sintetizado pelo químico Albert Hofmann, o qual trabalhava no laboratório farmacêutico da Sandoz na Suíça. Ele pesquisava aplicações terapêuticas dos derivados do ácido lisérgico, tendo sintetizado mais de vinte compostos diferentes. Um deles foi denominado *Lysergsäurediathylamid* 25 ou LSD-25. O significado do número 25 após o nome do composto químico tem algumas explicações, entre elas, o fato de o LSD ter sido o vigésimo quinto composto sintetizado pelo cientista. Outras versões encontradas na literatura explicam que esse número representaria a dose da droga necessária para produzir alucinação (25 µg) ou a data da descoberta da droga (2 de maio). Cinco anos após ter sintetizado o LSD, em 1943,

Hofmann ingeriu acidentalmente uma diminuta quantidade da substância e experimentou uma série de efeitos sensoriais assustadores, tendo relatado, posteriormente, ter visto uma sucessão ininterrupta de imagens fantásticas de extraordinária plasticidade, acompanhada de um intenso jogo de cores semelhante a um caleidoscópio. Sem saber realmente a causa daqueles efeitos, mas suspeitando do LSD que havia manipulado naquele dia, Hofmann, três dias depois, ingeriu uma solução contendo 250 µg de tartarato de LSD para tal confirmação e experimentou, desta vez, efeitos mais pronunciados, visto que essa dosagem é dez vezes maior do que aquela necessária para produzir alucinações. Segundo os dados históricos, Hofmann, mesmo sob efeito da droga, voltou para casa de bicicleta, tendo relatado durante o trajeto alguns dos sintomas experimentados por ele. Baseado nesse histórico é que vários selos contendo LSD possuem impressa a figura de um homem sobre uma *bike*, em alusão ao que ocorreu com Hofmann [3,8,9].

A disseminação do LSD no mercado negro começou com intelectuais atraídos pelas emoções e estimulação mental decorrentes do efeito da droga. A proibição veio em 1966, pelo governo norte-americano, levando a Sandoz a retirar a droga do mercado. Tal medida não impediu a comercialização do LSD pelo mercado ilícito, onde 100 µg da droga podiam ser vendidas por até quinze dólares na época. O LSD foi objeto de vários estudos que tentavam utilizá-lo na terapêutica. Em vários pacientes ele foi empregado para tratar alguns distúrbios patológicos ou psicológicos, como no tratamento de crianças autistas esquizofrênicas, de indivíduos alcoolistas, homossexuais e de mulheres frígidas. Foi empregado como analgésico e coadjuvante na psicoterapia, aumentando a interação paciente-médico e permitindo um maior autoconhecimento do indivíduo [8].

11.2.1.2 Padrão de uso

A dietilamida do ácido lisérgico (LSD) é uma substância semissintética, produzida a partir do ácido lisérgico, alcaloide produzido pelo fungo *Claviceps purpurea*, fungo que representa um grupo de ascomicetos patogênicos [10]. A Figura 11.1 apresenta a estrutura química do LSD.

São várias as formas de uso do LSD introduzidas na década de 1960, quando a droga chegou aos Estados Unidos, e mantidas até os dias de hoje. Os suportes mais comuns utilizados para incorporar a droga são papéis adsorventes (*blotter paper*), cubos de açúcar e pós inertes introduzidos dentro de cápsulas gelatinosas.

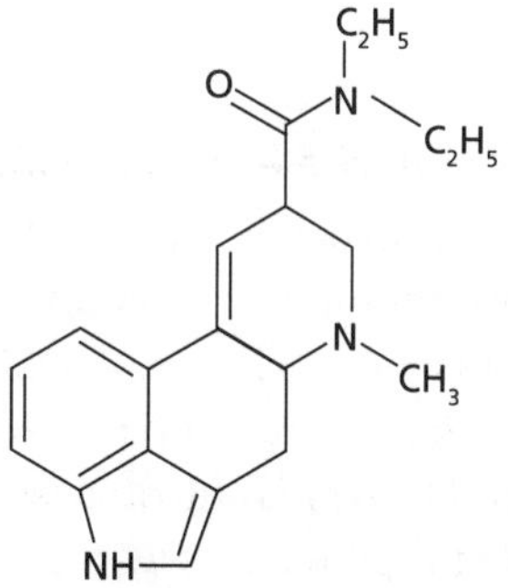

Figura 11.1 Estrutura química do LSD.

Existem também pequenos comprimidos, com cerca de 2,0 mm de diâmetro, conhecidos como micropontos. Também pode ser incorporado numa matriz de gelatina que, após solidificada, é cortada em cubos, designados de *window panes*. Os selos são papéis adsorventes deixados numa solução contendo LSD, que, posteriormente, passaram a ser impressos com vários tipos de figuras (Figura 11.2). Esses selos são picotados e contêm uma dosagem variável de LSD, sendo utilizados pelos usuários pela via sublingual [11,12].

A

B

Figura 11.2 A) a C) Selos de papel; e D) micropontos no formato de estrela contendo LSD. (*continua*)

C

D

Figura 11.2 A) a C) Selos de papel; e D) micropontos no formato de estrela contendo LSD. [Veja esta figura colorida ao final do livro.] (*continuação*)

Fonte: Autor.

11.2.1.3 Toxicocinética e toxicodinâmica

Os efeitos provocados pelo LSD iniciam em trinta a noventa minutos após a absorção e podem perdurar por seis a doze horas. Após a absorção do LSD, o pico de concentração plasmática ocorre entre três e cinco horas, não ultrapassando a concentração de 10 ng/mL numa dosagem de até 4 µg/kg. O volume de distribuição é de 0,3 L/kg e a taxa de ligação proteica é de 90%. O LSD possui uma meia-vida ($t_{1/2}$) de distribuição de 5,1 horas e é extremamente biotransformado pelo fígado, formando metabólitos inativos, sendo apenas 1% da substância absorvida excretada inalterada na urina [9,13].

Entre os metabólitos formados durante a biotransformação do LSD, podem ser citados: N-desmetil-LSD ou *nor*-LSD; 13-hidroxi-LSD; 14-hidroxi--LSD; etilamida do ácido lisérgico (LAE); 2-oxo-LSD e o 2-oxo-3-hidroxi-LSD. Os produtos de biotransformação hidroxilados podem ser excretados conjugados com o ácido glicurônico. O *iso*-LSD (diasteroisômero do LSD) também pode ser encontrado em urina de usuários, mas não como produto de biotransformação do LSD, e sim como um contaminante da droga administrada pelo indivíduo. Em doses típicas utilizadas pelos usuários, o pico de concentração urinária do LSD dificilmente ultrapassa 10 ng/mL, atingindo menos de 0,2 ng/mL decorridas 24 horas do uso [9,13,14].

As primeiras pesquisas com LSD apontavam para um efeito de antagonismo nos receptores de serotonina, porém essa hipótese foi deixada de lado rapidamente. Pesquisas posteriores mostraram que o LSD e outros alucinógenos aumentam os níveis de serotonina. Apesar de o mecanismo de ação do LSD não estar completamente elucidado, aceita-se a hipótese de que os efeitos provocados por essa droga são decorrentes da interação agonista com os receptores serotoninérgicos do tipo $5HT_1$ e $5HT_{2A}$. Existem alguns trabalhos que mostram que a utilização de antagonistas de $5HT_2$ em ratos bloqueia os efeitos de vários alucinógenos, entre eles o LSD [1].

Os efeitos mais proeminentes ocorrem no córtex cerebral e *locus coeruleus*, regiões responsáveis pela cognição, percepção, humor e recebimento de sinais sensoriais originados em todo o corpo [3].

Muitos dos efeitos provocados pelo LSD dependem das expectativas e do ambiente em que o usuário se encontra. Apesar de não apresentar elevada toxicidade aguda, é considerado uma droga perigosa em decorrência do desenvolvimento de efeitos como pânico, delírio e comportamento bizarro, que podem resultar em ações irracionais dos usuários [3,11]. Nesses casos, o usuário pode achar que tem superpoderes e, com a alteração da capacidade de julgamento, pode arriscar-se em ações perigosas. Em indivíduos predispostos, a droga pode catalisar episódios de psicose e depressão, podendo levar ao suicídio [1].

Entre as drogas conhecidas, o LSD é a que apresenta maior potência alucinógena, sendo mais potente que a psilocibina (alcaloide presente no cogumelo *Psilocybe*) e a mescalina (alcaloide presente no cacto peiote) [1,15,16].

Uma característica da utilização do LSD é a possibilidade de desenvolver um efeito retardado, denominado *flashback* ou transtorno perceptivo persistente por alucinógeno, cuja causa ainda é obscura. Nesses casos, os usuários podem experimentar, meses ou anos após o contato com a droga, alucinações que podem perdurar por minutos ou horas [3,11].

Os efeitos decorrentes do uso do LSD podem variar muito, dependendo da dose utilizada e das características do usuário, tais como personalidade, expectativas, humor e interação com o ambiente. A síndrome resultante da utilização dessa droga (denominada "viagens") pode ser agradável ou não, sendo esta última denominada *bad trip*.

Comparadas aos efeitos de outros alucinógenos, as alterações fisiológicas secundárias relacionadas com o uso do LSD não são muito significantes, a saber: midríase, aumento da frequência cardíaca e pressão arterial, perda do apetite, boca seca, suor, náuseas e tremores. As alterações principais provocadas pela droga ocorrem em níveis emocionais e sensoriais que podem se alterar rapidamente, permitindo ao usuário experimentar várias sensações ao mesmo tempo. Ocorre também uma estimulação dos sentidos, levando a uma intensificação das sensações de cor, cheiro e som, podendo levar ao processo de sinestesia, em que o indivíduo parece escutar cores e ver sons. As alucinações podem causar uma distorção da forma e movimentos dos objetos, bem como uma modificação das sensações do próprio corpo, de espaço e tempo, em que este parece imobilizar-se ou passar lentamente [3,8].

A utilização da droga pode induzir um estado de psicose, no qual ocorre uma distorção e desorganização da capacidade de reconhecimento da realidade, pensamento racional e comunicação com outras pessoas, podendo persistir por um longo período da vida do indivíduo, mesmo naqueles que não tenham um histórico de desordem psicológica. Caracteriza-se por uma dramática oscilação do humor, variando de um estado de mania a depressão profunda [3].

O LSD é uma droga considerada fisiologicamente segura, uma vez que possui pouca ou nenhuma afinidade por receptores em locais responsáveis pelas funções vitais do organismo [1].

A tolerância aos efeitos do LSD ocorre rapidamente, mas é finalizada quando há interrupção do uso da droga. Tal fato ocorre em razão de uma diminuição da densidade de receptores $5HT_2$ após o uso repetido, conforme demonstrado em ratos [17].

Há tolerância cruzada com outros alucinógenos, como a psilocibina e a mescalina, mas não com outros tipos de drogas, como maconha, cocaína e *ecstasy*. Não há também evidências da ocorrência de síndrome de abstinência e dependência química com o uso repetido da droga. Tal fato se explica pela não atuação sobre o sistema dopaminérgico na região de gratificação cerebral, localizada no sistema mesocorticolímbico (região responsável pela sensação de prazer), diferentemente de outras drogas reforçadoras, como etanol, cocaína, anfetamínicos, opioides, barbitúricos etc. Outro fato que corrobora esse achado é que a maioria dos animais tratados com LSD não apresenta estímulo reforçador para essa droga. Portanto, a utilização crônica de LSD não é usual, sendo utilizado principalmente por jovens em ocasiões esporádicas [1,3].

11.2.1.4 Métodos analíticos

Para análise de triagem no local da apreensão da droga bruta, pode ser empregado o teste colorimétrico utilizando o reagente de Ehrlich (2,0 g de p-dimetilbenzaldeído em 50 mL de etanol e 50 mL de ácido clorídrico concentrado), que, ao ser gotejado sobre o selo, provoca uma coloração violeta após alguns minutos (Figura 11.3). O limite de detecção para esse ensaio é de um micrograma para o LSD e não é específico para o LSD, sendo necessária a confirmação por outro método mais seletivo, como a cromatografia líquida com detector de ultravioleta ou de massas.

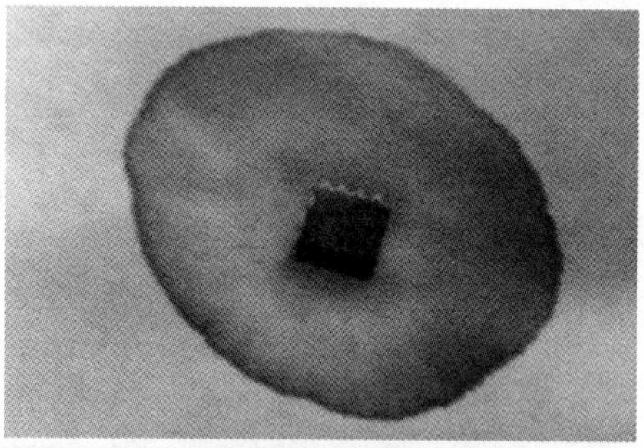

Figura 11.3 Reação do LSD presente em selo com o reagente de Ehrlich. [Veja esta figura colorida ao final do livro.]

Fonte: Autor.

O uso de imunoensaio é uma alternativa viável para pesquisa de LSD em urina, no entanto alguns medicamentos podem levar a falso-positivos, como a clorpromazina, sertralina, haloperidol, fentanil, entre outros, sendo, portanto, válido apenas como triagem da droga [18].

Outra técnica empregada nos testes de triagem é a cromatografia em camada delgada (CCD) com aditivo fluorescente na fase estacionária, podendo ser utilizada como fase móvel a mistura clorofórmio:metanol (9:1) ou clorofórmio:acetona (2:8), e a visualização sendo feita com luz ultravioleta (254 nm ou 365 nm) ou com o revelador de Dragendorff, iodoplatinado acidificado ou Van Urk [11,19].

Para determinação quantitativa do LSD em diferentes tipos de amostras, as técnicas usualmente empregadas são a cromatografia líquida com detector de fluorescência ou ultravioleta e a cromatografia em fase gasosa, líquida ou eletroforese capilar acopladas à espectrometria de massas [13,16,20,21].

Para análise de LSD, deve-se conhecer algumas de suas propriedades físico-químicas, que, *a priori*, podem dificultar sua identificação e quantificação. Os empecilhos na análise resultam da sua instabilidade térmica (é decomposto em temperaturas acima de 85°C); sensibilidade à luz ultravioleta; relativa instabilidade em soluções com pH menor que 4; pequena janela de detecção; baixa concentração na matriz biológica; baixa volatilidade; e possibilidade de adsorção na coluna cromatográfica [16,22].

Para que o LSD possa ser determinado por cromatografia gasosa, é indicada uma etapa prévia de derivatização, a fim de aumentar a volatilidade e estabilidade do composto. As reações de sililação são as mais utilizadas nesses processos, podendo ser utilizado como agente derivatizante o BSTFA; BSTFA com 1% de TMCS; TFA ou MSTFA:Piridina (1:1) [16,22-24].

A utilização de um padrão interno também é aconselhável, podendo ser empregada a metilpropilamida do ácido lisérgico (LAMPA) ou isótopos deuterados de LSD [13,15].

11.2.1.5 Interpretação dos resultados analíticos

Como as doses recreacionais de LSD utilizadas são menores em relação às outras drogas, as concentrações plasmáticas e urinárias detectadas estão na faixa de ng/mL. Em uma administração de 160 µg de LSD em treze indivíduos, foi verificada uma concentração plasmática máxima de 9 ng/mL [25]. Já uma dose maior de 200 a 400 µg da droga em oito indivíduos levou a uma concentração urinária de 55 ng/mL [26]. Concentrações plasmáticas superiores a 1 ng/mL têm sido associadas com efeitos tóxicos do LSD.

11.2.1.6 Legislação

O LSD e seus isômeros estão enquadrados na lista F2 (lista das substâncias psicotrópicas de uso proscrito no Brasil) da Portaria 344 de 12 de maio de 1998 da Anvisa, atualizada pela RDC nº 63 de 17 de outubro de 2014, imputando aos usuários dessa droga as penalidades previstas na Lei nº 11.343 de 23 de agosto de 2006. Essa lei instituiu o Sistema Nacional de Políticas Públicas sobre Drogas (Sisnad) e prescreve medidas para prevenção do uso indevido, atenção e reinserção social de usuários e dependentes de drogas; estabelece normas para repressão à produção não autorizada e ao tráfico ilícito de drogas; define crimes e dá outras providências. Outros derivados do *ergot*, como ergotamina, ergometrina (ergonovina), di-hidroergotamina, di-hidroergometrina e ácido lisérgico, estão enquadrados na lista D1 (lista de substâncias precursoras de entorpecentes e/ou psicotrópicos). Já o fungo *Claviceps paspali* está contemplado na lista E (lista de plantas que podem originar substâncias entorpecentes e/ou psicotrópicas).

Nos Estados Unidos, o LSD está enquadrado na lista I de Controle de Substâncias, na qual estão contempladas as substâncias com grande potencial de abuso, sem utilidade terapêutica ou com falta de segurança para utilização terapêutica com supervisão médica, sendo essa lista atualizada pela Drug Enforcement Administration (DEA). Já no Reino Unido o LSD está enquadrado na classe A da *Misuse of Drugs Act*, criada em 1971, na qual estão as substâncias de maior toxicidade, imputando aos usuários e traficantes maiores penalidades se comparadas com as substâncias listadas na classe B ou C.

11.3 *SALVIA DIVINORUM*

11.3.1 Histórico

A *Salvia divinorum* é uma erva perene pertencente à família Lamiaceae, usada há muitos séculos em rituais de cura e xamanismo pelos povos indígenas Mazateca de Oaxaca, no México. Popularmente é conhecida como "folha de maria pastora", em referência à crença dos índios de que a erva é uma encarnação da Virgem Maria [27].

A *Salvia divinorum* é a única espécie da família que apresenta propriedades psicoativas conhecidas. Outra espécie muito popular é a *Salvia officinalis*, também conhecida como salva-comum, a qual é natural da bacia do Mediterrâneo e muito utilizada como planta ornamental, medicinal e também como erva aromática, porém desprovida de atividade psicoativa.

A *Salvia divinorum* é tipicamente herbácea ou subarbustiva, medindo entre 30 e 150 cm, com flores atrativas e em várias cores. As folhas da planta são ovais, lanceoladas, dentadas, acuminadas e têm aproximadamente 15 cm. A espécie está dispersa por várias regiões, em especial na América Central [28].

Desde o final da década de 1990, a *Salvia divinorum* vem ganhando popularidade como droga recreativa principalmente pela fácil disponibilidade de compra por meio da internet, além de não ter controle legal em alguns países. Mesmo sendo ilegal a sua posse e uso em mais de treze países no mundo e quinze estados dos Estados Unidos, em 2008, aproximadamente 1,8 milhão de pessoas nos Estados Unidos afirmaram ter utilizado a planta [29].

11.3.2 Padrão de uso

Os índios enrolavam as folhas do vegetal em formato de um charuto, que era mastigado para extrair o suco, o qual era mantido na cavidade bocal para absorção do princípio ativo, denominado de salvinorina A (Figura 11.4). A administração sublingual de tinturas alcoólicas das folhas da sálvia também pode ser empregada. Tradicionalmente a sálvia tem suas folhas mastigadas e engolidas, ou podem ainda ser maceradas para originar uma bebida com seu extrato [30].

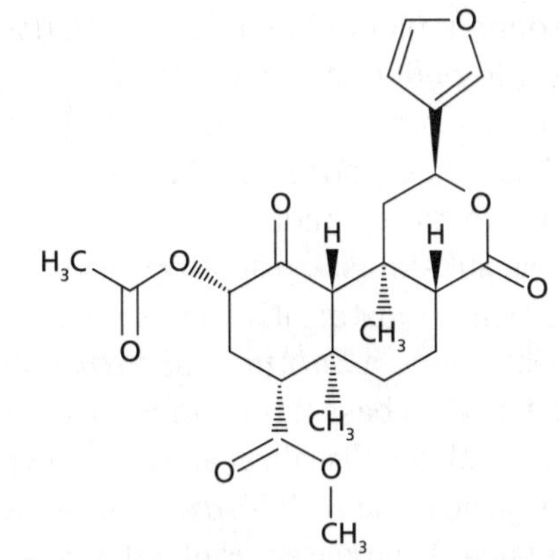

Figura 11.4 Estrutura química da salvinorina A.

Para uso recreacional, a *Salvia divinorum* é preparada de diferentes formas. Uma delas é a inalação da fumaça das folhas secas queimadas, semelhante ao uso da maconha. Porém a vaporização das folhas secas sem queima do vegetal não é uma prática comum, pela necessidade de altas temperaturas para volatilização da substância psicoativa. Os jovens e adultos mascam as folhas secas da *Salvia divinorum*, bebem o extrato das folhas maceradas ou inalam a fumaça obtida pela queima das folhas para obterem o efeito desejado [31].

As folhas secas da *Salvia divinorum* adicionadas a concentrados da substância ativa (salvinorina A) são chamados de extratos. Nesse caso, a salvinoria A é extraída, purificada e depositada sobre as folhas secas em diferentes concentrações. No comércio, são apresentadas em potências de 5x, 10x, 20x etc., que correspondem às quantidades da salvinorina A adicionadas sobre o vegetal desidratado.

11.3.3 Toxicocinética e toxicodinâmica

As plantas pertencentes ao gênero *Salvia* spp. apresentam uma enorme variedade de atividades farmacológicas, incluindo efeitos sedativos, hipnóticos, relaxantes musculares, analgésicos, anticonvulsivantes e neuroprotetores. Até o momento, somente a *Salvia divinorum* demonstrou exercer atividades alucinógenas e, por esse motivo, é a que tem despertado maior interesse para estudos científicos [32].

Após fumar as folhas de *Salvia divinorum*, que apresentam concentrações de salvinorina A variando de 0,89 a 3,70 mg/g, são observadas alucinações, que iniciam após alguns segundos, com pico máximo em dez minutos e efeitos perdurando por aproximadamente vinte minutos [33].

Pela via oral o efeito alucinógeno da salvinorina A é menor do que pela via pulmonar. Isso se deve à baixa taxa de absorção pelo trato gastrointestinal, por causa da degradação do ativo. Para que ocorra, efeitos mais pronunciados pela via oral é necessário que o material permaneça por mais tempo na cavidade bucal e seja absorvido nesse local [34].

A salvinorina A não demonstra nenhuma afinidade pelos receptores serotoninérgicos, diferente dos outros alucinógenos com efeitos psicoativos. Sua atividade é decorrente da estimulação altamente seletiva para os receptores opioides *kappa*, porém sem afinidade pelos receptores $5HT_{2A}$, o qual é o principal receptor envolvido nos efeitos de alucinógenos como o LSD, DMT, psilocibina e mescalina [35-37].

É possível ainda que a salvinorina A atue também em receptores canabinoides tipo 1 (CB1), uma vez que o antagonista canabinoide rimonabanto tenha revertido os efeitos de reforço induzido pelo ativo da *Salvia divinorum* [38].

Os efeitos obtidos pela utilização de *Salvia divinorum* variam de acordo com a forma de utilização, uma vez que a maneira como é consumida pode favorecer ou prejudicar a absorção. Embora não seja o método mais tradicional de se utilizar a *Salvia divinorum*, a inalação mostrou-se o método mais eficiente para proporcionar as alucinações. Na absorção por via oral, os efeitos ocorrem após dez a quinze minutos da ingestão, ao contrário da utilização por inalação, que proporciona alucinações em segundos [39]. Os efeitos dependem da sensibilidade de cada usuário e da quantidade de substância utilizada, podendo variar de sintomas mais leves até efeitos mais pronunciados [40].

11.3.4 Métodos analíticos

O emprego de métodos analíticos que sejam capazes de identificar a salvinorina A e seus metabolitos é uma abordagem útil, visto que a substância apresenta potencial abusivo e é considerada ilegal em alguns países. Existem métodos publicados para detecção dessa substância em fluidos corporais e em material vegetal. Uma técnica relativamente simples que permite a localização de salvinorina A no vegetal é a CCD. Utilizando *swabs* embebidos em clorofórmio para extrair a salvinorina A de partes diferentes da planta foi possível avaliar o padrão de distribuição da substância nela [34]. Por meio desse método, conclui-se que a salvinorina A é especialmente secretada pelos tricomas glandulares da planta. [41] A CCD, apesar de suas limitações de seletividade, ainda é empregada como técnica de triagem em muitos laboratórios.

As amostras botânicas também podem ser analisadas por meio de cromatografia liquida de alta eficiência com detecção no ultravioleta (HPLC-UV), tendo que a salvinorina A em solução metanólica apresenta um máximo de absorção em 211 nm. Caso a detecção seja necessária em matrizes biológicas como sangue, urina e saliva, esta deve ser realizada por meio de técnicas mais sensíveis como a cromatografia gasosa ou líquida acopladas à espectrometria de massas (GC-MS ou LC-MS), isto devido às concentrações determinadas de salvinoria A se encontrarem em níveis de ng/mL.

A utilização de LC-MS se mostra extremamente útil para análise da salvinorina A, uma vez que a extração desse composto em pH elevado provoca a hidrólise do grupo estér presente no terpenoide, prejudicando a análise da substância por GC-MS ou HPLC-UV quando se utiliza essa forma de preparo da amostra. O emprego da técnica por LC-MS ignora esse problema, uma vez que permite a análise direta do vegetal em soluções aquosas ou orgânicas. Para realização de tal análise, a substância é extraída das folhas da planta com acetonitrila:água (1:1), filtradas e posteriormente injetadas no LC-MS [31].

11.3.5 Interpretação dos resultados analíticos

Embora haja trabalhos relacionados à análise de salvinoria A em fluidos biológicos, poucos estudos foram empregados em voluntários usuários da droga [42]. Um desses estudos analisou diferentes amostras biológicas (urina, saliva e suor) de dois voluntários que fumaram folhas da *Salvia divinorum* contendo 0,58 mg de salvinorina A. Os resultados em cada indivíduo mostraram que uma hora após o uso as concentrações de salvinorina A na saliva foram de 25 e 11,1 ng/mL; na urina foram encontrados teores de 10,9 e 2,4 ng/mL do ativo após 1,5 hora do consumo, correspondendo a menos de 2% da dose administrada. No entanto, não foi detectada a presença da substância no suor. Esses dados mostram que a cinética de eliminação da salvinorina A é muito rápida e a baixa concentração desse ativo nas folhas faz com que as concentrações nos fluidos biológicos estejam na faixa de ppb (parte por bilhão), necessitando de métodos muito sensíveis para sua quantificação [33].

11.3.6 Legislação

No dia 2 de junho de 2012, a Anvisa proibiu o uso da *Salvia divinorum* no Brasil por meio da RDC 37, sendo a planta incluída na lista das plantas proscritas que podem originar substâncias entorpecentes e/ou psicotrópicas (lista E) da Portaria 344 de 1998. Além disso, por meio da mesma resolução, a salvinorina A foi incluída na lista F2, onde estão elencadas as substâncias psicotrópicas de uso proscrito no Brasil. A justificativa para a sua proibição foram os riscos que a *Salvia divinorum* provoca à saúde pública, com base nas recomendações da Junta Internacional de Fiscalização de Entorpecentes (Jife). A utilização da *Salvia divinorum* é controlada na Bélgica, Dinamarca, Finlândia, Islândia, Estônia, Suécia, Espanha, Itália, Japão e Austrália e em alguns estados dos Estados Unidos, embora a lei federal desse país não estabeleça nenhum controle sobre o vegetal e seu ativo.

11.4 *Ayahuasca*

11.4.1 Histórico

Ayahuasca é uma palavra de origem indígena que significa "vinho dos mortos". O chá feito dela, assim como outras substâncias alucinógenas, tem sido utilizado por povos indígenas em rituais religiosos [43]. A *ayahuasca* é uma mistura de duas plantas, o cipó jagube ou yagé (*Banisteriopsis caapi*) e a folha chacrona ou rainha (*Psychotria viridis*), originárias da Amazônia. Tradicionalmente é utilizada por várias tribos indígenas ao longo do território brasileiro em rituais religiosos.

Os termos utilizados como hoasca, santo-daime e vegetal representam a mistura das espécies vegetais envolvidas na composição do chá (*B. caapi* e *P. viridis*), enquanto o termo *ayahuasca* seria apenas a designação do cipó em si (*B. caapi*), porém esse termo também é utilizado como a mistura das duas plantas. As substâncias presentes no chá da *ayahuasca* atuam no sistema nervoso central (SNC), promovendo alterações nas emoções e percepção da realidade daqueles que o ingerem, levando a estados alterados de consciência. A mistura entre as duas espécies vegetais age com um sinergismo significante, potencializando as alterações da percepção da mente humana [44].

O chá da *ayahuasca* é uma bebida psicotrópica, alucinógena, que possui em sua constituição -carbolinas e alcaloides, sendo a harmina, harmalina, tetraidro-harmina (THH) e a N,N-dimetiltriptamina (DMT) os principais componentes da mistura dos vegetais (Figura 11.5).

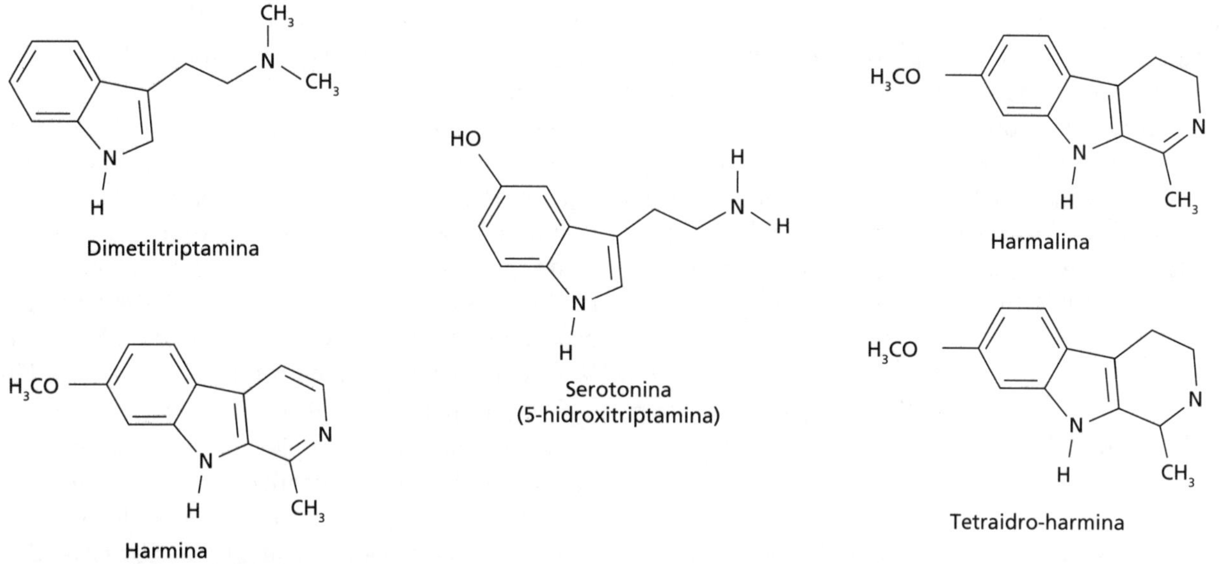

Figura 11.5 Principais alcaloides presentes na *ayahuasca*, apresentando similaridade estrutural com a serotonina.

11.4.2 Padrão de uso

A preparação do chá da *ayahuasca* consiste na cocção do cipó *Banisteriopsis caapi* e das folhas do arbusto Psychotria viridis, sendo essa bebida consumida nas cerimônias ritualísticas, onde os participantes entoam cantos xamânicos e se movimentam constantemente, como uma dança. É comum, antes de se utilizar o chá, as pessoas passarem por longos períodos de isolamento, abstinência sexual e dietas restritivas para alguns alimentos. Inicialmente o uso da *ayahuasca* era restrito à população indígena que vivia desde a região da Amazônia até o sul dos Andes, porém passou a ser incorporado por civilizações rurais do Peru e Colômbia e depois se expandiu para os centros urbanos, sendo hoje utilizado por pessoas que não seguem as religiões tradicionais que utilizam o chá, os denominados neo-ayahuasqueiros. Com a divulgação na mídia da utilização do chá e seus efeitos psicoativos, tem crescido o número de pessoas que se interessam pela experimentação recreativa do chá, observando-se um movimento turístico para as localidades da Amazônia onde são mais comuns os rituais religiosos regados pelo consumo da bebida [45].

11.4.3 Toxicocinética e toxicodinâmica

Tanto a DMT quanto as β-carbolinas agem sobre os receptores serotoninérgicos, sendo que a DMT se liga de forma agonista aos subtipos 5-HT_{1A}, 5-HT_{2A} e 5-HT_{2C}. Após a utilização do chá, os efeitos comuns são os delírios parecidos com sonhos e a sensação de vigilância e estimulação. As β-carbolinas presentes no chá podem produzir alterações na temperatura corpórea e na função motora [46].

Os efeitos adversos comuns do uso do chá são referentes ao acúmulo excessivo da serotonina na fenda sináptica conhecido como síndrome serotoninérgica, desencadeando efeitos como tremor, diarreia, instabilidade autonômica, hipertermia, sudorese e espasmos musculares [47].

A DMT possui efeitos sobre o sistema cardiovascular, provavelmente causados pela interação da substância sobre o receptor 5-HT_{2A}, levando ao aumento da pressão sanguínea, dos batimentos cardíacos e dilatação da pupila [48].

A administração da DMT por via intravenosa alcança rapidamente picos plasmáticos elevados e efeitos significativos após dois minutos da administração. O fato de a DMT ser praticamente inativa por via oral ocorre pela desaminação de sua molécula pelas isoenzimas monoaminoxidases (MAO) intestinal e hepática (Figura 11.6). Ao entrar em contato com essa enzima, a DMT sofre intensa metabolização de primeira passagem, diminuindo sua biodisponibilidade e, consequentemente, dificultando sua chegada no SNC [49].

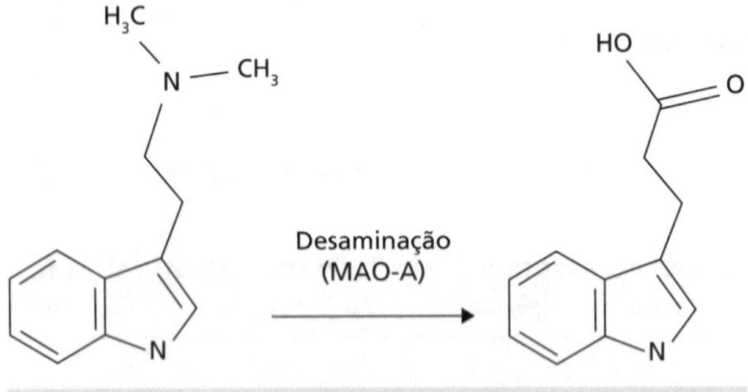

Figura 11.6 Desaminação da DMT pela monoaminoxidase A.

As β-carbolinas são encontradas em diversos vegetais, fungos, animais e também no próprio organismo humano, mas suas funções ainda são incertas no homem. Sua estrutura assemelha-se muito à da serotonina e sua afinidade pelos receptores são altas, especialmente para o 5HT_2 [44].

A ação das β-carbolinas ocorre em vários receptores, podendo também exercer ações psicoativas e contribuir para os efeitos psicotrópicos do chá. Porém, sua principal função no preparo da *ayahuasca* vem da inibição seletiva, reversível e competitiva da enzima MAO, especialmente a MAO-A, que também é responsável pela metabolização da norepinefrina, serotonina e outras triptaminas. Sendo assim, as β-carbolinas facilitam a absorção da DMT e podem aumentar os níveis de serotonina no SNC [44,49].

Além da ação inibidora da MAO, a tetraidro-harmina (THH), segunda β-carbolina mais abundante na *ayahuasca*, também exerce uma função na diminuição da recaptação da serotonina, levando ao aumento dessa monoamina na fenda sináptica, provocando alguns efeitos sensoriais, além do aumento da ação da DMT [48].

11.4.4 Métodos de análise

Em matrizes biológicas, o preparo de amostra pode se dar por meio de uma simples extração com solvente orgânico (por exemplo, 1-clorobutano), seguida de quantificação por LC-ESI-MS. Utilizando esse método, foi possível identificar níveis de DMT em sangue cardíaco numa concentração de 20 ng/mL em um jovem que havia ingerido a *ayahuasca* e veio a óbito. Porém também foram identificados altos níveis de um outro derivado das triptaminas (5-MeO-DMT) numa concentração de 1.880 ng/mL, o que leva a crer que a morte não teria sido decorrente do uso da *ayahuasca*, tendo em vista que a 5-MeO-DMT não é encontrado na *B. caapi* nem na *P. viridis* [50].

Para análise dos alcaloides presentes no chá, pode-se utilizar uma simples extração líquido-líquido, utilizando como solvente extrator o diclorometano, o qual, após evaporação, reconstituição e filtração do extrato, pode ser analisado por GC-MS ou LC-MS. A Figura 11.7 mostra um material apreendido pela Polícia Civil de Minas Gerais que, após preparo da amostra descrito anteriormente, foi analisado por GC-MS, sendo identificada a presença de DMT e harmina no material.

11.4.5 Interpretação dos resultados analíticos

Após a administração em quinze voluntários de uma dose de 2 mL/kg de chá de *ayahuasca*, cujos teores eram de 1,70 mg/mL de harmina, 0,20 mg/mL de harmalina, 0,24 mg/mL de DMT e 1,07 mg/mL de THH, a concentração plasmática de DMT foi obtida por GC-NPD e das β-carbolinas por HPLC-FLU. Os níveis plasmáticos máximos obtidos para harmina, harmalina, DMT e THH foram de 114,8 ng/mL, 6,3 ng/mL, 15,8 ng/mL e 91 ng/mL, respectivamente. Foi possível calcular para a DMT seu tempo de meia-vida (259,4 minutos) e $T_{máx}$ (107,5 minutos), o que coincidiu com o período em que os indivíduos apresentaram os efeitos mais intensos. Vale ressaltar

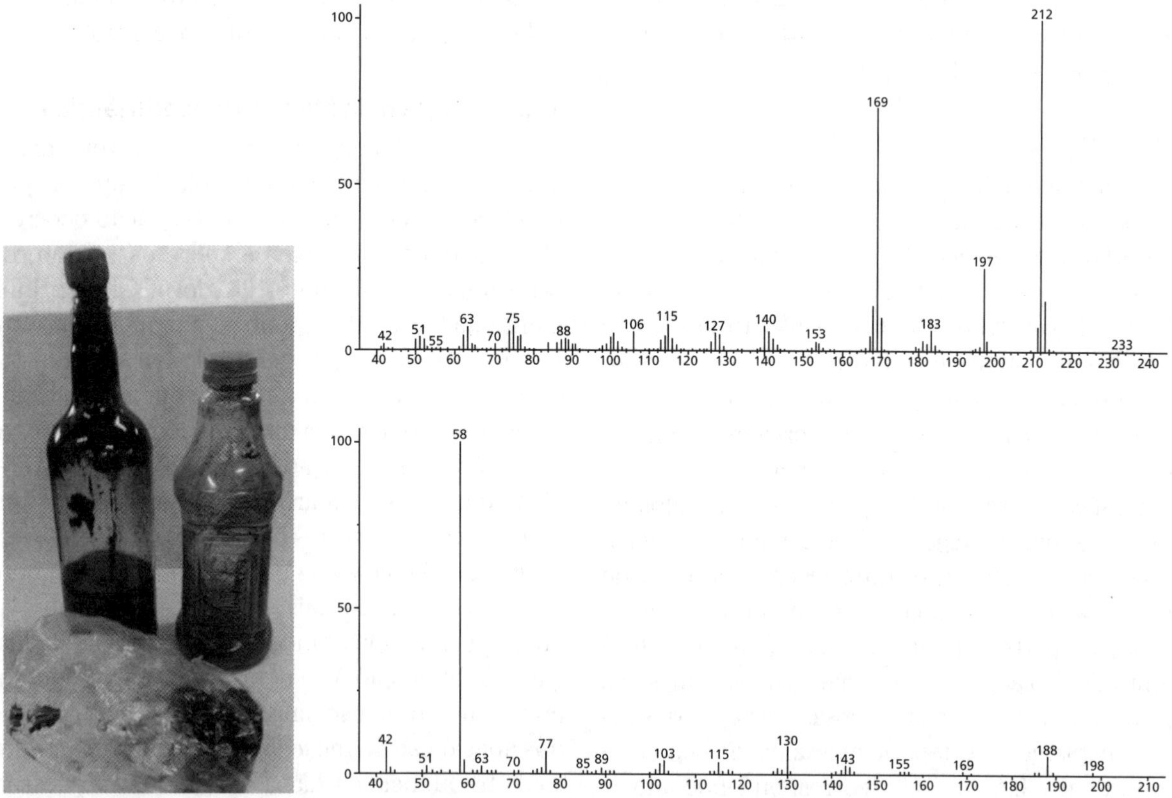

A B

Figura 11.7 A) Material apreendido em Minas Gerais e analisado por GC-MS, sendo identificada a presença de dois alcaloides (harmina e DMT) no líquido escuro. B) Espectros de massas da harmina (superior) e da DMT (inferior). [Veja esta figura colorida ao final do livro.]

que os níveis plasmáticos de THH após 480 minutos de uso do chá se encontravam cerca de cinco vezes maiores que a concentração de harmina e DMT [51].

11.4.6 Legislação

Em 1984, o Conselho Federal de Entorpecentes (Cofen) iniciou pesquisas a respeito da *ayahuasca*, sendo a *Banisteriopsis caapi* colocada na lista de substâncias proscritas da Divisão de Medicamentos (Dimed), na época, responsável pela listagem de substâncias proscritas no Brasil.

Em 30 de julho de 1985 foi publicada a Resolução nº 4 do Cofen, que designou um grupo de trabalho para examinar a questão da produção e consumo das substâncias derivadas de espécies vegetais. A designação do grupo veio para que fossem conduzidos estudos sobre os vegetais, visando a necessidade de conhecer os aspectos toxicológicos e sociais dessa utilização. Um ano depois foi publicada a Resolução nº 6, no dia 4 de fevereiro de 1986, que dispunha sobre a retirada provisória do *Banisteriopsis caapi* da lista de produtos proscritos da Dimed.

Foi no ano de 1987 que o governo brasileiro aprovou o consumo do chá da *ayahuasca* apenas nos contextos cerimoniais das religiões sincréticas no Brasil. Tal decisão do governo repercutiu na civilização moderna por permitir legalmente o uso e a prática religiosa da *ayahuasca* para cidadãos não indígenas. Além da premissa dada pelo governo no ano de 1987, o Conselho Nacional de Políticas Sobre Drogas (Conad) regulamentou o uso da *ayahuasca* para a população não indígena por meio da Resolução nº 5 de 4 de novembro de 2004, que dispunha sobre o uso religioso e sobre a pesquisa da *ayahuasca*.

Em 2001 o Instituto Brasileiro do Meio Ambiente e dos Recursos Naturais Renováveis (Ibama) publicou a Portaria nº 04 para regulamentação da expedição da autorização do transporte de produtos florestais para transporte e preservação da *Psychotria viridis* e do *Bannisteriopsis caapi* para confecção do chá utilizado em rituais religiosos.

Atualmente a DMT está elencada na lista F2 da Portaria 344 de 1998 da Anvisa, na qual estão contempladas as substâncias psicotrópicas de uso proscrito no Brasil, sendo importante a diferenciação entre o consumo recreativo e o ritualístico para o enquadramento penal.

11.5 Mescalina

A mescalina (3,4,5-trimetoxifenetilamina) é o principal alcaloide alucinógeno presente no cacto *Lophophora williamsi* Coult, da família das Cactaceae, o qual é encontrado no norte do México e no sudoeste dos Estados Unidos. O uso ritualístico é uma prática comum pelos índios nativos desses locais, produzindo alucinações visuais intensas.

Sua utilização ritualística tem origem nos ancestrais astecas que denominaram a planta de *peyote*, que significa "coisa peluda", por causa dos tufos de pelos que saem do vegetal. É uma planta pequena, medindo cerca de 5 cm de altura e 8 cm de largura, de coloração azul-esverdeada e que possui uma flor de cor roxa na parte superior de sua coroa. O cacto é encontrado isoladamente ou em grupos, em solos com calcário, em encostas rochosas, leitos de rios secos ou em planícies. O teor de mescalina no *peyote* se encontra entre 0,5% e 1,5%, correspondendo a mais de 30% dos alcaloides totais do vegetal. Além da mescalina (Figura 11.8), existem cerca de trinta alcaloides, como a N-metilmescalina, hordenina, lophophorina, anhalamina, pelotina, entre outros. Vale ressaltar que outra espécie do cacto denominada *Lophophora difusa* possui a pelotina em concentrações muito maiores que a mescalina [52].

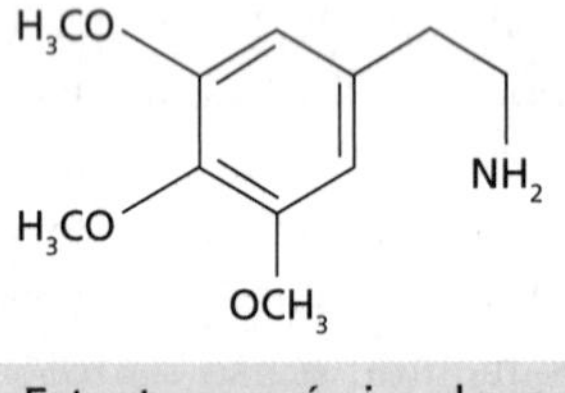

Figura 11.8 Estrutura química da mescalina.

11.5.1 Padrão de uso

O uso da mescalina ocorre principalmente em rituais religiosos, nos quais a parte superior do vegetal (os denominados botões) é mastigada ou embebida em água para produzir um líquido que é ingerido. A dose necessária para produzir a alucinação está em torno de 300 mg, produzindo efeitos que perduram em torno de doze horas. Apesar de ser uma substância natural, a mescalina pode ser sintetizada em laboratório a partir do 3,4,5-trimetoxibenzaldeído, sendo traficada nos Estados Unidos e na Europa na forma de sal (cloridrato ou sulfato) e vendida em pó, comprimidos ou cápsulas [52].

11.5.2 Toxicocinética e toxicodinâmica

A mescalina age no sistema serotoninérgico, o qual é responsável pelo controle do humor, prazer, fome, sensações e percepção. Sua ação ocorre pelo efeito agonista que exerce sobre os receptores da serotonina do subtipo 5-HT_2, localizados principalmente na região do cérebro denominada *locus coeruleus*, o qual projeta neurônio para outras partes do cérebro, liberando a norepinefrina como neurotransmissor e que, em última instância, irá provocar alteração de percepção, cognição, além dos efeitos alucinógenos. Outra área do cérebro onde a mescalina ativa os receptores 5HT é o córtex cerebral, que regula as atividades de pensamento, planejamento e informações sensoriais de toque, audição, visão, cheiro, sendo suas funções modificadas pela alteração na liberação do neurotransmissor glutamato após o uso da mescalina. Entre os efeitos observados após o uso da mescalina, podemos citar: aumento da frequência cardíaca, respiratória e pressão arterial, dilatação das pupilas, aumento da atividade motora, salivação etc. Pelo gosto amargo e ácido do *peyote*, são comuns sensações de náusea e vômitos quando ingeridos vários botões do vegetal para alcançar os efeitos psicodélicos [53].

Efeitos desagradáveis como fortes tensões musculares na face e no pescoço, náuseas e enjoos podem durar até uma hora, sendo substituídos por sensação de tranquilidade, aumento de consciência, pensamentos rápidos, intensificação das cores e alterações no tamanho dos objetos, que desaparecem após algumas horas do consumo [54].

11.5.3 Métodos de análise

A mescalina é prontamente extraída do cacto pela utilização de um solvente orgânico em meio básico (metanol:amônia 99:1), dada sua característica básica e relativa polaridade. O processo de extração pode ocorrer com quatro extrações sucessivas do solvente em agitador de tubos ou ultrassom. Em casos de análise por GC ou HPLC, uma etapa prévia de *clean up* poderá ser realizada com éter etílico para retirar a fração lipídica da amostra. Para análise por CCD, o eluente metanol:amônia (100:1,5) pode ser empregado, e como revelador, o reagente de ninidrina ou luz ultravioleta a 254 nm, sendo a mescalina visualizada num fator de retenção (Rf) aproximado de 0,24. Caso a mescalina se encontre na forma de pó, comprimidos ou cápsulas, o solvente adequado para extração é o metanol, dada a adequada solubilidade dos sais de cloridrato e sulfato de mescalina nesse solvente. Para análises preliminares nos sais de mescalina, pode-se utilizar o reagente de Marquis, o qual desenvolverá uma coloração alaranjada, indicando a presença do alcaloide [52].

Para análise em fluidos biológicos, a extração líquido-líquido ou a extração em fase sólida, utilizando C18 como solvente, podem ser empregadas, seguidas de quantificação por GC-MS após derivatização com TFA ou HFB. A análise por LC-APCI-MS também pode ser utilizada, com a vantagem de não haver a necessidade de uma etapa prévia de derivatização [55].

11.5.4 Interpretação dos resultados analíticos

Após o uso de *peyote* durante uma cerimônia religiosa, um homem de 53 anos morreu decorrente de disparo de arma de fogo durante o culto. Depois de análises de suas amostras biológicas por GC-NPD foi possível determinar níveis de mescalina de 2,95 mg/L (sangue femoral), 2,36 mg/L (humor vítreo), 8,2 mg/kg (fígado) e 2,2 mg/kg (cérebro). Não foi identificada a presença de outras drogas e álcool na urina e sangue do indivíduo [7]. Níveis de mescalina no sangue (9,7 mg/L), no fígado (70,8 mg/kg) e urina (1.163 µg/L) também foram encontrados no caso fatal de um indivíduo sob efeito da droga, analisado por Reynolds e Jindrich [6].

11.5.5 Legislação

Tanto a mescalina quanto a *Lophophora williamsi* estão elencados nos Estados Unidos na lista I (lista das substâncias com alto potencial de abuso, sem indicação médica ou que não tenham segurança para serem utilizada na terapêutica). No Brasil o cacto se encontra na lista E (lista das plantas proscritas que podem originar substâncias entorpecentes ou psicotrópicas), e a mescalina, na lista F2 (lista das substâncias psicotrópicas proscritas) da Portaria 344 de 1998 da Anvisa.

11.6 COGUMELOS ALUCINÓGENOS

11.6.1 Histórico

O uso de cogumelos alucinógenos em rituais espirituais é uma prática milenar, muito utilizada pelos habitantes do antigo império asteca e que permanece até hoje na tradição nativa dos indígenas mexicanos, os quais utilizam a *Psilocybe mexicana* para obter os efeitos psicodélicos. Há relatos do consumo dessas substâncias por indígenas da América do Sul em 1500 a.C. O gênero *Psilocybe* é um tipo de cogumelo cosmopolita que possui mais de 140 espécies, sendo que oitenta delas possuem substâncias psicoativas, destacando-se as espécies *semilanceata*, *cubensis* e *mexicana*. É comum encontrar esses cogumelos nas regiões tropicais e subtropicais da América do Sul, México e Estados Unidos. Os principais alcaloides encontrados nessas espécies são a psilocibina, com um teor de até 2%, baeocistina (possivelmente um precursor da psilocibina) e traços de psilocina, que é um metabólito ativo da psilocibina, produzido por ação enzimática ou durante a secagem do cogumelo [52].

Albert Hofmann, após sintetizar o LSD em 1938, também foi um dos responsáveis por isolar as duas substâncias psicoativas do cogumelo *Psilocybe*, a psilocibina e a psilocina (Figura 11.9). Estas chegaram a ser lançadas no mercado pelo laboratório Sandoz com o nome comercial de Indocibina para fins psiquiátricos, porém sua venda foi descontinuada em 1965, quando a psilocibina passou a ser controlado pelo governo norte-americano [56].

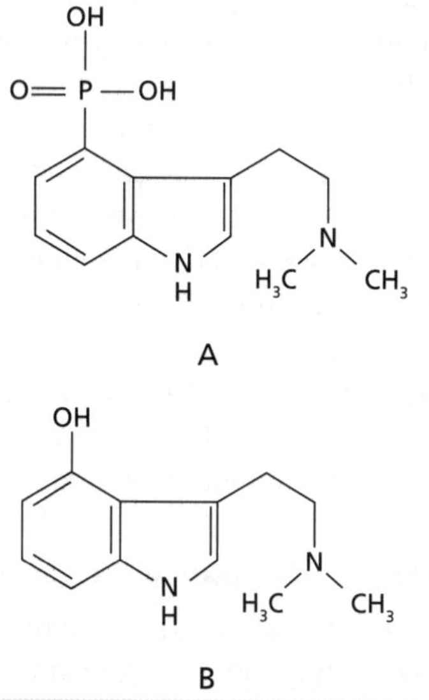

Figura 11.9 Estruturas químicas (A) da psilocibina; e (B) da psilocina.

11.6.2 Padrão de uso

A forma mais comum de utilização desses cogumelos é por meio da ingestão da cápsula e do caule do cogumelo fresco ou seco, podendo também ser misturado com alimentos (sopas, omeletes, *milk shake* e chocolates quentes) ou bebidos na forma de chá. Por seu gosto picante, os cogumelos, às vezes, são pulverizados e misturados em cápsulas de gelatina. Alguns usuários relatam o consumo pela via pulmonar, sendo fumado juntamente com a maconha. A dose usual é de 10 a 20 mg dos alcaloides, ou seja, 1 a 2 g do cogumelo, considerando uma média de 1% da presença dos alcaloides no fungo [14,56].

11.6.3 Toxicocinética e toxicodinâmica

Os efeitos alucinógenos são principalmente devidos à psilocina, a qual é biotransformada no organismo após a ingestão da psilocibina. Tal reação é mediada por enzimas fosfatases e esterases presentes na mucosa intestinal que clivam o grupamento do ácido fosfórico da molécula, sendo o alcaloide desfosforilado (psilocina) absorvido para circulação sistêmica. Este, por sua vez, é biotransformado pelas enzimas monoaminoxidases e aldeído desidrogenase hepáticas, formando os metabólitos ácido 4-hidroxi-indol-acético,4-hidroxi-indol-acetaldeído e 4-hidroxi-triptofol. Também é encontrado na urina a psilocina conjugada com ácido glicurônico, que é formada durante a fase II da biotransformação.

A psilocina é um agonista dos receptores serotoninérgicos $5HT_{1A}$, $5HT_{1C}$ e adrenérgicos. Uma dose oral de 12 a 25 mg de psilocibina provoca efeitos psicotrópicos como alucinações visuais, pensamentos desorganizados e mudanças no humor e emoção. Outros efeitos podem aparecer, como sensação de relaxamento semelhante à da maconha, nervosismo, paranoia, pânico, experiências introspectivas e espirituais. A psilocina é considerada uma substância menos potente que o LSD, tendo seus efeitos finalizados dentro de seis horas após o uso. Efeitos severos podem ser visualizados após doses acima de 40 mg de psilocibina, sendo estimada a dose de 1 grama em animais para o aparecimento de efeitos tóxicos [3,14].

11.6.4 Métodos de análise

A extração da psilocibina dos cogumelos pode ser realizada com metanol sob agitação ou sonicação. Para exames colorimétricos de triagem é necessário extrair o alcaloide previamente, a fim de retirar os interferentes da matriz no ensaio. Tal procedimento pode ser realizado utilizando o extrato metanólico para a reação colorimétrica. Pode-se utilizar o mesmo reagente para LSD (reagente de Ehrlich), o qual, em contato com o material na forma de pó, cápsula ou comprimido, desenvolve uma coloração violeta. O limite de detecção do teste é de 1 µg para psilocibina e psilocina. No caso da análise do cogumelo, deve-se extraí-lo previamente com metanol e, após evaporação do solvente, pingar duas gotas do reagente sobre o extrato. Outro reativo possível de ser empregado é o reagente de Marquis, o qual, em contato com o material, desenvolve uma coloração alaranjada para psilocibina e verde-amarronzada para a psilocina. O limite de detecção para esse teste é de 10 µg para psilocibina e psilocina. Não se recomenda utilizar esse teste para análise do cogumelo fresco. Para análise por cromatografia em camada delgada, o eluente metanol:amônia (100:1,5) pode ser empregado, e como revelador, o reagente de Ehrlich ou luz ultravioleta a 254 nm, sendo a psilocibina e a psilocina visualizadas num fator de retenção (Rf) aproximado de 0,05 e 0,39, respectivamente [14].

11.6.5 Interpretação dos resultados analíticos

Após o consumo por via oral de 10 a 20 mg de psilocibina em voluntários (n=6), a média da concentração máxima observada no plasma foi de 8,2 ng/mL em 105 minutos para esse alcaloide e 150 ng/mL do metabólito 4-hidroxi-indol-acético (4HIAA) em 113 minutos. Neste estudo a biodisponibilidade estimada por via oral para a psilocina foi de 52% [57].

11.6.6 Legislação

Tanto a psilocibina quanto a psilocina estão elencados nos Estados Unidos na lista I (lista das substâncias com alto potencial de abuso, sem indicação médica ou que não tenham segurança para serem utilizada na terapêutica). No Brasil a psilocibina e a psilocina estão contemplados na lista F1 da Portaria 344 de 1998 da Anvisa, em que são citadas as substâncias entorpecentes proscritas no país.

11.7 Conclusões

Ante o uso abusivo de várias destas substâncias e do potencial risco de sua utilização, principalmente quando associada com outros fármacos psicoativos, faz-se necessário um melhor entendimento das alterações provocadas no sistema nervoso central decorrente do consumo agudo e crônico destes psicodélicos. Os laboratórios de toxicologia forense necessitam estar preparados para identificar analiticamente os ativos destas drogas, seja no material bruto apreendido ou em amostras biológicas coletadas em casos de mortes envolvendo o uso destas substâncias. Para isso, é importante o conhecimento da toxicocinética de cada composto, a fim de pesquisar os principais metabólitos que possuam maiores concentrações e maiores janelas de detecção em cada fluido biológico analisado. A determinação destes alucinógenos torna-se um desafio para os toxicologistas forenses, tendo em vista as baixas concentrações e a curta janela de detecção encontradas nas matrizes biológicas convencionais, sendo de extrema importância o emprego de técnicas analíticas com alta sensibilidade, como a cromatografia líquida ou gasosa acopladas à espectrometria de massas. Do ponto de vista antropológico, a criação de novas seitas religiosas que utilizam estes alucinógenos para obter estados de consciência alterados bem como as diferentes finalidades do uso relativo à cultura milenar indígena devem ser mais bem entendidas para que não haja excessos e possíveis danos à saúde das pessoas que experimentem estas substâncias psicodélicas esporadicamente ou com uma certa regularidade.

Questões para estudo

1. Os alcaloides podem ser classificados de acordo com sua similaridade estrutural com as fenetilaminas e com as triptaminas. Cite exemplos de alucinógenos para cada uma dessas classes.
2. Apesar de o LSD ser uma droga psicoativa, por que o uso dessa substância não é capaz de desenvolver dependência química nos usuários?
3. A utilização da *ayahuasca* se dá pela ingestão do chá por via oral, que é preparado pela cocção de dois vegetais. Explique a necessidade do uso conjunto tanto da *Banisteriopsis caapi* como da *Psychotria viridis* para que o efeito da ayahuasca ocorra por essa via.
4. Um dos efeitos que o LSD pode causar em um usuário, mesmo que esporádico, é o aparecimento de *flashback*. Explique o que seria esse efeito observado em uma pequena parcela dos usuários que utilizam essa droga.
5. Apesar de a substância majoritária encontrada no cogumelo *Psilocybe* ser a psilocibina, o efeito alucinógeno provocado após a utilização desse cogumelo não é decorrente dessa substância. Explique por que isso ocorre baseado na toxicocinética desse composto.

Respostas

1. Entre os alucinógenos derivados das fenetilaminas, podemos citar a mescalina, DOB, MDMA, derivados das catinonas e, entre os derivados das triptaminas, incluem-se o LSD, psilocibina, psilocina e DMT.
2. Por essa substância não agir no sistema de recompensa localizado na área mesolímbica do cérebro, a qual é responsável pelo comportamento de reforço e desenvolvimento da dependência química em usuários crônicos de drogas de abuso.
3. Como a DMT, alcaloide presente na *Psychotria viridis*, é degradada pela enzima MAO no organismo, é necessária a presença de inibidores dessa enzima (ß-carbolina presentes na *Banisteriopsis caapi*) para que a DMT seja absorvida e alcance o sistema nervoso central, produzindo os efeitos psicoativos.
4. *Flashback* é uma alucinação que o indivíduo pode voltar a sentir, meses ou anos depois do último contato com a droga. As sensações vivenciadas nesses casos, também denominados transtornos perceptivos persistentes por alucinógenos, são na maioria das vezes desagradáveis, e seu mecanismo de ação ainda não está bem elucidado.
5. Os efeitos decorrentes do uso da *Psilocybe* se devem à psilocina, uma vez que a psilocibina, ao ser absorvida, é desfosforilada no intestino gerando o produto de biotransformação ativo denominado psilocina, a qual é responsável pelos efeitos psicodélicos no indivíduo.

Lista de abreviaturas

5HT	5-Hidroxitriptofano	GC-NPD	Cromatografia gasosa com detector de nitrogênio e fósforo
APCI	Ionização química à pressão atmosférica	HPLC-FLU	Cromatografia líquida com detector de fluorescência
CCD	Cromatografia em camada delgada	HPLC-UV	Cromatografia líquida com detector de ultravioleta
DEA	Agência de combate às drogas	LC-MS	Cromatografia líquida acoplada à espectrometria de massas
DMT	Dimetiltriptamina	LSD	Dietilamida do ácido lisérgico
ESI	Ionização por *electrospray*	RDC	Resolução da diretoria colegiada
GC-MS	Cromatografia gasosa acoplada à espectrometria de massas	THH	Tetraidro-harmina

Lista de palavras

Alcaloides	Fenetilaminas	Psilocina
Alucinógenos	*Flashback*	*Psilocybe*
Ayahuasca	LSD	*Psychotria viridis*
Banisteriopsis caapi	Mescalina	Salvinorina A
Carbolinas	*Peyote*	Serotonina
Cogumelos	Psilocibina	Triptaminas
Dimetiltriptamina	Psicodélicos	

REFERÊNCIAS

1. Nichols DE. Hallucinogens. Pharmacology & Therapeutics. 2004;101(2):131-81.

2. Ruck CA, Bigwood J, Staples D, Ott J, Wasson RG. Entheogens. Journal of Psychedelic Drugs. 1979;11(1-2):145-6.

3. National Institute of Drug Abuse. Hallucinogens and dissociative drugs. 2015. https://www.drugabuse.gov/publications/research-reports/hallucinogens-dissociative-drugs/director. Acesso em: 12 abr. 2018.

4. Hollister LE. Psychotomimetic drugs in man. In: Iversen SDI, Snyder, SH, editors. Handbook of Psychopharmacology. New York: Plenum; 1978. p. 389-424.

5. Wise RA. Drug-activation of brain reward pathways. Drug and Alcohol Dependence. 1998;51(1-2):13-22.

6. Reynolds PC, Jindrich EJ. A mescaline associated fatality. Journal of Analytical Toxicology. 1985;9(4):183-4.

7. Henry JL, Epley J, Rohrig TP. The analysis and distribution of mescaline in postmortem tissues. Journal of Analytical Toxicology. 2003;27(6):381-2.

8. Cashman J. LSD. São Paulo: Perspectiva; 1970.

9. Schneider S, Kuffer P, Wennig R. Determination of lysergide (LSD) and phencyclidine in biosamples. Journal of Chromatography B, Biomedical Sciences and Applications. 1998;713(1):189-200.

10. Schiff PL. Ergot and its alkaloids. American Journal of Pharmaceutical Education. 2006;70(5):98.

11. United Nations. Recommended method for testing lysergide (LSD). In: Manual for Use by National Narcotic Laboratories. New York; 1989.

12. United Nations. Terminology and information on drugs. 2nd ed. New York; 2003. p. 72.

13. Reuschel SA, Eades D, Foltz RL. Recent advances in chromatographic and mass spectrometric methods for determination of LSD and its metabolites in physiological specimens. Journal of Chromatography B, Biomedical Sciences and Applications. 1999;733(1-2):145-59.

14. United Nations. Recommended methods for detection and assay of lysergide (LSD), phencyclidine (PCP), psilocybin and methaqualone in biological specimens. In: Manual for Use by National Narcotic Laboratories. New York; 1999. p. 54.

15. Clarkson ED, Lesser D, Paul BD. Effective GC-MS procedure for detecting iso-LSD in urine after base-catalyzed conversion to LSD. Clinical Chemistry. 1998;44(2):287-92.

16. Nelson CC, Foltz RL. Chromatographic and mass spectrometric methods for determination of lysergic acid diethylamide (LSD) and metabolites in body fluids. Journal of Chromatography. 1992;580(1-2):97-109.

17. Bukowski N, Eaton AN. The confirmation and quantitation of LSD in urine using gas chromatography/mass spectrometry. Rapid Communication in Mass Spectrometry. 1993;7:3.

18. Ritter D, Cortese CM, Edwards LC, Barr JL, Chung HD, Long C. Interference with testing for lysergic acid diethylamide. Clinical Chemistry. 1997;43(4):635-7.

19. Moffat AC, Osselton MD, Widdop B, Watts J. Clarke's analysis of drugs and poisons: in pharmaceuticals, body fluids and postmortem material. 4th ed. London; Chicago: Pharmaceutical Press; 2011.

20. Chung A, Hudson J, McKay G. Validated ultra-performance liquid chromatography-tandem mass spectrometry method for analyzing LSD, iso-LSD, nor-LSD, and O-H-LSD in blood and urine. Journal of Analytical Toxicology. 2009;33(5):253-9.

21. Postigo C, Lopez de Alda MJ, Viana M, Querol X, Alastuey A, Artinano B, Barcelo D. Determination of drugs of abuse in airborne particles by pressurized liquid extraction and liquid chromatography-electrospray-tandem mass spectrometry. Analytical Chemistry. 2009;81(11):4382-8.

22. Segura J, Ventura R, Jurado C. Derivatization procedures for gas chromatographic-mass spectrometric determination of xenobiotics in biological samples, with special attention to drugs of abuse and doping agents. Journal of Chromatography B, Biomedical Sciences and Applications. 1998;713(1):61-90.

23. Musshoff F, Daldrup T. Gas chromatographic/mass spectrometric determination of lysergic acid diethylamide (LSD) in serum samples. Forensic Science International. 1997;88(2):133-40.

24. Paul BD, Mitchell JM, Burbage R, Moy M, Sroka R. Gas chromatographic-electron-impact mass fragmentometric determination of lysergic acid diethylamide in urine. Journal of Chromatography. 1990;529(1):103-12.

25. Upshall DG, Wailling DG. The determination of LSD in human plasma following oral administration. Clinica Chimica Acta; International Journal of Clinical Chemistry. 1972;36(1):67-73.

26. Taunton-Rigby A, Sher SE, Kelley PR. Lysergic acid diethylamide: radioimmunoassay. Science. 1973;181(4095):165-6.

27. Vortherms TAR, Roth BL. Salvinorina A – from natural product to human therapeutics. Molecular Interventions. 2006;6(5):257-65.

28. Giroud C, Felber F, Augsburger M, Horisberger B, Rivier L, Mangin P. Salvia divinorum: an hallucinogenic mint which might become a new recreational drug in Switzerland. Forensic Science International. 2000;112(2-3):143-50.

29. Travis CR, Ray GA, Marlowe KF. A report of nausea and vomiting with discontinuation of chronic use of salvia divinorum. Case Reports in Medicine. 2012;2012:543747.

30. Simpson DS, Katavic PL, Lozama A, Harding WW, Parrish D, Deschamps JR, Dersch CM, Partilla JS, Rothman RB, Navarro H, Prisinzano TE. Synthetic studies of neoclerodane diterpenes from Salvia divinorum: preparation and opioid receptor activity of salvinicin analogues. Journal of Medicinal Chemistry. 2007;50(15):3596-603.

31. Medana C, Massolino C, Pazzi M, Baiocchi C. Determination of salvinorins and divinatorins in Salvia divinorum leaves by liquid chromatography/multistage mass spectrometry. Rapid Communications in Mass Spectrometry. 2006;20(2):131-6.

32. Imanshahidi M, Hosseinzadeh H. The pharmacological effects of Salvia species on the central nervous system. Phytotherapy Research. 2006;20(6):427-37.

33. Pichini S, Abanades S, Farre M, Pellegrini M, Marchei E, Pacifici R, Torre Rde L, Zuccaro P. Quantification of the plant-derived hallucinogen Salvinorin A in conventional and non-conventional biological fluids by gas chromatography/mass spectrometry after Salvia divinorum smoking. Rapid Communications in Mass Spectrometry. 2005;19(12):1649-56.

34. Grundmann O, Phipps SM, Zadezensky I, Butterweck V. Salvia divinorum and salvinorin A: an update on pharmacology and analytical methodology. Planta Medica. 2007;73(10):1039-46.

35. Wolowich WR, Perkins AM, Cienki JJ. Analysis of the psychoactive terpenoid salvinorin A content in five Salvia divinorum herbal products. Pharmacotherapy. 2006;26(9):1268-72.

36. Babu KM, McCurdy CR, Boyer EW. Opioid receptors and legal highs: Salvia divinorum and Kratom. Clinical Toxicology. 2008;46(2):146-52.

37. Johnson MW, MacLean KA, Reissig CJ, Prisinzano TE, Griffiths RR. Human psychopharmacology and dose-effects of salvinorin A, a kappa opioid agonist hallucinogen present in the plant Salvia divinorum. Drug and Alcohol Dependence. 2011;115(1-2):150-55.

38. Braida D, Limonta V, Pegorini S, Zani A, Guerini-Rocco C, Gori E, Sala M. Hallucinatory and rewarding effect of salvinorin A in zebrafish: kappa-opioid and CB1-cannabinoid receptor involvement. Psychopharmacology. 2007;190(4):441-8.

39. Valdes LJ, 3rd, Diaz JL, Paul AG. Ethnopharmacology of ska Maria Pastora (Salvia divinorum, Epling and Jativa-M.). Journal of Ethnopharmacology. 1983;7(3):287-312.

40. Schneider RJ, Ardenghi P. Salvia divinorum Epling & Játiva (Maria Pastora) e Salvinorinas A: crescente uso recreacional e potencial abuso. Revista Brasileira de Plantas Medicinais. 2010;12(3).

41. Siebert DJ. Localization of salvinorin A and related compounds in glandular trichomes of the psychoactive sage, Salvia divinorum. Annals of Botany. 2004;93(6):763-71.

42. Margalho C, Gallardo E, Castanheira A, Vieira DN, Lopez-Rivadulla M, Real FC. A validated procedure for detection and quantitation of salvinorin a in pericardial fluid, vitreous humor, whole blood and plasma using solid phase extraction and gas chromatography-mass spectrometry. Journal of Chromatography A. 2013;1304:203-10.

43. Cazenave SOS, Costa JL. Alucinógenos. In: Oga SC, Camargo, MMA, Batistuzzo JAO, editors. Fundamentos de toxicologia. São Paulo: Atheneu; 2008;3: p. 447-64.

44. De Souza PA, Alcaloides e o chá de ayahuasca: uma correlação dos "estados alterados da consciência" induzido por alucinógenos. Revista Brasileira de Plantas Medicinais. 2011;13(3).

45. Costa CA. Uma casa de "preto-velho" para "marinheiros" cariocas: a religiosidade em adeptos da Barquinha da Madrinha Chica no estado do Rio de Janeiro. Campina Grande: Universidade Federal de Campina Grande; 2005.

46. Tupper KW. The globalization of ayahuasca: harm reduction or benefit maximization? The International Journal on Drug Policy. 2008;19(4):297-303.

47. Costa MCM, Figueiredo MC, Cazenave SOS. Ayahuasca: uma abordagem toxicológica do uso ritualístico. Revista de Psiquiatria Clínica. 2012;32(6).

48. Santos RG. Ayahuasca: physiological and subjective effects, comparison with d-amphetamine, and represented dose assessment. Barcelona: Universitat Autònoma de Barcelona; 2011.

49. Brierley DI, Davidson C. Developments in harmine pharmacology–implications for ayahuasca use and drug-dependence treatment. Progress in Neuro-psychopharmacology & Biological Psychiatry. 2012;39(2):263-72.

50. Sklerov J, Levine B, Moore KA, King T, Fowler D. A fatal intoxication following the ingestion of 5-methoxy-N,N-dimethyltryptamine in an ayahuasca preparation. Journal of Analytical Toxicology. 2005;29(8):838-41.

51. Callaway JC, McKenna DJ, Grob CS, Brito GS, Raymon LP, Poland RE, Andrade EN, Andrade EO, Mash DC. Pharmacokinetics of Hoasca alkaloids in healthy humans. Journal of Ethnopharmacology. 1999;65(3):243-56.

52. United Nations. Recommended method for testing peyote cactus (mescal buttons)/mescaline and psilocybe mushrooms/psilocybin. New York: United Nations; 1989. p. 42.

53. Olive MF. Peyote and mescaline. 1st ed. New York: Chelsea House Publications; 2007.

54. Mikosz JE. Substâncias psicoativas e religião. Cadernos de Pesquisa Interdisciplinar em Ciências Humanas. 2006:23.

55. Beyer J, Drummer OH, Maurer HH, Analysis of toxic alkaloids in body samples. Forensic Science International. 2009;185(1-3):1-9.

56. Amera-Chem (Firm). Drug identification bible, 2011 edn. Grand Junction, Colo.: Amera-Chem; 2011.

57. Hasler F, Bourquin D, Brenneisen R, Bar T, Vollenweider FX. Determination of psilocin and 4-hydroxyindole-3--acetic acid in plasma by HPLC-ECD and pharmacokinetic profiles of oral and intravenous psilocybin in man. Pharmaceutica Acta Helvetiae. 1997;72(3):175-84.

NOVAS SUBSTÂNCIAS PSICOATIVAS: CANABINOIDES SINTÉTICOS, DERIVADOS DA FENETILAMINA E DERIVADOS DA TRIPTAMINA

Idylla Silva Tavares

Mauricio Yonamine

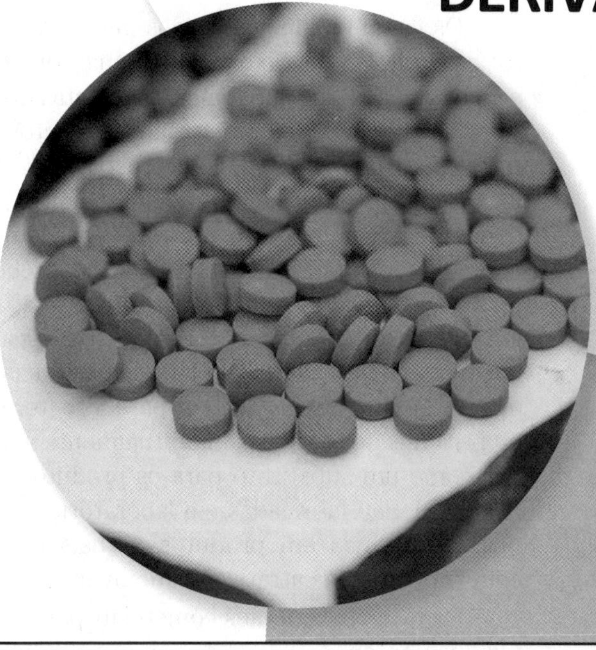

12.1 INTRODUÇÃO

As novas substâncias psicoativas (NSP), termo padronizado pela *United National Office ond Drug and Crime* (UNODC) e pela *European Monitoring Centre for Drugs and Drug Addiction* (EMCDDA), são substâncias sintéticas que entraram no mercado com o objetivo de substituir drogas já existentes e controladas pela legislação internacional. Conhecidas também por *designer drugs* ou *legal highs*, essas substâncias surgiram como uma forma de burlar a lacuna da legislação, uma vez que muitas não foram proibidas e poderiam ser comercializadas de forma livre e fácil. Elas são análogas ou miméticas de drogas conhecidas como a metanfetamina, MDMA, cocaína, THC, LSD, com ação estimulante ou alucinógena. Geralmente são produzidas em laboratórios clandestinos na Ásia [1,2].

De acordo com a EMCDDA, as NSP são substâncias de abuso que, tanto na forma pura quanto como produto final, não foram controladas pela Convenção Única sobre Entorpecentes (1961) nem pela Convenção sobre Substâncias Psicotrópicas (1971), mas que são capazes de causar sérios problemas à saúde pública [2]. Elas são um grupo heterogêneo de substâncias e seus principais representantes são: canabinoides sintéticos, catinonas sintéticas, fenetilaminas, triptaminas e piperazinas [3].

Uma característica marcante dessa nova classe de drogas de abuso é que não são vendidas da forma convencional, como pó e compridos. Frequentemente são comercializadas como sais de banho, incenso, odorizadores de ambiente, sempre constando no seu rótulo "proibido para consumo humano", como forma de driblar a fiscalização e serem facilmente comercializadas pela internet [1].

O relatório da UNODC, em 2015, relatou um total de 541 novas substâncias psicoativas, algumas delas ainda não proibidas, sendo os canabinoides sintéticos o grupo mais diversificado e que mais cresce, correspondendo a 39%, seguidos das fenetilaminas (18%) e catinonas sintéticas (15%) [4].

Observa-se que, a partir do momento em que uma substância é colocada sob controle, seu consumo é reduzido e rapidamente novas substâncias aparecem como forma de substituir aquela que não pode ser mais comercializada, dificultando assim o trabalho dos órgãos de fiscalização, que não conseguem acompanhar essa evolução, e os órgão de saúde pública, que não sabem com que substância estão lidando nem os efeitos do uso em longo prazo [4].

O crescente uso das NSP juntamente com os riscos à saúde pública causados por essas drogas levou ao desenvolvimento de métodos analíticos sensíveis para identificação e quantificação desses compostos e os seus metabólitos em produtos suspeitos e em amostras biológicas, como sangue, soro, urina e cabelo. Eles incluem tanto a cromatografia líquida quanto a cromatografia gasosa acopladas à espectrometria de massa, ressonância magnética nuclear e imunoensaios [3].

SUBSTÂNCIAS ANÁLOGAS E MIMÉTICAS

Análogos: derivados estruturais que diferem do original por uma ou poucas alterações químicas. Exemplo: catinonas sintéticas

Miméticos: substâncias quimicamente diferentes, mas com efeitos farmacológicos semelhantes. Exemplo: canabinoides sintéticos.

12.2 Histórico

Apesar de se chamarem novas substâncias psicoativas, o termo "novas" não necessariamente se refere a novas descobertas, já que algumas delas datam da década de 1950; na verdade, o termo se refere à sua recente introdução como drogas de abuso em escala mundial.

Os pioneiros na síntese dessas novas substâncias foram o casal Alexander e Ann Shulgin, que, nas décadas de 1960 e 1970, reportaram a síntese de mais de 230 substâncias psicoativas com potencial psicodélico e entactogênico. Substâncias essas que apenas na última década passaram a ser comercializadas como drogas de abuso [5].

O uso das piperazinas como anti-helmínticos, por exemplo, data de 1950, mas elas surgiram como um problema de saúde pública em vários países entre 2001 e 2010. A mefedrona foi sintetizada em 1929, mas foi "redescoberta" em 2003 [6].

EVOLUÇÃO DOS TERMOS

Designer drug: termo usado para substâncias sintetizadas em laboratório com o objetivo de escapar da legislação. O termo foi generalizado pela expansão do MDMA na década de 1980, mas, com o passar dos anos, várias *designer drugs* passaram a ser controladas e o termo perdeu o significado, sendo substituído por *club drugs*, termo que incorpora outras substâncias como a própria MDMA, a metanfetamina, o GHB, o LSD e a cetamina.

Legal high: termo utilizado para substâncias psicoativas com propriedades estimulantes e alucinógenas cuja comercialização é permitida. Existe discussão no âmbito internacional, já que em alguns países parte dessas substâncias é proibida e em outros ainda é permitida.

Novas substâncias psicoativas: termo introduzido pela Comissão de Drogas Narcóticas em 2012, para substâncias que são novas como drogas de abuso. É o termo mais recente.

12.2.1 Canabinoides sintéticos

Os canabinoides sintéticos mimetizam os efeitos da *Cannabis* e são o maior e o mais diversificado grupo das NSP. São substâncias agonistas dos receptores CB1 e CB2 e mimetizam os efeitos do Δ9-tetraidrocanabinol (THC). Os receptores CB1 estão localizados em todo o corpo, com maior expressividade no sistema nervoso central (SNC), em regiões como hipocampo, gânglios basais e cerebelo; enquanto que os CB2 estão localizados principalmente em células do sistema imunológico periféricas, como baço, amígdalas e timo [8]. Essas substâncias foram originalmente desenvolvidas para uso terapêutico ou para fins de pesquisa, mas atualmente são utilizadas como um substituto para os produtos da *Cannabis* [3]. São fabricadas em laboratórios clandestinos, misturadas em produtos herbais e vendidos com vários nomes atrativos para jovens [7].

Os principais nomes comerciais para os produtos que contêm canabinoides sintéticos são *Spice* e *K2*, *Spice Silver*, *Spice Gold*, *Spice Diamond*, *Spice Arctic Synergy*, *Spice Tropical Synergy*, *Spice Egypt*, *Zombie World*, ou por outros nomes como *Bad to the Bone*, *Black Mamba*, *Blaze*, *Fire and Ice*, *Dark Night*, *Earthquake*, *Berry Blend*, *The Moon* e *G-Force* [8]. Na Figura 12.1 é apresentado um desses produtos.

Figura 12.1 Foto de uma embalagem de *Spice*. [Veja esta figura colorida ao final do livro.]

Os produtos que contêm canabinoides sintéticos são frequentemente enrolados como cigarros e fumados. São encontrados em postos de gasolina, em lugares conhecidos como *head shops* e na internet. A embalagem do produto dá a falsa sensação de segurança, uma vez que são considerados "produtos naturais". Eles também podem ser vendidos como removedores de esmalte, incensos ou desodorantes [7].

Esses produtos não contêm necessariamente tabaco ou *Cannabis*, mas, quando fumados, produzem efeitos similares ao THC. Até o presente momento foram notificados 177 canabinoides sintéticos diferentes (identificados pelas siglas: HU, AM, JWH, XLR, CP, UR, AKB, APICA, APINACA, entre outros), e esse grande número, sua estrutura química diversa e as ocorrências de emergência fazem deles um grupo desafiador para monitoramento e detecção [4,9].

Por ser o grupo de NPS que mais cresce no mundo, um grupo de trabalho formado por membros da ANVISA e do Ministério da Justiça, com base na legislação de outros países, desenvolveu o texto aprovado pela RDC nº 79, de 23 de maio de 2016, que inclui as classes estruturais genéricas do grupo canabinoides sintéticos na Lista F2 (lista de substâncias psicotrópicas de uso proscrito no Brasil) do Anexo I da Portaria SVS/MS n° 344/98, considerando que esta é uma estratégia importante no combate ao rápido aparecimento dessas substâncias no país [10].

Estima-se que a maioria dos canabinoides sintéticos seja produzida na China e, em seguida, distribuída rapidamente para a Europa. Carregamentos são frequentemente interceptados por autoridades europeias, mas, uma vez na Europa, conseguem ser facilmente comercializados [9].

Os produtos contendo esses canabinoides constituem uma mistura de ervas exóticas e extratos de plantas aromáticas, comercializados como similares de incensos para utilização em sessões de aromaterapia, ioga ou meditação. É possível identificar, pelo rótulo, que as embalagens contêm entre 0,4 e 3,0 g de diferentes espécies vegetais, entre as quais se podem citar: *Canavalia maritima* (feijão-de-praia), *Nymphea alba* (lírio-d'água), *Nymphea caerulea* (lótus-azul), *Scutellaria nana* (solidéu ou escutelária-anã), *Pedicularis densiflora* (índio-guerreiro), *Leonotis leonuru* (rabo-de-leão), *Zornia latifolia* ou *Zornia diphylla* (maconha-brava), *Nelumbo nucifera* (flor de lótus), *Leonurus sibiricus* (erva-de-macaé ou rubim), *Althaea officinalis* (malvarisco) e *Rosa canina* (rosa-selvagem ou rosa-mosqueta) [8].

A escolha dessas plantas parece ser proposital, haja vista que algumas são tradicionalmente reconhecidas como substitutas da maconha em virtude de suas propriedades psicoativas, como é o caso da erva *P. densiflora* (índio-guerreiro) e da *L. leonuru* (rabo-de-leão). Entretanto, esses efeitos psicoativos semelhantes aos da *Cannabis* verificados nesses produtos ocorrem por causa da pulverização com soluções de canabinoides sintéticos [8].

Os canabinoides sintéticos são misturados ou pulverizados sobre as ervas, utilizando solventes líquidos tais como acetona ou metanol para dissolver o pó. Uma vez misturados, as ervas são então secas e embaladas para venda. Por sua alta potência, a quantidade de pó necessária para cada unidade de produto pode ser da ordem de uns poucos miligramas. Portanto, cada quilograma de pó pode ser usado para produzir milhares de produtos [9].

Os canabinoides sintéticos pertencem a pelo menos quatorze famílias diversas, com estruturas que nem sempre se assemelham à do THC, com metabolismos diferentes e geralmente com maior toxicidade. Apesar de estruturalmente diferentes, todos os canabinoides sintéticos são lipossolúveis, contendo entre vinte e 26 átomos de carbono, o que explicaria sua rápida volatilização quando fumados [11]. A Figura 12.2 ilustra alguns dos canabinoides sintéticos e compara com a estrutura do THC.

Em 1960, o HU-210, um dibenzopirano, foi desenvolvido por um laboratório na *Hebrew University* (HU), de Jerusalém. É estruturalmente semelhante ao THC, pois apresenta a estrutura tricíclica característica dos canabinoides. É agonista altamente potente do CB1 e CB2, com potência entre sessenta e cem vezes maior que o THC, sendo o canabinoide mais potente até o momento [8,11].

Os cicloexilfenóis (CP) foram sintetizados entre 1970 e 1980, como o CP 55,940, comumente utilizado para localizar receptores canabinoides, sendo também um potente agonista não seletivo CB1 e CB2. Outro representante desse grupo é o CP 47,497, que possui afinidade em torno de vinte vezes maior que o THC pelos receptores CB1. O CP 47,497 exerce seus efeitos em baixas doses por causa da sua alta potência. A duração do efeito é mais longa (de quatro a seis horas) quando comparada ao THC (de duas a quatro horas) [8,11].

Nos anos 1990, os aminoalquilindóis, como o WIN 55,212, foram investigados como potencialmente seguros na farmacoterapia, com maior afinidade pelos receptores CB2 [8].

A partir de 1994, John W. Huffman e outros pesquisadores criaram uma série de compostos indólicos, a mais extensiva classe de canabinoides sintéticos, porém com estrutura diferente da dibenzopireno clássica. Receberam nomes em homenagem ao seu criador, e os representantes mais conhecidos são: JWH-018, JWH-015 (homólogo n-pentil do JWH-018), JWH-073 (homólogo alquil do JWH-018) e JWH-250. O JWH-018 é o canabinoide que possui maior similaridade farmacológica com o THC e foi o primeiro a ser relatado na *Spice*. Possuem propriedades canabimiméticas, com quatro a seis vezes mais afinidade pelo receptor CB1 que o THC. Seu efeito dura de uma a duas horas, mais curto quando comparada com o THC [8,11].

Os canabinoides sintéticos desenvolvidos nas últimas décadas formam os da classe AM, em homenagem a seu criador Alexandros Makriyannis. Já no final de 2012, dois novos grupos de canabinoides sintéticos foram identificados no mercado: indol-3-carboxilatos e indazol-3-carboxilato [12].

Deve ser enfatizado que a substituição do F (flúor) na posição 5-pentil melhora a potência e estabilidade e prolonga a meia-vida da substância [3].

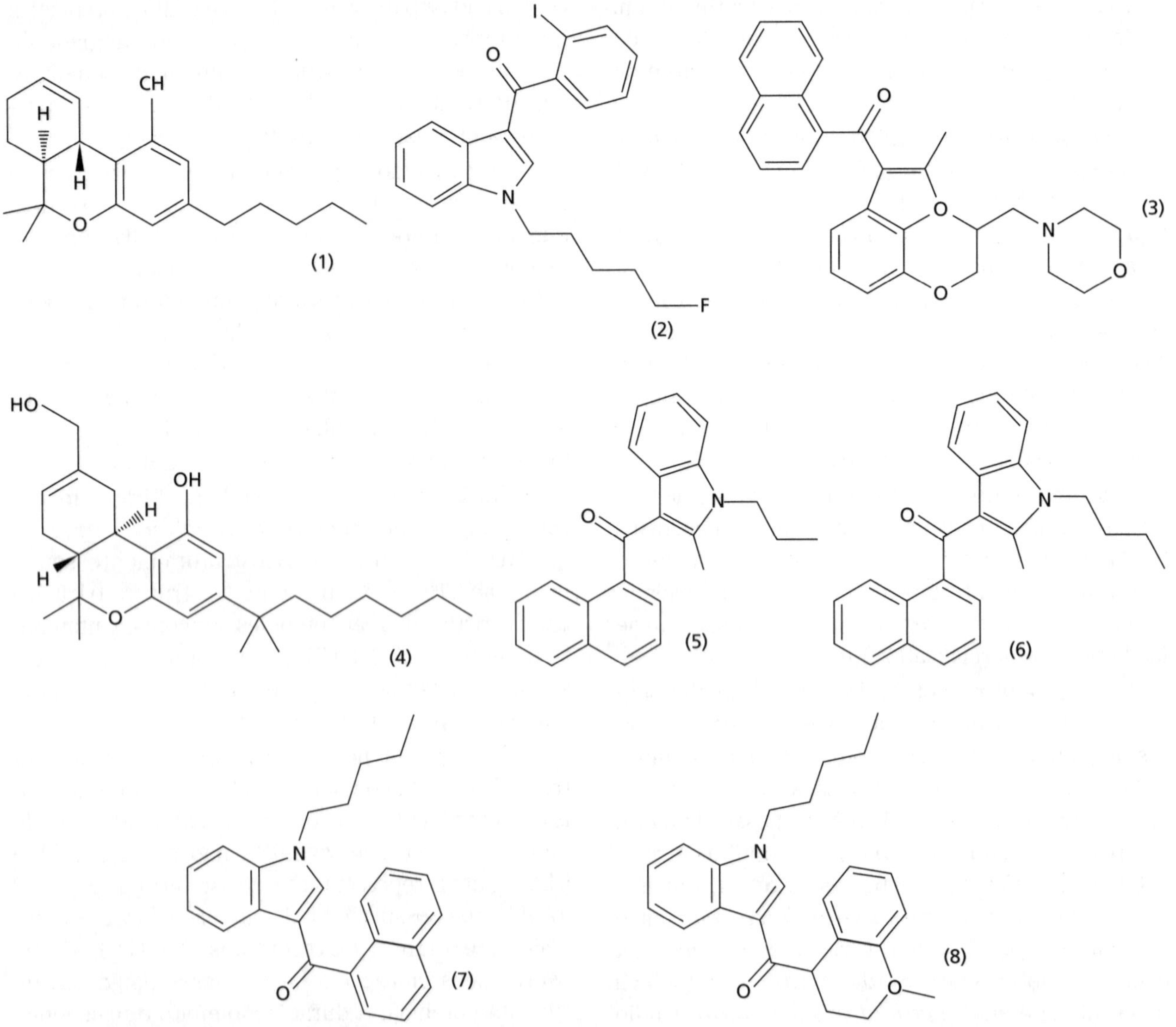

Figura 12.2 (1) Δ[9]THC, (2) AM-694, (3) WIN 55,212-2, (4) HU-201, (5) JWH-015, (6) JWH-018, (7) JWH-073, (8) JWH-250.

Alguns autores consideram o que chamam de NPS de segunda geração como substitutos das substâncias já proibidas. No caso dos canabinoides, os classificados como segunda geração seriam: UR-144, 5F-UR-144 (XLR-11), PB-22 (QUPIC – análogo do JWH-018 com 8-hidroxiquinolona substituindo o grupo naftaleno), 5F-PB-22, BB-22 (QUCHIC – estruturalmente similar ao PB-22), AB-PINACA, 5F-AB-PINACA, ADB PINAKA, AKB-48 (APINACA), 5F-AKB e AB-FUBINACA, entre outros, conforme mostrado na Figura 12.3 [13].

O UR-144 (KM X-1) tem sido utilizado pelo Laboratório Abott para pesquisa de agonistas seletivos dos receptores canabinoides CB_2. O 5F-UR-144, análogo 5-fluorado, é agonista total dos receptores CB_1 e CB_2, sendo duas vezes mais potente que o THC [14,15].

O PB22, 5F-PB22 e BB22 foram primeiramente relatados no Japão em 2013. O aumento da prevalência desses compostos indica que são substitutos do UR144 e 5F-UR-144, mencionados anteriormente. O PB22 e o 5F-PB22 diminuem a atividade motora em 120 a 150 minutos [16].

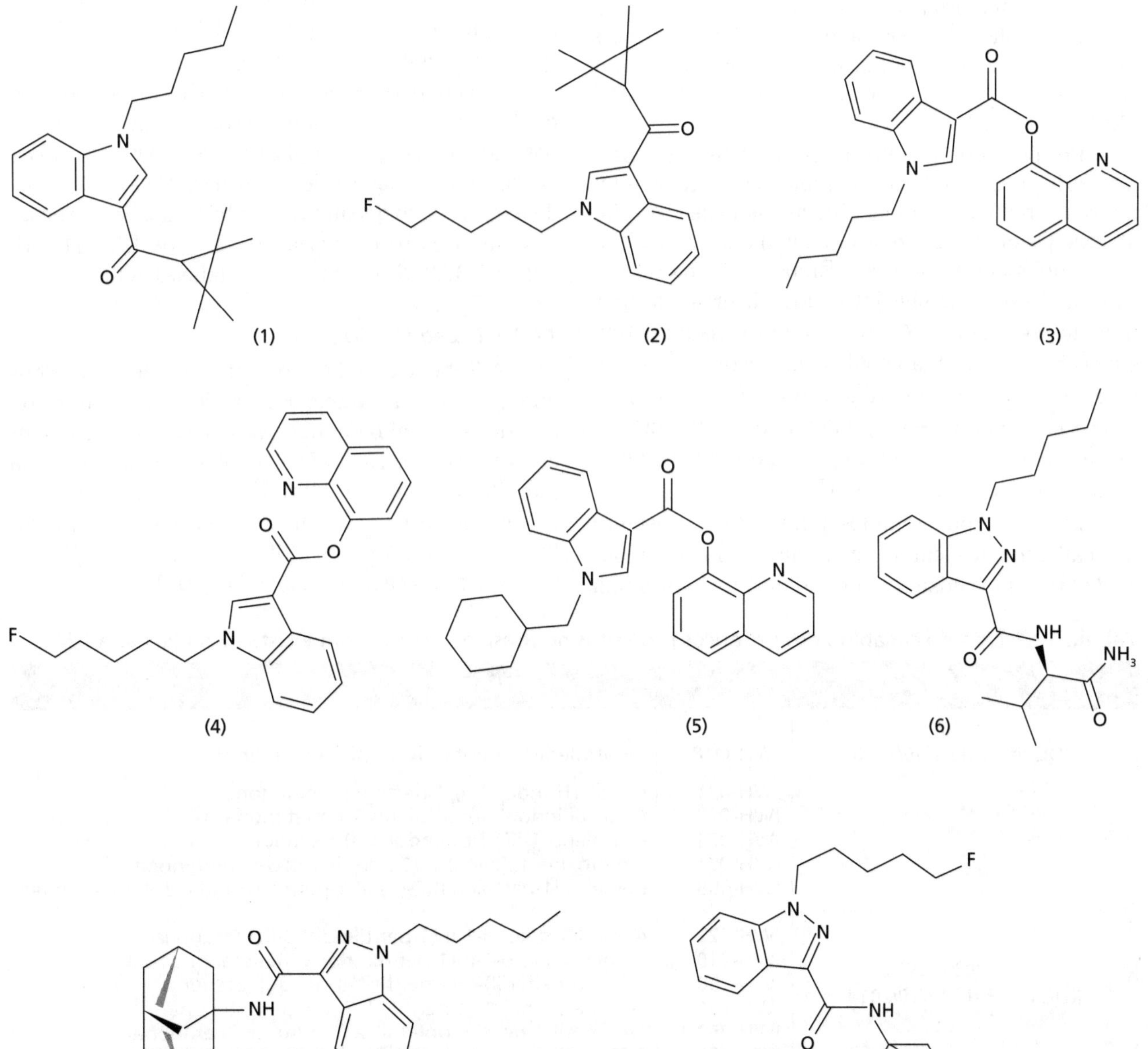

Figura 12.3 (1) UR-144, (2) 5F-UR-144, (3) PB-22, (4) 5F-PB-22, (5) BB-22, (6) AB-PINACA, (7) APINACA/AKB, (8) 5F-AKB.

Os canabinoides sintéticos são um grupo heterogêneo de compostos desenvolvidos para explorar o sistema canabinoides endógeno ou com eventual potencial terapêutico. Laboratórios clandestinos utilizaram dados publicados na literatura para desenvolver variações desses canabinoides como *designer drugs*. A maioria dos canabinoides sintéticos detectados tem maior afinidade pelo receptor CB_1 que o próprio THC, entretanto pouco se sabe sobre sua farmacologia e toxicologia em humanos. É possível que, além de elevada potência, essas substâncias tenham meia-vida elevada, levando a um prolongado efeito psicoativo [9].

A biotransformação desses compostos também é pouco conhecida, mas sabe-se que os compostos fluorados sofrem defluoração e se transformam nos compostos de origem, como é o caso do 5F-UR144 (XLR-11) [16].

Por possuírem efeitos mais intensos que o próprio THC, o abuso dos canabinoides sintéticos muitas vezes resulta em emergências médicas e psiquiátricas. Os efeitos adversos incluem agitação, vômitos, sonolência e confusão. Embora alguns desses sintomas sejam semelhantes aos observados após uma dose elevada de *Cannabis*, pesquisadores têm sugerido que os canabinoides sintéticos são potencialmente mais nocivos. Alguns dos efeitos mais graves incluem danos renais, pulmonares e efeitos cardiovasculares como taquicardia, hipertensão e hipotensão, além de convulsões [17].

Existem poucos dados publicados a respeito dos canabinoides sintéticos em nível celular. Embora diversos mecanismos, como danos na membrana celular, danos no DNA, interferência na síntese proteica, ativação da apoptose, contribuam com a morte celular, mecanismos moleculares detalhados causados por esses canabinoides ainda não foram totalmente compreendidos [3].

Um relatório do caso publicado em 2013 associou a utilização de JWH-018 com derrames isquêmicos agudos em dois homens saudáveis. Além disso, existem alguns indícios que sugerem que os canabinoides sintéticos podem estar associados a sintomas psiquiátricos, como psicose e ataque de pânico. É provável que alguns dos efeitos adversos sejam decorrentes de outros mecanismos que vão além da interação com os receptores CB1, como a inibição de monoamina-oxidase (MAO) [9].

Em um período de duas semanas no mês de julho de 2015, mais de duzentas pessoas foram hospitalizadas na Polônia após a utilização de "MOCARZ" (*The Mighty One*). Alguns desses usuários correram risco de morte, sendo que um veio a óbito. Análises forenses das amostras revelaram a presença de UR-144, BB--22,5F-PB-22, XLR-144, e AB-CHMINACA [3].

12.2.1.1 Legislação

A Tabela 12.1 lista os canabinoides sintéticos que constam do anexo F2 da Portaria 344/98, de acordo com o ano em que passou a ser de uso proscrito no Brasil. Dos 177 canabinoides sintéticos já identificados, apenas dezenove são listados na respectiva portaria; entretanto, já está em vigor a resolução que permite a classificação com base nas estruturas químicas das moléculas [10, 18].

Tabela 12.1 Lista do canabinoides sintéticos proscritos no Brasil de acordo com a Lista F2 da Portaria 344

ANO	CANABINOIDE SINTÉTICO	
2010 RDC n° 21 de 17/6/2010	JWH-018	1-naftalenil-(1-pentil-1H-indol-3-il) metanona
2014 RDC n° 63 de 17/10/2014	JWH-071	(1-etil-1H-indol-3-il)-1-naftalenil-metanona
	JWH-072	(1-propilindol-3-il)naftaleno-1-il-metanona
	JWH-073	Naftaleno-1-il(1-butilindol-3-il) metanona
	JWH-081	4-metoxinaftaleno-1-il-(1-pentilindol-3-il) metanona
	JWH-098	(4-metoxi1-naftalenil)(2-metil-1-pentil-1H-indol-3-il) metanona
	JWH-122	4-metilnaftaleno-1-il-(1-pentilindol-3-il) metanona
	JWH-210	4-etilnaftaleno-1-il-(1-pentilindol-3-il) metanona
	JWH-250	2-(2-metoxifenil)-1-(1-pentil-1-indol-3-il) etanona
	JWH-251	2-(2-metilfenil)-1-(1-pentil-1H-indol-3-il) etanona
	JWH-252	1-(2-metil-1-pentilindol-3-il)-2-(2-metilfenil) etanona
	JWH-253	1-(2-metil-1-pentil-1H-indol-3-il)-2-(3-metoxi-fenil) etanona (
	AM-2201	1-(5-fluoropentil)-1H-indol-3-il)-1-naftalenil- metanona
	EAM-2201	(1-(5-fluoropentil)-1H-indol-3-il)-(4-etil-1-naftalenil) metanona
	MAM-2201	(1-(5-fluoropentil)-1H-indol-3-il](4-metil-1-naftalenil) metanona

(*continua*)

Tabela 12.1 Lista do canabinoides sintéticos proscritos no Brasil de acordo com a Lista F2 da Portaria 344 (*continuação*)

ANO	CANABINOIDE SINTÉTICO	
2015		
	UR-144	(1-pentil-1H-indol-3-il) (2,2,3,3-tetrametilciclopropil) metanona
RDC nº 13 de 24/3/2015	XLR-11 / 5F-UR-144	[1-(5-fluoropentil)-1H-indol-3-il](2,2,3,3-tetrametilciclopropil) metanona
RDC nº 08 de 13/2/2015	5F-AKB48 AKB48	N-(1-adamantil)-1-(5-fluoropentil)indazol-3-carboxamida N-adamantil-1-pentilindazol-3-carboxamida
2016 RDC nº 79 de 23/05/2016		Inclusão dos adendos 7 e 8, alteração do adendo 1.1

12.3 Derivados da fenetilamina

A feniletilamina é a estrutura-base de diversos compostos, como catecolaminas, anfetaminas, catinonas e os chamados de 2C. O grupo 2C, originalmente criado por Alexander Shulgin, refere-se a sua estrutura química, em que dois átomos de carbono contêm grupamentos metóxi nas posições 2 e 5 do anel fenil e vários substituintes na posição 4. Eles têm ação estimulante, alucinógena e psicodélica, dependendo da estrutura química e da dose. O primeiro composto feito a partir desse grupo foi o 2C-B (4-bromo-2,5-dimetoxi-b-fenetilamina), conhecido popularmente por *Nexus*, *Toonies*, *bromo*, Vénus. Era vendido na década de 1980 e início da de 1990 como um substituto para o MDMA. Desde a proibição de 2C-B pela *Drug Enforcement Agency* (DEA), em 1995, vários novos 2C foram sintetizados e introduzidos no mercado das drogas ilícitas, assim como os seus derivados, chamados de NBOMe, como 25-B NBOMe (2C-B-NBOMe), 25C-NBOMe (2C-C-NBOMe) e 25-I- NBOMe (2C-I--NBOMe), conhecidos por N-bomba, *Smiles*, CIMBI-5 [19].

CURIOSIDADE

Alexander "Sasha" Shulglin foi o cientista pioneiro na síntese de drogas psicodélicas. Químico com pós-graduação em bioquímica, sintetizou mais de duzentas substâncias psicodélicas, as quais testava em si mesmo, em sua esposa Ann e em seus amigos, documentando sua preparação e seus efeitos. Junto com sua esposa, escreveu dois livros: *PIHKAL (Phenethylamines I Have Known and Loved)*, em 1991, e *TIHKAL (Tryptamines I Have Known and Loved)*, em 1997. As fenetilaminas e triptaminas desenvolvidas por ele são algumas das principais representantes das novas substâncias psicoativas [5].

12.3.1 Metoxifenetilaminas (DOB e DOM)

12.3.1.1 DOB (2,5-dimetoxi-4-bromoanfetamina)

O 2,5-dimetoxi-4-bromoanfetamina, também conhecido por DOB ou brolanfetamina, é um derivado das fenetilaminas que difere de MDMA no que diz respeito ao tipo e intensidade dos efeitos produzida no usuário. É uma fenilalquilamina modificada, um agonista serotonérgico, e age principalmente sobre os receptores 5-HT_{2A}, tendo, portanto, ação alucinógena e com potencial de causar tolerância em usuários crônicos [20].

O DOB pode ser facilmente sintetizado a partir de 2,5-dimetoxi-anfetamina (2,5-DMA). Ele é geralmente comercializado em cápsulas e raramente impregnado em papel, como o LSD. A dose varia entre 0,75-1,75 mg e, no caso de usuários crônicos, aumenta para 2,5-3,5 mg. O DOB tem algumas características químicas semelhantes a 2,5-dimetoxi-4-bromofenetilamina (2C-B), no entanto, seus efeitos duram mais tempo. Alguns dos efeitos desejados pelos usuários são: sensação de bem-estar, aumento de energia e aumento da atividade visual e auditiva. No Brasil é popularmente conhecido como "cápsula do vento" ou "cápsula do medo" [20].

Doses de 2,8 mg podem gerar efeitos adversos, como câibras e *flashes* de alucinação. Dosagens de 3,5 mg ou mais podem causar uma superdosagem com perda de memória, comportamento irracional e violento. Segundo relatos de usuários, o DOB tem início tardio (até três horas), o que pode levar os usuários a acreditar que não há nenhum efeito e ingerir uma segunda dose, geralmente causando intoxicação. Os efeitos da droga, apesar de tardios, duram por um longo período, podendo chegar até 24 horas. Os principais sintomas da intoxicação aguda incluem convulsões, espasmos vasculares arteriais, vômito, diarreia, formigamento nos membros, psicose com inquietação e alucinações ópticas [20].

Assim como ocorre com MDMA e outras substâncias psicoativas, os isômeros ópticos de DOB têm atividades distintas, sendo que o "R" é o isômero de maior atividade [20].

12.3.1.2 DOM (2,5-dimetoxi-4-metilanfetamina)

O 2,5-dimetoxi-4-metilanfetamina, conhecida por DOM ou dimetoxianfetamina, foi sintetizado pela primeira vez por Alexander Shulgin, em 1964, e tem efeitos alucinógenos semelhantes à dietilamida do ácido lisérgico (LSD) e mescalina. No final da década de 1960, era conhecida pelo nome de STP (de *Serenity, Tranquility and Peace*, ou então de *Scientifically Treated Petroleum*) [21].

A dose necessária para atingir efeitos alucinógenos é de aproximadamente 3 mg, com duração de três a cinco horas. É cerca de cem vezes mais potente que a mescalina, mas tem apenas um trigésimo do efeito do LSD. O DOM se liga seletivamente aos receptores 5-HT_{2A} e 5-HT_{2C}, enquanto que o LSD se liga com elevada afinidade aos receptores serotoninérgicos 5-HT_{1A}, 5-HT_{1B}, 5-HT_{1D}, 5-HT_{2A}, 5-HT_{2C}, 5-HT_6, 5-HT_7, e aos receptores D2 de dopamina, bem como aos adrenérgicos $\alpha 1$ e $\alpha 2$ [22].

A Figura 12.4 ilustra a estrutura química do DOM, do DOB, e de outras metoxifenetilaminas menos abordadas na literatura – DOC e DOI –, com a substituição do cloro e iodo, respectivamente.

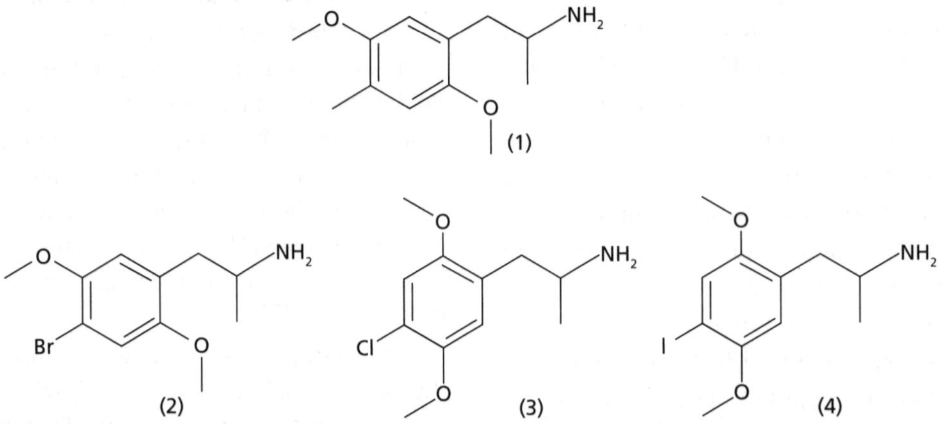

Figura 12.4 (1) DOM, (2) DOB, (3) DOC, (4) DOI.

Legislação: as metoxifenetilaminas começaram a ser proscritas no Brasil a partir de 1999 com a introdução da lista F2 na Portaria 344/98, conforme listado na Tabela 12.2 [18].

Tabela 12.2 Lista das metoxifenetilaminas proscritas no Brasil de acordo com a lista F2 da Portaria 344/98

ANO	NOME	
2007 RDC nº 44 de 02/7/2007	DOC DOI	4-cloro-2,5-dimetoxianfetamina 4-iodo-2,5-dimetoxianfetamina
1999 RDC nº 147 de 28/5/1999	STP /DOM Brolanfetamina/ DOB	2,5-dimetoxi-alfa-4--dimetilfenetilamina 4-bromo-2,5-dimetoxianfetamina

12.3.2 2C

Os mais conhecidos membros do grupo 2C também foram sintetizados e descobertos por Shulgin durante as décadas de 1970 e 1980 [5].

O termo '2C' é um nome geral para o grupo de fenetilaminas psicodélicas que contêm em comum uma espinha dorsal da fenetilamina com dois grupamentos metóxi nas posições 2 e 5 do (benzeno) anel aromático e diferentes substituintes na posição 4 (raramente também na posição 3), conforme estruturas elencadas na Figura 12.5 [23].

O 2C-B (4-bromo-2,5-dimetoxi-b-fenetilamina) foi comercializado em meados da década de 1980 e vendido como afrodisíaco na Alemanha e na Holanda. Outros membros do grupo 2C com outros substituintes halogêneos, 2C-I (4-iodo-2,5-dimetoxi-b-fenetilamina) e 2C-C (4-cloro-2,5-dimetoxi-b-fenetilamina), apareceram no mercado de drogas cerca de dez

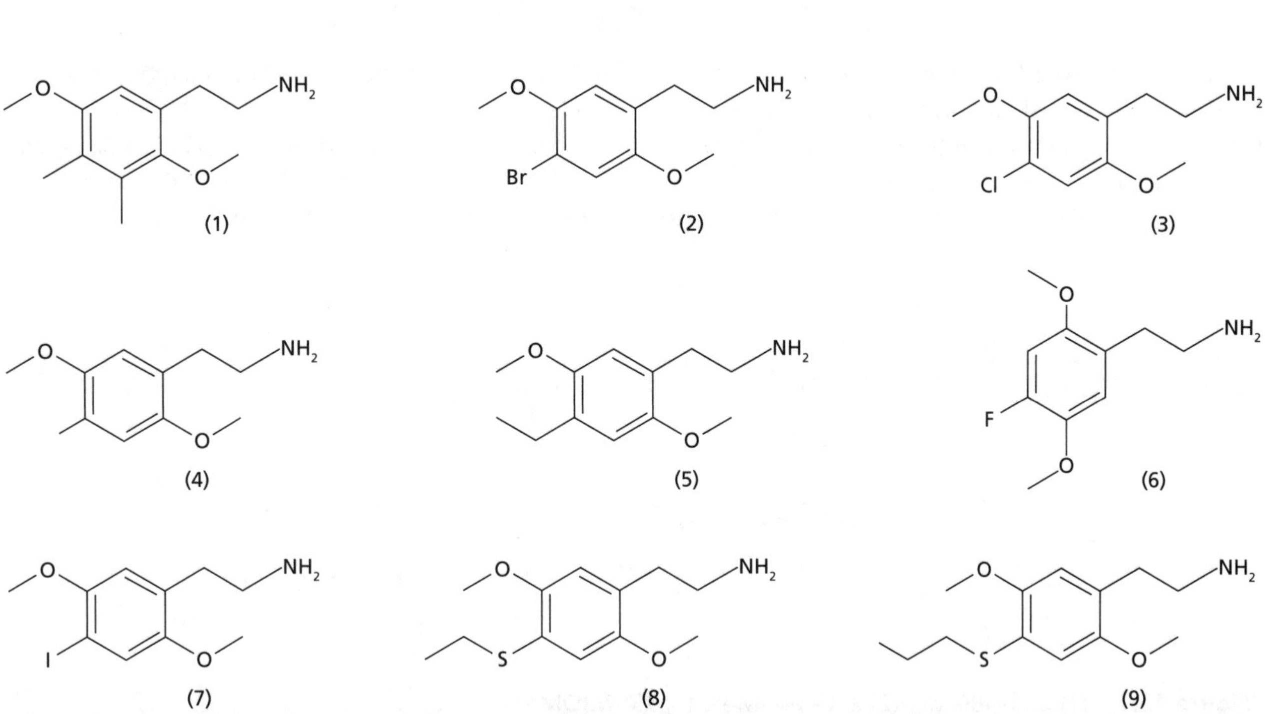

Figura 12.5 (1) Estrutura base do grupo 2C, (2) 2C-B, (3) 2C-C, (4) 2C-D, (5) 2C-E, (6) 2C-F, (7) 2C-I, (8) 2C-T2 e (9) 2C-T7.

anos depois, junto com os compostos de S-alquil, 2C-T-2, 2C-T-7 (4-etiltio-2,5-dimetoxi-b-fenetilamina) e (2,5-dimetoxi-4-propiltio-b-fenetilamina). Por causa de muitas intoxicações pelos 2C, eles foram proibidos na maioria dos países. Estudos da relação-atividade dos 2C revelaram que o substituinte na posição 4 no anel benzênico exerce efeito significativo sobre a atividade alucinógena, seguindo essa ordem: H <OR <SR <R < halogêneos [23].

Apesar de estruturalmente semelhante, a presença do grupo metil no carbono da cadeia lateral aumenta a eficácia dos análogos DOB e DOM quando comparado ao 2C-B, uma vez que este grupo substituinte da cadeia alifática confere resistência ao metabolismo pela MAO, conforme Figura 12.6 [20].

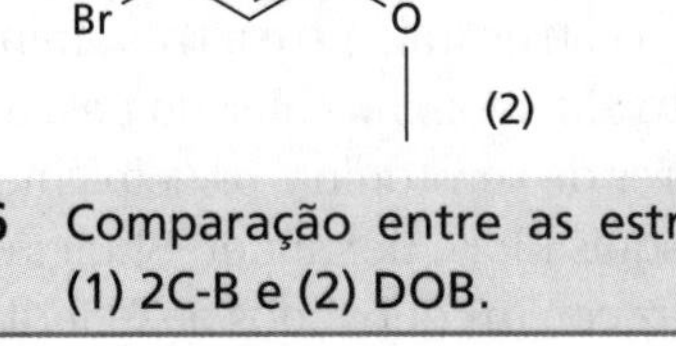

Figura 12.6 Comparação entre as estruturas do (1) 2C-B e (2) DOB.

Legislação: o 2C-B foi o primeiro representante a constar na Portaria 344, entretanto, *a priori*, constava na lista A3. Com a atualização da lista e incorporação das outras substâncias dessa classe, o 2C-B foi recolocado na lista F2 [18].

Tabela 12.3 Lista dos 2C proscritos no Brasil de acordo com a lista F2 da Portaria 344

ANO	NOME	
2014 RDC nº 06 de 18/2/2014	2C-C	4-cloro-2,5-dimetoxifeniletilamina
	2C-D	4-metil-2,5-dimetoxifeniletilamina
	2C-E	4-etil-2,5-dimetoxifeniletilamina
	2C-F	4-fluor-2,5-dimetoxifeniletilamina
	2C-I	4-iodo-2,5-dimetoxifeniletilamina
	2C-T-2	4-etil-tio-2,5-dimetoxifeniletilamina
	2CT-7	2,5-dimetoxi-4-propiltiofeniletilamina
2001 RDC nº 22 de 15/2/2001	2C-B	4-bromo-2,5-imetoxifeniletilamina

12.3.3 NBOMe

Os NBOMe são compostos derivados do grupo 2C descritos por Shulgin em 1990, em seu livro

Pihkal: A Chemical Love Story. O substituinte de N-(2-metoxi) benzil (a abreviação química do metoxi é OMe) aumenta significativamente a sua potência, sendo a dose de efeito na ordem de microgramas. O NBOMe pode ser vendido em pó, líquido, na forma de comprimido, ou como papéis de absorção [25].

Os NBOMe mais descritos na literatura são 25B-NBOMe, 25C-NBOMe e 25I-NBOMe, e suas estruturas estão ilustradas na Figura 12.7.

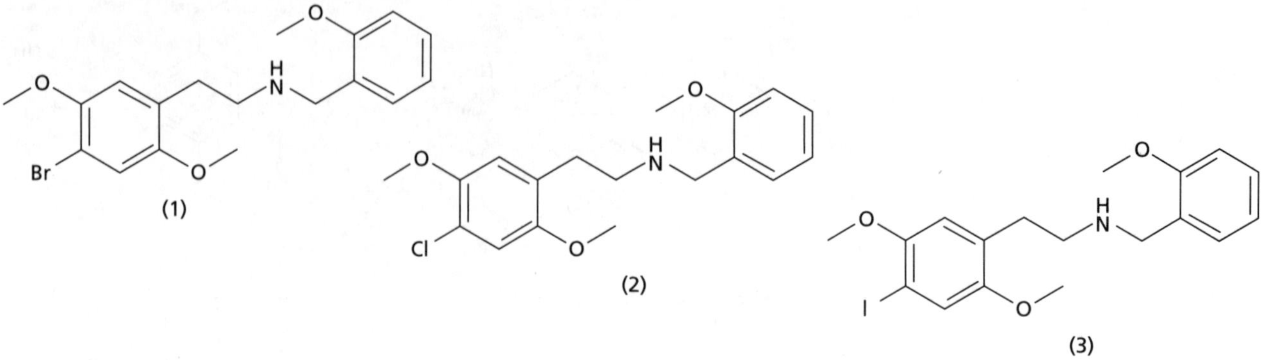

Figura 12.7 (1) 25B-NBOMe, (2) 25C-NBOMe e (3) 25I-NBOMe.

Assim como o LSD, os NBOMe produzem efeitos alucinógenos, pois são agonistas parciais ou totais do receptor 5-HT_{2A}, mas apresentam maior afinidade e seletividade por esses receptores que o LSD [27]. Pelo menor custo, maior disponibilidade e pelo fato de alguns NBOMe ainda serem considerados legais em muitos países, o uso dessas substâncias vem substituindo o do LSD [25,26].

Há relatos de usuários afirmando que o NBOMe é inativado se tomado por via oral, razão pela qual a droga é normalmente administrada por via sublingual ou nasal por meio de insuflação. Ainda não existe qualquer publicação na literatura para explicar o possível mecanismo de inativação quando os compostos são ingeridos [25].

O surgimento do NBOMe é relativamente recente, com relatos de caso de toxicidade notificado pela primeira vez em 2012 nos Estados Unidos, seguido da Austrália e Europa [25].

De acordo com os usuários de NBOMe, os efeitos desejados são: euforia, estimulação física, sentimentos de amor e empatia, mudança na consciência e sensações corporais inusitadas. Os efeitos adversos incluem confusão, agitação, náuseas, insônia, paranoia e sentimentos indesejados [25,26].

Pelos seus efeitos agonistas potentes dos NBOMe nos receptores serotoninérgicos, eles podem potenciar a síndrome da serotonina, especialmente se for administrado junto de outras substâncias como inibidores da MAO ou antidepressivos tricíclicos, os quais inibem a degradação da serotonina aumentando sua concentração na fenda sináptica. Os NBOMe têm sido associados a mortes envolvendo automutilação, como no caso de um homem que morreu depois de bater em objetos, incluindo árvores e poste, ou em outro caso mais famoso, ocorrido em Miami, em que o usuário mutilou o rosto de um mendigo [25].

O 25I-NBOMe é o componente mais potente desse grupo, sintetizado primeiramente por Ralf Heim na Universidade Livre de Berlim [3].

Legislação: no ano de 2014, junto com os 2C, o 25D-NBOMe; 25B-NBOMe; 25C-NBOMe; 25E-NBOMe; 25I-NBOMe; 25N-NBOMe; 25P-NBOMe; 25T2-NBOMe; 25T4-NBOMe; 25T7-NBOMe, 25H-NBOMe e mais recentemente 25I-NBOH, foram incluídos na lista F2 da Portaria 344/98 [18].

12.4 Derivados da triptamina

A triptamina é um alcaloide monoamínico que pode ser sintetizado pela descarboxilação do aminoácido triptofano, embora possa existir naturalmente em plantas, fungos e animais. A serotonina (5-hidroxitriptamina ou 5-HT) é a principal triptamina natural responsável pela regulação e múltiplos processos no SNC, como sono, memória, cognição, regulação da temperatura e comportamento. A Figura 12.8 mostra a semelhança estrutural entre a triptamina e a serotonina. O efeito alucinógeno causado pela ação agonista dos receptores de serotonina, principalmente o $5HT_{2A}$, levou o pesquisador Alexander Shulgin, da mesma forma que fez com os derivados da fenetilamina, a sintetizar e relatar os efeitos da triptamina e seus derivados em outro livro chamado de *TIHKAL* [28].

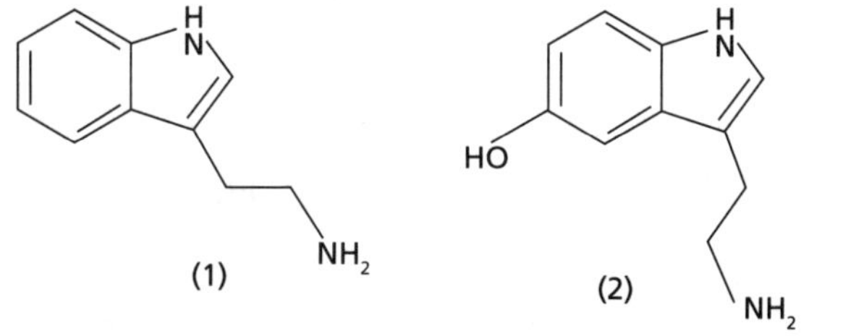

Figura 12.8 Estrutura química da (1) triptamina e da (2) serotonina.

A ocorrência natural dos derivados da triptamina é nos chamados cogumelos mágicos, como as espécies de *Psilocybe cubensis*, que são representados pela psilocibina e psilocina [28], e pelo bufotenina, um isômero posicional da psilocina, que está presente na pele e nas glândulas de sapo do gênero *Bufo* [29]. O DMT (dimetiltriptamina), o mais conhecido dos derivados da triptamina, foi primeiramente sintetizado em 1931, mas foi descoberto como produto natural em 1946, por um brasileiro, nos caules da *Mimosa tenuiflora* [30]. A estrutura química dessas substâncias pode ser observada na Figura 12.9.

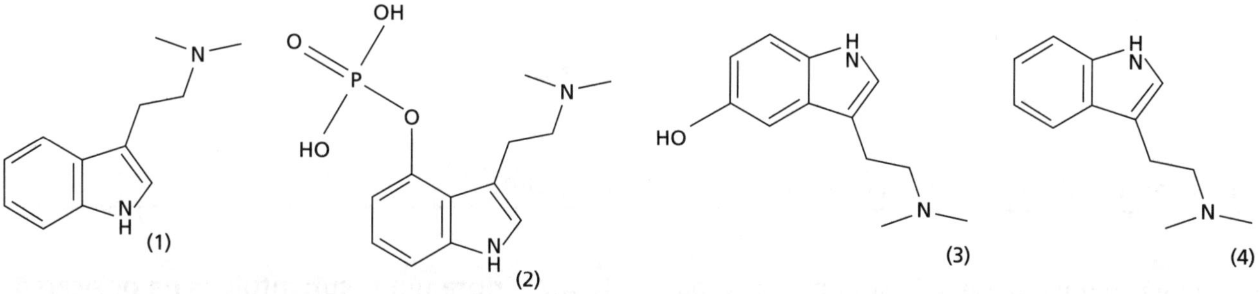

Figura 12.9 Estrutura da (1) psilocina, (2) psilocibina, (3) bufotenina e (4) DMT.

Os derivados de triptamina podem ser divididos em três grupos: (1) triptamina simples com substituição do anel indol; (2) com substituição na posição 4 do anel indol; e (3) com substituição na posição 5 do anel indol. Apenas substituições nas posições 4 e 5 foram consideradas, uma vez que substituições nas posições 6 e 7 reduzem a atividade alucinógena [31].

12.4.1 Triptaminas não substituídas

As triptaminas não substituídas, ilustradas na Figura 12.10, têm propriedades estimulantes e alucinógenas e, com exceção do DMT, são ativas após administração oral [28].

Alucinações visuais são universalmente reportadas pelos usuários como efeitos positivos, e, além disso, relatam sensação de *rushing*, melhora do humor, da energia, da libido e da concentração [28].

A alfa-metiltriptamina (AMT) foi primeiramente desenvolvida como antidepressivo chamado de Indopan. Na década de 1960, era bastante utilizado pela antiga União Soviética, mas entrou em desuso quando foi descoberto que seu uso causava psicose. A ação do AMT está relacionada à liberação da dopamina e inibição de sua receptação, como também nos receptores de serotonina e noradrenalina e inibidora da MAO. Tem ação estimulante e alucinógena [30].

A alfa-etiltriptamina (AET) também foi desenvolvida como o antidepressivo Monase, mas foi retirado do mercado por incidência de agranulocitose. Está relacionada com efeitos psicodélicos, estimulantes e entactogênicos. Tem propriedades psicoativas semelhantes ao MDMA e, como ele, também pode induzir toxicidade serotoninérgica. A dosagem relatada por Shulgin para administração oral é de 100 a 150 mg [33].

A dimetiltriptamina (DMT), embora seja encontrada de forma natural, serve como molécula-base para síntese de seus derivados, após substituição nos carbonos 4 e 5. Em doses recreacionais, produz intensa alucinação visual. Diferente das outras triptaminas, não é ativa após administração oral por causa do efeito do metabolismo de primeira passagem, então é administrada por via intramuscular, subcutânea, intravenosa, e até fumada [28,34].

A dietiltriptamina (DET) não é encontrada naturalmente, embora apresente estrutura química semelhante ao DMT. É ativa quando administrada oralmente, pela presença de dois grupos etil ligados ao átomo de nitrogênio, prevenindo sua degradação

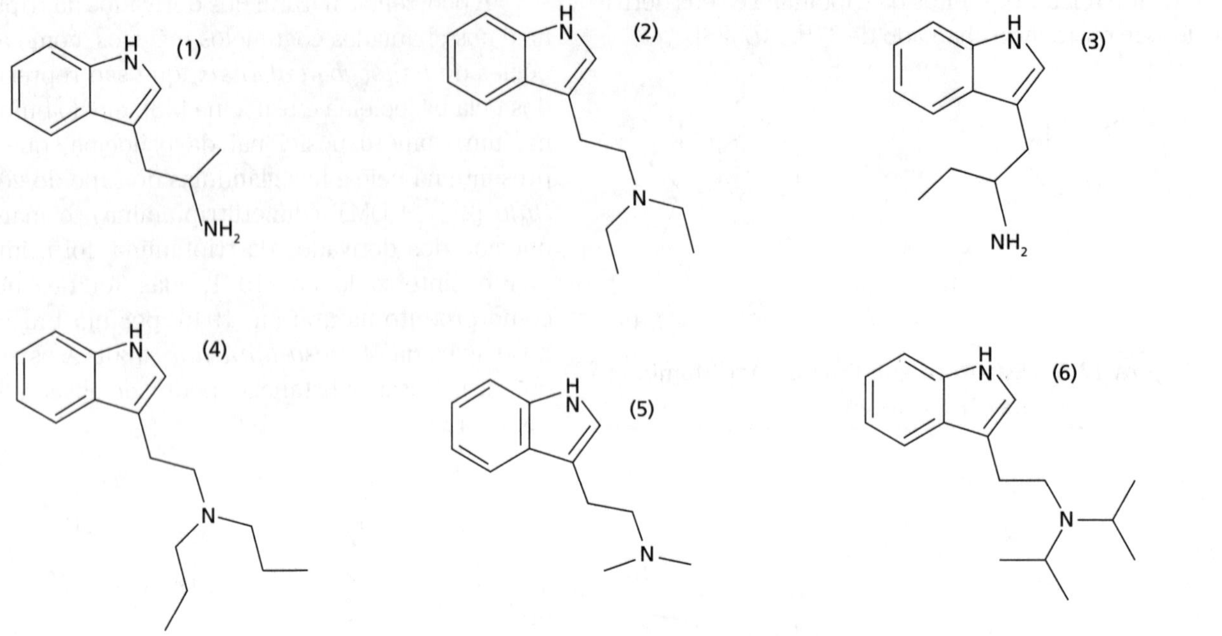

Figura 12.10 (1) AMT, (2) DET, (3) AET, (4) DPT, (5) DMT, (6) DiPT.

pela MAO. Seu mecanismo de ação não está totalmente elucidado, mas, como outras triptaminas psicodélicas, tem ação agonista nos receptores de serotonina. Ao ser administrada oralmente, a dose é de 50 a 100 mg e seus efeitos duram cerca de duas a quatro horas [35].

A dipropiltriptamina (DPT) foi sintetizada na década de 1950, mas foi reportada na literatura científica apenas em 1973, como um ajudante na psicoterapia do alcoolismo. É encontrada como sal cristalino ou como base oleosa. Existem poucos estudos experimentais que explicam a interação do DPT com os receptores da serotonina, mas usuários relataram sensações psicodélicas como o aumento da intensidade de cores, visão de *flashes* de luz e aparição de faces. A dose oral é de 100 a 250 mg e a duração dos efeitos psicoativos variam de duas a quatro horas [36].

A di-isopropiltriptamina (DiPT) é um alucinógeno sintético, estruturalmente relacionado com a DMT, mas diferentemente desta, não produz apenas pequena alucinação visual, mas também uma grande distorção auditiva. Seu mecanismo de ação é semelhante a outros alucinógenos com ação agonista dos receptores $5HT_{2A}$ e agonista parcial dos $5HT_{1A}$. Ademais, o DiPT bloqueia a receptação da serotonina e tem pequena interação com os transportadores de dopamina e norepinefrina. A dose oral varia de 50 a 100 mg e os efeitos alucinógenos podem durar até oito horas [32].

12.4.2 Triptaminas substituídas na posição 4

As triptaminas substituídas na posição 4, conforme a Figura 12.11, também são oralmente ativas e os efeitos são similares aos da psilocina, embora exista pouca informação na literatura científica sobre elas. Os efeitos relacionados são: hilaridade espontânea, alucinações visuais intensas, aumento da libido, melhora das sensações táteis, aumento da concentração e sensação de entusiasmo e paz interior [28].

A psilocina (4-OH-DMT) é considerada o protótipo das triptaminas substituídas na posição 4. É obtida a partir da desfosforilação da psilocibina, encontrada nos cogumelos alucinógenos das espécies *Psilocybe* e *Stropharia*. Na *P. cubensis*, a porcentagem de psilocibina varia entre 0,2% e 0,4% no extrato seco, enquanto da psilocina há apenas traços. Após a ingestão, a psilocibina rapidamente sofre hidrólise dos grupos fosfato pela fosfatase alcalina levando à formação do metabólito ativo, psilocina. Após a ingestão de "cogumelos mágicos", os efeitos alucinógenos atingem o máximo nas primeiras duas horas, decrescem em três a quatro horas e desaparecem em quatro a oito horas [37].

As principais triptaminas 4-substituídas são: 4-OH-DET, 4-OH-DiPT, 4-OH-MiPT.

12.4.3 Triptaminas substituídas na posição 5

As triptaminas substituídas na posição 5, representadas pela Figura 12.12, são mais potentes

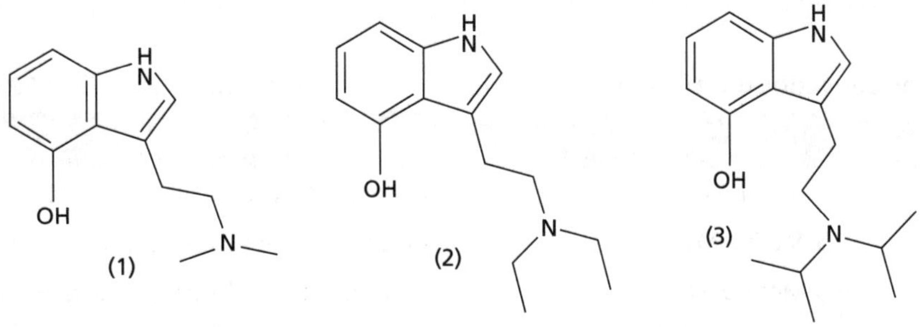

Figura 12.11 (1) Psilocina, (2) 4-OH-DET, (3) 4-OH-DiPT.

que as não substituídas, muito embora seus efeitos sejam semelhantes. Efeitos reportados pelos usuários como positivos são euforia, aumento da libido, concentração e sociabilidade, e redução do medo e da ansiedade [28].

A 5-metoxi-alfa-metiltriptamina (5-MeO-AMT) é uma triptamina psicodélica. Seu mecanismo de ação se baseia na ligação aos receptores 5-HT_{1A} e 5-HT_{2A}. É administrada oralmente na concentração de 2,5 a 4,5 mg e a duração dos efeitos reportados são de doze a dezoito horas [28].

A 5-metoxi-dimetiltriptamina (5-MeO-DMT) é uma indolalquilamina psicoativa que ocorre naturalmente, semelhante à DMT e bufotenina. Foi inicialmente isolada da casca da *Dictyoloma incanesces*, mas foi encontrada no veneno do *Bufo alvarius*, secretado pelas glândulas parótida e tibial. É um potente alucinógeno de ação rápida e curta duração [38,39].

A 5-metoxi-di-isopropiltriptamina (5-MeO-DiPT) ou *Foxy Methoxy*, sintetizada pela adição de dois grupos isopropil nitrogênio terminal do grupo aminoetil, e metoxilação da posição 5 do anel indol, é uma *designer drug* sintética que foi sintetizada e descrita por Shulgin. O 5-MeO-DiPT é oralmente ativo, e as doses variam entre 6 e 12 mg, podendo também ser fumada ou aspirada. Tem início de ação entre vinte e trinta minutos e seus efeitos duram de três a seis horas. Os usuários relatam euforia, desinibição, aumento da sociabilidade, alucinações visuais e auditivas, mas pode causar insônia, ansiedade, náusea, vômito e diarreia [32,40].

A 5-MeO-metoxi-isopropiltriptamina (5-MeO-MiPT) é análoga da droga mais popular 5-MeO-DiPT, e por essa razão é chamada de *Moxy*. Assim como o *Foxy* ou 5-MeO-DiPT, inibe a receptação da serotonina e também da dopamina e norepinefrina. Pode ser fumada ou administrada oralmente. A dosagem oral varia de 4 a 6 mg e seus efeitos duram de quatro a seis horas, enquanto que, quando fumada, a dosagem é de 12 a 20 mg [39].

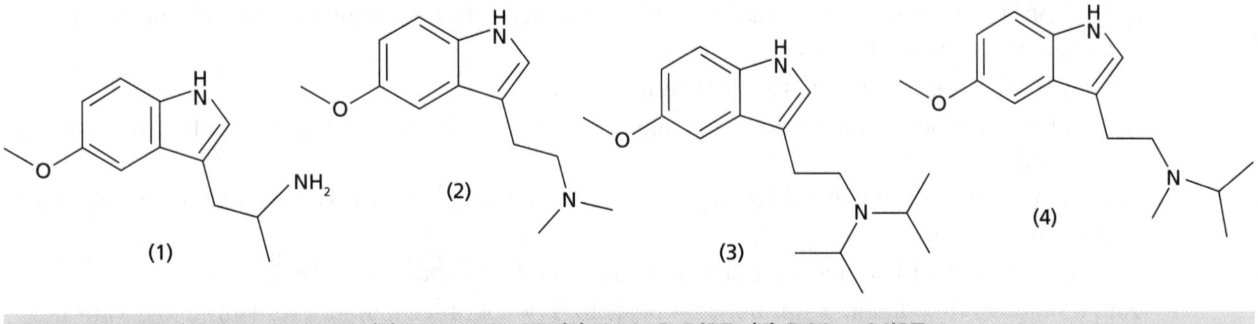

Figura 12.12 (1) 5-MeO-AMT, (2) 5-Meo-DMT, (3) 5-MeO-DiPT, (4) 5-Meo-MiPT.

RELATO DE CASO

Um rapaz de 22 anos, sem histórico criminal, foi preso, suspeito de homicídio. Relatou ter adquirido via internet três drogas denominadas *Foxy, Wild Game* e *Mipty*. Havia consumido duas delas em seu apartamento junto com a namorada na noite de sua prisão. Imediatamente começou a sentir náuseas, palpitações e *bad trips*. Distorções sensoriais, ilusões visuais e intermitente perda de consciência se seguiram. A polícia o encontrou confuso e incoerente, completamente nu e ensanguentado em um local próximo de seu apartamento.

De acordo com peritos, o rapaz havia assassinado a namorada com uma faca de cozinha. Análises por GC-MS revelaram a presença de 5-metoxi-N-metil-N-isopropiltriptamina (5-MeO-MIPT) em sua urina e no produto *Mipty* [41].

Legislação: os derivados da triptamina proscritos no Brasil estão listados na Tabela 12.4.

Tabela 12.4 Lista dos derivados da triptamina proscritos no Brasil de acordo com a lista F2 da Portaria 344/98

ANO	NOME	
2015 RDC nº 49 de 11/11/2015	4-AcO-DMT	4-acetoxi-N,N-dimetiltriptamina
	5-MeO-AMT	5-metoxi-alfa-metiltriptamina
	5-MeO-DIPT	5-metoxi-N,N-di-isopropiltriptamina
	5-MeO-DMT	5-metoxi-N,N-dimetiltriptamina
	5-MeO-MIPT	5-metoxi-N,N-metil isopropiltriptamina
	AMT	Alfa-metiltriptamina
1999 RDC nº 147 de 28/5/199	DET	3-[2-(dietilamino)etil]indol
	DMT	N,N-dimetiltriptamina
	Psilocibina	Fosfato di-idrogenado de 3-[2-(dimetilaminoetil)] indol-4-ilo
	Psilocina	3-[2-(dimetilamino)etil]indol-4-ol

12.5 Conclusões

As novas substâncias psicoativas são um problema para a saúde pública, uma vez que são de baixo custo, de fácil acesso e pouco se sabe sobre a toxicocinética e a toxicodinâmica dessas substâncias, muito menos seus efeitos após uso crônico. Os danos associados a elas documentados são escassos, muito embora várias mortes já estejam associadas. As atualizações na legislação, apesar de recentes, ainda são lentas comparadas com a rapidez com que essas substâncias são sintetizadas e colocadas no mercado como drogas de abuso. É preciso mais presteza na proibição dessas substâncias e desenvolvimento de métodos analíticos para sua identificação em centros clínicos e em laboratórios forenses.

Questões para estudo

1. Por que as chamadas novas substâncias psicoativas também são conhecidas por *legal highs?*
2. Marque (V) se verdadeiro, ou (F) se falso.
   a) ( ) As "novas drogas sintéticas" têm essa nomenclatura por terem sido recentemente descoberta sua estrutura química.
   b) ( ) O MDMA é o principal representante das NPS.
   c) ( ) Os canabinoides sintéticos são análogos da *Cannabis*, uma vez que sua estrutura química é semelhante ao THC.
   d) ( ) O substituinte OMe, adicionado aos 2C, origina o composto com atividade mais alucinógena, o NBOMe.
   e) ( ) O grupo metil aumenta a eficácia do 2C quando comparado ao DOB.
3. Qual o objetivo de adicionar um flúor na posição 5 de alguns canabinoides sintéticos? Cite pelo menos três exemplos desses canabinoides.
4. Qual derivado da fenetilamina é popularmente conhecido no Brasil por "cápsula do vento" e por que é responsável por vários casos de intoxicação?
5. Por que os derivados da triptamina são substituídos nas posições 4 e 5, e não na 6 e 7?

Respostas

1. As novas substâncias psicoativas são substâncias sintéticas que entraram no mercado com o objetivo de substituir drogas já existentes e controladas pela legislação internacional. Conhecidas também por *designer drugs* ou *legal highs*, essas substâncias vieram como uma forma de burlar a lacuna da legislação, uma vez que muitas não foram proibidas e poderiam ser comercializadas de forma livre e fácil.

▶

2. a) (F)
   b) (F)
   c) (F)
   d) (F)
   e) (V)
3. A substituição do F (flúor) na posição 5-pentil aumenta a potência e a estabilidade, prolongando a meia-vida da substância. Exemplos: UR-144, 5F-UR-144 (XLR-11), PB-22, 5F-PB-22, AB-PINACA, 5F-AB-PINACA, AKB-48 (APINACA), 5F--AKB.
4. DOB ou 2,5-dimetoxi-4-bromoanfetamina. O DOB tem início tardio (até três horas), o que pode levar os usuários a acreditar que não há nenhum efeito e ingerir uma segunda dose, geralmente causando intoxicação.
5. As substituições nas posições 6 e 7 reduzem a atividade alucinógena.

Lista de abreviaturas

5-MeO-AMT	5-Metoxi-alfa-metiltriptamina	DOC	4-Cloro-2,5-dimetoxianfetamina
5-MeO-DMT	5-Metoxi-dimetiltriptamina	DOM	2,5-Dimetoxi-alfa-4-dimetilfenetilamina
5-MeO-DiPT	5-Metoxi-di-isopropiltriptamina	EMCDDA	European Monitoring Centre for Drugs and Drug Addiction
5-MeO-MiPT	5-MeO-metoxi-isopropiltriptamina	GHB	Ácido gama hidroxibutirato
AMT	Alfa-metiltriptamina	LSD	Dietilamina do ácido lisérgico
DEA	Drug enforcement administration	NSP	Novas substâncias psicoativas
DET	Dietiltriptamina	MAO	Monoamina-oxidase
DiPT	Di-isopropiltriptamina	MDMA	Metilenodioximetanfetamina
DMT	Dimetiltriptamina	THC	Tetra-hidrocanabinol
DPT	Dipropiltriptmanina	SNC	Sistema nervoso central
DOB	Brolanfetamina ou 4-bromo-2,5-dimetoxianfetamina	UNODC	United National Office on Drug and Crime
DOI	4-Iodo-2,5-dimetoxianfetamina		

Lista de palavras

2C
Alexander Shulgin
Alucinógenas
Canabinoides sintéticos
Derivados da fenetilamina
Derivados da triptamina
Designer drugs
DMT
DOB
DOM
Legal highs
NMOMe
Novas substâncias psicoativas
Portaria 344
SPICE
Substâncias psicoativas

REFERÊNCIAS

1. United Nations Office On Drug And Crime (UNODC). World Drug Report 2013.

2. European Monitoring Centre for Drugs and Drug Addiction (EMCDDA), 2006.

3. Zawilska JB, Andrzejczak D. Next generation of novel psychoactive substances on the horizon – A complex problem to face. Drug and Alcohol Dependence. 2015;157:1-17.

4. United Nations Office on Drug and Crime (UNODC). World Drug Report 2015.

5. Alexander Shulgin Research Institute [cited 2016 Jan 28]. Available from: http://www.shulginresearch.org/home/about/alexander-sasha-shulgin

6. Davidson C, Schifano F. The potential utility of some legal highs in CNS disorders. Progress in Neuro-Psychopharmacology & Biological Psychiatry. 2016;64:267-74.

7. Vandreya R, Dunna K, Frya J A, Girlinga ER. A survey study to characterize use of Spice products (synthetic cannabinoids). Drug and Alcohol Dependence. 2012;120,238-41.

8. Alves AO, Spaniol B, Linden R. Canabinoides sintéticos: drogas de abuso emergentes. Revista de Psiquiatria Clínica. 2012;39:142-8.

9. EMCDDA. Perspectives on Drugs. Synthetic cannabinoids in Europe. [cited 2015 May 22]. Available from: http://www.emcdda.europa.eu/topics/pods/synthetic-cannabinoids

10. Agência Nacional de Vigilância Sanitária (Anvisa). Orientação sobre a nova forma de classificação de substâncias proscritas por classes estruturais do grupo canabinoides sintéticos.http://portal.anvisa.gov.br/documents/33864/340973/Orienta%C3%A7%C3%A3o+sobre+a+nova+forma+de+classifica%C3%A7%C3%A3o+de+subst%C3%A2ncias+proscritas+por+classes+estruturais+do+grupo+canabinoides+sint%C3%A9ticos/e8613f37-e890-43f8-b931-0ca624b2a0df. Acesso em 23.10.2016.

11. Shevyrin V, Melkozerov V, Nevero A, Eltsov O, Baranovsky A, Shafran Y. Synthetic cannabinoid 3-benzyl-5-[1-(2-pyrrolidin-1-ylethyl)-1Hindol- 3-yl]-1,2,4-oxadiazole. The first detection in illicit market of new psychoactive substances. Forensic Science International. 2016;259:95-100.

12. Shevyrin V, Melkozerov V, Nevero A, Eltsov O, Baranovsky A, Shafran Y. Synthetic cannabinoids as designer drugs: new representatives of indol-3-carboxylates series and indazole-3-carboxylates as novel group of cannabinoids. Identification and analytical data. Forensic Science International. 2014;244:263-75.

13. Uchiyama N, Kawamura M, Kikura-Hanajiri R, Goda Y. URB-754: a new class of designer drug and 12 synthetic cannabinoids detected in ilegal products. Forensic Sci Int. 2013;227:21-32.

14. Frost JM, Dart MJ, Tietje KR, Garrison TR, Grayson GK, Daza AV et al. Indol-3-yl-cycloalkylketones: effects of N1 substituted indole side chain variations on CB2 cannabinoid receptor activity. J Med Chem. 2010;53:295-315.

15. Wiley JL, Marusich JA, Lefever TW, Grabenauer M, Moore KN, Thomas BF. Cannabinoids in disguise: 9-tetrahydrocannabinol-like effects oftetramethylcyclopropyl ketone indoles. Neuropharmacology. 2013;75:145-54.

16. Wohlfarth A, Gandhi AS, Pang S, Zhu M, Scheidweiler KB, Huestis MA. Metabolism of synthetic cannabinoids PB-22 and its 5-fluoro analog, 5F-PB-22,by human hepatocyte incubation and high-resolution mass spectrometry. Anal Bioanal Chem. 2014;406:1763-80.

17. Znaleziona J, Ginterová P, Petr J, ndra P, Válka I, Ševcík J, Chrastina J, Maier V. Determination and identification of synthetic cannabinoids and their metabolites in different matrices by modern analytical techniques – a review. Anal Chim Acta. 2015;874:11-25.

18. Agência Nacional de Vigilância Sanitária (Anvisa). Resolução RDC nº 117, de 19 de outubro de 2016. Dispõe sobre a atualização do Anexo I (Listas de Substâncias Entorpecentes, Psicotrópicas, Precursoras e Outras sob Controle Especial) da Portaria SVS/MS nº 344, de 12 de maio de 1998, e dá outras providências. Disponível em: http://portal.anvisa.gov.br/documents/33864/340935/53+-+RDC+N%C2%BA+117-2016-DOU.pdf/8dfaa4de-f49b-4d06-9d76-a94676f30822. Acesso em 23/10/2016.

19. Bersani FS, Corazza O, Albano G, Valeriani G, Santacroce R, Posocco FBM, Cinosi E, Simonato P, Martinotti G, Bersani G, Schifano F. 25C-NBOMe: preliminary data on pharmacology, psychoactive effects, and toxicity of a new potent and dangerous hallucinogenic drug. Biomed Res Int. 2014;2014:734749.

20. Costa JL, Wang AY, Micke GA, Maldaner AO, Romano RL, Martins-Júnior HA, Neto NO, Tavares MFM. Chemical identification of 2,5-dimethoxy-4-bromoamphetamine (DOB). Forensic Science International. 2007;173:130-6.

21. Andreas H. Ewald, Michael Puetz, Hans H. Maurer. Designer drug 2,5-dimethoxy-4-methyl-amphetamine (DOM, STP): Involvement of the cytochrome P450 isoenzymes in formation of its main metabolite and detection of the latter in rat urine as proof of a drug intake using gas chromatography–mass spectrometry. J Chromatogr B Analyt Technol Biomed Life Sci. 2008;862 (1-2):252-6.

22. Eckler JR, Greizerstein H, Rabin RA, Winter JC. A sensitive method for determining levels of 2,5,-dimethoxy-4-methylamphetamine in the brain tissue. Journal of Pharmacological and Toxicological Methods. 2001;46:37-43.

23. Zuba D, Sekuła K, Buczek A. Identification and characterization of 2,5-dimethoxy-4-nitro-b-phenethylamine (2C-N) – A new member of 2C-series of designer drug. Forensic Science International. 2012;222:298-305.

24. Theobald DS, Maurer HH. Identification of monoamine oxidase and cytochrome P450 isoenzymes involved in the deamination o phenethylamine-derived designer drugs (2C-series). Biochemical Pharmacology. 2007;73:287-97.

25. Kueppers VB, Cooke CT. 25I-NBOMe related death in Australia: A case report. Forensic Science International. 2015;249:15-18.

26. Neto, JC. Rapid detection of NBOME's and other NPS on blotter papers by direct ATR-FTIR spectrometry. Forensic Science International. 2015;252:87-92.

27. Kyriakou C, Marinelli E, P. Frati P, Santurro A, Afxentiou M, Zaami S, Busardo FP. NBOMe: new potent hallucinogens – pharmacology, analytical methods, toxicities, fatalities: a review. European Review for Medical and Pharmacological Sciences. 2015;19:3270-81.

28. Tittarelli R, Mannocchi G, Pantano F and Romolo FS. Recreational use, analysis and toxicity of tryptamines. Current Neuropharmacology. 2015;13:26-46.

29. Lyttle, T, Goldstein, D, Gartz, J. Bufo toads and bufotenine: fact and fiction surrounding an alleged psychedelic. J Psychoactive Drugs. 1996;28(3):267-90.

3. Kamour A, James D, Spears R, Cooper G, Lupton DJ, Eddleston M, Thompson JP, Vale AJ, Thanacoody HKR, Hill SL, Thomas SHL. Patterns of presentation and clinical toxicity after reported use of alpha methyltryptamine in the United Kingdom. Clinical Toxicology. 2014;52:192-7.

31. Hill SL, Thomas SH. Clinical toxicology of newer recreational drugs. Clin Toxicol (Phila). 2011;49(8):705-19.

32. Fantegrossi WE, Harrington AW, Kiessel CL, Eckler JR , Rabin RA, Winter JC, Coop KC, Woods JH. Hallucinogen-like actions of 5-methoxy-N,N-diisopropyltryptamine in mice and rats. Pharmacology, Biochemistry and Behavior. 2006;83:122-9.

33. Huang XM, Johnson MP, Nichols DE. Reduction in brain serotonin markers by alpha-ethyltryptamine (Monase). Eur J Pharmacol. 1991;200(1):187-90.

34. Strassman RJ. Human psychopharmacology of N,N-dimethyltryptamine. Behav Brain Res. 1996;73(1-2):121-4.

35. Erowid.org [Internet]. Ryptamine, N,N-diethyl; indole, 3-[2-(diethylamino)ethyl]; N,N-diethyltryptamine; 3-[2-(diethylamino)ethyl]indole; T-9 [cited 2016 Jan. 28]. Available from: https://www.erowid.org/library/books_online/tihkal/tihkal03.shtml

36. Thiagaraj HV, Russo EB, Burnett A, Goldstein E, Thompson CM, Parker KK. Binding properties of dipropyltryptamine at the human 5-HT1a receptor. Pharmacology. 2005;74(4):193-9.

37. Fantegrossi WE, Murnane AC, Reissig CJ. The behavioral pharmacology of hallucinogens. Biochem Pharmacol. 2008;75(1):17-33.

38. Jiang XL, Shen HU, Yu AM. Potentiation of 5-methoxy-N,N-dimethyltryptamine-induced hyperthermia by harmaline and the involvement of activation of 5-HT1A and 5-HT2A receptors. Neuropharmacology. 2015;89:342-51.

39. Hong-Wu Shen, Chao Wu, Xi-Ling Jiang, Ai-Ming Yu. Effects of monoamine oxidase inhibitor and cytochrome P450 2D6 status on 5-methoxy-N,N-dimethyltryptamine metabolism and pharmacokinetics. Biochemical Pharmacology. 2010;80:122-8.

40. Tanaka E, Kamata T, Katagi M, Tsuchihashi H, Honda K. A fatal poisoning with 5-methoxy-N,N-diisopropyltryptamine, Foxy. Forensic Sci Int. 2006;163(1-2):152-4.

41. Matsumoto T, Okada T. Designer drug as a cause of homicide. Addiction. 2006;101: 1666-7.

CAPÍTULO 13

BENZILPIPERAZINA E OUTRAS SUBSTÂNCIAS PSICOATIVAS DERIVADAS DO COMPOSTO QUÍMICO PIPERAZINA

Otávio Pelegrino Rocha

Tamires Amabile Valim Brigante

Sônia Aparecida Carvalho Dreossi

Danielle Palma de Oliveira

Daniel Junqueira Dorta

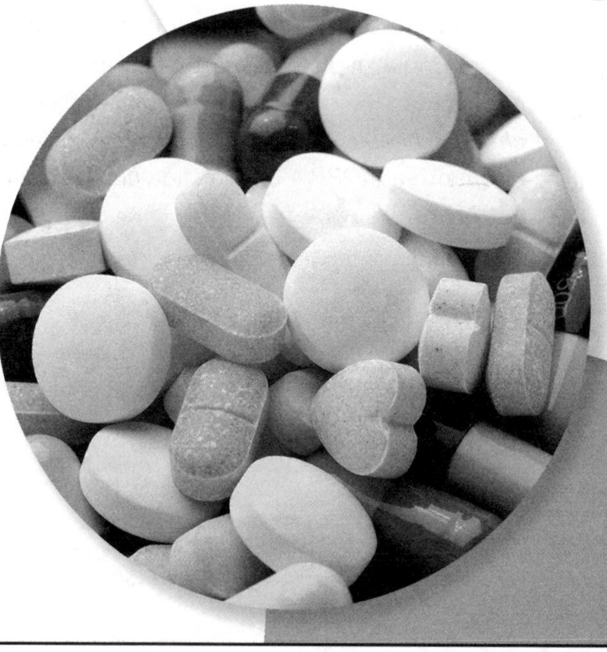

13.1 HISTÓRICO

A identificação da benzilpiperazina (BZP) (Figura 13.1-A) como parte do crescente mercado das *legal highs*, drogas que simulam os efeitos das drogas ilegais, porém sem utilizar os princípios psicoativos proibidos pela legislação, ocorreu pela primeira vez nos Estados Unidos em 1996 [1]; e posteriormente na Suécia, em 1999, quando um paciente próximo do óbito alegou ter ingerido recreacionalmente *ecstasy* em conjunto com uma nova droga conhecida como "A2" [2]. Entre 2000 e 2008, a Nova Zelândia se destacou como país de vanguarda na produção de pesquisa científica e legislações envolvendo a BZP, no contexto de um mercado econômico estimado em US$ 34 milhões por ano para a indústria das *legal highs* ou, mais especificamente, as *party pills* [3].

O potencial uso da BZP como antidepressivo foi explorado na década de 1970, porém rejeitado tão logo identificada a similaridade desse composto com as anfetaminas, bem como o potencial risco de abuso dessa droga [4].

Cabe aqui corrigir alguns erros encontrados na literatura científica, por exemplo, a investigação e uso da BZP como anti-helmíntico, bem como a origem herbal desse composto. Na verdade, a piperazina possui efeito anti-helmíntico utilizado pela medicina veterinária, e recebeu esse nome pela semelhança química estrutural com a piperidina, parte da estrutura química da piperina, esta, sim, encontrada na planta *Piper nigrum* [4]. Tanto a piperazina quanto a benzilpiperazina são compostos sintéticos, e esta segunda é que faz parte das drogas utilizadas recreacionalmente, sendo hoje proibida em muitos países, inclusive no Brasil. Cabe ainda ressaltar que o termo "piperazina" em si refere-se a uma estrutura química, e nem todos os compostos químicos que contêm esse nome são, necessariamente, utilizados como drogas de abuso. Por exemplo, o MT-45 – 1-ciclo-hexil-4-(1,2-difeniletil)-piperazina – é um analgésico opioide [5], possuindo mecanismos de ação e efeitos diferentes dos relatados no presente capítulo; outro exemplo é o Zipeprol®, um antitussígeno que contém o grupamento piperazina em sua estrutura e também é classificado como substância entorpecente de uso proscrito no Brasil [6].

O consumo da BZP se dá por cápsulas ou comprimidos, cada um contendo níveis desse composto variando entre 50 e 200 mg – porém já foram analisados comprimidos com níveis entre 28 e 1.000 mg

[4]. Os usuários relatam que os efeitos surgem após duas horas da ingestão dos comprimidos, durando em torno de quatro a oito horas, ainda que a BZP possa ser identificada no sangue até trinta horas pós-ingestão [4]. É comum identificar a BZP em conjunto com o composto 1-(3-trifluorometilfenil)-piperazina (TFMPP) (Figura 13.1-B), pertencente à classe das fenilpiperazinas, em proporções entre 2:1 e 10:1 [4]. Em 2004, foi identificada a 1-(3-clorofenil)-piperazina (mCPP) (Figura 13.1-C) na Suíça e na Holanda como outra estrutura relacionada ao consumo das *party highs*. Uma terceira classe de piperazinas inclui também as tienilmetilpiperazinas [7].

Ainda que o consumo dessas substâncias esteja mais relacionado ao público de festas eletrônicas, com predominância do consumo masculino em uma faixa etária que vai dos 18 aos 29 anos, outros usos já descritos incluem o de trabalhadores noturnos, caminhoneiros e como auxiliar nos estudos, em uma ampla faixa etária incluindo ambos os sexos [4].

Popularmente, a BZP é encontrada em drogas conhecidas pelos nomes *rapture*, *frenzy*, *bliss*, *charge*, *herbal ecstasy*, *A2*, *legal X* e *legal E* [7], enquanto a mCPP é encontrada como *rainbow*, *regenboogies* e *arc-en-ciel* [8].

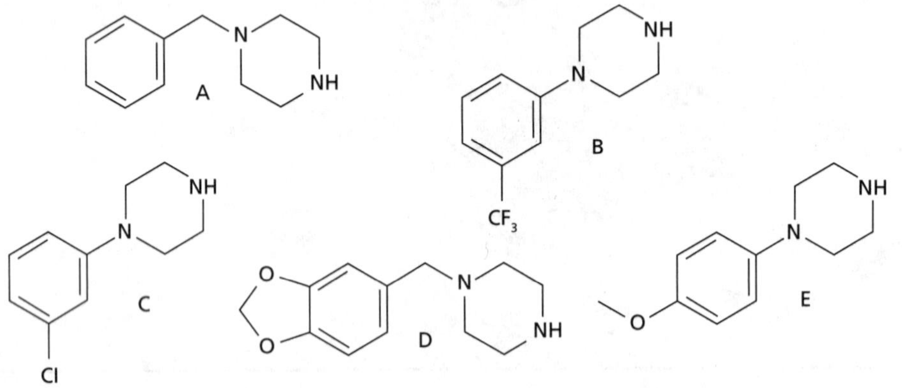

Figura 13.1 Estrutura química de alguns compostos derivados da piperazina. A) 1-benzilpiperazina (BZP); B) 1-(3-trifluorometilfenil)-piperazina (TFMPP); C) 1-(3-clorofenil)-piperazina (mCPP); D) 1-(3,4-metilenodioxi)-benzilpiperazina (MDBP); E) 1-(4-metoxifenil)-piperazina (MeOPP).

13.2 Disposição cinética

As piperazinas apresentam valores de pKa compreendidos entre 8 e 10 (a 25 °C) [9], sendo bases fracas rapidamente absorvidas. A distribuição desses compostos é ampla, conforme demonstrado em ratos após administração oral e intravenosa do dicloridrato da N-N'-diciclopropil-metil-piperazina marcado com o isótopo radioativo C14, com uma difusão importante observada no sistema nervoso central, na mucosa gástrica e em diferentes glândulas [10].

O metabolismo da BZP foi estudado em ratos Wistar e os metabólitos encontrados foram posteriormente confirmados em urina de humanos, demonstrando metabolismo semelhante [11]. Embora seja excretada em grande quantidade em sua forma inalterada, três metabólitos podem ser identificados: o anel aromático, o carbono benzílico e o heterociclo piperazina. O mesmo processo ocorre para a 1-(3,4-metilenodioxibenzil)-piperazina (MDBP) (Figura 13.1-D), onde o heterociclo piperazina é posteriormente metabolizado por N-dealquilação dupla [11].

Já a 1-(3-trifluorometilfenil)-piperazina (TFMPP), a 1-(3-clorofenil)-piperazina (mCPP) e a 1-(4-metoxifenil)-piperazina (MeOPP) (Figura 13.1-E) são extensivamente metabolizadas, com destaque para a participação da isoenzima CYP2D6 durante o processo de hidroxilação [11]. A excreção desses compostos ocorre após conjugação, possivelmente como N-glucoronídeo, podendo ainda haver excreção biliar e intensa ligação com proteínas plasmáticas. Uma preocupação toxicológica importante durante o processo é a formação de catecois que, por meio da bioativação a intermediários orto-quinonas, se ligam covalentemente a compostos endógenos [12].

Cabe lembrar que algumas piperazinas também são formadas após o metabolismo de fármacos, por exemplo, a MDBP, principal metabólito da fipexida (Attentil®, Vigilor®), e a mCPP, metabólito ativo dos antidepressivos trazodona (Donaren®), nefazodona (Serzone®), etoperidona (Depraser®) e mepiprazol (Psigodal®) [7].

A farmacocinética do hidrocloridrato de BZP foi estudada em adultos humanos saudáveis do sexo masculino após administração oral em dose única de 200 mg. O pico de concentração plasmática ($C_{máx}$) foi de 262 ηg/mL, alcançado em 75 minutos ($t_{máx}$). A depuração (Cl) foi de 58,3 L/h, com meia-vida ($t_{1/2}$) de 5,5 horas [13]. Já a TMFPP apresentou maiores valores de depuração aparente após administração oral em dose única de 60 mg, conforme apresentado na Tabela 13.1.

Tabela 13.1 Parâmetros farmacocinéticas de algumas piperazinas após administração oral em doses únicas [13,14]

COMPOSTO	DOSE	$C_{máx}$ (ηg/mL)	$t_{máx}$ (min)	Cl (L/h)	$t_{1/2}$ (h)
BZP	200 mg	262	75	58,3	5,5
TFMPP	60 mg	24,1	90	384,24	-
mCPP	0,5 mg/kg	54	192	-	4,3

13.3 Efeitos farmacológicos e toxicológicos

A estimulação central da BZP é similar à das anfetaminas quanto ao aumento de dopamina e noradrenalina, juntamente com a diminuição da recaptação desses neurotransmissores pelo sistema nervoso central, porém com uma potência até dez vezes mais fraca. Esse composto apresenta alta afinidade por adrenorreceptores-α2, resultando em aumento da liberação de noradrenalina. A BZP atua como agonista não seletivo em receptores serotoninérgicos 5HT2A, o que pode explicar sua ação alucinógena moderada em altas dosagens. Já a ação como agonista parcial/antagonista em receptores 5HT2B provavelmente está relacionada aos efeitos adversos periféricos. A estimulação de receptores 5HT1 já foi demonstrada em animais, estando relacionada ao aumento da ansiedade e dos níveis de estresse. A liberação de noradrenalina e dopamina não foi observada para a TFMPP em ratos e camundongos [15].

Considerando que a noradrenalina e a dopamina são neurotransmissores produzidos a partir do aminoácido tirosina, a liberação desses neurotransmissores na fenda sináptica ocorre por meio de um potencial de ação excitatório que promove a abertura de canais de cálcio dependentes de voltagem. A presença de três átomos de flúor (F) na TFMPP poderia estabilizar a molécula (efeitos doadores de elétrons por isomeria e sacadores de elétrons por isomeria), alterando a reatividade do composto diante da ocorrência do potencial de ação. Cabe considerar que a estrutura tridimensional também é importante para esse efeito. Ainda, a literatura científica descreve que os íons fluoreto inibem a síntese de ATP pela ATP sintase mitocondrial, agindo sobre a ativação da adenilciclase via proteína-G dos receptores neuronais e aumentando o influxo de cálcio para o citoplasma celular, eventos que afetam a liberação da noradrenalina e da dopamina. Em conjunto, esses fatores poderiam explicar as observações de Bili ski e colaboradores (2012) [15]. Futuros estudos científicos poderão esclarecer esses mecanismos.

Em 2008, foi realizado um estudo clínico com 2.010 participantes na Nova Zelândia após consumo recreativo de BZP/TFMPP. Os efeitos adversos físicos reportados incluíam insônia (54%), dor de cabeça (26%) e náusea (21%); entre os efeitos adversos psicológicos estão irritabilidade (12%), confusão (11%), ansiedade (10%), depressão (10%), paranoia (9%) e alucinações auditivas (9%). Os usuários eram do sexo masculino em sua maioria (60%), de origem europeia (75%), com uma média de 23 anos. Quase 90% relataram ter consumido outras drogas concomitantemente, como álcool, tabaco e *Cannabis* spp [16]. Esses mesmos efeitos foram descritos posteriormente em uma revisão realizada por Schep e colaboradores (2011) [17].

Os sintomas descritos acima podem perdurar por até 24 horas pós-ingestão, e alterações em sinais vitais por efeitos simpatomiméticos são esperados em pacientes que apresentam taquicardia e hipertensão, já que as ações da BZP no sistema nervoso periférico são mediados por adrenorreceptores-α2. Um grupo de 27 participantes do sexo feminino ingeriu 50 mg de BZP por via oral em um estudo realizado em 2005, sendo observados o aumento da pressão sistólica e diastólica, o aumento da frequência cardíaca e a diminuição da temperatura corporal. Após a ingestão as usuárias relataram diminuição da fadiga e sensação de vigorosidade e/ou atividade [18].

Outra pesquisa realizada com catorze voluntários sadios que receberam mCPP em dose oral única de 0,5 mg/kg mostrou o aumento da frequência cardíaca e da temperatura corporal, bem como aumento nos níveis séricos de prolactina e cortisol. Os efeitos estimulantes da mCPP foram confirmados por eletroencefalograma [14]. Dados recentes mostram que a mCPP exerce atividade pró-inflamatória no que se refere à atividade neutrofílica, podendo ampliar a resposta inflamatória em modelo animal de rato [19]. Outros estudos também demonstraram o aumento dos níveis séricos do hormônio adrenocorticotrófico (ACTH) [20,21].

Diversos casos de intoxicação por piperazinas estão descritos na literatura científica, incluindo sintomas como alucinações, hipertermia, hipotensão, rigidez muscular, nefrotoxicidade, coma e morte por edema cerebral [7]. Cabe ressaltar que muitas vezes as intoxicações estão relacionadas ao consumo concomitante de outras drogas, como o ácido 4-hidroxi-butírico (GHB); além disso, o consumo concomitante de álcool pode levar a um quadro grave de desidratação [15].

No Brasil, em 2003, foi descrito um caso de intoxicação aguda por piperazina em paciente renal crônico, com desenvolvimento de mioclonia e progressão para estado de mal convulsivo, com complicações infecciosas e evolução para óbito, após a ingestão de 10 g de piperazina como "fortificante" [22]. Outros casos fatais do uso de piperazinas também estão descritos na literatura científica, porém sempre em associação com outras drogas, deixando obscura sua importância sobre as ocorrências fatais [23].

13.4 Identificação química

Diferentes métodos podem ser empregados para a identificação química dos compostos derivados da piperazina. Em geral, os métodos colorimétricos e os imunoensaios são utilizados para a identificação inicial e triagem dos compostos, sendo que este segundo grupo de testes costuma resultar em resultados falso-positivos quando a amostra contém anfetaminas. Já as cromatografias líquida e gasosa são empregadas para confirmar a identidade química e determinar a concentração das drogas em diferentes matrizes [7,24].

As amostras biológicas *in vivo* mais utilizadas são o sangue total, o plasma e a urina [25,28]. Metodologias alternativas utilizando fluido oral e amostras de cabelo também têm sido descritas [29,30]. As amostras *post mortem* frequentemente utilizadas são o sangue femoral e a urina [31].

13.4.1 Testes colorimétricos

Os métodos colorimétricos não são específicos para os derivados de piperazina, porém são utilizados em análises de triagem em razão da presença do nitrogênio em suas estruturas químicas, principalmente nos testes com reagente de Scott, utilizados para a identificação das anfetaminas [7].

Em 2010, análises de 112 comprimidos apreendidos pela Polícia Civil do estado de São Paulo foram encaminhadas para análise e submetidas a testes colorimétricos [8]. As amostras resultaram em uma coloração azul pelo teste com reagente de Scott, diferente da coloração observada para os anfetamínicos. Cabe ressaltar que a análise incluiu o teste de Marquis (permanecendo incolor) e o de Simons, apresentando alteração de coloração alaranjada para marrom-escuro em dois minutos, diferindo da coloração laranja persistente para a cocaína e azul-escura para a 3,4-metilenodioximetanfetamina (MDMA). Posteriormente, a substância identificada nas amostras foi a mCPP [8].

13.4.2 Cromatografia em camada delgada

Rotineiramente utilizada pela sua simplicidade e baixo custo, a cromatografia em camada delgada pode ser realizada com diferentes fases móveis, incluindo misturas de metanol:amônia (100:1,5, v/v), ciclo-hexano:tolueno:dietilamina (75:15:10, v/v) e clorofórmio:acetona (4:1, v/v). Nas fases móveis mencionadas, a mCPP apresenta valores de retenção de 0,3, 0,6 e 0,2, respectivamente. Os agentes reveladores dos diferentes compostos relacionados à piperazina incluem o tiocianato de cobalto, o reagente iodoplatinado e o reagente Dragendorff iodado [7,8]. O espectro de luz UV/Visível apresenta uma absorção intensa em 208 e 248 nm para a mCPP. No entanto, cabe lembrar que os isômeros orto-, meta- e para- desse composto não podem ser identificados por essa técnica.

13.4.3 Cromatografia em coluna

Em razão da complexidade das amostras, os métodos de extração líquido-líquido e/ou em fase sólida são empregados para eliminação dos interferentes, pré-concentração dos analitos e aumento da vida útil do sistema cromatográfico [32]. A extração líquido-líquido envolve diferentes misturas dos solventes diclorometano, clorofórmio, clorobutano e acetato de etila. Já a fase de troca catiônica com um adsorvente polar é a fase sólida mais utilizada para as análises compostos derivados da piperazina [24].

Os métodos convencionais descritos na literatura científica utilizam a cromatografia líquida acoplada a detectores por arranjo de diodos (DAD) e a cromatografia gasosa acoplada a detector de nitrogênio e fósforo (NPD) para a determinação dos principais derivados de piperazina, como a BZP, a TFMPP e a mCPP [26,28,31].

Desde os anos 2000, diferentes métodos vêm sendo desenvolvidos e validados para os fins acima mencionados, por exemplo, o desenvolvido por Peters e colaboradores [33], empregando CG/EM para a análise de BZP, TFMPP, mCPP, MeOPP e MDBP. Tsutsumi e colaboradores [34] desenvolveram métodos por CG/EM e CLAE-IES/EM para a determinação de BZP, TFMPP e seus principais metabólitos hidroxilados em urina.

Vorce e colaboradores [35] identificaram BZP e TFMPP em amostras de urina com o emprego de extração em fase sólida, porém sem a necessidade de derivatização prévia. Nesse trabalho os autores empregaram CLAE-IES/EM monitorando os íons de razão massa/carga (*m/z*) 91, 177 (MH^+) e 178 para a BZP e 188, 231 (MH^+) e 232 *m/z* para a TFMPP. O padrão interno utilizado foi a mCPP, monitorada em 154 e 197 (MH^+) *m/z*.

Antia e colaboradores [36], em 2010, validaram um método por CLAE/EM para a quantificação de BZP, TFMPP e os metabólitos 3-hidroxi-BZP, 4-hidroxi-BZP e 4-hidroxi-TFMPP em amostras de plasma e urina. No mesmo ano, Barroso e colaboradores [30] desenvolveram um método de análise por CG/EM para a análise dos derivados trimetilsilil das piperazinas TFMPP, mCPP e MeOPP utilizando cabelo humano como matriz. Uma tabela completa de outros métodos empregados pode ser encontrada no trabalho publicado por Arbo, Bastos e Carmo [7].

13.5 Aspectos forenses

Todos os casos de morte descritos na literatura científica pelo uso de derivados da piperazina incluem a associação destes com outros compostos. Na Suécia, um estudo reportou a presença da BZP em sangue *post mortem* em concentração de 1,7 mg/L, juntamente com MDMA, metilenodioxianfetamina (MDA) e tetra-hidrocanabinol (THC) [2]. Os detalhes envolvidos na circunstância da fatalidade não foram descritos no estudo.

Na Suíça, uma mulher de 23 anos chegou ao hospital com dores de cabeça, indisposição e sonolência onze horas após a ingestão de BZP e sete horas após a ingestão de MDMA, com visível acúmulo líquido corporal. Os médicos identificaram um quadro de bradicardia (48 bpm), hipertensão (154/95 mmHg) e hiponatremia (115 mmol/L de sódio). Ela sofreu dois ataques cardíacos, foi entubada, e um edema cerebral a levou a óbito após 57 horas da chegada ao hospital. A hiponatremia foi associada ao consumo exagerado de líquido após o uso do MDMA e, logo, a contribuição específica da BZP não pôde ser determinada [37].

Três fatalidades no Reino Unido foram descritas por Elliott [23]. Um motorista de 26 anos teve sangue e urina coletados após acidente fatal, sendo encontrados BZP (15,73 mg/L na urina e 0,71 mg/L no sangue), TFMPP (1,04 mg/L na urina e 0,05 mg/L no sangue), além de *Cannabis*, cocaína, efedrina, MDMA, cetamina e etanol. O segundo caso foi de um homem de 32 anos, que apresentou uma concentração de 4,88 mg/L de BZP em urina, além de *Cannabis*, benzodiazepínicos, cocaína, anfetamina, MDMA, cetamina e outras drogas. O terceiro caso é o de um adolescente de 17 anos que ingeriu BZP, MDMA e álcool em uma festa. As amostras de sangue e urina *post mortem* revelaram concentrações de 1,39 e 8,72 mg/L de BZP, respectivamente [23]. Outros dezessete casos de morte por ingestão de BZP e TFMPP foram identificados pelo mesmo autor entre 2007 e 2010; porém, por causa da presença de outras drogas, históricos médicos e circunstâncias casuais, a importância dos derivados da piperazina para a causa da morte continua obscura [23].

13.6 Legislações

A Suécia regulamentou a BZP em 2003 por meio do *Act on the Prohibition of Certain Goods Dangerous to the Health*. Em 2004, a BZP foi mantida dentro do "Schedule I" do *Controlled Substance Act* dos Estados Unidos, que inclui drogas ilegais de prescrição proibida devido ao alto potencial de abuso e ausência de aplicação terapêutica. A TFMPP havia sido incluída temporariamente junto com a BZP, após o aumento dos casos de abuso dessa droga, porém atualmente não faz mais parte do "Schedule I" [11].

Em 2006, todos os estados da Austrália haviam proibido a BZP. A Nova Zelândia baniu as piperazinas BZP, TFMPP, mCPP, pFPP, MeOPP e MBZP em abril de 2008 por meio de suas inclusões como "Class C" do *New Zealand Misuse of Drugs Act*, e a posse e o uso recreacional foram proibidos seis meses depois [38].

No Brasil, a Agência Nacional de Vigilância Sanitária (Anvisa) incluiu a BZP e a TFMPP na lista F2 da Portaria SVS/MS nº 344/98, que classifica as substâncias psicotrópicas de uso proibido no país, por meio da RDC nº 07/2009, sendo que a mCPP já havia sido incluída pela RDC nº 79/2008 [6]. Ainda em 2009, a BZP e piperazinas relacionadas foram banidas no Reino Unido pela inclusão como "Class C Drugs" do *Misuse of Drugs Act*. Anteriormente, elas podiam ser vendidas sob prescrição e a produção e distribuição eram controladas por licenças especiais.

Outros países que proíbem a posse ou o comércio de piperazinas incluem Irlanda (BZP), Canadá (BZP, TFMPP e outras piperazinas de uso recreacional), Israel (BZP, TFMPP e pFPP), Japão (4mPP, MBZP e MDBP), Dinamarca, Bélgica, Estônia, Grécia, Itália, Lituânia e Malta. Tanto a Espanha quanto a Holanda regulamentaram o uso da BZP por suas legislações para o uso de medicamentos [4]. Contudo, muitos países ainda não apresentam regulações específicas quanto à produção, ao comércio e ao uso recreacional da BZP e de outras piperazinas.

13.7 Conclusão

Os compostos derivados da piperazina, em especial a BZP, vêm sendo consumidos mundialmente como *designer drugs*. São vendidos com a reputação de serem "seguros", porém vários estudos já demonstraram os efeitos toxicológicos desses compostos, bem como o risco do seu uso, principalmente quando associados a outras drogas [7]. Diferentes métodos analíticos estão disponíveis para a correta identificação dos derivados da piperazina, e muitos países já possuem legislações proibindo a produção, o uso e o comércio dessas drogas. No entanto, é possível que outras substâncias químicas possam ser desenvolvidas no futuro, em substituição às estruturas químicas descritas no presente capítulo com vistas ao desenvolvimento de novas *legal highs* [4]. Os fatores sociopolíticos que envolvem a criminalização destas e de outras drogas não foram abordados por não fazerem parte do escopo desta revisão.

Questões para estudo

1. As piperazinas surgiram como *legal highs*, drogas que simulam os efeitos das drogas ilegais, porém sem utilizar os princípios psicoativos proibidos pela legislação. Descreva um breve histórico do surgimento das *legal highs* e sua relação com as empresas responsáveis por suas produções.
2. Os usuários de piperazinas descrevem sentir efeitos em torno de uma a duas horas após o consumo. Que parâmetros farmacocinéticos podem estar relacionados a este tempo entre o consumo da droga e o surgimento dos efeitos desejados?
3. Explique o mecanismo fisiológico dos efeitos das piperazinas em seres humanos.
4. Qual é a importância da identificação dos principais metabólitos das piperazinas em amostras humanas quando a análise ocorre por métodos específicos de detecção (HPLC)?

Respostas

1. As drogas legais sintéticas surgiram na década de 1990 na Europa através das *herbal highs*, drogas herbáceas contendo efedrina com a intenção de simular os efeitos do *ecstasy* e do LSD. Com a proibição da efedrina em 2000, as *herbal highs* passaram a utilizar a BZP desenvolvida pela empresa Stargate International, da Nova Zelândia, dando origem ao termo *legal highs*.
2. Conforme descrito no texto, os principais parâmetros farmacocinéticos são a concentração plasmática máxima ($C_{máx}$) das piperazinas e o tempo para atingir essa concentração ($t_{máx}$). Artigos científicos apresentam valores de $t_{máx}$ de 75 e noventa minutos para atingir as concentrações plasmáticas máximas da BZP e da TFMPP, respectivamente (Tabela 13.1). Outros parâmetros farmacocinéticos, como a depuração (Cl) e a meia-vida ($t_{1/2}$), estariam mais relacionados à duração dos efeitos desejados das piperazinas.
3. A estimulação central da BZP é similar à das anfetaminas quanto ao aumento de dopamina e noradrenalina, juntamente com a diminuição da recaptação desses neurotransmissores pelo sistema nervoso central, porém com uma potência até dez vezes mais fraca. Esse composto apresenta alta afinidade por adrenorreceptores-$\alpha 2$, resultando em aumento da liberação de noradrenalina. A BZP atua como agonista não seletivo em receptores serotoninérgicos 5HT2A, o que pode explicar sua ação alucinógena moderada em altas dosagens. Já a ação como agonista parcial/antagonista em receptores 5HT2B provavelmente está relacionada aos efeitos adversos periféricos.
4. Muitas vezes a coleta do plasma dos usuários ocorre muitas horas após a ingestão da droga, que passa a não ser mais detectada após sua biotransformação e eliminação. A análise conjunta dos metabólitos permite afirmar que houve a ingestão da droga e, em alguns casos, estimar quando essa ingestão ocorreu e em que dose inicial.

Lista de abreviaturas

4mPP	1-(4-metoxifenil)-piperazina	MBZP	Metilbenzilpiperazina
ACTH	Hormônio adrenocorticotrófico	mCPP	1-(3-clorofenil)-piperazina
ATP	Trifosfato de adenosina	MDA	Metilenodioxianfetamina
BZP	Benzilpiperazina	MDBP	1-(3,4-metilenodioxi)-benzilpiperazina
CG	Cromatografia gasosa	MDMA	3,4-metilenodioximetanfetamina
CLAE	Cromatografia líquida de alta eficiência	meOPP	1-(4-metoxifenil)-piperazina
CYP	Citocromo p450	MS	Espectrometria de massas
DAD	Detector de arranjo de diodos	MT-45	1-ciclo-hexil-4-(1,2-difeniletil)-piperazina
EM	Espectrometria de massas	NPD	Detector de nitrogênio-fósforo
GHB	Ácido gama-hidroxibutírico	pFPP	Para-fluorofenilpiperazina
HPLC	Cromatografia líquida de alta eficiência	rDC	Resolução da Diretoria Colegiada
IES	Ionização por eletronebulização	SVS	Secretaria de Vigilância em Saúde
LSD	Dietilamida do ácido lisérgico	TFMPP	1-(3-trifluorometilfenil)-piperazina
m/z	Razão massa/carga	THC	Tetra-hidrocanabinol

Lista de palavras

Aspectos forenses
Benzilpiperazina
Cromatografia
Disposição cinética
Dopamina
Efeitos farmacológicos
Efeitos toxicológicos
Fenilpiperazina
Legal highs
Legislação
Metabólitos
Noradrenalina
Party pills
Piperazina
Serotonina
Substâncias psicoativas

REFERÊNCIAS

1. Austin H, Monasterio E. Acute psychosis following ingestion of “Rapture”. Australas Psychiatry. 2004 Dec;12(4):406-8.

2. Wikstrom M, Holmgren P, Ahlner J. A2 (N-Benzylpiperazine) a new drug of abuse in Sweden. J Anal Toxicol. 2004 Jan 1;28(1):67-70.

3. Vince G. Mind altering drugs: does legal mean safe? New Sci. 2006;191(2571):40-5.

4. Cohen BMZ, Butler R. BZP-party pills: a review of research on benzylpiperazine as a recreational drug. Int J Drug Policy. Elsevier B.V.; 2011 Mar;22(2):95-101.

5. Helander A, Backberg M, Beck O. MT-45, a new psychoactive substance associated with hearing loss and unconsciousness. Clin Toxicol. 2014;52(8):901-4.

6. Agência Nacional de Vigilância Sanitária. Portaria SVS/MS nº 344, de 12 de maio de 1998. Regulamento Técnico sobre Substâncias e Medicamentos Sujeitos a Controle Especial. Diário Oficial da União 31 dez 1998;Seção 1.

7. Arbo MD, Bastos ML, Carmo HF. Piperazine compounds as drugs of abuse. Drug Alcohol Depend. Elsevier Ireland Ltd; 2012 May;122(3):174-85.

8. Lanaro R, Costa JL, Zanolli Filho LA, Cazenave SOS. Identificação química da clorofenilpiperazina (CPP) em comprimidos apreendidos. Quim Nova. 2010;33(3):725-9.

9. Khalili F, Henni A, East ALL. Entropy contributions in pKa computation: application to alkanolamines and piperazines. J Mol Struct THEOCHEM. Elsevier B.V.; 2009 Dec;916(1-3):1-9.

10. Atabakhsh F, Bernard P, Declume C, Tufenkji AE, Malbosc R, Campistron G, et al. Pharmacokinetics of 14C-N-N'-dicyclopropyl-methyl-piperazine-dichlrohydrate. 2nd communication: tissue distribution in rates. Arzneimittelforschung. 1993 Apr;43(4):436-40.

11. Staack R, Maurer H. Metabolism of Designer Drugs of Abuse. Curr Drug Metab. 2005 Jun 1;6(3):259-74.

12. Carvalho M, Milhazes N, Remião F, Borges F, Fernandes E, Amado F, et al. Hepatotoxicity of 3,4-methylenedioxyamphetamine and α-methyldopamine in isolated rat hepatocytes: formation of glutathione conjugates. Arch Toxicol. 2004 Jan 1;78(1):16-24.

13. Antia U, Lee HS, Kydd RR, Tingle MD, Russell BR. Pharmacokinetics of "party pill" drug N-benzylpiperazine (BZP) in healthy human participants. Forensic Sci Int. 2009 Apr;186(1-3):63-7.

14. Gijsman HJ, Van Gerven J, Tieleman MC, Schoemaker RC, Pieters M, Ferrari MD, et al. Pharmacokinetic and pharmacodynamic profile of oral and intravenous meta-chlorophenylpiperazine in healthy volunteers. J Clin Psychopharmacol. 1998 Aug;18(4):289-95.

15. Bili ski P, HoŁownia P, Kapka-Skrzypczak L, WojtyŁa A. Designer drug (DD) abuse in Poland; a review of the psychoactive and toxic properties of substances found from seizures of illegal drug products and the legal consequences thereof. part II – piperazines/piperidines, phenylethylamines, tryptamines and misc. Ann Agric Environ Med. 2012;19(4):871-82.

16.Wilkins C, Sweetsur P, Girling M. Patterns of benzylpiperazine/trifluoromethylphenylpiperazine party pill use and adverse effects in a population sample in New Zealand. Drug Alcohol Rev. 2008 Nov;27(6):633-9.

17. Schep LJ, Slaughter RJ, Vale JA, Beasley DM, Gee P. The clinical toxicology of the designer "party pills" benzylpiperazine and trifluoromethylphenylpiperazine. Clin Toxicol. 2011 Mar;49(3):131-41.

18. Gee P, Richardson S, Woltersdorf W, Moore G. Toxic effects of BZP-based herbal party pills in humans: a prospective study in Christchurch, New Zealand. N Z Med J. 2005;118(1227):U1784.

19. Lombardi, L. Efeitos da meta-clorofenilpiperazina (mCPP) sobre mecanismos da mobilização leucocitária: estudos in vivo e in vitro [dissertação de mestrado].São Paulo: FCF-USP; 2012. 95p.

20. Feuchtl A, Bagli M, Stephan R, Frahnert C, Kölsch H, Kühn K-U, et al. Pharmacokinetics of m-chlorophenylpiperazine after intravenous and oral administration in healthy male volunteers: implication for the pharmacodynamic profile. Pharmacopsychiatry. 2004 Jul 1;37(4):180-8.

21. Klassen T, Riedel WJ, van Praag HM, et al. Nuroendocrine response to meta-chlorophenylpiperazine and ipsapirone in relation to anxiety and aggression. Psychiatry Res. 2002 113;29-40.

22. Silva DRA, Fracaro AMM, Miguita Júnior R, Delfino VDA, Matni AM, Soares, AE, et al. relato de caso: grave intoxicação aguda por piperazina em renal crônico. J Bras Nefrol. 2004 Sep;26(3):149-52.

23. Elliott S. Current awareness of piperazines: pharmacology and toxicology. Drug Test Anal. 2011 Jul;3(7-8):430-8.

24. Namera A, Nakamoto A, Saito T, Nagao M. Colorimetric detection and chromatographic analyses of designer drugs in biological materials: a comprehensive review. Forensic Toxicol. 2011 Jan 14;29(1):1-24.

25. Wood DM, Button J, Lidder S, Ramsey J, Holt DW, Dargan PI. Dissociative and sympathomimetic toxicity associated with recreational use of 1-(3-trifluoromethylphenyl) piperazine (TFMPP) and 1-benzylpiperzine (BZP). J Med Toxicol. 2008 Dec;4(4):254-7.

26. Moreno IED, da Fonseca BM, Magalhães AR, Geraldes VS, Queiroz JA, Barroso M, et al. Rapid determination of piperazine-type stimulants in human urine by microextraction in packed sorbent after method optimization using a multivariate approach. J Chromatogr A. 2012 Jan 27;1222:116-20.

27. Wohlfarth A, Weinmann W, Dresen S. LC-MS/MS screening method for designer amphetamines, tryptamines, and piperazines in serum. Anal Bioanal Chem. 2010 Apr 13;396(7):2403-14.

28. Dickson AJ, Vorce SP, Holler JM, Lyons TP. Detection of 1-Benzylpiperazine, 1-(3-Trifluoromethylphenyl)-piperazine, and 1-(3-Chlorophenyl)-piperazine in 3,4-Methylenedioxymethamphetamine-positive urine samples. J Anal Toxicol. 2010 Oct 1;34(8):464-9.

29. de Castro A, Lendoiro E, Fernández-Vega H, Steinmeyer S, López-Rivadulla M, Cruz A. Liquid chromatography tandem mass spectrometry determination of selected synthetic cathinones and two piperazines in oral fluid. Cross reactivity study with an on-site immunoassay device. J Chromatogr A. Elsevier B.V.; 2014 Dec;1374:93-101.

30. Barroso M, Costa S, Dias M, Vieira DN, Queiroz JA, López-Rivadulla M. Analysis of phenylpiperazine-like stimulants in human hair as trimethylsilyl derivatives by gas chromatography-mass spectrometry. J Chromatogr, A. Elsevier B.V.; 2010;1217(40):6274-80.

31. Elliott S, Smith C. Investigation of the first deaths in the United Kingdom involving the detection and quantitation of the piperazines BZP and 3-TFMPP. J Anal Toxicol. 2008 Mar 1;32(2):172-7.

32. Vitor RV, Martins MCG, Figueiredo EC, Martins I. Application of molecularly imprinted polymer solid-phase extraction for salivary cotinine. Anal Bioanal Chem. 2011 Jun 30;400(7):2109-17.

33. Peters FT, Schaefer S, Staack RF, Kraemer T, Maurer HH. Screening for and validated quantification of amphetamines and of amphetamine- and piperazine-derived designer drugs in human blood plasma by gas chromatography/mass spectrometry. J Mass Spectrom. 2003 Jun;38(6):659-76.

34. Tsutsumi H, Katagi M, Miki A, Shima N, Kamata T, Nishikawa M, et al. Development of simultaneous gas chromatography–mass spectrometric and liquid chromatography–electrospray ionization mass spectrometric determination method for the new designer drugs, N-benzylpiperazine (BZP), 1-(3-trifluoromethylphenyl)piperazine (TFMPP). J Chromatogr B. 2005 May;819(2):315-22.

35. Vorce SP, Holler JM, Levine B, Past MR. Detection of 1-Benzylpiperazine and 1-(3-Trifluoromethylphenyl)-piperazine in urine analysis specimens using GC-MS and LC-ESI-MS. J Anal Toxicol. 2008 Jul 1;32(6):444-50.

36. Antia U, Tingle MD, Russell BR. Validation of an LC-MS method for the detection and quantification of BZP and TFMPP and their hydroxylated metabolites in human plasma and its application to the pharmacokinetic study of TFMPP in humans. J Forensic Sci. 2010 Sep;55(5):1311-8.

37. Balmelli C, Kupferschmidt H, Rentsch K, Schneemann M. Tödliches Hirnödem nach Einnahme von Ecstasy und Benzylpiperazin. DMW – Deutsch Medizinische Wochenschrift. 2001 Jul 13;126(28/29):809-11.

38. Ministry of Health (New Zealand). Misuse of Drug Act 1975 no 116, 10 October 1975;Section 1(2).

CAPÍTULO 14

CATINONAS

Elvis Medeiros de Aquino

José Luiz da Costa

14.1 INTRODUÇÃO

Nas regiões da Península Arábica (Iêmen) e do "Chifre da África" (Somália e Etiópia) cresce a planta arbustiva *Catha edulis*, pertencente à família *Celastraceae*, vulgarmente conhecida como *khat* [1-5].

Amplamente apreciada, essa planta é consumida por meio de mascação de suas folhas frescas, hábito justificado por seus praticantes com base numa série de benefícios, entre os quais destaca-se o aumento da eloquência, da sociabilidade, redução do cansaço físico e mental, diminuição do sono, além de sensação de bem-estar [1,2].

Ocorre que nessas folhas encontra-se uma mistura de alcaloides da qual a catinona é o componente principal, seguida pela catina ou d-norpseudoefedrina, que pode ser originada da degradação da catinona [1,3,4].

Em estudos controlados com humanos, observou-se a correlação entre a administração de catinona e os relatos de usuários que mascam as folhas de *khat*, mostrando que esse alcaloide é o responsável pelos efeitos psicoativos, sendo que modelos animais e *in vitro* corroboram as observações feitas em humanos [1].

Todos esses compostos possuem estreita relação estrutural com outro alcaloide de origem vegetal: a efedrina, que, por sua vez, guarda relação estrutural com a anfetamina.

ORIGENS DO USO DO *KHAT*

Há pelo menos duas origens lendárias sobre o hábito de mascar as folhas de *khat*: o primeiro atribui esse tipo de consumo à observação de um pastor de cabras que, ao ver que esse animal mascava as folhas da planta, resolveu experimentá-la [2].

A outra lenda narra a história de duas pessoas devotas e que constantemente faziam vigílias noturnas para a realização de orações. Como constantemente acabavam dormindo, numa das orações pediram a Deus que enviasse algo que as fizesse ficar despertas. Após o pedido, Deus teria enviado um anjo com o *khat*, que resolveu o problema dos devotos [2].

O ÔNUS DA GLOBALIZAÇÃO

A catinona sob a forma de base livre é instável até mesmo nas folhas de *khat*, motivo pelo qual tais folhas são consumidas quando ainda estão frescas. Para aumentar a "vida de prateleira" da catinona, as folhas de *khat* são colocadas em água para evitar a desidratação e degradação do princípio ativo.

Alguns autores chamam a atenção para o fato de que, por conta da instabilidade da catinona, o consumo dessa planta até algumas décadas atrás estava restrito aos locais próximos das regiões nas quais ela era cultivada e que tal realidade foi alterada com o advento e popularização do transporte aéreo, fazendo com que as folhas de *khat* chegassem à Europa e à América do Norte num curto espaço de tempo e, por isso, ainda com seu princípio ativo, a catinona [1].

14.2 Estrutura da catinona e o grupo das catinonas

A catinona é constituída por um anel aromático ligado a uma carbonila que, por sua vez, se encontra numa curta cadeia composta por dois carbonos, sendo que esta possui em sua extremidade uma amina primária, ligada a um carbono assimétrico, conforme se observa na Figura 14.1 [6].

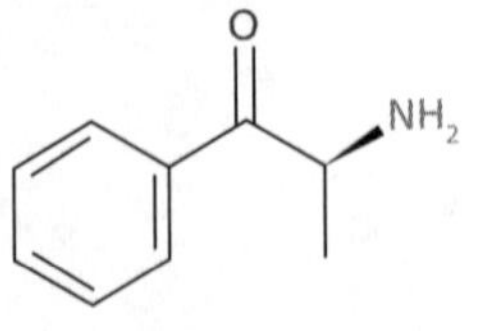

Figura 14.1 Estrutura da catinona.

Fonte: extraído de [6].

A partir do núcleo básico desse alcaloide, uma série de análogos foram sintetizados – mais de quarenta moléculas diferentes até o ano de 2013 –, sendo que todas elas apresentam algum grau de atividade no sistema nervoso central. Esses análogos são denominados genericamente como catinonas sintéticas [7].

A Figura 14.2 apresenta a estrutura química da catinona, da anfetamina, da efedrina e de algumas das catinonas sintéticas mais destacadas na literatura [3,4,7,8]. Para uma visão mais ampla do número de análogos sintéticos da catinona conhecidos até 2013, recomenda-se a leitura do trabalho de Lewin e colaboradores [7].

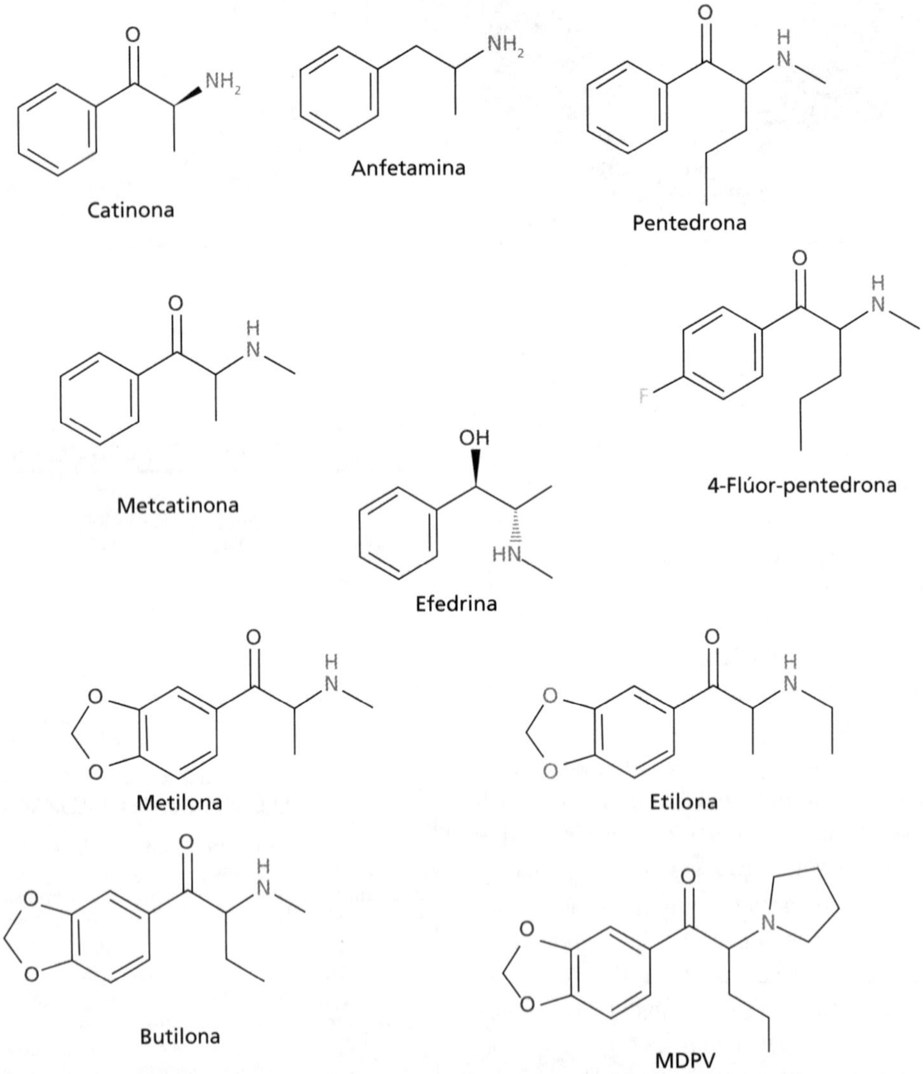

Figura 14.2 Estruturas da anfetamina, efedrina e de algumas das catinonas sintéticas mais citadas na literatura. Observar a semelhança entre os dois primeiros e as demais estruturas.

14.3 Farmacologia das catinonas

Diante da relação estrutural entre as catinonas e os estimulantes do sistema nervoso central, como a metanfetamina, a anfetamina e a efedrina, previu-se que essa classe de fármacos atuasse por meio de desregulação do sistema das monoaminas, e tal previsão tem sido confirmada em testes *in vitro* e em experimentos com animais [8].

Esse desequilíbrio, por sua vez, resulta em sinais e sintomas que vão desde a euforia, aumento da vigília, efeitos entactogênicos (que podem ser entendidos como uma melhora nas relações interpessoais decorrente do uso de fármacos) até o surgimento de efeitos como alucinação, paranoia e agitação [4,7].

A exemplo do que ocorre com derivados anfetamínicos, que têm seus efeitos classificados em três grupos distintos (ação estimulante central, alucinógena e um terceiro grupo genérico denominado de "outros efeitos psicoativos"), Lewin e colaboradores relataram que, em um estudo de generalização realizado em 2013, as catinonas sintéticas foram agrupadas e comparadas com efeitos de outros três compostos bastante comuns: a metanfetamina, a anfetamina e a cocaína. Assim, foi possível classificar os efeitos farmacológicos de ação central decorrentes do consumo dessas substâncias em três categorias. A primeira delas refere-se aos efeitos similares àqueles decorrentes do uso de cocaína e MDMA, isto é: euforia, aumento da vigília, melhora do humor, empatia, sensações de prazer, que estão associados a inibição do sistema de recaptura de monoaminas. Encontram-se nesse grupo a etilona, a metilona e a mefedrona [7]. O segundo grupo congrega as catinonas sintéticas que provocam inibição do sistema de recaptura de monoaminas e ainda aumentam a liberação de dopamina na fenda sináptica, tal qual ocorre com o consumo de metanfetamina. Nessa categoria foram enquadradas a catinona e a metilcatinona (ou metcatinona), e relatos de usuários dão conta de que tais substâncias, além de provocarem euforia, tal qual a metanfetamina e a anfetamina, provocam também alucinação, apesar de este último efeito não ser característico dos compostos anfetamínicos [7].

No último grupo, criado a partir de relatos de usuários, estão as catinonas cujo efeito é puramente estimulante e que apresentam atividades farmacológicas equivalentes tanto em transportadores de dopamina como nos transportadores de serotonina. Tais moléculas, como o MDPV, apresentam o nitrogênio num anel pirrolidínico [7].

Apesar da inegável importância do agrupamento de substâncias em classes menores com o objetivo de facilitar o estudo e ampliar a compreensão da relação entre atividade farmacológica e estrutura química (denominado QSAR, do inglês *quantitative structure-activity relationship*), há que se ter em mente que, dada a semelhança estrutural, podem ocorrer desvios no momento de enquadrar esta ou aquela substância num determinado conjunto.

Exemplo disso é o alfa-PVP, comumente denominado na internet como *flakka*, que, apesar de possuir um grupo pirrolidínico, apresenta propriedades psicoativas que estão além da euforia e podem chegar a alucinação e paranoia [9].

Além desses efeitos, Gregg e colaboradores, num artigo de revisão, listam uma série de outras atividades farmacológicas, como a alteração da termorregulação observada em modelos animais, modificação de atividade do sistema locomotor, mudanças no processo de aprendizado e desencadeamento de estados de ansiedade, além da capacidade dessas substâncias em causar dependência [3].

A dose usual de catinonas sintéticas varia entre 25 e 50 mg. Contudo há uma ampla faixa de valores que vão desde 3 mg até doses superiores a 1.000 mg [5,7]. As vias de administração mais comuns encontradas na literatura são a oral, a nasal (tanto por insuflação como por aspiração de vapores) e a intravenosa; também há relatos de administração retal [5,7]. O intervalo de tempo relatado entre o consumo e o início da percepção dos efeitos pode variar desde alguns minutos até cerca de 0,5 h e está relacionado à via de administração, sendo que tais efeitos persistem tipicamente entre duas e quatro horas [5].

O metabolismo das catinonas sintéticas ocorre no fígado e a principal via de eliminação dessas substâncias é a renal (ocorrendo entre 48 e 72 horas após seu consumo), sendo que se observam tanto as moléculas inalteradas como também diversos graus de metabólitos, entre os quais aparecem os conjugados com sulfato ou glicuronídeo [5].

14.4 Toxicologia das catinonas

Em que pese os poucos estudos sobre a toxicologia das catinonas, fato possivelmente associado ao crescente número dessas substâncias e às restrições legais para o desenvolvimento de trabalhos com elas, as principais manifestações clínicas e efeitos tóxicos das catinonas sintéticas já foram descritos na literatura.

Entre os efeitos mais comuns associados ao consumo dessas substâncias, encontram-se os efeitos cardiovasculares e neurológicos, diretamente relacionados com a ação sobre o sistema monoaminérgico [5,7,8]. Taquicardia, dores no peito e hipertensão figuram como observações clínicas comuns no uso dessas substâncias, enquanto que a toxicidade relativa ao sistema nervoso central é evidenciada pela agitação motora, nistagmo, midríase, fala rápida e desconexa e pelos relatos de alucinações (sobretudo auditivas) e dores de cabeça, além de quadros paranoicos e psicóticos com aparente desacoplamento entre o indivíduo e a realidade, conforme se verifica em vídeos disponíveis na internet [10]. Outra manifestação decorrente dos efeitos neurológicos das catinonas sintéticas é a automutilação [5].

O tratamento das alterações neurológicas causadas pelas catinonas sintéticas pode ser feito pela administração de ansiolíticos e de antipsicóticos, ressalva feita ao uso de haloperidol, já que esse fármaco pode intensificar os quadros de hipertermia e ainda ocasionar o desenvolvimento de síndrome neuroléptica maligna, distúrbio idiossincrático relacionado ao uso de neurolépticos que tem na hiperpirexia (febre superior a 41 °C) um de seus principais sintomas [8,11].

Outras observações comuns são hiponatremia, náuseas e vômitos, além de danos hepáticos e renais [5,7,8].

14.5 Fatores relacionados ao consumo abusivo de catinonas

A estrutura básica da catinona deu origem a dezenas de análogos, sendo que essa variedade é comumente atrelada à necessidade constante de que produtores e traficantes tenham moléculas que estão à margem das legislações de combate ao consumo de drogas de abuso, sobretudo as dos Estados Unidos e da Europa [7].

Assim, além da vantagem para aqueles que lucram com o comércio dessas substâncias, a constante presença de moléculas com efeitos farmacológicos e que estão à margem da lei torna-se uma forma de *marketing*, já que oferece uma experiência de estado alterado de consciência que não é ilegal [3,7,8].

Para tal situação foi cunhado o termo *legal highs*, que nada mais é do que a denominação dada às substâncias psicoativas que estão fora do controle da legislação [3,7,8].

À MARGEM DO SISTEMA LEGAL
Com o propósito de descaracterizar uma substância como análoga àquelas de uso proibido nos Estados Unidos, as embalagens de *designer drugs* comumente apresentam os dizeres *"Not for human consumption"*, já que tal consumo é condição necessária para tal qualificação [12]. Num mundo globalizado, esses dizeres acabam traduzidos para os mais diversos idiomas, na tentativa de conferir certa imunidade ao produto (ver Figura 14.3)..

a b

Figura 14.3 Fotografias de produto contendo catinona sintética (pentedrona), periciado no Núcleo de Exames de Entorpecentes do Instituto de Criminalística de São Paulo (NEE-IC-SP). A) Foto geral da embalagem e de seu conteúdo; B) detalhe do anverso da embalagem; C) detalhe do material pulverizado de coloração branca; D) dizeres do anverso da embalagem, entre os quais a menção de que o produto não se destina ao consumo humano (em alusão à tentativa de descaracterizar o material ante o sistema legal norte-americano) nem deve ser vendido a menores de 18 anos (com o propósito de evitar eventuais problemas relacionados ao sistema jurídico brasileiro, sobretudo no que diz respeito ao Estatuto da Criança e do Adolescente, ECA, e ao Código Penal Brasileiro. (*continua*)

c

d

Figura 14.3 Fotografias de produto contendo catinona sintética (pentedrona), periciado no Núcleo de Exames de Entorpecentes do Instituto de Criminalística de São Paulo (NEE-IC-SP). A) Foto geral da embalagem e de seu conteúdo; B) detalhe do anverso da embalagem; C) detalhe do material pulverizado de coloração branca; D) dizeres do anverso da embalagem, entre os quais a menção de que o produto não se destina ao consumo humano (em alusão à tentativa de descaracterizar o material ante o sistema legal norte-americano) nem deve ser vendido a menores de 18 anos (com o propósito de evitar eventuais problemas relacionados ao sistema jurídico brasileiro, sobretudo no que diz respeito ao Estatuto da Criança e do Adolescente, ECA, e ao Código Penal Brasileiro. (*continuação*)

Fonte: extraído de [13].

14.6 Casuística das catinonas sintéticas no estado de São Paulo

Embora não existam números oficiais sobre apreensões policiais relacionadas às catinonas sintéticas no estado de São Paulo, observa-se no cotidiano laboratorial a prevalência de compostos como a etilona e a metilona, seguidos pelo alfa-PVP. Há registro também de um caso em 2014 relacionado a pentedrona. Além destes, entre os anos de 2011 e 2012 foram observadas apreensões de MDPV e mefedrona. Tais compostos aparecem comumente sob a forma de comprimidos destinados à ingestão oral (semelhantes aos de *ecstasy*).

Ainda que existissem números oficiais sobre apreensões de catinonas sintéticas, estes certamente estariam desconectados em relação ao real consumo, já que o *modus operandi* do comércio ilegal desse tipo de substâncias apresenta diferenças importantes em relação a drogas mais corriqueiras como a maconha, a cocaína e os inalantes: enquanto essas drogas de abuso tradicionais são vendidas no comércio de rua e tal modalidade de tráfico é mais suscetível à ação do policiamento investigativo e ostensivo, ou seja, é mais fácil de ser detectado e reprimido, as novas substâncias psicoativas (como as catinonas) são comercializadas sobretudo por meio da internet, dificultando a identificação de traficantes e usuários e, com isso, impedindo um maior êxito na apreensão da substância.

Outros fatores que pesam a favor do comércio ilegal de drogas por meio da internet são o baixo contingente policial e as brechas legais que amenizam as punições administradas aos usuários – conforme se observa, por exemplo, nas alegações dadas em uma reportagem do jornal *Folha de S.Paulo* intitulada "Evitar comércio de drogas por sites não é prioridade, diz PF" [14].

14.7 Análise das catinonas sintéticas

Em material bruto, as catinonas podem aparecer sob a forma de pó, comprimidos ou ainda sob a forma de sólidos pétreos (vulgarmente denominados como pedras ou cristais) de cores que variam do branco ao castanho.

Nos materiais oriundos de apreensões policiais realizadas na cidade de São Paulo, o comprimido é a forma predominante de apresentação desse tipo de substâncias, seguida pelas formas sólidas, quer em cristal ou em pedras.

Uma vez que as características dos comprimidos que contêm catinonas, como cor, logotipos e formato, podem ser semelhantes àquelas observadas para comprimidos contendo outras substâncias, proscritas ou não, esse tipo de critério não apresenta relevância na identificação de material suspeito de conter algum tipo de catinona em sua composição.

Apesar da possibilidade de realização de testes preliminares por meio de reações colorimétricas, estas devem ser usadas apenas como orientação para exames mais rigorosos, já que a somatória de fatores como a baixa especificidade do teste, a possibilidade de interferentes (por exemplo, corantes), a concentração e a proibição em território nacional de apenas algumas dessas catinonas apresenta-se como elemento capaz de aumentar consideravelmente a possibilidade de resultados incorretos (falso-positivos ou falso-negativos).

Logo, tal qual ocorre para o exame de outras classes de drogas de abuso, é prudente que a análise de catinonas sintéticas seja realizada com critérios aceitos internacionalmente, como as recomendações do *Scientific Working Group for the Analysis of Seized Drugs* (SWGDRUG) [15].

Entre as técnicas sugeridas, a cromatografia gasosa acoplada à espectrometria de massas aparece com destaque, já que se trata de uma técnica de classe A associada a outra de classe B, e tal acoplamento permite a identificação de diversas catinonas sintéticas de forma inequívoca, desde que o método seja validado [15].

Para a análise dessa classe de compostos, bem como outras substâncias proscritas presentes em material oriundo de apreensões policiais, foi desenvolvido no Núcleo de Exames de Entorpecentes um método de triagem cuja duração é de dezesseis minutos.

Os principais parâmetros desse método estão elencados na Figura 14.4 e na Tabela 14.1.

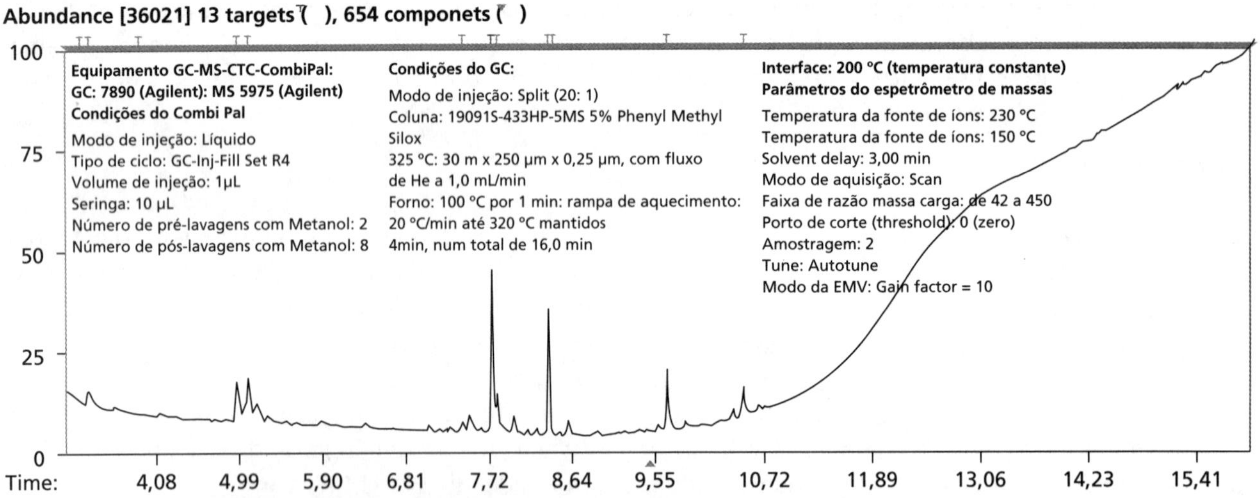

Figura 14.4 Parâmetros do método de GC-MS para análise de catinonas.

Tabela 14.1 Catinonas e seus respectivos tempos de retenção no método empregado no Núcleo de Exames de Entorpecentes do Instituto de Criminalística de São Paulo

TEMPO DE RETENÇÃO (MINUTOS)	COMPOSTO
7,4320	metilona
7,7371	etilona
7,7612	Alfa-PVP
7,8173	butilona
8,3790	pirovalerona
9,6690	MDPV
10,4984	nafirona

Vale ressaltar a necessidade de especial atenção para análise de espectros de massas relacionados às catinonas. Tal medida é necessária uma vez que tais espectros estão intimamente relacionados à estrutura química que os originou. Assim, como o grupo das catinonas é composto por uma série de análogos e que estes, pela própria definição de analogia química, guardam semelhança estrutural, é de se esperar que também possuam espectros que reflitam tais similaridades. Em outras palavras: não é incomum observar semelhança espectral entre os análogos das catinonas, conforme se observa na Figuras 14.6 e 14.7.

Esse tipo de similaridade ocorre pela presença de grupos ou partes do esqueleto carbônico semelhantes entre as moléculas dessa classe de compostos.

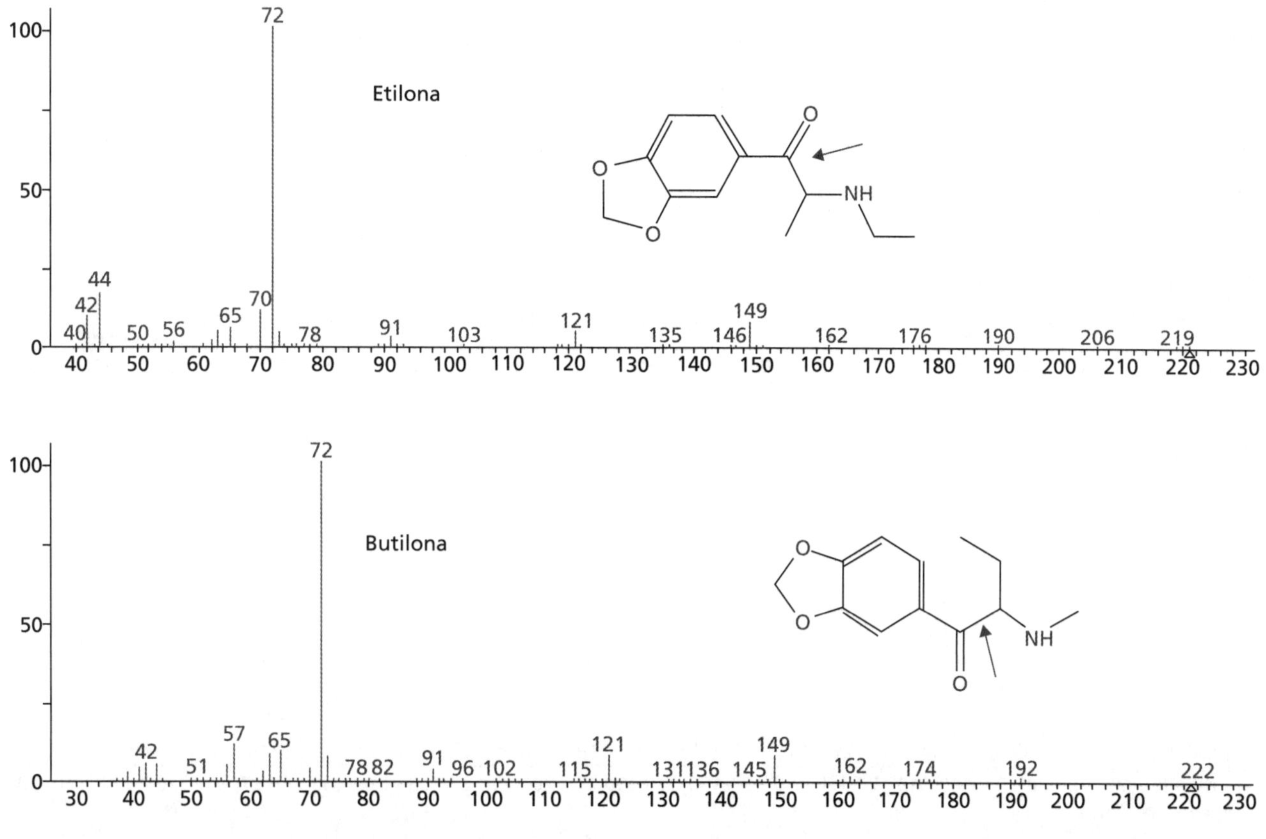

Figura 14.5 Semelhança entre os espectros de massas da butilona e da catinona: as setas indicam a ligação clivada para a obtenção do pico base.

Structure for C12H15NO3;
MW = 221; CAS = 1112937 - 64 - 0

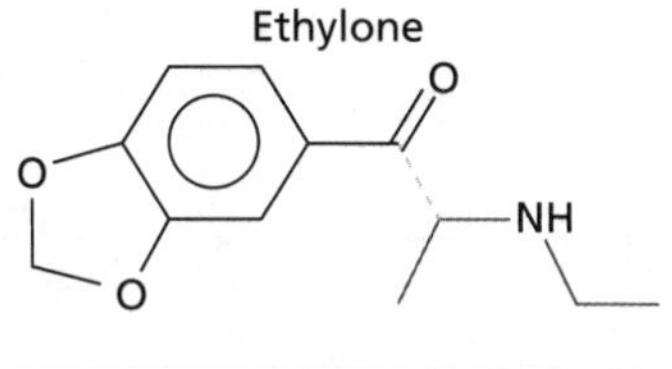

M/z	Mass	Fórmula	Loss	Type	Rate	Abund
72	72.081324	$C_4H_{10}N$	$C_8H_5O_3$	Dissociation	0	999

Figura 14.6 Análise por meio da ferramenta MS-Interpreter (presente no pacote NIST Search) da formação do pico base de razão massa/carga com 72 do espectro da etilona: ao centro e em vermelho, o destaque do fragmento que levou à formação do íon molecular (abund 999) de m/z = 72. Fragmento equivalente é formado quando da formação do íon de m/z = 72 que se observa no espectro da butilona.

Tal comportamento passa a ter maior relevância quando o espectro de massas do composto de interesse analítico apresenta pouca variedade de fragmentos e quando estes apresentam uma baixa razão massa/carga, como é o caso dos perfis que se observam na Figura 14.5.

Outro ponto a ser considerado diz respeito à similaridade entre espectros de massas de compostos pertencentes a classes diferentes, mas que possuem íons comuns de grande estabilidade. Para ilustrar esse fato, observemos os dois conjuntos de espectros apresentados na Figura 14.7.

No primeiro conjunto, temos os espectros da etilona (a) e da metadona (a'). De acordo com a legislação brasileira em voga, a etilona é considerada como proscrita em território nacional, enquanto que a metadona é empregada na terapêutica para o tratamento de abstinência de dependentes de opioides [16,17].

Já no segundo grupo, encontramos os perfis de fragmentação do alfa-PVP (b) e da ropivacaína (b'), sendo que a primeira é um estimulante com efeitos alucinógenos, enquanto que a segunda é um anestésico local de longa duração empregado rotineiramente em procedimentos médicos [16-18].

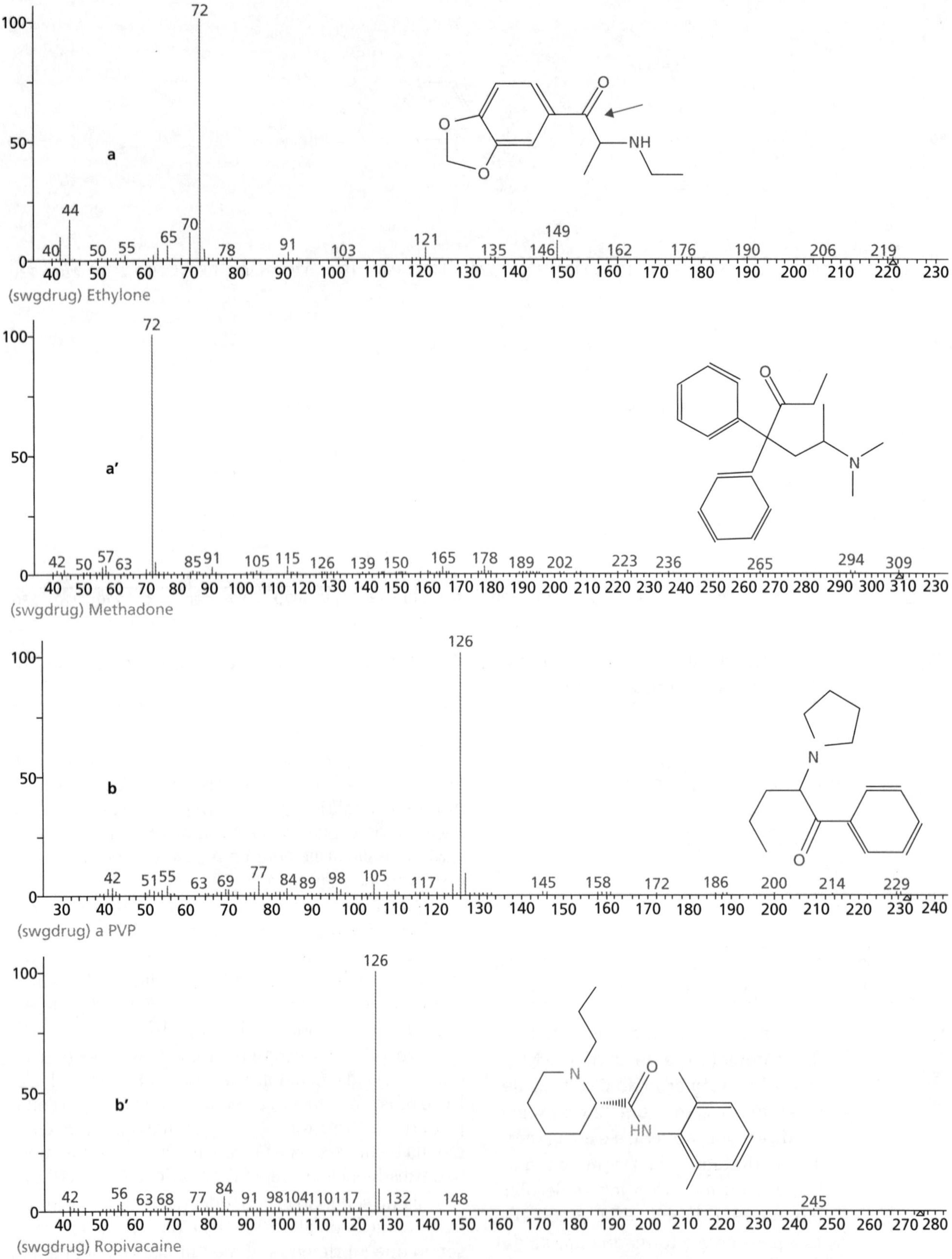

Figura 14.7 Similaridade entre espectros de massas de substâncias pertencentes a grupos químicos e farmacológicos diferentes: **a**: etilona; **a'**: metadona; **b**: alfa-PVP; **b'**: ropivacaína.

Da observação da Figura 14.7 verificamos que apenas a análise do espectro de massas pode não ser suficiente para a determinação inequívoca de uma dada estrutura e que tais enganos podem ter repercussões importantes no encaminhamento de questões jurídicas atreladas à análise realizada, já que, por exemplo, o porte de ropivacaína para o uso como anestésico não requer autorização, enquanto o mesmo pode não ser válido para o caso do alfa-PVP.

Não é em vão que as recomendações de entidades internacionais como o SWGDRUG [15] são o emprego de uma técnica de análise estrutural como a espectrometria de massas hifenada a uma outra dedicada para a separação de elementos presentes em uma dada amostra, que adicionará ao espectro de massas a informação do tempo de retenção para dirimir eventuais dúvidas como as ilustradas nas Figuras 14.5 e 14.7.

14.8 Legislação

Desde a sua elaboração em 1998, a Portaria SVS-MS nº 344 apresenta a catinona no rol da lista F (lista das substâncias de uso proscrito no Brasil). Desde então, a inclusão de novas catinonas sintéticas a esse rol de substâncias proibidas tem sido feito conforme se observa na Tabela 14.2.

Tabela 14.2 Evolução da Portaria SVS-MS em termos da proibição de catinonas desde 1998 até setembro de 2015

ANO	NÚMERO DE CATINONAS/ NÚMERO TOTAL DE SUBSTÂNCIAS DA LISTA		COMENTÁRIO
	LISTA F1	LISTA F2	
1998	0/15	1/30	Criação da Portaria
2009	0/19	1/36	RDC nº 70 22/12/2009
2012	1/19	1/36	RDC nº 39, de 09/07/2012
2015	1/21	7/81	RDC nº 32 de 30/07/2015
2017	Toda classe estrutural das catinonas sintéticas		RDC nº 175 de 15/09/2017

Tal qual ocorre em outros países, a variedade estrutural das catinonas e a velocidade de lançamento de novas moléculas cujo esqueleto carbônico é semelhante ao da catinona tornam difícil o controle desse grupo de compostos. Assim, a demora na atualização da legislação pertinente a esse tema implica a impossibilidade de o Estado reprimir, por meios legais, o tráfico desse tipo de substância [12].

Comparando o número total de catinonas proibidas em território nacional até o ano de 2017 com os números da literatura sobre as cerca de quarenta estruturas diferentes dentro dessa classe de compostos, observa-se que, se o objetivo do Estado brasileiro é a repressão, então havia um grave problema com o método empregado, já que a diferença entre esses dois valores – isto é, 40 – 8 = 32 (ou seja: 80% das catinonas identificadas até 2013 eram consideradas legais no Brasil) – revela a vulnerabilidade do modelo empregado na questão do consumo de catinonas no Brasil até o ano de 2017.

Uma das consequências imediatas da demora na atualização está relacionada à incapacidade do Estado em reprimir o consumo desse tipo de fármaco, já que, se não é proscrito, é permitido. Além disso, tal falta de políticas públicas, sejam elas repressoras ou de esclarecimentos em relação aos riscos associados ao consumo dessas substâncias, pode levar a uma percepção distorcida quanto aos malefícios que tais substâncias podem ocasionar ao usuário.

Outro ponto controverso decorrente do descompasso entre o número de catinonas existentes e aquelas que eram proscritas reside na dificuldade de aproximação de dois mundos distintos: o jurídico e o químico/analítico, que, no caso do Brasil, apenas se tangenciam naquilo que concerne à repressão do tráfico de drogas na Lei 11.343/2006, que, por sua vez, se vale da Portaria 344/98.

Em 2017, a ANVISA, empenhada em solucionar esse problema, publicou uma nova regulamentação, RDC nº 175, que incluiu um enquadramento genérico das catinonas sintéticas na lista de substâncias proibidas no Brasil. Dessa forma, quaisquer substâncias que apresentem estrutura molecular similar à da catinona (Figura 14.1) e que se enquadre na norma a seguir se tornaram proibidas.

> São elas: catinonas sintéticas
> que se enquadram na seguinte classe estrutural:
> 1. Qualquer substância que apresente uma estrutura 2-aminopropan-1-ona;
> 1.1. Substituída no átomo de carbono da carbonila por qualquer monociclo ou sistema de anéis policíclicos fundidos;
> 1.2. Substituída ou não por um ou mais substituintes no monociclo ou sistema de anéis policíclicos fundidos,

em qualquer extensão, por grupos alquil, alcóxi, haloalquil, haleto ou hidróxi;

1.3. Substituída ou não no átomo de nitrogênio por um ou dois grupos alquil, aril ou alquil-aril ou por inclusão do átomo de nitrogênio em uma estrutura cíclica;

1.4. Substituída ou não na posição 2 por um grupo metil.

1.5. Substituída ou não na posição 3 por um grupo alquil.

UM CONTO SOBRE CATINONAS PAULISTANAS

Em 21 de novembro de 2013, ocorreu uma grande apreensão de segmentos de papel quadriculados, picotados e com desenhos diversos (vulgo "selos"), além de comprimidos e erva.

Após a elaboração de laudo inconclusivo acerca dos selos e dos comprimidos e a consequente soltura do traficante, representantes do Ministério Público de São Paulo instauraram um procedimento de investigação criminal para apurar o resultado do laudo, já que a suspeita inicial era de que os comprimidos correspondiam à MDMA e os selos ao LSD, o que culminou na realização de um novo exame em 29 de janeiro de 2014 [19].

Os resultados da análise confirmaram aquilo que já era de conhecimento dos peritos do caso, ou seja: que os comprimidos apresentavam metilona, uma catinona, e os selos continham 25-I-NBOMe, que até então não eram substâncias proibidas em território nacional, motivo pelo qual o laudo preliminar foi inconclusivo [19].

Após uma série de explicações de temas como o descompasso entre produção de novas drogas sintéticas e atualização da legislação nacional, além de outras dificuldades enfrentadas em território nacional para a realização de exames da então nova droga, o caso ganhou a mídia e, em 18 de fevereiro de 2014, ocorreu a atualização da Portaria SVS-MS 344, tornando a metilona proscrita no Brasil [19,20].

Questões para estudo

1. Em um trabalho de 2014, Lewin e colaboradores [7] discorrem sobre estudos nos quais foi observado que as doses de catinona autoadministradas por usuários é maior do que aquelas compostas por anfetamina e seus análogos. Com base nas características estruturais e físico-químicas desses dois compostos (sugestão: ver Figura 14.1), formule um modelo que explique tal observação.
2. Considere as estruturas de duas catinonas "A" e "B" da Figura 14.8, e responda às questões.

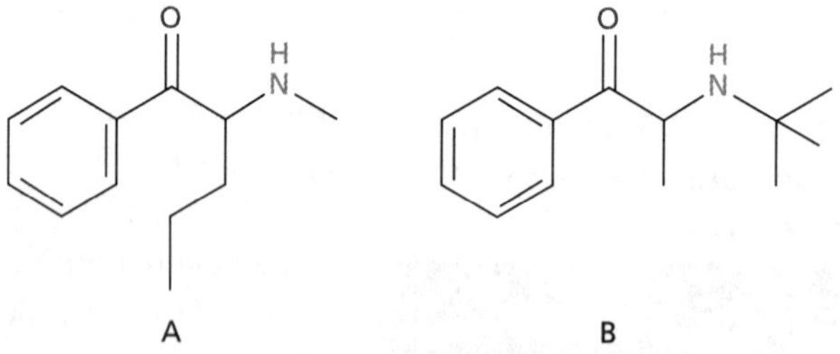

Figura 14.8 Estrutura de duas catinonas (A e B).

a) Compare as duas estruturas, detalhando as similaridades entre elas.
b) Sabendo que a estrutrura "A" é a pentedrona, que pertence à lista F2 da Portaria SVS-MS 344/98 (substâncias de uso proibido no Brasil), você, como analista, recomendaria a inclusão da estrutura B na lista de substâncias proibidas no Brasil? Justifique sua resposta

3. Na Tabela 14.1, verifica-se que o tempo de retenção da etilona é bastante semelhante ao do alfa-PVP. Com o propósito de obter uma melhor separação cromatográfica, um analista, com acesso a GC-MS, pretende fazer alterações em seu método de exame. Fale sobre pelo menos dois tipos de intervenção que esse analista poderia fazer para alcançar o resultado pretendido.
4. Um laboratório forense que faz análises de fármacos de abuso tanto em materiais relacionados a apreensões policiais como em amostras biológicas emitiu um laudo com resultado positivo para metilona, referente a uma amostra de urina. Para tanto, fez uso de GC-MS. Tal resultado foi contestado por um assistente técnico, que apontou a possibilidade de contaminação da amostra durante a custódia desta pelo laboratório. Com base no problema levantado, sugira uma outra forma de análise que possa ratificar o resultado inicial do laudo.

Supondo que o laboratório possua apenas GC-MS como principal ferramenta de análise instrumental, sugira quais aquisições em termos de equipamentos e insumos deverão ocorrer para evitar que outras contestações de mesma natureza lancem dúvida sobre os resultados emitidos por esse laboratório.

5. Um paciente com suspeita de ter consumido drogas sintéticas durante uma festa dá entrada num centro de atendimento a casos de intoxicações. Com base em sinais clínicos, a suspeita é de que ele tenha ingerido uma catinona. O acompanhante do rapaz relata que o uso da substância havia ocorrido cerca de 18 horas antes da condução do paciente ao centro de atendimento. Os testes de triagem feitos em urina não revelaram qualquer substância que se correlacionasse à suspeita. Interprete a situação e sugira uma possível intervenção.

Respostas

1. 1. A substituição do grupo metileno por uma carbonila diminui o caráter lipofílico da estrutura. Com isso, as catinonas apresentam menor capacidade de atravessar a barreira hematoencefálica do que compostos anfetamínicos de estrutura análoga. Logo, para que uma maior concentração de catinona fosse atingida no SNC seria necessária uma dose maior desse composto.
2. a) Ambas guardam como características em comum: a presença de anel aromático, o grupamento carbonila e o grupamento amino composto por amina secundária. Além disso, ambas as estruturas admitem dois enantiômeros em razão da presença de carbono assimétrico.

   b) O objetivo principal desta questão é chamar atenção para a polêmica em torno dos critérios utilizados para a classificação de uma dada substância como sendo um análogo de um fármaco de abuso. A estrutura "B" é a bupropriona, fármaco empregado atualmente no tratamento do tabagismo. Assim, ao utilizar a analogia entre esqueletos carbônicos como único critério para classificar uma substância como análoga a uma droga de abuso, há o risco de prejuízo ao desenvolvimento de tratamentos farmacológicos.
3. As duas possibilidades imediatas seriam: a diminuição da taxa de aquecimento e ainda o aumento do comprimento da coluna. Outra possibilidade seria o emprego de um agente de derivatização para modificar a estrutura das duas substâncias e, com isso, mudar a interação destas com a fase estacionária.
4. 4. Uma das formas de sustentar o resultado inicial seria a pesquisa de um metabólito da substância em questão que não possa ser gerado por nenhuma das etapas do processo de análise. Assim, metabólitos conjugados com sulfato ou o glicuronídeo podem ser uma saída para o problema posto.

   Uma vez que os metabólitos conjugados apresentam alta polaridade e, por isso, alto ponto de ebulição, podendo sofrer degradação por aquecimento, a cromatografia gasosa não é a técnica mais adequada para analisá-los, e o laboratório (ou seus dirigentes) terá que considerar a aquisição de cromatógrafos líquidos, que são equipamentos indicados para análise de moléculas polares. Caso tal aquisição ocorra, esta deverá ser acompanhada de padrões de metabólitos conjugados.

   Apesar do alto custo dessa ação corretiva, o laboratório certamente contará com um ganho técnico indiscutível.
5. Uma vez que o intervalo de tempo entre o consumo e a eliminação de catinonas pode variar entre 48 e 72 horas, não é provável que em 18 horas seja observada essa substância na urina. Nesse caso, uma possibilidade seria a pesquisa de moléculas pertencentes a essa classe de compostos no plasma.

Lista de abreviaturas

Alfa-PVP	Alfa-pirrolidinopentilfenona	MDPV	Metilenodioxipirovalerona
GC-MS	Cromatografia Gasosa hifenada à Espectrometria de Massas ou Cromatógrafo Gasoso acoplado a Espectrômetro de Massas	MS	Espectrometria de Massas, Espectrômetro de Massas ou Espectro de Massas
LSD	Dietilamina do ácido lisérgico	NIDA	National Institute on Drug Abuse
m/z	Razão massa carga (expressa em thomson, cuja abreviatura é Th)	SVS-MS	Serviço de Vigilância Sanitária-Minisrtério da Saúde
MDMA	Metilenodioximetanfetamina	SWGDRUG	Scientific Working Group for the Analysis of Seized Drugs

Lista de palavras

Alfa-PVP
Catinonas sintéticas
Designer drugs
Drogas sintéticas
MDPV
Mefedrona
Metilona
Novas substâncias psicoativas

REFERÊNCIAS

1. Ismail MH, Houghton P, Salvage S. The differential effect of khat (Catha edulis) celestraceae and its potent alkaloids on the release of dopamine using an in vitro model. National Institute on Drug Abuse (NIDA) website: National Institute on Drug Abuse; 2003 [cited 2015 Aug 20]; Available from: http://www.drugabuse.gov/international/abstracts/differential-effect-khat-catha-edulis-celestraceae-its-potent-alkaloids-release-dopamine-using-in

2. Robertson J. Catha edulis, khat. The Poison Garden website; 2014 [cited 2015 Aug 20]; Available from: http://www.thepoisongarden.co.uk/atoz/catha_edulis.htm

3. Gregg RA, Rawls SM. Behavioral pharmacology of designer cathinones: a review of the preclinical literature. Life Sci. 2014;97(1):27-30. Epub 2013/11/16.

4. Iversen L, White M, Treble R. Designer psychostimulants: pharmacology and differences. Neuropharmacology. 2014;87:59-65. Epub 2014/01/25.

5. McGraw M, McGraw L. Bath salts: not as harmless as they sound. J Emerg Nurs. 2012;38(6):582-8. Epub 2012/10/09.

6. Addiction TEMCfDaD. Synthetic cathinones drug profile. The European Monitoring Centre for Drugs and Drug Addiction (EMCDDA); 2015 [cited 2015 Aug 20]; Available from: http://www.emcdda.europa.eu/publications/drug-profiles/synthetic-cathinones

7. Lewin AH, Seltzman HH, Carroll FI, Mascarella SW, Reddy PA. Emergence and properties of spice and bath salts: a medicinal chemistry perspective. Life Sci. 2014;97(1):9-19. Epub 2013/10/12.

8. German CL, Fleckenstein AE, Hanson GR. Bath salts and synthetic cathinones: an emerging designer drug phenomenon. Life Sci. 2014;97(1):2-8. Epub 2013/08/06.

9. G1 P. Flakka, droga barata que causa alucinações, se espalha pela Flórida. Portal G12015 [cited 2015 Jul 13]; Available from: http://g1.globo.com/mundo/noticia/2015/07/flakka-droga-barata-que-causa-alucinacoes-se-espalha-pela-florida.html

10. Youtube: Man high as fluck, on flakka, acts like monster to cop with tazer. [cited 2015 Sep 10]; Available from: https://www.youtube.com/watch?v=L8p2xJV3Tzs

11. Hanel RA, Sandmann M C, Kranich M, Bittencourt PRM. Síndrome neuroléptica maligna: relato de caso com recorrência associada ao uso de olanzapina. Arq Neuro-Psiquiatr. 1998;56(4):5.

12. Sathappan H. The federal controlled substances analogue act: an antiquated solution meets an evolving problem. The Ohio State University Moritz College of Law [cited 2015 Aug 20]; Available from: http://moritzlaw.osu.edu/students/groups/osjcl/amici-blog/the-federal-controlled-substances-analogue-act-an-antiquated-solution-meets-an-evolving-problem/.

13. Estatuto da Criança e do Adolescente (ECA), 8.069 (1990).

14. Paulo DS. Evitar comércio de drogas por sites não é prioridade, diz PF. Folha de S.Paulo; 2014. Sect. Cotidiano [cited 2016 Jun 23]. Available from: http://www1.folha.uol.com.br/cotidiano/2014/10/1538409-evitar-comercio-de-droga-por-sites-nao-e-prioridade-diz-pf.shtml

15. Drugs SWGftAoS. SWGDRUG Recommendations Edition 7.0. Scientific Working Group for the Analysis of Seized Drugs (SWGDRUG) Website2015 [cited 2015 Aug 20]; Available from: http://www.swgdrug.org/approved.htm

16. (Anvisa) ANdVS. Agência Nacional de Vigilância Sanitária [cited 2015 Sep 10]; Available from: http://portal.anvisa.gov.br/wps/portal/anvisa/home

17. S/A MIdM. Medicinanet [cited 2015 Oct 10]; Available from: http://www.medicinanet.com.br/.

18. Flores AC. Potent new stimulant flakka ravages Florida. The Wall Street Journal; 2015 [cited 2015 Oct 10]; Available from: http://www.wsj.com/articles/potent-new-stimulant-flakka-ravages-florida-1439419618

19. Público APdM. Sem Título. Associação Paulista do Ministério Público; 2014 [cited 2014 Dec 20]. Available from: http://www.midia.apmp.com.br/arquivos/pdf/nota_promotores1902.pdf

20. Brecha na lei impede que Polícia Federal apreenda novas drogas. Fantástico: TV Globo; 2014 [cited 2014 Dec 18]. Available from: http://g1.globo.com/fantastico/noticia/2014/02/brecha-na-lei-impede-que-policia-federal-apreenda-novas-drogas.html

CAPÍTULO 15

BARBITÚRICOS

Rafael Menck de Almeida

Sarah Carobini Werner de Souza Eller Franco de Oliveira

Mauricio Yonamine

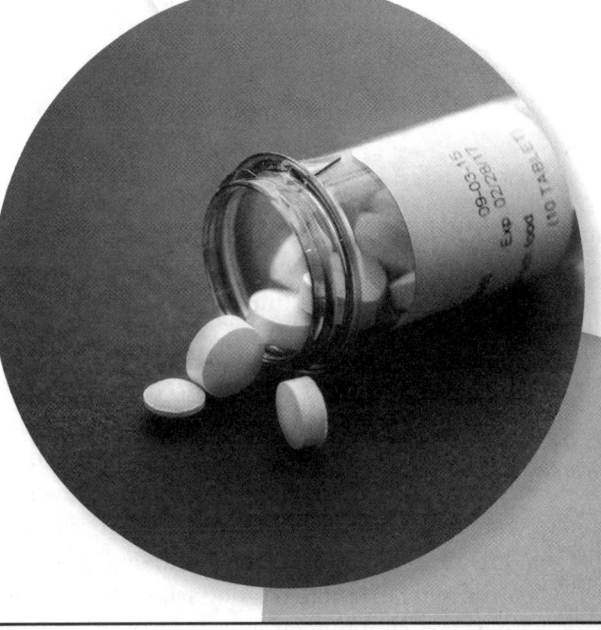

15.1 Resumo

Barbitúricos são utilizados desde o início do século XX; são substâncias depressoras não seletivas do sistema nervoso central (SNC), capazes de produzir todos os graus de depressão, desde leve sedação e hipnose até anestesia geral, coma e morte. O grau de depressão do SNC varia de acordo com a via de administração, a dose e as características farmacocinéticas de cada barbitúrico. Essa classe farmacológica é produzida a partir do ácido malônico e da ureia.

Entre os anos 1920 e meados dos anos 1950, praticamente a única classe de medicamentos utilizada como sedativo e hipnótico era a dos barbitúricos, sendo que alguns são utilizados até hoje. Após cem anos de sua introdução na farmacologia clínica, os barbitúricos continuam sendo o fármaco de escolha para o tratamento de algumas formas graves de insônia e alguns tipos de epilepsia.

Essa classe é dividida, segundo a sua farmacologia, em: ação curta ou intermediária (secobarbital, amobarbital, pentobarbital), empregados, inicialmente, como hipnóticos; ação prolongada (fenobarbital), amplamente utilizados como ansiolíticos e anticonvulsivantes; ação ultracurta, principalmente o tiopental, especialmente úteis como indutores anestésicos para pequenas intervenções cirúrgicas.

Apesar de os levantamentos apontarem que o uso dos barbitúricos diminuiu consideravelmente no mundo após o lançamento da classe dos benzodiazepínicos, vários trabalhos vêm sendo publicados sobre dados estatísticos de casos de intoxicações ou uso não médico dos barbitúricos. A maioria dos casos de intoxicação relaciona-se às tentativas de suicídio.

15.2 Histórico

Muitas substâncias têm sido empregadas na terapêutica por suas propriedades hipnóticas e/ou sedativas, embora a verdadeira eficácia de muitos desses agentes seja bastante limitada, como, por exemplo, o álcool (em diferentes formas, tais como hidromel ou vinho) ou os alcaloides do ópio e outras plantas psicoativas (cânhamo e beladona). No final do século XIX e no início do século XX, agentes como o hidrato de cloral e os brometos foram bastante utilizados até a descoberta das propriedades sedativas e hipnóticas dos barbitúricos. Em 1864, o pesquisador Adolf von Baeyer descobriu a síntese de ácido barbitúrico (malonilureia) (Figura 15.1). Posteriormente, o processo sintético foi desenvolvido e aperfeiçoado pelo químico francês Édouard Grimaux, em 1879, possibilitando, assim, o amplo desenvolvimento de derivados do ácido barbitúrico [1-4].

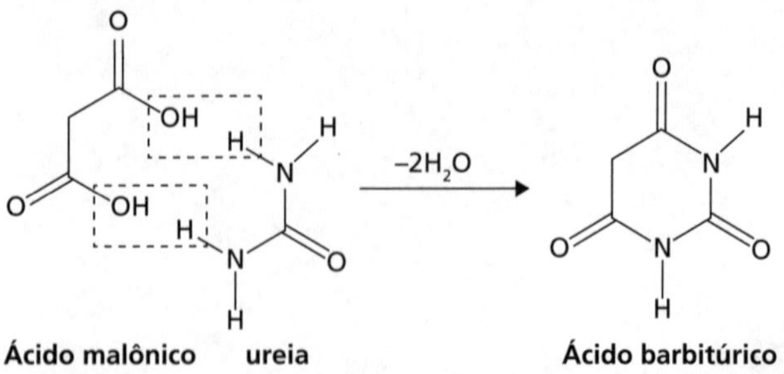

Figura 15.1 Síntese do ácido barbitúrico a partir da ureia e do ácido malônico.

consumo de 0,5 g, dormiu por oito horas e, após a ingestão de 1 g, dormiu por cerca de nove horas. Na primeira manhã, ele acordou disposto e descansado, porém, no segundo dia, após a dose mais elevada, sentia dificuldade para sair da cama [3].

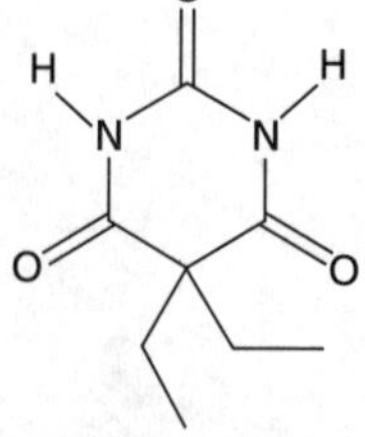

Figura 15.2 Estrutura química do ácido 5,5-dietilbarbitúrico.

Não se sabe exatamente de onde veio o nome barbitúrico, porém existem algumas hipóteses. Acredita-se que Baeyer tenha utilizado esse nome por razões sentimentais, em homenagem à sua namorada Barbara. Outros autores afirmam que o nome deriva do fato de que Baeyer comemorou sua descoberta em um bar perto de sua casa, que era frequentado por oficiais de artilharia, que, no mesmo dia, estavam comemorando o dia de sua padroeira, Santa Bárbara. Outro autor cogita a terceira possibilidade de o termo ter sido inspirado no *barbed* (farpado): aspecto dos cristais desses compostos derivados da ureia. Em qualquer caso, é evidente que a união dos elementos "*Barb* (ara)" e "*urea*" constitui a base do nome [1-3].

Apesar de a síntese do ácido barbitúrico ter sido descoberta em 1864, apenas em 1904 o primeiro barbitúrico (ácido 5,5-dietilbarbitúrico) (Figura 15.2) foi introduzido na clínica por Farbwerke Fr. Bayer e colaboradores. A inserção desse fármaco deu origem a mudanças profundas na abordagem farmacológica das perturbações psiquiátricas e neurológicas da época. Grande número de pacientes, anteriormente intratáveis, ganhou acesso ao tratamento, com melhora dos seus prognósticos. Os barbitúricos também foram úteis no tratamento de distúrbios do sono, sendo o primeiro fármaco verdadeiramente eficaz para o tratamento de epilepsia e convulsões [1-3].

O psiquiatra Hermann von Husen, que sofria de distúrbios do sono, testou em si próprio os efeitos do ácido 5,5-dietilbarbitúrico. Ele relatou que ingeriu 0,5 e 1,0 g da droga e percebeu que, depois do

Após o aperfeiçoamento da síntese e por meio de pequenas modificações químicas, mais de 2.500 substâncias derivadas do ácido barbitúrico foram sintetizadas. Desse total de substâncias criadas, apenas cinquenta foram utilizadas clinicamente. Os dois representantes mais conhecidos dos barbitúricos são o barbital e o fenobarbital, que foram os primeiros a serem aceitos pela Farmacopeia Americana, em 1926, e pela Farmacopeia Britânica, em 1914 (barbital) e 1932 (fenobarbital). Em 1923, foi sintetizado o amobarbital e, após seis anos (1929), o secobarbital foi sintetizado. Subsequentemente foram descobertos o pentobarbital (1930) e o tiopental. O tiopental na verdade é o pentobarbital (Figura 15.3), composto por um heterocíclico ou aromático substituído; com essa modificação, o tiopental passou a ter um átomo de enxofre na sua fórmula química, conferindo-lhe, assim, alta lipossolubilidade e permitindo-lhe atravessar com facilidade as membranas celulares e a barreira hematoencefálica (Figura 15.3). Essa descoberta iria revolucionar os anestésicos intravenosos, e faria dele o único representante da família dos tiobarbitúricos a ser oficialmente reconhecido e aceito pela Farmacopeia Britânica [3].

Os barbitúricos surgiram das modificações químicas empregadas na estrutura do ácido barbitúrico (Figura 15.3); essas modificações objetivaram alterar as propriedades farmacocinéticas para, assim, resultar em fármacos com diferentes aplicações clínicas e duração de efeito terapêutico (Tabela 15.1). Os barbitúricos classificados como de ação curta ou intermediária (secobarbital, amobarbital, pentobarbital) foram empregados inicialmente como hipnóticos, enquanto os de ação prolongada (fenobarbital) foram amplamente utilizados como ansiolíticos e anticonvulsivantes. Já os agentes de ação ultracurta, sobretudo o tiopental, foram especialmente úteis como indutores anestésicos para pequenas intervenções cirúrgicas [3].

Tabela 15.1 Barbitúricos mais utilizados e suas concentrações sanguíneas terapêuticas e tóxicas [5-8]

BARBITÚRICOS	CLASSIFICAÇÃO (½ VIDA EM H)	CONCENTRAÇÃO SANGUÍNEA TERAPÊUTICA	CONCENTRAÇÃO SANGUÍNEA TÓXICA
Tiopental	Ultracurta (8-10)	1-134 mg/L	> 5 mg/L
Secobarbital	Curta (15-40)	2-10 mg/L	> 8 mg/L
Pentobarbital	Curta (15-50)	1-10 mg/L	> 8 mg/L
Amobarbital	Intermediária (10-40)	2-12 mg/L	> 9 mg/L
Butalbital	Intermediária (35)	1-10 mg/L	10-25 mg/L
Fenobarbital	Longa (80-120)	2-30 mg/L	> 30 mg/L

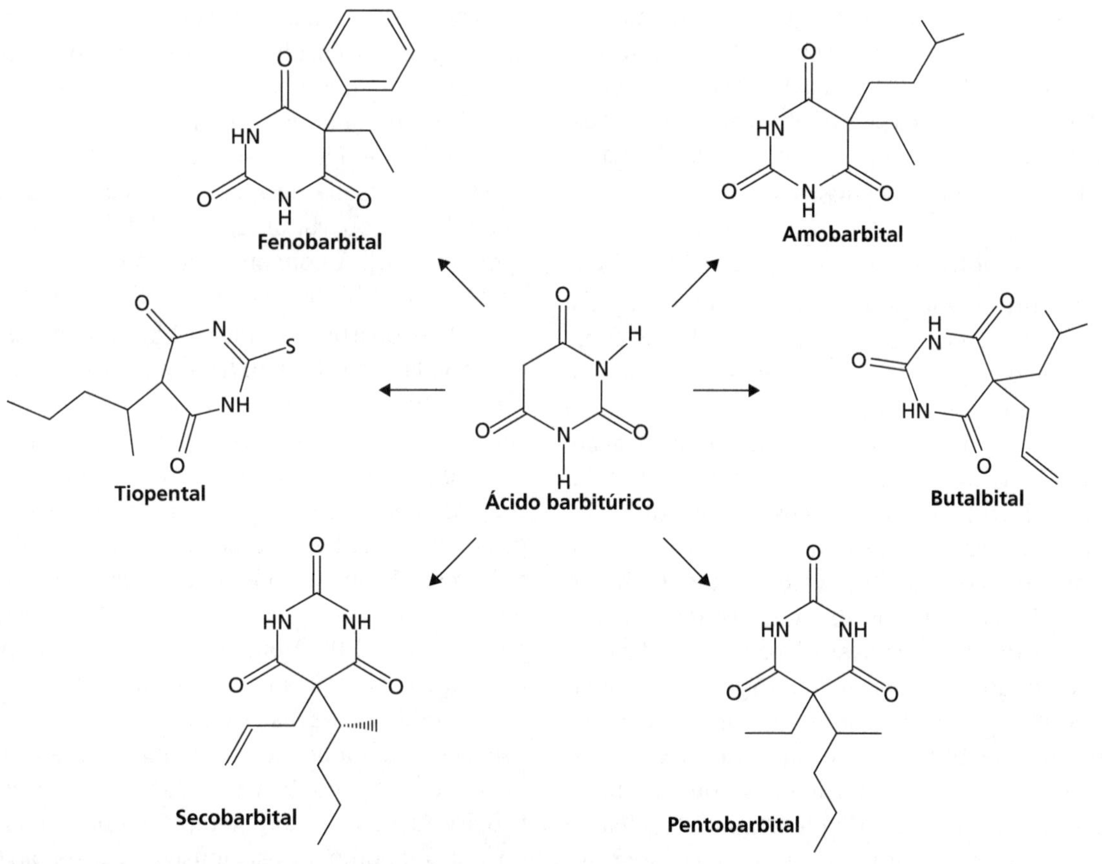

Figura 15.3 Estrutura química de alguns barbitúricos.

Entre os anos 1920 e meados dos anos 1950, praticamente a única classe de fármacos utilizados como sedativos e hipnóticos era a dos barbitúricos, sendo que muitos são utilizados até hoje. Após cem anos de sua introdução na farmacologia clínica, os barbitúricos continuam sendo os fármacos de escolha para o tratamento de algumas formas graves de insônia e alguns tipos de epilepsia. Da mesma maneira, alguns tiobarbitúricos e alguns barbitúricos de ação ultracurta ainda são utilizados como indutores de anestesia geral [3].

Foi durante os anos 1930 e 1940 que os barbitúricos alcançaram sua maior popularidade; os mais comumente utilizados naquela época foram fenobarbital, amobarbital, secobarbital, pentobarbital e tiopental. Apesar do uso generalizado dos barbitúricos durante a primeira metade do século XX, a grande desvantagem sempre foram os fenômenos de dependência e morte por overdose apresentados por essas drogas. O caso mais marcante da história foi o da atriz norte-americana Marilyn Monroe: sua morte se deu por overdose de barbitúricos [3].

Em 1961, a indústria farmacêutica lançou o clordiazepóxido, iniciando uma nova fase da história dos sedativos hipnóticos. Muitos benzodiazepínicos foram sintetizados e testados, sendo hoje, comprovadamente, hipnóticos com grande margem de segurança, apesar de causarem dependência em seus usuários. A partir de então, iniciou-se a substituição dos barbitúricos pelos benzodiazepínicos, por serem mais eficientes e seguros. Essa substituição resultou em mais de 50% de diminuição dos casos de óbitos induzidos por barbitúricos. Atualmente, na maioria dos casos de pacientes hospitalizados por ingestão de doses excessivas de barbitúricos, quando monitorados adequadamente, a mortalidade não chega a 2% [9].

15.3 Toxicocinética e toxicodinâmica

Barbitúricos são substâncias depressoras não seletivas do SNC, capazes de produzir todos os graus de depressão, desde leve sedação e hipnose até anestesia geral, coma e morte. O grau de depressão do SNC varia de acordo com a via de administração, a dose e as características farmacocinéticas de cada barbitúrico [5,10]. Os barbitúricos são utilizados ilicitamente em virtude dos seus efeitos eufóricos e sedativos, bem como na tentativa de suicídio/homicídio [9]. Esses fármacos exercem primariamente seus efeitos sedativos e anestésicos potencializando a ação do neurotransmissor inibitório ácido gama-aminobutírico (GABA), no receptor de $GABA_A$, presente nas membranas neuronais do SNC. *In vitro*, esses fármacos inibem a liberação de glutamato pré-sináptico; atenuam a atividade pós-sináptica de glutamato nos receptores de N-metil D-aspartato (NMDA) e AMPA; inibem a acumulação de cálcio em sinaptossomas; e inibem a ação do óxido nítrico induzida por citotoxicidade. *In vivo*, as consequências de tais eventos celulares incluem a redução da taxa metabólica cerebral de consumo de oxigênio ($CMRO_2$), a redução do fluxo sanguíneo cerebral (CBF) e a diminuição do volume sanguíneo cerebral e da pressão intracraniana (PIC) [5,11].

A administração de barbitúricos pode ser oral, intramuscular, endovenoso ou retal. Independentemente da via de administração, ocorre a distribuição uniforme pelos tecidos. Após a absorção, ligam-se a proteínas plasmáticas e vão agir principalmente no cérebro. Os efeitos depressores aparecem entre trinta segundos e quinze minutos após administração, dependendo do tipo de barbitúrico utilizado.

Os barbitúricos, como explicado anteriormente, são divididos em quatro classes de ação: ultracurta, curta, intermediária e longa (Tabela 15.1). Essa classificação é baseada na meia-vida e na lipossolubilidade dos compostos. Cada barbitúrico tem uma estrutura única que se relaciona com a duração de sua ação. Barbitúricos de ação curta são mais ligados às proteínas e aos lipídeos solúveis, comparados com os de ação longa; têm início mais rápido de ação, mais alto pKa e menor duração de ação; e são metabolizados quase exclusivamente no fígado. Por outro lado, os barbitúricos de ação prolongada se acumulam menos nos tecidos (isto é, o volume de distribuição é menor), são menos solúveis e são excretados como fármacos ativos [12]. Os barbitúricos mais utilizados na terapêutica são: amobarbital, butalbital, pentobarbital, fenobarbital, secobarbital e tiopental [13]. A concentração sanguínea terapêutica para os barbitúricos varia de 1 a 134 mg/L [6].

O secobarbital é um barbitúrico de ação curta (meia-vida entre 15 e 40 h) e um dos seus efeitos é a hipnose basal para anestesia geral (raquidiana), utilizada para facilitar procedimentos de intubação traqueal e para induzir anestesia em crianças. Concentrações plasmáticas de secobarbital entre 1 e 5 mg/L estão relacionadas com sedação; concentrações superiores a 10 mg/L podem produzir coma, enquanto níveis plasmáticos acima de 30 mg/L são potencialmente letais [14]. O butalbital e o pentobarbital são barbitúricos de ação intermediária. Embora o butalbital seja utilizado em associação com ácido acetilsalicílico, acetaminofeno e com cafeína em casos de enxaqueca, existem controvérsias sobre a eficácia desse uso. Na Alemanha, por exemplo, o butalbital foi banido, por seu potencial uso abusivo. A absorção total de butalbital por via oral ocorre em torno de duas horas. Concentrações plasmáticas entre 10 e 20 mg/L têm sido associadas com intoxicações [15]. O tiopental é um barbitúrico classificado como de ação ultracurta e tem sido muito empregado como anestésico intravenoso, sendo amplamente utilizado no Brasil com essa finalidade. Sua meia-vida está entre 8 e 10 h e sua concentração terapêutica varia de 1 a 134 mg/L [6-8].

O fenobarbital é o barbitúrico com a maior meia-vida (80 a 120 h) e sua absorção oral é completa, mas um pouco lenta. A biodisponibilidade do fenobarbital por via oral é de cerca de 100%, porém o pico máximo plasmático ocorre várias horas após a administração de uma única dose. Em casos de intoxicação, o fenobarbital pode ser encontrado no estômago até doze horas após a ingestão, em razão de sua circulação êntero-hepática [2,5,10].

A distribuição do fenobarbital é rápida por todos os tecidos e líquidos corporais, atingindo maior concentração no cérebro, no fígado e nos rins. A ligação com proteínas plasmáticas varia entre 40% e 60%, sendo a taxa de ligação com os tecidos, incluindo o cérebro, similar à plasmática. O fenobarbital atravessa a barreira placentária, distribui-se pelos tecidos do feto e acumula-se na placenta, no cérebro e no fígado, correspondendo à concentração sanguínea da mãe [5]. O intervalo terapêutico para a atividade anticonvulsivante do fenobarbital é de 10-25 mg/L. Concentrações séricas maiores do que 50 mg/L podem induzir ao coma e concentrações maiores do que 80 mg/L podem ser fatais [12].

A excreção do fenobarbital por via renal é de 25% na forma inalterada. O restante da dose é biotransformado por enzimas microssomais hepáticas, principalmente pela CYP2C9 e, em menor proporção, pela CYP2C19 e a CYP2E1. O fenobarbital induz a uridina-difosfato glucuronosiltransferase (UGT), bem como as subfamílias CYP2C e CYP3A [5]. Cerca de 30% do fenobarbital é excretado na forma inalterada pela urina, cerca de 45% na forma de p-hidroxifenobarbital e 25% na forma conjugada com ácido glicurônico. O *clearance* renal em crianças menores de 12 anos é de 8 mL/kg/h e, em indivíduos com idade superior, é de 4 mL/kg/h. A eliminação renal do fenobarbital na forma inalterada é pH-dependente; essa característica possibilita o uso da diurese alcalina no tratamento das intoxicações agudas [16].

Todos os barbitúricos citados fazem parte da lista B1 da Portaria 344/1998, da Agência Nacional de Vigilância Sanitária (Anvisa), que aprova o regulamento técnico sobre substâncias e medicamentos sujeitos a controle especial no país [17], incluindo o pentobarbital, o tiopental e o fenobarbital, que atualmente são comercializados no Brasil.

15.4 Incidência de intoxicação por barbitúricos

Apesar de os levantamentos apontarem que o uso dos barbitúricos diminuiu consideravelmente no mundo após o lançamento da classe dos benzodiazepínicos, vários trabalhos vêm sendo publicados sobre dados estatísticos de casos de intoxicações ou de uso não médico dos barbitúricos. A maioria dos casos de intoxicação é devida às tentativas de suicídio; porém alguns casos são de intoxicações acidentais em crianças ou em usuários de drogas. A dose letal dos barbitúricos varia de 6 a 10 g (a dose terapêutica é de 60 a 250 mg) [2,10]. Um levantamento realizado em Nova York (período de 1990 a 2007) constatou que os barbitúricos são utilizados nas tentativas de suicídio entre adultos jovens e idosos (11,8% dos casos envolviam adultos jovens e 27,2 % dos casos envolviam idosos) [18]. No Japão, Kudo e colaboradores [19] relatam que o fenobarbital foi o principal fármaco detectado em casos de intoxicação entre 2003 e 2006.

De acordo com o relatório de 2007 da *Substance Abuse and Mental Health Services Administration* (SAMHSA), os barbitúricos foram responsáveis por 9.877 visitas às unidades de emergência compreendidas pela SAMHSA, o que representa cerca de 1,2% do total de visitas classificadas como uso não médico de medicamentos nos Estados Unidos [20].

No Brasil, algumas especialidades farmacêuticas para enxaqueca, além do ácido acetilsalicílico, continham também um barbitúrico em associação. Os medicamentos que apresentavam essas associações eram: Cibalena®, Veramon®, Optalidom®, Fiorinal® etc., que continham butabarbital ou secobarbital em suas fórmulas. Em virtude do abuso e dos dados apontando o uso impulsivo desses agentes, os laboratórios farmacêuticos modificaram suas fórmulas, retirando os barbitúricos de sua composição [2]. Com a publicação da Portaria 344/1998 da Anvisa, passou-se a exigir que todos as especialidades farmacêuticas que contenham barbitúricos em suas fórmulas sejam vendidas somente com a apresentação do receituário do médico (B1), para posterior controle pelas autoridades sanitárias [17].

Apesar de se restringir o acesso aos barbitúricos, casos de intoxicação continuam a ser relatados em nosso país. Em um estudo realizado pelo Centro de Controle de Intoxicações da cidade de São Paulo (CCI-SP), constatou-se que 36% dos casos de intoxicação atendidos envolveram medicamentos que agem no SNC. Destes, 44% estavam relacionados aos antiepiléticos. O fenobarbital é o antiepilético mais encontrado nos casos de intoxicação (10,75%). Entre as circunstâncias relatadas, incluem-se tentativa de suicídio, acidentes e uso incorreto ou prescrição incorreta do medicamento. Segundo Bonilha e colaboradores [1], os antiepiléticos são medicamentos conhecidos como de "ação forte no cérebro". Por essa razão, o fenobarbital está relacionado aos casos de tentativa de suicídio de adultos jovens. Os autores afirmam que, na cidade de São Paulo, há a estimativa de três casos de intoxicações envolvendo fenobarbital por dia. Além da cidade de São Paulo, trabalhos originários do estado do Paraná e do Distrito Federal têm relatado casos de intoxicação envolvendo barbitúricos [1,21,22].

O Centro de Controle de Intoxicações da cidade de Londrina, Paraná (CCI-PR), realizou um estudo retrospectivo (1997-2007) sobre o perfil das tentativas de suicídio. Foram encontrados altos índices de intoxicações envolvendo o fenobarbital. As classes de medicamento mais encontradas nas tentativas de suicídio foram as dos tranquilizantes (25,5%), dos antidepressivos (17%) e dos anticonvulsivantes (15%). Os princípios ativos mais comuns de cada grupo, na mesma ordem, foram: diazepam (38,9%), amitriptilina e/ou suas associações (61,7%) e fenobarbital (43,4%) [23].

15.5 Análises toxicológicas de barbitúricos

A determinação de barbitúricos, mais especificamente o fenobarbital, em amostras biológicas tem sido relatada empregando técnicas como cromatografia em camada delgada (CCD), espectrofotométricas e cromatografia gasosa e líquida. Essas análises são de suma importância para a triagem e a confirmação dessas substâncias na investigação de intoxicação aguda, para o monitoramento terapêutico, para os estudos de farmacocinética e metabolismo e/ou para a investigação médico-legal. A gravidade de uma intoxicação deve ser avaliada com a interpretação do achado analítico, e não somente com o dado bruto.

O primeiro método reportado em literatura para a identificação de barbitúrico em amostras biológicas foi uma técnica espectrofotométrica na região ultravioleta. Esse método se baseia nas diferenças de absortividade que as formas de ressonância dos barbitúricos apresentam quando em soluções alcalinas sob diferentes valores de pH. Essas diferenças podem ser observadas em diversos comprimentos de onda, com intensidades variáveis, de acordo com a estrutura molecular do barbitúrico. Tecnicamente, o que ocorre é um deslocamento batocrômico (deslocamento da banda de absorção para um comprimento de onda maior). Esse efeito é explorado tanto por metodologias qualitativas como quantitativas para barbitúricos. Em solução ácida ou neutra, os barbitúricos apresentam pouca absorção acima de 230 nm, mas, em meio tamponado (tampão borato de sódio 0,05 mol/L – pH 9,2), apresentam intenso grupo cromóforo ionizado (Figura 15.4-B), com absorbância próxima dos 240 nm. Em meio básico (solução de hidróxido de sódio – pH 13), ocorre uma segunda parte da ionização, ampliando ainda mais a absorbância, que ocorre na região de 255 nm (Figura 15.4-C). Deve-se considerar que os barbitúricos em soluções alcalinas são instáveis, podendo ocorrer a abertura do anel nesse meio; portanto as medições devem ser realizadas rapidamente. Essa metodologia não é aplicável a barbitúricos n-metilados e tioderivados [16,24].

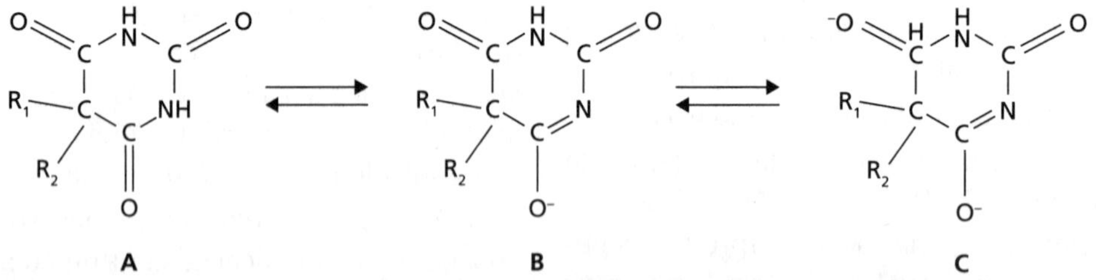

Figura 15.4 A) ácido barbitúrico não dissociado; B) monodissociado; C) bidissociado.

Várias abordagens são utilizadas para a análise dos barbitúricos em fluidos corporais, como imunoensaios, eletroforese capilar, além de métodos cromatográficos, como cromatografia líquida e gasosa. Técnicas consideradas simples, como a CCD, também são utilizadas por alguns CCI, como análise de triagem, para casos de intoxicação por barbitúricos; porém técnicas mais avançadas estão disponíveis, como os ensaios imunológicos, que são muito atrativos, em razão da facilidade de execução, a velocidade de análise e a sensibilidade. No entanto, com exceção do fenobarbital, esses ensaios não são específicos o suficiente para identificar um único composto. Assim, os procedimentos cromatográficos têm sido aplicados para a identificação e a quantificação dos barbitúricos em geral. Esses métodos fornecem dados sobre vários compostos em uma única corrida/análise [25]. Algumas dessas técnicas estão listadas na Tabela 15.2.

Em se tratando de análises toxicológicas *post mortem*, a amostra de sangue deve ser escolhida corretamente; estudos apontam que o sangue coletado da cavidade cardíaca não deve ser utilizado em para análises quantitativas, pois, após a morte, existe uma redistribuição que pode influenciar no resultado final da análise, ou seja, a concentração que será encontrada nesse espécime pode não remeter à concentração no momento da morte. Para análises quantitativas de barbitúricos, devem-se utilizar amostras de sangue proveniente da veia femoral, pois o sangue periférico é um fluido menos provável de ser sujeito a elevações causadas pela redistribuição *post mortem* [26-28].

Tabela 15.2 Lista dos métodos disponíveis na literatura científica para a determinação de barbitúricos em amostras biológicas

ANALITOS	EXTRAÇÃO	MATRIZES	DETECÇÃO	LOQ	REFERÊNCIA
butalbital, secobarbital, pentobarbital e fenobarbital	LPME	Sangue total	GC-MS	1,0 μg/mL	[28]
butalbital, fenobarbital e secobarbital	SPE	Saliva, plasma e urina	LC-MS e GC-MS	0,008 e 0,1 μg/mL	[29]
amobarbital e secobarbital	Injeção direta	Plasma	MLC-UV	–	[14]
amobarbital, barbital, hexobarbital, e secobarbital	Injeção direta	Soro	MLC-UV	1,0 μg/mL	[25]
fenobarbital	SPE	Sangue seco	LC-MS/MS	0,034 μg/mL	[30]
amobarbital, fenobarbital	SPE/LLE	Soro	GC-MS	0,1-0,4 μg/mL	[31]
barbital, butalbital, amobarbital, pentobarbital, secobarbital e fenobarbital	LLE	Soro, plasma e urina	GC-MS	5,0 μg/mL	[13]
amobarbital, butabarbital, pentobarbital, phenobarbital secobarbital e hexobarbital	SPE	Urina	GC-MS	0,020 μg/mL	[32]
amobarbital, pentobarbital, secobarbital, hexobarbital, mefobarbital e fenobarbital	SPME	Sangue total e urina	GC-MS	0,2-2,0 μg/mL	[32,33]
barbital, butabarbital, butalbital, amobarbital, pentobarbital, secobarbital, hexobarbital e fenobarbital	SPME	Urina	GC-MS	0,010 μg/mL	[34]

SPE: extração em fase sólida; LLE: extração líquido-líquido; SPME: microextração em fase sólida; LPME: microextração em fase líquida; LOD: limite de detecção. As unidades de concentração foram padronizadas para μg/mL.

15.6 Conclusões

Os barbitúricos, principalmente o fenobarbital, são muito utilizados na clínica médica. Apesar de relatos na literatura de que o seu uso diminuiu consideravelmente após a introdução dos benzodiazepínicos, na década de 1960, os casos de intoxicação ainda são bastante reportados aos CCI brasileiros, sejam esses casos envolvendo suicídio/tentativa e/ou homicídio. Segundo dados do Sistema Nacional de Gerenciamento de Produtos Controlados (SNGPC), o fenobarbital está em quarto lugar no consumo de medicamentos controlados no Brasil, perdendo apenas para clonazepam (1°), bromazepam (2°) e alprazolam (3°) [35]. Por conta disso, sempre que houver suspeita do envolvimento de medicamentos em casos forenses, deve-se considerar a possibilidade do envolvimento do fenobarbital.

Questões para estudo

1. Por que os barbitúricos foram gradativamente substituídos pelos benzodiazepínicos na década de 1960?
2. Como os barbitúricos são classificados?
3. Por que o fenobarbital (Gardenal®) é o barbitúrico mais utilizado de sua classe?
4. Sabendo-se que os barbitúricos agem no receptor GABA, explique quais são as possíveis interações entre barbitúrico e álcool/fármacos.
5. Qual é a aplicação do tiopental? Explique a diferença toxicocinética entre o pentobarbital e o tiopental.

Respostas

1. No início da década de 1960, a indústria farmacêutica lançou o primeiro benzodiazepínico (clordiazepóxido), que viria a se tornar o protótipo de uma classe de fármacos que revolucionaria a história dos sedativos hipnóticos. Uma das mais relevantes características dessa classe é a grande margem de segurança e eficácia. Diante disso, os barbitúricos vieram a ser substituídos pelos benzodiazepínicos. Essa mudança resultou em mais de 50% de diminuição dos casos de óbitos causados por barbitúricos.
2. Os barbitúricos são classificados com base no tempo de meia-vida e na lipossolubilidade de cada composto. Cada barbitúrico tem uma estrutura única que se relaciona com a duração de sua ação. As classes são de ação ultracurta, curta, intermediária e longa.
3. O fenobarbital se tornou o mais conhecido e utilizado de sua classe por sua ação anticonvulsivante. Atualmente esse barbitúrico de ação longa é o fármaco de escolha no Brasil para controle de crises convulsivas.
4. O álcool, assim como os barbitúricos, é depressor do sistema nervoso central e também atua nos receptores GABA. Quando essas substâncias são combinadas, podem levar a depressão do SNC de uma maneira mais grave do que aquela causada por barbitúricos isoladamente, com prejuízo de coordenação e da psicomotricidade, e até redução no nível de consciência e parada respiratória. Por causa desse sinergismo, recomenda-se evitar essa associação.
5. O tiopental é utilizado na clínica médica como um indutor de anestesia. Basicamente, o tiopental tem estrutura química muito semelhante ao pentobarbital, porém com um átomo de enxofre na sua fórmula estrutural. Por essa diferença, o tiopental passou a ter alta lipossolubilidade, permitindo-lhe atravessar com facilidade as membranas celulares e a barreira hematoencefálica. O tiopental é classificado como agente de ação ultracurta (tempo de ½ vida entre 8-10 h), e o pentobarbital é classificado como de ação curta (tempo de ½ vida entre 15-50 h).

Lista de abreviaturas

AMPA	α-Amino-3-hidroxi-5-metil-4-ácido isoxazole-propiônico	LOD	Limite de detecção
Anvisa	Agência Nacional de Vigilância Sanitária	LPME	Microextração em fase líquida
CBF	Fluxo sanguíneo cerebral	SNC	Sistema nervoso central
CCD	Cromatografia em camada delgada	NMDA	N-metil D-aspartato
CCI	Centro de Controle de Intoxicação	PIC	Pressão intracraniana
CCI-SP	Centro de Controle de Intoxicações da cidade de São Paulo	pKa	Constante de ionização
CCI-PR	Centro de Controle de Intoxicações da cidade de Londrina, Paraná	SAMHSA	Substance Abuse and Mental Health Services Administration
$CMRO_2$	Cerebral de consumo de oxigênio	SPE	Extração em fase sólida
GABA	Gama-aminobutírico	SPME	Microextração em fase sólida
LLE	Extração líquido-líquido	UGT	Uridina-difosfato glucuronosiltransferase

Lista de palavras

Ácido barbitúrico	Barbitúrico	Secobarbital
Amobarbital	Fenobarbital	
Antiepilético	Pentobarbital	

REFERÊNCIAS

1. Bonilha L, Collares CF, do Amaral DA, Dantas Barcia S, de Almeida Oliveira AM, Li LM. Antiepileptic drugs: a study of 1028 cases registered by the Sao Paulo Intoxication Control Center. Seizure. 2005;14(3):170-4. Epub 2005/03/31.

2. OBID. II Levantamento domiciliar sobre o uso de drogas psicotrópicas no Brasil 2005 [cited 2014 Aug 20]. Available from: http://www.obid.senad.gov.br/portais/OBID/biblioteca/documentos/Dados_Estatisticos/populacao_brasileira/II_levantamento_nacional/Substancia/326825.pdf

3. Lopez-Munoz F, Ucha-Udabe R, Alamo C. The history of barbiturates a century after their clinical introduction. Journal of Neuropsychiatric Disease and Treatment. 2005;1(4):329-43.

4. Lopez-Munoz F, Ucha-Udabe R, Alamo-Gonzalez C. A century of barbiturates in neurology. Rev Neurologia. 2004;39(8):767-75.

5. McNamara JO. Drugs effective in the therapy of the epilepsies. In: Brunton LL, editor. Goodman and Gilma's The pharmacological basis of therapeutics. 12th ed. New York: McGraw-Hill; 2011. p. 583-607.

6. Albertson TE. Barbiturates. In: Olson KR, editor. Poison & drug overdose. 6th ed. New York: McGraw-Hill; 2004.

7. Meier P, Thormann W. Determination of thiopental in human serum and plasma by high-performance capillary electrophoresis-micellar electrokinetic chromatography. J Chromatogr A. 1991;559(1-2):505-13.

8. Moffat AC, Osselton MD, Widdop B, editors. Clarke's Analytical Forensic Toxicology. 4th ed. London: Pharmaceutical Press; 2011.

9. Almeida MG, Silva GA. Barbitúricos. In: Oga S, Camargo MMA, Batistuzzo JAO, editores. Fundamentos de toxicologia. 4. ed. São Paulo: Atheneu; 2014.

10. Charney DS, Mihic SJ, Harris RA. Hypnotics and sedatives. In: Hardman JG, Limbird LE, Gilman AG, editors. Goodman and Gilman's The pharmacological basis of therapeutics. 10th ed. New York: McGraw-Hill; 2001. p. 399-428.

11. Cordato DJ, Herkes GK, Mather LE, Morgan MK. Barbiturates for acute neurological and neurosurgical emergencies – do they still have a role? Journal of Clinical Neuroscience. 2003;10(3):283-8.

12. Mactier R, Laliberte M, Mardini J, Ghannoum M, Lavergne V, Gosselin S, et al. Extracorporeal treatment for barbiturate poisoning: recommendations from the EXTRIP workgroup. Am J Kidney Dis. 2014;64(3):347-58. Epub 2014/07/07.

13. Johnson LL, Garg U. Quantitation of amobarbital, butalbital, pentobarbital, phenobarbital, and secobarbital in urine, serum, and plasma using gas chromatography-mass spectrometry (GC-MS). Methods in Molecular Biology. 2010;603:65-74. Epub 2010/01/16.

14. Quinones-Torrelo C, Martin-Biosca Y, Sagrado S, Villanueva-Camanas RM, Medina-Hernandez MJ. Determination of amobarbital and secobarbital in plasma samples using micellar liquid chromatography. Biomed Chromatogr. 2000;14(5):287-92. Epub 2000/08/29.

15. Silberstein SD, McCrory DC. Butalbital in the treatment of headache: history, pharmacology, and efficacy. Headache. 2001;41(10):953-67. Epub 2002/03/21.

16. Machado RGP. Fenobarbital: Determinação de fenobarbital em sangue, plasma ou soro por espectrometria. In: Moreau RLM, editor. Ciências farmacêuticas – Toxicologia analítica. São Paulo: Guanabara Koogan; 2008. p. 261-4.

17. Anvisa – Agência Nacional de Vigilância Sanitária. Regulamento técnico sobre substâncias e medicamentos sujeitos a controle especial. Portaria 344/1998. Brasília; 1998 [cited 2014 Aug 20]. Available from: http://www.anvisa.gov.br/legis/portarias/344_98.htm

18. Abrams RC, Leon AC, Tardiff K, Marzuk PM, Santos RD. Suicidal overdoses of psychotropic drugs by elderly in New York City: comparison with younger adults. Psychiatry Research. 2011. Epub 2011/05/26.

19. Kudo K, Ishida T, Hikiji W, Usumoto Y, Umehara T, Nagamatsu K, et al. Pattern of poisoning in Japan: selection of drugs and poisons for systematic toxicological analysis. Forensic Toxicology. 2010;28(1):25-32.

20. SAMHSA. Drug Abuse Warning Network, 2007: national estimates of drug-related emergency department visits. Rockville: Substance Abuse and Mental Health Services Administration; 2007.

21. Bernardes SS, Turini CA, Matsuo T. Perfil das tentativas de suicídio por sobredose intencional de medicamentos atendidas por um Centro de Controle de Intoxicações do Paraná, Brasil. Cadernos de Saúde Pública. 2010;26:1366-72.

22. Campelo EL, Caldas ED. Postmortem data related to drug and toxic substance use in the Federal District, Brazil, from 2006 to 2008. Forensic Sci Int. 2010;200(1-3):136-40. Epub 2010/05/04.

23. Bernardes SS, Turini CA, Matsuo T. Profile of suicide attempts using intentional overdose with medicines, treated by a poison control center in Parana State, Brazil [Perfil das tentativas de suicídio por sobredose intencional de medicamentos atendidas por um Centro de Controle de Intoxicações do Paraná, Brasil]. Cad Saúde Pública. 2010;26(7):1366-72. Epub 2010/08/10.

24. Cordonnier J, Schaep J. Ultraviolet, visible and fluorescence spectrophotometry. In: Moffat AC, Osselton MD, Widdop. B, editors. Clarke's analytical forensic toxicology. 4th ed. London: Pharmaceutical Press; 2011. p. 507-36.

25. Elisa Capella-Peiro M, Gil-Agusti M, Martinavarro-Dominguez A, Esteve-Romero J. Determination in serum of some barbiturates using micellar liquid chromatography with direct injection. Analitycal Biochemistry. 2002;309(2):261-8.

26. Jones GR. Postmortem toxicology. In: Jickells S, Negrusz A, editors. Clarke's analytical forensic toxicology. London: Pharmaceutical Press; 2008. p. 191-217.

27. Pounder DJ, Jones GR. Post-mortem drug redistribution – a toxicological nightmare. Forensic Sci Int. 1990;45(3):253-63. Epub 1990/04/01.

28. Menck RA, Lima DSd, Seulin SC, Leytonb V, Pasqualucci CA, Muñoz DR, et al. Hollow-fiber liquid-phase microextraction and gas chromatography-mass spectrometry of barbiturates in whole blood samples. Journal of Separation Science. 2012.

29. Fritch D, Blum K, Nonnemacher S, Kardos K, Buchhalter AR, Cone EJ. Barbiturate detection in oral fluid, plasma, and urine. Ther Drug Monit. 2011;33(1):72-9. Epub 2010/11/26.

30. la Marca G, Malvagia S, Filippi L, Luceri F, Moneti G, Guerrini R. A new rapid micromethod for the assay of phenobarbital from dried blood spots by LC-tandem mass spectrometry. Epilepsia. 2009;50(12):2658-62. Epub 2009/08/18.

31. Saka K, Uemura K, Shintani-Ishida K, Yoshida K. Determination of amobarbital and phenobarbital in serum by gas chromatography-mass spectrometry with addition of formic acid to the solvent. Journal of Chromatography B. 2008;869(1-2):9-15. Epub 2008/05/27.

32. Pocci R, Dixit V, Dixit VM. Solid-phase extraction and GC/MS confirmation of barbiturates from human urine. J Anal Toxicol. 1992;16(1):45-7. Epub 1992/01/01.

33. Iwai M, Hattori H, Arinobu T, Ishii A, Kumazawa T, Noguchi H, et al. Simultaneous determination of barbiturates in human biological fluids by direct immersion solid-phase microextraction and gas chromatography-mass spectrometry. Journal of Chromatography B. 2004;806(1):65-73. Epub 2004/05/20.

34. Hall BJ, Brodbelt JS. Determination of barbiturates by solid-phase microextraction (SPME) and ion trap gas chromatography-mass spectrometry. J Chromatogr A. 1997;777(2):275-82. Epub 1997/08/15.

35. Anvisa – Agência Nacional de Vigilância Sanitária. Panorama dos dados do sistema nacional de gerenciamento de produtos controlados: um sistema para o monitoramento de medicamentos no Brasil. Brasília: Ministério da Saúde; 2011.

CAPÍTULO 16

BENZODIAZEPÍNICOS

André Valle de Bairros

Lorena do Nascimento Pantaleão

Mauricio Yonamine

16.1 Resumo

Os benzodiazepínicos são uma classe de substâncias comercializadas desde a década de 1960, sendo um dos grupos de fármacos mais prescritos no mundo. No Brasil, é a terceira classe de drogas mais consumida entre aquelas cujo controle de comercialização é realizado pela Agência Nacional de Vigilância Sanitária (Anvisa). Após a absorção, os benzodiazepínicos são altamente ligados a proteínas plasmáticas e distribuem-se a vários tecidos, sendo capazes de atravessar as barreiras hematoencefálica e placentária. A principal via de biotransformação dos benzodiazepínicos consiste na oxidação (N-desalquilação e hidroxilação) e na nitrorredução, sendo que alguns podem sofrer exclusivamente glicuronidação. O grupo dos 1,4-benzodiazepínicos gera oxazepam como produto de biotransformação comum para vários agentes dessa categoria. A eliminação urinária da fração livre do fármaco precursor é muito baixa. Esses fármacos têm alta capacidade de promover dependência e tolerância no usuário. Seu mecanismo de ação é a ligação a receptores GABAérgicos adjacentes ao canal de íons de cloro, facilitando a abertura desse canal e levando à hiperpolarização da célula e à inibição da transmissão sináptica. Os efeitos tóxicos são sedação e letargia e, em situações mais graves, depressão respiratória e cardiovascular. A reversão do quadro sedativo dos benzodiazepínicos é feito com flumazenil. A determinação de benzodiazepínicos pode ser realizada por métodos colorimétricos, espectrofotométricos, eletroanalíticos, cromatográficos e eletroforéticos, além de radiação no infravermelho e espectrometria de massas. Essas moléculas podem estar presentes como adulterantes em medicamentos, bebidas e fitoterápicos, além de contaminarem o meio ambiente. Em matrizes biológicas, é importante estabelecer o analito-alvo conforme a amostra a ser analisada, o que direciona o processo extrativo e a técnica analítica a ser utilizada. Já estão estabelecidos os *cut-offs* para essas moléculas em amostras de urina para situações de trânsito, ambiente de trabalho e submissão química de um indivíduo, assim como os valores terapêuticos e tóxicos para esses agentes em sangue. Para confirmação da presença de benzodiazepínicos e seus produtos de biotransformação, é recomendada a utilização de cromatografia gasosa e/ou líquida acoplada ao espectrômetro de massas (GC-MS e/ou LC-MS).

16.2 Introdução

Os benzodiazepínicos são substâncias que agem diretamente no sistema nervoso central (SNC) e possuem atividade ansiolítica. O primeiro benzodiazepínico foi sintetizado em 1955 por Leo Sternbach quando trabalhava no desenvolvimento de novos tranquilizantes [1]. Porém esses fármacos só começaram a ser comercializados nos anos 1960, com a introdução do clordiazepóxido no mercado, após a descoberta de seus efeitos ansiolíticos e miorrelaxantes, além de outros efeitos terapêuticos, como sedação e hipnose [2-4]. Após o sucesso no lançamento do clordiazepóxido, mais de três mil substâncias semelhantes foram sintetizadas e uma centena começou a ser comercializada [5,6].

Os benzodiazepínicos possuem grande eficácia terapêutica, associada à baixa probabilidade de efeitos colaterais que representem risco imediato à vida (como acontece com outros sedativos, como os barbitúricos), características que fizeram com que esses fármacos encontrassem fácil aceitação na classe médica [4,7,8]. Entretanto, nos anos seguintes à descoberta dessa classe de substâncias, foram observados os primeiros casos de abuso e o desenvolvimento de dependência e síndrome de abstinência entre usuários [5,6,8,9].

A década de 1970 foi o auge do uso desses fármacos. Nos Estados Unidos, por exemplo, o uso de benzodiazepínicos pela população chegou a atingir a prevalência de 11,1% em 1979 [4]. Nos anos seguintes, iniciaram-se as restrições de venda desses medicamentos, com legislação sanitária e exigência de receita pelas farmácias e drogarias [8,9]. De fato, o número de substâncias dessa classe que foram controladas nos Estados Unidos pela Convenção de 1971 quadruplicou desde a primeira lista. A maior expansão dessa convenção ocorreu em 1984, quando 33 benzodiazepínicos foram adicionados às substâncias sob controle especial [10].

Os benzodiazepínicos encontram-se entre os fármacos mais prescritos no mundo, apesar das restrições, e são utilizados principalmente no tratamento de transtornos de ansiedade e insônia. Estima-se que entre 1% e 3% de toda a população ocidental já tenha consumido esses medicamentos de forma regular pelo período de um ano [11]. No ano de 2001, foram consumidos 26,74 bilhões de doses diárias dessas substâncias em todo mundo [12].

Apesar de mais de quatro décadas de experiência com esses fármacos, ainda há muitos questionamentos sobre a forma correta e segura de utilização. Em muitos casos, novas abordagens terapêuticas têm sido propostas para o tratamento de psicoses e transtorno bipolar, e várias discussões sobre abordagens para cessar ou reduzir o uso ou a indicação desses medicamentos ainda ocorrem entre especialistas [2,13].

16.3 Forma e padrões de uso

Os benzodiazepínicos formam uma classe de compostos largamente utilizados. Correspondem a grupos de substâncias como: diazepam (Diaz-NQ®, Valium®, Dienpax®), lorazepam (Lorium®, Lorax®), flunitrazepam (Rohypnol®), clordiazepóxido (Psicosedin®), bromazepam (Somalium®, Lexotan®), clonazepam (Rivotril®, Clopan®), temazepam (Restoril®), entre outras. Todos esses compostos são comercializados sob a forma de medicamento e possuem potencial de abuso [2,10,14].

Os fármacos que agem sobre os receptores de benzodiazepínicos podem ser divididos em quatro categorias, com base em sua meia-vida de eliminação: (1) os benzodiazepínicos de ação ultracurta; (2) os de ação curta, com meias-vidas de menos de 6 horas, incluindo o triazolam e o midazolam; (3) os de ação intermediária, com meia-vida de seis a 24 horas, incluindo o oxazepam, o alprazolam e o lorazepam; e (4) os de longa duração, com meia-vida maior do que 24 horas, incluindo o diazepam e o clonazepam [14,15]. Essas diferenças são chave para a escolha do benzodiazepínico a ser administrado no paciente. Por exemplo, agentes de ação curta são a primeira escolha para o tratamento de insônia, enquanto que agentes de ações intermediária e longa são mais indicados para o tratamento de ansiedade. Além das indicações clássicas, esses fármacos são também utilizados para o tratamento de síndrome do pânico, distúrbio convulsivos, espasmos musculares e abstinência de álcool [16].

O primeiro contato com os benzodiazepínicos geralmente ocorre por meio de tratamento médico contra ansiedade ou insônia. À medida que o tratamento vai se prolongando (acima de quatro semanas), os sinais de dependência começam a ficar evidentes. Há também o agravante de os sintomas de abstinência (ansiedade, nervosismo e insônia) serem facilmente confundidos com os sinais do problema que desencadeou o tratamento [4,17].

Enquanto o uso de substâncias psicoativas ilícitas entre homens é, em geral, maior do que entre mulheres, o uso abusivo de tranquilizantes e sedativos nas Américas, na Europa e também no Brasil é uma exceção a essa regra, com incidência duas vezes maior entre mulheres do que entre homens [10,12]. Da mesma forma, os homens constituem a maior parte das pessoas detidas (ou suspeitas) por uso de drogas; o envolvimento de mulheres em crimes relacionados a drogas varia de acordo com o tipo da substância, o que também se reflete na preferência entre as drogas mais utilizadas entre as mulheres. É interessante ressaltar que a maior porcentagem de prisões (ou suspeita) entre mulheres (25%) é observada em relação a crimes envolvendo sedativos ou tranquilizantes [10].

Apesar de serem considerados fármacos relativamente seguros, é observado o uso de benzodiazepínicos concomitantemente com outras substâncias por poliusuários de drogas, especialmente entre usuários de heroína, metadona e álcool, o que aumenta os riscos de óbito para o indivíduo [18-20]. Diversos benzodiazepínicos são comumente encontrados juntamente com substâncias psicoativas de outras classes em caso de overdose [10,21]. Os benzodiazepínicos também possuem importância em toxicologia forense, por serem utilizados como "drogas de estupro" (*date-rape drugs*), também chamados de drogas facilitadoras de abuso sexual (DFAS) ou drogas facilitadoras de crimes (DFC). Essas substâncias são utilizadas por criminosos com o propósito de provocar efeito sedativo e amnésia anterógrada em suas vítimas [3,5,22].

Alguns fatores que interferem na disponibilidade e na aceitabilidade dos benzodiazepínicos e que podem levar ao uso indevido são o seu baixo custo e a acessibilidade desses medicamentos em postos públicos de saúde. Os pacientes tendem a aceitar melhor o tratamento com essas substâncias, ante outros psicotrópicos, entre outras causas, em razão da baixa sensação de efeitos adversos. Nesse contexto, a dependência geralmente não é percebida como risco pelo usuário, já que o uso crônico é, muitas vezes, legitimado por um receituário médico [2,4,23].

16.4 Toxicocinética e toxicodinâmica

A atividade dos benzodiazepínicos é muito influenciada pelas suas propriedades físico-químicas e farmacocinéticas. Os benzodiazepínicos são quase completamente absorvidos e bem distribuídos pelos tecidos orgânicos, possuindo lipossolubilidade para atingir o cérebro. Quando administrados por via oral, alcançam sua concentração máxima no sangue em aproximadamente uma hora [14,15,22]. Tanto o fármaco na forma inalterada quanto seus produtos de biotransformação são altamente ligados a proteínas plasmáticas. A extensão da ligação é correlacionada com a lipossolubilidade e varia de cerca de 70%, para o alprazolam e o bromazepam, a quase 99%, para o diazepam. A pequena parte que permanece livre e farmacologicamente ativa é capaz de atravessar tanto a barreira hematoencefálica quanto a placentária [6,15].

A biotransformação dos benzodiazepínicos é um evento complexo constituído de várias etapas (Figura 16.1). As principais vias consistem em N-desmetilação e oxidação, sendo que alguns fármacos do grupo são metabolizados por nitrorredução (clonazepam, flunitrazepam e nitrazepam). O diazepam, que pertence ao grupo dos 1,4-benzodiazepínicos, é biotransformado em nordiazepam, temazepam e oxazepam, sendo este último produto comum a outros benzodiazepínicos. O clorazepato é convertido em nordiazepam no meio ácido estomacal, quando administrado por via oral, sendo posteriormente absorvido e metabolizado [15]. Após reação de fase I, midazolam, alprazolam e triazolam formam hidroximidazolam, hidroxialprazolam e hidroxitriazolam. De forma similar, bromazepam é biotransformado em hidroxibromazepam 2-(2-amino-5-bromo-3-hidroxibenzoil)-piridina, moléculas inativas na proporção de 27% e 40%, respectivamente [5,6,9,14,22]. Em relação ao lorazepam, cerca de 13% do fármaco **é** excretado como metabólitos secundários e aproximadamente 75% desse fármaco é inativado ao conjugar-se, no grupo 3-hidróxi de sua molécula, com ácido glicurônico [24].

A glicuronidação é a etapa final, anterior à excreção urinária, para a maioria dos benzodiazepínicos e seus produtos de biotransformação (Figura 16.1) [9,14]. A ligação do ácido glicurônico com grupos hidroxilas é mais comum e abundante, sendo conhecida como O-glicuronídeo. Essa reação também ocorre no grupamento amina livre (N-glicuronidação) e tiol livre (S-glicuronidação), porém em proporções muito menores [14,25]. A fração livre do fármaco precursor eliminado na urina é muito baixa (1% a 5%), e sua variação depende da dose e da droga administrada [5,14,22].

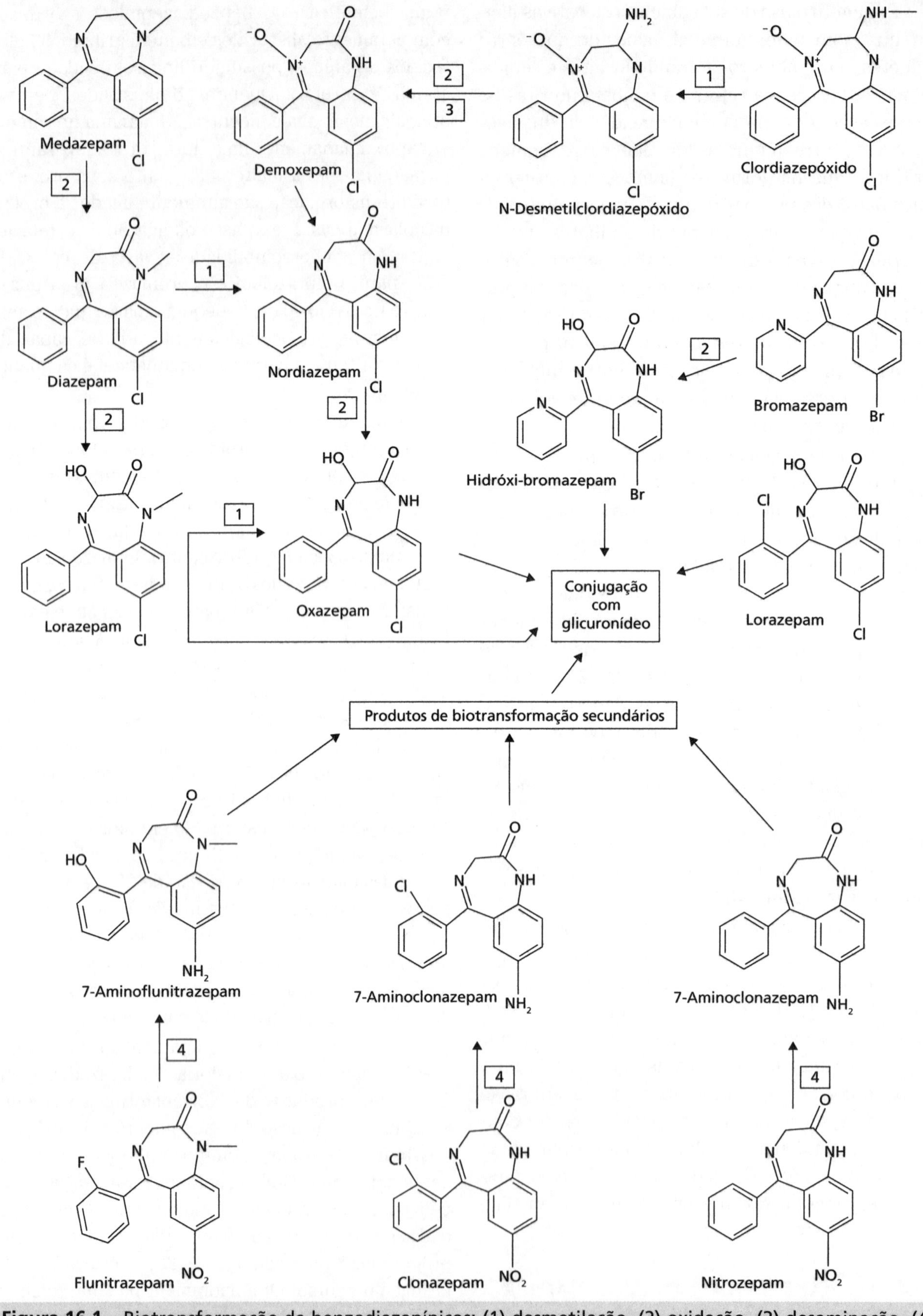

Figura 16.1 Biotransformação de benzodiazepínicos: (1) desmetilação, (2) oxidação, (3) desaminação, (4) nitrorredução.

Os benzodiazepínicos podem sofrer inibição oxidativa com outros fármacos, como acontece com antidepressivos (por exemplo, a fluvoxamina), inibindo a reação de fase I, o que garante maior tempo de circulação e aumento da concentração plasmática para os fármacos que passam por esse processo (por exemplo, diazepam, bromazepam, clonazepam etc.) [14].

O mecanismo de ação é comum para todos os benzodiazepínicos. Eles se ligam a receptores que se encontram no cérebro e na medula espinhal, formando um complexo macromolecular. Esse complexo compreende várias estruturas, dentre as quais se destacam os receptores GABAérgicos adjacentes ao canal de cloreto. Os receptores ionotrópicos GABA-A são constituídos de cinco subunidades que formam um canal de cloreto. Os benzodiazepínicos se ligam entre as subunidades alfa e gama do receptor GABA-A, potencializando sua ação inibitória em níveis pré e pós-sinápticos, facilitando a abertura do canal de cloreto (Figura 16.2). A abertura do canal provoca a hiperpolarização e, consequentemente, a inibição da transmissão sináptica [6,13,15,26].

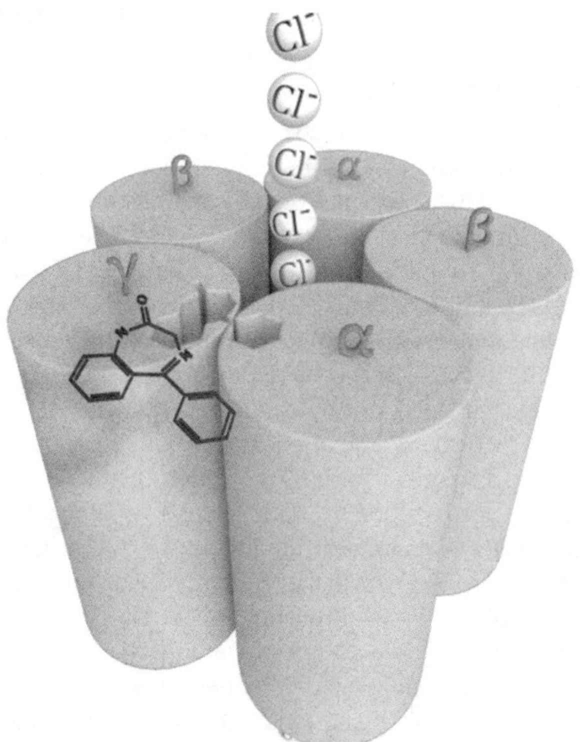

Figura 16.2 Representação da estrutura do receptor GABA-A e sítio de ligação para os benzodiazepínicos.

16.5 Efeitos tóxicos, tratamento de intoxicações agudas, dependência e tolerância

Os benzodiazepínicos são relativamente seguros e os principais efeitos adversos são letargia e sedação, o que caracteriza um prejuízo para atividades que exigem precisão e reflexos rápidos (por exemplo, condução de veículos). Comportamentos agressivos e/ou suicidas também são relatados, porém em contingente muito pequeno e, possivelmente, atingem somente pessoas com tendências a praticar esses atos. A depressão respiratória e cardiovascular ocorre em altas doses (vinte vezes ou mais do que a administração terapêutica) ou em circunstâncias especiais, como injeção intravenosa rápida. Casos graves e letais causados pelo uso desses fármacos são raros e, quando ocorrem, devem-se geralmente à administração concomitante com outros depressores centrais, como etanol ou barbitúricos [14,18-20].

Em situações de intoxicação aguda, o antídoto a ser administrado é o flumazenil, um antagonista seletivo do receptor GABA que atua por inibição competitiva com os benzodiazepínicos. Sua administração exige cautela e deve ser efetivada somente quando há certeza da intoxicação isolada por essa classe de fármacos. A dose aplicada é de 0,2 a 5 mg/min, conforme o quadro clínico do paciente, e deve ser realizada de forma lenta. Sintomas como agitação e abstinência podem ocorrer em altas concentrações dessa droga, que é contraindicada em pacientes com pressão intracraniana, epiléticos ou expostos a antidepressivos tricíclicos [6,14].

Os benzodiazepínicos promovem altas taxas de tolerância, o que leva ao aumento da dose necessária para se obter o mesmo efeito terapêutico [2-4,23]. A tolerância aos efeitos hipnóticos dos benzodiazepínicos se desenvolve em aproximadamente uma semana de tratamento e há tolerância cruzada com álcool e outros depressores do SNC, como os barbitúricos [6,26].

Como reação indesejada dos benzodiazepínicos, pode ser destacada a sua capacidade de produzir sedação, sonolência e ataxia. Os benzodiazepínicos mais potentes podem produzir amnésia anterógrada e desinibição em caso de intoxicação, motivo pelo qual têm sido usados por criminosos para incapacitar vítimas com a finalidade de abuso sexual [5,22]. A severidade dos efeitos adversos, particularmente àqueles associados com o SNC, é geralmente mais intensa em idosos [16].

Doses terapêuticas de benzodiazepínicos não provocam dano sobre a respiração em indivíduos sadios. Em caso de intoxicação, é recomendável fornecer assistência respiratória, sobremaneira se o benzodiazepínico tiver sido ingerido de forma concomitante com outros depressores do SNC, como o etanol. Atenção especial e terapia de suporte devem ser fornecidas a pessoas com doença pulmonar obstrutiva crônica [6,15].

Médicos e pacientes concordam que é especialmente difícil interromper o uso desses medicamentos e estima-se que 50% dos pacientes que interromperam o tratamento com benzodiazepínicos reiniciaram o uso após um ano [2,11,13]. Entre os sintomas mais comuns que podem indicar dependência estão insônia, problemas gástricos, tremores, agitação e espasmos musculares. Com menor frequência, podemos observar irritabilidade, sudorese, depressão, psicoses e comportamento suicida. A retirada abrupta do fármaco pode aumentar a gravidade dos sintomas; por isso, são recomendáveis a redução de dose e a retirada gradual do fármaco de pacientes que fazem uso prolongado [3].

Ressalta-se que vários estudos e guias recomendam evitar a indicação de benzodiazepínicos classificados como de longa duração para idosos e, quando administrados, é recomendado acompanhamento médico frequente. Outros riscos que geralmente estão associados ao uso dos benzodiazepínicos em idosos – e que não são observados com frequência em outros grupos – são quedas, declínio cognitivo e fraturas, além de outros eventos adversos relacionados à insônia. Apesar disso, há evidências da indicação desses fármacos a idosos para tratamento de desordens como demência, distúrbios de humor e comportamento, transtorno do pânico e insônia [16].

Os processos envolvidos no desenvolvimento da dependência desses fármacos não estão totalmente esclarecidos. São divididos entre os mecanismos intrínsecos associados ao processo molecular benzodiazepínico-GABA-canal de cloreto e os associados a outras vias, como a serotoninérgica. Acredita-se que há mudança na produção, na liberação ou no metabolismo de um ligante endógeno que atua como receptor dos benzodiazepínicos. Outra hipótese é a alteração no número ou na afinidade dos receptores de benzodiazepínicos, ou ainda modificações estruturais nesses receptores [9].

A tolerância aos benzodiazepínicos ocorre em diferentes níveis. Postula-se que existem diferentes mecanismos agindo de forma conjunta. É importante notar que as alterações farmacocinéticas que são observadas em consequência do uso dessas substâncias não parecem desempenhar papel essencial no desenvolvimento de tolerância. Mudanças adaptativas na subunidade A dos receptores GABA parecem ter grande importância no desenvolvimento da tolerância aos benzodiazepínicos. Várias hipóteses são estudadas nesse contexto, entre elas, o desacoplamento do fármaco do GABA-A por mecanismos alostéricos ou por fosforilação, levando a alterações funcionais do receptor; outra hipótese que envolve o GABA-A indica a redução na expressão da subunidade desse receptor, provocada por ativação prolongada [9,26,27].

Outro mecanismo digno de nota no desenvolvimento da tolerância é aquele que envolve a via do glutamato que, juntamente com o GABA, parece estar envolvida na plasticidade sináptica, sobremaneira nos efeitos observados na retirada abrupta do fármaco. Outra hipótese é que esses efeitos podem ser atribuídos à ação do receptor glutamatérgico ionotrópico. Alguns fatores transcricionais e neurotróficos também podem estar envolvidos, além dos sistemas da serotonina, dopamina e acetilcolina (modulando a funcionalidade do GABA-A) [26,27].

16.6 Legislação

Os benzodiazepínicos possuem sua distribuição controlada por lei em todo o mundo desde a década de 1970, com atualizações por parte dos órgãos de vigilância sanitária de cada país [28,29]. Os Estados Unidos contam com uma das legislações mais antigas quanto à comercialização desses e outros medicamentos psicotrópicos, constando na lista IV de substâncias com potencial de abuso e sujeitas a controle especial estabelecida pela Convenção de 1970. Entre os medicamentos contidos nessa lista estão diazepam (Valium®), clonazepam (Klonipin®), clordiazepóxido (Librium®) e alpazolam (Xanax®). Outros medicamentos, como flunitrazepam (Rohypnol®), não são comercializados nos Estados Unidos, e sua presença em território norte-americano deve-se ao contrabando [29]. Além disso, o temazepam (Restoril®) possui regulamentação diferenciada, dependendo do estado norte-americano [28,30]. O Canadá segue basicamente as mesmas regras para esses medicamentos, sendo controlados pela *Benzodiazepines and Other Targeted Substances Regulations* (SOR/2000-217) [31].

Nos países-membros da União Europeia, os benzodiazepínicos são regulamentados pela Convenção de 1971, incluindo diazepam, lorazepam e temazepam em sua lista. Outras substâncias foram incluídas posteriormente, em 1988, na chamada *Misuse of Drug Regulation* (S.I. nº 328/1988), que determinou maiores restrições à prescrição, à dispensação e ao uso desses medicamentos. Neste caso, há variações nas penalidades do descumprimento da lei em cada país [32,33].

O Reino Unido possui legislação própria, porém muito semelhante à da União Europeia (ambas foram publicadas em 1971), na qual os benzodiazepínicos são classificados como classe C em termos de potencial de abuso. Nessa lista, constam diazepam (Valium®), lorazepam (Ativan®), clordiazepóxido (Librium®), nitrazepam (Mogadon®), flunitrazepam (Rohypnol®) e temazepam. Para as duas últimas, há penalidades mais severas para o uso indevido (classificadas na lista 3 de controle de substâncias), considerando a posse não autorizada desses medicamentos uma contravenção [32-34]. De forma análoga, outros países, como a Irlanda, possuem penalidades similares em relação ao porte e à administração não permitida [32,33].

Outros países, como a Austrália, seguem diretrizes de controle de substâncias psicoativas de forma semelhante ao resto do globo, sendo estabelecidas na *Standard for the Uniform Scheduling of Medicines and Poisons* (SUSMP) [35]. De forma similar, o domínio sobre essa classe de drogas encontra-se na legislação da Nova Zelândia, mais especificadamente na parte 5 da *Misuse of Drugs Act* (1975) [36].

Na América do Sul, cada país possui regulamentação própria a respeito da produção, da prescrição, da distribuição e do uso de substâncias psicotrópicas – que são semelhantes em relação às demais existentes em outros países. Na Argentina, o uso dessas substâncias é regulamentado há mais tempo, pela Lei 19.303/1971 [37], enquanto no Chile os benzodiazepínicos constam na lista IV do Decreto 415 (1983) [38]. No Brasil, os benzodiazepínicos pertencem à lista B-1 e são controlados pela Portaria 344/1998, da Agência Nacional de Vigilância Sanitária (Anvisa) – atualizada pelas RDC 178/2002, 18/2003, 44/2007, 40/2009 e 6/2014 [14,39].

16.7 Estatísticas de uso

Entre os vários benzodiazepínicos conhecidos, quinze são comercializados nos Estados Unidos e cerca de vinte estão disponíveis em outros países [14]. O uso não médico dessa classe de compostos é observado em todos os países do mundo. Cerca de 60% dos países que possuem levantamento sobre uso de psicoativos classificam esses fármacos entre as três classes de substâncias mais frequentemente utilizadas de forma abusiva.

Um estudo realizado no Brasil indica prevalência em 5,6% da população [12]. De acordo com o Boletim de Farmacoepidemiologia, ligado à Anvisa, no período de 2007 a 2010, clonazepam, bromazepam e alprazolam foram as três formulações industrializadas de maior consumo no país [40].

Em levantamento realizado nas 27 capitais brasileiras pelo Centro Brasileiro de Informações sobre Drogas Psicotrópicas (Cebrid), 50.890 estudantes do ensino fundamental e médio foram entrevistados para verificar o consumo de drogas psicotrópicas. Neste levantamento, excetuando álcool e tabaco, os ansiolíticos foram reportados como a terceira classe de droga mais consumida (4,6% do total de estudantes entrevistados), com predominância do gênero feminino, que consome aproximadamente o dobro dessas substâncias, se comparado ao masculino. Essa diferença pode ser maior conforme a região do país e a condição socioeconômica dos estudantes (alunos de escolas privadas são os maiores consumidores) [41].

Segundo o Conselho Regional de Medicina do Estado de São Paulo, um em cada dez adultos recebe prescrição de benzodiazepínicos (em grande parte, pelo clínico geral), apesar das restrições cada vez maiores ao uso [42].

Estatísticas mundiais mostram que os benzodiazepínicos são encontrados em 0,9% dos motoristas testados de forma aleatória; dados brasileiros avaliados em estudo transversal mostram que 4,6% de todos os motoristas avaliados apresentaram resultado positivo para alguma droga; entre os positivos, 14% eram benzodiazepínicos [10]. Além dos motoristas profissionais, estudantes universitários constituem outro grupo com risco elevado de uso abusivo de medicamentos comercializados sob prescrição. Há dados que indicam que 19% relatam uso de sedativos e tranquilizantes, enquanto 14% afirmam já haverem utilizado medicamentos para dormir [13].

Conforme já mencionado, mulheres também representam grande parte da população com risco elevado de abuso de medicamentos, quando comparadas aos homens, ainda mais quando consideramos diferenças biológicas, como maior incidência de depressão e ansiedade nesse grupo do que no masculino. Meninas na idade da adolescência tendem a usar medicamentos diante de situações de estresse, enquanto meninos tendem a usar álcool [13]. No Brasil, ao contrário do que acontece com outras substâncias utilizadas de forma abusiva, observa-se uso mais acentuado de tranquilizantes e sedativos por mulheres, chegando a 6,8% da população feminina [12].

Em relação aos idosos, embora estudos demonstrem que o uso de benzodiazepínicos está associado com aumento em eventos adversos clinicamente importantes, como quedas e fraturas, além dos associados ao SNC, há também dados que apontam que a prevalência do uso de medicamentos tipo benzodiazepínicos entre essa população (acima de 65 anos) gira em torno de 17,7% [43].

Mesmo com uso tão evidente, não existem estimativas globais precisas de uso não médico de medicamentos comercializados sob controle de prescrição; porém o uso dessas substâncias permanece como uma questão de saúde pública, principalmente quando se observa que o uso de sedativos mantém-se elevado e, por vezes, a prevalência do uso dos benzodiazepínicos pode ser maior do que de diversas substâncias ilícitas [10].

16.8 TÉCNICAS DE IDENTIFICAÇÃO

16.8.1 Perfil químico

Os benzodiazepínicos são considerados bases fracas e moléculas lipossolúveis, com alto coeficiente de distribuição óleo/água [15]. Possuem estrutura química comum, baseada em um anel benzênico que é acoplado a um núcleo diazepínico (responsável por dar nome à classe) e um substituinte aril na posição 5 do anel diazepínico. Essa classe de fármacos pode ser classificada em três categorias, conforme sua estrutura química: 1,4-benzodiazepínicos, 1,5-benzodiazepínicos e triazolobenzodiazepínicos [14]. A Figura 16.3 representa a maioria dos benzodiazepínicos comercializados.

16.3(A)

BENZODIAZEPÍNICO	R1	R2	R3	R4	R5	R6	R7	R8
Bromazepam	-H	=O	-H	-H	-H	-Br	=N-	
Camazepam	-CH3	=O	$-O-C(=O)-N(CH_3)_2$	-H	-H	-H	-H	
Clorazepato	-H	=O	-COOH	-H	-H	-Cl	-H	
Clonazepam	-H	=O	-H	-H	-Cl	$-NO_2$	-H	
Clordiazepóxido	-H	$-NHCH_3$	-H	-H	-H	-Cl	-H	O
Diazepam	-CH3	=O	-H	-H	-H	-Cl	-H	
Flunitrazepam	-CH3	-H	-H	-H	-F	$-NO_2$	-H	
Flurazepam	$-(CH_2)_2-N(C_2H_5)_2$	=O	-H	-H	-F	-Cl	-H	
Lorazepam	-H	=O	-OH	-H	-Cl	-Cl	-H	
Medazepam	-CH3	-H	-H	-H	-H	-Cl	-H	
Nordiazepam	-H	=O	-H	-H	-H	-Cl	-H	
Nitrazepam	-H	=O	-H	-H	-H	$-NO_2$	-H	
Oxazepam	-H	=O	-OH	-H	-H	-Cl	-H	
Prazepam	$-CH_2-CH(CH_2)(CH_2)$	=O	-H	-H	-H	-Cl		
Temazepam	-CH	=O	-OH	-H	-H	-Cl	-H	

(continua)

16.3(B)

BENZODIAZEPÍNICO	R1	R2	R3
Alprazolam	-H	-Cl	$-CH_3$
Estazolam	-H	-Cl	-H
Midazolam	-F	-Cl	$-CH_3$
Triazolam	-Cl	-Cl	$-CH_3$

Figura 16.3 Estrutura química de 1,4-benzodiazepínicos, triazolobenzodiazepínicos e 1,5-benzodiazepínicos (*continuação*).

Fonte: extraído de [14].

Apesar de as estruturas químicas serem similares, as propriedades físico-químicas entre esses fármacos são bastante variadas, em razão dos substituintes, inclusive dentro de uma mesma categoria [44,45]. De fato, os benzodiazepínicos apresentam diferentes valores de pKa e coeficiente de partição octanol/água (Log P) (Tabela 16.1).

Tabela 16.1 Valores de pKa e log P para benzodiazepínicos

BENZODIAZEPÍNICO	pKa	Log P
Alprazolam	1,4/8,20	2,37
Bromazepam	2,9/11	2,54
Clobazam	4,07	2,55
Clonazepam	1,5/10,5	2,41
Clorazepato	1,8/11,7	3,15
Clordiazepóxido	4,60	2,5
Cloxazolam	2,6/12,7	3,56
Diazepam	3,30	2,7
Estazolam	4,97	2,09
Flurazepam	1,9/8,2	2,3
Lorazepam	1,3/11,5	2,98
Medazepam	6,2	3,8
Midazolam	6,57	3,33
Nitrazepam	3,2/10,8	2,1
Nordiazepam	3,5/12	2,8
Oxazepam	1,7/11,6	2,2
Prazepam	2,7	3,7
Temazepam	10,68	2,19
Triazolam	4,32	2,89

Fonte: extraído de [46,47].

Clonazepam, nitrazepam e flunitrazepam possuem substituinte NO_2, o que aumenta a acidez do hidrogênio (R1) do nitrogênio do anel benzodiazepina. Os nitrobenzodiazepínicos são considerados os mais problemáticos compostos dessa classe de drogas, para fins analíticos [28,29,45]. Diante das diferenças físico-químicas dos benzodiazepínicos, as metodologias de identificação são diversificadas e, muitas vezes, específicas para determinada substância [28,29,48].

Em geral, os benzodiazepínicos apresentam capacidade de absorção de luz ultravioleta (190 a 400 nm), por causa do grupo cromóforo inerente ao anel benzodiazepina, causado pelas duplas ligações, e do substituinte fenila na posição 5 do grupo diazepínico. Os demais grupamentos ligados a essa estrutura química podem elevar a absortividade [48,49]. Essas moléculas absorvem radiação infravermelha (4.000 a 100 cm^{-1}), convertendo-se em energia vibracional demonstrada em ordem decrescente. O grupamento fenila na posição 5 e as duplas ligações presentes na estrutura química básica auxiliam na interpretação, com bandas com estiramento entre 1.600 e 1.500 cm^{-1}, enquanto compostos dessa classe que apresentam carbonila (C=O) em R2 são identificados como grupamento amida, demonstrando evidente banda entre 1.660 e 1.760 cm^{-1}. Os nitrobenzodiazepínicos obtêm uma banda específica com estiramento intra-atômico simétrico em 1.390-1.260 e assimétrico em 1.660-1.500 cm^{-1} oriundo do grupo NO_2 [50,51].

As técnicas eletroanalíticas são viáveis em virtude da oxirredução da amina terciária e C=N do anel central (posição 1 e 4), C=N do substituinte fenila localizado no grupo diazepínico (posição 7) e/ou dos substituintes ligados a este como C=O (posição 2) e NO_2, de acordo com a solução onde se encontra o princípio ativo [52]. A espectrometria de massas apresenta fragmentação com relativa abundância no anel benzodiazepina na carbonila (C=O) em R2 e na amina terciária da posição 1. Os substituintes NO_2,

Cl e Br na posição R6 também são observados no espectro de massas. Fragmentos de massas com menores abundâncias são comuns, principalmente quando o impacto de elétrons se encontra a 70eV [51,53-55]. A Tabela 16.2 resume as características físico-químicas dos principais benzodiazepínicos no infravermelho, no ultravioleta e na espectrometria de massas.

Tabela 16.2 Características dos principais benzodiazepínicos em métodos espectroscópicos

BENZODIAZEPÍNICO E SEU PRODUTO DE BIOTRANSFORMAÇÃO	ULTRAVIOLETA (λ NM)	INFRAVERMELHO (CM^{-1})	ESPECTRO DE MASSAS (M/Z)
Alprazolam	260[a]	1460, 1610, 697, 1316, 1540 e 827	308, 279, 204, 273, 77 e 310
Bromazepam	239, 345[a]; 237, 238[b]; 233, 320[c]	1685, 825, 750, 802, 1315 e 1230	236, 317, 315, 288, 316, 286 e 208
3-hidroxibromazepam			79, 78, 52, 304, 314, 316 e 51
Clonazepam	273[a]; 245, 309[b]	1685, 1610, 748, 1255, 1578 e 1532	280, 314, 315, 286, 234, 288 e 316
7-aminoclonazepam			285, 256, 257, 258, 287, 220 e 110
Clorazapato	237, 287[a]	1597, 1548, 1300, 702, 1230 e 830	242, 43, 270, 269, 241, 103 e 243
Clordiazepóxido	246, 308[a]; 262[b]	1625, 760, 1260, 690, 1590 e 850	282, 299, 284, 283, 241, 56 e 301
Diazepam	242, 284, 366[a]	1681, 1313, 705, 840, 1125 e 740	256, 283, 284, 285, 257, 286 e 258
Flunitrazepam	252, 308[c]	1697, 1620, 1490, 1528 e 1107	285, 312, 313, 286, 266, 238 e 286
7-aminoflunitrazepam			283, 256, 255, 282, 254, 284, 264
Lorazepam	230, 316[d]	1685, 1149, 1317, 1120 e 1605	291, 239, 274, 293, 75, 302 e 276
Medazepam	253[a]	1610, 1178, 1298, 700, 1255 e 815	242, 207, 244, 270, 243, 271 e 269
Midazolam		1608, 820, 767, 1310, 1210 e 995	310, 312, 311, 163, 325, 75 e 297
Nitrazepam	280[c]	1690, 1610, 698, 1536, 745 e 784	280, 253, 281, 206, 234, 252 e 264
7-aminonitrazepam			251, 222, 223, 250, 252, 195 e 110
Nordiazepam	238, 283, 361[a]; 240, 340[b]	1680, 700, 1602, 820, 738 e 790	242, 269, 270, 241, 243, 271 e 244
Oxazepam	234, 280[a]; 233, 344[b]; 230, 315[d]	1687, 1706, 693, 830, 1136 e 1123	257, 77, 268, 239, 205, 267 e 233
Temazepam	237, 284 e 358[a]; 231, 313[b]; 230, 314[d]	1687, 1670, 1112, 1603, 705 e 1150	271, 273, 300, 272, 256, 77 e 255
Triazolam		761, 842, 1618, 1003, 1310 e 827	313, 238, 342, 315, 137, 344 e 239

[a]Meio ácido; [b]Meio alcalino; [c]Metanol; [d]Etanol. Dados de infravermelho foram obtidos com pastilhas de KBr.

Fonte: extraído de [51] e [55].

Várias metodologias, protocolos e guias para realizar a determinação dos benzodiazepínicos são baseados em técnicas de separação, como a cromatografia em camada delgada (TLC), a cromatografia líquida (LC), a cromatografia gasosa (GC) e a eletroforese capilar (CE) [48,56-58]. A LC e a GC são as principais técnicas, nas quais a característica apolar desses analitos permite a interação com a fase estacionária, principalmente com colunas C18 (LC) e de sílica fundida baseada em 5% fenil-95% metilsiloxano (GC). Contudo, há métodos descritos com outras fases estacionárias para ambos os equipamentos. Apesar da alta resolução, da sensibilidade e da capacidade de análise de múltiplos analitos que a GC pode fornecer, determinados benzodiazepínicos podem sofrer degradação térmica (nitrobenzodiazepínicos convertidos a aminobenzodiazepínicos; desidratação de oxazepam, lorazepam, clorazepato e temazepam; desmetilação do clorazepato). Entretanto, a derivatização garante produtos termicamente estáveis [53]. Os detectores mais utilizados são ultravioleta/visível (LC), eletroquímico (LC), ionização em chama (GC), nitrogênio-fósforo (GC) e acoplamento com espectrômetro de massas (LC e GC) [49,57-66].

16.8.2 Matrizes biológicas e imunoensaios

A determinação de benzodiazepínicos em amostras biológicas é dependente da matriz e do fármaco precursor. Diferentes técnicas podem ser utilizadas, conforme o material à disposição [56,64,65]. Matrizes alternativas, como conteúdo gástrico, leite materno, cabelo, saliva e mecônio, demonstram a presença desses agentes. No conteúdo gástrico, é encontrado apenas o fármaco precursor, pois não há o processo de biotransformação. A exceção é o clorazepato, que é desmetilado e convertido a nordiazepam no estômago sob ação do ácido clorídrico [66].

Há relatos da excreção de benzodiazepínicos (bromazepam, clonazepam, clorazepato, diazepam, flunitrazepam, midazolam, nitrazepam e nordiazepam) no leite materno em baixas concentrações, inclusive os fármacos mais polares, como lorazepam, oxazepam e temazepam na forma livre (não conjugados), em quantias menores do que seus precursores [67-69]. Por difusão passiva, esses fármacos podem se acumular nessa matriz biológica [70], os quais apresentam grande afinidade de ligação à caseína presente no leite materno [71]. Como única fonte de alimentação, o lactante é exposto a esses fármacos, que podem causar efeitos adversos, em especial alprazolam, clonazepam e diazepam [69,72].

Em fluido oral, as concentrações de benzodiazepínicos são baixas, em virtude da alta ligação proteica (75%-99%) [6,15]; porém, com aumento da capacidade analítica, é possível identificar o fármaco precursor e seus produtos de biotransformação não ligados ao ácido glicurônico. Nessa matriz biológica, pode ocorrer somente a presença isolada do fármaco ou de seu produto de biotransformação, assim como ambos os analitos. Contudo, cada benzodiazepínico tem sua característica para essa amostra [73,74] e não é indicado estimar a concentração sanguínea baseada nos valores encontrados no fluido oral [75].

De forma similar, cabelo e mecônio também apresentam o fármaco e seus respectivos produtos de biotransformação [76-79]. Nos pelos, é mais comum encontrar o fármaco precursor do que os seus metabólitos, porém essa proporção é inversa para nitrobenzodiazepínicos, que apresentam menor abundância se comparados aos aminobenzodiazepínicos [22,79-80]. É possível monitorar a exposição fetal de recém-nascidos aos benzodiazepínicos por meio de mecônio. Esse tipo de amostra demonstrou ser mais sensível se comparado ao cabelo do infante [81,82]. Assim como cabelo e sangue, a droga precursora e seus produtos de biotransformação estão presentes, seja na forma livre ou conjugada (O-glicuronídeo) [77,83].

Em sangue, é possível se detectar o fármaco e seus produtos de biotransformação, na qual a proporcionalidade entre eles é dependente do tempo entre a administração da droga e a coleta sanguínea [84]. Nessa amostra biológica, o período de detecção é de aproximadamente 48 horas. Tanto na amostra de sangue quanto na de urina, ocorre a presença de derivados glicuronados, sendo mais evidente nas amostras urinárias [9,84].

Em urina, uma pequena fração da molécula precursora é eliminada inalterada (0,5% a 5%), enquanto o restante é excretado como produtos de biotransformação, na forma de aminobenzodiazepínicos, adição de grupos hidroxila no fármaco percursor, além de moléculas secundárias. No final, parte da excreção se dá na forma de produtos conjugados com ácido glicurônico [6,9] (Figura 16.2). Em geral, estima-se o tempo hábil de 96 horas para identificação do uso de benzodiazepínico nessa matriz [56], mas períodos maiores já foram registrados após uma única dose [28,85].

As metodologias utilizadas para determinação de benzodiazepínicos em amostras biológicas podem ser iniciadas com a etapa da triagem, que inclui testes imunológicos e cromatográficos [28]. Os imunoensaios podem ser empregados para a triagem preliminar, mas com cautela, pois um resultado negativo não significa ausência da droga e um caso positivo necessita de confirmação. Durante a triagem, a amostra não pode ser descartada, pois é necessária quantia suficiente para análise de confirmação [56,86].

Problemas como sensibilidade e seletividade são verificados para flunitrazepam, clonazepam e nitrazepam, quando analisados por técnicas imunológicas [56,86]. Entretanto, após o processo de hidrólise enzimática na urina, há aumento da detecção dos benzodiazepínicos, em especial oxazepam, com acréscimo de 20% de sensibilidade para essa técnica. O procedimento aumentou a capacidade de detecção dessa técnica, apresentando valores próximos a 200 ng/mL. Essa concentração é considerada elevada para circunstâncias que envolvam a submissão química de um indivíduo (em casos de drogas facilitadoras de crimes) [87], mas se encaixa em programas de monitoramento de drogas no ambiente de trabalho [88].

16.8.3 Preparação de amostra

16.8.3.1 Pré-tratamento

Em virtude da alta ligação dos benzodiazepínicos com as proteínas séricas, a desnaturação proteica para soro, plasma e sangue é geralmente necessária antes dos procedimentos extrativos [89,90], embora novas metodologias não utilizem essa etapa [91]. Para amostras de cabelo, é necessário fazer uma etapa de incubação, sob temperatura, com determinados solventes ou soluções para dissociar os analitos da matriz capilar [88]. Urina e sangue podem requerer etapas de hidrólise para posterior extração dos analitos [77,92-94]. Em alguns métodos baseados em LC-MS, contudo, há a possibilidade da análise de benzodiazepínicos e seus produtos de biotransformação glicuronados, permitindo acesso a informações de cunho toxicocinético, maior período de detecção (oxazepam e temazepam-glicuronídeo) e eliminação de uma etapa preparativa [84,95].

Como dito anteriormente, muitas vezes, a hidrólise é necessária para promover a liberação do(s) analito(s)-alvo, permitindo melhor extração e, consequentemente, aumento da sensibilidade [56,77,92-94]. Entretanto, entre os diferentes glicuronídeos que podem ser formados e excretados (oxazepam, lorazepam e temazepam), não há diferenças significativas na clivagem hidrolítica [96]. Há duas formas de promover a etapa de hidrólise: química ou enzimática. A hidrólise química ocorre em ácido concentrado sob altas temperaturas por determinado tempo, levando à degradação dos benzodiazepínicos e de seus produtos de biotransformação, e assim convertendo-os em benzofenonas [97,98]. Porém, é possível determinar a molécula precursora por meio da energia de transição do espectrômetro de massas em um sistema LC-MS/MS [99].

A outra opção é a hidrólise enzimática, na qual se utiliza a enzima beta-glicuronidase, que pode ser oriunda de *Escherichia coli*, *Patela vulgata* e *Helix pomatia*, geralmente combinadas com arilsulfatase. Esse tipo de hidrólise é considerado brando e permite a identificação intacta de benzodiazepínico/produto de biotransformação [56,97]. Para esse procedimento, é recomendado utilizar 5 mil unidades de enzima por mililitro de urina após incubação de duas horas a 55°C, para promover a hidrólise enzimática [97]. Entretanto, os níveis de enzima e demais condições para realização desse procedimento são variáveis, conforme a matriz biológica a ser utilizada e demais analitos que possam ser avaliados simultaneamente com os benzodiazepínicos [56,77,100].

A real necessidade de hidrólise enzimática deve ser avaliada conforme o tipo de benzodiazepínico. Oxazepam, temazepam, lorazepam e produtos de biotransformação hidroxilados sofrem O-glicuronidação em abundância [97], enquanto 7-aminoclonazepam, 7-aminoflunitrazepam e 7-aminonitrazepam apresentam baixa expressividade na forma glicuronada. Dessa maneira, em geral, os aminobenzodiazepínicos não necessitam desse procedimento para posterior extração e análise. Além disso, o cromatograma apresenta maior número de interferentes se comparado com a extração sem hidrólise [25]. Porém, em uma amostra desconhecida com suspeita de administração de benzodiazepínicos, é recomendada a clivagem hidrolítica utilizando enzima beta-glicuronidase [56,94].

16.8.3.2 Procedimento extrativo

Existem vários tipos de procedimentos extrativos para benzodiazepínicos e seus produtos de biotransformação. A extração líquido-líquido (LLE) e a extração em fase sólida (SPE) são as principais técnicas [56,88,101]. A LLE é baseada no coeficiente de partição e pKa dessas moléculas. O pH da amostra deve ser alcalino [9-11], em razão do caráter básico dessa classe de fármacos. Os solventes mais utilizados são éter etílico, clorofórmio, acetato de etila e acetato de butila, cloreto de butila [88]. Há relato de uso da combinação de solventes para extração dos fármacos precursores e produtos de biotransformação utilizando diclorometano e isopropanol [102]. A SPE é a metodologia de referência, pois é capaz de extrair os analitos com a mesma capacidade extrativa, o que dependerá das condições da eluição, dos solventes, das soluções e do tipo de cartucho a ser utilizado. Além disso, compostos conjugados com ácido glicurônico, como oxazepam, temazepam e lorazepam, também podem ser extraídos por essa técnica [88,95,103].

Nos últimos anos, técnicas miniaturizadas, como microextração em fase sólida (SPME), microextração em fase líquida (LPME), microextração em sorbente empacotado (MEPS) e microextração líquido-líquido dispersiva (DLLME), têm sido utilizadas em métodos desenvolvidos para detecção de benzodiazepínicos em amostras biológicas [88,104-106]. Entre as microextrações, a SPME em benzodiazepínicos foi a mais estudada (os primeiros estudos foram publicados em 1998). Em virtude da baixa volatilidade dessas moléculas, a imersão direta em matriz biológica é a opção requisitada [104,107].

16.8.3.3 Derivatização química

A derivatização é capaz de evitar a decomposição térmica dos benzodiazepínicos no cromatógrafo gasoso. Além disso, permite outras vantagens, como aumento de volatilidade, seletividade, resolução e sensibilidade desses analitos, podendo ampliar a gama de moléculas a serem analisadas pela GC. Para GC-MS, há aumento no tamanho da estrutura química, com a incorporação de novos grupos volumosos e, consequentemente, mudanças no espectro e na fragmentação de massas. Para isso, ocorre uma reação química entre o analito e os agentes derivatizantes, que podem ser sililantes, acilantes e alquilantes [8,108-110].

Os sililantes são os reagentes mais usados para promover a derivatização de benzodiazepínicos e seus produtos de biotransformação para posterior análise em GC, principalmente GC-MS, do qual já existem bibliotecas com o espectro de massas dessas moléculas na forma derivatizada [51]. Entre esses agentes, a *N,O*-Bis(trimetilsilil)trifluoroacetamida (BSTFA) e a *N*-metil-*N*-(t-butildimetilsilil)trifluoroacetamida (MTBSTFA) são as mais utilizadas. Essas soluções podem estar acrescidas de trimetilclorosilano (1% ou 10%), para BSTFA, e *t*-butildimetilclorosilano (1%), para MTBSTFA, que servem como catalisadores da reação [88,111]. Nos benzodiazepínicos e seus produtos de biotransformação, o local de reação pode ocorrer em R1, que está ligado ao nitrogênio da posição 1 do anel benzodiazepínico, ou nos grupos –OH e –COOH em R3 (Figura 16.3). Na sililação, o hidrogênio ativo dos locais citados anteriormente é substituído por um grupo alquilsilil, tais como trimetilsilil (TMS) ou *t*-butil-dimetilsilil (*t*-BDMS), por meio de reação de substituição nucleofílica tipo 2. Com isso, há acréscimo de *m/z* 72 e 114 dáltons para TMS e *t*-BDMS, respectivamente [8,111].

Apesar dos excelentes resultados obtidos com esses derivatizantes, as moléculas derivatizadas são sensíveis à umidade, em especial os TMS derivados. Em virtude disso, os reagentes que produzem *t*-BDMS derivados foram introduzidos no mercado, sendo capazes de formar moléculas mais estáveis à hidrólise e com maior capacidade de detecção se comparados aos TMS derivados, porém a um custo maior [8,88]. Há ainda moléculas que não sofrem derivatização sob as condições tradicionais de um laboratório de rotina, como alprazolam, camazepam, clobazam, diazepam, estazolam, flunitrazepam, flurazepam, medazepam e midazolam [8].

A acilação oferece vantagens semelhantes aos sililantes, porém reagindo mais facilmente com grupos $-NH_2$ em R6 (Figura 16.3) presentes nas moléculas de 7-aminonitrazepam, 7-aminoclonazepam e 7-aminoflunitrazepam. A derivatização ocorre por meio de uma reação de adição-eliminação, com a formação de produtos monotrifluoroacetilados [109,112]. Em virtude da natureza ácida dos agentes acilantes, é necessária a remoção do excesso desses produtos, para evitar a deterioração da coluna cromatográfica. Os principais reagentes são o ácido heptafluorobutírico anidrido (HFBA), o ácido pentafluoropropiônico anidrido (PFPA) e o ácido trifluoroacético anidrido, sendo este último o mais reativo dessa classe de derivatizantes (TFAA) [79,108,109,111,112].

Embora haja disponibilidade de reagentes e sua execução seja relativamente simples, a reação de alquilação é menos utilizada para derivatização de benzodiazepínicos e seus produtos de biotransformação, em virtude da possível formação de outros fármacos dessa classe de drogas (por exemplo, nordiazepam, após reação com hidróxido de tetrametilamônio, converte-se em diazepam) [108,111]. Recentemente, um estudo demonstrou uma derivatização em duas etapas, utilizando hidróxido de tetrametilamônio e iodeto de propila (propilação) no primeiro passo e, posteriormente, a adição de trietilamina propiônica anidrido (propionilação) [110].

Os benzodiazepínicos e seus produtos de biotransformação não apresentam fluorescência, mas é possível incorporar grupos fluorescentes para que se possa analisá-los nesse tipo de detector por cromatografia líquida, conforme método desenvolvido para detecção de oxazepam [113] e 7-aminoflunitrazepam [114]. Entretanto, por causa dos grupos cromóforos e da capacidade de oxirredução inerente da estrutura química básica dessas drogas, é possível atingir baixos limites de detecção e quantificação com a utilização de detectores ultravioleta/visível e eletroquímico.

16.8.4 Análise em medicamentos, fitoterápicos, bebidas e no ambiente

Além da determinação de benzodiazepínicos e seus produtos de biotransformação em matrizes biológicas, as análises de materiais, como comprimidos, cápsulas e soluções, podem ser realizadas por ensaios colorimétricos, espectrofotométricos, infravermelho e cromatografia (TLC, LC e GC com seus respectivos detectores) [48]. Métodos colorimétricos são utilizados para triagem e apresentam grande probabilidade de reação cruzada com outras substâncias, podendo indicar resultados falso-positivos [48]. A determinação de benzodiazepínicos, de forma direta por infravermelho ou ultravioleta/visível, é rápida e de baixo custo, servindo como método de triagem, uma vez que vários componentes orgânicos da amostra (excipientes etc.) podem absorver a radiação eletromagnética nas mesmas regiões de comprimento de onda dos adulterantes mais comuns [48,115,116].

As técnicas cromatográficas, como TLC, GC e LC, são as mais empregadas para análise desses compostos [48]. O TLC é utilizado como método de triagem, enquanto LC e GC podem ser empregados como triagem e confirmação. Técnicas alternativas, como voltametria, podem exigir tratamento prévio da amostra, dependendo da origem da matriz, para garantir a determinação desses analitos [52,116]. Contudo, a cromatografia gasosa acoplada à espectrometria de massas (GC-MS) e a cromatografia líquida acoplada à espectrometria de massas (LC-MS) são utilizadas em caráter confirmatório [48,56].

Os benzodiazepínicos podem ser utilizados como adulterantes em medicamentos fitoterápicos com propriedades calmantes e/ou indutores do sono. Além disso, esses agentes são adicionados de forma ilegal em produtos "naturais" empregados como emagrecedores, com intuito de mascarar os efeitos colaterais dos estimulantes, como os derivados de anfetaminas [116]. A adulteração também se estende para bebidas, quando essas drogas são usadas na promoção da submissão química de um indivíduo (o golpe "boa noite, Cinderela"), ao serem adicionadas nas bebidas que serão ingeridas pela vítima sem o conhecimento dela [28,60].

A identificação de benzodiazepínicos em fitoterápicos e bebidas pode ser realizada por espectroscopia, porém componentes orgânicos oriundos da matriz podem absorver a mesma radiação eletromagnética do analito, podendo interferir no resultado [117,118]. A inserção direta em espectrômetro de massas também é viável, porém necessita de um operador com amplo conhecimento na técnica e na interpretação dos resultados [119]. A voltametria [52,120], a eletroforese capilar [60], a cromatografia gasosa e a cromatografia líquida [116,121,122] também são técnicas utilizadas para determinação dessas substâncias em líquidos e ervas naturais em situação de adulteração. Contudo, GC-MS e LC-MS ainda são as técnicas de escolha para a confirmação da presença desses fármacos nessas matrizes [48,56].

O uso em larga escala de benzodiazepínicos também representa um problema de caráter ambiental, pois tem sido detectada sua presença em águas de esgoto e potável, além de infiltrações no subsolo e no lençol freático na ordem de nanograma por litro [123-126]. Em um estudo preliminar da avaliação do risco dos benzodiazepínicos em água próxima a um hospital, encontraram-se valores menores que 0,01 µg/L para diazepam (acima de 0,01 µg/L representa risco de toxicidade). Bromazepam, clonazepam e lorazepam também foram avaliados e demonstraram níveis de 0,195, 0,134 e 0,096 µg/L, respectivamente. Entretanto, não há dados na literatura sobre a concentração preditiva ausente de efeitos para esses ansiolíticos [125].

Durante o período em que se encontra no meio ambiente, o diazepam pode sofrer processo de biodegradação, podendo formar nordiazepam, temazepam e oxazepam, além de outras moléculas secundárias, principalmente sob influência de fotocatálise em pH 2 [127]. Um conjunto de quatorze compostos foi identificado como produtos da degradação de lorazepam após atividade fotocatalítica. Esse conjunto de compostos apresentou maior persistência no ambiente do que o seu precursor [128].

É possível avaliar o perfil de consumo dos benzodiazepínicos, conforme demonstrado em um estudo realizado na região central da Espanha em rios próximos a Madri. Alprazolam, diazepam e lorazepam apresentaram níveis similares independentemente da época do ano, indicando que não há influência do clima e/ou da migração de pessoas consumidoras desses agentes na região estudada ao longo do ano [129].

16.9 Interpretação das análises toxicológicas em amostras biológicas

Os resultados obtidos em matrizes biológicas devem ser interpretados com cuidado. Até o presente momento, a presença de benzodiazepínicos e seus produtos de biotransformação em cabelo e mecônio não indicam precisamente o(s) dia(s), tampouco a quantidade utilizada pelo usuário [65]. A detecção desses agentes em fluido oral e sangue indica que o indivíduo estaria sob efeito da droga, enquanto a urina indica a exposição em período de até dias antes da coleta. Por causa das características lipídicas da secreção láctea e do pH (6,4 a 7,6), os fármacos inalterados são mais abundantes que os produtos de biotransformação no leite materno [130].

Para a amostra de urina, há valores de concentração que servem de referência (*cut-off*) para situações de droga facilitadora de crime, variando entre 5 e 10 ng/mL, conforme o benzodiazepínico e seus produtos de biotransformação (anexo no capítulo de Drogas Facilitadoras de Crime) [56,94]. Em programas de controle do uso de drogas no ambiente de trabalho, os valores de *cut-off* podem variar entre 100 e 300 ng/mL para essa amostra biológica e conforme o país (Tabela 16.3) [132].

Tabela 16.3 Valores de *cut-off* de benzodiazepínicos e seus produtos de biotransformação no ambiente de trabalho

BENZODIAZEPÍNICO	EUA	UE	RU	AUSTRÁLIA/NZ
Alfa-hidroxialprazolam	100 ou menor	–	–	---
Nordiazepam	100	100	100	200
Oxazepam	100, 200 ou 300	100	100	200
Temazepam	100, 200 ou 300	100	100	200

EUA: Estados Unidos da América; UE: União Europeia; RU: Reino Unido; NZ: Nova Zelândia.

Fonte: extraído de [132].

Para os casos de trânsito, as concentrações urinárias estipuladas em guias internacionais são 100 ng/mL na triagem e 50 ng/mL no ensaio confirmatório. Nesse tipo de situação, os dados sanguíneos são relevantes, mas há grande variação entre os níveis considerados confirmatórios, conforme descrito na Tabela 16.4. Vale ressaltar que técnicas imunológicas usadas na triagem são limitadas e não atingem todas as substâncias dessa classe de fármacos, apesar de avaliarem tanto o composto livre quanto o conjugado [131].

Tabela 16.4 Valores de triagem e confirmação de benzodiazepínicos e seus produtos de biotransformação para situações de trânsito

	SANGUE (ng/mL)		URINA (ng/mL)	
ANALITO-ALVO	TRIAGEM	CONFIRMAÇÃO	TRIAGEM	CONFIRMAÇÃO
Alprazolam	–	10	–	50
Clonazepam	–	10	–	50
7-aminoclonazepam	–	10	–	50
Clordiazepóxido	–	50	–	50
Diazepam	–	20	–	50
Lorazepam	–	10	–	50
Nordiazepam	50	20	100	50
Oxazepam	50	50	100	50
Temazepam	–	50	–	50

Fonte: extraído de [131].

Em relação aos níveis tóxicos para benzodiazepínicos, há variações que dependem do agente a ser investigado. Nesse aspecto, os nitrobenzodiazepínicos são considerados mais potentes do que os demais fármacos dessa classe (em cerca de dez vezes). A dose e a forma de administração influenciam nas concentrações terapêuticas e tóxicas, assim como a interação com outros depressores, o que diminui os níveis considerados danosos ao organismo. A Tabela 16.5 demonstra as concentrações terapêuticas e tóxicas dos principais fármacos [55].

Tabela 16.5 Níveis terapêuticos e tóxicos dos principais benzodiazepínicos comercializados no mundo

BENZODIAZEPÍNICO	NÍVEL TERAPÊUTICO	NÍVEL TÓXICO
Alprazolam	5 a 102 ng/mL	> 100 ng/mL
Bromazepam	82 a 132 ng/mL; dose única de 6 mg	> 3.000 ng/mL
Clonazepam	20 a 70 ng/mL; dose única de 2 mg	> 80 ng/mL
Clorazapato	30 a 110 ng/mL; dose única de 15 mg	Ingestão de 600 mg
Clordiazepóxido	400 a 4.000 ng/mL	> 3.000 ng/mL
Diazepam	100 a 2.500 ng/mL	> 1.500 ng/mL
Flunitrazepam	2,5 a 20 ng/mL; dose única de 2 mg	> 50 ng/mL
Lorazepam	50 a 240 ng/mL	> 300 ng/mL
Medazepam	140 a 260 µg/mL; dose única de 10 mg	NI
Midazolam	20 a 47,2 ng/mL	> 2.400 ng/mL
Nitrazepam	30 a 70 ng/mL	> 200 ng/mL
Nordiazepam	170 a 1.840 ng/mL	> 1.000 ng/mL
Oxazepam	500 a 2.000 ng/mL	> 2.000 ng/mL
Temazepam	300 a 900 ng/mL	> 1.000 ng/mL
Triazolam	6 a 17 ng/mL; dose única de 0,88 m g	> 7 ng/mL

NI: não informado. Obs.: alguns dados do nível terapêutico foram obtidos após dose única do fármaco.

Fonte: extraído de [55].

16.10 Conclusão

Os benzodiazepínicos são uma das classes de fármacos psicoativos mais prescritos no Brasil e no mundo, apesar do risco de dependência e abuso dessas substâncias. Cada país apresenta uma legislação para esses fármacos; contudo, as nações destacadas neste capítulo apresentam similaridades referentes ao controle dessas drogas por parte de seus órgãos fiscalizadores.

Os benzodiazepínicos apresentam ampla gama de moléculas com diferentes características físico-químicas, o que proporciona complexa biotransformação e distribuição nos tecidos e fluidos biológicos. As diferenças estruturais também proporcionam distintos níveis de sedação, dependendo da capacidade de ligação ao receptor GABAérgico. O principal produto de biotransformação dessa classe é o oxazepam; entretanto, há formação de aminobenzodiazepínicos e compostos hidroxilados por parte de outros fármacos.

Diferentes técnicas de pré-tratamento e de extração de amostras biológicas estão descritas na literatura, mas não contemplam todos os benzodiazepínicos e seus produtos de biotransformação existentes. Em relação à análise dessas moléculas, várias técnicas podem ser empregadas, destacando-se os métodos cromatográficos (GC e LC) e a espectrometria de massas. Tais ferramentas são utilizadas para determinação dos benzodiazepínicos e seus produtos de biotransformação em matrizes biológicas e no meio ambiente, assim como na adulteração de medicamentos, bebidas e fitoterápicos.

Questões para estudo

1. Quais as principais indicações de uso para os benzodiazepínicos? O que leva esses medicamentos a serem tão amplamente utilizados? Quais os grupos mais susceptíveis a utilizá-los de forma abusiva?
2. Como esses fármacos agem (mecanismo de ação)? Se considerarmos o tempo de eliminação, como os benzodiazepínicos podem ser classificados? Quais as implicações dessas diferenças na indicação do fármaco?
3. Quais os principais efeitos adversos atribuídos ao uso desses fármacos?
4. Qual a influência das características físico-químicas dos benzodiazepínicos para os seus efeitos? Como acontece a biotransformação dessas substâncias e quais suas implicações em achados biológicos?
5. Qual seria o analito-alvo preferencial para confirmação do uso de benzodiazepínico em uma amostra urinária e por quê?
6. Para realizar a determinação de benzodiazepínicos e seus produtos de biotransformação por GC-MS, em uma amostra desconhecida de urina ou sangue, quais procedimentos são necessários? E se a matriz biológica for cabelo? E saliva? E como interpretar os resultados obtidos dessas matrizes?
7. É possível diminuir o número de etapas de preparação de amostras para os benzodiazepínicos e seus produtos de biotransformação em amostra de urina e sangue? Explique.
8. Uma série de comprimidos oriundos de contrabando é apreendida e levada para análise, com suspeita de serem benzodiazepínicos. Quais metodologias analíticas podem ser aplicadas para identificação dessa classe de drogas? Explique.

Respostas

1. Os benzodiazepínicos são indicados como ansiolíticos, anticonvulsivantes, relaxantes musculares e hipnóticos. Esses fármacos possuem grande eficácia terapêutica associada a baixo risco de intoxicação por superdosagem e baixa probabilidade de efeitos colaterais que representem risco imediato à vida (como acontece com outros sedativos, como os barbitúricos), características que fizeram com que esses medicamentos encontrassem fácil aceitação na classe médica. Além disso, o seu baixo custo, além da disponibilidade desses medicamentos em postos públicos de saúde, leva esses medicamentos a serem muito aceitos pelos pacientes. Nesse contexto, a dependência geralmente não é percebida como risco pelo usuário, já que o uso crônico é, muitas vezes, legitimado por um receituário médico. Ao contrário do que acontece com outras substâncias psicoativas, às quais geralmente os homens são mais susceptíveis, no caso dos benzodiazepínicos, observa-se maior uso por mulheres em todas as regiões do mundo onde há dados de uso disponíveis. Além desse grupo, a população de idosos (acima de 65 anos) também exibe grande prevalência de uso. Estudantes universitários e motoristas profissionais também são populações que podem fazer uso abusivo dessa classe de fármacos.
2. O mecanismo de ação é comum para todos os benzodiazepínicos. Eles se ligam a receptores que se encontram no cérebro e na medula espinhal, formando um complexo macromolecular. Esse complexo compreende várias estruturas, dentre as quais se destacam os receptores GABAérgicos adjacentes ao canal de cloreto. Esses fármacos interferem na subunidade A dos receptores GABA, por aumentar a afinidade dos receptores por GABA 1. Os receptores ionotrópicos GABA-A são constituídos de cinco subunidades que formam um canal de cloreto. Os benzodiazepínicos se ligam entre as subunidades alfa e gama do receptor GABA-A, potencializando sua ação inibitória em níveis pré e pós-sinápticos, facilitando a abertura do canal de cloreto. A abertura do canal provoca hiperpolarização e, consequentemente, inibição da transmissão sináptica. Os fármacos que agem sobre os receptores de benzodiazepínicos podem ser divididos em quatro categorias, com base em sua meia-vida de eliminação: (1) os benzodiazepínicos de ação ultracurta; (2) os de ação curta e com meias-vidas de menos de seis horas, incluindo o triazolam e o midazolam; (3) os de ação intermediária, com meias-vidas de seis a 24 horas, incluindo o oxazepam, o alprazolam e o lorazepam; e (4) os de longa duração, com meias-vidas maiores do que 24 horas, incluindo o diazepam e o clonazepam. Essas diferenças são chave para a escolha do benzodiazepínico a ser administrado em um paciente. Por exemplo: agentes de ação curta são a primeira escolha para o tratamento de insônia, enquanto que agentes de ação intermediária e longa são mais indicados para o tratamento de ansiedade.
3. Os efeitos adversos mais pronunciados incluem a tolerância e a dependência (motivo pelo qual esses medicamentos têm seu uso controlado). Entre os sintomas de dependência estão insônia, problemas gástricos, tremores, agitação e espasmos musculares. Além disso, podem ser observadas irritabilidade, sudorese e depressão. Vale lembrar que esses efeitos podem ser mais severos com a retirada abrupta do fármaco. Outras reações indesejáveis incluem sedação, ataxia e sonolência. Alguns desses fármacos têm capacidade de produzir amnésia anterógrada; essa propriedade é usada por criminosos com a finalidade de incapacitar vítimas, na intenção de cometer abuso sexual ou outros crimes.
4. Os efeitos dos benzodiazepínicos estão intimamente ligados às suas propriedades físico-químicas e farmacocinéticas. Esses fármacos são bem absorvidos por via oral e, sendo bastante lipossolúveis, se distribuem com facilidade pelos tecidos do corpo, podendo atravessar tanto a barreira hematoencefálica quanto a barreira placentária (na forma livre). Tanto o fármaco na forma inalterada quanto seus produtos de biotransformação são altamente ligados a proteínas plasmáticas. Os benzodiazepínicos são biotransformados pelas enzimas hepáticas e sofrem intenso mecanismo de primeira passagem. É importante salientar que os produtos formados nesse processo podem ter atividade farmacológica semelhante à da substância que foi inicialmente absorvida.

Esses fármacos são excretados na forma glicuronada, sobremaneira pela via urinária, na forma de múltiplos produtos de biotransformação; isso é importante, visto que podem influenciar na escolha da matriz e, no caso de se utilizar a urina, por exemplo, expõe a necessidade ou não de digestão enzimática em função do método de detecção escolhido. Por exemplo, métodos imunológicos possuem especificidade razoável sem a necessidade de utilizar enzimas no processo de análise, enquanto que métodos confirmatórios, como a cromatografia gasosa acoplada à espectrometria de massas (GC-MS), exigem que o radical glicuronídeo seja excluído da molécula para análise satisfatória.

5. O analito-alvo preferencial seria o oxazepam, por sua abrangência, pois se trata do produto final de biotransformação decorrente de vários benzodiazepínicos.
6. Primeiramente, deve-se realizar a hidrólise enzimática, para uma amostra desconhecida de urina ou sangue, em virtude da ligação O-glicuronideo. A hidrólise química proporciona a formação de benzofenonas, impedindo a futura identificação do analito. Posterior a isso, realiza-se a etapa de extração das moléculas (LLE, SPE, microextrações) e, em razão da baixa volatidade de alguns benzodiazepínicos e dos produtos de biotransformação, a derivatização se faz necessária. Para uma amostra de cabelo, o pré-tratamento necessário é a etapa de incubação, com temperatura e solvente/solução, para promover a dissociação dos analitos da matriz capilar. No caso da saliva, é possível realizar a análise sem o pré-tratamento da amostra, por causa da difusão passiva dos benzodiazepínicos e seus produtos de biotransformação, podendo passar diretamente para os procedimentos extrativos. Os dados urinários podem ser avaliados conforme a situação do voluntário que doou a urina (vítima de estupro, motorista profissional, ambiente de trabalho), com o *cut-off* estabelecido por órgãos para cada situação. Os valores sanguíneos podem ser avaliados para situações de trânsito e intoxicações, sendo, neste último, levada em consideração a condição clínica do paciente. Para cabelo, é possível afirmar somente que o indivíduo utilizou o fármaco, porém ainda não é possível afirmar quando e de quanto foi essa exposição. Apesar de determinadas drogas apresentarem correlação entre saliva e sangue, com dados bem estabelecidos, essa situação ainda não é encorajada para benzodiazepínicos.
7. Sim, é possível. Com o advento do LC-MS e as diferentes versões do MS, é possível analisar compostos glicuronados, evitando a etapa de hidrólise. Outro detalhe se refere ao tipo de benzodiazepínicos avaliado. No caso de 7-aminoclonazepam, 7-aminoflunitrazepam e 7-nitrazepam, essas moléculas sofrem pouca influência da reação de fase II (conjugação). Com isso, a concentração de aminobenzodiazepínicos ligados a glicuronídeo é baixa (N-glicuronídeo), enquanto a fração livre é muito alta, permitindo a extração direta desses analitos, sem a necessidade de hidrólise.
8. Para esse tipo de amostra, as metodologias analíticas que podem ser aplicadas são espectrofotometria, infravermelho, eletroanalítica, cromatografia e afins e espectrometria de massas. A radiação ultravioleta é absorvida pela estrutura química dos benzodiazepínicos, por causa do grupo cromóforo do anel benzodiazepina, o substituinte fenila na posição 5 do grupo diazepínico e demais grupamentos que podem elevar a absortividade da estrutura química. No infravermelho, o grupamento fenila na posição 5 e as duplas ligações presentes na estrutura química básica apresentam bandas com estiramento entre 1.600 e 1.500 cm^{-1}, enquanto compostos dessa classe, que apresentam carbonila (C=O) em R2, são identificados como grupamento amida, demonstrando uma evidente banda entre 1.660 e 1.760 cm^{-1}. Os nitrobenzodiazepínicos obtêm uma banda específica com estiramento intra-atômico simétrico em 1.390-1.260 cm^{-1} e assimétrico em 1.660-1.500 cm^{-1}, oriundo do grupo NO_2. As técnicas eletroanalíticas demonstram a oxirredução da amina terciária e C=N do anel central (posição 1 e 4), C=N do substituinte fenila localizado no grupo diazepínico (posição 7) e/ou dos substituintes ligados a ele, como C=O (posição 2) e NO_2, de acordo com a solução na qual se encontra o princípio ativo. A espectrometria de massas apresenta uma fragmentação com relativa abundância no anel benzodiazepina na carbonila (C=O) em R2 e na amina terciária da posição 1. Substituintes NO_2, Cl e Br, na posição R6, também são relatados no espectro de massas. Fragmentos de massas com menores abundâncias são comuns, principalmente quando o impacto de elétrons se encontra a 70eV. A LC e a GC são as principais técnicas de detecção de benzodiazepínicos, nas quais a característica apolar desses analitos permite interação com a fase estacionária de ambos os equipamentos, principalmente colunas C18 (LC) e de sílica fundida baseada em 5% fenil-95% metilsiloxano (GC). Contudo, há métodos descritos com outras fases estacionárias para ambos os equipamentos. Os detectores mais utilizados são ultravioleta/visível (LC), eletroquímico (LC), ionização em chama (GC), nitrogênio-fósforo (GC) e acoplamento com espectrômetro de massas (LC e GC). Nesse caso, LC-MS e GC-MS são consideradas técnicas de escolha para análise e confirmação de benzodiazepínicos.

Lista de abreviaturas

Anvisa	Agência Nacional de Vigilância Sanitária	LC-MS	*Liquid-chromatography-mass spectrometry* (cromatografia líquida acoplada à espectrometria de massa)
DFAS	Drogas facilitadoras de abuso sexual	LLE	*Liquid-liquid extraction* (extração líquido-líquido)
DFC	Drogas facilitadoras de crimes	LPME	*Liquid phase microextraction* (microextração em fase líquida)
EC	*Capillary electrophoresis* (eletroforese capilar)	SNC	Sistema Nervoso Central
GABA	*Gamma aminobutyric acid* (ácido gama-aminobutírico)	SPE	*Solid phase extraction* (extração em fase sólida)

GC	*Gas chromatography* (cromatografia gasosa)	SPME	*Solid phase microextraction* (microextração em fase sólida)
GC-MS	*Gas chromatography-mass spectrometry* (cromatografia gasosa acoplada à espectrometria de massa)	TLC	*Thin layer chromatography* (cromatografia em camada delgada)
LC	*Liquid-chromatography* (cromatografia líquida)		

Lista de palavras

Benzodiazepínicos
Bromazepam
Clonazepam
Clorazepato
Clordiazepóxido
Cromatografia
Cut off
Diazepam
Drogas facilitadoras de crimes
Espectrometria de massas
Flumazenil
Flunitrazepam
Imunoensaios
Lorazepam
Medazepam
Midazolam
Nitrazepam
Nordiazepam
Oxazepam
Prazepam
Temazepam
Triazolam

REFERÊNCIAS

1. Sternbach LH. The benzodiazepine story. J Psychoactive Drugs. 1983;15:15-7.

2. Castro GLG, Mendes CMM, Pedrini ACR, Gaspar DSM, Sousa FCF. Uso de Benzodiazepínicos como automedicação: consequências do uso abusivo, dependência, farmacovigilância e farmacoepidemiologia. R Interd. 2013;6:112-23.

3. Lalive AL, Rudolph U, Lüschera C, Tana KR. Is there a way to curb benzodiazepine addiction? Swiss Med Wkly. 2011;141:1-7.

4. Uso indevido de benzodiazepínicos: um estudo com informantes-chave no município de São Paulo. Rev Latino-Am Enfermagem. 2005;13:896-902.

5. Wills S. Drugs of abuse. 2nd ed. London; Chicago: Pharmacetical Press; 2005. p. 115-40.

6. Hoffman R, Nelson L, Howland M. Goldfrank's toxicologic emergencies. In: Nelson L, Goldfrank LR, Lewin N, Howland M, Hoffman R, Goldfrank L, Flomenbaum N. Benzodiazepines. 9th ed. Maidenhead: McGraw-Hill Medical; 2011. p. 1109-14.

7. Silva JA. Benzodiazepínicos, quatro décadas de experiência. In: Bernik MA. História dos benzodiazepínicos. São Paulo: Edusp; 1999. p. 15-28.

8. Gunnar T, Ariniemi K, Lillsunde P. Determination of 14 benzodiazepines and hydroxy metabolites, zaleplon and zolpidem as tert-butyldimethylsilyl derivatives compared with other common silylating reagents in whole blood by gas chromatography-mass spectrometry. Journal of Chromatography, B: Analytical Technologies in the Biomedical and Life Sciences. 2005;818:175-89.

9. Sánchez M, Hernández I. Drogodependencias: farmacología, patologia, psicologia e legislación. In: Lorenzo P, Ladero J, Leza J, Lizasoain I. Benzodiacepinas y barbitúricos. Madrid: Panamericana; 1998. p. 149-56.

10. UNODC. World Drug Report 2013 (United Nations publication) 2013. Sales No. E.13.XI.6.

11. Huf G, Lopes CS, Rozenfeld S. O uso prolongado de benzodiazepínicos em mulheres de um centro de convivência para idosos. Cadernos de Saúde Pública, Rio de Janeiro. 2000;16: 351-62.

12. Cebrid – Centro brasileiro de informação de medicamentos psicotrópicos. II levantamento domiciliar sobre o uso de drogas psicotrópicas no brasil. São Paulo: Departamento de Psicobiologia, Unifesp; 2005.

13. ACPM – American College of Preventive Medicine. Abuse, misuse, and disposal of prescription pain medication time tool: a resource from the American College of Preventive Medicine. Washington, D.C.:2011._

14. Almeida MG, Lima IV. Fundamentos de Toxicologia. In: Oga S, Camargo MMA, Batistuzzo JAO. Barbitúricos e benzodiazepínicos. 4. ed. São Paulo: Editora Atheneu; 2014. p. 393-88.

15. Charney D, Mihic S, Harris R. Goodman & Gilman: as bases farmacológicas da terapêutica. 11. ed. In: Goodman LS, Gilman A, Brunton LL, Lazo JS, Parker KL. Hipnóticos e sedativos. Rio de Janeiro: McGraw-Hill Interamericana do Brasil; 2007. p. 5359-382.

16. McIntosh B, Clark M, Spry C. Benzodiazepines in older adults: a review of clinical effectiveness, cost-effectiveness, and guidelines [Internet]. Ottawa: Canadian Agency for Drugs and Technologies in Health (Rapid Response Report: Peer-Reviewed Summary with Critical Appraisal); 2011. Available from: https://www.cadth.ca/sites/default/files/pdf/htis/jan2011/M0022_Benzodiazepines_in_the_Elderly_L3_e.pdf . Acesso em 15/10/2016.

17. O'Brien CP. Goodman & Gilman: as bases farmacológicas da terapêutica. 11. ed. In: Goodman LS, Gilman A, Brunton LL, Lazo JS, Parker KL. Drogação e uso abusivo de drogas. Rio de Janeiro: McGraw-Hill Interamericana do Brasil; 2007. p. 543-62.

18. Darke S, Toroka M, Dufloub J. Circumstances and toxicology of sudden or unnatural deaths involving alprazolam. Drug and Alcohol Dependence. 2014;138:61-6.

19. Backmund M, Meyer K, Henkel C, Soyka M, Reimer J, Schütz CG. Co-consumption of benzodiazepines in heroin users, methadone-substituted and codeine-substituted patients. Journal of Addictive Diseases. 2006;24:17-29.

20. UNODC. World Drug Report 2013. 2013. Sales No. E.14.XI.7.

21. Oliver P, Forrest R, Keen J. Benzodiazepines and cocaine as risk factors in fatal opioid overdoses. London: National Treatment Agency for Substance Misuse; 2007 [cited 2014 Oct 23]. Available from: http://www.nta.nhs.uk/uploads/nta_rb31_benzos_cocaine_in_fatal_opioid_overdose.pdf.

22. Chèze M, Villain M, Pépin G. Determination of bromazepam, clonazepam and metabolites after a single intake in urine and hair by LC–MS/MS application to forensic cases of drug facilitated crimes. Forensic Sci Int. 2004;145:123-30.

23. Telles Filho PCP, Chagas AR, Pinheiro MLP, Lima AMJ, Durão MAS. Utilização de benzodiazepínicos por idosos de uma estratégia de saúde da família: implicações para enfermagem. Esc Anna Nery. 2011;15:581-6.

24. Turfus SC, Braithwait RA, Cowan DA, Parkin MC, Smith NW, Kicman AT. Metabolites of lorazepam: relevance of past findings to present day use of LC-MS/MS in analytical toxicology. Drug Test Anal. 2011;3:695-674.

25. Nguyen H, Nau DR. Rapid method for the solid-phase extraction and GC-MS analysis of flunitrazepam and its major metabolite in urine. J Anal Toxicol. 2000;24:37-45.

26. Vinkers CH, Olivier B. Mechanisms underlying tolerance after long-term benzodiazepine use: a future for subtype-selective GABAA receptor modulators? Adv Pharmacol Sci. 2012;2012:1-19.

27. Vinkers CH, van Oorschot R, Nielsen EØ, Cook JM, Hansen HH, Groenink L, Olivier B, Mirza NR. GABA(A) receptor α subunits differentially contribute to diazepam tolerance after chronic treatment. PLoS One. 2012;7:1-11.

28. Lebeau MA, Mozayani A. Drug-facilitated sexual assault: a forensic handbook. San Diego: Academic Press; 2001.

29. Elsohly, MA, Feng S. Benzodiazepines and GHB – Detection and pharmacology. In: Salamone SJ. Analysis of flunitrazepam and its metabolites in biological specimens. Totowa, New Jersey: Humana Press; 2001. p. 33-49.

30. Estados Unidos Da América. Comprehensive drug abuse prevention and control act of 1970. Public Law 91-513 [cited 2014 Oct 23]. Available from: http://www.gpo.gov/fdsys/pkg/STATUTE-84/pdf/STATUTE-84-Pg1236.pdf

31. Canada. Benzodiazepines and other targeted substances regulations SOR/2000-217, 2012 [cited 2014 Oct 23]. Available from: http://laws-lois.justice.gc.ca/PDF/SOR-2000-217.pdf

32. Irlanda – Department of Health and Children Report of the Benzodiazepine Committee. Misuse of Drugs Regulations, 1988. [cited 2014 Oct 23]. Available from: http://www.irishstatutebook.ie/1988/en/si/0328.html

33. European Union – European Monitoring Centre for Drugs and Drug Addiction. Legal topic overviews: classification of controlled drugs [cited: 2014 Oct 23]. Available from: http://www.emcdda.europa.eu/html.cfm/index146601EN.html

34. United Kingdom – Drug Laws. The Misuse of Drugs Act 1971 [cited: 2014 Oct 23]. Available from: http://www.drugscope.org.uk/resources/drugsearch/drugsearchpages/laws.htm

35. Australia – Department of Health Therapeutic Goods Administration. Standard for the Uniform Scheduling of Medicines and Poisons (SUSMP) (July 2013) [cited: 2014 Oct 23]. Available from: http://www.tga.gov.au/industry/scheduling-poisons-standard.htm#.VDrFJvldWRM

36. Parliamentary Counsel Office. Misuse of Drugs Act 1975 [cited: 2014 Oct 23]. Available from: http://www.legislation.govt.nz/act/public/1975/0116/latest/DLM436101.html

37. Argentina. Ley 19.303 (11/10/71). In: Boletin Oficial de la República Argentina [cited: 2014 Oct 23]. Available from: http://www.boletinoficial.gov.ar/DisplayPdf.aspx?s=01&f=19711028

38. República de Chile – Ministerio de Salud. Reglamento de Productos Psicotropicos: Decreto nº 405 de 1983 [cited: 2014 Oct 23]. Available from: http://www.ispch.cl/sites/default/files/5_agencia_reguladora/D.S_405_83.pdf

39. Anvisa – Agência Nacional de Vigilância Sanitária. Legislação. Portaria n. 344, de 12 de maio de 1998. Aprova o Regulamento Técnico sobre substâncias e medicamentos sujeitos a controle especial [cited: 2014 Oct 23]. Available from: http://www.anvisa.gov.br/legis/portarias/344_98.htm

40. Anvisa – Agência Nacional de Vigilância Sanitária. Boletim de Farmacoepidemiologia. 2011;2:1-9 [cited: 2014 Oct 23]. Available from: http://www.anvisa.gov.br/sngpc/boletins/2011/boletim_sngpc_2edatualizada.pdf

41. Cebrid – Centro Brasileiro de Informações sobre Drogas Psicotrópicas. VI Levantamento nacional sobre consumo de drogas psicotrópicas entre estudantes de ensino fundamental e médio da rede pública e privada de ensino nas 27 capitais brasileiras, 2010 [cited: 2014 Oct 23]. Available from: http://www.antidrogas.com.br/downloads/vi_levantamento.pdf

42. Cremesp – Conselho Regional de Medicina do Estado de São Paulo. Jornal do Cremesp. 2002;183 [cited: 2014 Sep 1]. Available from: http://ser1.cremesp.org.br

43. Yokoi Y, Misal M, OH E, Bellanoti M Rosenberg P. Benzodiazepine discontinuation and patient outcome in a chronic geriatric medical/psychiatric unit: a retrospective chart review. Geriatr Gerontol Int. 2014;14:388-94.

44. Deinl I, Mahr G, Von Meyer L. Determination of flunitrazepam and its main metabolites in serum and urine by HPLC after mixed-mode solid-phase extraction. J Anal Toxicol. 1998;22:197-202.

45. Robertson MD, Drummer OH. Postmortem distribution and redistribution of nitrobenzodiazepines in man. J Forensic Sci. 1998;43:9-13.

46. Chemizalize.org [Internet] [cited: 2014 Aug 22]. Available from: http://www.chemicalize.org

47. Drugbank Database. DrugBank: a knowledgebase for drugs, drug actions and drug targets [cited: 2014 Aug 22]. Available from: http://www.drugbank.ca/

48. UNODC – United Nations Office on Drugs and Crime. Recommended methods for the identification and analysis of barbiturates and benzodiazepines under international control. 2012 [cited: 2014 Oct 10]. Available from: http://www.unodc.org/documents/scientific/barbiturates_and_benzodiazepines.pdf

49. Khvostenko OG, Tzeplin EE, Lomakin GS. Assignment of benzodiazepine UV absorption spectra by the use of photoelectron spectroscopy. Chemical Physics Letters. 2002;355:457-64.

50. Silverstein RM, Webster FX, Kiemle DJ. Identificação espectrométrica de compostos orgânicos. 7. ed. Rio de Janeiro: LTC; 2007. p. 490.

51. NIST – National Institute of Standards and Technology. Pesquisa de espécies por nome químico. 2011 [cited: 2014 Sep 24]. Available from: http://webbook.nist.gov/chemistry/name-ser.html

52. Carvalho LM, Correia D, Garcia SC, Bairros AV, Nascimento PC, Bohrer D. A new method for the simultaneous determination of 1,4-benzodiazepines and amfepramone as adulterants in phytotherapeutic formulations by voltammetry. Forensic Sci Int. 2010;202:75-81.

53. Blachut D, Bykas-Strekowska M, Taracha E, Szukalski B. Application of gas chromatography /mass spectrometry (GC/MS) to the analysis of benzodiazepines. Problems of Forensic Science. 2004;LIX:5-37.

54. Nielsen WMA. Fragmentation of toxicologically relevant drugs in positive-ion liquid chromatography-tandem mass spectrometry. Mass Spectrom Rev. 2011;30:626-63.

55. Moffat AC, Osselton MD, Widdop B, Watts J., editors. Clarke's analysis of drugs and poisons. 4th ed. London: The Pharmaceutical Press; 2011. p. 115-26.

56. UNODC – United Nations Office on Drugs and Crime. Guidance for the forensic analysis of drugs facilitating sexual assault and other criminal acts. 2012 [cited: 2014 Oct 10]. Available from: http://www.unodc.org/unodc/en/scientists/guidelines-for-the-forensic-analysis-of-drugs--facilitating-sexual-assault-and-other-criminal-acts.html

57. SWGTOX – Scientific Working Group for Forensic Toxicology. standard practices for methods validation in forensic toxicology. 2013 [cited: 2014 Oct 23]. Available from: http://www.swgtox.org/documents/Validation3.pdf

58. Louter AJ, Bosma E, Schipperen JC, Vreuls JJ, Brinkman UA. Automated on-line solid-phase extraction-gas chromatography with nitrogen-phosphorus detection: determination of benzodiazepines in human plasma. J Chromatogr B. 1997;689:35-43.

59. Wilhelm M, Battista HJ, Obendorf D. Selective and sensitive assay for the determination of benzodiazepines by high-performance liquid chromatography with simultaneous ultraviolet and reductive electrochemical detection at the hanging mercury drop electrode. J Chromatogr A. 2000;897:215-25.

60. Webb R, Doble P, Dawson M. A rapid CZE method for the analysis of benzodiazepines in spiked beverages. Electrophoresis. 2007;28:3553-65.

61. Kazemifard AG, Javadzadeh N, Gholami K. A new universal high-performance liquid chromatographic method for determination of 1,4-benzodiazepines as bulk drugs and in pharmaceutical formulations. Acta Pol Pharm. 2008;65:179-86.

62. Patel RB, Patel MR, Shankar MB, Bhatt KK. Simultaneous determination of alprazolam and fluoxetine hydrochloride in tablet formulations by high-performance column liquid chromatography and high-performance thin-layer chromatography. J AOAC Int. 2009;92:1082-8.

63. Uddin MN, Samanidou VF, Papadoyannis IN. An overview on total analytical methods for the detection of 1,4-benzodiazepines. Pharmaceutica Analytica Acta. 2014;5:1-13.

64. Juhascik MP, Negrusz A, Faugno D, Ledray L, Greene P, Lindner A, Haner B, Gaensslen RE. An estimate of the proportion of drug-facilitation of sexual assault in four U.S. localities. J Forensic Sci. 2007;52:1396-1400.

65. Bulcão R, Garcia SC, Limberger RP, Baierle M, Arbo MD, Chasin AAM, Thiesen FV, Tavares R. Designer drugs: aspectos analíticos e biológicos. Quím Nova. 2012;35:149-58.

66. Brunton L, Parker K, Blumenthal D, Buxton I. Goodman & Gilman: as bases farmacológicas da terapêutica – O manual portável do melhor livro-texto de farmacologia do mundo. In: Goodman LS, Gilman A, Brunton LL, Parker KL, Blumenthal D. Hipnóticos e sedativos. Porto Alegre: Artmed; 2010. p. 262-77.

67. Jensen OH, Bredesen JE, Lindbaek E. Excretion of flunitrazepam in breast milk. Tidsskr Nor Laegeforen. 1981;101:504-5.

68. Dusci LJ, Good SM, Hall RW, Ilett KF. Excretion of diazepam and its metabolites in human milk during withdrawal from combination high dose diazepam and oxazepam. Br J Clin Pharmacol. 1990;29:123-6.

69. McElhatton PR. The effects of benzodiazepine use during pregnancy and lactation. Reprod Toxicol. 1994;8:461-75.

70. Pons G, Rey E, Matheson I. Excretion of psychoactive drugs into breast milk. Pharmacokinetic principles and recommendations. Clin. Pharmacokinet. 1994;27: 270-89.

71. Stebler T, Guentert TW. Binding of drugs in milk: the role of casein in milk protein binding. Pharm Res. 1990;7:633-7.

72. Kelly LE, Poon S, Madadi P, Koren G. Neonatal benzodiazepines exposure during breastfeeding. J Pediatr. 2012;161:448-51.

73. Ngwa G, Fritch D, Blum K, Newland G. Simultaneous analysis of 14 benzodiazepines in oral fluid by solid-phase extraction and LC-MS-MS. J Anal Toxicol. 2007;31:369-76.

74. Jang M, Chang H, Yang W, Choi H, Kim E, Yu BH, Oh Y, Chung H. Development of an LC-MS/MS method for the simultaneous determination of 25 benzodiazepines and zolpidem in oral fluid and its application to authentic samples from regular drug users. J Pharm Biomed Anal. 2013;74:213-22.

75. Gjerde H, Langel K, Favretto D, Verstraete AG. Detection of 4 benzodiazepines in oral fluid as biomarker for presence in blood. Ther Drug Monit 2014, 36:252-256.

76. Tsanaclis L, Wicks JF. Patterns in drug use in the United Kingdom as revealed through analysis of hair in a large population sample. Forensic Sci Int. 2007;170:121-8.

77. Marin SJ, Coles R, Merrell M, McMillin GA. Quantitation of benzodiazepines in urine, serum, plasma, and meconium by LC-MS-MS. J Anal Toxicol. 2008;32(7):491-8.

78. Vogliardi S, Favretto D, Tucci M, Stocchero G, Ferrara SD. Simultaneous LC-HRMS determination of 28 benzodiazepines and metabolites in hair. Anal Bioanal Chem. 2011;400:51-67.

79. Negrusz A, Bowen AM, Moore CM, Dowd SM, Strong MJ, Janicak PG. Deposition of 7-aminoclonazepam and clonazepam in hair following a single dose of Klonopin. J Anal Toxicol. 2002;26:471-8.

80. Lorena Pantaleão. Análise toxicológica de anfetaminas e benzodiazepínicos em amostras de cabelo por cromatografia gasosa acoplada a espectometria de massas [dissertação de mestrado]. São Paulo: Universidade de São Paulo; 2012.

81. Bar-Oz B, Klein J, Karaskov T, Koren G. Comparison of meconium and neonatal hair analysis for detection of gestational exposure to drugs of abuse. Arch Dis Child Fetal Neonatal Ed. 2003;88:F98-F100.

82. Williamson S, Jackson L, Skeoch C, Azzim G, Anderson R. Determination of the prevalence of drug misuse by meconium analysis. Arch Dis Child Fetal Neonatal Ed. 2006;91:F291-F292.

83. Wood KE, Krasowski MD, Strathmann FG, McMillin GA. Meconium drug testing in multiple births in the USA. J Anal Toxicol. 2014;38:397-403.

84. Wang R, Wang X, Liang C, Ni C, Xiong L, Rao Y, Zhang Y. Direct determination of diazepam and its glucuronide metabolites in human whole blood by µElution solid-phase extraction and liquid chromatography-tandem mass spectrometry. Forensic Sci Int. 2013;233:304-11.

85. Papadodima SA, Athanaselis SA, Spiliopoulou C. Toxicological investigation of drug-facilitated sexual assaults. Int J Clin Pract. 2007;61:259-64.

86. Jourdil N, Bessard J, Vincent F, Eysseric H, Bessard G. Automated solid-phase extraction and liquid chromatography-electrospray ionization-mass spectrometry for the determination of flunitrazepam and its metabolites in human urine and plasma samples. J Chromatogr B. 2003;788:207-19.

87. Borrey D, Meyer E, Duchateau L, Lambert W, Peteghem C, De Leenheer A. Enzymatic hydrolysis improves the sensitivity of Emit screening for urinary benzodiazepines. Clinical Chemistry. 2002;48:2047-9.

88. De La Torre R, Segura J, De Zeeuw R, Willians J. Recommendations for the reliable detection of illicit drugs in the European Union, with special attention to the workplace. EU Toxicology Experts Workgroup. Ann Clin Biochem. 1997;34:339-44.

89. Uddin MN, Samanidou VF, Papadoyannis IN. Bio-sample preparation and gas chromatographic determination of benzodiazepines–a review. J Chromatogr Sci. 2013;51:587-98.

90. Saito K, Kikuchi Y, Saito R. Solid-phase dispersive extraction method for analysis of benzodiazepine drugs in serum and urine samples. J Pharm Biomed Anal. 2014;100:28-32.

91. Marin SJ, Roberts M, Wood M, McMillin GA. Sensitive UPLC-MS-MS assay for 21 benzodiazepine drugs and metabolites, zolpidem and zopiclone in serum or plasma. J Anal Toxicol. 2012;36:472-6.

92. Dawling S, Jickells S, Negrusz A. Gas chromatography. In: Jickells S, Negrusz A. Clarke's Analytical Forensic Toxicology. 3rd ed. Cambridge: Pharmaceutical Press; 2008. p. 469-511.

93. Darragh A, Snyder ML, Ptolemy AS, Melanson S. KIMS, CEDIA, and HS-CEDIA immunoassays are inadequately sensitive for detection of benzodiazepines in urine from patients treated for chronic pain. Pain Physician. 2014;17:359-66.

94. SOFT – Society of Forensic Toxicologists. SOFT's Drug Facilitated Sexual Assault- Drug list and cutoffs. 2014 [cited: 2014 May 31]. Available from: http://soft-tox.org/sites/default/files/SOFT%20DFC%20Rec%20Det%20Limits%201-2014.pdf

95. Wang X, Wang R, Zhang Y, Liang C, Ye H, Cao F, Rao Y. Extending the detection window of diazepam by directly analyzing its glucuronide metabolites in human urine using liquid chromatography-tandem mass spectrometry. J Chromatogr A. 2012;1268:29-34.

96. O'Neal CL, Poklis A. Comparison of rates of hydrolysis of lorazepam-glucuronide, oxazepam-glucuronide and temazepam-glucuronide catalyzed by E.coli beta-glucuronidase using on-line benzodiazepine screening immunoassay on the Roche/Hitachi 917 analyzer. J Forensic Sci. 2002;47:427-8.

97. Meatherall, R. Optimal enzymatic hydrolysis of urinary benzodiazepine conjugates. J Anal Toxicol. 1994;18:382-4.

98. Peters FT, Drvarov O, Lotiner S, Spellmeier A, Riegger K, Haefeli WE, Maurer HH. A systematic comparison of four different workup procedures for systematic toxicological analysis of urine samples using gas chromatography-mass spectrometry. Anal Bioanal Chemistry. 2009;393:735-45.

99. Roškar R, Dolenc M. Determination of benzodiazepines in urine via benzophenone derivatives using liquid chromatography-tandem mass spectrometry. Arh Hig Rada Toksikol. 2010;61:381-8.

100. Papini O, Bertucci C, da Cunha SP, Dos Santos NA, Lanchote VL. Quantitative assay of lorazepam and its metabolite glucuronide by reverse-phase liquid chromatography-tandem mass spectrometry in human plasma and urine samples. J Pharm Biomed Anal. 2006;40:389-96.

101. Arnhard K, Schmid R, Kobold U, Thiele R. Rapid detection and quantification of 35 benzodiazepines in urine by GC-TOF-MS. Anal Bioanal Chemistry. 2012;403:755-68.

102. Fu S, Lewis J, Wang H, Keegan J, Dawson M. A novel reduction transformation of oxazepam to nordiazepam during enzymatic hidrolysis. J Anal Toxicol. 2010;34:243-51.

103. Karlonas N, Padarauskas A, Ramanavicius A, Ramanaviciene A. Mixed-mode SPE for a multi-residue analysis of benzodiazepines in whole blood using rapid GC with negative-ion chemical ionization MS. J Sep Sci. 2013;36:1437-45.

104. Pragst F. Application of solid-phase microextraction in analytical toxicology. Anal Bioanal Chem. 2007;388:1394-414.

105. Melwanki MB, Chen WS, Bai HY, Lin TY, Fuh MR. Determination of 7-aminoflunitrazepam in urine by dispersive liquid-liquid microextraction with liquid chromatography-electrospray-tandem mass spectrometry. Talanta. 2009;78:618-22.

106. Rani S, Malik J. A novel microextraction by packed sorbent-gas chromatography procedure for the simultaneous analysis of antiepileptic drugs in human plasma and urine. J Sep Sci. 2012;35:2970-7.

107. Reubsaet KJ, Ragnar NH, Hemmersbach P, Rasmussen KE. Determination of benzodiazepines in human urine and plasma with solvent modified solid phase micro extraction and gas chromatography; rationalisation of method development using experimental design strategies. J Pharm Biomed Anal. 1998;18:667-80.

108. Segura J, Ventura R, Jurado C. Derivatization procedures for gas chromatographic-mass spectrometric determination of xenobiotics in biological samples, with special attention to drugs of abuse and doping agents. J Chromatogr B. 1998;713:61-90.

109. Elian AA. Detection of low levels of flunitrazepam and its metabolites in blood and bloodstains. Forensic Sci Int. 1999;101:107-11.

110. Papoutsis II, Athanaselis SA, Nikolaou PD, Pistos CM, Spiliopoulou CA, Maravelias CP. Development and validation of na EI-GC-MS method for the determination of benzodiazepines drugs and their metabolites in blood: Applications in clinical and forensic toxicology. J Pharm Biomed Anal. 2010;52:609-14.

111. Regis Technologies. Catalog. 2008 [cited: 2014 Oct 20]. Available from: http://www.registech.com/Library/Catalog/GC_Derivatization_2008.pdf

112. Terada M, Masui S, Hayashi T, Watanabe R, Inoue H, Iino M, Nakatome M, Matoba R, Shinozuka T, Murai T, Tanaka E, Honda K. Simultaneous determination of flunitrazepam and 7-aminoflunitrazepam in human serum by ion trap gas chromatography-tandem mass spectrometry. Legal Medicine. 2003;5:S96-S100.

113. Berrueta LA, Gallo B, Vicente F. Analysis of oxazepam in urine using solid-phase extraction and high-performance liquid chromatography with fluorescence detection by post-column derivatization. J Chromatogr. 1993;616:344-8.

114. Sumirtapura YC, Aubert C, Coassolo P, Cano JP. Determination of 7-amino-flunitrazepam (Ro 20-1815) and 7-amino-desmethylflunitrazepam (Ro 5-4650) in plasma by high-performance liquid chromatography and fluorescence detection. J Chromatogr. 1982;232:111-8.

115. Ali HR. Non-invasive in situ identification and band assignments of diazepam, flunitrazepam and methadone hydrochloride with FT-near-infrared spectroscopy. Forensic Sci Int. 2011;206:87-91.

116. Carvalho LM, Martini M, Moreira AP, de Lima AP, Correia D, Falcão T et al. Presence of synthetic pharmaceutical as adulterants in slimming phytotherapeutic formulations and their analytical determination. Forensic Sci Int. 2011;204:6-12.

117. Doctor EL, McCord B. Comparison of aggregating agents for the surface-enhanced Raman analysis of benzodiazepines. Analyst. 2013;138:5926-32.

118. Leesakul N, Pongampai S, Kanatharana P, Sudkeaw P, Tantirungrotechai Y, Buranachai C. A new screening method for flunitrazepam in vodka and tequila by fluorescence spectroscopy. Luminescence. 2013;28:76-83.

119. D'Aloise P, Chen H. Rapid determination of flunitrazepam in alcoholic beverages by desorption electrospray ionization-mass spectrometry. Sci Justice. 2012;52:2-8.

120. Honeychurch KC, Crew A, Northall H, Radbourne S, Davies O, Newman S, Hart JP. The redox behaviour of diazepam (Valium®) using a disposable screen-printed sensor and its determination in drinks using a novel adsorptive stripping voltammetric assay. Talanta. 2013;116:300-7.

121. Rao RN, Parimala P, Khalid S, Alvi SN. Detection of the adulteration of traditional alcoholic beverages by the separation and determination of alprazolam, chloralhydrate and diazepam using reversed-phase high-performance liquid chromatography. Anal Sci. 2004;20:383-6.

122. Gautam L, Sharratt SD, Cole MD. Drug facilitated sexual assault: detection and stability of benzodiazepines in spiked drinks using gas chromatography-mass spectrometry. PLoS One. 2014;9:e89031.

123. Gros M, Petrović M, Barceló D. Tracing pharmaceutical residues of different therapeutic classes in environmental waters by using liquid chromatography/quadrupole-linear ion trap mass spectrometry and automated library searching. Anal Chem. 2009;81:898-912.

124. Grujić S, Vasiljević T, Lausević M. Determination of multiple pharmaceutical classes in surface and ground waters by liquid chromatography-ion trap-tandem mass spectrometry. J Chromatogr A. 2009;1216:4989-5000.

125. Almeida CA, Brenner CG, Minetto L, Mallmann CA, Martins AF. Determination of anti-anxiety and anti-epileptic drugs in hospital effluent and a preliminary risk assessment. Chemosphere. 2013;93:2349-55.

126. Racamonde I, Rodil R, Quintana JB, Villaverde-de--Sáa E, Cela R. Determination of benzodiazepines, related pharmaceuticals and metabolites in water by solid-phase extraction and liquid-chromatography-tandem mass spectrometry. J Chromatogr A. 2014;1352:69-79.

127. Kosjek T, Perko S, Zupanc M, Zanoški Hren M, Landeka Dragičević T, Zigon D, Kompare B, Heath E. Environmental occurrence, fate and transformation of benzodiazepines in water treatment. Water Res. 2012;46:355-68.

128. Sousa MA, Lacina O, Hrádková P, Pulkrabová J, Vilar VJ, Gonçalves C, Boaventura RA, Hajšlová J, Alpendurada MF. Lorazepam phosphate under photolysis and phototreatment of a WWTP effluent. Water Res. 2013;47:5584-93.

129. Mendoza A, Rodríguez-Gil JL, González-Alonso S, Mastroianni N, López de Alda M, Barceló D, Valcárcel Y. Drugs of abuse and benzodiazepines in the Madrid Region (Central Spain): seasonal variation in river waters, occurrence in tap water and potential environmental and human risk. Environ Int. 2014;70:76-87.

130. Lebedevs TH, Wojnar-Horton RE, Yapp P, Roberts MJ, Dusci LJ, Hackett LP, Ilett KF. Excretion of temazepam in breast milk. Br J Clin Pharmacol. 1992;33:204-6.

131. Logan BK, Osselton MD. Driving under the influence of drugs. In: Moffat, AC; Osselton MD, Widdop B, Watts J, editors. Clarke's analytical forensic toxicology. 4th ed. London: The Pharmaceutical Press; 2011. p. 115-26.

132. Verstrate A, Peat M. Workplace drug testing. In: Moffat AC, Osselton MD, Widdop B, Watts J., editors. Clarke's analytical forensic toxicology. 4th ed. London: The Pharmaceutical Press; 2011. p. 73-86.

CAPÍTULO 17

ANTIDEPRESSIVOS

Marcelo Filonzi dos Santos

Rafael Menck de Almeida

Mauricio Yonamine

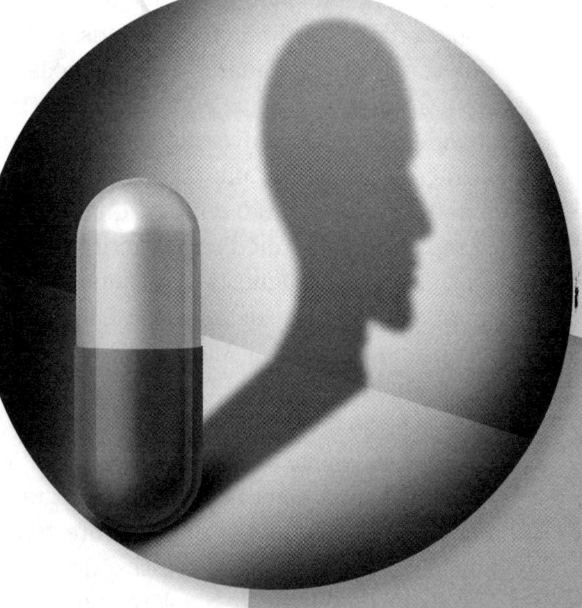

17.1 Resumo

Os antidepressivos são amplamente utilizados na terapêutica. A prescrição e o uso desses medicamentos não são restritos ao campo da psiquiatria, estando presentes no arsenal medicamentoso desde a década de 1960. Nos anos 1980, esses fármacos apresentaram seu maior crescimento, com a inclusão de outras classes de antidepressivos e, consequentemente, com a expansão das opções disponíveis de uso. Os diversos mecanismos de ação, interações entre os diferentes grupos de antidepressivos e com fármacos pertencentes a diferentes classes, resultando em aumento ou diminuição dos efeitos terapêuticos desejados, conferem aos antidepressivos um papel relevante na toxicologia. Não é incomum a associação "paciente com depressão, antidepressivos e tentativa de suicídio". O conhecimento dos sinais e sintomas de uma intoxicação, associado às medidas de suporte ao paciente com overdose, bem como o domínio das técnicas analíticas em toxicologia, resultarão em maiores chances de sucesso no tratamento e no resgate do paciente intoxicado. Além disso, nos casos forenses *post mortem*, as quantificações obtidas nas matrizes biológicas devem ser corretamente interpretadas, evitando classificações errôneas entre mortes acidentais, homicídios ou suicídios, cujos julgamentos e sentenças nos processos criminais diferem consideravelmente.

17.2 Introdução

A depressão é um transtorno mental comum, afetando aproximadamente 350 milhões de pessoas em todo o mundo e, muitas vezes, coexistindo com outras condições psiquiátricas. Na economia global, a depressão exerce importante impacto negativo, pois o indivíduo com esse distúrbio, muitas vezes, perde a capacidade de exercer suas atividades profissionais. Além disso, a depressão pode, em situações extremas, resultar em suicídio. Por ano, aproximadamente um milhão de mortes ocorrem em decorrência dessa enfermidade – e, para cada óbito consumado, ocorrem vinte ou mais tentativas sem sucesso, mas com graves consequências ao indivíduo e à sociedade [1]. De acordo com a Organização Mundial de Saúde (OMS), a depressão será a segunda principal causa de doenças, estimada para todas as idades e ambos os sexos, até o ano 2020 [2,3]. O acompanhamento médico em pacientes com depressão deve ser realizado constantemente, evitando-se as tentativas de pôr termo à própria vida, pois indivíduos com esse quadro de desordem mental apresentam maior tendência ao suicídio quando comparados às pessoas sem alterações psíquicas [4-6].

Em 2011, pesquisadores do Toxicology Investigators Consortium (ToxIC), vinculado ao American College of Medical Toxicology (ACMT), registraram casos de intoxicação em 28 locais nos Estados Unidos. Nos cálculos estatísticos registrados, houve overdose em 48% dos pacientes, sendo 37% exposições intencionais e 11% acidentais. Os antidepressivos foram responsáveis por 16% das ocorrências [7].

Na Inglaterra e no País de Gales, de 1993 até 2004, houve 5.602 óbitos envolvendo o uso de antidepressivos, e esses fármacos contribuíram com 15% de todas as mortes causadas por intoxicação. Entre os antidepressivos, a classe dos tricíclicos foi a mais prevalente [8]. Um estudo no Egito, realizado em uma unidade hospitalar de emergência por intoxicação, revelou associação relevante entre tentativas de suicídio e uso de antidepressivos [9].

O Brasil está entre os dez países com maiores números absolutos de casos de suicídio. Os antidepressivos são responsáveis por quase 20% das tentativas de suicídio. Dentro dessa classe de fármacos, a amitriptilina foi responsável por mais da metade (62%) dos casos registrados em um centro de controle de intoxicação no estado do Paraná [10]. No cenário nacional, essa porcentagem merece destaque, pois, para a obtenção dos antidepressivos em quaisquer estabelecimentos (drogarias comerciais, farmácias hospitalares, unidades básicas de saúde) é necessária a apresentação de prescrição médica, corretamente preenchida, dentro da validade de até um mês após a consulta e com quantidade de medicamentos limitada para o tratamento com duração de até sessenta dias [11].

Os medicamentos antidepressivos são amplamente utilizados para o tratamento de diferentes tipos de depressão e outros transtornos psiquiátricos; esses fármacos são frequentemente encontrados nas análises qualitativas e quantitativa na área da toxicologia forense e nos exames médicos de emergências toxicológicas [12,13]. Utilizando-se sangue total ou plasma/soro nas análises toxicológicas, é possível mensurar e, assim, concluir se a quantidade administrada dos antidepressivos se trata de dose terapêutica ou de overdose [14]. Paralelamente aos testes analíticos, deve-se realizar o monitoramento cardíaco do paciente, pois os antidepressivos, em especial os tricíclicos, são potencialmente letais, apresentando toxicidade cardiovascular [15].

17.2.1 Conceitos gerais de depressão e histórico dos antidepressivos

Situações adversas e desagradáveis, como falecimento de um ente querido, perda da atividade profissional ou divórcio, podem causar reações emotivas transitórias na maioria das pessoas. Porém, se persistirem esses sinais e sintomas por tempo prolongado ou se não houver algum evento causador de alterações psíquicas, um distúrbio depressivo pode estar presente no indivíduo, o qual necessitará de acompanhamento médico. Os critérios descritivos utilizados para diagnosticar a depressão são apresentados com mais detalhes na 5ª versão do Diagnostic and Statistical Manual of Mental Disorders (DSM-V) da American Psychiatric Association [16].

Os episódios depressivos geralmente duram pelo menos duas semanas e são classificados, de acordo com a gravidade, como leve, moderado, grave ou grave com psicose, enquanto a depressão breve recorrente é definida como episódio depressivo de duração de alguns dias e que se repete regularmente. A depressão é, muitas vezes, acompanhada por sintomas somáticos característicos, incluindo anorexia, perda de peso, insônia, despertar muito cedo e retardos psicomotores. Os sintomas associados com depressão atípica incluem abusos na alimentação e longos períodos de sono, com dificuldades para o indivíduo despertar e exercer suas atividades cotidianas [17].

Hiperatividade, mudanças bruscas de humor, ideias expansivas e elevada autoestima são os principais sintomas do paciente com mania. A alternância de episódios de mania ou hipomania e depressão são denominados transtornos bipolares. Em ambas as alterações mentais, os antidepressivos fazem parte do tratamento medicamentoso [17].

A herança genética, segundo estudos epidemiológicos, pode ser responsável por até 50% dos casos de depressão. Entretanto, ainda não foram identificados genes específicos ou anomalias genéticas para elucidar essa prevalência. Além desse fator, situações de estresse, traumas emotivos, infecções virais e determinados processos no desenvolvimento cerebral também podem contribuir para a etiologia da depressão [18].

Com o objetivo de elucidar e compreender a ocorrência da depressão, na década de 1960, foram elaboradas teorias bioquímicas relacionando o metabolismo das catecolaminas (noradrenalina, adrenalina, dopamina) e o distúrbio mental. Segundo a principal hipótese, o baixo desempenho funcional dos neurotransmissores em certos locais do cérebro é responsável pela depressão e, por outro lado, o excesso de monoaminas (dopamina, noradrenalina, serotonina) resulta nos episódios de mania [19]. As bases científicas para esse raciocínio são resultado de estudos prévios, realizados na década de 1950, quando ensaios farmacológicos com substâncias capazes de depletar catecolaminas e indolaminas, como a reserpina, foram capazes de causar depressão. Por outro lado, observaram-se os efeitos terapêuticos em pacientes em uso de agentes capazes de aumentar os níveis sinápticos desses neurotransmissores. Para se obter essa estratégia, os antidepressivos foram introduzidos na terapêutica, bloqueando o transporte de neurotransmissores (recaptação), ou pela inibição da enzima mitocondrial monoamina-oxidase, responsável pela desaminação oxidativa das monoaminas; basicamente, esses fármacos exercem a ação de aumento na concentração de neurotransmissores na fenda sináptica, já que, em pacientes com quadro depressivo, há deficiência desses neurotransmissores [20,21].

O precursor do primeiro antidepressivo tricíclico foi o iminodibenzil, sintetizado no século XIX, mais precisamente em 1891. Modificações nos radicais dessa molécula resultaram no fármaco imipramina (Figura 17.1), utilizado em 1949 pelo médico psiquiatra suíço Roland Kuhn. Inicialmente, esperavam-se efeitos no tratamento da esquizofrenia; porém pacientes com esse distúrbio não apresentaram qualquer evolução clínica satisfatória do quadro psíquico, embora tenham apresentado alívio da depressão [22].

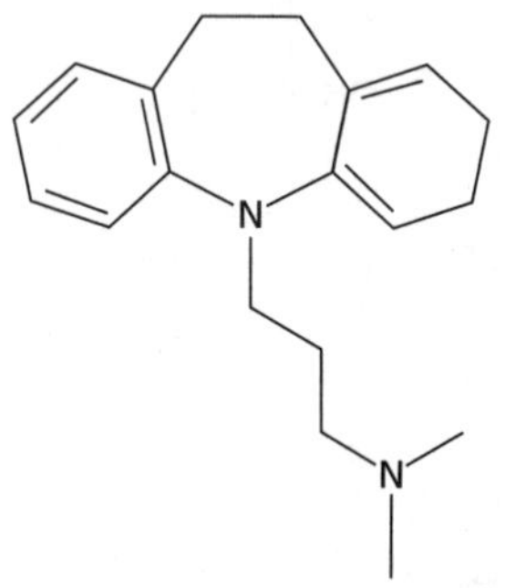

Figura 17.1 Fórmula química estrutural da imipramina.

Até os anos 1980, havia duas classes de antidepressivos: os antidepressivos tricíclicos (ADT) e os inibidores da monoamina-oxidase (IMAO). Atualmente, o desenvolvimento de novos fármacos foi responsável pelo aumento significativo no número de antidepressivos, com a inclusão de novas classes e a expansão de fármacos disponíveis para uso na terapêutica, que atuam por mecanismos diversos e apresentam estruturas químicas diferenciadas. A classificação mais simples os divide em quatro grupos: os ADT, tais como a amitriptilina, a clomipramina, a imipramina, a desipramina e a nortriptilina; os inibidores seletivos da recaptação da serotonina (ISRS), como o citalopram, a fluoxetina, a paroxetina e a sertralina; os IMAO, como a moclobemida; e os antidepressivos atípicos, como a bupropiona [23]. Portanto, resumidamente, os principais tipos de medicamentos antidepressivos podem ser classificados em quatro grupos:

- Antidepressivos tricíclicos (ADT).
- Inibidores da monoamina-oxidase (IMAO).
- Inibidores seletivos da recaptação da serotonina (ISRS).
- Antidepressivos atípicos (AA).

No Quadro 17.1, são apresentados alguns antidepressivos disponíveis no Brasil, suas classes e seus respectivos nomes comerciais.

Quadro 17.1 Alguns antidepressivos comercialmente disponíveis no Brasil

NOME GENÉRICO	CLASSE	NOME COMERCIAL
Amitriptilina	ADT	Tryptanol® Tryptil® Limbitrol®
Bupropiona	AA	Zyban®
Clomipramina	ADT	Anafranil®
Fluoxetina	ISRS	Prozac® Daforin®
Imipramina	ADT	Tofranil®
Nortriptilina	ADT	Pamelor®

ADT: antidepressivo tricíclico; AA: antidepressivo atípico; ISRS: inibidor seletivo da recaptação da serotonina.

No presente capítulo, será dado enfoque aos antidepressivos mais utilizados no Brasil e pertencentes à Relação Nacional dos Medicamentos Essenciais (Rename), representados pelos ADT, incluindo amitriptilina, nortriptilina, clomipramina. A outra classe é dos ISRS, sendo a fluoxetina o principal fármaco [24].

17.3 TOXICOCINÉTICA E TOXICODINÂMICA DOS ANTIDEPRESSIVOS

Os antidepressivos tricíclicos são rapidamente absorvidos pela via oral, sendo que, após 240 minutos, a absorção é praticamente completa. A porcentagem de ligação desses fármacos às proteínas sanguíneas é elevada (75%-97%), principalmente à alfa$_1$-glicoproteína ácida. Por causa do efeito de primeira passagem, somente pequena fração da droga administrada permanece disponível biologicamente. A meia-vida dos ADT varia entre vinte e trinta horas, sendo alcançado o estado de equilíbrio plasmático após cinco meias-vidas, o que ocorre por volta de uma semana ou mais. Com isso, conclui-se a ausência de efeitos terapêuticos imediatos dos ADT, sendo necessário o uso contínuo pelo paciente durante algumas semanas para melhora de depressão [25].

A biotransformação ocorre em uma ou mais etapas metabólicas, e os produtos de biotransformação podem apresentar atividade farmacológica superior ou inferior ao fármaco inalterado ou serem inativos. A biotransformação ocorre no fígado, pelo sistema citocromo P450 (CYP), principalmente pelo CYP2D6; porém outras isoformas também atuam nessa etapa, como CPY3A4, CPY2C19 e CPY1A2. Os ADT com aminas terciárias em suas estruturas químicas (amitriptilina, imipramina, clomipramina) são desmetilados através do CYP1A2, mas não perdem atividade farmacológica, e a hidroxilação catalisada pela CYP2D6 é responsável pela inativação dos ADT [26].

O polimorfismo genético das enzimas hepáticas responsáveis pela biotransformação dos ADT é descrito na literatura e é considerado importante para a eficácia do tratamento e para evitar efeitos tóxicos indesejados. Um indivíduo com deficiência da enzima CYP2D6, cujos fenótipos são denominados metabolizadores pobres ou lentos, apresenta concentrações elevadas do fármaco, por causa do baixo nível de hidroxilação do fármaco [27,28]. A Figura 17.2 ilustra a biotransformação da amitriptilina e da nortriptilina, envolvendo as isoenzimas CYP2D6 e CYP2C19.

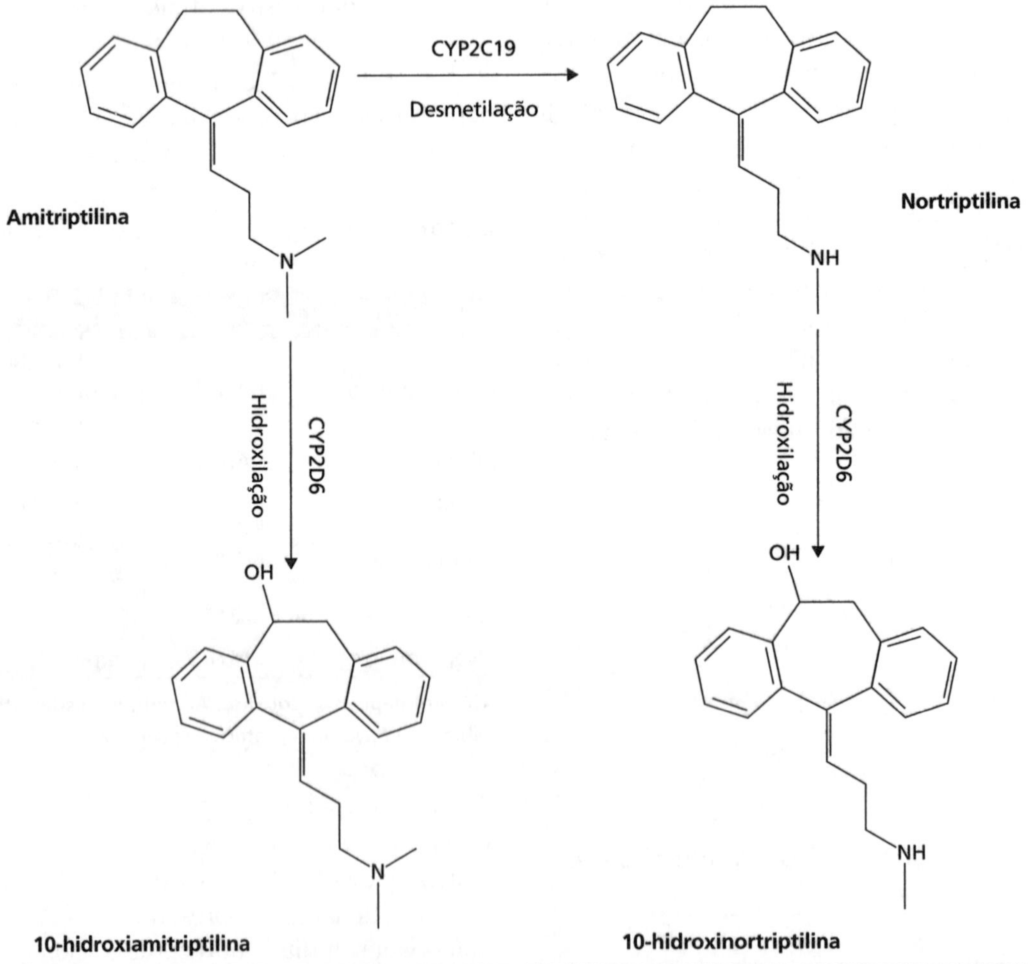

Figura 17.2 Principal via e enzimas participantes da biotransformação dos fármacos amitriptilina e nortriptilina.

Quadro 17.2 Recomendações de dosagem para amitriptilina e nortriptilina, com base no fenótipo CYP2D6

FENÓTIPO	IMPLICAÇÃO	RECOMENDAÇÃO TERAPÊUTICA
CYP2D6 metabolizadores ultrarrápidos	Aumento da biotransformação dos ADT em produtos menos ativos farmacologicamente. Menores concentrações plasmáticas aumentarão a probabilidade de falha terapêutica.	Evitar uso de ADT em razão da potencial falha na eficácia. Considerar drogas alternativas não biotransformadas pela isoenzima CYP2D6.
CYP2D6 metabolizadores pobres	Diminuição acentuada da biotransformação dos ADT em produtos menos ativos farmacologicamente. Maiores concentrações plasmáticas aumentarão a probabilidade de efeitos colaterais.	Se a escolha do ADT é justificada, considerar dose inicial 50% inferior à preconizada pelos guias terapêuticos. Realizar monitoramento clínico e analítico para ajuste da dosagem correta.

Fonte: adaptado de [29].

Pacientes com esses polimorfismos devem ser monitorados terapeuticamente, sendo necessários, em algumas situações, ajustes nas dosagens dos ADT, conforme apresentado no Quadro 17.2 [29].

A toxicogenética também pode ser aplicada na área forense. Por meio dos estudos moleculares dos polimorfismos das isoenzimas do citocromo P450, é possível diferenciar óbitos por suicídio, homicídio ou morte acidental, e as condenações penais para cada tipo de morte serão distintas. Para exemplificar sua importância, dois casos reais, nos quais os conhecimentos de toxicogenética foram fundamentais para elucidação do ocorrido, são apresentados a seguir.

Caso 1

Menina de 9 anos de idade, portadora da síndrome alcoólica fetal, em tratamento com metilfenidato, clonidina, fluoxetina. Após o início do uso desses medicamentos, a criança é internada em estado epiléptico, seguido de paradas cardíaca e respiratória e óbito. Análises em amostras *post mortem* de sangue foram realizadas, e o quociente FI/PB, relacionando fármaco inalterado (FI) e produto de biotransformação (PB), mostrou-se elevado, sugerindo intoxicação aguda pelo antidepressivo. Com base nessas informações, os pais adotivos eram suspeitos de homicídio. Estes, alegando veementemente inocência, solicitaram novos exames. Provas laboratoriais identificam a criança com polimorfismo genético para a isoenzima CYP2D6 e metabolizador lento para a fluoxetina. Esse achado justificou a baixa biotransformação do referido antidepressivo e o resultado da relação FI/PB. Com base nos resultados dos testes *post mortem* genéticos, os pais adotivos foram inocentados e a causa da morte foi dada como acidental [30].

Caso 2

Mulher de 41 anos de idade, grávida de seis meses, apresentava sopro no coração e artrite reumatoide, com uso de metadona. Além desse analgésico narcótico, a paciente utilizava amitriptilina para o tratamento da depressão. Comemorou o *réveillon* com seu marido e, na manhã seguinte, foi encontrada morta na sala de estar da sua residência. Investigações revelaram a ingestão de nove comprimidos de amitriptilina e entre duas e três doses de metadona no intervalo de dezessete dias. Não fora detectado álcool nas amostras avaliadas. Seu histórico apresentava tentativas de suicídio por ingestão de drogas. As análises toxicológicas, obtidas com o sangue total contido nas veias ilíacas, quantificaram (em mg/L): metadona, 0,7; amitriptilina, 1,5; nortriptilina, 2,2. As concentrações terapêuticas para as referidas drogas são (em mg/L): 0,1-0,4; 0,05-0,3; 0,05-0,25 [30]. A concentração elevada dos antidepressivos do sangue periférico não era justificada pelo fenômeno da redistribuição *post mortem* e, inicialmente, fora atribuída à ingestão aguda desses fármacos. Exames moleculares foram realizados e elucidou-se o polimorfismo na isoenzima CYP2D6*4 (homozigoto), correspondendo ao metabolizador lento. Esse polimorfismo dificulta a hidroxilação de metadona, amitriptilina e nortriptilina, resultando em acúmulo da droga e intoxicação. A causa da morte foi dada como acidental, em virtude da toxicidade causada pelas interações com as drogas utilizadas [26].

O gênero também determina diferenças na toxicocinética dos antidepressivos. As mulheres apresentam concentrações plasmáticas de antidepressivos tricíclicos superiores aos indivíduos do sexo masculino, quando utilizadas as mesmas doses. Uma hipótese é o aumento relativo do pH gástrico nas mulheres, resultando em maior absorção das bases fracas. Nessas condições, por causa do caráter alcalino dos ADT, haverá maior proporção de moléculas sem carga iônica, na forma molecular, possibilitando ao fármaco atravessar as barreiras biológicas e atingir a circulação sistêmica. Outros parâmetros também contribuem para elucidar a diferença entre os gêneros: a diferença da massa corporal e do volume sanguíneo e variação hormonal feminina [31].

A idade também influencia a absorção e a biotransformação dos ADT. Nos idosos, as alterações fisiológicas contribuem de forma significativa para alterações na absorção destes. Nessas modificações biológicas, estão incluídos os menores níveis plasmáticos de testosterona, afetando a atividade das isoenzimas hepáticas; a redução da concentração das proteínas plasmáticas; a diminuição dos fluxos sanguíneos hepáticos e esplênicos e da função renal. O uso concomitante de outros medicamentos – pois muitas vezes os idosos são pacientes polimedicamentosos – contribui para a toxicocinética desfavorável para esse grupo [32].

A fluoxetina é um inibidor potente e seletivo da recaptação da serotonina na fenda sináptica, com poucos efeitos em outros mecanismos de recaptação de monoaminas ou outros receptores de neurotransmissores. A fluoxetina apresenta fraca afinidade com alguns receptores opioides, $5HT_1$ e $5HT_2$ serotoninérgicos, dopaminérgico, β-adrenérgico, α_1 e α_2-adrenérgicos, histaminérgico e muscarínico. Ela é bem absorvida após a administração oral, com picos de concentrações plasmáticas ocorrendo entre quatro e oito horas (intervalo entre 1,5 e doze horas). Após a administração oral de 40 mg por adultos saudáveis, são obtidas concentrações plasmáticas entre 15 e 55 ng/mL; essa faixa de variação é comum entre indivíduos, pois, por exemplo, a administração concomitante com alimentos resulta numa taxa de absorção mais lenta, mas não afeta a absorção total de fluoxetina [33]. No tratamento farmacológico, a ingestão diária do fármaco permite atingir o estado de equilíbrio fluoxetina-norfluoxetina entre duas e quatro semanas. Apesar de o início dos efeitos antidepressivos ocorrer dentro das primeiras três semanas, o efeito terapêutico ótimo ocorre em quatro semanas ou mais após a primeira administração. A fluoxetina é extensamente biotransformada (desmetilada) no fígado pelas isoenzimas CYP2C9, 2C19 e 2D6, para o principal produto de biotransformação ativo, a norfluoxetina (ou também denominada desmetilfluoxetina). A meia-vida de eliminação do fármaco não alterado é de quatro a seis dias e é aumentada para quatro a dezesseis dias para norfluoxetina. A meia-vida no plasma da fluoxetina apresenta considerável variação interindividual, a qual pode estar relacionada com diferenças genéticas nas eficiências das reações de desmetilação do medicamento no fígado. Por outro lado, a fluoxetina inibe a isoenzima CYP2D6 e, assim, a sua própria biotransformação. O fármaco e seus produtos de biotransformação são excretados principalmente na urina, mas também nas fezes e no leite materno. A porcentagem de ligação às proteínas plasmáticas pela fluoxetina não parece ser alterada substancialmente em pacientes com cirrose hepática ou insuficiência renal, incluindo os submetidos à hemodiálise [33,34].

Os ADT são fármacos lipofílicos, podem se acumular em vários tecidos e no leite materno e são capazes de atravessam a placenta e a barreira hematoencefálica. A lipossolubilidade também contribui para o amplo volume de distribuição dos antidepressivos tricíclicos, que varia de 6 a 10 L/kg, para a amitriptilina, chegando a 22-59 L/kg, para a desipramina. A fluoxetina possui amplo volume de distribuição, estando entre 14 e 100 L/kg. O acúmulo é alto em pulmões e em órgãos ricos em lisossomas [27]. As propriedades físico-químicas dos ADT favorecem o aparecimento, nas amostras obtidas nos cadáveres, do fenômeno da redistribuição *post mortem*.

Os ADT possuem, em linhas gerais, cinco mecanismos de ação farmacológica: a inibição da recaptura da noradrenalina e da serotonina (5-HT) e, em menor extensão, da dopamina; o bloqueio dos receptores histamínicos H1; o bloqueio dos receptores adrenérgicos- 1; o bloqueio dos canais de sódio cardíacos; e a ação anticolinérgica muscarínica [15]. O bloqueio da recaptura de serotonina e noradrenalina é variável entre os ADT. As aminas terciárias tricíclicas apresentam maior capacidade de inibir a recaptura de serotonina (por exemplo, a amitriptilina), enquanto que as aminas secundárias são mais seletivas para a noradrenalina (por exemplo, a nortriptilina). Na prática, essa distinção é pouco relevante, pois uma amina terciária, pela reação química de desmetilação, resultará em amina secundária, havendo, portanto, inibição de ambos os neurotransmissores. As concentrações terapêuticas, tóxicas e letais dos ADT e da fluoxetina são apresentadas na Tabela 17.1.

Tabela 17.1 Concentrações terapêuticas e tóxicas dos antidepressivos

ANTIDEPRESSIVO	MEIA-VIDA DO FÁRMACO INALTERADO (H)	VOLUME DISTRIBUIÇÃO (L/KG)	PRINCIPAL PRODUTO DE BIOTRANSFORMAÇÃO	MEIA-VIDA DO PRODUTO DE BIOTRANSFORMAÇÃO (H)	CONCENTRAÇÃO TERAPÊUTICA (NG/ML)	CONCENTRAÇÃO TÓXICA (NG/ML)
Amitriptilina	8-51	6-10	Nortriptilina	19-93	50-300	> 500
Clomipramina	12-36	17	Desmetilclomipramina	70	90-250	> 400
Fluoxetina	24-72	14-100	Norfluoxetina	168-240	200-1.100*	> 1.000
Imipramina	6-20	20-40	Desipramina	12-54	50-150	> 2.000*
Nortriptilina	15-90	20-57	–	–	20-375	> 500

*: soma das concentrações do fármaco inalterado e seu principal produto de biotransformação.

As sinapses envolvendo as monoaminas são ainda consideradas o alvo imediato dos antidepressivos. Porém, estudos envolvendo transduções de sinais e expressão gênica estão surgindo, elucidando as mudanças ocorridas com o uso crônico desses fármacos em longo prazo. Teorias atuais postulam ativações de fatores de transcrição, tais como as proteína ligantes ao elemento regulado por AMPc (*cAMP responsive element-binding protein*, CREB) e vias neurotróficas, relacionando-os com o aumento da neurogênese hipocampal. Quando uma monoamina neurotransmissora liga-se aos seus respectivos receptores, um sinal é transmitido no interior da célula, principalmente através da proteína G. Esta, quando ativada, pode regular o fluxo de íons de potássio ou de cálcio ou, ainda, sistemas envolvendo o segundo mensageiro, resultando na regulação da quinases. As quinases fosforilam fatores de transcrição, controlam a expressão gênica, através de ligações a curtas sequências do ácido desoxirribonucleico (DNA). Como resultado dessa reação, ocorrerá a ativação ou a inibição da expressão de certos genes [35].

Há três mecanismos que podem resultar na fosforilação do fator de transcrição da CREB, que irá então se ligar ao elemento responsivo ao cAMP e ao cálcio (*cAMP- and calcium-responsive element*, CRE) no DNA, resultando na regulação da expressão de genes importantes para os efeitos dos antidepressivos. A CREB controla os genes da síntese de enzimas dos neurotransmissores, como a tirosina-hidroxilase, sendo esta limitante da velocidade na biossíntese das catecolaminas. Além disso, a CREB regula as proteínas envolvidas na neurogênese da célula [36].

O primeiro mecanismo ativa adenilil ciclase, através de estimulação da proteína G, elevando a produção de AMPc, proporcionando a ativação da proteína quinase A (*protein kinase A*, PKA) dependente do AMPc. A proteína quinase A, em seguida, movimenta-se para o núcleo e causa uma fosforilação no resíduo específico de serina na proteína CREB. O segundo mecanismo é a ativação da fosfolipase C, através dos adrenorreceptores α_1, levando à mobilização de Ca^{2+} e à subsequente ativação das quinase dependentes de Ca^{2+}-calmodulina; como resultado, também haverá fosforilação da CREB. O terceiro mecanismo é iniciado por fatores neurotróficos e citocinas que regulam determinados receptores, influenciando tanto as proteínas quinases ativadas por mitógenos quanto as reguladas por sinais intracelulares, que fosforilam a proteína CREB, através de várias formas das quinases ribossômicas S6 (RSK_{1-3}) [37-39].

A administração crônica de ADT, segundo a literatura científica, reduz a atrofia dos neurônios no hipocampo causada por estresse repetido, pois há o aumento do fator neurotrófico derivado do cérebro BDNF (*brain-derived neurotrophic factor*) [36,37,40]. Como o BDNF liga-se ao receptor tirosina-quinase B (*tyrosine kinase B receptor*, trkB) no cérebro, uma cascata de sinalização intracelular é iniciada, resultando na fosforilação de CREB. Além disso, o BDNF também induzirá a neurogênese [35,36,41].

Outro resultado positivo do tratamento em longo prazo com os ADT é a reversão da perda de volume das células localizadas no hipocampo. O aumento da neurogênese foi observado em pacientes deprimidos quando se aplicou a técnica de ressonância magnética e a pesquisa de casos *post mortem*. Os mecanismos moleculares envolvidos na neurogênese são, possivelmente, mediados por CREB, BDNF e aumento do fator de crescimento semelhante à insulina – um outro fator neurotrófico. Apesar da importância desses fatores na elucidação do tratamento com ADT, mais estudos são necessários para a melhor compreensão dos mecanismos de ação desses fármacos [36].

17.4 Interações medicamentosas e efeitos adversos dos antidepressivos

As isoenzimas do citocromo P450 (CYP) e as afinidades dos antidepressivos por diferentes neurotransmissores e receptores são as principais responsáveis pelas interações medicamentosas e os efeitos adversos dessas drogas. No Quadro 17.3, são apresentadas as isoenzimas CYP, os neurotransmissores e as interações dos antidepressivos com os receptores.

Quadro 17.3 Influência dos antidepressivos nas isoenzimas do citocromo P450, suas ações nos receptores e interações com receptores

ANTIDEPRESSIVOS	CYP INIBIDA PELO AD	CYP RESPONSÁVEIS PELA BIOTRANSFORMAÇÃO DO AD	NEUROTRANSMISSORES			INTERAÇÕES COM OS RECEPTORES		
			NA	5-HT	DA	H1	MA	α_1
Amitriptilina		2D6, 2C19, 2C9, 1A2, 3A4	3+	4+	1+	4+	3+	3+
Clomipramina		2C19, 3A4, 2D6	3+	4+	1+	3+	3+	3+
Fluoxetina	2D6	2D6, 2C9, 2C19	1+	4+	0	1+	1+	1+
Imipramina		2D6, 2C19, 1A2, 3A4	3+	4+	1+	4+	2+	2+
Nortriptilina		2D6, 3A4	4+	2+	0	1+	1+	2+

NA: noradrenalina; 5-HT: serotonina, DA: dopamina; H1: receptor H1 histamina; MA: receptor muscarínico; α1: receptor alfa1-adrenérgico. O sinal 4+ representa forte interação e 1+ interação muito fraca. A ausência de sinal simboliza interação desprezível.

Devem ser avaliadas cuidadosamente potenciais interações medicamentosas entre diferentes fármacos e com as enzimas inibidas e/ou com as que participam da biotransformação dos antidepressivos. Nesses critérios, devem ser contemplados a potência e a concentração do fármaco inibidor ou indutor das isoenzimas, bem como a saturação destas, a extensão da biotransformação do fármaco por essa via biológica, a presença de produtos de biotransformação com atividade farmacológica, o polimorfismo genético, o perfil do paciente (idosos, insuficiência hepática) e a probabilidade de uso simultâneo [42].

As diferentes afinidades dos antidepressivos com os neurotransmissores, tais como noradrenalina, serotonina e dopamina, e as interações com os receptores, conforme apresentado na Tabela 17.1, serão responsáveis pelos diferentes efeitos adversos desses fármacos. Os efeitos colaterais causados pela afinidade ao receptor 5-HT são distúrbios gastrointestinais e náuseas, disfunção sexual, além dos efeitos adversos extrapiramidais [20,43]. Além disso, a administração concomitante de IMAO com antidepressivos que inibem a recaptação da serotonina pode causar óbitos, resultantes da síndrome serotoninérgica [44]. A inibição da recaptação da noradrenalina pode resultar em hipertensão, tremores e taquicardia, enquanto o bloqueio do transporte da dopamina resulta em ativação psicomotora e agravamento da psicose. São comuns também os efeitos de sedação e ganho de peso por causa da atividade anti-histamínica. Hipotensão postural, tonturas e taquicardia reflexa são causados pelo bloqueio dos receptores adrenérgicos-α_1. A atividade anticolinérgica muscarínica dos antidepressivos é vinculada aos efeitos de boca seca, constipação, retenção urinária, visão turva, aumento da pressão intraocular, aumento da frequência cardíaca e hipertermia [20,45]. Sintomas cardiovasculares são os efeitos colaterais mais importantes para os ADT, nos quais estão inseridos hipotensão ortostática, tontura e taquicardia reflexa. Distúrbios da condução como resultado do bloqueio dos canais de sódio no miocárdio refletem em mudanças no eletrocardiograma. Hipertensão arterial e taquicardia podem ter origem no estado hiperadrenérgico, induzido pela inibição da recaptação desse neurotransmissor; consequentemente, poderá haver hipotensão em decorrência da depleção dessa catecolamina [46]. Em concentrações terapêuticas, os efeitos adversos mais comuns são hipotensão ortostática e taquicardia, que podem ser severos em pacientes idosos [23]. Na ocorrência de uma overdose, os efeitos cardiovasculares podem ser fatais [15,46-48]. Pacientes com problemas cardíacos, em especial os idosos, apresentam maior risco de morte súbita, devido ao uso de ADT [49-51]. Diante do quadro desfavorável desses pacientes com problemas cardiovasculares, alguns pesquisadores sugerem o uso de ISRS como melhor alternativa para o tratamento da depressão [51-54]. Porém hemorragias e efeitos cardiovasculares podem ocorrer por causa do efeito da serotonina no músculo liso vascular, enquanto medicamentos betabloqueadores, como o propranolol, podem interagir com os ISRS [55].

Os ISRS apresentam menor cardiotoxicidade e maior margem de segurança. Os efeitos adversos mais reportados são neurológicos, psiquiátricos e gastrointestinais [27]. São também relatadas reações alérgicas, mania, perda de peso, diminuição da libido, náuseas, ansiedade e insônia. As maiores interações medicamentosas da fluoxetina envolvem os aminoácidos L-dopa e L-triptofano, anorexígenos, anticonvulsivantes, antidepressivos, ansiolíticos, bloqueadores do canal de cálcio, saís de lítio e drogas de abuso [56], incluindo o 3,4-metilenodioximetanfetamina (*ecstasy*) [57]. Esse ISRS não deve ser administrado concomitantemente com IMAO, pois a interação entre os fármacos pode causar hipertermia, convulsões e coma. Deve-se aguardar período de cinco semanas antes de administrar qualquer IMAO, caso o paciente necessite fazer uso desse medicamento e estiver sendo utilizada a fluoxetina. Antiarrítmicos, antipsicóticos, betabloqueadores e ADT, cujas vias de biotransformação envolvem as isoenzimas inibidas pela fluoxetina, devem ter a dosagem reduzida, e os pacientes devem ser monitorados [34,58,59]. Recentes estudos sugerem a existência de pensamentos suicidas em indivíduos que fazem uso dos ISRS [60,61]. A Food and Drug Administration (FDA), órgão norte-americano de regulamentação de medicamentos, divulgou uma advertência quanto aos riscos de suicídio dos pacientes que utilizam essa classe de antidepressivos [62].

17.5 CONCEITOS DE REDISTRIBUIÇÃO *POST MORTEM*

A redistribuição *post mortem* envolve o movimento de toxicantes no organismo após a morte a favor do gradiente de concentração. O início ocorre aproximadamente uma hora após a morte. As mais importantes alterações quantitativas nas concentrações sanguíneas ocorrem nas primeiras 24 horas e são dependentes da região de coleta do corpo [63]. Sua redistribuição é dependente de vários fatores, incluindo peso molecular, lipofilicidade, pKa, transporte ativo e afinidade aos tecidos. A liberação *post mortem* de órgãos que concentram compostos, como fígado e pulmões, pode aumentar consideravelmente a concentração das drogas em vasos locais, como artérias e veias pulmonares e veia cava. O movimento do sangue induzido pela putrefação e pelo *rigor mortis* também pode ter influência na redistribuição [64].

As amostras de sangue total coletadas de cadáveres, as mais frequentemente utilizadas em investigações toxicológicas forenses, não constituem um fluido biológico homogêneo. É recomendável, na prática forense, a obtenção de múltiplas amostras disponíveis ou, pelo menos, amostras de sangue oriundas de dois diferentes locais do corpo, em virtude das potenciais dificuldades em interpretar resultados toxicológicos *post mortem* [30].

O sangue coletado na cavidade cardíaca, por apresentar relativa facilidade de obtenção e possibilitar obtenção de grandes volumes, é o espécime de escolha nas análises toxicológicas. Entretanto, as concentrações do sangue cardíaco tendem a ser afetadas pelos seguintes fatores:

- A redistribuição de substâncias oriundas de tecidos vizinhos.
- A difusão de substâncias presentes no estômago, que podem conter grandes quantidades em casos de ingestão.
- A difusão *post mortem* de substâncias através da traqueia associada com aspiração agonal ou vômito [65].

O sangue periférico é um fluido com menor suscetibilidade às elevações *post mortem* do que o sangue coletado da cavidade cardíaca. A veia femoral é o local recomendado para coleta do sangue periférico, devendo-se grampear a veia próximo ao ponto de coleta, evitando possível contaminação da veia ilíaca e da veia cava na coleta [66,67].

Por ser uma matriz biológica amplamente pesquisada, há bancos de dados disponíveis para consultas, como apresentados no trabalho publicado por Druid e Holmgren [68].

Em alguns casos forenses, contudo, o sangue não está disponível para coleta, por exemplo, em situações de decomposição extrema, fogo e exsanguinação. Nesses casos, outros tecidos, como fígado, encéfalo e músculo esquelético, podem ser coletados para determinação dos níveis de agentes tóxicos *post mortem*. Entre essas amostras, o fígado tem sido classificado como a segunda amostra de importância na interpretação de casos em toxicologia forense, pois relativamente grandes quantidades de amostra são disponíveis e há um banco de dados de valores de referência para esse espécime biológico. Além disso, as concentrações de substâncias no fígado são relativamente estáveis após a morte, ocorrendo, em geral, pequena queda por difusão [26,69]. No entanto, outro aspecto da concentração de substâncias no fígado deve ser considerado: é conhecido que a difusão *post mortem* pode elevar as concentrações de compostos que se encontravam no estômago, por exemplo, após overdose. Dessa forma, recomenda-se a coleta de alíquota de uma região anatomicamente mais distante do estômago, que é a parte posterior do lobo direito do fígado [63].

O humor vítreo, apesar do limitado volume possível de ser coletado (3 mL a 6 mL), é um espécime com destaque na toxicologia forense. A identificação e a quantificação de etanol *post mortem* são realizadas nessa matriz biológica, pois, graças à sua localização estratégica, não ocorre fermentação em extensão significativa no olho. Adicionalmente, o humor vítreo também tem sido útil para outras substâncias, como barbitúricos, cocaína, morfina, antidepressivos tricíclicos e benzodiazepínicos. Pelo fato de o olho estar anatomicamente afastado da cavidade corpórea central, tem sido sugerido que o humor vítreo possa ser útil especialmente nos casos de substâncias sujeitas a redistribuição. Algumas substâncias, como a cocaína, no entanto, podem apresentar aumento na concentração no humor vítreo após a morte [70]. A difusão *post mortem* de substâncias do encéfalo para o humor vítreo, especialmente em casos nos quais o cadáver permanece em decúbito ventral por prolongado período, pode ser uma possível fonte de erro [63].

O cérebro é o principal local de ação de muitas substâncias de importância forense, como os antidepressivos, os estimulantes e os narcóticos. Dessa forma, é um espécime potencialmente muito útil para a medida e a interpretação das concentrações de drogas, pois se localiza distante do compartimento central do corpo e não é afetado pela difusão *post mortem* [69]. Entretanto, relativamente poucos dados de referência para diferentes substâncias foram acumulados para esse espécime biológico, o que tem limitado sua utilização em análises forenses.

17.6 ANÁLISES TOXICOLÓGICAS DOS ANTIDEPRESSIVOS

Nas análises toxicológicas dos antidepressivos, é de fundamental importância a coerência e a conciliação entre as matrizes biológicas disponíveis e a situação de cada caso a ser investigado. Por exemplo: em uma análise em urina foi constatada a presença de antidepressivos. Apenas com essa informação laboratorial, não é possível relacionar, com certeza absoluta, esses fármacos como os responsáveis pelas alterações no eletrocardiograma de um indivíduo atendido no pronto atendimento de um centro de intoxicação. Para elucidações e informações mais conclusivas, a quantificação dos antidepressivos deve ser realizada em amostras de soro ou plasma. Previamente à mensuração nessas matrizes biológicas, a urina, pela facilidade de coleta, elevado volume disponível, alta concentração dos analitos de interesse e disponibilidade de métodos analíticos já validados publicados na literatura, é a amostra de escolha mais indicada para os exames de triagem nos quais são aplicados testes rápidos com a tecnologia de imunoensaio. A retenção urinária, um dos sintomas da intoxicação por ADT, pode dificultar a obtenção dessa matriz. Também há dificuldade em casos *post mortem*, pois esse fluido biológico nem sempre está disponível [14,47].

Na emergência clínica e no monitoramento terapêutico de fármacos, o plasma e o soro são as matrizes biológicas de escolha, evitando-se o sangue total e o hemolisado, pois, em diversos casos, a concentração do fármaco nas hemácias é diferente da concentração no plasma [71]. Nos casos *post mortem*, conforme explicado anteriormente, deve-se obter, sempre que possível, o sangue total colhido na região periférica, por ser menos suscetível à redistribuição *post mortem* [72]. Nas amostras de sangue total *post mortem*, dificilmente não haverá hemólise e presença de coágulos nessa matriz.

Na toxicologia analítica, é necessário separar os analitos de interesse da matriz biológica antes de submetê-los às identificações em equipamentos. Dentre as técnicas de separação, destacam-se as seguintes:

- Extração líquido-líquido (LLE).
- Extração em fase sólida (SPE).
- Microextração em fase sólida (SPME).
- Microextração em fase líquida (LPME).

Na LLE, o objetivo é transferir os analitos de interesse da matriz para outro líquido imiscível com esta, removendo os interferentes e outros compostos sem interesse. Em linhas gerais, adiciona-se, em um recipiente adequado, o solvente orgânico à matriz biológica e eleva-se o pH para 9-10, com hidróxido ou carbonato de sódio ou borato de potássio. A alcalinização favorecerá a formação de moléculas neutras (apolares) dos antidepressivos, permanecendo estas na fase apolar (solvente orgânico) e separando-as das moléculas ionizadas (fase polar). Os ADT, por suas semelhanças físico-químicas, podem ser extraídos por essa técnica, o que não ocorre com ISRS, IMAO e outras classes de antidepressivos [73]. Os solventes mais utilizados são n-heptano, álcool isoamílico, éter dietílico e acetato de etila [71]. É a técnica mais antiga e ainda a mais utilizada nos laboratórios analíticos, mas apresenta as seguintes desvantagens:

- Os solventes utilizados necessitam ter elevada pureza, aumentando os custos para sua aquisição.
- Pela necessidade de agitação, há o risco inerente da formação de emulsões entre as fases, resultando em separação incompleta ou extração impura.
- É necessária, muitas vezes, mais de uma etapa, deixando os métodos extensos e tediosos.
- O analista fica em contato com solventes de considerável toxicidade.
- Os resíduos orgânicos gerados são da grandeza de litros e devem ser descartados de forma segura, evitando contaminação do meio ambiente e de seres vivos [74].

Na extração em fase sólida (SPE), são utilizados cartuchos e o interior destes é preenchido com sorbentes. No mercado, há diferentes adsorventes disponíveis, e os mais utilizados são os de fase normal, fase inversa e de troca iônica. Nessa técnica, concentram-se os analitos oriundos de uma matriz líquida por meio da partição destes entre uma fase sólida (sorbente do cartucho) e uma fase líquida. O SPE deve remover compostos interferentes e não interessantes às análises, com reprodutibilidade aceitável dos resultados [75]. Basicamente, há quatro procedimentos comuns a todos os métodos utilizados em SPE:

- Condicionamento do cartucho.
- Carregamento da amostra.
- Lavagem e remoção dos interferentes.
- Eluição dos analitos desejados.

As principais desvantagens são os elevados custos para a aquisição dos dispositivos, a possibilidade de as partículas de complexos biológicos bloquearem os poros dos cartuchos e o tempo necessário para realizar cada etapa. Atualmente, técnicas *on-line* permitem a automação do SPE, otimizando os procedimentos [76].

SPME e LPME são procedimentos de extração miniaturizados e podem ser classificados como "técnicas verdes" ou *solventless*, pelo fato de utilizarem quantidade reduzida de solventes orgânicos, com baixos volumes a serem manipulados e descartados [77-85].

A principal desvantagem da SPME é a fibra utilizada possuir elevado custo e ser frágil, com vida útil limitada, além de a técnica apresentar baixos valores de recuperações absolutas (1%-10%). Na LPME, a recuperação é superior; não há o efeito *carryover*, pois a fibras podem ser descartadas ao término de cada procedimento [86]. O SPME já possui protocolos validados para procedimentos automatizados [79], enquanto o LPME, por ser uma técnica relativamente recente, ainda é manual [85].

Subsequentemente à extração, os analitos devem ser identificados e quantificados em equipamentos de cromatografia líquida (HPLC, LC) ou gasosa (GC), acoplados a espectrômetros de massa (MS), a detectores de nitrogênio e fósforo (NPD) ou a detectores por ionização de chama (FID). Em conjunto com separações no GC, a reação de derivatização pode ou não ser aplicada. Com o objetivo de facilitar eventuais pesquisas sobre essas técnicas, o Quadro 17.4 apresenta classes de antidepressivos, matrizes biológicas analisadas, técnicas de extração dos analitos, agentes derivatizantes, equipamentos de separação e identificação dos antidepressivos e respectivas referências.

Quadro 17.4 Métodos de extração e identificações de antidepressivos em diferentes matrizes biológicas

CLASSE DOS AD	MATRIZ BIOLÓGICA	EXTRAÇÃO	DERIVATIZANTES	SEPARAÇÃO CROMATOGRÁFICA E IDENTIFICAÇÃO	REFERÊNCIAS
ADT	Plasma	SPME	NU	LC-MS	[77]
ISRS	Plasma	LPME	NU	HPLC	[82]
ADT/ ISRS	Plasma/urina	LPME	NU	HPLC	[81]
ADT/ ISRS	Sangue	LPME	NU	GC-MS	[85]
ADT	Plasma/urina	LPME	NU	ESI-IMS	[84]
AA	Sangue	HS-SPME	NU	GC-NPD	[79]
ISRS/ AA	Plasma	LLE	HFBI	GC-MS	[13]
ISRS	Sangue	SPE	HFBA	GC-MS	[87]

AA: antidepressivos atípicos; AD: antidepressivos; ADT: antidepressivos tricíclicos; ESI-MS: ionização por *electrospray* acoplada à espectrometria por mobilidade iônica; LC-MS: cromatografia líquida acoplada ao espectrômetro de massas; GC-MS: cromatografia gasosa acoplada ao espectrômetro de massas; GC-NPD: cromatografia gasosa acoplada ao detector de fósforo-nitrogênio; HFBA: heptafluorbutírico anidrido; HFBI: heptafluorbutirila-isobutila; HPLC: cromatografia líquida de alta eficiência; HS-SPME: *headspace* acoplado à microextração em fase sólida; ISRS: antidepressivos inibidores da recaptação da serotonina; LLE: extração líquido-líquido; LPME: microextração em fase líquida; NU: não utilizado; SPE: extração em fase sólida.

17.7 Conclusão

Os antidepressivos são uma classe de substâncias importantes na toxicologia forense. Pelo amplo uso na clínica médica, o quadro psiquiátrico dos pacientes utilizando esses fármacos, os mecanismos de ação e as interações medicamentosas, podem ocorrer casos de intoxicações, os quais, se não forem rapidamente monitorados e revertidos, podem resultar em óbitos. Nas análises *post mortem*, a correta quantificação e classificação da dosagem mensurada fornecerá informações confiáveis para concluir o caso investigado como morte acidental, suicídio ou homicídio, com diferentes consequências criminais e civis.

Questões para estudo

1. Qual a importância dos antidepressivos na terapêutica?
2. Quais são as principais classes dos antidepressivos e seus respectivos mecanismos de ação?
3. Cite os principais efeitos colaterais dos antidepressivos tricíclicos.
4. Quais são as matrizes biológicas que podem ser analisadas para detectar a presença dos antidepressivos?
5. Quais são as principais técnicas de extração dos antidepressivos? Comente as vantagens e as desvantagens de cada procedimento.

Respostas

1. Os antidepressivos são amplamente utilizados no tratamento de diversos transtornos psiquiátricos, incluindo depressão e mania. Sendo distúrbios com alta prevalência na população, o consumo desses medicamentos é elevado. Além de serem administrados no campo da psiquiatria, outras áreas da medicina também os prescrevem, como a reumatologia, endocrinologia, urologia e outras. Pode-se concluir, dessa forma, a ampla utilização dos antidepressivos na terapêutica e prováveis efeitos tóxicos associados.
2. Os antidepressivos tricíclicos possuem, em linhas gerais, cinco mecanismos de ações farmacológicas: a inibição da recaptura da noradrenalina e da serotonina (5-HT) e, em menor extensão, da dopamina; o bloqueio dos receptores histamínicos H1; o bloqueio dos receptores adrenérgicos-α1; o bloqueio dos canais de sódio cardíacos; e a ação anticolinérgica muscarínica.

   Os inibidores da recaptação da serotonina impedem a recaptação dessa monoamina na fenda sináptica, com poucos efeitos em outros mecanismos de recaptação de monoaminas ou outros receptores de neurotransmissores. Os ISRS apresentam fraca afinidade com alguns receptores opiáceos, $5HT_1$ e $5HT_2$ serotoninérgicos, dopaminérgico, β-adrenérgico, α_1 e α_2-adrenérgicos, histaminérgico e muscarínico.

   Na classe dos atípicos, representada pela bupropiona, o principal mecanismo de ação é a inibição de catecolaminas (noradrenalina e dopamina), com mínimo efeito na recaptação de indolaminas (serotonina) e não inibindo a monoamina-oxidase (MAO).

Os inibidores da monoamina-oxidase (IMAO) impedem a atividade da enzima monoamina-oxidase (MAO). Essa enzima está envolvida na biotransformação da serotonina, noradrenalina e dopamina. Exemplos de IMAO: isocarboxazida, fenelzina e tranilcipromina. A redução na atividade da MAO resulta em aumento na concentração desses neurotransmissores nos locais de armazenamento no sistema nervoso central (SNC) e no sistema nervoso simpático.

3. As diferentes afinidades dos antidepressivos com os neurotransmissores, tais como noradrenalina, serotonina e dopamina, e as interações com os receptores são responsáveis pelos diferentes efeitos adversos desses fármacos. Os efeitos colaterais causados pela afinidade ao receptor 5-HT são distúrbios gastrointestinais e náuseas, disfunção sexual, além dos efeitos adversos extrapiramidais. Além disso, a administração concomitante de IMAO com AD, que inibem a recaptação da serotonina, pode causar óbitos, resultantes da síndrome serotoninérgica. A inibição da recaptação da noradrenalina pode resultar em hipertensão, tremores e taquicardia, enquanto o bloqueio do transporte da dopamina resulta em ativação psicomotora e agravamento da psicose. São comuns também os efeitos de sedação e ganho de peso, pela atividade anti-histamínica. Hipotensão postural, tonturas e taquicardia reflexa são causados pelo bloqueio dos receptores adrenérgico-α_1. A atividade anticolinérgica muscarínica dos antidepressivos é vinculada aos efeitos de boca seca, constipação, retenção urinária, visão turva, aumento da pressão intraocular, aumento da frequência cardíaca e hipertermia. Sintomas cardiovasculares são os efeitos colaterais mais importantes para os ADT, nos quais estão inseridos hipotensão ortostática, tontura e taquicardia reflexa. Distúrbios da condução, como resultado do bloqueio dos canais de sódio no miocárdio, refletem em mudanças no eletrocardiograma. Hipertensão arterial e taquicardia podem ter origem no estado hiperadrenérgico, induzido pela inibição da recaptação desse neurotransmissor; consequentemente, poderá haver hipotensão, pela depleção dessa catecolamina. Em concentrações terapêuticas, os efeitos adversos mais comuns são hipotensão ortostática e taquicardia, podendo ser severos em pacientes idosos. Na ocorrência de uma overdose, os efeitos cardiovasculares podem ser fatais.
4. Urina, sangue total, plasma, soro, humor vítreo, fígado.
5. *Extração líquido-líquido*

   Vantagens: extensa literatura facilitando a aplicação dos métodos, técnica tradicional amplamente utilizada, não requer muitos aparelhos.

   Desvantagens: os solventes utilizados necessitam ter elevada pureza, aumentando os custos para sua aquisição; pela necessidade de agitação, há o risco inerente da formação de emulsões entre as fases, resultando em separação incompleta ou extração impura; necessitam, muitas vezes, mais de uma etapa, deixando os métodos extensos e tediosos; o analista fica em contato com solventes de considerável toxicidade; os resíduos orgânicos gerados são da grandeza de litros e devem ser descartados de forma segura, evitando contaminação do meio ambiente e de seres vivos.

   Extração em fase sólida (SPE)

   Vantagens: variedade disponível no mercado, com diferentes adsorventes e com a possibilidade de separar diversos analitos de matrizes biológicas distintas; várias publicações disponíveis; métodos muitas vezes precisos; automação dos procedimentos disponível.

   Desvantagens: elevados custos para a aquisição dos dispositivos, possibilidade de as partículas de complexos biológicos bloquearem os poros dos cartuchos e o tempo necessário para realizar cada etapa.

   SPME

   Vantagens: reduzida necessidade de solventes orgânicos, com baixos volumes a serem manipulados e descartados; pode ser automatizada.

   Desvantagem: a fibra utilizada possui elevado custo e é frágil, com vida útil limitada, além de a técnica apresentar baixos valores de recuperações absolutas (1%-10%).

   LPME

   Vantagens: reduzida necessidade de solventes orgânicos, com baixos volumes a serem manipulados e descartados, baixo custo das fibras de polipropileno utilizadas.

   Desvantagem: ainda é uma técnica manual.

Lista de abreviaturas

5-HT	5-hidroxitriptamina (serotonina)	HPLC	*High performance liquid chromatography* (cromatografia líquida de alta eficiência)
AA	Antidepressivos atípicos	HS	*Headspace* (técnica de extração por aquecimento)
AD	Antidepressivos	IMAO	(Antidepressivo) inibidor da monoamina-oxidase
ADT	Antidepressivo tricíclico	ISRS	(Antidepressivo) inibidor seletivo da recaptação da serotonina
Anvisa	Agência Nacional de Vigilância Sanitária	ISRS	Antidepressivos inibidores da recaptação da serotonina
BNDF	*Brain-derived neurotrophic factor* (fator neurotrófico derivado do cérebro)	LC	*Liquid chromatography* (cromatografia líquida)

CREB	*cAMP responsive element-binding protein* (proteína ligadora ao elemento regulado por AMPc [fator de transcrição])	LLE	*Liquid-liquid extraction* (extração líquido-líquido)
cAMP	*Responsive element-binding protein* (elemento responsivo ao AMPc)	LPME	*Liquid-phase microextraction* (microextração em fase líquida)
ESI-MS	*Electrospray ionisation ion mobility spectrometry* (ionização por *electrospray* acoplada à espectrometria por mobilidade iônica)	MS	*Mass spectrometry* (espectrometria de massas)
FDA	Food and Drug Administration (Agência Norte-Americana Regulamentadora dos Alimentos e Medicamentos)	NPD	*Nitrogen-phosphorus detector* (detector de fósforo-nitrogênio)
FID	*Flame ionization detector* (detector de ionização por chama)	P/M	*Parent drug/metabolite* (relação fármaco inalterado/produto de biotransformação)
GC	*Gas chromatography* (cromatografia gasosa)	PKA	*Protein kinase A* (proteína quinase A)
HFBA	Heptafluorbutírico anidrido	Sinitox	Sistema Nacional de Informações Tóxico-Farmacológicas
HFBA	*Heptafluorobutyric anhydride* (heptafluorbutírico anidrido)	SPE	*Solid-phase extraction* (extração em fase sólida)
HFBI	Heptafluorbutirila-isobutila	SPME	*Solid-phase microextraction* (microextração em fase sólida)
HFBI	*Heptafluorobutyryl isobutyl* (isobutila-heptafluorbutirila)		

Lista de palavras

Alterações cardiovasculares
Amitriptilina
Antidepressivos
Antidepressivos tricíclicos
Antidepressivos inibidores da recaptação da serotonina
CYPD26
Depressão
Dopamina
Fluoxetina
Interações medicamentosas
Isoenzimas do citocromo P450
Morte acidental
Noradrenalina
Nortriptilina
Overdose
Serotonina
Suicídio

REFERÊNCIAS

1. WHO – World Health Organization. The 20th anniversary of world mental health day 2013 [cited 2016 Jun 20]. Available from: http://www.who.int/mediacentre/news/notes/2012/mental_health_day_20121009/en/

2. Sampson SM. Treating depression with selective serotonin reuptake inhibitors: a practical approach. Mayo Clinic proceedings Mayo Clinic. 2001 Jul;76(7):739-44.

3. Murray J, Farrington DP, Sekol I. Children's antisocial behavior, mental health, drug use, and educational performance after parental incarceration: a systematic review and meta-analysis. Psychological Bulletin. 2012 Mar;138(2):175-210.

4. Bradvik L, Berglund M. Suicide in severe depression related to treatment: depressive characteristics and rate of antidepressant overdose. Eur Arch Psychiatry Clin Neurosci. 2005 Aug;255(4):245-50.

5. Dhossche DM. Toxicology of suicide: touchstone for suicide prevention? Med Sci Monit. 2003 Apr;9(4):SR9-SR19.

6. Healy D, Langmaak C, Savage M. Suicide in the course of the treatment of depression. J Psychopharmacol. 1999;13(1):94-9.

7. Wiegand TJ, Wax PM, Schwartz T, Finkelstein Y, Gorodetsky R, Brent J. The toxicology investigators consortium case registry – The 2011 experience. Journal of Medical Toxicology: Official Journal of the American College of Medical Toxicology. 2012 Dec;8(4):360-77.

8. Cheeta S, Schifano F, Oyefeso A, Webb L, Ghodse AH. Antidepressant-related deaths and antidepressant prescriptions in England and Wales, 1998-2000. Br J Psychiatry. 2004 Jan;184:41-7.

9. Mandour RA. Antidepressants medications and the relative risk of suicide attempt. Toxicol Int. 2012 Jan;19(1):42-6.

10. Bernardes S, Turini C, Matsuo T. Perfil das tentativas de suicídio por sobredose intencional de medicamentos atendidas por um Centro de Controle de Intoxicações do Paraná, Brasil. Cad Saúde Pública. 2010 July 2010;26(7):1366-72.

11. Brasil. Portaria n.° 344, de 12 de maio de 1998. In: Ministério da Saúde. Diário Oficial da Saúde. Brasília; 1998.

12. Hayashi D, Kumazawa T, Hasegawa C, Lee X-P, Marumo A, Uchigasaki S, et al. A simple and reliable method for quantifying plasma concentrations of tetracyclic antidepressants using monolithic silica solid-phase extraction tips. Forensic Toxicol. 2012;30:98-105.

13. Pietracci E, Bermejo AM, Alvarez I, Cabarcos P, Balduini W, Tabernero MJ. Simultaneous determination of new-generation antidepressants in plasma by gas chromatography–mass spectrometry. Forensic Toxicol. 2013;31:124-32.

14. Flanagan R, Connally G. Interpretation of analytical toxicology results in life and at postmortem. Toxicol Rev. 2005;24(1):51-62.

15. Thanacoody HK, Thomas SH. Tricyclic antidepressant poisoning: cardiovascular toxicity. Toxicol Rev. 2005;24(3):205-14.

16. American Psychiatric Association, A. Diagnostic and statistical manual of mental disorders: DSM-5. 5th edition. Washington; 2013.

17. Brayfield A. Martindale: the complete drug reference. London: Pharmaceutical Press – Royal Pharmaceutical Society of Great Britain; 2014.

18. Nestler EJ, Barrot M, DiLeone RJ, Eisch AJ, Gold SJ, Monteggia LM. Neurobiology of depression. Neuron. 2002 Mar 28;34(1):13-25.

19. Schildkraut JJ. The catecholamine hypothesis of affective disorders: a review of supporting evidence. Am J Psychiatry. 1965 Nov;122(5):509-22.

20. Richelson E. Interactions of antidepressants with neurotransmitter transporters and receptors and their clinical relevance. J Clin Psychiatry. 2003;64 Suppl 13:5-12.

21. Richelson E. Pharmacology of antidepressants. Mayo Clinic Proceedings Mayo Clinic. 2001 May;76(5):511-27.

22. Cahn C. Roland Kuhn, 1912–2005. Neuropsychopharmacology – Nature Publishing Group. 2006;31:1096.

23. Brunton LL, Chabner B, Knollman BrC, Goodman LSPbot. Goodman & Gilman's The pharmacological basis of therapeutics. 12th ed. Editor, Laurence L. Brunton; associate editors, Bruce A. Chabner, Bjorn C. Knollmann. New York; London: McGraw-Hill; 2011.

24. Brasil. Relação Nacional de Medicamentos Essenciais: Rename 2013. In: Ministério da Saúde. Secretaria de Ciência, editor. 8th ed. Brasília; 2013.

25. Silva P. Farmacologia. Rio de Janeiro: Guanabara Koogan; 2010.

26. Moffat AC. Clarke's analysis of drugs and poisons : in pharmaceuticals, body fluids and postmortem material. 4th ed. Edited by Anthony C. Moffat, et al. London: Pharmaceutical Press; 2011.

27. Hiemke C, Hartter S. Pharmacokinetics of selective serotonin reuptake inhibitors. Pharmacol Ther. 2000 Jan;85(1):11-28.

28. Group DUA. Clomipramine dose-effect study in patients with depression: clinical end points and pharmacokinetics. Danish University Antidepressant Group (DUAG). Clin Pharmacol Ther. 1999 Aug;66(2):152-65.

29. Hicks JK, Swen JJ, Thorn CF, Sangkuhl K, Kharasch ED, Ellingrod VL, et al. Clinical Pharmacogenetics Implementation Consortium guideline for CYP2D6 and CYP2C19 genotypes and dosing of tricyclic antidepressants. Clin Pharmacol Ther. 2013 May;93(5):402-8.

30. Karch SB. Drug abuse handbook. 2nd ed. Boca Raton; London: CRC; 2007.

31. Hildebrandt MG, Steyerberg EW, Stage KB, Passchier J, Kragh-Soerensen P. Are gender differences important for the clinical effects of antidepressants? Am J Psychiatry. 2003 Sep;160(9):1643-50.

32. Lotrich FE, Pollock BG. Aging and clinical pharmacology: implications for antidepressants. J Clin Pharmacol. 2005 Oct;45(10):1106-22.

33. Eap CB, Baumann P. Analytical methods for the quantitative determination of selective serotonin reuptake inhibitors for therapeutic drug monitoring purposes in patients. J Chromatogr B Biomed Appl. 1996 Nov 8;686(1):51-63.

34. Cheer SM, Goa KL. Fluoxetine: a review of its therapeutic potential in the treatment of depression associated with physical illness. Drugs. 2001;61(1):81-110.

35. Vetulani J, Nalepa I. Antidepressants: past, present and future. Eur J Pharmacol. 2000 Sep 29;405(1-3):351-63.

36. Malberg JE, Blendy JA. Antidepressant action: to the nucleus and beyond. Trends Pharmacol Sci. 2005 Dec;26(12):631-8.

37. Yildiz A, Gönül A, L T. Mechanism of actions of antidepressants: beyond the receptors. Bulletin of Clinical Psychopharmacology. 2002;12(4):194-200.

38. Duman RS, Heninger GR, Nestler EJ. A molecular and cellular theory of depression. Arch Gen Psychiatry. 1997 Jul;54(7):597-606.

39. Frey BN, Fonseca MM, Machado-Vieira R, Soares JC, Kapczinski F. Neuropatological and neurochemical abnormalities in bipolar disorder. Rev Bras Psiquiatr. 2004 Sep;26(3):180-8.

40. Dwivedi Y, Rizavi HS, Conley RR, Roberts RC, Tamminga CA, Pandey GN. Altered gene expression of brain-derived neurotrophic factor and receptor tyrosine kinase B in postmortem brain of suicide subjects. Arch Gen Psychiatry. 2003 Aug;60(8):804-15.

41. Taylor C, Fricker AD, Devi LA, Gomes I. Mechanisms of action of antidepressants: from neurotransmitter systems to signaling pathways. Cell Signal. 2005 May;17(5):549-57.

42. Sproule BA, Naranjo CA, Brenmer KE, Hassan PC. Selective serotonin reuptake inhibitors and CNS drug interactions. A critical review of the evidence. Clin Pharmacokinet. 1997 Dec;33(6):454-71.

43. Stahl SM. Mechanism of action of serotonin selective reuptake inhibitors. Serotonin receptors and pathways mediate therapeutic effects and side effects. J Affect Disord. 1998 Dec;51(3):215-35.

44. Boyer EW, Shannon M. The serotonin syndrome. N Engl J Med. 2005 Mar 17;352(11):1112-20.

45. Rudorfer MV, Potter WZ. Metabolism of tricyclic antidepressants. Cell Mol Neurobiol. 1999 Jun;19(3):373-409.

46. Harrigan RA, Brady WJ. ECG abnormalities in tricyclic antidepressant ingestion. Am J Emerg Med. 1999 Jul;17(4):387-93.

47. Kerr GW, McGuffie AC, Wilkie S. Tricyclic antidepressant overdose: a review. Emerg Med J. 2001 Jul;18(4):236-41.

48. Glauser J. Tricyclic antidepressant poisoning. Cleve Clin J Med. 2000 Oct;67(10):704-6, 9-13, 17-9.

49. Ray WA, Meredith S, Thapa PB, Hall K, Murray KT. Cyclic antidepressants and the risk of sudden cardiac death. Clin Pharmacol Ther. 2004 Mar;75(3):234-41.

50. Roose SP. Treatment of depression in patients with heart disease. Biol Psychiatry. 2003 Aug 1;54(3):262-8.

51. Cohen HW, Gibson G, Alderman MH. Excess risk of myocardial infarction in patients treated with antidepressant medications: association with use of tricyclic agents. Am J Med. 2000 Jan;108(1):2-8.

52. Roose SP. Depression, anxiety, and the cardiovascular system: the psychiatrist's perspective. J Clin Psychiatry. 2001;62 Suppl 8:19-22; discussion 3.

53. Roose SP. Considerations for the use of antidepressants in patients with cardiovascular disease. Am Heart J. 2000 Oct;140 Suppl 4:84-8.

54. Glassman AH. Cardiovascular effects of antidepressant drugs: updated. J Clin Psychiatry. 1998;59 Suppl 15:13-8.

55. Goeringer KE, Raymon L, Christian GD, Logan BK. Postmortem forensic toxicology of selective serotonin reuptake inhibitors: a review of pharmacology and report of 168 cases. Journal of Forensic Sciences. 2000 May;45(3):633-48.

56. Messiha FS. Fluoxetine: adverse effects and drug-drug interactions. J Toxicol Clin Toxicol. 1993;31(4):603-30.

57. Rietjens SJ, Hondebrink L, Westerink RH, Meulenbelt J. Pharmacokinetics and pharmacodynamics of 3,4-methylenedioxymethamphetamine (MDMA): interindividual differences due to polymorphisms and drug-drug interactions. Crit Rev Toxicol. 2012 Nov;42(10):854-76.

58. Stokes PE, Holtz A. Fluoxetine tenth anniversary update: the progress continues. Clin Ther. 1997 Sep--Oct;19(5):1135-250

59. Spina E, Scordo MG, D'Arrigo C. Metabolic drug interactions with new psychotropic agents. Fundam Clin Pharmacol. 2003 Oct;17(5):517-38.

60. Cipriani A, Barbui C, Geddes JR. Suicide, depression, and antidepressants. BMJ. 2005 Feb 19;330(7488):373-4.

61. Licinio J, Wong ML. Depression, antidepressants and suicidality: a critical appraisal. Nat Rev Drug Discov. 2005 Feb;4(2):165-71.

62. Whittington CJ, Kendall T, Fonagy P, Cottrell D, Cotgrove A, Boddington E. Selective serotonin reuptake inhibitors in childhood depression: systematic review of published versus unpublished data. Lancet. 2004 Apr 24;363(9418):1341-5.

63. Karch SB. Postmortem toxlicology of abused drugs. New York: CRC Press; 2007. 216 p.

64. Shepherd MF, Lake KD, Kamps MA. Postmortem changes and pharmacokinetics: review of the literature and case report. Ann Pharmacother. 1992 Apr;26(4):510-4.

65. Moriya F, Hashimoto Y. Redistribution of basic drugs into cardiac blood from surrounding tissues during early--stages postmortem. Journal of Forensic Sciences. 1999 Jan;44(1):10-6.

66. Yarema MC, Becker CE. Key concepts in postmortem drug redistribution. Clin Toxicol (Phila). 2005;43(4):235-41.

67. Prouty RW, Anderson WH. The forensic science implications of site and temporal influences on postmortem blood-drug concentrations. Journal of Forensic Sciences. 1990 Mar;35(2):243-70.

68. Druid H, Holmgren P. Compilations of therapeutic, toxic, and fatal concentrations of drugs. J Toxicol Clin Toxicol. 1998;36(1-2):133-4; author reply 5-6.

69. Negrusz A, Cooper G. Clarke's analytical forensic toxicology. 2nd ed. London: Pharmaceutical Press; 2013.

70. McKinney PE, Phillips S, Gomez HF, Brent J, MacIntyre M, Watson WA. Vitreous humor cocaine and metabolite concentrations: do postmortem specimens reflect blood levels at the time of death? Journal of Forensic Sciences. 1995 Jan;40(1):102-7.

71. Gupta RN. Drug level monitoring: antidepressants. J Chromatogr. 1992 May 8;576(2):183-211.

72. Cook DS, Braithwaite RA, Hale KA. Estimating antemortem drug concentrations from postmortem blood samples: the influence of postmortem redistribution. J Clin Pathol. 2000 Apr;53(4):282-5.

73. Duverneuil C, Grandmaison GL, Mazancourt P, Alvarez JC. Liquid chromatography/photodiode array detection for determination of strychnine in blood: a fatal case report. Forensic Sci Int. 2004 Apr 20;141(1):17-21.

74. Walker V, Mills GA. Solid-phase extraction in clinical biochemistry. Ann Clin Biochem. 2002 Sep;39(Pt 5):464-77.

75. Huck CW, Bonn GK. Recent developments in polymer-based sorbents for solid-phase extraction. Journal of Chromatography A. 2000 Jul 14;885(1-2):51-72.

76. Petrides AK, Moskowitz J, Johnson-Davis KL, Jannetto PJ, Langman LJ, Clarke W, et al. The development and validation of a turbulent flow-liquid chromatography-tandem mass spectrometric method for the simultaneous quantification of citalopram, sertraline, bupropion and hydroxybupropion in serum. Clin Biochem. 2014 Oct;47(15):73-9.

77. Alves C, Santos-Neto AJ, Fernandes C, Rodrigues JC, Lancas FM. Analysis of tricyclic antidepressant drugs in plasma by means of solid-phase microextraction-liquid chromatography-mass spectrometry. J Mass Spectrom. 2007 Oct;42(10):1342-7.

78. Silva BJ, Lancas FM, Queiroz ME. Determination of fluoxetine and norfluoxetine enantiomers in human plasma by polypyrrole-coated capillary in-tube solid-phase microextraction coupled with liquid chromatography-fluorescence detection. Journal of Chromatography A. 2009 Dec 4;1216(49):8590-7.

79. Mastrogianni O, Theodoridis G, Spagou K, Violante D, Henriques T, Pouliopoulos A, et al. Determination of venlafaxine in post-mortem whole blood by HS-SPME and GC-NPD. Forensic Science International. 2012 Feb 10;215(1-3):105-9.

80. Oliveira AF, Figueiredo EC, Santos-Neto AJ. Analysis of fluoxetine and norfluoxetine in human plasma by liquid-phase microextraction and injection port derivatization GC-MS. J Pharm Biomed Anal. 2013 Jan 25;73:53-8.

81. Esrafili A, Yamini Y, Shariati S. Hollow fiber-based liquid phase microextraction combined with high-performance liquid chromatography for extraction and determination of some antidepressant drugs in biological fluids. Anal Chim Acta. 2007 Dec 5;604(2):127-33.

82. Freitas DF, Porto CE, Vieira EP, Siqueira ME. Three-phase, liquid-phase microextraction combined with high performance liquid chromatography-fluorescence detection for the simultaneous determination of fluoxetine and norfluoxetine in human plasma. J Pharm Biomed Anal. 2010 Jan 5;51(1):170-7.

83. Ghambarian M, Yamini Y, Esrafili A. Three-phase hollow fiber microextraction based on two immiscible organic solvents for determination of tricyclic antidepressant drugs: comparison with conventional three-phase hollow fiber microextraction. Journal of Chromatography A. 2012 Jan 27;1222:5-12.

84. Jafari MT, Saraji M, Sherafatmand H. Electrospray ionization-ion mobility spectrometry as a detection system for three-phase hollow fiber microextraction technique and simultaneous determination of trimipramine and desipramine in urine and plasma samples. Analytical and Bioanalytical Chemistry. 2011 Apr;399(10):3555-64.

85. Filonzi M, Ferri CC, Seulin SC, Leyton V, Pasqualucci CAG, Muñoz DR, et al. Determination of antidepressants in whole blood using hollow-fiber liquid-phase microextraction and gas chromatography–mass spectrometry. Forensic Toxicol. 2014;32(2):214-24.

86. Pedersen-Bjergaard S, Rasmussen KE. Bioanalysis of drugs by liquid-phase microextraction coupled to separation techniques. J Chromatogr B Analyt Technol Biomed Life Sci. 2005 Mar 5;817(1):3-12.

87. Khraiwesh A, Papoutsis I, Nikolaou P, Pistos C, Spiliopoulou C, Athanaselis S. Development and validation of an EI-GC/MS method for the determination of sertraline and its major metabolite desmethyl-sertraline in blood. J Chromatogr B Analyt Technol Biomed Life Sci. 2011 Sep 1;879(25):2576-82.

CAPÍTULO 18

CIANETO E MONÓXIDO DE CARBONO

Murilo Pazin Silva

Heloísa Helena Vilela Costa

Daniel Junqueira Dorta

18.1 Resumo

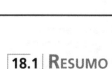

Neste capítulo serão abordados pontos importantes relacionados a dois compostos com propriedades tóxicas aos quais podemos estar expostos. Um desses agentes é o cianeto, o qual se refere ao composto que possui em sua estrutura molecular um grupo ciano, cuja estrutura consiste em um carbono com uma tripla ligação ao nitrogênio (CN^-). Já o monóxido de carbono (CO) é um óxido de carbono diatômico, que consiste em um átomo de carbono e um de oxigênio unidos por duas ligações covalentes e uma covalente dativa. Diferentes cenários podem nos colocar em contato com esses dois compostos, principalmente a inalação de fumaça oriunda de incêndios, escapamentos automotivos e cigarros. O contato com o cianeto pode ocorrer pelas vias aéreas, do trato gastrointestinal e dérmica; já a exposição ao CO ocorre somente por sua inalação. Além das diferentes formas de exposição, abordaremos as propriedades físico-químicas, bem como a toxicocinética (absorção, distribuição e eliminação) de cada composto. Com relação ao mecanismo de ação, ambos os compostos causam prejuízos na respiração celular aeróbia, contudo o sítio-alvo principal pode ser diferente. Pela necessidade de grande aporte sanguíneo, o cérebro e o coração representam os órgãos mais afetados pela hipóxia gerada por esses agentes tóxicos. Os primeiros cuidados a serem fornecidos às vítimas de uma intoxicação são: encerrar a exposição e realizar a manutenção das funções vitais, além dos tratamentos específicos para cada composto que também serão contemplados no decorrer deste capítulo.

18.2 Cianeto

18.2.1 Introdução

O termo cianeto refere-se ao composto que possui em sua estrutura molecular um grupo ciano, cuja estrutura consiste em um carbono com uma tripla ligação ao nitrogênio (CN^-), podendo estar no estado sólido (na forma de sal), líquido ou como um gás. O cianeto é um composto ubíquo no meio ambiente e pode ser encontrado sozinho, na forma de íon cianeto ou em combinação com outros compostos orgânicos ou inorgânicos, tais como glicosídeos cianogênicos, hidrogênio, potássio, sódio, ferro, entre outros [1].

Os compostos que contêm cianeto são utilizados em diversos setores da indústria, por exemplo, o cianeto de hidrogênio (HCN), o qual é um importante produto químico industrial e cuja produção mundial consiste em mais de 1 milhão de toneladas por ano. O HCN é produzido industrialmente por reação de metano e amoníaco em ar a temperatura elevada. Existem muitas utilizações para cianeto de hidrogênio, principalmente na manufatura de produtos químicos, têxteis, papéis, plásticos, soluções fotográficas e no processamento de metais (por exemplo, galvanoplastia). Outros compostos muito utilizados são os sais de cianeto, cianeto de sódio (NaCN) e o cianeto de potássio (KCN), os quais são produzidos a partir do cianeto de hidrogênio e utilizados como raticidas, além do fato de que NaCN ainda é utilizado para extrair o ouro e prata a partir de minérios [2,3].

Adicionalmente, além de sua utilização industrial, o cianeto pode ser liberado mediante processos naturais no meio ambiente, como vulcanismo e queima de matéria orgânica; ou ainda encontrado naturalmente em alimentos como mandioca, soja, amêndoas amargas, brotos de bambu, espinafre, sorgo, caroços de pêssego e sementes de damasco [4]. Felizmente, as partes dessas plantas que servem de alimentos contêm quantidades relativamente baixas de cianeto [5].

Entretanto, um desses alimentos, a mandioca, é vital para cerca de 500 milhões de pessoas e contém as maiores quantidades de compostos cianogênicos. A raiz da mandioca, principal parte comestível dessa planta, contém linamarina, um glicosídeo cianogênico que é facilmente hidrolisado pela enzima linamarase (β-glicosidase) e libera o HCN. Apesar de o HCN poder ser facilmente removido durante o processamento de mandioca, o cianeto liberado da linamarina residual (glicosídeo cianogênico) é associado ao bócio em populações com deficiência de iodo após a ingestão crônica de produtos alimentícios à base de mandioca, pois após ser metabolizado o cianeto compete com a captação de iodo na tireoide e compromete a produção dos hormônios tiroidianos (T_3 e T_4) [4,6].

Pelo fato de o cianeto ser amplamente utilizado em processos antropogênicos e ser encontrado no meio ambiente, a exposição a ele pode ocorrer em diversos cenários. Esse contato pode ocorrer no ambiente ocupacional, entretanto isso ocorre com menor frequência, pois existe uma regulamentação que limita os níveis seguros de exposição aos funcionários – níveis sem efeitos nocivos à saúde [2]. Outra fonte que expõe os indivíduos a compostos cianogênicos é a ingestão de alimentos que os contenham. Entretanto, atualmente, a causa mais comum de intoxicação por cianeto é pela inalação da fumaça de incêndios, sejam domésticos ou industriais [3]. Haja vista que, diferentemente do que é entendido pela população em geral, a principal causa de morte em incêndios não são as queimaduras em geral, e sim a inalação de fumaça, compreendendo cerca de 60% a 80% dos óbitos imediatos [7].

Durante esses incêndios pode ocorrer uma combustão incompleta de materiais à base de nitrogênio e carbono, os quais, em grandes quantidades, produzem o cianeto de hidrogênio quando a temperatura atinge 315ºC [8]. Esses incêndios têm se tornado cada vez mais perigosos por causa das fontes de exposição e o surgimento de grande variedade de substratos que são consumidos durante a combustão, tais como materiais plásticos e outros polímeros, papéis, fibras sintéticas, algodão, lã e seda – compostos esses que são capazes de produzir altas concentrações de cianeto de hidrogênio (Quadro 18.1) [9]. As quantidades de cianeto produzidas dependem do material queimado: o algodão libera 130 µg HCN/g, o papel 1.100 µg HCN/g e a lã 6.300 µg HCN/g [8].

Quadro 18.1 Fontes de exposição ao cianeto

FONTES ANTROPOGÊNICAS	FONTES NATURAIS	FONTES AMBIENTAIS	FONTES IATROGÊNICAS*
Produtos sintéticos: *rayon*, *nylon*, espumas de poliuretano e resinas adesivas Inseticidas Soluções fotográficas Materiais de polimento de metais Produtos de limpeza de joias Acetonitrila Materiais de galvanoplastia	Vulcanismo Mandioca Soja Amêndoas Brotos de bambu Caroços de pêssego Sementes de damasco	Inalação de fumaça de incêndios em espaço fechado	Infusão de nitroprussiato de sódio

* Fontes iatrogênicas: exposição resultante de um tratamento médico.

Fonte: modificado de [10].

Além da emissão de cianeto em incêndios, outra fonte de exposição importante é a fumaça de cigarros e de escapamentos de automóveis [2]. Fumantes e pessoas expostas passivamente ao fumo do tabaco formam um subconjunto da população em geral que pode ser exposta a níveis elevados de HCN. Os fumantes podem ser expostos a 10-400 mg de HCN por cigarro, enquanto que os não fumantes expostos à fumaça lateral podem ser expostos a 0,06-108 µg HCN por cigarro [5].

Além das fontes de exposição supracitadas, a intoxicação por cianeto pode ser intencional, como em casos de suicídio, assassinato e terrorismo [11]. Sua utilização bélica foi relatada durante a Primeira Guerra Mundial, e o envenenamento por cianeto também foi empregado nos assassinatos coletivos nos campos de concentração durante a Segunda Grande Guerra, destacando-se entre estes os campos de Dachau e de Auschwitz. Mesmo com essa utilização bélica conhecida, formular cianeto como arma química efetiva é difícil pelo fato de ser altamente volátil e quimicamente instável. Entretanto, ainda há uma grande preocupação com esse composto diante da enorme quantidade utilizada pela indústria química e possível uso em ataques terroristas [12].

Além da importância das fontes de exposição, as vias de introdução são outro fator importante quando se trata da intoxicação por cianeto. O contato com o cianeto pode ocorrer por diferentes vias: aéreas, do trato gastrointestinal (TGI) e dérmica, sendo que essas vias podem influenciar na gravidade da intoxicação. Os efeitos adversos para a saúde que podem ocorrer dependem de vários fatores, incluindo a quantidade (dose), a forma e a duração da exposição, a forma do produto químico e se ocorre alguma interação com outros produtos químicos [2].

A intoxicação por cianeto, embora menos frequente do que por monóxido de carbono (CO), apresenta periculosidade muito elevada, uma vez que evidências toxicológicas sugerem que o cianeto é tão importante quanto o CO para casos de morbidade e mortalidade, por causa da inalação de fumaça em muitos incêndios [3]. Geralmente, quando há presença de cianeto em um incêndio, ele pode ser encontrado em concentrações tóxicas no sangue das vítimas, podendo ser letal. Uma vez na corrente sanguínea, o cianeto reage rapidamente com os metais, tais como íons férricos, ligando-se e bloqueando diversas cascatas enzimáticas, levando à insuficiência no sistema nervoso central e cardiovascular [10].

A identificação, diagnóstico e tratamento de envenenamento por CO em lesões por inalação de fumaça estão bem documentados. Em contraste, os dados de uma intoxicação por CN ainda possuem algumas lacunas, principalmente com relação ao tratamento adequado [3]. Assim, vamos ver a seguir como o cianeto age, analisando-o de modo a compreender seu mecanismo de ação, bem como suas propriedades físico-químicas, toxicocinética, efeitos tóxicos e tratamento.

18.2.2 Propriedades físico-químicas

Há diversos compostos que podem estar associados ao cianeto. Portanto, para facilitar sua identificação, na Tabela 18.1 constam os principais compostos encontrados em conjunto com cianeto.

Tabela 18.1 Cianeto e os principais compostos encontrados em conjunto com ele, outras nomenclaturas, pesos e fórmulas moleculares

COMPOSTO	OUTROS NOMES	PESO MOLECULAR	FÓRMULA MOLECULAR
Íon cianeto	Isocianato, ânion cianeto, ânion nitrilo	26,02	CN^-
Cianeto de hidrogênio	Ácido cianídrico, ácido prússico, nitrilo fórmico	27,02	HCN
Cianeto de potássio	–	65,12	KCN
Cianeto de sódio	–	49,01	NaCN
Cianeto de ferro	Cianeto férrico	133,90	FeC_3N_3
Cianeto de cádmio	–	164,44	CdC_2N_2
Cianeto de prata	–	133,88	AgCN
Cianeto de amônio	–	44,056	CH_4N_2
Cianeto de benzilo	Benzenoacetonitrilo	117,15	C_8H_7N

(*continua*)

Tabela 18.1 Cianeto e os principais compostos encontrados em conjunto com ele, outras nomenclaturas, pesos e fórmulas moleculares (*continuação*)

COMPOSTO	OUTROS NOMES	PESO MOLECULAR	FÓRMULA MOLECULAR
Cianeto de trimetilsililo	CianotrimetilsilanoTMSCN	99,21	C_4H_9NSi
Cianeto de carbonila m--clorofenil-hidrazona	CCCP	204,62	$C_9H_5ClN_4$
4-clorobenzil cianeto	p-clorobenzil cianeto	151,60	C_8H_6ClN

Fonte: extraído de [13].

Por causa da grande quantidade de compostos que podem estar associados ao cianeto, a abordagem das propriedades físico-químicas será focada no cianeto de hidrogênio, principal composto precursor do íon cianeto, por sua grande utilização industrial e por ser o composto cianogênico mais encontrado em casos de acidentes e atentados intencionais contra a vida utilizando o cianeto. Vale ainda ressaltar que todos os compostos cianogênicos, quando entram no organismo, liberam o íon cianeto (CN^-), o qual irá exercer sua ação sobre esse organismo.

18.2.2.1 Cianeto de hidrogênio

O HCN ocorre naturalmente em todo o ambiente em baixos níveis, uma vez que é encontrado em certas plantas, fungos e bactérias, além de ser liberado em erupções vulcânicas e queima de biomassa [5]. É um composto incolor ou azul-claro e pode ser encontrado na forma líquida ou gás, pois é extremamente volátil (ponto de ebulição = 25,7 °C; ponto de fusão = –13,4 °C), podendo emitir vapores tóxicos mesmo em baixas temperaturas, desprendendo um forte odor de amêndoa amarga. O HCN na forma líquida apresenta densidade de 0,696, e seus vapores, de 0,968 [4].

O cianeto de hidrogênio é miscível em água e, quando dissolvido, se dissocia gerando um ácido fraco com um pKa de 9,2, sendo que, dependendo do pH e temperatura, pode estar na forma de HCN ou do íon cianeto. Em solução em condições fisiológicas, a maioria do HCN está presente sob a forma não dissociada [4].

Na estrutura básica do cianeto – grupamento ciano – o carbono faz uma tripla ligação com o nitrogênio, a qual pode ser hidrolisada rapidamente por uma base ou ácido forte, gerando ácido fórmico e amônia [14].

18.2.3 Toxicocinética

O cianeto tem uma curva dose-resposta indicativa de rápido efeito em um pequeno intervalo de dose, todavia o organismo consegue se desintoxicar sob ação de pequenas doses sem causar quaisquer efeitos futuros [14]. Mas, para compreender esse mecanismo de dose-resposta, antes é necessário entender como o cianeto se desloca dentro do corpo.

18.2.3.1 Absorção

Estudos disponíveis mostram que a absorção do cianeto é rápida e extensa, podendo ocorrer por via oral, inalatória ou dérmica. A absorção oral ocorre facilmente, pois, como o HCN é um ácido fraco (pKa 9,2), o meio ácido do estômago favorece a forma não ionizada, assim como em condições neutras de pH, o que favorece a passagem através de membranas biológicas. Os sais cianogênicos de sódio (NaCN) e potássio (KCN) se dissociam rapidamente em água e, assim, liberam o grupamento ciano, o qual produzirá o HCN. Portanto, o HCN e os sais dissociados de sódio e de potássio são predominantemente presentes na forma de HCN no pH ácido do estômago e do TGI. Por conseguinte, esses compostos são absorvidos por difusão passiva através da matriz lipídica das microvilosidades intestinais, podendo essa absorção ser retardada pela presença de alimentos. Por sua solubilidade lipídica moderada e pequeno tamanho da molécula, também é indicado que o HCN atravessa membranas mucosas com facilidade e, portanto, é rapidamente absorvido após a inalação [2].

Com relação à absorção cutânea, o HCN também consegue passar por essa camada lipídica, em menor quantidade quando comparado com as outras duas vias. Porém, se a integridade física dessa região for comprometida pela corrosão causada pelos sais, KCN e NaCN, pode ser aumentada a absorção cutânea [4,9]. Em suma, a intoxicação, seja via intravenosa ou inalatória, produz início mais rápido dos sinais e sintomas que a ingestão oral, pois as duas primeiras rotas fornecem rápida difusão e distribuição direta aos órgãos-alvo através da corrente sanguínea [10].

18.2.3.2 Distribuição

O cianeto se distribui de forma rápida e uniforme por todo o corpo após a absorção, sendo que o HCN entra na circulação sistêmica imediatamente quando inalado ou dermicamente absorvido [15]. Após a absorção, o cianeto desaparece rapidamente da corrente sanguínea, pois possui uma meia-vida alfa que varia de uma a três horas – tempo necessário para que metade da concentração do composto seja distribuída do plasma para os tecidos [16].

Dados qualitativos e quantitativos disponíveis são limitados em relação à distribuição de cianeto aos tecidos e em seres humanos, porém há relatos de mortes por cianeto, em que este foi encontrado nos pulmões, coração, sangue, rins, baço e cérebro de seres humanos [17]. Além disso, Knowles e Bain [18] avaliaram a relação entre as concentrações sanguíneas de cianeto e exposições rápidas acidentais a níveis letais de HCN em relatos de casos humanos, sendo que concentrações de cianeto no ar de > 300 ppm (333 mg/m^3 HCN), > 200 ppm (222 mg/m^3 HCN), > 100 ppm (111 mg/m^3 HCN), e > 50 ppm (55 mg/m^3 HCN) correspondiam a > 10, 8-10, 3-8, e 2-4 mg/L de cianeto na corrente sanguínea, respectivamente. Pode haver uma pequena variação na correlação dessas concentrações por causa da susceptibilidade individual e os diferentes tempos de exposição.

Há ainda estudos com animais indicando que, além de se distribuir para os diversos tecidos do corpo, o cianeto pode atravessar a barreira placentária e também pode ser encontrado em leite materno [4].

18.2.3.3 Metabolismo e excreção

A principal via de metabolização do cianeto ocorre no fígado, pela ação da enzima rodanase (cerca de 80%), a qual é responsável pela conversão do cianeto a um composto menos tóxico, o tiocianato (SCN). Essa enzima catalisa a transferência de um átomo de enxofre do tiossulfato – principal doador endógeno de enxofre – para o cianeto, podendo essa doação ser proveniente também da glutationa e cistina [5]. O metabolismo do cianeto pela rodanase exibe uma cinética de ordem zero, e a concentração de moléculas doadoras do enxofre é o fator limitante da velocidade da reação. Embora a reação da rodanase com cianeto seja irreversível, o tiocianato pode ser convertido de volta a cianeto e sulfato pela ação da enzima tiocianato oxidase [4].

O tiocianato formado como produto da reação entre cianeto e rodanase é excretado principalmente por meio dos rins, independentemente da via pela qual foi absorvido. Entretanto, esse mecanismo é oprimido por altas doses de cianeto em virtude de uma intoxicação aguda ou em pacientes com função renal diminuída [10]. Outro fator importante é que os níveis séricos e urinários de tiocianato são geralmente cerca de duas a cinco vezes maiores em fumantes em relação aos não fumantes, o que comprova uma exposição ao cianeto significativamente elevada por meio da fumaça do tabaco [19].

Uma via secundária de metabolização é através da conjugação do cianeto com a cisteína, formando o 2-aminotiazolina-4-ácido carboxílico e o 2-iminotiazolidina-4-ácido carboxílico. Além dos mecanismos supracitados, pequenas quantidades de cianeto também são convertidas em dióxido de carbono no ar expirado ou excretado como HCN no ar expirado (4,17). O mecanismo completo do metabolismo do cianeto pode ser visualizado na Figura 18.1.

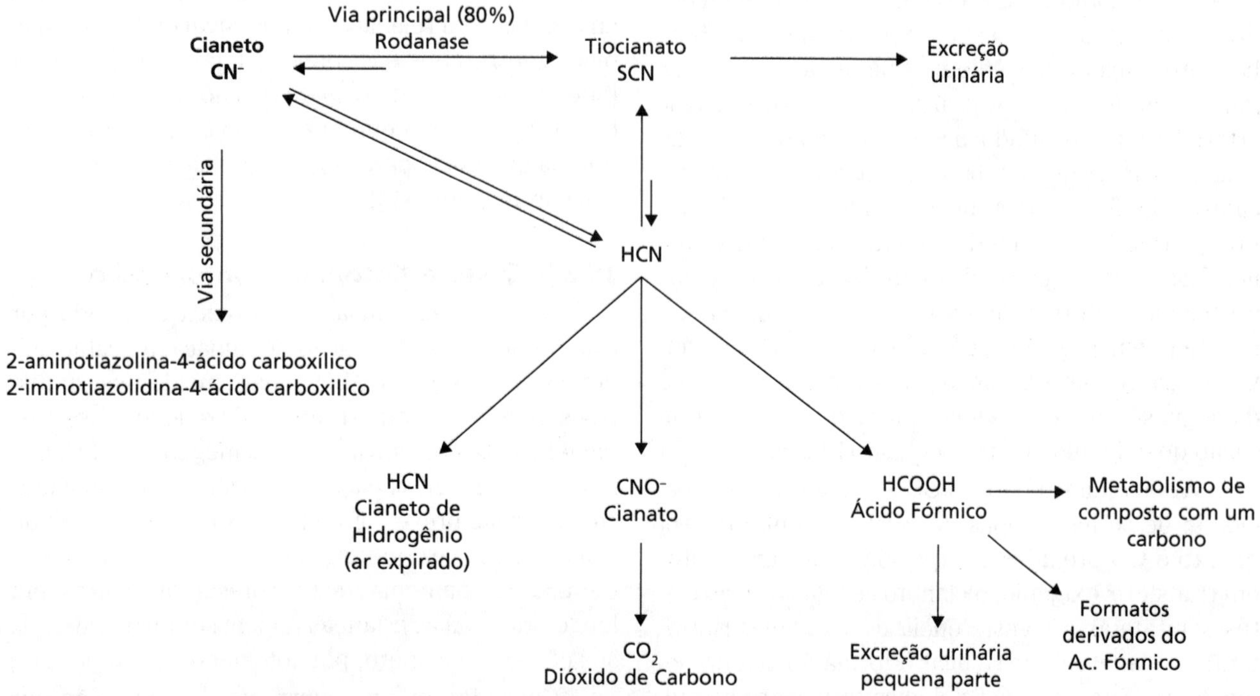

Figura 18.1 Vias metabólicas do cianeto.

Fonte: adaptado de [17] e [4].

No caso de compostos que liberam cianeto apenas quando são metabolizados, o início da toxicidade do cianeto pode ser atrasado por horas por causa dessa metabolização, como ocorre após a ingestão de nitrilos [9]. Complementarmente, o cianeto tem uma meia-vida de 44 horas, que está relacionada com a excreção de metade da concentração do composto do organismo [16].

18.2.4 Toxicodinâmica

A toxicidade do cianeto é em grande parte atribuída à cessação de metabolismo celular aeróbio. O cianeto causa hipóxia intracelular por ligação reversível ao grupamento heme a3 na citocromo c oxidase (CCO) nas mitocôndrias. A CCO, também chamada de Complexo IV mitocondrial, é um complexo enzimático necessário para a redução do oxigênio a água durante o processo de fosforilação oxidativa realizado na membrana interna mitocondrial. A ligação do cianeto ao íon férrico na CCO inibe essa enzima terminal da cadeia respiratória e impede o transporte de elétrons, interrompendo a fosforilação oxidativa. Esse comprometimento nessa cascata de reações pode ser fatal se não for revertido, pois a fosforilação oxidativa é essencial para a síntese de adenosina-trifosfato (ATP) e a continuação da respiração celular [10].

Após essa interação do cianeto, o fornecimento de ATP é esgotado e as mitocôndrias não podem utilizar o oxigênio a que estão expostas, pois, embora haja presença de oxigênio no sangue, as células são impedidas de extrair e utilizar oxigênio do sangue arterial. Como resultado, o metabolismo realiza a glicólise por meio do metabolismo anaeróbico, um mecanismo ineficaz para as necessidades energéticas, e produz lactato, resultando em uma acidose metabólica. Essa baixa capacidade de utilização do oxigênio associada à interrupção da respiração celular aeróbica também leva a um acúmulo de oxigênio na oferta venosa. Nessa situação, o problema não é a chegada de oxigênio até as células, mas a excreção e utilização de oxigênio em nível celular [12,20].

A semelhança entre o CO e o cianeto é a capacidade de se ligar a íons de ferro. No entanto, enquanto o CO prejudica a capacidade dos eritrócitos em transferir oxigênio, o cianeto se liga aos eritrócitos sem afetar a transferência de oxigênio. Entretanto, o cianeto pode se ligar à forma férrica de hemoglobina (uma forma fisiológica transiente de metemoglobina), que representa normalmente de 1% a 2% de toda a hemoglobina. A ligação de cianeto nessa forma férrica faz com que esse tipo de hemoglobina seja incapaz de transportar oxigênio [21].

Ambos, CO e cianeto, afetam as mitocôndrias através da ligação à CCO. O local ativo (ligado ao oxigênio) da CCO é binuclear, composto por heme a3 e Cu_B, sendo que o CO se liga à forma reduzida da CCO e o cianeto liga-se tanto à forma reduzida do heme (Fe^{2+}) quanto ao heme oxidado (Cu_B^{2+}) [8].

Além do comprometimento na oferta de oxigênio, alguns pesquisadores descreveram uma via para a geração de espécies reativas de oxigênio (ERO) e estresse oxidativo induzido por cianeto. Eles correlacionaram o aumento nas concentrações de ERO com um aumento na concentração de cálcio intracelular e uma inibição no sistema de enzimas antioxidantes presente no sistema nervoso central. No cérebro, após a administração subcutânea de cianeto de potássio em ratos, o cianeto elevou os níveis de produtos da peroxidação de lipídios. Essa observação sugere que a interação do cianeto com a fosforilação oxidativa gera aumento do número de radicais livres, provavelmente elevando o vazamento de elétrons dos complexos respiratórios [12,22-23].

Alguns pesquisadores encontraram resultados em seus estudos comprovando que o cianeto não tem indicações estruturais para a reatividade direta com DNA, todavia os radicais livres formados podem interagir com o material genético. Além disso, soluções de cianeto de sódio e de potássio foram analisadas com relação a um possível efeito mutagênico e, entretanto, esse efeito também não foi detectado. Sendo assim, o cianeto não foi classificado como carcinógeno humano, uma vez que não há nenhuma evidência para sugerir que ele possua potencial carcinogênico [2].

18.2.5 Sinais e sintomas da intoxicação

As possíveis causas de intoxicação aguda por cianeto podem ser inalação de fumaça, ingestão acidental, exposição ocupacional, incidentes industriais, homicídios ou tentativas de suicídio, terrorismo e ingestão de substâncias cianogênicas [11]. Geralmente essa intoxicação não ocorre após uma única exposição breve com uma baixa concentração de cianeto, uma vez que, nesse caso, o indivíduo recupera-se rapidamente, sem apresentar efeitos em longo prazo. Já as crianças podem ser mais sensíveis aos efeitos de cianeto, por seu menor tamanho [2].

Contudo, quando ocorre essa intoxicação por cianeto, o desenvolvimento da toxicidade é geralmente rápido, a uma velocidade que depende da via de administração, da quantidade e de qual composto contendo cianeto é a causa da intoxicação. A exposição a doses elevadas, particularmente por inalação ou ingestão, pode produzir sintomas quase imediatamente e resultar em morte em cerca de minutos [24].

Há ainda relatos de casos em que a progressão dos sintomas foi mais lenta e houve sobrevivência por várias horas, aumentando as chances de ocorrer um tratamento eficaz. Como citado no tópico 18.2.3, sobre a toxicocinética de cianeto, a absorção deste pode ser retardada por fatores como presença de alimentos no TGI e metabolização desses compostos. Portanto, existe uma janela de tempo para a intervenção médica efetiva, ainda que estreita [9].

A apresentação clássica da intoxicação por cianeto é hipóxia sem evidência de cianose, sendo que, quando esta ocorre agudamente, os órgãos mais afetados são o cérebro e o coração, graças à sua grande demanda de oxigênio. Além disso, pode-se observar uma coloração vermelho-viva nas veias da retina, por causa da concentração de oxigênio sanguíneo elevado. Após a intoxicação podem aparecer diversas manifestações clínicas, que podem ser separadas em dois tipos: manifestações leves e manifestações graves – ver Quadro 18.2 [9,20].

Quadro 18.2 Sinais e sintomas de uma intoxicação aguda por cianeto

MANIFESTAÇÕES LEVES	MANIFESTAÇÕES GRAVES
Fraqueza	Consciência alterada
Sudorese	Tremores
Desmaio	Apreensão
Rubor	Depressão respiratória
Ansiedade	Parada respiratória
Sonolência	Arritmia cardíaca
Vertigem	Colapso cardiovascular
Cefaleia	Parada cardíaca
Transpiração	Convulsões
Dispneia	Coma
Taquipneia	
Taquicardia	

Há ainda relatos de que uma intoxicação grave após a ingestão de sais de sódio ou potássio pode causar deficiências neurológicas e resultar em parkinsonismo. Embora seja observada a ocorrência de melhorias nessas condições clínicas após o tratamento adequado, algumas dessas características podem persistir [2].

Uma característica peculiar com relação à contaminação por cianeto é o odor de amêndoa amarga, o qual é exalado na respiração das vítimas ou de seu conteúdo gástrico; a ausência desse parâmetro, todavia, não descarta a intoxicação por cianeto, em razão de dois fatores. Primeiramente, metade da população não possui o gene responsável pela detecção do odor de amêndoa amarga; e o odor de amêndoa amarga pode ser mascarado pelo odor de fumaça em caso de inalação desta [24].

18.2.5.1 Diagnóstico

Dada a ausência de um teste rápido para detecção de intoxicação aguda por cianeto no sangue, o diagnóstico é feito com base na apresentação clínica e no índice de suspeita (ocupação do paciente, o estado mental deste antes do contato com o cianeto e a localização e circunstâncias da intoxicação). Além da análise dos sinais e sintomas característicos em uma intoxicação por cianeto, alterações em fatores bioquímicos também podem ajudar no diagnóstico, porém esses testes são mais demorados e o tratamento em casos graves deve ser iniciado antes da análise bioquímica [9].

Como supracitado, a intoxicação por cianeto compromete a utilização de oxigênio na produção de ATP, e o organismo utiliza uma via anaeróbica para produção deste. Essa via anaeróbica gera uma grande quantidade de lactato, e isso possibilita que, a partir de uma dosagem desse produto do metabolismo anaeróbico, a intoxicação seja detectada. Portanto, níveis plasmáticos de lactato elevados ($\geq$ 8 mmol/L) podem ser indicativo de intoxicação por cianeto [9]. No entanto, deve-se ter em mente que a acidose láctica não é exclusiva para intoxicação por cianeto, pois em casos de inalação de fumaça em incêndios pode haver a presença de CO, o qual, além de se ligar à hemoglobina, liga-se também à mioglobina, causando uma acidose metabólica. Isso pode ser um fator de confusão nesse ambiente, que pode conter esses dois compostos [1].

Outro fator que auxilia no diagnóstico desse tipo de intoxicação é uma elevada concentração de oxigênio venoso indicado por gasometria, a qual é calculada pela diferença arteriovenosa de saturação de oxigênio, considerado positivo se for acima de 10 mmHg [9]. Essas ferramentas de análise bioquímica são muito importantes, embora seja pouco provável que estejam disponíveis no local do incidente, e o resultado laboratorial pode demorar muito e ser tarde demais para que ocorra intervenção médica.

Os desafios no reconhecimento de intoxicação por cianeto podem ser aumentados em eventos com múltiplas vítimas, tais como acidentes e ataques terroristas. Um diagnóstico confirmando a intoxicação por cianeto pode ser equivocado se analisar apenas os sintomas iniciais inespecíficos, tais como tonturas, fraqueza, sudorese e taquipneia, que são comumente observados nessas ocasiões. Todavia, o contrário também pode ocorrer, supondo-se ser apenas uma histeria em massa, quando na verdade são sintomas decorrentes da contaminação por cianeto. Os sintomas de desconforto respiratório e outros achados inespecíficos em um possível incidente em massa devem apenas direcionar uma busca por outros sinais físicos, como midríase, estado mental alterado e instabilidade hemodinâmica, a fim de aumentar a confiança no diagnóstico [9].

18.2.6 Tratamento

Os primeiros cuidados que se deve ter após uma intoxicação por cianeto são encerrar a exposição e realizar a manutenção das funções vitais. Como esse envenenamento pode culminar rapidamente em incapacitação e morte, o reconhecimento imediato da intoxicação por cianeto e início precoce do tratamento são necessários para salvar vidas e reduzir a morbidade [9].

Quando ocorrer uma intoxicação branda e houver aparecimento apenas dos sintomas sistêmicos leves, deve-se realizar apenas uma descontaminação e manutenção das funções vitais. Entretanto, quando surgirem sintomas graves (coma, insuficiência respiratória, parada cardíaca, entre outros) há a necessidade da administração de um antídoto, além de suporte com cuidados intensivos [20].

18.2.6.1 Descontaminação

Para encerrar a exposição ao cianeto, deve-se remover o indivíduo do ambiente contaminado, no caso de introdução por inalação. Em casos de contato cutâneo, deve-se realizar a retirada da roupa contaminada e descontaminação do local realizando lavagem com água e sabão [10].

Quando essa intoxicação ocorre via TGI, deve ser feita lavagem gástrica e administração de carvão ativado. Entretanto, o carvão ativado é indicado apenas se o paciente estiver consciente e o tempo estiver dentro de uma hora após a suspeita de ingestão oral. Embora possa não ser muito eficaz contra a intoxicação por causa da elevada potência de cianeto, o rápido início de toxicidade e o pequeno tamanho das moléculas de cianeto, o carvão ativado pode ser útil em indivíduos que possam ter ingerido outro toxicante além de cianeto [20].

18.2.6.2 Cuidados básicos à vítima

Existem basicamente dois cuidados que devem ser seguidos para o suporte básico à vida após uma intoxicação por cianeto: manutenção da respiração e da circulação sanguínea. Para manutenção da respiração, normalmente é administrado oxigênio a 100%, sendo essa medida vista como um importante componente da assistência básica à vítima. Mesmo que em uma intoxicação por cianeto haja deficiência na utilização de oxigênio, há uma hipótese de que o aumento da oferta de oxigênio pode aumentar a excreção respiratória de cianeto, reativar enzimas mitocondriais inibidas por cianeto e ativar diferentes sistemas oxidativos mitocondriais, como a CCO [10,25].

Embora esse procedimento não seja tão eficaz para a intoxicação por cianeto, em casos de introdução pelas vias aéreas, esse protocolo deve ser seguido por causa da grande chance de estar ocorrendo uma contaminação concomitante com o CO, uma vez que a administração de oxigênio é a mais indicada para esses casos. Nos casos mais graves de intoxicação, deve ser realizado um suporte mais avançado, o qual inclui intubação endotraqueal para pacientes comatosos, infusão de adrenalina para o colapso cardiovascular, bicarbonato de sódio para tratar a acidose metabólica, além da utilização de anticonvulsivantes para quando aparecer esse tipo de manifestação [10,25].

18.2.6.3 Terapia antidotal

Dois antídotos para intoxicação por cianeto são os mais utilizados em diversos países, principalmente nos Estados Unidos. São eles: o *kit* de antídoto contra cianeto (KAC), que tem sido utilizado há muitas décadas; e a hidroxocobalamina, que tem sido utilizada em diversos países há mais de trinta anos e foi regulamentada em 1996 na França e em 2006 nos Estados Unidos. Uma compreensão de ambos os antídotos disponíveis e seus respectivos benefícios, contraindicações, efeitos colaterais e requisitos de monitoramento é essencial para o cuidado e a gestão adequada dos pacientes com envenenamento agudo por cianeto [10,26].

Além desses dois antídotos clássicos, outras alternativas são estudadas para o tratamento contra intoxicação por cianeto. Uma delas é o uso da melatonina. Yamamoto e Tang [22] descobriram que a melatonina não só reduziu a quebra lipídica induzida por cianeto no cérebro como também reduziu a taxa de mortalidade de animais expostos ao agente letal. O mecanismo de proteção de 6-hidroximelatonina em dano tecidual é atribuído à eliminação direta de radicais livres e consequente aumento na capacidade de antioxidante [27].

Em uma combinação de ensaios *in vitro* e *in vivo*, descobriu-se também que a melatonina possui a capacidade de limitar danos mediados por cianeto no DNA mitocondrial do cérebro, uma vez que o cianeto não apresenta reatividade com o DNA, mas o estresse oxidativo gerado pode interferir com o material genético [28]. Em outro estudo, a morte celular na substância nigra de ratos, induzida por cianeto de potássio, foi atenuada administrando-se melatonina [29]. Entretanto vale ressaltar que a melatonina não substituiria os antídotos clássicos, mas auxiliaria no tratamento prevenindo efeitos nocivos, principalmente sobre o estado oxidativo celular.

18.2.6.4 Kit *de antídoto contra cianeto (KAC)*

Baseado em estudos com animais e relatórios clínicos feitos por Chen e Rose em meados do século XX, o KAC tem sido usado há décadas para tratar a intoxicação por cianeto. As taxas de mortalidade nos Estados Unidos associadas ao envenenamento por cianeto têm diminuído desde a década de 1930, provavelmente por causa do uso do KAC. Esse *kit* é composto de três medicamentos administrados em conjunto visando um efeito sinérgico: nitrito de amila, nitrito de sódio e tiossulfato de sódio. O nitrito de amila é administrado por inalação por cerca de quinze a trinta segundos, enquanto o acesso intravenoso é estabelecido. Então, são administrados o nitrito de sódio por via intravenosa durante três a cinco minutos e, em seguida, a injeção de tiossulfato de sódio pela mesma via ao longo de trinta minutos [10,25].

Os dois nitritos são administrados com o intuito de formar metemoglobina e esta se ligar ao cianeto. Nitritos oxidam o ferro na hemoglobina, formando a metemoglobina, que, quando ligada ao cianeto, forma a cianometemoglobina (Figura 18.2). Esse protocolo é utilizado, pois o cianeto possui mais afinidade pelo íon férrico da metemoglobina, em vez do íon férrico da CCO na mitocôndria. Portanto, o cianeto é carreado para longe das mitocôndrias, liberando-as para realizar o transporte de elétrons e retornar à respiração celular aeróbica. Voltando ao funcionamento ideal das mitocôndrias, estas são capazes de gerar ATP via cadeia respiratória e a produção de ácido láctico cessa [9,10].

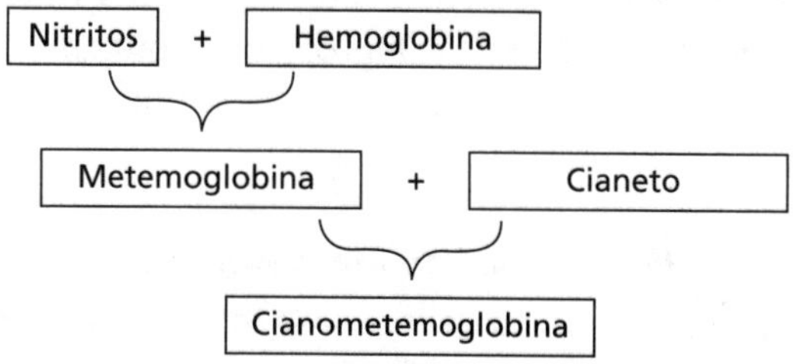

Figura 18.2 Mecanismo de ação dos nitritos para desintoxicação por cianeto, no qual há a formação de metemoglobina e posteriormente de cianometemoglobina.

Fonte: adaptado de [10].

Como citado anteriormente no tópico sobre toxicocinética, o tiossulfato é o principal doador de enxofre para o cianeto, formando o tiocianato, que é mais facilmente excretado pela via renal – e esse é o motivo da administração do tiossulfato de sódio junto com os nitritos [9,10].

Quando o KAC é usado, os enfermeiros de cuidados intensivos devem prestar atenção à vasodilatação e hipotensão, efeitos adversos importantes de nitritos, por isso a administração desse antídoto deve ser realizada lentamente e com monitorização da pressão arterial frequente. A hipotensão arterial pode ser tratada com fluidos intravenosos e vasopressores. Além da vasodilatação e hipotensão, os nitritos ainda podem causar síncope, taquicardia, tontura, náuseas e vômitos, sendo necessário um cuidado especial quando administrado [26].

Outra consideração importante é a produção de metemoglobina, pois, embora esse processo libere as células para reestabelecer o metabolismo aeróbico, com a formação de metemoglobinemia o nível de hemoglobina circulante funcional é reduzido. Essa redução pode agravar as condições em pacientes que, além da intoxicação por cianeto, foram expostos também ao CO, ou aqueles com baixa reserva cardiopulmonar, podendo reduzir muito os níveis de oxigênio disponível. Os nitritos também devem ser evitados em pacientes gestantes por causa do estresse oxidativo na hemoglobina fetal [26].

Todavia, as contraindicações não são apenas para o uso dos nitritos, pois o tiossulfato de sódio pode provocar uma reação de hipersensibilidade e hipotensão, dependendo da taxa de infusão. Embora seja considerado muito eficiente para tratar o envenenamento por cianeto, por sua ação de acelerar a excreção desse composto, o tiossulfato de sódio tem um início de ação lento, o que configura uma desvantagem em sua utilização como único medicamento nessa terapia antidotal [10].

18.2.6.5 *Hidroxocobalamina (Cyanokit®)*

É um composto derivado da vitamina B_{12} que é convertido em formas ativas dessa vitamina e utilizado como antídoto em intoxicações por cianeto em diversos países há mais de trinta anos. O tratamento ocorre por perfusão intravenosa e a dose inicial indicada para adultos é de 5 g diluído em 0,9% de soro fisiológico e administradas ao longo de quinze minutos. Caso os sintomas da intoxicação não tenham sido sanados, uma segunda dose de 5 g deve ser administrada após um prazo de 1,5 a duas horas [10].

O mecanismo de ação da hidroxocobalamina ocorre a partir da sua ligação com o cianeto, cujo produto não tóxico formado é a cianocobalamina. Essa ligação é realizada com o intuito de imobilizar o cianeto e impedir sua ação. A cianocobalamina libera cianeto a uma taxa lenta o suficiente para permitir que a enzima rodanase possa convertê-lo a tiocianato (ver tópico 18.2.3, sobre a toxicocinética do cianeto) e então ser excretado pelos rins. Assim como ocorre com a cianometemoglobina, o cianeto possui maior afinidade pela hidroxocobalamina do que pela CCO na mitocôndria, liberando as mitocôndrias para realizar a respiração celular [30].

Essa característica faz com que a hidroxocobalamina seja um antídoto eficaz contra o envenenamento por cianeto, pois se liga ao cianeto sem formação de metemoglobina e também não compromete a capacidade de transporte de oxigênio da hemoglobina. Essa propriedade é especialmente importante para as pacientes gestantes ou que já tenham diminuição da concentração de hemoglobina útil por causa da exposição ao CO [21].

A hidroxocobalamina também não compromete a estabilidade hemodinâmica nos indivíduos intoxicados, pois, como comprovado em um estudo com voluntários saudáveis, apenas 18% tiveram uma elevação da pressão arterial acima de 180 mmHg sistólica ou diastólica inferior a 110 mmHg, sendo que esse aumento transitório na pressão sanguínea não precisa de tratamento e pode até ser benéfico para esses pacientes, pois o cianeto causa hipotensão [31].

Ainda que visto por muitos profissionais da saúde como o melhor antídoto contra cianeto, a hidroxocobalamina geralmente causa alguns efeitos adversos, e, entre eles, vermelhidão da pele e da urina são os mais comuns. Esses efeitos ocorrem por causa da cor da própria droga, mas desaparecem dentro de dois a três dias após a administração. Além desses dois efeitos principais, a hidroxocobalamina também pode interferir com alguns testes colorimétricos, tais como os de bilirrubina, creatinina, magnésio, ferro sérico, carboxi-hemoglobina, metemoglobina e oxi-hemoglobina, sendo que essa interferência é o ponto forte na argumentação dos profissionais contrários ao uso da hidroxocobalamina, os quais alegam que esta pode gerar dilemas e comprometer no diagnóstico [26].

18.3 MONÓXIDO DE CARBONO

18.3.1 Introdução

A toxicidade do monóxido de carbono (CO) é conhecida pelo homem desde o século III a.C., quando gregos e romanos utilizavam esse composto para executar criminosos e cometer suicídio – porém o mecanismo exato da morte era desconhecido [32]. Somente no ano de 1800, William Cruikshank realizou a identificação e determinou que se tratava de um gás composto por carbono e oxigênio [3].

A primeira grande descoberta relacionada com o mecanismo de ação tóxica do CO foi realizada em 1850 por Claude Bernard, cuja proposta era que a hipóxia associada à exposição ao CO seria devida a uma interação entre esse composto e a hemoglobina (Hb) circulante [32]. A segunda descoberta importante surgiu no final do século XIX, quando John Scott Haldane demonstrou que a formação de carboxi-hemoglobina (COHb) a partir da ligação do CO com a Hb seria a razão pela qual ocorria hipóxia após a exposição ao CO e que esta poderia ser tratada com elevadas pressões parciais de oxigênio, o qual teria a capacidade de deslocar o CO de seus sítios de ligação nas moléculas de Hb [33,34].

Atualmente, a Organização Mundial da Saúde (OMS), preocupada com as emissões de CO na atmosfera, estima que a poluição do ar seja responsável por mais de 1 milhão de mortes prematuras em todo o mundo a cada ano [35]. A intoxicação por CO, decorrente da exposição ambiental, ocorre por causa da inspiração de altas concentrações e/ou da exposição cumulativa a essa molécula, sendo atualmente o tipo mais comum de intoxicação pelo ar na maioria dos países [36].

Apesar da intoxicação por CO ser comum e potencialmente fatal, ela é pouco diagnosticada. Haja vista que a quantificação da incidência global de casos de intoxicação por CO é desafiadora, pois os sinais e sintomas são relativamente inespecíficos, possuem duração transiente, a exposição é difusa e pode ser de origem desconhecida [36]. Consequentemente, a verdadeira incidência de intoxicação por CO permanece incerta, sendo que as taxas de mortalidade variam muito, indo de 1% a 31% [37]. O percentual de mortes varia muito de acordo com a idade (aumenta progressivamente de 0,6% com idade inferior a 4 anos para quase 11% em vítimas com idade superior a 65 anos), sexo (1,9% em mulheres e 4,4% em homens) e etnia (1,7% em negros, 4,8% em brancos não hispânicos e 7,4% na população hispânica) [36].

18.3.2 Propriedades físico-químicas

O CO é um óxido de carbono diatômico, que consiste em um átomo de carbono e um de oxigênio unidos por duas ligações covalentes e uma covalente dativa, sem elétrons desemparelhados [36]. A temperaturas acima de –190 °C, o CO é um gás incolor e inodoro, cuja gravidade específica é de 0,967 relativa ao ar e cuja densidade é de 1,25 g/L em condições normais de temperatura e pressão. É uma molécula quimicamente estável por sua ligação tripla, e sua redução química requer temperaturas bem acima de 100 °C [38]. Esse composto químico reativo pode formar ligações com vários minerais e íons, especialmente de ferro e cobre, porém sua solubilidade em água é muito baixa, não sendo possível reagir com água sem um gasto substancial de energia; mesmo para moléculas de oxigênio, a taxa de reação do CO é lenta e necessita alta energia de ativação (213 kJ/mol) [38].

O CO é um poluente atmosférico encontrado em praticamente todas as regiões do planeta, sendo gerado principalmente como uma consequência da combustão incompleta de compostos orgânicos, tais como gasolina ou madeira [36]. Encontra-se como um subproduto comum presente nos gases de escape dos veículos a motor, aquecedores e equipamentos de cozinha [39]. O CO também é produzido em pequenas quantidades em consequência do metabolismo animal e humano, o qual parece exercer algumas importantes funções vasorreguladora, anti-inflamatória, antiapoptótica e antiproliferativa [36].

Os efeitos nocivos do CO são muito estudados e conhecidos pela sociedade, possibilitando que, ocasionalmente, intoxicações de forma autoprejudicada (suicídios) possam ocorrer, embora na maioria dos casos ocorra de forma não intencional [36]. A intoxicação por CO ocorre tanto como resultado de atividades domésticas, ocupacionais e de lazer, além de desastres em grande escala, como grandes incêndios [37]. Além disso, fontes endógenas de CO também são relatadas, como ocorre em casos de anemia hemolítica e sepse, embora raramente atinjam níveis preocupantes [37]. Contudo, a maior fonte de exposição ao CO para humanos é a fumaça proveniente de cigarros [38].

Em ambientes urbanos, os níveis médios de CO originados de fontes antropogênicas variam de 2 a 40 ppm, mas podem atingir 500 ppm durante o tráfego pesado de veículos ou quando os indivíduos são expostos ao fumo passivo de cigarro. Diante disso, nos Estados Unidos, o padrão nacional de qualidade do ar ambiente foi estabelecido e fixado, para os níveis de CO, em 35 ppm para uma exposição média de uma hora e em 9 ppm para uma exposição média de oito horas, sendo que os níveis de carboxi-hemoglobina (COHb) resultantes de tal exposição ao CO devem permanecer inferiores a 10% [40].

18.3.3 Toxicocinética

Por suas propriedades físico-químicas, a principal forma de introdução de CO no organismo é através das vias aéreas. A entrada de CO no organismo pela abertura das vias aéreas (boca e nariz) e o seu transporte até a hemoglobina dos glóbulos vermelhos são predominantemente controlados por processos físicos. A transferência de CO para os locais de ligação de hemoglobina é realizada em dois passos sequenciais: (1) transferência de CO na fase de gás, entre a abertura da via aérea e os alvéolos; e (2) transferência em uma fase "líquida", na interface ar-sangue, incluindo os glóbulos vermelhos, onde se encontram as moléculas de hemoglobina [36].

Essa absorção do CO se difundindo através da barreira alveolar ar-hemoglobina é um processo passivo. A fim de atingir os locais de ligação da hemoglobina, o CO deve passar através da membrana alvéolo-capilar, difundir-se através do plasma, passar através da membrana dos glóbulos vermelhos e, finalmente, entrar no estroma dessas células. A troca e equilíbrio de gases entre os dois compartimentos (ar e sangue) é rápida, sendo que a força motriz dominante é um diferencial de pressão parcial de CO através dessa membrana. O gradiente de pressão ar-sangue para o CO é normalmente maior do que o gradiente sangue-ar; por conseguinte, a absorção do CO será um processo proporcionalmente mais rápido do que a sua eliminação [41].

Embora o pulmão, na sua função como um sistema de transporte para os gases, seja exposto continuamente ao CO, muito pouco desse gás se difunde e é armazenado no próprio tecido do pulmão. O epitélio da zona condutora (vias aéreas da nasofaringe) apresenta uma barreira significativa para a difusão do CO. Portanto, a difusão e absorção de gás pelo tecido, mesmo em altas concentrações, é lenta e a maior parte dessa pequena quantidade de CO vai ser dissolvida na mucosa das vias aéreas [42].

Após sua absorção, o CO se liga à hemoglobina (Hb) para formar a COHb, possuindo uma afinidade cerca de duzentas vezes maior que o oxigênio [39]. A quantidade de COHb formada depende da duração da exposição ao CO, da concentração de CO no ar inspirado (Figura 18.3) e da ventilação alveolar. Adicionalmente, a ligação do CO em qualquer dos quatro sítios de ligação do oxigênio na Hb resulta em um complexo com maior afinidade pelo oxigênio nos sítios de ligação restantes. Portanto, o CO ligado à COHb produz um complexo que dificulta a liberação do oxigênio para os tecidos periféricos e provoca um deslocamento para a esquerda na curva de dissociação da oxi-hemoglobina [37].

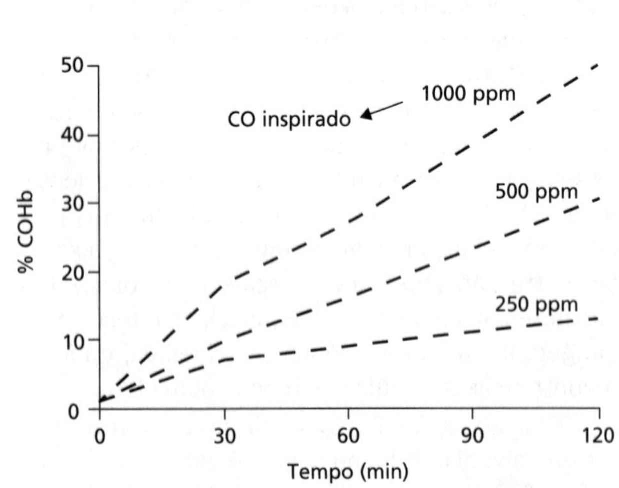

Figura 18.3 Níveis de COHb formada ao longo do tempo, durante a exposição a diferentes concentrações de CO no ar.

Fonte: adaptado de [40].

Com relação à eliminação do toxicante, sabe-se que o CO não é um agente toxicante cumulativo no sentido usual. A carboxi-hemoglobina é totalmente dissociável, pois, uma vez suspensa a exposição ao monóxido de carbono, o pigmento é revertido a oxi-hemoglobina e o CO libertado é eliminado através dos pulmões [43]. O tempo de meia-vida de eliminação do CO sanguíneo é de três a quatro horas para indivíduos em condições normais de recuperação, mas é reduzido para trinta a noventa minutos na presença de oxigênio a 100% e quinze a 23 minutos com o uso de oxigênio hiperbárico (OHB) em 2,5 atm e 100% de oxigênio. É importante observar que em gestantes, uma vez na circulação sanguínea, o CO atravessa facilmente a barreira placentária [36].

18.3.4 Toxicodinâmica

A toxicidade do CO é resultado de uma combinação de hipóxia e isquemia tecidual, derivadas de sua ação na formação de COHb, e dano mediado diretamente pelo CO ao nível celular [3]. O mecanismo de ação do CO consiste basicamente na sua elevada afinidade pela molécula de hemoglobina, fazendo com que essa ligação cause um desvio para a esquerda da curva de dissociação da oxi-hemoglobina (Figura 18.4). Assim, a carboxi-hemoglobina formada prejudica a disponibilidade de oxigênio para os tecidos, resultando em graus variáveis de hipóxia tecidual [36,37].

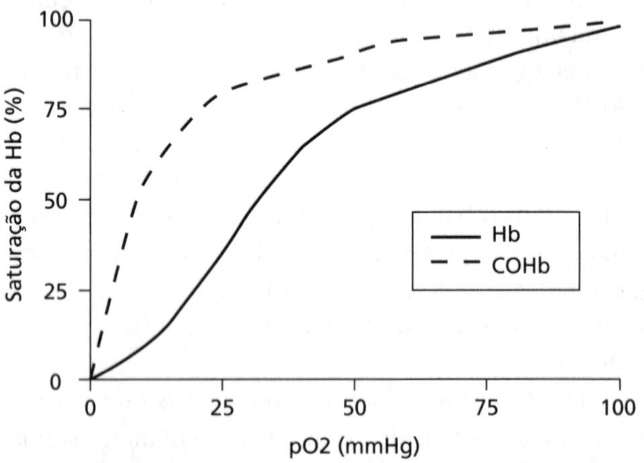

Figura 18.4 Comparação das curvas de dissociação da Hb e COHb.

Fonte: adaptado de [44].

A toxicidade celular gerada pela intoxicação por CO está diretamente associada com a sua afinidade por outras proteínas contendo grupamento heme, incluindo a citocromo c oxidase (complexo IV da cadeia transportadora de elétrons mitocondrial) e a mioglobina [3]. A ligação do CO à citocromo c oxidase prejudica a função mitocondrial, levando a um distúrbio na cadeia transportadora de elétrons, o que aumenta a produção de ERO e induz o estresse oxidativo, que por sua vez agrava a hipóxia tecidual [37].

A produção dessa espécie reativa de oxigênio pode ser decorrente de um aumento na produção do radical hidroxil ou ainda do comprometimento do funcionamento do sistema antioxidante das glutationa nas mitocôndrias. A formação de estresse oxidativo pode causar peroxidação lipídica, o que compromete mais ainda o funcionamento mitocondrial. Entretanto, a peroxidação lipídica mediada por CO pode ser prevenida ou reduzida pela inibição da superóxido dismutase (enzima responsável pela conversão do radical superóxido em peróxido de hidrogênio) e quelantes de ferro [38].

Paralelamente à ação no complexo IV mitocondrial, a mioglobina também é alvo do CO, cuja ligação apresenta uma afinidade quarenta vezes maior em relação ao oxigênio, e essa alta afinidade é ainda mais pronunciada para a mioglobina cardíaca [37]. Como o CO entra na circulação coronária, ele pode ligar-se a mioglobina cardíaca intracelular, inibindo o transporte de oxigênio para as mitocôndrias e bloqueando a respiração celular. Uma vez que as mitocôndrias não são mais capazes de produzir energia, uma disfunção cardíaca pode surgir com o desenvolvimento de arritmias e eventual enfarte do miocárdio com isquemia prolongada [3]. Além disso, a lesão do miocárdio pode precipitar uma diminuição no débito cardíaco e diminuir ainda mais o fornecimento de oxigênio para os tecidos periféricos [45]. Esse efeito também pode ser visualizado no músculo esquelético, pois grande quantidade de mioglobina irá sofrer a ação do CO e causar isquemia celular direta, podendo levar a rabdomiólise e necrose [3].

O CO pode ainda exercer efeitos negativos sobre as hemoproteínas plaquetárias ligando-se a elas, gerando assim uma competição com o óxido nítrico (NO) intraplaquetário e aumentando a liberação deste último. O excesso de NO produz peroxinitrito, o qual prejudica ainda mais a função mitocondrial e piora a hipóxia tecidual. Considerando ainda o ambiente intravascular, o CO causa agregação neutrófilo-plaquetária e liberação de mieloperoxidase, proteases e espécies reativas de oxigênio, levando ao estresse oxidativo, peroxidação lipídica e apoptose [37].

O sistema nervoso central (SNC), por necessitar de elevado aporte sanguíneo, também é severamente afetado pelos efeitos tóxicos do CO. A principal causa de lesão cerebral é a diminuição de oxigênio entregue a esse órgão como resultado da produção de COHb, porém outros mecanismos também estão envolvidos. Como a COHb circula na vasculatura cerebral, ela descarrega o CO ao nível celular e inicia uma profunda liberação de glutamato, um aminoácido excitatório. O glutamato medeia um fenômeno isquêmico que permite que um grande influxo de cálcio nas células induza danos celulares mediados por radicais livres e iniba as defesas antioxidantes celulares [3].

Outros danos no SNC ainda podem ocorrer por causa da ativação de neutrófilos por CO. Neutrófilos ativados são capazes de entrar em espaços intercelulares e produzir espécies reativas de oxigênio que causam subsequente peroxidação lipídica cerebral. O resultado final da peroxidação nesse órgão é a degradação dos ácidos graxos insaturados e desmielinização reversível do SNC. Adicionalmente, espécies reativas de nitrogênio também podem ser formadas, e estas desempenham um papel essencial na morte celular neuronal [3,46].

Como observado, o mecanismo de ação do CO em diversos alvos dentro do organismo culmina em diferentes manifestações. A fim de facilitar a compreensão desses processos, a Figura 18.5 traz um organograma contemplando tais ações.

18.3.5 Sinais e sintomas de intoxicação

Os sinais e sintomas clínicos de intoxicação são extremamente variáveis, inespecíficos e dependem da duração da exposição e dos níveis de CO [44]. Os mais frequentes incluem cefaleia, tonturas (até 100 ppm, 0,01% de concentração de ar), perda de julgamento, confusão, desorientação (até 200 ppm, de 0,02% de concentração de ar), náusea, vômitos, fadiga, perturbação visual, síncope, até o início do coma (a partir de 800 ppm, 0,08% a 12.800 ppm, 1,28% de concentração de ar) [36]. Tais manifestações também pode ser correlacionadas com os níveis de COHb circulante, cujo aumento reflete em sinais e sintomas mais graves (Tabela 18.2).

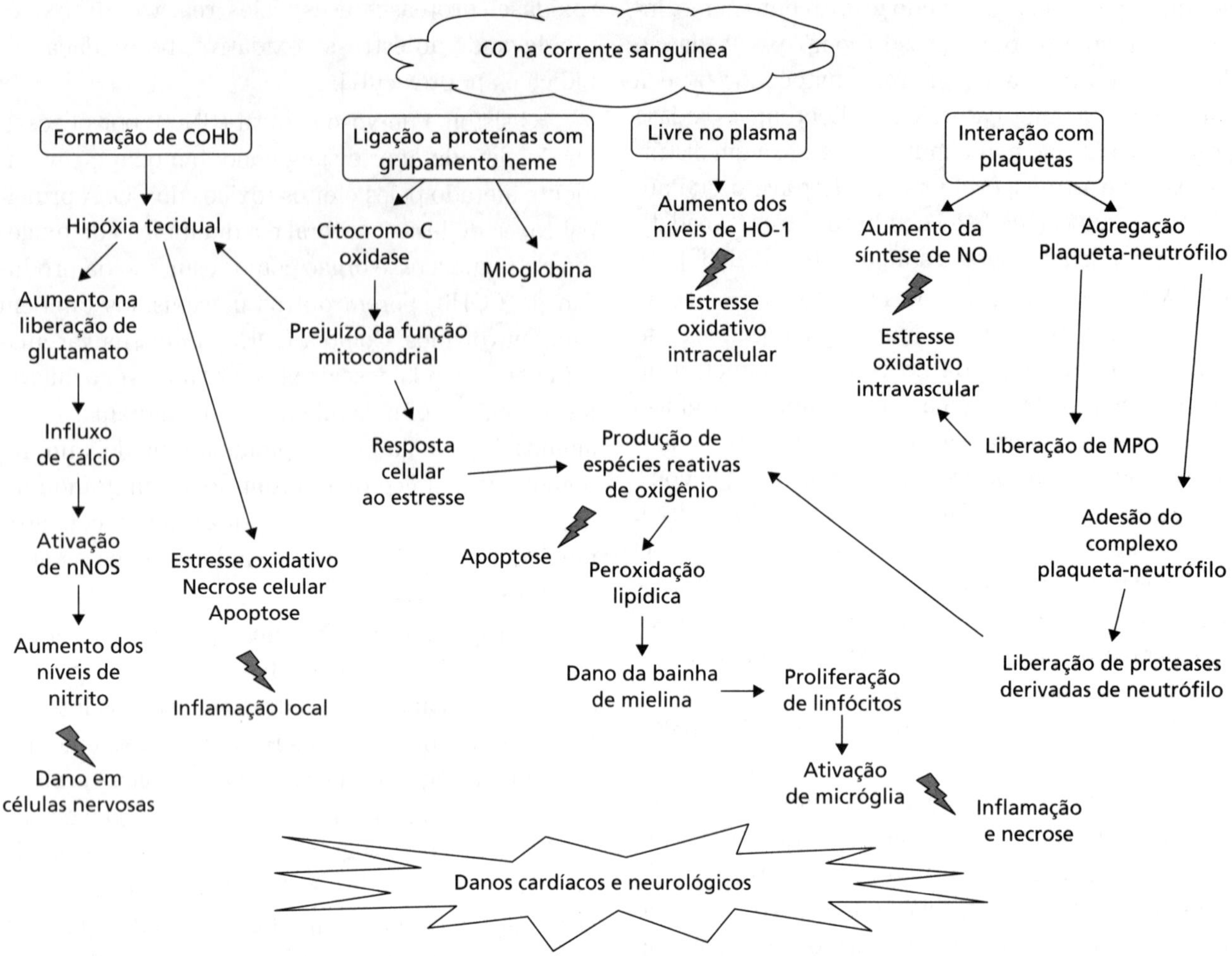

Figura 18.5 Organograma representativo do mecanismo de ação do CO.

Fonte: adaptado de [37].

Tabela 18.2 Correlação entre níveis de COHb sanguínea e manifestação de sinais e sintomas

COHb SANGUÍNEA (%)	SINAIS E SINTOMAS
0-5	Ausência de sintomas
5-10	Diminuição da tolerância a esforços em pacientes com doença respiratória ou cardiovascular preexistente
10-20	Dor de cabeça frontal
20-30	Dor de cabeça latejante, dispneia durante esforços
30-40	Prejuízo no julgamento, náusea, vômitos, tontura, distúrbios visuais, fadiga
40-50	Confusão mental, síncope
50-60	Coma, convulsões
60-70	Hipotensão, insuficiência respiratória, possibilidade de morte
> 70	Parada cardiorrespiratória e morte

Fonte: adaptado de [41] e [47].

A cefaleia é um dos sintomas iniciais mais comuns de intoxicação por CO, estando presente em até 85% das vítimas. Ela é descrita como frontal, podendo ser constante ou latejante. A tontura é um frequente acompanhante da cefaleia e pode ser vista em até 90% das vítimas [32]. Rabdomiólise, insuficiência renal, edema pulmonar não cardiogênico e bolhas cutâneas seguidas de uma exposição aguda ao CO também são descritos [37].

A hipóxia gerada pela substituição de moléculas de oxigênio por moléculas de CO na hemoglobina é descrita como o principal mecanismo patológico da toxicidade do CO. O pigmento nesse formato confere uma típica tonalidade de sangue, vermelho-cereja, em pacientes intoxicados, sendo que esse é um sinal *post mortem* clássico, porém raramente observado na prática clínica [36]. Assim como ocorre na intoxicação por cianeto, os tecidos com maior demanda de oxigênio e maior taxa metabólica são mais vulneráveis à toxicidade do CO; estes incluem, tipicamente, o cérebro e o coração [32].

A hipóxia no SNC pode resultar em sequelas neurológicas, alterações neurocomportamentais e déficit cognitivo, incluindo memória reduzida, distúrbios de atenção, velocidade lenta de processamento mental, significativa depressão e ansiedade que podem persistir por doze meses ou mais [37]. As sequelas neurológicas são divididas em duas: (1) sequelas neurológicas persistentes, as quais envolvem déficits neurológicos que ocorrem após a exposição ao CO e podem melhorar com o tempo; e (2) sequelas neurológicas tardias, que configuram uma recaída de sinais e sintomas neurológicos depois de um período transitório de melhoria [44].

As características clínicas das sequelas neurológicas tardias variam de déficits cognitivos sutis a demência grave, alucinações, incontinência, parkinsonismo e outras perturbações motoras [3]. Anormalidades neuropatológicas em imagens do cérebro também têm sido descritas após intoxicação por CO, envolvendo os gânglios basais (particularmente, lesões no globo pálido, em casos de grave intoxicação) e atrofia do corpo caloso [37].

Efeitos cardiovasculares da intoxicação por CO também são comuns. Após a exposição aguda, frequentemente se observa taquicardia, que é considerada uma resposta compensatória para hipóxia sistêmica e disfunção cardíaca [37]. O espectro clínico de envolvimento cardíaco em pacientes com intoxicação por CO é bastante amplo e normalmente pode englobar cardiomiopatia, angina, infarto do miocárdio, arritmias, insuficiência cardíaca e até choque cardiogênico e morte súbita [36].

Quando se realiza necropsia em indivíduos que faleceram em virtude de intoxicação por CO, as características patológicas são variadas e podem incluir áreas necróticas espalhadas e puntiformes, hemorragias subendocárdicas no ventrículo esquerdo, envolvimento degenerativo de alguns músculos, bem como necrose miocárdica focal [36].

A intoxicação por CO durante a gravidez merece atenção especial, pois alterações no feto após exposição acidental ao CO têm sido relatadas. Tecidos fetais são mais susceptíveis à hipóxia, uma vez que o CO se liga mais firmemente à hemoglobina fetal e a eliminação de CO pelo feto é menor que a da mãe. Como consequência, a exposição a baixas concentrações que seriam irrelevantes para a mãe pode apresentar um maior risco para o feto. Assim, nesses casos é necessário que se realize uma oxigenoterapia prolongada, e o uso de câmara hiperbárica deve ser considerado [37].

18.3.5.1 Diagnóstico

O diagnóstico de intoxicação por CO pode ser difícil de ser realizado por causa da apresentação clínica inespecífica, pois os sinais e sintomas podem mimetizar sintomas de gripe ou outras doenças virais [37]. Assim, esse diagnóstico frequentemente requer um alto índice de suspeita e uma combinação com o histórico epidemiológico, exames físicos e achados laboratoriais [3]. Na ausência de história de exposição, a intoxicação por CO deve ser considerada quando dois ou mais pacientes, simultaneamente doentes, apresentem sintomas similares. Uma vez diagnosticada, é importante a identificação da fonte de exposição em casos de intoxicação não intencional, a fim de limitar o risco de outros incidentes [37].

Níveis de COHb devem ser prontamente identificados em pacientes com suspeita de exposição ao CO. A concentração de COHb depende da magnitude da exposição (concentração de CO ambiente e duração da exposição), ventilação alveolar, volume de sangue e atividade metabólica [48]. Um nível de COHb superior a 3% em não fumantes e superior a 10% em fumantes confirma exposição ao CO [37]. Além disso, pode ser detectada acidose metabólica derivada da acidose lática como consequência da isquemia [36].

A monitoração de COHb pode ser realizada com o uso de amostras de sangue arterial ou venoso [37]. No entanto, as dosagens devem ser realizadas com CO-oximetria, um método espectrofotométrico com vários comprimentos de onda capaz de quantificar separadamente COHb, oxi-hemoglobina e Hb reduzida [49,50]. Infelizmente, o teste para dosagem de COHb raramente está disponível no local do incidente. Por causa do atraso entre a exposição à fumaça e a realização dos testes para COHb, níveis medidos na chegada à unidade de saúde não refletem a verdadeira extensão da intoxicação, e atrasos no tratamento podem ocorrer [51].

A oximetria de pulso não é confiável para avaliar a oxigenação em pacientes expostos ao CO, uma vez que o espectro de absorção da oxi-hemoglobina e carboxi-hemoglobina são semelhantes e os oxímetros não conseguem distinguir entre as duas formas de hemoglobina [44]. Por outro lado, a diferença de saturação arterial observada com a oximetria de pulso contra uma avaliação *in vitro* de saturação periférica de oxigênio correlaciona-se com o nível de COHb e pode ser um sinal para levantar a suspeita de intoxicação por CO [37].

Conforme descrito, o CO diminui o limiar para isquemia cardíaca e predispõe à disfunção miocárdica e à arritmia cardíaca; por conseguinte, a função cardíaca deve ser acompanhada de perto com o uso de eletrocardiografia, ecocardiografia e biomarcadores cardíacos. Se os resultados forem anormais, uma consulta ao cardiologista é recomendada [37].

Para avaliar e quantificar o grau de lesão neurológica após a exposição ao CO, testes neuropsicológicos e exames de neuroimagem são indicados. As ressonâncias magnéticas por imagem e funcional são utilizadas para avaliar as lesões neurológicas, mas não são amplamente disponíveis. O monitoramento é importante, pois lesões podem aparecer vários dias após a exposição ao CO e podem ser solucionadas com o passar do tempo [37].

18.3.6 Tratamento

O tratamento imediato para a intoxicação por CO é a administração de oxigênio normobárico (ONB) por meio de uma máscara facial de oxigênio suplementar a 100% e em alto fluxo; em pacientes inconscientes, o oxigênio deve ser administrado por meio de uma via aérea artificial [36]. A oxigenoterapia deve ser realizada antes mesmo da confirmação laboratorial, quando houver apenas suspeita de intoxicação por CO, o que normalmente é possível, já que a administração de ONB é segura, prontamente disponível e de baixo custo [44].

Além disso, o suporte inicial ao paciente exposto deve enfatizar a ventilação e a perfusão adequadas, exame neurológico e medição de gases no sangue arterial com o intuito de avaliar as trocas gasosas, estado metabólico e nível de carboxi-hemoglobina. Como supracitado, níveis de COHb maiores que 3% em não fumantes ou acima de 10% em fumantes confirmam a exposição ao CO [52,53]. Entretanto, muitos hospitais não possuem laboratórios suficientemente equipados para quantificar os níveis de COHb. Portanto, os médicos dessas unidades devem considerar a transferência de pacientes com intoxicação grave para centros médicos de alta complexidade que possuam recursos para monitorar a COHb e acesso ao OHB, se necessário [37].

Uma vez que o diagnóstico é confirmado, a oxigenoterapia e a observação devem continuar por tempo suficiente, a fim de evitar sequelas. Embora não existam diretrizes que indiquem a duração recomendada do tratamento com oxigênio, tem sido proposta uma duração de até 24 horas para pacientes com sintomas neurológicos menores e de até 72 horas para aqueles com os sintomas neurológicos maiores [37].

O objetivo da oxigenoterapia é acelerar a eliminação de CO do corpo, por meio da dissociação do complexo formado com hemoproteínas. Sem uma terapia de oxigênio, a meia-vida de eliminação do CO é de quatro a cinco horas [44]. A suplementação com ONB pode diminuir sua meia-vida pela metade, enquanto, com o uso de OHB em 2,5 atm, a meia-vida diminui para menos de trinta minutos [54,55]. Porém o papel da oxigenoterapia hiperbárica no tratamento de intoxicação por CO permanece controverso.

A terapia hiperbárica de oxigênio é tipicamente definida como 100% de respiração de oxigênio no interior das câmaras hiperbáricas com ar comprimido para pressão absoluta superior a 1,4 atm [36]. O uso de OHB tem sido defendido para tratar exposição ao CO sob a hipótese de que o deslocamento rápido do CO ligado à hemoglobina utilizando oxigênio a 100% com pressões hiperbáricas reduz a duração do estado de hipóxia celular. Entretanto o oxigênio hiperbárico apresenta complicações potenciais, incluindo barotrauma, ruptura da membrana timpânica, convulsões e embolia gasosa [44].

As indicações e os resultados obtidos com o tratamento com OHB permanecem controversas principalmente pela falta de correlação entre a única ferramenta disponível de diagnóstico (níveis de carboxi-hemoglobina), a gravidade do estado clínico e os resultados de outras terapias [44]. E, portanto, a nova revisão Cochrane de seis ensaios randomizados não apoiou o uso de OHB para pacientes com intoxicação por CO, pois há dúvidas adicionais sobre a pressão ideal de câmara, número ideal de sessões, bem como o intervalo máximo após a intoxicação durante o qual oxigênio hiperbárico pode ainda exercer um efeito favorável [36].

Paralelamente à oxigenoterapia, as funções vitais devem ser mantidas e monitoradas. Caso sejam observados danos secundários à intoxicação por CO, como uma lesão cardíaca, o paciente deve ser encaminhado a um profissional para o tratamento específico [44]. Em pacientes que não conseguem melhora clínica com terapia de oxigênio, outros inalantes tóxicos (como o cianeto) ou lesão térmica por inalação também devem ser considerados [36].

Mesmo após a alta médica, os pacientes com intoxicação por CO devem ser acompanhados, pois a taxa de recuperação após a intoxicação é variável e muitas vezes complicada, graças a sequelas que podem persistir após a exposição ou se desenvolver semanas após a intoxicação, podendo também ser permanentes [44].

18.3.7 Casos de intoxicação

A intoxicação por CO é uma das principais causas de morte por suicídio [56]. Uma das formas mais comuns de utilização do gás nesses casos é pelo escapamento de carros. Foi essa a estratégia utilizada no caso de um casal de idosos que fez um pacto suicida. O marido e a esposa, de 78 e 73 anos, respectivamente, utilizaram um sistema de tubo conectando o escapamento ao interior de um veículo completamente fechado e ligaram a chave na ignição. O CO foi, então, liberado no interior do carro, onde as vítimas inspiraram o gás até a morte. Amostras de sangue das vítimas foram coletadas e uma análise identificou níveis de COHb superiores a 80% [57].

Também utilizando o CO para suicidar-se, um trabalhador de 48 anos utilizou uma forma menos comum de se expor ao gás. O homem se trancou no banheiro de seu escritório e colocou fogo em três quilos de carvão vegetal com o auxílio de um líquido inflamável. A combustão do material orgânico gerou CO, o qual foi responsável pela asfixia da vítima até a perda de consciência e morte por anóxia. Avaliações *post mortem* verificaram uma coloração vermelho-cereja de órgãos, tecidos e sangue, além 55% de COHb sanguínea [58].

Há também relatos de intoxicações nos quais foram encontrados ambos, CO e cianeto, sendo que as intoxicações ocorreram por exposição acidental. No Brasil houve um casos desses, o incêndio em uma boate em Santa Maria, Rio Grande do Sul. O ocorrido foi no dia 27 de janeiro de 2013 e foi o segundo maior incêndio em número de vítimas fatais na história brasileira. Nesse incêndio houve 232 vítimas fatais, em sua maioria jovens adultos que faleceram imediatamente, sendo que grande parte dos óbitos ocorreu pela inalação de gases tóxicos, como CO e cianeto [16].

Outros casos envolvendo a intoxicação por cianeto ainda foram relatados por pacientes expostos a medicamentos vendidos em farmácias que foram adulterados após sua produção. Medicamentos como Sudafed® 12 horas e Tylenol® (ambos da McNeil Consumer Healthcare) já causaram várias mortes [3].

Há ainda ocasiões em que houve envenenamento intencional, como o ocorrido com um adolescente enquanto visitava um colega de classe. Ele chegou ao hospital em estado hemodinamicamente instável, com apneia e inconsciente, e foi a falecimento horas depois em uma unidade de terapia intensiva (UTI). A vítima era previamente saudável, não fazia uso regular de medicamentos e não tinha histórico de abuso de drogas. Após análise laboratorial, a causa da morte foi confirmada como sendo por intoxicação por cianeto, e a toxicidade se manifestou repentinamente, por convulsões e perda de consciência. Logo após sua chegada ao hospital, recebeu cuidados de suporte gerais, sem utilização de antídoto contra cianeto, pois o diagnóstico da causa da intoxicação foi realizado apenas quatro horas após o início da toxicidade aparecer – tarde demais [59]. Esse rapaz foi envenenado por adulteração intencional de uma bebida com 1,5 g de cianeto de potássio, e, após ingerir essa grande quantidade, os efeitos adversos apareceram rapidamente, mas as pistas contextuais disponíveis no momento não levaram à suspeita de intoxicação por cianeto. Casos como esse mostram que há muitos desafios para reconhecer e tratar uma intoxicação aguda por cianeto, pois esta pode culminar rapidamente em incapacitação e morte. Ou seja, o reconhecimento imediato da causa de intoxicação e início precoce do tratamento são necessários para salvar vidas [9,24].

18.4 Conclusões

No decorrer deste capítulo pudemos conhecer todos os aspectos de intoxicações por cianeto e CO, observando diversas semelhanças relacionadas ao efeito tóxico de ambos. A principal semelhança é que a interação desses compostos com o organismo é capaz de gerar uma hipóxia tecidual, sendo que esse efeito atinge principalmente o cérebro e o coração por causa da grande demanda de oxigênio para a respiração celular. Entretanto, essa deficiência na utilização do oxigênio geralmente ocorre por mecanismos diferentes, pois enquanto o CO prejudica principalmente a capacidade dos eritrócitos em transferir oxigênio, o cianeto se liga ao complexo IV da cadeia transportadora de elétrons mitocondrial inibindo a fosforilação oxidativa. Além do comprometimento na utilização de oxigênio, o cianeto e o CO se mostraram capazes de gerar ERO e consequentemente um estresse oxidativo.

Quando houver suspeita de intoxicação, seja por cianeto ou CO, é necessário que se realize esse diagnóstico rapidamente, por causa do curto espaço de tempo entre contato e a manifestação dos efeitos tóxicos. O diagnóstico de ambas as intoxicações é complicado em virtude de similaridades entre eles e outras situações do cotidiano, como no caso dos sintomas de intoxicação por cianeto que podem ser confundidos com virais, ou em casos que podem ser confundidos com episódios de histeria em massa.

Assim, o reconhecimento da intoxicação geralmente requer a análise do índice de suspeita, histórico epidemiológico, exames físicos e achados laboratoriais.

Pelas similaridades na resposta ao mecanismo de ação do cianeto e CO, após a absorção desses compostos o organismo pode apresentar sintomas parecidos, como cefaleia, tonturas, perda de julgamento, confusão, desorientação, náusea, vômitos, fadiga, insuficiência respiratória, parada cardíaca, coma e morte. Diante do aparecimento desses sintomas, é necessário que se realize basicamente duas medidas de primeiros socorros: manutenção da respiração e da circulação sanguínea. Para manutenção da respiração, normalmente é administrado oxigênio a 100%, sendo essa medida vista como um importante componente da assistência básica à vítima. Além da assistência básica à vida, nos casos em que há intoxicação aguda por cianeto, é necessário que haja uma terapia antidotal. Entre os antídotos conhecidos, os dois mais indicados são o *kit* de antídoto contra cianeto (KAC) e a hidroxocobalamina.

Por fim, mas não menos importante, deve-se ressaltar que, além dos meios de exposição acidentais (naturais ou ocupacionais), ocorre em muitos casos a utilização intencional desses dois compostos, sendo que o CO é mais utilizado em casos de suicídio e o cianeto é mais comum em casos de homicídio e terrorismo.

Questões para estudo

1. Assinale verdadeiro (V) ou falso (F) nas seguintes afirmativas sobre o mecanismo de toxicocinética do cianeto. Depois indique a sequência de respostas corretas.
   ( ) Os sais NaCN e KCN se dissociam rapidamente em água liberando o grupamento ciano, o qual poderá originar o ácido prússico no estômago.
   ( ) Como o HCN é um ácido fraco (pKa 9,2), o meio ácido do estômago favorece a sua forma não ionizada, facilitando sua absorção.
   ( ) A meia-vida beta corresponde ao tempo necessário para que metade da concentração de cianeto seja transferida do plasma para os tecidos, enquanto a meia-vida alfa corresponde ao tempo necessário para que metade da concentração de cianeto seja excretada do organismo.
   ( ) O principal produto da metabolização do cianeto é o tiocianato, reação catalisada pela enzima cianase, sendo o tiocianato excretado pelos rins posteriormente.
   a) V, F, F, V
   b) F, V, V, F
   c) V, F, V, F
   d) V, V, F, F
   e) V, V, F, V
2. Entre as afirmações a seguir, assinale a(s) **incorreta(s)**.
   a) HCN pode ser emitido em incêndios, fumaça de escapamentos de automóveis, fumaça de cigarro e vulcanismo. O cianeto pode ainda ser encontrado em diversos vegetais, como mandioca, amêndoas, caroços de pêssego e sementes de damasco.
   b) Durante incêndios pode haver combustão incompleta de materiais à base de nitrogênio e carbono levando à formação de HCN, sendo que esses incêndios estão cada vez mais perigosos pela grande variedade de substratos que são consumidos durante a combustão.
   c) Cerca de metade da população mundial não possui o gene responsável para detecção do odor de amêndoa amarga exalado por pessoas intoxicadas por cianeto.
   d) Em razão da ausência de um teste rápido para detecção de uma intoxicação aguda por cianeto no sangue, o diagnóstico deve feito com base na apresentação clínica e no índice de suspeita da intoxicação, como a ocupação e tendências suicidas do paciente.
   e) O principal mecanismo de ação do cianeto ocorre quando este se liga ao grupamento heme a3 na enzima citocromo c redutase (complexo IV) presente nas mitocôndrias, comprometendo a fosforilação oxidativa e a síntese de ATP.

3. Você é um médico e se depara com uma paciente gestante de 28 anos sendo levada inconsciente ao hospital por ter inspirado muita fumaça em um incêndio em seu ateliê de costura. Ela apresenta hipotensão, parada respiratória, arritmia cardíaca e convulsões. Com base em seus conhecimentos, você consegue diagnosticar que se trata de sintomas de uma intoxicação por cianeto. Tendo em suas mãos os dois principais antídotos contra o cianeto – KAC e hidroxocobalamina –, qual é o mais indicado nessa situação? Justifique a escolha desse antidoto e os fatores pelos quais não escolheu o outro.
4. Assinale verdadeiro (V) ou falso (F) nas seguintes afirmativas. Depois indique a sequência de respostas correta.
   ( ) Após a combustão incompleta de carvão vegetal é gerado CO, que possui um odor característico.
   ( ) De uma forma geral, fumantes apresentam níveis de COHb sanguínea maiores que não fumantes.
   ( ) Independentemente da quantidade de CO inspirada, a concentração de COHb é sempre a mesma.
   ( ) O tratamento para uma intoxicação aguda por CO deve se iniciar com a administração intravenosa de antídotos que promovam o desligamento de CO da Hb.
   a) V, V, F, V
   b) V, F, V, V
   c) F, V, F, F
   d) F, V, F, V
   e) F, F, V, F
5. Entre as afirmações a seguir, assinale a **incorreta**.
   a) O CO possui elevada afinidade pela hemoglobina, prejudicando a disponibilidade de oxigênio para os tecidos.
   b) A ligação do CO à citocromo c oxidase prejudica a função mitocondrial, levando a um distúrbio na cadeia transportadora de elétrons.
   c) Os tecidos com maior demanda de oxigênio e maior taxa metabólica são mais vulneráveis à toxicidade do CO.
   d) A oxigenoterapia acelera a eliminação de CO do corpo, aumentando o tempo de meia-vida de eliminação desse gás.
   e) A hipóxia encefálica pode resultar em sequelas neurológicas que podem persistir por meses.

Respostas

1. d)
2. e)
3. O antídoto mais adequado para essa situação é a hidroxocobalamina. O cianeto possui maior afinidade pela hidroxocobalamina do que pela CCO na mitocôndria, liberando as mitocôndrias para realizar a respiração celular. O produto não tóxico formado após a ligação com o cianeto é a cianocobalamina, a qual libera o cianeto a uma taxa lenta o suficiente para permitir que a enzima rodanase possa convertê-lo em tiocianato e então ser excretado pelos rins. A hidroxocobalamina é muito eficaz contra o envenenamento por cianeto, pois se liga ao cianeto sem formação de metemoglobina e também não compromete a capacidade de transporte de oxigênio da hemoglobina, sendo essa propriedade especialmente importante para as pacientes gestantes.
   Não deve ser utilizado o KAC, pois os nitritos presentes nesse kit devem ser evitados em pacientes gestantes devido ao estresse oxidativo na hemoglobina fetal.
4. c)
5. d)

Lista de abreviaturas

ATP	Adenosina trifosfato	KCN	Cianeto de potássio
CCO	Citocromo c oxidase	NaCN	Cianeto de sódio
cN^-	Íon cianeto	NO	Óxido nítrico
cO	Monóxido de carbono	OHB	Oxigênio hiperbárico
COHb	Carboxi-hemoglobina	ONB	Oxigênio normobárico
ERO	Espécies reativas de oxigênio	SCN	Tiocianato
Hb	Hemoglobina	SNC	Sistema nervoso central
HCN	Cianeto de hidrogênio	TGI	Trato gastrointestinal
Hg	Mercúrio	UTI	Unidade de terapia intensiva
KAC	*Kit* de antídoto contra cianeto		

Lista de palavras

Carboxi-hemoglobina
Cianeto
Citocromo c oxidase
Diagnóstico
Eritrócito
Espécies reativas de oxigênio
Fontes de exposição
Hipóxia
Mitocôndria
Monóxido de carbono
Oxigenoterapia
Propriedades físico-químicas
Respiração celular
Sinais e sintomas
Toxicocinética
Toxicodinâmica
Tratamento

REFERÊNCIAS

1 Roderique EJD, Gebre-Giorgis AA, Stewart DH, Feldman MJ, Pozez AL. Smoke inhalation injury in a pregnant patient: a literature review of the evidence and current best practices in the setting of a classic case. J Burn Care Res. 2012;33(5):624-33.

2 Pritchard JD. Compendium of chemical hazards, hydrogen cyanide. Health Protection Agency. 2011;3:1-31.

3 Huzar TF, George T, Cross JM. Carbon monoxide and cyanide toxicity: etiology, pathophysiology and treatment in inhalation injury. Expert Rev Respir Med. 2013;7(2):159-70.

4 Usepa – U.S. Environmental Protection Agency. Toxicological review of hydrogen cyanide and cyanide salts. Washington, DC; 2010. 108 p.

5 ATSDR – Agency for Toxic Substances and Disease Registry. Toxicological profile for cyanide. Atlanta, GA: Public Health Service, U.S. Department of Health and Human Services; 2006 [cited: 11/18/2016]. Avaiable from: https://www.atsdr.cdc.gov/toxprofiles/tp.asp?id=72&tid=19

6 Taga I, Oumbe VA, Johns R, Zaidi MA, Yonkeu JN, Altosaar I. Youth of west-Cameroon are at high risk of developing IDD due to low dietary iodine and high dietary thiocyanate. Afr Health Sci. 2008;8(3):180-5.

7 Anseeuw K, Delvau N, Burillo-Putze G, De Iaco F, Geldner G, Holmström P, Lambert Y, Sabbe M. Cyanide poisoning by fire smoke inhalation: a European expert consensus. Eur J Emerg Med. 2013;20(1):2-9.

8 Lawson-Smith P, Jansen EC, Hyldegaard O. Cyanide intoxication as part of smoke inhalation – a review on diagnosis and treatment from the emergency perspective. Scandinavian Journal of Trauma, Resuscitation and Emergency Medicine. 2011;19(14):1-5.

9 Borron SW. Recognition and treatment of acute cyanide poisoning. J Emerg Nurs. 2006;32(4):12-8.

10 Hamel J. A review of acute cyanide poisoning with a treatment update. Crit Care Nurse. 2011;31(1):72-8.

11 Schnepp JR. Sources of human exposure to cyanide. J Emerg Med. 2006;32:S3-7.

12 Pita R, Marco-Contelles J, Ramos E, Del Pino J, Romero A. Toxicity induced by chemical warfare agents: insights on the protective role of melatonin. Chem Biol Interact. 2013;206(2):134-42.

13 PubChem [Internet] [cited 2014]. Available from: http://pubchem.ncbi.nlm.nih.gov.

14 Donato DB, Nichols O, Possingham H, Moore M, Ricci PF, Noller BN. A critical review of the effects of gold cyanide-bearing tailings solutions on wildlife. Environ Int. 2007;33(7):974-84.

15 Yamamoto K, Yamamoto Y, Hattori H, Samori T. Effects of routes of administration on the cyanide concentration distribution in the various organs of cyanide-intoxicated rats. Tohoku J Exp Med. 1982;137(1):73-8.

16 Antonio ACP, Castro PS, Freire LO. Smoke inhalation injury during enclosed-space fires: an update. J Bras Pneumol. 2013;39(3):373-81.

17 Ansell M, Lewis FA. A review of cyanide concentrations found in human organs. A survey of literature concerning cyanide metabolism, 'normal', non-fatal, and fatal body cyanide levels. J Forensic Med. 1970;17(4):148-55.

18 Knowles EL, Bain JT. Medical cover required in large scale production of cyanides and hydrocyanic acid. Chem Ind. 1968;8:232-5.

19 Steinmaus C, Miller MD, Howd R. Impact of smoking and thiocyanate on perchlorate and thyroid hormone associations in the 2001-2002 National Health and Nutrition Examination Survey. Environ Health Perspect. 2007;115(9):1333-8.

20 Hamele M, Poss WB, Sweney J. Disaster preparedness, pediatric considerations in primary blast injury, chemical, and biological terrorism. World J Crit Care Med. 2014;3(1):15-23.

21 Hall AH, Dart R, Bogdan G. Sodium thiosulfate or hydroxocobalamin for the empiric treatment of cyanide poisoning? Ann Emerg Med. 2007;49(6):806-13.

22 Yamamoto HA, Tang HW. Preventive effect of melatonin against cyanide-induced seizures and lipid peroxidation in mice. Neurosci Lett. 1996;207(2):89-92.

23 Bhattacharya R, Flora J. Cyanide toxicity and its treatment. In: Gupta RC, editor. Handbook of toxicology of chemical warfare agents. London: Academic Press; 2009. p. 255-70.

24 Gracia R, Shepherd G. Cyanide poisoning and its treatment. Pharmacotherapy. 2004;24:1358-65.

25 Barillo DJ. Diagnosis and treatment of cyanide toxicity. J Burn Care Res. 2009;30(1):148-52.

26 Dumestre D, Nickerson D. Use of cyanide antidotes in burn patients with suspected inhalation injuries in North America: a cross-sectional survey. J Burn Care Res. 2014;35(2):112-7.

27 Maharaj DS, Limson JL, Daya S. 6-Hydroxymelatonin converts Fe (III) to Fe (II) and reduces iron-induced lipid peroxidation. Life Sci. 2003;72(12):1367-75.

28 Yamamoto HA, Mohanan PV. Melatonin attenuates brain mitochondria DNA damage induced by potassium cyanide in vivo and in vitro. Toxicology. 2002;179(1-2):29-36.

29 Choi WI, Han SZ. Effects of melatonin on KCN-induced neurodegeneration in mice. Int J Neurosci. 2002;112(2):187-94.

30 DesLauriers CA, Burda AM, Wahl M. Hydroxocobalamin as a cyanide antidote. Am J Ther. 2006;13(2):161-5.

31 Uhl W, Nolting A, Golor G, Rost KL, Kovar A. Safety of hydroxocobalamin in healthy volunteers in a randomized, placebo-controlled study. Clin Toxicol Phila. 2006;44(suppl 1):17-28.

32 Prockop LD, Chichkova RI. Carbon monoxide intoxication: an updated review. J Neurol Sci. 2007;262(1-2):122-30.

33 Haldane JB. Carbon monoxide as a tissue poison. Biochem J. 1927;21(5):1068-75.

34 Haldane J. The relation of the action of carbonic oxide to the oxygen tension. J Physiol. 1896;18:201-17.

35 Shah ASV, Langrish JP, Nair H, McAlister DA, Hunter AL, Donaldson K, Newby DE, Mills NL. Global association of air pollution and heart failure: a systematic review and meta-analysis. Lancet. 2013;382:1039-48.

36 Lippi G, Rastelli G, Meschi T, Borghi L, Cervellin G. Pathophysiology, clinics, diagnosis and treatment of heart involvement in carbon monoxide poisoning. Clinical Biochemistry. 2012;45:1278-85.

37 Guzman JA. Carbon monoxide poisoning. Crit Care Clin. 2012;28:537-48.

38 Rochette L, Cottin Y, Zeller M, Vergely C. Carbon monoxide: mechanisms of action and potential clinical implications. Pharmacology & Therapeutics. 2013;137:133-52.

39 Hanafy KA, Oh J, Otterbein LE. Carbon monoxide and the brain: time to rethink the dogma. Curr Pharm Des. 2013;19(15):2771-5.

40 Reboul C, Thireau J, Meyer G, André L, Obert P, Cazorla O, Richard S. Carbon monoxide exposure in the urban environment: an insidious foe the heart? Respiratory Physiology & Neurobiology. 2012;184:204-12.

41 Schmidt R, Ryan H, Hoetzel A. Carbon monoxide-toxicity of low-dose application. Curr Pharm Biotechnol. 2012;13(6):837-50.

42 Bull S. Compendium of chemical hazards, carbon monoxide. Health Protection Agency. 2011;3:1-27.

43 Amdur MO, Doull J, Klaasen CD, editors. Casarett and Doull's toxicology. 4th ed. New York, NT: Pergamon Press; 1991. p. 268.

44 Dries DJ, Endorff FW. Inhalation injury: epidemiology, pathology, treatment strategies. Scandinavian Journal of Trauma, Resuscitation and Emergency Medicine. 2013;21:31.

45 Colomb-Lippa D. Acute carbon monoxide exposure: diagnosis evaluation, treatment. JAAPA. 2005;18(1):41-6.

46 Quinn DK, McGahee SM, Politte LC, Duncan GN, Cusin C, Hopwood CJ, Stern TA. Complications of carbon monoxide poisoning: a case discussion and review of the literature. Prim Care Companion J Clin Psychiatry. 2009;11(2):74-9.

47 Romão CC, Blättler WA, Seixas JD, Bernardes GJ. Developing drug molecules for therapy with carbon monoxide. Chem Soc Rev. 2012;41(9):3571-83.

48 Weaver LK. Hyperbaric oxygen in the critically ill. Crit Care Med. 2011;39(7):1784-91.

49 Touger M, Birnbaum A, Wang J, Chou K, Pearson D, Bijur P. Performance of the RAD-57 pulse CO-oximeter compared with standard laboratory carboxyhemoglobin measurement. Ann Emerg Med. 2010;56(4):382-8.

50 Maisel WH, Lewis RJ. Noninvasive measurement of carboxyhemoglobin: how accurate is accurate enough? Ann Emerg Med. 2010;56(4):389-91.

51 Palmieri TL, Gamelli RL. Diagnosis and management of inhalation injury. In: Handbook of Burns, Volume 1, Acute Burn Care. New York: Springer; 2012. p. 163-72.

52 Mosier MJ, Gamelli RL, Halerz MM, Silver G. Microbial contamination in burn patients undergoing urgent intubation as part of their early airway management. J Burn Care Res. 2008;29:304-10.

53 Hampson NB, Hauff NM. Carboxyhemoglobin levels in carbon monoxide poisoning: Do they correlate with the clinical picture? Am J Emerg Med. 2008;26:665-9.

54 Wolf SJ, Lavonas EJ, Sloan EP, Jagoda AS, American College of Emergency Physicians. Clinical policy: critical issues in the management of adult patients presenting to the emergency department with acute carbon monoxide poisoning. Ann Emerg Med. 2008;51(2):138-52.

55 Weaver LK, Howe S, Hopkins R, Chan KJ. Carboxyhemoglobin half-life in carbon monoxide-poisoned patients treated with 100% oxygen at atmospheric pressure. Chest. 2000;117(3):801-8.

56 Schmitt MW, Williams TL, Woodard KR, Harruff RC. Trends in suicide by carbon monoxide inhalation in King County, Washington: 1996-2009. J Forensic Sci. 2011;56:652-5.

57 Prat S, Rérolle C, Saint-Martin P. Suicide pacts: six cases and literature review. J Forensic Sci. 2013;58(4):1092-8.

58 Rossi R, Suadoni F, Cittadini F, Oliva A, Lancia M. An unuual case of suicidal carbono monoxide poisoning. Med Sci Law. 2011;51:S24-S26.

59 Peddy SB, Rigby MR, Shaffner DH. Acute cyanide poisoning. Pediatr Crit Care Med. 2006;7:79-82.

CAPÍTULO 19

ELEMENTOS QUÍMICOS EM TOXICOLOGIA FORENSE

Maria Fernanda Hornos Carneiro

Fabiana Roberta Segura

Fernando Barbosa Júnior

Bruno Lemos Batista

19.1 Resumo

Há naturalmente no ambiente mais de cem elementos químicos com diferentes graus de toxicidade e essencialidade e propriedades físico-químicas. Eles são classificados como metais, não metais ou gases nobres. Por si só podem exercer atividades tóxicas, mas também podem se combinar com outros elementos, formando espécies químicas de maior ou menor toxicidade. As fontes de exposição são as mais diversas (água, ar, solo, alimentos) e a via oral é a principal via de exposição. Dentro desse contexto se insere nossa história. Vários elementos tóxicos, principalmente com características de metais como o chumbo, foram utilizados para o desenvolvimento humano. Já outros elementos, como o arsênio, foram intencionalmente utilizados como toxicantes com o propósito de homicídio. Por um lado, há muitas informações sobre elementos como arsênio, cádmio, chumbo e mercúrio, mas com muitas perguntas ainda sem respostas. Por outro, há elementos potencialmente tóxicos com pouquíssimas informações científicas. A toxicologia e a química analítica se desenvolvem no sentido de entender cada vez mais esses elementos e avaliar seus riscos toxicológicos e nutricionais.

19.2 Uma visão geral

> *"Todas as substâncias são venenos; não há alguma que não o seja. A dose é que as diferencia em veneno ou remédio."*
>
> (Paracelsus, 1493–1541)

Como visto nos capítulos anteriores, a *toxicologia forense* está intimamente ligada à química analítica e, como veremos neste capítulo, também à química inorgânica. Sendo assim, cabem inicialmente definições de alguns termos técnicos utilizados nessas áreas do conhecimento.

Os elementos químicos são divididos em *não metais* (ou ametais), *semimetais* (ou metaloides, um termo obsoleto) e *metais*. Os metais são elementos químicos capazes de conduzir eletricidade e calor, apresentam um brilho característico, alta dureza e maleabilidade e, à exceção do mercúrio, são sólidos à temperatura ambiente. Os não metais são elementos com elevada eletronegatividade e não exibem propriedades dos metais como dureza, maleabilidade, grande capacidade de perder elétrons para produzir íons positivos e habilidade de conduzir calor e corrente elétrica. Já os elementos considerados semimetais (B, Si, Ge, As, Sb, Te, Po e At) caracterizam-se por apresentar aparência e propriedades de um metal, mas comportamento químico de um não metal. Tanto a União Internacional de Química Pura e Aplicada (IUPAC) quanto a Sociedade Brasileira de Química (SBQ) não têm uma definição clara acerca da definição de semimetal e não classificam esses elementos separadamente em suas tabelas periódicas oficiais [1,2,3].

A SBQ divide a tabela periódica em circulação no Brasil basicamente em: *metais* (hidrogênio: um caso especial, pois está na série dos metais mas possui características de não metal; alcalinos e alcalinos terrosos: Li, Na, K, Rb, Cs, Fr, Be, Mg, Ca, Sr, Ba e Ra; metais de transição e representativos: Sc, Y, Ti, Zr, Hf, Rf, V, Nb, Ta, Db, Cr, Mo, W, Sg, Mn, Tc, Re, Bh, Fe, Ru, Os, Hs, Co, Rh, Ir, Mt, Ni, Pd, Pt, Ds, Cu, Ag, Au, Rg, Zn, Cd, Hg, Cn, Al, Ga, In, Tl, Uut, Ge, Sn, Pb, Fl, Sb, Bi, Uup, Po, Lv, Uus e Uuo; série dos lantanídeos – de transição: La, Ce, Pr, Nd, Pm, Sm, Eu, Gd, Tb, Dy, Ho, Er, Tm, Yb e Lu; série dos actinídeos – de transição: Ac, Th, Pa, U, Np, Pu, Am, Cm, Bk, Cf, Es, Fm, Md, No e Lr), *não metais* (B, C, Si, N, P, As, O, S, Se, Te, F, Cl, Br, I e At) e *gases nobres* (He, Ne, Ar, Kr, Xe e Rn) [3].

Em geral, os elementos associados à contaminação, potencial toxicidade e/ou ecotoxicidade são referidos como "metais pesados" (do inglês *heavy metals*). Esse termo é amplamente utilizado sem uma definição precisa. Há uma simples tendência de assumir que "metais pesados" são elementos de alta toxicidade. Mesmo o termo "metal" é mal utilizado em algumas legislações e até em algumas literaturas envolvendo toxicologia, onde muitas vezes assume-se que os metais puros (Hg^0, por exemplo) e compostos contendo esses metais (as chamadas espécies químicas, como o metil-mercúrio, por exemplo) possuem propriedades biológicas, toxicológicas e físico-químicas semelhantes, o que não é verdade. A definição para "metais pesados" é fundamentada nas densidades/massas atômicas/números atômicos dos metais. No entanto, à luz do conhecimento atual, sabe-se que elementos de baixa densidade como o Al também apresentam características de toxicidade, como alguns dos metais com densidades/massas atômicas/números atômicos elevados usualmente descritos pelo termo. Uma forma mais correta para descrever esses metais (como Pb e Hg) seria então o termo "metais tóxicos". O termo "metais essenciais" deve também ser abandonado, já que é impreciso, uma vez que tanto a toxicidade quanto a essencialidade estão intimamente ligadas à dose (conceito básico em toxicologia) [4]. Neste capítulo os analitos serão tratados como "elementos químicos" ou simplesmente "elementos" e "espécies", no caso de compostos químicos contendo o elemento.

Termos como "elementos-traço", "macroelementos" ou "microelementos" são frequentemente utilizados em química analítica. A IUPAC traz a definição apenas para elementos-traço, os quais são ditos elementos com concentração média menor que 100 mg kg^{-1} [5]. Os termos "análise" e "determinação" serão aqui utilizados, respectivamente, para avaliação de amostras (análise de urina, por exemplo) e definição precisa de concentração de um elemento através de uma instrumentação analítica (determinação de Pb em plasma sanguíneo, por exemplo).

Mercúrio e arsênio, por exemplo, podem existir na natureza no estado elementar ou ligados a diferentes compostos químicos, acarretando diferenças na toxicidade. Esses dois elementos são os mais estudados em especiação química. Quanto ao mercúrio (Hg), as espécies mais comuns são: mercúrio inorgânico (Hg^{2+}), metilmercúrio (metilHg) e etilmercúrio (etilHg). Em ratos, a DL_{50} oral varia de 25,9 a 77,7 mg Hg kg^{-1} para o cloreto de Hg [6], enquanto que para o metilHg doses de 29,9 mg kg^{-1}, 57,6 mg kg^{-1}, e 21 mg kg^{-1} foram reportadas como DL_{50} oral para ratos, camundongos e porquinhos-da-índia, respectivamente [7]. Já o arsênio (As) possui mais de vinte formas químicas. Dentre elas pode-se destacar: arsina (AsH_3), arsenito (As^{3+}), arsenato (As^{5+}), monometil-arsênio (MMA), dimetil-arsênio (DMA), arsenobetaína (AsB), arsenocolina (AsC), grupo dos arsenoaçúcares e grupo dos arsenolipídeos. A toxicidade (dose letal via oral de 50% de uma população de ratos, DL_{50}) dessas espécies varia de 3 mg kg^{-1} para AsH_3, passando por 14 mg kg^{-1} para As^{3+} e 700-2600 mg kg^{-1} para DMA até 10 g kg^{-1} para a AsB. Há pouca informação sobre a toxicidade dos arsenoaçúcares e arsenolipídeos, os quais são referidos como potencialmente tóxicos. Geralmente essas formas estão presentes em alimentos de origem marinha, assim como AsB e AsC. Portanto é evidente a necessidade de contextualização da exposição a um dado elemento químico e sua espécie para estudos toxicológicos [8,9,10].

Os mais de cem elementos químicos existentes podem estar naturalmente no ambiente ou serem introduzidos intencionalmente. Se considerarmos suas diferentes formas químicas (espécies), aumenta-se ainda mais a diversidade de analitos. Além disso, estes podem ser encontrados em alimentos, medicamentos, tintas, solventes, cigarros, entre outros, o que leva o analista forense a trabalhar constantemente com um enorme número de fontes de contaminação em potencial durante uma investigação. Assim, a experiência na área é fundamental e, muitas vezes, a observação de simples detalhes pode ser extremamente importante para uma conclusão investigativa apropriada.

19.3 Breve histórico

Então a pedra e a gota afligem a raça humana; surge a icterícia preguiçosa com seu rosto de açafrão; paralisia, agitação da cabeça e joelhos trêmulos. E um grande edema, a doença do beberrão convicto; consumido, pálido, com um olhar aguçado, mas depressivo, e um rosto afinado mostrava que a morte estava próxima. Sua prole sem vigor amaldiçoa seus senhorios loucos, e, contaminado desde seu nascimento, sua juventude se vai.

(Descrição da intoxicação de um eremita anônimo romano por chumbo, traduzido por Humelbergius Secundus, 1829, citado em [93])

Saturno é o Deus do tempo que a mitologia descreve como sombrio e que devorava seus próprios filhos pelo medo de ser destronado. A própria palavra "saturnismo", em seu sentido mais específico, aplica-se a um indivíduo cujo temperamento tornou-se totalmente sombrio, cínico e taciturno, sinais e sintomas resultantes de intoxicação por chumbo. Na Antiguidade o chumbo foi o "metal plebeu" mais empregado em usos rotineiros e cotidianos, pois seus produtos eram baratos. Por suas várias aplicações na Antiguidade (pós-faciais, pigmento de tintas, condimento agridoce para tempero e adulteração de alimentos, conservante de vinhos, fabricação de utensílios domésticos e moedas, tubulação para água), o chumbo é conhecido como o "pai dos metais". Inabilidade mental, desinteresse por sexo, infertilidade de imperadores como Júlio César e César Augusto (assim como da população em geral) e altas taxas de natimortos são eventos descritos na época do Império Romano provavelmente em decorrência do saturnismo. Além disso, na Idade Média, o chumbo foi utilizado como "arma" para eliminar parentes indesejados, chegando a ser conhecido na França como o "pó da sucessão". Porém seu grande emprego foi na produção de armas e munições por sua resistência à corrosão, maleabilidade e baixo ponto de fusão. Mais recentemente houve adição do metal à gasolina, o que se tornou um grande problema ambiental, que será posteriormente discutido com mais detalhes [11].

Outro elemento de grande importância histórica na toxicologia dos elementos químicos e principalmente para a toxicologia forense é o arsênio. A palavra arsênio deriva da palavra persa *zarnikh*, traduzida para o grego como *arsenikon*, que significa pigmento amarelo (quando na forma As_2S_3). O arsênio era conhecido no passado como o "veneno" dos reis ou o rei dos "venenos", por seu amplo emprego em homicídios na realeza durante a Idade Média e época do Renascimento, já que seus efeitos tóxicos eram bastante discretos (note que a palavra veneno está entre aspas, pois o arsênio não é propriamente um veneno). Como exemplos podem ser citados os casos das famílias Médici e Bórgia e também de Napoleão Bonaparte. As vantagens de seu uso como agente tóxico incluem a ausência de odor, sabor, disponibilidade comercial e principalmente a dificuldade de ser detectado em alimentos e bebidas, não alterando seu sabor. Os sintomas de intoxicação aguda incluem náusea, vômito, diarreia e dor abdominal, semelhantes a doenças como cólera e pneumonia, comuns durante os períodos citados [10,12,13].

Outro importante fato era a ausência de técnicas analíticas para detectar e muito menos para quantificar o arsênio. As pesquisas na determinação de arsênio foram iniciadas pelo cientista alemão Carl Wilhelm Scheele (1742-1786), que, em 1775, descobriu que a mistura de zinco, ácido nítrico e trióxido de arsênio produzia a AsH_3, gás com odor de alho. Carl teve uma morte prematura em razão dos experimentos envolvendo a produção de AsH_3 sem ventilação adequada. Por sua vez, Johann Metzger (1739-1805), em 1787, descobriu que o trióxido de arsênio aquecido com carvão produzia gás carbônico e arsênio metálico, um pó preto brilhante. Já em 1836 o inglês James Marsh (1794-1846), contrariado em não conseguir provar um crime de intoxicação por arsênio ocorrido em 1832 utilizando sulfeto de hidrogênio, uniu os conhecimentos de Carl e Johann e desenvolveu um equipamento para não só detectar arsênio como também quantificar baixas concentrações (de cerca de 0,02 mg) [14,12,15].

O primeiro relato de investigação forense ligada à toxicologia foi o caso de intoxicação "LaFarge", em 1840, na França. Utilizando o equipamento de Marsh, provou-se que Charles LaFarge, proprietário de uma fundição, foi intencionalmente intoxicado por arsênio (geralmente declarado como raticida no momento da compra) ao comer um bolo que sua esposa Marie LaFarge preparou. Inicialmente foi provado que o bolo continha arsênio, porém, ao exumar o corpo de Charles, não foi detectada a presença do elemento. Então, o renomado toxicologista Mathieu Joseph Bonaventure Orfila (1787-1853) foi chamado ao caso, provando que o teste realizado com o cadáver não foi corretamente executado. Nesse segundo momento provou-se que o corpo de Charles continha arsênio e, finalmente, sua esposa Marie foi condenada à prisão perpétua. À época o caso foi polêmico, dividindo o país, e chamou grande atenção a Marsh e seu teste. A divulgação foi tamanha que muitos comerciantes passaram a realizar o teste de Marsh em seus estabelecimentos a fim de atrair clientes. Orfila, químico de origem espanhola com formação em Paris, professor da Faculdade de Medicina de Paris e autor do primeiro tratado de toxicologia, é considerado por muitos como o pai da toxicologia. Em 1851, sob o alicerce dos novos equipamentos e métodos utilizados em toxicologia forense, o parlamento inglês delibera uma lei para controle da venda de arsênio [14,12].

Apesar de fazer vítimas fatais, o arsênio tem sido indicado para uso terapêutico desde a Antiguidade. Hipócrates, o "pai da medicina", utilizou uma pasta contendo arsênio para tratar úlceras e abscessos. A solução de Fowler, descoberta em 1786, é uma solução de 1% de arsenito de potássio utilizada para tratamento de doenças como malária, sífilis e psoríase. Além disso, em 1910, Paul Ehrlich introduziu o medicamento chamado Salvarsan à base de arsênio para o tratamento da sífilis, usado até a chegada da penicilina. E, mais recentemente, medicamentos contendo arsênio foram (e ainda são) utilizados em tratamentos de cânceres [12].

O mercúrio é outro elemento químico que também tem um histórico interessante. O metal era conhecido por gregos, romanos, chineses e hindus e teve usos que vão de medicamento a talismã. O símbolo Hg deriva do grego *hydrargyrum*, que significa prata líquida (sendo também conhecido como "prata rápida", do inglês *quicksilver*), já que o metal é líquido e tem cor prateada à temperatura ambiente. Pela grande maleabilidade do metal, seu nome também faz referência ao deus romano Mercúrio, mensageiro de todos os outros deuses graças a sua rápida mobilidade. A relação entre o homem e o mercúrio é bastante antiga, datada da Pré-História, época em que o homem fazia uso de uma pedra mineral vermelha, o cinábrio (HgS), para fazer suas pinturas nas cavernas [16]. Na Idade Média, o mercúrio esteve presente na obra de alquimistas que procuravam pela essência universal, chamada quintessência ou, ainda, a fórmula da pedra filosofal (do latim *Lapis Philosophorum*). A pedra filosofal é o objeto que os alquimistas deveriam alcançar a todo custo; uma substância transmutadora de simples metais em ouro puro, assim como um elixir da vida longa, uma panaceia universal, um remédio que curaria todas as doenças e daria vida eterna àqueles que o ingerissem [17]. Do século XVI ao início do século XX o mercúrio foi utilizado para tratamento da sífilis até o desenvolvimento dos antibióticos [18,10]. Atualmente, apesar do uso do mercúrio ter diminuído acentuadamente, dado seu potencial tóxico, esse metal ainda é utilizado na fabricação de termômetros, barômetros, bombas de vácuo, explosivos, assim como na extração de minérios e composição de alguns produtos farmacêuticos, como vacinas [19].

Considerando a exposição ocupacional ao mercúrio, a que ocorreu em função da produção de chapéus de feltro é a mais conhecida. Em meados do século XVII na França e por volta de 1830 na Inglaterra foi iniciada a produção industrial de chapéus de feltros. À época contava-se que, na Turquia, para melhorar o processamento do feltro de camelo, utilizava-se a urina do animal. No entanto, na Europa não havia tal animal disponível. Então os próprios trabalhadores urinavam no material. Observou-se que um desses trabalhadores, em tratamento para sífilis, produzia um feltro de melhor qualidade, o que foi relacionado à presença de mercúrio na urina. Por conseguinte, o mercúrio (na forma de nitrato, uma solução avermelhada) passou a ser usado na indústria de chapéus, especificamente no alisamento do feltro. Durante a produção, essa solução era aquecida, produzindo vapores que, aliados à baixa ventilação do local e alta duração do expediente, acabavam por intoxicar os trabalhadores, ocasionando o mercurialismo. Freeman, em 1860, relatou a doença entre chapeleiros dos Estados Unidos em uma única cidade, onde foram observados mais de cem casos da intoxicação [20,21]. Somente em 1941 o Serviço de Saúde Pública dos Estados Unidos proibiria o uso do mercúrio na indústria de feltro. Curiosamente, sugere-se que a expressão "louco como um chapeleiro" advém desse episódio. Essa origem, porém, é incerta. Alguns outros autores afirmam que a expressão advém de um conhecido e excêntrico chapeleiro que não apresentava sintomas da intoxicação. Há ainda alusão à contaminação por mercúrio em *Alice no País das Maravilhas*, obra de Lewis Carroll publicada em 1865 que foi refilmada recentemente, no qual o personagem Chapeleiro Maluco manifesta claros sinais de mercurialismo [21,18].

Na Califórnia, principalmente nas regiões de Serra Nevada e das montanhas Klamath-Trinity, históricas minas de ouro foram abertas por volta de 1850 utilizando a hidrometalurgia. Acredita-se que cerca de 11.800 toneladas de mercúrio tenham sido utilizadas nas eclusas para aumentar a recuperação de ouro pela formação de amálgamas de ouro-mercúrio. Porém deve-se entender que nem todo o mercúrio formava amálgama e era recuperado. Estima-se que cerca de 25% do mercúrio utilizado foi absorvido pelo solo por vazamentos das eclusas ou escoou até cursos de rios, causando sérios impactos ambientais até hoje. Somente em Serra Nevada calcula-se que mais de 4.500 toneladas de mercúrio tenham ido para o ambiente. O principal impacto está no fato de o metal sofrer bioacumulação nos tecidos, com consequente biomagnificação ao longo da cadeia trófica. Foram encontrados peixes com altíssimas concentrações de mercúrio oferecendo importante risco à saúde humana [22].

Assim, observa-se que esses elementos são possivelmente as substâncias tóxicas mais antigas da história. Outros exemplos são o ocorrido em 370 a.C., quando Hipócrates descreveu uma cólica abdominal e atribuiu o fato ao trabalho de mineração; e tumbas egípcias que foram encontradas pintadas com arsênio obtido da fundição de cobre e estanho. No entanto, a grande maioria dos elementos relevantes em toxicologia foram somente estudados e descritos mais recentemente [10]. A seguir, aspectos da toxicologia forense do arsênio, chumbo e mercúrio serão abordados, seguidos de outros elementos de menor relevância. A exposição crônica a alguns dos elementos aqui apresentados acarreta sintomas bastante característicos, o que ficará evidente após a leitura do capítulo e poderá auxiliar investigações forenses.

19.4 Elementos químicos de maior interesse em toxicologia forense

Elementos traço têm um importante papel nos processos biológicos, sejam como componentes essenciais ou como tóxicos. Monitorar as concentrações de elementos traço no corpo, portanto se tornou uma importante atribuição de laboratórios clínicos, industriais e governamentais. A deficiência de alguns elementos traço essenciais é observada ocasionalmente, mas o mais grave na área de toxicologia de elementos químicos relaciona-se com as exposições ambientais, ocupacionais, acidentais ou iatrogênicas.

Savory e Wills [25]

Os elementos metálicos e não metálicos, nas formas de sais, íons ou ligados covalentemente a outros elementos químicos, estão presentes em organismos vivos e possuem importantes papéis na manutenção da homeostasia [23,24]. Os elementos químicos são considerados essenciais, pois algumas patologias ocorrem pela deficiência desses elementos no organismo – já que participam de uma série de reações químicas endógenas importantes. Essas patologias podem ter seus sintomas minimizados ou mesmo serem eliminadas simplesmente por meio da suplementação com tais elementos [25]. Nesse contexto, tem-se hoje em torno de 25 elementos reconhecidos como essenciais para a vida humana. Exemplos incluem Co, Cu, Cr, I, Mn, Mo, Ni, Se, Si, V e Zn.

Muitos dos elementos essenciais estão presentes em concentrações-traço e atuam como cofatores de enzimas primordiais para processos biológicos como a inibição da formação de radicais livres, o transporte de oxigênio, a organização estrutural de macromoléculas e a atividade hormonal [26,27]. Por outro lado, há elementos químicos como Cd, As, Pb e Hg (considere aqui as diversas espécies químicas) que não apresentam qualquer efeito benéfico e, além disso, podem causar efeitos muito prejudiciais aos organismos [24]. Sabe-se que esses efeitos tóxicos podem ser advindos de qualquer elemento, seja essencial ou tóxico, e dependerão de variáveis como dose, tempo, via e grau de exposição, espécie química envolvida e concentração no sítio-alvo, além de fatores individuais [28]. Os intervalos de concentração que definem deficiência, essencialidade e toxicidade dos elementos químicos são em geral extremamente estreitos [29]. Portanto é de fundamental importância conhecer o intervalo aceitável de concentração dos elementos essenciais e tóxicos (em indivíduos saudáveis) considerando-se as diferenças entre as populações.

19.4.1 Arsênio

O arsênio (As) é um elemento de um único isótopo de massa atômica 75 Dalton, natural e amplamente presente na biosfera. Em geral oceanos apresentam concentrações médias de 2 a 3 µg L^{-1}, enquanto solos, uma média global de 2 µg kg^{-1} [30]. Existem as formas químicas de As inorgânicas – óxidos ou óxiácidos: ácido arsenoso, ácido arsênico, trióxido de As (arsenito, As^{3+}) e pentóxido de As (arsenato, As^{5+}) – e as orgânicas – monometilarsênio ou ácido monometil arsônico (MMA), dimetilarsênio ou ácido dimetil arsínico (DMA), arsenocolina (AsC), arsenobetaína (AsB), arsêniolipídeos e arsenoaçúcares. As últimas são produzidas por meio de biotransformação em vários organismos, incluindo bactérias e seres humanos [10]. Na Figura 19.1 estão demonstradas as formas mais comuns de As.

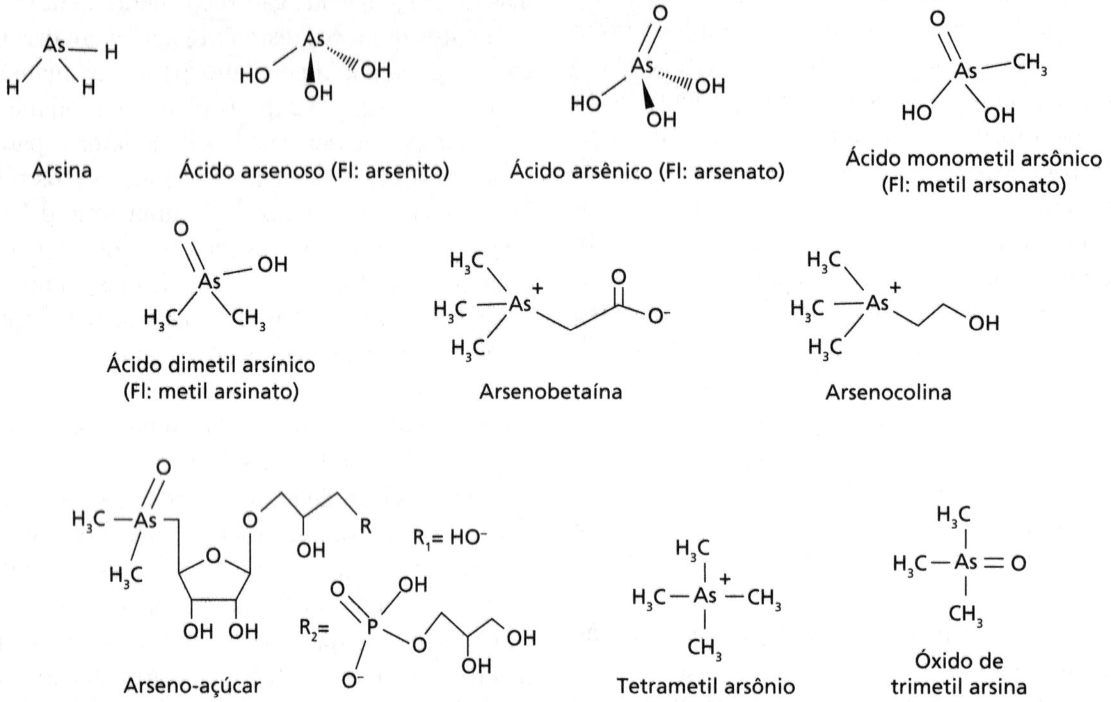

Figura 19.1 Formas de As mais comumente descritas e estudadas.

Fonte: adaptado de [31] e [32].

Fontes potenciais de exposição ao As incluem fumaças e poeiras industriais (fundição) ou a fabricação de praguicidas, herbicidas (como, por exemplo, o monossodiometilarsonato (MAMS) utilizado em culturas de algodão, café e cana-de-açúcar no Brasil), preservadores de madeira e outros produtos de uso agropecuário [33]. Uma vez aplicados nas culturas agrícolas ou mesmo em animais, esses compostos podem chegar ao homem – tanto na forma de alimentos quanto pela contaminação de solos e águas. Portanto, por ser persistente no ambiente e trazer sérios riscos à saúde humana, o uso do As tem sido cada vez mais reduzido [34].

O As vem sendo ainda utilizado como agente quimioterápico. Textos datados de 1880 descrevem o uso de pastas contendo As para o tratamento de câncer de pele e mama. Em 1878, verificou-se que a solução de Fowler poderia ser eficaz na redução da contagem de leucócitos em pacientes com leucemia. Com o desenvolvimento da farmacologia e uma compreensão mais detalhada do mecanismo de ação do trióxido de As, atualmente existe no mercado um medicamento contendo o composto que tem sido eficaz para casos de leucemia promielocítica aguda. E estudos para tratamento de outros tipos de câncer com o trióxido de As vêm sendo desenvolvidos [12].

Para o ser humano, o As pode ser absorvido por grande variedade de vias. A via oral é a principal delas, contribuindo com cerca de 80% a 90% da exposição. Por sua vez, a inalação também é uma importante via: 25% a 40% do As permanece depositado nos pulmões após inalação [35].

A presença de As em organismos marinhos como crustáceos, peixes e algas e em águas de consumo e arroz – alimento consumido por cerca de 50% da população mundial – tem contribuído para o aumento da exposição a esse elemento. Recentemente a European Food Safety Authority (EFSA) avaliou a ingestão semanal tolerável provisória (*provisional tolerable weekly intake*, PTWI) do As, que era de 15 µg kg^{-1} de peso corporal, e concluiu não ser mais adequada. Foi então adotado o valor limite de confiança inferior ($BMDL_{0,1}$) de 0,3 a 8 µg kg^{-1} de peso corporal por dia [36]. Mesmo assim, é importante salientar que o risco tóxico não se traduz simplesmente pela presença de As no alimento. Como visto anteriormente, as espécies metiladas (como MMA, DMA, AsB, AsC e arsenoaçúcares) apresentam em geral menor risco que as espécies inorgânicas (As^{3+} e As^{5+}). Em geral as espécies metiladas são encontradas em alimentos de origem marinha. Já as espécies inorgânicas de As são encontradas em rios e reservatórios de água contaminada [9,37].

A distribuição do As no organismo ocorre através da ligação com proteínas plasmáticas. Seus tecidos-alvo para acúmulo incluem fígado e rins e, em exposições crônicas, acumulam-se também em anexos dérmicos como pelos, unhas e cabelos. Uma vez nos tecidos-alvo, as formas inorgânicas passam por metilação, formando o MMA e o DMA. O As^{5+} é rapidamente reduzido pela enzima arsenato redutase a As^{3+} [38], forma química sessenta vezes mais tóxica que o As^{5+} (Figura 19.2). Uma vez formado o As^{3+}, uma metilação subsequente pode ocorrer para formar o MMA^{5+} e, em seguida, o DMA^{5+}, por ação da enzima As-metiltransferase [10,9,39,38].

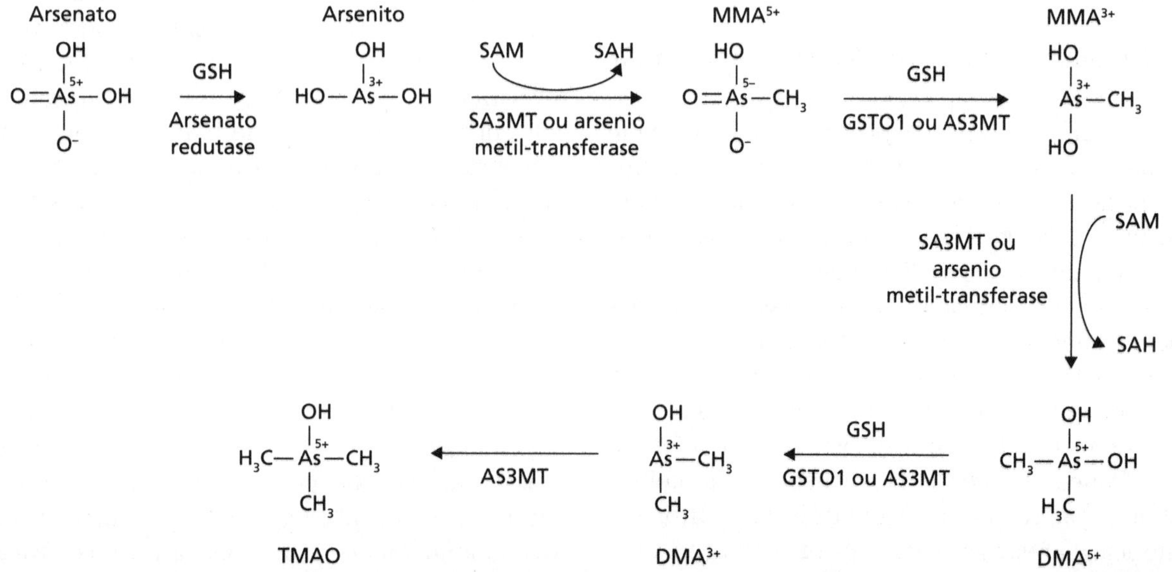

Figura 19.2 Metabolismo do As no ser humano. GSH: glutationa reduzida; AS3MT: As metiltransferase (Cyt 19); SAM: S-adenosil metionina; SAH: S-adenosil homocisteína; GSTO1: glutationa S--transferase ômega-1; MMA^{5+}: ácido monometil arsênico; MMA^{3+}: ácido monometil arsenoso; DMA^{5+}: ácido dimetil arsênico; DMA^{3+}: ácido dimetil arsenoso; TMAO: óxido de trimetil As.

Fonte: adaptado de [10].

Quanto à excreção, a principal via é a urinária, pela qual a maior parte do As é excretada na forma metilada (aproximadamente 80% a 90% DMA e MMA), com 10% a 20% na forma inorgânica [39,38]. As formas de As AsB e AsC ingeridas principalmente por meio de alimentos de origem marinha são encontradas inalteradas na urina. Por outro lado, os As-açúcares são metabolizados a DMA [10]. Há descrição de algumas variáveis na metabolização do As (metilação) como idade, sexo, etnia, dose de exposição, gravidez, estado nutricional e polimorfismo genético [40,41]. Por exemplo, há relato de diferenças na excreção do As em povos com exposição similar ao elemento. Indígenas do norte da Argentina excretam baixas concentrações de MMA quando comparados a indivíduos de Taiwan, que excretam cerca de 27% [42,43,44]. Sabe-se que a reduzida capacidade de metilação do As está relacionada ao aumento de sua toxicidade decorrente do aumento de sua concentração nos tecidos [45,46,44].

Com relação à toxicodinâmica, sabe-se que os compostos trivalentes são tiol-reativos, ou seja, podem inibir enzimas ou modificar proteínas por reagirem com grupamentos tiol de proteínas, causando danos ao organismo. Já o As pentavalente possui uma semelhança estrutural com o fosfato, sendo um potencial desacoplador da fosforilação oxidativa mitocondrial, promovendo uma substituição competitiva do fosfato pelo arsenato, interferindo na biossíntese de trifosfato de adenosina (ATP). Outros mecanismos de toxicidade compreendem a capacidade de produzir dano oxidativo e alteração no estado de metilação do DNA, instabilidade genômica, comprometimento do reparo de danos ao DNA e aumento da proliferação celular [47,48]. O As pode ter ação comutagênica e/ou cocarcinogênica, sendo ativado, por exemplo, por radiação ultravioleta, ocasionando câncer de pele, e pode ainda ocasionar problemas vasculares e cardiovasculares [48,49].

19.4.1.1 Sinais, sintomas e efeitos de intoxicação por As

Os sintomas após exposição aguda incluem gastroenterite grave com início após trinta minutos da exposição tanto para espécies orgânicas quanto inorgânicas. Exposições crônicas são observadas principalmente em trabalhadores ou pacientes em tratamento com fármacos à base de As. Populações podem também apresentar sintomas de exposição crônica pela ingestão de água contaminada [35]. Esse elemento tem efeito em múltiplos órgãos, o que pode tornar difícil o diagnóstico de uma intoxicação. Podem ser observados os seguintes efeitos: hepatite, gastroenterite hemorrágica, neuropatia periférica, parestesia, anorexia, pigmentação marrom da pele, necrose aguda dos túbulos renais com falência renal, dano glomerular (proteinúria), rompimento de capilares e cardiomiopatias levando a choque, anemia, leucopenia, teratogenia, abortos espontâneos, malformações, entre outros [50].

De forma crônica, a exposição pode resultar no desenvolvimento de vários tipos de câncer, como de pele, pulmões, fígado, bexiga, rins e cólon. O As é reconhecido como carcinogênico humano pela International Agency for Research on Cancer (IARC) e pela American Conference of Industrial Hygienists (ACGIH) [51,52,53,33]. As lesões na pele são talvez os sinais clínicos mais característicos da intoxicação por As. Correspondem a queratoses benignas – que podem progredir para malignas (hiperpigmentação e hiperqueratose, lesões de 0,4 a 1 cm) – e aparecimento de linhas de Mee nas unhas (linhas horizontais), um sinal tardio de intoxicação. O aparecimento de pigmentação desigual em axilas, pálpebras, virilha, pescoço e têmporas são também sinais típicos da exposição crônica ao As [50].

19.4.1.2 Casos de intoxicação por exposição ao As

Conforme descrito anteriormente, são diversas as maneiras pelas quais a população pode ser exposta ao As. Os casos relatados a seguir são exemplos práticos que podem ajudar um toxicologista na elucidação de um caso forense.

Talvez os casos recentes mais conhecidos de intoxicação por As sejam as contaminações de água ocorridas, em ordem de severidade, em Bangladesh, Índia (oeste de Bengala), interior da Mongólia (República Popular da China) e Taiwan. No caso de Bangladesh, que está localizada na planície Padma-Meghna-Brahmaputra, a contaminação de águas subterrâneas por As foi evidenciada pela primeira vez em 1995. Em 1998, análises de águas de 52 mil poços revelaram que 43% dos poços continham água com concentração de As acima de 10 $\mu g\ L^{-1}$, concentração preconizada pela Organização Mundial da Saúde, e 31% acima de 50 $\mu g\ L^{-1}$. Havia também presença de lesões cutâneas na população e a suspeita de intoxicação por As foi confirmada por análises de cabelos e unhas que revelaram altas concentrações de As na população. Cerca de 50 milhões de pessoas estavam expostas a As não só pela água dos poços, mas também pelos alimentos irrigados por essa água [54].

Não apenas a Ásia tem problemas com solos e águas contaminadas por As. Existem mais de quarenta locais reconhecidamente contaminados por As no mundo, incluindo locais na Europa, Oceania, América do Norte e do Sul [54]. No Brasil, destaca-se a contaminação na região de mineração no estado de Minas Gerais, no quadrilátero ferrífero. Foram encontradas em amostras coletadas nessa região concentrações de 2,2-106 $\mu g\ L^{-1}$, 0,4-350 $\mu g\ L^{-1}$ e 200-860 mg L^{-1} em urina de crianças, águas superficiais e solos, respectivamente [55,56].

É necessário controlar não só os alimentos, mas também suas matérias-primas. Foram encontradas no Brasil concentrações de 25 a 28 $\mu g\ g^{-1}$ de As em amostras de fosfato de sódio, aditivo intencional utilizado como estabilizante. A partir de então a legislação para As no leite em pó reconstituído (fluido), pronto para o consumo, passou a ser de 0,1 mg kg^{-1}. Compostos contendo As (ácido p-arsanílico, ácido 4-nitrofenil-arsônico, ácido 4-hidroxi-3-nitrofenil-arsônico e ácido p-ureidofenil-arsônico) também vêm sendo utilizados como aditivos em rações de animais (porcos e frangos) para tratamento de parasitoses e para melhor crescimento. Essas substâncias são comumente utilizadas nos Estados Unidos e China, sendo consideradas potenciais fontes de contaminação de carnes, que devem, portanto, ser monitoradas [34].

Em 1900 foram descritas intoxicações por As em aproximadamente 6 mil indivíduos, com setenta óbitos, pelo consumo de cervejas contaminadas com o elemento na região Norte da Inglaterra. Mais de cem cervejarias produziram a bebida com concentrações de As variando de 2 a 4 mg L^{-1}. A contaminação ocorreu pela presença de As no ácido sulfúrico utilizado para inverter o açúcar na produção da cerveja. O fato levou muitas pessoas a procurarem tratamento como alcoólatras, mas os sintomas e efeitos apresentados (edema, lesão hepática, fraqueza muscular, dor e parestesia nas extremidades) foram posteriormente diagnosticados como advindos da intoxicação por As [57].

Outro caso ocorreu em 1945, quando As volátil foi encontrado em casas no Reino Unido. Após investigação, foi verificado que papéis de parede utilizados em tais residências no final de 1800 continham pigmentos à base de As. Esses papéis foram colados com cola à base de amido. Com a umidade do ambiente, colônias de fungos capazes de volatilizar As cresceram nas paredes dessas moradas, liberando quantidades expressivas de arsina que ocasionaram efeitos tóxicos nos residentes [58].

Finalmente, um famoso caso de intoxicação por As é a morte de Napoleão Bonaparte. No entanto, há controvérsias, já que alguns autores afirmam que ele foi assassinado por motivações políticas [12]. O fato é que determinações realizadas em amostras de cabelo do imperador apontaram que, durante sua vida, ele esteve exposto a altas concentrações do elemento. Análises de papel de parede da época também apontaram concentrações de As suficientes para causar morte [59]. De certa forma, o mistério sobre sua morte ainda permanece.

19.4.2 Chumbo

O chumbo (Pb) é um elemento químico amplamente distribuído no ambiente. É considerado um elemento não essencial, pois não desempenha qualquer papel fisiológico benéfico no organismo. Possui vários isótopos: 202 (sintético), 204, 205 (sintético), 206, 207, 208 e 210 (sintético). Seu ponto de fusão é 337 °C, o que justifica sua utilização como matéria-prima. A partir de 550 °C há emissão de vapores tóxicos. Suas formas químicas incluem sulfato de Pb ($PbSO_4$), hidrogeno-arsenato de Pb ($PbHAsO_4$), dióxido de Pb (PbO_2), Pb tetraetila ($Pb(C_2H_5)_4$), Pb tetrametila ($Pb(CH_3)_4$), litargírio (PbO, pigmento de tintas) e zarcão (Pb_3O_4, anticorrosivo) [60]. Como é um elemento ubíquo (encontrado em águas, poeiras, solos, alimentos etc.), a exposição ao Pb pode ocorrer por diversas vias, mas as principais são as vias oral e respiratória, sendo a última a mais prevalente no caso de exposição ocupacional [61].

O Pb tem ampla aplicação desde a Antiguidade. O metal é utilizado hoje principalmente na fabricação de armas, baterias, borrachas e tintas. Até o ano de 1978, o Pb foi amplamente empregado em encanamentos de água residenciais e como antidetonante na gasolina [62]. No Brasil, a produção primária de Pb a partir de minérios praticamente inexiste, sendo a reciclagem do metal feita em usinas localizadas em Pernambuco, Rio Grande do Sul, Paraná, São Paulo, Rio de Janeiro e Minas Gerais principalmente para a fabricação de baterias [63].

A legislação brasileira trata a exposição ao Pb como "insalubridade de grau máximo". A concentração máxima permitida de Pb no ar em uma jornada de 48 horas semanais é de 100 µg m^{-3} [64]. Como indicadores biológicos de exposição, tem-se a determinação direta de Pb e de zincoprotoporfirina no sangue (máximo permitido: 600 µg L^{-1} e 1 mg L^{-1}, respectivamente) e de ácido delta-aminolevulínico na urina (máximo permitido: 10 mg g^{-1} de creatinina) [65]. No entanto, as determinações das concentrações de zincoprotoporfirina e ácido delta-aminolevulínico são pouco específicas em comparação à determinação de Pb no sangue. As primeiras apresentam um intervalo de variação mais curto e, portanto, podem "mascarar" uma intoxicação. Por isso, nos Estados Unidos, assim como em diversos outros países, a avaliação de Pb no sangue é o marcador escolhido. Além disso, a concentração máxima permitida de Pb no ar em uma jornada de 48 horas semanais no país norte-americano é de 30 µg m^{-3} – limite expressivamente menor que o do Brasil – e, no sangue, ela não deve ultrapassar 400 µg L^{-1} [66].

Uma vez absorvido (por ingestão ou inalação), 99% de todo o Pb é ligado aos eritrócitos. O Pb livre no plasma (1%), compartimento de maior biodisponibilidade, é distribuído principalmente para fígado, rins, cérebro, pulmões e baço. No sangue e no plasma, assim como em alguns tecidos moles, a meia-vida biológica é de trinta a quarenta dias [67,68]. Nos ossos e tecidos mineralizados, a meia-vida pode chegar a 27 anos [69]. Esse acúmulo no tecido ósseo ocorre pela semelhança do raio atômico do Pb com o cálcio, sendo que esse tecido pode armazenar até 90% de todo o metal no organismo [68,67]. Ao longo da vida, remodelamento ósseo com reabsorção e/ou mobilização óssea podem ocorrer, por exemplo, durante a gravidez, o crescimento e até mesmo quando do desenvolvimento da osteoporose. Assim, uma nova intoxicação pode ocorrer, já que o Pb armazenado nos ossos pode voltar ao sangue por redistribuição [70,71,72,73]. Sabe-se que existem diferenças no processo de detoxificação do Pb que estão associadas com variações genéticas. Evidências demonstram que variações genéticas da enzima ácido delta-aminolevulínico desidratase (ALA-D) determinam as diferentes concentrações de Pb no organismo [74]. Quanto à eliminação, pouco mais de 60% do Pb absorvido é eliminado pela urina e fezes, podendo sofrer reabsorção. Outras formas de eliminação ocorrem pelo cabelo, saliva, unhas e suor [24].

Quanto à toxicodinâmica, o Pb, além de interferir no metabolismo de cálcio, possui afinidade por radicais –COOH, $-NH_2$ e –SH presentes em proteínas e enzimas, como aquelas que participam da síntese do grupo heme, além de enzimas com atividade antioxidante, como a glutationa peroxidase [75-80].

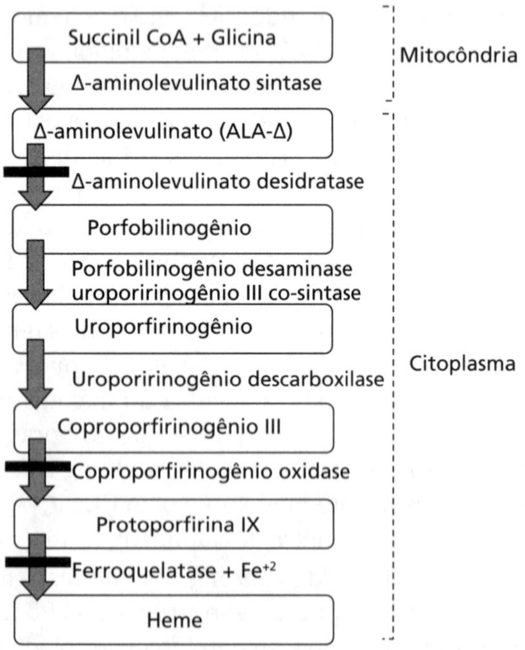

Figura 19.3 Interferências enzimáticas do Pb na rota bioquímica de formação do grupamento heme. As barras em preto indicam as etapas (enzimas) inibidas pelo metal.

As etapas em que o Pb interfere na biossíntese do heme estão apresentadas na Figura 19.3. O Pb, ao se ligar a grupamentos sulfidrilas, inibe três enzimas: ALA-D, coproporfirinogênio oxidase e ferroquelatase. As enzimas estão envolvidas na rota bioquímica de produção do grupamento heme, ocasionando, por conseguinte, distúrbios hematológicos [81,62]. A enzima ALA-D, quando inibida, gera acúmulo de ácido delta-aminolevulínico na urina [82,28], enquanto que as enzimas coproporfirina oxidase e ferroquelatase, uma vez inibidas, causam aumento da concentração de coproporfirina na urina e de protoporfirina no sangue, respectivamente [80,81,62]. Além disso, o Pb causa desequilíbrio a favor de oxidantes no organismo com danos a proteínas, lipídeos e até ao DNA [83]. O Pb inorgânico é reconhecido pela IARC como carcinogênico para humanos enquanto que os compostos de Pb orgânico são reconhecidamente não carcinogênicos [53].

19.4.2.1 Sinais, sintomas e efeitos de intoxicação por Pb

O Pb pode causar efeitos no sistema nervoso (alucinações, tremores), renal (proteinúria, glicosúria e hiperfosfatúria), reprodutor (diminuição da concentração de espermatozoides, aborto espontâneo), gastrointestinal (irritação, diarreia, vômitos), endócrino (impedimento da conversão da vitamina D – calciferol – em 1,25-di-hidroxicolecalciferol), hematopoiético (anemia hemolítica) e cardiovascular (hipertensão) [80,33]. Os sinais e sintomas decorrentes da intoxicação aguda por Pb não são específicos e incluem náusea, dor abdominal, fezes com coloração negra (em virtude da reação do Pb com compostos sulfurados), vômitos, sensação adstringente pronunciada na boca e gosto metálico, entre outros. Em intoxicações crônicas (saturnismo) e principalmente quando as concentrações no sangue atingem de 400 a 600 µg L^{-1}, ocorre vômito persistente, letargia, encefalopatia, convulsões, delírio e até coma. Podem ocorrer ainda linhas de deposição de sulfeto de Pb nas gengivas (linhas de Burton). Além disso, principalmente em crianças expostas, pode ser evidenciada por raio-X simples uma banda densa radiopaca na parte distal das metáfises ósseas [84,85].

Não há atualmente um valor-limite para a concentração de Pb sanguíneo, já que efeitos neurológicos foram documentados em crianças com concentração sanguínea de 100 µg L^{-1} – concentração anteriormente preconizada como o limite inferior em que efeitos tóxicos não eram observados [86]. Em exposições agudas a altas concentrações (maiores que 700-800 µg L^{-1}) pode haver desenvolvimento de encefalopatia e outros sintomas como ataxia, coma, convulsões, alta irritabilidade, estupor e até a morte. Outras manifestações clínicas de intoxicação por Pb são: transtorno de déficit de atenção, hiperatividade, deficiência auditiva e dificuldade de equilíbrio, que podem persistir até a vida adulta [33].

19.4.2.2 Casos de intoxicação por exposição ao Pb

Quando se fala em Pb, para muitas pessoas o que vem à mente é a imagem de um projétil. De fato esse elemento é constituinte básico de munições. Sabe-se, por exemplo, que, ao se disparar uma arma de fogo, resquícios em forma gasosa ou aerossol não só de Pb, mas de bário e antimônio, além de pólvora fundida (resíduo de tiro), são expelidos da espoleta e do seu contato com o projétil, solidificando e contaminando a mão do atirador. No entanto, o desenvolvimento de novas munições sem bário e antimônio e o encapsulamento do projétil diminuíram a presença desses elementos químicos muitas vezes usados pelo perito forense na elucidação de crimes [87]. Ainda com relação a munições, é conhecido que carnes de caça também podem ser fonte de exposição ao Pb. Vários trabalhos apontam para o risco de se consumir essa carne, pois muitas vezes conservam fragmentos de Pb que podem ser mantidos no alimento mesmo após o preparo [88,89].

É grande a preocupação com a contaminação de crianças por Pb. A tinta contendo pigmentos à base de Pb é uma das principais fontes. Conforme relatado anteriormente, somente em 1904, doze anos após o primeiro relato, foi reconhecido o saturnismo epidêmico em crianças de Brisbane (Austrália) decorrente da contaminação por Pb advindo da tinta. A tinta das casas feitas de madeira foi sendo desgastada pela ação do tempo e transformou-se em pó. As crianças, ao brincarem no chão das casas e por terem o comportamento de levar a mão à boca, foram os indivíduos que manifestaram de forma mais intensa os sintomas de intoxicação [90].

Em 1983 uma criança morreu nos Estados Unidos vítima do uso de medicamentos populares. Vários desses medicamentos continham Pb, e, mais especificamente, um produto que seria utilizado como tônico continha 1,6% de Pb [91,86]. Outro caso ocorreu em 2000 com uma menina de 2 anos recentemente chegada do Egito. Ela deu entrada em um hospital em New Hampshire, nos Estados Unidos; apresentava vômitos, febre baixa, anemia microcítica e teste positivo para antígenos estreptocócicos na garganta. Foi tratada com antiemético e antibiótico, e levada de volta para sua casa. Infelizmente os vômitos aumentaram e ela foi então internada. Após investigações clínicas, foi verificada uma concentração de Pb no sangue de 3.910 µg L^{-1} e protoporfirina eritrocitária de 5,41 mg L^{-1}. Mesmo com terapia quelante e consequente redução do Pb no sangue e algumas cirurgias paliativas, a menina foi a óbito. A autópsia encontrou edema cerebral difuso. Foram determinadas as concentrações de Pb em amostras do cabelo distal e proximal, apontando valores de 310 e 670 µg L^{-1}, respectivamente, o que levou à conclusão de uma exposição passada. Ao se investigar a atual moradia da menina em Manchester (Estados Unidos), um apartamento construído antes de 1920, foram encontradas concentrações de Pb em altas concentrações no gesso e na tinta (5% a 12% m/m) do quarto da menina, mas toda a casa continha tinta e poeira com altas concentrações de Pb. Para corroborar a hipótese da fonte de exposição foram também analisados alimentos e medicamentos da casa. Após confirmação da hipótese, a família se mudou e ordenou-se ao proprietário refazer a pintura [92].

Em casas antigas não só a tinta contaminada com Pb é causa de sérios prejuízos à saúde. Escondido nas paredes, o encanamento também pode ser uma importante fonte de exposição. No Canadá, por exemplo, casas construídas antes de 1950 frequentemente possuem encanamentos que contêm Pb. Aquelas construídas antes de 1990 têm soldas e conexões de bronze com possíveis traços desse elemento [93].

Outro fato importante na exposição ao Pb foi sua adição à gasolina, principalmente na forma de Pb tetraetila, para aumentar o poder de octanagem. O Pb tetraetila é lipossolúvel e sua absorção pela pele e transporte até o cérebro são rápidos. Nos Estados Unidos, o início desse uso do Pb se deu em 1923 e uma gradual redução começou a ser feita a partir de 1978, quando evidências apontavam para o potencial tóxico do metal. Entre 1976 e 1980 a redução do uso de Pb foi de cerca de 100 mil para 50 mil toneladas por ano e, paralelamente, a concentração de Pb sanguíneo na população nesse mesmo período diminuiu de 160 para menos de 100 µg L^{-1} [90]. A Figura 19.4 mostra a relação entre a utilização de Pb e as concentrações médias de Pb no sangue de crianças nos Estados Unidos ao longo dos anos.

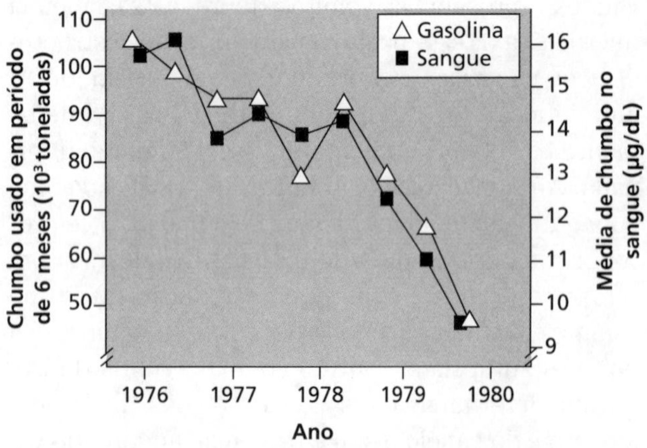

Figura 19.4 Declínio nas concentrações médias de Pb no sangue de crianças nos Estados Unidos e em Pb (toneladas) utilizado por ano na gasolina entre 1974 e 1992.

Fonte: adaptado de [94].

No Brasil, nos anos de 1985 a 1987, seiscentos indivíduos com saturnismo foram identificados entre trabalhadores de fábricas de baterias da cidade de Bauru (estado de São Paulo) [95]. Outro estudo sobre a população no entorno de fábricas de baterias apresentaram concentrações sanguíneas de 64,4 µg L^{-1} [96]. Além disso, em Belo Horizonte, uma avaliação de 1.520 trabalhadores da região metropolitana apontou que 70% possuíam concentrações de Pb sanguíneo acima de 400 µg L^{-1} e, destes, 38% estava acima de 600 µg L^{-1} [97]. Recentemente, em um caso diferente, porém não menos perigoso, foi descrita uma contaminação por Pb no Brasil em decorrência do consumo de farinha de mandioca em ribeirinhos amazônicos. A concentração média de Pb no sangue foi de 168 µg L^{-1}, com valores mínimo e máximo de 8,3 e 443 µg L^{-1}, respectivamente. A contaminação ocorreu porque a farinha de mandioca é torrefada em chapas de metal (muitas vezes com reparações em solda) que têm e transferem quantidades significativas de Pb ao alimento [98,99].

19.4.3 Mercúrio

O mercúrio (Hg) é um elemento amplamente encontrado no ambiente. Há vários isótopos desse elemento – 194 (sintético), 196, 198, 199, 200, 201, 202 e 204 –, sendo os isótopos 200 e 202 os de maior abundância. O metal é liberado naturalmente pela crosta da terra em pequenas concentrações e, em maior grau, por ação humana, como no uso de combustíveis fósseis, desmatamento e mineração [100]. Na indústria, o Hg é utilizado na fabricação de espelhos, termômetros, barômetros, instrumentos de laboratório (eletrodos), explosivos, obturações (odontologia), lâmpadas fluorescentes, como catalisador de reações químicas e até como um conservante em vacinas [101].

Esse elemento se encontra no ambiente basicamente em três formas químicas: Hg elementar (ou Hg metálico, Hg^0), Hg inorgânico (Hg^+ e Hg^{+2}, principalmente na forma de $HgCl_2$) e Hg orgânico (metilmercúrio, metilHg, como forma principal) [101]. De acordo com Fitzgerald [102] e Malm [103], o Hg^0 é oxidado a Hg^{2+}, mais hidrossolúvel, que facilmente se liga a partículas no ar e, por ação da gravidade e chuvas, é depositado no solo e ambientes aquáticos. No ecossistema aquático ocorre a metilação do Hg^{2+} a metilHg, composto com característica lipofílica que então se acumula na cadeia trófica. À medida que a cadeia trófica avança, aumenta também a concentração de Hg nos indivíduos, processo conhecido como biomagnificação, estando os indivíduos do topo da cadeia expostos às maiores concentrações do metal tóxico [104]. A Figura 19.5 é um esquema do ciclo biogeoquímico do mercúrio no ambiente.

A exposição ao Hg ocorre primordialmente por inalação de vapores de Hg^0 e, pela dieta, por ingestão de metilHg [105]. Outra fonte de exposição a Hg pode ocorrer por vacinas que contêm timerosal, um conservante à base de Hg [106].

O metilHg, o Hg^{2+} e o Hg^0 possuem absorção pelo trato gastrointestinal na ordem de 95%, 7% e 0,01%, respectivamente. Uma vez no sangue, mais de 90% do metilHg é ligado à hemoglobina. Já o Hg^{2+} está em sua maior parte (aproximadamente 65%) no plasma. No entanto, assim como no caso do As, esses valores podem variar significativamente entre indivíduos e mais ainda entre populações. Um exemplo é a população ribeirinha amazônica, cronicamente exposta a metilHg pelo consumo de peixes contaminados com o metal, que apresentou mediana de 9,6 µg L^{-1} de Hg total no plasma, o que corresponde a cerca de 34% do total de Hg encontrado em sangue total (mediana de Hg total no sangue: 28,3 µg L^{-1}). Dos 9,6 µg L^{-1} de Hg total no plasma, 59% estavam na forma inorgânica e 41%, na forma de metilHg [107].

Uma vez no organismo, o metilHg pode se acumular nos rins, fígado e, principalmente, no sistema nervoso central (onde os seus efeitos tóxicos são mais evidentes) [108]. O mecanismo provável para explicar a entrada do metilHg no sistema nervoso

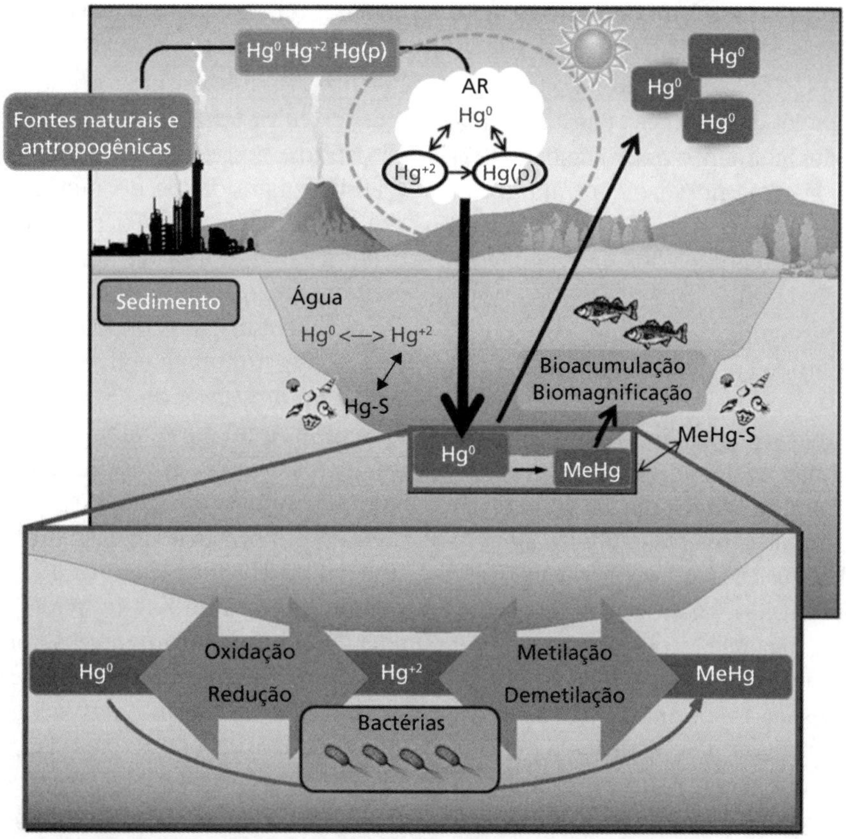

Figura 19.5 Principais rotas do ciclo biogeoquímico do Hg.

Fonte: adaptado de [107].

central é a formação de um complexo metilHg-cisteína com estrutura bastante similar à da metionina, um aminoácido essencial [109]. No caso do Hg inorgânico, este tem os rins como seu alvo principal de acúmulo, já que ocorre a ligação Hg^{2+}-$(CYS)_2$ formando a dicisteinilmercúrio, complexo com estrutura similar à da cistina [110].

O Hg tem diferentes valores de meia-vida de acordo com a espécie química assim como a via de exposição. Para o metilHg, a meia-vida no sangue é relativamente longa, de aproximadamente cinquenta dias, entretanto há descrição de períodos que vão de 35 a cem dias [111,112,113]. Já o Hg inorgânico teve sua meia-vida estimada em 41 dias no sangue [114]. No fígado, por ação de enzimas, ou ainda antes, no intestino delgado, por bactérias da microflora, parte do metilHg pode ser convertida a Hg inorgânico. O metilHg forma nas células hepáticas um complexo com a glutationa (GSH) e deixa os hepatócitos por meio da secreção de bile, podendo ser reabsorvido e redistribuído pela circulação portal [115]. Em geral, acredita-se que a maior parte do metilHg é excretada do organismo na forma não metilada e nas fezes [116-119].

O Hg exerce toxicidade sobre diversos sistemas do organismo. De forma geral o Hg liga-se a grupos sulfidrila (–SH), o que de certa forma minimiza seus efeitos deletérios. Porém esses grupamentos também estão presentes em enzimas e compostos com ação antioxidante, como glutationa peroxidase, aminolevulinato desidratase, superóxido dismutase, glutationa e óxido nítrico. Dessa forma, o quadro de estresse oxidativo é frequentemente observado na exposição ao Hg, podendo gerar danos ao DNA, membranas celulares e proteínas, ocasionando por sua vez necrose e apoptose [120,121,122].

Em ratos, a DL_{50} aguda oral para o $HgCl_2$ é de 25,9 a 77,7 mg kg^{-1} e, para o metilHg, há relato de aumento de mortalidade nas doses de 16 mg kg^{-1} (dose única), 3,1 mg kg^{-1} (por 26 semanas) e 0,69 mg kg^{-1} (dois anos) de compostos de metilHg [6,123,124,125]. O vapor de Hg^0 é intensamente absorvido pela mucosa oral e pelo aparelho respiratório por causa de seu caráter lipofílico e, uma vez no organismo, é oxidado a Hg^{+2} [126,75].

19.4.3.1 *Sinais, sintomas e efeitos de intoxicação por Hg*

A intoxicação por Hg leva a efeitos gastrointestinais, musculoesqueléticos, renais, cardiovasculares, hepáticos e principalmente neurológicos [127]. O metilHg atinge o sistema nervoso central e leva à neurotoxicidade. A parestesia e ataxia são alguns dos primeiros sintomas seguidos de constrição visual e perda de audição [128].

Em intoxicações agudas são observadas alterações no trato respiratório (pneumonia química, dispneia, dor torácica, tosse seca, associadas à febre, calafrios e dor de cabeça progredindo gradualmente para edema pulmonar, insuficiência respiratória e morte), rins (proteinúria, síndrome nefrótica, disfunção temporária tubular, necrose tubular aguda e insuficiência renal oligúrica), cardíacas e vasculares (taquicardia e hipertensão), gastrointestinais (gosto metálico, salivação, disfagia, cólicas abdominais, diarreia e náuseas), nervosas (dores de cabeça, fraqueza e distúrbios visuais) e dérmicas (vermelhidão anormal da pele seguida por descamação da pele das mãos, nariz e solas dos pés). A hipersensibilidade não alérgica idiossincrática atrasada ao Hg, chamado acrodinia (doença de rosa), às vezes é observada em crianças cronicamente expostas ao vapor de Hg; em alguns casos, ocorre quando a exposição tem a duração de apenas alguns dias. Os sintomas incluem irritabilidade, insônia, sudorese, cãibras nas pernas graves e uma erupção dolorosa da pele [129].

Já a exposição crônica tem efeitos mais pronunciados nos sistemas nervoso e renal. Os sintomas clássicos são efeitos neurocomportamentais (tremor, ansiedade, instabilidade emocional, esquecimento, insônia, anorexia, irritação anormal, sensibilidade, fadiga e disfunção cognitiva e motora), insuficiência renal e inflamação orofaríngea. Polineuropatias (parestesias, perda sensorial da meia-luva, reflexos hiperativos, desaceleração da velocidade de condução nervosa sensorial e motor) também foram relatadas [129].

O Hg não é classificado como carcinogênico nem como não carcinogênico pela IARC. Ainda não há provas científicas suficientes para confirmar uma ou outra hipótese. Também não está incluído como danoso ao sistema reprodutor, apesar de existirem relatos de aborto espontâneo e casos de dismenorreia [129].

19.4.3.2 *Casos de intoxicação por exposição ao Hg*

A maioria dos casos de intoxicação por Hg ocorreu ambientalmente. O mais famoso caso ocorreu em 1953, na Baía de Minamata, cidade de Niigata (ilha de Kyushu), Japão. A empresa Chisso Fertilizer C. Ltda. (uma grande empresa japonesa que produzia fertilizantes, plásticos, resinas sintéticas, entre outros compostos químicos) liberava grandes quantidades de metilHg na fabricação de acetaldeído que eram descartadas diretamente na baía. Os moradores da baía, como não sabiam da contaminação, consumiam normalmente os peixes do local. Alguns anos depois, quando se iniciou a investigação, foram encontrados 2.010 $\mu g\ g^{-1}$ (peso seco) em amostras de lodo na área de descarte da indústria. Além disso, alimentos marinhos como caranguejos e ostras apresentaram valores de Hg considerados altíssimos (35,7 e 5,61 $\mu g\ g^{-1}$, respectivamente). A população apresentava elevadas concentrações de Hg no cabelo (2,46 a 705 $\mu g\ g^{-1}$) e um grande número de habitantes da região foram vítimas da contaminação, muitos com deficiências físicas permanentes. A condição compreendia uma grande coleção de sintomas, como distúrbios sensoriais nas mãos e pés, danos à visão e audição, fraqueza e, em casos extremos, delírio, convulsões severas, surtos de psicose, perda de consciência, paralisia, coma e morte. Além disso, crianças expostas *in utero* começaram a nascer com sérias complicações neurológicas, pelo elevado potencial teratogênico do metilHg. A síndrome ficou conhecida como doença de Minamata [130]. Foi oficialmente reconhecida a contaminação direta de 2.252 pessoas, com 1.043 óbitos, mas houve cerca de 12.127 indivíduos sintomáticos [131,132].

Outros importantes eventos foram as intoxicações de vários indivíduos no Iraque, Gana, Guatemala e Paquistão na década de 1970. Os agricultores receberam sementes de trigo exclusivas para plantio tratadas com fungicidas à base de metilHg e etilHg para preservar a viabilidade das sementes. Esses agricultores e seus familiares, ao invés de plantarem as sementes, por engano as utilizaram como alimento. No Iraque cerca de sete mil pessoas foram hospitalizadas e ao redor de 460 vieram a óbito [133,131].

A contaminação com Hg na Região Amazônica vem sendo foco de vários estudos. Na década de 1980, foram encontradas altas concentrações de Hg no ambiente, imediatamente associadas ao garimpo (mineração) e posteriormente à derrubada e queima da floresta, já que o solo dessa região contém naturalmente Hg, fruto de deposição ao longo de milhares de anos em decorrência de atividade vulcânica [134-137]. Uma vez que a principal fonte proteica dessa população são os peixes e que estes podem bioacumular o Hg (e biomagnificar), esforços têm sido feitos a fim de reduzir a exposição [138,139]. Apesar de apresentarem altas concentrações de Hg no sangue e em outros marcadores, a manifestação da doença de Minamata não é observada nessa população. Valores de concentrações de referência de Hg em sangue total de populações não expostas são normalmente menores que 10,0 µg L^{-1} em adultos [132,139,140,141]. Já na população amazônica foram encontrados valores que variaram de 24 a 103 µg L^{-1} [142]. Alguns trabalhos citam diminuição significativa na sensibilidade de contraste visual e na destreza manual. Em contrapartida, vários estudos apontam os efeitos benéficos do consumo de peixes e frutas locais que podem ter papel protetor aos efeitos tóxicos do Hg [143,144,145,100].

Entre as décadas de 1970 e 1980, vários trabalhadores da fábrica de termômetros Staco, em Poultney (Vermont, Estados Unidos), apresentaram sinais e sintomas como dores de cabeça, sangramento das gengivas, problemas no sistema digestivo e de coordenação. A concentração média de Hg encontrado no ar das casas dos trabalhadores foi de 0,24 µg m^{-3}, enquanto outras residências apresentaram 0,05 µg m^{-3}. Os filhos dos trabalhadores apresentaram altas concentrações urinárias quando comparados às crianças cujos pais não eram trabalhadores da empresa (25 e 5 µg L^{-1}, respectivamente). Após investigação forense, verificou-se que os trabalhadores transportavam em suas roupas o Hg, levando-o para o interior de suas casas. A limpeza das casas ocasionou queda das concentrações de Hg para concentrações basais. Foi a primeira vez que filhos de homens que trabalhavam com Hg foram contaminados. A fábrica fechou em 1984 e uma série de processos judiciais foi deflagrada [146,147].

Outro caso bastante conhecido ocorreu em 1997, em Hanover (New Hampshire, Estados Unidos) – o trágico acidente da pesquisadora e professora da Faculdade de Química de Dartmouth, Karen E. Wetterhahn, aos 48 anos. O acidente ocorreu em seu laboratório de pesquisa. O dimetilHg é um líquido incolor altamente tóxico (dose letal de 5 mg kg^{-1}) produzido exclusivamente para uso como um padrão em pesquisas. Em 1996, ela estudava a toxicidade de cádmio e, naquele momento, estava preparando uma solução de dimetilHg para suas análises. Enquanto trabalhava com a substância, algumas gotas caíram em sua luva de látex, mas nada ocorreu até seis meses desse contato. No entanto, em janeiro de 1997, ela foi internada apresentando severos sinais de intoxicação. À época, as concentrações sanguíneas de Hg eram de 4.000 µg L^{-1} (16,8 mg de Hg total no corpo). Mesmo com todos os esforços dos médicos e toxicologistas, a pesquisadora faleceu em junho de 1997. A partir de então as normas de segurança foram modificadas e o uso de luvas de nitrila e capela de exaustão passaram a ser exigidos [148].

Em 2009 dois casos foram relatados em Portugal. No primeiro caso, um homem de 39 anos, farmacêutico, ingeriu intencionalmente cerca de 50 g de cloreto de Hg com o propósito de suicidar-se. Ele chegou ao hospital apresentando todos os sintomas de intoxicação aguda por Hg e colaborou com os médicos, explicando o que fez. Uma terapia quelante foi iniciada com dimercaprol e EDTA e também diálise. Após 24 horas de diálise, os valores de Hg em seu sangue e no dialisado eram de 6.750 e 0,772 µg mL^{-1}, respectivamente. Depois 42 dias de coma o homem veio a óbito por falência múltipla de órgãos. No segundo caso, uma paciente de 77 anos fez uso de um gel para eczema em seu peito. Esse gel continha brometo de Hg, que foi erroneamente adicionado no gel no lugar de talco em pó. Na admissão no hospital, dois dias após o início do uso do gel, ela apresentava lesão necrótica na pele torácica anterior, anúria decorrente da insuficiência renal, desorientação e agitação. Quatro dias depois da hospitalização, a concentração de Hg em seu sangue era de 4.836 µg mL^{-1}. Após certa melhora durante sessões de hemodiálise, ela apresentou uma convulsão repentina seguida por falência cardiorrespiratória e morte. Em ambos os casos, depois da morte os tecidos foram coletados, e as concentrações de Hg (em µg g^{-1}) no caso 1 e no caso 2 foram de, respectivamente: a) cérebro: 0,33 e 0,21; b) coração: não detectado (ND) e 2,34; c) fígado: 49,9 e 46,6; d) pulmão: 3,27 e 14,6; e) rim: ND e 77,7; f) baço: ND e 6,4; e g) estômago: ND e 7,12. Apenas no fígado e no sangue do paciente do primeiro caso foi detectado metilHg, nas concentrações de 1,7 µg g^{-1} e 0,15 µg mL^{-1}, respectivamente [149].

19.5 Outros elementos com importância forense

19.5.1 Cádmio (Cd)

Casos de intoxicações por Cd ocorrem principalmente por exposição ocupacional, como na indústria de baterias, mas casos de ingestão de alimentos contaminados com o metal também podem ocorrer. O Cd está presente no cigarro e admite-se que até 50% do total do elemento seja absorvido no ato de fumar [150]. Em relação à via de absorção pulmonar, 55% do elemento presente nos pulmões é transferido para o sangue, sendo eliminado principalmente pela urina. Pela via gastrointestinal, a absorção pode ser maior no caso de uma carência nutricional (por exemplo, ferro). Nesses casos, a eliminação principal ocorre nas fezes [151]. Uma vez no organismo, o Cd é transportado ligado à albumina e tem grande potencial de acúmulo, principalmente no fígado e rins, pulmões, testículos, pâncreas e tireoide [150].

Sua longa meia-vida biológica (dezessete a 38 anos) e exposição cônica estão diretamente atreladas a lesões ósseas (competição entre Cd e cálcio), enfisema pulmonar, proteinúria e nefrite decorrente de lesão renal e cardiotoxicidade [151]. O Cd e seus compostos são reconhecidos pela IARC como carcinógenos humanos [53] e pela ACGIH como carcinógeno humano suspeito [52].

Em 1912 foi relatada pela primeira vez a doença *itai-itai*, termo em japonês que remete à dor presente na doença. Em função da mineração no Japão, foram lançadas no Rio Jinzu e seus tributários grandes quantidades de Cd. As águas do rio eram utilizadas para irrigação de plantações de arroz, consumo humano e pesca. Sabe-se que a exposição ao Cd leva a sérios danos nos túbulos renais e, como consequência, ocorre hipercalciúria, desenvolvimento de cálculo renal e, finalmente, osteomalácia, osteroporose e deformidades ósseas, estas últimas principalmente em mulheres idosas multíparas, que sentiam então muita dor [152].

Também no Japão, um homem de 43 anos de idade, trabalhador metalúrgico, foi internado em um hospital em razão de uma dispneia intensa por cerca de dois dias, após exposição à fumaça marrom-amarela produzida pela fusão de sucata de cobre. Na admissão havia hipoxemia pronunciada e o paciente foi intubado. Mesmo aumentando a concentração de oxigênio, a hipoxemia progrediu e ele foi a óbito no 11º dia da internação. O principal achado da autópsia foi que ambos os pulmões estavam mais pesados (o esquerdo pesando 1,47 kg e o direito, 1,71 kg) e mais firmes ao toque que o normal. Após análises histológicas, o diagnóstico de dano alveolar difuso foi atribuído ao Cd inalado [153]. Apesar de vários estudos toxicológicos terem sido publicados sobre o Cd, há ainda pouca informação sobre as suas características patológicas observadas em autópsia humana.

Um caso de intoxicação crônica por Cd ocorreu na Polônia, em função de uma prótese dentária. Os primeiros sintomas da doença – distúrbios gastrointestinais, diarreia com sangue, nefrite recorrente, gengivite, faringite, inflamação do ânus, dispneia, prurido, urticária e apatia – ocorreram dois anos após a fixação da prótese e se intensificaram gradualmente ao longo de três anos. As análises de sangue e urina bem como de partes da prótese revelaram uma concentração excessiva do metal. A prótese foi removida e a concentração de Cd gradualmente regrediu, com melhora dos sintomas. Esse caso ilustra a importância de se investigar a possibilidade de intoxicação com elementos tóxicos quando os sintomas crônicos acompanham a presença de uma prótese [154].

19.5.2 Cromo (Cr)

O Cr é um metal naturalmente encontrado na crosta terrestre, principalmente em solo e água. Seus sais (dicromato de cobre, sulfato de cromo) são amplamente usados no curtimento do couro, no tratamento da madeira, em processos industriais de pigmentos, fungicidas, vidros e cerâmicas, o que contribui para a contaminação ambiental. O Cr tem diferentes estados de oxidação (de Cr^{+2} a Cr^{+6}), os quais modificam suas propriedades toxicológicas. A forma mais estável e que ocorre predominantemente no solo é Cr^{+3}. A ocorrência de Cr^{+6} no solo é frequentemente resultado de atividades antrópicas, potencial redox, pH do solo e presença de compostos redutores ou oxidantes. Apesar de sua essencialidade ser ainda debatida, sabe-se que o Cr^{+3} participa ativamente do metabolismo de carboidratos. Contudo ele é requerido para tal pelo organismo humano na ordem de microgramas/dia (20-45 µg) [155-158].

A exposição ao Cr pode se dar por inalação, contato dérmico, e ainda por ingestão de água e alimentos contaminados. Os principais efeitos associados à exposição de Cr estão relacionados ao seu potencial carcinogênico. Além disso, efeitos no trato respiratório, gastrointestinal (dor abdominal, hemorragia, diarreia), hepático, imunológico e hematológico são observados. A dose letal para o ser humano é de cerca de 50-70 mg kg^{-1} de peso corpóreo [159,160].

A Agência Americana de Proteção Ambiental (USEPA) classifica o Cr^{+3} como não carcinogênico e o Cr^{+6} como carcinogênico humano. O Cr^{+6} absorvido pelo intestino é efetivamente reduzido no sangue e no fígado, provavelmente pela GSH. Na detoxificação do Cr^{+6}, ele pode ser reduzido a Cr^{+3}, com produção de espécies reativas de oxigênio, contudo. Além disso, o Cr^{+3} pode ser reduzido a Cr^{+2} pela L-cisteína e pelo NADPH, os quais reagem com H_2O_2, produzindo radical hidroxil (HO•). Esses compostos reativos são capazes então de reagir com as bases do DNA, podendo ocasionar mutações e tumores [161-164].

No ano de 1987, ocorreu o caso que ficaria famoso após inspirar um filme protagonizado pela atriz Julia Roberts. Em Hinkley (Califórnia) foi detectado 580 µg L^{-1} de Cr^{6+} em águas de um poço artesiano, mais de dez vezes o limite máximo (50 µg L^{-1}). Após investigação, verificou-se que o Cr era oriundo de uma companhia energética que utilizava o Cr^{6+} como anticorrosivo em torres de arrefecimento. Estimou-se que 370 milhões de galões de resíduo contendo Cr^{6+} foram despejados como efluentes até 1972. Na população, a exposição ao Cr na água foi associada a problemas hepáticos, renais, cardiorrespiratórios, dificuldades reprodutivas, cânceres de cérebro, mama, útero e sistema gastrointestinal, doença de Hodgkin, entre outros. Uma ação foi debelada por Erin Brockovich, então empregada de um escritório de advocacia local. Após uma batalha judicial intensa, 333 milhões de dólares em indenizações e o fim do uso de Cr^{6+} pela empresa foram sentenciados [165].

19.5.3 Antimônio (Sb)

O Sb é um metal prateado e quebradiço extraído de minérios. Os compostos menos tóxicos são encontrados em pigmentos de cosméticos (sulfeto de Sb) e medicamentos (tartarato potássico de Sb, antimoniato de meglumina). Por outro lado, a estibina, um hidreto de Sb, é um gás incolor altamente tóxico utilizado na fabricação de semicondutores. A ingestão de compostos de Sb pode causar efeitos tóxicos no intestino, estômago, coração, pele, fígado e sistema nervoso de homens e animais, pois a ligação do metal com os grupos sulfidrila inibe o metabolismo de proteínas e carboidratos. A exposição aguda por inalação do tricloreto ou pentacloreto de Sb pode causar pneumonite, assim como o hidreto de Sb pode causar hemólise. A carcinogênese do Sb ainda é discutida, já que alguns estudos demonstram aumento do risco de câncer pulmonar em trabalhadores expostos. No entanto, esse aumento pode ser devido à exposição concomitante ao As, reconhecidamente carcinógeno [164].

O uso de medicamentos para o tratamento da leishmaniose constitui importante fonte de intoxicação. Inicialmente, utilizavam-se sais de Sb (Sb^{3+}) que se ligam a grupos sulfidrila de certas proteínas, ocasionando perda da função destas, com consequente toxicidade. Atualmente o medicamento de primeira escolha para o tratamento de todos os tipos de leishmaniose é à base de sais de Sb (Sb^{+5}). Porém, ainda assim, efeitos tóxicos no coração, rins e fígado têm sido reportados [166].

Sete homens foram acidentalmente expostos à fumaça de tricloreto de Sb em uma refinaria da Shell em Londres, no ano de 1966. Os sintomas incluíam irritação respiratória superior e distúrbio gastrointestinal, com forte dor abdominal e persistente anorexia. Na urina foram encontradas concentrações de Sb em excesso e medições ambientais estimaram que eles foram expostos pelo ar a aproximadamente 146 mg m^{-3} de ácido hidroclórico e 73 mg m^{-3} de Sb [167]. Apesar do potencial tóxico do Sb, existem poucos relatos de intoxicação com esse elemento químico individualmente na literatura.

19.5.4 Tálio (Tl)

O Tl é um dos metais mais tóxicos para o ser humano. Os dois principais estados de oxidação são Tl^{+} e Tl^{3+}. No estado de oxidação +1, a carga e o raio iônico do Tl são bastante semelhantes aos do íon potássio. Em decorrência disso, há interferência do Tl nas funções do potássio, podendo causar irritação gastrointestinal, paralisia aguda e outros distúrbios musculares, alopecia, efeitos cardiovasculares, inibição da fosforilação oxidativa mitocondrial, entre outros. Esse metal é em geral subproduto do refino de minérios metálicos e está presente na indústria de pigmentos, materiais semicondutores, termômetros, medicamentos, vidros, raticidas e até em inseticidas, sendo os dois últimos as fontes mais comuns de intoxicação para o homem. O Tl é bem absorvido pela pele e trato gastrointestinal e tem meia-vida biológica de um a trinta dias, de acordo com a dose, duração da exposição e via [10].

Múltiplos sistemas são afetados na intoxicação por Tl, que é, na grande maioria dos casos, complexa e grave, com sintomas inespecíficos e diversificados. Alopecia e neuropatia dolorosa são as suas características fundamentais; outras são distúrbios gastrointestinais, encefalopatia, taquicardia, ataxia, dano hepatorrenal e cardíaco. Existem vários casos registrados de intoxicação fatal por Tl. Um dos mais famosos ocorreu na cidade de Sydney, Austrália, em meados de 1947, e ficou conhecido como o caso da "Tia Tálio". A morte de uma idosa de 87 anos chamada Christina Mickelson parecia uma morte natural. Pouco tempo depois, uma amiga da família chamada Angeline Thomas adoeceu e veio a óbito. Da mesma forma que a morte anterior, como também se tratava de uma mulher idosa (de cerca de 80 anos), não houve suspeita de assassinato. No entanto, John Lunderbergs, outro parente de Christina Mickelson, morreu um ano depois. Este era mais jovem (63 anos) e, enquanto estava doente, seu cabelo começou a cair. Em seguida, Anne Mickelson também adoeceu, apresentando sintomas semelhantes, e veio a óbito. O único fator comum de todas as quatro mortes foi a presença de Caroline Grills, casada com o enteado de Christina há quarenta anos. Em todos os casos, quando as vítimas adoeceram, Grills fez questão de cuidar delas, oferecendo intermináveis xícaras de chá. Em 1948, a "doença" misteriosa começou a ameaçar a vida da esposa e filha de John Lunderbergs, mesmo com os cuidados e chás de Caroline Grills. Ambas as mulheres apresentavam alopecia e dificuldade de movimento. Em um dado momento, levantou-se a suspeita, e uma xícara de chá preparada para as mulheres doentes foi levada a teste disfarçadamente. As análises do laboratório evidenciaram grande quantidade de Tl na bebida. A descoberta foi feita a tempo de salvar a Sra. Lunderbergs e sua filha, embora a primeira tenha perdido a visão. Caroline Grills foi considerada culpada pelos óbitos, assim como da tentativa de assassinato da Sra. Lunderbergs e sua filha, sendo condenada à prisão. Estranhamente, ela se tornou popular entre as detentas como a "tia Thally" [168,169,170].

19.5.5 Urânio (U)

O U natural é um metal leve e maleável, de meia-vida longa (de bilhões de anos) e da série dos actinídeos. O mineral primário do U é o UO_2 e a carnotita (um mineral que contém U e vanádio). O U é um metal radioativo que ocorre naturalmente em rochas e solos em baixas concentrações, de 1-100 picocuries por grama (pCi g^{-1}). Todos os três isótopos naturais (U-238, U-235 e U-234) são radioativos e emitem partículas alfa como sua radiação primária. O U empobrecido é um subproduto do processo de enriquecimento do U natural para uso em reatores nucleares e tem potencial radioativo 40% menor que o U natural. Além do uso nas usinas nucleares, o U também é utilizado em corantes para cerâmicas ou vidros ou ainda em cápsulas de projéteis. Estudos apontam que águas subterrâneas em muitas partes do mundo estão contaminadas por U, mas também há exposição de forma ocupacional, na mineração e no enriquecimento do U (hexafluoreto de U) [164,171].

O U é absorvido pela via oral e inalatória e pode produzir náusea, dor de cabeça, vômito, diarreia e queimaduras. Ele atinge o sistema linfático, sangue, ossos, rins e fígado [172]. O metal não é absorvível pela pele, porém emite partículas, beta e gama que podem penetrá-la. Ainda, o contato com material contaminado por U pode ocasionar ingestão ou inalação do elemento, que, por essas vias de exposição, pode causar danos consideráveis [171,173].

O corpo humano contém 90 µg de U em média, incorporados através do consumo de água e alimento e ar inalado. Aproximadamente 66% do U total no corpo está no tecido ósseo – já que a mobilidade do íon uranila $(UO_2)^{2+}$ é similar à mobilidade do cátion Ca^{2+}, 16% no fígado, 8% nos rins e 10% no restante dos tecidos. Urina e fezes contêm aproximadamente 95% do U absorvido [173].

Embora não existam muitas evidências científicas, o rim é o principal alvo da toxicidade do U. Em animais de experimentação, a concentração de 3 µg g^{-1} no tecido renal foi considerada um limite crítico de toxicidade. Em trabalhadores, no entanto, acredita-se que esse limite possa ser maior, provavelmente por diferenças entre os metabolismos humano e animal (ligação do U com a metalotioneína ou outra proteína de função detoxificante). Ainda que os rins sejam o órgão de enfoque toxicológico, o tecido ósseo é considerado importante para avaliação de exposição crônica, já que o U é amplamente retido e pode ser liberado da estrutura durante o remodelamento [174]. De acordo com a USEPA, a dose de referência para exposição crônica a sais de U é de 3 µg kg^{-1} por dia. Não há evidências de que o U não enriquecido seja carcinogênico a homens ou animais, mas, quando enriquecido, por causa da radiação ionizante, é classificado como carcinogênico humano pela USEPA [164].

Um caso bastante conhecido de intoxicação por U radioativo foi o da física-química polonesa Marie Curie (1867-1934), primeira mulher a ganhar um Prêmio Nobel (de Física, em 1903), seguido de outro em 1911 (de Química). A cientista é famosa por ter elaborado a teoria da radioatividade e proposto técnicas de isolamento de isótopos radioativos, assim como pela descoberta de dois elementos, polônio e rádio. Ademais, os primeiros estudos utilizando isótopos radioativos no tratamento de cânceres foram desenvolvidos sob sua supervisão. Curie morreu em 1934, no sanatório de Sancellemoz, na França, em decorrência de uma anemia aplástica causada por exposição crônica à radiação, já que ela carregava tubos-teste contendo isótopos radioativos – incluindo U – em seus bolsos. Curie também foi exposta a grandes quantidades de raios X nos campos de radiologia durante a Primeira Guerra Mundial. Durante as décadas de exposição ao U radioativo (entre outros elementos), ela desenvolveu doenças crônicas como catarata e cegueira. Até sua morte, nunca foram percebidos os riscos à saúde advindos da radiação [175].

Embora de maneira geral as manifestações clínicas de intoxicação por U envolvam os sistemas hematopoiético e pulmonar e os órgãos-alvo de acúmulo sejam fígado, rins e ossos, existe evidência de efeitos no sistema nervoso após contato com U. Em 1972, um paciente do sexo masculino de 44 anos desenvolveu cãibras no pé e dores nas pernas, com distúrbios de marcha e tendência a cair para trás. Anos depois, em 1976, uma síndrome extrapiramidal – com ataxia, nistagmo e neuropatia periférica – foi diagnosticada em exame neurológico. Os sintomas persistiram, mas a origem não era conhecida até 1979, quando uma investigação etiológica detalhada revelou que, durante pelo menos os primeiros três anos da doença, o paciente possuía em sua mesa uma barra de U metálico, que ele frequentemente manuseava. A análise de fezes demonstrou concentrações de U significativas [175].

19.5.6 Césio (Cs)

O Cs é um elemento encontrado naturalmente em baixas concentrações em rochas, solo e poeira. Está presente no ambiente apenas sob a forma estável de Cs 133 (os isótopos radioativos 134 e 137 não são geralmente determinados). Esse elemento pode ser absorvido após a ingestão por via oral, mediante a respiração de ar contaminado e o contato com a pele. O césio é prontamente absorvido pelo intestino, de modo similar ao potássio, e, eventualmente, a maior parte é excretada pela urina e fezes. A meia-vida biológica de Cs em seres humanos varia de quinze dias em crianças até cem a 150 dias em adultos. O granito pode conter uma concentração média de Cs de cerca de 1 μg g^{-1}, e rochas sedimentares, cerca de 4 μg g^{-1}. O Cs é um metal de cor branco-prateada encontrado na natureza apenas na forma estável como o isótopo 133. O metal puro reage violentamente com ar e água, resultando em explosão. Compostos contendo Cs, porém, não apresentam tal reação e são muito solúveis em água. A fonte mais importante de Cs comercial é o óxido de césio (Cs_2O). O Cs é usado como um absorvente para as impurezas de gases residuais em tubos de vácuo e como material de revestimento em filamentos de tungstênio ou cátodos dos tubos. Iodeto e fluoreto de Cs são utilizados em contadores de cintilação, que convertem a energia da radiação ionizante em pulsos de luz visível para detecção de radiação e espectroscopia. O Cs é também usado em relógios atômicos extremamente precisos. No entanto, fora tais aplicações, existem relativamente poucos usos do Cs e seus compostos [177].

Formas radioativas de Cs são produzidas pela fissão do U em operação normal de usinas nucleares ou uso de armas nucleares. Elas são instáveis e, eventualmente, transformam-se em outros elementos mais estáveis ao longo do processo de decaimento radioativo. Os dois isótopos radioativos de Cs mais importantes são o 134 e o 137. Isótopos radioativos estão constantemente em decomposição ou se transformando em diferentes isótopos, emitindo radiação. A meia-vida é o tempo que leva para a metade do isótopo cessar sua radiação e se transformar em um elemento diferente. A meia-vida do Cs 134 é de cerca de dois anos, e a do Cs 137, de cerca de trinta anos [177].

A exposição a Cs radioativo ou Cs estável pode ocorre por ar, água potável ou consumo de alimentos contendo o metal. A concentração de Cs estável no ar é geralmente menor do que 1 ng m^{-3}. Em média, uma pessoa consome cerca de 10 μg de Cs estável por dia em alimentos e água e respira cerca de 0,025 mg por dia. Os trabalhadores de indústrias que processam ou utilizam compostos de Cs podem ser expostos a concentrações mais elevadas. Em 2004, estimou-se que 16.461 trabalhadores (4.276 mulheres) foram expostos a compostos de Cs nos Estados Unidos [177].

Após a absorção, o Cs é distribuído por todo o organismo. Ele adentra as células e ajuda a manter o equilíbrio de cargas elétricas dos meios intra e extracelular. Através da urina, os rins eliminam quantidades significativas de Cs. Em quantidade menor, o Cs também é liberado nas fezes. Animais que receberam doses muito altas de Cs tiveram mudanças de comportamento, tais como aumento/diminuição significativos da atividade. Por causa da natureza da radiação ionizante, efeitos carcinogênicos são esperados, tal qual ocorre para o U e outros elementos com potencial radioativo. Os sintomas de intoxicação aguda à radiação incluem náusea, vômito, diarreia, sangramentos, coma e até morte [177].

Com relação ao Cs radioativo, existem alguns registros de acidentes envolvendo o Cs. No Brasil, houve um grave acidente radiológico por Cs 137 em Goiânia, no ano de 1987. A contaminação teve início em setembro, quando um aparelho utilizado em radioterapia foi encontrado por catadores de sucata dentro de uma clínica abandonada, no centro da cidade. Os catadores o desmontaram e repassaram para terceiros, ampliando a intoxicação para centenas de pessoas. Pouco tempo após a contaminação, náuseas, seguidas de tonturas, com vômitos e diarreias, ocorreram nos moradores expostos. Houve demora na detecção do problema, já que os profissionais de saúde pensaram tratar-se de algum tipo de doença contagiosa desconhecida, medicando os doentes em conformidade com os sintomas descritos. Somente cerca de quinze dias depois foi dado o alerta de contaminação por material radioativo de milhares de pessoas. Após o acidente, os imóveis próximos à área foram isolados e o medo da existência de radiação no ar impediu a compra e construção de novas habitações. Além disso, por muito tempo a população local foi discriminada [178].

19.6 QUÍMICA ANALÍTICA PARA ELEMENTOS EM TOXICOLOGIA FORENSE

A importância da química analítica é indiscutível. Três coisas na vida são certas: morte, impostos e a necessidade de química analítica.

Peter Kessinger, 2001

Como visto nos capítulos anteriores, na toxicologia forense há interesse especial quanto à determinação da concentração de metais e elementos em diversas matrizes como tecidos biológicos (cabelo, unhas, ossos, sangue, urina), alimentos, água, solos, entre outros. As análises químicas devem apresentar dados de probabilidade, rastreabilidade e credibilidade, devendo se sustentar perante uma corte, uma vez que o objetivo de uma análise forense é fazer uma afirmação durante um procedimento judicial [179]. Com o avanço da ciência e o desenvolvimento de instrumentos analíticos cada vez mais precisos e seletivos, a ciência forense dos elementos químicos encontra nas técnicas espectroscópicas de análise química ferramentas para a determinação de composição inferindo, por exemplo, a autenticidade de materiais e evidências ligadas a um crime.

De maneira geral, a seleção da técnica analítica a ser aplicada depende do analito de interesse, da faixa de concentração esperada, da presença de contaminantes e, finalmente, do limite de detecção metodológico, que leva em consideração o branco metodológico, que é definido como o branco preparado sob as mesmas condições da amostra [180]. Na maioria das técnicas analíticas instrumentais, há necessidade de digerir a amostra em meio ácido, com a finalidade da obtenção de amostras em soluções aquosas, o que destrói quase completamente a matriz. Em alguns processos investigativos em que as amostras devem ser preservadas e mantidas como contraprova, deve-se buscar métodos não destrutivos [181].

O preparo das amostras é outro ponto crucial, visto que amostras ligadas a investigações relacionadas à toxicologia forense podem apresentar concentrações desde ng kg^{-1} (partes por trilhão) a mg kg^{-1} (partes por milhão) [182]. Cuidados com a limpeza dos ambientes de trabalho, vidrarias e separação de materiais são fundamentais, especialmente quando trabalhos são desenvolvidos simultaneamente com amostras de diferentes magnitudes de concentração, como a determinação de elementos em sangue e solo, por exemplo. As concentrações dos elementos em solos geralmente são maiores e, portanto, o uso de materiais para o preparo de amostras dessa natureza no mesmo ambiente e material para o preparo de amostras de sangue pode comprometer o branco, invalidando as análises.

A instrumentação utilizada na determinação desses elementos inclui principalmente: técnicas espectrométricas de emissão e absorção – espectrofotometria ultravioleta-visível (UV-vis), espectrometria de absorção atômica por chama (F AAS), espectrometria de absorção atômica com forno de grafite (GF AAS) e espectrometria de emissão atômica com plasma indutivamente acoplado (ICP OES) –, técnicas espectrométricas de massas – espectrometria de massas com plasma indutivamente acoplado (ICP-MS), espectrometria de massas de alta resolução com plasma indutivamente acoplado (HR-ICP-MS) e ablação a *laser* acoplada à ICP-MS (LA-ICP-MS) – e técnicas eletroanalíticas – potenciometria e voltametria de redissolução, por exemplo. Espectroscopia de fluorescência atômica (AFS), análise instrumental por ativação neutrônica (INAA), análises por raios-X (difração e fluorescência por raios X, XRD e XRF, respectivamente), espectrometria de massas de íons secundários (SIMS), microscopia eletrônica de varredura (MEV) e fluorescência de raios X induzida por radiação síncrotron (SR-XRF) também devem ser consideradas como poderosas ferramentas para análises forenses elementares [181,183,184,185,186].

Quanto à aplicação, pode-se citar o exemplo da amplamente utilizada técnica ICP-MS na determinação multielementar e de alta frequência em cabelos, sangue e outros tecidos [187,188]. Outras técnicas como F AAS e GF AAS são utilizadas na determinação de chumbo, mercúrio e arsênio [181], e geralmente a GF AAS oferece melhores limites de detecção quando comparada à F AAS. A determinação de chumbo em dentes, por exemplo, é um dos usos da GF AAS [189]. O uso da XRF na determinação de chumbo em ossos é um ótimo exemplo da aplicação de uma técnica não destrutiva, isto é, sem necessidade de coletas invasivas [190].

Como citado anteriormente, os elementos podem ser encontrados em espécies diferentes, como o arsênio, por exemplo, cujas espécies inorgânicas possuem maior toxicidade do que as espécies orgânicas. Nesses casos, apenas a determinação da concentração total do elemento forneceria informações parciais para fins de estudos toxicológicos. Nesse sentido, as análises de especiação química têm por objetivo identificar e quantificar cada espécie de um elemento sob investigação e, portanto, podem colaborar com a toxicologia forense fornecendo informações mais completas. Para essa finalidade, a hifenação de técnicas de separação como cromatografia a líquido de alta eficiência (CLAE) com as técnicas previamente abordadas, como GF AAS ou ICP-MS, tem sido utilizada, por exemplo, na determinação de espécies de arsênio em alimentos [191,192].

Com a finalidade de agregar mais credibilidade aos valores obtidos por meio das análises químicas realizadas, a validação dos métodos analíticos pelo uso de materiais de referência certificados é fundamental. Materiais de referência são produzidos por institutos como o National Institute of Standards and Technology (NIST) dos Estados Unidos, o Institute for National Measurement Standards (NRC) do Canadá e o Bureau Council Research (BCR) da Europa. Porém ainda há grande necessidade de desenvolvimento de matérias de referência para diversas substâncias, como os materiais radioativos [194].

Outro aspecto importante é a disponibilidade de dados prévios de concentrações de referência quanto a exposição da população em diversas regiões. Um exemplo é a determinação de mercúrio no sangue de uma população. É primordial o conhecimento dos hábitos alimentares e estilo de vida. Ribeirinhos da região amazônica apresentam maiores concentrações de mercúrio no sangue quando comparados às concentrações do mesmo elemento no sangue da população da Região Sul do Brasil [99]. Portanto, na determinação de mercúrio em indivíduo pertencente àquela população, a concentração desse elemento (naturalmente) presente em seu sangue (pela presença nos alimentos) deve ser considerada. Embora órgãos como a Agência para Registro de Doenças e Substâncias Tóxicas (ATSDR) dos Estados Unidos disponham de informações toxicológicas estratégicas de diversos elementos em relação à própria população (no caso, a norte-americana), no Brasil essas informações ainda são escassas.

19.7 Conclusão

Há uma variedade de elementos com diversas combinações com outros elementos que traz uma gama imensa de possibilidades diante de um caso forense. Cabe ao perito se especializar para conduzir uma investigação mais restritiva e, assim, responder a várias perguntas com um menor número de análises e em menos tempo. Desde a coleta das amostras até seu preparo, são necessárias condições específicas para uma análise precisa. Neste capítulo foram descritos os tecidos-alvo dos principais elementos químicos em toxicologia. Cuidados especiais com a coleta das amostras, ambiente, vidraria e a correta utilização das técnicas analíticas e de materiais de referência são imprescindíveis para a elucidação de um crime com confiabilidade. Finalmente, cabe destacar que ainda há dois importantes desafios para a toxicologia: (1) preencher a lacuna de informações toxicológicas de vários elementos químicos e suas espécies; e (2) a criação de bancos de dados sobre a concentração normal desses elementos principalmente nos diversos tecidos do organismo humano e outras amostras de interesse, como alimentos, águas e solos.

Questões para estudo

1. Qual a principal via de absorção do arsênio?
2. Comente sobre o mercurialismo e dê um exemplo de caso de intoxicação por mercúrio.
3. Apesar de raros, sinais e sintomas clínicos específicos são de bastante valia em investigações forenses. Correlacione as colunas com os principais sinais e sintomas clínicos da intoxicação por chumbo, arsênio, tálio e mercúrio.
   (1) chumbo ( ) queratose cutânea e linhas de Mee nas unhas
   (2) arsênio ( ) linhas de Burton nas gengivas
   (3) tálio ( ) polineuropatias
   (4) mercúrio ( ) alopecia e distúrbios motores
4. Quais condições analíticas devem ser levadas em consideração para realizar análises de confiabilidade? Quais as técnicas analíticas mais utilizadas?
5. Quais tecidos são mais indicados para coleta e determinação de As traço em caso de intoxicações agudas? E em caso de intoxicações crônicas?

Respostas

1. A via oral é a principal via de absorção, e cerca de 80% a 90% do As a que se é exposto por tal via é absorvido.
2. O mercurialismo, ou ainda hidrargiria, é a intoxicação por mercúrio, que pode levar a efeitos gastrointestinais, musculoesqueléticos, renais, cardiovasculares, hepáticos e principalmente neurológicos. A maioria dos casos de intoxicação por Hg ocorreu ambientalmente. Um dos casos mais famosos de mercurialismo ocorreu por volta de 1953, na Baía de Minamata no Japão, em função da ingestão de peixes e alimentos marinhos contaminados por metil-Hg advindos da Baía. A empresa Chisso Fertilizer C. Ltda descartava grandes quantidades de metilHg como subproduto da síntese de acetaldeído diretamente na baía, não por acidente e sem qualquer cuidado de tratamento. Alguns anos mais tarde, a contaminação era inevitavelmente observada: em função do potencial neurotóxico do metal, um grande número de habitantes da região apresentava deficiências físicas e mentais permanentes e muitas mulheres deram à luz crianças com malformações. Centenas de mortos provocaram protestos e processos jurídicos. A síndrome em humanos ficou conhecida como doença de Minamata.
3. 2, 1, 3 e 4.
4. Amostragem correta, armazenamento adequado, procedimento de preparo de amostras validados e confiáveis, uso de padrões de calibração certificados, uso de materiais de referência certificados, limites de detecção e quantificação e uso de padrão interno. Técnicas espectroscópicas como espectroscopia de absorção atômica por chama (GF AAS) e com chama (F AAS), espectroscopia de emissão ótica com plasma indutivamente acoplado (ICP OES) e espectrometria de massas com plasma indutivamente acoplado (ICP-MS).
5. Estômago e bexiga. Pulmões, rins e pele (e seus anexos, como cabelos e unhas).

Lista de abreviaturas

ACGIH	*American Conference of Industrial Hygienists*	HR-ICP MS	Espectrometria de massas de alta resolução com plasma indutivamente acoplado
AFS	Espectroscopia de fluorescência atômica	IARC	*International Agency for Research on Cancer*
ALA-D	Ácido delta-aminolevulínico desidratase	ICP-MS	Espectrometria de massas com plasma indutivamente acoplado
As^{3+}	Arsenito	ICP OES	Espectrometria de emissão atômica com plasma indutivamente acoplado
As_3MT	As metiltransferase	INAA	Análise instrumental por ativação neutrônica
As^{5+}	Arsenato	IUPAC	União Internacional de Química Pura e Aplicada
AsB	Arsenobetaína	LA-ICP-MS	Ablação a laser hifenada à espectrometria de massas com plasma indutivamente acoplado
AsC	Arsenocolina	MEV	Microscopia eletrônica de varredura
AsH_3	Arsina	MMA	Monometil arsênio
ATP	Adenosina trifosfato	MMA^{3+}	Ácido monometil arsenoso

ATSDR	Agência para Registro de Doenças e Substâncias Tóxicas	MMA^{5+}	Ácido monometil arsênico
BCR	*Bureau Council Research*	NADPH	Nicotinamida adenina dinucleotídeo fosfato
BMDL	*Benchmark dose level* (valor limite de confiança inferior)	NIST	*National Institute of Standards and Technology*
CLAE	Cromatografia a líquido de alta eficiência	NRC	*National Measurement Standards*
DL_{50}	Dose letal para 50% dos organismos-teste	PTWI	*Provisional tolerable weekly intake*
DMA	Dimetil arsênio	SAH	s-adenosil homocisteína
DMA^{3+}	Ácido dimetil arsenoso	SAM	s-adenosil metionina
DMA^{5+}	Ácido dimetil arsênico	SBQ	Sociedade Brasileira de Química
DNA	Ácido desoxirribonucleico	SIMS	Espectrometria de massas de íons secundários
EFSA	*European Food Safety Authority*	SR-XRF	Luorescência de raios X induzida por radiação síncrotron
F AAS	Espectrometria de absorção atômica por chama	TMAO	Óxido de trimetil arsênio
GF AAS	Espectrometria de absorção atômica com forno de grafite	USEPA	Agência de Proteção Ambiental Americana
GSH	Glutationa reduzida	UV-vis	Espectrofotometria ultravioleta visível
GSTO1	Glutationa s-transferase ômega-3	XRD	Difração por raios X
$Hg^{2+}(CYS)_2$	Dicisteinil mercúrio	XRF	Fluorescência por raios X
HO•	Radical hidroxil		

Lista de palavras

Análise elementar
Arsênio
Cádmio
Césio
Chumbo
Crômio
Espécies químicas
Essencialidade
Mercurialismo
Mercúrio
Saturnismo
Tálio
Urânio

REFERÊNCIAS

1. Rocha-Filho RC, Chagas AP. Sobre os nomes dos elementos químicos, inclusive dos transférmios. Química Nova. 1999;22(5).
2. Russel JB. Química geral. São Paulo: McGraw-Hill; 1994.
3. SBQ. Tabela Periódica. Sociedade Brasileira de Química; 2015.
4. Duffus JH. "Heavy Metals" – A meaningless term? Pure Applied Chemistry. 2002;74(5):793-807.
5. Iupac. Compendium of chemical terminology, Gold Book. 2014. p. 1622.
6. Kostial K, Kello D, Jugo S, Rabar I, Maljkovic T. Influence of age on metal metabolism and toxicity. Environ Health Perspect. 1978;25:81-6.
7. RTECS. Registry of toxic effects of chemical substances. Washington D.C.: U.S. Dept. of Health and Humans Services; 1986.
8. Feldmann J, Krupp EM. Critical review or scientific opinion paper: arsenosugars – a class of benign arsenic species or justification for developing partly speciated arsenic fractionation in foodstuffs? (Report). Analytical and Bioanalytical Chemistry. 2011;399(4):1735.
9. Shibata Y, Morita M, Fuwa K. Selenium and arsenic in biology: Their chemical forms and biological functions. Advances in Biophysics. 1992;28:31-80.
10. Klaassen CD. The basic science of poisons. New York: McGraw-Hill; 2008.

11. Lewis, J. Lead poisoning: a historical perspective. U.S. EPA; 1985.

12. Hughes MF, Beck BD, Chen Y, Lewis AS, Thomas DJ. Arsenic exposure and toxicology: a historical perspective. Toxicological Sciences. 2011;123(2):305-32.

13. Cullen WR. Is Arsenic Aphrodisiac? The sociochemistry of an element. Cambridge: RSC Publishing; 2008.

14. Campbell WA. Some landmarks in the history of arsenic testing. Chemistry in Britain. 1965;1:198-202.

15. Marsh, J. Account of a method of separating small quantities of arsenic from substances with which it may be mixed. Eddinburgh New Philosophical Journal; 1836. p. 229-36.

16. Iordanidis A, Garcia-Guinea J, Strati A, Gkimourtzina A, Papoulidou A. Byzantine wall paintings from Kastoria, northern Greece: Spectroscopic study of pigments and efflorescingsalts. Spectroscopy. 2011;78(2):874-87.

17. Norn S, Permin H, Krose E, Kruse PR. Mercury – a major agent in the history of medicine and alchemy. Dan Medicinhist Arbog. 2008;36:21-40.

18. Sloane J. Mercury Element of the ancients. 2015. http://www.dartmouth.edu/~toxmetal/mercury/history.html

19. Klys M. Mercury (and...) through the centuries. Archiwa Medycyna Sadowej Kryminologia. 2010;60(4):298-307.

20. Freeman JA. Mercurial Disease among Hatters. Transactions of the Medical Society of New Jersey. 1860;61-4.

21. Tylecote FE. Remarks on industrial mercurial poisoning as seen in felt-hat makers. The Lancet; 1912;1137-40.

22. Alpers CN, Hunerlach MP, May JT, Hothem RL. Mercury contamination from historical gold mining in California. Publications of the US Geological Survey; 2005.

23. Tsalev DL. Atomic absorption spectrometry in occupational an environmental health practice. New York: CRC Press; 1984.

24. Goyer RA, Klaassen CD, Waalkes MP. Metal toxicology. San Diego: Academic Press; 1995.

25. Savory J, Wills MR. Trace metals: essential nutrients or toxins. Clinical Chemistry. 1992;38(8B pt 2):1565-73.

26. Patriarca M, Menditto A, Di Felice G, Petrucci F, Caroli S, Merli M, et al. Recent developments in trace element analysis in the prevention, diagnosis, and treatment of diseases. Microchemical Journal. 1998;59(2):194-202.

27. Diplock AT. Antioxidant nutrients and disease prevention: an overview. American Journal of Clinical Nutrition. 1991;53(1):189S.

28. Parsons PJ, Barbosa F. Atomic spectrometry and trends in clinical laboratory medicine. Spectrochimica Acta Part B: Atomic Spectroscopy. 2007;62(9):992-1003.

29. Farmer JG. Modern methods for trace element determination by C. Vandecasteele and C.B. Block. Chichester: Wiley; 1997. p. 1482.

30. Ochsenkühn-Petropulu M, Varsamis J, Parissakis G. Speciation of arsenobetaine in marine organisms using a selective leaching/digestion procedure and hydride generation atomic absorption spectrometry. Analytica Chimica Acta. 1997;337(3):323-7.

31. Barra CM, Santelli RE, Guardia M. Especiação de arsênio – uma revisão. Química Nova. 2000;23:58.

32. Gong Z, Lu X, Ma M, Watt C, Le XC. Arsenic speciation analysis. Talanta. 2002;58(1):77-96.

33. Silbergeld EK, Nachman K. The environmental and public health risks associated with arsenical use in animal feeds. Annals of the New York Academy of Sciences. 2008;1140(1): 346-57.

34. WHO. Arsenic. Genebra: World Health Organization; 1981.

35. Souza JMO, Carneiro MFH, Paulelli ACC, Grotto D, Magalhães Júnior AM, Barbosa Júnior F, Batista BL. Arsênio e arroz: toxicidade, metabolismo e segurança alimentar. Química Nova;201538(1):118-27.

36. Ma MS, Le XC. Effect of arsenosugar ingestion on urinary arsenic speciation. Clinical Chemistry. 1998;44(3):539-50.

37. Aposhian HV, Aposhian MM. Arsenic toxicology: five questions. Chemical Research in Toxicology. 2006;19(1):1.

38. Feldmann J, Lai VW, Cullen WR, Ma M, Lu X, Le XC. Sample preparation and storage can change arsenic speciation in human urine. Clinical Chemistry. 1999;45(11):1988-97.

39. Vahter M, Barbro G, Nermell B. Factors influencing arsenic methylation in humans. The Journal of Trace Elements in Experimental Medicine. 2000;13(1):173-84.

40. Vahter M. Genetic polymorphism in the biotransformation of inorganic arsenic and its role in toxicity. Toxicology Letters. 2000;112:209-17.

41. Vahter M, Concha G, Nermell B, Nilsson R, Dulout F, Natarajan AT. A unique metabolism of inorganic arsenic in native Andean women. European Journal of Pharmacology: Environmental Toxicology and Pharmacology. 1995;293(4):455-62.

42. Chiou H, Hsueh YM, Hsieh LL, Hsu LI, Hsu YH, Hsieh FI, et al. Arsenic methylation capacity, body retention, and null genotypes of glutathione S-transferase M1 and T1 among current arsenic-exposed residents in Taiwan. Mutation Research-Reviews in Mutation Research. 1997;386(3):197-207.

43. Concha G Nermell B, Vahter MV. Metabolism of inorganic arsenic in children with chronic high arsenic exposure in northern Argentina. Environmental Health Perspectives. 1998;106(6):355-9.

44. Marafante E, Vahter, M. The effect of methyltransferase inhibition on the metabolism of [74As]arsenite in mice and rabbits. Chemico-Biological Interactions. 1984;50(1):49-57.

45. Marafante E, Vahter M, Envall J. The role of the methylation in the detoxication of arsenate in the rabbit. Chemico-Biological Interactions. 1985;56(2):225-38.

46. NRC. Arsenic in drinking water. Washington, DC: National Academy Press; 2001. p. 225.

47. Rossman TG. Mechanism of arsenic carcinogenesis: an integrated approach. Mutation Research/Fundamental and Molecular Mechanisms of Mutagenesis. 2003;533(1-2):37-65.

48. Chen CJ, Hsu LI, Wang CH, Shih WL, Hsu YH, Tseng MO. Biomarkers of exposure, effect, and susceptibility of arsenic-induced health hazards in Taiwan. Toxicol Appl Pharmacol. 2005;206(2):198-206.

49. ATSDR. Case studies in environmental medicine arsenic toxicity. Washington, D.C.: Agency for toxic substance and disease registry; 2009.

50. Basu A, Mahata J, Gupta S, Giri AK. Genetic toxicology of a paradoxical human carcinogen, arsenic: a review. Mutation Research-Reviews in Mutation Research. 2001;488(2):171-94.

51. ACGIH. Threshold Limits Values (TLVs) for Chemical Substances and Physical Agents Biological Exposure Indices. 2003.

52. IARC. Agents reviewed by the IARC monographs. Lyon; 2007.

53. Mukherjee A, Sengupta MK, Hossain MA, Ahamed S, Das B, Nayak B, et al. Arsenic contamination in groundwater: a global perspective with Emphasis on the Asian Scenario. Journal of Health, Population and Nutrition. 2006;24(2):142-63.

54. Matschullat, J. Arsenic in the geosphere – a review. Science of the Total Environment. 2000;249(1):297-312.

55. Bundschuh J, Litter MI, Parvez F, Toujaguez R. One century of arsenic exposure in Latin America: a review of history and occurrence from 14 countries. The Science of the Total Environment. 2012;429:2-35.

56. Reynolds ES. An account of the epidemic outbreak of arsenical poisoning occuring in beer drinkers in the North of England and the midland counties in 1990. Medico-cirurgical Transactions; 1901. p. 409-52.

57. Challenger F. Biological methylation. Chemical Reviews. 1945;36(3):315-61.

58. Jones DEH, Lendingham KWL. Arsenic in napoleon's wallpaper. Nature. 1982;299:626-7.

59. Cordeiro R, Lima Filho EC. A inadequação dos valores dos limites de tolerância biológica para a prevenção da intoxicação profissional pelo chumbo no Brasil. Cadernos de Saúde Pública. 1995;11(2):177.

60. ATSDR. Toxicological Profile for lead. Atlanta: Agency for toxic Substances and Disease Registry; 2007.

61. De Capitani EM, Paoliello MMB, Almeida GRC. Fontes de Exposição humana a chumbo no Brasil. Medicina. 2009;42(3) 311-8.

62. DNPM. Sumário Mineral 2012. Departamento Nacional de Produção Mineral; 2012.

63. Brasil. NR-15, Portaria MTb n. 3214, de 08 de junho de 1978. Ministério do Trabalho e Emprego, 1978.

64. Brasil. NR-7 Portaria GM n. 3214 de 08 de junho de 1978. Ministério do Trabalho e Emprego, 1994.

65. Dal Molin F, Paoliello MMB, De Capitani EM. A zinco-protoporfirina como indicador biológico na exposição ao chumbo: uma revisão. Revista Brasileira de Toxicologia.2006;19(2):71-80.

66. Pounds J, Long G, Rosen J. Cellular and molecular toxicity of lead in bone. Environmental Health Perspectives. 1991;91:17-32.

67. Rabinowitz MB, Wang JD, Soong WT. Dentine lead and child intelligence in Taiwan. Archives of Environmental Health. 1991;46(6):351.

68. WHO. Lead. Environmental Health Criteria 3. Geneva; 1977.

69. Gulson BL, Mizon KJ, Korsch MJ, Palmer JM, Donnelly JB. Mobilization of lead from human bone tissue during pregnancy and lactation – a summary of long-term research. Science of the Total Environment. 2003;303(1):79-104.

70. Lamke MP. Changes of Bone Mineral Content During Pregnancy and Lactation. Acta Obstetricia et Gynecologica Scandinavica. 1977;56(3):217-9.

71. Manton, W Rothenberg SJ, Manalo M. The lead content of blood serum. Environmental Research. 2001;86(3):263-73.

72. Schnaas L Rothenberg SJ, Flores MF, Martinez S, Hernandez C, Osorio E, et al. Reduced intellectual development in children with prenatal lead exposure. Environ Health Perspect. 2006;114(5):791-7.

73. Polimanti R, Carboni C, Baesso I, Piacentini S, Iorio A, De Stefano GF, et al. Genetic variability of glutathione S-transferase enzymes in human populations: functional inter-ethnic differences in detoxification systems. Gene. 2013;512(1):102-7.

74. Gurer-Orhan H Sabir HU, Ozgüne H. Correlation between clinical indicators of lead poisoning and oxidative stress parameters in controls and lead-exposed workers. Toxicology. 2004;195(2):147-54.

75. Sugawara E, Nakamura K, Miyake T, Fukumura A, Seki Y. Lipid-peroxidation and concentration of glutathione in erythrocytes from workers exposed to lead. British Journal of Industrial Medicine. 1991;48(4):239-42.

76. Onalaja A, Claudio L. Genetic susceptibility to lead poisoning. Environmental Health Perspectives. 2000;108(Suppl 1):23-8.

77. Kelada SN, Shelton E, Kaufmann RB, Khoury MJ. Delta-aminolevulinic acid dehydratase genotype and lead toxicity: a huge review. American Journal of Epidemiology. 2001;154(1):1-13.

78. Bernard A. Mechanisms of lead toxicity and carcinogenicity. Italy: Studio AES; 1999.

79. Flora G, Deepesh Gupta, and Archana Tiwari. Toxicity of lead: A review with recent updates. Interdisciplinary Toxicology. 2012;5(2):47.

80. WHO. Environmental Health Criteria, Lead. Genebra; 1995.

81. Duydu Y, Süzen HS, Aydin A, Vural N. Correlation between lead exposure indicators and sister chromatid exchange (sce) frequencies in lymphocytes from inorganic lead exposed workers. Arch Environ Contam Toxicol. 2001;41(2):241-6.

82. Valko M, Morris H, Cronin MT. Metals, toxicity and oxidative stress. Current Medicinal Chemistry. 2005;12(10):1161.

83. Flora S, Flora G, Saxena G. Environmental occurrence, health effects and management of lead poisoning. Amsterdam: Elsevier Science; 2006.

84. Pearce JM. Burton's line in lead poisoning. European Neurology. 2007;57(2):118-9.

85. CDC. Fatal pediatric poisoning from leaded paint. Wisconsin: MMWT; 1990. p. 193-5.

86. Romão W, Schwab NV, Bueno MIMS, Sparrapan R, Eberlin MN, Martiny A, et al. Química forense: perspectivas sobre novos métodos analíticos aplicados à documentoscopia, balística e drogas de abuso. Química Nova. 201134(10):1717-28.

87. Iqbal S, Blumenthal W, Kennedy C, Yip FY, Pickard S, Flanders WD, et al. Hunting with lead: Association between blood lead levels and wild game consumption. Environmental Research. 2009;108(2009):952-9.

88. Pain DJ, Cromie RL, Newth J, Brown MJ, Crutcher E, Hardman P. Potential hazard to human health from exposure to fragments of lead bullets and shot in the tissues of game animals. PLoS One. 2010;5(4):e10315.

89. Needleman H. Lead poisoning. Annu Rev Med. 2004;55:209-22.

90. CDC. Lead poisoning-associated death from Asian Indian folk remedies. 1984.

91. CDC. Fatal Pediatric lead poisoning. 2001.

92. Payne, M. Lead in drinking water. CMAJ; 2008. p. 253-4.

93. US EPA. Air quality criteria for lead. Environmental Protection Agency; 1986. https://archive.epa.gov/epa/aboutepa/lead-poisoning-historical-perspective.html

94. Cordeiro, R. O saturnismo em Bauru. São Paulo: Saúde do Trabalhador; 1988. p. 47-83.

95. Silva FVD. Avaliação da influência do polimorfismo Pro^{198}Leu da glutationa peroxidase sobre o estresse oxidativo em população exposta ao chumbo [dissertação de mestrado]. São Paulo: Faculdade de Ciências Farmacêuticas de Ribeirão Preto; 2008.

96. Mattos MSV et al. Evaluation of exposure to lead inorganic compounds in workers of metropolitan Belo Horizonte – 1998 to 1993. Revista Brasileira de Saúde Ocupacional. 1994;2:7-16.

97. Carneiro MFH, Sidonio FJ. Manioc Flour Consumption as a Risk Factor for Lead Poisoning in the Brazilian Amazon. Journal of Toxicology and Environmental Health, Part A. 2013;76(3):206-16.

98. Barbosa FJ, Fillion M, Lemire M, Passos CJ, Rodrigues JL, Philibert A, et al. Elevated blood lead levels in a riverside population in the Brazilian Amazon. Environmental Research. 2009;109(5):594-9.

99. Passos CJS, Mergler D. Human mercury exposure and adverse health effects in the Amazon: a review. Cadernos de Saúde Publica. 2008;24:503-20.

100. ATSDR. Toxicological Profile for Mercury. Agency for Toxic Substances and Disease Registry; 1999.

101. Clarkson TW, Magos L. The toxicology of mercury and its chemical compounds. Critical Reviews in Toxicology. 2006;36:609-62.

102. Fitzgerald W. Is mercury increasing in the atmosphere? Water, Air and Soil Pollution. 1995;80:245-54.

103. Malm O. Gold mining is a source of mercury exposure in the Brazilian Amazon. Envirinmental Research. 1998;77:73-8.

104. Gochfeld M. Cases of mercury exposure, bioavailability, and absorption. Ecotoxicology and Environmental Safety. 2003;56:174-9.

105. Marques RC, Dórea JG, Fonseca MF, Malm LO. Hair mercury in breast-fed infants exposed to thimerosal-preserved vaccines. European Journal of Pediatrics. 2007;166(9):935-41.

106. Carneiro MFH, Grotto D, Barbosa Jr F. Inorganic and methylmercury levels in plasma are differentially associated with age, gender, and oxidative stress markers in a population exposed to mercury through fish consumption. Journal of Toxicology and Environmental Health, Part A. 2014;77(1-3):69-79.

107. Fishbein L. Chromatographic and biological aspects of organic mercury. Chromatografic Reviews. 1971;15:195-238.

108. Bridges CC, Zalups RK. Molecular and ionic mimicry and the transport of toxic metals. Toxicol Appl Pharmacol. 2005;204(3):274-308.

109. Zalups RK. Molecular interactions with mercury in the kidney. Pharmacological Reviews. 2000;52(1)113-43.

100. Smith JC, Allen PV, Turner MD, Most B, Fisher HL, Hall LL. The kinetics of intravenously administered methylmercury in man. Toxicol Appl Pharmacol. 1994;128(2):251-6.

111. Yaginuma-Sakurai K, Murata K, Iwai-Shimada M, Nakai K, Kurokawa N, Tatsuta N. Hair-to-Blood ratio and biological half-life of mercury: experimental study of methylmercury exposure through fish consumption in humans. J Toxicol Sci. 2012;37(1):123-30.

112. Oga S. Fundamentos de toxicologia. São Paulo: Ateneu; 2008.

113. Hattula T, Rahola T. The distribution and biological half-time of 203hg in the human body according to a modified whole body counting technique. Environ Physiol Biochem. 1975;5(4):252-7.

114. Ballatori N, Clarkson TW. Biliary secretion of glutathione and glutathione-metal complexes. Fund Appl Toxicol. 1985;5(5):816-31.

115. Clarkson TW, Vyas JB, Ballatori N. Mechanisms of mercury disposition in the body. Am J Ind Med. 2007;50(10):757-64.

116. Rowland IR. Interactions of the gut microflora and the host in toxicology. Toxicol Pathol. 1988;16(2):147-53.

117. Rahola T, Hattula T, Korolainen A, Miettinen JK. Elimination of free and protein bound ionic mercury in man. Ann Clin. Res. 1973;5(4):214-9.

118. Friberg L, Nordberg G. Inorganic mercury – a toxicological and epidemiological appraisal. In: Miller MW, Clarkson TW, editors. Mercury, mercurial and mercaptans. Springfield: CC Thomas; 1973.

119. Schurz F, Sabater-Vilar M, Fink-Gremmels J. Mutagenicity of mercury chloride and mechanisms of cellular defense: the role of metal-binding proteins. Mutagenesis. 2000;15:525-30.

120. Kunimoto M. Methylmercury induces of rat cerebellar neurons in primary culture. Biochemical and Biophysical Research Communications. 1994;204:310-7.

121. Castoldi AF, Barni S, Turin I, Gandini C, Manzo L. Early necrosys, delayed apoptosis and cytoskeletal breakown in cultured cerebellar granule neurons exposed to methylmercury. Journal of Neuroscience Research. 2000;60:775-87.

122. Yasutake AHYIM. Sex differences of nephrotoxicity by methylmercury in mice. Fourth International Symposium on Nephrotoxicity. 1991:389-96.

123. Mitsumori K, Maita K, Saito T. Carcinogenicity of methylmercury chloride in ICR mice: Preliminary note on renal carcinogenesis. Cancer Lett. 1981;12:305-10.

124. Mitsumori K, Hirano M, Ueda H, Maita K, Shirasu Y. Chronic toxicity and carcinogenicity of methylmercury chloride in B6C3F1 mice. Fundamental and Applied Toxicology. 1990;14:179-90.

125. Ercal N, Gurer-Orhan H, Aykin-Burns N. Toxic metals and oxidative stress part I: mechanisms involved in metal induced oxidative damage. Current Topics in Medicinal Chemistry. 2001;1(6):529-39.

126. Ebdon L. The Trace Element Speciation for Environment, Food and Health. The Cambridge: Royal Society of Chemistry; 2001. p. 55-69.

127. Seiler HG, Sigel, H.; Sigel, A. Handbook on toxicity of inorganic compounds. New York: Marcel Dekker; 1987.

128. ATSDR. Medical Management Guidelines for Mercury [cited 2016 Jul 2]. Available from: http://www.atsdr.cdc.gov/MHMI/mmg46.pdf

129. Kondo K. Congenital Minamata disease: Warnings from Japan's experience. Rochester: Journal of Child Neurology; 2000. p. 458-64.

130. Bisinoti CM, Jardim WF. O comportamento do metilmercúrio (metilHg) no ambiente. Química Nova. 2004;27(4):593-600.

131. Azevedo, F.A. Toxicologia do mercúrio. São Paulo: RiMa; 2003.

132. Armin-Zaki L, Elhassani S, Majeed MA, Clarkson TW, Doherty RA, Greenwood M. Intra-uterine methylmercury poisoning in Iraq. Pediatrics Springfield. 1974;54(5):587-95.

133. Malm O, Pfeiffer WC, Souza CM, Reuther R. Mercury pollution due to gold mining in the Madeira river basin, Brasil. Ambio Oslo. 1990;19:11-5.

134. Nriagu JO, Pfeiffer WC, Malm O, Souza CMM, Mierle G. Mercury pollution in Brazil. Nature. 1992;356:389.

135. Roulet M, Lucotte M. Geochemistry of mercury in pristine and flooded ferralitic soils of a tropical rain forest in French Guiana, South America. Water, Air and Soil Pollution. 1995;80(1):1079-88.

136. Mainville NW, Webb J, Lucotte M, Davidson R, Betancourt O, Cueva E, et al. Decrease of soil fertility and release of mercury following deforestation in the Andean Amazon. Science of the Total Environment. 2006;368(1):88-98.

137. Lebel J, Roulet M, Mergler D, Lucotte M, Larribe F. Fish diet and mercury exposure in a riparian Amazonian population. Water, Air, and Soil Pollution. 1997;97(1):31-44.

138. Dórea J, Barbosa AC, Ferrari I, Souza Jr. Mercury in hair and in fish consumed by riparian women of the Rio Negro, Amazon, Brazil. International Journal of Environmental Health Research. 2003;13:239-48.

139. Schulz C, Angerer J, Ewers U, Heudorf U, Wilhelm M, Human Biomonitoring Commission of the German Federal Environment Agency. Revised and new reference values for environmental pollutants in urine or blood of children in Germany derived from the German Environmental Survey on Children 2003-2006. International Journal of Hygiene and Environmental Health. 2009;212(6):637-47.

140. Hippler J, Hoppe HW, Mosel F, Rettenmeier AW, Hirner AV. Comparative determination of methylmercury in whole blood samples using GC ICP-MS and GC-MS techniques. Journal of Chromatography B. 2009;877(24):2465-70.

141. Rodrigues JL. Avaliação de técnicas acopladas a espectrometria de massas com plasma (ICP-MS) visando o fracionamento e especiação química de mercúrio em sangue e plasma [tese de doutorado]. São Paulo: Universidade de São Paulo; 2010.

142. Grotto D. Avaliação dos efeitos do selênio e óleo de peixe em marcadores de estresse oxidativo em ratos expostos ao metilmercúrio em diferentes formas. São Paulo: Universidade de São Paulo; 2010.

143. Passos CJS, Mergler D, Gaspar E, Morais S, Lucotte M, Larribe F, et al. Eating tropical fruit reduces mercury exposure from fish consumption in the Brazilian Amazon. Environmental Research. 2003;93(2):123-30.

144. Lebel J, Mergler D, Branches F, Lucotte M, Amorim M, Larribe F, et al. Neurotoxic effects of low level methylmercury contamination in the Amazonian basin. Environmental Research Section A. 1998;79:20-32.

145. Hudson PJ, Vogt RL, Brondum J, Witherell L, Myers G, Paschal DC. Elemental mercury exposure among children of thermometer plant workers. Pediatrics. 1987;79:935-8.

146. Zirschky, J. et al. Employee transported contaminant releases. Hazardous Waste & Hazardous Materials. 1990;7(2):201-9.

147. Nierenberg DA, Nordgren RE, Chang MB, Siegler RW, Blayney MB, Hochberg F. et al. Delayed Cerebellar Disease and death after accidental exposure to dimethylmercury. The New England Journal of Medicine. 1998;338:1672-6.

148. Triunfante P, Soares ME, Santos A, Tavares S, Carmo H, Bastos ML. Mercury fatal intoxication: Two case reports. Forensic Science International. 2009;184(1-3):e1-6.

149. ATSDR. Toxicological Profile for Mercury. 1999 [cited 2016 Jul 2]. Available from: https://www.atsdr.cdc.gov/toxprofiles/tp46.pdf

150. Friberg L. et al. Handbook on the Toxicology of metals. North Holland: Elsevier; 1979.

151. Kazantzis G. Cadmium osteoporosis and calcium metabolism. Biometals. 2004;17:493-8.

152. Yamamoto K, Ueda M, Kikuchi H, Hattori H, Hiraoka Y. An acute fatal occupational cadmium poisoning by inhalation. Z Rechtsmed. 1983;91(2):139-43.

153. Borowiak K, Dutkiewicz T, Marcinkowski, T. Chronic cadmium intoxication caused by a dental prothesis. Z Rechtsmed. 1990;103(7):537-9.

154. IOM. Chromium Dietary reference intakes for vitamin A, vitamin K, arsenic, boron, chromium, copper, iodine, iron, manganese, molybdenum, nickel, silicon, vanadium, and zinc. Washington, D.C.: Food and Nutrition Board, National Academy Press; 2001. p. 197-223.

155. US EPA. Health assessment document for chromium. Environmental Protection Agency; 1984.

156. Kotas J, Stasicka Z. Chromium occurence in the environmental and methods of its speciation. Environ Pollut. 2000;107:263-83.

157. WHO. Chromium in Drinking-water. Background document for preparation of WHO Guidelines for drinking-water quality. Geneva; 2003.

158. ATSDR. Toxicological profile for chromium. Atlanta; 2008.

159. Pereira CG. Análise preliminar de indústrias do setor coureiro do Vale do Rio dos Sinos em relação ao gerenciamento ambiental: estudo de casos em indústrias exportadoras. Rio Grande do Sul: Universidade Federal do Rio Grande do Sul; 1997.

160. Jamova K, Valko M. Advances in metal-induced oxidative stress and human disease. Toxicology. 2011;283(2-3):65-87.

161. Izzotti A, Bagnasco M, Camoirano A, Orlando M, De Flora S. DNA fragmentation, DNA-protein crosslinks, postlabeled nucleotidic modifications and 8-hydroxy-2'-deoxyguanosine in the lung but not in the liver of rats receiving intratracheal installations of chromium (VI). Chemoprevention by oral N-acetylcysteine. Mutat. 1998;400(1-2):233-44.

162. De Flora S, Wetterhahn KE. Mechanisms of chromium metabolism and genotoxicity. Life Chem Rep. 1989;17:169-244.

163. Hayes WA. Principles and methods of toxicology. 4th ed. Philadelphia: Taylor & Francis; 2001.

164. Pellerin C, Booker SM. Reflexions on hexavalent chromium: health hazards of an industrial heavyweight. Environmental Health Perspectives. 2000;108(9):A402-7.

165. Frézard F, Demicheli C. New delivery strategies for the old pentavalent antimonial drugs. Expert Opin Drug Deliv. 2010;7(12):1343-58.

166. Taylor PJ. Acute intoxication from antimony trichloride. Br J Ind Med. 1966;23(4):318-21.

167. Mulkey JP, Oehme FW. A review of Thallium toxicity. Vet Hum Toxicol. 1993;35(6):511.

168. Moore, D, House I, Dixon A. Thallium poisoning. Diagnosis may be elusive but alopecia is the clue. Br Med Jr. 1993;306(6891):1527.

169. Jah S, Kumar R, Kumar R. Thallium poisoning presenting as parenthesis, paresis, psychosis and pain in abdomen. JAPI. 2006;54:53-5.

170. ATSDR. Draft toxicological profile for uranium. Atlanta; 2011.

171. Sawicki M, Lecerclé D, Grillon G, Le Gall B, Sérandour AL, Poncy JL. Biphosphonate sequestering agents. Synthesis and preliminary evaluation for in vitro and in vivo uranium (VI) chelation. Eur Med Chem. 2008;43(12):2768-77.

172. WHO. Depleted uranium: sources, exposure and health effects. Geneva; 2001.

173. Qi L, Basset C, Averseng O, Quéméneur E, Hagège A, Vidaud C. Characterization of UO2(2+) binding to osteopontin, a highly phosphorylated protein: insights into potential mechanisms of uranyl accumulation in bones. Metallomics. 2014;6(1):166-76.

174. Adloff JP. The laboratory notebooks of Pierre and Marie Curie and the discovery of polonium and radium. CzechosJovak Journal of Physics. 1999;49(1):15-28.

175. Goasguen J, Lapresle J, Ribot C, Rocquet G. Chronic neurological syndrome resulting from intoxication with metallic uranium. Nouv Presse Med. 1982;11(2):119-21.

176. ATSDR. Toxicological profile for cesium. Atlanta; 2004 [cited 2016 Jul 2]. Available from: http://www.atsdr.cdc.gov/toxprofiles/tp157.pdf

177. IAEA. The radiological accident in Goiania Vienna. Vienna; 1988. p. 157.

178. Zaphiris P, Buchanan G, Rasmussen E, Loizides F, editors. Theory and practice of digital libraries. Berlin: Springer; 2012.

179. Mitra S, editor. Sample preparation techniques in analytical chemistry. Hoboken, NJ: Wiley; 2004.

180. Prohaska T, et al. Elemental and Isotopic Analyses in Forensic Sciences. Springer; 2006. DOI: 10.1002/9780470027318.a9440

181. Richter R. Clean Chemistry – Techniques for the modern laboratory. Monroe, CT: Millestone; 2003. p. 96.

182. De Andrade JC, Rocha JC, Baccan N. Sequential spectrophotometric determination of chromium(III) and chromium(VI) using flow injection analysis. The Analyst. 1984;110(2):197-9.

183. Bersier P, Howell J, Bruntlett C. Advanced electroanalytical techniques versus atomic-absorption spectrometry, inductively-coupled plasma-atomic emission-spectrometry and inductively-coupled plasma-mass spectrometry in environmental-analysis. Analyst. 1994;119(2):219-32.

184. Mays DE, Hussam A. Voltammetric methods for determination and speciation of inorganic arsenic in the environment – A review. Analytica Chimica Acta. 2009;646(1-2):6-16.

185. Giordani L, Rizzio E, Brandone A. Neutron activation analysis in forensic investigations: Trace elements characterization of cigarettes. An International Journal Dealing with All Aspects and Applications of Nuclear Chemistry. 2005;263(3):739-44.

186. Rodrigues JL, Nunes JA, Batista BL, Barbosa F. A fast method for the determination of 16 elements in hair samples by inductively coupled plasma mass spectrometry (ICP-MS) with tetramethylammonium hydroxide solubilization at room temperature. Journal of Analytical Atomic Spectrometry. 2008;23(7):992-6.

187. Batista BL, Grotto D, Rodrigues JL, Souza VC, Barbosa Jr F. Determination of trace elements in biological samples by inductively coupled plasma mass spectrometry with tetramethylammonium hydroxide solubilization at room temperature. Analytica Chimica Acta. 2009;646(1-2):23-9.

188. Fergusson JE, Purchase NG. The analysis and levels of lead in human teeth: a review. Environmental Pollution. 1987;46(1):11-44.

189. Parsons P, McIntosh K. Human exposure to lead and new evidence of adverse health effects: Implications for analytical measurements. Powder Diffr. 2010;25(2):175-81.

190. Batista BL, Souza JM, De Souza SS, Barbosa Jr F. Speciation of arsenic in rice and estimation of daily intake of different arsenic species by Brazilians through rice consumption. Journal of Hazardous Materials. 2011;191(1-3):342-8.

191. Sloth JJ, Larsen EH, Julshamn K. Survey of inorganic arsenic in marine animals and marine certified reference materials by anion exchange high-performance liquid chromatography-inductively coupled plasma mass spectrometry. Journal of Agricultural and Food Chemistry. 2005;53(15):6011-8.

192. Inn KGW, Johnson Jr CM, Oldham W, Jerome S, Tandon L, Schaaff T, et al. The urgent requirement for new radioanalytical certified reference materials for nuclear safeguards, forensics, and consequence management. J Radioanal Nucl Chem. 2013;296(1): 5-22.

CAPÍTULO 20

AMOSTRAS BIOLÓGICAS EM ANÁLISES FORENSES: MATRIZES USUAIS (URINA E SANGUE)

Fabrício Souza Pelição

Jauber Fornaciari Pissinate

Bruno Spinosa De Martinis

20.1 RESUMO

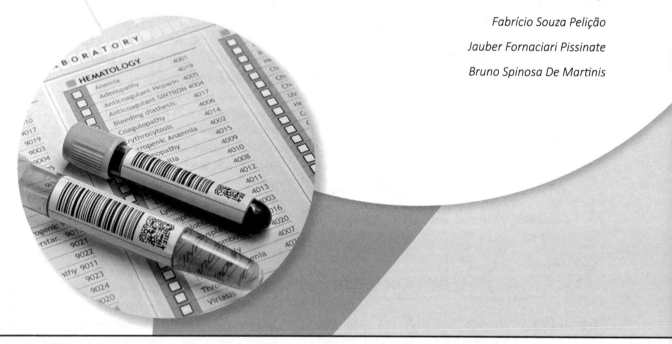

Apesar do constante desenvolvimento tecnológico, com o aparecimento de métodos cada vez mais sensíveis e robustos para a detecção de quantidades cada vez menores de substâncias tóxicas, a coleta adequada de amostras biológicas continua sendo ponto de extrema importância para garantir o sucesso das análises toxicológicas.

Neste capítulo, será discutida a importância das amostras mais comumente utilizadas na toxicologia forense, quais sejam: as amostras de sangue e urina.

Serão abordados aspectos relacionados às aplicações de cada tipo de amostra, particularidades presentes em coletas *post mortem*, bem como informações sobre armazenamento e transporte das amostras.

20.2 INTRODUÇÃO

O constante desenvolvimento tecnológico, com o aparecimento de métodos cada vez mais sensíveis e robustos, tem permitido ao toxicologista detectar e quantificar vários tipos de substâncias tóxicas em níveis de concentrações cada vez mais baixos. Apesar do grande avanço experimentado nos últimos anos na área da toxicologia analítica, o toxicologista só será capaz de utilizar as amostras que forem encaminhadas ao laboratório. Infelizmente, em muitas ocasiões estas não serão as amostras das quais ele poderia extrair as maiores (ou mais adequadas) informações sobre o caso em questão [1].

De fato, a escolha adequada das amostras a serem utilizadas nas análises toxicológicas é passo inicial e de grande importância para o processo. Uma escolha inapropriada pode alterar completamente a interpretação dos resultados obtidos, bem como o desfecho de um determinado caso forense, com graves consequências para as partes envolvidas [2].

Exatamente por isso, é função do toxicologista orientar a coleta de amostras nos diversos casos que podem surgir, assim como na pesquisa do grande número de agentes tóxicos, de acordo com a prevalência destes em cada região. Para tanto, é fundamental que o laboratório de toxicologia elabore e disponibilize guias para coleta de cada tipo de amostra [2].

Em relação à toxicologia forense, as amostras de interesse, na maioria dos casos, estão restritas às matrizes biológicas. Ainda assim, há grande diversidade de amostras que podem ser utilizadas, dependendo de se a coleta será feita em indivíduos vivos ou mortos (toxicologia *post mortem*) [3-7].

Outra área da toxicologia que utiliza amostras biológicas em sua rotina de análises é a toxicologia clínica, que, por meio de procedimentos analíticos, auxilia nos diagnósticos, tratamentos e reabilitações. Diferentemente da toxicologia forense, a toxicologia clínica está restrita às amostras que podem ser colhidas em pacientes vivos [8].

A Figura 20.1 exemplifica as principais amostras utilizadas nas análises toxicológicas (em vivos e *post mortem*), e a Tabela 20.1 mostra um exemplo de guia de coletas conforme o histórico do caso.

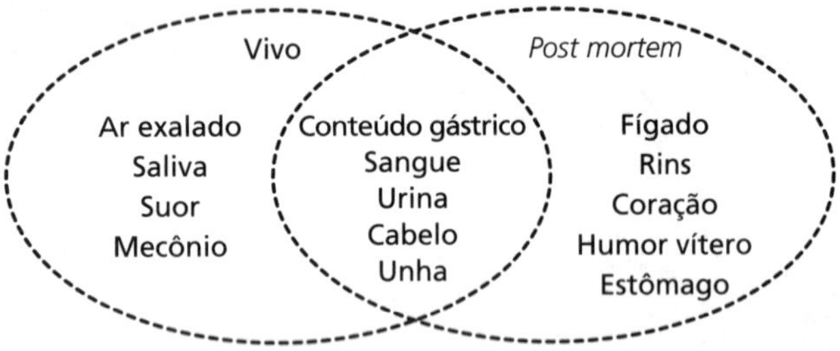

Figura 20.1 Principais amostras em toxicologia forense.

Fonte: adaptado de [5].

Tabela 20.1 Guia simplificado de coleta em relação ao histórico do caso

HISTÓRICO DO CASO	MATERIAL COLETADO
Suicídios, acidentes de trânsito, acidentes de trabalho	Sangue, urina, humor vítreo, fígado
Homicídios e casos suspeitos	Sangue, urina, humor vítreo, fígado, bile
Suspeita de uso de drogas	Sangue, urina, humor vítreo, conteúdo gástrico, fígado, bile
Suspeita de abuso de substâncias voláteis	Sangue, urina, humor vítreo, pulmão, fígado
Intoxicação por metais pesados e exposição a outros venenos	Sangue, urina, humor vítreo, fígado, cabelo, rim

Fonte: adaptado de [3].

Entre as amostras anteriormente relacionadas, sem dúvida a urina e o sangue são as que possuem o uso mais difundido, com grande aplicação em diversos métodos para análise de substâncias de interesse toxicológico [3-7,9]. A seguir, discutiremos com detalhes o uso dessas amostras na toxicologia forense. Aspectos relacionados ao armazenamento, conservação e transporte também serão abordados.

20.3 Amostras de urina

A urina, formada continuamente pelos rins, é um ultrafiltrado do sangue a partir do qual são reabsorvidas substâncias essenciais ao metabolismo do organismo, como glicose, aminoácidos, água, entre outras. Ela é formada por várias substâncias químicas (orgânicas e inorgânicas) dissolvidas em água. A ureia é a mais abundante dessas substâncias, representando quase a metade dos corpos sólidos dissolvidos nessa amostra. Outros compostos orgânicos que merecem destaque são a creatinina e o ácido úrico. Além desses, em quantidade bastante inferior, estão presentes hormônios, vitaminas e outras substâncias, como drogas e medicamentos. Entre os compostos inorgânicos presentes em maior quantidade na urina estão o cloreto, o sódio e o potássio, nessa ordem. Embora estes sejam os principais constituintes químicos das amostras de urina, suas concentrações podem variar enormemente, pela influência de fatores como: hábitos alimentares, atividade física, metabolismo, função endócrina, entre outros [10,11].

Em média, cerca de 1.200 mL de urina são formados diariamente por um indivíduo saudável. Fatores como a quantidade de líquido ingerida, perda de líquidos por outras vias (por exemplo, suor), variações na secreção do hormônio antidiurético podem fazer com que volumes entre 600 e 2.000 mL sejam considerados normais [10,11].

Relativo às análises toxicológicas, a urina tem sido considerada a amostra de escolha para a análise de drogas de abuso. Como principais características para essa escolha estão: (1) o fato de sua coleta não ser procedimento invasivo; (2) estar disponível em grandes quantidades; (3) a maioria das drogas serem excretadas por essa via; (4) a possibilidade da determinação tanto da droga-mãe como de seus metabólitos; e (5) a permanência de metabólitos por mais tempo em amostras de urina quando comparadas às amostras de sangue [8,12].

De fato, o acúmulo de drogas e seus metabólitos em concentrações mais altas que as usualmente encontradas em sangue facilita a sua detecção em amostras de urina [7]. Além disso, as amostras de urina são muito mais "limpas" quando comparadas com as amostras de sangue, por possuírem menor quantidade de possíveis interferentes, como proteínas e lipídeos, por exemplo. Por essas características, essa matriz é de grande utilidade em análises toxicológicas, fornecendo informações sobre a exposição às substâncias tóxicas anteriormente ao evento de interesse, auxiliando no estabelecimento de uma possível relação com a *causa mortis*, por exemplo [7].

Além de sua aplicação na toxicologia forense, as amostras de urina são muito úteis no controle de *doping* esportivo, na testagem de drogas em ambiente de trabalho e em laboratórios de toxicologia clínica [2,13].

Outras vantagens no uso de amostras de urina no campo da toxicologia forense residem no fato de essa ser uma matriz amplamente aceita e, como mencionado anteriormente, possuir maior janela de detecção (dias ou semanas) quando comparada com as amostras de sangue [5,8,12,14].

A janela de detecção de uma substância na urina, ou o tempo em que determinada substância permanece detectável após o último uso, é muito variável, sofrendo influência direta de vários fatores, dentre os quais se destacam: dose; tipo de uso (agudo ou crônico), uso concomitante de outras drogas que podem ativar ou retardar o metabolismo, método analítico a ser utilizado (sensibilidade analítica), diferenças individuais no metabolismo e excreção de drogas e pH da urina [12,14]. A droga pesquisada também terá influência direta no tempo em que esta poderá ser detectada na urina. Por exemplo: barbitúricos de ação curta, como o pentobarbital e o secobarbital, em geral, são detectados em até 24 horas, enquanto os de ação longa, como o fenobarbital, podem permanecer detectáveis por até quatorze dias em amostras de urina [12].

Por outro lado, a presença em pequenas quantidades ou a virtual ausência da droga-mãe em amostras de urina pode configurar uma desvantagem na análise desse tipo de amostras, requerendo passos adicionais de hidrólise e/ou derivatização da amostra, além de sólidos conhecimentos em toxicocinética. Ainda referente à pesquisa de metabólitos, é preciso considerar a possibilidade da presença de analitos comuns a mais de uma droga. Por exemplo: o achado isolado de oxazepam em uma determinada análise não permite identificar o benzodiazepínico implicado no caso, já que o oxazepam é um metabólito comum a vários benzodiazepínicos (diazepam, nordiazepam, clordiazepóxido, temazepam, prazepam e outros). A Tabela 20.2 mostra esse e outros exemplos. O mesmo se aplica quando da detecção de morfina em amostras de urina, que pode estar relacionada ao uso da própria morfina, mas também pode ter sido resultado do uso de codeína, ou até mesmo de heroína [8,12].

Outras desvantagens quando se realiza a análise em amostras de urina de indivíduos vivos é a maior suscetibilidade das amostras de urina a adulterações, principalmente quando comparadas com outras amostras biológicas, o que faz com que a amostragem tenha que ser necessariamente vigiada, levando a questionamentos éticos quanto à invasão de privacidade [2,15].

Além disso, as amostras de urina não são adequadas para a execução de análises quantitativas, bem como para o estabelecimento de correlação entre os achados toxicológicos e os efeitos apresentados, ou mesmo para estimar o tempo desde a última dose [2,8,12,15]. Isso ocorre porque a eliminação de uma droga do corpo bem como suas concentrações no sangue e na urina dependem de uma série de fatores, como via de administração, frequência e duração de uso, taxa de metabolismo, condição física individual, momento da coleta, ingestão de líquidos (*clearance* de creatinina), além de outras diferenças individuais, tornando esse tipo de interpretação ou correlações impossíveis ou, no mínimo, desaconselháveis [8,12].

Tabela 20.2 Exemplo de analitos-alvo em amostras de sangue e urina

BENZODIAZEPÍNICO	SANGUE	URINA
Clordiazepóxido	Demoxazepam Nordiazepam	Oxazepam Nordiazepam
Clobazepam	Clonazepam 7-aminoclonazepam	7-aminoclonazepam
Clorazepato	Nordiazepam	Oxazepam Nordiazepam
Cloxazolam	Delorazepam Lorazepam	Delorazepam Lorazepam
Diazepam	Diazepam Nordiazepam	Oxazepam Nordiazepam
Lorazepam	Lorazepam	Lorazepam
Nordiazepam	Nordiazepam	Oxazepam Nordiazepam
Prazepam	Nordiazepam	Oxazepam Nordiazepam

Fonte: adaptado de [12].

Em parte, o destacado uso das amostras de urina em procedimentos de triagem toxicológica também se deve à grande disponibilidade de *kits* comerciais para uso estrito nesse tipo de amostras. A facilidade de execução e a rapidez na obtenção dos resultados faz da utilização dos testes imunocromatográficos uma ótima opção para procedimentos de triagem em laboratórios de toxicologia. Infelizmente, existe a possiblidade de ocorrência de resultados falso-positivos, principalmente para a classe de anfetaminas e outros estimulantes em casos de amostras em putrefação, pela formação de aminas endógenas [13]. Essa característica dos testes imunocromatográficos demanda, obrigatoriamente, a confirmação dos resultados positivos obtidos nesses testes por métodos mais específicos, como métodos de cromatografia em fase gasosa ou líquida.

Uma dificuldade adicional ao adotar os testes de urina como triagem em um laboratório de toxicologia forense muito provavelmente surgirá ao se trabalhar com amostras de casos de toxicologia *post mortem*. Nesses casos, a urina nem sempre está disponível (bexiga rota ou vazia), fazendo necessário o desenvolvimento de técnicas de triagem em outros tipos de amostras, como o sangue.

Qualquer que seja o tipo de coleta a ser realizada (em indivíduos vivos ou mortos), esta é classificada como uma etapa pré-analítica, estando sujeita a grande possibilidade de alterações (intencionais ou não) que vão influenciar diretamente o resultado obtido [16].

A seguir, serão discutidas peculiaridades de cada situação.

20.3.1 Urina de indivíduos vivos

Em vítimas vivas, a quantidade de urina recomendada para análise toxicológica é de 25-100 mL, obtidas, preferencialmente, por coleta de jato médio. A coleta da primeira urina da manhã é desejável, por ser mais concentrada [2]. Idealmente, ela deve ser coletada de forma a preencher 2/3 da capacidade do frasco utilizado [8,12]. Frascos muito cheios apresentarão problemas como rompimentos e aberturas quando congelados.

Alguns outros cuidados devem ser seguidos para garantir a qualidade da amostra coletada, bem como sua integridade quanto à possibilidade de adulterações. São eles:

- A coleta deve ser assistida.
- Não permitir a entrada de casacos, bolsas ou mochilas no local de coleta.
- Os pacientes devem lavar as mãos antes da coleta.
- A coleta deve ser realizada em um ambiente próprio para esse fim.
- Retirar sabões e fontes de água (principalmente água quente).
- Medir pH e temperatura (32 °C a 38 °C) da amostra o mais breve possível.

Em relação aos valores de temperatura, medidas entre 32 °C e 38 °C em um intervalo de quatro minutos são aceitas como valores normais de uma urina sem adulteração. Outros parâmetros podem ser utilizados para detectar possíveis adulterações, dentre os quais se destacam a medida da densidade e a dosagem de creatinina da urina coletada [8,11]. Valores de densidade entre 1.007 e 1.035 são considerados normais. Dosagens de creatinina com valores de 100 a 260 mg/dL também são relativas a uma urina normal, sem diluição. Valores de creatinina entre 10 e 30 mg/dL indicam uma urina provavelmente diluída e valores inferiores a 10 mg/dL indicam presença de diluição [8].

Após a coleta e em consonância com os princípios de cadeia de custódia, os frascos devem ser lacrados de modo a garantir a inviolabilidade da amostra, seja por meio de sacolas lacradas, fitas adesivas próprias para esse fim, ou outro. A partir desse momento, não deve ser permitido ao doador da urina mais nenhum tipo de contato com a amostra, como rotulagem, acondicionamento ou transporte [8,12].

20.3.2 Urina de indivíduos mortos

Em vítimas fatais, como mencionado anteriormente, nem sempre existe disponibilidade de urina, por isso não há como definir uma quantidade mínima a ser coletada. Nesses casos, deve-se coletar toda a urina disponível, mesmo que em pequena quantidade. A urina deve ser coletada preferencialmente antes do início do exame necroscópico ou logo após incisão mento-pubiana, diretamente da bexiga, com auxílio de uma seringa hipodérmica. A coleta feita diretamente pela região abdominal, quando ocorre rompimento da bexiga por trauma, por exemplo, deve ser evitada para reduzir a possibilidade de contaminação [2].

20.4 Amostras de sangue

O sangue é um fluido vermelho, viscoso, levemente alcalino (pH 7,4), constituído por elementos figurados (células) suspensos em um fluido, o plasma. Uma das principais funções do sangue é o transporte de nutrientes para os tecidos e de produtos de excreção para serem excretados por órgãos específicos [17,18].

A utilização de amostras de sangue na toxicologia forense possui algumas vantagens em relação às outras matrizes biológicas, dentre as quais se destacam: a existência de grande número de referências que utilizam esse tipo de amostra, a definição de valores de concentrações terapêuticas, tóxicas e fatais para a grande maioria das substâncias, sobretudo para medicamentos, e a possibilidade de os achados toxicológicos serem correlacionados aos efeitos apresentados [2,7].

De fato, o sangue é a amostra que fornece as melhores informações a respeito do estado de intoxicação do indivíduo. Certamente os efeitos comportamentais que uma droga psicoativa é capaz de produzir devem ser relacionados à sua concentração no cérebro, porém o melhor indicador da concentração de determinada droga no cérebro é sua concentração no sangue [19-21].

Além disso, análises quantitativas em amostras de sangue podem fornecer importantes informações para diferenciar intoxicações agudas de intoxicações crônicas, pela determinação das concentrações da droga inalterada e seu(s) metabólito(s) [2]. Concentrações da droga inalterada acentuadamente maiores que a de seu(s) metabólito(s) contam a favor de uma intoxicação aguda, enquanto o inverso sugere uma intoxicação crônica.

Apesar das vantagens, a análise de amostras de sangue é mais trabalhosa e mais custosa que a análise de amostras de urina, necessitando de laboratórios especializados e de tecnologias sofisticadas para sua execução. Isso ocorre principalmente pelo fato de o sangue ser uma matriz mais complexa quando comparada às amostras de urina, composta por muitos metabólitos, hormônios, vitaminas, eletrólitos, entre outros. Além disso, no sangue as substâncias estão presentes em níveis de traços, ou seja, em concentrações bastante inferiores àquelas encontradas na urina. Ademais, em indivíduos vivos, a coleta desse tipo de amostra constitui procedimento invasivo e necessita de pessoal treinado para realizá-la.

Outra dificuldade presente na coleta de amostras de sangue em vítimas fatais refere-se ao pouco volume de sangue disponível em vítimas politraumatizadas. Nesses casos, não é incomum que a coleta realizada seja de sangue acumulado em cavidades. Contudo, para fins quantitativos, esse sangue deve ser totalmente rejeitado pela elevada possibilidade de contaminação por bactérias ou pelo conteúdo estomacal e/ou urina, em casos de rompimento do estômago e/ou bexiga, respectivamente [7,22]. Uma alternativa para analisar o sangue, nesses casos, é a coleta de coágulos, como será discutido mais adiante.

Assim como para urina, existem *kits* comerciais disponíveis para triagem de substâncias no sangue. São ensaios imunoenzimáticos que permitem a triagem de uma gama de substâncias de interesse médico legal [23]. Esses testes de triagem são altamente sensíveis, contudo possuem uma limitação em relação à especificidade, sobretudo diante de análises *post mortem*. Assim, os resultados positivos devem ser confirmados por métodos mais específicos, como métodos de cromatografia em fase gasosa ou líquida acoplados à espectrometria de massas, por exemplo.

Em relação à janela de detecção, as amostras de sangue não servem para verificação de uso passado de drogas ou outras substâncias, devendo ser utilizadas apenas para fornecer informações em curto espaço de tempo, em geral poucas horas [5].

A interpretação dos resultados obtidos também sofre influência do local de coleta, exigindo cautela do toxicologista quanto à interpretação dos resultados obtidos. Como exemplo, pode-se citar o fenômeno de redistribuição *post mortem* sofrido por algumas substâncias e que afeta enormemente suas concentrações em amostras de sangue coletado principalmente de cavidades cardíacas. Por esse motivo, esse tipo de amostra não deve ser considerado para fins de análises quantitativas [22,24].

Na toxicologia forense, a coleta de amostras de sangue pode variar bastante, considerando a situação da vítima (vivo ou morto), a disponibilidade da amostra e a finalidade da análise (qualitativa ou quantitativa), conforme será discutido a seguir.

20.4.1 Sangue de indivíduos vivos

A coleta de sangue em indivíduos vivos ocorre por punção na região antecubital do braço e pode ser feita com o uso de seringas ou dispositivos para coleta a vácuo. Recomenda-se a coleta de 10 a 20 mL de sangue em recipiente contendo fluoreto de sódio como conservante. No caso de o próprio laboratório preparar os tubos para coleta, o fluoreto de sódio deve ser adicionado na concentração de 2% peso por volume (p/v), ou seja, 20 mg/mL de sangue.

Para a assepsia do local da punção é recomendo o uso de soluções não alcoólicas, sobretudo nas coletas de sangue para detecção de etanol e outras substâncias voláteis [2,5].

É importante que o volume de sangue coletado seja adequado à capacidade do tubo, de forma que o sangue ocupe a maior parte do recipiente. Tubos pouco preenchidos podem aumentar a chance de perda de analitos por oxidação ou por volatilização nos casos de substâncias com baixo ponto de ebulição como o etanol [2].

O sangue coletado pode ou não ser centrifugado para a realização das análises. Assim, o toxicologista pode trabalhar com sangue total, soro ou plasma, e isso poderá influenciar nos resultados obtidos. Existem diferenças entre as concentrações dos analitos no sangue total e no soro. É sabido, por exemplo, que as concentrações de etanol no soro e no sangue total não são equivalentes, já que a sua distribuição é proporcional ao conteúdo de água de cada matriz. Em geral, amostras de soro ou plasma possuem entre 12% e 18% mais água que amostras de sangue total, conduzindo a concentrações de etanol superiores quando comparadas com amostras de sangue total [25].

Dependendo do método de análise a ser utilizado, algumas características das amostras podem interferir de forma significativa no resultado obtido. Por exemplo, métodos enzimáticos podem gerar resultados de alcoolemia falsamente elevados, ou mesmo falsamente positivos em amostras de soro ou plasma com elevado teor de lipídeos (amostras lipêmicas) [25].

O sangue obtido de coletas em vítimas vivas é adequado tanto para a realização de ensaios qualitativos quanto quantitativos.

20.4.2 Sangue de indivíduos mortos (*post mortem*)

Atualmente, medicamentos e drogas de abuso são responsáveis pela maior parte dos casos de mortes por intoxicações. Por isso, determinar a concentração sanguínea *post mortem* é primordial para definir a causa da morte em casos de suspeita de intoxicação exógena, embora a interpretação dos resultados de quantificação obtidos nessas situações nem sempre seja simples [6,26]. Isso ocorre pelo fato de vários fatores alterarem as concentrações sanguíneas das drogas no cadáver (Tabela 20.3).

Tabela 20.3 Fatores que alteram a concentração *post mortem* das drogas no sangue

• Circunstância da morte.
• Tempo decorrido após a morte e tempo decorrido até a coleta de amostras.
• Condições de armazenamento do corpo.
• Condições do corpo (grande trauma, decomposição, carbonizado, corpo parcialmente consumido por animais).
• Difusão da droga a partir das cavidades corporais.
• Redistribuição *post mortem*.
• Degradação/síntese *post mortem* de substâncias.
• Hemoconcentração/coagulação/hemólise.
• Outras condições individuais.

Fonte: extraído de [6].

Após a morte, a composição dos fluidos corporais sofre alterações. Essas alterações se tornam visíveis, por exemplo, com o aparecimento de manchas de hipóstase no cadáver, decorrentes do acúmulo do sangue nas regiões inferiores do corpo em razão da força da gravidade, promovendo, dessa forma, uma hemoconcentração. Além disso, graus variáveis de sedimentação, coagulação, hemólise, putrefação e contaminação podem dificultar, ou até mesmo inviabilizar, as análises quantitativas de drogas no sangue. Para muitas substâncias, existem diferenças significativas nas concentrações *post mortem* em amostras obtidas de sítios periféricos, se comparadas com sítios centrais (relação concentração central/concentração periférica) [6,26].

As alterações *post mortem* a nível celular se iniciam muito brevemente após o óbito. Nesse processo, alterações bioquímicas reduzem o pH intracelular, provocando um acúmulo de drogas básicas na célula. Gradativamente, a célula perde a capacidade de controlar a permeabilidade das membranas e, por fim, ocorre a lise celular. Nesse ponto, substâncias que estavam no citoplasma das células são liberadas para o meio extracelular. Drogas de caráter básico que estavam concentradas dentro da célula são liberadas e chegam ao sangue em grande quantidade. Dessa forma, substâncias de natureza básica são especialmente vulneráveis às modificações que ocorrem no cadáver, e a interpretação de resultados quantitativos deve ser feita com cautela [27,28].

Outra modificação importante que ocorre logo após a morte está relacionada ao sistema de coagulação e fibrinólise. Os dois processos ocorrem paralelamente, o primeiro promovendo a coagulação, e o outro agindo na degradação do coágulo. A interação entre esses dois sistemas irá determinar se o sangue terá um aspecto totalmente fluido, parcialmente fluido ou coagulado. Quaisquer dessas alterações podem ser encontradas, variando individualmente. A presença de coágulos no sangue coletado pode influenciar nas análises quantitativas, interferindo na homogeneidade da amostra e dificultando a pipetagem [6,28].

Além dos fenômenos que ocorrem imediatamente após a morte, o processo de decomposição/putrefação do cadáver poderá influenciar sobremaneira os resultados das análises toxicológicas. O fenômeno de putrefação modifica drasticamente as características do sangue e pode incluir a degradação ou síntese de drogas. Um exemplo é a produção endógena de etanol por bactérias. Por outro lado, o etanol, quando presente no sangue da vítima, pode ser convertido a acetaldeído, tendo sua concentração reduzida ao logo do tempo. Assim, a análise de etanol no sangue nesses casos é desaconselhável, sendo recomendada a coleta de humor vítreo, como abordado no Capítulo 21 [29,30].

Por todos esses motivos elencados, o sangue obtido de casos *post mortem* difere bastante daquele obtido de vítimas vivas, sendo que a obtenção de soro ou plasma a partir desse tipo de amostra é, frequentemente, impossível e, por esse motivo, os métodos em toxicologia forense são padronizados para trabalhar com amostras de sangue total, ao invés de amostras mais limpas, como soro ou plasma [13,31,32]. Mesmo entre amostras de sangue total obtidas de diferentes cadáveres, existe grande variedade quanto ao aspecto desse tipo de amostra, podendo apresentar-se mais fluido em alguns casos e mais denso noutros, por exemplo. Essas características são atribuídas a diferenças na constituição da amostra, determinadas por fatores individuais, pelo tempo decorrido entre a morte e a coleta, pela escolha do sítio de coleta, entre outros, como discutido anteriormente. Na Figura 20.2 podem-se observar algumas dessas amostras apresentando diferentes aspectos.

Nesse contexto, vários autores sugerem a coleta de dois tipos de amostras de sangue: uma amostra obtida de cavidade cardíaca e outra obtida de vaso periférico calibroso, preferencialmente a veia femoral. Nesses casos, o local de coleta deve ser claramente especificado e amostras coletadas de diferentes locais nunca devem ser misturadas [2,5,7].

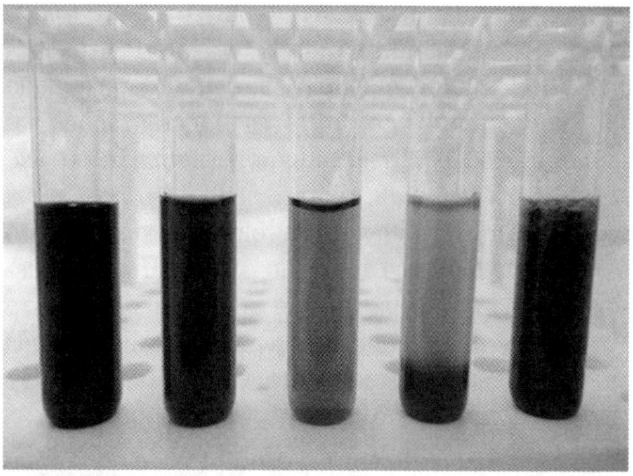

Figura 20.2 Diferentes aspectos encontrados em amostras de sangue coletadas para análise *post mortem*. [Veja esta figura colorida ao final do livro.]

20.4.2.1 Sangue obtido de cavidade cardíaca

O sangue cardíaco é mais abundante que o sangue periférico, e nele as substâncias tóxicas geralmente apresentam concentrações mais altas. Trata-se de uma amostra muito sensível ao fenômeno de redistribuição *post mortem*, pela proximidade anatômica do coração com o estômago, pulmões e fígado. Esses órgãos podem possuir grandes concentrações de drogas que podem se difundir para a cavidade cardíaca após a morte [28]. Por esse motivo, o sangue cardíaco é a amostra de escolha para realização de procedimentos de *triagem* toxicológica, principalmente quando da ausência de urina. Por outro lado, seu uso não é recomendado para a realização de análises quantitativas isoladamente [7].

O sangue cardíaco é coletado por drenagem do ventrículo direito ou esquerdo, após a remoção do pericárdio para evitar a contaminação por esse fluido. A quantidade recomendada é de 25 mL, com adição de fluoreto de sódio como agente conservante [2,5,7].

20.4.2.2 Sangue obtido de vaso periférico

O sangue periférico deve ser obtido de vasos calibrosos, preferencialmente da veia femoral (ou subclávia), em volume recomendado de 10 a 20 mL, com adição de fluoreto de sódio como agente conservante. Esse tipo de amostra é a mais adequada para fins de análises quantitativas, por estar menos sujeita aos fenômenos de redistribuição *post mortem* e a contaminações passivas de outros locais, como estômago ou fígado [2,5,7,13].

A análise simultânea do sangue periférico e cardíaco permite ao toxicologista avaliar a influência da redistribuição *post mortem* para o agente tóxico analisado, auxiliando na interpretação dos resultados obtidos. Por exemplo, se uma determinada substância apresentar maiores concentrações no sangue cardíaco que no sangue periférico, é preciso considerar a influência da redistribuição *post mortem* [24]. Drogas com grande volume de distribuição e drogas de caráter básico são particularmente susceptíveis a essa redistribuição. A Tabela 20.4 mostra a relação entre a concentração de algumas drogas em amostras de sangue central e periférico.

Tabela 20.4 Relação entre a concentração no sangue cardíaco e o sangue femoral

DROGA	SANGUE CARDÍACO/ FEMORAL	VARIAÇÃO
Amitriptilina	3,26	0,5-12,5
Clorpromazina	1,57	1,0-2,7
Difenidramina	1,72	1,1-2,2
Imipramina	2,37	1,4-3,0
Tioridazina	2,09	0,88-2,8
Venlafaxina	2,1	0,9-5,5
Propoxifeno	4,05	0,69-13,3

Fonte: extraído de [28].

As condições de conservação e transporte são as mesmas descritas para o sangue coletado de vítimas vivas, ou seja, 4 °C para períodos mais curtos, ou –20 °C para longos períodos.

Outra amostra com aplicação nas análises toxicológicas são os coágulos sanguíneos. Alguns estudos têm demonstrado a importância de seu uso, sobretudo em casos de traumatismo craniano. Esses materiais, por serem pouco perfundidos, refletem concentrações de drogas e etanol próximas às do momento do trauma. Coágulos sanguíneos podem ser úteis para determinar drogas utilizadas antes da terapia hospitalar, nos casos em que as vítimas sobrevivem por certo tempo após o trauma [22].

Apesar das vantagens de cada tipo de amostra, é comum em toxicologia forense e, especialmente, nos casos de toxicologia *post mortem* a utilização de mais de um tipo de matriz biológica para realização de análises. Além das amostras de urina e sangue, outras amostras, como saliva, suor, cabelo, bile do fígado ou conteúdo estomacal, são frequentemente utilizadas para avaliação toxicológica, mas, qualquer que seja a amostra escolhida, esta apresentará algum tipo de desvantagem relacionada à coleta, manuseio, transporte ou método analítico a ser utilizado. Ainda, dependendo da amostra, também haverá problemas relacionados à interpretação dos resultados obtidos [20]. Além disso, todas as amostras citadas podem não ser disponíveis no caso de avaliações *post mortem*.

Por essas razões, o papel do toxicologista é fundamental ao orientar a coleta dos espécimes disponíveis em cada caso e de acordo com o propósito de cada análise.

20.5 ARMAZENAMENTO E TRANSPORTE DE AMOSTRAS DE SANGUE E URINA

As amostras de sangue e urina devem ser armazenadas em temperaturas de 4 °C por poucos dias e em temperaturas de –20 °C por períodos superiores a duas semanas, em tubos ou recipientes contendo fluoreto de sódio. Amostras deixadas em temperatura ambiente por períodos superiores a uma hora começam a sofrer modificações, com reflexos diretos nas análises toxicológicas. Amostras de urina, por exemplo, sofrem aumento do pH pela degradação da ureia, e formação de amônia, diminuição ou perda de compostos voláteis por evaporação, aumento do número de bactérias e mudança de cor pela oxidação de metabólitos são as principais modificações observadas [11].

O uso do fluoreto de sódio como conservante auxilia na inibição da formação endógena de álcool, bem como a conversão de cocaína em éster de metilercgonina (metabólito inativo) e de 6-acetilmorfina (marcador de uso de heroína) em morfina [2,6,22,33,34].

Juntamente com a adição de fluoreto, as amostras devem ser armazenadas a baixas temperaturas de modo a garantir uma maior estabilidade dos analitos a serem pesquisados. Contudo, deve-se ficar atento quando da utilização de alíquotas de amostras congeladas. Amostras com descongelamento incompleto podem apresentar uma distribuição heterogênea da concentração das substâncias presentes na amostra, conduzindo o toxicologista a uma interpretação equivocada do resultado final [6,16].

O tipo de frasco utilizado na coleta e armazenamento das amostras também deve ser testado para verificar se há adsorção das substâncias de interesse aos materiais da parede ou tampa do frasco, o que poderia levar a resultados falso-negativos [8,12].

As condições para armazenamento e transporte devem garantir a proteção das amostras quanto à incidência direta de luz e calor. O transporte das amostras deve ser feito em caixas térmicas com gelo, que garantirão uma temperatura adequada e ausência de luz. Contudo, essas condições devem ser garantidas durante todo o espaço de tempo entre a coleta e a análise das amostras [8,12,33,35].

Uma alternativa para a coleta e conservação de amostras que vem despertando interesse para a pesquisa de drogas no sangue é a análise de manchas secas de sangue (*dried blood spots*, DBS), que consiste em uma pequena quantidade de sangue aplicada a um suporte sólido, no qual o sangue seca. Para tal, o sangue pode ser coletado por meio de punção digital, o que facilita o processo de coleta, além de ser um método menos invasivo. Pelo fato de o sangue estar seco, a manipulação dessa amostra oferece um menor risco biológico, sobretudo o de contaminação pelo vírus HIV, que não sobrevive em substratos secos [36,37].

Outra vantagem da técnica está relacionada à estabilidade de vários analitos, entre eles a cocaína e benzodiazepínicos. Amostras secas coletadas em cartões permitem que o sangue seja armazenado por longos períodos de tempo sem ocupar grandes volumes [38].

O sucesso dessa técnica de amostragem de sangue está diretamente relacionado ao desenvolvimento cada vez maior de métodos analíticos ultrassensíveis, capazes de detectar traços de drogas em poucos microlitros de sangue. Assim, para a implantação de uso de amostras de sangue seco, o laboratório de toxicologia necessita de um aparato analítico de ponta que lhe ofereça sensibilidade suficiente para tal [36,39].

20.6 INTERPRETAÇÃO DE RESULTADOS *POST MORTEM*

Na toxicologia forense, os resultados das análises toxicológicas devem ser interpretados em conjunto com os achados encontrados na necropsia e os dados reportados pela investigação para concluir a respeito da causa da morte. Nos casos positivos para álcool etílico, por exemplo, deve ser considerada a possibilidade de produção endógena de etanol. A dificuldade na interpretação desses resultados é potencializada nos casos de corpos em putrefação. Um bom indicativo da produção endógena do etanol é a presença de outros álcoois, como n-propanol e isopropanol. Assim, a presença desses álcoois concomitantemente com o etanol indica que houve produção *post mortem*, ou endógena, de álcool. Em cadáveres em decomposição, a análise de outras matrizes biológicas também auxilia a identificar a origem do álcool, se exógena ou endógena. A presença de etanol na urina e no humor vítreo indica que o etanol é de origem *ante mortem*, ou exógena [29,40,41].

20.7 APLICAÇÃO PRÁTICA

20.7.1 Relação entre a concentração de etanol no sangue e a concentração de etanol na urina

Não raro, indivíduos supostamente embriagados que são encaminhados para a realização de exame de alcoolemia se negam a fornecer amostras de sangue. Por outro lado, também é comum que esses mesmos indivíduos permitam a coleta de urina, fazendo dessa amostra uma alternativa para determinar um possível quadro de embriaguez alcoólica. Contudo, nessa situação, surge um importante questionamento: um resultado positivo de etanol na urina indicaria que o indivíduo está sob efeito da droga?

Em um estudo com dezesseis homens aos quais foram administradas doses de etanol de 0,85 g/kg de peso corporal por via oral, com o estômago vazio, foram realizadas dosagens pareadas de etanol no sangue e na urina desses indivíduos. Uma hora após a ingestão e, em seguida, de hora em hora, amostras de urina e sangue foram coletadas para a dosagem de etanol. As médias das concentrações para cada amostra bem como a relação entre as concentrações na urina e as concentrações no sangue são apresentadas na Figura 20.3 [30].

O estudo mostra que, entre a segunda e a sétima hora após a ingesta, a concentração de etanol na urina foi cerca de 1,5 vez maior que no sangue (Gráfico A). Durante a primeira hora após a administração do etanol, a concentração no sangue foi maior se comparada com a na urina, e esse período corresponde ao período de absorção da droga. Após esse período inicial a concentração na urina supera a concentração no sangue, porém ambas apresentam uma cinética semelhante de decaimento.

Diante da negativa do indivíduo em fornecer amostra de sangue, portanto, a urina pode ser alternativa para a detecção de etanol, servindo como indicativa de embriaguez, sobretudo para corroborar achados clínicos.

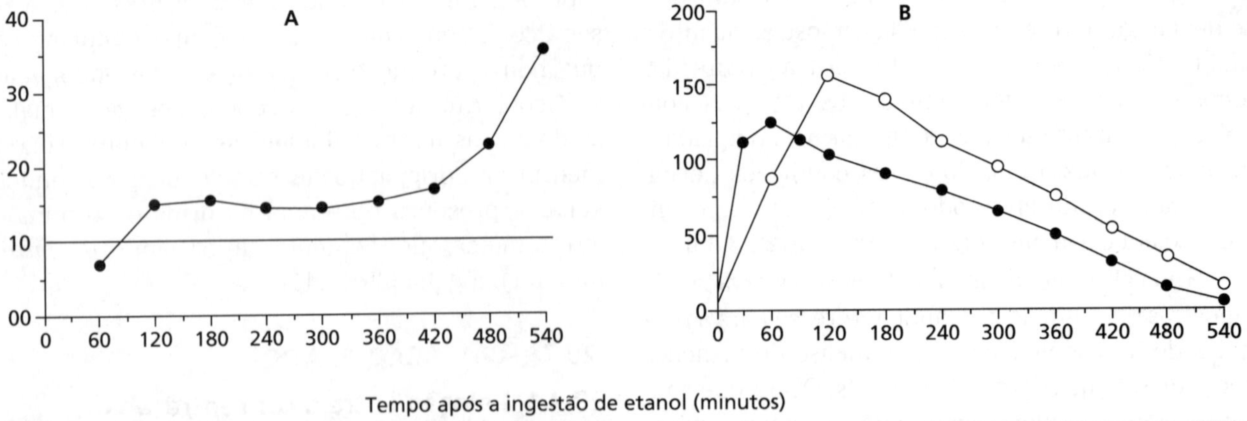

Figura 20.3 A) Gráfico da variação temporal na relação entre as concentrações de etanol na urina e no sangue; B) gráfico da curva das médias das concentrações de etanol no sangue e urina em relação ao tempo dos dezesseis indivíduos aos quais foi administrado o etanol. Fonte: adaptado de [30].

Questões para estudo

1. Quais as principais características para que a urina seja considerada uma boa amostra para a análise toxicológica?
2. Quais as limitações para o uso da urina nas análises toxicológicas?
3. Que parâmetros podem ser avaliados para detectar possíveis adulterações em amostras de urina?
4. A interpretação dos resultados obtidos em análises toxicológicas *post mortem* em sangue deve ser feita levando-se em conta o local de coleta da amostra. Como esse fator influencia no resultado?
5. Considere os seguintes casos:

   Caso 01 – Adolescente do sexo feminino, vítima de violência sexual, com suspeita de uso de drogas facilitadoras de crime, popularmente conhecido como boa noite cinderela. Procurou atendimento 24h após o ocorrido.

   Caso 02 – Indivíduo abordado em *blitz* de trânsito por suspeita de estar conduzindo veículo automotor sob efeito de drogas. Dentre as amostras usuais, qual é a mais indicada para a análise toxicológica em cada caso? Justifique.

Respostas

1. A urina é uma amostra que, em geral, está disponível em grande quantidade, sendo coletada mais facilmente. A maioria das drogas são excretadas pela via urinária, possibilitando uma maior janela de detecção dos analitos se comparada com o sangue. Trata-se de uma amostra menos complexa que o sangue por possuir menor quantidade de interferentes, como proteínas e lipídeos.
2. A droga-mãe pode estar presente em baixas concentração ou até ausente, além disso, os analitos podem estar conjugados (p. ex. glicuronídeos), requerendo etapas adicionais de preparo da amostra, como hidrólise e/ou derivatização. Os metabólitos encontrados na urina podem ser comuns às diferentes drogas-mãe, dificultando a interpretação do resultado (p. ex. benzodiazepínicos). A análise toxicológica em amostras de urina não é adequada para estabelecer correlação com efeito. Outra desvantagem é a maior facilidade de adulteração desse tipo de amostra.
3. A dosagem de creatinina e a densidade da amostra são parâmetros usualmente utilizados para detectar a presença de adulteração. Além desses, a determinação da temperatura pode ser utilizada nos casos de coleta *in vivo*. Nesses casos, a temperatura da amostra após até quatro minutos da coleta deve estar entre 32 °C e 38 °C. A densidade normal de uma amostra de urina deve estar entre 1.007 e 1.035. Dosagens de creatinina com valores de 100 mg/dL a 260 mg/dL também são relativas a uma urina normal, sem diluição. Valores de creatinina entre 10 mg/dL e 30 mg/dL indicam uma urina provavelmente diluída e valores inferiores a 10 mg/dL atestam a presença de diluição.
4. Devido ao fenômeno de redistribuição *post mortem*, a concentração de determinada droga pode ser significativamente diferente em amostras coletadas em sítios centrais (como na cavidade cardíaca) em comparação às coletadas em vasos periféricos (veia femoral ou subclávica, p. ex.). Drogas com grande volume de distribuição e drogas de caráter básico são particularmente susceptíveis a esse fenômeno, requerendo grande cuidado na interpretação dos resultados. Por esse motivo, recomenda-se a análise simultânea de amostras coletadas em sítios central e periférico.

5. Caso 1: A urina é a amostra mais indicada nesse caso, devido ao tempo transcorrido entre o fato e a coleta de amostras (24h). Nessa situação, não se espera encontrar a possível droga utilizada no sangue, sendo a urina a amostra de eleição pelas suas características de maior janela de detecção e maior concentração de analitos.

Caso 2: Nesse caso, é preciso que se faça a análise em amostra de sangue, pois é preciso demonstrar que o indivíduo estava conduzindo veículo automotor sob efeito de drogas. Resultados positivos em amostras de urina podem retratar consumo prévio, sem que o indivíduo esteja sob efeito de drogas ao conduzir o veículo. O sangue é a amostra adequada para determinar a relação com efeito.

Lista de abreviaturas

DBS	*Dried blood spots*	d/L	Decigramas pro litro
HIV	*Human Immunodeficiency Virus*	mL	Mililitros
p/v	Peso/volume	pH	Potencial hidrogeniônico

Lista de palavras

Adulteração
Acetaldeído
Armazenamento
Coágulo
Coleta
Dried blood spots
Etanol
Hemoconcentração
Imunocromatográfico
Metabólitos
Post mortem
Putrefação
Redistribuição
Sangue
Triagem
Urina

REFERÊNCIAS

1. Walls HJ. Role of the forensic science laboratory. British Medical Journal. 1967;2(5544):95-7.

2. Kerrigan S. Sampling, storage and stability. In: Moffat AC et al., editors. Clarke's analysis of drug and poisons. 4th ed. London: Pharmaceutical Press; 2011. p. 445-57.

3. Drummer OH, Gerostamoulos J. Postmortem drug analysis: analytical and toxicological aspects. Therapeutic Drug Monitoring. 2002;24(2):199-209.

4. Drummer OH. Postmortem toxicology of drugs of abuse. Forensic Science International. 2004;142(2-3):101-13.

5. Flanagan RJ, Connally G, Evans JM. Analytical toxicology: guidelines for sample collection postmortem. Toxicological Reviews. 2005;24(1)63-71.

6. Kennedy MC. Post-mortem drug concentrations. Internal Medicine Journal. 2010;40:183-

7. Skopp G. Preanalytic aspects in postmortem toxicology. Forensic Science International. 2004;142(2-3):75-100.

8. UNODC. Recommended methods for the detection and assay of heroin, cannabinoids, cocaine, amphetamine, methamphetamine, and ring-substituted amphetamine derivatives in biological specimens. New York, 1995 [cited 2016 Jul 3]. Available from: http://www.unodc.org/unodc/en/scientists/publications-drug-testing-laboratories.html

9. Koster RA, Alffenaar JW, Greijdanus B, VanDernagel JE, Uges DR. Fast and highly selective LC-MS/MS screening for THC and 16 other abused drugs and metabolites in human hair to monitor patients for drug abuse. Therapeutic Drug Monitoring. 2014;36(2):234-43.

10. Henry JB, Lauzon RB, Schumann GB. Urina e outros fluidos corporais: exame básico de urina. In: Henry JB. Diagnósticos clínicos e tratamento por métodos laboratoriais. 19. ed. São Paulo: Manole; 1999. p. 411-56.

11. Strasinger SK. Introduçao à uroanálise. In: Uroanálise & fluidos biológicos. 3. ed. São Paulo: Premier; 1998. p. 1-12.

12. UNODC. Recommended methods for the detection and assay of barbiturates and benzodiazepines in biological specimens. New York, 1997 [cited 2016 Jul 3]. Available from: http://www.unodc.org/unodc/en/scientists/publications-drug-testing-laboratories.html

13. Drummer OH. Requirements for bioanalytical procedures in postmortem toxicology. Analytical and Bioanalytical Chemistry. 2007;388(7):1495-503.

14. UNODC. Guidelines for the forensic analysis of drugs facilitating sexual assault and other criminal acts. New York, 2011 [cited 2016 Jul 3]. Available from: https://www.unodc.org/documents/scientific/forensic_analys_of_drugs_facilitating_sexual_assault_and_other_criminal_acts.pdf

15. Vindenes V, Lund HM, Andresen W, Gjerde H, Ikdahl SE, Christophersen AS, et al. Detection of drugs of abuse in simultaneously collected oral fluid, urine and blood from Norwegian drug drivers. Forensic Science International. 2012;219(1-3):165-71.

16. Schütz H, Erdmann F, Verhoff MA, Weiler G. Pitfalls of toxicological analysis. Legal Medicine. 2003;5:S6-S19.

17. Gartner LP, Hiatt JL. Tratado de histologia. Rio de Janeiro: Guanabara Koogan; 1999. 426 p.

18. Junqueira LC, Carneiro J. Células do sangue. In: Histologia básica – Texto & atlas. 12. ed. Rio de Janeiro: Guanabara Koogan; 2013. p. 217-32.

19. Dupont RL, Voas RB, Walsh JM, Shea C, Talpins SK, Neil MM. The need for drugged driving per se laws: a commentary. Traffic Injury Prevention. 2012;13(1):31-42.

20. Walsh JM, Flegel R, Cangianelli LA, Atkins R, Soderstrom CA, Kerns TJ. Epidemiology of alcohol and other drug use among motor vehicle crash victims admitted to a trauma center. Traffic Injury Prevention. 2004;5(3):254-60.

21. Walsh JM, Verstraete AG, Huestis MA, Mørland J. Guidelines for research on drugged driving. Addiction. 2008;103(8):1258-68.

22. Helpler BR, Isenschmid DS. Specimen selection, collection, preservation, and security. In: Karch SB, editor. Postmortem toxicology of abused drugs. Boca Raton, FL: CRC Press; 2007. p. 13-30.

23. Kerrigan S, Phillips Jr WH. Comparison of ELISAs for opiates, methamphetamine, cocaine metabolite, benzodiazepines, phencyclidine, and cannabinoids in whole blood and urine. Clinical Chemistry. 2001;47:540-7.

24. Drummer OH. Post-mortem toxicology. Forensic Science International. 2007;165(2-3):199-203.

25. Barnhill MT, Herbert D, Wells DJ. Comparison of hospital laboratory serum alcohol levels obtained by an enzymatic method with whole blood levels forensically determined by gas chromatography. Journal of Analytical Toxicology. 2007;31(February):23-30.

26. Ferner RE. Post-mortem clinical pharmacology. British Journal of Clinical Pharmacology. 2008;66:430-43.

27. Donaldson A E, Lamont IL. Biochemistry changes that occur after death: potential markers for determining post-mortem interval. PLoS ONE. 2013;8(11).

28. Pélissier-Alicot AL, Gaulier JM, Champsaur P, Marquet P. Mechanisms underlying postmortem redistribution of drugs: a review. Journal of Analytical Toxicology. 2003;27(8):533-44.

29. Athanaselis S, Stefanidou M, Koutselinis A. Interpretation of postmortem alcohol concentrations. Forensic Science International. 2005;149(2-3):289-91.

30. Jones, AW, Kugelberg FC. Relationship between blood and urine alcohol concentrations in apprehended drivers who claimed consumption of alcohol after driving with and without supporting evidence. Forensic Science International. 2010;194:97-102.

31. Sánchez de la Torre C, Martínez MA, Almarza E. Determination of several psychiatric drugs in whole blood using capillary gas-liquid chromatography with nitrogen phosphorus detection: comparison of two solid phase extraction procedures. Forensic Science International. 2005;155(2-3):193-204.

32. Zweipfenning PG, Wilderink AH, Horsthuis P, Franke JP, de Zeeuw RA. Toxicological analysis of whole blood samples by means of Bond-Elut Certify columns and gas chromatography with nitrogen-phosphorus detection. Journal of Chromatography A. 1994;674(1-2):87-95.

33. Rees KA, Jones NS, McLaughlin PA, Seulin S, Leyton V, Yonamine M, Osselton MD. The effect of sodium fluoride preservative and storage temperature on the stability of cocaine in horse blood, sheep vitreous and deer muscle. Forensic Science International. 2012;217(1-3):182-8.

34. Rees KA, , Jones NS, McLaughlin PA, Osselton MD. The effect of sodium fluoride preservative and storage temperature on the stability of 6-acetylmorphine in horse blood, sheep vitreous and deer muscle. Forensic Science International. 2012;217(1-3):189-95.

35. Antonides H, Marinetti L. Ethanol production in a postmortem urine sample. Journal of Analytical Toxicology. 2011;35(September):516-8.

36. Odoardi S, Anzillotti L, Strano-Rossi S. Simplifying sample pretreatment: application of dried blood spot (DBS) method to blood samples, including postmortem, for UHPLC-MS/MS analysis of drugs of abuse. Forensic Science International. 2014;243:61-7.

37. Stove CP, Ingels AS, De Kesel PM, Lambert WE. Dried blood spots in toxicology: from the cradle to the grave? Critical Reviews in Toxicology. 2012;42(3):230-43.

38. Alfazil AA, Anderson RA. Stability of benzodiazepines and cocaine in blood spots stored on filter paper. Journal of Analytical Toxicology. 2008;32(September):511-5.

39. Saussereau E, Lacroix C, Gaulier JM, Goulle JP. On-line liquid chromatography/tandem mass spectrometry simultaneous determination of opiates, cocainics and amphetamines in dried blood spots. Journal of Chromatography B: Analytical Technologies in the Biomedical and Life Sciences. 2012;885-6:1-7.

40. Felby S, Nielsen E. Postmortem blood alcohol concentration. Blutalkohol. 1993;30:244-50.

41. Gilliland MG, Bost RO. Alcohol in decomposed bodies: postmortem synthesis and distribution. Journal of Forensic Sciences. 1993;38(6):1266-74.

CAPÍTULO 21

AMOSTRAS BIOLÓGICAS EM ANÁLISES FORENSES: MATRIZES BIOLÓGICAS ALTERNATIVAS

Bruno Spinosa De Martinis

Dayanne Cristiane Mozaner Bordin

Marcela Nogueira Rabelo Alves

Mariana Dadalto Peres

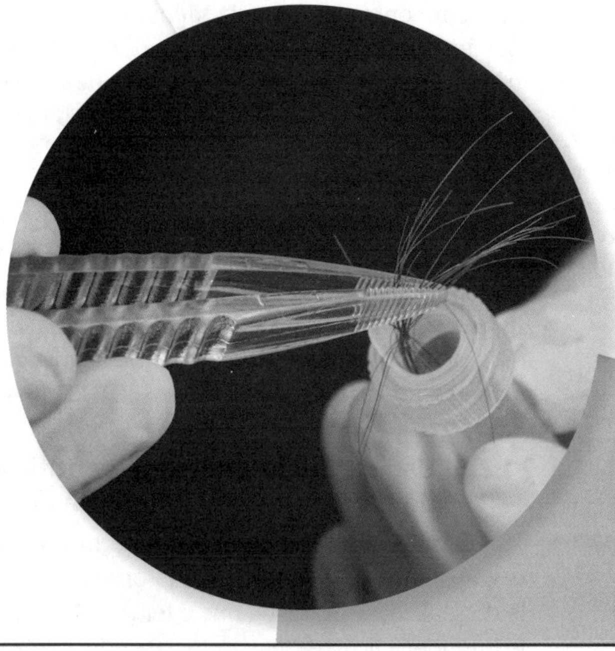

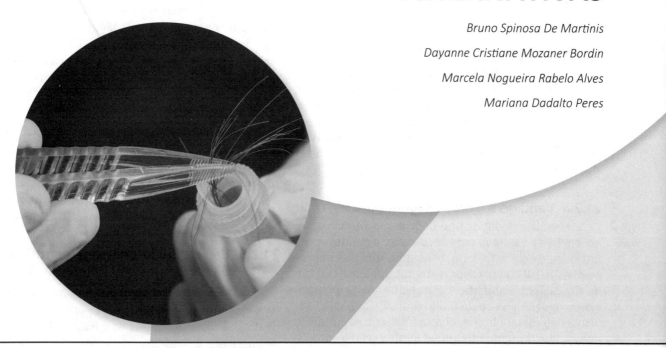

21.1 Amostras biológicas alternativas

As matrizes biológicas alternativas são utilizadas em diversas áreas da toxicologia, como na toxicologia forense, clínica e ocupacional. Os avanços na área de preparo de amostras e nas técnicas analíticas foram fundamentais para o aumento no uso dessas matrizes. A escolha da matriz a ser utilizada deve ser feita considerando o objetivo da análise e os aspectos físico-químicos das substâncias analisadas [1].

21.2 Fluido oral

A análise de fluido oral é considerada a principal alternativa ao sangue para determinar o uso de medicamentos ou drogas de abuso. O fluido oral pode ser utilizado como matriz para determinar o uso de drogas por motoristas; testes em ambientes ocupacionais; monitoramento terapêutico; monitorizar pacientes em clínicas de tratamento para uso de drogas; e em estudos farmacocinéticos e epidemiológicos [2].

21.2.1 A fisiologia do fluido oral

O fluido oral é uma mistura da saliva, produzida pelas glândulas salivares, com outros componentes que podem estar presentes na cavidade oral, como células mucosas e restos alimentares [3]. Indivíduos saudáveis normalmente produzem 500-1.500 mL de fluido oral por dia, em uma taxa de 0,5 mL/minuto [4].

21.2.2 Mecanismo de incorporação de drogas no fluido oral

Substâncias de baixo peso molecular são transportadas do sangue para o fluido oral pelo processo de ultrafiltração. Porém a difusão passiva é a forma mais comum para as drogas serem incorporadas no fluido oral. A passagem das drogas para o fluido oral ocorre através das membranas celulares e é limitada para moléculas de alto peso molecular e restrita para drogas ionizadas ou ligadas a proteínas plasmáticas [5]. A maioria dos estudos mostraram que o fluido oral contém predominantemente a droga não metabolizada. Por exemplo, o delta-9-tetraidrocanabinol (THC) é a substância em maior concentração após o consumo de produtos de maconha [6].

O pH do fluido oral varia geralmente de 6,2 a 7,4. Drogas de natureza básica, como anfetaminas e opioides, comumente estão presentes em concentrações mais altas no fluido oral do que no sangue. Por outro lado, substâncias de natureza ácida, como benzodiazepínicos, estão em menor concentração do que no sangue [7].

21.2.3 Coleta de fluido oral

A coleta de fluido oral pode ser feita de forma não estimulada, na qual o fluido oral escorre diretamente da boca para um recipiente de coleta, ou por estímulos externos, como mastigação de parafina ou gomas, gotejamento de limão ou ácido cítrico sobre a língua. Após produzida, a saliva pode ser succionada, absorvida ou coletada com o auxílio de um *swab* [5].

21.2.4 Vantagens e desvantagens do fluido oral

A análise do fluido oral pode ser utilizada como alternativa ao sangue para verificar se o condutor de um veículo está sob efeito de alguma substância psicoativa [8-10] ou em casos de monitoramento do uso de drogas em ambientes de trabalho. As principais vantagens para o uso de fluido oral são: detecção da droga não metabolizada; coleta fácil, sob supervisão e sem constrangimento; difícil adulteração; e possibilidade de coleta no local de uma abordagem policial repentina ou em casos de acidentes. Entretanto, alguns indivíduos podem ter dificuldade na produção de saliva. A maior desvantagem da utilização de fluido oral é a possibilidade de contaminação por drogas utilizadas por via oral, por exemplo, maconha e *ecstasy*. Além disso, mais estudos são necessários para avaliar a influência dos coletores, adulterantes e exposição passiva [7,10-13].

21.2.5 Detecção de drogas no fluido oral

As janelas de detecção, o tempo no qual a substância pode ser detectada em alguma matriz biológica, dependem principalmente da dose e da sensibilidade do método utilizado para detecção. Outros fatores como duração do uso, rota de administração, pH e concentração da substância na matriz e variações interindividuais também podem influenciar. As anfetaminas podem ser detectadas no fluido oral em média de vinte a cinquenta horas após o uso; maconha, em 34 horas; cocaína, de cinco a 24 horas; e opioides, de 0,5 a 24 horas [14].

As substâncias de interesse forense detectadas no fluido oral incluem cocaína [15-18], anfetaminas [19-23], opioides [18, 24-26], canabinoides [8, 27-32] e benzodiazepínicos [33-39]. O avanço das técnicas analíticas permitiu analisar simultaneamente várias substâncias em um pequeno volume de amostras [16,18,22,40-44].

21.2.6 Uso de fluido oral para identificação de motoristas sob influência de drogas

O fluido oral é uma importante matriz para detecção de drogas de abuso em motoristas pela facilidade de realização do teste, que é feito no local por meio de imunoensaios, os quais devem ser de aplicação fácil e rápida (obtenção de resultados entre um e dois minutos) e com minimização de possibilidades de contaminação. Um resultado positivo na triagem indica o uso de alguma substância psicoativa, porém esse resultado deve ser confirmado por técnicas mais sensíveis, como a cromatografia em fase gasosa ou fase líquida acoplada ao espectrômetro de massas (Tabela 21.1) [45].

Tabela 21.1 Valores de *cut-off* para métodos de triagem e confirmação de drogas no fluido oral de acordo com as legislações da Bélgica e da França e pelos valores propostos pela Administração de Serviços de Saúde Mental e Abuso de Substâncias (SAMHSA), dos Estados Unidos

	BÉLGICA (TRIAGEM)	BÉLGICA (CONFIRMAÇÃO)	FRANÇA (TRIAGEM)	FRANÇA (CONFIRMAÇÃO)	SAMHSA (TRIAGEM)	SAMHSA (CONFIRMAÇÃO)
Anfetaminas	50 μg/L	25 μg/L	50 μg/L	5 μg/L [a]	50 μg/L [b]	50 μg/L [c]
MDMA	d	d	d	5 μg/L	50 μg/L	50 μg/L
THC	25 μg/L	10 μg/L	15 μg/L	2 μg/L	4 μg/L	2 μg/L
Cocaína/BE	20 μg/L	10 μg/L	10 μg/L	ND	20 μg/L	8 μg/L [e]
Morfina	10 μg/L	5 μg/L	10 μg/L	ND	40 μg/L	40 μg/L
6-AM	f	5 μg/L	10 μg/L	ND	4 μg/L	4 μg/L

[a]Metanfetamina. [b]Metanfetamina é o analito de interesse. [c]Metanfetamina, anfetamina, metilenodioximetanfetamina (MDMA), 3,4-metilenodioxianfetamina (MDA), 3,4-metilenodioxietilanfetamina (MDEA). [ND]Não disponível. [d]MDMA está incluído na triagem de anfetaminas. [e]Cocaína ou benzoilecgonina. [f]6-Acetilmorfina (6-AM) está incluído na triagem de morfina.

Fonte: adaptado de Huestis et al., 2011 [46].

21.3 Humor vítreo

21.3.1 Fisiologia do humor vítreo

O humor vítreo é um gel aquoso, transparente e incolor, que preenche a cavidade posterior do olho. Está situado entre a retina e o cristalino e representa 90% do volume do olho [4,47]. É produzido por células da retina e composto por mais de 95% de água. O humor vítreo não é vascularizado, contém poucas células e possui baixo teor de proteínas – menor que o da urina [48,49]. Seu pH varia entre 7,0 e 7,8 [50].

Por sua localização isolada, o humor vítreo resiste às mudanças de decomposição, que ocorrem mais rapidamente em outros fluidos biológicos, e é menos susceptível à contaminação bacteriana [51,52].

21.3.2 Mecanismo de incorporação de drogas no humor vítreo

As drogas e seus metabólitos passam do sangue para o humor vítreo por difusão passiva, através da barreira entre o sangue e a retina [53]. A existência dessa barreira limita a difusão de certos xenobióticos. Analitos muito polares e com alta ligação às proteínas plasmáticas, como o THC, não são facilmente detectados na matriz [49,54,55].

A razão entre a concentração do analito no sangue e no humor vítreo no equilíbrio depende: da solubilidade da substância no humor vítreo; da sua lipossolubilidade; da porcentagem da substância ligada a proteínas plasmáticas; do pKa do analito, e do pH do sangue e do humor vítreo [56].

21.3.3 Vantagens e desvantagens do humor vítreo

O uso do humor vítreo como matriz alternativa possui várias vantagens, entre elas: fácil coleta (realizada durante a autópsia pela inserção de uma agulha na borda lateral do olho); possibilidade de ser adaptado para métodos analíticos utilizados em matrizes mais complexas; boa estabilidade química; menor preparo da amostra; e maior proteção contra modificações *post mortem*. As maiores desvantagens são: o volume limitado de amostra, de 2 a 2,5 mL em cada olho; e a baixa quantidade de estudos que permitam a interpretação e correlação dos resultados obtidos no humor vítreo com o sangue [48].

A localização do humor vítreo em um compartimento isolado e a proteção da estrutura óssea do globo ocular dificultam a putrefação do fluido. A ausência de enzimas, principalmente de esterases, também permite uma melhor estabilidade dos compostos no humor vítreo durante o período *post mortem*. Dessa forma, essa matriz pode fornecer informações importantes em casos nos quais outras amostras biológicas convencionais sofreram mudanças químicas no intervalo *post mortem* [49,57].

21.3.4 Detecção de drogas no humor vítreo

O humor vítreo pode ser utilizado para a detecção de uma grande variedade de substâncias. Nos casos de corpos carbonizados, embalsamados, em processo de decomposição e choques hemorrágicos, em que não há sangue nem urina, o humor vítreo pode ser uma alternativa [48].

A análise de amostras de humor vítreo foi relatada pela primeira vez para a determinação do intervalo *post mortem* nos anos 1960 [49]. A concentração de alguns elementos e substâncias, como o potássio e a hipoxantina, aumenta linearmente no humor vítreo após a morte, e, utilizando equações de regressão, é possível estimar o intervalo *post mortem* com certa precisão [58,59].

A análise de etanol no humor vítreo é uma prática frequente na toxicologia. É utilizada para confirmação da ingestão de etanol, uma vez que, diferentemente da amostra de sangue, a formação endógena desse álcool é minimizada [60-63].

A cocaína e seus metabólitos são facilmente detectados no humor vítreo [64-70]. As concentrações de cocaína nele são geralmente parecidas com a do sangue, entretanto a concentração de benzoilecgonina costuma ser menor. Esse metabólito é mais hidrofílico do que a cocaína e, por isso, possui maior dificuldade para atravessar a barreira que separa o humor vítreo do sangue [48].

Os opioides são uma das classes mais exploradas no humor vítreo [67,71,72]. A janela de detecção do 6-acetilmorfina (6-AM) tanto no sangue como na urina depende da dose utilizada, da via de administração e da frequência do uso de heroína. A meia-vida da 6-AM é pequena (dez a vinte minutos), indicando que a janela de detecção no sangue é de uma a duas horas após a administração. Entretanto, no humor vítreo a 6-AM é encontrada por mais tempo, inclusive em casos em que as amostras de sangue foram negativas. Dessa forma, ele pode ser uma amostra de escolha para diferenciação no consumo de heroína [73].

O tetraidrocanabinol (THC), principal composto ativo da maconha, e o metabólito 9-carboxi-tetraidrocanabinol são moléculas polares e fortemente ligadas a proteínas plasmáticas, o que limita a difusão para o humor vítreo [74]. Dessa forma, o humor vítreo não é a melhor matriz para análise do consumo de maconha [55,70,75]. Outras drogas analisadas no humor vítreo incluem anfetaminas [76-80], benzodiazepínicos [50,81] e metabólitos do etanol [82].

21.4 Cabelo

2.4.1 Constituição do cabelo

O cabelo é uma matriz biológica complexa, constituído basicamente de proteínas (65%-95% de queratina, essencialmente), água (15%-35%), lipídeos (1%-9%) e alguns minerais (0,25%-0,95%). O fio de cabelo ou fibra capilar origina-se a partir de células hermeticamente ligadas inseridas num centro germinativo denominado matriz, que está localizada na base do folículo do folículo capilar (aproximadamente 3 a 5 mm abaixo da superfície da epiderme na pele). O número estimado de folículos presentes em indivíduos adultos é de 5 milhões, sendo 1 milhão encontrado na cabeça [83].

O folículo capilar pode ser considerado um órgão miniaturizado. Isso porque as membranas das células da matriz e as membranas dos melanócitos estão expostas a circulação sanguínea, linfática e de fluidos extracelulares. À medida que essas células se movem em direção à superfície da pele, elas amadurecem, por causa do processo de queratinização (Figura 2.1-A). Nesse processo, que acontece na zona de endurecimento, ocorre o preenchimento das células com proteínas fibrosas e perda do núcleo, tornando-se células mortas. Quando elas emergem na superfície da pele, são basicamente fibras constituídas de proteínas queratinizadas [84].

A fibra capilar é constituída por três camadas: medula, córtex e cutícula (Figura 21.1-A). A medula é a camada mais interna da fibra, seguida do córtex, que representa a maior parte da fibra. Tanto na medula como no córtex podem ser encontrados pigmentos como a melanina. Por fim, a cutícula é a parte mais externa, que protege a fibra, formada por camadas sobrepostas de queratina [85].

21.4.2 Mecanismos de incorporação de drogas no cabelo

Os mecanismos precisos envolvidos na incorporação de drogas no cabelo ainda não estão esclarecidos. Entretanto, o modelo mais aceito assume que as drogas e seus metabólitos penetram no cabelo por difusão passiva, através dos capilares sanguíneos, para as células da matriz em crescimento na base do folículo capilar (Figura 21.1A) [86]. À medida que as células se alongam e envelhecem, elas morrem e coalescem, formando a fibra capilar com a droga incorporada na matriz [87]. Dessa forma, se apenas o mecanismo de difusão passiva das drogas para o folículo capilar fosse responsável pela incorporação no cabelo, a concentração dessas substâncias seria proporcional à encontrada no sangue no momento da síntese capilar. Entretanto, quando são analisados os diferentes perfis metabólicos no sangue e no cabelo, esse mecanismo sozinho falha em explicar esses perfis [88].

Portanto, outros possíveis mecanismos são propostos: difusão das drogas e metabólitos através do suor (glândulas sudoríparas) ou da secreção sebácea para o cabelo, além da contaminação ambiental externa (Figura 21.1-B) [86]. Admite-se que cada uma dessas vias contribua para incorporação de drogas no cabelo, mas não está claro ainda o quanto cada uma contribui para esse processo [85].

A transferência de substâncias do suor ou sebo para o cabelo geralmente ocorre após a fibra emergir da superfície da pele. Ela pode ser explicada pelo fato de as drogas e seus metabólitos estarem presentes em maior concentração e por mais tempo nessas secreções do que na corrente sanguínea [83].

A contaminação ambiental pode ocorrer quando o cabelo entra em contato com fumaça ou vapores provenientes de drogas que estão sendo fumadas (heroína, *crack* ou *Cannabis*) e/ou manuseio direto ou contato com superfícies contaminadas com drogas. Após esse contato, a substância se dissolve no suor, tornando extremamente difícil a diferenciação entre a contaminação passiva e o consumo ativo da droga [89].

A incorporação de drogas no cabelo pode ser influenciada por diversos fatores, entre eles a quantidade de melanina presente no cabelo (cor do cabelo), a lipofilicidade e a basicidade das substâncias analisadas. O pH dos melanócitos está entre 3 e 5 e a significativa afinidade da melanina pelas drogas básicas já foi demonstrada em vários experimentos [84,90,91]. O segundo fator é a polaridade da substância-mãe ou metabólito. Analitos mais polares entram no cabelo em menor quantidade do que os precursores lipofílicos. A basicidade da substância analisada é o terceiro fator importante. A matriz do cabelo (pH 5) é mais ácida do que o sangue (pH 7,4), o que facilita a transferência de moléculas de caráter básico [86]. Vários pesquisadores já demonstraram que drogas de caráter básico, como a cocaína e as anfetaminas, se incorporam no cabelo em maior quantidade se comparadas às drogas de caráter ácido ou neutro, como os canabinoides e benzodiazepínicos [92-94].

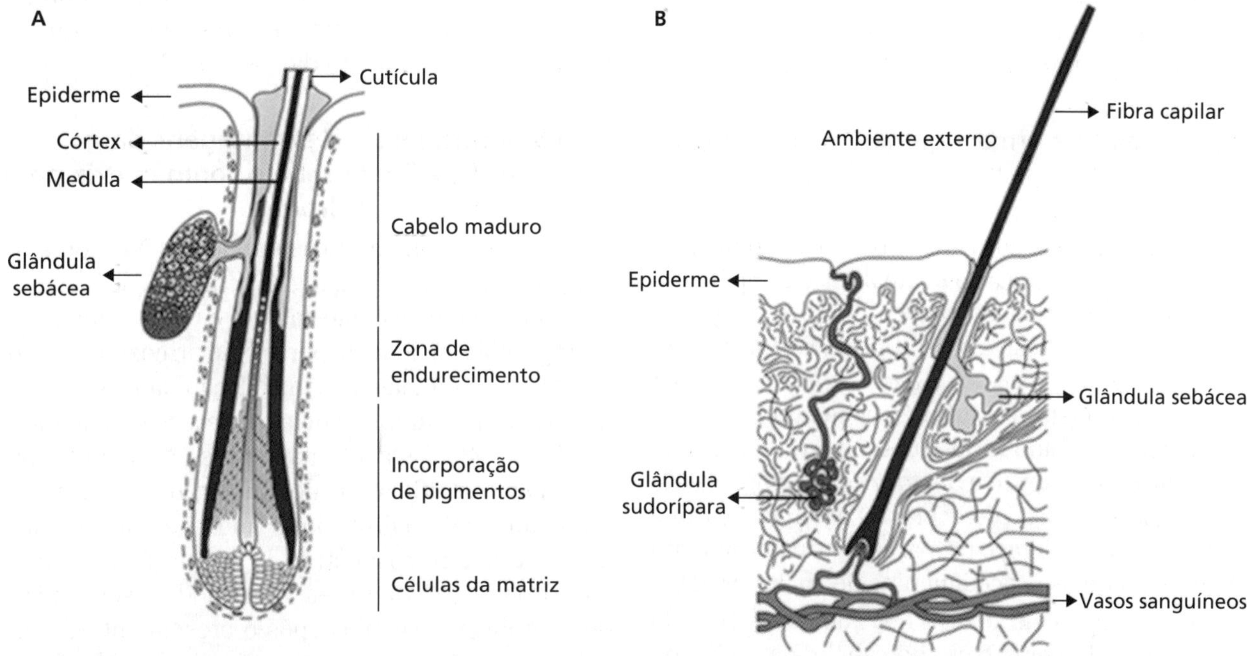

Figura 21.1 A) Desenho esquemático da parte interna da fibra capilar, mostrando as diferentes estruturas e constituintes; B) mecanismos de incorporação de substâncias no cabelo. [Veja esta figura colorida ao final do livro.]

Fonte: adaptado de [88]. Ilustração produzida e gentilmente cedida por Juliana Ramos Martins.

21.4.3 Crescimento e tipos de cabelo

O cabelo cresce numa taxa média de 0,35 mm/dia (0,22 a 0,52 mm/dia) ou entre 0,6 e 1,42 cm/mês, dependendo da região anatômica, raça, sexo e idade da pessoa. Na população em geral, o cabelo cresce 1 cm/mês, o que significa que, se o cabelo está a 3 cm do couro cabeludo, sua formação teria se iniciado aproximadamente três meses antes [95]. Entretanto, ele não cresce continuamente, mas em ciclos, alternando períodos de crescimento e períodos de repouso.

Quando o folículo está produzindo cabelo, ele está na fase anágena. Nessa fase, ocorre um aumento da atividade metabólica e da divisão e crescimento celular. Após essa fase de ativo crescimento, o folículo passa por um período de transição de aproximadamente duas semanas, conhecido como fase catágena, durante a qual a divisão celular é interrompida, o fio capilar se torna queratinizado e o folículo começa a degenerar. Após essa fase, inicia-se a fase telógena, em que o folículo entra num período de repouso, por dez semanas, durante o qual o crescimento do cabelo é interrompido. Fatores como raça, sexo, idade, estado de saúde, deficiências nutricionais e desordens genéticas podem influenciar a taxa de crescimento e a extensão do período de repouso da fibra capilar. No couro cabeludo de um adulto, aproximadamente 85% do cabelo está na fase de crescimento (anágena), enquanto que os outros 15% estão no período de repouso (telógena) [83,85,86].

Quando o cabelo do couro cabeludo não for suficiente ou ausente para a realização de uma análise, pode-se coletar de outras regiões anatômicas, como a região pubiana, braços, axilas ou face (barba). A taxa média de crescimento dos pelos das axilas, pubianos e da barba é, respectivamente, de 0,40 mm/dia, 0,30 mm/dia e 0,27 mm/dia [83]. Estudos relatam diferenças entre as concentrações das substâncias encontradas no cabelo da região pubiana ou das axilas com as do cabelo do couro cabeludo [97-100]. Isso pode ser explicado em razão da maior secreção das glândulas sudoríparas e/ou sebáceas em algumas dessas regiões, assim como pela diferença de comprimento do cabelo e dos seus estágios de crescimento. Os pelos pubianos, por exemplo, podem sofrer contaminação pela urina, dependendo dos hábitos de higiene do indivíduo. Entretanto, estão menos expostos aos fatores naturais, como a luz e o clima, e aos tratamentos cosméticos [98].

21.4.4 Coleta e armazenamento da amostra

A Sociedade de Testes em Cabelo (Society of Hair Testing, SOHT), fundada em 1995 em Estrasburgo, na França, tem como objetivos promover a pesquisa em tecnologias para análises em cabelo nos campos de toxicologia forense, clínica e ocupacional, desenvolver testes de proficiência internacionais, organizar congressos e *workshops* e estimular a cooperação científica entre seus membros [85]. A SOHT tem publicado vários guias que tratam da análise de drogas de abuso e de *doping* em amostras de cabelo. Esses guias oferecem recomendações que variam desde a coleta, o preparo e o armazenamento da amostra até os procedimentos de análise [101].

De acordo com a SOHT, a melhor região do couro cabeludo para coleta de cabelo é a região do vértex posterior, que se localiza na área posterior da cabeça, próximo à nuca (Figura 21.2). Comparada às outras áreas da cabeça, essa região apresenta menor variação na taxa de crescimento do cabelo, e o número de fios na fase de crescimento é mais constante e tem menor susceptibilidade às influências ligadas ao sexo e à idade [102].

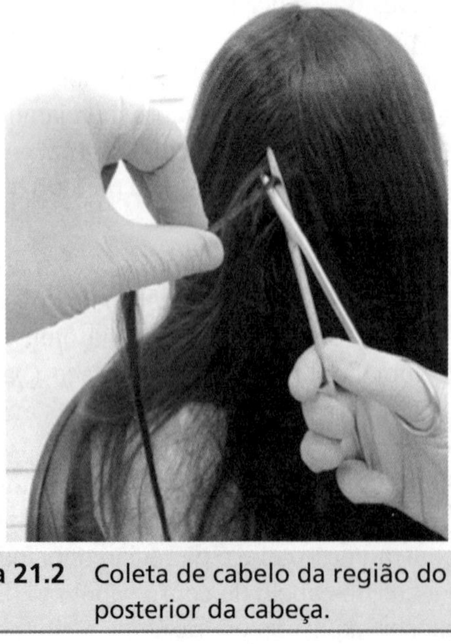

Figura 21.2 Coleta de cabelo da região do vértex posterior da cabeça.

As amostras de cabelo coletadas devem ser identificadas, destacando-se as partes proximal e distal da região anatômica em que foram coletadas, e armazenadas em local seco e escuro, à temperatura ambiente. A cor, o comprimento, a região anatômica e os tratamentos cosméticos realizados no cabelo são informações importantes que devem ser registradas no momento da coleta [85].

21.4.5 Vantagens e desvantagens da utilização do cabelo como matriz para detecção de drogas

As vantagens práticas que levam à escolha do cabelo como matriz biológica, em relação a matrizes convencionais como sangue e urina, são: facilidade na coleta, no transporte e no armazenamento, estabilidade da matriz, não violação da privacidade do indivíduo e ampla janela de detecção dos analitos [101,103]. Esta última representa a principal vantagem da utilização do cabelo, uma vez que o resultado da análise pode mostrar um retrato cumulativo e retrospectivo de exposição prolongada a drogas [93,95]. Esses testes podem ser realizados até mesmo séculos após o crescimento do cabelo, em razão de sua natureza sólida e de grande durabilidade [88]. A cocaína e um de seus metabólitos, por exemplo, foram encontrados em cabelo de múmias chilenas datadas de 2000 a.C. a 1500 a.C. [95].

A principal desvantagem que o cabelo apresenta é a contínua exposição aos fatores naturais, tais como luz solar, clima, poluição, entre outros. Isso pode levar a uma redução da concentração de drogas presente na fibra capilar, pelo dano causado na cutícula (pode reduzir de 50% a 80% da concentração inicial das drogas) [83]. A retenção e a estabilidade das drogas no cabelo também podem ser afetadas por tratamentos cosméticos como descoloração, tinturas e permanentes [86]. Os produtos usados para descoloração, clareamento, permanente, tintura ou relaxamento contêm em sua formulação bases fortes, que podem causar danos e afetar a estabilidade ou a quantidade de droga presente na matriz capilar.

21.4.6 Análise de drogas no cabelo

Muitas técnicas utilizadas para análise de drogas em cabelo já foram descritas na literatura, tais como: cromatografia gasosa acoplada à espectrometria de massas (GC-MS), cromatografia líquida com ionização química a pressão atmosférica acoplada à espectrometria de massas (LC-APCI-MS), cromatografia líquida com ionização por *electrospray* acoplada à espectrometria de massas (LC-ESI-MS) e cromatografia líquida com detector de fluorescência (LC-FL). Porém os métodos mais empregados são a cromatografia em fase gasosa acoplada à espectrometria de massas (GC-MS) e a cromatografia líquida acoplada à espectrometria de massas (LC-MS ou LC-MS-MS) [101,104-109].

Kim e colaboradores [110] determinaram os canabinoides (tetraidrocanabinol, canabinol e canabidiol) em 50 mg de cabelo utilizando extração líquido-líquido e a GC-MS. Em 2006, Musshoff e Madea compararam os resultados das análises de opiáceos, cocaína, anfetaminas, metadona e canabinoides em cabelo e urina com o relato do uso de drogas pelos pacientes [111]. Comparativamente, concluiu-se que o teste de urina e o relato dos usuários subestimavam o consumo, exceção feita aos usuários de metadona. Por outro lado, o teste em cabelo apresentou sensibilidade e especificidade suficientes para identificar os casos positivos.

21.4.7 Interpretação dos resultados

Além de informações sobre coleta e preparo da amostra, a SOHT recomenda a utilização de valores de *cut-off* para classificar uma amostra de cabelo como positiva ou negativa para determinada substância, com base em dados disponíveis na literatura sobre a concentração de drogas no cabelo de usuários ou pacientes. Os valores de *cut-off* são divididos em valores de *screening*, que devem ser considerados no *screening* das substâncias, e de confirmação, que devem ser considerados pelos métodos cromatográficos de confirmação. Os valores de *cut-off* recomendados pela SOHT para as principais drogas de abuso estão descritos na Tabela 21.2.

Como o ambiente é uma via de incorporação de drogas no cabelo, é importante diferenciar a exposição sistêmica, em que o indivíduo usa a droga, da exposição ambiental (ou exposição passiva), em que a superfície do cabelo está exposta a pó, poeira e fumaça, principalmente para alguns grupos de drogas como a *Cannabis* e o *crack*, com intuito de minimizar interpretações errôneas dos resultados. Portanto, é fundamental a detecção de metabólitos relevantes e a utilização dos valores de *cut-off* recomendados pela SOHT para a apresentação/liberação dos resultados [112].

Tabela 21.2 Valores de *cut-off* para as principais drogas de abuso

SCREENING		CONFIRMAÇÃO	
GRUPO DE ANALITOS	*CUT-OFF* (ng/mg)	ANALITOS E METABÓLITOS	*CUT-OFF* (ng/mg)
Anfetaminas	0,2	Anfetamina, metanfetamina, MDA[a], MDMA[b]	0,2
Canabinoides	0,1	THC[c] COOH-THC[d]	0,05 0,0002
Cocaína	0,5	Cocaína BE[e], EME[f], CE[g]	0,5 0,05
Metadona	0,2	Metadona EDDP[h]	0,2 0,05
Opiáceos	0,2	Morfina, codeína, 6-acetilmorfina	0,2

[a]3,4-metilenodioxietilanfetamina; [b]3,4-metilenodioxianfetamina; [c]Δ^9-tetraidrocanabinol; [d]carboxi-Δ^9-tetraidrocanabinol; [e]benzoilecgonina; [f]éster metilecgonina; [g]cocaetileno; [h]2-etilideno-1,5-dimetil-3,3-difenilpirrolideno.

Fonte: extraído de [85].

Em alguns países da Europa e nos Estados Unidos, os testes em cabelo são usados no monitoramento do uso indevido de drogas (programas de reabilitação de uso de drogas, ambiente de trabalho e recuperação do direito de dirigir) assim como em investigações criminais (mortes relacionadas ao uso de drogas, crimes de estupro e custódia de crianças) [85,86,113]. Esses testes também são utilizados para verificar o histórico de uso/abuso de drogas de indivíduos (corroborar com os relatos dos usuários), para avaliar a exposição *in utero* e para comparar com testes em urina [83].

21.5 Mecônio

21.5.1 A problemática da exposição fetal a drogas

O consumo de drogas por mulheres em idade reprodutiva é considerado um grave problema de saúde pública no mundo pelo crescente número de usuárias e os danos causados durante a exposição fetal a essas substâncias. Pesquisas e levantamentos recentes realizados no Brasil, nos Estados Unidos e na Europa estimam que, por ano, aproximadamente 5 milhões de mulheres em idade fértil utilizam alguma substância lícita e/ou ilícita, o que significa que cerca de 4 milhões de bebês que nascem nesse período podem ser expostos a alguma dessas drogas [74,114-117].

As complicações induzidas pelo uso de drogas são inúmeras e multifatoriais, podendo apresentar repercussões indesejáveis e efeitos deletérios tanto para a mãe quanto para o feto, sendo considerada uma das principais causas do grande número de gestações malsucedidas [116,118,119]. Os efeitos variam de acordo com o tipo de substância utilizada. O uso de cocaína no período gestacional, por exemplo, pode aumentar a vulnerabilidade do feto, comprometendo todo o seu desenvolvimento. Os principais efeitos desse consumo são vasoespasmos, aumento do ritmo cardíaco, hipertensão, vasoconstrição uterina, redução do fluxo sanguíneo para o útero, rompimento e hemorragias placentárias, parto prematuro e aborto. Defeitos estruturais e malformações também estão associados ao uso de cocaína [115,120]. A síndrome de abstinência é um potencial de complicação observados em recém-nascidos de mães usuárias, apresentando deficiência na sucção, problemas na amamentação, irritabilidade, hipertonia, bocejos e espirros [119-121].

Dessa forma, a detecção precoce da exposição fetal a drogas de abuso é de fundamental importância para determinar a intervenção médica e psicossocial apropriada, a fim de garantir assistência completa e necessária para manutenção da saúde da mãe e do recém-nascido [120,122].

21.5.2 Formação e composição do mecônio

Para verificar a exposição uterina a drogas de abuso e outras substâncias, o mecônio tem sido apontado em diversos trabalhos como matriz biológica alternativa. Os principais analitos detectados são: nicotina, álcool, pesticidas organofosforados e organoclorados, medicamentos, cocaína, opiáceos, anfetaminas, metanfetaminas, *ecstasy* e maconha [123,124].

O mecônio consiste na primeira excreção do recém-nascido (Figura 21.3). É uma matriz extremamente complexa, apresenta consistência pegajosa, coloração verde-escura a negra e não possui o odor característico das fezes. É composto por água, células epiteliais descamadas do trato gastrointestinal e da pele, ácido e sais biliares, colesterol, precursores do esterol, enzimas, mucopolissacarídeos, açúcares, proteínas, traços de metais, várias secreções pancreáticas, intestinais e resíduos de líquido amniótico deglutido [125].

A sua formação inicia-se a partir do segundo trimestre de gestação (por volta da 12ª semana) e acumula-se no intestino do feto até o momento do parto, podendo ser excretado em até cinco dias após o nascimento [125,126]. Estudos utilizando zinco coproporfirina, pigmento biliar mecônio-específico, como marcador mostraram que o mecônio é completamente evacuado até 125 horas após o nascimento. Depois desse período, já é predominante a formação das fezes [123,127,128].

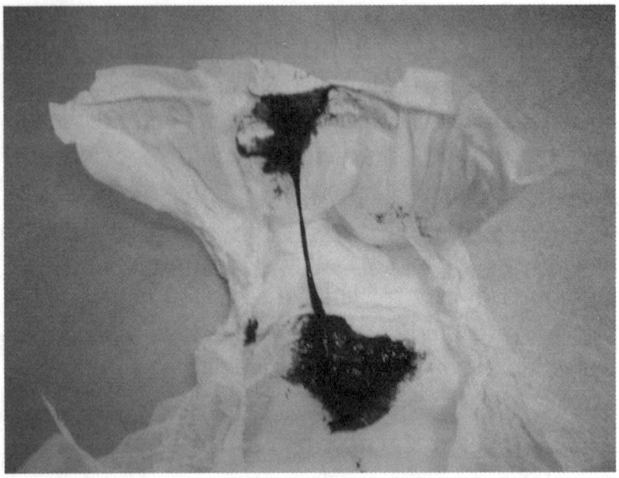

Figura 21.3 Amostra de mecônio em fralda. [Veja esta figura colorida ao final do livro.]

21.5.3 Mecanismo de incorporação de drogas no mecônio

As diversas substâncias utilizadas pela mãe durante a gestação, como medicamentos e drogas de abuso, são transferidas por difusão passiva através dos vasos sanguíneos da placenta para o feto. A taxa de transferência através da placenta depende principalmente:

- da massa molecular;
- do grau de ionização;
- do grau de ligação às proteínas plasmáticas materna e/ou fetal;
- da lipofilicidade da droga;
- do fluxo sanguíneo para a placenta.

Outro mecanismo envolvido na incorporação das substâncias no mecônio é a deglutição do líquido amniótico. As substâncias excretadas pelo feto por via urinária ou biliar, uma vez no líquido amniótico, são deglutidas novamente, acumulando-se no intestino e sendo eliminadas após o nascimento através do mecônio. Portanto, a incorporação e o acúmulo de substâncias nessa matriz é resultante do consumo, metabolismo e eliminação materna, transferência placentária e metabolismo fetal. Esses fatores tornam o mecônio uma ótima matriz para verificar a exposição fetal, com ampla janela de detecção gestacional [123,126-128].

21.5.4 Coleta do mecônio

O mecônio é facilmente coletado das fraldas, pela raspagem direta com auxílio de espátula, e armazenado em frasco coletor. No procedimento, podem ser coletados de 0,5 a 2 g de amostra. Durante a coleta não há contato direto com o recém-nascido, evitando dessa forma desconfortos. A amostra coletada permanece estável por 24 horas em temperatura ambiente e durante pelo menos um ano, se mantida sob congelamento [129].

21.5.5 Vantagens e desvantagens do uso do mecônio como matriz alternativa

O mecônio apresenta vantagens para verificar a exposição fetal quando comparado a outras matrizes biológicas, como sangue e urina. Essas matrizes convencionais fornecem dados de exposições recentes, 96 a 120 horas após o último uso. Além disso, deve-se levar em consideração que o sangue é uma matriz que possui coleta invasiva e restrita quanto ao volume, enquanto a urina apresenta dificuldade de coleta em recém-nascidos [120,122,131]. Outras matrizes alternativas que também podem ser utilizadas são as unhas e o cabelo. No entanto, são amostras muitas vezes não disponíveis em quantidade suficiente, além de a coleta do cabelo do bebê representar uma dificuldade adicional por motivo estético e/ou cultural [120,128,132].

Dentre as principais vantagens do uso do mecônio como espécime alternativa destacam-se a disponibilidade da amostra, a facilidade na coleta e a capacidade de fornecer informações preservadas sobre a exposição fetal a substâncias a partir do primeiro trimestre de gravidez [125,128].

Apesar dessas vantagens discutidas, essa matriz apresenta também algumas desvantagens. Entre elas, está a complexidade e heterogeneidade da amostra, exigindo, dessa forma, etapas adicionais de preparo, purificação e concentração dos analitos, que aumentam o tempo e o custo da análise [1,120,133].

Outra desvantagem é a possibilidade de ocorrer contaminação cruzada do mecônio com a urina. Isso pode interferir na relação dose-resposta dos analitos presentes no mecônio, obtendo-se assim um resultado superestimado [123].

21.5.6 Métodos para análises de drogas em mecônio

Várias técnicas são descritas na literatura para avaliar a presença de drogas e seus metabólitos em mecônio. Entre elas, métodos enzimáticos de triagem como radioimunoensaios (RIA), imunoensaio enzimático de multiplicação (EMIT), imunoensaios enzimáticos (ELISA) e imunoensaio de fluorescência polarizada (FPIA) [74,133]. Para a confirmação, as técnicas mais utilizadas são a cromatografia em fase gasosa (GC) e a cromatografia em fase líquida (LC), utilizando como detector principalmente o espectrômetro de massas (MS) [120,134,135].

A determinação de cocaína, nicotina e metabólitos em mecônio por GC-MS foi realizada por Bordin, utilizando extração por ponteiras DPX [136], e por Alves, por extração em fase sólida [137]. Em suas pesquisas, Pichini, Baranowski, López e pesquisadores colaboradores desenvolveram diferentes métodos utilizando LC-MS para determinar opioides, cocaína, nicotina e metabólitos em mecônio [138-140].

21.6 Suor

A análise de suor tornou-se uma ferramenta útil em toxicologia clínica e forense. Diversos estudos têm mostrado sua eficácia como matriz biológica alternativa para o monitoramento do uso de drogas. Nesse sentido, ele pode ser a matriz de escolha para determinação de diversas substâncias, entre elas cocaína, opiáceos, benzodiazepínicos, anfetaminas, metanfetaminas, *ecstasy* e maconha [129,141-143].

21.6.1 A fisiologia do suor

A secreção de suor é um mecanismo homeostático que tem como principal função a manutenção da temperatura corporal, além de desempenhar um importante papel na proteção imunológica e hidratação da pele [129,141]. É composto por 99% de solução aquosa hipertônica, além de outros constituintes como lactato, albumina, gamaglobulina, ureia, íons de amônio, enzimas e compostos orgânicos [141,144-146]. O volume de suor excretado por dia em indivíduos saudáveis varia entre 300 e 700 ml. No entanto, essa quantidade pode ser afetada pela temperatura ambiente e corporal, umidade relativa do ar, estresse emocional e físico. O pH médio do suor é de 5,8. Esse valor pode ser alterado com a prática de exercícios físicos, por exemplo, elevando-se para 6,8 [141,147,148].

As glândulas sudoríparas são amplamente distribuídas pela pele e são classificadas de acordo com suas distinções morfológicas, funcionais e características de desenvolvimento em dois tipos: apócrinas e écrinas. As glândulas apócrinas são maiores e estão localizadas principalmente nas axilas, púbis e mamas. Já as glândulas écrinas são mais numerosas e estão distribuídas ao longo de todo o corpo, estando presentes nas palmas das mãos, nas plantas dos pés, na face e no peito. Ambas se iniciam profundamente na derme e terminam em ductos secretores na superfície da pele e em folículos pilosos. Além de secreções aquosas, a pele também é banhada por secreção sebácea. Essa secreção estéril e inodora é composta de lipídios, principalmente colesterol (75%), triglicerídeos e ácidos graxos (20%). Os capilares sanguíneos nutrem as glândulas sudoríparas de uma forma semelhante aos folículos pilosos [141,149,150].

21.6.2 Mecanismo de incorporação de drogas no suor

O mecanismo de incorporação de drogas no suor não está totalmente elucidado. Sabe-se que ele é uma importante via de excreção de substâncias, e múltiplos mecanismos parecem influenciar nessa incorporação. A difusão passiva é apontada como mecanismo primário de incorporação, que ocorreria dos capilares sanguíneos até as glândulas sudoríparas. Outra proposta é a migração transdérmica, caracterizada pela difusão através das camadas da derme e epiderme da pele. Essa incorporação depende das características físico-químicas das drogas: massa molecular, pKa, grau de ligação às proteínas plasmáticas e lipofilicidade. O pH do suor também pode influenciar essa excreção e, com isso, substâncias básicas com baixa ligação proteica serão eliminadas mais facilmente [141,143,147,151].

Maiores concentrações de drogas são encontradas no suor quando comparadas a outras matrizes biológicas alternativas, por exemplo, a saliva. Por causa da composição da matriz, a mistura do suor e do sebo leva à formação de uma emulsão sobre a superfície da pele, aumentando a solubilidade das drogas, permitindo a difusão intra e intercelular ao longo das membranas celulares e o transporte através dos queratinócitos [127,141,147].

21.6.3 Coleta de suor

Para coleta, são utilizados dispositivos próprios para detecção de drogas no suor, aprovados pelo Food and Drugs Administration (FDA) dos Estados Unidos – os *patches*, disponíveis comercialmente como PharmChek® *patches* (Figura 21.4). Consistem em uma bandagem absorvente de celulose que é aderida à pele por um adesivo adjacente. Uma camada de poliuretano protege o dispositivo de contaminação externa, porém permite a troca gasosa entre a pele e o ambiente, não prejudicando o tecido. Antes da aplicação do adesivo, a pele é higienizada com álcool isopropílico, e ele então é fixado, geralmente na região do braço, do abdômen ou na lombar [149,151,153]. A composição do adesivo permite sua adesão na pele e utilização por até quatorze dias. Ao longo desse período, o *patch* é saturado, e cerca de 300 mL de suor são coletados por dia, período no qual as drogas e outras substâncias não voláteis excretadas concentram-se nele. O material coletado é sempre uma mistura de sebo e de suor de composição aquosa, com a proporção de acordo com a área da pele [149].

Existem algumas limitações na utilização do adesivo, as quais incluem a variabilidade intra e interindivíduos na produção de suor, a possibilidade de contaminação ambiental e a perda da droga por degradação ou remoção do *patch* [143,154].

Figura 21.4 Adesivo para a coleta de amostras de suor.

21.6.4 Vantagens e desvantagens do uso do suor como matriz alternativa

O suor é uma matriz com poucos interferentes, exigindo menos etapas no procedimento analítico e no preparo de amostra quando comparado a outras matrizes. Além disso, apresenta uma coleta simples, não invasiva, não constrangedora, com menor risco de adulteração e de modo contínuo, o que fornece uma maior janela de detecção (de até quatorze dias). A relação entre a concentração de droga excretada no suor e a presente no sangue e na urina tem sido objeto recente de investigações. A detecção da droga e/ou seus metabólitos em suor confirma a exposição e fornece uma ampla janela de detecção do uso de drogas quando comparada a outras matrizes como o sangue, saliva ou urina. As espécies predominantes encontradas no suor são as próprias substâncias utilizadas, ao invés de seus metabólitos, como ocorre na urina [141,145,155].

Algumas limitações no uso do suor como espécime alternativa incluem a falta de informações sobre a relação dose-resposta, a quantidade limitada de amostra e a falta de laboratórios capacitados para realizar as análises toxicológicas com essa matriz. As concentrações encontradas dos analitos são relativamente baixas, exigindo métodos analíticos com alta sensibilidade e seletividade. Além disso, a deposição de drogas para o sistema transdérmico é desconhecida, e a literatura sobre o uso dessa matriz é limitada [129,150,153].

21.6.5 Detecção de drogas no suor

Entre as drogas de abuso já estudadas e detectadas no suor, incluem-se o álcool, as anfetaminas, o fenobarbital, a cocaína, a heroína, a morfina, a fenciclidina, o ácido gama hidroxibutírico (GHB) e a metadona. Ensaios imunoenzimáticos e radioimunoensaios (RIA) estão descritos na literatura como métodos de triagem para avaliar a presença de drogas e seus metabólitos em suor. Para confirmação, são utilizadas principalmente a cromatografia em fase gasosa (GC) e a cromatografia em fase líquida (LC), ambas acopladas ao espectrômetro de massas (MS). As análises em suor exigem técnicas analíticas altamente sensíveis e seletivas, por apresentarem concentrações relativamente baixas dos analitos [1,44,74,129].

De Martinis e colaboradores [154], em um estudo controlado, determinaram anfetamina, metanfetamina e metilenodioxi derivados em *patches* de suor utilizando extração em disco de fase sólida e GC-MS. Em 2010, Concheiro, Shakleva e Huestis [156] desenvolveram um método em LC-MS/MS para análise simultânea em suor de buprenorfina, opioides, cocaína, metadona e nicotina em mulheres grávidas usuárias, e todos os analitos pesquisados foram detectados nas amostras coletadas.

21.6.6 Interpretação dos resultados

Foram propostas pela Administração de Serviços de Saúde Mental e Abuso de Substâncias (SAMHSA) orientações para a monitorização de drogas que utilizam espécimes alternativos. Para determinar uma amostra de suor como positiva ou negativa, recomenda-se a utilização de valores *cut-off*, baseados em dados disponíveis na literatura sobre a concentração de drogas no suor de usuários ou pacientes. Os valores de *cut-off* são divididos em valores de *screening*, que devem ser considerados no *screening* das substâncias, e de confirmação, que devem ser considerados pelos métodos cromatográficos de confirmação [143,152]. Os valores de *cut-off* para as principais drogas de abuso estão descritos na Tabela 21.3.

Tabela 21.3 Valores de *screening* e *cut-off* das análises confirmatórias para as principais drogas em suor

SCREENING			CONFIRMAÇÃO
GRUPO DE ANALITOS	*CUT-OFF* (ng/*patch*)	ANALITOS E METABÓLITOS	*CUT-OFF* (ng/*patch*)
Anfetaminas	25	Anfetamina, metanfetamina, MDA[a], MDMA[b]	25
Canabinoides	4	THC[c] COOH-THC[d]	1
Cocaína	25	Cocaína BE[e], EME[f], CE[g]	25
Penciclidina	20	Penciclidina	20
Opiáceos	25	Morfina, codeína, 6-acetilmorfina	25

[a]3,4-metilenodioxietilanfetamina; [b]3,4-metilenodioxianfetamina; [c]Δ^9-tetraidrocanabinol; [d]carboxi-Δ^9- tetraidrocanabinol; [e]benzoilecgonina; [f]éster de metilecgonina; [g]cocaetileno.

Fonte: extraído de [152].

Questões para estudo

1. Enumere as principais vantagens da utilização de amostras alternativas.
2. Qual é o mecanismo de incorporação de drogas de abuso no fluido oral?
3. Qual é a desvantagem do uso do mecônio como amostra biológica alternativa?
4. Quais são os parâmetros utilizados para considerar uma amostra de suor positiva ou negativa para determinada droga?
5. Quais são as vantagens e desvantagens do uso do cabelo como amostra biológica alternativa?

Respostas

1. São não invasivas (fluido oral, suor, cabelo, mecônio); amostras mais simples, com menor número de interferentes (fluido oral, suor, humor vítreo); facilidade na coleta (fluido oral, suor, cabelo, mecônio); facilidade no preparo de amostra (fluido oral, suor, humor vítreo); maior janela de detecção (cabelo, mecônio); menor risco para o doador (fluido oral, suor, cabelo, mecônio); menor risco para o analista (fluido oral, suor, cabelo, mecônio, humor vítreo).
2. Substâncias de baixo peso molecular são transportadas do sangue para o fluido oral pelo processo de ultrafiltração. A difusão passiva é a forma mais comum para as drogas serem incorporadas no fluido oral. A passagem das drogas para o fluido oral ocorre através das membranas celulares e é limitada para moléculas de alto peso molecular e restrita para drogas ionizadas ou ligadas a proteínas plasmáticas. A maioria dos estudos mostraram que o fluido oral contém predominantemente a droga não metabolizada.
3. A desvantagem no uso do mecônio é a complexidade e heterogeneidade da amostra, exigindo, dessa forma, etapas adicionais de preparo, purificação e concentração dos analitos, que aumentam o tempo e o custo da análise. Além disso, há a possibilidade de ocorrer contaminação cruzada do mecônio com a urina. Isso pode interferir na relação dose-resposta dos analitos presentes no mecônio, obtendo-se assim um resultado superestimado.
4. Foram propostas pela Administração de Serviços de Saúde Mental e Abuso de Substâncias (SAMHSA) orientações para a monitorização de drogas que utilizam espécimes alternativos. Para determinar uma amostra de suor como positiva ou negativa, recomenda-se a utilização de valores *cut-off* baseados em dados disponíveis na literatura sobre a concentração de drogas no suor de usuários ou pacientes. Os valores de *cut-off* são divididos em valores de *screening*, que devem ser considerados no *screening* das substâncias, e de confirmação, que devem ser considerados pelos métodos cromatográficos de confirmação.
5. As vantagens do cabelo como matriz biológica, comparado a matrizes convencionais como sangue e urina, são: facilidade na coleta, no transporte e no armazenamento, estabilidade da matriz, não violação da privacidade do indivíduo e ampla janela de detecção dos analitos. Esta última representa a principal vantagem da utilização do cabelo, uma vez que o resultado da análise pode mostrar um retrato cumulativo e retrospectivo de exposição prolongada a drogas. Esses testes podem ser realizados até mesmo séculos após o crescimento do cabelo, em razão de sua natureza sólida e de grande durabilidade. A principal desvantagem que o cabelo apresenta é a contínua exposição aos fatores naturais, tais como luz solar, clima e poluição. Isso pode levar a uma redução da concentração de drogas presente na fibra capilar, por causa do dano causado na cutícula (pode reduzir de 50% a 80% da concentração inicial das drogas). A retenção e a estabilidade das drogas no cabelo também podem ser afetadas por tratamentos cosméticos como descoloração, tinturas e permanentes. Os produtos usados para descoloração, clareamento, permanente, tintura ou relaxamento contêm em sua formulação bases fortes, que podem causar danos, afetar a estabilidade ou a quantidade de droga presente na matriz capilar.

Lista de abreviaturas

μg	Micrograma	LC	Cromatografia em Fase Líquida
6-AM	6-acetilmorfina	LC-APCI-MS	Cromatografia Líquida com Ionização Química a Pressão Atmosférica Acoplada à Espectrometria de Massas
a.C.	Antes de Cristo	LC-ESI-MS	Cromatografia Líquida com Ionização por *Electrospray* Acoplada à Espectrometria de Massas
BE	Benzoilecgonina	LC-FL	Cromatografia Líquida com Detector de Fluorescência
CE	Cocaetileno	LC-MS	Cromatografia Líquida Acoplada à Espectrometria de Massas
cm	Centímetro	MDA	Metilenodioxianfetamina
COOH-THC	Carboxi-delta-9-tetraidrocanabinol	MDEA	Metilenodioxietilanfetamina

DPX	Extração de Pipeta Descartável	MDMA	Metilenodioximetanfetamina
EDDP	2-etilideno-1,5-dimetil-3,3-difenilpirrolideno	mg	Miligrama
ELISA	Ensaio Imunoenzimático	mL	Mililitro
EME	Éster de metilecgonina	mm	Milímetro
EMIT	Imunoensaio Enzimático de Multiplicação	MS	Espectrômetro de Massas
FDA	Food and Drugs Administration	ng	Nanograma
FPIA	Imunoensaio de Fluorescência Polarizada	pH	Potencial de hidrogênio
g	Gramas	pKa	Constante de dissociação do ácido
GC	Cromatografia Gasosa	RIA	Radioimunoensaios
GC-MS	Cromatografia Gasosa Acoplada à Espectrometria de Massas	SAMHSA	Administração de Serviços de Saúde Mental e Abuso de Substâncias
GHB	Ácido Gama-hidroxibutírico	SOHT	Sociedade de Testes em Cabelo
L	Litro	THC	Delta-9-tetraidrocanabinol

Lista de palavras

Amostras biológicas
gicasgiAnfetaminas
Cabelo
Canabinoides
Cocaína
Cromatografia
Detecção de drogas
Drogas de abuso
Fluido oral
Humor vítreo
Incorporação de drogas
Matrizes alternativas
Mecônio
Opioides
Suor

REFERÊNCIAS

1. Gallardo E, Queiroz JA. The role of alternative specimens in toxicological analysis. Biomedical Chromatography. 2008;22:795-821.
2. Lillsunde P. Analytical techniques for drug detection in oral fluid. Therapeutic Drug Monitoring. 2008;30:181-7.
3. Schramm W, Smith RH, Craig PA. Methods of simplified saliva collection for the measurement of drugs of abuse, therapeutic drugs, and other molecules. Saliva as a Diagnostic Fluid. 1993;694:311-13.
4. Chiappin S, Antonelli G, Gatti R, De Palo EF. Saliva specimen: a new laboratory tool for diagnostic and basic investigation. Clinica Chimica Acta. 2007;383:30-40.
5. Bazzarella RB. Desenvolvimento de metodologia analítica para a investigação de anfetaminas em amostras de saliva, empregando cromatografia em fase gasosa acoplada a espectrometria de massas. Ribeirão Preto: Faculdade de Ciências Farmacêuticas de Ribeirão Preto da Universidade de São Paulo; 2010.
6. Drummer OH. Review: pharmacokinetics of illicit drugs in oral fluid. Forensic Science International. 2005;150:133-142.
7. Drummer OH. Introduction and review of collection techniques and applications of drug testing of oral fluid. Therapeutic Drug Monitoring. 2008;30:203-206.
8. Kintz P, Cirimele V, Ludes B. Detection of cannabis in oral fluid (saliva) and forehead wipes (sweat) from impaired drivers. Journal of Analytical Toxicology. 2000;24:557-61.
9. Samyn N, De Boeck G, Verstraete AG. The use of oral fluid and sweat wipes for the detection of drugs of abuse in drivers. Journal of Forensic Sciences. 2002;47:1380-7.
10. Verstraete AG. Oral fluid testing for driving under the influence of drugs: history, recent progress and remaining challenges. Forensic Science International. 2005;150:143-50.
11. Vindenes V, Yttredal B, Oiestad EL, Waal H, Bernard JP, Morland JG, et al. Oral fluid is a viable alternative for monitoring drug abuse: detection of drugs in oral fluid by liquid chromatography-tandem mass spectrometry and comparison to the results from urine samples from patients treated with methadone or buprenorphine. Journal of Analytical Toxicology. 2011;35:32-9.
12. Cone EJ. Testing human-hair for drugs of abuse. 1. individual dose and time profiles of morphine and codeine in plasma, saliva, urine, and beard compared to drug-induced effects on pupils and behavior. Journal of Analytical Toxicology. 1990;14:1-7.

13. Cone EJ. Saliva testing for drugs of abuse. Saliva as a Diagnostic Fluid. 1993;694:91-127.

14. Verstraete AG. Detection times of drugs of abuse in blood, urine, and oral fluid. Therapeutic Drug Monitoring. 2004;26:200-5.

15. Kolbrich EA, Kim I, Barnes AJ, Moolchan ET, Wilson L, Cooper GA, et al. Cozart (R) RapiScan oral fluid drug testing system: an evaluation of sensitivity, specificity, and efficiency for cocaine detection compared with ELISA and GC-MS following controlled cocaine administration. Journal of Analytical Toxicology. 2003;27:407-11.

16. Clauwaert K, Decalestecker T, Mortier K, Lambert W, Deforce D, Van Peteghem C, et al. The determination of cocaine, benzoylecgonine, and cocaethylene in small-volume oral fluid samples by liquid chromatography-quadrupole-time-of-flight mass spectrometry. Journal of Analytical Toxicology. 2004;28:655-9.

17. Cooper G, Wilson L, Reid C, Baldwin D, Hand C, Spieher V. Validation of the Cozart (R) microplate EIA for cocaine and metabolites in oral fluid. Journal of Analytical Toxicology. 2004;28:498-503.

18. Dams R, Choo RE, Lambert WE, Jones H, Huestis MA. Oral fluid as an alternative matrix to monitor opiate and cocaine use in substance-abuse treatment patients. Drug and Alcohol Dependence. 2007;87:258-67.

19. Schepers RJF, Oyler JM, Joseph RE, Cone EJ, Moolchan ET, Huestis MA. Methamphetamine and amphetamine pharmacokinetics in oral fluid and plasma after controlled oral methamphetamine administration to human volunteers. Clinical Chemistry. 2003;49:121-32.

20. Wood M, De Boeck G, Samyn N, Morris M, Cooper DP, Maes RAA, et al. Development of a rapid and sensitive method for the quantitation of amphetamines in human plasma and oral fluid by LC-MS-MS. Journal of Analytical Toxicology. 2003;27:78-87.

21. Kankaanpaa A, Gunnar T, Ariniemi K, Lillsunde P, Mykkanen S, Seppala T. Single-step procedure for gas chromatography-mass spectrometry screening and quantitative determination of amphetamine-type stimulants and related drugs in blood, serum, oral fluid and urine samples. Journal of Chromatography B-Analytical Technologies in the Biomedical and Life Sciences. 2004;810:57-68.

22. Concheiro M, de Castro A, Quintela O, Lopez-Rivadulla M, Cruz A. Determination of MDMA, MDA, MDEA and MBDB in oral fluid using high performance liquid chromatography with native fluorescence detection. Forensic Science International. 2005;150:221-6.

23. Laloup M, Tilman G, Maes V, De Boeck G, Wallemacq P, Ramaekers J, et al. Validation of an ELISA-based screening assay for the detection of amphetamine, MDMA and MDA in blood and oral fluid. Forensic Science International. 2005;153:29-37.

24. Barnes AJ, Kim I, Schepers R, Moolchan ET, Wilson L, Cooper G, et al. Sensitivity, specificity, and efficiency in detecting opiates in oral fluid with the Cozart (R) opiate microplate EIA and GC-MS following controlled codeine administration. Journal of Analytical Toxicology. 2003;27:402-6.

25. Kacinko SL, Barnes AJ, Kim I, Moolchan ET, Wilson L, Cooper GA, et al. Performance characteristics of the Cozart (R) RapiScan oral fluid drug testing system for opiates in comparison to ELISA and GUMS following controlled codeine administration. Forensic Science International. 2004;141:41-8.

26. Campora P, Bermejo AM, Tabernero MJ, Fernandez P. Use of gas chromatography/mass spectrometry with positive chemical ionization for the determination of opiates in human oral fluid. Rapid Communications in Mass Spectrometry. 2006;20:1288-92.

27. Huestis MA, Cone EJ. Relationship of Delta(9)-tetrahydrocannabinol concentrations in oral fluid and plasma after controlled administration of smoked cannabis. Journal of Analytical Toxicology. 2004;28:394-9.

28. Niedbala S, Kardos K, Salamone S, Fritch D, Bronsgeest M, Cone EJ. Passive cannabis smoke exposure and oral fluid testing. Journal of Analytical Toxicology. 2004;28:546-52.

29. Cirimele V, Villain M, Mura P, Bernard M, Kintz P. Oral fluid testing for cannabis: On-site OraLine (R) IV s.a.t. device versus GC/MS. Forensic Science International. 2006;161:180-4.

30. Lee D, Milman G, Barnes AJ, Goodwin RS, Hirvonen J, Huestis MA. Oral fluid cannabinoids in chronic, daily cannabis smokers during sustained, monitored abstinence. Clinical Chemistry. 2011;57:1127-36.

31. Lee D, Schwope DM, Milman G, Barnes AJ, Gorelick DA, Huestis MA. Cannabinoid disposition in oral fluid after controlled smoked cannabis. Clinical Chemistry. 2012;58:748-56.

32. Milman G, Schwope DM, Gorelick DA, Huestis MA. Cannabinoids and metabolites in expectorated oral fluid following controlled smoked cannabis. Clinica Chimica Acta. 2012;413:765-70.

33. Kintz P, Villain M, Concheiro M, Cirimele V. Screening and confirmatory method for benzodiazepines and hypnotics in oral fluid by LC-MS/MS. Forensic Science International. 2005;150:213-20.

34. Quintela O, Cruz A, Castro A, Concheiro M, Lopez-Rivadulla M. Liquid chromatography-electrospray ionisation mass spectrometry for the determination of nine selected benzodiazepines in human plasma and oral fluid. Journal of Chromatography B-Analytical Technologies in the Biomedical and Life Sciences. 2005;825:63-71.

35. Smink BE, Mathijssen MPM, Lusthof KJ, Gier JJ, Egberts ACG, Uges DRA. Comparison of urine and oral fluid as matrices for screening of thirty-three benzodiazepines and benzodiazepine-like substances using immunoassay and LC-MS(-MS). Journal of Analytical Toxicology. 2006;30:478-85.

36. Moore C, Coulter C, Crompton K, Zumwalt M. Determination of benzodiazepines in oral fluid using LC-MS-MS. Journal of Analytical Toxicology. 2007;31:596-600.

37. Ngwa G, Fritch D, Blum K, Newland G. Simultaneous analysis of 14 benzodiazepines in oral fluid by solid-phase extraction and LC-MS-MS. Journal of Analytical Toxicology. 2007;31:369-76.

38. Pehrsson A, Gunnar T, Engblom C, Seppa H, Jama A, Lillsunde P. Roadside oral fluid testing: comparison of the results of Drugwipe 5 and Drugwipe Benzodiazepines on-site tests with laboratory confirmation results of oral fluid and whole blood. Forensic Science International. 2008;175:140-8.

39. Jang M, Chang H, Yang W, Choi H, Kim E, Yu B-H, et al. Development of an LC-MS/MS method for the simultaneous determination of 25 benzodiazepines and zolpidem in oral fluid and its application to authentic samples from regular drug users. Journal of Pharmaceutical and Biomedical Analysis. 2013;74:213-22.

40. Mortier KA, Maudens KE, Lambert WE, Clauwaert KM, Van Bocxlaer JF, Deforce DL, et al. Simultaneous, quantitative determination of opiates, amphetamines, cocaine and benzoylecgonine in oral fluid by liquid chromatography quadrupole-time-of-flight mass spectrometry. Journal of Chromatography B-Analytical Technologies in the Biomedical and Life Sciences. 2002;779:321-30.

41. Pujadas M, Pichini S, Civit E, Santamarina E, Perez K, de la Torre R. A simple and reliable procedure for the determination of psychoactive drugs in oral fluid by gas chromatography-mass spectrometry. Journal of Pharmaceutical and Biomedical Analysis. 2007;44:594-601.

42. Fritch D, Blum K, Nonnemacher S, Haggerty BJ, Sullivan MP, Cone EJ. Identification and quantitation of amphetamines, cocaine, opiates, and phencyclidine in oral fluid by liquid chromatography-tandem mass spectrometry. Journal of Analytical Toxicology. 2009;33:569-77.

43. Concheiro M, Gray TR, Shakleya DM, Huestis MA. High-throughput simultaneous analysis of buprenorphine, methadone, cocaine, opiates, nicotine, and metabolites in oral fluid by liquid chromatography tandem mass spectrometry. Analytical and Bioanalytical Chemistry. 2010;398:915-24.

44. Concheiro M, Shakleya DM, Huestis MA. Simultaneous analysis of buprenorphine, methadone, cocaine, opiates and nicotine metabolites in sweat by liquid chromatography tandem mass spectrometry. Analytical and Bioanalytical Chemistry. 2011;400:69-78.

45. Whikehart DR. Biochemistry of the eye. Boston: Butterworth-Heinemann; 2004.

46. Huestis MA, Verstraete A, Kwong TC, Morland J, Vincent MJ, de la Torre R. Oral fluid testing: promises and pitfalls. Clinical Chemistry. 2011;57(6):805-810.

47. Bishop PN. Structural macromolecules and supramolecular organisation of the vitreous gel. Progress in Retinal and Eye Research. 2000;19:323-44.

48. Levine BSJ, Rebecca A. Drugs-of-abuse testing in vitreous humor. In: Jenkins AJC, Yale H, editors. Drug Testing in Alternate Biological Specimens: Totawa, NJ: Humana Press; 2008. p. 117-30.

49. Brunet B, Mura P. L'humeur vitrée en toxicologie médico-légale:revue de la littérature et applications. Annales de Toxicologie Analytique. 2012;24:6.

50. Scott K, Oliver J. The use of vitreous humor as an alternative to whole blood for the analysis of benzodiazepines. Journal Forensic Science. 2001;46:4.

51. Chronister CW, Gund AL, Goldberger BA. Rapid detection of opioids in vitreous humor by enzyme immunoassay. J Anal Toxicol. 2008;32:601-4.

52. Fucci N, De Giovanni N, De Giorgio F, Liddi R, Chiarotti M. An evaluation of the Cozart RapiScan system as an on-site screening tool for drugs of abuse in a non-conventional biological matrix: vitreous humor. Forensic Sci Int. 2006;156:102-5.

53. Druid H. Post-mortem toxicology. 2nd ed. Boca Raton: CRC Press; 2006.

54. Brunet B, Hauet T, Hebrard W, Papet Y, Mauco G, Mura P. Postmortem redistribution of THC in the pig. International Journal of Legal Medicine. 2010;124:543-9.

55. Lin DL, Lin RL. Distribution of 11-Nor-9-carboxy-Delta(9-)tetrahydrocannabinol in traffic fatality cases. Journal of Analytical Toxicology. 2005;29:58-61.

56. Lin DL, Chen CY, Shaw KP, Havier R, Lin RL. Distribution of codeine, morphine, and 6-acetylmorphine in vitreous humor. J Anal Toxicol. 1997;21:258-61.

57. Dinis-Oliveira RJ, Carvalho E, Duarte JA, Remiao E, Marques A, Santos A, et al. Collection of biological samples in forensic toxicology. Toxicology Mechanisms and Methods. 2010;20:363-414.

58. James RA, Hoadley PA, Sampson BG. Determination of postmortem interval by sampling vitreous humour. American Journal of Forensic Medicine and Pathology. 1997;18: 158-62.

59. Stephens RJ, Richards RG. Vitreous-humor chemistry – the use of potassium concentration for the prediction of the postmortem interval. Journal of Forensic Sciences. 1987;32:503-9.

60. Chao TC, Lo DS. Relationship between postmortem blood and vitreous humor ethanol levels. Am J Forensic Med Pathol. 1993;14:303-8.

61. Caplan YH, Levine B. Vitreous-humor in the evaluation of postmortem blood ethanol concentrations. Journal of Analytical Toxicology. 1990;14:305-7.

62. Fernandez P, Lopezrivadulla M, Linares JM, Tato F, Bermejo AM. A Comparative pharmacokinetic study of ethanol in the blood, vitreous-humor and aqueous-humor of rabbits. Forensic Science International. 1989;41:61-65.

63. Winek CL, Esposito FM. Comparative-study of ethanol levels in blood versus bone-marrow, vitreous-humor, bile and urine. Forensic Science International. 1981;17:27-36.

64. Mackey-Bojack S, Kloss J, Apple F. Cocaine, cocaine metabolite, and ethanol concentrations in postmortem blood and vitreous humor. J Anal Toxicol. 2000;24:59-65.

65. Duer WC, Spitz DJ, McFarland S. Relationships between concentrations of cocaine and its hydrolysates in peripheral blood, heart blood, vitreous humor and urine. J Forensic Sci. 2006;51:421-5.

66. Fernández P, Aldonza M, Bouzas A, Lema M, Bermejo AM, Tabernero MJ. GC-FID determination of cocaine and its metabolites in human bile and vitreous humor. J Appl Toxicol. 2006;26:253-7.

67. Antonides HM, Kiely ER, Marinetti LJ. Vitreous fluid quantification of opiates, cocaine, and benzoylecgonine: Comparison of calibration curves in both blood and vitreous matrices with corresponding concentrations in blood. Journal of Analytical Toxicology. 2007;31:469-76.

68. Fernández P, Seoane S, Vázquez C, Bermejo AM, Carro AM, Lorenzo RA. A rapid analytical method based on microwave-assisted extraction for the determination of drugs of abuse in vitreous humor. Anal Bioanal Chem. 2011;401:2177-86.

69. Fernández P, Seoane S, Vázquez C, Tabernero MJ, Carro AM, Lorenzo RA. Chromatographic determination of drugs of abuse in vitreous humor using solid-phase extraction. J Appl Toxicol. 2013:33(8):740-745.

70. Peres MD, Pelicao FS, Caleffi B, De Martinis BS. Simultaneous quantification of cocaine, amphetamines, opiates and cannabinoids in vitreous humor. Journal of Analytical Toxicology. 2014;38:39-45.

71. Pragst F, Spiegel K, Leuschner U, Hager A. Detection of 6-acetylmorphine in vitreous humor and cerebrospinal fluid comparison with urinary analysis for proving heroin administration in opiate fatalities. J Anal Toxicol. 1999;23:168-72.

72. Kovatsi L, Rentifis K, Giannakis D, Njau S, Samanidou V. Disposable pipette extraction for gas chromatographic determination of codeine, morphine, and 6-monoacetylmorphine in vitreous humor. J Sep Sci. 2011;34:1716-21.

73. Stefanidou M, Athanaselis S, Spiliopoulou C, Dona A, Maravelias C. Biomarkers of opiate use. International Journal of Clinical Practice. 2010;64:1712-8.

74. Negrusz A, Jickells S. Clarke's analytical forensic toxicology. London: Pharmaceutical Press; 2008.

75. Jenkins AJ, Oblock J. Phencyclidine and cannabinoids in vitreous humor. Leg Med (Tokyo). 2008;10:201-3.

76. Clauwaert KM, Van Bocxlaer JF, De Letter EA, Van Calenbergh S, Lambert WE, De Leenheer AP. Determination of the designer drugs 3,4-methylenedioxymethamphetamine, 3,4-methylenedioxyethylamphetamine, and 3,4-methylenedioxyamphetamine with HPLC and fluorescence detection in whole blood, serum, vitreous humor, and urine. Clin Chem. 2000;46:1968-77.

77. De Letter EA, De Paepe P, Clauwaert KM, Belpaire FM, Lambert WE, Van Bocxlaer JF, Piette MHA. Is vitreous humour useful for the interpretation of 3,4-methylenedioxymethamphetamine (MDMA) blood levels? Experimental approach with rabbits. International Journal of Legal Medicine. 2000;114:29-35.

78. De Letter EA, Clauwaert KM, Belpaire FM, Lambert WE, Van Bocxlaer JF, Piette MHA. Post-mortem redistribution of 3,4-methylenedioxymethamphetamine (MDMA, "ecstasy") in the rabbit Part I - experimental approach after in vivo intravenous infusion. International Journal of Legal Medicine. 2002;116:216-24.

79. De Letter EA, Bouche M, Van Bocxlaer JF, Lambert WE, Piette MHA. Interpretation of a 3,4-methylenedioxymethamphetamine (MDMA) blood level: discussion by means of a distribution study in two fatalities. Forensic Science International. 2004;141:85-90.

80. De Letter EA, Stove CP, Lambert WE, Piette MHA. Post-mortem (re)distribution of 3,4-methylenedioxymethamphetamine (MDMA, "ecstasy"): human and animal data. Current Pharmaceutical Biotechnology. 2010;11:453-9.

81. Teixeira HM, Reis F, Proenca P, Ramos P, Quintela O, Lopez-Rivadulla M, et al. Vitreous humour as a complementary sample to blood for the detection/confirmation of diazepam: ante-mortem and post-mortem studies in an animal model. Human & Experimental Toxicology. 2004;23:571-7.

82. Keten A, Tumer AR, Balseven-Odabasi A. Measurement of ethyl glucuronide in vitreous humor with liquid chromatography-mass spectrometry. Forensic Science International. 2009;193:101-5.

83. Kintz P, Spiehler V, Negrusz A, Cooper G. Alternative specimens. In: Negrusz A, Cooper G, editors. Clarke's analytical forensic toxicology. 2nd ed. London: Pharmaceutical Press; 2013. p. 153-87.

84. Pötsch L, Skopp G, Moeller MR. Biochemical approach on the conservation of drug molecules during hair fiber formation. Forensic Sci Int. 1997;84(1-3):25-35.

85. Cooper GA, Kronstrand R, Kintz P, Testing SoH. Society of Hair Testing guidelines for drug testing in hair. Forensic Sci Int. 2012;218(1-3):20-4.

86. Balikovà M. Hair analysis for drugs of abuse. Plausability of interpretation. Biomed Pap Med Fac Univ Palacky Olomouc Czech Repub. 2005;149(2):199-207.

87. Cone EJ. Mechanisms of drug incorporation into hair. Ther Drug Monit. 1996;18(4):438-43.

88. Pragst F, Balikova MA. State of the art in hair analysis for detection of drug and alcohol abuse. Clin Chim Acta. 2006;370(1-2):17-49.

89. Barroso M, Gallardo E, Vieira DN, López-Rivadulla M, Queiroz JA. Hair: a complementary source of bioanalytical information in forensic toxicology. Bioanalysis. 2011;3(1):67-79.

90. Kronstrand R, Förstberg-Peterson S, Kågedal B, Ahlner J, Larson G. Codeine concentration in hair after oral administration is dependent on melanin content. Clin Chem. 1999;45(9):1485-94.

91. Henderson GL, Harkey MR, Zhou C, Jones RT, Jacob P. Incorporation of isotopically labeled cocaine into human hair: race as a factor. J Anal Toxicol. 1998;22(2):156-65.

92. Borges CR, Roberts JC, Wilkins DG, Rollins DE. Relationship of melanin degradation products to actual melanin content: application to human hair. Anal Biochem. 2001;290(1):116-25.

93. Joseph RE, Su TP, Cone EJ. In vitro binding studies of drugs to hair: influence of melanin and lipids on cocaine binding to Caucasoid and Africoid hair. J Anal Toxicol. 1996;20(6):338-44.

94. Scott KS, Nakahara Y. A study into the rate of incorporation of eight benzodiazepines into rat hair. Forensic Sci Int. 2003;133(1-2):47-56.

95. Musshoff F, Madea B. Analytical pitfalls in hair testing. Anal Bioanal Chem. 2007;388(7):1475-94.

96. Han EY, Yang WY, Lee JS, Park YH, Kim EM, Lim M, et al. Correlation of methamphetamine results and concentrations between head, axillary, and pubic hair. Forensic Science International. 2005;147(1):21-4.

97. Han E, Choi H, Lee S, Chung H, Song JM. A comparative study on the concentrations of 11-nor-Delta(9)-tetrahydrocannabinol-9-carboxylic acid (THCCOOH) in head and pubic hair. Forensic Science International. 2011;212(1-3):238-41.

98. Lee S, Han E, In S, Choi H, Chung H, Chung KH. Analysis of pubic hair as an alternative specimen to scalp hair: a contamination issue. Forensic Science International. 2011;206(1-3):19-21.

99. Mangin P, Kintz P. Variability of opiates concentrations in human hair according to their anatomical origin – head, axillary and pubic regions. Forensic Science International. 1993;63(1-3):77-83.

100. Offidani C, Rossi SS, Chiarotti M. Drug distribution in the head – axillary and pubic hair of chronic addicts. Forensic Science International. 1994;67(1):73

101. Wada M, Ikeda R, Kuroda N, Nakashima K. Analytical methods for abused drugs in hair and their applications. Anal Bioanal Chem. 2010;397:1039-67.

102. History [cited 2016 Jul 5]. In: Society of Hair Testing Website [Internet]. Available from: www.soht.org/index.php/history

103. Toledo FCP, Yonamine M, Moreau RLM, Silva OA. Determination of cocaine, benzoylecgonine and cocaethylene in human hair by solid-phase microextraction and gas chromatography-mass spectrometry. J Chrom B. 2003;798:361-5.

104. Alves MNR, Zanchetti G, Piccinotti A, Tameni S, De Martinis BS, Polettini A. Determination of cocaine and metabolites in hair by column-switching LC-MS-MS analysis. Anal Bioanal Chem. 2013 Jul;405(19):6299-306.

105. Barroso M, Dias M, Vieira DN, Queiroz JA, López-Rivadulla M. Development and validation of an analytical method for the simultaneous determination of cocaine and its main metabolite, benzoylecgonine, in human hair by gas chromatography/mass spectrometry. Rapid Commun Mass Spectrom. 2008;22:3320-26.

106. Dulaurent S, Gaulier JM, Imbert L, Morla A, Lachâtre G. Simultaneous determination of D9-tetrahydrocannabinol, cannabidiol, cannabinol and 11-nor-D9-tetrahydrocannabinol-9-carboxylic acid in hair using liquid chromatography – tandem mass spectrometry. For Sci Internat. 2014;236:151-6.

107. Montagna M, Polettini A, Stramesi C, Groppi A, Vignali C. Hair analysis for opiates, cocaine and metabolites: evaluation of a method of interlaboratory comparison. For Sci Int. 2002;128:79-83.

108. Moore C, Coulter C, Crompton K. Determination of cocaine, benzoylecgonine, cocaethylene and norcocaine in human hair using solid-phase extraction and liquid chromatography with tandem mass spectrometric detection. J Chromat B. 2007;859:208-12.

109. Roth N, Moosmann B, Auwarter V. Development and validation of an LC-MS/MS method for quantification of 9-tetrahydrocannabinolic acid A (THCA-A), THC, CBN and CBD in hair. J Mass Spectrom. 2013;48:227-33.

110. Kim JY, Suh SI, In KM, Paeng K, Chung BC. Simultaneous determination of cannabidiol, cannabinol, and Δ9-tetrahydrocannabinol in human hair by gas chromatography-mass spectrometry. Arch Pharm Res. 2005;28:1086-91.

111. Musshoff F, Driever F, Lachenmeier K, Lachenmeier DW, Banger M, Madea B. Results of hair analyses for drugs of abuse and comparison with self-reports and urine tests. Forensic Sci Int. 2006: 27;156(2-3):118-123.

112. Tsanaclis L, Wicks JFC. Differentiation between drug use and environmental contamination when testing for drugs in hair. For Sci Internat. 2008;176:19-22.

113. Montagna M, Stramesi C, Vignali C, Groppi A, Polettini A. Simultaneous hair testing for opiates, cocaine and metabolites by GC-MS: a survey of applicants for driving licenses with a history of drug use. For Sci Internat. 2000;107(1-3):157-67.

114. Schiller C, Allen PJ. Follow up of infants prenatally exposed to cocaine. J Pediatric Nursing. 2005;5:427-36.

115. United Nations Office on Drugs and Crime (UNODC). World Drug Report 2012. Publication No. E.12.XI.1. United Nations, 2012.

116. Centro Brasileiro de Informação sobre drogas (Cebrid). II levantamento domiciliar sobre o uso de drogas psicotrópicas no Brasil: estudo envolvendo 108 maiores cidades do país. Secretaria Nacional de Políticas sobre Drogas, 2006.

117. Martins-Celini FP. Prevalência da exposição fetal à cocaína: métodos de detecção e características maternas. São Paulo: Faculdade de Medicina da Universidade de São Paulo; 2001.

118. Farst KJ, Valentine JL, Hall RW. Drug testing for newborn exposure to illicit substances in pregnancy: pitfalls and pearls. Int Journal of Pediatrics. 2011;7.

119. Costa LM. Drogas de abuso na gestação: as orientações no pré-natal são suficientes? Revista de Pediatria. 1998;20:316-22.

120. Moore C, Negrusz A, Lewis D. Determination of drugs of abuse in meconium. J Chromatog B. 1998;713:137-46.

121. Chasin AAM, Silva ES. Estimulantes do sistema nervoso central. Oga S. Fundamentos de toxicologia. 3. ed. São Paulo: Atheneu Editora; 2008;356-371.

122. Sant'anna SG. Avaliação da exposição fetal à nicotina através da análise toxicológica em mecônio. São Paulo: Faculdade de Ciências Farmacêuticas da Universidade de São Paulo; 2010.

123. Gareri J, Klein J, Koren G. Drugs of abuse testing in meconium. Clinica Chimica Acta. 2006;366:101-11.

124. Gray TR, Shakleya DM, Huestis MA. A liquid chromatography tandem mass spectrometry method for the simultaneous quantification of 20 drugs of abuse and metabolites in human meconium. Analytical Bioanalytical Chemistry. 2009;393:1977-90.

125. Bielawski D, Ostrea E, Posecion JN, Corrion M, Seagraves J. Detection of several classes of pesticides and metabolites in meconium by gas chromatography-mass spectrometry. Chromatographia. 2005;62:623-9.

126. Alves MNR. Desenvolvimento e validação de metodologia para análise de cocaína, derivados e metabólitos em mecônio de neonatos atendidos no HCFMRP/USP utilizando a cromatografia em fase gasosa acoplada à espectrometria de massas. Ribeirão Preto: Faculdade de Ciências Farmacêuticas de Ribeirão Preto da Universidade de São Paulo; 2010.

127. Bordin DCM. Exposição fetal: determinação de drogas de abuso em mecônio empregando a técnica de extração em fase sólida modificada e cromatografia em fase gasosa acoplada a espectrometria de massas. Ribeirão Preto: Faculdade de Ciências Farmacêuticas de Ribeirão Preto da Universidade de São Paulo; 2013.

128. De Martinis BS, Dorta DJ, Bazzarella RB, Alves MNR, Peres MD. Amostras biológicas alternativas para análises toxicológicas. In: Fundamentos de Química Forense. Campinas, SP: Millennium Editora; 2012. cap. 16, 306-16.

129. Huestis MA, Cone EJ. Testing in alternative matrices. In: Karch SB. Drug abuse handbook. Boca Raton: CRC Press; 1998.

130. Yamaguchi ET, Cardoso MMSC, Torres MLA, Andrade AG. Drogas de abuso e gravidez. Revista de Psiquiatria Clínica. 2008;35(1):44-7.

131. Gray T, Huestis M. Bioanalytical procedures for monitoring in utero drug exposure. Analytical Bioanalytical Chemistry. 2007;388:1455-65.

132. Gray TR, Shakleya DM, Huestis MA. Quantification of nicotine, cotinine, trans-3'-hydroxycotinine, nornicotine and norcotinine in human meconium by liquid chromatography/tandem mass spectrometry. J Chromatography B. 2008;863:107-14.

133. Barros LSR. Desenvolvimento e validação de método para análise de nicotina e cotinina em amostras de mecônio utilizando a cromatografia em fase gasosa acoplada à espectrometria de massas. Ribeirão Preto: Faculdade de Ciências Farmacêuticas de Ribeirão Preto da Universidade de São Paulo; 2011.

134. Kole PL, Venkatesh G, Kotecha J, Sheshala R. Recent advances in sample preparation techniques for effective bioanalytical methods. Biomedical Chromatography. 2010;25:199-217.

135. García-Algar O, Vall Combelles O, Puig Sola C, Mur Sierra A, Scaravelli G, Pacifici R, et al. Recent advances in sample preparation techniques for effective bioanalytical methods. Anales de Pediatría (Barcelona). 2009;70:151-8.

136. Bordin DCM, Cabrices OG, Campos EG, De Martinis BS. A rapid assay for the simultaneous determination of nicotine, cocaine and metabolites in meconium using disposable pipette extraction and gas chromatography–mass spectrometry (GC–MS). J Anal Toxicology. 2014;38:31-8.

137. Alves MR, Duarte G, Pinhata MMM, De Martinis BS. Validation of a solid phase extraction procedure for identification and quantification of cocaine and metabolites in meconium using GC/MS. Current Pharmaceutical Analysis. 2011;8:317-23.

138. Pichini S, Pacifici R, Pellegrini M, Marchei E, Pérez--Alarcon E, Puig C, et al. Development and validation of a liquid chromatography-mass spectrometry assay for the determination of opiates and cocaine in meconium. Journal of Chromatography B. 2003;794:281-92.

139. López P, Bermejo AM, Tabernero MJ, Fernández P, Alvarez I. Determination of cocaine and heroin with their respective metabolites in meconium by gas chromatography-mass spectrometry. Journal Applied Toxicology. 2007;27:464-71.

140. Baranowski J, Pchopien G, Baranowska I. Determination of nicotine, cotinine and caffeine in meconium using high-performance liquid chromatography. Journal of Chromatography B. 1998;707:317-21.

141. Kintz P, Samyn N. Unconventional samples and alternative matrices. In: Bogusz MJ. Handbook of analytical separations. Amsterdam: Elsevier Science; 2000. v. 2.

142. Kintz P, Samyn N. Determination of "Ecstasy" components in alternative biological specimens. J. Chrom. B. 1999;733:137-43.

143. De Martinis BS. Sweat as an alternative matrix for amphetamines and methylenedioxy derivatives analysis. Current Pharmaceutical Analysis. 2008;4:274-8.

144. Taylor JR, Watson ID, Tames JF, Lowe D. Detection of drug use in a methadone maintenance clinic: sweat patches versus urine testing. Addiction. 1998;93:847-53.

145. De Giovanni N, Fucci N. The current status of sweat testing for drugs of abuse: a review. Curr Med Chem. 2013;20:(4):545-61.

146. Kutyshenko VP, Molchanov M, BEskaravayny P, Uversky VN, Timchenko MA. Analyzing and mapping sweat metabolomics by high-resolution NMR spectroscopy. Plus One. 2011;6(12):24-28.

147. Huestis MA, Oyler JM, Cone EJ, Wstadik AT, Schoendorfer D, Joseph REJR. Sweat testing for cocaine, codeine and metabolites by gas chromatography-mass spectrometry. Journal of Chromatography B. 1999;733:247-64.

148. Levisky JA, Bowerman DL, Jenkins WW, Karch SB. Drug deposition in adipose tissue and skin: Evidence for an alternative source of positive, sweat patch tests. For Science International. 2000;110:35-46.

149. Kidwell DA, Holland JC, Athanaselis S. Testing for drugs of abuse insaliva and sweat. Journal of Chromat B. 1998;713:111-35.

150. Kidwell DA, Smith FP. Susceptibility of Pharmchek TMdrugs of abuse patch to environmental contamination. Forensic Sci Int. 2000;116:89-106.

151. Kacinko SL, Barnes AJ, Schwilke EW, Cone EJ, Moolchan ET, Huestis MA. Disposition of cocaine and its metabolites in human sweat after controlled cocaine administration. Clin Chem. 2005;51(11):2085-94.

152. Bush DM. The U.S. mandatory guidelines for federal workplace drug testing programs: current status and future considerations. Forensic Sci Int. 2008 Jan 30;174(2-3): 111-9.

153. Uemura N, Nath RP, Harkey MR, Henderson GL, Mendelson J, Jones RT. Cocaine levels in sweat collection patches vary by location of patch placement and decline over time. J Anal Toxicol. 2004 ;28:253-9.

154. De Martinis BS, Barnes AJ, Scheidweiler KB, Huestis MA. Development and validation of a disk solid phase extraction and gas chromatography–mass spectrometry method for MDMA, MDA, HMMA, HMA, MDEA, methamphetamine and amphetamine in sweat. J Chromatog B. 2007;852:450-8.

155. Caplan YH, Goldberger BA. Alternative specimens for workplace drug testing. J. Analytical Toxicology. 2001;25:396-99.

156. Concheiro M, Shakleya DM, Huestis MA. Simultaneous analysis of buprenorphine, methadone, cocaine, opiates and nicotine metabolites in sweat by liquid chromatography tandem mass spectrometry. Anal Bioanal Chem. 2011 Apr;400(1):69-78.

CAPÍTULO 22

ANÁLISE TOXICOLÓGICA SISTEMÁTICA

Rafael Linden

Marina Venzon Antunes

22.1 Resumo

A identificação inequívoca de substâncias potencialmente tóxicas em amostras biológicas representa um desafio significativo pelo grande número de toxicantes que devem ser investigados, bem como a complexidade das matrizes submetidas a análise. Esse problema pode ser abordado por meio da análise toxicológica sistemática (ATS), definida como a busca químico-analítica lógica, em uma dada amostra de teste, por uma substância potencialmente tóxica cuja presença não é suspeitada e cuja identidade é desconhecida.

A primeira etapa da ATS é a preparação da amostra, com isolamento e concentração dos compostos de interesse, que usualmente é realizada empregando extração em fase sólida ou extração líquido-líquido. A segunda etapa consiste na diferenciação e detecção dos compostos presentes na amostra, a qual é normalmente realizada por métodos cromatográficos, tais como cromatografia em camada delgada (*thin layer chromatography*, TLC), cromatografia a gás (*gas chromatography*, GC) e cromatografia líquida de alta eficiência (*high performance liquid chromatography*, HPLC), com diferentes modos de detecção. De forma geral, são preferidos os métodos instrumentais associados a detectores multidimensionais, tais como os seletivos de massas em GC e os de arranjo de diodos e seletivos de massas sequenciais em HPLC. A última etapa da ATS é a identificação das substâncias detectadas, que se baseia na comparação dos resultados analíticos com bancos de dados de referência, com ganhos significativos na capacidade de identificação de substâncias em ATS observados quando dados analíticos de sistemas de baixa correlação são combinados.

A identificação de substâncias, particularmente no contexto da toxicologia forense, é sempre probabilística, considerando o universo de compostos para os quais o analista possui dados de referência. Assim, não é possível excluir a presença de substâncias cujas características físico-químicas e comportamento analítico, nos métodos empregados, não estão disponíveis. Portanto, o toxicologista forense deve estar ciente dos potenciais e das limitações das abordagens analíticas empregadas ao determinar a presença ou ausência de substâncias em análises qualitativas.

22.2 Introdução

A identificação inequívoca de substâncias potencialmente tóxicas em amostras biológicas representa um desafio significativo em razão do grande número de toxicantes que devem ser investigados, bem como a complexidade das matrizes submetidas análise. Esse problema torna-se especialmente complexo quando não estão disponíveis informações sobre o caso em particular, situação comum na toxicologia forense. Esse problema pode ser abordado por estratégias de busca direcionada ou não direcionada de compostos de relevância toxicológica [1,2]. A busca direcionada pode ser aplicada quando a presença de um fármaco ou grupo de fármacos é suspeita ou quando o analista está interessado em um número limitado de substâncias, tal como no controle de dopagem e no controle de drogas em local de trabalho. A busca não direcionada, também conhecida como análise de desconhecidos totais, é aplicada quando não existem informações que possam direcionar os procedimentos analíticos, com um número praticamente ilimitado de substâncias potencialmente presente na amostra. Esse tipo de análise requer uma abordagem concisa e planejada, denominada análise toxicológica sistemática (ATS) [3,4].

A ATS é definida como a busca químico-analítica lógica, em uma dada amostra de teste, por uma substância potencialmente tóxica cuja presença não é suspeitada e cuja identidade é desconhecida [1]. Os objetivos finais da ATS são: detectar a presença de todas as substâncias de relevância toxicológica presentes na amostra e identificá-las com o maior grau possível de certeza e excluir a presença de todas as demais substâncias relevantes. Assim, para atingir seu objetivo precípuo de detectar e identificar corretamente todas as substâncias relevantes presentes em uma determinada amostra, uma sequência de procedimentos claramente sistematizados deve ser seguida. Neste capítulo, a ATS será discutida no contexto da identificação de compostos orgânicos baseada em métodos cromatográficos. Entretanto, em uma perspectiva mais ampla, esse tipo de investigação toxicológica também deve incluir a realização de testes específicos, tais como as determinações de cianeto, carboxi e meta-hemoglobina, assim como testes para toxicantes metálicos, os quais requerem abordagens analíticas específicas.

Dessa forma, os procedimentos empregados em ATS são agrupados em três etapas fundamentais, a saber: (1) preparação da amostra, isolamento e concentração dos compostos de interesse; (2) diferenciação e detecção dos compostos presentes na amostra; e (3) identificação dos analitos relevantes presentes desconhecidos [1]. Por fim, após a identificação da substância, uma etapa de quantificação é necessária a fim de permitir a adequada interpretação toxicológica. Uma visão geral da busca sistemática por substâncias orgânicas em ATS é apresentada na Figura 22.1. Nas próximas seções serão apresentados os conceitos fundamentais associados a cada uma dessas etapas.

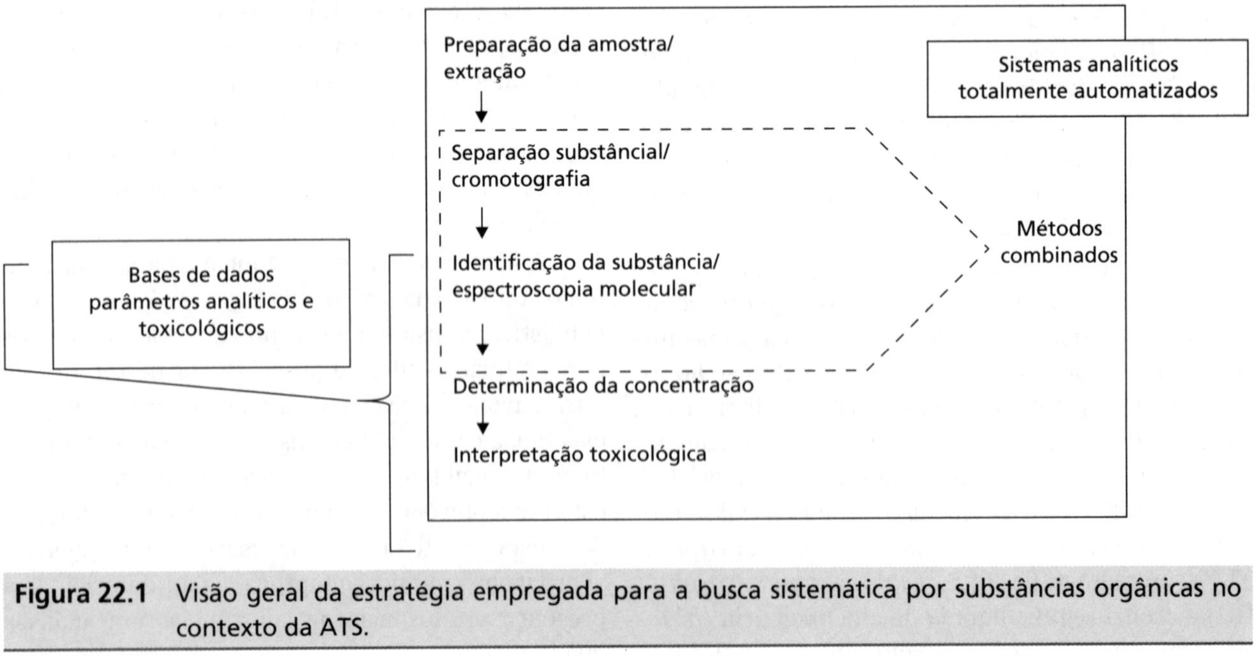

Figura 22.1 Visão geral da estratégia empregada para a busca sistemática por substâncias orgânicas no contexto da ATS.

22.3 Preparação da amostra, isolamento e concentração dos analitos

A ATS usualmente requer preparação da amostra, que normalmente envolve procedimentos de extração, com o intuito de isolar e concentrar os componentes de interesse de uma matriz, tendo em conta que estes se encontram em baixas concentrações e na presença de potenciais interferentes, tanto endógenos como exógenos. De acordo com o tipo de matriz e os analitos nela presentes, as amostras podem necessitar de um tratamento prévio, tal como hidrólise enzimática, ácida ou alcalina ou precipitação/digestão de proteínas, antes de serem submetidas ao processo de extração [1,2].

Na ATS é fundamental que o método de extração seja capaz de extrair uma ampla variedade de substâncias, com polaridades variadas e de propriedades ácidas, básicas, neutras e anfotéricas. Idealmente, os métodos de preparação das amostras também devem ser rápidos e permitir a obtenção de extratos com o mínimo de substâncias interferentes, apresentando elevado rendimento para os compostos de relevância toxicológica. As estratégias de extração mais frequentemente utilizadas em ATS são a extração líquido-líquido (*liquid-liquid extraction*, LLE) e a extração em fase sólida (*solid phase extraction*, SPE), sendo que a discussão dos seus princípios físico-químicos está disponível em numerosa bibliografia.

O emprego de LLE em ATS usualmente requer extrações realizadas tanto em meio ácido como básico, a fim de incluir o maior número possível de substâncias. De forma geral, solventes de polaridade intermediária, tais como metil-*tert*-butil éter, diclorometano e acetato de butila, apresentam um compromisso adequado entre seletividade e eficiência de extração para uma ampla gama de toxicantes [5]. Entretanto, compostos altamente hidrossolúveis (tais como paracetamol e ácido salicílico) são extraídos de forma limitada por solventes orgânicos, independente do pH do meio, sendo necessária, em adição a extração por solventes, a realização de uma extração por precipitação de proteínas [6]. A Sociedade de Química Toxicológica e Forense (Gesellschaft für Toxikologische und Forensische Chemie, GTFCh), da Alemanha, realizou uma compilação de rendimentos de extração de substâncias de interesse toxicológico em meio básico empregando 1-clorobutano como solvente extrator, com mais de trezentas substâncias de interesse toxicológico, que pode ser usada como referência no desenvolvimento de métodos de LLE [7].

A SPE apresenta diversas vantagens em relação a LLE para ATS, dentre as quais se destacam a possibilidade de obter extratos mais limpos, a possibilidade de automação e a possibilidade de eluir compostos de características ácidas, básicas e neutras em um único procedimento extrativo. Dessa forma, a próxima seção será baseada na aplicação da EFS como metodologia de preparação de amostras para ATS.

22.3.1 Procedimento de EFS para ATS empregando fases estacionárias mistas

Os cartuchos de EFS de fase estacionária mista contêm sílica derivatizada tanto com grupamentos alquila de cadeia média (C8) como com substituintes de troca catiônica (SCX). Essas fases estacionárias mistas permitem o estabelecimento de variados tipos de interação com os analitos presentes na amostra, permitindo o isolamento de compostos de características ácidas, neutras e básicas a partir de uma mesma amostra. De forma geral, em cartuchos de fase mista, os compostos ácidos e neutros são retidos por interações hidrofóbicas com os grupamentos alquila, e compostos básicos são retidos por interações iônicas com os grupamentos trocadores de cátions. Um procedimento com essas características foi descrito inicialmente por Chen e colaboradores [8], com modificações por Huang e colaboradores [9], a fim de permitir a extração de amostras de fígado. Uma versão semiautomática desse procedimento de SPE foi descrito por Chen e colaboradores [10].

O procedimento de SPE para ATS empregando cartuchos de fase mista normalmente apresenta os passos a seguir (Figura 22.2).

a) *Preparação da amostra*: amostras de urina, soro, sangue e plasma são diluídas com uma solução tampão, normalmente de pH 6,0, na razão de pelo menos 1:5 (v/v). O sangue diluído normalmente é submetido a uma etapa de sonicação para lise completa das células, seguida de centrifugação. Amostras de tecidos são homogeneizadas e centrifugadas, sendo tanto o sobrenadante como o precipitado, após digestão enzimática, aplicados no cartucho de EFS. Em pH 6,0, compostos fracamente básicos (como o diazepam), neutros e fracamente ácidos (como os barbitúricos) estão em sua forma não ionizada, sendo retidos no cartucho por interações hidrofóbicas. Por sua vez, os compostos fortemente básicos estão ionizados e são retidos pelos grupamentos trocadores de cátions; entretanto, compostos fortemente ácidos (como alguns AINE) permanecerão ionizados e não serão retidos.

b) *Condicionamento do cartucho de extração*: o cartucho de extração é condicionado com metanol, seguido do tampão pH 6,0. O cartucho não pode secar antes da aplicação da amostra previamente preparada.

c) *Aplicação da amostra*: a amostra é aplicada em vazões baixas, normalmente de 1 mL/min, a fim de permitir a interação das substâncias com a fase estacionária.

d) *Lavagem do cartucho e ajuste do pH*: a coluna é lavada com água e o pH do sistema de extração é ajustado para aproximadamente 3,0 antes da eluição, para evitar a remoção de compostos básicos na primeira fração.

e) *Secagem do cartucho*: a secagem do é realizada pela aplicação de metanol, seguida de vácuo intenso. Esta etapa é especialmente importante quando o método de análise a ser empregado requer extratos sem contaminação residual por água, como a cromatografia a gás.

f) *Eluição da fração contendo compostos ácidos e neutros*: os compostos retidos por interações hidrofóbicas são eluídos usando um solvente ou mistura de solventes de polaridade moderada (por exemplo, acetona:diclorometano, 1:1 v/v).

g) *Eluição da fração contendo compostos básicos*: os compostos de características básicas são eluídos por uma mistura solvente contendo hidróxido de amônio (por exemplo, diclorometano:isoprapanol:hidróxido de amônio, 80:20:2 v/v/v), o qual permite a quebra das interações iônicas. A vazão do solvente de eluição deve ser especialmente baixa nesta etapa, uma vez que as interações iônicas são fortes e seu rompimento é mais lento do que as interações apolares.

h) *Evaporação*: as frações são normalmente evaporadas separadamente à secura ou até um pequeno volume a fim de permitir concentrar os analitos e aumentar a sua detectabilidade.

Tal como nas outras etapas da ATS, não existe atualmente um procedimento de preparação de amostras completamente universal, que permita resultados ótimos para todos os analitos, matrizes biológicas e métodos de detecção. Dessa forma, procedimentos de triagem toxicológica não direcionada sempre envolvem algum grau de compromisso no qual em troca de ampliar o número de compostos detectáveis é necessário abrir mão de maior sensibilidade para algumas substâncias. Assim, o julgamento crítico do analista, considerando os seus recursos disponíveis, é essencial para a seleção das melhores condições dentro de um determinado contexto.

22.4 Diferenciação e detecção dos analitos

As técnicas analíticas mais utilizadas para a diferenciação e detecção de substâncias de relevância toxicológica presentes em matrizes biológicas são os imunoensaios e as técnicas de separação cromatográfica, particularmente a cromatografia em camada delgada (TLC), cromatografia gasosa (GC) e cromatografia líquida de alta eficiência (HPLC), associadas a diferentes modos de detecção. O uso de detectores universais permite a detecção de um maior número de substâncias, porém está sujeito a sofrer maiores inferências de compostos endógenos da matriz. A seleção dos modos de detecção a serem empregados depende, além da disponibilidade de recursos, da matriz biológica e dos compostos a serem pesquisados.

22.4.1 Análise toxicológica sistemática em urina por cromatografia em camada delgada (TLC)

A cromatografia em camada delgada (TLC) é uma técnica popular para identificação de substâncias em toxicologia analítica por sua velocidade, confiabilidade e baixo custo, embora careça da sensibilidade e especificidade usualmente requeridas em um laboratório contemporâneo de análises toxicológicas [11]. O deslocamento cromatográfico em TLC é normalmente expresso na forma de fator de retardamento (Rf), que representa a razão entre a distância migrada pela amostra comparada com a distância percorrida pela fase móvel.

Uma limitação importante para o uso do Rf ou do hRf (Rf × 100) como parâmetro de identificação em ATS é sua baixa reprodutibilidade interlaboratorial, o que impede a construção de bancos de dados que possam ser utilizados de forma disseminada. Essa baixa reprodutibilidade está associada ao impacto de fatores ambientais (temperatura, umidade do ar) e técnicos (grau de saturação da cuba

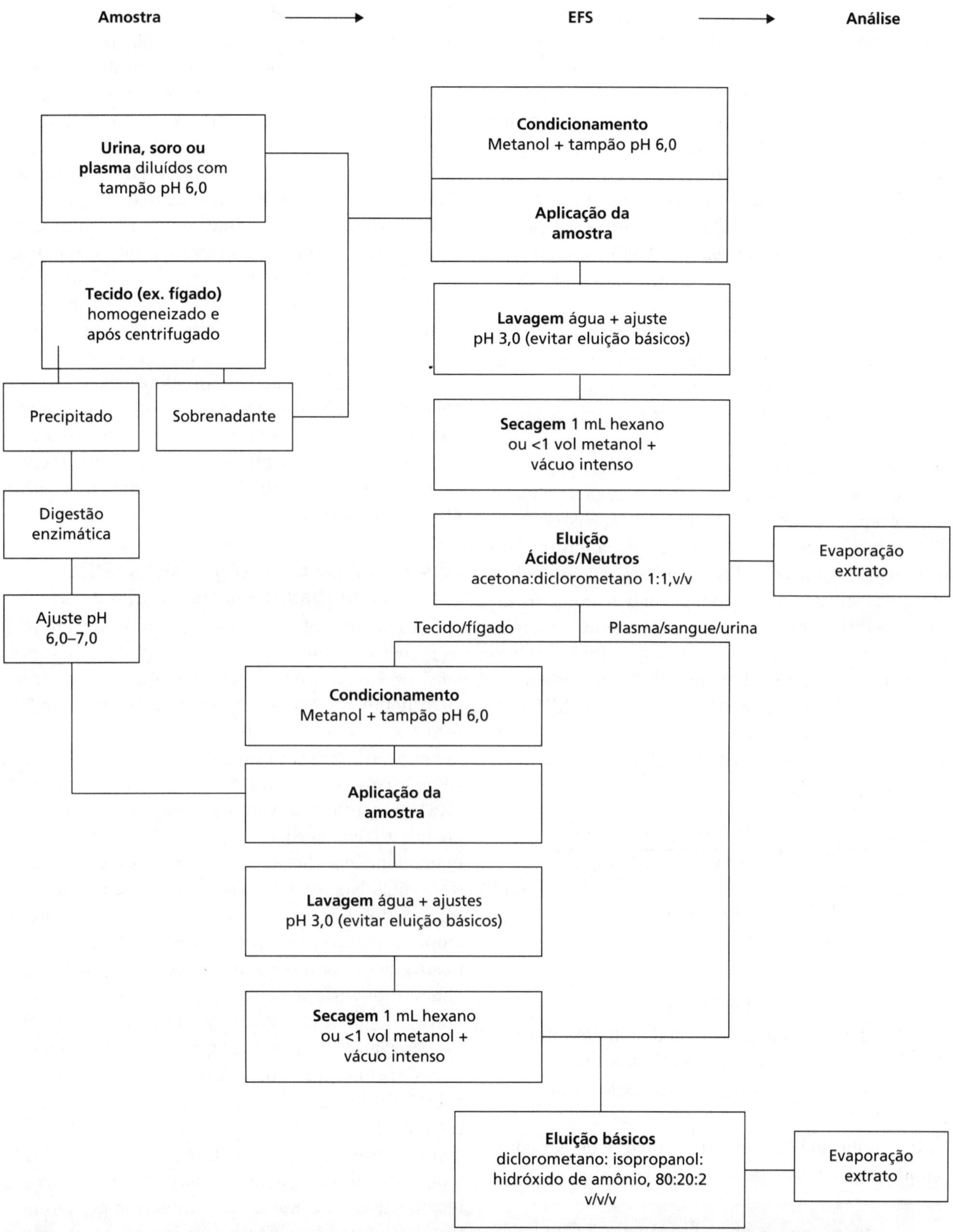

Figura 22.2 Procedimento de SPE para isolamento de compostos de caráter ácido, neutro e básico para ATS.

cromatográfica, espessura da camada de sílica etc.) [11]. Entretanto é possível expressar o hRf de um composto em relação a outros compostos presentes em uma mistura referenciadora aplicados na mesma placa cromatográfica, gerando hRf corrigidos (hRfc) [12]. Os valores de hRfc apresentam elevada reprodutibilidade interlaboratorial, mesmo quando testados em condições ambientais muito diversas. A partir dessa observação, a The International Association of Forensic Toxicologists (TIAFT) compilou um banco de dados de valores de hRfc para aproximadamente 1.600 substâncias de interesse toxicológico, obtidos a partir da utilização de onze sistemas cromatográficos (fases estacionárias e eluentes) diferentes e estritamente padronizados [12].

Para a determinação do hRfc, a migração da substância desconhecida é analisada conjuntamente com quatro marcadores (soluções-padrão) com valores de hRfc distribuídos por toda a faixa de eluição do solvente, estabelecidos para cada sistema de TLC. Após o desenvolvimento da placa em um determinado sistema de TLC, calcula-se o valor de hRf obtido da substância desconhecida bem como os valores de hRf de dois marcadores (presentes na mistura referenciadora), sendo um que tenha eluído imediatamente antes da amostra e outro imediatamente depois. A relação desses valores de hRf obtidos com aqueles padronizados fornece o hRf corrigido da substância desconhecida (hRfc), conforme a Equação (22.1) [12].

$$hRfc(X) = hRfc(A) + \frac{[hRfc(B) - hRfc(A)]}{[hRf(B) - hRf(A)]} \cdot [hRf(X) - hRf(A)] \qquad (22.1)$$

em que:

X = substância desconhecida;

A e B = padrões que eluem imediatamente antes e depois do desconhecido, respectivamente;

hRf = fator de retardamento observado experimentalmente;

hRfc = valor de hRf corrigido, o qual pode ser comparado com o banco de dados da TIAFT.

A capacidade de identificação da TLC em ATS pode ser ampliada combinando informações de retenção, por meio do hRfc, com a descrição das cores obtidas após reações químicas padronizadas, devidamente codificadas [13]. A sequência de visualização recomendada inclui o uso do reagente de Marquis-Mandelin, da irradiação ultravioleta e do reagente de Dragendorff. A combinação dos resultados de hRfc e dos códigos de cores após reações químicas padronizadas permite obter valores de comprimento médio de lista (CML, a lista de compostos candidatos compatíveis com determinado dado analítico) na ordem de 35,1 [14]. Empregando essa abordagem, a combinação de hRfc obtidos em três sistemas eluentes diferentes associados com os códigos obtidos das reações de cor permitiu identificar a substância correta em todas as 35 amostras testadas, sendo que a substância efetivamente presente sempre apresentou um IS% superior a 68 [14]. Apesar da capacidade de identificação aceitável em determinados contextos, obtida pela combinação de dados de comportamento cromatográfico e reações de cor padronizadas em TLC, essa técnica se ressente da sua limitada sensibilidade e baixo grau de automação.

22.4.2 Análise toxicológica sistemática empregando cromatografia a gás

Uma alternativa amplamente utilizada em ATS e em métodos para análise toxicológica de múltiplos analitos é o emprego da cromatografia a gás, particularmente associada a detector de nitrogênio e fósforo (*gas chromatography-nitrogen phosphorus detector*, GC-NPD) e detectores seletivos de massas (*gas chromatography-mass spectrometry*, GC-MS). As principais vantagens do uso da GC para análise toxicológica sistemática são o baixo custo operacional e a eficiência de separação, bem como a disponibilidade de bibliotecas de espectros de massas obtidos em condições de ionização eletrônica, amplas, acessíveis e reprodutíveis. Entretanto, compostos de elevado peso molecular e polaridade usualmente não são analisáveis por GC, limitação que pode ser superada, em algumas situações, com a preparação de derivados por reações específicas.

Considerando que aproximadamente 90% das substâncias de interesse toxicológico podem ser detectadas pelo NPD e têm relativa insensibilidade a compostos endógenos usuais, a associação GC-NPD é de especial utilidade em análises toxicológicas em bioamostras [15]. Essas características permitem a injeção direta de extratos orgânicos de amostras biológicas, sem uma etapa de evaporação de solvente, mantendo a sensibilidade necessária para a identificação de substâncias em concentrações toxicologicamente relevantes. A capacidade de identificação de métodos baseados em CG-NPD é ampliada com a injeção dos extratos em colunas em paralelo, com seletividades diferentes, tal como descrito por Manca, Ferron e Weber [16], Rasanen e colaboradores [15], Gergov, Rasanen e Ojanperä [17] e Turcant e colaboradores [18]. A elevada reprodutibilidade dos parâmetros de retenção em GC, quando adequadamente expressos, permite a identificação de um grande número de substâncias com base em bancos de dados interlaboratoriais, especialmente no contexto da análise toxicológica sistemática (ATS), graças à disponibilidade de um banco de dados com índices de retenção de aproximadamente quatro mil substâncias [19]. Além disso, De Zeeuw e colaboradores [20] publicaram um banco de dados de índices de retenção para solventes orgânicos e compostos voláteis, analisados por cromatografia a gás com detector de ionização em chama (*gas chromatography-flame ionization detector*, GC-FID) [20].

Tabela 22.1 Características gerais de métodos baseados em cromatografia a gás para análise toxicológica sistemática

COLUNA	DETECTOR	COMPOSTOS TABULADOS	REFERÊNCIA
DB-1 (30 m × 0,26 mm; 0,25 µm) DB-17 (15 m × 0,25 mm; 0,25 µm)	NPD	200	[16]
HP-5 (15 m × 0,32 mm; 0,25 µm) DB-17 (15 m × 0,32 mm; 0,25 µm)	NPD	124	[15]
HP-1 (25 m × 0,20 mm; 0,11 µm)	NPD	130	[21]
DB-5 (15 m × 0.,32mm; 0,25 µm) DB-1701 (15 m × 0,32mm; 0,25 µm)	NPD	104	[17]
Ultra 1 (25 m × 0,32 mm; 0,17 µm) CP Sil 19 CB (25 m × 0,32 mm; 0,20 µm)	NPD	200	[18]
OV-1 (25 m × 0,32 mm; 1,0 µm)	NPD	40	[19]
OV-1 (15 m × 0,32 mm; 1,5 µm)	NPD/ FID	4.000	[19]
Carbowax 20M (6,6% e 0,3%)	FID	900	[20]
HP-1 (12 m × 0,20 mm; 0,33 µm)	MS	40	[23]
HP-1 (12 m × 0,20 mm; 0,33 µm)	MS	8.650	[24]
HP-1 (12 m × 0,20 mm; 0,33 µm)	MS	8.650	[25]
RTX-5-MS (30 m × 0,25 mm; 0,25 µm)	MS	128	[26]

NPD: detector de nitrogênio e fósforo; FID: detector de ionização em chama; MS: detector seletivo de massas.

Considerando que a quantificação dos toxicantes eventualmente identificados é necessária para a interpretação toxicológica dos achados analíticos, uma alternativa interessante é a utilização de métodos quantitativos multianalitos que permitam também gerar dados qualitativos comparáveis com bancos de dados interlaboratoriais, permitindo a indicação da presença de substâncias não padronizadas. Nesse contexto, Lizot e colaboradores [22] desenvolveram um método rápido para a determinação de fármacos básicos em plasma por GC-FID, com dados de retenção comparáveis aos de De Zeeuw e colaoradores [19], pela utilização de índices de retenção (IR). Os IR foram calculados pela Equação (22.1), na qual os tempos de retenção e os índices de retenção das substâncias de referência eluindo imediatamente antes e depois da substância desconhecida são denotados por t_n, t_{n+1}, IR_n e IR_{n+1}, respectivamente, e t_x é o tempo de retenção da substância cujo IR será calculado. Para determinação do IR foi empregada como referência uma mistura contendo dez substâncias em metanol na concentração de 100 µg mL^{-1} (solução de calibração de índices de retenção). Essa solução conteve fenfluramina (IR = 1230), efedrina (IR = 1.365), cafeína (IR = 1.800), venlafaxina (IR = 2083), amitriptilina (IR = 2194), ciclobenzaprina (IR = 2233), citalopram (IR = 2380), levomepromazina (IR = 2525), flurazepam (IR = 2780) e buspirona (IR = 3221) e foi injetada uma vez a cada lote analítico processado. Neste estudo, os valores de IR apresentaram CV% médio de 0,07 (faixa de 0,01 a 0,18). As diferenças entre os valores de IR determinados e os publicados por De Zeeuw e colaboradores [19] foram de 0 a 21 unidades de IR, dentro da janela de busca recomendada de ±25 unidades para identificação de substâncias por GC em ATS. Segundo De Zeeuw e colaboradores [2], esse método apresentou um CML de 7,2 utilizando um banco de dados contendo apenas cem substâncias, o que denota a necessidade da associação de dados complementares para a correta identificação de toxicantes quando índices de retenção em GC são utilizados.

$$IR_x = \left(IR_{n+1} - IR_n\right)\frac{\left(t_x - t_n\right)}{\left(t_{n+1} - t_n\right)} + IR_n \qquad (22.2)$$

A combinação de cromatografia a gás com detectores seletivos de massas (CG-DSM) permite ganhos significativos de seletividade e poder de identificação de substâncias em toxicologia analítica, particularmente pela especificidade intrínseca dos espectros de massas obtidos por impacto de elétrons. Em particular, bancos de dados de espectros de massas de fármacos e metabólitos estão disponíveis comercialmente, incluindo derivados acetilados e sililados [25]. A busca em bibliotecas espectrais pode ser otimizada pelo uso de *softwares* específicos para deconvolução espectral. De fato, Meyer, Peters e Maurer [27] demostraram que o uso do *software* gratuito AMDIS permite identificar um número maior de compostos em cromatogramas de massas do que a busca manual em bibliotecas espectrais. Dessa forma, os sistemas GC-MS ainda representam uma metodologia de escolha em ATS por seu balanço favorável entre custo e benefícios.

22.4.3 Análise toxicológica sistemática por cromatografia líquida de alta eficiência

A cromatografia líquida de alta eficiência (HPLC) é uma técnica analítica de elevada flexibilidade, permitindo a análise de compostos de baixa volatilidade e com reduzida estabilidade térmica. Além da sensibilidade e reprodutibilidade dos detectores de arranjos de diodos (DAD), a HPLC tem vantagens adicionais para análises toxicológicas, como a relativa insensibilidade dos detectores espectrofotométricos a interferentes endógenos como colesterol, ácido graxos, lipídeos e carboidratos, que não possuem absorção significativa de radiação UV acima de 195 nm. Além disso, não é necessário isolar os analitos da matriz aquosa, a qual é compatível com as fases móveis empregadas em HPLC de fase reversa [28].

Considerando essas características, sistemas HPLC-DAD são amplamente empregados em análises de triagem toxicológica, associados a bancos de dados de retenção cromatográfica e de espectros de varredura. A base de dados UV Spectra of Toxic Compounds [6,28], desenvolvida no Instituto de Medicina Forense de Berlim, por exemplo, contém aproximadamente 3.300 entradas, incluindo tempos de retenção relativos e espectros de varredura no ultravioleta, sendo compatível com os *softwares* de controle de diversos fabricantes de equipamentos HPLC-DAD.

A eluição isocrática é preferida pela maior reprodutibilidade dos tempos de retenção, do fundo espectroscópico constante durante a análise, maior reprodubitilidade na quantificação, além de possibilitar a recirculação da fase móvel. No método de Pragst e colaboradores [6,28], a fase móvel contendo tampão fosfato pH 2,3 e acetonitrila na proporção 63:37 (v/v) é empregada para a maior parte dos compostos, sendo que outras proporções, de 80:20 e 37:63 (v/v), são empregadas para compostos com tempos de retenção próximos ao tempo morto e maiores que trinta minutos, respectivamente. Nesse sistema, o tempo de retenção relativo (t_{rr}), parâmetro de retenção cromatográfica com maior comparabilidade interlaboratorial do que o tempo de retenção absoluto, é usado como filtro para restringir a busca na biblioteca espectral, evitando interferências de compostos com espectro UV semelhantes, tais como metabólitos. A identificação dos compostos é alcançada pela obtenção de similaridade com espectros de varredura de referência. Embora o uso de biblioteca comercial seja preferido pela sua abrangência, laboratórios individuais também podem construir seus próprios bancos de dados de retenção cromatográfica e espectro de varredura no UV.

Além do método anteriormente descrito, numerosos autores propuseram estratégias de ATS empregando HPLC associada a detectores DAD, tanto com eluição isocrática como por gradiente. Uma compilação de métodos para ATS empregando HPLC-DAD é apresentada na Tabela 22.2.

A capacidade de identificação de substâncias do sistema HPLC-DAD foi extensivamente avaliada com base no CML, definido como o número de compostos participantes de um banco de dados que atendem aos critérios de identificação predefinidos. Herzler, Herre e Pragst [39] obtiveram um CML de 1,25 considerando um banco de dados de 1.993 substâncias, com a combinação de espectros de varredura no ultravioleta e tempos de retenção relativos em HPLC-DAD. Linden e colaboradores [40], avaliando o mesmo banco de dados, obtiveram CML de 41,6 pela combinação de dados de t_{rr} e dos comprimentos de onda de absorção máxima no ultravioleta ($UV_{máx}$) e um CML de 132,1 quando apenas o t_{rr} foi utilizado como critério de identificação. Dessa forma, a combinação dos dados de retenção, juntamente com os espectros de varredura no ultravioleta, confere elevada especificidade para os sistemas HPLC-DAD em análise toxicológica sistemática.

Uma alternativa mais recente ao uso de detectores de arranjo de diodos é o acoplamento de detectores seletivos de massas a sistemas de cromatografia líquida. Numerosos relatos estão disponíveis na literatura descrevendo métodos baseados em cromatografia líquida associados com espectrometria de massas sequencial (LC-MS/MS) para ATS, tanto com ionização no modo *electrospray* (ESI) como no modo *atmospheric pressure chemical ionization* (APCI), com detectores de massas do tipo triplo quadrupolo ou *ion trap*.

Tabela 22.2 Condições experimentais de sistemas de HPLC-DAD empregados em ATS

COLUNA	ELUENTE A/ELUENTE B	ISOCRÁTICO/GRADIENTE PARÂMETRO DE RETENÇÃO	COMPOSTOS TABULADOS	REFERÊNCIA
LiChrospher RP8, 5 µm 250 × 4,0 mm	ACN/0,025% H_3PO_4/tampão FTEA	Isocrático	272	[29]
LiChrosorb RP8, 5 µm 250 × 4,6 mm	ACN/tampão fosfato 50 mM pH 2,3 (63:37, v/v)	Isocrático Tempo de retenção relativo (MPPH)	3.300	[6]
Supersphere RP18, 4 µm 125 × 4,0 mm	A: tampão FTEA 0,025M, pH 3,0 B: ACN	Gradiente linear de 0 a 70% de B em 30 min, 10 min de condicionamento Índices de retenção	880	[30]
Hypersil C18, 5 µm 150 × 4,6 mm	A: 5% ACN e 95% tampão fosfato 50 mM pH 3,0 B: 50% ACN e 50% tampão fosfato 50 mM pH 3,0 (o tampão continha 375 mg/L de octilsulfato de sódio e 3mL/L de trietilamina)	Gradiente linear de 15 a 90% B em 20 min, 5 min em 90% B e 15% em 3 min, 6 min de condicionamento	300	[31]
LiChrospher CH-8/II, 5 µm 250 × 4,0 mm	A: 10% ACN em tampão fosfato pH 3,2 B: ACN	Gradiente linear de 100% para 50% de A em 15 min; 5 min em 50% A e retornando à condição inicial em 5 min	100	[32]
Waters C8, 5 µm 250 × 4,6 mm	A: tampão fosfato pH 3,8 B: ACN	Gradiente em passos com 15% B por 6,5 min; 35% B por 18,5 min; 80% B por 3 min e 7 min de condicionamento	600	[33]
Aluspher, 5 µm 125 × 4,0 mm	A: NaOH 0,0125 M em metanol B: NaOH 0,0125 M em água	Gradiente com 10% A por 5 min; de 10 a 90% A em 20 min e 5 min em 90% A	130	[34]
Zorbax AX 250 × 4,6 mm	A: H_3PO_4 0,15 M + 0,05 M TEA em H_2O B: H_3PO_4 0,15 M + 0,05 M TEA em H_2O/ACN (20:80, v/v)	Gradiente de 0 a 100% B em 30 min, com 5 min a 100% de B Índices de retenção	469	[35]
NovaPak C18, 4 µm 300 × 3,9 mm	Metanol/tetraidrofurano/tampão fosfato pH 2,6 (65:5:30, v/v/v)	Isocrático	311	[36]
Spherisorb S5OD/CN, 5 µm 150 × 4,6 mm	A: tampão FTEA 0,025M, pH 3,0 B: ACN	Gradiente linear de 0% a 70% de B em 25 min, 10 min em 70% ACN, 5 min de condicionamento Índices de retenção	175	[37]
Spherisorb ODS-2, 5 µm 150 × 3,8 mm	A: 10% ACN em tampão fosfato pH 3,1 B: 60% ACN em tampão fosfato pH 3,1	Gradiente com 100% A por 1 min; de 100 até 50% A em 5 min, 50% por 20 min, de 50% a 100% b em 10 min; 100% B por 10 min Tempo de retenção relativo	130	[38]

FTEA: fosfato de trietilamônio; TEA: trietilamina.

O emprego de LC-MS/MS em análises toxicológicas tem como principal vantagem a elevada resolução e sensibilidade, que eventualmente pode prescindir de resolução cromatográfica, permitindo métodos mais rápidos e com menor preparação de amostra. Entretanto a ocorrência de efeitos de matriz pode afetar de forma significativa o desempenho desses métodos, devendo ser avaliada cuidadosamente na etapa de validação [41]. Em sua maioria, os métodos de LC-MS/MS com detectores de baixa resolução para ATS são mais adequadamente descritos como métodos de triagem para múltiplos alvos, uma vez que somente são detectados analitos previamente incluídos em um painel de teste. Nesse caso, por causa da indisponibilidade de bibliotecas espectrais abrangentes, a identificação das substâncias é baseada no tempo de retenção, bem como na comparação com a abundância relativa de pelo menos três íons diagnósticos, analisados de forma contemporânea [42]. Alternativamente, em um sistema HPLC-DAD todos os compostos que apresentam absorção nos comprimentos de onda monitorados potencialmente podem ser detectados. Entretanto espectrômetros de massas de alta resolução, tal como os sistemas de tempo de voo (*time-of-flight*, TOF), os quais apresentam elevada resolução e exatidão de massas, permitem a aquisição de virtualmente todos os dados espectrais gerados em uma análise, possibilitando a detecção de compostos não previamente selecionados. Uma vantagem importante desses sistemas analíticos de alta resolução é gerar fórmulas moleculares a partir de dados de massa exata e padrão isotópico, as quais podem ser comparadas com bancos de dados virtuais. A Tabela 22.3 apresenta métodos selecionados de LC-MS/MS para ATS ou triagem para múltiplos alvos.

Tabela 22.3 Dados gerais de sistemas LC-MS/MS selecionados, empregados em análise toxicológica sistemática ou triagem para múltiplos alvos

TIPO DE DETECTOR	PREPARAÇÃO DA AMOSTRA	COMPOSTOS TABULADOS	REFERÊNCIA
Q-TOF	Extração líquido-líquido com diclorometano	2.500	[43]
Q-TOF	Extração em fase sólida (fase mista)	950	[44]
Q-TRAP	Diluição com acetonitrila e água	700	[45]
Triplo quadrupolo	Extração líquido-líquido com acetato de butila/acetato de etila (50:50, v/v)	136	[24]
LC-FTMS	Extração em fase sólida (fase mista)	7640	[46]
Q-TRAP	Extração em fase sólida (fase mista) e extração líquido-líquido com acetato de butila	301	[47]

(*continua*)

Tabela 22.3 Dados gerais de sistemas LC-MS/MS selecionados, empregados em análise toxicológica sistemática ou triagem para múltiplos alvos (*continuação*)

22.5 Identificação dos analitos

Considerando o grande número de analitos que potencialmente devem ser identificados em uma análise de triagem toxicológica (fármacos e metabólitos, praguicidas, produtos químicos de uso industrial e outros), que pode chegar a vários milhares de substâncias, é improvável que laboratórios individuais criem e mantenham bases de dados suficientemente amplas. Dessa forma, a identificação de substâncias em ATS é baseada na comparação entre os dados analíticos obtidos para um analito desconhecido e aqueles armazenados em uma base de dados cuja reprodutibilidade interlaboratorial foi previamente definida. Também é indispensável que os dados analíticos obtidos sejam expressos em uma forma que maximize a comparabilidade interlaboratorial, o que justifica o uso de parâmetros de retenção cromatográficos mais sofisticados nessa aplicação, tais como os índices de retenção [1].

Se for empregado apenas um sistema analítico, a lista de substâncias com comportamento analítico semelhante ao composto desconhecido será grande. Entretanto, essa lista é diminuída por meio da aplicação, para a mesma amostra, de sistemas analíticos e modos de detecção adicionais. O objetivo final da ATS é obter uma lista de substâncias-candidato com apenas um componente, indicando que apenas uma substância é elegível como o analito desconhecido. Assim, a identificação de substâncias em ATS, baseada em um enfoque probabilístico, leva em consideração que todas as substâncias relevantes estão presentes no banco de dados de referência, o que caracteriza a necessidade da constante atualização dos bancos de dados para ATS [40].

22.5.1 Princípios estatísticos da análise toxicológica sistemática

De acordo com Harstra, Franke e De Zeeuw [48], a identificação de substâncias pode ser baseada em uma abordagem probabilística, baseada no pressuposto de que o parâmetro de identificação (índice de retenção, tempo de retenção relativo etc.) de uma substância x_{ij}, em virtude dos erros experimentais, é normalmente distribuída ao redor da média x_i, com um desvio-padrão igual a *s*.

Assim, a probabilidade de aceitação da hipótese nula $p(x_{ij})$, de que não existe diferença entre o valor medido experimentalmente e o valor do banco de dados, pode ser calculada pela equação que descreve uma distribuição normal de probabilidades. Nesse caso, o parâmetro de identificação (índice de retenção, tempo de retenção relativo etc.) de uma substância x_{ij}, em virtude dos erros experimentais, é normalmente distribuída ao redor da média x_i (valor do parâmetro existente no banco de dados), utilizando uma distribuição normal bicaudal com valor de 0,05 [49]. O desvio-padrão da medida é obtido por meio de estudos interlaboratoriais. As substâncias que se incluem em uma faixa de ± três vezes o desvio-padrão da medida em torno da média compõem a lista de substâncias-candidato. O número de substâncias existentes na lista de substâncias-candidato representa o comprimento médio da lista (CML), que é um indicativo da capacidade de identificação do método (quando menor o CML, maior a capacidade de diferenciação proporcionada pelo método).

Assim, a probabilidade de aceitação da hipótese nula $p(x_{ij})$, de que não existe diferença entre o valor medido experimentalmente e o valor do banco de dados, pode ser calculada pela equação que descreve uma distribuição normal de probabilidades [49].

O índice percentual de similaridade (IS%) é obtido quando o valor de $p(x_{ij})$ é multiplicado por 100. Quando existem dados para diversos sistemas analíticos, um IS% composto pode ser calculado por meio das médias geométricas das similaridades encontradas em cada sistema analítico. Também é necessário avaliar as múltiplas combinações entre os sinais analíticos obtidos em diferentes sistemas. Naturalmente que a realização desses cálculos é uma tarefa muito complexa para ser realizada manualmente. Assim, Linden e colaboradores [4] desenvolveram um sistema informatizado para o processamento e a busca em bancos de dados em análise toxicológica sistemática (disponível em: <www.feevale.br/toxicologia>) [4,40].

22.5.2 Exemplos da aplicação da identificação de substância em ATS empregando a abordagem probabilística

Uma amostra de sangue, submetida à extração em fase sólida em coluna de fase mista, foi analisada por GC-NPD, segundo o método de De Zeeuw e colaboradores [19] e por HPLC-DAD segundo o procedimento descrito por Pragst e colaboradores [6,28]. O extrato básico apresentou dois picos significativos nos dois métodos. Os picos desconhecidos apresentaram índices de retenção de 2.190 e 2.220 em GC-NPD, com tempos de retenção relativos de 1,32 ($UV_{máx}$ = 205 nm) e 1,15 em HPLC-DAD ($UV_{máx}$ = 204 nm). Esses dados foram inseridos no Sistema de Análise Toxicológica Sistemática (SATS, disponível em: <www.feevale.br/toxicologia>), com resultados dos IS%, assim como a busca no banco de dados, apresentados na Tabela 22.4.

Neste exemplo, as substâncias amitriptilina e nortriptilina são as que apresentaram dados com maior similaridade com os resultados analíticos inseridos no SATS, entre as 1.993 possíveis candidatas existentes no banco de dados. Esse resultado foi confirmado por análises complementares, baseadas em espectrometria de massas.

O exemplo anteriormente citado deixa evidente a baixa capacidade de identificação de dados de retenção cromatográfica quando utilizados isoladamente para identificação de substâncias. O uso conjugado de dados de retenção em cromatografia a gás e cromatografia líquida de alta eficiência, que possuem baixa correlação, reduziu significativamente a lista de substâncias-candidato, mas os compostos efetivamente presentes ainda não apresentaram as maiores similaridades. Isso só foi possível com a adição de um terceiro dado analítico, o comprimento de onda de absorção máxima na região do ultravioleta. Um maior grau de certeza pode ser obtido com o uso de dados espectrais completos, tanto varreduras na região do ultravioleta como de espectrometria de massas, os quais aumentam significativamente a capacidade de identificação dos métodos cromatográficos.

Tabela 22.4 Resultados obtidos após inserção dos dados analíticos no Sistema de Análise Toxicológica Sistemática

MÉTODO ANALÍTICO UTILIZADO	DADO PESQUISADO NO BANCO DE DADOS	SUBSTÂNCIAS-CANDIDATO (IS%)*
CG-DNF (IR)	IR (GC) = 2190	Atropina (100) Cloropiramina (100) Oxeladina (100) 2,5-diamino-2'-fluoro-benzofenona (81,0) Cetoprofeno (81,0) Alfacetilmetadol (71,1) Levalorfano (71,14) Tiazinamium metilsulfato (71,1) Cocaína (71,1) Metazolamida (71,1)
	IR (GC) = 2220	Doxepina (100) Ethion (100) Tetracaína (100) Mepiramina (100) Clorciclizina (100) Clofenotano (81,0) Trofosfamida (81,0) Racemorfano (81,0) Iprodiona (71,1) Proclonol (62,4)
CLAE-DAD (t_{rr})	t_{rr} (HPLC) = 1,15	Clobazam (99,2) Stanozolol (96,8) Dextropropoxifeno (95,2) Sufentanil (94,4) Diclofop-metil (92,8) Nicardipina (92,8) Bromazina (92,0) Tolazamida (90,4) Meproscilarina (90,4) Etozolina (89,7)
	t_{rr} (HPLC) = 1,32	Metaclazepam (99,2) Thiram (92,8) Tiropramida (90,4) Ácido micofenólico (90,4) Levocabastina (89,7) Dissulfeto de carbono (89,7) Pireno (89,7) Tolmetina (88,1) Cloropropilato (88,1) 17-beta-estradiol-3-benzoato (87,3)
CG-DNF (IR) + CLAE-DAD (trr)	IR (GC) = 2190 + t_{rr} (HPLC) = 1,32	Pentifilina (63,6) Ciclobenzaprina (59,8) Amitriptilina (32,4)
	IR (GC) = 2220 + t_{rr} (HPLC) = 1,15	Clorciclizina (50,0) Proclonol (46,9) Nortriptilina (34,2)
CG-DNF + CLAE-DAD (t_{rr} e $UV_{máx}$)	IR (GC) = 2190 + trr (HPLC) = 1,32 + $UV_{máx}$ (CLAE) = 205 nm	***Amitriptilina (51,5)*** Pentifilina (23,9)
	IR (GC) = 2.220 + trr (HPLC) = 1,15 + UVmáx (HPLC) = 204 nm	Nortriptilina (46,4)

*Apresentadas as dez substâncias-candidato de maior similaridade ou todas com IS% acima de 5.

Além disso, quanto maior a comparabilidade do método analítico com os dados de referência, melhor será a capacidade de identificação, o que denota a grande importância da cuidadosa padronização dos métodos. Por exemplo, se neste caso fossem obtidos resultados analíticos exatamente iguais aos dados existentes no SATS para amitriptilina: IR (GC) = 2.194 + t_{rr} (HPLC) = 1,24 + $UV_{máx}$ = 205 nm e nortriptilina: IR (GC) = 2.220 + t_{rr} (HPLC) = 1,068 + $UV_{máx}$ = 205 nm, ambas as substâncias apresentariam IS% de 100 e seriam as únicas com similaridades superiores a 5%.

22.6 Conclusões

Os objetivos primordiais da ATS são detectar todas as substâncias de relevância toxicológica presentes em uma amostra e identificá-las com o maior grau de certeza possível, excluindo a presença de outras substâncias potencialmente relevantes. Para atingir esse objetivo é necessário utilizar uma abordagem planejada e sistemática, constituída de três etapas: (1) isolamento e concentração dos analitos; (2) diferenciação e detecção dos compostos presentes na amostra; e (3) identificação das substâncias detectadas por meio da comparação dos resultados obtidos com bancos de dados.

A despeito da disponibilidade de métodos analíticos com elevada capacidade de identificação, os objetivos da ATS podem ser cumpridos empregando combinações de metodologias mais simples e prontamente acessíveis. Entretanto qualquer método empregado em ATS deve apresentar reprodutibilidade interlaboratorial, com parâmetros de medida com o menor erro possível, a fim de permitir a intercambialidade dos bancos de dados.

A identificação de substâncias, particularmente no contexto da toxicologia forense, é sempre probabilística, considerando o universo de compostos para os quais o analista possui dados de referência. Assim, não é possível excluir a presença de substâncias cujas características físico-químicas e comportamento analítico, nos métodos empregados, não estão disponíveis. Portanto, o toxicologista forense deve estar ciente dos potenciais e das limitações das abordagens analíticas empregadas ao determinar a presença ou ausência de substâncias em análises qualitativas.

Questões para estudo

1. A análise toxicológica sistemática tem como objetivo:
   a) identificar todas as substâncias de relevância toxicológica em uma amostra.
   b) excluir a presença de substâncias de relevância toxicológica em uma amostra.
   c) obter o máximo de diferenciação de substâncias no menor tempo possível.
   d) isolar, detectar e identificar substâncias das mais diversas características físico-químicas.
   e) todas as alternativas anteriores.
2. Com relação aos métodos de isolamento/concentração de analitos de amostras biológicas no contexto da análise toxicológica sistemática, é correto afirmar que:
   a) os métodos de extração líquido-líquido permitem o isolamento de compostos de características ácidas, básicas e neutras em uma única etapa operacional.
   b) a extração em fase sólida empregando fase estacionárias exclusivamente apolares permite isolar compostos ácidos e básicos em um único procedimento.
   c) solventes extratores de baixa polaridade, como o hexano, são os mais apropriados para análise toxicológica sistemática.
   d) na extração em fase sólida com colunas de fase mista, é possível reter compostos ácidos e neutros por interações apolares e compostos básicos por interações iônicas.
   e) a extração líquido-líquido é facilmente automatizável.
3. Com relação aos métodos baseados em cromatografia a gás para análise toxicológica sistemática, assinale a alternativa correta:
   a) O uso de tempos de retenção relativo permite a melhor comparabilidade interlaboratorial dos dados de retenção.
   b) Detectores seletivos para nitrogênio e fósforo apresentam como vantagem a maior sensibilidade para compostos endógenos das matrizes biológicas.

c) A cromatografia a gás associada a espectrometria de massas permite a identificação inequívoca de qualquer composto de relevância toxicológica.
d) Os espectros de massas obtidos em cromatografia a gás apresentam baixa comparabilidade interlaboratorial.
e) Dados de índices de retenção apresentam elevada precisão e comparabilidade interlaboratorial.

4. Com relação aos métodos baseados em cromatografia líquida de alta eficiência para análise toxicológica sistemática, assinale a alternativa correta:
   a) O uso de detectores de arranjo de diodos permite obter elevada capacidade de identificação.
   b) Detectores de arranjo de diodos são considerados universais em análises toxicológicas pois todos os compostos relevantes possuem absorção na região do ultravioleta.
   c) Sistemas LC-MS/MS do tipo triplo quadrupolo permitem metodologias de análises que não requerem a definição prévia dos compostos a serem identificados.
   d) Uma vantagem dos sistemas LC-MS/MS é sua insensibilidade absoluta a compostos da matriz.
   e) Métodos baseados em HPLC-DAD usualmente são incompatíveis com matrizes aquosas, o que determina a obrigatoriedade de etapas de extração e concentração.
5. Considerando as bases estatísticas da identificação de substâncias em análise toxicológica sistemática, assinale a alternativa incorreta:
   a) A identificação de substâncias com grau de certeza adequado depende da disponibilidade de bancos de dados que incluam todas as substâncias relevantes.
   b) Substâncias cujos dados não estejam no banco de dados utilizado não serão identificadas.
   c) A conjugação de dados de retenção em cromatografia a gás e cromatografia líquida de alta eficiência é suficiente para a identificação de substâncias em toxicologia forense.
   d) A identificação de substâncias é sempre probabilística.
   e) O emprego de métodos de elevada precisão e comparabilidade interlaboratorial é fundamental para o uso de bancos de dados em análise toxicológica sistemática.

Respostas

1. Alternativa E.
2. Alternativa D.
3. Alternativa E.
4. Alternativa A.
5. Alternativa C.

LISTA DE ABREVIATURAS

AINE	Anti-inflamatório não esteroidal	LC-FTMS	Cromatografia líquida associada a espectrometria de massas de alta resolução com transformada de Fourier (do inglês *liquid chromatography-Fourier transform mass spectrometry*)
APCI	Ionização química a pressão atmosférica (do inglês *atmospheric pressure chemical ionization*)	LC-MS/MS	Cromatografia líquida associada a espectrometria de massas sequencial (do inglês *liquid chromatography-tandem mass spectrometry*)
ATS	Análise toxicológica sistemática	LLE	Extração líquido-líquido (do inglês liquid-liquid extraction)
DAD	Detector de arranjo de diodos	MS	Espectrometria de massa (do inglês *mass spectrometry*)
ESI	Ionização por *electrospray* (do inglês *electrospray ionization*)	NPD	Detector de nitrogênio e fósforo (do inglês *nitrogen phosphorus detector*)

FID	Detector de ionização em chama (do inglês *flame ionization detector*)	Q-TOF	Detector seletivo de massas híbrido quadrupolo – tempo de voo (*time-of-flight*)
FTEA	Fosfato de trietilamônio	Q-TRAP	Detector seletivo de massas híbrido quadrupolo – armadilha de íons (*ion trap*)
GC	Cromatografia a gás (do inglês *gas chromatography*)	Rf	Fator de retardamento
GTFCH	Gesellschaft für Toxikologische und Forensische Chemie	SPE	Extração em fase sólida (do inglês *solid phase extraction*)
HPLC	Cromatografia líquida de alta eficiência (do inglês *high performance liquid chromatography*)	TEA	Trietilamina
hRf	Fator de retardamento percentual	TIAFT	The International Association of Forensic Toxicologists
hRfc	Fator de retardamento percentual corrigido	TLC	Cromatografia em camada delgada (do inglês *thin layer chromatography*)
IR	Índice de retenção	t_{rr}	Tempo de retenção relativo
IS	Índice de similaridade		

Lista de palavras

- Abordagem probabilística
- Análise toxicológica sistemática
- Bibliotecas espectrais
- Busca direcionada
- Busca não direcionada
- Cartuchos de extração de fase mista
- Comprimento médio da lista
- Cromatografia a gás com detector de nitrogênio e fósforo
- Cromatografia a gás com detector seletivo de massas
- Cromatografia em camada delgada
- Cromatografia líquida de alta eficiência associada a espectrometria de massas sequencial
- Cromatografia líquida de alta eficiência com detector de arranjo de diodos
- Extração em fase sólida
- Extração líquido-líquido
- Fator de retardamento
- Identificação de substâncias
- Índice de retenção
- Índice de similaridade
- Ionização *atmospheric pressure chemical ionization*
- Ionização *electrospray*
- Reprodutibilidade interlaboratorial
- Tempo de retenção relativo

REFERÊNCIAS

1. De Zeeuw RA. Drug screening in biological fluids. The need for a systematic approach. J Chromatogr B Biomed Sci Appl. 1997;689(1):71-9.

2. de Zeeuw RA, Hartstra J, Franke JP. Potential and pitfalls of chromatographic techniques and detection modes in substance identification for systematic toxicological analysis. Journal of Chromatography A. 1994;674(1-2):3-13.

3. Linden R, Fassina V. Análise toxicológica sistemática em toxicologia forense. Revista Brasileira de Toxicologia. 2005;16(1):14.

4. Linden R, Sartori S, Kellermann E, Souto AA. Identificação de substâncias em análise toxicológica sistemática através de um sistema informatizado para cálculo de parâmetros cromatográficos e busca em base de dados. Química Nova. 2007;30(2):8.

5. Flanagan RJ, Morgan PE, Spencer EP, Whelpton R. Micro-extraction techniques in analytical toxicology: short review. Biomed Chromatogr. 2006;20(6-7):530-8.

6. Pragst F, Herzler M, Herre S, Erxleben BT, Rothe M. UV spectra of toxic compounds. Supplement 2007. Berlin: Toxicological Chemistry; 2007.

7. Demme U, Becker J, Bussemas H, Daldrup T, Erdmann F, Erkens M, et al. Systematic evaluation of 1-chlorobutane for liquid-liquid extraction of drugs www.gtfhc.org: Gesellschaft für Toxikologische und Forensische Chemie; 2005 [cited 2015 Oct 7]. Available from: https://www.gtfch.org/cms/images/stories/chlorobutaneextraction.pdf

8. Chen XH, Franke JP, Wijsbeek J, De Zeeuw RA. Isolation of acidic, neutral, and basic drugs from whole blood using a single mixed-mode solid-phase extraction column. J Anal Toxicol. 1992;16(6):351-5.

9. Huang ZP, Chen XH, Wijsbeek J, Franke JP, de Zeeuw RA. An enzymic digestion and solid-phase extraction procedure for the screening for acidic, neutral, and basic drugs in liver using gas chromatography for analysis. Journal of Analytical Toxicology. 1996;20(4):248-54.

10. Chen XH, Franke JP, Ensing K, Wijsbeek J, De Zeeuw RA. Pitfalls and solutions in the development of a fully automated solid-phase extraction method for drug screening purposes in plasma and whole-blood. Journal of Analytical Toxicology. 1993;17(7):421-6.

11. Poole CF. Thin-layer chromatography. In: Moffat AC, Osselton MD, Widdop B, editors. Clarke's analysis of drugs and poisons. London: The Pharmaceutical Press; 2011.

12. De Zeeuw RA, Deutsche Forschungsgemeinschaft, International Association of Forensic Toxicologists. Committee for Systematic Toxicological Analysis. Thin-layer chromatographic Rf values of toxicologically relevant substances on standardized systems. 2nd rev. and enlarged ed. Weinheim; New York: VCH; 1992. 308 p.

13. Hegge HFJ, Franke JP, De Zeeuw RA. Combined information from retardation factor (Rf) values and color-reactions on the plate greatly enhances the identification power of thin-layer chromatography in systematic toxicological analysis. J Forensic Sci. 1991;36(4):1094-101.

14. Linden R, Kellermann E. Internet based computer processing of thin-layer chromatography data in systematic toxicological analysis. Bulletin of The International Association of Forensic Toxicologists. 2011;40(3):5.

15. Rasanen I, Kontinen I, Nokua J, Ojanpera I, Vuori E. Precise gas chromatography with retention time locking in comprehensive toxicological screening for drugs in blood. J Chromatogr B Analyt Technol Biomed Life Sci. 2003;788(2):243-50.

16. Manca D, Ferron L, Weber JP. A system for toxicological screening by capillary gas-chromatography with use of a drug retention index based on nitrogen-containing reference compounds. Clin Chem. 1989;35(4):601-7.

17. Gergov MN, Nokua J, Rasanen I, Ojanperä I. Validation and quality assurance of a broad scale gas chromatographic screening method for drugs. Problems of Forensic Science. 2000;43:70-78.

18. Turcant A, Premelcabic A, Calilleux A, Allain P. Screening for neutral and basic drugs in blood by dual fused-silica column chromatography with nitrogen phosphorus detection. Clin Chem. 1988;34(7):1492-7.

19. De Zeeuw RA, Deutsche Forschungsgemeinschaft, International Association of Forensic Toxicologists. Committee for Systematic Toxicological Analysis. Gas chromatographic retention indices of toxicologically relevant substances on packed or capillary columns with dimethylsilicone stationary phases. 3rd rev. and enl. ed. Weinheim; New York, NY: VCH Verlagsgesellschaft; 1992. 407 p.

20. De Zeeuw RA, Deutsche Forschungsgemeinschaft, International Association of Forensic Toxicologists. Committee for Systematic Toxicological Analysis. Gas chromatographic retention indices of solvents and other volatile substances for use in toxicological analysis. Weinheim; New York: VCH; 1992. 130 p.

21. De la Torre CS, Martinez MA, Almarza E. Determination of several psychiatric drugs in whole blood using capillary gas-liquid chromatography with nitrogen phosphorus detection: comparison of two solid phase extraction procedures. Forensic Science International. 2005;155(2-3):193-204.

22. Lizot LF, Silva LL, Spaniol B, Antunes MV, Lanaro R, Linden R. Determinação rápida de fármacos básicos em plasma por cromatografia a gás com detector de nitrogênio e fósforo. Química Nova. 2012;35(6):6.

23. Meyer GM, Weber AA, Maurer HH. Development and validation of a fast and simple multi-analyte procedure for quantification of 40 drugs relevant to emergency toxicology using GC-MS and one-point calibration. Drug Test Anal. 2014;6(5):472-81.

24. Remane D, Meyer MR, Peters FT, Wissenbach DK, Maurer HH. Fast and simple procedure for liquid-liquid extraction of 136 analytes from different drug classes for development of a liquid chromatographic-tandem mass spectrometric quantification method in human blood plasma. Anal Bioanal Chem. 2010;397(6):2303-14.

25. Maurer HH, Pfleger K, Weber AA. Mass spectral library of drugs, poisons, pesticides, pollutants and their metabolites. Weinheim (Germany): Wiley-VCH; 2011.

26. Adamowicz P, Kala M. Simultaneous screening for and determination of 128 date-rape drugs in urine by gas chromatography-electron ionization-mass spectrometry. Forensic Sci Int. 2010;198(1-3):39-45.

27. Meyer MR, Peters FT, Maurer HH. Automated mass spectral deconvolution and identification system for GC-MS screening for drugs, poisons, and metabolites in urine. Clin Chem. 2010;56(4):575-84.

28. Pragst F, Herzler M, Herre S, Erxleben BT, Rothe M. UV spectra of toxic compounds. Berlin: Verlag Dr. Dieter Helm; 2001.

29. Koves EM. Use of high-performance liquid-chromatography diode-array detection in forensic toxicology. Journal of Chromatography A. 1995;692(1-2):103-19.

30. Bogusz M, Erkens M. Reversed-phase high-performance liquid chromatographic database of retention indices and UV spectra of toxicologically relevant substances and its interlaboratory use. J Chromatogr A. 1994;674(1-2):97-126.

31. Lai CK, Lee T, Au KM, Chan AYW. Uniform solid-phase extraction procedure for toxicological drug screening in serum and urine by HPLC with photodiode-array detection. Clin Chem. 1997;43(2):312-25.

32. Logan BK, Stafford DT, Tebbett IR, Moore CM. Rapid screening for 100 basic drugs and metabolites in urine using cation-exchange solid-phase extraction and high-performance liquid-chromatography with diode-array detection. Journal of Analytical Toxicology. 1990;14(3):154-9.

33. Gaillard Y, Pepin G. Use of high-performance liquid chromatography with photodiode-array UV detection for the creation of a 600-compound library – Application to forensic toxicology. Journal of Chromatography A. 1997;763(1-2):149-63.

34. Lambert WE, Meyer E, De Leenheer AP. Systematic toxicological analysis of basic drugs by gradient elution of an alumina-based HPLC packing material under alkaline conditions. J Anal Toxicol. 1995;19(2):73-8.

35. Hill DW, Kind AJ. Reversed-Phase Solvent-Gradient Hplc Retention Indexes of Drugs. Journal of Analytical Toxicology. 1994;18(5):233-42.

36. Tracqui A, Kintz P, Mangin P. Systematic toxicological analysis using Hplc/Dad. J Forensic Sci. 1995;40(2):254-62.

37. Elliott SP, Hale KA. Development of a high-performance liquid chromatography retention index scale for toxicological drug screening. J Chromatogr B. 1997;694(1):99-114.

38. Drummer OH, Kotsos A, Mcintyre IM. A class-independent drug screen in forensic toxicology using a photodiode-array detector. Journal of Analytical Toxicology. 1993;17(4):225-9.

39. Herzler M, Herre S, Pragst F. Selectivity of substance identification by HPLC-DAD in toxicological analysis using a UV spectra library of 2682 compounds. Journal of Analytical Toxicology. 2003;27(4):233-42.

40. Linden R, Feltraco LL, Comerlato LC, Kellermann E, Antunes MV. Computer assisted substance identification in systematic toxicological analysis: new life for old methods? Forensic Sci Int. 2010;202(1-3):e53-60.

41. Peters FT, Remane D. Aspects of matrix effects in applications of liquid chromatography-mass spectrometry to forensic and clinical toxicology – a review. Anal Bioanal Chem. 2012;403(8):2155-72.

42. TOXSAG. Australian/New Zealand Specialist Advisory Group in Toxicology. MS identification guidelines in forensic toxicology – an Australian approach. Bulletin of The International Association of Forensic Toxicologists. 2012;42(2):4.

43. Broecker S, Herre S, Wust B, Zweigenbaum J, Pragst F. Development and practical application of a library of CID accurate mass spectra of more than 2,500 toxic compounds for systematic toxicological analysis by LC-QTOF-MS with data-dependent acquisition. Analytical and Bioanalytical Chemistry. 2011;400(1):101-17.

44. Rosano TG, Wood M, Ihenetu K, Swift TA. Drug screening in medical examiner casework by high-resolution mass spectrometry (UPLC-MSE-TOF). J Anal Toxicol. 2013;37(8):580-93.

45. Dresen S, Ferreiros N, Gnann H, Zimmermann R, Weinmann W. Detection and identification of 700 drugs by multi-target screening with a 3200 Q TRAP LC-MS/MS system and library searching. Anal Bioanal Chem. 2010;396(7):2425-34.

46. Ojanpera L, Pelander A, Laks S, Gergov M, Vuori E, Witt M. Application of accurate mass measurement to urine drug screening. J Anal Toxicol. 2005;29(1):34-40.

47. Mueller CA, Weinmann W, Dresen S, Schreiber A, Gergov M. Development of a multi-target screening analysis for 301 drugs using a QTrap liquid chromatography/tandem mass spectrometry system and automated library searching. Rapid Commun Mass Spectrom. 2005;19(10):1332-8.

48. Hartstra J, Franke JP, De Zeeuw RA. How to approach substance identification in qualitative bioanalysis. J Chromatogr B Biomed Sci Appl. 2000;739(1):125-37.

49. Schepers PGAM, Franke JP, De Zeeuw RA. System Evaluation and Substance Identification in Systematic Toxicological Analysis by the Mean List Length Approach. Journal of Analytical Toxicology. 1983;7(6):272-8.

CAPÍTULO 23

TOXICOLOGIA *POST MORTEM*

Bruno Spinosa De Martinis

Fernanda Ferreira da Silva Souza Monedeiro

Marcela Nogueira Rabelo Alves

23.1 Introdução

A toxicologia forense pode ser definida como a aplicação da toxicologia para os propósitos da lei. Essa divisão da toxicologia é subdividida em três áreas de atuação: testes de drogas de interesse forense; toxicologia para avaliação do desempenho humano; e toxicologia *post mortem*. Antes do surgimento das análises para avaliação do desempenho humano, tais como testes para álcool e drogas em motoristas e as análises de drogas de interesse forense em amostras de urina, a toxicologia forense era praticada quase que exclusivamente para a as análises de drogas em casos fatais [1].

No Brasil, a toxicologia *post mortem* é de responsabilidade dos institutos médico-legais, que são órgãos oficiais ligados à polícia científica.

O termo toxicologia *post mortem* é empregado para as determinações de álcool, drogas ou outros toxicantes que podem ter causado ou contribuído para a morte de um indivíduo. Ela difere da toxicologia clínica, do monitoramento de drogas terapêuticas e da toxicologia de emergência, que é usada para auxiliar no controle clínico de um indivíduo vivo. Enquanto as análises de drogas em toxicologia clínica compartilham algumas técnicas e procedimentos com as análises *post mortem*, tais como técnicas de extração com solventes ou em fase sólida, uso de imunoensaios, cromatografia e espectrometria de massas, nos casos *post mortem*, estas precisam ser modificadas para proporcionar resultados aceitáveis, considerando os fluidos e tecidos encontrados nessa situação. [2].

23.1.1 Estabilidade *post mortem*

Após a morte, várias alterações podem ocorrer para diversas substâncias, sejam elas lícitas ou ilícitas, sendo que a extensão dessas alterações varia significativamente entre elas. Heroína e cocaína não são apenas rapidamente convertidas nos seus respectivos produtos hidrolisados durante a vida, mas também sofrem rápida bioconversão *in situ* após a morte. Além disso, caso não sejam tomadas precauções para melhor conservação da amostra, o processo de hidrólise pode ocorrer no frasco de coleta. Assim, não existe amostra ideal nos casos *post mortem* e, sem conhecimentos especializados, quaisquer resultados devem ser considerados com cautela durante sua interpretação [1].

A decomposição e possível liquefação dos tecidos ocorrem nas amostras *post mortem*. Tais efeitos são muito dependentes do tempo decorrido para encontro do corpo e da temperatura e umidade do ambiente onde o corpo foi encontrado.

23.2 Redistribuição *post mortem* e mecanismos envolvidos

O fenômeno da redistribuição *post mortem* compreende as variações dependentes da matriz biológica pesquisada e do tempo decorrido após a morte nas concentrações das substâncias presentes no organismo [3].

Após a morte, a cessão da respiração aeróbica pela ausência de oxigênio como aceptor final na cadeia respiratória favorece a fermentação, elevando a concentração de ácido lático e fosfatos inorgânicos e, por consequência, levando à diminuição do pH intracelular. Com a produção deficiente de ATP, o funcionamento da bomba de sódio-potássio é comprometido, levando ao acúmulo de sódio na célula e à liberação de potássio, o que também favorece a entrada de água por osmose e propicia o intumescimento celular. Com a perda da seletividade das membranas celulares, ocorre então liberação de enzimas hidrolíticas lisossômicas, ativadas com a mudança no pH, desencadeando a digestão dos componentes celulares e da membrana plasmática, o que permite a distribuição dos xenobióticos para o meio extracelular. Como resultado da morte celular há a desintegração dos tecidos e a permeação de substâncias através dos vasos sanguíneos e possível difusão destas para outras regiões do corpo.

Os mecanismos envolvidos nesse fenômeno são basicamente a distribuição de substâncias das regiões que atuam como reservatórios de drogas e a participação das alterações cadavéricas na viabilização desses processos e na transformação das substâncias envolvidas.

Observa-se que a redistribuição no pulmão ocorre poucas horas após a morte e de forma extensa, muito provavelmente em razão da grande área superficial dos alvéolos. O fluxo de sangue recebido pelo pulmão do ventrículo direito faz com que drogas, principalmente as bases fracas e lipofílicas, se concentrem nesse órgão. Um dos mecanismos associados é a distribuição a partir dos vasos sanguíneos pulmonares para os tecidos circundantes, e daí as drogas podem chegar até as câmaras cardíacas e vasos sanguíneos da região torácica. Além disso, os fluidos peritoneal e pleural podem servir de veículo, facilitando a distribuição para a região do fígado [2,4].

A difusão passiva do conteúdo estomacal pode se estender às câmaras cardíacas esquerda e direita, aorta e veia cava, podendo afetar o fluido pericárdio e miocárdio. A regurgitação de drogas, derivada do agonismo ou da relaxação do esfíncter esofagogástrico, também implica a distribuição destas para as veias pulmonares. A distribuição para as vias aéreas pode incorrer em um aumento na concentração de droga encontrada no sangue [5]. O estômago, por ser anatomicamente próximo à porção inferior esquerda do fígado e à porção inferior esquerda do pulmão, também torna estes últimos alvos de redistribuição de seu conteúdo [3].

Do fígado, as drogas podem chegar, através das veias hepáticas, à veia cava inferior, e daí para a câmara cardíaca direita, vasos pulmonares e sangue periférico. Outra rota de distribuição do fígado inclui a passagem de substâncias para os tecidos adjacentes, como estômago, duodeno e vesícula biliar [3].

Drogas acumuladas no miocárdio também se difundem prontamente para o sangue cardíaco (nas câmaras cardíacas direita e esquerda) e venoso subclávio, o que foi observado no estudo de redistribuição da digoxina, que apresenta discrepantes níveis *ante mortem* e *post mortem* [6]. Já a redistribuição para a gordura corporal através da dissolução física é um processo mais lento que ocorre para drogas altamente lipofílicas, como compostos orgânicos voláteis e canabinoides na forma inalterada [7], e que pode resultar na diminuição da concentração destas no sangue. Esse mecanismo, ao ser pesquisado, demonstrou ocorrer não na fase *post mortem*, e sim antes da morte, com as drogas analisadas – temazepan e morfina –, permanecendo em concentrações inalteradas pelo período de três dias, denotando grande estabilidade no tecido [8].

Ainda como consequência da morte, bactérias migram do trato gastrointestinal, pulmão e cavidade oral para os demais fluidos. A ação bacteriana tem participação na conversão e produção de espécies químicas nas matrizes biológicas *post mortem*. Nitrobenzodiazepínicos sofrem bioconversão por bactérias presentes no corpo, sendo reduzidos a 7-amino-metabólitos, e tendo-se a *Clostridium perfringens* como a espécie mais eficiente nesse processo. Micro-organismos também são os responsáveis pela produção *post mortem* de etanol na qual glicose é o substrato, sendo que as bactérias *Escherichia coli* e *Candida albicans* são as principais responsáveis.

As reações podem ser prevenidas pela adição do conservante apropriado (fluoreto de sódio 1%-2%) [8,9].

No caso da formação do etanol, alguns marcadores têm sido utilizados com a finalidade de distinguir a produção endógena da ingestão de bebida alcoólica. Entre estes está o etil glucoronídeo, metabólito *ante mortem* do etanol, mas que é detectado por um longo período após a ingestão de grande quantidade de álcool, não podendo ser indubitavelmente relacionado ao consumo recente, além de apresentar baixa estabilidade à decomposição e temperaturas superiores a 30 °C. Por outro lado, o metabólito sulfato de etila apresenta maior estabilidade nessas condições [2,11,12]. Além disso, outros álcoois são gerados juntamente na fermentação alcóolica que ocorre *post mortem*, como o propanol e butanol, e, logo, são possíveis indicadores do processo [12].

O ácido γ-hidroxibutírico (GHB), um agente terapêutico e droga de abuso, é outra substância que pode ser gerada no sangue após a morte. O GHB é também um composto endógeno, encontrando-se em concentrações muito baixas nessas circunstâncias, de modo que concentrações elevadas são associadas à administração da droga. O micro-organismo *Pseudomonas aeruginosa* mostrou-se associado com a produção *post mortem* do GHB, provavelmente atuando na conversão do ácido γ-aminobutírico (GABA) a GHB. A produção mostrou também ser retardada pela adição de fluoreto de sódio à amostra [2,14].

Tanto no sangue como também em outros fluidos biológicos, pode ocorrer a produção *post mortem* de cianeto, a qual tem a possibilidade de ser identificada pela ausência de um contexto que caracterize esse tipo de intoxicação. A produção endógena é causada pela conversão (oxidação) do tiocianato em cianeto em meio ligeiramente ácido (próprio da amostra ou por acidificação desta), reação que é catalisada pela hemoglobina [14]. A conversão pode ser inibida pela adição do mesmo conservante.

O pH fisiológico, uma vez acidificado, tende depois a se tornar básico, em razão da liberação de amônia com a quebra das proteínas dos músculos, de modo que uma amostra afetada pela decomposição apresentando pH alcalino favorece a hidrólise eficiente de compostos suscetíveis nessas condições, como a cocaína e barbitúricos [2,3].

As análises toxicológicas *post mortem* são expressamente necessárias na determinação de substâncias de interesse para elucidação das condições em que se deu o evento fatal, tendo como principal objetivo a verificação da compatibilidade dos resultados obtidos com uma dose terapêutica ou letal, ou ainda se a presença dessas substâncias, em dada concentração, indica circunstâncias importantes para a investigação, como o estado do indivíduo. A interpretação cuidadosa dos resultados pode revelar exposição crônica ou aguda à substância, período de abstinência, tratamento com administração de drogas terapêuticas e apontar a recenticidade da exposição. As análises devem ser direcionadas de acordo com as investigações policiais, histórico médico do indivíduo e o exame médico-legal.

O método mais adequado para a avaliação toxicológica das amostras *post mortem* é a aplicação de testes de triagem, que são voltados para a detecção de múltiplas substâncias em uma única análise [16]. Após identificação dos compostos por meio de métodos de triagem, em circunstâncias específicas, em que uma série de fatores apontam para suspeita da presença de determinadas drogas, é possível realizar análises mais seletivas ou mesmo para fins de quantificação da substância.

Procedimentos de coleta e armazenamento adequados ao lidar com amostras biológicas *post mortem* são fundamentais, não apenas pelos fatores temporais e relacionados às condições ambientais externas que comprometem os resultados que poderão ser obtidos daquela amostra, mas também pela dificuldade de realizar uma nova coleta, uma vez que a inumação do cadáver ocorre em pouco tempo. Análises posteriores em material proveniente de exumação são ainda mais complexas em virtude do avançado estado de degradação e da pouca disponibilidade de amostras tanto em quantidade como em diversidade de material, e, em casos onde o corpo passou por etapa de embalsamamento, a presença de outras substâncias presentes no líquido utilizado para conservação do corpo podem também interferir nas análises [1,17].

Mesmo que algumas substâncias não possuam grande volume de distribuição *post mortem*, traumas intensos ocasionando a ruptura dos órgãos que são reservatórios de drogas podem complicar o processo de interpretação das análises toxicológicas [18]. O grau de decomposição da amostra é outra dificuldade com relação às técnicas de análise a serem empregadas, pois uma concentração maior de produtos da putrefação estará presente, agindo como interferentes, particularmente em relação aos testes de imunoensaios.

23.2.1 Matrizes biológicas e suas implicações nas análises toxicológicas

Em razão da ocorrência do processo de redistribuição *post mortem* e das características específicas das circunstâncias da morte, a escolha das matrizes a serem utilizadas deve ser feita com base no objetivo da investigação e com devido conhecimento das informações que delas se podem extrair, assim como as limitações pertinentes associadas. A seguir são apresentadas as principais matrizes biológicas empregadas nas análises toxicológicas *post mortem*.

23.3 Fluidos biológicos

23.3.1 Sangue

As transformações *post mortem* afetam intrinsecamente os níveis de substâncias presentes no sangue. O processo que gera alterações nas concentrações do sangue mais comum é a distribuição de drogas dos reservatórios (tecidos como estômago, coração, fígado e pulmão) em que se encontravam antes da morte [18].

Como se dá essa distribuição e a intensidade desta dependerão de uma série de fatores, em especial das propriedades físico-químicas das drogas, do tempo decorrido desde a morte e do movimento do sangue. O movimento do sangue decorrente do efeito da gravidade, da pressão exercida pelos gases no corpo e pela posição deste último é mais intenso na região central do corpo e menos intenso nas regiões periféricas [19].

Considerando esses fatores, o sangue nos vasos próximos ao coração sofre mais o efeito da redistribuição *post mortem*, tendendo a apresentar concentrações superiores de drogas que se tornam discrepantes da concentração original, referente ao momento da morte.

Por isso, com relação ao sangue *post mortem*, é extremamente importante avaliar a influência da região em que o sangue foi coletado e os possíveis efeitos de distribuição envolvidos para as substâncias investigadas. Do contrário, a análise produzirá conclusões errôneas. A coleta do sangue é fundamental, mas nunca deve ser a única amostra coletada do corpo; outras amostras devem embasar os resultados para formulação de um diagnóstico adequado.

Com relação ao sangue periférico, este é, em geral, menos suscetível à redistribuição *post mortem*, por não estar adjacente aos órgãos que são reservatórios, encontrando-se mais afetado pelo mecanismo de distribuição dos músculos e gorduras locais. Portanto, recomenda-se sua coleta em todos os casos em que estiver disponível. A amostra de sangue periférico mais utilizada é a proveniente da veia femural (direita ou esquerda) ou de um vaso a ela ligado [20]. Enquanto isso, o sangue central é geralmente obtido das artérias subclávias (localizadas nos compartimentos cardíacos, incumbidas da irrigação dos membros superiores) ou diretamente do coração. O sangue proveniente do coração pode conter sangue de ambas as câmaras cardíacas, subclávia, dos vasos pulmonares ou da veia cava inferior, de modo que podem ser variadas as fontes contribuintes para essa amostra [2]. Desse modo, indica-se a coleta de 10 a 20 mL de sangue femoral e de 50 mL de sangue cardíaco, para fins de análise comparativa e por causa das potenciais informações qualitativas, já que o sangue cardíaco é um dos maiores alvos da redistribuição [21].

A cocaína é rapidamente hidrolisada no sangue pelas esterases, mas também de forma espontânea, em pH fisiológico, possuindo uma meia-vida de cerca de uma hora. Na condição *post mortem* a cocaína também é logo degradada. Por outro lado, atua o efeito da redistribuição da droga dos principais reservatórios. Portanto a concentração avaliada de cocaína é dependente de fatores diversos; a variabilidade das concentrações pesquisadas em sangue central e periférico é grande e mostra-se acentuada com o decorrer do tempo após a morte [22]. Assim, o sangue unicamente pode não oferecer esclarecimentos mais detalhados sobre a situação *ante mortem*, sendo ideal a execução de análises comparativas com amostras como cérebro e fígado.

A análise de voláteis, como o etanol, em sangue, nos demais fluidos ou amostras sólidas, como músculos, é geralmente feita empregando-se extração por *headspace*, em que é recolhida e examinada uma porção da fase gasosa da amostra por cromatografia em fase gasosa.

Sobre as diferentes origens de amostra de sangue e suas implicações, observa-se que o sangue obtido a partir da câmara cardíaca direita encontra-se mais bem correlacionado com o sangue femoral nos casos estudados. A justificativa seria a maior suscetibilidade da câmara esquerda à distribuição do conteúdo estomacal e à aspiração da regurgitação deste último, decorrente do processo agônico ou da relaxação *post mortem* [5].

Apesar da hipótese de que o sangue da subclávia (geralmente considerado como sangue central) não poderia ser equiparado ao femoral por causa do efeito da regurgitação das câmaras cardíacas para as veias subclávias no *rigor mortis*, estudos mostram que os dois tipos de amostras apresentam boa correlação entre si, mesmo considerando fatores como a concentração gástrica de etanol no indivíduo, o grau de putrefação e a execução de tentativa de reanimação por meio de massagem cardíaca [23]. Na ausência do sangue femoral, é, portanto, uma interessante opção para a análise de etanol.

Um fator de extrema importância na interpretação de resultados em exames de alcoolemia é a possível formação endógena de etanol, oriunda da fermentação alcoólica da glicose sanguínea promovida por micro-organismos. Essa atividade é mais expressiva nos estágios mais avançados de decomposição, portanto é fundamental para a análise de etanol garantir que a coleta de amostras seja feita o quanto antes após a morte. Apesar do processo poder ser retardado pela adição de conservantes como o fluoreto de sódio, que atua como bactericida e na inibição enzimática associada à glicólise, logicamente, não se exclui a possibilidade de se encontrar etanol já formado após a morte. É necessário o transporte e armazenamento das amostras à temperatura de congelamento e em frascos apropriados para garantir também a mínima perda de etanol por volatilização [1].

No caso de uma administração de heroína, a identificação da droga original pode ser difícil. Isso porque a heroína possui um pequeno tempo de meia-vida no sangue, que varia de cinco a 25 minutos, sendo prontamente convertida em 6-monoacetilmorfina. Esse produto também não é muito estável no sangue por causa da presença de esterases, podendo ser encontradas maiores concentrações na urina. A 6-monoacetilmorfina é convertida em morfina, que tem meia-vida maior, de duas a três horas, sendo excretada na urina na forma de glucoronídio. Diante disso, o cálculo da razão de morfina livre/morfina total (livre + conjugada) no sangue auxilia no entendimento da contribuição da droga para a morte, sendo que taxas maiores levam a crer que se trata de um caso de overdose [24].

O THC (Δ^9-tetraidrocanabinol) é uma molécula bastante apolar, enquanto seus metabólitos 11-OH-THC e THC-COOH possuem uma maior polaridade. No entanto, a pesquisa em modelo animal do mecanismo de redistribuição *post mortem* de canabinoides aponta que a droga original e metabólitos apresentam razões de concentração no sangue cardíaco/concentração no sangue femoral similares, com valor próximo a 2,0, o que também indica moderado efeito de redistribuição, e que está proporcionalmente relacionado com o intervalo *post mortem*. Além das dificuldades de interpretação por causa do fenômeno de redistribuição, tem-se que a concentração de THC encontrada no sangue depende muito do padrão de consumo do indivíduo, de modo que usuários crônicos podem permanecer com a droga detectável no sangue por longos períodos (até sete dias) após o último consumo [25].

Os canabinoides podem também não ser facilmente detectados no sangue, de modo que é mais provável a constatação de THC e metabólitos na urina. O metabólito encontrado em maiores concentrações é geralmente o THC-COOH. A investigação dos níveis de THC em análises *post mortem* vem mostrando-se bastante pertinente porque a ação de direção sob efeito de maconha tem sido comparada à produzida pelo etanol em acidentes graves e fatais. Além disso, os canabinoides têm sido detectados em sangue e urina em casos de homicídios, suicídios e em notável parte dos casos de mortes acidentais [26].

23.3.2 Humor vítreo

É um tipo de amostra que se apresenta em pequeno volume. Por isso recomenda-se que seja totalmente coletado por punção no canto lateral do olho e posterior adição de fluoreto de sódio no tubo em que se encontra armazenado. Sua importância nas análises toxicológicas *post mortem* baseia-se principalmente por sofrer menor efeito da atividade bacteriana e dos processos de putrefação que atingem anteriormente o sangue e tecidos. No humor vítreo, drogas e toxinas chegam por transporte ativo e passivo da corrente sanguínea para a barreira da retina (barreira retina-sangue).

São muitos os registros da estimação do intervalo *post mortem* através do humor vítreo por meio da quantificação de potássio. O potássio é progressivamente liberado no humor vítreo como resposta ao processo autolítico intraocular. Partindo desse princípio, o aumento das concentrações dessa espécie tem o potencial de refletir o tempo decorrido desde a morte. Resultados satisfatórios têm sido obtidos, contudo a técnica possui limitações relacionadas à variabilidade nas concentrações de um olho para outro e aos relatos de que as concentrações de potássio nos intervalos de tempo posteriores começam a sofrer maiores variações [27,28]. Além do potássio, sódio e cloreto podem ser avaliados para determinar estados de desidratação e glicose para confirmar casos de diabetes. Em adição a isso, marcadores biológicos podem indicar outras doenças.

Por suas características, especialmente a alta porcentagem de água, as análises instrumentais dos extratos de humor vítreo apresentam baixo ruído e reduzido efeito da matriz, o que contrasta com o observado nas matrizes *post mortem* mais comuns, de natureza complexa. Em estudo comparativo com a urina (que é uma amostra de desejável verificação em decorrência da ampla janela de detecção que possui), notou-se que os compostos identificados por um método de *screening* na urina *post mortem* podem não ser identificadas no humor vítreo, porém, considerando que normalmente a urina não é encontrada no corpo para exame, o humor vítreo é uma importante alternativa a esse tipo de amostra. A proporção de droga original no humor vítreo tende a ser maior que na urina, onde predominam metabólitos. Em comparação ainda com outras matrizes *post mortem* comuns, como o fígado, em que substâncias lipofílicas é que são normalmente detectadas, no humor vítreo são detectados compostos de diferentes polaridades [29]. Por outro lado, 46 compostos de interesse forense (drogas e metabólitos) foram analisados e as concentrações obtidas em sangue periférico e humor vítreo se mostraram correlacionadas em 23 deles. Nas 23 espécies que não apresentaram correlação, observou-se relação entre a porcentagem da concentração encontrada no humor vítreo e o grau de ligação à proteína de cada substância, de modo que, de maneira generalizada, quanto maior o grau de ligação à proteína da espécie, menor a concentração encontrada no humor vítreo [30].

Mais uma aplicação do humor vítreo advém da sua ausência de esterases, o que favorece a permanência de compostos que possuem a função éster, como cocaína (que é rapidamente metabolizada no sangue), heroína e 6-monoacetilmorfina [24,31].

A pesquisa em modelo animal direcionada às análises de cocaína e metabólitos em sangue e humor vítreo concluíram que o humor vítreo apresenta concentrações cada vez mais elevadas de droga com o decorrer do tempo, com um período de análise de oito horas, em que as concentrações no sangue periférico se mantiveram praticamente constantes. A explicação é que a matriz estaria sendo alvo de redistribuição da cocaína presente no cérebro para a região dos olhos, em que devem ser especialmente afetados corpos em decúbito ventral [32]. Relatos também confirmam a difusão de etanol contido no humor vítreo para o ambiente em corpos que permaneceram em contato com água por longos períodos [33].

A despeito da análise para determinação de etanol, observa-se que em muitos casos a relação entre concentração de etanol no humor vítreo/concentração de etanol no sangue tende a ser próxima a 1, o que é compatível com o esperado de acordo com as porcentagens relativas de água nas duas matrizes, que gera uma relação igual a 1,16. Porém a interpretação dos resultados deve ser feita de maneira cuidadosa: se uma análise detecta etanol no humor vítreo, mas não no sangue periférico (ou o encontra em baixas concentrações), há indício de que a morte tenha ocorrido durante a fase de eliminação do etanol ou então muito pouco etanol foi consumido; mas, se a concentração no sangue for consideravelmente superior à concentração no humor vítreo, é provável que a morte tenha ocorrido pouco tempo após o consumo, durante a fase de absorção do etanol, confirmada pelo exame no conteúdo gástrico, ou então, a se deduzir também pelo estado de decomposição, ocorreu formação *post mortem* de etanol. No entanto, a etanol proveniente apenas da fermentação geralmente não se apresenta em altas concentrações [34].

23.3.3 Urina

A urina é, em geral, coletada por punctura realizada na bexiga. A amostra pode ser encontrada em grande volume ou não, e em muitos casos encontra-se indisponível. É desejável a coleta de ao menos 50 mL de urina ou do conteúdo total (caso o conteúdo presente seja muito pequeno, uma lavagem da bexiga com água pode ser realizada para recuperação), seguida de adição de fluoreto de sódio, normalmente a 2%. Esse tipo de amostra encontra-se menos sujeita à putrefação do que o sangue, já que se encontra consideravelmente isolada no interior da bexiga [35].

Sendo a urina a principal via de eliminação de drogas, a análise toxicológica deve focar-se na detecção dos metabólitos dos respectivos compostos, sendo muitas vezes difícil a detecção da droga original. Por esse mesmo motivo, testes de imunoensaio para as drogas de origem podem não fornecer as informações necessárias [21].

A urina possui características (alta porcentagem de água, baixas concentrações de lipídios e proteínas) que a tornam uma amostra menos complexa, proporcionando viabilidade na realização de *spot tests* diretamente no material e no próprio local, muito embora existam registros mostrando que esses testes tendem a apresentar um grande número de resultados falso-negativos. Esse problema deve estar associado à baixa concentração do analito e às mudanças sofridas na amostra em consequência dos processos envolvidos na putrefação, sendo adequada a realização de análise confirmatória ao menos no sangue [18,36].

Em geral, não é possível estabelecer correlação entre a concentração de droga encontrada no sangue e aquela encontrada na urina, o que dificulta derivar a dimensão do efeito farmacológico ou mesmo o uso da razão entre as concentrações no sangue e na urina para deduzir o tempo decorrido desde o consumo da droga. No entanto, por essa amostra possuir maior janela de detecção, pode permitir a identificação de drogas presentes no corpo há mais tempo quando comparada ao sangue, o que, dependendo das circunstâncias, pode contribuir para a investigação em geral, mesmo que não esteja diretamente relacionado à causa da morte [16,37,38].

Acerca da urina *post mortem*, destaca-se seu préstimo nas análises para etanol, lembrando sua alta porcentagem de água (cerca de 90%, maior que a do sangue, de cerca de 80%). O que se observa para esse tipo de análise é que existe, como exceção do citado anteriormente, boa correlação entre a concentração alcoólica na urina e no sangue femoral, o que torna a urina uma matriz produtora de resultados mais confiáveis do que o sangue cardíaco (proveniente da veia cava) [39]. O estabelecimento da razão de concentração alcoólica na urina/concentração alcoólica no sangue possibilita estimar o estágio da metabolização do álcool no corpo e, portanto, quando teria se dado sua ingestão. Uma relação inferior a 1 sugere que o álcool não havia sido totalmente metabolizado, provavelmente tratando-se de um caso de ingestão recente; por outro lado, razões superiores a 1,25 trazem indício de que certo tempo se passou desde a ingestão até o momento da morte, pois a absorção de álcool teria sido completada [35].

Estudos mostram que a metabolização do álcool na bexiga não ocorre e a difusão *post mortem* do álcool da urina para o sangue é mínima. A urina também está sujeita à produção *post mortem* de etanol, porém a fermentação irá ocorrer mais tardiamente do que no sangue por causa dos menores níveis de glicose nesse fluido, à exceção de casos de indivíduos portadores de diabetes. Nas amostras destes últimos indivíduos deve ser feita adição de fluoreto de sódio a concentrações superiores a 2% [9,35].

Heroína, metabólitos da morfina, cocaína e benzodiazepínicos sofrem rápida degradação na urina. Já anfetaminas podem se apresentar mais concentradas em urina do que em sangue. Drogas (como metadona e opiáceos) podem sofrer distribuição dos vasos sanguíneos da região abdominal para a urina; esse processo afeta as concentrações de droga na urina, fazendo com que sejam artificialmente aumentadas [36].

23.3.4 Conteúdo estomacal

Em casos de overdoses e envenenamentos por via oral, esta matriz é especialmente útil, pois é provável que as substâncias possivelmente relacionadas à morte sejam encontradas em maior concentração no estômago. Além disso, a quantidade de determinada droga encontrada no conteúdo estomacal pode ser indício para a diferenciação entre a ingestão de uma dose terapêutica e uma overdose [1].

A forma de coleta mais comum é através da abertura da cavidade abdominal. O estômago é amarrado e removido cuidadosamente para evitar qualquer contaminação dos demais fluidos, transportado para um recipiente isolado, e então o conteúdo é retirado. Quanto ao conteúdo estomacal, é necessária a prévia verificação da presença de sólidos, como comprimidos que não foram completamente digeridos [21].

Odores característicos do conteúdo estomacal podem também ser indicativos de determinados tipos de intoxicações, como os odores de amêndoas, alho, frutado e doce, que sugerem intoxicação por cianeto, inseticidas organofosforados ou arsênio, álcool e clorofórmio, respectivamente [18].

Essa matriz apresenta composição variada, não homogênea, que pode ser completamente líquida ou possuir partes sólidas. Por isso, é recomendável a coleta e o registro do volume total disponível, seguidos de etapas de homogeneização da amostra. Como o conteúdo é heterogêneo, a determinação da quantidade representativa de droga consumida e, portanto, a interpretação dos resultados da análise deverá ser feita com base nesse volume total coletado e homogeneizado. Além disso, por ser uma amostra complexa, essa matriz necessita de etapas mais elaboradas de extração com solventes orgânicos [16].

O compartimento estomacal é bastante sujeito ao fenômeno da redistribuição *post mortem*, logo as descobertas toxicológicas devem estar sujeitas à consideração dos mecanismos associados. Algumas drogas de metabolismo lento e de pequeno volume de redistribuição podem ser encontradas em altas concentrações no estômago por causa da prévia ingestão, ou mesmo depois de decorrido certo tempo. Por outro lado, em outros casos (etanol, antidepressivos tricíclicos), o conteúdo no estômago pode se distribuir desse compartimento a partir da disposição dos vasos sanguíneos do órgão para as veias cavas inferior, aorta e câmaras cardíacas. A distribuição também pode ocorrer por meio da difusão passiva da droga para os órgãos próximos, afetando principalmente a porção inferior do pulmão esquerdo e porção esquerda do fígado. Assim, a identificação de baixas concentrações de droga no conteúdo estomacal pode ser devida à distribuição de drogas presentes no sangue, e eventualmente seus metabólitos, para o compartimento estomacal, por meio de difusão passiva; nesse caso, a concentração de determinada substância encontrada no volume gástrico será bem menor do que àquelas encontradas no sangue [3,18].

Dado o fato de que o etanol não demora a ser absorvido no estômago, a presença deste na amostra do fluido estomacal indica o consumo de etanol até uma hora antes da morte [37]. Após a morte, o estômago torna-se permeável ao álcool proveniente do sangue e dos tecidos adjacentes. A difusão do etanol do estômago é fortemente dependente do tempo decorrido após a morte e também pode ser consideravelmente minimizada com o abaixamento da temperatura de armazenamento do corpo [40].

A intoxicação fatal por cianeto ocorre em larga escala por via oral. Pesquisas – por exemplo, [41] estudaram a distribuição de sais de cianeto do conteúdo gástrico e compararam as concentrações da substância dessa matriz com aquelas encontradas em sangue periférico e cardíaco. O cianeto foi encontrado em concentração muito superior (cerca de cem vezes mais) em amostra do conteúdo gástrico do que nas amostras de sangue das respectivas amostras.

Altas concentrações de drogas podem ser identificadas no conteúdo estomacal, mas essa condição não extingue totalmente a possibilidade de administração por via não oral. O conteúdo gástrico pode ter seus níveis de substâncias afetados pelo efeito da presença do suco gástrico que é secretado no estômago, mas pode conter drogas que são bases fracas e metabólitos circulantes na corrente sanguínea [16].

A administração de antídotos no atendimento emergencial nos casos de envenenamento, como carvão ativado (antídoto não específico), deve ser considerada na interpretação das análises realizadas, uma vez que implica a diminuição da concentração original [16,41].

Além do conteúdo presente no estômago, para fins de análise de substância consumida por via oral, a avaliação toxicológica em vômito (que deve estar presente na região da traqueia) também se faz importante. Isso porque, como comentado, o processo agônico pode implicar a regurgitação da substância. Essa amostra pode ser encontrada em casos de intoxicação aguda por etanol em que a morte se deu por aspiração do vômito, provocando asfixia do indivíduo. Nesse caso, o vômito poderá ser encontrado no trato respiratório (brônquios), apresentando alta concentração de etanol [24].

A análise de vômito tem também algumas ressalvas: o vômito contendo bile é característico de processos agônicos do uso de algumas drogas e, inclusive, indica que o fluido estomacal está contaminado por bile, fazendo com que a droga administrada por via diversa da oral possa ser encontrada também no estômago [16].

23.3.5 Bile

A bile tem se mostrado como uma interessante matriz nas análises toxicológicas *post mortem*. Essa amostra é recolhida com o auxílio de seringa hipodérmica da vesícula biliar, idealmente com a prévia remoção do órgão. É desejável a coleta do volume total presente na vesícula, pois esta também é uma amostra complexa e variada, eventualmente muito viscosa. Uma complicação adicional é a presença dos sais biliares e gorduras, exigindo-se etapas de *clean-up* e procedimentos de extração eficientes para o emprego dessa matriz [16].

No processo de metabolização, as drogas sofrem excreção por via biliar na forma de glucoronídeos e participam da circulação êntero-hepática, e, como resultado, a bile acumula essas drogas e metabólitos. O emprego da bile como matriz biológica *post mortem* na análise de drogas não só permite a geração de dados comparativos com as demais matrizes, mas destaca-se na detecção de anfetaminas, antidepressivos, benzodiazepínicos, metais tóxicos em casos de exposição crônica, canabinoides e opiáceos (em especial a morfina). Em muitos casos, a concentração de droga encontrada na bile é superior àquela encontrada no sangue, ou mesmo a droga é detectada apenas na bile e não na amostra de sangue cardíaco e femoral (casos de lorazepam, paracetamol e hidroxizina) [16,18,42].

Por outro lado, a bile também pode estar sujeita a distribuição *post mortem* do estômago e fígado, dificultando uma interpretação mais acurada das concentrações encontradas [2].

23.3.6 Fluido cerebroespinhal

Também chamado de líquido cefalorraquidiano ou liquor, é o líquido secretado pelo plexo coroide, e ambos atuam na flutuabilidade do cérebro, protegendo-o de trauma físico. O fluido cerebroespinhal desempenha a função de remoção de metabólitos provenientes do sistema nervoso central por meio de seu escoamento, além de prover sua homeostase e reparação, desenvolvendo o transporte de substâncias endógenas e xenobióticas nessa região [43].

Considerando suas funções, já foi utilizado no diagnóstico de meningite, Alzheimer e outras doenças degenerativas por meio da análise de marcadores biológicos, e mesmo na detecção de medicamentos [44]. É um tipo de amostra *post mortem* promissora por sua menor suscetibilidade à atividade microbiana e alta porcentagem de água, que a tornam uma matriz alternativa na determinação de álcool, especialmente quando o humor vítreo não está disponível [16]. Sua obtenção é na maioria dos casos feita pela punctura na região suboccipital (parte posterior entre a cabeça e o pescoço) [21].

Benzodiazepínicos, anticonvulsionantes, sedativos, opioides, antidepressivos, anestésicos, anti-histamínicos e metabólitos foram analisados em grande número de amostras de fluido cerebroespinhal. Os resultados levaram à conclusão de que essa matriz pode ser usada com grande eficiência na detecção dessas substâncias, no entanto, as concentrações obtidas não acompanham as concentrações presentes no sangue. De modo geral, foi observado também a concentração superior de drogas com maior caráter hidrofílico no fluido cerebroespinhal. Diante do constatado, não é adequado estimar a concentração sanguínea a partir da concentração nesse fluido [44], e isso pode ser deduzido diante do grande número de variáveis que afetam a distribuição das drogas até essa matriz [45].

23.4 Tecidos

Amostras de tecidos moles são úteis em casos em que o sangue está em pouca quantidade ou é inexistente, em virtude de decomposição, queimaduras ou traumas sofridos pelo corpo. Para tecidos é indicada a coleta de cerca de 50 g do material, não permitindo decorrer muito tempo desde o início da necropsia [21].

Com relação aos tecidos, estes podem conter quantidades muito superiores dos compostos investigados quando em comparação com a amostra de sangue, além de fornecerem informações adicionais importantes para o entendimento das circunstâncias da morte.

23.4.1 Cérebro

A escolha do cérebro como amostra é devida aos indícios que podem transmitir a respeito da exposição a drogas ou a outras substâncias lipofílicas que atuam no sistema nervoso central e se acumulam nesse tecido (principalmente organoclorados e voláteis, como o clorofórmio). O cérebro também é menos suscetível que o sangue às transformações oriundas da putrefação, pois se encontra protegido no interior da caixa craniana (com exceção de casos em que há trauma nessa região).

O preparo dessa amostra envolve a obtenção de um homogenato com solução-tampão, podendo receber adição de solução enzimática de triacilglicerol lipase para digestão lipídica [46]. Para extração, normalmente é empregada extração em fase sólida.

O tecido pode ser recolhido de diferentes regiões, o que se mostra útil na verificação da distribuição das drogas no cérebro, que não é um tecido homogêneo. A coleta, sendo feita em determinadas regiões, pode gerar resultados mais compatíveis com os níveis da mesma substância no sangue. Por exemplo, a concentração de álcool em uma amostra do lobo frontal apresenta a melhor correlação, de quase 0,9, com aquela encontrada no sangue [47].

A determinação da razão das concentrações cocaína/benzoilecgonina no cérebro e no sangue mostra-se útil para diferenciar casos de intoxicação fatal (em que overdose de cocaína foi a causa da morte) de casos incidentais (em que a cocaína foi utilizada mas não causou a morte), já que a simples dosagem de benzoilecgonina pode não ser muito elucidativa, uma vez que a cocaína no sangue é rapidamente hidrolisada, tanto no corpo vivo como após a morte. Isso porque a razão das concentrações no cérebro/sangue reflete o tempo decorrido após o uso da droga. Para casos fatais, a concentração no cérebro será muito maior para cocaína do que para benzoilecgonina; no sangue, será maior a concentração de benzoilecgonina. Para casos incidentais, a razão cocaína/benzoilecgonina é menor e mais próxima para ambas as amostras, com as concentrações de benzoilecgonina sendo maiores do que as de cocaína tanto no cérebro quanto no sangue [48].

A cocaína, por exemplo, permanece mais estável no tecido cerebral (meio mais lipofílico) do que no sangue e outras soluções aquosas, podendo ser detectada no tecido cerebral em até três meses se mantida sob congelamento [46]. A cocaína pode ser detectada em altas concentrações no cérebro, mas a metilecgonina (produto da pirólise da cocaína) é encontrada em baixas concentrações. A possível explicação envolveria os processos de metabolização de primeira e da segunda passagem que esta sofre no fígado. Portanto, para distinguir o consumo na forma de *crack*, é mais indicada a identificação de ecgonidina (forma hidrolisada), que é encontrada no cérebro em concentrações superiores [49].

Antipsicóticos fenotiazinas, como tioridazina e clozapina, se acumulam no cérebro em casos de exposição crônica e, por isso, altas concentrações dessas espécies evidenciam tratamento psiquiátrico, comum em casos de esquizofrenia [50]. Um princípio similar suporta a investigação do mecanismo de ação de outros medicamentos, que podem ser localizados em diferentes áreas do cérebro onde atuariam de forma mais pronunciada.

23.4.2 Fígado

Considerando a distribuição *post mortem* que afeta mais extensamente o lado esquerdo do fígado, o recolhimento de uma porção do lado direito favorece uma avaliação toxicológica mais precisa [37,51]. A amostra demanda a preparação de homogenato, em água ou tampão. Seu preparo pode ser dificultado pela eventual presença expressiva de gordura no tecido [52].

Esse tipo de amostra possui valor interpretativo notável na análise de substâncias que têm alta afinidade por proteína e tem característica de acumular drogas e toxinas, já que se trata do local em que grande parte destas é metabolizada. É muito utilizada para fins de comparação de resultados, já que existe considerável quantidade de valores de referência de diversos tipos de drogas na literatura e, além disso, o exame de amostras do fígado é altamente recomendado em casos em que a análise de sangue encontra-se comprometida.

A quantidade de droga encontrada no fígado pode ser aumentada em decorrência dos fenômenos *post mortem*, já que, como citado anteriormente, a distribuição do conteúdo estomacal para esse órgão é muito provável. Contudo outro fator comum em se tratando dessa amostra é que o acúmulo de uma dada droga pode ser causado também por uma condição patológica do indivíduo, pois doenças crônicas como a cirrose, por exemplo, comprometem fortemente o metabolismo, levando a um acúmulo igualmente verificado no sangue [37,52].

O fígado pode possuir altas concentrações de drogas, especialmente drogas básicas. Nisso se incluem benzodiazepínicos tricíclicos e opioides, cujas concentrações em amostras desse tecido, conforme mostrado por estudos, se correlacionam melhor que as amostras de sangue femoral para distinção da administração de dose terapêutica ou overdose, colaborando então para a avaliação da causa da morte [53].

23.4.3 Ossos

Os ossos (incluindo dentes) e a medula óssea (tutano) são amostras alternativas nos exames toxicológicos quando o corpo se encontra em estado de decomposição muito avançado, ou mesmo quando apenas restos esqueletizados são encontrados.

Assume-se, de modo geral, que a droga seja incorporada nos ossos através da irrigação sanguínea por estes recebida. O periósteo é uma membrana que reveste os ossos e atua criando interface com a corrente sanguínea e tecido nervoso. A medula óssea vermelha é um material altamente vascularizado que ocupa cavidades interiores dos ossos, onde ocorre a geração de células sanguíneas.

A medula possui certa quantidade de gordura que dificulta o isolamento das analitos, mas, uma vez macerada em água ou tampão, pode ser tratada com mistura de solventes apolares e polares, de modo a descartar-se o material gorduroso juntamente com a fase mais apolar. O osso em si necessita de um preparo mais demorado, tendo que ser imerso, inteiro ou seccionado, em solvente orgânico, como metanol, por algumas horas, com posterior recolhimento do sobrenadante. A seguir, pode ser realizada extração em fase sólida [52].

A detecção de opioides, benzodiazepínicos, cocaína e seus metabólitos confirmada por testes no sangue foram confrontadas com análises nos ossos limpos (crista ilíaca e vértebra escolhidas com base na maior quantidade de sangue que recebem). As concentrações das substâncias detectadas nos ossos foram, em sua maioria, maiores que as no sangue. O método foi mais eficiente para benzodiazepínicos (nordiazepam e diazepam), codeína e benzoilecgonina (que foi o metabólito mais encontrado nos ossos). Antidepressivos não apresentaram resultados satisfatórios, 6-monoacetilmorfina e hidrocodona não foram detectados em ossos. Com relação aos ossos como amostra, o fato de uma droga não estar presente no osso implica que talvez sua deposição não tenha chegado a ocorrer [54].

Ossos também são amostras importantes na investigação de envenenamento por pesticidas. Um estudo em modelo animal administrou oralmente endosulfan e diazinom (organoclorado e organofosforado, respectivamente). Após duas horas ocorreu a morte (induzida pela intoxicação ou por sacrifício), e os corpos foram enterrados e removidos após um mês. Foram realizadas análises dos tecidos moles putrefeitos e da medula óssea. Demonstrou-se que as concentrações para os pesticidas em medula óssea eram bastante elevadas [55].

Além disso, metais como bário, chumbo e cádmio são incorporados nos ossos e nestes permanecem estáveis ao longo do tempo.

23.4.4 Músculo esquelético

O músculo esquelético pode ser considerado uma amostra alternativa ao sangue *post mortem*, pois estaria menos sujeito a degradação e possuiria concentração de álcool, ou outras drogas, proporcional à do sangue. A amostra necessita ser homogeneizada para análise de substâncias não voláteis.

Análises do músculo esquelético da coxa, de sangue e do humor vítreo foram comparadas para os compostos: etanol, morfina, codeína, cocaína, benzoilecgonina e éster metilecgonina [56]. Os resultados foram divididos em dois grupos, um para concentração alcoólica superior a 0,1 g/dL (em que a razão média das concentrações músculo/sangue permaneceu muito próxima a 1,0) e outro para valores inferiores a 0,1 g/dL (em que a razão média das concentrações músculo/sangue encontrada variou de 1,25 a 1,78). Para concentrações maiores, em que a ingestão de álcool provavelmente foi recente em relação à morte, o músculo esquelético apresentou concentrações de etanol mais proporcionais às do sangue do que às do humor vítreo. No caso das drogas analisadas, observou-se que as concentrações em músculo e sangue foram muito próximas para quase todas, à exceção dos casos em que a morte foi praticamente imediata, sendo a concentração sanguínea descoberta maior. Metabólitos da cocaína e codeína associada a morfina apresentaram menores concentrações no músculo. Desse modo, o músculo esquelético também pode assistir a interpretação do tempo decorrido entre a administração da droga e a morte, além de servir para confrontar concentrações sanguíneas muito altas decorrentes da distribuição *post mortem* à qual esta primeira matriz encontra-se menos suscetível.

23.4.5 Pulmões

Em situações de intoxicação causada por inalação, o ar dos brônquios ou da traqueia pode ser coletado com auxílio de uma seringa, assim como o pulmão pode ser removido para análise de seu interior. Intoxicação por vapor de metal tóxico também pode ser confirmado com a verificação do tecido pulmonar.

As análises dos pulmões de indivíduos mortos após uma contaminação de mercúrio no ambiente industrial revelaram grânulos de mercúrio aderidos ao longo do tecido [57]. Em outro caso, um vazamento de Freon 22 (monoclorodifluormetano) em um pesqueiro provocou a morte de indivíduos que inalaram o gás. Amostras de cérebro, sangue, baço, fígado, rins e pulmões foram submetidas a análise utilizando-se extração por *headspace*, e a única substância volátil detectada foi o Freon 22. As maiores concentrações desse composto foram encontradas no cérebro e no sangue [58], o que expõe que a análise dos pulmões é um procedimento-padrão em casos de demonstração de intoxicação por inalação de material tóxico. Outro fator, como já citado, é que os pulmões também mostram ser alvo de intenso efeito da distribuição *post mortem*.

A amitriptalina foi utilizada para estudo da redistribuição *post mortem* dos antidepressivos tricíclicos, e os pulmões se mostraram como um reservatório secundário, no qual ocorre grande distribuição do composto de interesse para a região cardíaca. Provavelmente o fato de o pulmão ser um órgão extremamente vascularizado é responsável por esse processo [59].

23.4.6 Outros tecidos

No baço ocorrem os processos de produção e destruição de hemácias, sendo um órgão ricamente vascularizado pela artéria esplênica. Por isso, análises podem ser feitas nesse órgão para efeito comparativo. Os rins, por sua participação na excreção das substâncias, podem concentrar compostos orgânicos tóxicos e metais tóxicos [2].

23.5 Matrizes queratinizadas

23.5.1 Cabelo

Os cabelos, assim como as unhas, começaram a ser investigados para identificação de metais tóxicos (como arsênio, mercúrio e chumbo) incorporados por exposição crônica. Trata-se de matrizes queratinizadas em que esses metais complexam-se com os grupos sulfidrila presentes na cisteína da queratina [2]. Atualmente essa matriz é extensamente aplicada na detecção de drogas e metabólitos. As contribuições mais comuns dos cabelos nas análises *post mortem* residem na sua resistência aos processos de putrefação, em que os compostos permanecem consideravelmente estáveis. Além disso, o modo pelo qual ocorre a incorporação das espécies químicas nesse tipo de amostra permite estabelecer uma relação entre o segmento analisado e o tempo decorrido desde o uso da droga, se ocorreu uso contínuo ou qual foi o período estimado de abstinência.

É necessário verificar se o cabelo a ser coletado não está contaminado por materiais diversos, como sangue, vômito ou fluidos da putrefação, os quais podem penetrar no fio e, dependendo do caso, não podem ser eliminados na etapa de lavagem. Alguns estudos feitos ainda conflitam sobre a possibilidade ou não de remoção de drogas provenientes de contaminação externa no cabelo [60]. Uma alternativa é verificar esse efeito pelo teste na solução de lavagem, de modo que lavagens repetidas podem solucionar o problema [61].

A coleta de cabelo arrancado do couro cabelo pode fornecer informações sobre a exposição mais recente a uma substância, já que possuirá uma porção intradérmica. No mais, o cabelo é uma amostra de escolha quando se deseja investigar exposição passada (sendo então mais adequada a análise de cabelos cortados do vértice posterior do couro cabeludo, próximo à raiz) ou quando o corpo se encontra em estado de decomposição já avançado e tecido moles não estão disponíveis [2]. Uma porção formando um maço de quase 1 cm de diâmetro é a quantidade recomendada para a coleta, porém, na ausência de cabelos, pelos corporais (das axilas e púbis) podem ser coletados [21]. O ideal é que as características e comprimento dos fios coletados sejam registrados [3].

23.5.2 Unhas

O acúmulo de drogas nesta matriz é originado por exposição crônica, passada ou não. Esta matriz começou a ser usada por sua característica acumulativa de metais tóxicos como arsênio e chumbo – relacionando-se fortemente com exposição no meio ocupacional. É um tipo de amostra em que as drogas apresentam grande estabilidade, sendo comum persistir em estágios avançados de decomposição.

A coleta pode ser feita pela obtenção das bordas livres cortadas por meio de tesoura ou cortador de unhas, raspagem da superfície da unha com auxílio de bisturi ou remoção completa da unha (este último apenas em exames *post mortem*) [62].

A matriz da unha é a região que se encontra abaixo da raiz desta, sob a pele, possuindo terminações nervosas e irrigação sanguínea. Na matriz novas células são geradas e queratinizadas. As drogas poderiam passar por meio de difusão dos vasos sanguíneos adjacentes para a matriz, acumulando-se na raiz do crescimento da unha. Dessa forma, as drogas seriam transferidas e incorporadas para a unha ou ao longo de seu crescimento, de modo a chegar às bordas livres (parte das unhas não fixada à pele). Outra possibilidade é que alcancem as bordas através do leito ungueal, que é a camada germinativa logo abaixo do corpo da unha, o qual também é irrigado pelas artérias digitais, assim como a matriz [63].

A quantidade de droga encontrada em cabelo, outra matriz biológica queratinizada, é geralmente superior em relação à quantidade encontrada nas unhas, aparentemente havendo exceção apenas nos casos em que a unha foi completamente removida e parte de tecido estava presente. No cabelo, a melanina atua na incorporação de drogas e metabólitos, e, uma vez que a matriz da unha apresenta apenas um pequeno número de melanócitos, a incorporação não é tão eficiente quanto a que ocorre no cabelo [63,64].

A taxa média de crescimento distal das unhas é de 3,47 mm/mês para as unhas da mão e 1,62 mm/mês para as unhas dos pés, contudo o crescimento pode ser influenciado por diversos fatores, como gênero, idade e nutrição do indivíduo [63,65].

O preparo de amostra inclui primeiramente lavagens com metanol ou acetona, seguida de pulverização do material, ou mesmo fragmentação da amostra em pequenos pedaços com auxílio de tesoura. Em seguida, a amostra pode ser submetida à extração com metanol ou tampão, essa etapa costuma promover o contato do solvente com a amostra por um longo período e pode ser assistida com uso de ultrassom ou aquecimento. O extrato inicial então é geralmente submetido a extração em fase sólida [66,67].

Unhas estão, assim como cabelos, muito sujeitas a gerar resultados falso-positivos em virtude de contaminações externas: na porção exterior da unha podem estar presentes pele, suor, saliva e resíduos diversos. Para simulação de uma contaminação comum, cloridrato de cocaína foi adicionado à água contendo as amostras de unhas e foi eliminado em

98% por lavagem com metanol [66]. Assim, a etapas da amostra são essenciais para a produção de resultados mais confiáveis se se deseja avaliar substâncias endógenas. Experimentos com zolpidem demonstraram que o transporte de droga para a unha também é efetivamente mediado pelo suor, gerando incorporação rápida, detectada em 24 horas nas bordas livres, e, nesse caso, a remoção completa da droga não foi possível com lavagens prévias com água e acetona. A persistência média da droga foi de cerca de 60%, mostrando que a etapa pode não ser totalmente eficiente, mas reduz a influência desse mecanismo de transporte na análise [62].

Logo, a incorporação via suor seria mais rápida do que a pelo leito ungueal, que por sua vez seria mais rápida do que a incorporação via matriz da unha. Esses fatores dificultam o estabelecimento de uma relação entre o surgimento de uma espécie química em dada porção distal da unha e a data aproximada em que a exposição teria ocorrido.

Pelo fato de as unhas possuírem pequenas quantidades de substância de interesse forense (de dezenas de picogramas a dezenas de nanogramas, em muitos casos), as análises só podem ser feitas por meio de instrumentação analítica e outras técnicas de alta sensibilidade (GC/MS, LC/MS, radioimunoensaio etc.). Cocaína e metabólitos [66], canabinoides, anfetaminas [68], metadona, opioides e fármacos anti-hipertensivos e antifungicidas (empregados no tratamento de doenças da unha) [64] já foram analisados em amostras de unha.

Análises das unhas dos pés, que estão menos sujeitas a contaminação externa, podem gerar resultados comparativos interessantes, já que há relatos de amostras positivas para cocaína nas unhas das mãos e negativa para as unhas dos pés [67]. Por outro lado, a maior taxa de crescimento das unhas das mãos implica a presença de maior quantidade de compostos de interesse em suas bordas livres.

Um estudo analisou drogas de abuso em amostras *post mortem* de margens livres de unhas do pé e comparou as descobertas com resultados de testes em fluidos corporais (sangue, bile, fluido cerebroespinhal, urina e conteúdo gástrico). Algumas análises mostraram resultados positivos para as unhas e negativo para fluidos, revelando uso passado de drogas por parte do indivíduo, mas não recente. Análises que resultaram em positivo para testes em fluidos apenas indicam o contato recente com drogas com possível período abstinente anterior. Já no caso de ambos os tipos de análise gerando resultado positivo, há indício de se tratar de um usuário crônico da droga [66].

Assim, em casos em que o cabelo não se encontra disponível, a unha deve ser utilizada para verificação de exposição crônica. Alternativamente ao mecônio (amostra acessível por pouco tempo) e ao cabelo (que são, na maioria, renovados após oito a doze semanas do nascimento do neonato), essa amostra torna-se importante no intuito de verificar possível exposição infantil, durante o período de gravidez, a certas substâncias, como drogas de abuso [69].

As unhas possuem notável importância nas análises toxicológicas *post mortem*, considerando o potencial de fornecer informações de cunho forense e sua estabilidade em situações nas quais amostras diversas não são acessíveis.

23.6 Outras matrizes

23.6.1 Mecônio

O mecônio também pode ser investigado em análises *post mortem*. Nesse caso, deve ser coletado no interior do intestino do feto, de preferência em diferentes segmentos do intestino. A presença de cocaína, opiáceos e canabinoides nos mecônios de fetos (provenientes de casos de aborto espontâneo e natimorto) e em amostra de cabelos das mães foi avaliada em pesquisa. Observou-se que as drogas detectadas nos cabelos das mães também foram detectadas no mecônio dos fetos em quantidades proporcionais; além disso, a concentração dessas drogas mostrou ter relação com a frequência e quantidade consumida de droga relatada pelas mães [70].

A análise do conteúdo intestinal demonstrou que drogas podem ser detectadas para fetos muito prematuros (de dezessete semanas). Ademais, a investigação feita em diferentes porções do intestino permitiu confronto plausível com o padrão de uso por parte da mãe durante a gravidez.

23.6.2 Espécies entomológicas

As espécies entomológicas, principalmente de moscas, já são muito usadas para determinação do intervalo *post mortem*, porém muitos trabalhos já exploraram determinações toxicológicas em larvas, com identificação de substâncias como cocaína, benzodiazepínicos, antidepressivos, opioides e malation (organofosforado). Para isso, admite-se que essas espécies podem permanecer no cadáver tempos após sangue e órgãos não estarem mais disponíveis, e a teoria de que drogas são transferidas e se acumulam nas porções do corpo da larva (mais pronunciadamente entre a exocutícula e a endocutícula) é suportada [71].

Quanto ao tratamento da amostra, as larvas recolhidas da fonte de alimento podem ser mortas por congelamento e depois homogeneizadas com água. O método pode então proceder empregando-se extração líquido-líquido ou extração em fase sólida.

Amostras de mesma massa de larvas *Calliphora vicina* criadas em tecido fortificado dos quais estas se alimentavam foram examinadas para determinação de drogas (temazepam, trimipramina e amitriptilina), ao que se observou que as drogas presentes no tecido muscular também se encontravam nas amostras de larva, em baixa concentração e não apresentando qualquer proporcionalidade. Também se observou que a acumulação de drogas se dá geralmente até o oitavo dia decorrido da emersão da larva do ovo, possivelmente devido ao início da fase de pupariação. Experimentos de eliminação de drogas mostram que estas são prontamente eliminadas pela larva após serem colocadas em uma fonte de alimento livre das substâncias analisadas. As análises indicaram queda rápida nas concentrações de droga nos dois dias que se seguiram na presença do alimento livre de droga [72].

Mesmo apresentando baixas concentrações de analitos, as larvas ainda assim demonstram conter uma quantidade considerável dos compostos de interesse, sendo menos provável admitir que tenha provindo de resíduos externos aderidos ao corpo da larva mesmo após lavagem.

Algumas pesquisas revelam que a presença de droga no alimento altera o desenvolvimento normal da larva, decorrendo disso a incorreta determinação entomológica do intervalo *post mortem*. Para substratos contendo cocaína e heroína, constatou-se uma grande aceleração do desenvolvimento larval, assim como a formação de colônias menores da fauna [73].

Por causa da difícil interpretação, em termos quantitativos dos resultados obtidos, a avaliação de amostras de larvas serve mais como análise comparativa ou como um exame confirmatório em determinados casos em que a análise de tecidos ou outras amostras geraram resultados pouco conclusivos.

Questões para estudo

1. De modo geral, quais são as dificuldades atreladas ao preparo de amostra para matrizes biológicas *post mortem* nos exames toxicológicos forenses?
2. Muitos fatores podem afetar a interpretação de resultados nas análises toxicológicas *post mortem*. Nesse sentido, quais os fatores que estão associados à etapa de coleta da amostra?
3. Certas matrizes empregadas em análises *post mortem* podem não inferir a respeito de uma exposição recente a determinadas substâncias, fornecendo muito mais um registro de exposição crônica. Qual seria a importância da informação de exposição crônica em termos forenses?

Respostas

1. O preparo de amostra deve priorizar a eliminação de interferentes para que haja a determinação de substâncias de interesse de forma adequada. Tanto o fato de a amostra biológica se encontrar em estado de putrefação considerável como o fato de muitas vezes haver a necessidade em se trabalhar com matrizes como tecidos estão ligados a um desafio particular associado à complexidade da amostra, demandando-se muitas vezes etapas de preparo adicionais. Ainda, se a análise não é direcionada para nenhuma substância em particular, a etapa de extração deve considerar a recuperação de diferentes grupos de analitos para um exame de triagem visando a detecção de diferentes drogas.
2. O período decorrido desde a constatação da morte e a coleta de espécies biológicas para exame deve ser o mínimo possível. Isso porque, com o avanço no processo de putrefação, maior é a influência do fenômeno de redistribuição *post mortem*, portanto, mais comprometida fica a correlação com os níveis *ante mortem* das substâncias de interesse toxicológico, além disso, maior é a interferência da ação de micro-organismos que pode, inclusive, proporcionar resultados falso-positivos, como é o caso do etanol produzido do metabolismo da glicose por algumas bactérias.

   O procedimento de coleta deve ser realizado por profissional qualificado, de modo a evitar ao máximo a contaminação entre os compartimentos do corpo, particularmente quando se deseja coletar o conteúdo de órgãos como estômago, pulmão e bexiga para análise. Atenção especial deve ser dada à amostragem de sangue, em que a coleta especificamente da veia femoral é altamente recomendada em contrapartida com o sangue coletado diretamente da região torácica, maior alvo da redistribuição *post mortem* de substâncias. Recomenda-se a coleta de outras espécies além do sangue, o que deve servir para fins comparativos e para respaldar ou acrescentar conclusões junto aos achados nesta primeira matriz.

   Também, pelo mesmo motivo citado anteriormente, a adição de conservante fluoreto de sódio às amostras coletadas possui grande importância, demonstrando inibir eficientemente a ação bacteriana nos diversos tipos de amostras biológicas *post mortem*.

3. Um exame toxicológico realizado em matrizes tais como cabelos, unhas e ossos podem não contribuir para detecção de substâncias responsáveis pela causa da morte em casos de investigação de exposição aguda. No entanto, a determinação da exposição crônica a drogas de abuso, medicamentos, metais tóxicos etc. pode corroborar para investigação policial. Tais informações podem ser confrontadas com registros médicos, auxiliar na confirmação de depoimentos e assistir à criação de um perfil do indivíduo, dessa forma também auxiliando no processo de identificação nos casos em que a identidade do cadáver não é confirmada. Ressalta-se também a importância dessas matrizes relacionada à sua maior resistência ao processo de decomposição.

Lista de abreviaturas

ATP	Adenosina trifosfato	11-OH-THC	11-Hidroxi-Δ^9-tetra-hidrocanabinol
GHB	Ácido γ-hidroxibutírico	THC-COOH	11-*nor*-9-Carboxi-Δ^9-tetra-hidrocanabinol
GABA	Ácido gama-aminobutírico	GC/MS	Cromatografia gasosa acoplada a espectrometria de massas
THC	Δ^9tetra-hidrocanabinol ou tetra-hidrocanabinol	LC/MS	Cromatografia líquida acoplada a espectrometria de massas

Lista de palavras

Álcool
Antidepressivos
Aspectos médico-legais
Bile
Cabelo
Causa da morte
Cérebro
Cocaína
Conteúdo estomacal
Espécies entomológicas
Estabilidade de drogas
Fenômenos cadavéricos
Fígado
Fluido cérebro-espinhal
Humor vítreo
Mecônio
Metabólitos
Músculo esquelético
Opioides
Ossos
Post mortem
Preparo de amostras
Pulmões
Redistribuição *post mortem*
Sangue
Unhas
Urina
Voláteis

REFERÊNCIAS

1. Levine B. Principles of forensic toxicology. 2nd ed. American Association for Clinical Chemistry; 2003.
2. Steven BK. Postmortem toxicology of abused drugs. Boca Raton: CRC Press; 2007.
3. Pelissier-Alicot A-L, Gaulier J, Champsaur P, Marquet P. Mechanisms underlying postmortem redistribution of drugs: a review. J Anal Toxicol. 2003;27(8):533-44.
4. Butzbach DM. The influence of putrefaction and sample storage on post-mortem toxicology results. Forensic Sci Med Pathol 2010;6:35-45.
5. Pelissier-Alicot A-L, Coste N, Bartoli C, Piercecchi-Marti M-D, Sanvoisin A, Gouvernet J, et al. Comparison of ethanol concentrations in right cardiac blood, left cardiac blood and peripheral blood in a series of 30 cases. Forensic Sci Int. 2006;156:35-9.
6. Vorpahl TE, Coe JI. Correlation of antemortem and postmortem digoxin levels. J Forensic Sci. 1978;23:329-34.
7. Hasegawa K, Wurita A, Minakata K, Gonmori K, Nozawa H, Yamagishi I, et al. Postmortem distribution of AB-CHMINACA, 5-fluoro-AMB, and diphenidine in body fluids and solid tissues in a fatal poisoning case: usefulness of adipose tissue for detection of the drugs in unchanged forms. Forensic Toxicol. 2014;33:45-53.
8. Robertson MD, Drummer OH. Postmortem drug metabolism by bacteria. J Forensic Sci. 1995;40:382-6.
9. Sutlovic D, Nestic M, Kovacic Z, Gusic S, Mlinarek T, Salamunic I, et al. Microbial ethanol production in postmortem urine sample. Med Sci Law. 2013;53:243-6.
10. Høiseth G, Karinen R, Christophersen AS, Olsen L, Normann PT, Mørland J. A study of ethyl glucuronide in post-mortem blood as a marker of ante-mortem ingestion of alcohol. Forensic Sci Int. 2007;165:41-5.
11. Krabseth H, Mørland J, Høiseth G. Assistance of ethyl glucuronide and ethyl sulfate in the interpretation of postmortem ethanol findings. Int J Legal Med. 2014;128:765-70.

12. Gilliland R, Bodies D. Alcohol in decomposed bodies: postmortem synthesis and distribution. J Forensic Sci. 1993;38(6):1266-74.

13. Elliott S, Lowe P, Symonds A. The possible influence of micro-organisms and putrefaction in the production of GHB in post-mortem biological fluid. Forensic Sci Int. 2004;139:183-90.

14. Lokan RJ, James RA, Dymock RB. Apparent post-mortem production of high levels of cyanide in blood. J Forensic Sci Soc. 1987;27:253-9.

15. Yarema M, Becker C. Key concepts in postmortem drug redistribution. Clin Toxicol. 2005;43:235-41.

16. Jickells S, Negrusz A. Clarke's analytical forensic toxicology. Chicago: Pharmaceutical Press; 2008.

17. Flanagan RJ, Connally G, Evans JM. Analytical toxicology: guidelines for sample collection postmortem. Toxicol Rev. 2005;24:63-71.

18. Skopp G. Preanalytic aspects in postmortem toxicology. Forensic Sci Int. 2004;142:75-100.

19. Prouty RW, Anderson WH. The forensic science implications of site and temporal influences on postmortem blood-drug concentrations. J Forensic Sci. 1990;35:243-70.

20. Cook DS, Braithwaite RA, Hale KA. Estimating antemortem drug concentrations from postmortem blood samples: the influence of postmortem redistribution. J Clin Pathol. 2000;53(4):282-5.

21. Skopp AG, Meyer LV. Appendix D of the GTFCh guideline for quality control in forensic toxicological analyses – recommendations for sampling postmortem specimens for forensic toxicological analyses and special aspects of a postmortem toxicology investigation. 2004 [cited 2016 Jul 8]. Available from: https://www.gtfch.org/cms/images/stories/files/Recommendations%20for%20sampling%20postmortem%20specimens%20(Appendix%20D).pdf

22. Hearn WL, Keran EE, Wei HA, Hime G. Site-dependent postmortem changes in blood cocaine concentrations. J Forensic Sci. 1991;36(3):673-84.

23. Sastre C, Baillif-Couniou V, Musarella F, Bartoli C, Mancini J, Piercecchi-Marti M-D, et al. Can subclavian blood be equated with a peripheral blood sample? A series of 50 cases. Int J Legal Med. 2013;127:379-84.

24. Allan AR, Roberts ISD. Post-mortem toxicology of commonly-abused drugs. Diagnostic Histopathol. 2009;15:33-41.

25. Holland MG, Schwope DM, Stoppacher R, Gillen SB, Huestis MA. Postmortem redistribution of delta- 9-tetrahydrocannabinol (THC), 11-hydroxy-THC (11-OH--THC), and 11-nor-9-carboxy-THC (THCCOOH). Forensic Sci Int. 2011;212:247-51.

26. Lemos NP, Ingle EA. Cannabinoids in postmortem toxicology. J Anal Toxicol. 2011;35(7):394-401.

27. Woolf A, Gremillion-Smith C. Using vitreous humor to determine time of death: problems and a review. Wildl Soc Bull. 1983;11:52-5.

28. Mihailovic Z, Atanasijevic T, Popovic V, Milosevic MB, Sperhake JP. Estimation of the postmortem interval by analyzing potassium in the vitreous humor: could repetitive sampling enhance accuracy? Am J Forensic Med Pathol. 2012;33:400-3.

29. Pelander A, Ristimaa J, Ojanperä I. Vitreous humor as an alternative matrix for comprehensive drug screening in postmortem toxicology by liquid chromatography – time-of--flight mass spectrometry. J Anal Toxicol. 2010;34(6):312-8.

30. Holmgren P, Druid H, Holmgren A, Ahlner J. Stability of drugs in stored postmortem femoral blood and vitreous humor. J Forensic Sci. 2004;49:820-5.

31. Wyman J, Bultman S. Postmortem distribution of heroin metabolites in femoral blood, liver, cerebrospinal fluid, and vitreous humor. J Anal Toxicol. 2004;28:260-3.

32. McKinney PE, Phillips S, Gomez HF, Brent J, MacIntyre M, Watson WA. Vitreous humor cocaine and metabolite concentrations: do postmortem specimens reflect blood levels at the time of death? J Forensic Sci. 1995;40:102-7.

33. Singer PP, Jones GR, Lewis R, Johnson R. Loss of ethanol from vitreous humor in drowning deaths. J Anal Toxicol. 2007;31(8):522-5.

34. Jones AW, Holmgren P. Uncertainty in estimating blood ethanol concentrations by analysis of vitreous humour. J Clin Pathol. 2001;54:699-702.

35. Kugelberg FC, Jones AW. Interpreting results of ethanol analysis in postmortem specimens: a review of the literature. Forensic Sci Int. 2007;165:10-29.

36. Carson HJ, Dudley MH, Fleming SW, Linder DJ. Shortcomings of urine-preferred drug screening on post-mortem specimens. Forensic Sci Policy Manag An Int J. 2011;2:158-63.

37. Karch S. Drug abuse handbook. Boca Raton: CRC Press; 2006.

38. Barceloux D. Medical toxicology of drug abuse: synthetized chemicals and psychoactive plants. Hoboken: Wiley; 2012.

39. Ozgur CI. Importance of sampling sites for postmortem evaluation of ethyl alcohol. J Forensic Res. 2012,3:7.

40. Ferner RE. Post-mortem clinical pharmacology. Br J Clin Pharmacol. 2008;66:430-43.

41. Rhee J, Jung J, Yeom H, Lee H, Lee S, Park Y, et al. Distribution of cyanide in heart blood, peripheral blood and gastric contents in 21 cyanide related fatalities. Forensic Sci Int. 2011;210:e12-5.

42. Vanbinst R, Koenig J, Di Fazio V, Hassoun a. Bile analysis of drugs in postmortem cases. Forensic Sci Int. 2002;128:35-40.

43. Redzic ZB, Preston JE, Duncan JA, Chodobski A, Szmydynger-Chodobska J. The choroid plexus-cerebrospinal fluid system: from development to aging. Curr Top Dev Biol. 2005;71:1-52.

44. Engelhart DA, Jenkins AJ. Comparison of drug concentrations in postmortem cerebrospinal fluid and blood specimens. J Anal Toxicol. 2007;31:581-7.

45. Nau R, Sörgel F, Eiffert H. Penetration of drugs through the blood-cerebrospinal fluid/blood-brain barrier for treatment of central nervous system infections. Clin Microbiol Rev. 2010;23:858-83.

46. Browne SP, Moore CM, Scheurer J, Tebbett R, et al. A rapid method for the determination of cocaine in brain tissue. J Forensic Sci. 1991:1662-5.

47. Backer RC, Pisano R V, Sopher IM. The comparison of alcohol concentrations in postmortem fluids and tissues. J Forensic Sci. 1980;25:327-31.

48. Spiehler VR, Reed D. Brain concentrations of cocaine and benzoylecgonine in fatal cases. J Forensic Sci. 1985;30:1003-11.

49. Shimomura ET, Hodge GD, Paul BD. Examination of postmortem fluids and tissues for the presence of methylecgonidine, ecgonidine, cocaine, and benzoylecgonine using solid-phase extraction and gas chromatography – mass spectrometry. Clin Chem. 2001;1047:1040-7.

50. Rodda KE, Drummer OH. The redistribution of selected psychiatric drugs in post-mortem cases. Forensic Sci Int. 2006;164:235-9.

51. Pounder DJ, Adams E, Fuke C, Langford AM. Site to site variability of postmortem drug concentrations in liver and lung. J Forensic Sci. 1996;41:927-32.

52. Jenkins AJ. Drug testing in alternate biological specimens. Totowa: Humana Press; 2008.

53. Palamalai V, Olson KN, Kloss J, Middleton O, Mills K, Strobl AQ, et al. Superiority of postmortem liver fentanyl concentrations over peripheral blood influenced by postmortem interval for determination of fentanyl toxicity. Clin Biochem. 2013;46:598-602.

54. McGrath KK, Jenkins AJ. Detection of drugs of forensic importance in postmortem bone. Am J Forensic Med Pathol. 2009;30:40-4.

55. Akcan R, Hilal A, Daglioglu N, Cekin N, Gulmen MK. Determination of pesticides in postmortem blood and bone marrow of pesticide treated rabbits. Forensic Sci Int. 2009;189:82-7.

56. Garriott JC. Skeletal muscle as an alternative specimen for alcohol and drug analysis. J Forensic Sci. 1991;36:60-9.

57. Asano S, Eto K, Kurisaki E, Gunji H, Hiraiwa K, Sato M, et al. Acute inorganic mercury vapor inhalation poisoning. Pathol Int. 2000;50(3):169-74.

58. Koreeda A, Yonemitsu K, Mimasaka S, Ohtsu Y, Tsunenari S. An accidental death due to Freon 22 (monochlorodifluoromethane) inhalation in a fishing vessel. Forensic Sci Int. 2007;168:208-11.

59. Hilberg T, Mørland J, Bjørneboe A. Forensic science international postmortem release of amitriptyline from the lungs; a mechanism of postmortem drug redistribution. Forensic Sci Int. 1994;64(1):47-55.

60. Romano G, Barbera N, Spadaro G, Valenti V. Determination of drugs of abuse in hair: evaluation of external heroin contamination and risk of false positives. Forensic Sci Int. 2003;131:98-102.

61. Kintz P. Value of hair analysis in postmortem toxicology. Forensic Sci Int. 2004;142:127-34.

62. Madry MM, Steuer AE, Binz TM, Baumgartner MR, Kraemer T. Systematic investigation of the incorporation mechanisms of zolpidem in fingernails. Drug Test Anal. 2014;6:533-41.

63. Palmeri A, Pichini S, Pacifici R, Zuccaro P, Lopez A. Drugs in nails: physiology, pharmacokinetics and forensic toxicology. Clin Pharmacokinet. 2000;38:95-110.

64. Krumbiegel F, Hastedt M, Tsokos M. Nails are a potential alternative matrix to hair for drug analysis in general unknown screenings by liquid-chromatography quadrupole time-of-flight mass spectrometry. Forensic Sci Med Pathol. 2014;10:496-503.

65. Madry MM, Steuer AE, Vonmoos M, Quednow BB, Baumgartner MR, Kraemer T. Retrospective monitoring of long-term recreational and dependent cocaine use in toenail clippings/scrapings as an alternative to hair. Bioanalysis. 2014;6:3183-96.

66. Engelhart DA, Lavins ES, Sutheimer CA, County C, Road A. Detection of drugs of abuse in nails. J Anal Toxicol. 1998;22:314-8.

67. Garside D, Ropero-Miller JD, Goldberger BA, Hamilton WF, Maples WR. Identification of cocaine analytes in fingernail and toenail specimens. J Forensic Sci. 1998;43(5):974-9.

68. Suzuki O, Hattori H, Asano M. Nails as useful materials for detection of methamphetamine or amphetamine abuse. Forensic Sci Int. 1984;24:9-16.

69. Skopp G, Pötsch L. A case report on drug screening of nail clippings to detect prenatal drug exposure. Ther Drug Monit. 1997;19(4):386-9.

70. Ostrea EM, Romero AI, Kirk DK. Postmortem drug analysis of meconium in early-gestation human fetuses exposed to cocaine: clinical implications. The Journal of Pediatrics. 1994;124(3):477-9.

71. Bourel B, Fleurisse L, Hédouin V, Cailliez JC, Creusy C, Gosset D, et al. Immunohistochemical contribution to the study of morphine metabolism in Calliphoridae larvae and implications in forensic entomotoxicology. J Forensic Sci. 2001;46:596-9.

72. Sadler DW, Fuke C, Court F, Pounder DJ. Drug accumulation and elimination in Calliphora vicina larvae. Forensic Sci Int. 1995;71:191-7.

73. Introna F, Campobasso CP, Goff ML. Entomotoxicology. Forensic Sci Int. 2001;120:42-7.

CAPÍTULO 24

CORRELAÇÃO DE ACHADOS MACROSCÓPICOS, ANATOMOPATOLÓGICOS E TOXICOLÓGICOS

João Emanuel Santos Pinheiro

Rosa Helena Arnaut Mota Henriques de Gouveia

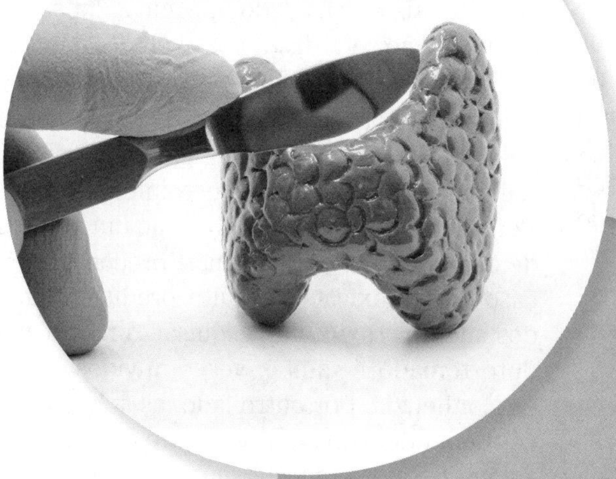

24.1 Resumo

As *intoxicações* são sempre matéria um pouco árida para qualquer patologista forense, ainda que ocorram com frequência na prática diária.

O fato de a maioria não produzir sinais característicos, específicos e – menos ainda – patognomônicos, torna-as frequentemente dependentes dos resultados das análises toxicológicas, fazendo-nos recordar quão úteis estas teriam sido no lendário caso da "*Aqua Toffana*" [1,2]. O valor dos exames toxicológicos dependerá das capacidades técnico-científicas do laboratório que os realiza e, posteriormente, da valorização e interpretação dos resultados, correlacionados com os de outros exames complementares e enquadrados no contexto circunstancial e das observações autópticas, o que cabe por inteiro ao patologista. Trata-se de tarefa complexa, não só pela exigência de conhecimentos químico-toxicológicos, nem sempre presentes ou perdidos na memória dos bancos de escola, mas também pela necessidade de permanente atualização com literatura de referência.

A anatomia patológica, nomeadamente a sua vertente histopatológica, tem sido, neste contexto, um "parente pobre", cujas potencialidades muitos desconhecem ou ignoram, mas que é, bastas vezes, decisiva para o diagnóstico.

Perante essa realidade, pretenderam os autores estabelecer a ponte entre a autópsia *macro-microscópica* e a *toxicológica*. E estabelecê-la de forma prática, pedagógica e baseada na longa experiência de ambos, ao longo de muitos anos de prática forense.

Na "Introdução" abordam-se problemas gerais que qualquer patologista enfrenta perante uma suspeita de intoxicação, dada a escassez de sinais necrópsicos, analisando-se brevemente as potencialidades e limites das análises toxicológicas, bem como as interconexões positivas da histologia associada e outros exames complementares.

Em seguida, tratam-se as intoxicações mais frequentes, partindo sempre da informação circunstancial e exame do local, para a autópsia, macroscopia e exames complementares, *casando* aqui a toxicologia com a anatomia patológica e outras análises eventualmente necessárias, como as microbiológicas.

As drogas de abuso, substâncias muito bem estudadas no mundo forense, incluindo o álcool, foram as primeiramente revistas e aprofundadas. Seguiram-se os praguicidas, com destaque para os organofosforados e o paraquat, enquanto substâncias de uso comum e com efeitos tóxicos de eloquente tradução morfológica em correlação com o tempo de evolução *ante mortem*. Nas intoxicações medicamentosas, um drama crescente no mundo moderno, seja pela profusão e fácil disponibilidade de inúmeras substâncias, seja pelos acidentes de sobredosagem ou por intoxicações suicidas e raramente homicidas, a dificuldade residiu na seleção dos fármacos a abordar. Entre os múltiplos fármacos possíveis, os autores optaram por alguns, cuja ampla utilização na atualidade lhes confere particular relevância forense (benzodiazepinas, antidepressivos e antipsicóticos), bem patente na gravidade bilateral, tóxico-histológica, que a síndrome *neuroléptica maligna* e a de *Lyell* ou *necrólise epidérmica* tóxica expressam.

Conclui-se deixando algumas reflexões e ferramentas práticas para o patologista percorrer, com êxito, o *labirinto* toxicológico forense.

24.2 Introdução

Tratar de *venenos*, *agentes tóxicos*, *intoxicações* sempre foi um desafio; não só pela multiplicidade de substâncias que o podem ser ou atuar como tal, pela interação entre elas, pela variedade de apresentações clínicas e sua gravidade, mas também pela variabilidade dos tecidos afetados. De fato, crê-se que a importância atribuída ao estudo dos tecidos e órgãos, nesse contexto, remonta ao médico e botânico austríaco Joseph Jacob Plenck (1738-1807), que na sua obra *Elementa medicinæ et chrirurgiæ forensis* defende que a "única prova de envenenamento é a identificação química do veneno nos órgãos" [2,3]; bem como ao médico espanhol Mateu Josep Bonaventura Orfila i Rotger (1787-1853), que no seu *Traité des poisons* demonstrou o efeito de venenos em órgãos específicos pela análise química de amostras de tecidos colhidos nas autópsias e da sua correlação com a lesão tissular associada [2,3].

Com o espírito prático e o sentido pedagógico que pretendemos dar a este capítulo, decidimos organizá-lo apresentando exemplos de patologia induzida em diferentes órgãos e sistemas por substâncias de grandes grupos de agentes tóxicos (drogas de abuso, medicamentos, pesticidas ou agrotóxicos, metais). Por meio deles será possível avaliar a importância da acurada observação macroscópica dos órgãos e tecidos; da adequada colheita de amostras para estudo microscópico; da relevância de técnicas complementares tais como a histoquímica (nomeadamente na confirmação e na cronodiagnose de alterações histopatológicas) e, ainda, da correlação com os resultados dos exames toxicológicos.

As intoxicações constituem uma importante causa de morte violenta, para além das asfixias e do vasto e comum grupo das lesões traumáticas [4]. Aparecendo amiúde na prática tanatológica diária, podem assumir qualquer uma das etiologias médico-legais: suicida (a mais frequente), acidental e homicida (a mais rara); sendo que, em alguns casos, essa etiologia não será diagnosticável.

A maioria das intoxicações cursa, infelizmente, com uma enorme paucidade de sinais necrópsicos, pelo que o seu diagnóstico é quase sempre laboratorial, ainda que não exclusivamente toxicológico. Considerando a informação como um pilar essencial de qualquer autópsia e o mais precoce de todos, no caso das intoxicações muito preditivas em termos dos agentes tóxicos a pesquisar, a natureza do produto tomado é muitas vezes duvidosa, ou mesmo desconhecida. Por outro lado, os achados necrópsicos dependem do intervalo entre a administração do agente tóxico e a morte. Quanto maior esse período de tempo, maior a diminuição das concentrações encontradas, podendo mesmo, em caso de sobrevida média ou longa, o agente tóxico desaparecer não só do estômago e intestino, como do sangue. É o que sucede em intoxicações suicidas com organofosforados, em que as análises negativarão ao fim de quinze ou mais dias de sobrevida. Por outro lado, a decomposição e todas as alterações cadavéricas *post mortem* podem interferir na concentração dos produtos, como na neoformação de etanol, um fenômeno bem conhecido e estudado [5-8]. Saliente-se também que a maior parte das substâncias, uma vez ingeridas, são rapidamente metabolizadas, dando origem a outras substâncias (metabólitos) com propriedades físico-químicas e farmacológicas muito diferentes, o que frequentemente dificulta a sua identificação e interpretação toxicológica (por exemplo, a cocaína é rapidamente metabolizada em benzoilecgonina, substância esta farmacologicamente inativa e, portanto, sem ação sobre o sistema nervoso central).

São desconhecidas as doses letais de muitos compostos, sendo, em alguns casos, as concentrações referenciadas pouco fidedignas. Tal deve-se, entre outros fatores, às dificuldades técnicas inerentes à análise de algumas substâncias e à pouca disponibilidade de estudos toxicológicos estatisticamente relevantes. Conceitos como doses terapêuticas, tóxicas e letais, comuns na literatura toxicológica e farmacológica, são de reduzida aplicação pratica em patologia forense. Desde logo porque são quase sempre desconhecidas as doses tomadas pelas vítimas ou, se conhecidas, são muito pouco fiáveis. Por exemplo, a dose letal 50, conceito muito conhecido de toxicologistas, polícias e juristas, pouco releva também, porque deriva da experimentação animal. Acresce que as doses terapêuticas e tóxicas se referem, em geral, a plasma ou soro (amostras habituais no âmbito clínico), enquanto as letais, a sangue total (amostra de eleição no âmbito da toxicologia forense). Existem ainda situações nas quais para um determinado composto existe alguma variabilidade nos valores de referência apresentados, que resulta principalmente de um deficiente suporte estatístico, baseado em pequenas séries e estudos de caso ou nas diferenças intra e interindividuais, muitas vezes acentuadas, e às limitações técnicas, em termos de especificidade e sensibilidade, que as análises de muitas substâncias apresentam.

O problema da interpretação dos resultados analíticos agrava-se com a variabilidade biológica, muito difícil de transmitir a magistrados, juízes e advogados [9], mais ainda que vulgares conceitos médicos, também *per se* já problemáticos de explicar. Essas dificuldades de comunicação levam mesmo alguns desses profissionais da Justiça a acusarem os patologistas de serem evasivos ou pouco colaborantes, por não referirem, por exemplo, se determinada concentração de uma substância é condição necessária e obrigatória para provocar determinada morte.

Em drogas de uso clínico, valores *post mortem* baixos significam uma mera dose terapêutica ou a curva descendente de uma dose letal? O próprio local das colheitas pode induzir a erros, como ficou claro no caso das alcoolemias, há alguns anos, quando vários estudos de toxicocinética [10] provaram uma possível difusão espúria *post mortem* por causa da volatilidade do etanol a partir do estômago, levando a ser hoje o sangue periférico a amostra obrigatória para essa determinação, em vez do sangue central.

Há também fatores que têm a ver com a própria natureza das análises toxicológicas, já que, em função do número de compostos pesquisados no *screening* de determinado laboratório, a existência de novos agentes tóxicos não pesquisados e que tenham contribuído para a morte (por exemplo, benzodiazepinas), pode fazer consagrar erroneamente supostas *concentrações letais* de determinado composto. O estabelecimento dessas concentrações letais no homem é extraordinariamente complexo, em virtude de sérias limitações éticas à investigação. Esta faz-se, afinal, de verdadeiros estudos de caso, de natureza acidental, quando não suicida ou criminal, nos quais, como se compreende, a informação circunstancial e os dados correlativos a tais casos não favorecem uma investigação clara, objetiva, rigorosa.

Tudo conjugado, explica-se a escassa disponibilidade de valores de referência *post mortem* dos agentes tóxicos em geral, quase todos em sangue, o que soma maiores dificuldades aos casos em que essa amostra não existe. No passado usaram-se outras amostras orgânicas, para além da urina, como o humor vítreo, fígado, rim, bílis ou encéfalo. Os toxicologistas são hoje, no entanto, muito renitentes ao uso de tais amostras argumentando que não existe, para muitas substâncias, uma correlação entre as concentrações encontradas nessas amostras alternativas e as concentrações encontradas no sangue periférico *post mortem* (matriz de eleição na realização de análises quantitativas). Trata-se de uma velha discórdia com os patologistas, que continuam a advogar, e bem, pela utilização dessas amostras, pois, ainda que não possam facultar valores absolutamente confiáveis para o estabelecimento da causa da morte, contribuem decisivamente para a interpretação de muitos casos e são por vezes as únicas amostras disponíveis, como em situações de exumação. No Instituto Nacional de Medicina Legal e Ciências Forenses, I.P. (INMLCF, I.P.) de Portugal, continuamos a colher – em todas as autópsias – sangue, urina, fígado, rim e outras amostras que um determinado caso ou agente tóxico exijam, ainda que nem todas venham a ser processadas. Deve-se recordar, nesse particular, que a autópsia é um ato único e irrepetível; assim, ou se fazem as colheitas corretas desde logo, ou estas se perderão para sempre.

Todas essas reflexões nos levam a assumir que, em medicina legal, a dose letal não existe. Tem sido, com efeito, mais eficaz e prática a construção de bases de dados dos diversos centros e laboratórios de toxicologia, conhecidas entre nós como tabelas de referência. Entre as várias tabelas existentes, destacamos a da Eurotox (www.eurotox.com) [11], a da Sociedade de Toxicologia Americana (Society of Toxicology) – www.toxicology.org [12], a de DiMaio e Dana [13], a tabela de Musshoff e colaoradores [14], com concentrações referentes a várias matrizes orgânicas, e a tabela de Shulz e colaboradores [15]. Outros autores, como Saukko e Knight [9], publicam valores de algumas substâncias. No entanto, tais tabelas devem ser encaradas com muita prudência, pois os intervalos de concentrações que definem as gamas terapêuticas, tóxicas e letais variam e há numerosas exceções, devendo ser consideradas meramente indicativas, jamais mandatórias. Nessa medida, é obrigatória a consulta de mais do que uma tabela para uma correta e prudente interpretação dos resultados. No manuseamento dessas tabelas, os peritos têm, muitas vezes, dificuldades pela simples variação das unidades apresentadas que permitam a comparação com os valores obtidos nos seus laboratórios: habitualmente as unidades de concentração nas tabelas de referência são expressas em mg/L, e nos laboratórios de toxicologia, em ng/mL. A tabela de conversão que fornecemos (Tabela 24.1) constitui um instrumento prático de auxílio para tal efeito.

Tabela 24.1 Tabela de conversão de unidades e quantidades

- 1 mg = 0,001 g
- 1 μg = 0,001 mg = 0,000001 g
- 1 ng = 0,001μg = 0,000001 mg

Nota: μg/ml ≠ μg/L ≠ mg/ml; mas μg/ml = mg/L.

Os valores publicados nessas tabelas idealmente deverão ser aplicáveis apenas a indivíduos nas mesmas condições de idade, saúde/doença e medicação/administração do produto e usados com perfeito conhecimento da vítima, do caso e do fármaco/toxicocinética própria de cada substância. As concentrações referenciadas nas tabelas podem e devem ser objeto de atualização a qualquer momento, pelo que deverão ser consultadas as últimas versões publicadas, o que reforça a ideia de que nunca se deve confiar numa só tabela.

Por tudo isso, a concentração encontrada de determinada substância é apenas mais um fator para estabelecer uma relação de causa-efeito, mas de forma alguma o único. Em reforço dessa ideia fundamental, relembramos casos que certamente todos os patologistas já enfrentaram, em que concentrações absolutamente letais de um agente tóxico qualquer não foram a causa da morte. Por exemplo, num suicídio por enforcamento em que a vítima simultaneamente ingeriu vários comprimidos ou praguicidas, cujos níveis sanguíneos foram detectados na autópsia em elevadas quantidades, mas em que a morte rápida por asfixia sobreveio antes do tempo necessário para o(s) agente(s) tóxico(s) fazer(em) o seu efeito.

No fundo, o que importa ao patologista quando lhe chegam os resultados analíticos de uma suspeita de intoxicação? A velha pergunta: se aquele agente tóxico *mata ou não mata*! E aqui começam os problemas. A maioria dos médicos legistas não está familiarizada com a toxicologia e os seus conceitos intrínsecos, como a toxicocinética, a toxicodinâmica e toxicogenética, pelo que terá a tentação de passar a pasta ao toxicologista mais próximo. Se a colaboração deste pode e é muitas vezes essencial, já a dispensa do médico na interpretação dos resultados é totalmente inaceitável. Essa dispensa pura e simples, que infelizmente ocorre em alguns institutos ou departamentos, seria equivalente a um médico no Serviço de Urgência ir pedir ao laboratório que lhe interprete um hemograma ou uma bioquímica do sangue. O perito é médico de formação e tem os conhecimentos de fisiopatologia que lhe permitem certificar a causa da morte e, em cada caso concreto, conhece ou deve conhecer a informação circunstancial, a idade da vítima, os medicamentos que tomava, as patologias de que sofria, o resultado da autópsia e de outros exames complementares relevantes, designadamente histopatológicos; enfim, todos os elementos que lhe permitem valorizar devidamente os resultados toxicológicos encontrados.

Essa abordagem tem, aliás, sido partilhada por autores de referência, como Knight [9], que escreve:

> [...] such data (therapeutic, toxic and fatal levels of substances) must, however, be evaluated in the knowledge of other pathological and physiological conditions present, so that it is the pathologist, rather than the laboratory toxicologist, who should provide the final opinion upon the proximate cause of death. This does not always happen and some laboratory report forms may be seen that unequivocally – and unwisely – state that a particular drug caused the death.
>
> [...] tais dados (níveis terapêuticos, tóxicos e fatais de substâncias) devem, no entanto, ser avaliados no conhecimento de outras condições patológicas e fisiológicas presentes, de modo que é o patologista, e não o toxicologista do laboratório, que deve fornecer a opinião final sobre a causa da morte. Isso nem sempre acontece, e podem ser vistos alguns formulários de relatório de laboratório que afirmam inequivocamente, e imprudentemente, que um determinado medicamento causou a morte. (tradução nossa)

O papel do perito numa autópsia suspeita de intoxicação é, pois, excluir outras causas de morte (traumáticas, orgânicas), estabelecer a concordância dos agentes tóxicos detectados e suas concentrações com a informação e achados autópticos e valorizar, no conjunto da necropsia, os tênues achados que sustentam ou infirmam os resultados laboratoriais.

Muitos patologistas, perante uma suspeita de morte toxicológica, pedirão apenas análises toxicológicas, lavrando um profundo e continuado erro que temos combatido durante toda a nossa prática autóptica. Nunca se deve esquecer que a *morte toxicológica* é sempre uma suspeita que carece de confirmação. Infelizmente, todos sabemos que não são raros os casos em que as análises do agente tóxico suspeito se revelam negativas. Se a autópsia macroscópica foi branca, como concluir então a causa da morte, caso não se tenham solicitado outros exames complementares? Não se confirmando a suspeita toxicológica, tais mortes, na ausência de lesões traumáticas ou asfíxicas, serão provavelmente de causa natural, com eventual suporte histopatológico. Assim, não tendo sido colhidas amostras para exame anatomopatológico, esse eventual diagnóstico fica definitivamente inviabilizado. A negatividade das análises toxicológicas pode ter várias razões: o laboratório não foi capaz de detectar o agente tóxico; a informação sobre o agente tóxico suspeito estava errada e o laboratório não consegue encontrar nem esse nem outro agente tóxico que possa ser responsabilizado pela morte; houve sobrevida suficiente para impossibilitar a detecção da(s) substância(s) e/ou seu(s) metabólito(s). Outras razões podem ser elencadas para tal, como em casos de drogas de abuso e do álcool, nos quais ainda remanesce a questão da quantidade necessária para justificar a morte. Logo, perante a suspeita de *morte toxicológica*, é obrigatório colher as amostras como se de uma morte de causa desconhecida se tratasse, isto é, para anatomia patológica e toxicologia, acrescidas de outras, tais como para microbiologia, caso se justifique (Figura 24.1). Tal procedimento facultará ao patologista muitos mais recursos, que poderão ser fulcrais na conclusão de uma autópsia, caso as análises toxicológicas não confirmem a suspeita ou sejam negativas.

Figura 24.1 Fluxograma para a autópsia toxicológica. [Veja esta figura colorida ao final do livro.]

Em resumo, para *B*em realizar uma "autópsia toxicológica", arriscaríamos sugerir a receita dos 5 "*B*": uma "*B*oa suspeita", uma "*B*oa autópsia", "*B*oas colheitas" – a fim de evitar o alertado por Bernard Knight: "It is both counterproductive and an unprofessional discourtesy merely to record the personal details of the deceased and list the samples, with a terse demande such as 'Any Poison?' on the request form" [9] –, "*B*oa interpretação dos resultados" e, como sempre em patologia forense, "*B*om senso".

No que diz respeito ao contributo da anatomia patológica para o estudo das intoxicações, é fundamental que as amostras retiradas dos órgãos e tecidos sejam observadas pelo médico anatomopatologista, visando a adequada correlação macro-microscópica e, consequentemente, uma avaliação diagnóstica mais fidedigna. A preparação técnica das amostras decorre segundo a *té*cnica de rotina clássica, com fixação em formalina a 10%, processamento (automático ou não), inclusão, corte (3 μm), coloração (automática ou não) e montagem das lâminas – de acordo, por exemplo, com Bancroft e Gamble [16]. A coloração de base é a *hematoxilina-eosina* (*HE*). Contudo, dadas as características histológicas de cada órgão e tecido, bem como os aspectos histopatológicos das diferentes patologias, há colorações especiais (histoquímica) que, pelas suas afinidades tintoriais, serão cruciais no estudo anatomopatológico de rotina diagnóstica. Assim, entre muitos outros, realçamos [16]:

- o tricrômio de Masson = TM (tecidos fibroso e muscular);
- o tricrômio de Goldner = TGold (osteoide etc.);
- o Gomori (fibras de reticulina);
- o *Elastic van Gieson* = Verhoeff = EvG (tecidos fibroso, muscular, nervoso e fibras elásticas);
- o *periodic acid Schiff* = PAS (membranas celulares, membrana basal, mucinas neutras, fibrina, membranas hialinas etc.),
- o Von Kossa (calcificações, ossificação);
- e o azul-da-prússia = Perls (pigmento férrico).

Situações particulares requerem outras técnicas ou técnicas adaptadas; tal é o caso, neste contexto, da preparação do osso para o estudo de intoxicação por alumínio; já que o tecido ósseo deverá permanecer mineralizado, não sendo, portanto, descalcificado e necessitando de procedimentos, consumíveis e aparelhos específicos, nomeadamente de micrótomo com faca de tungstênio ou diamante para o seu corte [16,17,18]. Outras técnicas, tais como imuno-histoquímica ou microscopia eletrônica, poderão ser requisitadas para avaliar a presença/ausência e/ou para caracterizar estruturas teciduladares, lesões e/ou depósitos anômalos [16].

24.3 Drogas de abuso

Droga, do francês *drogue*, é qualquer "substância alucinógena entorpecedora ou excitante [...]" [19]. Podem ser de origem natural, semissintética ou artificial; e de natureza muito variada, desde álcoois até opiáceos, cocaína etc. [20]. No organismo humano, podem ter múltiplos órgãos-alvo, cujos efeitos deletérios são funcionais ou apresentam evidências morfológicas, e estas com características de lesões agudas ou crônicas. Diferentes drogas podem conduzir a padrões anatomopatológicos particulares e sugestivos do diagnóstico ou, contrariamente, condicionar lesões idênticas, de difícil diagnóstico diferencial, realçando uma vez mais a importância da correlação macro, microscópica e toxicológica.

O consumo de *drogas de abuso* é uma catástrofe em escala mundial, não só pelos efeitos nos consumidores – morbidade e mortalidade –, mas também em terceiros – pelas consequências dos comportamentos desviantes que condicionam, nomeadamente agressivos e/ou irresponsáveis. Veja-se, por exemplo, a condução de veículos móveis sob o efeito do álcool, que resultou em 31% de acidentes de viação fatais no Centro de Portugal, entre 1990-2007, segundo um estudo efetuado pelo INMLCF [21]. Essa percentagem dos 30%-33% de condutores alcoolizados tem-se mantido mais ou menos constante em Portugal nos últimos anos (estatísticas do Serviço de Química e Toxicologia Forense do INMLCF). Surpreendentemente ou talvez não, a *Cannabis* tem confirmado uma tendência crescente em Portugal, onde atingiu uma incidência de 3,7% nas vítimas mortais de acidentes de tráfico testadas entre 2012 e 2014, em geral associada a outras drogas e álcool, mas mesmo isolada, sobretudo nos jovens [22,23].

Essas substâncias – o álcool e as drogas de abuso – são seguramente as mais estudadas em patologia e toxicologia forenses, muito por força das apertadas leis de segurança rodoviária e da necessidade que houve de fornecer provas para aplicação das sanções previstas.

24.3.1 Álcool

A produção de álcool perde-se na memória dos tempos, havendo relatos no Egito e na Babilônia com mais de 6 mil anos. Contudo, foram os árabes que, na Idade Média, promoveram a sua obtenção por "destilação", aumentando a eficácia das bebidas alcoólicas.

Álcool, do árabe *al-kohul*, é um "líquido volátil obtido por destilação do vinho, de certos vegetais ou de outras substâncias, depois de fermentadas" [19]. Também designado como álcool ordinário ou álcool vínico, corresponde ao álcool etílico, cuja fórmula química é CH_3CH_2OH [19,20].

Em doses baixas, crê-se que o consumo de algumas bebidas alcoólicas (particularmente o vinho) tem efeitos benéficos para a saúde, nomeadamente na prevenção de patologia cardiovascular, tal como a aterosclerose/doença isquêmica. Essa propriedade denomina-se *hormesis* – do grego *hormáein*, *hórm sis* –, descrita pela primeira vez em 1888 pelo farmacologista alemão Hugo Schulz, cientificamente apresentada em 1943 por Southam e Ehrlich e revisitada por Cook e Calabrese [24].

Porém, tal como *uma moeda tem duas faces*, o consumo de álcool também pode ter efeitos deletérios, decorrentes quer da dose elevada, quer da interação/potenciação com outras substâncias lícitas ou ilícitas, quer ainda de características inerentes ao consumidor – umas genéticas e relacionadas com o metabolismo e outras adquiridas e associadas a comorbidades. Segundo o Global Status Report on Alcohol and Health 2014 da OMS, em 2012, 3,3 milhões de óbitos (5,9%) em nível mundial e 5,1% da morbidade global foram atribuídos ao consumo de álcool [25].

As lesões causadas pelo álcool podem ser agudas ou crônicas, reversíveis ou irreversíveis, fatais ou não.

24.3.1.1 Investigação autóptica

24.3.1.1.1. Exame do local

O conhecimento dos antecedentes pessoais (hábitos alcoólicos etc.) e dos dados circunstanciais em que se encontrou o doente ou a vítima são da maior relevância. O mesmo acontece com os exames laboratoriais (γ-GT, bilirrubinas etc.) e toxicológicos [20].

A morte sem assistência de uma vítima de meia-idade ou mais, envolta num *mar de sangue* com origem na boca, sugerindo hematêmese, quase diagnostica uma morte súbita por ruptura de varizes esofágicas, num alcoólico. Alerte-se, porém, que não raras vezes esses casos causam problemas de interpretação do local à polícia, pois a vítima foi vomitando por toda a casa ou sítios onde se movimentou antes de falecer, criando um autêntico cenário de crime, que só poderá ser esclarecido na autópsia.

24.3.1.1.2 Hábito externo

O exame do hábito externo pode mostrar estigmas muito sugestivos e/ou patognomônicos [21], tais como abdômen proeminente com circulação colateral em *cabeça de medusa*, telangiectasias faciais, entre outros, para além da magreza e mau estado geral, dependendo do grau de alcoolismo da vítima.

24.3.1.1.3 Hábito interno

A observação macroscópica dos órgãos e tecidos – de preferência pelo médico-legista e pelo anatomopatologista – é fundamental, não só pelas lesões que pode evidenciar, mas também para que a colheita de amostras para estudo microscópico seja adequada.

Os órgãos lesados o são diretamente (fígado, coração, estômago etc.) ou indiretamente (esôfago etc.), como na ruptura de varizes esofágicas (Figura 24.7). Nesse caso deve seguir-se uma técnica especial de autópsia para dissecção do esôfago após remoção dos órgãos do pescoço. Consiste em introduzir uma pinça pela abertura superior do esôfago até o estômago seccionado imediatamente a jusante do cárdia, fixar essa extremidade inferior puxando depois para cima, fazendo assim uma inversão do esôfago e expondo toda a mucosa esofágica.

O álcool atua no metabolismo geral do organismo, no metabolismo dos glicídeos, no lipídico e no de mecanismos [20]. A sua toxicidade é fruto de múltiplas vias (alteração da composição e fluidez da membrana celular, hipoxia tecidular, redução de metabólitos essenciais, inibição de enzimas etc.) [20].

24.3.1.1.4 Análises toxicológicas

Há décadas que as alcoolemias são as análises mais usuais de quantas se fazem num serviço de toxicologia forense. Mais do que contribuir para a causa da morte, a sua realização visa enquadrar o valor detectado nos escalões previstos nas leis dos países, para poder aplicar a moldura penal competente ao crime eventualmente cometido. A lei portuguesa [26,27,28] prevê sanções para condução de veículos com valores superiores a 0,5 g/L e 0,8 g/L, aumentando a severidade da pena quando ultrapassados 1,2 g/L, o que é considerado crime e legitima prisão imediata. Para condutores em condições/regimes especiais – regime probatório, condução de veículos de socorro, serviço urgente, transporte coletivo de crianças e jovens até os 16 anos, táxi, automóvel pesado de passageiros ou mercadorias e transporte de mercadorias perigosas –, 0,2 g/L já é considerado positivo e suficiente para determinar uma pena.

Uma alcoolemia apenas servirá para determinação da causa de morte nas intoxicações alcoólicas agudas. Trata-se de um diagnóstico particular e difícil, pois quase exclusivamente laboratorial e de exclusão, algumas vezes associado a complicações. Uma das mais comuns, a aspiração de vômito, deve ser valorizada com imenso cuidado, pois a regurgitação passiva de conteúdo gástrico para as vias aéreas é uma realidade em muitos eventos terminais, na massagem cardíaca e, nas crianças, particularmente difícil de interpretar, salvo se presenciado [9]. Valores de alcoolemia superiores a 3 g/L devem ser considerados, mas dependem muito da tolerância individual, do grau de alcoolismo da vítima e da exclusão de outras causas. Por outro lado, de forma alguma se pode excluir uma intoxicação alcoólica aguda com valores de, por exemplo 2,5 g/L, pois, mais uma vez, não existe um limite seguro e rigoroso a partir do qual se possa asseverar que se trata de uma intoxicação aguda. Esse diagnóstico exige, como muitos outros em toxicologia forense, uma valorização casuística.

24.3.1.1.5 Análises histológicas

No que diz respeito aos exames anatomopatológicos, vejamos exemplos importantes no quadro da doença alcoólica hepática e extra-hepática.

A doença alcoólica hepática compreende esteatose, hepatite, esteato-hepatite, fibrose, cirrose, entre outras lesões, tais como colestase, siderose e hepatocarcinoma [29-32].

A esteatose (Figura 24.2), que corresponde a acumulação lipídica no citoplasma hepatocitário, ocorre em 80%-90% dos consumidores de ≥ 80 g álcool/dia e pode ser reversível [29,31]. Inicia com pequenos vacúolos lipídicos (microvesicular), podendo evoluir para macrovesicular [29].

A B

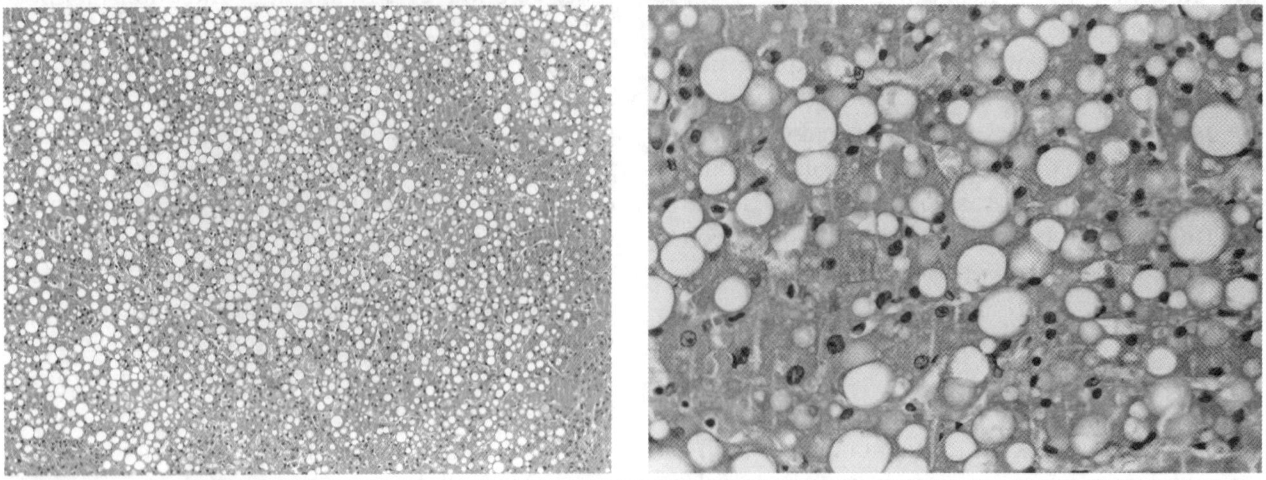

Figura 24.2 Padrão histológico da esteatose hepática alcoólica, em pequena (**A**: HE ×40) e grande ampliação (**B**: HE ×400), com vacuolização do citoplasma hepatocitário numa secção de fígado. [Veja esta figura colorida ao final do livro.]

Fonte: INMLCF.

A hepatite (Figura 24.3) pode ser portal, de interface ou lobular, dependendo da localização do infiltrado inflamatório. Este pode ser mononucleado e/ou conter polimorfonucleares neutrófilos. Os hepatócitos apresentam lesões/alterações diversas [29,30,31].

O risco de evolução para fibrose e/ou cirrose é maior (16% *vs.* 7%) quando as anteriores coexistem – esteato-hepatite [31].

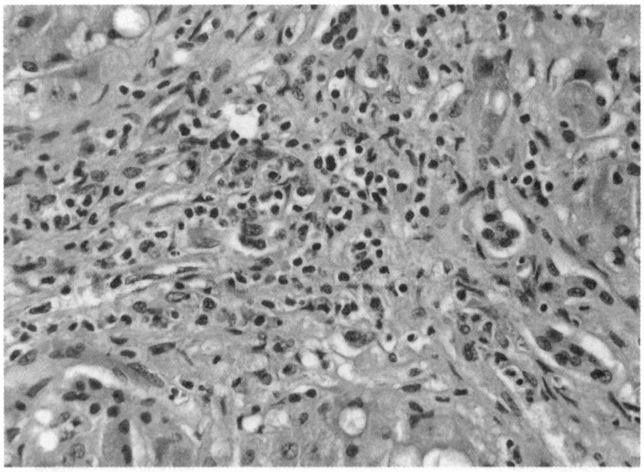

Figura 24.3 Imagem histológica de hepatite alcoólica, mostrando o infiltrado inflamatório (HE ×400). [Veja esta figura colorida ao final do livro.]

Fonte: INMLCF.

A cirrose (Figura 24.4) é micronodular (nódulos com diâmetros < 3mm), mas pode evoluir para mista e/ou macronodular. A cirrose pode manter-se estável ou apresentar sinais de atividade; descompensar (com ascite, encefalopatia, varizes esofágicas, etc.) e/ou ser sede de carcinoma hepatocelular (1%-6%/ano) [29-32].

Figura 24.4 Aspecto macroscópico de cirrose hepática alcoólica, com arquitetura nodular (**A**). Tradução microscópica em HE (×40: **B**), ilustrando os nódulos e os septos que os delimitam; e em TM (×40: **C**), colocando em evidência a fibrose septal. (*continua*)

A

B C

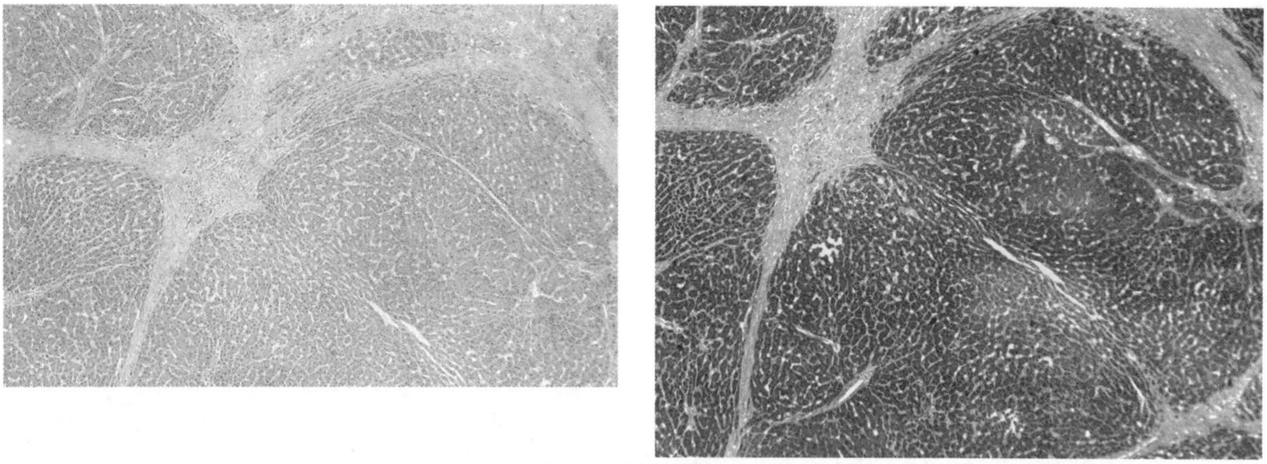

Figura 24.4 Aspecto macroscópico de cirrose hepática alcoólica, com arquitetura nodular (**A**). Tradução microscópica em HE (×40: **B**), ilustrando os nódulos e os septos que os delimitam; e em TM (×40: **C**), colocando em evidência a fibrose septal. [Veja esta figura colorida ao final do livro.] (*continuação*)

Fonte: INMLCF.

Depósitos de ferro (intra-hepatocitários e nas células de Küpffer) – siderose – podem ser observados e confirmados com colorações especiais (Figura 24.5). Um dos mecanismos responsáveis pelo seu aparecimento é a interferência do álcool com o metabolismo férrico [20].

A B

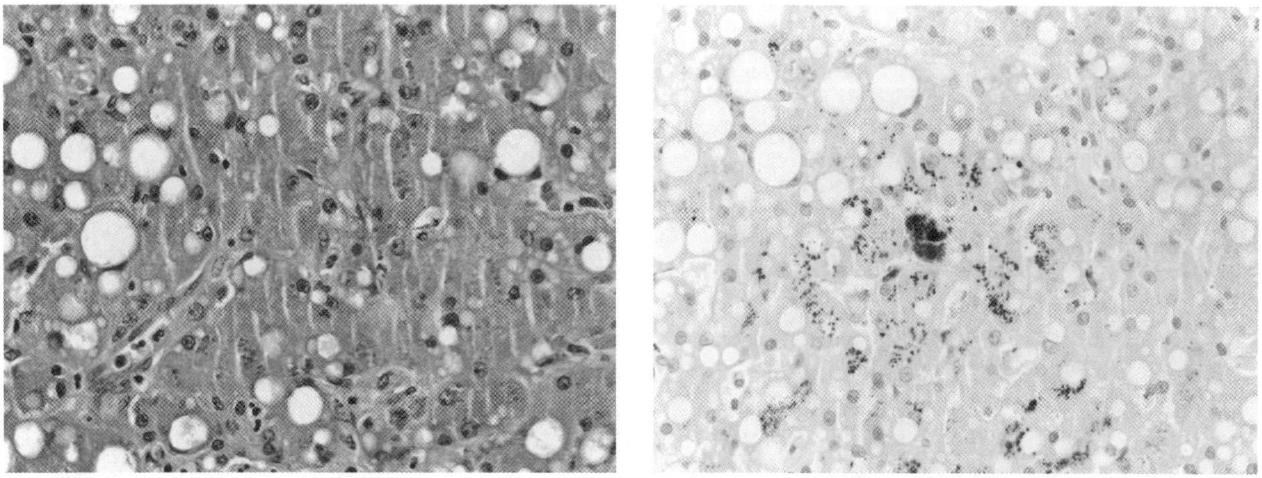

Figura 24.5 Siderose hepática alcoólica, que em HE (x200: **A**) se apresenta como pigmento castanho do citoplasma intra-hepatocitário e das células de Küpffer; adquirindo a cor azul, quando corado com o Perls (×400: **B**). [Veja esta figura colorida ao final do livro.]

Fonte: INMLCF.

Depósitos de pigmento biliar (Figura 24.6) – colestase – ocorrem, nomeadamente, pelo desarranjo arquitetural, podendo ter diferentes localizações (intra-hepatocitárias, intraductais). É importante distingui-los do pigmento férrico [29].

Passemos a exemplos de doença alcoólica extra-hepática.

A B

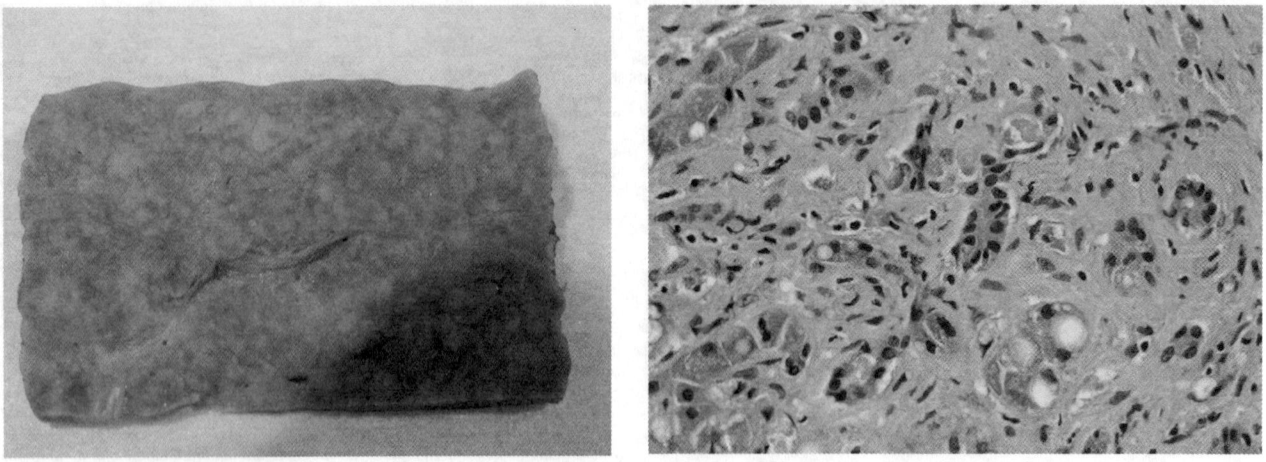

Figura 24.6 Colestase hepática alcoólica imprimindo cor esverdeada ao fígado (A). Microscopicamente, neste caso, os depósitos de pigmento biliar são intraductais (B: HE ×100). [Veja esta figura colorida ao final do livro.]

Fonte: INMLCF.

Esofágica

Uma das principais complicações da cirrose hepática são as varizes esofágicas (90%) [29]. Aparecem devido à hipertensão portal, que resulta na formação de plexos venosos subepiteliais e submucosos no esôfago, com veias dilatadas e tortuosas, que facilmente são a causa de hemorragia digestiva alta, neste contexto, como anteriormente descrito; tal como no caso apresentado (Figura 24.7), em que a vítima – com hábitos alcoólicos e cirrose hepática – foi encontrada no domicílio com sangue (2 L) num balde junto ao leito. O exame toxicológico foi negativo nomeadamente para álcool.

A B

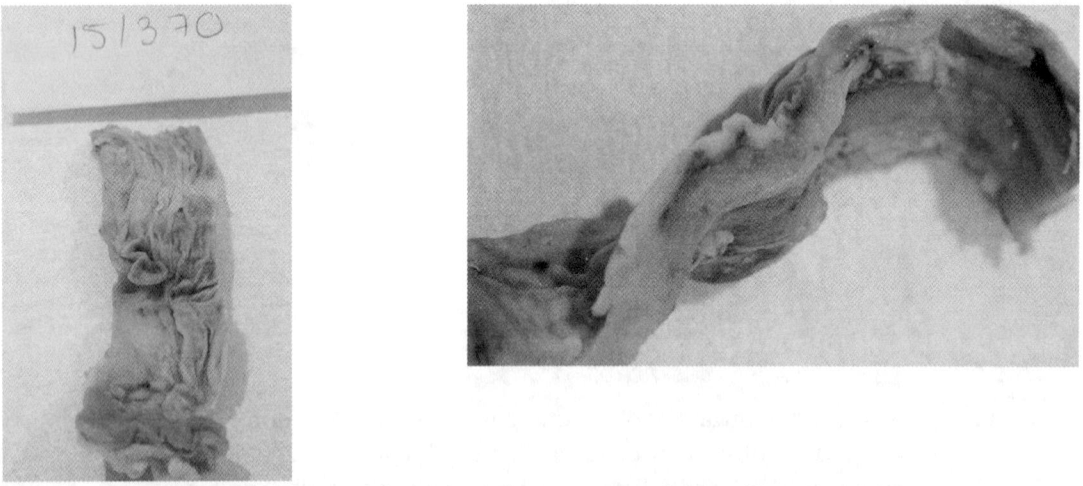

Figura 24.7 Varizes esofágicas alcoólicas. **A** e **B** mostram o aspecto macroscópico. **C** (HE ×40) e **D** (EvG ×40) confirmam histologicamente a dilatação e tortuosidade venosas na mucosa e submucosa. (*continua*)

C D

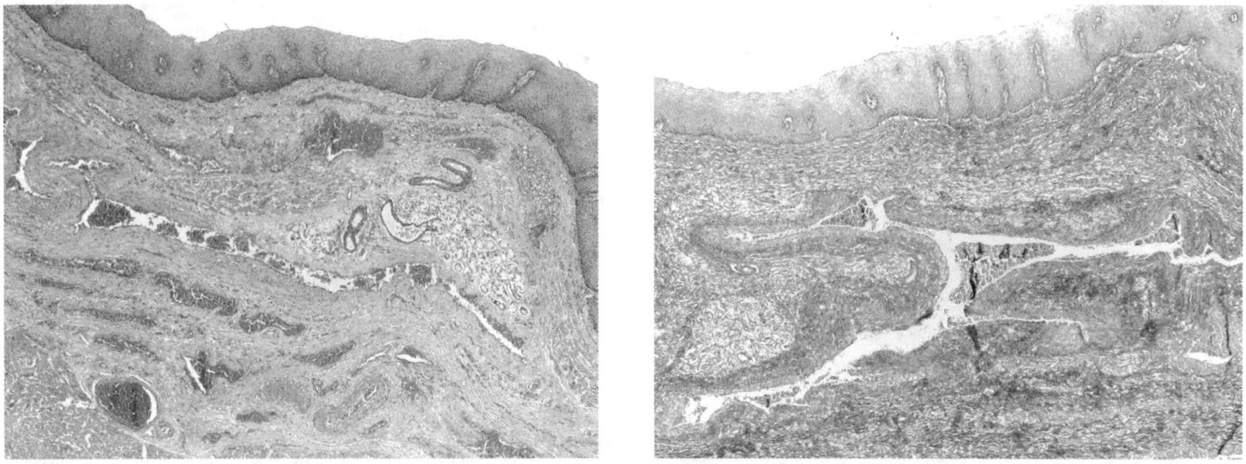

Figura 24.7 Varizes esofágicas alcoólicas. **A** e **B** mostram o aspecto macroscópico. **C** (HE ×40) e **D** (EvG ×40) confirmam histologicamente a dilatação e tortuosidade venosas na mucosa e submucosa. [Veja esta figura colorida ao final do livro.] (*continuação*)

Fonte: INMLCF.

Cardiovascular

Foi no século XIX que surgiram as expressões coração do bebedor de vinho e coração da cerveja de Munique [33].

A patologia cardiovascular atribuída a elevado consumo alcoólico engloba hipertensão reversível, miocardite, cardiomiopatia dilatada, fibrilação auricular e outras [29,34]. Se a dose é importante ($\geq$ 80 g/dia), a susceptibilidade genética também [33], havendo indivíduos em que o álcool tem tropismo cardíaco preferencial. Cerca de 40% das cardiomiopatias dilatadas idiopáticas são alcoólicas [33]. Quer o álcool etílico, quer o seu metabólito acetaldeído crê-se estarem implicados nas lesões, por meio de disfunção de organelas intracelulares, nomeadamente do metabolismo energético (lipídico) e na homeostase do cálcio – fulcrais para a atividade contrátil [33]. Macroscopicamente, na cardiomiopatia dilatada, o coração está aumentado de tamanho (cardiomegalia), com peso de duas a três vezes o habitual, de consistência quer aumentada quer diminuída (amolecido), com dilatação das cavidades cardíacas (Figura 24.8). Trombos murais/cavitários podem complicar o quadro [29]. Histologicamente, o adelgaçamento, alongamento e ondulação das fibras musculares cardíacas são alterações características (Figura 24.9). Outras lesões podem ser observadas (fibrose, fibroelastose, trombos murais etc.) [29,33].

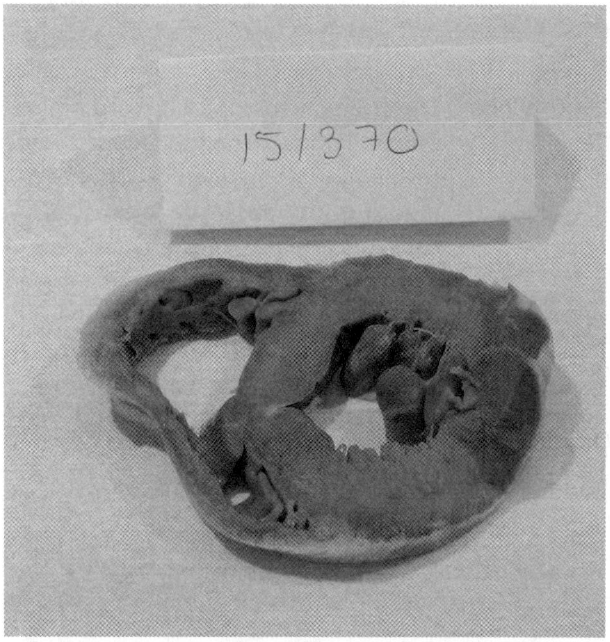

Figura 24.8 Secção cardíaca biventricular com dilatação cavitária, em vítima com hábitos etílicos. [Veja esta figura colorida ao final do livro.]

Fonte: INMLCF.

Tal como as restantes entidades nosológicas do espectro da doença alcoólica, a cardiomiopatia dilatada alcoólica constitui importante problema de saúde pública. A mortalidade varia entre 19% e 60%, segundo as séries, e a sobrevida aos sete anos após transplante cardíaco ronda os 41%, caso suspenda o consumo [33].

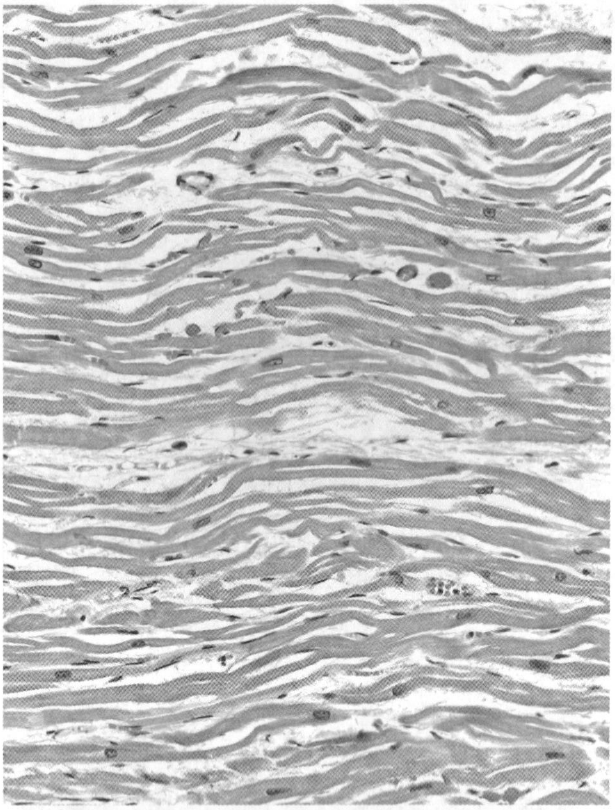

Figura 24.9 Tradução microscópica da cardiomiopatia dilatada alcoólica (Figura 24.8), revelando alongamento, adelgaçamento e ondulação das fibras musculares cardíacas, bem como alargamento intersticial (HE ×40). [Veja esta figura colorida ao final do livro.]

Fonte: INMLCF.

24.3.2 Drogas ilícitas

O consumo de drogas ilícitas tem variado ao longo dos anos e gerações com o aparecimento de novas substâncias, nomeadamente as sintéticas. Segundo o "Relatório europeu sobre drogas – Tendências e evoluções" de 2013, a mortalidade em Portugal foi de 2,7 vítimas por milhão de habitantes [35,36]. Abordaremos alguns aspectos do consumo de heroína/opiáceos e de cocaína.

24.3.2.1 Opiáceos

Heroína (diacetilmorfina), do alemão *heroisch* – termo indicador da sensação dos primeiros consumidores –, é uma droga opioide semissintética, obtida das plantas da espécie *Papaver somniferum*, sintetizada pelo químico inglês Charles Romley Alder Wright em 1874 e comercializada como medicamento por Felix Hoffmann, químico da Bayer, em 1897 [20].

Os três principais alcaloides com interesse toxicológico e forense são a "heroína", que substituiu a morfina em meados do século XIX por ser mais potente; a "morfina", que foi a primeira a ser descoberta (1803), pouco popular por causa de sua reduzida absorção oral; e a "codeína", a segunda a ser sintetizada (1832), raramente provocando a morte graças a sua grande margem de segurança. Os opiáceos (por exemplo, heroína, codeína) são um grupo de substâncias quimicamente aparentadas com a morfina e que provocam os mesmos efeitos (Quadro 24.1). Muitas dessas substâncias são lícitas e usadas como medicamentos. Os opioides são substâncias que provocam efeitos semelhantes aos da morfina, mas que não estão quimicamente aparentados com ela (por exemplo, metadona).

Quadro 24.1 Principais opiáceos e opioides (ver definições e classificação no capítulo 9)

Desmorfina	Heroína	Morfina	Codeína
Di-hidrocodeína	Etorfina	Metadona	Petidina
Papaverina	Dipinanona	Dextromoramida	Dextropropoxifeno
Pentazocina	Ciclazocin	Fentanil	
Difenoxilato	Buprenorfina	Tramadol	

As vias de administração são diversas, desde oral, respiratória (a heroína, mesmo por via nasal) e parentérica.

A heroína condiciona diminuição da atividade do sistema nervoso, pela ativação dos receptores opioides [20,37]. Os efeitos ocorrem em múltiplos órgãos (sistema nervoso central, coração, pulmões, aparelho gastrointestinal etc.), podendo ser reversíveis ou irreversíveis, agudos ou crônicos, fatais ou não fatais [20,37].

A heroína é metabolizada no fígado, transformando-se primeiramente em 6-mono-acetilmorfina (6-MAM), composto de muito curta semivida e que, quando presente, prova que o consumo foi muito recente. Posteriormente, transforma-se em morfina [20,37]. A heroína, 6-MAM e morfina são todas substâncias ativas, logo com influência no estado toxicológico de um determinado indivíduo.

A Comissão de Estupefacientes da ONU promoveu algumas recomendações sobre a classificação das mortes por overdose (Quadro 24.2) [38].

Quadro 24.2 Classificação das mortes por overdose

1. **Mortes por overdose**	2. **Mortes relacionadas com o consumo de drogas (*Drug related deaths*)**
• Simples ou diretas: – em associação com agentes potenciadores: álcool, benzodiazepinas, adulterantes, etc.	a) Antecedentes patológicos relevantes b) Morte violenta c) Patologias mortais consequentes ao uso de drogas: – Tuberculose pulmonar, pneumonia, Sida – Hepatite B, enfartes do miocárdio, malária etc.

Esclarece assim a ONU o conceito de morte por overdose, que pode então ser simples ou direta e em associação com sinergistas, segundo critérios que explicaremos a seguir. Por outro lado, os toxicodependentes também falecem de doença natural, em acidentes diversos, suicidam-se ou podem ser vítimas de homicídio, isto é, o fato de numa morte por essas causas ser detectada alguma droga ilícita não-significa forçosamente que a causa da morte tenha sido uma overdose, pois tudo dependerá do resultado da autópsia, da informação e dos resultados dos exames complementares, qualitativos e quantitativos, como veremos. Caso todos esses elementos não tenham sido suficientes para afirmar a overdose, tratar-se-á de uma morte relacionada com o consumo de drogas (*drug related death*). Nestas se incluem também as patologias mortais por complicações do uso de drogas, como a Sida ou a malária.

O diagnóstico de overdose é, pois, complexo, difícil e carece de consenso. Trata-se, em nosso entender, de um diagnóstico de exclusão, que exige por isso uma autópsia completa e o mais exaustiva possível, incluindo exames toxicológicos e anatomopatológicos obrigatórios, a par de outros, tais como microbiologia, sempre que necessário. Uma overdose só pode ser afirmada se houver uma história sugestiva, sinais autópticos característicos, toxicologia e/ou histologia compatível(eis), não houver causas de morte concorrentes; e isso numa avaliação multidisciplinar à medida de cada caso.

24.3.2.2 Investigação autóptica

24.3.2.2.1. Exame do local

A autópsia começa antes da própria mesa, na forma como os corpos são encontrados na via pública, no domicílio, numa casa de banho, discotecas ou locais públicos frequentados por jovens para dançar ou espetáculos musicais (*rave parties*) etc.; ou seja, começa no exame do local. E começa com todos os objetos conhecidos dessas situações: seringas, agulhas, colheres, algodão, pratas, limão, açúcar etc. que acompanham ou rodeiam o cadáver. Esse exame, às vezes, é tão sugestivo, e a morte tão rápida, que a agulha está ainda na veia (Figura 24.10-A).

A B

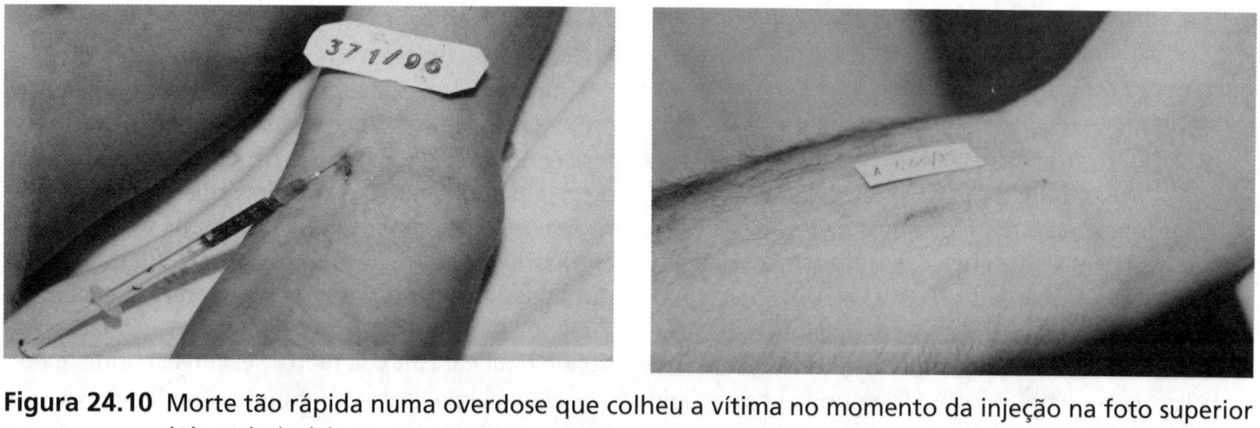

Figura 24.10 Morte tão rápida numa overdose que colheu a vítima no momento da injeção na foto superior (**A**); ao lado (**B**), sinais antigos de picada, sob a forma de endurecimento fibrótico perivascular e esclerose vascular visíveis macroscopicamente. Em **C**, observa-se edema pulmonar num caso de overdose por opiáceos, confirmado histologicamente pelo preenchimento maciço dos espaços alveolares por líquido (**D**: HE ×400). (*continua*)

C

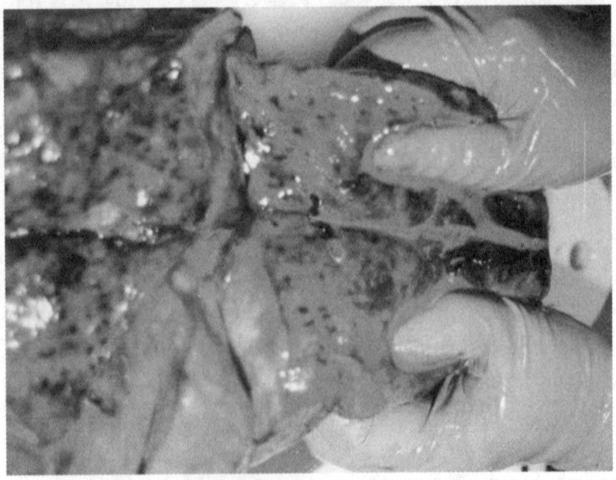

D

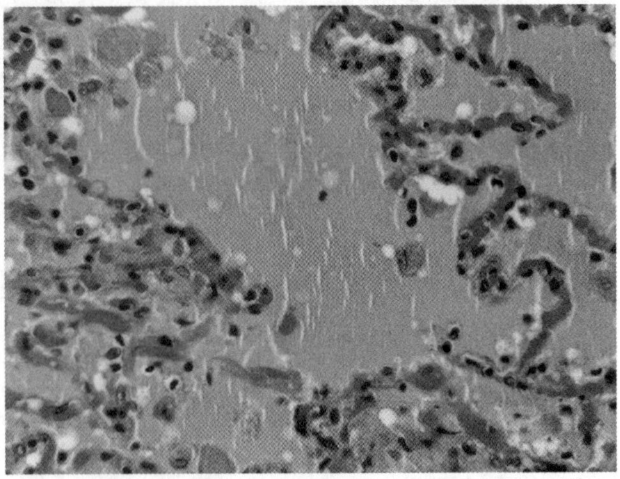

Figura 24.10 Morte tão rápida numa overdose que colheu a vítima no momento da injeção na foto superior (**A**); embaixo (**B**), sinais antigos de picada, sob a forma de endurecimento fibrótico perivascular e esclerose vascular visíveis macroscopicamente. Em **C**, observa-se edema pulmonar num caso de overdose por opiáceos, confirmado histologicamente pelo preenchimento maciço dos espaços alveolares por líquido (**D**: HE ×400). [Veja esta figura colorida ao final do livro.] (*continuação*)

Fonte: INMLCF.

É também importante conhecer os antecedentes toxicofílicos e eventuais desintoxicações da vítima, se era portador de HIV ou outras doenças infectocontagiosas, se esteve internado, saber o motivo de internamento e hipótese diagnóstica, alterações psíquicas e somáticas eventualmente manifestadas pela vítima: ansiedade, agitação, agressividade, confusão mental, alucinações, comportamentos psicóticos, convulsões, arritmias, dor precordial, hipertermia, desidratação.

24.3.2.2.2 Hábito externo

A autópsia não mostra sinais patognomônicos. Há, sim, sinais reconhecíveis no aspecto geral da vítima, como desnutrição, má higiene e desidratação. Contudo deve-se alertar que nem sempre um toxicômano é um indigente ou andrajoso, pois inúmeras vezes denotam um insuspeito bom aspecto.

Devem-se procurar exaustivamente sinais de picada nos sítios mais habituais, designadamente na flexura esquerda (Figuras 24.10-A e 24.10-B), mas também noutros sítios, por vezes escondidos, nomeadamente por tatuagens. São conhecidos casos de artistas ou bailarinos que tinham sinais de picada nos genitais (grandes lábios), por não os poderem ostentar no corpo desnudo quando das apresentações públicas. Sinais crônicos devem também ser registrados, apresentando-se como processos inflamatórios dos tecidos moles, trajetos venosos fibrosados (Figura 24.10-B) e ulcerações dos locais das injeções (coca).

Deve ser feita uma inspeção da mucosa nasal nas suspeitas de cocaína, para observar ulcerações do septo nasal que são clássicas mas raras, assim como as perfurações do septo nasal. Em alguns pacientes pode ser encontrado o *callus crack* no polegar, por traumatismo repetido ao acender o isqueiro.

Nas anfetaminas, sinais clássicos de consumo de drogas são habitualmente inexistentes.

24.3.2.2.3 Hábito interno

Nas overdoses por opiáceos, o edema pulmonar é habitualmente exuberante. Nos toxicodependentes crônicos podem ser encontradas adenomegalias periféricas. A cocaína pode induzir alterações cardíacas, designadamente enfarte do miocárdio. Porém as alterações são comumente funcionais, por vasoespasmo coronário. Nessa medida, o enfarte agudo do miocárdio pode surgir mesmo com coronárias normais. Há também mortes rápidas por hipersensibilidade, podendo o mecanismo da morte ser uma arritmia fatal.

A cocaína e as anfetaminas podem provocar hemorragia cerebral, por aumento da tensão arterial e vasculite cerebral [9,13].

As anfetaminas cursam com congestão cianótica, miocitólise, desidratação e hipertermia.

24.3.2.2.4 Colheitas para exames complementares

Deverão ser enviadas amostras para análises toxicológicas, essenciais nesse contexto, pelo que recomendamos as referidas no Quadro 24.3.

Quadro 24.3 Colheitas para o diagnóstico toxicológico de mortes por overdose

TIPO DE AMOSTRA	QUANTIDADE
Sangue (preferencialmente periférico)	Frasco com fluoreto de sódio: 20 mL
Urina	20-50 mL
Bile	A quantidade existente ou 50 g de fígado
Estômago e conteúdo	–

Devem-se ainda recolher colheres, pratas, limão e objetos, caso existam no local da morte e possam conter droga. Devemos também considerar zaragatoas nasais bilaterais (a benzoilecgonina permanece por muitos dias), cabelo, humor vítreo e encéfalo.

A possível presença de adulterantes como talco, amido, quinino, lactose, dextrose e estricnina nos locais da injeção, gânglios linfáticos, pulmões e outros órgãos deve fazer equacionar a sua pesquisa [39].

As colheitas para exame anatomopatológico incluirão as amostras mencionadas a seguir (Quadro 24.4).

Quadro 24.4 Colheitas para histologia em casos de suspeita de overdose

Encéfalo	Coração	Glândulas suprarrenais
Fígado	Rins	Outras que se justifiquem
Baço	Pulmões	

Nota: pode-se equacionar colher a pele do local da picada e contralateral, para controle, e a mucosa nasal, se a inspeção for positiva.

Os exames complementares de diagnóstico não se limitam aos toxicológicos e histológicos. É possível recorrer a hemoculturas, e, embora seja difícil identificar o gérmen, uma exuberante proliferação bacteriana já é um bom indicativo.

24.3.2.2.5 Resultados dos exames

Toxicológicos

A interpretação dos valores e efeitos das drogas de abuso tem sido e continua a ser uma tarefa complexa que diz respeito ao perito/patologista forense em colaboração, sempre que necessário, com o toxicologista.

Nessa interpretação, a farmacocinética das principais drogas é crucial, já que é rara a detecção dos compostos originais, por exemplo, a heroína, por sua curta semivida. Deve ser assegurado que as unidades dos resultados e dos valores de referência são as mesmas e ter-se em conta o tempo transcorrido entre a administração e a morte, bem como a suscetibilidade individual.

A heroína é rapidamente metabolizada no sangue em 6-monoacetilmorfina (6-MAM), por perda de um grupo acetilo. Por sua vez, a 6-MAM é posteriormente hidrolisada, perdendo um segundo grupo acetilo e gerando a morfina [40]. A interpretação de resultados toxicológicos dos opiáceos deve ser realizada com elevado rigor, especialmente no caso da morfina, já que essa substância pode aparecer em diferentes contextos e a partir de distintos precursores. A presença de heroína raramente pode ser confirmada em exames toxicológicos em razão da extremamente curta semivida dessa substância. Habitualmente, as análises toxicológicas após consumo ilícito de heroína revelam a presença de elevadas concentrações de morfina e, em menor concentração, de 6-MAM (proveniente da metabolização da heroína) e de codeína (presente como subproduto de síntese da heroína a partir da morfina). A presença de morfina também pode resultar do consumo lícito ou ilícito de codeína, decorrente da composição de medicamentos onde é utilizada, como os antitússicos. A presença de apenas codeína ou desta em quantidade superior à morfina é altamente sugestiva de intoxicação por codeína. Finalmente, a presença de apenas morfina em concentrações habitualmente terapêuticas (< 100 ng/mL) indica, com uma elevada probabilidade, uma administração hospitalar para efeitos analgésicos, não sendo de excluir, contudo, um potencial consumo ilícito de opiáceos, especialmente quando o tempo entre o consumo e a recolha da amostra é bastante prolongado.

Cocaína

Na avaliação dos resultados da cocaína, há que levar em linha de conta a grande variabilidade dessa droga. Assim, o uso recreativo para uns pode ser letal para outros, e o uso recreativo hoje pode ser letal amanhã no mesmo indivíduo.

A cocaína metaboliza-se rapidamente, pela quebra das uniões éster, em benzoilecgonina (BE) e metil-ester-ecgonina (EME), ambos metabólitos inativos [40]. A presença da cocaína original nas análises toxicológicas sugere um consumo recente, sendo mais comum a presença dos seus metabólitos (Tabela 24.2). O cocaetileno forma-se em associação com o álcool e é eventualmente mais letal que a cocaína, constituindo a sua presença um sinal seguro de intoxicação por cocaína.

Tabela 24.2 Valores de referência para cocaína e metabólitos

• Cocaína: 1 a 20 μg/mL (média de 5,2 μg/mL)
• Benzoilecgonina (BE): > 1 μg/mL

Fonte: extraído de [9] e [13].

Histológicos

O consumo de drogas de abuso pode não condicionar o aparecimento de alterações histomorfológicas detectáveis ou lesar órgãos e tecidos. Quando isso acontece, as lesões podem ser inespecíficas e comuns a várias drogas ou ter aspectos indiciadores de uma determinada substância.

Entre as lesões de sobredosagem de heroína, as pulmonares são as mais usuais, sobretudo o *edema alveolar* – resultante da diminuição dos batimentos cardíacos e respiratórios –, cuja prevalência varia entre 1% e 90% na literatura mundial [37] e poderá conduzir à morte por insuficiência respiratória.

ESTUDO DE CASO

Indivíduo do gênero masculino, de 45 anos, toxicodependente, encontrado na residência, com seringa junto do cadáver. Tinha estigmas de picada ao exame do hábito externo e no do hábito interno, edema pulmonar (Figuras 24.10-C e 24.10-D) e congestão visceral generalizada. O exame toxicológico forense revelou a presença de *6-mono-acetilmorfina* (dose baixa) e de *morfina* (0,15 μg/mL), confirmando a overdose fatal de heroína.

Quanto à cocaína, as possibilidades são variadas, não se podendo aqui deixar de enfatizar as consequências cardiovasculares do seu uso e abuso, a curto e a longo prazo – realçando o enfarte do miocárdio [41].

É importante lembrar a presença de material estranho com ou sem patologia consequente, tal como êmbolos pulmonares de adulterantes: talco, quinino, lactose, dextrose, detectáveis em microscópio óptico ou de polarização; associados ou não a granulomas de corpo estranho e particularmente comuns em consumidores por via endovenosa [39]. Também se têm encontrado êmbolos de agulhas ou parte delas, reconhecíveis em exames imagenológicos e passíveis de condicionar perfurações, fístulas, abcessos [42].

Quanto às complicações infecciosas da administração de drogas de abuso, podem ser encontradas hepatites, Sida, flebites e abcessos embólicos a distância, infecções piogênicas, endocardites de qualquer válvula e linfadenites nos locais de injeção [9,29,42].

24.4 Praguicidas ou agrotóxicos

Agrotóxicos são definidos como os produtos e os componentes de processos físicos, químicos ou biológicos destinados aos setores de produção, armazenamento e beneficiamento de produtos agrícolas, pastagens, proteção de florestas e também em ambientes urbanos, hídricos e industriais, cuja finalidade seja alterar a composição da flora e da fauna, a fim de preservá-la da ação danosa de seres vivos considerados nocivos, bem como aqueles empregados como desfolhantes, dessecantes, estimuladores e inibidores do crescimento [19,43].

De acordo com o organismo-alvo e padrão de uso, podem ser classificados em inseticidas, fungicidas, herbicidas e outros grandes grupos, que incluem rodenticidas, acaricidas, nematicidas, moluscquicidas, fumigantes, desfoliantes, exsicantes, reguladores do crescimento, repelentes etc. Todos possuem algum grau de toxicidade, senão não teriam qualquer efeito prático. Não obstante, é inquestionável o seu papel benéfico na produção agrícola e no bem-estar do mundo, estimando-se que 50% das colheitas possam ser destruídas por infestações de insetos, fungos, ratos ou similares [43].

Foi Rachel Carson (1907-1964), bióloga, ecologista e escritora norte-americana, que, no seu livro *Silent Spring* – baseado nas consequências do uso alargado do primeiro pesticida moderno, o *DDT* (diclorodifeniltricloroetano) –, alertou para os efeitos deletérios dos agrotóxicos, quer no meio ambiente, quer nos seres vivos e, em particular, nos humanos [44].

Estimam-se 3 milhões de casos/ano de intoxicação aguda severa no planeta por praguicidas, com 220 mil mortes [45]. Infelizmente a seletividade das espécies-alvo não está tão desenvolvida que evite a afetação de espécies não alvo.

Os efeitos tóxicos dos praguicidas podem ser agudos, subagudos ou crônicos e lesar qualquer órgão/sistema, resultando frequentemente em incapacidade funcional major (nomeadamente respiratória) e/ou em morte [20]. Um estudo realizado pelo Laboratório de Toxicologia Forense na Delegação do Centro do INMLCF de 2000 a 2002, em 639 amostras por detecção de pesticidas (*post mortem* e *in vivo*) na região Centro de Portugal, revelou-se intoxicação em 17,8% dos casos, dos quais 63% eram por inseticidas organofosforados e 33% por herbicidas (principalmente paraquat) [46]. Noutro estudo sobre internamentos hospitalares por intoxicação com praguicidas em Portugal, entre 2006 e 2007, verificou-se um total de 899 casos, com uma incidência anual de 4,3/100 mil habitantes; 47,9% correspondendo a inseticidas organofosforados e carbamatos e 49,2% ao herbicida paraquat. A taxa de mortalidade hospitalar foi de 37% [47]. Em Portugal, entre os anos de 2009 e 2014, num estudo com 375 exames toxicológicos positivos em autópsias de todos os tipos, os inseticidas predominaram, destacando-se os organofosforados, com 88% – com o dimetoato à cabeça, seguido do paration e dos clorpirifos –, que, no entanto, têm decaído desde 2011, ao passo que os carbamatos aumentaram em igual período [48]. Seguiram-se os herbicidas com 25% de resultados positivos (n = 92), sendo o paraquat o mais frequente, seguido do glifosato. Por último, surgiram os fungicidas (n = 3) e os rodenticidas (n = 4), cada um correspondendo a menos de 1% dos resultados positivos [48].

24.4.1 Inseticidas

Os inseticidas são compostos usados para matar insetos ou espécies afins (Quadro 24.5), sendo todos neurotóxicos, isto é, atuam no nível do SNC dos organismos-alvo.

Quadro 24.5 Inseticidas

- Organofosforados:
  - Paration
  - Quinalfos
  - Azinfos-etilo
  - Dimetoato
- Organoclorados:
  - DDT
  - Lindano
- Carbamatos

Os organofosforados, os mais importantes deste grupo em termos médico-legais, na qualidade de inibidores das colinesterases, condicionam a acumulação da acetilcolina nas junções neuroefetoras viscerais, placas motoras e diversos neurónios, resultando no bloqueio da transmissão sináptica [49].

24.4.1.1 Investigação autóptica

24.4.1.1.1 Exame do local

A suspeita de uma intoxicação por organofosforados é habitualmente fácil e faz-se pelo cheiro intenso e penetrante a xilol, petróleo ou produtos afins. Foi muito comum em Portugal nos anos 1970 a 1980, sobretudo no mundo rural, pela elevada taxa de suicídios com o famoso "E-605 Forte" (paration-metilo), usado para matar o escaravelho da batata, sendo que alguns teriam sido homicídios mascarados de suicídios, em contextos de violência doméstica.

24.4.1.1.2 Hábito externo

Em geral, trata-se de autópsias fáceis, nas quais se pode até fazer um *brilharete*, já que é possível quase determinar a causa de morte apenas pelo cheiro, ainda antes de se abrir o corpo.

24.4.1.1.3 Hábito interno

No estômago encontra-se, habitualmente, grande quantidade do produto de cor branco-leitosa exalando o já referido forte odor (Figura 24.11), sendo que as análises toxicológicas, quando tal sucede, habitualmente confirmam o paratião ou um dos produtos referidos no Quadro 24.5. Os achados macroscópicos são habitualmente irrelevantes.

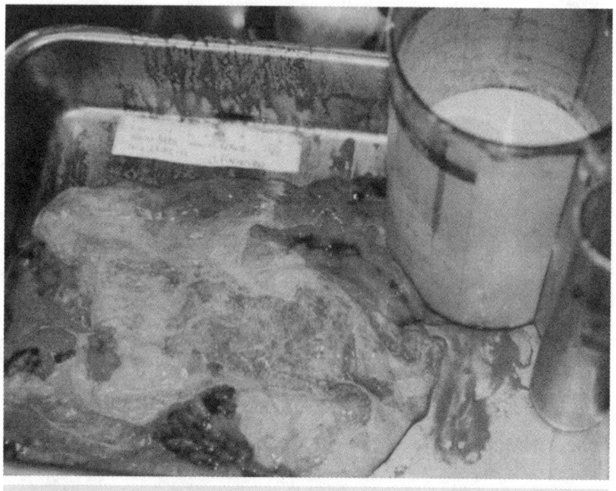

Figura 24.11 Colheita gástrica de grande quantidade de paration (organofosforado) numa autópsia, a qual deve ser medida em recipiente graduado. [Veja esta figura colorida ao final do livro.]

Fonte: INMLCF.

Hoje, muito mais raras e com quantidades menores de agentes tóxico, a avaliação e suspeição autóptica tornaram-se mais difíceis, até porque, do ponto de vista macroscópico, são frequentemente negativas. Não obstante, foram documentadas em internamento e *post mortem* [49,50,51]. A Figura 24.12 mostra *erosões gástricas* num caso de intoxicação por ingestão de organofosforados.

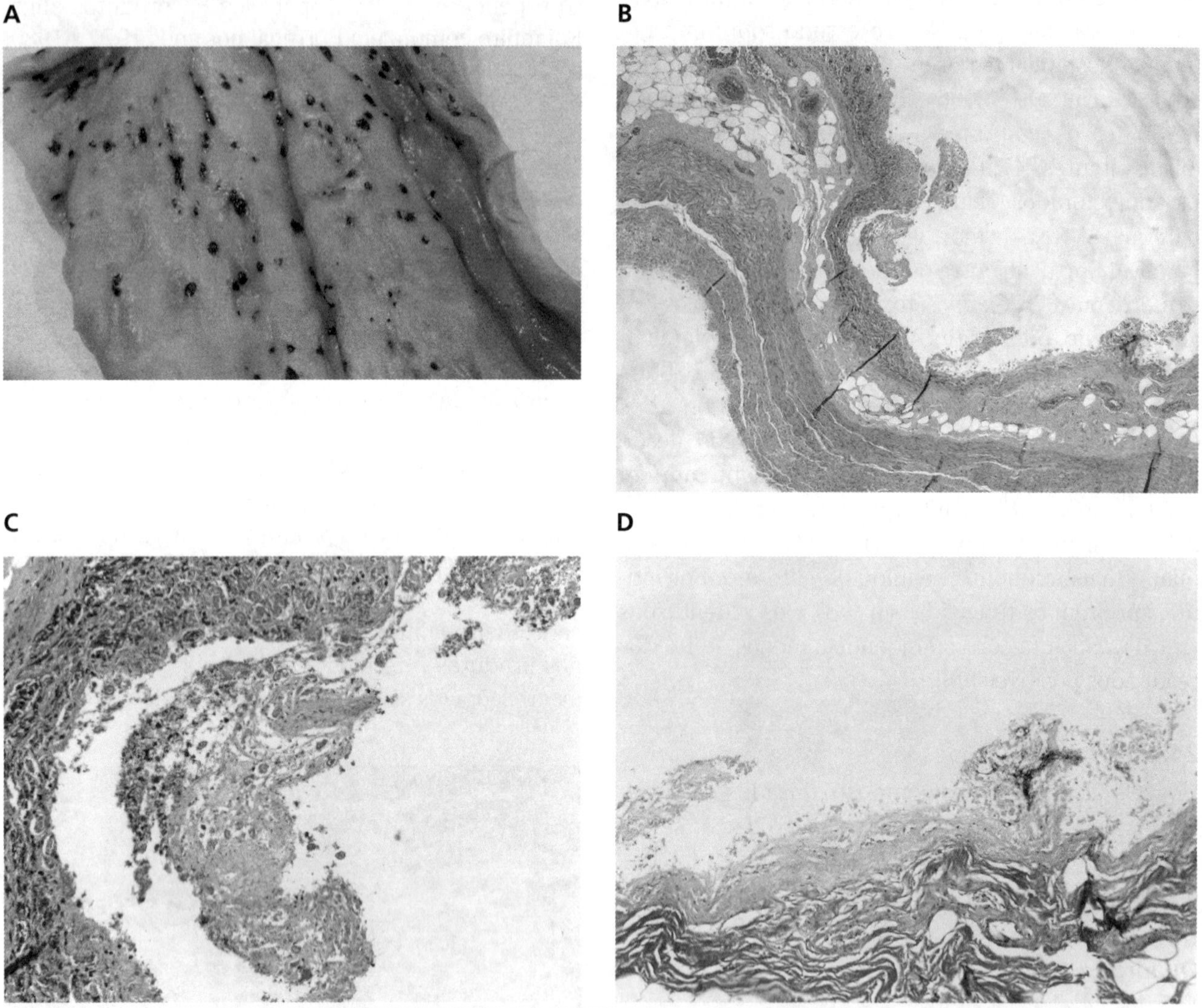

Figura 24.12 Visão macroscópica da mucosa gástrica com erosões abundantes e difusas (**A**), consequente à ingestão de organofosforados. Microscopicamente, observa-se perda superficial de tecido da mucosa (**B**: HE ×40, **C**: HE ×200, **D**: EvG ×200). [Veja esta figura colorida ao final do livro.] (*continuação*)

Fonte: INMLCF.

24.4.1.1.4 Exames complementares

O maior problema pericial surgia e surge quando a quantidade ingerida é reduzida e há sobrevida, negativando as análises, como consequência do aumento (tempo) e intensidade (fluidoterapia) do período de excreção. Nesses casos, o diagnóstico baseia-se na informação hospitalar, que deve ser requisitada, sendo fundamental a diminuição das colinesterases detectadas na pesquisa laboratorial do hospital.

As conclusões do relatório devem ser rigorosas e traduzir isso mesmo, isto é, que o diagnóstico não foi efetuado, nesses casos, diretamente pelas amostras colhidas na autópsia. Uma formulação possível que usamos no INMLCF é: "conjugando a informação clínica com os dados necroscópicos, a morte de ... foi devida a intoxicação pelo praguicida organofosforado ..."

24.4.2 Herbicidas

Um herbicida é qualquer composto com a capacidade de destruir ou lesar severamente plantas, podendo ser utilizado para evitar o seu crescimento ou favorecer a destruição de parte delas (Quadro 24.6).

Representam o maior crescimento dos pesticidas agroquímicos nos últimos anos em razão da tendência para as práticas de monocultura, o aumento do risco de infestações por ervas daninhas, o fato de não se fazer o pousio das terras e rotação das culturas, bem como a mecanização da prática agrícola derivada do aumento dos custos de produção.

Quadro 24.6 Herbicida

• Derivados dos ácidos carboxílicos – Fenoxiacéticos, fenoxipropiônicos e fenoxibutíricos – Derivados clorados do ácido benzoico, ácidos cloroalifáticos
• Carbamatos
• Ureias, amidas, dinitrofenóis
• Derivados da piridina – Bipiridilos – Paraquat, diquato
• Glifosatos

Uma vez que o seu modo de ação envolve processos fito-bioquímicos, reclama-se que não teriam toxicidade para os mamíferos. De fato, a toxicidade é baixa. Contudo, permanece a controvérsia quanto aos possíveis efeitos da própria substância e/ou de contaminantes, emulsificadores, cossolventes ou inertes, até agora pouco valorizados; efeitos esses que poderiam ser mutagênicos, teratogênicos ou carcinogênicos.

A toxicidade geral é dérmica, embora possa ocorrer noutros órgãos, nomeadamente em nível respiratório. As manifestações clínicas são diversas, entre as quais *rash* cutâneo, dermatites de contato, urticária, episódios de asma e reações anafiláticas.

Apesar do aparecimento de alguns casos de carbamatos e do glifosato (o conhecido Roundup), cingir-nos-emos ao paraquat (Gramoxone), pela sua longa história e tradição em contexto forense, bem como pelo aumento do número de casos aproximando-se muito dos pesticidas organofosforados [48]. Consideramos o herbicida mais importante em medicina legal pela sua grande difusão, toxicidade e frequência de utilização como meio suicida.

O paraquat é um derivado das piridinas (Quadro 24.7), comercializadas nos anos 1950 pela Imperial Chemical Industries.

Quadro 24.7 Piridinas

Paraquat
Morfanquat
Clormequat
Diquat
Difenzoquat

São compostos alcalinos, sólidos, cristalinos, solúveis em água e pouco solúveis em álcoois, que se inativam rapidamente no solo com a luz solar. Não são bioacumuláveis.

O Gramoxone (paraquat) é um herbicida de contato, dessecante e desfoliante, com formulações de 20%, granulados para uso agrícola e soluções < 1% a 2% para usos domésticos. São soluções alcalinas, corrosivas para os metais e transparentes. Em Portugal e muitos países europeus, o produto é azul pela adição protetora de pó de zinco a fim de prevenir intoxicações [52].

O paraquat (1,1'-dimetil-4,4'-bipiridina-dicloreto) atua por meio da indução de estresse oxidativo, conduzindo à falência dos sistemas antioxidantes [53,54]. Liberta peróxidos de hidrogênio (H_2O_2) e ânion superóxido (O^-). O íon positivo reduz-se a radicais livres solúveis em água, que impedem a redução do NADP a NADPH. Com oxigênio, os radicais livres bipiridilos reorganizam-se, formando o íon original e o peróxido de hidrogênio. O ânion superóxido (O^-) promove a degradação da membrana celular com peroxidação dos ácidos gordos [52].

Nas concentrações mais altas, o pulmão é o órgão-alvo preferencial, havendo elevação da pressão parcial de O_2 e aumento dos níveis pulmonares de prolil-hidroxilase, que culminam numa ação fibrogênica [52].

Sendo em geral pouco absorvível, é por via oral que se verifica a maioria das mortes. Por via cutânea a absorção é mínima, salvo se houver soluções de continuidade da pele e com concentrações > 5 g/L. A absorção respiratória é reduzida, apenas se produzindo gotas com diâmetro > 5 μ. Foi descrito um caso de absorção por via vaginal com tampão [55].

O paraquat acumula-se no pulmão dez a quinze vezes mais do que em qualquer outro órgão e elimina-se pelo rim, não metabolizado, 80% a 90% em seis horas e 100% em 24 horas [20].

A sua toxicidade inicia-se localmente por queimaduras cáusticas semelhantes a lesões por lixívia ou outros cáusticos, na boca, esôfago e locais de contato, podendo as vítimas ficarem afônicas e afásicas (Figura 24.13). Em doses altas pode observar-se gastroenterite. Essas lesões são superficiais e visíveis por endoscopia. Por vezes pode sobrevir perfuração gástrica com hemorragia massiva. Posteriormente e em doses suficientes, outros órgãos podem ser afetados, induzindo lesões multiorgânicas, com envolvimento do pulmão (pneumonite hemorrágica focal, edema pulmonar difuso etc.), fígado (necrose hepática centrolobular), coração (necrose miocárdica, com arritmias) e rim – cuja falência pode ocorrer em dois a três dias. Alterações do SNC são também possíveis, tais como convulsões, hemorragia intraparenquimatosa e coma. Num quadro clínico típico, com sobrevida após a intoxicação, a evolução da síndrome respiratória aguda conduzirá a fibrose pulmonar, com consequente falência respiratória.

A

B

C

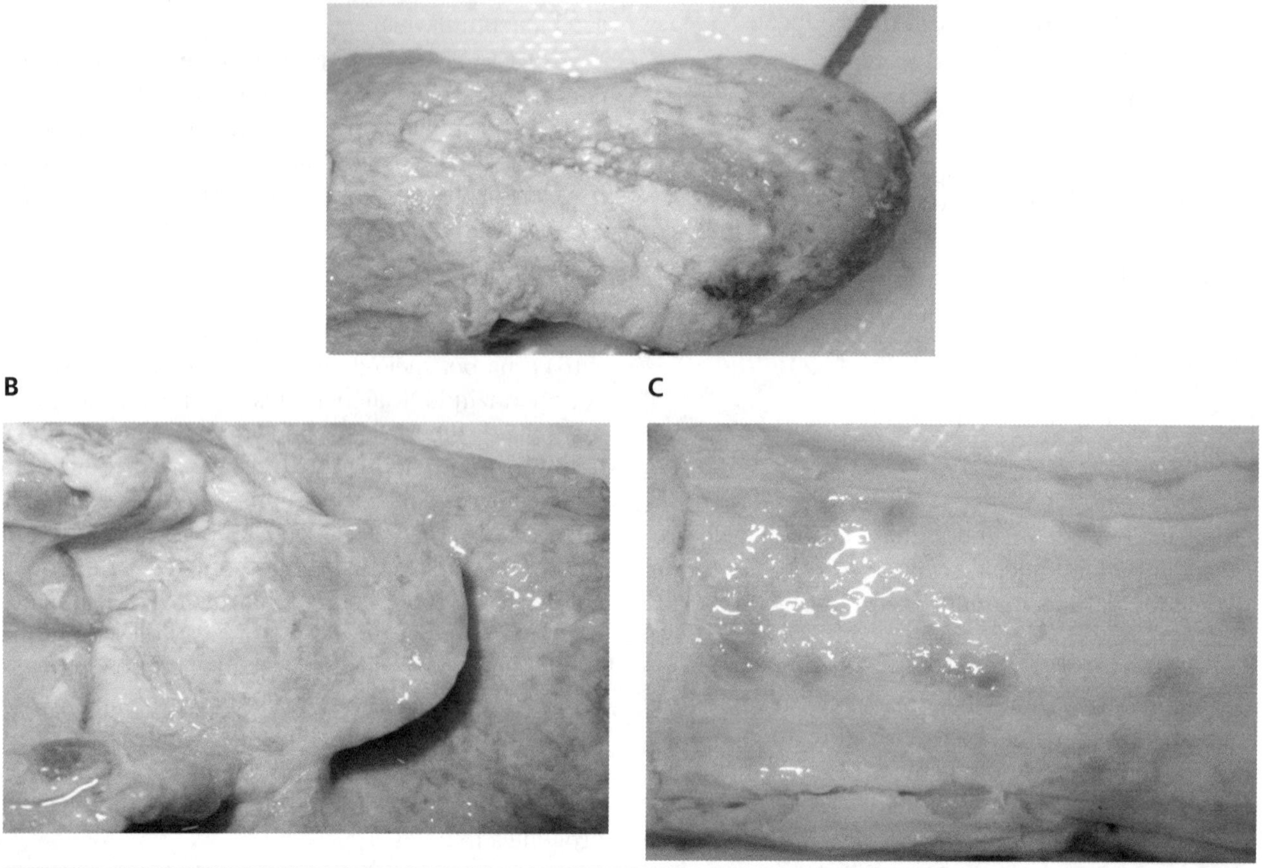

Figura 24.13 Lesões da mucosa lingual (**A**) e epiglótica (**B**) (queimaduras cáusticas, com membranas "saponosas", hidratadas e translúcidas) e esofágica (**C**) (erosões circulares dispersas) num caso de intoxicação oral por paraquat. [Veja esta figura colorida ao final do livro.]

Fonte: INMLCF.

Na forma hiperaguda da intoxicação, após uma ingestão > 55 mg/kg, a mortalidade é muito alta (65%) e os pacientes morrem em menos de quatro dias, por choque cardiogênico e falência hepático-renal aguda [56].

Na forma subaguda, com ingestão < 30 mg/kg, a intoxicação será benigna, determinando apenas moderadas lesões gastrointestinais e mínimas hepáticas e renais [56]. Nesta forma, a mortalidade é menor (4%), sendo o mecanismo de morte a fibrose pulmonar.

24.4.2.1 A investigação autóptica

24.4.2.1.1. Exame do local

Em casos suspeitos de intoxicação oral por paraquat, as roupas da vítima podem estar manchadas da cor azul habitual do agente tóxico (Figura 24.14), bem como a boca e mãos.

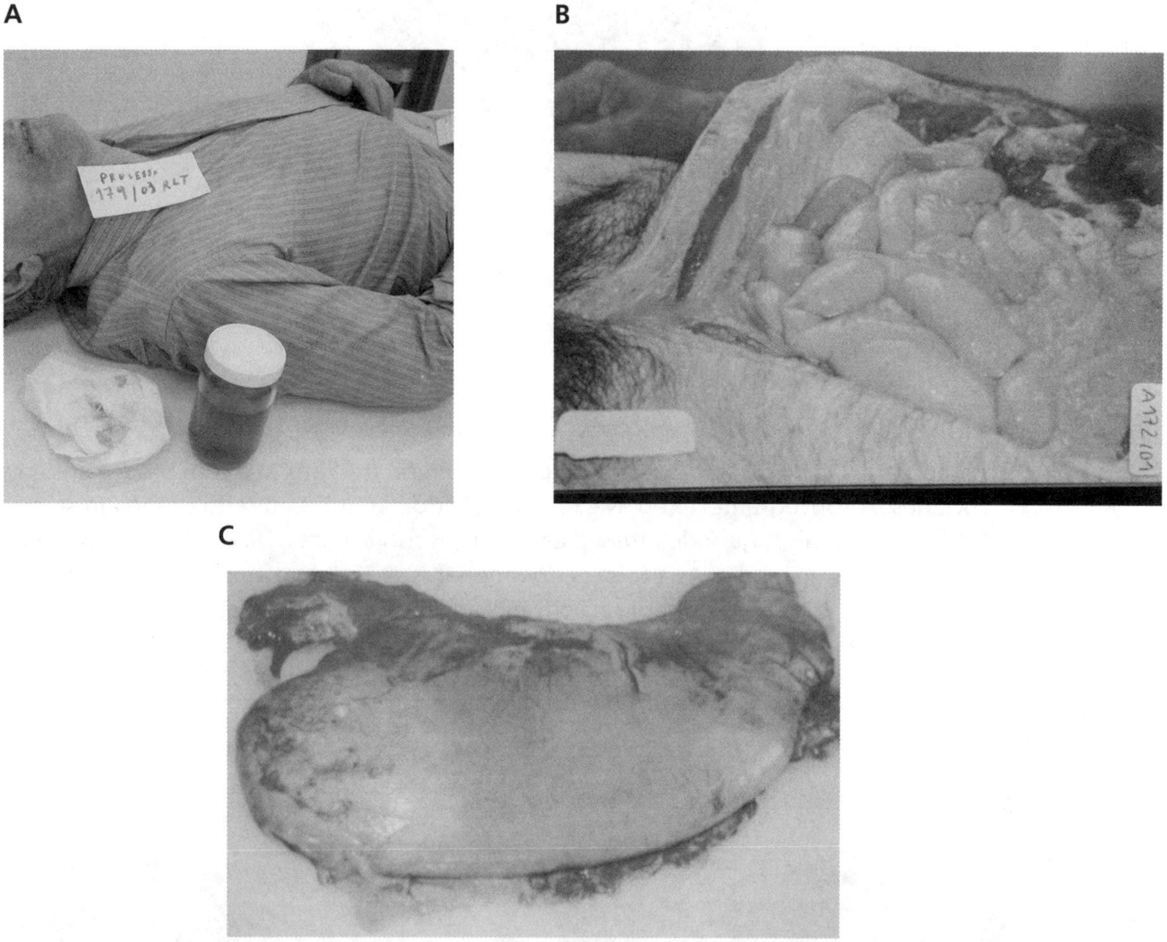

Figura 24.14 Autópsia de um caso de intoxicação oral pelo paraquat: líquido verde encontrado ao lado do corpo, com escorrência a partir da boca (**A**); intestinos corados de verde (**B**), observado logo ao abrir o tronco, o que, de imediato, sugeria a intoxicação em causa; estômago com as mesmas características (**C**). A cor verde não é própria do paraquat, antes resulta do corante adicionado aos praguicidas em alguns países como Portugal, para prevenção das intoxicações. [Veja esta figura colorida ao final do livro.]

Fonte: INMLCF.

24.4.2.1.2 Hábito externo

Devemos procurar as "lesões de queimadura" da boca e mucosas esofágica e gástrica – caracteristicamente saponosas, translúcidas e hidratadas (Figura 24.13). As mucosas mostrar-se-ão avermelhadas e congestionadas.

24.4.2.1.3 Hábito interno

Nos países onde o paraquat está corado de azul, como em Portugal, mal se abre a cavidade abdominal, observa-se com muita notoriedade tal cor no estômago e intestino (Figura 24.14).

Os pulmões, em fase tardia, com pelo menos duas semanas, apresentar-se-ão firmes e hirtos, conservando a sua forma piramidal por causa da organização interna em fibrose, podendo um eventual aspecto nodular ser também observado. A tradução radiológica será de infiltração difusa dos campos pulmonares com opacidades intersticiais evoluindo para opacidade total de um ou ambos os campos, de aspecto sobreponível a uma pneumonia difusa (microbiana), embora aqui se trate de uma pneumonite química (Figura 24.15). Macroscopicamente, pode-se observar ainda aspecto em "favo de mel" (Figura 24.16). Recorde-se que se a morte for rápida, por intoxicação aguda ou hiperaguda, os pulmões poderão apresentar-se normais. O fígado pode estar pálido e/ou amarelo esteatósico. No rim, em casos com insuficiência renal, notar-se-á palidez cortical. No coração poderá observar-se hemorragia subendocárdica.

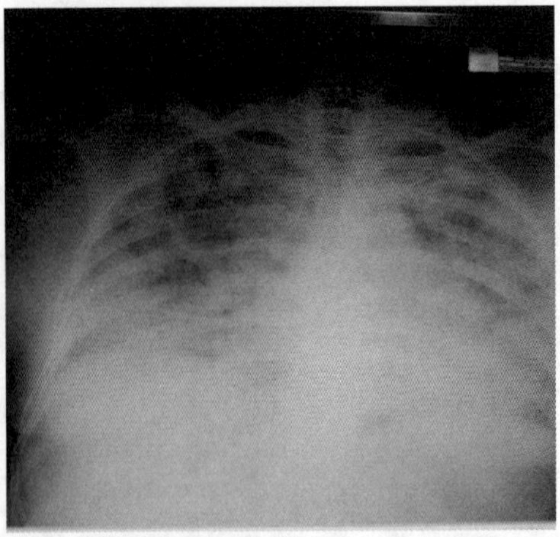

Figura 24.15 Radiografia do tórax: sinais de consolidação pulmonar bilateral e com predomínio central associados a broncograma aéreo. Na zona média do hemitórax direito observam-se opacidades intersticiais focais sugerindo alterações fibróticas subjacentes. Há cardiomegalia e alargamento do mediastino médio. As alterações pulmonares são compatíveis com uma pneumonite não infecciosa, mas química por aplicação tópica prolongada de paraquat, que determinou grave insuficiência respiratória terminal. Este Rx pertence à mesma vítima das Figuras 24.16, 24.17 e 24.18. [Veja esta figura colorida ao final do livro.]

Fonte: INMLC.

A B

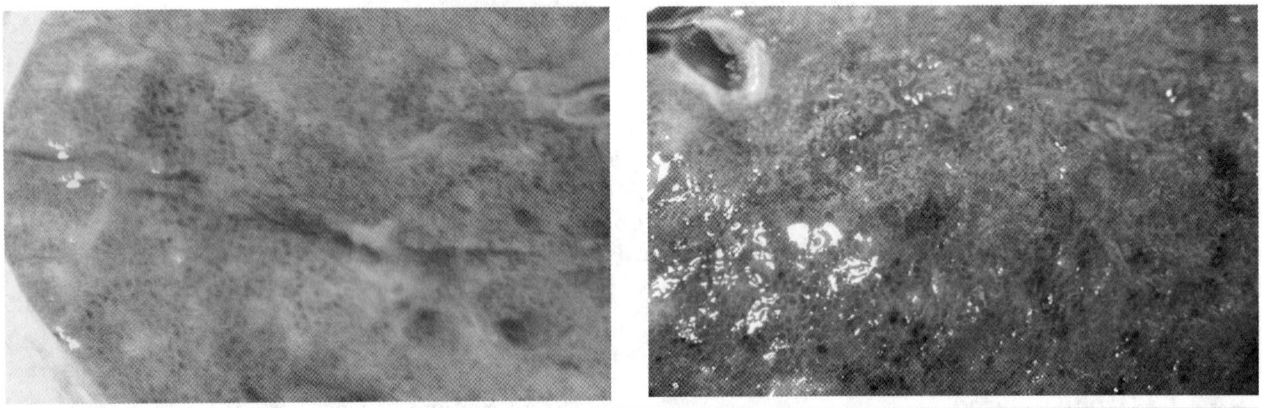

Figura 24.16 Aspectos macroscópicos de pulmão em "favo de mel" (*honeycomb lung*) por paraquat (**A, B**). A sua importância na acusação do suspeito foi vital, suplantando a dos resultados toxicológicos, nesse caso de homicídio. [Veja esta figura colorida ao final do livro.]

Fonte: INMLCF.

24.4.2.1.4 Exames complementares

Que amostras colher? As de sempre! Para exame toxicológico, sangue, urina, bile, rim, fígado e conteúdo gástrico, e para exame anatomopatológico, todos os órgãos. Trata-se de uma intoxicação em que a histologia é muitas vezes mais decisiva e importante que a toxicologia, como o comprova a "História do Bruxo dos Açores", que apresentamos no estudo de caso que se segue.

ESTUDO DE CASO

Em 1998, nos Açores, um curandeiro tradicional aplicou a várias pessoas tratamentos cutâneos repetidos, para um suposto tratamento de lombalgias ou doenças cancerosas, conjuntamente com outras substâncias – estricnina, organofosforados, extratos vários de ervas locais – no qual, todavia, avultava o paraquat.

Dessa atividade médica ilícita do curandeiro, conhecida na região há algum tempo, teve resultado um número de mortes, cuja causa nunca foi possível apurar, já que a suspeição da toxicidade letal de tais tratamentos milagrosos apenas surgiu quando as mortes se começaram a verificar em pessoas mais jovens e saudáveis e já não somente nos doentes terminais, alvos habituais do tratamento.

O crime do exercício ilegal da atividade médica não permitia, ante o Código Penal Português, deter o bruxo.

Quando finalmente as autoridades, perante o crescente número de mortes, resolveram tomar a decisão de chamar um perito para autopsiar uma das vítimas, coube a um dos autores deste capítulo (JP) a designação para tal. Quis a coincidência que, para além dessa autópsia, acabasse por assistir ao *exitus letalis* de uma outra vítima falecida nesse dia, no mesmo contexto – uma rara oportunidade para um patologista. Autopsiou assim duas vítimas, tendo assistido aos momentos finais da segunda, que decorreram em franca dificuldade respiratória, traduzida radiograficamente (Figura 24.15), porém mantendo sempre a consciência, até o fim. Dias mais tarde ainda outra vítima acabou por ser autopsiada por um outro colega.

Todas as vítimas apresentavam feridas ulceradas profundas, algumas infectadas, nos locais de aplicação dos pensos milagrosos (Figura 24.17), que resultaram da toxicidade tópica do paraquat e de outros compostos misturados.

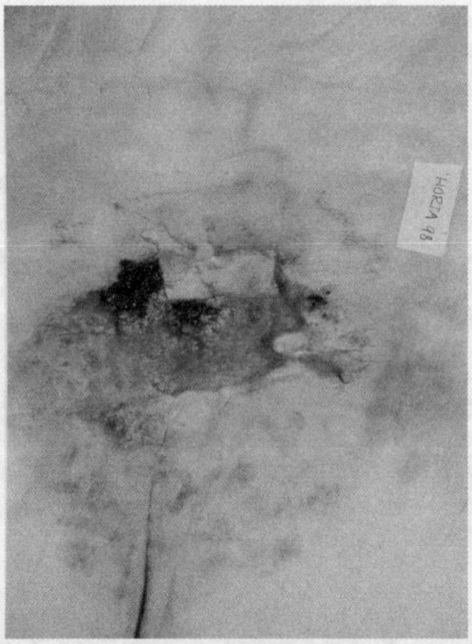

Figura 24.17 Lesões cutâneas pelo paraquat, num caso mortal de intoxicação subaguda por via cutânea. [Veja esta figura colorida ao final do livro.]

Fonte: INMLCF.

As concentrações toxicológicas do paraquat, entre outras substâncias, resultaram mínimas ou inexistentes, pois as quantidades aplicadas eram pequenas e por via cutânea, portanto de muito menor absorção que a verificada por via oral. Com efeito, se é um fato que a maioria das intoxicações por paraquat é suicida e por via oral, acidentes têm ocorrido, inclusive por via cutânea, sendo os homicídios muito raros.

Foi a autópsia propriamente dita, com lesões claríssimas de densificação pulmonar fibrótica (Figura 24.18) e sobretudo a anatomia patológica que as confirmou histologicamente, o que acabou por permitir fazer o diagnóstico, bem como a detenção do suspeito, que foi condenado a dezessete anos de prisão, que ainda hoje cumpre. Trata-se, pois, de um caso paradigmático da importância da histologia, que sobrelevou a da toxicologia no diagnóstico de uma intoxicação que, para maior gravidade forense, se revelou homicida.

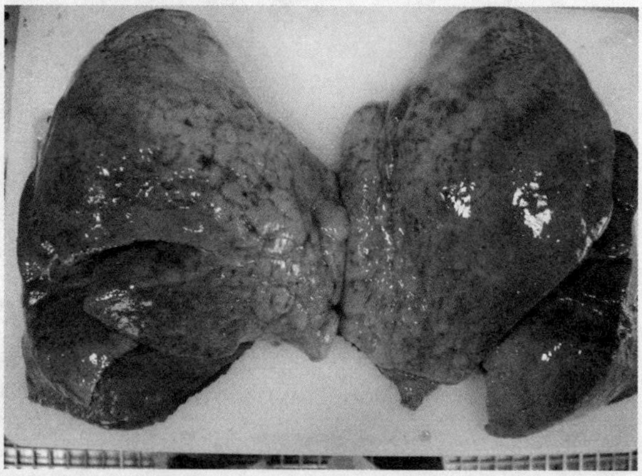

Figura 24.18 Pulmões firmes e hirtos, mantendo a sua forma, por densificação fibrótica em caso de intoxicação por paraquat. [Veja esta figura colorida ao final do livro.]

Fonte: INMLCF.

As lesões anatomopatológicas dos herbicidas – tais como a fibrose pulmonar, característica e muito relevante neste tipo de intoxicação, se cursar com sobrevida de quinze ou mais dias – podem apresentar padrões histomorfológicos comuns aos inseticidas, apesar dos mecanismos de ação distintos e independentemente da via de administração do agente tóxico.

Um dos exemplos é a doença alveolar aguda (DAD) [50,57,58,59]. Inicia-se com reação/lesão endotelial e epitelial alveolares, evoluindo até fibrose [57]. Macroscopicamente, o pulmão terá um dos aspectos anteriormente referidos. Histologicamente, há três fases evolutivas – exsudativa, proliferativa e fibrótica –, com períodos de transição entre elas [57]. O tipo de fase indica-nos a evolução do quadro, o tempo de sobrevida; isto é, permite a cronodiagnose da lesão [57]. Na fase exsudativa (0-3 dias) predomina o edema, membranas hialinas e/ou inflamação aguda e/ou hemorragia (Figura 24.19). Na fase proliferativa (3-7 dias) há membranas hialinas, hemorragia e proliferação fibroblástica intra-alveolar (Figura 24.20). Na fibrótica (> 7 dias), a proliferação fibroblástica aumenta, bem como a deposição de colágeno.

A B

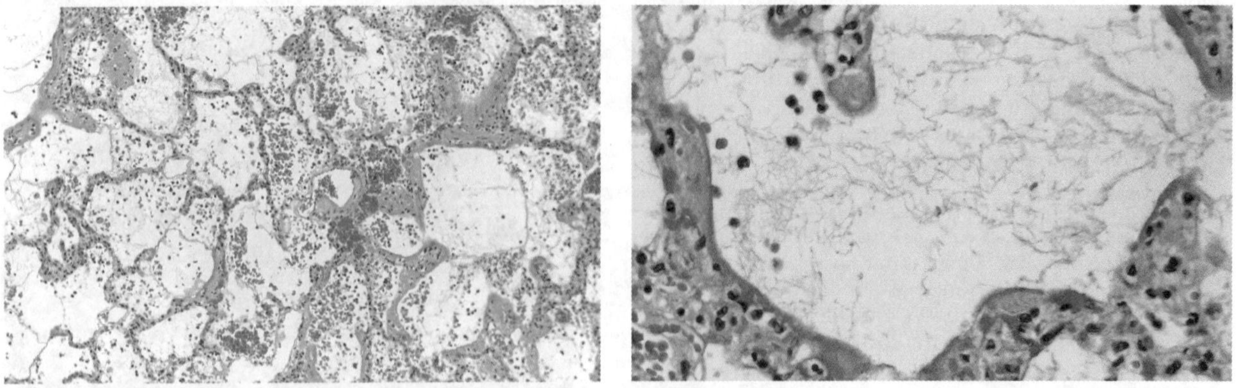

Figura 24.19 Padrão microscópico característico da "fase exsudativa" da doença alveolar aguda (DAD), em intoxicações por paraquat. Sobressaem-se as "membranas hialinas" e o "infiltrado inflamatório de polimorfonucleares neutrófilos" (**A**: HE ×100, **B**: HE ×400). [Veja esta figura colorida ao final do livro.]

Fonte: INMLCF.

A B C D

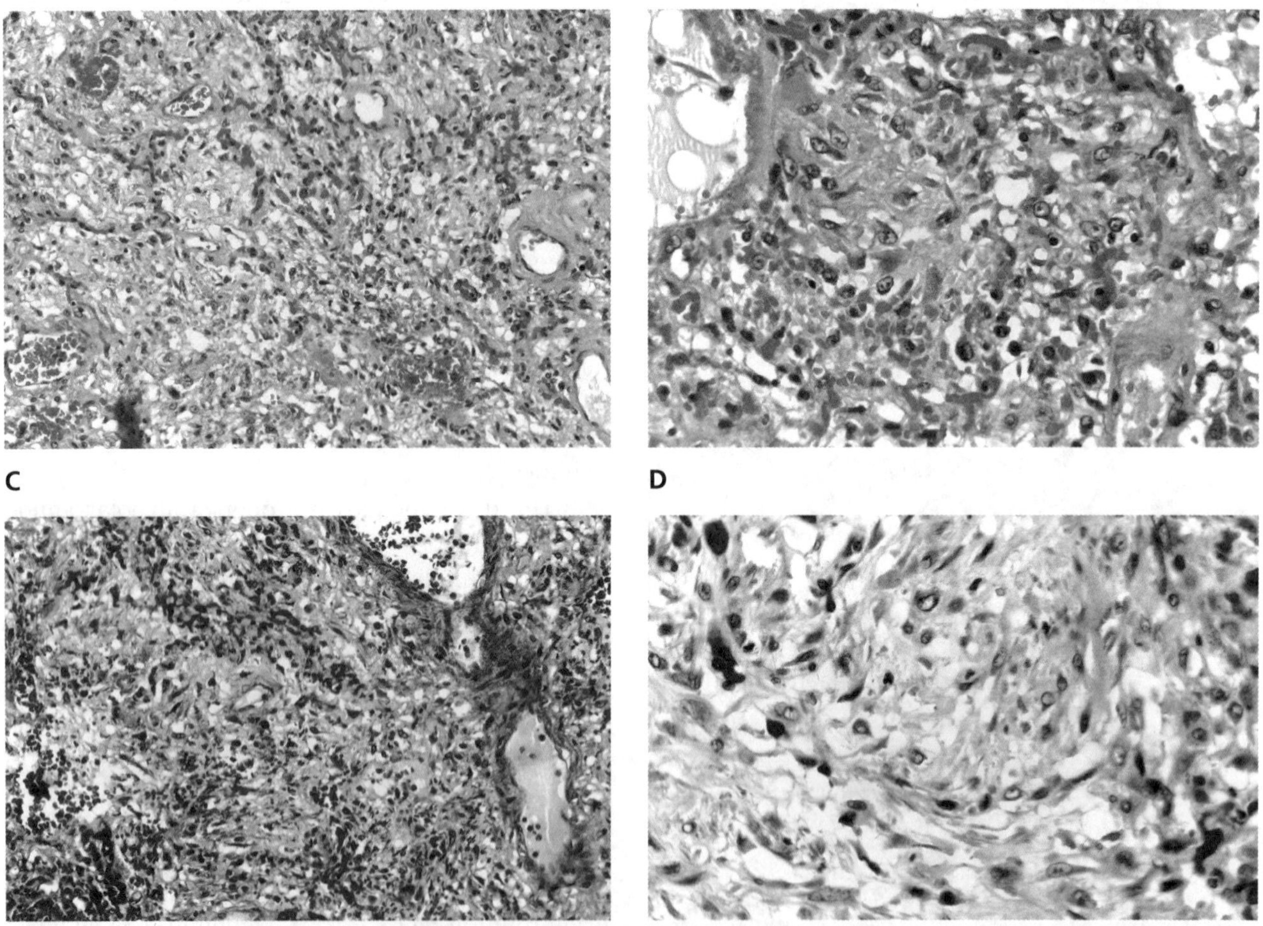

Figura 24.20 Padrão microscópico característico da "fase proliferativa" da doença alveolar aguda (DAD), em intoxicações por paraquat. Sobressai a "proliferação fibroblástica intra-alveolar" (**A**: HE ×100, **B**: HE ×200), confirmada pelo *tricrômico de Masson* (**C**: TM ×100, **D**: TM ×200). [Veja esta figura colorida ao final do livro.]

Fonte: INMLCF.

O envolvimento de outros órgãos, que conduzem ou contribuem para a morte [49,50,51], pode mostrar hemorragia suprarrenal aguda bilateral, em administração intramuscular de paraquat (Figura 24.21) ou hemorragia renal (cortical) aguda, em intoxicação via venosa por paraquat (Figura 24.22).

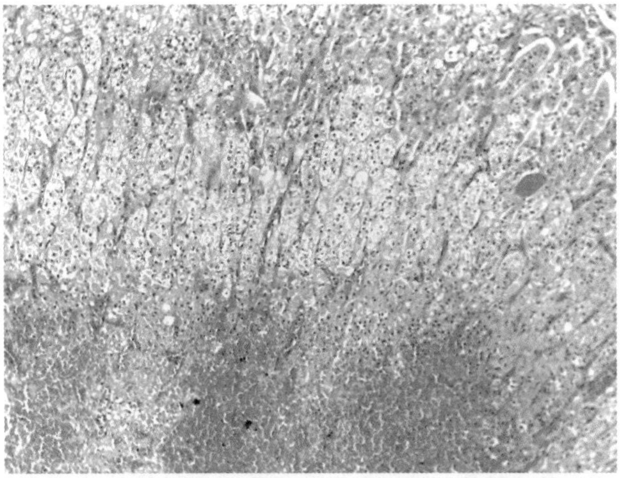

Figura 24.21 Imagem histológica de hemorragia suprarrenal aguda bilateral, extensa (HE ×40), em intoxicação intramuscular de paraquat. [Veja esta figura colorida ao final do livro.]

Fonte: INMLCF.

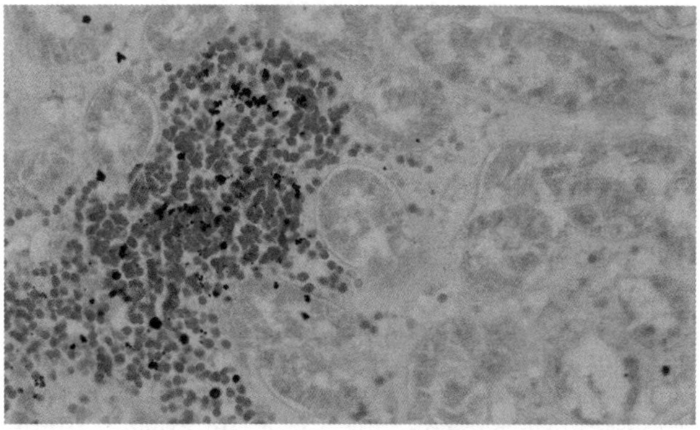

Figura 24.22 Secção histológica de hemorragia renal aguda (HE ×200), em intoxicação por paraquat, via venosa. [Veja esta figura colorida ao final do livro.]

Fonte: INMLCF.

24.4.3 Rodenticidas

Outro importante grupo de praguicidas/agrotóxicos é o dos *rodenticidas* – varfarina e/ou supervarfarinas –, que, atuando como anticoagulantes por inibição da vitamina K, apresentam elevado risco de hemorragia, choque hemorrágico e morte [20,60,61]. O seu efeito não é só relevante em casos de ingestão de dose elevada, como o representado na (Figura 24.23), mas também em toma de quantidades menores – acidentalmente em crianças ou em indivíduos medicados com anticoagulantes por patologia cardiovascular e/ou em pessoas com patologia hematológica e/ou hepática [62].

A

B

C

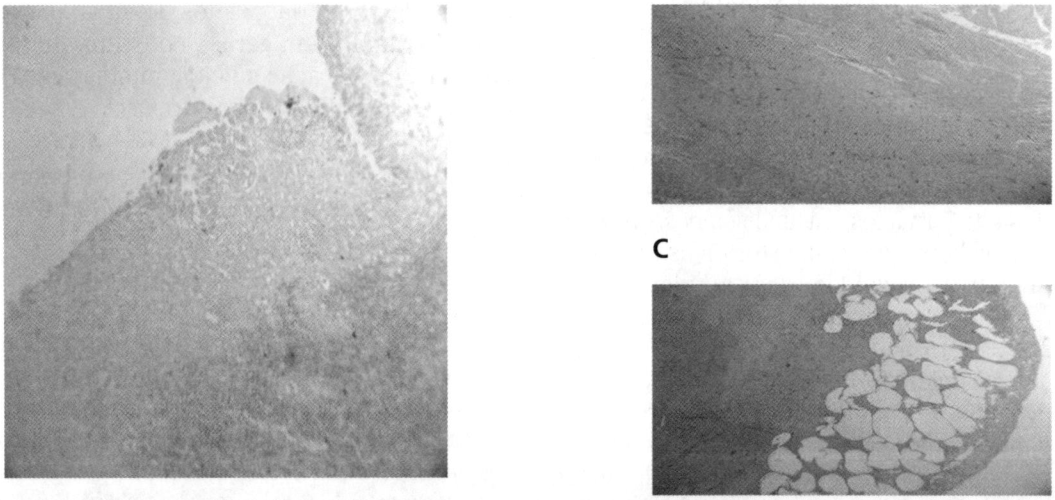

Figura 24.23 Imagens seriadas de lesão necro-hemorrágica maciça e transmural da parede vesical, em caso de intoxicação por rodenticida (HE ×40; **A**: vertente mucosa, **B**: zona muscular, **C**: vertente externa). [Veja esta figura colorida ao final do livro.]

Fonte: INMLCF.

24.5 Medicamentos

Medicamento, do latim *medicamentum*, é uma "substância preparada, utilizada para tratamento de um estado patológico" [19]. Não é, pois, desejável que seja a causa de patologia. Contudo, quadros patológicos podem ocorrer por sobredosagem (acidental ou intencional), interação entre fármacos ou por características intrínsecas (genéticas) de cada indivíduo – quer relacionadas com o metabolismo da(s) substância(s) medicamentosa(s), quer com a sua eliminação, quer, ainda, com a reação do sistema imunológico do organismo humano à sua presença [20]. Assim, as intoxicações medicamentosas resultam de dois mecanismos – um agente tóxico, *stricto sensu*; e outro de hipersensibilidade [20,62]. Qualquer órgão/sistema pode ser lesado, com gravidade distinta, se bem que se verifiquem tropismos de alguns fármacos para determinados órgãos e/ou zonas destes [20,29].

As intoxicações por medicamentos são um problema importante nos países desenvolvidos em razão da enorme disponibilidade de produtos com medicamentos comparticipados pelos sistemas de proteção social, por isso mais baratos e até gratuitos, bem como a facilidade crescente de acesso e compra em "grandes superfícies" [63,64]. A morte de Michael Jackson é um bom exemplo da acessibilidade fácil aos medicamentos, até os de uso menos comum. Em alguns países, as intoxicações medicamentosas são superiores às intoxicações suicidas ou acidentais por outros agentes tóxicos, existindo tendências e variabilidade consoante as regiões e dentro de uma mesma região ou país, ao longo do tempo. Em Portugal, quando iniciamos a nossa carreira médico-legal, eram comuns as intoxicações mortais por barbitúricos, hoje quase inexistentes e substituídas pelas de benzodiazepinas associadas e, mais recentemente, de antidepressivos, já não tricíclicos, mas de 2ª e 3ª geração, como a sertralina e o citalopram, aos quais atualmente se adicionam os anti-inflamatórios. Com efeito, nos últimos cinco anos (2009-2014), num universo de 8.211 requisições para pesquisa de fármacos em análises *post mortem* em Portugal, as benzodiazepinas foram as mais prevalentes (51,4%), seguidas dos antidepressivos (16,3%) e dos antipsicóticos (8,3%). Os antidepressivos de 2ª e 3ª geração (N = 1127), com 77,7%, dominaram nesta classe, liderados pela sertralina (19,7%), seguida do citalopram (17,7%), trazodona (16,5%) e mirtazapina (14,6%). Quanto aos antipsicóticos, os neurolépticos (53,8%) equivaleram-se aos antipsicóticos atípicos (46,2%), com destaque para a ciamemazina e a olanzapina [65].

Nessas intoxicações a etiologia médico-legal mais vulgar é acidental ou suicida, sendo a homicida extremamente difícil de provar.

Na investigação dessas mortes é sumamente importante a *informação clínico-circunstancial*, pois a natureza do produto tomado é duvidosa e, muitas vezes, mesmo desconhecida. Quase sempre está envolvida mais do que uma substância, o que dificulta a investigação. Não é raro que os medicamentos e blísteres vazios encontrados ao lado da vítima, na cama ou outro local, em contexto de suicídio não correspondam à substância detectada nas análises e que verdadeiramente provocou a morte.

A autópsia – do ponto de vista macroscópico – presta ajuda limitada, pois a pobreza de sinais necrópsicos é uma constante e a maioria das drogas modernas não são irritantes para os tecidos e trato gastrointestinal, daí o diagnóstico ser quase sempre laboratorial.

O mecanismo da morte varia com os fármacos e seus metabólitos, sendo de realçar a falência cardiorrespiratória, consecutiva a um efeito depressor do SNC, em que sobressaem a falência cardíaca congestiva, o edema pulmonar e cerebral (às vezes), a congestão visceral generalizada e petéquias dispersas pelas serosas.

Na impossibilidade de nos referimos a todos os grupos medicamentosos com relevo médico-legal, optamos pela classe dos psicofármacos, tais como antidepressivos (tricíclicos), antipsicóticos (neurolépticos), ansiolíticos (benzodiazepinas) [20].

24.5.1 Antidepressivos

Compostos por dois grandes grupos, os antidepressivos cíclicos e os inibidores das monoamina-oxidases, são produtos perigosos pela sua elevada toxicidade e pelo fato de os doentes que os tomam – os deprimidos em geral – constituírem terreno favorável à intoxicação suicida, muitas vezes em associação ao álcool e a outras drogas.

Podem ser classificados de diversas formas: verdadeiros (aminas secundárias e terciárias) e atípicos, ou segundo o seu efeito sedante ou não sedante (Quadro 24.8).

A sua ação exerce-se sobre o SNC, já que são potenciadores da ação das catecolaminas (dopamina e noradrenalina). Têm efeitos estimulantes e são potenciadores da ação das indolaminas (5-hidroxitriptamina), para além de uma ação antidepressiva específica. Bloqueiam a sua recaptação nos receptores centrais e periféricos [20,66].

Em doses tóxicas (Tabela 24.3) têm efeito anticolinérgico (mais ou menos variável): agitação, confusão, desorientação, delírio, ataxia, alucinações e coma. Têm também ação na medula e hipotálamo, provocando hipotermia e/ou hipertermia.

Quadro 24.8 Antidepressivos

TRICÍCLICOS (1ª GERAÇÃO)		
Sedantes: Amitriptilina: ADT, Mutabon	Doxepina: Quitaxon 50	Trimipramina: Surmontil
Não sedantes: Protriptilina Desipramina Nortriptlina: Nortrix	Imipramina Butriptilina Clomipramina: Anafranil	Iprindole Lofrepamina: Deprimil
TETRACÍCLICOS		
Maprotilina: Ludiomil	Mianserina: Tolvon	
ATÍPICOS		
2ª Geração: Mirtazapina	Trazodona	
3ª Geração: Citalopram Sertralina	Fluoxetina Venlafaxina	Paroxetina

Deprimem o centro respiratório e alguns são convulsivantes. No entanto, a ação mais importante e perigosa, mesmo em doses terapêuticas, é no nível do sistema cardiovascular, sobretudo nos idosos com patologia cardíaca. Os efeitos anticolinérgicos – ação vagal, mais que simpática, estimula as taquicardias e outras arritmias – deprimem diretamente o miocárdio, numa ação potenciada pela hipóxia e acidose mista metabólico-respiratória, que pode levar a uma morte súbita cardíaca. Há ainda, habitualmente, hipotensão, por um mecanismo de bloqueio α e β-adrenérgico. O controle da acidose mista também é um problema importante, que se deve a uma retenção de CO_2 pelo efeito depressor respiratório; ao aumento do metabolismo anaeróbio, que os episódios convulsivos, tremor, agitação etc. agravam; a uma hiperpirexia, que também conduz à acidose metabólica. Por sua vez, o tratamento crônico pode produzir alterações dérmicas, hepáticas, pulmonares e discrasias sanguíneas [20,66,67].

Tabela 24.3 Antidepressivos tricíclicos: resultados toxicológicos – Valores *post mortem* (mg/L ou mg/kg)

	SANGUE	URINA	FÍGADO
Amitriptilina	2,7-4,7	3,4	130
Nortriptlina	10-26	80	90
Dotiepina	1,1-19	3,2	8
Imipramina	3-8	20,0	166
Tranilcipromina	2-3,7	25,0	7

Fonte: extraído de [9] e [13].

24.5.2 Antipsicóticos

Se bem que os antipsicóticos atípicos ou de 2ª geração como a olanzapina e a clozapina se tenham difundido imensamente nos últimos tempos, os neurolépticos fenotiazínicos mantêm a sua importância. Na região sul de Portugal, estes continuam a predominar nas autópsias dos últimos cinco anos (2009-2014) sobre os antipsicóticos mais modernos (53,8% *vs* 46,2%) [65]. Usados para tratamento das psicoses e em algumas formas de anestesia, provocaram uma revolução no tratamento psiquiátrico (Quadro 24.9).

A intoxicação aguda é rara, mas os efeitos secundários (extrapiramidais) são quase constantes, mesmo em doses terapêuticas.

Quadro 24.9 Classificação dos antipsicóticos

NEUROLÉPTICOS (1ª GERAÇÃO)	
Fenotiazinas: Haloperidol Clorpromazina: Largactil Flufenazina: Anatensol Decanoato, Cenilene Difenilbutilpiperidina Trifluoropenazina Cianmenazina: Tercian Clormetiazole Promazina Proclorperazina Levomepromazina: Nozinan	
ATÍPICOS (2ª GERAÇÃO)	
Clozapina Olanzapina	Quetiapina Amilsulprid

Os neurolépticos inibem os receptores da dopamina no sistema límbico e gânglios da base, diminuem a síntese de catecolaminas e atuam como bloqueantes α-adrenérgicos, anticolinérgicos e anti-histamínicos [20].

A sua toxicidade repercute-se no SNC pela diminuição da consciência, estupor e coma, de espasmos, distonia e eventualmente agitação e convulsões. Inibem centros respiratórios e centros termorreguladores (hipo e hipertermia) (Tabela 24.4).

Os efeitos no sistema extrapiramidal, devidos ao bloqueio dopaminérgico, são frequentes em doses terapêuticas: movimentos involuntários tipo tremor (*tics*), movimentos coreo-atetósicos, hipertonia extrapiramidal, rigidez muscular, diminuição da gesticulação etc. No SNA têm um efeito anticolinérgico (variável), causam diminuição do peristaltismo, retenção urinária, taquicardia, dificuldade na acomodação visual, secura da pele e mucosas e efeito bloqueante α-adrenérgico, como hipotensão ortostática [20].

No sistema cardiovascular, para além dos efeitos já descritos – hipotensão ortostática e taquicardia –, têm uma ação quinidínica: diminuição da condução aurículo-ventricular, bloqueios e arritmias ventriculares. As crianças são as mais susceptíveis a tais efeitos – os mais perigosos do ponto de vista médico-legal.

Tabela 24.4 Neurolépticos: resultados toxicológicos – valores *post mortem* (mg/L ou mg/kg)

	SANGUE	URINA	FÍGADO
Clormetaziole	10-214 (55)	5-114 (43)	42-190 (94)
Clorpromazina	6,6	1,2	84

Fonte: extraído de [9] e [14].

24.5.2.1 Síndrome neuroléptica maligna

Impõe-se, neste capítulo, uma referência à síndrome *neuroléptica maligna*. Trata-se de uma reação idiossincrática com grande mortalidade (3,3%-27,7%) e uma incidência de 0,2% [68,69]. Mais frequente com os neurolépticos, pode ocorrer também com os inibidores da monoamina-oxidase, tiaprida, trimeprazina etc., com a substituição de neurolépticos ou no aumento das doses.

Surge entre os dois dias de tratamento e as primeiras semanas e é de fisiopatologia desconhecida.

Cursa com febre, rigidez parkinsônica, taquicardia, sialorreia, variando de quadros confusos a agitação e coma. Em nível renal determina mioglobinúria e insuficiência renal, por rabdomiólise. Tromboembolia pulmonar e insuficiência respiratória são também possíveis.

Regride favoravelmente se o tratamento for suspenso.

24.5.3 Benzodiazepinas

Compostos usados como ansiolíticos, agentes sedativo-hipnóticos, anticonvulsivantes e relaxantes musculares, podem classificar-se segundo a duração da ação respectiva (Quadro 24.10) [70].

Quadro 24.10 Classificação das benzodiazepinas (extraído de Ellenhorn [70])

Curta duração de ação
Triazolam e midazolam
Duração de ação intermédia
Loprazolam, lormetazepam, temazepam, flunitrazepam, lorazepam, bromazepam e oxazepam
Longa duração de ação
Flurazepam, nitrazepam, diazepam, ketazolam, clordiazepóxido, clobazam, clorazepato, medazepam, alprazolam

Fonte: extraído de [70].

O seu mecanismo de ação consiste numa atuação seletiva no SNC sobre as vias polissinápticas, inibindo a transmissão pré-sináptica do GABA. As vias metabólicas são as observadas no fluxograma da Figura 24.24 [71], entre outros [72].

Relativamente à toxicidade, a morte exclusivamente por benzodiazepinas, sem outros tóxicos ou patologia associada, é rara. No entanto, estão descritos casos mortais com *flunitrazepam*, *diazepam*, *nitrazepam*, *alprazolam*, *triazolam*, *temazepam* e *flurazepam*. A toxicidade aguda é mais frequente com benzodiazepinas de curta duração de ação (midazolam e triazolam) e ação intermédia (flunitrazepam) (Tabela 5.5).

Como a eliminação exige biotransformação hepática, lesões do fígado e rim aumentam a suscetibilidade à sua acumulação. A idade avançada favorece, assim, ações tóxicas das benzodiazepinas, que, ao contrário dos barbitúricos, não inibem tão significativamente o centro respiratório. A dose hipnótica eleva a PCO_2, mas a paralisia respiratória é excepcional. Quando acontece, em regra surge em associação com outros tóxicos e em especial com o álcool, caso muito comum.

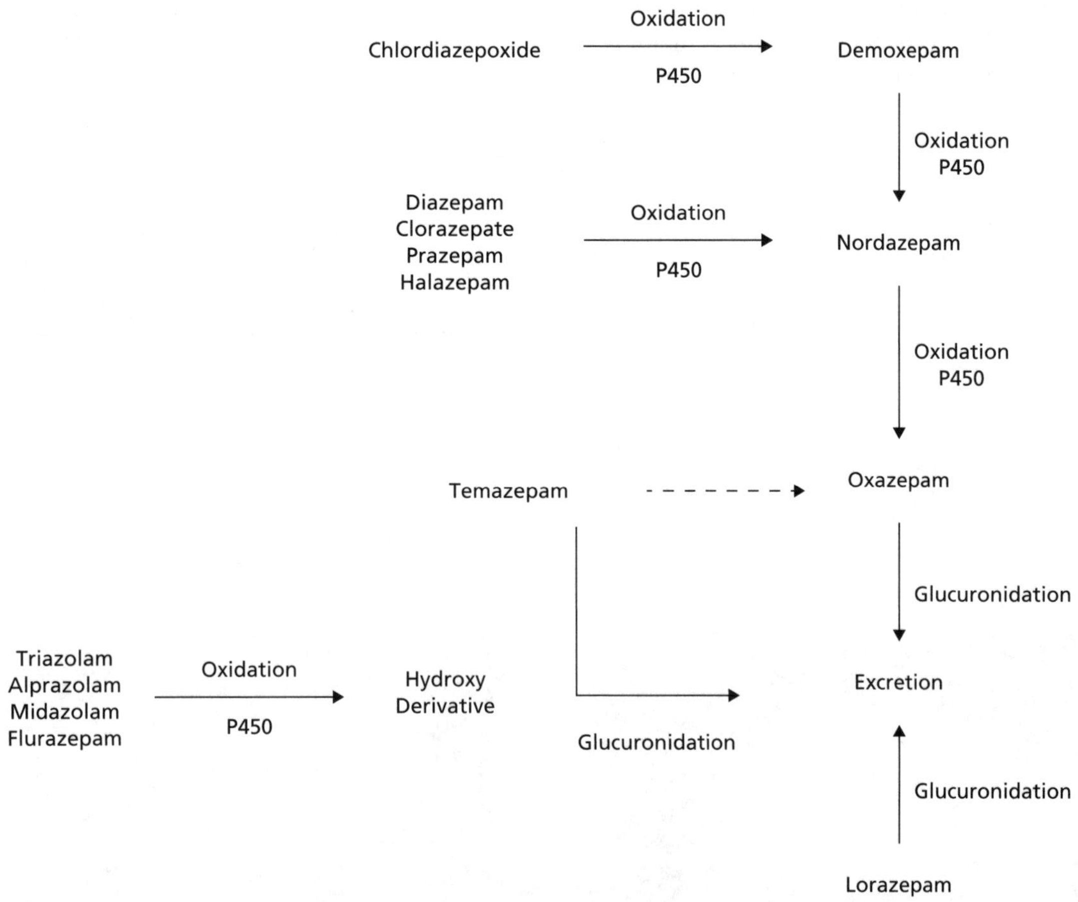

Figura 24.24 Fluxograma das "vias metabólicas das benzodiazepinas". [Veja esta figura colorida ao final do livro.]

Fonte: extraído de [71].

Tabela 24.5 Benzodiazepinas: resultados toxicológicos. Doses tóxicas em casos mortais descritos na literatura

	ELLENHORN	KNIGHT		
	SANGUE	SANGUE	URINA	FÍGADO
Alprazolam	230 ng/mL			
Bromazepam	5 μg/mL-51 ng/mL			
Diazepam Oxazepam Temazepam	3,7 μg/mL 1,6 μg/mL 0,25 μg/mL	5-18 mg/L	?	> 3
Midazolam	800 μg/L			
Nitrazepam	1,2-1,9 mg/L	5-9 mg/L	1-10 m	0,7-4
Triazolam	140 μg/L			
Clordiazepóxido		> 20 mg/L	8	10-50

Fonte: extraído de [9] e [70].

Na interpretação das doses tóxicas e sua relação com o efeito e a morte, é fundamental não esquecer a redistribuição *post mortem*, inclusive nos psicofármacos [73].

Outra vertente das intoxicações medicamentosas corresponde às *reações de hipersensibilidade* a fármacos, já que frequentemente são desconhecidas dos próprios e podem resultar em situações inesperadamente fatais. Importa, também, reforçar que, quer *in vivo* quer *post mortem*, o diagnóstico poderá surgir apenas no exame histopatológico, não sendo evidente nem na avaliação macroscópica, nem no exame toxicológico.

ESTUDO DE CASO

O exemplo apresentado trata de um indivíduo do gênero masculino, com 44 anos e antecedentes pessoais de obesidade grau II (IMC = 35) e patologia psiquiátrica. Estava internado no hospital há cinco dias, para estabilização de episódio de agudização do seu quadro psiquiátrico, quando foi encontrado em paragem cardiorrespiratória, tendo falecido apesar das manobras de reanimação. A medicação habitual era "*Haldol*, *Risperidona* 2 mg, *Quetiapina* 100 mg, *Diazepam* 10 mg, *Akineton R4* sos", e no internamento foi "*Haloperidol* 5 mg, *Cloropromazina* 25 mg, *Risperidona* 2 mg, *Diazepam* 10 mg, *Biperideno* 2 mg". O exame toxicológico forense complementar à autópsia revelou a presença de "*Haloperidol*, *Cloropromazina*, *Risperidona*, *Benzodiazepinas* (*Diazepam*, *Nordiazepam*, *Temazepam*, *Oxazepam*)" em doses consideradas terapêuticas, de acordo com as tabelas de referência.

O exame do hábito externo e interno não identificou a causa de morte, tendo sido enviadas amostras dos órgãos sólidos (coração, pulmões, fígado, rins etc.) para estudo anatomopatológico, que detectou uma proeminente *de inflamação aguda das artérias coronárias, de celularidade mista (rica em eosinófilos)* (Figura 24.25), num coração com ligeira hipertrofia miocitária (no contexto da sua obesidade) e com fibrose intersticial e cicatricial focais – sem lesões ateroscleróticas ou arterioscleróticas coronárias. Essa pericoronarite interessa às túnicas externas (principalmente a adventícia) e tecidos moles circundantes/periadventiciais das artérias e veias coronárias epicárdicas e dos seus ramos, das arteríolas e vênulas; interessa aos capilares e os nervos perivasculares; com padrão de vasculite/angeíte de hipersensibilidade, não necrotizante, associada a fármacos [74].

A B

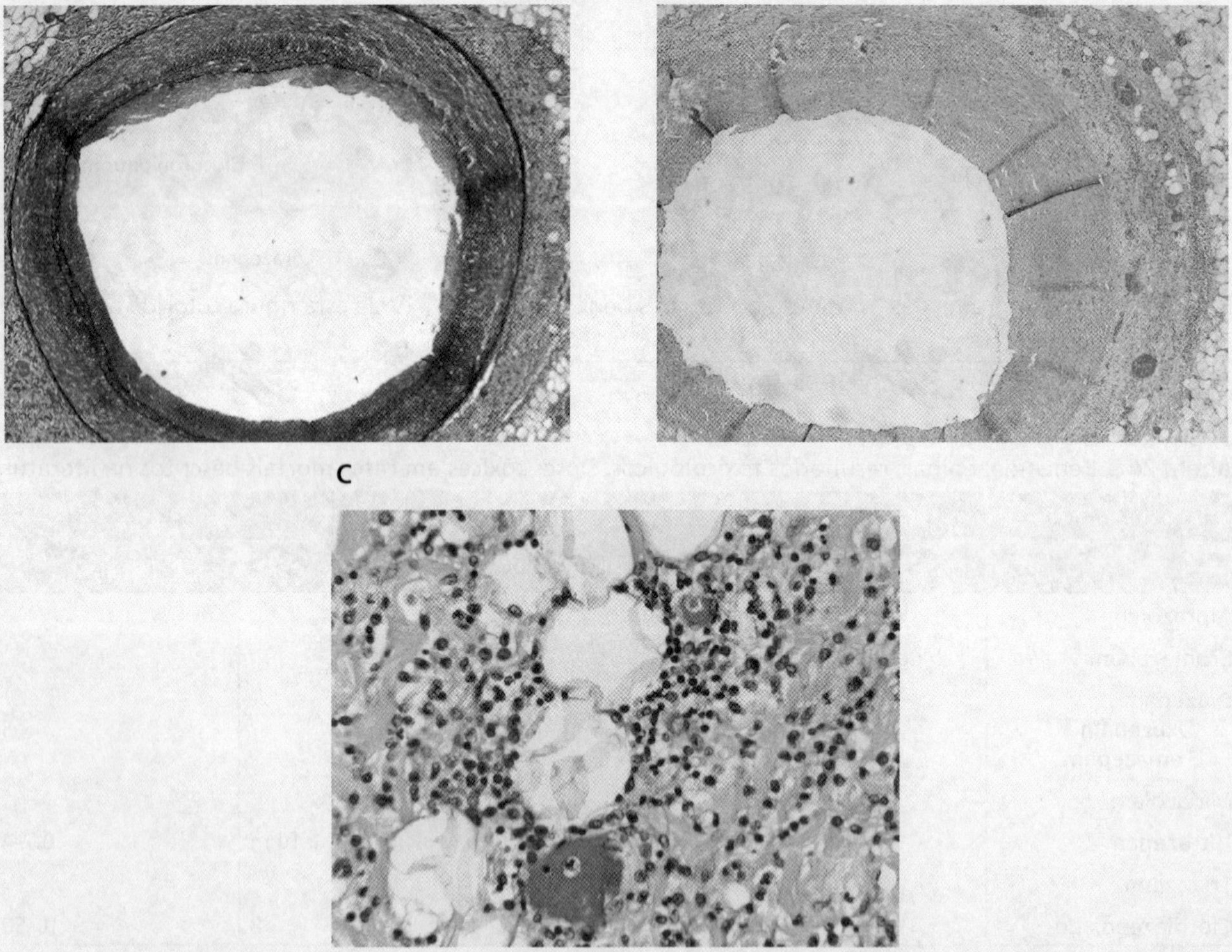

C

Figura 24.25 Lesões histopatológicas de inflamação aguda das artérias coronárias, de celularidade mista (rica em eosinófilos), reveladas no exame microscópico das amostras colhidas do coração de vítima medicada para patologia psiquiátrica. Note-se que o lúmen arterial está patente e amplo (**A**: EvG ×40, **B**: HE ×40, **C**: HE ×400). [Veja esta figura colorida ao final do livro.]

Fonte: INMLCF.

A natureza polimórfica do infiltrado inflamatório e a sua riqueza em eosinófilos condicionará – pela desgranulação e libertação de enzimas catiônicas (reação imunológica de hipersensibilidade tipo I, anafilática ou alérgica, mediada por IgE) [75] – espasmo da parede vascular com consequente(s) episódio(s) de isquemia transitória (atestados, no caso em apreço, pela fibrose intersticial e cicatricial focais sem patologia coronária oclusiva associada) e possível arritmia, a qual conduziria a paragem cardíaca e morte (súbita e inesperada), independentemente das manobras de reanimação [76,77]. Contributo adicional para espasmo vascular e/ou fenômenos arrítmicos e *exitus letalis*, neste contexto, deveu-se ao envolvimento dos nervos perivasculares pelas células inflamatórias.

Está demonstrado que os fármacos usados e/ou detectados neste caso, em doses terapêuticas, são passíveis de condicionar reações adversas/efeitos secundários tipo reação alérgica [78]: ansiolíticos – benzodiazepinas [79]; tranquilizantes – cloropromazina [80]; antipsicótico típico – haloperidol/haldol/carbamazepina [81,82]; antipsicóticos atípicos – quetiapina [83] e risperidona [84]; akineton [78].

É conhecido o peso dos psicofármacos nas intoxicações medicamentosas [74]; o que, numa época de muitas e novas substâncias farmacológicas, de esquemas terapêuticos complexos – em virtude da(s) patologia(s) e comorbidades –, bem como de automedicação, a suspeição de reações de hipersensibilidade é premente, a fim de evitar negligência terapêutica, desfechos letais e, quando estes ocorrem, o diagnóstico correto e terapêutica atempada.

24.5.4 Necrólise epidérmica tóxica

Encerramos este capítulo sobre medicamentos com uma entidade única que associa a toxicidade à reação de hipersensibilidade – a *necrólise epidérmica* tóxica/síndrome de Lyell.

Consiste numa toxidermia relacionada, neste contexto, com a toma de fármacos variados, nomeadamente anticonvulsivantes (barbitúricos, fenitoína, fenobarbital, carbamazepina, associação de lamotrigina-valproato de sódio), mas também de antibióticos (sulfonamidas, ampicilina), anti-inflamatórios não esteroides (fenilbutazona, oxifembutazona, isoxicam, piroxicam, alopurinol), entre outros. Pode, ainda, decorrer da sequência de uma infecção prévia, de vacinação, rejeição de enxertos, ou mesmo nenhum fator precipitante identificado [85,86,87].

A síndrome tem um curso clínico muito rápido e pode evoluir em um a dois dias, de uma pequena bolha para a perda da maioria da epiderme, determinando elevada mortalidade.

A característica principal é a necrose da epiderme. A pele fica com aspecto de *papel úmido enrugado*, criando erosões e lesões bilaterais, assimétricas, arredondadas que podem variar de máculas, pápulas, bolhas a erosões e ulcerações (Figura 24.26-A). Quando essas lesões coalescem, adquirem o aspecto de *queimadura generalizada* do 1° e do 2° grau (Figura 24.26-B), que pode gerar confusão nos mais inexperientes e dificultar o diagnóstico.

Histologicamente, documenta-se necrose de toda a espessura da epiderme, com destacamento desta no nível da membrana basal (Figura 24.26-C). Os sinais inflamatórios são mínimos.

A

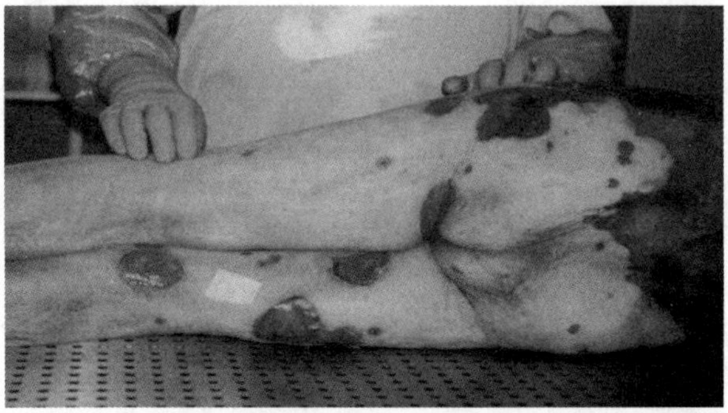

B

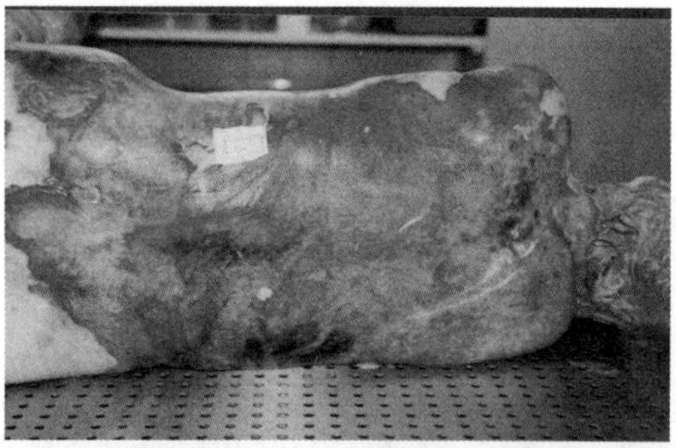

Figura 24.26 **A**: Lesões de "exantema macular" arredondadas, num caso de necrólise epidérmica tóxica, mimetizando queimaduras de 1° e 2° graus. **B**: "Queimadura" praticamente total do dorso, num caso de necrólise epidérmica tóxica. O diagnóstico diferencial entre uma verdadeira queimadura e a necrólise epidérmica tóxica é essencial, sendo que a história clínica é normalmente esclarecedora. **C**: Imagem histológica de amostra de uma das lesões cutâneas, apresentando descolamento "bolhoso" da epiderme, com zona de clivagem no nível da junção dermo-epidérmica (PAS ×200). (*continua*)

C

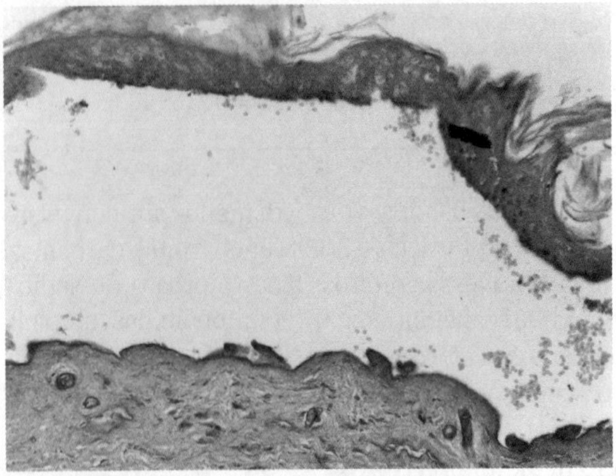

Figura 24.26 **A**: Lesões de "exantema macular" arredondadas, num caso de necrólise epidérmica tóxica, mimetizando queimaduras de 1° e 2° graus. **B**: "Queimadura" praticamente total do dorso, num caso de necrólise epidérmica tóxica. O diagnóstico diferencial entre uma verdadeira queimadura e a necrólise epidérmica tóxica é essencial, sendo que a história clínica é normalmente esclarecedora. **C**: Imagem histológica de amostra de uma das lesões cutâneas, apresentando descolamento "bolhoso" da epiderme, com zona de clivagem no nível da junção dermo-epidérmica (PAS ×200). [Veja esta figura colorida ao final do livro.] (*continuação*)

Fonte: INMLCF; **A** e **B** – Cortesia de: Dr.ª Beatriz Simões da Silva.

ESTUDO DE CASO

Jovem de 14 anos, sexo masculino, com epilepsia desde os 11 anos. Tomava *Diplexil* (valproato de sódio).

Em novembro de 1999, inicia *Lamictal* (lamotrigina) + valproato de sódio.

Na 2ª semana (2/12/99) apresenta: mal-estar, insônias, dores abdominais, febre. É feito o diagnóstico de "adenoidite", tratado com *Biofaxil* 500, 3id + *Ben-u-ron* 1000 + *Lamictal* 25.

Piora em 4/12/1999 e é transportado ao Hospital Distrital. O relato clínico do pediatra de serviço diz: "exantema maculopapular generalizado, com início nas coxas, depois membros e tronco, há 5 dias. Quadro febril há 4 dias com diagnóstico de amigdalite, medicado com Biofaxil 500 2.id há 48 horas. Orofaringe hiperemiada... [o resto da observação é ilegível]". A mãe descreve alguma eficácia dos antiepilépticos. Diagnosticam-se intolerância medicamentosa, infecção estreptocócica, e suspende-se a lamotrigina, mantendo-se o antibiótico e valproato.

Nesse mesmo dia à noite (4/12/1999), regressa ao hospital com aumento do exantema. A "pele tinha já bolhas de água", com febre incontrolável. É suspensa toda a medicação. Faz-se o diagnóstico de toxidermia do tipo da necrólise epidérmica tóxica, na variante mais ligeira, a síndrome de Stevens-Johnson. Inicia terapêutica para o quadro tóxico diagnosticado e para controle basal da sua epilepsia.

Em 6/12/1999, perante o agravamento da situação, é transferido para a Unidade de Queimados de um hospital central, com morte imediata.

A autópsia no INMLCF confirma o diagnóstico suspeito: necrólise epidérmica tóxica. As análises toxicológicas revelam vestígios de lamotrigina (suspensa uns dias antes), quantidades terapêuticas de valproato de sódio e de difenil-hidantoína e, ainda, medicação hospitalar após o internamento.

O esquema posológico especificamente aconselhado para adultos, em terapêutica de associação com o valproato de sódio, é:

- 1ª e 2ª semanas: 12,5 mg/dia
- 3ª e 4ª semanas: 25 mg/dia

A dose de manutenção de 100-200 mg deve ser atingida aumentando apenas 25-50 mg a cada uma a duas semanas, conforme recomendação expressa do próprio laboratório. Sucede que, no caso vertente, a posologia prescrita e administrada à vítima foi:

- 1ª semana: meio comprimido de 25 mg, duas vezes/dia = 25 mg/dia
- 2ª semana: um comprimido de 25 mg, duas vezes/dia = 50 mg/dia
- 3ª semana: um comprimido e meio de 25 mg, duas vezes/dia = 75 mg/dia
- 4ª semana: um comprimido de 50 mg, duas vezes/dia = 100 mg/dia

Importa, neste contexto, avaliar a lamotrigina pelo seu atual uso muito frequente e, na experiência da Delegação do Centro do INMLCF, nos últimos anos, já responsável por dois casos fatais de idênticos contornos.

Trata-se de um antiepiléptico recente, indicado na terapêutica de associação para crises parciais e generalizadas, incluindo crises tônico-clônicas. Os seus efeitos secundários em monoterapia são cefaleias, fadiga, *rash*, náuseas, tonturas, sonolência e insónia. O *rash* cutâneo, habitualmente maculopapular, tende a surgir oito dias após o tratamento. Em crianças pode confundir-se com uma infecção, pelo que, perante o aparecimento desse sintoma com febre, deverá pôr-se a hipótese de se tratar de uma reação medicamentosa. Habitualmente, o *rash* regride após a suspensão do medicamento, embora tenham sido referidos casos de potencial risco para a vida com síndrome de Stevens-Johnson/necrólise tóxica epidérmica. O risco de contrair a síndrome está fortemente associado a doses iniciais muito elevadas de lamotrigina, que excedem a dose recomendada. A terapêutica concomitante com valproato de sódio aumenta a semivida da lamotrigina para o dobro. O risco é maior em crianças, ocorrendo casos (um em cada cem ou trezentos) que necessitam de hospitalização.

Pelos fatos e justificação fisiopatológica expostos, resultou um "Parecer médico-legal" elaborado por um dos autores (JP) à solicitação do Tribunal por processo de violação da *legis artis*, de que resultou a condenação do médico responsável pelo aumento incorreto e a um ritmo muito superior ao recomendado da prescrição da lamotrigina com o valproato de sódio.

24.6 METAIS

Metais são "elementos mais ou menos maleáveis, bons condutores de calor e eletricidade, com brilho característico, geralmente sólidos e que formam com o oxigênio óxidos básicos" [19]. Há os metais pesados (chumbo, mercúrio, arsênio etc.) e os leves – isto é, metais e ligas com peso específico < 5, tais como o alumínio [19,88].

Utilizado na Grécia e Roma antigas, como mordente em tinturaria e adstringente em medicina, sob a forma de *pedra-ume* (do latim *al men*), o alumínio foi obtido impuro pelo físico-químico dinamarquês Hans Christian Ørsted (1777-1851); reconhecido e isolado pelo químico alemão Friedrich Wöhler (1800-1882); e deve a sua designação *aluminum/aluminium* ao químico britânico Humphry Davy (1778-1829) [88].

São inúmeras as suas aplicações práticas – meios de transporte, embalagens, construção civil, bens de uso doméstico/profissional, transmissão elétrica –, por suas propriedades físico-químicas e a não toxicidade em estado sólido [88]. Contudo a sua acumulação excessiva no organismo humano poderá condicionar intoxicação aguda e/ou crônica (sob a forma de síndrome neurológica, miopatia, doença óssea, anemia, entre outras lesões) [89]. A dose semanal tolerável – segundo a Organização Mundial da Saúde (OMS) – é de 1 mg de alumínio/kg de massa corporal [88], concentração sérica < 2 mg/L [89].

Por que, entre tantos outros metais passivelmente tóxicos, escolher o alumínio para debate? Porque o envelhecimento mundial das populações se acompanha de morbidade e comorbidades que favorecem a acumulação orgânica de alumínio (nomeadamente por redução da excreção renal, alteração da barreira gastrointestinal e aumento da sensibilidade a ele). E porque o desenvolvimento técnico-científico colocou a serviço da medicina fármacos e técnicas terapêuticas cujo risco de acumulação alumínica associado deve ser valorizado. Assim, quelantes de fósforo e antiácidos com alumínio serão um fator de risco; a diabetes mellitus aumenta a sensibilidade dos seus portadores à doença óssea induzida pelo alumínio (pelo baixo índice de formação óssea e pelo índice aumentado de acumulação orgânica generalizada do metal); a diálise em doentes urêmicos – quer pelos filtros, quer pela água/soluções de diálise – requer monitorização constante. Intoxicações agudas e/ou maciças ocorreram no passado e, atualmente, níveis séricos de alumínio ≥ 60 mg/L determinam pesquisa de doença óssea [17,89-92]. Está incluída na doença óssea adinâmica por reabsorção e formação ósseas reduzidas, como consequência da *barreira* que os depósitos de alumínio criam na superfície óssea, como ilustrado na Figura 24.27 [16,17,18,93,94].

A

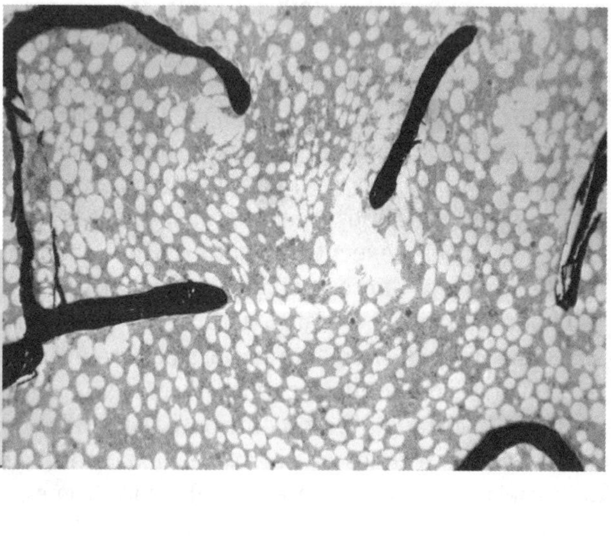

Figura 24.27 Secções ósseas de biópsia transilíaca na doença óssea adinâmica, evidenciando trabéculas escassas e finas (**A**: vKossa/TGoldner x40, **B**: TGoldner) e barreira linear "vermelha" de depósitos anómalos de alumínio (**C**: ATA ×100). (*continua*)

Fonte: CHLO – HSC, cortesia de Dr.ª Ana Paula Martins.

B C

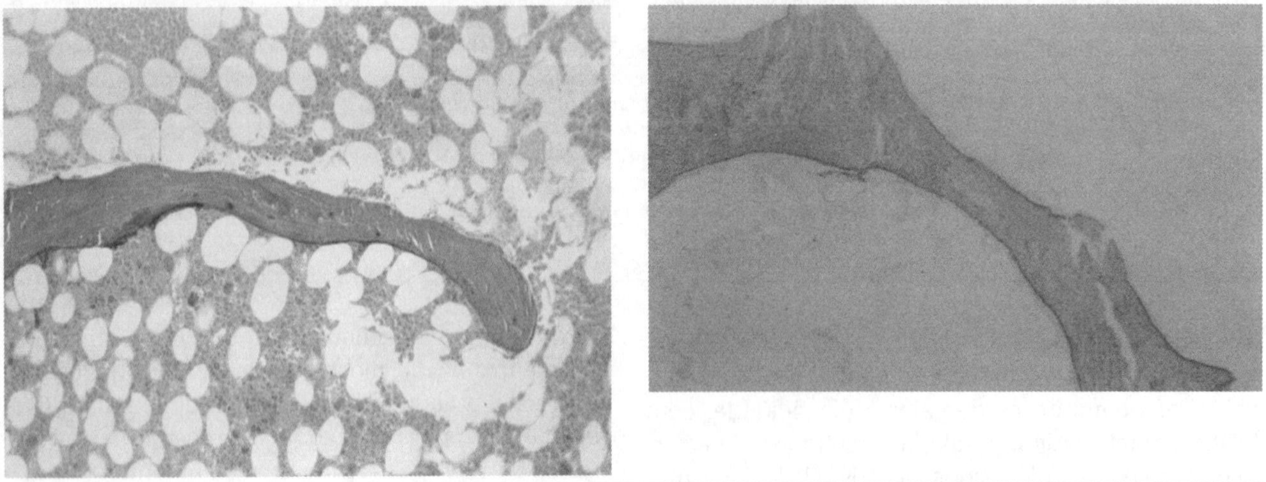

Figura 24.27 Secções ósseas de biópsia transilíaca na doença óssea adinâmica, evidenciando trabéculas escassas e finas (**A**: vKossa/TGoldner x40, **B**: TGoldner) e barreira linear "vermelha" de depósitos anómalos de alumínio (**C**: ATA ×100). [Veja esta figura colorida ao final do livro.] (*continuação*)

Fonte: CHLO – HSC, cortesia de Dr.ª Ana Paula Martins.

Essa osteodistrofia, que conduz a osso porótico, tem relevância médico-legal, nomeadamente em contextos de suspeita de negligência de cuidados de saúde, de intoxicação voluntária, de traumatismo com fratura óssea acidental ou voluntária, entre outros.

24.7 Conclusões

A multiplicidade de compostos disponíveis e a possibilidade de o homem ser alvo de intoxicação por todos ou qualquer um deles torna a perícia tanatológica particularmente difícil neste contexto. Porém, como analisamos ao longo do capítulo, dispõe o médico-legista de ferramentas que muito o podem auxiliar nessa complexa tarefa, por vezes de solução impossível, mas felizmente, na maioria das vezes, alcançável com bons resultados.

Assim, o perito médico deverá compilar o máximo possível de informação circunstancial, nomeadamente na visita ou participação no exame do local do evento, iniciando a autópsia com elevada suspeita. Compete-lhe, pois, conhecendo os quadros macroscópicos associados a cada um dos agentes tóxicos mais usuais, executar a autópsia detalhada e atentamente, já que os achados facilmente passariam por uma morte de causa natural, o que confere aos mais ínfimos pormenores ou sinais relevância particular. Os órgãos dos sentidos devem estar especialmente alerta, já que o contributo especializado de cada um em todos os passos técnico-científicos da perícia é historicamente reconhecido. Tome-se como exemplo o cheiro característico que pode denunciar os organofosforados, quase permitindo o diagnóstico etiológico. Se é certo que não há sinais específicos nem patognomônicos, também não é menos verdade que há, ainda assim, sinais relevantíssimos para algumas intoxicações, tais como o edema pulmonar nos opiáceos e a fibrose pulmonar no paraquat. A *chave* do diagnóstico em toxicologia assenta grandemente no enquadramento e interligação desses dados.

A colheita adequada das amostras é outro ponto fulcral. Deve-se providenciar uma técnica de colheita correta, o tipo de material ajustado ao tóxico suspeito e a quantidade suficiente para o laboratório proceder às análises, pelo que se devem conhecer as especificidades dos tóxicos mais comuns. As colheitas serão para pesquisa toxicológica, anatomopatológica e outras adicionais que se justifiquem no caso em estudo.

À velha pergunta se determinada substância detectada no laboratório *mata ou não mata*, deve o patologista responder com uma correta valorização e interpretação dos resultados, tarefa da sua exclusiva responsabilidade como único agente que certifica a causa da morte, ainda que, sempre que necessário, recorrendo ao auxílio do toxicologista forense. A consulta prudente e meramente indicativa de tabelas de referência ou de literatura atinente é imprescindível, mas deve ser transposta para o caso concreto com muita parcimônia e extremo cuidado.

O diagnóstico final resultará da sabedoria em elencar todos os achados, desde os circunstanciais e do local da morte aos da autópsia e da anatomia-patológica e todos os resultados analíticos, de devidamente os interpretar e de valorizar aqueles que, no caso em apreço, como resultado dos seus conhecimentos e experiência, contribuirão para optar por este ou aquele diagnóstico, às vezes de *exclusão* – afinal, a verdadeira arte do diagnóstico médico-legal, que em nada desmerece da arte do diagnóstico clínico.

Agradecimentos

Ao *António Castañera*, especialista superior de Medicina Legal, do Serviço de Química e Toxicologia Forense da Delegação Sul do INMLCF, pela excelente revisão da componente toxicológica do texto.

À *Paula Monsanto*, especialista superior de Medicina Legal, do Serviço de Química e Toxicologia Forense da Delegação Centro do INMLCF, pela bibliografia facultada.

Ao *Serviço de Anatomia Patológica do Centro Hospitalar Lisboa Ocidental – Hospital de Santa Cruz* (CHLO – HSC).

Questões para estudo

1. Quais as limitações do uso de bases de dados de centros e laboratórios de toxicologia, com concentrações de agentes tóxicos em diversas matrizes biológicas (tabelas de referência) como da Eurotox ou da SOT?
2. No que diz respeito aos exames anatomopatológicos, indique exemplos do quadro da doença alcoólica hepática.
3. Relacione o consumo de heroína e cocaína com o aparecimento de alterações histomorfológicas.
4. Descreva os efeitos tóxicos oriundos da ingestão do herbicida paraquat em diversos órgãos.
5. Descreva a necrólise epidérmica tóxica ou síndrome de Lyell.

Respostas

1. Os intervalos de concentrações que definem as gamas terapêuticas, tóxicas e letais variam muito e há numerosas exceções, devendo ser consideradas meramente indicativas, jamais mandatórias. Nessa medida, é obrigatória a consulta de mais do que uma tabela para uma correta e prudente interpretação dos resultados.
2. A doença alcoólica hepática compreende esteatose, hepatite, esteato-hepatite, fibrose, cirrose, entre outras lesões, tais como colestase, siderose e hepatocarcinoma
3. O consumo de drogas de abuso pode não condicionar o aparecimento de alterações histomorfológicas detectáveis ou lesar órgãos e tecidos. Quando isso acontece, as lesões podem ser inespecíficas e comuns a várias drogas ou ter aspectos indiciadores de uma determinada substância. Entre as lesões de sobredosagem de heroína, as pulmonares são as mais usuais, sobretudo o *edema alveolar* – resultante da diminuição dos batimentos cardíacos e respiratórios –, cuja prevalência varia entre 1% e 90% na literatura mundial e poderá conduzir à morte por insuficiência respiratória. Quanto à cocaína, as possibilidades são variadas, não se podendo aqui deixar de enfatizar as consequências cardiovasculares do seu uso e abuso, a curto e a longo prazo – realçando o enfarte do miocárdio.
4. A toxicidade advinda da ingestão de paraquat inicia-se localmente por queimaduras cáusticas semelhantes a lesões por lixívia ou outros cáusticos, na boca, esôfago e locais de contato, podendo as vítimas ficarem afônicas e afásicas. Em doses altas pode observar-se gastroenterite. Essas lesões são superficiais e visíveis por endoscopia. Por vezes pode sobrevir perfuração gástrica com hemorragia massiva. Posteriormente e em doses suficientes, outros órgãos podem ser afetados, induzindo lesões multiorgânicas, com envolvimento do pulmão (pneumonite hemorrágica focal, edema pulmonar difuso etc.), fígado (necrose hepática centrolobular), coração (necrose miocárdica, com arritmias) e rim – cuja falência pode ocorrer em dois a três dias. Alterações do SNC são também possíveis, tais como convulsões, hemorragia intraparenquimatosa e coma. Num quadro clínico típico, com sobrevida após a intoxicação, a evolução da síndrome respiratória aguda conduzirá a fibrose pulmonar, com consequente falência respiratória.
5. Consiste numa toxidermia relacionada com a ingestão de fármacos variados, nomeadamente anticonvulsivantes (barbitúricos, fenitoína, fenobarbital, carbamazepina, associação de lamotrigina-valproato de sódio), mas também de antibióticos (sulfonamidas, ampicilina), anti-inflamatórios não esteroides (fenilbutazona, oxifembutazona, isoxicam, piroxicam, alopurinol), entre outros. Pode, ainda, decorrer da sequência de uma infecção prévia, de vacinação, rejeição de enxertos, ou mesmo nenhum fator precipitante identificado. A síndrome tem um curso clínico muito rápido e pode evoluir em um a dois dias, de uma pequena bolha para a perda da maioria da epiderme, determinando elevada mortalidade. A característica principal é a necrose da epiderme. A pele fica com aspecto de *papel úmido enrugado*, criando erosões e lesões bilaterais, assimétricas, arredondadas que podem variar de máculas, pápulas, bolhas a erosões e ulcerações. Quando essas lesões coalescem, adquirem o aspecto de *queimadura generalizada* do 1° e do 2° grau, que pode gerar confusão nos mais inexperientes e dificultar o diagnóstico. Histologicamente, documenta-se necrose de toda a espessura da epiderme, com destacamento desta no nível da membrana basal. Os sinais inflamatórios são mínimos.

Lista de abreviaturas

γ-GT	Gama-glutamil transferase	IgE	Imunoglobulina E
ATA	*Aurine tricarboxylic acid*	OMS	Organização Mundial da Saúde
CHLO – HSC	Centro Hospitalar Lisboa Ocidental – Hospital de Santa Cruz	SNC	Sistema nervoso central
HIV	Vírus da imunodeficiência adquirida	SQTF	Serviço de Química e Toxicologia Forense
INMLCF	Instituto Nacional de Medicina Legal e Ciências Forenses, I.P.		

Lista de palavras

Álcool
Análises histológicas
Análises toxicológicas
Antidepressivos
Antipsicóticos
Autópsia
Benzodiazepinas
Cirrose hepática alcoólica
Cocaína
Colestase hepática alcoólica
Drogas de abuso
Esteatose hepática alcoólica
Hepatite alcoólica
Heroína
Metais
Paraquat
Praguicidas
Rodenticida
Siderose hepática alcoólica

REFERÊNCIAS

1. Cardinale Pallavicino S. Vita di Alessandro VII, sommo pontefice: Libre Cinque. 1. ed. Milano: Giovanni Silvestri; 1843.

2. Radenkova-Saeva J. Historical development of toxicology. Acta Medica Bulgarica. 2008;35:47-52.

3. Eckert WG. Historical aspects of poisoning and toxicology. The Am J Forensic Med Pathol. 1980;1:261-4.

4. Pinheiro J. Introduction to forensic medicine. In: Schmitt A, Cunha E, Pinheiro J. Forensic anthropology and medicine complementary sciences: from recovery to cause of death. 1st ed. NY: Humana Press; 2006.

5. Martindale S, Powers R, Bell S. Production of human metabolites by gastrointestinal bacteria as a potential source of post-mortem alteration of antemortem drug/metabolite concentration. Drug Test. Analysis. 2015;7:75-82.

6. Linnet Kristian. Postmortem drug concentration intervals for non-intoxicated state – A review. J Forensic Leg Med. 2012;19:245-9.

7. Skopp G. Preanalytic aspects in postmortem toxicology. Forensic Sci Inter. 2004;142:75-100.

8. Kennedy MC. Post-mortem drug concentrations. Internal Med J. 2010;40:183-7.

9. Saukko P, Knight B. Knight's forensic pathology. 3rd ed. Great Britain: Hodder Arnold Ltd; 2004.

10. Dorne J, Renwick A. The refinement of uncertainty/safety factors in risk assessment by the incorporation of data on toxicokinetic variability in humans. Toxicol Sci. 2005;86:20-6.

11. Eurotox.com [Internet]. [Cited 2016 Jul 14]. Available from: http:// www.eurotox.com

12. Society of Toxicology [Internet] [Accessed 2017, June 25] Available from: http:// www.toxicology.org/

13. DiMaio V, Dana S. Handbook of forensic pathology. 2nd ed. Philadelphia: CRC Press; Taylor & Francis; 2007.

14. Musshoff F, Padosch S, Steinborn S, Madea B. Fatal blood and tissue concentrations of more than 200 drugs. Forensic Sci Int. 2004;142:161-210.

15. Schulz M, Iwersen-Bergmann S, Andersen H, Schmoldt A. Therapeutic and toxic blood concentrations of nearly 1,000 drugs and other xenobiotics. Critical Care. 2012;16:R136,1-4.

16. Bancroft J, Gamble M. Theory and practice of histological techniques. 5th ed. Philadelphia: Churchill Livingstone; 2002.

17. Ballanti P, Martin Wedard B, Bonucci E. Frequency of adynamic bone disease and aluminium storage in uraemic patients – retrospective analysis of 1429 iliac crest biopsies. Nephrol Dial Transplant. 1996;11:663-7.

18. Maloney NA, Ou SM, Alfred AC, Miller NL, Coburn JW, Sherrard DJ. Histological quantitation of aluminium in iliac bone from patients with renal failure. J Lab Clin Med. 1982;99:206-16.

19. Academia das Ciências de Lisboa. Dicionário da língua portuguesa contemporânea. 1. ed. Braga: Academia das Ciências de Lisboa e Editorial Verbo; 2001. vol. I, II.

20. Villanueva Cañadas E. Gilbert Calabuig Medicina legal y toxicologia. 6th ed. Barcelona: Elsevier; Mosby; Masson; 2004.

21. Costa N, Silva R, Mendonça MC, Corte Real F, Vieira DN, Teixeira H. Prevalence of ethanol and illicit drugs in road accidents in the centre of Portugal: An eighteen-year update. Forensic Science International. 2012;216:37-43.

22. Rosmaninho J, Pinheiro J, Castañera A, Silva R. Canábis e sinistralidade rodoviária: novas tendências? In: I Conferência do Instituto Nacional de Medicina Legal e Ciências Forenses, Coimbra. Livro de Resumos. Coimbra; 2014.

23. Rosmaninho J, Castañera A, Pinheiro J. A canábis isolada nas mortes por acidentes de viação – uma subida que se confirma nos últimos três anos. In: II Conferência do Instituto Nacional de Medicina Legal e Ciências Forenses, Coimbra. Livro de Resumos. Coimbra; 2015.

24. Cook R, Calabrese EJ. The importance of hormesis to public health. Environmental Health Perspectives. 2006;114:1631-5.

25. WHO. Global status report on alcohol and health 2014. World Health Organization. 2014:1-86.

26. Portugal. Lei nº 18/2007 de 17 de maio.

27. Portugal. Portaria nº 902-A/2007 de 13 de agosto (DR, 1ª série – nº 155, 13 de agosto de 2007).

28. Portugal. Lei nº 72/2013 de 3 de setembro (DR, 1ª série – nº 169, 3 de setembro de 2013).

29. Kumar V, Abbas A, Fausto N, Aster J. Robbins and Cotran Pathologic Basis of Disease. 8th ed. Philadelphia: Saunders; Elsevier; 2010.

30. Bruha R, Dvorak K, Petrtyl J. Alcoholic liver disease. World J Hepatol. 2012;4:81-90.

31. Pateria P, de Boer B, MacQuillan G. Liver abnormalities in drug and substance abusers. Best Practice & Research Clinical Gastroenterology. 2013;27:577-96.

32. Vicco MH, Rodeles L, Ferini F, Long AK, Musacchio HM. In-hospital mortality risk factors in patients with ascites due to cirrhosis. Rev Assoc Med Bras. 2015;61:35-9.

33. Guzzo-Merello G, Cobo-Marcos M, Gallego-Delgado M, Garcia-Pavia P. Alcoholic cardiomyopathy. World J Cardiol. 2014;6:771-81.

34. O'Keefe JH, Bhatti SK, Bajwa A, DiNicolantonio JJ, Lavie CJ. Alcohol and cardiovascular health: the dose makes the poison...or the remedy. Mayo Clin Proc. 2014;89:382-93.

35. Observatório Europeu da Droga e Toxicodependência. Relatório Europeu sobre Drogas – Tendências e Evoluções 2013. Available from: http://www.emcdda.europa.eu/system/files/publications/964/TDAT13001PTN1.pdf. Acesso em: 28 jun. 2017.

36. Vale A. Drugs of abuse (anphetamines, BZP, cannabis, cocaine, GHB, LSD). Medicine. 2011;40:84-7.

37. Warner-Smith M, Darke S, Lynshey M, Hall W. Heroin overdose: causes and consequences. Addiction. 2001;96:1113-25.

38. Commission on Narcotic Drugs [Internet]. [Cited 2016 Jul 14]. Available from: https://www.unodc.org/unodc/commissions/CND

39. Dettmeyer RB, Verhoff MA, Brückel B, Walter D. Widespead pulmonary granulomatosis following long time intravenous drug abuse – A case report. Forensic Sci Int. 2010;197:e27-e30.

40. Baselt RC. Disposition of drugs and chemicals in man. 9th ed. Seal Beach: Biomedical Publications; 2011.

41. Stankowski R, Kloner R, Rezkalla S. Cardiovascular consequences of cocaine use. Trends Cardiovasc Med. 2015;25:517-26.

42. Burke C, Mulligan M. A case of needle embolism. Ann Thorac Surg. 2013;96:1485.

43. Brasil. Decreto Nº 4.074, DE 4 de janeiro de 2002 Available from: http://www.planalto.gov.br/ccivil_3/decreto/2002/d4074.htm. Acesso em: 25 jun. 2017.

44. Wikipedia [Internet]. [Cited 2016 Jul 14]. Rachel Carson. Available from: http://en.wikipedia.org/wiki/Rachel_Carson.

45. WHO. Pesticides and health 2004. The impact of pesticides on health: preventing intentional and unintentional deaths from pesticide poisoning. World Health Organization. 2015;06/04.

46. Teixeira H, Proença P, Alvarenga M, Oliveira M, Marques E, Vieira DN. Pesticide intoxications in the Centre of Portugal: three years analysis. Forensic Science International. 2004;143:199-204.

47. Rodrigues RP, Sá MC, Moura D. Internamentos por intoxicação com pesticidas em Portugal. Arquivos de Medicina. 2011;25:169-73.

48. Vieira de Sousa J, Castañera A, Monsanto P, Tarelho S, Franco M, Pinheiro J. Tendências nacionais da deteção de pesticidas em casos de autópsia nos últimos 5 anos (2009-2014). In: II Conferência do Instituto Nacional de Medicina Legal e Ciências Forenses. Coimbra. Livro de Resumos. Coimbra; 2015.

49. Carrington da Costa R, Pimentel J, Rebelo A, Souto Gonçalves J, Janeiro da Costa J. Intoxicações agudas por compostos organofosforados. Acta Médica Portuguesa. 1988;4/5/6:291-5.

50. Chen H-W, Tseng T-K, Ding L-W. Intravenous paraquat poisoning. J Chin Med Assoc. 2009;72:547-50.

51. Pazos MR, Reig R, Sanz P, Nogue S, Boix D, Palomar M, et al. Paraquat poisoning: clinical and anatomopathologic aspects in 3 cases. An Med Interna. 1989;6:151-3.

52. Almeida G, Schmitt G, Bairros A, Emanuelli T, Garcia S. Os riscos e danos nas intoxicações por paraquat em animais domésticos. Ciência Rural, Santa Maria. 2007;37:1506-12.

53. Suntres ZE, Shek PN. Intratracheally administered liposomal alpha-tocopherol protects the lung against long-term toxic effects of paraquat. Biomed Environ Sci. 1995;8:289-300.

54. Botella de Maglia J, Belenguer Tarin JE. Paraquat poisoning. A study of 29 cases and evaluation of the effectiveness of the "Caribbean scheme". Med Clin (Barc). 2000;115:530-3.

55. Ong ML, Glew S. Paraquat poisoning: per vagina. Postgrad Med J. 1989;65:835-6.

56. Pavan M. Acute kidney injury following paraquat poisoning in India. IJKD. 2013;7:64-6.

57. Cheung O-Y, Leslie KO. Acute Lung Injury. In: Leslie KO, Wick MR, editors. Practical pulmonary pathology – A diagnostic approach. 1st ed. Philadelphia: Churchill Livingstone; 2005.

58. Smith P, Heath D. The pathology of the lung in paraquat poisoning. J Clin Path. 1975;28 (Supl 9):81-93.

59. Harley JB, Grinspan S, Root RK. Paraquat suicide in a young woman: results of therapy directed against the superoxide radical. The Yale J Biol Med. 1977;50:481-8.

60. Watt BE, Proufoot AT, Bradberry SM, Vale JA. Anticoagulant rodenticides. Toxicol Rev. 2005;24:259-69.

61. Dashti-Khavidaki S, Ghaffari S, Nassiri-Toossi M, Amini M, Edalatifard M. Possible unaware intoxication by anticoagulant rodenticide. J Res Pharm Pract. 2014;3:142-4.

62. Henriques de Gouveia R, Carvalho J, Monsanto P, Pinheiro J. Medication and sudden cardiac death. Unexpected risks! Cardiol Pharmacol. 2015;4:151-3.

63. Millar J. Consultations owing to adverse drug reactions in a single practice. British J General Practice. 2001;51:130-1.

64. Bouvy J, De Bruin M, Koopmanschap M. Epidemiology of adverse drug reactions in europe: a review of recent observational studies. Drug Saf. 2015;38:437-53.

65. Padilha A, Castañera A, Fonseca S, Simões S, Franco M, Pinheiro J. Evolução do consumo de medicamentos ao longo de 5 anos: estudo retrospetivo em autópsias da Delegação Sul (2009-2014). In: II Conferência do Instituto de Medicina Legal e Ciências Forenses, Coimbra. Livro de Resumos; Coimbra; 2015.

66. Ladron de Guevara J, Moya Pueyo V. Toxicologia medica – Clínica y laboratorial. 1. ed. Madrid: McGraw-Hill; InterAmericana de España; 1995.

67. Vaz Carneiro S, Rocha Martins R, Carvalho A. Psicofármacos e morte súbita. Acta Med Port. 2006;19:151-64.

68. Marchiori P, Carvalho N. Síndrome neuroléptica maligna. Revista Neurociências. 2005;13:47-8.

69. Modi S, Dharaiya D, Schultz L, Varelas P. Neuroleptic malignant syndrome: complications, outcomes, and mortality. Neurocrit Care. 2015 [Epub ahead of print].

70. Ellenhorn M. Ellenhorn's medical toxicology: diagnosis and treatment of human poisoning. 2nd ed. Baltimore: Williams & Wilkins; 1997.

71. Skinner MH, Thompson DA. Pharmacologic considerations in the treatment of substance abuse. South Med J. 1992;85:1207-19.

72. Huang W, Moody D. Immunoassay detection of benzodiazepines and benzodiazepine metabolites in blood. J Anal Toxicol. 1995;19:333-42.

73. Saar E, Beyer J, Gerostamoulos D, Drummer O. The time-dependant post-mortem redistribution of antipsychotic drugs. Forensic Sci Int. 2012;222:223-7.

74. Fenoglio JJ, Silver M. Effects of drugs on the cardiovascular system. In: Silver M, editor. Cardiovascular pathology. 2nd ed. New York: Churchill Livingstone; 1991.

75. Maitra A. Diseases of the immune system. In: Kumar V, Abbas A, Fausto N, Aster J. Robbins and Cotran pathologic basis of disease. 8th ed. Philadelphia: Saunders; Elsevier; 2010.

76. Kajihara H, Tachiyama Y, Hirose T, Takata A, Saito K, Murai T, et al. Eosinophilic coronary periarteritis (vasospastic angina and sudden death), a new type of coronary arteritis: report of seven autopsy cases and a review of the literature. Virchows Arch. 2013;462:239-48.

77. Kounis NG, Mazarakis A, Tsigkas G. Eosinophilic coronary periarteritis presenting with vasospastic angina and sudden death: a new cause and manifestation of Kounis syndrome? Virchows Arch. 2013;462:687-8.

78. Infarmed.pt [Internet]. [Cited 2016 Jul 14]. Available from: http://www.infarmed.pt

79. Swinnen I, Ghys K, Kerre S, Constandt L, Goossens A. Occupational airborne contact dermatitis from benzodiazepines and other drugs. Contact Dermatitis. 2013;70:227-32.

80. Giomi B, Difonso EM, Lotti L, Massi D, Francalanci S. Allergic and photoallergic conditions from unusual chlorpromazine exposure: report of three cases. Intern J Derm. 2010;50:1276-8.

81. Schweitzer I. Anticonvulsant hypersensitivity syndrome: a rare and serious complication. MJA. 2011;194:609-10.

82. Sharma B, Sannegowda RB, Gandhi P, Dubey P, Pangariya A. Combination of Steven-Johnson syndrome and neuroleptic malignant syndrome following carbamazepine therapy: a rare occurrence. BMJ Case Rep. 2013. doi: 10.1136/bcr-2013-008908:1-4.

83. Lasić D, Ivanišević R, Uglešić B, Cvitanović MZ, Glučina D, Hlevnjak I. Acute generalized exanthematous pustulosis as a side effect of quetiapine. Psychiatria Danubina. 2013;25:84-5.

84. Soumya RN, Grover S, Dutt A, Gaur N. Angioneurotic edema with risperidone: a case report and review of literature. Gen Hosp Psychiatry. 2010;32:646.c1-646.c3.

85. Garfia A, Repiso JB, Balanza E, Salguero M, Repetto M. Necrolisis epidérmica tóxica fatal durante tratamento com neosidantoína (fenitoína). Cuad Med For. 1998;11:83-96.

86. Crüger A-M, Kaur-Knudsen D, Zachariae C, Rasmussen B, Thomsen S. Risk factors and mortality among patients with severe mucocutaneous drug reactions. Dan Med J. 2015;62:1-5.

87. Schwartz R, McDonough P, Lee B. Toxic epidermal necrolysis. Part I. Introduction, history, classification, clinical features, systemic manifestation, etiology, and immunopathogenesis. J Am Acad Dermatol. 2013;69:173.e1-173.e13.

88. Wikipedia [Internet]. [Cited 2016 Jul 14]. Alumínio. Available from: https://pt.wikipedia.org/wiki/Alumínio

89. D'Haese PC, De Broe ME. Aluminum, lanthanum and strontium. In: Dangirdas JT, et al, editors. Handbook of dialysis. 4th ed. Philadelphia: Lippincott, Williams & Wilkins; 2007.

90. Sherrard DJ, Ou S, Maloney N, Andress D, Coburn J. Uremic osteodystrophy: classification, cause and treatment. In: Frame B, Potts JT, editors. Clinical disorders of bone and mineral metabolism. 1st ed. Amsterdam: Excerpta Medica; 1983.

91. Andress DL, Maloney NA, Endress DB, Sherrard DJ. Aluminum-associated bone disease in chronic renal failure: high prevalence in long-term dialysis population. J Bone Miner Res. 1986;1:391-8.

92. Parisien M, Charhon SA, Arlot M, et al. Evidence for a toxic effect of aluminium on osteoblasts: a histomorphometric study in hemodialysis patients with aplastic bone disease. J Bone Miner Res. 1988;3:259-67.

93. Brandenburg VM, Floege J. Adynamic bone disease – bone and beyond. NDT Plus. 2008;3:135-47.

94. Kulak CA, Dempster DW. Bone histomorphometry: a concise review for endocrinologists and clinicians. Arq Bras Endocrinol Metab. 2010;54:87-98.

CAPÍTULO 25

TOXINAS COMO AGENTES DE ENVENENAMENTO

Carlos Andrey González Blanco

Ernani Pinto

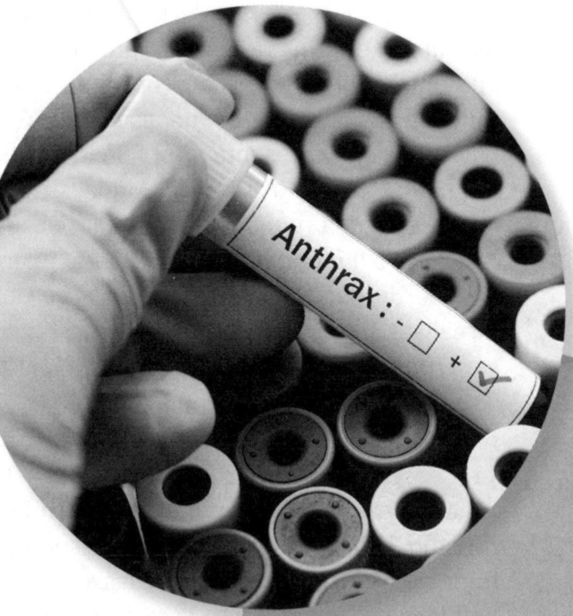

25.1 Introdução

De uma forma geral, as toxinas de origem natural apresentam LD_{50} extremamente baixa, na ordem de 0,1 $mg.kg^{-1}$. A LD_{50} é a dose capaz de matar 50% dos indivíduos de uma população em teste. Apesar de serem letais, algumas toxinas podem apresentar ação lenta e os efeitos de exposição podem demorar a se manifestar. As toxinas naturais são produzidas por algumas espécies de plantas, fungos e cogumelos, e microrganismos (bactérias, microalgas e cianobactérias). Alguns insetos e animais vertebrados também podem produzir venenos contendo toxinas, que na maioria das vezes são de origem peptídica. No entanto, esse capítulo abordará apenas as principais toxinas produzidas por microrganismos, fungos e plantas. Para saber mais sobre toxinas produzidas por insetos e animais, recomendamos revisar os trabalhos publicados por Cestele e Caterall [1], Possani e colaboradores [2], King e Hardy [3], Mackessy [4] e Essack, Bajic e Archer [5].

O termo "toxina natural" normalmente se refere a compostos orgânicos tóxicos biossintetizados por organismos. A variedade química, origem biológica e mecanismos de ação dessas classes de produtos naturais são enormes. A complexidade do diagnóstico e tratamento de casos de intoxicação ou exposição por toxinas naturais são tarefas complicadas, pois requerem tanto o emprego de procedimentos clínicos modernos quanto o uso de técnicas analíticas sofisticadas para uma identificação fidedigna do composto em questão.

Muitas toxinas naturais foram e são utilizadas na terapêutica, por exemplo, a ergotamina, glicosídeos cardiotônicos (digoxina) e a toxina botulínica [6].

Quando falamos em toxicologia forense, o principal problema relacionado está no uso intencional de uma toxina natural para causar dano, ferimentos ou a morte de seres humanos ou animais. No entanto, esses casos são raríssimos. Os principais casos registrados no Brasil e no mundo são a ingestão acidental ou contaminação por alimentos e água.

Como será relatado no decorrer deste capítulo, apesar de algumas toxinas constarem no Chemical Weapons Convention como armas químicas, seu uso como tal é praticamente inviável (exceto no caso de algumas toxinas bacterianas). Isso se justifica pela grande dificuldade de obtenção desses compostos em larga escala, seja por meio de síntese química (que é difícil, em razão da complexidade química/ estrutural) ou pelo cultivo das espécies tóxicas de plantas ou microrganismos para posterior isolamento das toxinas.

Há vários casos reportados na literatura sobre o envenenamento de animais domésticos por plantas tóxicas. No Brasil, apesar do registro ser escasso, é possível encontrar casos de adultos e crianças que foram intoxicadas pelo consumo acidental dessas plantas. O mesmo ocorre para toxinas produzidas por bactérias, fungos e cianobactérias.

25.1.1 Aspectos históricos

É possível que o filósofo grego Sócrates, após ser condenado e preso, tenha se suicidado ao ingerir um preparado contendo o veneno "cicuta", um extrato da planta *Conium maculatum*. Essa espécie de planta contém alguns alcaloides ativos que são poderosos agonistas nicotínicos, tais como coniina e *N*-metilconiina. Há também relatos na literatura de que povos antigos no Oriente Médio utilizavam os alcaloides do Ergot (Figura 25.1), os quais são produzidos por fungos e crescem em grãos, para contaminar fontes de água de algumas cidades antes de uma invasão [7].

Algumas tribos indígenas da América do Sul são conhecidas por utilizarem há muito tempo extratos de plantas de várias espécies (por exemplo, *Chondrodendron tomentosum*, *Strychnos toxifera*, *Curarea* spp., entre outras) em flechas preparadas para a caça. A espécie *Chondrodendron* produz a toxina *D*-tubocurarina (LD_{50}: 0,42 $mg.kg^{-1}$, intraperitoneal em camundongos), uma toxina que se liga a receptores colinérgicos nicotínicos e, por competição, bloqueia a ação da acetilcolina na fenda sináptica, ocasionando a interrupção da transmissão dos impulsos nervosos na junção neuromuscular [8]. É sabido também que algumas tribos indígenas que habitam as Américas do Sul e Central fazem uso de outra toxina que é secretada por uma espécie de rã pertencente à família Dendrobatidae. Essa substância que está presente na pele de rãs é conhecida como batracotoxina (LD_{50} 0,002 $mg.kg^{-1}$ em ratos, subcutâneo). Por ser um alcaloide cardiotóxico extremamente potente, também é utilizado em dardos para fins de caça. A batracotoxina se liga aos canais de sódio, que ficam abertos por longo tempo, provocando a despolarização da fibra nervosa [9].

25.1.2 Atualidades

Segundo Gaillard, Regenstreif e Fanton [10], após a Segunda Guerra Mundial houve uma propagação no uso de projéteis contendo toxinas adsorvidas [10]. Um caso bem conhecido ocorreu em 7 de setembro de 1978, na cidade de Londres, onde o jornalista búlgaro Georgi Markov foi a óbito poucos dias após ser atingido por um projétil, contaminado aparentemente de forma proposital. Essa suspeita foi confirmada durante a análise da autópsia, pois a bala utilizada apresentava pequenos orifícios onde eram depositadas as toxinas. Ainda, suspeita-se que a bala utilizada tenha sido injetada por meio de um dispositivo adaptado na ponta de um guarda-chuva. De acordo com o quadro clínico apresentado pelo jornalista antes de sua morte, a substância responsável pela *causa mortis* foi a ricina [11-13].

Apenas algumas semanas após os ataques às torres gêmeas do World Trade Center ocorrido em 11 de setembro em 2001, os Estados Unidos da América passaram por um ato deliberado de bioterrorismo. Utilizando serviço postal, esporos de antraz foram enviados para residências e departamentos políticos no Senado, fato esse amplamente divulgado pela mídia. E, como resultado desse evento efetivo de bioterrorismo, foram notificados cinco casos de morte e dezessete casos de pessoas doentes em decorrência dos esporos de antraz [14,15].

Por outro lado, o caso acidental mais grave de intoxicação por toxinas na atualidade aconteceu em fevereiro de 1996, na cidade de Caruaru (PE), onde pacientes que realizavam hemodiálise no hospital da cidade foram expostos por infusão endovenosa a microcistinas (hepatotoxinas) produzidas por cianobactérias via água contaminada. Ao todo, 116 pessoas manifestaram sinais graves de intoxicação por microcistinas e 76 pessoas vieram a óbito [16,17].

25.2 Tipos de toxinas naturais

As fontes das toxinas biológicas, bem como suas estruturas químicas, apresentam origens diversas, as quais podem variar desde microrganismos unicelulares simples até animais vertebrados. Dependendo da quantidade e do tempo de exposição humana às toxinas naturais, podem ser observadas intoxicações agudas ou crônicas, de forma sistêmica ou específica de um órgão.

Para facilitar a visualização do grau de letalidade de algumas das toxinas mais potentes conhecidas, os valores da LD_{50}, de acordo com as vias de inoculação em camundongos, foram organizados de forma decrescente na Tabela 25.1. Na ausência de um valor de LD_{50} descrito na literatura, o valor da dose letal mínima (DLM) foi considerado. Como pode ser observado na tabela, as neurotoxinas clostrídicas continuam sendo consideradas as biomoléculas mais letais conhecidas para os mamíferos. Levando em consideração que a via de inoculação da toxina nos camundongos varia entre as publicações descritas, esses dados devem de ser interpretados com cautela.

Tabela 25.1 Classificação de algumas das toxinas biológicas mais potentes conhecidas de acordo com as LD_{50} ou DLM em camundongos

NOME DA TOXINA	NOME DO ORGANISMO	QUANTIDADE LETAL POR KG DE PESO CORPORAL EM CAMUNDONGOS [A]				VIA DE INGRESSO EM CASOS ACIDENTAIS	REF.
		I.P.	I.V.	SUBC.	OUTRO		
Botulínica [b]	*Clostridium botulinum*	0,4 - (1,2) ng	1,1-2,5 ng			Oral	[18,19]
Tetânica	*Clostridium tetani*			1-(3) ng		Lesão na pele	[18]
α-lisina	*Staphylococcus aureus*		40-60 ng			Infecção de tecidos e mucosas	[18,19]
Verotoxina II (SLT-II)	*Escherichia coli*	50 ng	50 ng			Oral	[20]
Palitoxina	*Palythoa* spp. [c]	295 ng	45 ng			Oral	[21]
Maitotoxina	*Gambierdiscus* spp.	50 ng				Oral	[22]
Epsilon [d]	*Clostridium perfringens*				(100) ng	Oral, infecções de fissuras	[18,19]
Beta toxina [e]	*Clostridium perfringens*				< 400 ng	Oral	[18,19]
Toxina de Shiga / Neurotoxina	*Shigella dysenteriae*		450 ng			Oral	[18,19]
Enterotoxina/ Toxina-A	*Clostridium difficile*	500 ng				Oral	[18,19]
Abrina	*Abrus precatorius*		(700) ng			Oral	[18]
Taipoxina	*Oxyuranus scutellatus*		2 μg			Picada de cobra	[18]
Batracotoxina	*Phyllobates* spp. [f]			2-3 μg		Oral, ferida subcutânea	[23]
Ricina	*Ricinus comunis*		2,2-2,7 μg			Oral	[18]
Toxina A	*Pseudomonas aeruginosa*		3 μg			Oral, Infecção de fissuras	[18,19]
Listeriolisina	*Lysteria monocytogenes*				(3-12) μg	Oral	[18,19]
Aerolisina	*Aeromonas hydrophyla*		(7) μg			Oral, infecção de fissuras	[18,19]
Streptolisina O	*Streptococcus pyogenes*		8 μg			Infecção de tecidos e mucosas	[18,19]
Tetrodotoxina	Espécies da ordem Tetraodontiformes [g]	(8) μg				Oral	[22]

(*continua*)

Tabela 25.1 Classificação de algumas das toxinas biológicas mais potentes conhecidas de acordo com as LD_{50} ou DLM em camundongos (*continuaçao*)

NOME DA TOXINA	NOME DO ORGANISMO	QUANTIDADE LETAL POR KG DE PESO CORPORAL EM CAMUNDONGOS [A]				VIA DE INGRESSO EM CASOS ACIDENTAIS	REF.
		I.P.	I.V.	SUBC.	OUTRO		
Saxitoxina	Dinoflagelados e cianobactérias		10 µg			Oral	[22]
Conotoxinas	*Conus* spp.	10 µg				Picada de caracol	[24]
β-bungarotoxina	*Bungarus multicinctus*	14 µg		40 µg		Picada de cobra	[18]
Toxina pertússis	*Bordetella pertussis*	21 µg			15 µg	Nasal, oral	[18]
Enterotoxina-B	*Staphylococcus aureus*		20 µg [h]			Oral, inalação	[18]
Anatoxina-a (s)	Cianobactérias	20-40 µg				Oral	[22]
Microcistina	Cianobactérias	50 µg				Oral, i.v.	[22]

i.p.: intraperitoneal; i.v.: intravenosa; subc: subcutânea, SLT II: Shiga-like toxin II.

[a]Os valores descritos sem parênteses correspondem à LD_{50}. Os valores entre parêntesis indicam DLM.

[b]Os valores i.p. incluem os tipos de toxina botulínica A, B, C2, e D. Os valores i.v. incluem os tipos C1 e F.

[c]Palioxinas são acumuladas no zoantídeo, mas a provável fonte biossintética da toxina é em dinoflagelados do gênero Ostreopsis sp.

[d]O valor inclui os tipos B e D de C. perfringens. Não foi especificada a via de administração da toxina.

[e]O valor inclui os tipos B e C de C. perfringens. Não foi especificada a via de administração da toxina. Não foi possível estimar a pureza do extrato de toxina.

[f]Batrachotoxinas são acumuladas na pele da rã, mas admite-se que a fonte biossintética da toxina seja de artrópodes ou bactérias.

[g]Tetrodotoxinas são acumuladas em peixes, mas a provável fonte biossintética da toxina é em bactérias marinhas.

[h]LD_{50} estimado em macacos.

Entre as principais técnicas de detecção para toxinas naturais em toxicologia forense e toxicologia de alimentos, podemos mencionar os ensaios imunológicos (Elisa) e a cromatografia liquida de alta eficiência (*high performance liquid cromatography*, HPLC), geralmente acoplada a técnicas de espectrometria de massas em tandem (*tandem mass spectrometry*, MS^2). Para a detecção de toxinas proteicas, alguns pesquisadores preferem realizar as análises por meio de ionização e dessorção de matriz a *laser* (*matrix assisted laser desorption and ionization*, MALDI) acoplada a espectrometria de massas em tandem por tempo de voo (*time of flight*, TOF^2).

25.2.1 Plantas

Acredita-se que a grande variedade de produtos químicos tóxicos produzidos pelas plantas, também conhecidos como fitotoxinas, possa ter sofrido uma expansão na escala evolutiva, sendo que hoje representam mecanismos de defesa contra os animais herbívoros, especialmente insetos e mamíferos. Esses produtos do metabolismo secundário de plantas incluem estruturas orgânicas constituídas por enxofre, lipídeos, fenóis, compostos nitrogenados, glicosídeos, peptídeos, proteínas etc. Alguns componentes das plantas, vegetais e frutas que fazem parte da dieta humana podem apresentar atividade tóxica [25].

Diversas drogas de abuso de grande importância na área forense, tais como cocaína, cafeína, nicotina, morfina e os canabinoides, podem ser consideradas fitotoxinas. No entanto, os narcóticos, estimulantes e alucinógenos serão tratados em outros capítulos deste livro.

Intoxicações de animais, principalmente do gado, por ingestão de plantas e raízes tóxicas, são um problema comum no mundo inteiro. Os envenenamentos acidentais ou assassinatos premeditados de humanos pelo consumo de plantas tóxicas estão bem documentados na literatura. Casos de intoxicações por medicina tradicional são de grande importância ao redor do mundo, especialmente em países da África e regiões da China. Segundo Efferth e Kaina [26],

75% da população mundial depende e salienta a importância da medicina tradicional e do uso de ervas como base para a atenção primária à saúde.

Além de serem responsáveis pela morte acidental ou deliberada de humanos, as fitotoxinas têm sido utilizadas como armas de caça (por exemplo, o curare) ou como armas de guerra (Tabela 25.2). É importante considerar que na maioria dos casos a toxicidade das plantas envolve mais de uma molécula ativa.

Tabela 25.2 Lista de algumas plantas tóxicas comumente utilizadas como armas de caça, armas de guerra entre tribos ou responsáveis por mortes e intoxicações humanas documentadas

CLASSIFICAÇÃO	TIPOS DE PLANTAS
Plantas tóxicas utilizadas como armas de caça	*Abuta* spp., *Acokanthera schimperi, Capsicum annum, Chondrodendron tomentosum, Cissampelos* spp., *Cocculus laurifolius, Curarea toxifera, C. candicans, Erytrina* spp., *Lophopetalum toxicum, Physostigma venenosum, Sciadotenia* spp., *Strychnos toxifera, S. diaboli, S. lethalis,* S. Castelnaena, *S. rondetelioides, Telitoxicum* spp.
Plantas tóxicas utilizadas como armas de guerra entre tribos	*Colliguaja* spp., *Euphorbia* spp., *Hippomane mancinella, Hura* spp., *Sapium* spp., *Schoenobiblus peruvianus*
Plantas tóxicas responsáveis por mortes e intoxicações humanas documentadas	*Abrus precatorius, Aconitum* spp., *Atractylis glummifera, Atropa beladona, Baccharis cordifolia, Cicuta virosa, C. douglasii, C. maculata, C. occidentalis, Oenanthe crocata, O. aquatica, O. javanica, Colchicum automnale, Conium maculatum, Convallaria majalis, Coriaria myrtifolia, Cytisus scoparius, Datura stramonium, D. arborea, D. ferox,* D. inermis, *D. innoxia, D. metel, D. sanguinea, D. sauveolens, Dieffenbachia* spp., *Digitalis purpúrea, D. grandiflora, D. lanata, Dioscorea* spp., *Duboisia* spp., *Eupatorium rugosum,* E. cannabinum, Ferrula communis, F. chiliantha, *F. tingitana, Gelsemium sempervirens, G. elegans, G. rankinii, Hyoscyamus niger, H. albus, H. falezlez, H. muticus, H. reticulatus, Jatropha curcas, Lobelia inflata, L. polyphylla, L. portoricensis, Nerium oleander, N. indicum, Nicotiana glauca, Pachyrhizus erosus, Pausinystalia yohimbe, Pilocarpus microphyllus, Philodendron* spp., *Polygonatum* spp., *Prunus laurocerasus, Rauwolfia serpentina, R. tetraphylla, R. vomitoria, Ricinus communis, Solanum dulcamara, S. dimitatum, S. malacoxylon, S. pseudocapsicum, Spartium junceum, Strychnos nux vomica, S. ignacii, Taxus* spp., *Thevetia peruviana, T. nerifolia, Trichosanthes kirilowii, Tripterygium wilfordii, Veratrum viride, V. album, V. californium, V. japonicum, Xanthium sibiricum, Zigadenus* spp.

Fonte: adaptado de [27].

Técnicas de detecção para algumas das mais relevantes toxinas de plantas por meio de HPLC-MS^2 têm sido publicadas para análise em sangue e outras matrizes [27-29].

A seguir, descreveremos alguns exemplos de fitotoxinas importantes na área da medicina legal e toxicologia forense.

25.2.1.1 Ricina e abrina

As sementes de *Ricinus communis* (mamona, carrapateira, rícino, palma-de-cristo) da família Euphorbiaceae contêm cerca de 1% a 2% do composto ricina. Essa planta tropical-subtropical é cultivada em grande escala na Índia, no Brasil e na China para a produção de óleo de rícino [6]. Atualmente, também tem sido cultivada para a produção de biodiesel no Brasil.

A ricina é uma glicoproteína constituída por duas subunidades proteicas de 34 kDa cada uma, ligadas por uma ponte dissulfeto. A subunidade-A inibe irreversivelmente a síntese proteica pela inativação dos ribossomos. A subunidade-B é uma lectina que forma uma ligação com os resíduos de galactose- ou *N*-acetilgalactosamina, e é responsável pela interação da ricina aos receptores de superfície celular. A via de exposição em mamíferos pode ser oral, por inalação ou por lesão na pele. A boa absorção da ricina nos pulmões e sua *toxicidade letal por inalação* é estimada em apenas 5-10 $mg.kg^{-1}$, fazendo dessa toxina uma das opções mais utilizadas para o bioterrorismo moderno [6,11].

A abrina é outra toxina proteica com estrutura e toxicidade similares à ricina. Ela é extraída normalmente das sementes das espécies *Abrus precatorius* e *Ricinus communis*, em maior e menor quantidade, respectivamente [30]. Estudos *in vitro* sugerem que a abrina seja toxicologicamente mais potente que a ricina na inibição da síntese proteica (31).

25.2.1.2 Estricnina

As plantas do gênero *Strychnos*, onde a estricnina é sintetizada naturalmente, são encontradas em todo o mundo, tanto nas zonas subtropicais quanto nas tropicais. Geralmente são cultivadas em jardins em decorrência de suas características ornamentais [32].

Embora seja menos potente do que os assim chamados gases que atuam no sistema nervoso central (SNC), ou *nerve gases* (por exemplo, o sarin), o principal alvo da estricnina é o SNC. Essa neurotoxina bloqueia os receptores de glicina, localizados em maior quantidade nos cornos ventrais da medula espinal, no tronco encefálico e nos centros superiores nervosos. A perda da inibição pós-sináptica causada pela estricnina resulta num excesso da atividade do neurônio motor e convulsões. Atualmente, ela é utilizada principalmente como um praguicida, em particular para matar roedores. Iscas comerciais geralmente contêm < 0,5% de estricnina por peso [33].

25.2.1.3 Coniina e cicutoxina (lethal hemlocks)

A maioria das mortes ocasionadas por espécies de *Conium maculatum* e *Cicuta maculata* (Apiaceae) é resultado de uma identificação errônea dessas plantas. As raízes podem ser confundidas e consumidas como cenoura ou nabo selvagens. Quando consumidas em grandes quantidades podem causar graves envenenamentos. Mortes envolvendo bovinos são frequentemente documentadas na área veterinária [34].

Espécies de *Conium maculatum* (*hemlock*), cujo extrato venenoso é chamado de "cicuta", contêm uma variedade de alcaloides tóxicos da piperidina, sendo a coniina o mais importante. Essas plantas são nativas da Europa e das regiões do Mediterrâneo e mais tarde foram introduzidas na América do Norte, Ásia e Nova Zelândia. A neurotoxina periférica coniina ocasiona o bloqueio das junções neuromusculares e também promove efeitos nicotínicos nos gânglios autônomos do pulmão, por exemplo [7,34].

Cicuta maculata (*water hemlock*) é nativa das regiões temperadas do Hemisfério Norte, principalmente na América do Norte e Europa. A toxicidade por ingestão dessa espécie é atribuída à cicutoxina, a qual atua como antagonista não competitivo do ácido -aminobutírico no SNC. Seus efeitos tóxicos são impactantes e muito mais violentos quando comparados à conina. Os primeiros efeitos muscarínicos locais são no trato gastrointestinal. Já seus efeitos sistêmicos (secreções brônquicas) podem promover dificuldade respiratória. Os primeiros sintomas e sinais clínicos iniciam-se após trinta minutos de sua ingestão [34,35].

25.2.1.4 Alcaloides anticolinérgicos derivados do tropano

Espécies da família Solanaceae (por exemplo, *Atropa beladona*, *Datura stramonium*, *Hyoscyamus niger*, *Solanum dulcamara*) contêm alcaloides anticolinérgicos derivados do tropano. Entre esses alcaloides, os mais importantes e farmacologicamente ativos são a escopolamina, a atropina e a hiosciamina. Essas toxinas atuam como antagonistas competitivos dos receptores muscarínicos e, como resultado, promovem efeitos no SNC semelhantes aos produzidos por doses tóxicas de outros antimuscarínicos, tais como agitação, desorientação, irritabilidade, alucinações etc. Essas plantas apresentam distribuição mundial, sendo a sua maior diversidade encontrada na América do Sul e América Central [34,36].

25.2.1.5 Glicosídeos cianogênicos

Existem mais de 2.500 espécies de plantas que têm capacidade de liberar cianeto de hidrogênio (HCN) a partir de compostos endógenos contendo moléculas de cianeto. Muitas dessas plantas cianogênicas são capazes de liberar o HCN em quantidades suficientes para causar toxicidade e, como resultado, são muitas vezes evitadas por herbívoros. As moléculas cianogênicas mais comuns em plantas são os glicosídeos de -hidroxinitrilas (por exemplo, as cianidrinas) [37,38]. Intracelularmente nos predadores, o açúcar do glicosídeo cianogênico é clivado por enzimas -glicosidases. A cianidrina resultante dessa catálise é relativamente instável e degrada-se espontânea ou enzimaticamente para produzir HCN e um aldeído ou uma cetona [38].

A mandioca (*Manihot esculenta*), ou *cassava* em inglês, é produzida nas zonas tropicais e subtropicais do mundo e ocupa a oitava posição entre as principais culturas alimentares, tendo como base o consumo *per capita* por dia. É o quarto alimento mais importante cultivado em países em desenvolvimento. As raízes são consumidas pelo seu elevado teor de amido. Infelizmente, elas também contêm altos níveis de compostos tóxicos, denominados glicosídeos cianogênicos, quimicamente idênticos à linamarina. Na Região Norte do Brasil, esse tipo de mandioca é chamado de mandioca-brava, e vários pratos são preparados à base dessa raiz, como os caldos tacacá e tucupi. É necessário destoxificar a mandioca utilizando tratamentos térmicos, industriais ou fermentação antes do consumo. A mandioca conhecida como mandioca brava recebe esse nome peculiar porque geralmente contém um teor de glicosídeo cianogênico superior ao da mandioca normal. Os casos graves de neurotoxicidade ocorrem pelo consumo contínuo das raízes cruas [39,40].

25.2.1.6 Cristais de oxalato de cálcio

Cristais inorgânicos de oxalato de cálcio ocorrem em diferentes formas e são encontrados em quase todos os principais grupos taxonômicos de plantas [41]. As plantas do gênero *Dieffenbachia* (Araceae), comumente utilizadas como plantas ornamentais, são produtoras de cristais de oxalato de cálcio, principais substâncias responsáveis pelos efeitos tóxicos. Essas espécies armazenam os cristais de oxalato de cálcio em estruturas denominadas ráfides. A espécie mais conhecida é a *Dieffenbachia seguine*, sinônimo taxonômico de *Dieffenbachia picta* e *Dieffenbachia maculata*. A *D. seguine* é popularmente chamada de comigo-ninguém-pode no Brasil, e *dumbcane* em países de língua inglesa. São bem distribuídas por todo o Brasil, sendo essas espécies encontradas desde as áreas subtropicais do Sul até as florestas do extremo Norte e no Nordeste [42,43].

Os cristais de oxalato de cálcio iniciam um processo inflamatório exacerbado juntamente com ácidos lipofílicos e enzimas de ação proteolítica similar à tripsina presentes em torno das ráfides de oxalato de cálcio [44]. Poucos minutos após o contato oral com esse gênero de planta, observa-se um edema intenso na língua, seguido de ulceração dos lábios, edema da glote e, em alguns casos, a obstrução da laringe. Insuficiência respiratória e morte geralmente são observadas em crianças e mamíferos pequenos, ou pela ingestão por gatos e cães no ambiente doméstico [43].

Existem também outras espécies nocivas produtoras de cristais de oxalato de cálcio da família Araceae, as quais apresentam características tóxicas similares às do gênero *Dieffenbachia*. Por exemplo, *Arisaema triphyllum* e *Arisaema amurense*, encontradas na América do Norte [45] e na Coreia [46], respectivamente.

25.2.2 Fungos e cogumelos

Os cogumelos têm sido utilizados como componentes da dieta humana por milênios. Entre a grande variedade de espécies de cogumelos catalogada até a atualidade, cerca de dois mil são consideradas seguras para o consumo humano e, aproximadamente setecentas possuem propriedades terapêuticas. As propriedades medicinais de algumas das espécies de fungos e cogumelos são empregadas na medicina tradicional de várias culturas, principalmente na China. Exceto os cogumelos psicoativos e alucinógenos, a ingestão de cogumelos tóxicos é acidental e normalmente causada pela identificação errônea ou enganosa das espécies [47]. Os cogumelos que provocam toxicidade aguda pertencem aos gêneros *Amanita*, *Clitocybe*, *Inocybe*, *Cortinarius*, *Gyromitra* e *Psilocybe*. Entre os gêneros citados, a espécie *Amanita phalloides* é responsável pela maioria (aproximadamente 90%) das mortes causadas por envenenamento por cogumelos [32,48].

Os fungos também são contaminantes comuns dos alimentos. As micotoxinas são metabólitos secundários dos fungos, os quais contaminam uma grande variedade de plantas, cultivos e frutas, tanto antes quanto após a colheita. Uma grande variedade de micotoxinas tem sido descrita na literatura, sendo as mais importantes as aflatoxinas, o deoxinivalenol, a ocratoxina A, as fumonisinas, a zearalenona, a patulina e a toxina diacetoxiscirpenol (T-2). O grande impacto das toxicidades aguda e crônica das principais micotoxinas na saúde humana e animal já foi cientificamente comprovado. A contaminação dos alimentos por micotoxinas é reconhecida como um risco inevitável, em decorrência de as toxinas fúngicas serem produzidas em condições ambientais nas quais crescem as culturas de plantas. Contudo, uma prevenção eficaz se torna praticamente impossível [49].

Técnicas de detecção para algumas das mais importantes micotoxinas em alimentos têm sido publicados pela Association of Analytical Communities International (AOAC International) e outros autores, e incluem ensaios por Elisa, LC-MS^2 e HPLC com detecção por fluorescência [6,50]. Não somente em alimentos, como também em amostras de origem humana, técnicas cromatográficas por HPLC-MS^2 têm sido padronizadas e vários países fazem o monitoramento como controle de qualidade [51-53].

25.2.3 Micotoxinas

25.2.3.1 Tricotecenos

Espécies dos gêneros *Fusarium*, *Trichoderma*, *Stachybotrys* produzem uma classe de metabólitos fúngicos sesquiterpenos chamados tricotecenos.

Esses compostos tóxicos exibem propriedades bactericidas, fungicidas e atividade inseticida. Também produzem vários sintomas e sinais clínicos em mamíferos, incluindo diarreia, anorexia e ataxia. Os tricotecenos têm sido correlacionados às intoxicações acidentais em seres humanos e animais, por exemplo, a doença de Abakabi no Japão e a stachibotriotoxicosis na ex-URSS. Por outro lado, são considerados possíveis agentes de bioterrorismo [25].

O diacetoxiscirpenol (T-2) é um dos tricotecenos mais importantes e mais estudados na atualidade pela comunidade científica mundial. T-2 é um subproduto tóxico para mamíferos que é liberado naturalmente pelos fungos do gênero *Fusarium*. Esse tricoteceno causa toxicidade aguda e crônica, como também induz a apoptose ou morte celular programada [6,54].

25.2.3.2 Alcaloides do Ergot

Embora historicamente os alcaloides do Ergot (Figura 25.1) tenham sido correlacionados às causas de epidemias por ergotismo gangrenoso e convulsivo (doença também conhecida como *St. Anthony's fire*), atualmente sabe-se que eles não têm altas incidências em seres humanos. Esse fato é consequência do maior estudo sobre os agentes etiológicos presentes em grãos e cereais, sobretudo quando envolve questões relacionadas às dietas modernas e variadas para cuidar da saúde e reeducação alimentar. Os alcaloides do Ergot são neurotóxicos e vasoconstritores. São derivados da ergotina, e os mais representativos são as amidas do ácido lisérgico. Surtos de ergotismo em gado ainda acontecem. Entre os principais produtores desse alcaloide estão os gêneros de *Claviceps* [55,56].

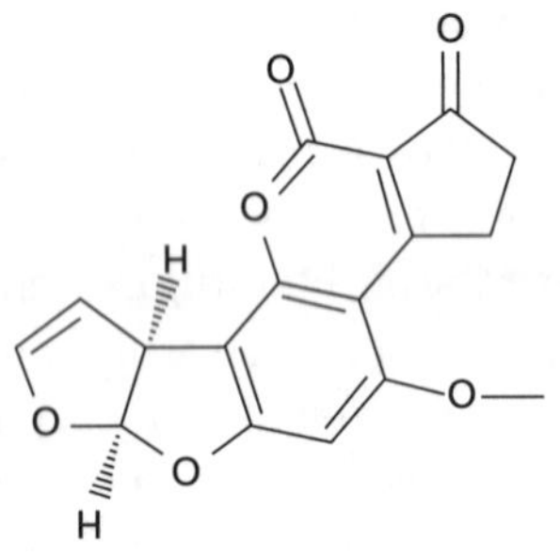

Aflatoxina B1

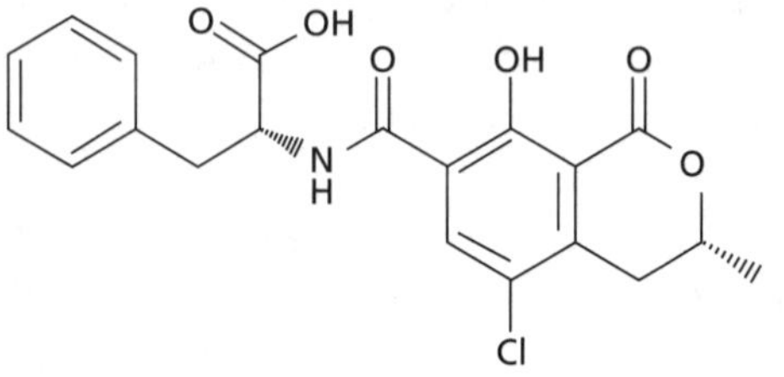

Ocratoxina A

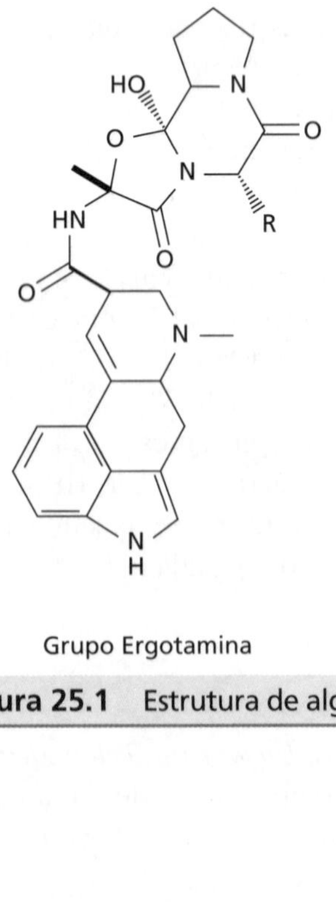

Grupo Ergotamina

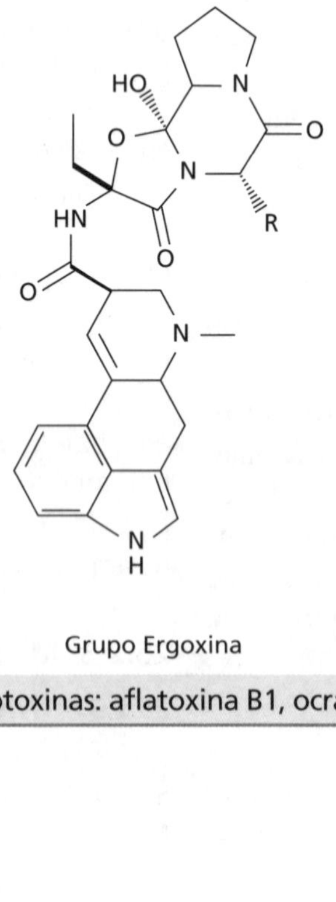

Grupo Ergoxina

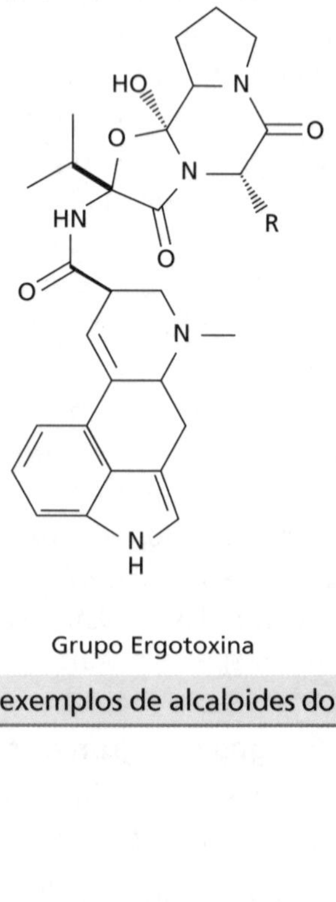

Grupo Ergotoxina

Figura 25.1 Estrutura de algumas micotoxinas: aflatoxina B1, ocratoxina A e exemplos de alcaloides do Ergot.

25.2.3.3 *Aflatoxinas*

As aflatoxinas são as micotoxinas mais conhecidas e mais pesquisadas pela comunidade científica nas últimas décadas. São produtos do fungo do gênero *Aspergillus*, particularmente da espécie *A. flavus*, que é um contaminante comum em cereais, milho, amendoim, entre outros. Conhecem-se quatro principais aflatoxinas, B1, B2, G1, G2, além de dois produtos adicionais do metabolismo, M1 e M2. Todos eles são importantes contaminantes diretos de alimentos e rações. Inicialmente foi reconhecido o envolvimento dessas substâncias em doenças de aves e, posteriormente, foram reconhecidos como agentes cancerígenos em animais de laboratório. Estudos epidemiológicos subsequentes evidenciaram a aflatoxina B1 (Figura 25.1) como um potente composto hepatocarcinogênico em seres humanos. A aflatoxina B1 precisa ser ativada enzimaticamente, biotransformada por enzimas do citocrommo P_{450}, para adquirir propriedades cancerígenas [32,49,55].

25.2.3.4 *Ocratoxinas*

Aspergillus e *Penicillium* são os principais gêneros produtores de micotoxinas, denominadas ocratoxinas. Três tipos de ocratoxinas com alta semelhança estrutural são produzidos concomitante e naturalmente: ocratoxinas A, B e C. A ocratoxina A (Figura 25.1) é a mais prevalente e está envolvida na produção de tumores e adutos de DNA em humanos. Segundo alguns estudos epidemiológicos, ela também causa nefrotoxicidade e hepatotoxicidade em humanos. As ocratoxinas podem estar presentes como contaminantes em cereais principalmente em Europa e no norte da África [49,55,57].

25.2.4 Toxinas de *Amanita*

Um cogumelo médio da espécie *Amanita phaloides* (o representante mais tóxico desse gênero) normalmente pesa entre 20 e 25 g. Um terço de um único cogumelo pode ser potencialmente fatal para um homem de 70 kg. *A. phaloides* é uma espécie natural do Reino Unido, Europa e das regiões costeiras do norte dos Estados Unidos. Os gêneros de *Amanita* contêm as amanitinas conceituadas como octapeptídeos bicíclicos de 900 Da aproximadamente e que apresentam várias isoformas, embora as isoformas α e β estejam entre as mais comuns. As amanitinas são termoestáveis e, consequentemente, não são inativadas após cozimento. A -amanitina induz a inibição específica da atividade da enzima RNA polimerase II, impedindo dessa forma a transcrição do DNA em mRNA (RNA mensageiro) e a síntese proteica, respectivamente. Tanto a morte celular como as lesões promovidas ocorrem de forma sistêmica, principalmente nos tecidos que apresentam rápida renovação de proteína (*protein turnover*), como nos órgãos com importante função de transporte celular, tais como intestino, fígado e túbulos proximais renais [32,58,59].

25.2.5 Bactérias

A maioria das toxinas bacterianas conhecidas produzidas por agentes patogênicos são proteínas de alto peso molecular e podem apresentar diversas funções específicas. As toxinas bacterianas são conceituadas como biomoléculas especialmente produzidas para atuar em outros organismos e agem como se tivessem um conhecimento prévio e detalhado da bioquímica das células-alvo. Algumas dessas toxinas não matam imediatamente a célula invadida, porém manipulam a maquinaria celular hospedeira em benefício próprio. Nas últimas quatro décadas a investigação científica referente aos mecanismos de ação das toxinas microbianas tem melhorado fundamentalmente o entendimento sobre a patogênese das infecções bacterianas, bem como seus principais efeitos na saúde humana [60,61].

As *endotoxinas* bacterianas são lipopolissacarídeos constituintes da parede celular de bactérias gram-negativas. Elas exercem sua ação desregulando as funções básicas da célula hospedeira provocando um estímulo exacerbado na produção de citocinas. Já as *exotoxinas* são proteínas que podem ser agrupadas em três categorias principais. A primeira categoria inclui moléculas intracelulares ativas identificadas como enzimas. A segunda envolve moléculas que danificam a parede celular criando na maioria das vezes poros transmembrânicos. A terceira categoria de exotoxinas é classificada como superantígenos. Pelo fato de a interação não ser antígeno-específica entre o linfócito T e o superantígeno, observa-se uma superativação dos linfócitos T e sua produção excessiva de citocinas, respectivamente [60-62].

Ainda dentro do grupo das bactérias vale mencionar o filo Cyanobacteria, capaz de produzir também metabolitos secundários nocivos (Figura 25.2). Esses procariontes fotossintetizantes produzem as cianotoxinas. Contrariamente às usuais toxinas proteicas bacterianas, as principais cianotoxinas são peptídeos cíclicos (por exemplos, as microcistinas) ou moléculas de baixo peso molecular com estruturas variadas como alcaloides (por exemplo, a cilindrospermopsina) [63].

Atualmente a literatura científica sugere técnicas de detecção para as principais toxinas proteicas bacterianas em diferentes tipos de amostras biológicas por meio de LC-MS², MALDI-TOF², e ensaios imunológicos [6,64-66]. Protocolos para detecção de enterotoxinas e outras exotoxinas bacterianas em alimentos têm sido publicados, incluindo alguns protocolos da organização AOAC International [50,65,67-72].

25.2.5.1 Neurotoxinas clostrídicas

As neurotoxinas botulínicas (BoNT) e tetânica ou tetanoplasmina (TeNT) são proteínas produzidas por bactérias gram-positivas estritamente anaeróbicas pertencentes ao gênero *Clostridium* e podem causar síndromes neuroparalisantes conhecidas como botulismo e tetania, respectivamente. As BoNT produzidas pelas espécies de *Clostridium botulinum* são toxinas de origem alimentar, enquanto que as TeNT atingem o organismo quando os esporos da bactéria *Clostridium tetani* presentes no solo ou em materiais perfurocortantes contaminados penetram na pele através de feridas expostas [6].

As numerosas isoformas de *BoNT* são divididas em sete grupos sorologicamente diferentes, de A a G. A dose letal da toxina botulínica para os seres humanos não é conhecida mas pode ser estimada a partir de estudos em primatas. As quantidades letais da BoNT-A cristalina para um ser humano de 70 kg poderia ser superestimada aproximadamente entre 0,09-0,15 µg por via intravenosa ou intramuscular, 0,70-0,90 µg por inalação e 70 µg por via oral. É importante lembrar que a BoNT apresenta um grande potencial como arma biológica em decorrência de sua alta letalidade, bem como facilidade de produção e transporte. O uso terapêutico da toxina botulínica BoNT-A não representa um perigo como arma bioterrorista, em razão das baixas concentrações presentes nas formulações comumente utilizadas [73,74].

O botulismo é uma doença caracterizada pela paralisia flácida do músculo estriado, levando à morte em poucos dias por insuficiência respiratória. Em mamíferos, uma vez atingida a circulação sanguínea, a BoNT liga-se especificamente aos neurônios motores colinérgicos, provocando o bloqueio da liberação do neurotransmissor acetilcolina na fenda sináptica. Como consequência, os músculos estriados ficam paralisados, resultando na paralisia extensa do diafragma [73,75,76] .

Diferentemente da BoNT, que bloqueia a atividade sináptica periférica, a **TeNT** viaja ao longo dos nervos tendo como alvo principal a região do sistema nervoso central. Ela causa paralisia espástica (na face causa o que chamamos de *risus sardonicus*), convulsões e danos no sistema nervoso autônomo. Intoxicações por TeNT são raras nos países que apresentam programas de imunização, no entanto estima-se que 800 mil recém-nascidos morrem de tétano neonatal em todo o mundo a cada ano. O tratamento com anticorpo antitoxina e administração intravenosa de penicilina logo após a infecção pode reduzir a mortalidade. Não têm sido observados trabalhos publicados referentes aos métodos analíticos voltados para a identificação e quantificação da TeNT [6,77,78].

25.2.5.2 Antraz

Os esporos da bactéria *Bacillus anthracis* são considerados arma biológica pelo fato de já terem sido utilizados por militares e por bioterroristas neste século. *B. anthracis* é um bacilo gram-positivo esporulado capaz de sintetizar várias toxinas proteicas. Entre elas, as mais importantes são as metaloproteases, conhecidas como toxina letal (*lethal factor*, LF), a toxina causadora de edema (*edema factor*, EF) e as toxinas ou antígenos de proteção (*protective antigen*, PA). A LF interrompe a sinalização entre as células do sistema imune inibindo a atividade das enzimas quinases e também provoca a lise dos macrófagos, induzindo a liberação do fator de necrose tumoral (*tumor necrosis factor*, TNF) e da interleucina 1 (IL-1). Estudos recentes descrevem a influência da toxina EF na inibição da atividade fagocítica exercida pelos macrófagos durante a resposta imunológica. Já o componente PA atua como um transportador das toxinas EF e LF para o meio intracelular com o auxílio de uma proteína de superfície celular identificada como receptor da toxina do antraz (*anthrax toxin receptor*, ATR) [34,60,79].

O carbúnculo ou antraz é uma doença que atinge primariamente animais herbívoros (ovelhas, cabras, gado e, inclusive, porcos), com maior incidência nos continentes africano e asiático. A doença pode apresentar de três formas: antraz cutâneo, antraz gastrointestinal (pela ingestão de carne contaminada com esporos) e antraz respiratório [34].

Esporos de antraz são facilmente encontrados na natureza, podendo permanecer por longos períodos no ambiente, como também ser mantidos em cultivo em laboratórios devidamente equipados. Pelo fato de esses esporos terem uma característica microscópica, inviabilizando sua visualização a olho nu, eles podem ser acrescidos facilmente a substâncias em pó ou granuladas, em *sprays*, nos alimentos e na água. Essas propriedades e particularidades fazem do antraz uma importante arma biológica, sendo muito bem documentado na literatura o seu uso com essa finalidade [14,15].

25.2.5.3 *Toxina murina de* Yersinia pestis

Historicamente, a bactéria *Y. pestis* foi o principal agente etiológico responsável pelas pandemias ocasionadas na Europa, conhecidas como praga de Justiniano (540 d.C.), peste negra (1346-1353 d.C.) e grande praga de Londres (1665-1666 d.C.). A transmissão dessa bactéria para humanos por picada de pulga, seu principal vetor, é uma adaptação relativamente recente e que distingue *Y. pestis* das demais espécies intimamente relacionadas, as enterobactérias [80].

A espécie *Y. pestis* produz uma grande variedade de fatores de virulência. Um deles, a potente e erroneamente denominada "toxina murina", é uma enzima que desestabiliza as membranas celulares. Essa enzima apresenta atividade ótima em 26 °C, que é a temperatura corporal da pulga [60,80].

No final da década de 1930, essa bactéria foi utilizada como arma biológica pelo Japão sobre a população civil chinesa da Manchúria, no entanto a literatura a respeito é escassa. Nos anos 1980, a ex-URSS produziu *Y. pestis* em grandes quantidades por meio do Biopreparat, uma vasta rede de laboratórios que elaboravam armas biológicas durante a Guerra Fria [60].

25.2.5.4 *Enterotoxina B de* Staphylococus aureus

S. aureus é umas das bactérias gram-positivas mais patogênicas para os seres humanos, podendo provocar infecções superficiais purulentas localizadas, tais como furúnculos, abscessos e ulcerações infectadas. Essa bactéria ocasiona também intoxicação alimentar decorrente da ingestão de alimentos contendo enterotoxinas estafilocócicas [81].

A toxicidade de *S. aureus* apresenta um grande repertório de fatores proteicos que determinam sua virulência. Os cocos de *S. aureus* produzem potentes hemolisinas e leucotoxinas, entre as quais a *staphylococcal enterotoxin B* (SEB) é a mais relevante na área forense devido ao seu potencial uso como arma biológica. A SEB causa toxicidade tanto por via oral quanto por via inalatória [13,82].

O superantígeno SEB é uma proteína com peso molecular de 28,4 kDa. Conforme citado anteriormente, esse superantígeno atua desregulando o sistema imunológico, hiperestimulando as células-T humanas, o que por sua vez provoca uma produção exacerbada de citocinas, sendo esse excesso responsável pela síndrome do choque tóxico em casos graves de sepse [6].

Na linguagem militar, a SEB é mais conhecida como *agente incapacitante*. Ela é consideravelmente mais estável em condições não fisiológicas do que outras toxinas proteicas, tais como a ricina e neurotoxinas botulínicas. Pequenas quantidades podem causar intoxicação aguda e incapacitar a vítima completamente dentro de poucas horas. Três a doze horas após sua inalação sintomas de gripe já se manifestam. Os sinais e sintomas clínicos característicos de uma intoxicação incluem febre alta, tosse seca e irritativa, dores de cabeça e muscular, sendo eventualmente acompanhados de diarreia e vômitos. No entanto, apesar da sintomatologia citada ser sistêmica, esse tipo de intoxicação raramente é fatal. Nos casos de uma incidência em um curto período de tempo e em larga escala, uma epidemia causada pela SEB pode sobrecarregar rapidamente a infraestrutura médica hospitalar. A dose oral incapacitante da SEB é de aproximadamente 0,4 $\mu g.kg^{-1}$ de peso corporal, segundo testes realizados em voluntários humanos [60,83,84].

25.2.5.5 *Enterotoxinas*

As enterotoxinas são toxinas proteicas que afetam especificamente as células da mucosa intestinal, provocando vômitos e diarreia. Essas toxinas são sintetizadas pelos gêneros de *Bacillus* spp., *Clostridium* spp., *Escherichia* spp., *Staphylococcus* spp., *Klebsiella* spp., *Yersinia* spp., *Salmonella* spp., *Shigella* spp. e *Vibrio* spp., entre outros [85,86].

Algumas enterobactérias podem produzir *enterotoxinas termoestáveis*, incluindo cepas diarreiogênicas de *Escherichia coli*, *Vibrio cholerae*, *Vibrio mimicus*, *Yersinia enterocolitica*, *Citrobacter freundii* e *Klebsiella pneumoniae.* As enterotoxinas termoestáveis são traduzidas como peptídeos precursores integrantes das bactérias que sofrem uma proteólise dentro das células-alvo, produzindo assim peptídeos constituídos de dezessete a 53 aminoácidos. Esses peptídeos ativos mimetizam hormônios parácrinos intestinais causando efeitos tóxicos nas células intestinais [87].

Outra família de potentes enterotoxinas estrutural e funcionalmente relacionadas são as *toxinas de Shiga*. O protótipo desse grupo de toxinas foi extraído inicialmente pelo cultivo e isolamento da bactéria *Shigella dysenteriae*. Em 1977, toxinas semelhantes à Shiga (*Shiga-like toxin*, SLT) foram identificadas em determinadas cepas de *E. coli*, denominadas atualmente de *E. coli* produtoras da toxina Shiga (*Shiga toxin-producing E. coli*, STEC). A SLT tem como sinônimo a "verotoxina", por seu efeito citotóxico *in vitro* observado em cultivo de células Vero (células renais do macaco-verde africano da espécie *Cercopithecus aethiops*) [20,68].

A *toxina épsilon* é a mais tóxica das doze toxinas proteicas produzidas pela espécie *Clostridium perfringens*, um bacilo anaeróbio gram-positivo formador de esporos. Essa toxina poderia ser potencialmente transmitida por alimentos contaminados, água ou por aerossol. Há cinco tipos de *C. perfringens*, classificados de A a E. A toxina épsilon é sintetizada pelos tipos B e D [67,72].

Existem vários incidentes reportados na literatura sobre o uso das enterobactérias (produtoras de enterotoxinas) como armas biológicas, em média e pequena escala. No Japão, durante o período de 1964 a 1966, o Dr. Mitsuru Suzuki usou deliberadamente inóculos de *Salmonella* sp. e *Shiguella* sp. para infectar profissionais de saúde e pacientes. Em 1984, no estado de Oregon (Estados Unidos), a seita de Bhagwan Shree Rajneesh (também conhecido como Osho) usou *Salmonella* sp. para contaminar os alimentos em restaurantes presumivelmente para interferir nos resultados das eleições do condado naquela região [60,88].

25.2.5.6 Tetrodotoxina

A toxina não proteica presente no peixe-balão (baiacu no Brasil, *fugu* em japonês ou *pufferfish* em inglês) é a tetrodotoxina, cujo nome provém da ordem Tetraodontiformes. Quantidades vestigiais de tetrodotoxina existem no músculo do peixe, mas a toxina está mais concentrada no fígado, glândulas, ovários, intestino e pele. A preparação doméstica desse peixe ocasionalmente leva à morte acidental. A tetrodotoxina tem origem e fonte exógenas, sendo, portanto, acumulada por meio da cadeia alimentar ou de alguma relação simbiótica entre o organismo exógeno e os peixes. Algumas espécies de bactérias dos gêneros *Alteromonas* spp., *Vibrio* spp., e *Pseudoalteromona* spp. já foram identificadas como produtoras da toxina em questão. Semelhantemente às saxitoxinas, a tetrodotoxina é uma neurotoxina que bloqueia seletivamente os canais de sódio sensíveis à voltagem nas membranas celulares, impossibilitando a transmissão do potencial de ação na fibra nervosa. Quando essa neurotoxina atinge a região pulmonar, pode ocasionar a morte por paralisia dos músculos respiratórios [32,89].

25.2.5.7 Cianotoxinas

As cianobactérias são um vasto e antigo grupo de bactérias aquáticas, também chamadas de algas verde-azuladas (*blue-green algae*) em razão da sua capacidade de realizar fotossíntese. Há 2,7 bilhões anos as cianobactérias foram as responsáveis pela criação de nossa atual atmosfera de oxigênio, por suas atividades fotossintetizantes. Pela poluição e eutrofização das aguas continentais, as cianobactérias podem produzir florações nocivas (*harmful algal blooms*, HAB), resultando na contaminação de reservatórios, tanto de água potável, quanto de recursos hídricos recreativos (Figura 25.3). Esses microrganismos fotossintéticos também produzem uma variedade de toxinas (Figura 25.2) responsáveis pelo envenenamento em longo prazo e contínuo nos animais selvagens e domésticos, nos peixes em aquacultura e nos seres humanos [22,63]. Um acidente lamentável ocorreu no Brasil em 1996, quando 116 pacientes foram contaminados e 76 vieram a óbito após terem sofrido uma intoxicação acidental por infusão endovenosa de microcistinas presentes na água contaminada e utilizada para diálise dos pacientes com problemas renais crônicos internados em um hospital na cidade de Caruaru (PE) [17].

O grupo mais comum de cianotoxinas é o das hepatotoxinas: microcistinas, nodularinas e cilindrospermopsina (Figura 25.2). Os heptapeptídeos cíclicos chamados *microcistinas* (MC) causam efeito tóxico nos hepatócitos por inibição principalmente das enzimas fosfatases PP1 e PP2A. Como consequência, a inativação dessas enzimas mantém as proteínas do citoesqueleto hepático hiperfosforiladas, promovendo uma desintegração e desestruturação dos hepatócitos [90]. A *Microcystin aerogínosa* é a principal espécie produtora de MC, no entanto também são sintetizadas por outros gêneros de cianobactérias. Os análogos estruturais da MC-LR são as mais comumente reportadas na literatura científica e possuem um resíduo L-leucina na posição R_1 e L-arginina na posição R_2 (Figura 25.2) [22]. As *nodularinas* (NOD) são pentapeptídeos cíclicos cujo mecanismo de toxicidade e patologia são idênticos aos das MC. A *Nodularia spumigena* é a principal produtora de NOD, cujas florações acontecem em corpos d'água salobre [91]. Outra cianotoxina, a *cilindrospermopsina* (CYN), tem atividade citotóxica especialmente no fígado de animais. Ela é um potente inibidor da síntese proteica, tem ação genotóxica e também induz ao estresse oxidativo com produção de espécies reativas de oxigênio. *Cylindrospermopsis* spp. e outros gêneros de cianobactérias sintetizam a CYN, a qual também tem impacto na qualidade da água potável em escala global [22,63,91].

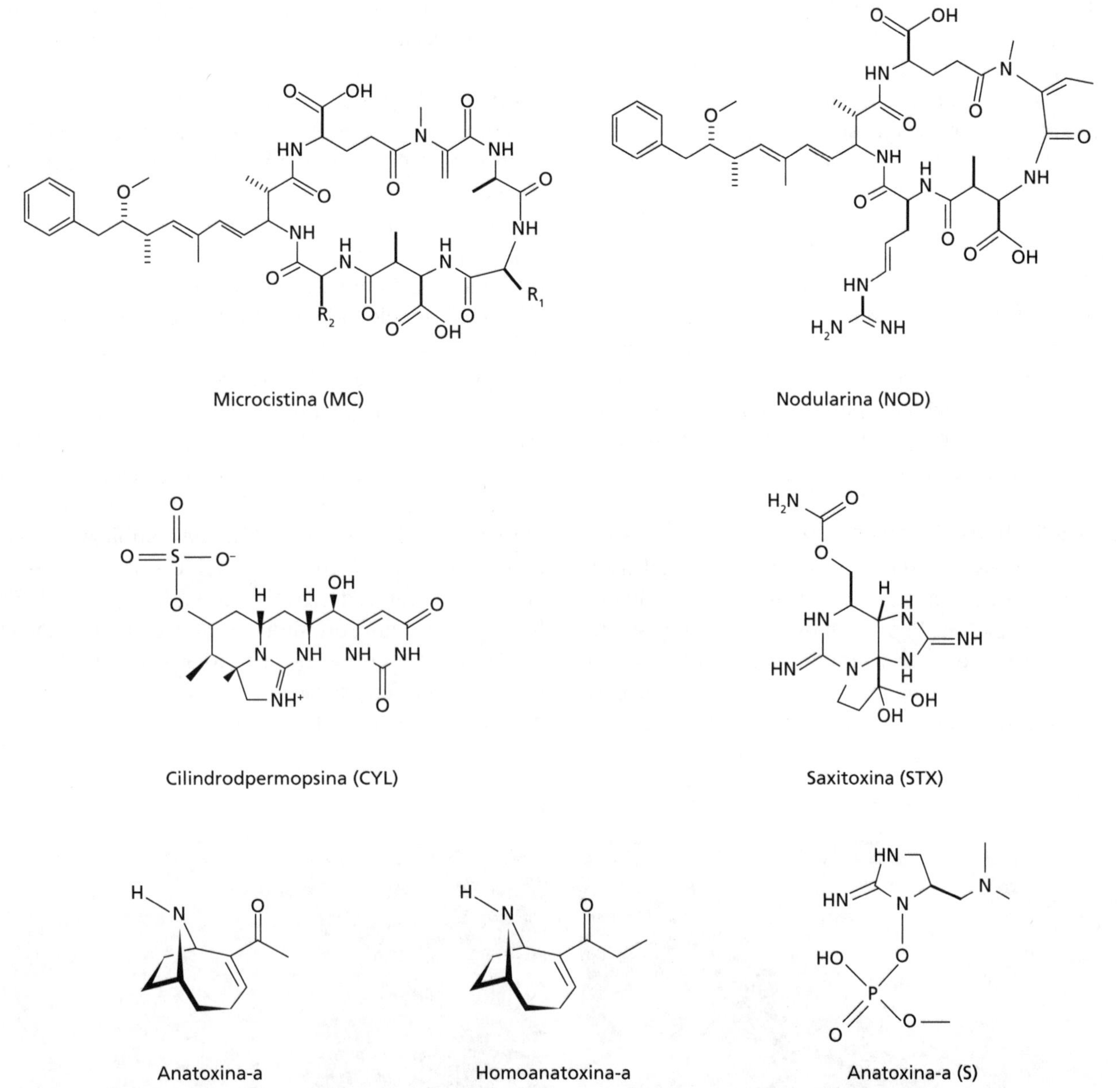

Figura 25.2 Estrutura química das cianotoxinas mais prevalentes.

As cianobactérias também produzem alcaloides neurotóxicos como a anatoxina-a, homoanatoxina-a, anatoxina-a(s) e saxitoxina (Figura 25.2). Após causarem extensa mortalidade em animais de água doce, as *saxitoxinas* (STX) e seus análogos foram isolados dos gêneros *Anabaena* spp., *Cylindrospermopsis* spp., *Aphanizomenon* spp., *Planktothrix* spp. e *Lyngbya* spp. [92,93]. A *anatoxina-a(s)* é um composto organofosforado que atua como um potente inibidor irreversível da enzima colinesterase. Essa cianotoxina recebe esta terminação "s" em razão da salivação excessiva observada em camundongos tratados com essa toxina. A anatoxina-a(s) tem uma LD_{50} intraperitoneal em camundongos de 20-40 µg.kg^{-1}. Já a *anatoxina-a* e seu análogo *homoanatoxina-a* são aminas secundárias bicíclicas de baixo peso molecular que causam morte rápida nos animais por parada respiratória após a sua ingestão. Ambas são agonistas de receptores nicotínicos de acetilcolina. Em camundongos a neurotoxina anatoxina-a tem uma LD_{50} intraperitoneal de 250 $\mu g.kg^{-1}$ [93-96].

As cianotoxinas não são adequadas como armas biológicas (exceto a STX, considerada um agente importante por autoridades dos Estados Unidos), tanto em decorrência de sua síntese ser muito complexa quanto pelo fato de sua obtenção por extração das cepas em larga escala apresentar um rendimento muito baixo. No entanto, representam um importante problema de saúde pública pela ocorrência cada vez mais comum dos processos de eutrofização nos reservatórios de água.

Métodos convencionais para avaliar a presença ou não das toxinas em amostras de água ou amostras biológicas incluem análises cromatográficas por HPLC-MS^2, HPLC com detector de fluorescência, e imunoensaios [22,97].

25.2.5.8 Algas e fitoplâncton

Grande parte da biomassa populacional marinha é constituída tanto pelas macroalgas quanto pelo fitoplâncton. Pequenos organismos fotossintéticos são responsáveis predominantes pela produção autotrófica em águas oceânicas. Moléculas tóxicas produzidas em águas marinhas majoritariamente por fitoplâncton, mas também por algumas macroalgas, podem produzir efeitos nocivos tanto aos seres humanos quanto aos animais marinhos. Essas substâncias tóxicas ocasionam assim um prejuízo econômico nas atividades de pesca e turismo. Na literatura científica as toxinas de fitoplâncton (incluindo diatomáceas e dinoflagelados, entre outros microrganismos) são comumente referidas como ficotoxinas. As proliferações acentuadas e aceleradas do fitoplâncton são fenômenos conceituados na literatura científica como HAB. O fenômeno da maré vermelha, geralmente causado por dinoflagelados, é um exemplo importante de HAB (Figura 25.3). O nome maré vermelha é decorrente do pigmento carotenoide peridinina, produzido por dinoflagelados. Como foi mencionado anteriormente, o fitoplâncton de águas doces (incluindo as cianobactérias) também pode produzir HAB [92,98].

Existem atualmente *kits* comerciais (imunoensaios) para a detecção de ficotoxinas em diferentes matrizes. Além disso, vários protocolos de detecção utilizando HPLC-MS^2 e HPLC acoplado a detector de fluorescência têm sido publicados, inclusive pela AOAC International. O ensaio de toxicidade em camundongo é usado ainda para a confirmação de neurotoxinas a partir de moluscos [22,50,99], no entanto, tal prática vem caindo nos últimos anos em razão de problemas éticos pelo uso de animais em laboratório.

A B

Figura 25.3 Exemplos de HAB em água doce e marinha: A) floração de cianobactérias no Reservatório Salto Grande em Americana, São Paulo; e B) maré vermelha formada por dinoflagelados na costa do Panamá. [Veja esta figura colorida ao final do livro.]

Fonte: A) autoria própria; B) foto de CollinLab, utilizada com permissão, 2013 [100].

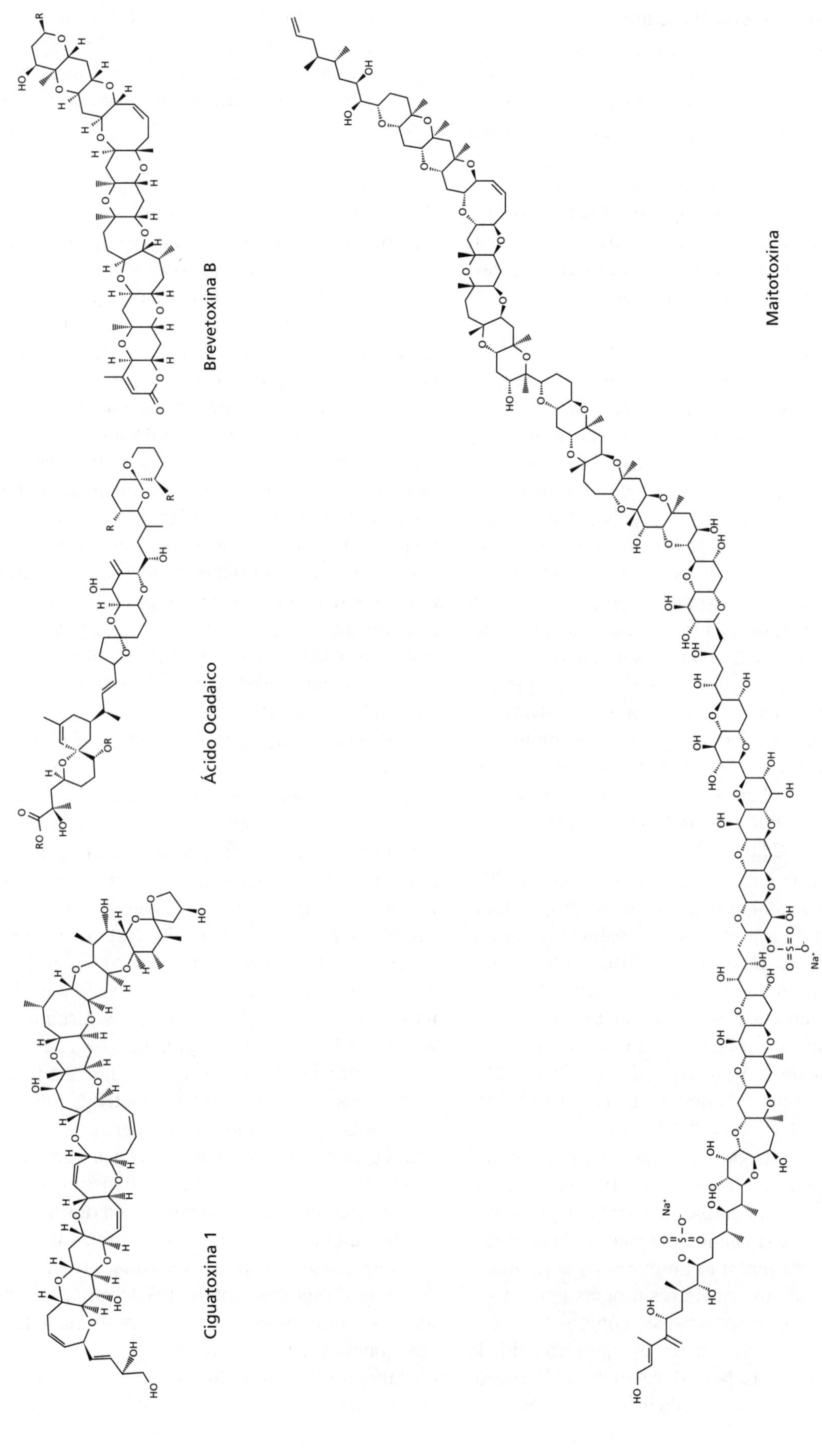

Figura 25.4 Exemplos de toxinas de dinoflagelados com estrutura poliéter.

25.2.5.9 *Toxinas de dinoflagelados*

Os dinoflagelados são algas microscópicas, geralmente unicelulares e que vivem em águas doce e marinha. A maioria das espécies de microalgas marinhas produtoras de ficotoxinas pertencem ao grupo dos dinoflagelados. No entanto, apenas um pequeno número de espécies de dinoflagelados são produtoras de ficotoxinas, sendo a maioria dessas espécies fotossintéticas ou mixotróficas. As toxinas produzidas tanto podem afetar diretamente organismos aquáticos quanto também podem ser acumuladas na cadeia alimentar, prejudicando assim os animais e outros organismos envolvidos [22,101].

Organismos bivalves podem acumular e amplificar a concentração dessas toxinas em até mil vezes em relação ao ambiente aquático. Em ambientes marinhos o *envenenamento paralisante pelo consumo de mariscos* (*paralytic shellfish poisoning*, PSP) é causado por ficotoxinas produzidas principalmente pelos dinoflagelados pertencentes aos gêneros *Alexandrium* spp., *Gymnodinium* spp. e *Pyrodinium* spp. As toxinas são repassadas e/ou acumuladas pela cadeia alimentar marinha por organismos vetores e dinoflagelados, sem danos aparentes para os elementos envolvidos ou mesmo promovendo a síndrome paralisante por mariscos. Entre os vetores tradicionais, podemos citar os moluscos, crustáceos, mariscos e, entre os não tradicionais ou menos comuns, podemos mencionar os gastrópodes e peixes planctívoros ou planctófagos que se alimentam de plâncton [22,99,102].

Dentro da família de toxinas que causam PSP, as STX e seus análogos estão entre os grupos mais estudados, sendo reportadas pelo menos 57 variantes estruturais. É importante enfatizar que a concentração da toxina encontrada na carne de mexilhão pode ser ainda maior quanto mais intensa for a floração de algas nocivas, podendo atingir níveis em torno de 10 mg de STX por 100 g de mexilhão. Outra fonte também conhecida de STX são as cianobactérias de água doce (Figura 25.2) [92].

Tal como a tetrodotoxina, as STX são inibidores competitivos que bloqueiam fortemente os canais de sódio dependentes de voltagem presentes nas membranas das células neuronais. Após dez a trinta minutos da ingestão de mariscos contaminados com STX, alguns sinais e sintomas podem ser evidenciados, tais como náuseas, vômitos, diarreia, dor abdominal, entre outros. A neurotoxicidade pode ser evidenciada pela dormência ou formigamento dos lábios e rosto, perda da coordenação motora e insuficiência respiratória [22,103]. O símbolo ou nome militar da STX é *Agente TZ*, sendo considerada como uma arma química em potencial, por sua alta toxicidade, rápida produção de sintomas e estabilidade química entre algumas de suas variantes estruturais [12].

O *envenenamento diarreico por consumo de mariscos* (*diarrhetic shellfish poison*, DSP) é uma doença gastrointestinal grave que foi notificada pela primeira vez no Japão na década de 1970. É causada pela ingestão de mariscos que tenham sido contaminados por dinoflagelados produtores de ácido ocadaico (Figura 25.4) e análogos conhecidos como dinofisistoxinas. Estes últimos são compostos poliéteres lipofílicos, análogos do ácido ocadaico, e recebem esse nome, pois foram inicialmente isolados das espécies *Dinophysis* spp. [104]. Estes referidos análogos atuam inibindo enzimas fosfatases, ou seja, impedem a desfosforilação dos resíduos de fosfosserina e/ou fosfotreonina das proteínas, ocasionando consequentemente inflamação no trato intestinal e diarreia. Ao contrário do PSP, a DSP é raramente fatal e, por causa do quadro clínico e dos sintomas gastrointestinais que ela induz, pode ser facilmente confundida com outras causas de intoxicação alimentar [105].

O *envenenamento neurotóxico por consumo de mariscos* (*neurotoxic shellfish poisoning*, NSP) é uma doença neurológica causada pela ingestão de moluscos contendo ficotoxinas conhecidas como brevetoxinas (Figura 25.4), as quais são também compostos poliéteres e lipossolúveis. A *Karenia brevis* é uma espécie de dinoflagelado responsável pelo NSP na América do Norte e está entre as espécies mais estudadas no gênero. Essa doença é bem conhecida no Golfo do México, especialmente na costa oeste da Flórida, mas nos últimos anos o NSP também ocorreu repetidamente na Nova Zelândia. Geralmente, esse tipo de envenenamento não é mortal e os sintomas aparecem de trinta minutos até três horas após a ingestão de mariscos contaminados. Os sintomas de uma intoxicação aguda geralmente incluem dor abdominal, náuseas, vômitos e diarreia acompanhada de parestesia dos lábios, face e extremidades [106,107]. Em contraposição às STX e às tetradotoxinas, as brevetoxinas atuam ativando os canais de sódio dependentes de voltagem presentes nas membranas das células neuronais. Em baixas concentrações da toxina, essa ativação induz inicialmente ao estímulo do nervo. Já em altas concentrações de brevetoxina, o estímulo provoca uma despolarização neuronal em decorrência da inibição do canal de sódio [106].

A *ciguatera* (*ciguatera fish poisoning*, CFP) é uma intoxicação alimentar ocasionada pela ingestão de peixes oriundos de regiões tropicais e subtropicais contaminados com a ficotoxina conhecida como ciguatoxina (CTX). Da mesma forma que a brevetoxinas, as CTX (Figura 25.4) são poliéteres lipofílicos transferidos pela cadeia alimentar até o homem quando as microalgas produtoras desses compostos são ingeridas pelos peixes herbívoros, que por sua vez são consumidos pelos peixes carnívoros, que por fim servem de alimento para o ser humano [22,108]. A CTX e seus análogos são derivados de dinoflagelados bentônicos do gênero *Gambierdiscus* sp., os quais crescem em climas tropicais e subtropicais, principalmente em associação com as algas presentes nos recifes de corais. Apesar da ciguatera ser uma doença debilitante, raramente é fatal. Os sinais e sintomas apresentados até doze horas após a ingestão de peixes contaminados com a toxina CTX podem ser variados e incluem desde alterações neurológicas com parestesias até distúrbios gastrointestinais. Como mecanismo de ação, as CTX estimulam e bloqueiam a fibra nervosa por ativação dos canais de sódio dependentes de voltagem e por despolarização dos tecidos excitáveis, respectivamente. Os efeitos neurotóxicos da intoxicação podem ser persistentes, e esta é ocasionalmente diagnosticada erroneamente como a doença autoimune esclerose múltipla [109-111].

Outro poliéter de alto peso molecular também produzido pelo dinoflagelado *Gambierdiscus* spp. é a maitotoxina. Apesar de esta ficotoxina ser muito potente em camundongos (LD_{50} intraperitoneal de 50 $ng.kg^{-1}$), ela é muito hidrofílica, portanto não é acumulada na cadeia alimentar e raramente ocasiona intoxicações acidentais no ser humano. Mesmo não representando uma ameaça ao homem, a maitotoxina é produzida pelo gênero *Gambierdiscus* spp. em quantidades superiores à CTX e, por essa razão, foi citada como uma das principais causas de interferência nos primeiros estudos de identificação da CTX a partir de cultivos de dinoflagelados. Por outro lado as CTX são poliéteres lipofílicos, cujo potencial acumulativo na cadeia alimentar é alto [108,109].

25.2.5.10 Ácido domoico

Embora o ácido domoico (AD) seja um constituinte natural da alga vermelha *Chondria armata*, ele pode ser produzido por várias espécies de fitoplâncton e, por isso, apresenta uma maior importância sobre o ponto de vista de saúde global. A diatomácea *Pseudonitzschia pungens* está entre as espécies mais relevantes quanto à produção do AD. Esse composto entra na cadeia alimentar quando o fitoplâncton é consumido pelos moluscos, onde é posteriormente concentrado [32]. O caso mais conhecido de intoxicação por AD aconteceu em Quebec no ano de 1987, quando pelo menos 107 pessoas apresentaram infecções intestinais e alterações neurológicas pelo consumo habitual de mexilhão, o qual estava contaminado com a toxina [112].

Para compreender a neurotoxicidade do AD é necessário primeiramente conhecer a função básica dos receptores de glutamato no sistema nervoso de animais superiores. O aminoácido *L*-glutamato (*L*-Glu) é o principal neurotransmissor excitatório presente na fenda sináptica e no sistema nervoso central (SNC), com funções específicas nas regiões responsáveis pelo aprendizado e memorização etc. Os receptores de *L*-Glu intermedeiam as transmissões excitatórias sinápticas rápidas no SNC e estão localizados nas células neuronais e não neuronais. O AD é um ácido tricarboxílico com um peso molecular de 311,14 Da (anidro), muito semelhante ao *L*-Glu e ao agonista glutamatérgico *cainato* (do inglês *kainate*) [32,113].

Durante a neurotransmissão excitatória, a libertação pré-sináptica de *L*-Glu ativa os receptores de *L*-Glu na membrana pós-sináptica, resultando na geração de um potencial de ação excitatório pós-sináptico (PEPS). Duas classes de receptores de *L*-Glu contribuem com o PEPS: os receptores NMDA (*N*-metil-*D*-aspartato) e os receptores não NMDA. Mais especificadamente, existem dois subtipos de receptores não NMDA: receptores AMPA (ácido propiônico -amino-3-hidroxi-5-metil-4-isoxazol) e receptores de cainato. Pelo fato de o AD ser um agonista dos receptores não NMDA, consequentemente os dois subtipos de receptores (AMPA e cainato) são ativados [22,113].

A sintomatologia em humanos por intoxicação aguda em altas doses de AD pode evoluir de vômitos e cólicas a efeitos neurológicos, como alucinações, confusão, perda de memória, coma e morte. Estudos experimentais e publicações médicas têm mostrado que a exposição ao AD afeta principalmente as regiões do hipocampo do cérebro e está associada a convulsões e perturbações nos processos cognitivos [114].

25.2.6 Animais e insetos

Quem mora fora da cidade e entra em contato com a floresta sabe que na natureza existem inúmeros animais venenosos. A anamnese referente ao contato com o animal peçonhento é indispensável para que o médico clínico ou forense possa esclarecer melhor o fato e pressupor a substâncias tóxicas causantes da patologia. Muitos artrópodes, como escorpiões e aranhas, são predadores que utilizam seu próprio veneno para imobilizar sua presa. Por outro lado, os répteis, como as cobras (que geralmente produzem um veneno composto por um coquetel de toxinas), e os anfíbios, como as rãs e as salamandras, são bem conhecidos e temidos por sua toxicidade. A taipoxina e batracotoxina, oriundas de cobras da espécie *Oxyuranus scutellatus* e de rãs do gênero *Phyllobates*, respectivamente, são dois exemplos de biotoxinas de vertebrados cuja LD_{50} em camundongos revela um potencial letal muito alto (Tabela 25.1) [4,115].

Outros animais menos conhecidos pela sua capacidade de produzir toxinas são os nematoides e outros invertebrados como os moluscos. Os caracóis marinhos das espécies *Conus* spp. são predadores que utilizam seu poderoso veneno para matar suas presas. Eles produzem toxinas conhecidas como conotoxinas, os quais são uma família de peptídeos neurotóxicos que agem interrompendo a atividade de canais iônicos. As conotoxinas são consideradas pelo Centers for Disease Control and Prevention (CDC) como potenciais agentes de bioterrorismo. As barreiras técnicas para transformar as toxinas produzidas pelo caracol para fins nefastos em grande escala são provavelmente insuperáveis. No entanto, elas já são utilizadas na indústria farmacêutica pelas suas propriedades analgésicas [5,24,116,117].

25.3 Potencial uso como armas químicas

Em 1988, no final da guerra entre Irã e Iraque, o representante do parlamento iraniano, Ali Akbar Hashemi Rafsanjani, descreveu as armas químicas e biológicas como sendo "*a bomba atômica dos pobres*". Essa frase é bastante precisa e, ao mesmo tempo, alarmante. Enquanto as armas nucleares representam o auge da destruição em massa, sua fabricação exige capacidade industrial avançada, bem como acesso a materiais raros e estritamente controlados. As armas químicas e biológicas, por outro lado, apresentam baixo custo quando comparadas às armas nucleares e são menos complexas, podendo ser construídas com equipamentos e materiais empregados para fins civis [118]. A Figura 25.5 apresenta seis passos necessários para construir uma arma biológica aerossolizada, os quais vão desde a aquisição do agente biológico em si até a elaboração de uma metodologia para espalhar o composto obtido na população-alvo. Vale lembrar que esses dados apresentados na figura são apenas ilustrativos e informativos, não tendo nenhuma intenção malevolente.

1. *Adquirir espécimes*: as principais fontes de agentes biológicos podem ter as seguintes origens: terra ou pó de um surto recente, inóculos comerciais da cepa desejada, laboratórios hospitalares, universidades e outros centros de pesquisa.
2. *Consultar informação técnica sobre uso do agente como arma*: a maioria da informação necessária está disponível na internet e em periódicos científicos.
3. *Comprar material*: o material e equipamento necessários podem ser adquiridos pela internet. Sua obtenção a partir de catálogos de empresas fornecedoras de material para laboratório também é simples.

Figura 25.5 Passos necessários para gerar uma arma biológica aerossolizada. (*continua*)

4. *Cultura e propagação do agente*: para esse passo é preciso conhecimento em bacteriologia, técnicas de cultivo celular e conhecimento básico em bioquímica e processos fermentativos.

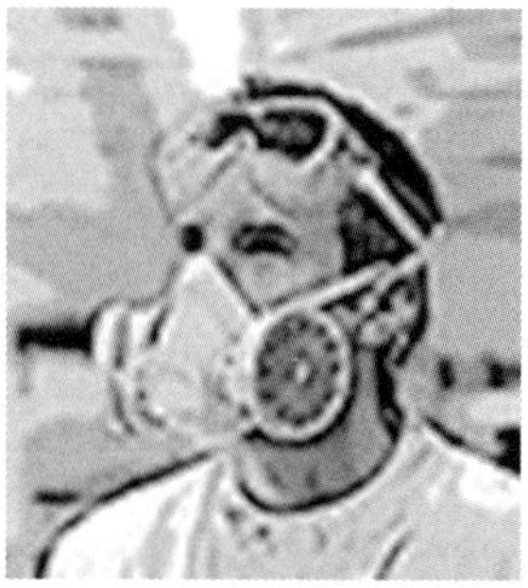

5. *Converter em arma*: requer perícia para evitar intoxicação do manipulador, prevenindo assim o contato com materiais que podem ser transportados pelo ar. São necessários também domínios de técnicas de extração de compostos químicos e moagem de partículas.

6. *Método para dispersar o agente*: adquirir ou criar veículos, equipamento ou material explosivo, para dispersar/espalhar o agente e atingir a população-alvo.

Figura 25.5 Passos necessários para gerar uma arma biológica aerossolizada. (*continuação*)

Fonte: adaptado de [119].

As armas biológicas e as toxinas de simples fabricação para uso em grandes quantidades são muito importantes para o Estado, uma vez que não são necessários conhecimentos profundos de bioquímica e não exigem um alto investimento em equipamentos e infraestrutura. Entre os melhores candidatos para esse fim estariam as enterobactérias do gênero *Salmonela* sp. e outras bactérias produtoras de toxinas, como os esporos das espécies de *C. botulinum* e *B. anthracis*. Levando em consideração a facilidade de extração das toxinas de plantas, como a ricina a partir de *R. comunis*, podemos enfatizar seu uso em eventos terroristas em menor escala, graças à disponibilidade das plantas.

Utilizando esses elementos bioquímicos, os terroristas poderiam atacar sistemas municipais de água e reservatórios, fábricas de bebidas e engarrafadoras, áreas para processamento de alimentos etc. Ademais, a importação de frutas, legumes e carne é uma preocupação em particular, por isso sua inspeção se faz necessária. Embora os jovens, idosos e pessoas com sistema imunológico debilitado formem um grupo de maior risco, as mortes por intoxicação provavelmente seriam limitadas nesses ataques, dependendo da forma e da área em que o composto tóxico é disperso no ambiente [12].

A motivação para uso de agentes biológicos e toxinas como armas varia desde tentativa de homicídio de civis e militares (ex., a ocupação japonesa na Manchúria durante a Segunda Guerra Mundial), desestabilizar a estrutura político-econômica do Estado (ex., a Revolta dos Mau-Mau no Quênia), por vingança (ex., o caso de Mitsuru Suzuki no Japão) ou até para causar terror na população (ex., as cartas de antraz nos Estados Unidos). Existem vários métodos de disseminação do agente biológico, como inoculação direta nas vítimas (ex., o caso de Mitsuru Suzuki no Japão), contaminação da comida ou água (ex., o grupo religioso dos *rajneeshes* nos Estados Unidos) e contaminação por aerossol (ex., as cartas de antraz nos Estados Unidos) [12,14,15,60,120,121].

O CDC dos Estados Unidos discrimina os agentes biológicos em três categorias, A, B e C, nas quais são avaliadas a facilidade em serem disseminados e a gravidade da doença que causam (Tabela 25.3). Agentes da categoria A são considerados de maior risco, os da categoria B, de risco intermediário, enquanto que os da categoria C são aqueles considerados como ameaças emergentes. Além dos microrganismos indicados na Tabela 25.3, alguns compostos tóxicos são mencionados em destaque, como a *toxina botulínica* (categoria A), a *toxina épsilon* de *C. perfringens* (categoria B), a *enterotoxina B* de *S. aureus* (categoria B) e a *ricina* (categoria B). Vale lembrar que, de acordo com o CDC, as autoridades em saúde pública devem estar preparadas para tomar medidas especiais ou emergenciais nos casos de uma contaminação da população com os compostos listados.

O Programa Federal de Agentes Selecionados do governo dos Estados Unidos supervisiona e controla a posse, o uso e o transporte dos agentes biológicos e das toxinas, as quais poderiam representar uma ameaça grave para a saúde pública, animal ou vegetal. Os agentes selecionados são averiguados no país pelo CDC e pelo Departamento de Agricultura dos Estados Unidos. Cada agência desenvolveu e mantém uma lista de agentes selecionados, incluindo patógenos de seres humanos e animais, além de substâncias de alto risco de origem biológica, como as toxinas e as plantas venenosas. As toxinas mencionadas nesta lista são *abrina*, *conotoxinas*, *neurotoxinas botulínicas*, *ricina*, *saxitoxina*, *T-2*, *tetrodotoxina* e *enterotoxinas estafilocócicas*. As listas completas atualizadas dos agentes selecionados podem ser acessadas a partir dos sítios de internet do CDC e do USDA [122].

Tabela 25.3 Classificação dos agentes biológicos nas categorias A, B e C, de acordo com as gravidades das patologias ocasionadas e sua facilidade de disseminação no ambiente.

CATEGORIA	DEFINIÇÃO DOS AGENTES	AGENTE ETIOLÓGICO	PATOLOGIA
A	• Podem ser facilmente disseminados ou transmitidos de pessoa para pessoa. • Resultam em altas taxas de mortalidade e têm grande impacto na saúde pública. • Poderiam causar pânico na população, perturbações sociais. • Exigem medidas especiais para preparação da saúde pública.	*Bacillus anthracis*	Antraz
		Toxina botulínica	Botulismo
		Yersinia pestis	Peste
		Varíola maior	Varíola
		Francisella tularensis	Tularemia
		Filovírus (ex.: ebola, Marburg) Arenavirus (ex.: Lassa, Machupo)	Febres hemorrágicas virais
B	• Disseminam de forma fácil e moderada. • Resultam em moderadas taxas de morbidade e baixas taxas de mortalidade. • Exigem reforços específicos da capacidade de diagnóstico do CDC e maior vigilância das doenças.	*Brucella* spp.	Brucelose
		Toxina épsilon (*C. perfringens*)	
		Ameaças de segurança alimentar	Ex.: salmonelose, shigelose
		Burkholderia mallei	Mormo
		Burkholderia pseudomallei	Melioidosis
		Chlamydia psittaci	Psitacose (ornitose)
		Coxiella burnetii	Febre Q
		Toxina ricina	
		Enterotoxina B de estafilococos	
		Rickettsia prowazekii	Tifo
		Alfavírus (ex.: EEV, EEL, EEO)	Encefalite viral
		Ameaças de segurança da água (ex.: *Vibrio cholerae*, *Cryptosporidium parvum*)	Cólera, criptosporidíase
C	Patógenos emergentes que poderiam ser fabricados para uma disseminação em massa no futuro em função da: • disponibilidade; • facilidade de produção e difusão; • potencial para altas taxas de morbidade e mortalidade.	Doenças infecciosas emergentes, como o vírus Nipah e hantavírus	

EEV: encefalite equina venezuelana; EEL: encefalite equina do leste; EEO: encefalite equina ocidental.

Fonte: adaptado de [123].

Em pequenas doses, as toxinas naturais incluídas nas listas de agentes selecionados apresentam alto potencial letal ou carcinogênico. Muitas outras toxinas, embora no passado tenham sido utilizadas em incidentes com altas morbidades, não foram consideradas pelas autoridades federais dos Estados Unidos como uma ameaça grave sob o ponto de vista de saúde pública e segurança. Algumas das toxinas omitidas incluem cianotoxinas e ficotoxinas (exceto as STX), micotoxinas (exceto T-2 e diacetoxiscirpenol) e toxinas de plantas (exceto ricina e abrina).

No entanto, outras biotoxinas emergentes têm sido descritas, sendo os *príons* os mais relevantes. O nome príon, do inglês *proteinaceous infectious particles*, significa partículas proteicas infecciosas. Juntamente com outras doenças neurodegenerativas como Alzheimer e Parkinson, os príons são classificados como "doenças ocasionadas em função do dobramento errôneo das proteínas". Além de exibirem uma resistência única ante os métodos convencionais de desinfecção, os agentes infecciosos proteicos também conseguem sobreviver no meio ambiente por longos períodos, fazendo com que eles possam persistir e disseminar com muito mais facilidade. Em decorrência dessas características, o Departamento de Agricultura dos Estados Unidos designou o agente causador da encefalopatia espongiforme bovina (*bovine spongiform encefalitis*, BSE) como uma potencial ameaça bioterrorista à segurança. Essa encefalopatia, popularmente conhecida como doença da vaca louca, é transmitida por príons e causa uma doença semelhante em humanos (doença de Creutzfeldt-Jakob) [124-125].

Pelo fato de os príons serem de ação lenta, ou seja, ocasionarem doenças muitos anos após seu consumo, eles não são atrativos para o bioterrorista como arma biológica de toxicidade rápida. Em outras palavras, o seu uso não tem como objetivo eliminar inimigos, e sim criar pânico psicológico na população, gerando posteriormente instabilidades econômicas graves e despesas para o Estado. Um surto de BSE no Reino Unido durante os anos 1990 fez com que o governo britânico gastasse entre 9 e 14 bilhões de dólares americanos em indenizações aos fazendeiros. Como consequência, essa enorme despesa forçou a venda de títulos estatais, elevou a inflação e adiou a implementação de políticas fiscais. Efeitos drásticos semelhantes poderiam ser observados, por exemplo, se um terrorista introduzisse deliberadamente tecidos infectados com príons na comida de bovinos ou humanos [124,126-128]. O uso de bioterrorismo por motivos políticos e com a finalidade de causar prejuízo econômico e psicológico na população já foi bem documentado na literatura. Foi o caso da Revolta dos Mau-Mau, um movimento armado de independência no Quênia ocorrido em 1952. Na ocasião, pelo menos 33 bois foram envenenados em uma estação da missão britânica. A toxina, portanto, não foi destinada para intoxicação do homem, mas usada para envenenar o gado. Mesmo não tendo sido identificada, sabe-se que foi derivada de um arbusto africano, provavelmente da espécie *Synadenium compactum*, o qual libera um líquido com aspecto leitoso. Essa tática foi uma das tentativas dos Mau-Mau de causar despesa econômica e medo nos estrangeiros ingleses em represália à ocupação britânica no Quênia [120,121].

O Protocolo de Genebra de 1925 proíbe o uso de armas químicas e biológicas na guerra. Esse protocolo foi elaborado e assinado em uma conferência realizada na Suíça, com o apoio da Liga das Nações, durante o período de 4 de maio até 17 de junho de 1925, e somente entrou em vigor em 8 de fevereiro de 1928. Foi assinado na época por 36 países e é sido adotado atualmente por 138 países. As Convenções de Genebra e seus protocolos adicionais são o eixo do direito internacional humanitário que regulamenta a conduta dos conflitos armados e busca limitar seus efeitos. As resoluções do Protocolo de 1925 censuram e excluem o uso de gases asfixiantes, tóxicos ou similares, e agentes bacteriológicos como recursos em conflitos armados [129,130].

As armas químicas, como os gases que atuam no SNC (*nerve agents*), não foram incluídas neste capítulo pelo fato de não serem produzidas por organismos vivos, ou seja, não são consideradas toxinas naturais. No entanto, a eficácia dos compostos químicos artificiais em conflitos armados e bioterrorismo já foi documentada. Um exemplo importante foram os ataques de gás sarin, um agente tóxico organofosforado, no metrô de Tóquio por integrantes do culto de Aum Shinrikyo. Dois ataques terroristas utilizando esse gás, um em 1994 e outro em 1995, afetaram os cidadãos em Matsumoto e Tóquio, matando dezenove e ferindo mais de 6 mil civis [60,131]. Foi provavelmente o ataque mais grave ocorrido no Japão desde o fim da Segunda Guerra Mundial.

Por outro lado, os ataques em grande escala utilizando agentes e toxinas biológicas não estão muito bem documentados na literatura científica. Provavelmente aconteceu o uso em ampla escala desses agentes durante a Segunda Guerra Mundial, mais especificadamente pelo exército japonês contra as forças russas e contra os chineses entre 1938 e 1943, porém a informação disponível é escassa. Ataques em escala intermediária também já foram reportados. Por exemplo, o maior atentado bioterrorista dos Estados

Unidos resultou na morbidade de até 751 pessoas no período de setembro a outubro de 1984 no Oregon. O ataque foi relacionado ao culto de Bhagwan Shree Rajneesh, e o agente etiológico utilizado foi *Salmonella* sp. [60,88]. Felizmente, vários fatores influem no número real de vítimas em um ataque terrorista, utilizando toxinas e agentes biológicos. Entre esses fatores, que são difíceis de serem controlados, estão as condições climáticas, as vias de inoculação e ingresso dos agentes, a inativação natural e as variabilidades fisiológicas tanto do agente quanto das vítimas.

25.4 Conclusões

- As principais biotoxinas para potencial uso no bioterrorismo atual em razão da sua letalidade, estabilidade química e múltiplas vias de exposição a humanos são: toxina botulínica, enterotoxina B (*S. aureus*), toxina épsilon (*C. perfringens*), esporos contendo as toxinas do antraz e ricina.
- As intoxicações com as principais toxinas de bactérias, fitoplâncton e algumas toxinas de cianobactérias causam letalidade em concentrações muito baixas. Contudo o laboratório de toxicologia forense é de pouca utilidade na análise de amostras biológicas de humanos em casos dessas intoxicações, pois nem todos possuem métodos analíticos adequados para tal. No entanto, o laboratório de toxicologia forense deve estar preparado para detectar as toxinas de plantas da sua região, pois as fitotoxinas geralmente precisam de doses mais altas para causar letalidade.
- Micotoxinas, toxinas de plantas e toxinas bacterianas são de grande importância para o laboratório de toxicologia de alimentos e devem ser monitoradas no controle de qualidade de alimentos.
- As cianotoxinas em águas continentais e as ficotoxinas nos oceanos são ameaças para a população e devem ser constantemente vigiadas por laboratórios de toxicologia ambiental e no controle de qualidade da água e de alimentos de origem marinha.

Questões para estudo

1. Quais são as principais toxinas encontradas em plantas e como pode ser a exposição para humanos e animais?
2. Quais são as principais toxinas por cianobactérias? Quais são as principais vias de exposição dessas toxinas e seu mecanismo de ação?
3. Descreva o caso da intoxicação por toxinas ocorrido em Caruaru (PE) em 1996.
4. Quais são as principais técnicas analíticas empregadas para detecção de toxinas naturais em Toxicologia Forense?
5. Considerando o que foi exposto no texto sobre a possibilidade do uso de toxinas naturais como armas químicas, discuta se é realista tal emprego e como as agências de saúde devem estar preparadas.

Respostas

1. Atualmente, a exposição de animais e humanos a plantas tóxicas se dá pelo consumo acidental dessas plantas. Embora haja casos de uso intencional de toxinas para causar dano ou morte, esses casos são raros. Dentre as principais toxinas encontradas em plantas podemos citar a ricina, presente nas sementes de *Ricinus communis* (mamona, carrapateira, rícino, palma-de-cristo); a abrina, presente nas sementes das espécies *Abrus precatorius* e *Ricinus communis*; a estricnina, presente em plantas do gênero *Strychnos*; a coniina e a cicutoxina, presentes na *Conium maculatum* e *Cicuta maculata* (Apiaceae); alcaloides anticolinérgicos derivados do tropano, presentes em algumas espécies da família Solanaceae (por exemplo, *Atropa beladona, Datura stramonium, Hyoscyamus niger, Solanum dulcamara*); e glicosídeos cianogênicos, presentes na *Manihot esculenta* (mandioca).
2. O grupo mais comum de toxinas produzidas por cianobactérias é o das hepatotoxinas: microcistinas, nodularinas e cilindrospermopsina. Os heptapeptídeos cíclicos chamados microcistinas (MC) causam efeito tóxico nos hepatócitos por inibição principalmente das enzimas fosfatases PP1 e PP2A. Como consequência, a inativação dessas enzimas mantém as proteínas do citoesqueleto hepático hiperfosforiladas, promovendo desintegração e desestruturação dos hepatócitos. As nodularinas (NOD) são pentapeptídeos cíclicos cujo mecanismo de toxicidade e patologia são idênticos aos das MC. Outra cianotoxina, a cilindrospermopsina (CYN), tem atividade citotóxica especialmente no fígado de animais. Ela é um potente inibidor da síntese proteica, tem ação genotóxica e também induz ao estresse oxidativo com produção de espécies reativas de oxigênio. A intoxicação pode ocorrer pela exposição a água e alimentos contaminados.

3. O caso acidental mais grave de intoxicação por toxinas na atualidade aconteceu em fevereiro de 1996, na cidade de Caruaru (PE), onde pacientes que realizavam hemodiálise no hospital da cidade foram expostos por infusão endovenosa a microcistinas (hepatotoxinas) produzidas por cianobactérias via água contaminada. Ao todo, 116 pessoas manifestaram sinais graves de intoxicação por microcistinas e 76 pessoas vieram a óbito.
4. As principais técnicas de detecção para toxinas naturais são os ensaios imunológicos (Elisa) e a cromatografia líquida de alta eficiência (*high performance liquid cromatography*, HPLC), geralmente acoplada a técnicas de espectrometria de massas em tandem (*tandem mass spectrometry*, MS2). Para a detecção de toxinas proteicas, alguns pesquisadores preferem realizar as análises por meio de ionização e dessorção de matriz a laser (*matrix assisted laser desorption and ionization*, MALDI) acoplada a espectrometria de massas em tandem por tempo de voo (*time of flight*, TOF).
5. Apesar de algumas toxinas constarem no Chemical Weapons Convention como armas químicas, seu uso como tal é praticamente inviável (exceto no caso de algumas toxinas bacterianas). Isso se justifica pela grande dificuldade de obtenção desses compostos em larga escala, seja por meio de síntese química (que é difícil, em razão da complexidade química/estrutural) ou pelo cultivo das espécies tóxicas de plantas ou microrganismos para posterior isolamento das toxinas. Agências de saúde devem controlar a posse, o uso e o transporte de agentes biológicos e toxinas, as quais poderiam representar uma ameaça grave para a saúde pública, animal ou vegetal. Também devem estar preparadas para tomar medidas especiais ou emergenciais nos casos de contaminação da população com os compostos monitorados.

Lista de abreviaturas

AMPA	Ácido propiônico α-amino-3-hidroxi-5-metil-4-isoxazol	MC	Microcistinas
BoNT	Neurotoxina botulínica	NMDA	N-metil-D-aspartato
CDC	Centros para Controle e Prevenção de Doenças dos Estados Unidos da América	NSP	Envenenamento neurotóxico por consumo de mariscos
CTX	Ciguatoxina	PSP	Envenenamento paralisante pelo consumo de mariscos
DSP	Envenenamento diarreico por consumo de mariscos	SEB	Enterotoxina B de estafilococos
HAB	Florações nocivas de algas	SXT	Saxitoxina
HPLC-MS^2	Cromatografia liquida de alta eficiência acoplada a espectrometria de massas em tandem	SNC	Sistema nervoso central
LD_{50}	Dose letal mediana	T2	Diacetoxiscirpenol
MALDI-TOF^2	Ionização e dessorção a laser assistida por matriz acoplado a espectrometria de massas em tandem por tempo de voo	TeNT	Neurotoxina tetânica

Lista de palavras

Arma biológica
Bactérias
Bioterrorismo
Botulismo
Cianobactérias
Cianotoxinas
Ciguatera
Cogumelos
Dinoflagelados
Dose letal
Enterotoxina
Ficotoxina
Fitoplâncton
Fitotoxina
Fungos
Micotoxina
Microcistina
Neurotoxina
Plantas tóxicas
Ricina
Saxitoxina
Toxina

REFERÊNCIAS

1. Cestele S, Catterall WA. Molecular mechanisms of neurotoxin action on voltage-gated sodium channels. Biochimie. 2000 Sep-Oct;82(9-10):883-92. PubMed PMID: 11086218. Epub 2000/11/22. eng.

2. Possani LD, Becerril B, Delepierre M, Tytgat J. Scorpion toxins specific for Na+-channels. European journal of Biochemistry / FEBS. 1999 Sep;264(2):287-300. PubMed PMID: 10491073. Epub 1999/09/22. eng.

3. King GF, Hardy MC. Spider-venom peptides: structure, pharmacology, and potential for control of insect pests. Annual Review of Entomology. 2013;58:475-96. PubMed PMID: 23020618. Epub 2012/10/02. eng.

4. Mackessy SP. Handbook of venoms and toxins of reptiles. Florida: CRC Press; 2010.

5. Essack M, Bajic VB, Archer JA. Conotoxins that confer therapeutic possibilities. Marine Drugs. 2012 Jun;10(6):1244-65. PubMed PMID: 22822370. Pubmed Central PMCID: PMC3397437. Epub 2012/07/24. eng.

6. Moffat AC, Osselton MD, Widdop B. Clark's analysis of drugs and poisons. 4th ed. London: Pharmaceutical Press; 2011.

7. Reynolds T. Hemlock alkaloids from Socrates to poison aloes. Phytochemistry. 2005 Jun;66(12):1399-406. PubMed PMID: 15955542. Epub 2005/06/16. eng.

8.Viegas Jr C, Bolzani VdS, Barreiro EJ. Os produtos naturais e a química medicinal moderna. Química Nova. 2006;29:326-37.

9. Quandt FN, Narahashi T. Modification of single Na+ channels by batrachotoxin. Proceedings of the National Academy of Sciences of the United States of America. 1982 Nov;79(21):6732-6. PubMed PMID: 6292915. Pubmed Central PMCID: PMC347203. Epub 1982/11/01. eng.

10. Gaillard Y, Regenstreif P, Fanton L. Modern toxic antipersonnel projectiles. The American Journal of Forensic Medicine and Pathology. 2014 Oct 28. PubMed PMID: 25354227. Epub 2014/10/30. eng.

11. Audi J, Belson M, Patel M, Schier J, Osterloh J. Ricin poisoning: a comprehensive review. JAMA. 2005 Nov 9;294(18):2342-51. PubMed PMID: 16278363. Epub 2005/11/10. eng.

12. Anderson PD. Bioterrorism: toxins as weapons. Journal of Pharmacy Practice. 2012 Apr;25(2):121-9. PubMed PMID: 22523138. Epub 2012/04/24. eng.

13. Zhang X, Ku a K, Dohnal V, Dohnalová L, Wu Q, Wu C. Military potential of biological toxins. Journal of Applied Biomedicine. 2014 Mar;12(2):63-77.

14. Bush LM, Perez MT. The anthrax attacks 10 years later. Annals of Internal Medicine. 2012 Jan 3;156(1 Pt 1):41-4. PubMed PMID: 21969275. Epub 2011/10/05. eng.

15. Zink TK. Anthrax attacks: lessons learned on the 10th anniversary of the anthrax attacks. Disaster Medicine and Public Health Preparedness. 2011 Oct;5(3):173-4. PubMed PMID: 22003133. Epub 2011/10/18. eng.

16. Jochimsen EM, Carmichael WW, An J, Cardo DM, Cookson ST, Holmes CEM, et al. Liver failure and death after exposure to microcystins at a hemodialysis center in Brazil. New England Journal of Medicine. 1998/03/26;338(13):873-8.

17. Carmichael WW, Azevedo SM, An JS, Molica RJ, Jochimsen EM, Lau S, et al. Human fatalities from cyanobacteria: chemical and biological evidence for cyanotoxins. Environmental Health Perspectives. 2001 Jul;109(7):663-8. PubMed PMID: 11485863. Pubmed Central PMCID: PMC1240368. Epub 2001/08/04. eng.

18. Gill DM. Bacterial toxins: a table of lethal amounts. Microbiological Reviews. 1982;46(1):86-92.

19. Florida Uo. Toxins of Bological Origin: Toxins table 2014 [cited 2014 Sep 18]. Available from: http://www.ehs.ufl.edu/programs/bio/toxins/toxin-table/

20. Tesh VL, Burris JA, Owens JW, Gordon VM, Wadolkowski EA, O'Brien AD, et al. Comparison of the relative toxicities of Shiga-like toxins type I and type II for mice. Infection and immunity. 1993 Aug;61(8):3392-402. PubMed PMID: 8335369. Pubmed Central PMCID: PMC281015. Epub 1993/08/01. eng.

21. Ramos V, Vasconcelos V. Palytoxin and analogs: biological and ecological effects. Marine Drugs. 2010;8(7):2021-37. PubMed PMID: 20714422. Pubmed Central PMCID: PMC2920541. Epub 2010/08/18. eng.

22. Botana LM. Seafood and freshwater toxins. 3rd ed. Florida: CRC Press; 2014.

23. Dumbacher JP. Batrachotoxin. In: Wexler P, editor. Encyclopedia of toxicology. 2nd ed. New York: Elsevier; 2005. p. 215-7.

24. Anderson PD, Bokor G. Conotoxins: potential weapons from the sea. Journal of Bioterrorism & Biodefense. 2012;3(120).

25. Hodgson E. A textbook of modern toxicology. 3rd ed. New York: Wiley; 2004.

26. Efferth T, Kaina B. Toxicities by herbal medicines with emphasis to traditional Chinese medicine. Current Drug Metabolism. 2011 Dec;12(10):989-96. PubMed PMID: 21892916. Epub 2011/09/07. eng.

27. Gaillard Y, Pepin G. Poisoning by plant material: review of human cases and analytical determination of main toxins by high-performance liquid chromatography-(tandem) mass spectrometry. Journal of Chromatography B, Biomedical Sciences and Applications. 1999 Oct 15;733(1-2):181-229. PubMed PMID: 10572982. Epub 1999/11/26. eng.

28. Mol HG, Van Dam RC, Zomer P, Mulder PP. Screening of plant toxins in food, feed and botanicals using full-scan high-resolution (Orbitrap) mass spectrometry. Food Additives & Contaminants Part A, Chemistry, Analysis, Control, Exposure & Risk Assessment. 2011 Oct;28(10):1405-23. PubMed PMID: 22007891. Epub 2011/10/20. eng.

29. Vaclavik L, Krynitsky AJ, Rader JI. Targeted analysis of multiple pharmaceuticals, plant toxins and other secondary metabolites in herbal dietary supplements by ultra-high performance liquid chromatography-quadrupole-orbital ion trap mass spectrometry. Analytica Chimica Acta. 2014 Jan 31;810:45-60. PubMed PMID: 24439505. Epub 2014/01/21. eng.

30. Dickers KJ, Bradberry SM, Rice P, Griffiths GD, Vale JA. Abrin poisoning. Toxicological Reviews. 2003;22(3):137-42. PubMed PMID: 15181663. Epub 2004/06/09. eng.

31. Gadadhar S, Karande AA. Abrin immunotoxin: targeted cytotoxicity and intracellular trafficking pathway. PloS One. 2013;8(3):e58304. PubMed PMID: 23472175. Pubmed Central PMCID: PMC3589266. Epub 2013/03/09. eng.

32. Waring RH, Steventon GB, Mitchell SC. Molecules of Death. 2nd ed. London: Imperial College Press; 2007.

33. Makarovsky I, Markel G, Hoffman A, Schein O, Brosh--Nissimov T, Tashma Z, et al. Strychnine – a killer from the past. The Israel Medical Association Journal: IMAJ. 2008 Feb;10(2):142-5. PubMed PMID: 18432030. Epub 2008/04/25. eng.

34. Leikin JB, Paloucek FP. Poisoning and toxicology handbook. 4th ed. New York: Informa Healthcare; 2008.

35. Schep LJ, Slaughter RJ, Becket G, Beasley DM. Poisoning due to water hemlock. Clinical Toxicology (Philadelphia, Pa). 2009 Apr;47(4):270-8. PubMed PMID: 19514873. Epub 2009/06/12. eng.

36. Naumann A, Kurtze L, Krahmer A, Hagels H, Schulz H. Discrimination of solanaceae taxa and quantification of scopolamine and hyoscyamine by ATR-FTIR spectroscopy. Planta Medica. 2014 Oct;80(15):1315-20. PubMed PMID: 25248046. Epub 2014/09/24. eng.

37. Gleadow RM, Woodrow IE. Constraints on effectiveness of cyanogenic glycosides in herbivore defense. Journal of Chemical Ecology. 2002 Jul;28(7):1301-13. PubMed PMID: 12199497. Epub 2002/08/30. eng.

38. Conn EE. Biosynthesis of cyanogenic glycosides. Die Naturwissenschaften. 1979 Jan;66(1):28-34. PubMed PMID: 423994. Epub 1979/01/01. eng.

39. van Rijssen FW, Morris EJ, Eloff JN. Food safety: importance of composition for assessing genetically modified cassava (Manihot esculenta Crantz). Journal of Agricultural and Food Chemistry. 2013 Sep 4;61(35):8333-9. PubMed PMID: 23899040. Epub 2013/08/01. eng.

40. Carod-Artal FJ, Vargas AP, Del Negro C. [Spastic paraparesis due to long term consumption of wild cassava (Manihot esculenta): a neurotoxic model of motor neuron disease]. Revista de Neurologia. 1999 Oct 1-15;29(7):610-3. PubMed PMID: 10599107. Epub 1999/12/22. Paraparesia espastica por consumo cronico de mandioca silvestre (*Manihot esculenta*): un modelo neurotoxico de enfermedad de neurona motora. spa.

41. Raman V, Horner HT, Khan IA. New and unusual forms of calcium oxalate raphide crystals in the plant kingdom. Journal of Plant Research. 2014 Nov;127(6):721-30. PubMed PMID: 25139563. Epub 2014/08/21. eng.

42. Pedaci L, Krenzelok EP, Jacobsen TD, Aronis J. Dieffenbachia species exposures: an evidence-based assessment of symptom presentation. Veterinary and Human Toxicology. 1999 Oct;41(5):335-8. PubMed PMID: 10509443. Epub 1999/10/06. eng.

43. Dip EC, Pereira NA, Fernandes PD. Ability of eugenol to reduce tongue edema induced by Dieffenbachia picta Schott in mice. Toxicon: Official Journal of the International Society on Toxinology. 2004 May;43(6):729-35. PubMed PMID: 15109894. Epub 2004/04/28. eng.

44. Carneiro CMTS, Neves L, Pereira EFR, Pereira NA. Mecanismo toxico de 'comigo-ninguem-pode', *Dieffenbachia picta Schott.* (Araceae). Anais da Academia Brasileira de Ciências. 1985;57(1):392-3.

45. University NS. Arisaema triphyllum 2014 [cited 2014 Oct 30]. Available from: http://plants.ces.ncsu.edu/plants/all/arisaema-triphyllum/

46. Ryoo SM, Sohn CH, Oh BJ, Kim WY, Lim KS, Lee CC. Oropharyngeal airway obstruction after the accidental ingestion of Arisaema amurense. The Journal of Emergency Medicine. 2013 Sep;45(3):352-4. PubMed PMID: 23643241. Epub 2013/05/07. eng.

47. Lull C, Wichers HJ, Savelkoul HF. Antiinflammatory and immunomodulating properties of fungal metabolites. Mediators of inflammation. 2005 Jun 9;2005(2):63-80. PubMed PMID: 16030389. Pubmed Central PMCID: PMC1160565. Epub 2005/07/21. eng.

48. Lima AD, Costa Fortes R, Carvalho Garbi Novaes MR, Percario S. Poisonous mushrooms: a review of the most common intoxications. Nutricion Hospitalaria. 2012 Mar-Apr;27(2):402-8. PubMed PMID: 22732961. Epub 2012/06/27. eng.

49. Marin S, Ramos AJ, Cano-Sancho G, Sanchis V. Mycotoxins: occurrence, toxicology, and exposure assessment. Food and Chemical Toxicology: an International Journal Published for the British Industrial Biological Research Association. 2013 Oct;60:218-37. PubMed PMID: 23907020. Epub 2013/08/03. eng.

50. International A. Official methods of analysis of AOAC International. 19th ed. Gaithersburg, Md: AOAC International; 2012.

51. Cao X, Wu S, Yue Y, Wang S, Wang Y, Tao L, et al. A high-throughput method for the simultaneous determination of multiple mycotoxins in human and laboratory animal biological fluids and tissues by PLE and HPLC-MS/MS. Journal of Chromatography B, Analytical Technologies in the Biomedical and Life Sciences. 2013 Dec 30;942-943:113-25. PubMed PMID: 24239936. Epub 2013/11/19. eng.

52. Rubert J, Leon N, Saez C, Martins CP, Godula M, Yusa V, et al. Evaluation of mycotoxins and their metabolites in human breast milk using liquid chromatography coupled to high resolution mass spectrometry. Analytica Chimica Acta. 2014 Apr 11;820:39-46. PubMed PMID: 24745736. Epub 2014/04/22. eng.

53. Warth B, Sulyok M, Fruhmann P, Mikula H, Berthiller F, Schuhmacher R, et al. Development and validation of a rapid multi-biomarker liquid chromatography/tandem mass spectrometry method to assess human exposure to mycotoxins. Rapid Communications in Mass Spectrometry: RCM. 2012 Jul 15;26(13):1533-40. PubMed PMID: 22638970. Epub 2012/05/29. eng.

54. Li Y, Wang Z, Beier RC, Shen J, De Smet D, De Saeger S, et al. T-2 toxin, a trichothecene mycotoxin: review of toxicity, metabolism, and analytical methods. Journal of Agricultural and Food Chemistry. 2011 Apr 27;59(8):3441-53. PubMed PMID: 21417259. Epub 2011/03/23. eng.

55. Abrar M, Anjum FM, Butt MS, Pasha I, Randhawa MA, Saeed F, et al. Aflatoxins: biosynthesis, occurrence, toxicity, and remedies. Critical Reviews in Food Science and Nutrition. 2013;53(8):862-74. PubMed PMID: 23768148. Epub 2013/06/19. eng.

56. Jakubczyk D, Cheng JZ, O'Connor SE. Biosynthesis of the ergot alkaloids. Natural Product Reports. 2014 Oct;31(10):1328-38. PubMed PMID: 25164781. Epub 2014/08/29. eng.

57. Denli M, Perez JF. Ochratoxins in feed, a risk for animal and human health: control strategies. Toxins (Basel). 2010 May;2(5):1065-77. PubMed PMID: 22069626. Pubmed Central PMCID: PMC3153229. Epub 2010/05/01. eng.

58. Bushnell DA, Cramer P, Kornberg RD. Structural basis of transcription: alpha-amanitin-RNA polymerase II cocrystal at 2.8 A resolution. Proceedings of the National Academy of Sciences of the United States of America. 2002 Feb 5;99(3):1218-22. PubMed PMID: 11805306. Pubmed Central PMCID: PMC122170. Epub 2002/01/24. eng.

59. Chafin DR, Guo H, Price DH. Action of alpha-amanitin during pyrophosphorolysis and elongation by RNA polymerase II. The Journal of Biological Chemistry. 1995 Aug 11;270(32):19114-9. PubMed PMID: 7642577. Epub 1995/08/11. eng.

60. Lax AJ. Toxin, the cunning of bacterial poisons. New York: Oxford University Press; 2005.

61. Henkel JS, Baldwin MR, Barbieri JT. Toxins from bacteria. EXS. 2010;100:1-29. PubMed PMID: 20358680. Pubmed Central PMCID: PMC3564551. Epub 2010/04/03. eng.

62. Bhakdi S. [Microbial toxins]. Wiener klinische Wochenschrift. 1998 Oct 16;110(19):660-8. PubMed PMID: 9823619. Epub 1998/11/21. Mikrobielle Toxine. ger.

63. Carmichael WW. Cyanobacteria secondary metabolites – the cyanotoxins. The Journal of Applied Bacteriology. 1992 Jun;72(6):445-59. PubMed PMID: 1644701. Epub 1992/06/01. eng.

64. Kull S, Pauly D, Störmann B, Kirchner S, Stämmler M, Dorner MB, et al. Multiplex detection of microbial and plant toxins by immunoaffinity enrichment and matrix-assisted laser desorption/ionization mass spectrometry. Anal Chem. 2010;82(7):2916-24.

65. Sospedra I, Soler C, Mañes J, Soriano JM. Rapid whole protein quantitation of staphylococcal enterotoxins A and B by liquid chromatography/mass spectrometry. J Chromatogr A. 2012;1238:54-9.

66. Tevell Aberg A, Bjornstad K, Hedeland M. Mass spectrometric detection of protein-based toxins. Biosecurity and Bioterrorism: Biodefense Strategy, Practice, and Science. 2013 Sep;11 Suppl 1:S215-26. PubMed PMID: 23971809. Epub 2013/11/06. eng.

67. The Center for Food Security and Public Health. Epsilon toxin of Clostridium Perfringens. College of Veterinary Medicine: Iowa State University, 2004.

68. Bergan J, Dyve Lingelem AB, Simm R, Skotland T, Sandvig K. Shiga toxins. Toxicon: Official Journal of the International Society on Toxinology. 2012 Nov;60(6):1085-107. PubMed PMID: 22960449. Epub 2012/09/11. eng.

69. Forward LJ, Tompkins DS, Brett MM. Detection of *Clostridium difficile* cytotoxin and *Clostridium perfringens* enterotoxin in cases of diarrhoea in the community. Journal of Medical Microbiology. 2003 Sep;52(Pt 9):753-7. PubMed PMID: 12909650. Epub 2003/08/12. eng.

70. Persson S, Torpdahl M, Olsen KE. New multiplex PCR method for the detection of Clostridium difficile toxin A (tcdA) and toxin B (tcdB) and the binary toxin (cdtA/cdtB) genes applied to a Danish strain collection. Clinical Microbiology and Infection: the Official Publication of the European Society of Clinical Microbiology and Infectious Diseases. 2008 Nov;14(11):1057-64. PubMed PMID: 19040478. Epub 2008/12/02. eng.

71. Prevention CfDCa. Recommendations for Diagnosis of Shiga Toxin – Producing Escherichia coli infections by Clinical Laboratories 2009 [cited 2014 Sep 28]. Available from: http://www.cdc.gov/mmwr/preview/mmwrhtml/rr5812a1.htm

72. Seyer A, Fenaille F, Feraudet-Tarisse C, Volland H, Popoff MR, Tabet JC, et al. Rapid quantification of clostridial epsilon toxin in complex food and biological matrixes by immunopurification and ultraperformance liquid chromatography-tandem mass spectrometry. Analytical Chemistry. 2012 Jun 5;84(11):5103-9. PubMed PMID: 22545985. Epub 2012/05/02. eng.

73. Arnon SS, Schechter R, Inglesby TV, Henderson DA, Bartlett JG, Ascher MS, et al. Botulinum toxin as a biological weapon. JAMA. 2001;285(8):1059-70.

74. Montecucco C, Molgó J. Botulinal neurotoxins: revival of an old killer. Current Opinion in Pharmacology. 2005;5:274-9.

75. Gu S, Rumpel S, Zhou J, Strotmeier J, Bigalke H, Perry K, et al. Botulinum neurotoxin is shielded by NTNHA in an interlocked complex. Science (New York, NY). 2012 Feb 24;335(6071):977-81. PubMed PMID: 22363010. Pubmed Central PMCID: PMC3545708. Epub 2012/03/01. eng.

76. Montal M. Botulinum neurotoxin: a marvel of protein design. Annual Review of Biochemistry. 2010;79:591-617. PubMed PMID: 20233039. Epub 2010/03/18. eng.

77. Rossetto O, Scorzeto M, Megighian A, Montecucco C. Tetanus neurotoxin. Toxicon: Official Journal of the International Society on Toxinology. 2013 May;66:59-63. PubMed PMID: 23419592. Epub 2013/02/20. eng.

78. Kanda K, Takano K. Effect of tetanus toxin on the excitatory and the inhibitory post-synaptic potentials in the cat motoneurone. The Journal of Physiology. 1983 Feb;335:319-33. PubMed PMID: 6308220. Pubmed Central PMCID: PMC1197355. Epub 1983/02/01. eng.

79. Kumar BV, Malik S, Grandhi P, Dayam R, Sarma JA. Anthrax lethal factor inhibitors as potential countermeasure of the infection. Current Topics in Medicinal Chemistry. 2014;14(17):1977-89. PubMed PMID: 25262802. Epub 2014/09/30. eng.

80. Rudolph AE, Stuckey JA, Zhao Y, Matthews HR, Patton WA, Moss J, et al. Expression, characterization, and mutagenesis of the *Yersinia pestis* murine toxin, a phospholipase D superfamily member. The Journal of Biological Chemistry. 1999 Apr 23;274(17):11824-31. PubMed PMID: 10207000. Epub 1999/04/17. eng.

81. Pinchuk IV, Beswick EJ, Reyes VE. Staphylococcal enterotoxins. Toxins. 2010;2(8):2177-97.

82. Berube BJ, Wardenburg JB. Staphylococcus aureus -Toxin: nearly a century of intrigue. Toxins. 2013;5:1140-66.

83. Ahanotu E, Alvelo-Ceron D, Ravita T, Gaunt E. Staphylococcal Enterotoxin B as a biological weapon: recognition, management, and surveillance of staphylococcal enterotoxin. Toxins. 2006;11(3):120-1116.

84. Raj HD, Bergdoll MS. Effect of enterotoxin B on human volunteers. Journal of Bacteriology. 1969;98(2):833-4.

85. Senesi S, Ghelardi E. Production, secretion and biological activity of bacillus cereus enterotoxins. Toxins. 2010;2(7):1690-703. PubMed PMID: doi:10.3390/toxins2071690.

86. Lin C-F, Chen C-L, Huang W-C, Cheng Y-L, Hsieh C-Y, Wang C-Y, et al. Different types of cell death induced by enterotoxins. Toxins. 2010;2(8):2158-76. PubMed PMID: doi:10.3390/toxins2082158.

87. Lin JE, Valentino M, Marszalowicz G, Magee MS, Li P, Snook AE, et al. Bacterial heat-stable enterotoxins: translation of pathogenic peptides into novel targeted diagnostics and therapeutics. Toxins. 2010;2(8):2028-54. PubMed PMID: doi:10.3390/toxins2082028.

88. Torok TJ, Tauxe RV, Wise RP, Livengood JR, Sokolow R, Mauvais S, et al. A large community outbreak of salmonellosis caused by intentional contamination of restaurant salad bars. JAMA. 1997 Aug 6;278(5):389-95. PubMed PMID: 9244330. Epub 1997/08/06. eng.

89. Ritchie KB, Nagelkerken I, James S, Smith GW. A tetrodotoxin-producing marine pathogen. Nature. 2000 Mar 23;404(6776):354. PubMed PMID: 10746714. Epub 2000/04/04. eng.

90. Eriksson JE, Toivola D, Meriluoto JA, Karaki H, Han YG, Hartshorne D. Hepatocyte deformation induced by cyanobacterial toxins reflects inhibition of protein phosphatases. Biochemical and Biophysical Research Communications. 1990 Dec 31;173(3):1347-53. PubMed PMID: 2176489. Epub 1990/12/31. eng.

91. Pearson L, Mihali T, Moffitt M, Kellmann R, Neilan B. On the chemistry, toxicology and genetics of the cyanobacterial toxins, microcystin, nodularin, saxitoxin and cylindrospermopsin. Marine Drugs. 2010;8(5):1650-80. PubMed PMID: 20559491. Pubmed Central PMCID: PMC2885083. Epub 2010/06/19. eng.

92. Wiese M, D'Agostino PM, Mihali TK, Moffitt MC, Neilan BA. Neurotoxic alkaloids: saxitoxin and its analogs. Marine Drugs. 2010;8(7):2185-211. PubMed PMID: 20714432. Pubmed Central PMCID: PMC2920551. Epub 2010/08/18. eng.

93. Humpage A. Toxin types, toxicokinetics and toxicodynamics. Advances in Experimental Medicine and Biology. 2008;619:383-415. PubMed PMID: 18461776. Epub 2008/05/09. eng.

94. Cardozo KH, Guaratini T, Barros MP, Falcao VR, Tonon AP, Lopes NP, et al. Metabolites from algae with economical impact. Comparative Biochemistry and Physiology Toxicology & Pharmacology: CBP. 2007 Jul-Aug;146(1-2):60-78. PubMed PMID: 16901759. Epub 2006/08/12. eng.

95. Araoz R, Molgo J, Tandeau de Marsac N. Neurotoxic cyanobacterial toxins. Toxicon: Official Journal of the International Society on Toxinology. 2010 Oct;56(5):813-28. PubMed PMID: 19660486. Epub 2009/08/08. eng.

96. Rodríguez V, Moura S, Pinto E, Pereira CMP, Braga RC. Aspectos toxicológicos e químicos da Anatoxina-a e seus análogos. Química Nova. 2006;29:1365-71.

97. Lawton LA, Edwards C. Conventional laboratory methods for cyanotoxins. Advances in Experimental Medicine and Biology. 2008;619:513-37. PubMed PMID: 18461782. Epub 2008/05/09. eng.

98. Medlin L. Molecular tools for monitoring harmful algal blooms. Environmental Science and Pollution Research International. 2013 Oct;20(10):6683-5. PubMed PMID: 23821249. Epub 2013/07/04. eng.

99. Lefebvre KA, Bill BD, Erickson A, Baugh KA, O'Rourke L, Costa PR, et al. Characterization of intracellular and extracellular saxitoxin levels in both field and cultured Alexandrium spp. samples from Sequim Bay, Washington. Marine Drugs. 2008;6(2):103-16. PubMed PMID: 18728762. Pubmed Central PMCID: PMC2525483. Epub 2008/08/30. eng.

100. CollinLab. Nature comes out in support of national football – Panama Marea Roja 2013 [cited 2014 Nov 5]. Available from: http://collinlab.blogspot.ca/2013/02/nature-comes-out-in-support-of-national.html.

101. Van Dolah FM. Marine algal toxins: origins, health effects, and their increased occurrence. Environmental Health Perspectives. 2000 Mar;108 Suppl 1:133-41. PubMed PMID: 10698729. Pubmed Central PMCID: PMC1637787. Epub 2000/03/04. eng.

102. Usup G, Kulis DM, Anderson DM. Growth and toxin production of the toxic dinoflagellate Pyrodinium bahamense var. compressum in laboratory cultures. Natural Toxins. 1994;2(5):254-62. PubMed PMID: 7866660. Epub 1994/01/01. eng.

103. Organization WH. Public health response to biological and chemical weapons: WHO guidance. Biosecurity and Bioterrorism: Biodefense Strategy, Practice, and Science. 2005;3(3):268-9. PubMed PMID: 16181049. Epub 2005/09/27. eng.

104. Yasumoto T, Murata M, Oshima Y, Sano M, Matsumoto GK, Clardy J. Diarrhetic shellfish toxins. Tetrahedron. 1985;41(6):1019-25.

105. Terao K, Ito E, Yanagi T, Yasumoto T. Histopathological studies on experimental marine toxin poisoning. I. Ultrastructural changes in the small intestine and liver of suckling mice induced by dinophysistoxin-1 and pectenotoxin-1. Toxicon: Official Journal of the International Society on Toxinology. 1986;24(11-12):1141-51. PubMed PMID: 3564062. Epub 1986/01/01. eng.

106. Poli MA, Mende TJ, Baden DG. Brevetoxins, unique activators of voltage-sensitive sodium channels, bind to specific sites in rat brain synaptosomes. Molecular Pharmacology. 1986 Aug;30(2):129-35. PubMed PMID: 2426567. Epub 1986/08/01. eng.

107. Brand LE, Campbell L, Bresnan E. Karenia: the biology and ecology of a toxic genus. Harmful Algae. 2012 Feb;14(0):156-78.

108. Holmes MJ, Lewis RJ. Purification and characterisation of large and small maitotoxins from cultured Gambierdiscus toxicus. Natural Toxins. 1994;2(2):64-72. PubMed PMID: 8075895. Epub 1994/01/01. eng.

109. Beadle A. Ciguatera fish poisoning. Military Medicine. 1997 May;162(5):319-22. PubMed PMID: 9155099. Epub 1997/05/01. eng.

110. Friedman MA, Fleming LE, Fernandez M, Bienfang P, Schrank K, Dickey R, et al. Ciguatera fish poisoning: treatment, prevention and management. Marine Drugs. 2008;6(3):456-79. PubMed PMID: 19005579. Pubmed Central PMCID: PMC2579736. Epub 2008/11/14. eng.

111. Morrison K, Aguiar Prieto P, Castro Dominguez A, Waltner-Toews D, Fitzgibbon J. Ciguatera fish poisoning in la Habana, Cuba: a study of local social-ecological resilience. EcoHealth. 2008 Sep;5(3):346-59. PubMed PMID: 18716840. Epub 2008/08/22. eng.

112. Perl TM, Bedard L, Kosatsky T, Hockin JC, Todd EC, Remis RS. An outbreak of toxic encephalopathy caused by eating mussels contaminated with domoic acid. The New England Journal of Medicine. 1990 Jun 21;322(25):1775-80. PubMed PMID: 1971709. Epub 1990/06/21. eng.

113. Bettler B, Mulle C. Review: neurotransmitter receptors. II. AMPA and kainate receptors. Neuropharmacology. 1995 Feb;34(2):123-39. PubMed PMID: 7542368. Epub 1995/02/01. eng.

114. Grant KS, Burbacher TM, Faustman EM, Gratttan L. Domoic acid: neurobehavioral consequences of exposure to a prevalent marine biotoxin. Neurotoxicology and Teratology. 2010 Mar-Apr;32(2):132-41. PubMed PMID: 19799996. Epub 2009/10/06. eng.

115. Daly J, Witkop B. Batrachotoxin, an extremely active cardio- and neurotoxin from the Colombian arrow poison frog Phyllobates aurotaenia. Clinical toxicology. 1971 Sep;4(3):331-42. PubMed PMID: 4363503. Epub 1971/09/01. eng.

116. Thapa P, Espiritu MJ, Cabalteja CC, Bingham JP. Conotoxins and their regulatory considerations. Regulatory Toxicology and Pharmacology: RTP. 2014 Oct;70(1):197-202. PubMed PMID: 25013992. Epub 2014/07/12. eng.

117. Holmes D. Conotoxins: how a deadly snail could help ease pain. The Lancet Neurology. 2014 Sep;13(9):867-8. PubMed PMID: 25142455. Epub 2014/08/22. eng.

118. Assembly NA. Chemical and biological weapons: the poor man's bomb. United Kingdom: North Atlantic Assembly International Secretariat 1996.

119. Stanton L. The making of a biological weapon. The Washington Post; 2004 [cited 2014 Nov 5]. Available from: http://www.washingtonpost.com/wp-srv/nation/daily/graphics/wmdbio_123004.html

120. Keremidis H, Appel B, Menrath A, Tomuzia K, Normark M, Roffey R, et al. Historical perspective on agroterrorism: lessons learned from 1945 to 2012. Biosecurity and Bioterrorism: Biodefense Strategy, Practice, and Science. 2013 Sep;11 Suppl 1:S17-24. PubMed PMID: 23971803. Epub 2013/11/06. eng.

121. Davies FG. Kenya, Mau Mau and bioterrorism. Revue Scientifique et Technique (International Office of Epizootics). 2006 Apr;25(1):149-51. PubMed PMID: 16796044. Epub 2006/06/27. eng.

122. Program FSA. Selected Agents and Toxins 2014 [cited 2014 Nov 5]. Available from: http://www.selectagents.gov/SelectAgentsandToxins.html

123. Centers for Disease Control and Prevention. Bioterrorism Agents/Diseases 2014 [cited 2014 14 set]. Available from: http://www.bt.cdc.gov/agent/agentlist-category.asp

124. Agency EP. Homeland Security Measures for Agriculture: United States Enviromental Protection Agency; 2012 [cited 2014 Nov 6]. Available from: http://www.epa.gov/agriculture/thom.html#bse

125. Brown P, Abee CR. Working with transmissible spongiform encephalopathy agents. ILAR Journal/National Research Council, Institute of Laboratory Animal Resources. 2005;46(1):44-52. PubMed PMID: 15644563. Epub 2005/01/13. eng.

126. Brown P. Afterthoughts about bovine spongiform encephalopathy and variant Creutzfeldt-Jakob disease. Emerg Infect Dis. 2001;7(3 Suppl):598-600. PubMed PMID: 11485682. Pubmed Central PMCID: PMC2631827. Epub 2001/08/04. eng.

127. Bailey KC. The biological and toxin weapons: threat to the United States. VA, USA: National Institute for Public Policy; 2001.

128. Richmond JY, Hill RH, Weyant RS, Nesby-O'Dell SL, Vinson PE. What's hot in animal biosafety? ILAR Journal/National Research Council, Institute of Laboratory Animal Resources. 2003;44(1):20-7. PubMed PMID: 12473828. Epub 2002/12/11. eng.

129. Affairs UNOfD. Protocol for the Prohibition of the Use in War of Asphyxiating, Poisonous or Other Gases, and of Bacteriological Methods of Warfare 2014 [cited 2014 Nov 5]. Available from: http://disarmament.un.org/treaties/t/1925

130. Miller DH. The Geneva Protocol: Project Gutenberg. 2009.

131. Yanagisawa N, Morita H, Nakajima T. Sarin experiences in Japan: acute toxicity and long-term effects. Journal of the Neurological Sciences. 2006 Nov 1;249(1):76-85. PubMed PMID: 16962140. Epub 2006/09/12. eng.

CAPÍTULO 26

INTOXICAÇÕES INTENCIONAIS POR PRAGUICIDAS

Rafael Lanaro

Marcos Adriano Vieira Messias

Dayanne Cristiane Mozaner Bordin

Eduardo Geraldo de Campos

26.1 Praguicidas: passado e presente

O uso de substâncias de origem natural como enxofre, arsênio, mercúrio e chumbo no controle de pragas e em homicídios é relatado desde a Idade Antiga. Já na Idade Moderna, a partir do século XVII, extratos de plantas, por exemplo, o sulfato de nicotina obtido do tabaco, a rotenona obtida do timbó e o piretro proveniente de flores secas de plantas do gênero *Chrysanthemum cinerariaefolium*, começaram a ser utilizados como inseticidas, principalmente para controlar piolhos [1].

Até o início da Segunda Guerra Mundial, os inseticidas naturais eram a única forma de combate aos insetos. Contudo, pela necessidade específica de proteger o exército, as pesquisas de novos inseticidas foram ainda mais impulsionadas. A busca por compostos alternativos e mais potentes no combate aos insetos resultou em um grande crescimento e desenvolvimento da área de química orgânica sintética e, por consequência, resultou no desenvolvimento de vários praguicidas que são usados ainda hoje. Nesse contexto, os inseticidas sintéticos começaram a ser utilizados em grande escala pelos soldados durante a guerra, para sua própria proteção contra as pragas transmissoras da doença do sono, malária, entre outras nas regiões tropicais e subtropicais da África e da Ásia.

Um marco importante para a química foi a descoberta por Paul Muller da atividade inseticida do 1,1,1-tricloro-2,2-di(ρ-clorofenil)-etano em 1939, conhecido como DDT, que acabou lhe rendendo um prêmio Nobel em Medicina. Esse inseticida foi utilizado pela primeira vez em 1943, durante a guerra, para combater piolhos que infestavam tropas norte-americanas na Europa e posteriormente tornou-se o praguicida mais utilizado no mundo e também um grande problema para a toxicologia. A preocupação do ponto de vista toxicológico ocorreu por causa de sua grande persistência no meio ambiente e pela fácil acumulação no tecido adiposo do homem e de animais, causando assim vários desequilíbrios biológicos na natureza, fatores essenciais que acabaram levando a proibição de sua comercialização, distribuição e uso em vários países, incluindo o Brasil [1,2].

Em razão das características e propriedades dos compostos organoclorados, tornou-se necessário o desenvolvimento de novos compostos com eficiência no controle de pragas. Nesse contexto, surgiram os compostos organofosforados e os carbamatos.

Os organofosforados foram desenvolvidos nas décadas de 1930 e 1940, primeiramente para serem utilizados como armas químicas (sarin e tabun) durante a Segunda Guerra Mundial, por seus efeitos neurotóxicos, e não como inseticidas. Estima-se que a Alemanha tenha fabricado cerca de 12 mil toneladas desses agentes na Segunda Guerra [3]. São compostos que apresentam toxicidade aguda maior do que aquela dos compostos organoclorados, mas com menor persistência ambiental em relação a estes.

A partir da década de 1960, os compostos organofosforados foram introduzidos como uma nova classe de agrotóxicos no controle de pragas. Em 2000, 40% do mercado mundial de agrotóxicos era ocupado pelos organofosforados. Deve-se ressaltar que, durante os últimos trinta anos, os organofosforados têm sido amplamente utilizados como alternativa para substituir compostos organoclorados no controle de pragas [4].

Outro herbicida também foi amplamente empregado em guerras. Durante a guerra do Vietnã, soldados norte-americanos usaram o "agente laranja" – uma mistura de dois herbicidas, o 2,4-D (ácido diclorofenoxiacético) e o 2,4,5-T (ácido 2,4,5-triclorofenoxiacético) – para devastar as florestas vietnamitas. Ambos os constituintes do agente laranja tiveram seu uso aceito na agricultura, principalmente o 2,4-D, disponível comercialmente até hoje [3].

Os carbamatos tiveram seu desenvolvimento associado ao uso da planta *Physostigma venenosum*, natural do oeste da Ásia e conhecida como feijão-de-calabar. Na metade do século XIX, o princípio ativo dessa planta, o qual apresentava o grupamento carbamato e é responsável pelos efeitos medicinais e tóxicos dessa planta, foi isolado [2]. A principal utilização legal dos carbamatos hoje é no controle de pragas em ambientes doméstico, agrícola e veterinário. Segundo a Agência Nacional de Vigilância Sanitária (Anvisa), existem cerca de 25 diferentes tipos de carbamatos disponíveis em diferentes marcas comerciais [5].

Por outro lado, a principal utilização ilegal dos carbamatos se dá por meio do "chumbinho", que é um produto clandestino irregularmente utilizado como raticida, cuja composição pode variar e conter diversos tipos de carbamatos (aldicarb, carbofuram) ou de organofosforados (paration, malation). É responsável por intoxicações graves em todo o Brasil principalmente em decorrência do uso intencional para fins criminosos, como agente abortivo, para eliminação de animais domésticos e em tentativas de homicídio e suicídio [6].

Apesar do grande número de compostos para controlar as mais diversas pragas presentes atualmente no mercado, existe uma demanda crescente por novos produtos, uma vez que os organismos desenvolvem resistência a tais compostos após certo tempo de contato. Com isso, a quantidade de novos compostos e formulações passa a atingir níveis recordes, levando a graves problemas de degradação ambiental e aumento das intoxicações, sendo um dos principais problemas de saúde pública no meio rural brasileiro, além dos inúmeros casos relatados de intoxicações acidentais, intencionais e dos crimes de homicídio e suicídio [7,8].

26.2 Praguicidas no contexto da toxicologia

Agrotóxicos, defensivos agrícolas, agroquímicos, praguicidas, pesticidas, desinfestantes e biocidas são denominações dadas às substâncias ou misturas de substâncias, naturais ou sintéticas, destinadas a repelir ou combater pragas que podem: (1) consumir ou deteriorar materiais usados pelo homem, incluindo-se aí os alimentos; ou (2) causar ou transmitir doenças ao homem ou a animais domésticos. Portanto, entende-se por praga as bactérias, os fungos, as ervas daninhas, os artrópodes, os moluscos, os roedores e quaisquer formas de vida danosas ao ambiente ou à saúde e bem-estar do homem [9].

A legislação brasileira, através do Decreto nº 98.816 de 11 de janeiro de 1990 do Ministério da Agricultura, que regulamentou a Lei nº 7.802 de 11 de julho de 1989, introduziu o termo "agrotóxicos e componentes" no Capítulo I, Artigo 2º, inciso XX, XXI. Similarmente, a Organização para Agricultura e Alimentação das Nações Unidas (FAO) apresenta a mesma definição usada na legislação brasileira para o termo "agrotóxico", que substituiu o termo "defensivo agrícola" e passou a ser utilizado no Brasil após grande mobilização da sociedade civil. Mais do que uma simples mudança da terminologia, esse termo coloca em evidência a toxicidade desses produtos ao ambiente e à saúde.

Os agrotóxicos são ainda genericamente denominados praguicidas ou pesticidas [5,10]. Essa definição exclui os fertilizantes e os produtos químicos administrados aos animais para estimular o crescimento ou modificar o comportamento reprodutivo. [5,9,10]. A denominação "pesticida" (do inglês *pesticide*), muito difundida popularmente, parece inadequada à nossa língua. Literalmente, significa "o que mata peste", e peste, segundo os dicionários da língua portuguesa, é "qualquer doença epidêmica grave, de grande morbidade e mortalidade". Portanto, peste tem o sentido de doença, e não de praga, o que torna o anglicismo errôneo para o significado que se deseja expressar [5].

Calcula-se que atualmente existam cerca de 1.500 substâncias diferentes com ação praguicida (ingredientes ativos) em todo o mundo, a partir das quais são produzidas inúmeras formulações. No Brasil, mais de trezentos princípios ativos incluídos em mais de 2 mil produtos comerciais diferentes são registrados para o uso agrícola. Os praguicidas são classificados quanto à sua composição química, toxicidade, padrões de uso e quanto ao tipo de praga a ser destruída ou controlada [5,10] (Quadro 26.1).

Quadro 26.1 Classificação dos principais tipos de praguicidas

Inseticidas	Ação de combate a insetos, larvas e formigas; pertencem a quatro grupos químicos distintos: organofosforados, carbamatos, organoclorados e piretroides
Fungicidas	Ação em uma gama variada de fungos; os principais grupos são: ditiocarbamatos, hexaclorobenzeno, captan, trifenil estânico
Herbicidas	Ação contra ervas daninhas (nos últimos vinte anos teve uma ampla utilização na agricultura); seus principais representantes são: bipiridílos, pentaclorofenol, derivados da glicina, derivados do ácido fenoxiacético, triazinas, ureias modificadas, difenil éteres
Raticidas	Ação contra roedores; dicumarínicos
Acaricidas	Combate ácaros; benzilatos, tetrazinas, organitinas

O mercado brasileiro de praguicidas expandiu-se rapidamente na última década (190%), num ritmo de crescimento maior que o dobro do apresentado pelo mercado global (93%), o que coloca o Brasil em primeiro lugar no *ranking* mundial, desde 2008. Em 2010, um em cada quatro produtos do agronegócio em circulação no mundo era brasileiro. Segundo a Anvisa, na safra 2010/2011, o consumo foi de 936 mil toneladas, movimentando US$ 8,5 bilhões entre dez empresas que controlam 75% desse mercado no país [11].

A maior utilização dessas substâncias está na agricultura, no combate às mais variadas pragas e como desfolhantes e dessecantes. Contudo, um dado preocupante é relativo à utilização indevida desses praguicidas em ações como tentativas de suicídio, homicídio e maus-tratos a animais, que representam o maior número de casos de intoxicações fatais (3,7% dos casos em 2012) atendidas pelos Centros de Assistência e Informações Toxicológicas (CIAT) no país [6,12].

De acordo com o Sistema Nacional de Informação Tóxico-Farmacológica (Sinitox), mais de 9 mil casos de intoxicações por praguicidas (uso agrícola, uso doméstico e raticida) foram registrados em 2012 no Brasil, ocupando assim a terceira posição dos agentes tóxicos que mais provocaram intoxicações. Analisando essas intoxicações por agrotóxicos em 2012, cerca de 3.700 casos (41%) ocorreram por tentativa de suicídio, homicídio e violência ou aborto [12].

Os carbamatos e os organofosforados estão entre os mais utilizados na produção agrícola e nos ambientes domésticos, colocando-se entre os principais agentes tóxicos relacionados aos casos de intoxicação aguda humana, em situações acidentais ou intencionais, dada a alta toxicidade de alguns desses compostos e a facilidade de sua aquisição [13, 14].

Os processos de intoxicação humana têm se constituído em um dos mais graves problemas de saúde pública, pela falta de estratégias de controle e prevenção das intoxicações. Tudo isso está associado à facilidade de acesso da população a um número crescente de substâncias lícitas e ilícitas, com alto grau de toxicidade, tornando-se assim um desafio para a toxicologia atual, nas áreas clínica, analítica e no aspecto forense das investigações toxicológicas [13,14].

26.3 Paraquat (PQ)

O paraquat (PQ) ou 1,1-dimetil-4,4-bipiridil é um herbicida da classe dos bipiridilos, sintetizado pela primeira vez por Widel e Russo em 1882 [15]. Em 1933, Michaelis, no Instituto Rockfeller, produziu o PQ empregando-o como indicador de oxidorredução, conhecido como metil-viologeno, pois em sua forma reduzida forma um composto de cor azul ou violeta [16,17]. Contudo as propriedades herbicidas desse composto somente foram descobertas em 1955, no Jealott's Hill International Research Center de Bracknell, no Reino Unido, e sua introdução no mercado deu-se apenas em agosto de 1962 pela Plant Protection Division Ltd of Imperial Chemical Industries (antiga ICI, atual Syngenta). Sua primeira aplicação como herbicida ocorreu na Malásia em plantações de seringueiras [15,16,18].

É um herbicida de contato, não seletivo, utilizado em vários países do mundo. Atua nas ervas daninhas que podem diminuir o rendimento das culturas, em gramíneas para renovação de pastagens, em ervas daninhas aquáticas e em ambientes de não cultivo como aeroportos, em geradores de eletricidade, ao redor de prédios, em vias públicas, entre outros. Sua grande utilização se deve ao seu efeito rápido em baixas concentrações, com baixo efeito acumulativo no solo e pelo seu baixo custo em comparação com os demais herbicidas [16]. É aplicado em pré e pós-emergência em diversas culturas como desfolhante e dessecante, porém no Brasil sua aplicação sofre algumas restrições, podendo ser utilizado apenas como dessecante ou em pós-emergência, e seu limite máximo de resíduo (LMR) e intervalo de segurança para diversas culturas são preconizados e fiscalizados pela Anvisa [18-21].

Comercialmente, o PQ é vendido sob vários nomes. A principal linha comercializada é produzida pela Syngenta (Zeneca), porém existem outros fabricantes, como Sinon e Iharabras, e os nomes comerciais são: Gramoxone®, Gramocil®, Agroquat®, Gramuron®, PQ®, Paraquol®, Crisquat®, Esgram®, Paradox®, Pramato®, Dextrone X®, Dexuron®, Pathclear® e Priglone®, Preeglone®, Weedol®, associados com Diquat (outro herbicida da classe dos bipiridilos) [5,22,23]. Esses produtos são obtidos a partir do dicloreto de 1,1-dimetil-4,4-bipiridil e suas formulações variam de 25% a 44%, sendo que o solvente utilizado geralmente é água e outros adjuvantes e substâncias odoríferas e eméticas são utilizadas para formar o produto comercial [5,18].

Muito utilizado na agricultura, o PQ merece destaque especial dentro da classe dos praguicidas pelo alto índice de intoxicações e fatalidades que lhe são atribuídas, sendo responsável por 13% do total de mortes decorrentes de intoxicações por praguicidas e produtos químicos. Seu índice de mortalidade é superior a 70%, principalmente pela falta de um antídoto eficaz que reverta seus efeitos tóxicos. Dados do Centro de Controle de Intoxicações da Unicamp mostram que entre 2013-2014 o PQ foi o segundo agente tóxico que mais provocou mortes em situações intencionais (suicídio). Sua toxicidade se manifesta em vários órgãos, incluindo pulmões, fígado, cérebro, rins, coração, adrenais e músculos, mas o principal dano ocorre nos pulmões, culminando em falência respiratória e morte [15,24]. Vários países suspenderam ou restringiram severamente seu uso, além de adotarem medidas como diminuição da concentração e adição de substâncias odoríferas, corantes e eméticas nas preparações comerciais. Porém em muitos países ainda há uso indiscriminado do herbicida, aumentando os índices de morbimortalidade mundiais [15].

26.3.1 Propriedades físico-químicas

O PQ é um sólido incolor, cristalino e higroscópico cuja fórmula molecular é $C_{12}H_{14}N_2$ com peso molecular de 186,3. Na forma de dicloreto é representado pela fórmula $C_{12}H_{14}N_2Cl_2$, com peso molecular de 257,2. Não é volátil, explosivo ou inflamável em solução aquosa. É corrosivo para metais e estável em solução ácida ou neutra, mas se hidrolisa facilmente em meio alcalino (pH > 12). Os seus sais são eletrólitos fortes que, em solução, dissociam-se em uma grande quantidade de íons positivos e negativos [15,24]. Apresenta solubilidade em água, possui baixa solubilidade em álcoois e é insolúvel em hidrocarbonetos. O nome PQ é resultante do posicionamento molecular dos átomos de nitrogênio quaternários, em posição para (para + quat – ernário) (Figura 26.1) [19].

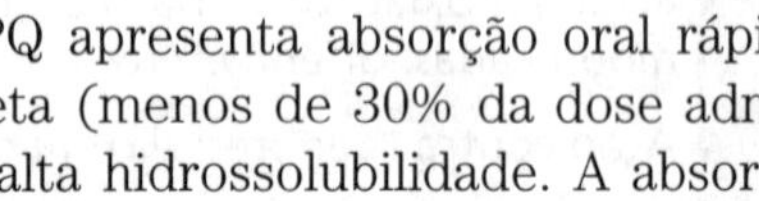

Figura 26.1 Estrutura molecular do herbicida PQ.

Fonte: extraído de [19].

26.3.2 Toxicocinética

O PQ apresenta absorção oral rápida, porém incompleta (menos de 30% da dose administrada) por sua alta hidrossolubilidade. A absorção ocorre predominantemente no intestino delgado (baixa absorção no estômago) e é influenciada por alimentos que podem reduzir a absorção do herbicida. O transporte ativo é o principal mecanismo responsável pela entrada do PQ em todas as células da mucosa. Caso a mucosa do trato gastrointestinal esteja comprometida, em razão de seu poder de corrosão, o percentual absorvido é elevado, graças à difusão passiva [16,25]. O pico da concentração plasmática ocorre geralmente após duas horas da ingestão e seu volume de distribuição é de 1-2 L/kg [25].

Outras vias como dérmica, ocular e respiratória apresentam mínima absorção sistêmica, porém apreciável, apesar do risco de dano tecidual local. Repetidos ou contínuos contatos na derme, especialmente com uma solução concentrada, podem levar à absorção pela corrente sanguínea caso a integridade do estrato córneo esteja prejudicada. A absorção de concentrações capazes de levar à morte foi relatada em exposições ocupacionais crônicas de PQ [19,25]. Apesar de numerosos estudos, a distribuição do PQ através dos diferentes tecidos ainda não está bem estabelecida. Dey et al. (1990) estudaram a toxicocinética em ratos expostos a uma única injeção subcutânea e observaram uma rápida absorção, apresentando um T-máx (tempo no qual a concentração máxima é atingida) de vinte minutos [26]. A distribuição foi mais bem caracterizada por um modelo bicompartimental. A média do tempo de meia-vida de eliminação foi de aproximadamente quarenta horas. O PQ foi rapidamente distribuído para a maioria dos tecidos, apresentando concentrações elevadas nos rins, fígado, cérebro, baço, músculos e pulmões (principais reservatórios) e as concentrações máximas nos rins e nos tecidos pulmonares foram atingidas em cerca de quarenta minutos após a exposição [26]. No entanto, a maioria dos pesquisadores concorda que a cinética de PQ no plasma é mais bem descrita por um modelo tricompartimental [16,19].

Apenas uma pequena fração do PQ administrada oralmente é metabolizada, sendo que a maior parte é excretada inalterada pela urina [24], com mais de 90% da dose absorvida sendo eliminada pelos rins na forma inalterada nas primeiras doze a 24 horas após a ingestão. A redistribuição dos pulmões e músculos para corrente sanguínea é lenta, com meia-vida de aproximadamente 24 horas, apresentando período de detecção de baixas concentrações de PQ na urina por vários dias após sua administração [25].

26.3.3 Toxicodinâmica

O real mecanismo de ação do PQ ainda está incerto. Entretanto, sabe-se que, após a sua entrada na célula, o PQ sofre processos de redução e oxidação contínuas que são conhecidos como ciclo redox, desencadeando a formação de radicais livres e espécies reativas de oxigênio, entre elas o radical superóxido (O_2^-), o peróxido de hidrogênio (H_2O_2) e o radical hidroxila (OH), os quais são instáveis e reagem rapidamente com ácidos graxos, provocando lesão nas membranas, proteínas e DNA [15,16]. O PQ reage como uma substância doadora de elétrons e o fosfato de nicotinamida adenina dinucleotídeo (NADPH) sofre redução por ação da enzima NADPH-citocromo P450 redutase, o que resulta na geração de um radical PQ. O radical formado é altamente instável e transfere um elétron para o oxigênio molecular, formando o radical ânion superóxido (O_2^-), que é uma espécie altamente reativa. Dessa forma se inicia o ciclo redox [5].

O O_2^- que se forma pode ser detoxificado pela ação da enzima superóxido dismutase (SOD), produzindo o peróxido de hidrogênio. Esse produto formado é removido através da enzima catalase. Entretanto, a SOD pode ser suprimida pela grande quantidade de superóxido que vai sendo produzida quando há altas doses de PQ. Dessa forma, os ânions superóxido sofrem uma reação de dismutação não enzimática, formando o oxigênio singleto, que ataca os lipídios insaturados das membranas celulares, dando origem a radicais livres lipídicos que, espontaneamente, geram radicais peroxil lipídicos. Esses podem reagir com outros ácidos graxos poli-insaturados, produzindo um hidroperóxido lipídico e mais radicais livres lipídicos, propagando o processo continuamente como uma reação em cadeia chamada peroxidação lipídica [5,15,19].

A morte celular ocorre quando as funções são alteradas pela reação das espécies reativas de oxigênio com o DNA, as proteínas e as membranas celulares. O balanço entre a geração de radicais de oxigênio e sua dissipação pelos sistemas celulares antioxidantes (SOD, catalase, glutationa-peroxidase e vitaminas C e E, sistemas que requerem um período de tempo para sua adaptação e equilíbrio) é alterado, possibilitando que espécies reativas ataquem as biomoléculas, tendo como consequência o dano tecidual. Tal mecanismo descrito pode explicar as lesões nos principais órgãos-alvo [5,15,25].

26.3.4 Efeitos tóxicos agudos

As manifestações clínicas comumente presentes nas intoxicações agudas por PQ estão resumidas por tipo de sistema no Quadro 26.2 [25].

Quadro 26.2 Manifestações clínicas agudas do PQ por sistema

SISTEMA ATINGIDO	EFEITO
Urinário	Necrose tubular aguda, disfunção tubular proximal, oligúria
Nervoso central	Coma, convulsões e edema cerebral
Respiratório	Tosse, afonia, pneumotórax, hemorragia, fibrose, mediastinite, alteração faríngea (membrana)

(continua)

Quadro 26.2 Manifestações clínicas agudas do PQ por sistema (*continuação*)

SISTEMA ATINGIDO	EFEITO
Cardiovascular	Hipovolemia, choque, disritmia
Circulatório	Leucocitose precoce, anemia tardia
Dérmico	Corrosão da pele, da córnea, da conjuntiva e da mucosa nasal
Endócrino	Insuficiência adrenal causada pela necrose adrenal (falência múltipla dos órgãos)
Gastrointestinal	Ulceração e corrosão orofaríngea, náusea, vômito, diarreia, disfagia, perfuração do esôfago, pancreatite, necrose hepática, colestase

26.4 Glifosato

O glifosato ou sal isopropilamina de N--(fosfonometil)-glicina foi descoberto em 1971 por Franz e em 1974 foi introduzido no mercado europeu como herbicida. É o herbicida mais vendido e consumido em todo o mundo [27,28]. Seu uso é registrado legalmente em mais de 130 países, sendo seu primeiro e principal produtor atualmente a Companhia Monsanto, porém outros fabricantes como Syngenta, Cheminova, Agripec, Helm, Atanor, Nortox, Sinon e Milenia também produzem o glifosato. Comercialmente o glifosato é registrado como Roundup®, Glifosato®, Agrisato®, Glifogan®, Glifonox®, Rodeo®, Rondo®, Bronco®, Weedoff®, Pasor®, Radar®, Polaris®, Scout®, Trop®, Zapp QI® e Sting®. Sua formulação original contém o sal de isopropilamina (41%), um surfactante de polioxietileneamina (15,4%) e água [5,23,27]. Essas formulações descritas podem apresentar variações na concentração, no tipo de surfactante e no tipo de sal utilizado, sendo encontrados os sais de monoamônio, diamônio, sesquissódio, potássio, trimetilsulfonil (trimesium), entre outros sais que aparentemente apresentam toxicidades diferentes, enquanto o principal surfactante utilizado é o polioxietileneamina [5,25].

O glifosato possui um ingrediente ativo de baixa toxicidade para humanos, animais, insetos e microrganismos, sendo denominado "virtualmente não tóxico". Contudo, é formulado com diversos ingredientes, denominados de "inertes", que são responsáveis por inúmeros efeitos agudos letais e crônicos [25,27]. As principais substâncias inertes presentes nas formulações de glifosato são 5-cloro-2 metil--3(2H)-isotiazolona, FD&C azul nº 1, glicerina, 3-iodo-2-propinil-butil-carbamato, destilados de petróleo, metil-p-hidroxibenzoato, propilenoglicol, sulfito de sódio, benzoato de sódio, ácido sórbico e fenilfenol. O grande sucesso nas vendas do glifosato se deve à elevada eficiência na eliminação de ervas daninhas, com a vantagem adicional de ser de baixa toxicidade aos que o manipulam, à comunidade e ao ambiente. Apesar de o herbicida ser citado como pouco tóxico, há evidências de efeitos deletérios em seres humanos decorrente da toxicidade ambiental, causando danos indiretos e também levando à resistência de algumas espécies de ervas que se adaptam após o uso prolongado do herbicida [29].

O glifosato é um herbicida sistêmico, não seletivo e de pós-emergência, muito utilizado na agricultura e em outras áreas não cultivadas para o controle de ervas daninhas anuais e perenes [30]. No Brasil, tem sido amplamente utilizado na agricultura, principalmente como dessecante, maturador, aplicado pós-emergência em cultivos sob plantio direto, nas entrelinhas de culturas e na eliminação de plantas daninhas em ambientes aquáticos [21,28]. No uso não agrícola, é empregado em margens de rodovias e ferrovias, áreas sob a rede de transmissão elétrica, pátios industriais, oleodutos e aceiros, para fins de erradicar plantações rasteiras que crescem naturalmente e podem comprometer o funcionamento desses locais/objetos, e também é empregado como domissanitário na jardinagem [21]. Na década de 1970, após a constatação da toxicidade relacionada ao paraquat, quando este era aplicado com propósito de erradicação das culturas de substâncias ilícitas, como a *Cannabis sativa*, houve a sua substituição pelo glifosato, que é até hoje utilizado com o propósito de erradicação das culturas de *Cannabis sativa L*, *Erythroxylum coca* e *Papaver somniferum* em alguns países da América Latina, principalmente na Colômbia – em uma ação governamental chamada "Plano Colômbia", popularmente conhecida como War of Drugs. O glifosato é o segundo herbicida, após o PQ, mais utilizado para cultivos ilícitos da *Erythroxylum coca* na Colômbia [31-33].

26.4.1 Propriedades físico-químicas

O glifosato apresenta fórmula molecular $C_3H_8NO_5P$ (m.m. = 169,1 g/mol) e, na forma de sal de isopropilamônio, apresenta-se acrescido do grupo $(CH_3)_2CHNH_3^+$ (m.m. = 228,2 g/mol)[3]. Em condições ambientais, tanto o glifosato quanto seus sais são sólidos cristalinos, muito solúveis em água (12 g/L a 25

°C, para glifosato) e quase insolúveis em solventes orgânicos comuns, tais como acetona e etanol, entre outros. Funde-se a 230 °C, possui densidade aparente de 0,5 g/cm³ e se apresenta bastante estável em presença de luz, inclusive em temperaturas superiores a 60 °C. Não apresenta grupos cromóforos e fluoróforos, o que impede a sua detecção por detectores convencionais (absorção UV/VIS e detectores de fluorescência) [29, 34].

O glifosato é um organofosforado pertencente ao grupo químico dos aminoácidos fosforados e apresenta um comportamento zwiteriônico. Aminoácidos e derivados apresentam comportamento zwiteriônico, ou seja, em sua estrutura o grupo carboxílico apresenta caráter mais fortemente ácido que o grupo amônio [35]. No caso do glifosato, os grupamentos fosfato e carboxílico têm caráter ácido superior àquele do grupamento amônio. Em pH inferiores a 0,8, o glifosato se apresenta com uma protonação no sítio da amina. Em pH 0,8, valor da primeira constante de dissociação, tem-se 50% das moléculas possuindo essa protonação e as demais moléculas com uma dissociação no grupo fosfato. A partir desse valor até pH 2,2, tem-se predominância da forma molecular, com uma dissociação (PO_2H) e uma protonação (NH_2^+), sendo que, em pH 2,2, 50% do composto já possuirá duas dissociações, embora mantenha a protonação no grupamento amina. Entre pH 2,2 e 5,4, o herbicida se mostra com predominância da forma com duas dissociações, tendo, do mesmo modo, 50% das moléculas com três dissociações em pH 5,5. A partir de pH 5,5 até 10,2, tem-se três dissociações. Nesse pH ocorrem as formas com três e quatro dissociações e, então, o glifosato se apresenta totalmente dissociado acima de pH 11. Os valores da constante de dissociação (pKa) do glifosato são $pKa_1 = 0,8$, $pKa_2 = 2,16$, $pKa_3 = 5,46$ e $pKa_4 = 10,14$ [29,35].

Microrganismos degradam o herbicida glifosato em ácido aminometilfosfônico (AMPA), principal metabólito e produto de degradação no ambiente, comumente encontrado por um período de tempo maior em amostras de solo, água e outras matrizes. Níveis de AMPA encontrados representam em média cerca de 10% do glifosato presente (dependendo do tipo de matriz aplicada). Alguns países não consideram o AMPA de importância toxicológica, por isso não se tem estabelecido LMR em culturas onde o glifosato é aplicado. Porém, em outros países, como Canadá, já se tem estabelecido tais limites para o AMPA, pois atua como um marcador de exposição ao glifosato, principalmente nas culturas tolerantes ao glifosato [36]. Suas propriedades físico-químicas são semelhantes às do glifosato, e sua toxicidade aguda comparada ao composto original é menor para os mamíferos, porém maior para seres aquáticos (DL_{50} oral e dérmica em ratos, maior que 5.000 mg/kg para o glifosato e 8.300 mg/kg para AMPA) [25,30,36].

26.4.2 Toxicocinética

O glifosato e seu principal metabólito, AMPA, apresentam em sua estrutura ácido fosfônico, cujos valores de pK_a são baixos e, portanto, ambos os compostos são absorvidos no lúmen intestinal. Contudo, somente de 15% a 36% da dose oral administrada repetida ou unicamente é absorvida principalmente no intestino delgado, demonstrando assim que o glifosato e AMPA são mal absorvidos mesmo em condições ácidas favoráveis [36].

Após a absorção, glifosato e AMPA são distribuídos no organismo, sendo encontrados principalmente nos intestinos, nos ossos, no cólon e nos rins. A concentração plasmática de pico é observada duas horas após a administração oral em humanos e após 6 horas e 30 minutos em outras espécies animais. A biotransformação para o glifosato em mamíferos é mínima, sendo que apenas cerca de 0,5% a 1,0% do glifosato é convertido pelo metabolismo bacteriano para o AMPA, que não é metabolizado pelo organismo [5,25,36]. Como esperado para as substâncias que não são bem absorvidas pelo trato gastrointestinal, as fezes constituem a principal via de eliminação. As pequenas frações absorvidas de glifosato e AMPA são rapidamente excretadas pela urina, quase que exclusivamente na forma inalterada. Em intoxicações, a meia-vida de eliminação é de duas a três horas, apresentando para função renal normal e, caso esta esteja comprometida, a meia-vida será maior, dependendo da quantidade exposta [25,36].

Resultados de estudos sobre a eliminação de glifosato e AMPA após doses orais repetidas mostraram que não há efeitos significativos na eliminação quando comparados com aqueles observados após exposição a uma única dose e que ambos os compostos não apresentam acumulação. A demora na eliminação dos ossos é explicável pela interação reversível entre o ácido fosfônico presente no glifosato e AMPA com os íons cálcio (mesmo mecanismo de acumulação no ambiente, variando apenas os tipos de matrizes) [36]. Em estudos *in vivo* com macacos *rhezus* e *in vitro* utilizando tecidos humanos, a absorção por via cutânea apresentou valores menores que 2%. Portanto, o potencial para indução de efeitos sistêmicos é limitado pela combinação da baixa absorção e rápida excreção do glifosato ou AMPA após exposição oral ou cutânea [5,36].

26.4.3 Toxicodinâmica

O mecanismo de ação do glifosato puro e disponível comercialmente em formulações ainda é questionado. O estudo e a elucidação do mecanismo são dificultados pela grande variedade de sais de glifosato e de surfactantes, produtos inertes e concentrações presentes nos diversos produtos comerciais [37]. Muito embora se saiba que o herbicida inibe a enzima enolpiruvil shikimato-3-fosfato sintase (EPSP) em vegetais, a ausência de enzima equivalente em mamíferos impossibilita atribuir a toxicidade do glifosato a esse mecanismo de ação [30].

Apesar de ser um herbicida organofosforado, o glifosato não é um inibidor da enzima acetilcolinesterase e, portanto, não induz os efeitos decorrentes do acúmulo de acetilcolina no espaço intersináptico [5]. O glifosato aumenta o consumo de oxigênio, da atividade ATPase, interrompe a atividade da enzima aromatase (responsável pela síntese de estrógenos) e a alteração dos níveis de RNAm e reduz os níveis hepáticos do citocromo P450. Em razão da redução dos níveis de citocromo P450, ocorre interferência no metabolismo de alguns fármacos, podendo originar uma predisposição para porfirias [32]. Em estudos utilizando mitocôndrias isoladas do fígado de ratos, constatou-se que o glifosato age desacoplando a fosforilação oxidativa e interferindo na reação *trans*-hidrogenase dependente de energia [5,32].

26.4.4 Efeitos tóxicos agudos

As manifestações clínicas comumente presentes nas intoxicações agudas por glifosato estão resumidas por tipo de sistema no Quadro 26.3 [5,25].

Quadro 26.3 Manifestações clínicas agudas do glifosato por sistema

SISTEMA ATINGIDO	EFEITO
Urinário	Necrose tubular aguda, insuficiência renal hematúria, oligúria, anúria
Nervoso central	Alteração da consciência e estado mental, letargia

(*continua*)

Quadro 26.3 Manifestações clínicas agudas do glifosato por sistema (*continuação*)

SISTEMA ATINGIDO	EFEITO
Respiratório	Hipóxia, lesão pulmonar aguda, irritação, erosão das mucosas do trato respiratório, sensibilidade na via respiratória superior, broncoespasmo (raro)
Cardiovascular	Choque, disritmia, taquicardia, palpitações, arritmia ventricular, hipotensão, bradicardia e parada cardíaca
Circulatório	Leucocitose
Dérmico	Irritação, piloereção, eritema, dermatite de contato
Endócrino	Acidose metabólica, hipertermia, elevação da amilase sérica, bilirrubina e desidrogenase láctica e hiperpotassemia
Gastrointestinal	Náuseas, vômitos, hiperemia da mucosa, odinofagia, disfonia, aumento da salivação, erosão, ulceração, esofagite, gastrite
Ocular	Conjuntivite e edema periorbitário

26.5 Compostos organofosforados e carbamatos

Os primeiros compostos organofosforados foram sintetizados por um grupo de pesquisadores alemães liderados por Gerhard Scharader na Farbenfabriken Bayer, em 1937, para substituir aos organoclorados, em virtude de características indesejáveis como a bioacumulação [38]. Esses compostos são utilizados na agricultura como praguicidas e, atualmente, sua utilização no Brasil representa 50% da quantidade usada em toda a América Latina. Para Eddleston (2015), esse uso indiscriminado, a falta de utilização de equipamentos de proteção individual na aplicação, tem contribuído para um número expressivo de intoxicações agudas e crônicas [39]. Além do uso como praguicidas, os organofosforados também são usados como antioxidantes e estabilizantes para plásticos e óleos industriais, e em diversas áreas de aplicação, por sua resistência à corrosão, extração e complexação [40].

Muitos dos inseticidas contendo fósforo são derivados dos ácidos fosfórico e tiofosfórico com ação de inibição da enzima acetilcolinesterase. A fórmula estrutura geral dessa classe de compostos é apresentada na Figura 26.2. A toxicidade dos compostos organofosforados depende da posição dos átomos de oxigênio e enxofre na estrutura.

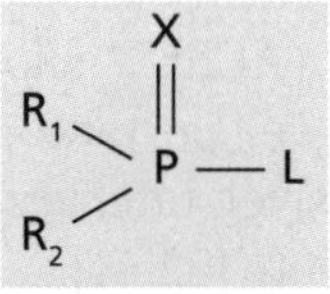

X = O, S e Se
R_1; R_2 = alquil, SR', OR' ou NHR'
L = halogênios; alquil, aril ou heterocíclicos

Figura 26.2 Estrutura básica dos inseticidas organofosforados.

Fonte: [extraído de 41 e 5].

Os principais organofosforados comercializados pelas companhias agroquímicas são o paration, metil paration, clorpirifós, terbufós, malation, monocrotofós, diazinon, fenitrotion e dimetoato (Figura 26.3).

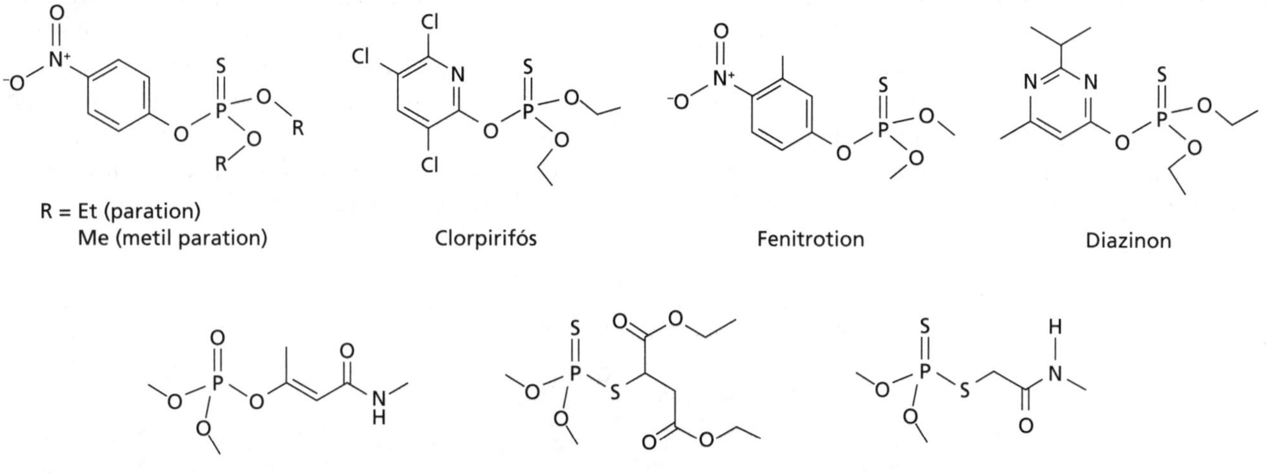

R = Et (paration)
Me (metil paration)

Clorpirifós

Fenitrotion

Diazinon

Monocrotofos

Malation

Dimetoato

Figura 26.3 Principais compostos organofosforados.

O primeiro praguicida carbamato com propriedades fungicidas foi sintetizado em 1930. O grupo dos carbamatos é formado por derivados do ácido N-metil-carbâmico e dos ácidos tiocarbamatos e ditiocarbamatos, sendo que estes últimos não são inibidores das colinesterases. Entre os derivados do ácido N-metil-carbâmico, incluem-se os metilcarbamatos (aldicarb e carbaril), os carbamatos fenil-substituídos (propoxur) e os carbamatos cíclicos (carbofurano) [42]. Os carbamatos registrados para uso agrícola são: o aldicarb (Temik 150®), o carbaril (Sevin®, Carbaryl®), o carbofuran (Furacarb®, Carboran®, Furadan®), o metomil (Methomex®, Lannate®), o benfuracarb (Afitrix®), o mancozeb (Triziman®), o carbosulfano (Fênix®), o cloridrato de propamocarbe (Previan®, Tattoo®), o ipravolicarb (Pósitron Duo®); os registrados para uso veterinário são o carbaril (Curadil®, Farmaril®), o metomil (Vetomil®) e o propoxur 24 (Kiltix®, Tanidil®, Bolfo®), entre outros [42].

26.5.1 Toxicocinética

Os organofosforados e carbamatos apresentam absorção pelas vias oral, dérmica e respiratória, com velocidade dependente de fatores como a formulação, propriedades físico-químicas do composto e condições do ambiente [43], sendo a via respiratória a mais eficaz, seguida pela oral e dérmica. Enquanto a exposição pelas vias respiratória e dérmica são as formas mais comuns nos casos ocupacionais e acidentais, a via oral é a mais comum nos casos de tentativa de suicídio e de homicídio. Os organofosforados são muito bem absorvidos pelos pulmões, pelo trato gastrointestinal, pela pele, por membranas mucosas e pela conjuntiva. A presença de fissuras na pele, dermatite e temperaturas mais elevadas tendem a aumentar a absorção cutânea. Os carbamatos são bem absorvidos através da pele e membranas mucosas, bem como por inalação e ingestão [44].

A maioria desses compostos apresenta caráter lipofílico, podendo se acumular em tecido adiposo. Efeitos tóxicos podem acontecer em pacientes cujos depósitos de gordura contendo organofosforados são mobilizados. Alguns desses compostos apresentam pico máximo de concentração de trinta a quarenta minutos após a exposição por via oral. Depois de sua distribuição pelo organismo, os compostos organofosforados e carbamatos se encontram em maiores concentrações nos órgãos e tecidos envolvidos com a sua biotransformação. A maioria deles sofre hidrólise, hidroxilação e conjugação no fígado e na parede intestinal, sendo que 90% da dose absorvida é excretada pela urina dentro de três dias [43].

Pode-se diferenciar os carbamatos dos organofosforados por meio de parâmetros toxicocinéticos. Os carbamatos não atravessam facilmente a barreira hematoencefálica e, portanto, seus efeitos são mais limitados. Apenas os carbamatos mais lipofílicos podem alcançar concentrações significativas no sistema nervoso central e/ou outros tecidos ricos em lipídios. Entretanto, a maioria dos carbamatos não desencadeia sintomatologia excessiva proveniente de estimulação colinérgica no SNC, sendo que, quando esses sintomas estão presentes, podem ser considerados sinais de gravidade da intoxicação [43]. Além disso, a ligação carbamato-acetilcolinesterase (AChE) não provoca o envelhecimento da enzima, e, portanto, seu quadro é caracterizado como reversível, uma vez que a hidrólise acontece espontaneamente [22,41].

As reações de biotransformação de organofosforados em mamíferos ocorrem de maneira acelerada e os produtos formados podem ser ativos ou inativos. Considere, por exemplo, a biotransformação do metil paration (Figura 26.4). Após reação de oxidação, o metabólito ativo paraoxon (DL_{50} oral em ratos = 760 µg/kg), mais tóxico que o precursor, é obtido. Dependendo ainda da persistência da forma bioativada no organismo, pode-se inferir que a estas poderá interagir com seus sítios de ação vários dias após a última exposição [38,45,46].

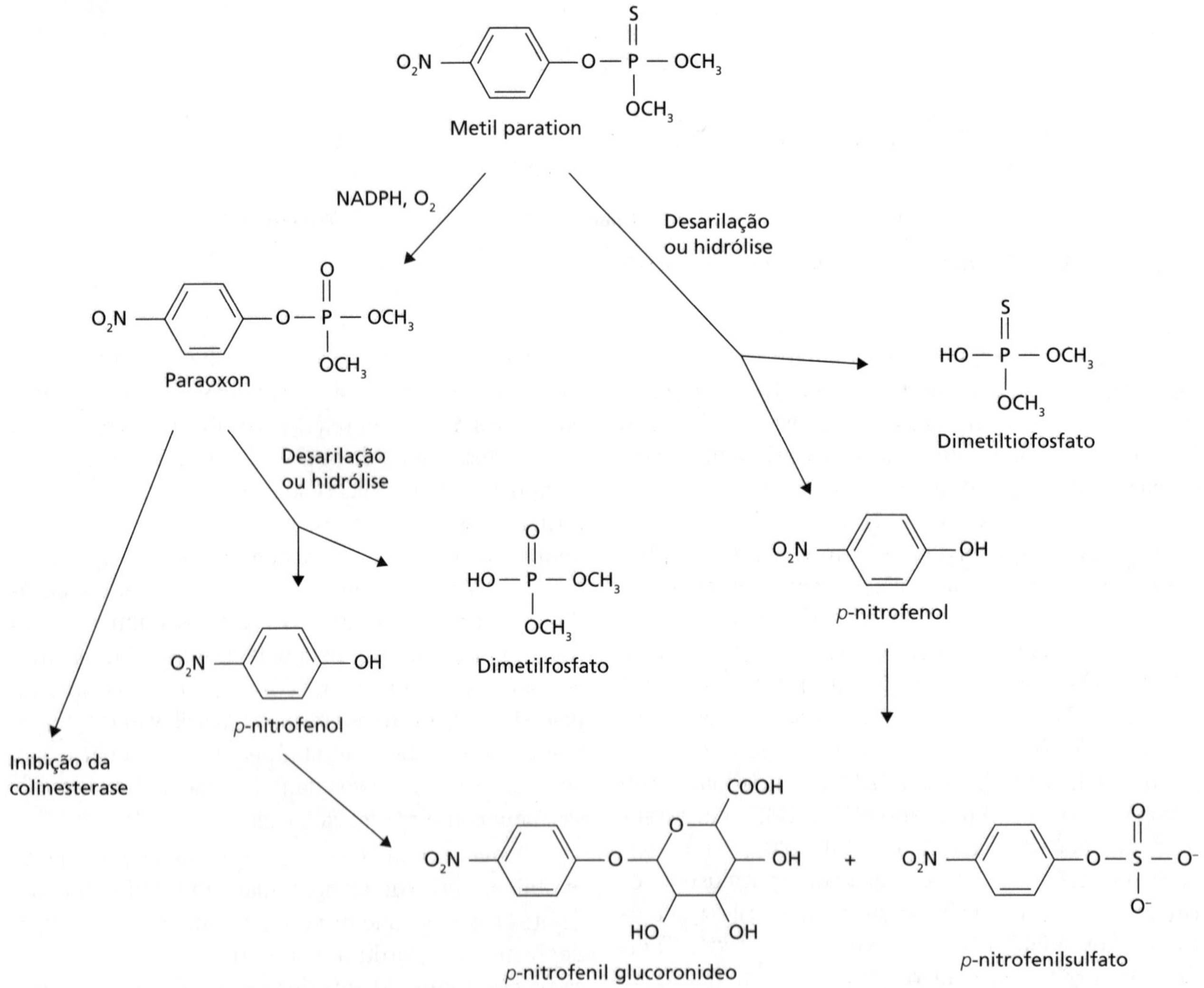

Figura 26.4 Processos de biotransformação do metil paration (organofosforado).

26.5.2 Toxicodinâmica

Os organofosforados e os carbamatos são considerados agentes anticolinesterásicos, uma vez que inibem a enzima acetilcolinesterase (AChE), responsável pela degradação do neurotransmissor acetilcolina (ACh) na fenda sináptica [47]. A ACh é o neurotransmissor encontrado tanto nos gânglios parassimpáticos como nos simpáticos [41], sendo um elemento necessário para a transmissão do impulso nervoso para todas as fibras pré-ganglionares do sistema nervoso autônomo (SNA), para todas as fibras parassimpáticas pós-ganglionares e também para algumas fibras simpáticas pós-ganglionares [5].

Após o evento da despolarização do axônio terminal, vesículas contendo ACh fundem-se com a membrana externa do axônio e, consequentemente, há a liberação do mediador químico no espaço intersináptico ou entre a fibra nervosa e a célula efetora [41]. Em seguida, a ACh liga-se a um receptor colinérgico (nicotínico ou muscarínico), gerando, dessa forma, um potencial pós-sináptico e, portanto, a propagação do impulso nervoso. Posteriormente, a fim de evitar uma hiperestimulação nos receptores colinérgicos, pelo acúmulo de ACh na fenda sináptica, esse mediador químico sofre o fenômeno da hidrólise mediante a ação da enzima AChE. A ACh se decompõe em colina e ácido acético, sendo que um dos produtos formados por essa reação, a colina, volta para a célula e reage com a acetilcoenzima A sob a catálise da colina acetiltransferase. Uma nova molécula do neurotransmissor é novamente formada e armazenada dentro da célula, em vesículas presentes principalmente nas terminações do axônio [43].

As colinesterases, um grupo de enzimas responsáveis pela hidrólise de ésteres, apresentam-se sob duas formas diferentes: a AChE, também conhecida como colinesterase específica, verdadeira ou eritrocitária, e a butirilcolinesterase (BuChE), também denominada de pseudocolinesterase, colinesterase plasmática, inespecífica ou sérica [44]. A AChE, a principal colinesterase envolvida no mecanismo de toxicidade desses praguicidas, é sintetizada na eritropoese, com renovação de noventa a 120 dias. É encontrada no tecido nervoso, na junção neuromuscular e nos eritrócitos [5]. A BuChE hidrolisa vários ésteres, entre eles a acetilcolina. Sintetizada no fígado, com renovação de trinta a sessenta dias, essa enzima está localizada principalmente no plasma, no fígado, no pâncreas, na mucosa intestinal e na substância branca do SNC [5]. A enzima AChE apresenta um sítio aniônico e um esterásico na sua estrutura, de modo que as interações enzima-substrato ocorrem através de forças eletrostáticas, interações dipolo-dipolo, interações hidrofóbicas, pontes de hidrogênio e forças de Van der Waals [43].

Em relação aos inseticidas, tem-se que os organofosforados se unem somente no sítio esterásico da enzima, na qual o fósforo forma uma união covalente e estável (enzima fosforilada). A reação de esterificação é potencialmente irreversível na presença de alguns inibidores, e a regeneração da enzima é lenta, podendo prolongar-se durante meses, sendo determinada pelo tempo requerido para a síntese de novas moléculas de AChE [1]. A inibição das colinesterases pelos carbamatos é instável e reversível e a recuperação da atividade enzimática é muito mais rápida quando comparada aos organofosforados. Esse processo ocorre formando, primeiramente, um complexo reversível carbamato-acetilcolinesterase, seguido da reação de carbamilação irreversível da enzima e, finalmente, a descarbamilação por hidrólise. A enzima original é liberada e o carbamato fica desmembrado e sem atividade como agente anticolinesterásico [5].

26.5.3 Efeitos tóxicos agudos

Como os inseticidas organofosforados e carbamatos atuam como inibidores da AChE, impedindo a hidrólise da ACh, esta útima, quando acumulada, pode provocar síndrome colinérgica, caracterizada pela presença de fasciculações musculares, sialorreia, broncorreia, diarreia, bradicardia/taquicardia, miose, hipotonia, sudorese e vômitos [48]. Os carbamatos, além da inibição reversível da AChE, induzem outros efeitos bioquímicos e farmacológicos, incluindo um decréscimo de atividade metabólica do fígado, alterações dos níveis de serotonina no sangue e um decréscimo da atividade da glândula tireoide [49].

A intoxicação por inibidores da colinesterase tem um quadro clínico de acordo com o grau de exposição, que podem aparecer entre cinco minutos e 24 horas [40]. O quadro clínico é constituído por efeitos muscarínicos, nicotínicos e do SNC, como salivação, miofasciculações, sudorese e miose. Em seguida aparecem a broncorreia, ansiedade, fraqueza, tremores, hipotensão, taquicardia, vômitos e náuseas. Os sintomas observados com menor frequência são: insuficiência respiratória, dispneia, desorientação, torpor, agitação, hipertensão, bradicardia, cólica abdominal, diarreia, hipotermia, cianose e coma [38,40,46].

26.5.4 Armas químicas

Segundo a OMS, os agentes químicos de guerra são substâncias empregadas por causa dos efeitos tóxicos provocados em homens, animais e plantas [50]. Essas substâncias têm sido utilizadas nas guerras desde tempos remotos; por exemplo, em 600 a.C. os atenienses envenenavam as águas de um rio com raiz de heléboro, e então os inimigos consumiam a água e apresentavam intensa diarreia. Mas foi a partir da Primeira Guerra Mundial que essas armas ganharam a conotação de armas de destruição em massa, pois foram amplamente utilizadas com a finalidade de provocar injúrias e/ou mortes [51].

Na Segunda Guerra Mundial, algumas substâncias foram empregadas pelos alemães nas câmaras de gás com a finalidade de exterminar civis e militares, e durante esse período foram desenvolvidos os mais potentes agentes químicos de guerra: os organofosforados neurotóxicos, ou "agentes dos nervos". Esses agentes possuem toxicidade várias vezes maior do que seus similares e foram inicialmente planejados como praguicidas. Nas últimas décadas, devido ao baixo custo e fácil manufatura, os organofosforados passaram a ser alvo de interesse de organizações terroristas, fazendo com que a defesa contra tais agentes passasse a ser um foco de preocupação tanto no meio militar quanto civil. Na Guerra do Vietnã, empregou-se o desfolhante conhecido como agente laranja, que devastou a floresta vietnamita, além do emprego do napalm – uma mistura de ácido naftênico e ácido palmítico com característica incendiária –, agente que fez diversas vítimas. Na Guerra Irã-Iraque foram amplamente empregados o agente mostarda e os agentes neurotóxicos, que fizeram mais de 45 mil vítimas [14,51].

Mesmo tendo sido sintetizados durante a Segunda Guerra Mundial, o primeiro relato de utilização de um agente de guerra neurotóxico foi em 1988, com o uso do "agente sarin" pelo Iraque contra os curdos. O mesmo "agente sarin" foi usado em 1995, em um ataque terrorista no metrô de Tóquio, e em 2002 uma substância conhecida como BZ (3-quinonuclidinil-benzilato) foi empregada pelas forças russas para libertar reféns [50,51].

Em 1937, Gerhard Schard desenvolveu a fórmula geral dos compostos organofosforados, e ocorreu nesse período a fabricação do GA (tabun) e GB (sarin). Esses compostos foram empregados primeiramente durante a Guerra do Golfo Pérsico pelo Iraque contra os rebeldes curtos. Além de terem sido empregados como agentes químicos de guerra, atualmente alguns organofosforados são amplamente utilizados como praguicidas (inseticidas). Uma lista com os principais compostos é apresentada no Quadro 26.4 [50].

Quadro 26.4 Principais compostos organofosforados

NOME COMUM	NOME QUÍMICO	VOLATILIDADE
GA (tabun)	o-etil dimetil aminofosforil cianeto	Muito volátil
GB (sarin)	Isopropil metilfosforofluoridato	Volátil
GD (soman)	Pinacolil metilfosforofluoridato	Volatilidade moderada
VX	o-etil s-di-isopropil aminometil	Pouco volátil (óleo)

26.5.5 Aldicarb

Sintetizado na década 1960 por Payne e Weiden, o aldicarb 2-metil-2(metiltio)-propionaldeído O-(metilcarbamoil) foi introduzido na agricultura em 1970 com o nome de Temik 150® (Figura 26.5). Por sua elevada eficácia, foi registrado mundialmente como inseticida, acaricida e nematicida para uma grande variedade de culturas agrícolas [7].

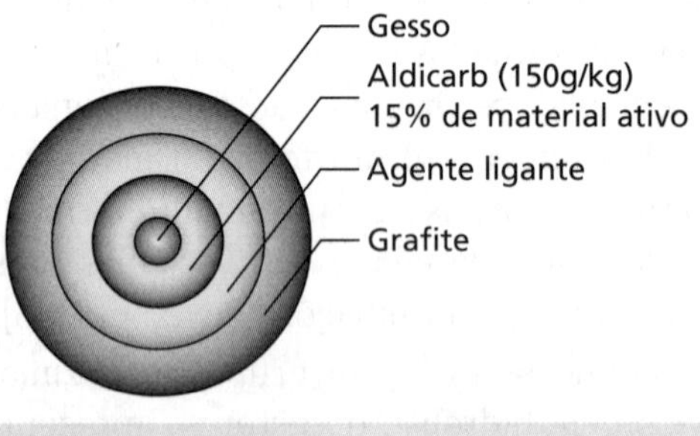

Figura 26.5 Estrutura do Temik 150® [52]

A comercialização e o uso do Temik 150® no Brasil atualmente estão proibidos, exceto nos estados da Bahia, Minas Gerais e São Paulo, que autorizam seu uso para agricultores certificados e propriedades cadastradas pela empresa fabricante, em culturas de batata, café, cana-de-açúcar, citros e viveiros de mudas cítricas [53].

O aldicarb é absorvido com facilidade no trato gastrointestinal e, em menor intensidade, através da pele. Sofre biotransformação hepática, que envolve os fenômenos da hidrólise do éster carbamato e oxidação do enxofre, sulfóxido e sulfona. A hidrólise ocorre lentamente e produz aldicarb oxima e aldicarb nitrila, compostos com pouca ou nenhuma atividade inseticida ou toxicidade. A oxidação ocorre rapidamente e produz aldicarb sulfóxido (ASX), e uma porção deste é lentamente degradada a aldicarb sulfona (ASN) antes de ser hidrolisado a agentes não colinérgicos (Figura 26.6) [52].

Do ponto de vista toxicológico, o aldicarb e seu metabólito ASX possuem toxicidade aguda semelhante para mamíferos. O ASX é um inibidor mais potente da AChE e, portanto, o principal responsável pelo controle das pragas (DL_{50} oral de 0,49 a 1,41 mg/kg para ratos), ao passo que o ASN é menos tóxico que o aldicarb (DL_{50} oral para ratos de 20,0 a 27,0 mg/kg), porém persiste por mais tempo, o suficiente para que os produtos de degradação restantes nas plantas lhe permitam o controle de pragas por mais de oito semanas [7].

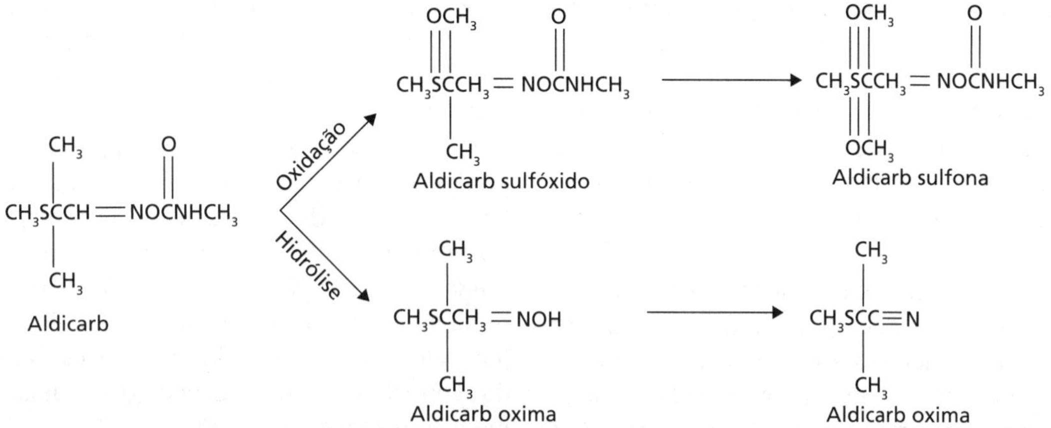

Figura 26.6 Representação esquemática da metabolização do aldicarb.

O aldicarb é considerado o carbamato mais potente do mercado, sendo classificado pela Agência de Proteção Ambiental dos Estados Unidos (EPA) na mais alta categoria de toxicidade (classe I) [7].

Como a maioria dos carbamatos, o aldicarb possui uma meia-vida curta, sendo eliminado na forma de ASX (≅ 40%) e oxima (≅ 30%), pela urina e pelas fezes, e, quando ocorre pela via biliar, sofre circulação entero-hepática, prolongando os efeitos tóxicos [52].

26.5.6 "Chumbinho"

O "chumbinho" é um produto clandestino irregularmente utilizado como raticida, cuja composição pode conter inseticidas carbamatos ou organofosforados. É responsável por intoxicações graves em todo o Brasil. Fisicamente é caracterizado como pequenos grânulos, de formato regular ou irregular, em geral de coloração cinza-chumbo, mas pode aparecer também com outros aspectos (Figura 26.7) [6]. Foi introduzido no Brasil na cidade do Rio de Janeiro em meados de 1980 e, desde então, a exposição tóxica aguda a esses produtos clandestinos tem se revelado um grave problema de saúde pública em diversos centros urbanos brasileiros [54]. As intoxicações agudas decorrentes do uso de chumbinho estão associadas a um aumento da taxa de mortalidade geral, e, por sua eficácia, ele se "popularizou" como um excelente agente suicida [52].

Figura 26.7 Algumas formas de apresentação do rodenticida clandestino "chumbinho", em material procedente de casos admitidos no CCI de Campinas em 2012. [Veja esta figura colorida ao final do livro.]

Fonte: extraído de [6].

O chumbinho (carbamatos e/ou organofosforados) pode ser absorvido pelas vias oral, dérmica e respiratória, sendo rápida a absorção após a ingestão. Seus compostos são biotransformados e excretados pela urina, não se acumulando nos tecidos. Atuam como inibidores da enzima acetilcolinesterase, impedindo a hidrólise da acetilcolina, que, quando acumulada, pode ocasionar uma síndrome colinérgica, caracterizada pela presença de fasciculações musculares, sialorreia, broncorreia, diarreia, bradicardia/taquicardia, miose, hipotonia, sudorese e vômitos. A inibição das colinesterases pelos carbamatos é instável e reversível, e a recuperação da atividade enzimática é muito mais rápida quando comparada aos organofosforados [48]. Os praguicidas carbamatos determinam, além da inibição reversível da acetilcolinesterase, outros efeitos bioquímicos e farmacológicos, incluindo um decréscimo de atividade metabólica do fígado, alterações dos níveis de serotonina no sangue e um decréscimo da atividade da glândula tireoide [54].

O grande número de intoxicações está associado a diversos fatores que apontam uma fiscalização deficiente. Estes incluem a comercialização fracionada dos agrotóxicos na forma granulada em lojas agropecuárias, de forma ilegal; o baixo custo (R$ 5,00 a R$ 15,00); a não obrigatoriedade da apresentação de receituário agronômico no ato da compra; e a "orientação" aos clientes quanto ao possível uso desse produto como rodenticida [55]. Diversos estudos de séries de casos no Brasil conduzidos em Centros de Informação e Assistência Toxicológica (CIAT ou CCI) confirmam o alto consumo e a gravidade das exposições tóxicas ao chumbinho [54]. Esses estudos mostraram que o chumbinho foi responsável por 189 casos de intoxicações notificados pelo CIAT do Rio de Janeiro em 1993, com 4% de óbitos. Segundo o CIAT de Santa Catarina, no período de 2003 a setembro de 2005, o chumbinho esteve envolvido em 272 casos de intoxicações, com nove óbitos (3,3%). Um estudo retrospectivo sobre exposições a praguicidas registrados pelo CIAT do Distrito Federal entre 2004 e 2007 [46] demonstrou que o "chumbinho" foi o principal agente tóxico envolvido, com 194 (27,4%) casos no período estudado, sendo 111 por tentativas de suicídio (57,2%), 67 não intencionais (34,5%), e dezesseis por motivos não esclarecidos (8,2%) [54].

Vieira e colaboradores [56] detalharam as manifestações clínicas de 177 pacientes intoxicados por chumbinho, seguidos pelo CCI/Unicamp no período de janeiro de 2000 a março de 2007, sendo que 63 deles foram admitidos no HC/Unicamp [56]. As manifestações encontradas foram: miose (65%), sialorreia (57%), broncorreia (57%), depressão neurológica (49%), sudorese (48%), vômitos (24%), taquicardia (16%), fasciculações musculares (12%), hipertensão (12%), dispneia (12%), convulsões (11%), diarreia (11%), confusão mental (10%), tremores (10%), náuseas (10%), bradicardia (10%), hipotensão (9%), agitação (9%), taquipneia (6%), incontinência fecal e/ou urinária (6%), hipotermia (6%), cólicas abdominais (5%), cianose (5%), epigastralgia (4%), hipertermia (3%), edema pulmonar (3%), distúrbios visuais (3%), fraqueza muscular (2%), bradipneia (2%), choque (2%) e parestesia (1%). Das 177 exposições, 97% foram por ingestão, 83% por tentativas de suicídio, 80% receberam atropina, e 36% necessitaram de ventilação mecânica.

Do exposto, a frequência e a potencial gravidade das intoxicações humanas por chumbinho mobilizam equipes de emergências pré-hospitalares e hospitalares, aumentam a demanda de leitos nas unidades de terapia intensiva e, consequentemente, o consumo de verbas do Sistema Único de Saúde [55], além do custo social das perdas humanas ou dos sobreviventes de situações gravíssimas que evoluem com sequelas.

ESTUDO DE CASO DE EXPOSIÇÃO AO "CHUMBINHO"

Bucaretchi e colaboradores [6] avaliaram de forma prospectiva o perfil das exposições tóxicas ao chumbinho de 76 casos atendidos no CCI-Unicamp no período de um ano completo [6]. Dos 76 casos, 66 foram não presenciais, com as informações obtidas por seguimento telefônico, e dez foram por atendimento presencial no HC/Unicamp, segundo a rotina do CCI. Na série analisada, observou-se uma média de 7,2 casos/mês de exposições ao chumbinho, destacando-se o mês de julho pelo maior número de ocorrências. Todos os 76 pacientes foram admitidos em serviços de emergência. Constatou-se que a maioria dos pacientes pertencia ao gênero masculino (53,9%), com uma idade média de 37,1 ± 14,8 anos. Em relação ao local da exposição, a maioria ocorreu no ambiente urbano (92,1%) e dentro dos domicílios (88,2%). Todas as exposições foram pela via oral e, quando foi possível identificar o intervalo entre a exposição e o atendimento pelo sistema de saúde, observou-se que 60,3% dos pacientes foram atendidos em até uma hora da ingestão, 89,7% em até 3 horas e 98,5% em até 6 horas. Quanto à circunstância da exposição, setenta intoxicações (92,1%) decorreram de tentativas de suicídio, três (3,9%) de tentativas de homicídio, duas (2,6%) foram acidentais e um caso decorreu de agressão/violência.

Em relação às manifestações clínicas, a maioria dos pacientes (n = 73, 96,1%) apresentou alguma sintomatologia, com predomínio de manifestações colinérgicas muscarínicas. A lavagem gástrica foi o procedimento de descontaminação gastrointestinal mais utilizado, realizada em 62 pacientes (81,6%) e, em 24 casos (31,6%), em até uma hora da exposição. Quanto ao carvão ativado, este foi administrado em 37 casos (48,7%) e, em quatorze pacientes (18,4%), em até uma hora da exposição. O antagonista específico (atropina) para o tratamento da hiperatividade muscarínica da acetilcolina foi empregado em 82,9% dos pacientes (63 casos).

As amostras de plasma foram obtidas na admissão em 59 casos (77,6%). A análise posterior por LC-MS/MS identificou aldicarb em 55 casos, carbofuran em dois casos, aldicarb e carbofurano em um caso. Altas concentrações de aldicarb foram detectadas nas primeiras amostras de lavado gástrico (9.830 ng/mL), plasma (237 ng/mL) e urina (584 ng/mL) coletadas na admissão dos pacientes. Na maior parte das amostras de plasma e urina coletadas, o metabólito predominante foi o aldicarb sulfóxido, indicando uma biotransformação rápida do aldicarb. A excreção de aldicarb e seus metabolitos foi também rápida, uma vez que esses compostos foram raramente detectados em amostras obtidas 48 horas após a admissão, a exceção sendo o paciente exposto a aldicarb e carbofuran.

A dosagem sequencial da colinesterase plasmática e eritrocitária revelou recuperação quase completa da atividade enzimática 48 horas após a ingestão.

De maneira geral, pode-se inferir que as exposições tóxicas ao chumbinho são graves, tendo em vista o princípio ativo, a circunstância do evento e a evolução dos casos. Quanto ao desfecho, dos 72 pacientes (94,7%) tratados, 68 tiveram cura confirmada, um evoluiu com sequela neurológica secundária à encefalopatia hipóxico-isquêmica por parada cardiorrespiratória, e três pacientes faleceram [6].

26.6 Compostos organoclorados

Os organoclorados (hidrocarbonetos clorados) são inseticidas que pertencem a classes químicas distintas: etanoclorados (DDT e seus análogos); ciclodienos (clordano, aldrin, dieldrin, heptacloro, endrin e toxafeno); hexaclorociclo-hexanos (lindano) e as estruturas cíclicas (mirex e a clordecona). Em geral, a toxicidade aguda desses compostos é moderada quando comparados aos organofosforados, no entanto a toxicidade crônica está associada a uma série de efeitos adversos, e os órgãos mais atingidos são o fígado e o sistema reprodutor (interferência endócrina). A absorção dos organoclorados pode ocorrer pelo trato gastrointestinal e respiratório. São compostos altamente lipossolúveis e, dessa forma, após sua distribuição, armazenam-se por longos períodos no tecido adiposo. A eliminação ocorre pela via biliar e, em maior quantidade, nas fezes, pois apresentam reabsorção êntero-hepática. Esses agentes tóxicos agem interferindo nos canais de sódio na membrana axonal, alterando as propriedades eletrofisiológicas da membrana dos neurônios e das enzimas relacionadas, como a Na^+/K^+-ATPase, modificando dessa forma a cinética do fluxo dos íons sódio e potássio. A toxicidade oral aguda do DDT e seus análogos é moderada, e apresentam absorção dérmica limitada. A exposição aguda a altas doses de DDT leva a agitação motora, aumento da frequência de movimentos espontâneos, suscetibilidade anormal a sensação de medo e hipersuscetibilidade a estímulos externos (luz, toque e sons), hiperestesia da boca e parte inferior da face seguida de parestesia nessas áreas e na língua, e vômito, sinais seguidos de tremores leves a mais bruscos e convulsões, este último em caso de intoxicações graves. Os primeiros sintomas de intoxicação surgem após algumas horas (seis a 24 horas) do contato com o agente tóxico. Na exposição crônica, o fígado é o principal órgão-alvo; os compostos e seus metabólitos causam hipertrofia e necrose das células hepáticas por serem indutores das enzimas do citocromo P450. Os produtos de biotransformação do DDT são carcinogênicos e apresentam ação neurotóxica [57].

Os compostos hexaclorociclo-hexanos e ciclodienos estão entre os mais tóxicos dessa classe e com maior persistência no meio ambiente. São facilmente absorvidos pela pele, representando um risco potencial para indivíduos expostos ocupacionalmente. A toxicidade é maior no sistema nervoso central, e, apesar de não serem observados tremores, ocorrem convulsões graves na intoxicação. Esses compostos atuam bloqueando e antagonizando a ação inibitória do GABA e ligando-se aos canais de sódio. A exposição crônica a baixas ou moderadas concentrações desses agentes pode provocar sinais e sintomas, envolvendo os aspectos sensorial e motor relacionados ao SNC, além da neurotoxicidade e interferência no sistema reprodutor [57]. Os efeitos da intoxicação aguda do lindano (isômero do ∂ hexaclorobenzeno, HCH) assemelham-se aos efeitos do DDT, apresentando tremores, ataxia, convulsões, estimulo à respiração, e prostração, podendo ocorrer convulsões graves e alterações degenerativas no fígado e nos rins em casos de intoxicações graves. O quadro clínico de hiperexcitabilidade do sistema nervoso central induzido pelos organoclorados (como cefaleia, tumores, ataxia, agitação psicomotora, vertigens, distúrbios da memória, hiper-reflexia e hiperestasia) pode levar o indivíduo a óbito por interferência na troca pulmonar e acidose grave. A ausência de antídoto específico para organoclorados obriga que os procedimentos de análise de urgência consistam em manter funções vitais, controlar convulsão e remover o agente tóxico por descontaminação [57].

26.7 Piretrinas e piretroides

Os piretroides consistem em derivados sintéticos das piretrinas, ésteres obtidos a partir das flores das espécies de *Chrysanthemum cinerariaefolium*. As piretrinas e os piretroides são pouco persistentes, com baixa toxicidade para mamíferos e alta toxicidade para insetos. Absorvidos por vias oral, respiratória e dérmica, essa classe de praguicidas distribui-se rapidamente no organismo. A lipossolubilidade e presença de glicoproteínas são fatores que contribuem para a entrada de piretroides no cérebro. A maioria do produto é excretada pelos rins. As piretrinas e os piretroides são agentes tóxicos seletivos e potentes com ação sobre o canal de sódio. A grande maioria das formulações de piretrinas e piretroides utiliza misturas de solventes (à base de hexano) como veículo da formulação, podendo assim aumentar a toxicidade do produto comercial. Com relação aos aspectos toxicodinâmicos, os piretroides e as piretrinas são pouco tóxicos quando da exposição aguda. Os principais efeitos da exposição aguda são efeitos sistêmicos tais como irritação nos olhos e nas mucosas. A exposição dérmica provoca eritema, vesículas, sensação de queimação e prurido. A intoxicação via digestiva causa dor epigástrica, náuseas e vômito. Outros sintomas comumente relatados são sonolência, cefaleia, anorexia, fadiga e fraqueza. De modo geral, o tratamento da intoxicação por piretrinas e piretroides consiste em manter as funções vitais e controlar convulsões. Em exposições dérmicas, é indicado lavar rapidamente a área com água em abundância e administrar corticoides [58].

26.8 Nicotina e rotenoides

Usado inicialmente como inseticida em 1763, a nicotina (origem natural) tem sido utilizada como um inseticida de contato na forma do sal de sulfato ou sob a forma de outros derivados. De modo geral, a intoxicação pela nicotina caracteriza-se por efeitos respiratórios, náuseas, vômitos, cefaleia e taquicardia [60].

Encontrada nas espécies *Derris* e *Lonchocarpus* da planta conhecida como timbó, a rotenona consiste em um isoflavonoide que é biossintetizado por meio do metabolismo secundário, além de outros compostos rotenoides [61]. A rotenona era usada nas lavouras visando o combate a diversos insetos, mas, com o surgimento dos inseticidas sintéticos, o comércio das raízes do timbó declinou [62]. A toxicidade da rotenona está relacionada com sua ação sobre a cadeia respiratória mitocondrial via bloqueio da fosforilação do ADP a ATP 2 [60, 61]. Os sintomas da intoxicação por rotenona são aumento inicial da frequência respiratória e cardíaca e depressão muscular e respiratória [60].

26.9 Rodenticidas

Muitos vertebrados, incluindo ratos, esquilos, coelhos, entre outros, eventualmente podem ser considerados pragas. Alguns deles, além de consumir grandes quantidades de produtos de colheita armazenados, podem contaminar os alimentos com urina, fezes, pelos e bactérias, atuando como vetores de várias doenças para os seres humanos [59,60]. Os produtos químicos empregados no combate específico a esse grupo de animais são denominados rodenticidas. Esses produtos são formulados de modo a apresentar um gosto ruim para o paladar humano, visando minimizar o potencial perigo de ingestão acidental. A ingestão acidental ou intencional da maioria dos rodenticidas representa um sério problema toxicológico, uma vez que normalmente a dose ingerida é alta e, ao ser atendido em uma unidade de saúde, o paciente já apresenta um estágio avançado de intoxicação [60].

Diferentes compostos orgânicos e inorgânicos podem ser empregados como rodenticidas. Sulfato de tálio, óxido de arsênio, carbonato de bário, fósforo amarelo, fosforeto de alumínio e fosforeto de zinco são clássicos exemplos de compostos inorgânicos. Estricnina e DDT são exemplos de compostos orgânicos que foram muito usados no passado [60]. Como esses agentes não são seletivos e apresentam alta toxicidade para outros organismos, foram substituídos por outros compostos químicos mais seletivos para espécies em particular [60].

26.9.1 Fluoracetato de sódio e fluoracetamida

O fluoracetato de sódio e a fluoracetamida são praguicidas tradicionalmente empregados no controle de roedores, caracterizados pela alta toxicidade e hidrossolubilidade, com propriedade de bioacumulação na cadeia alimentar, podendo levar outros animais a óbito [63]. O mecanismo de ação desses compostos envolve inibição do ciclo do ácido cítrico, promovendo o acúmulo de citrato nas células e a interrupção da respiração celular oxidativa no organismo [63]. Os sintomas da intoxicação por fluoracetato e fluoracetamida são agudos (associados aos sistemas nervoso e cardíaco, principalmente) e manifestados em um período de trinta minutos a duas horas, levando o indivíduo a óbito em doze horas [60,63]. Em razão da rápida manifestação dos sintomas e morte, os tratamentos são pouco efetivos e não existe um antídoto para intoxicação com fluoroacetato [60]. Contudo, o uso de benzodiazepínicos e barbitúricos é recomendável e podem ser eficazes assistência respiratória, lavagem gástrica, administração de leite e de monoacetato de glicerol por via intramuscular [60,63].

26.9.2 Rodenticidas anticoagulantes

Rodenticidas anticoagulantes são antagonistas competitivos da vitamina K sintetizados a partir do dicumarol tóxico (ou dicumarina), biossintetizado pela ação de fungos em plantas [63,64]. Alguns exemplos de rodenticidas anticoagulantes são warfarina, racumin, brumoline, difenacoum, brodifacum e bromadiolona [63-66]. O mecanismo de ação desses agentes baseia-se na inibição da vitamina K epoxirredutase, comprometendo a coagulação sanguínea [60,65,66]. A intoxicação por rodenticidas anticoagulantes é mais frequente em cães e ocasionalmente em gatos, sendo mais rara em humanos [59,60,64]. As doses tóxicas dependem do período de exposição assim como do composto praguicida empregado [63]. A toxicidade e a severidade do quadro dependem de fatores como a deficiência e a bioatividade de vitamina K, além de hepatopatias, consumo simultâneo de outras substâncias, níveis de hormônio adrenocorticotrófico, esteroides e tiroxina e nefropatias [63]. As intoxicações humanas por esses agentes são relatadas em tentativas de suícido e de homicídio, e, entre os sinais e sintomas da intoxicação, incluem-se sangramento da gengiva e do nariz, contusões, hematomas no joelho, no cotovelo e nas nádegas, hemorragia gastrointestinal com fezes escuras, hematúria acompanhado por dor abdominal ou lombar e acidentes vasculares cerebrais [59]. A persistência dos sintomas é observada durante muitos dias após o contato e exposição ao agente químico [60].

26.9.3 Avermectinas

As avermectinas (como avermectina-B1, abamectina e ivermectina) pertencem à classe das lactonas macrocíclicas e são provenientes da fermentação do microrganismo *Streptomyces avermitilis*, que biossintetiza oito avermectinas com atividade antiparasitária [60,63]. A avermectina-B1 atua mimetizando a ação do ácido gama-aminobutírico (GABA) nas junções neuromusculares e tem seus efeitos expressos principalmente em casos de ingestão oral [67]. A ivermectina é um derivado semissintético da abamectina com ação anti-helmíntica e antiparasitária [60,63]. Casos de intoxicação são caracterizados por diversos sintomas, tais como tremores, dificuldade de coordenação e hiperexcitação, dentre outros [60]. Em cães e gatos, o tratamento das intoxicações causadas pela ivermectina envolve suporte e fluidoterapia [63]. Administração de carvão ativado em doses seriadas é considerada um tratamento recomendado, pois pode facilitar a eliminação da ivermectina [63].

26.10 Análise rápida para diagnóstico da exposição a praguicidas

26.10.1 Ensaios preliminares

A ampla gama de compostos químicos com propriedades praguicidas representa um desafio em análises toxicológicas, no âmbito clínico ou forense, principalmente quando as informações disponíveis sobre a identidade provável do praguicida são restritas. Nesse sentido, métodos analíticos colorimétricos e instrumentais consistem em uma importante ferramenta para triagem, detecção e quantificação de compostos praguicidas [22].

Os ensaios preliminares têm como principal finalidade determinar grupamentos químicos característicos presentes na estrutura do composto de interesse e, por conseguinte, direcionar as análises instrumentais, que são mais sensíveis, específicas e robustas. Os ensaios colorimétricos são o principal tipo de teste preliminar realizado em rotina analítica. Para identificação dos praguicidas, alguns métodos colorimétricos são muito bem estabelecidos, por exemplo:

- Ensaio com molibdato de amônio para identificação de compostos que apresentam fósforo e fosfetos em sua estrutura química.
- Ensaio com furfural utilizado para identificação de carbamatos.
- Ensaio com ditionito de sódio para identificação dos compostos diquat e PQ.

No tratamento clínico de intoxicações por praguicidas, a realização de ensaios enzimáticos pode auxiliar positivamente na identificação da substância suspeita, desde que realizado nos primeiros minutos de atendimento. Um exemplo é o teste da inibição da Ache, que pressupõe intoxicação por organofosforados ou por compostos carbamatos – nesse teste, valores da colinesterase total (AChe + BChe) diferentes de 75%-100% indicam possível intoxicação [22].

Os testes de triagem consistem em técnicas importantes para a identificação do praguicida envolvida em casos de intoxicação, permitindo a obtenção de um diagnóstico e, portanto, otimizando o tratamento. Em casos *post mortem*, a quantificação dos praguicidas em amostras biológicas de pacientes deve ser realizada de modo a determinar a *causa mortis*, identificando o agente responsável bem como os níveis aos quais o indivíduo foi exposto previamente ao óbito. Para isso, os métodos analítico-instrumentais são utilizados por suas respostas sensíveis, específicas e precisas.

26.10.2 Métodos cromatográficos

A cromatografia é um método físico-químico de separação baseado na partição dos componentes de uma mistura entre duas fases imiscíveis: uma fase móvel (gás, líquido ou um fluido supercrítico) e uma fase estacionária (superfície ou coluna). Dependendo do grau de interação dos analitos com cada uma das fases, é possível sua separação e identificação. Entre os métodos cromatográficos existentes, um método clássico, rápido e eficiente para triagem e identificação de praguicidas é a cromatografia planar ou em camada delgada (CCD). Pode ser usada em amostras de preparações comerciais de praguicidas ou bebidas/alimentos adulterados. Também pode ser aplicada a amostras biológicas nos casos de intoxicações (conteúdo gástrico, urina) e em tecidos [22,68].

Para identificação dos analitos, uma reação colorimétrica é conduzida e uma série de compostos químicos capazes de reagir com os praguicidas estão disponíveis. As misturas de soluções de nitrato de prata e etanol ou rodamina ou hidróxido de sódio em etanol são exemplos de reagentes reveladores. Outro exemplo é a mistura dos reagentes 4-(4-nitrobenzil)-piridina e tetraetilenopentamina ou cloreto de paládio específicos para a classe dos praguicidas organofosforados. Apesar das vantagens que a CCD apresenta, como simplicidade, rapidez e baixo custo, essa técnica apresenta algumas limitações relacionadas à sensibilidade e às matrizes biológicas a serem analisadas. Nesse sentido, métodos instrumentais são mais indicados para análises de praguicidas [68].

A cromatografia em fase gasosa e a cromatografia em fase líquida são técnicas amplamente utilizadas na identificação e confirmação de uma ampla gama de praguicidas, sendo utilizadas nas diversas matrizes biológicas ou não biológicas. O potencial de aplicação dessas técnicas é aumentado quando do emprego de espectrômetros de massas como detectores. As bibliotecas disponíveis com os espectros de referência auxiliam na identificação dos praguicidas, seus metabólitos e produtos de biotransformação [69].

Um resumo de alguns métodos clássicos de análise para praguicidas de interesse é apresentado no Quadro 26.5 [70].

Quadro 26.5 Técnicas analítico-instrumentais empregadas na determinação de praguicidas em diferentes matrizes

CLASSE	MÉTODO(S) ANALÍTICO(S) APROPRIADO(S)
Carbamatos	GC-MS; LC-MS
Compostos organoclorados	GC-FID; GC-ECD
Compostos organofosforados	GC-NPD; GC-MS; LC-MS
Piretrinas e piretroides	GC-FID; GC-ECD; GC-MS
Rodenticidas anticoagulantes	LC-UV/DAD; LC-MS

GC-MS: cromatografia em fase gasosa acoplada à espectrometria de massas; LC-MS: cromatografia em fase líquida acoplada à espectrometria de massas; GC-FID: cromatografia em fase gasosa com detector de ionização por chama; GC-ECD: cromatografia em fase gasosa com detector de captura de elétrons; LC-UV/DAD: cromatografia em fase líquida com detector ultravioleta (UV) ou arranjo de diodos (DAD).

Questões para estudo

1. Discorra sobre o mecanismo de toxicidade do paraquat.
2. Quais os efeitos tóxicos decorrentes da intoxicação aguda por organofosforados?
3. Qual principal mecanismo de ação tóxica dos organoclorados e suas principais manifestações clínicas na intoxicação aguda?
4. Os inseticidas organoclorados foram proibidos em diversos países, inclusive no Brasil. Explique o motivo dessa proibição.
5. O que são piretroides?
6. Organofosforados e carbamatos são inseticidas bastante utilizados na agricultura. Descreva seu mecanismo de ação tóxica.

Respostas

1. 1. Após a sua entrada na célula, o paraquat (PQ) sofre processos de redução e oxidação contínuas que são conhecidos como ciclo redox, desencadeando a formação de radicais livres e espécies reativas de oxigênio, entre elas o radical superóxido (O_2^-), o peróxido de hidrogênio (H_2O_2) e o radical hidroxila (OH). Estes são instáveis e reagem rapidamente com ácidos graxos, provocando lesão nas membranas, proteínas e DNA. O PQ reage como uma substância doadora de elétrons e o fosfato de nicotinamida adenina dinucleotídeo (NADPH) sofre redução por ação da enzima NADPH-citocromo P450 redutase, o que resulta na geração de um radical PQ. O radical formado é altamente instável e transfere um elétron para o oxigênio molecular, formando o radical ânion superóxido (O_2^-), que é uma espécie altamente reativa. Dessa forma se inicia o ciclo redox. O O_2^- que se forma pode ser detoxificado pela ação da enzima superóxido dismutase (SOD), produzindo o peróxido de hidrogênio. Esse produto formado é removido por meio da enzima catalase. Entretanto, a SOD pode ser suprimida pela grande quantidade de superóxido que vai sendo produzida quando há altas doses de PQ. Dessa forma, os ânions superóxido sofrem uma reação de dismutação não enzimática, formando o oxigênio singleto, que ataca os lipídios insaturados das membranas celulares, dando origem a radicais livres lipídicos que, espontaneamente, geram radicais peroxil lipídicos. Estes podem reagir com outros ácidos graxos poli-insaturados, produzindo um hidroperóxido lipídico e mais radicais livres lipídicos, propagando o processo continuamente como uma reação em cadeia chamada peroxidação lipídica. A morte celular ocorre quando as funções são alteradas pela reação das espécies reativas de oxigênio com o DNA, as proteínas e as membranas celulares. O balanço entre a geração de radicais de oxigênio e sua dissipação pelos sistemas celulares antioxidantes (SOD, catalase, glutationa-peroxidase e vitaminas C e E, sistemas que requerem um período de tempo para sua adaptação e equilíbrio) é alterado, possibilitando que espécies reativas ataquem as biomoléculas, tendo como consequência o dano tecidual. Tal mecanismo descrito pode explicar as lesões nos principais órgãos-alvo.
2. 2. Como os inseticidas organofosforados atuam como inibidores da enzima acetilcolinesterase (AChE), impedem a hidrólise da acetilcolina (ACh), provocando a síndrome colinérgica, caracterizada pela presença de fasciculações musculares, sialorreia, broncorreia, diarreia, bradicardia/taquicardia, miose, hipotonia, sudorese e vômitos.
3. 3. Os organoclorados agem interferindo nos canais de sódio na membrana axonal, alterando as propriedades eletrofisiológicas da membrana dos neurônios e das enzimas relacionadas como a Na^+/K^+-ATPase, modificando dessa forma a cinética do fluxo dos íons sódio e potássio. A exposição aguda a altas doses de organoclorados pode causar agitação motora, aumento da frequência de movimentos espontâneos, suscetibilidade anormal a sensação de medo e hipersuscetibilidade a estímulos externos (luz, toque e sons), hiperestesia da boca e parte inferior da face seguida de parestesia nessas áreas e na língua, e vômito, sinais seguidos de tremores leves a mais bruscos e convulsões, este último em caso de intoxicações graves. Os primeiros sintomas de intoxicação surgem após algumas horas (seis a 24 horas) do contato com o agente tóxico. O quadro clínico de hiperexcitabilidade do sistema nervoso central induzido pelos organoclorados (como cefaleia, tumores, ataxia, agitação psicomotora, vertigens, distúrbios da memória, hiper-reflexia, hiperestasia) pode levar o indivíduo a óbito por interferência na troca pulmonar e acidose grave.
4. 4. A preocupação do ponto de vista toxicológico dos organoclorados ocorreu por sua grande persistência no meio ambiente e pela fácil acumulação no tecido adiposo do homem e de animais, causando assim vários desequilíbrios biológicos na natureza, fatores essenciais que acabaram levando a sua proibição em relação à comercialização, distribuição e uso em vários países, incluindo o Brasil.
5. 5. Os piretroides consistem em derivados sintéticos das piretrinas, ésteres obtidos a partir das flores das espécies de *Chrysanthemum cinerariaefolium*. São pouco persistentes, com baixa toxicidade para mamíferos e alta toxicidade para insetos.
6. 6. Os organofosforados e os carbamatos são considerados agentes anticolinesterásicos, uma vez que inibem a enzima acetilcolinesterase (AChE), responsável pela degradação do neurotransmissor acetilcolina (ACh) na fenda sináptica. A acetilcolinesterase (AChE), a principal colinesterase envolvida no mecanismo de toxicidade desses praguicidas, é sintetizada na eritropoese, com renovação de noventa a 120 dias. É encontrada no tecido nervoso, na junção neuromuscular e nos eritrócitos. A enzima AChE apresenta um sítio aniônico e um esterásico na sua estrutura, de modo que as interações enzima-substrato ocorrem através de forças eletrostáticas, interações dipolo-dipolo, interações hidrofóbicas, pontes de hidrogênio e forças de Van der Waals. Em relação aos inseticidas, tem-se que os organofosforados se unem somente no sítio esterásico da enzima, na qual o fósforo forma uma união covalente e estável (enzima fosforilada). A reação de esterificação é potencialmente irreversível na presença de alguns inibidores, e a regeneração da enzima é lenta, podendo prolongar-se durante meses, sendo determinada pelo tempo requerido para a síntese de novas moléculas de AChE. A inibição das colinesterases pelos carbamatos é instável e reversível, e a recuperação da atividade enzimática é muito mais rápida quando comparada aos organofosforados. Esse processo ocorre formando, primeiramente, um complexo reversível carbamato-acetilcolinesterase, seguido da reação de carbamilação irreversível da enzima e, finalmente, a descarbamilação por hidrólise. A enzima original é liberada e o carbamato fica desmembrado e sem atividade como agente anticolinesterásico.

Lista de abreviaturas

2,4,5-T	Ácido 2,4,5-triclorofenoxiacético	GC-FID	Cromatografia em fase gasosa com detector de ionização por chama
2,4-D	Ácido diclorofenoxiacético	GC-MS	Cromatografia em fase gasosa acoplada à espectrometria de massas

ACh	Neurotransmissor acetilcolina	GD	Gás soman
AChE	Enzima acetilcolinesterase	H2O2	Peróxido de hidrogênio
AMPA	Ácido aminometilfosfônico	HCH	Hexaclorobenzeno
ANVISA	Agência Nacional de Vigilância Sanitária	LC-MS	Cromatografia em fase líquida acoplada à espectrometria de massas
ASN	Aldicarb sulfona	LC-MS/MS	Cromatografia em fase líquida acoplada à espectrometria de massas sequencial
ASX	Aldicarb sulfóxido	LC-UV/DAD	Cromatografia em fase líquida com detector ultravioleta (UV) ou arranjo de diodos (DAD)
BuChE	Butirilcolinesterase	LMR	Limite máximo de resíduo
BZ	3-quinonuclidinil-benzilato	NADPH	Fosfato de nicotinamida adenina dinucleotídeo
CCI	Centro de Controle de Intoxicações	O_2^-	Radical superóxido
CIAT	Centros de Assistência e Informações Toxicológicas	OH•	Radical hidroxila
DDT	1,1,1-tricloro-2,2-di(ρ-clorofenil)-etano	pKa	Constante de dissociação
DL50	Dose letal para 50% da população	PQ	Paraquat (1,1-dimetil-4,4-bipiridil)
EPA	Agência de Proteção Ambiental dos Estados Unidos	Sinitox	Sistema Nacional de Informação Tóxico-Farmacológica
EPSP	Enzima enolpiruvil shikimato-3-fosfato sintase	SNA	Sistema nervoso autônomo
GA	Gás tabun	SOD	Enzima superóxido dismutase
GABA	Ácido gama-aminobutírico	T-máx	Tempo no qual a concentração máxima de uma substância é atingida na corrente sanguinea
GB	Gás sarin	VX	o-etil s-di-isopropil aminometil
GC-ECD	Cromatografia em fase gasosa com detector de captura de elétrons		

Lista de palavras

ácido diclorofenoxiacético
agrotóxico
aldicarb
avermectina
Carbamato
chumbinho
DDT
fungicida
glifosato
herbicida
malation
nicotina
Organoclorado
Organofosforado
paraquat
paration
piretride
piretrina
Praguicidas
radicais livres
raticida
rodenticida
sarin

REFERÊNCIAS

1. Rebelo FM. Intoxicações por agrotóxicos e raticidas no Distrito Federal em 2004 e 2005 [dissertação de mestrado]. Brasília (DF): Universidade de Brasília; 2006. p. 40.

2. Braibante MEF, Zappe JAA. Química dos agrotóxicos. Química Nova na Escola. 2012;34(1):10-5.

3. Colasso CG, Azevedo FA. Riscos da utilização de armas químicas: Parte I – Histórico. Revista Intertox de Toxicologia, Risco Ambiental e Sociedade. 2011;4(3):137-72.

4. Dos Santos VMR, Donnici CL, DaCosta JBN, Caixeiro JNR. Compostos organofosforados pentavalentes: histórico, métodos sintéticos de preparação e aplicações como inseticidas e agentes antitumorais. Química Nova. 2007;30(1):159-70.

5. Alonzo HGA, Corrêa CL. Praguicidas. In: Oga S, Camargo M, Batistuzzo JA (Orgs.). Fundamentos de toxicologia. 4. ed. São Paulo: Atheneu; 2014. p. 623-41.

6. Bucaretchi F, Prado CC, Branco MM, Soubhia P, Metta GM, Mello SM, et al. Poisoning by illegal rodenticides containing acetylcholinesterase inhibitors (chumbinho): a prospective case series. Clinical Toxicology. 2012;50(1):44-51.

7. Cazenave SOS, Itho SF, Lanaro R, Chasin AAM. Aldicarb: uma possibilidade de análise com finalidade forense. Revista Brasileira de Toxicologia. 2005;2(18):105-11.

8. Braguini WL. Efeitos da deltametrina e do glifosato, sobre parâmetros do metabolismo energético mitocondrial, sobre membranas artificiais e naturais e experimentos in vivo. Curitiba: Universidade Federal do Paraná; 2005.

9. Superintendência de Controle de Endêmias (Sucen). Segurança em Controle Químico de Vetores [cited 2015 Aug 8]. Available from: http://www.saude.sp.gov.br/sucen-superintendencia-de-controle-de-endemias/programas/seguranca-do-trabalhador/seguranca-em-controle-quimico-de-vetores

10. Garcia AM, Benavides FG, Fletcher T, Orts E. Paternal exposure to pesticides and congenital malformations. Scandinavian Journal of Work Environment and Health. 1998;24(6):473-80.

11. Rigotto RM, Vasconcelos DP, Rocha MM. Uso de agrotóxicos no Brasil e problemas para. Caderno de Saúde Pública. 2014;30(7):1-3.

12. Instituto de Comunicação e Informação Científica e Tecnológica em Saúde (ICICT). Casos registrados de intoxicação humana por agente tóxico e sexo no brasil, 2012 [cited 2015 Aug 8]. Available from: http://www.fiocruz.br/sinitox/media/Tabela%208_2012.pdf

13. Medeiros MNC, Medeiros MC, Silva MBA. Intoxicação aguda por agrotóxicos anticolinesterásicos na cidade do Recife, Pernambuco, 2007-2010. *Epidemiologia* e *Serviços* de *Saúde*. 2014;23(13):509-18.

14. Santos SA, Legay LF, Lovisi GM. Substâncias tóxicas e tentativas e suicídios: considerações sobre acesso e medidas restritivas. Caderno de Saúde Coletiva. 2013;21(1):53-61.

15. Schmitt GC, Paniz C, Grotto D, Valentini J, Schott KL, Pomblum VJ, et al. Aspectos gerais e diagnóstico clinicolaboratorial da intoxicação por paraquat. Jornal Brasileiro de Patologia e Medicina Laboratorial. 2006;24(4):235-43.

16. Dinis-Oliveira RJ, Duarte JA, Sánchez-Navarro A, Remião F, Bastos ML, Carvalho F. Paraquat poisonings: mechanisms of lung toxicity, clinical features and treatment. Critical Reviews in Toxicology. 2008;38(1):13-71.

17. Souza D, Machado SAS. Estudo eletroanalítico do herbicida PQ em soluções aquosas por voltametria de onda quadrada, utilizando ultramicroeletrodos. Química Nova. 2003;26(5):644-7.

18. Pesticide Action Network (PANAP). Paraquat unacceptable health risk for users, 2006 [cited 2015 Aug 8]. Available from: http://www.panap.net/en/p/post/pesticides-info-database/734

19. Larini L. Toxicologia dos praguicidas. São Paulo: Manole; 1999.

20. Bromilow RH. Paraquat and sustainable agriculture. Pest Management Science. 2003;60(4):340-9.

21. Agência Nacional de Vigilância Sanitária (Anvisa). Monografias de Produtos Agrotóxicos G.01 (glifosato) e P.01 (Paraquat), 2007 [cited 2015 Aug 8]. Available from: http://portal.anvisa.gov.br/wps/content/Anvisa+Portal/Anvisa/Inicio/Agrotoxicos+e+Toxicologia/Assuntos+de+Interesse/Monografias+de+Agrotoxicos/Monografias

22. Moffat AC, Osselton MD, Widdop B, Watts J. Clarke's analysis of drugs and poisons. 3rd ed. London: Pharmaceutical Press; 2004.

23. Sindicato Nacional da Indústria de Produtos para Defesa Vegetal (Sindiveg). Dados de mercado [cited 2015 Aug 8]. Available from: http://www.sindiveg.org.br/

24. Lanes-Almeida G, Schmitt GC, Bairros AV, Emanuelli T, Garcia SC. Os riscos e danos nas intoxicações por PQ em animais domésticos. Ciência Rural. 2007;37(5):1506-12.

25. Roberts DM. Herbicides. In: Nelson LS, Lewin NA, Howland MA, Hoffman RS, Goldfrank LR, Flomenbaum NE. Goldfrank's toxicologic emergencies. 9th ed. Nova York: McGraw-Hill; 2012. p. 1537-55.

26. Dey MS. Paraquat pharmacokinetics using a subcutaneous toxic low dose in the rat. Fundamental and Applied Toxicology. 1990; 14(1): 208-216.

27. Cox, C. Glyphosate herbicide factsheet. Journal of Pesticide Reform. 2004;24:10-15

28. Prata F. Comportamento do glifosato no solo e deslocamento miscível de atrazina [tese de doutorado]. São Paulo: Faculdade de Agronomia da Universidade de São Paulo; 2002.

29. De Amarante JR O. P. et al. Métodos de extração e determinação do herbicida glifosato: Breve revisão. Química Nova 2002; 25(3): 420-428.

30. Araújo ASF. Biodegradação, extração e análise de glifosato em dois tipos de solos [dissertação de mestrado]. São Paulo: Faculdade de Agronomia da Universidade de São Paulo; 2002.

31. Reyes E. Colômbia suspende herbicida cancerígeno que erradica plantações de coca. UOL Notícias – Meio Ambiente, 16 de maio de 2015 [cited 2015 Aug 8]. Available from: http://noticias.uol.com.br/meio-ambiente/ultimas-noticias/redacao/2015/05/16/colombia-suspende-herbicida-cancerigeno-que-erradica-plantacoes-de-coca.htm

32. Granja, C.U. et al. Reported Human Health Effects from *Glyphosate. Uribe Cualla. Toxicology Clinic.* Bogota: Department of Putumayo. *p.81, 2001.*

33. Coggiola O. Crise Ecológica, Biotecnologia e Imperialismo. São Paulo, 2005, 78 p.

34. Cikalo MG, Goodall DM, Matthews W. Analysis of glyphosate using electrophoresis with indirect detection. Journal of Chromatography A. 1996;745(1-2):189-200.

35. Coutinho CFB, Mazo LH. Complexos metálicos com o herbicida glifosato: revisão. Química Nova. 2005;28(6):1038-45.

36. Williams GM, Kroes R, Munro IC. Safety evaluation and risk assessment of the herbicide roundup and its active ingredient, glyphosate, for humans. Regulatory Toxicology and Pharmacology. 2000;31(2 Pt1):117-65.

37. Richard S, Moslemi S, Sipahutar H, Benachour N, Seralini GE. Differential effects of glyphosate and roundup on human placental cells and aromatase. Environmental Health Perspectives 2005;113(6):716-20.

38. Korbes D. Toxicidade de agrotóxico organofosforado no sistema auditivo periférico de cobaias: estudo anatômico e funcional [dissertação de mestrado]. Santa Maria: Universidade Federal de Santa Maria; 2009.

39. Eddleston M. Insecticides: organic phosphorus compounds and carbamates. In: Nelson LS, Lewin NA, Howland MA, Hoffman RS, Goldfrank LR, Flomenbaum NE. Goldfrank's toxicologic emergencies. 10th ed. Nova York: McGraw-Hill; 2015

40. Peres F, Rozemberg B, Alves SR, Moreira JC, Silva JJO. Comunicação relacionada ao uso de agrotóxicos em região agrícola do Estado do Rio de Janeiro. Revista de Saúde Pública. 2001;35(6):564-70.

41. Clark R. Insecticides: organic phosphorus compounds and carbamates. In: Nelson LS, Lewin NA, Howland MA, Hoffman RS, Goldfrank LR, Flomenbaum NE. Goldfrank's toxicologic emergencies. 9th ed. Nova York: McGraw-Hill; 2012.

42. Xavier FG. Intoxicação por aldicarb ("chumbinho"): I. Estudo das alterações post mortem microscópicas em cães e gatos. II. Avaliação dos efeitos tóxicos agudos em camundongos [dissertação de mestrado]. São Paulo: Universidade de São Paulo; 2008.

43. Saraiva E. Avaliação hematológica, atividade enzimática e níveis de metais na exposição ocupacional aos defensivos agrícolas e fertilizantes [tese de doutorado]. São Paulo: Universidade de São Paulo; 2009.

44. Schmitz MK. Intoxicação por agrotóxicos inibidores da colinesterase [trabalho de conclusão de curso]. Florianópollis: Universidade Federal de Santa Catarina; 2003.

45. Nelson LS, Lewin NA, Howland MA, Hoffman RS, Goldfrank LR, Flomenbaum NE. Goldfrank's toxicologic emergencies. 9th ed. Nova York: McGraw-Hill; 2012.

46. Caldas ED, Rebelo FM, Heliodoro VO, Magalhães AF, Rebelo RM. Poisonings with pesticides in the Federal District of Brazil. Clinical Toxicology (Philadelphia). 2008;46(10):1058-63.

47. Hoshin ACH, Pacheco-Ferreira H, Taguchi CK, Tomita S, Miranda MF. Estudo da ototoxicidade em trabalhadores expostos a organofosforados. Revista Brasileira de Otorrinolaringologia. 2008;74(6):912-8.

48. Pinakini KS, Kumar TS. Serial cholinesterase estimation in carbamate poisoning.. Journal of Clinical Forensic Medicine. 2006;13(5):274-6.

49. Superintendência de Controle de Endêmias (Sucen) [cited 2015 Aug 8]. Available from: http://www.sucen.sp.gov.br

50. Silva GR, Borges Jr. I, Figueroa-Villar JD, Castro AT. Defesa química: histórico, classificação dos agentes de guerra e ação dos neurotóxicos. Química Nova. 2012;35(10):2083-91.

51. Colasso C. Armas químicas de guerra – Parte II. Revista Intertox de Toxicologia, Risco Ambiental e Sociedade. 2012;5(41):7-41.

52. Itho S. Intoxicação pelo chumbinho (Aldicarb) no Espírito Santo – Brasil: frequência, perfil epidemiológico e clínico e proposta de um protocolo padronizado de evolução clínica e tratamento atropínico [tese de doutorado]. São Paulo: Universidade de São Paulo; 2001.

53. Bayer Cropscience [cited 2015 Aug 8]. Available from: http://www.bayercropscience.com.br/site/home.fss

54. Lima JS, Reis CA. Poisoning due to illegal use of carbamates as a rodenticide in Rio de Janeiro. Journal of Toxicology, Clinical Toxicology. 1995;33(6):687-90.

55. Rosa R. Intoxicação por agrotóxicos granulados "chumbinho" – Um problema de saúde pública: produto do comércio fracionado [dissertação de mestrado]. Florianópolis: Universidade Federal de Santa Catarina; 2005.

56. Vieira RJ, Borges MASB, Capitani E, Toledo AS. Poisonings associated illegal use of aldicarb as a rodenticide – Campinas Poison Control Center, Brazil, 2000-2007. Clinical Toxicology. 2008;46(5):405-6.

57. Ecobichon, DJ. Toxic Effects of Pesticides. In: Klaassen, CD (Editor). **Casarett and Doull's Toxicology The Basic Science Of Poisons. 6th ed.** New York: McGraw-Hill Professional: 2001.

58. Dos Santos MAT, Areas MA, Reyes FG. Piretroides – Uma visão geral. Alimentos e Nutrição (Araraquara). 2007;18(3):339-49.

59. Ecobichon, DJ. Toxic Effects of Pesticides. In: Klaassen, CD (Editor). **Casarett and Doull's Toxicology The Basic Science Of Poisons. 6th ed.** New York: McGraw-Hill Professional, 2001.

60. Costa, LG. Efeitos Tóxicos dos Praguicidas. In: Klaassen, CD, Watkins III, JB. Fundamentos em Toxicologia de Casarett e Doull. 2ª ed. Porto Alegre: Artmed-McGraw-Hill, 2012.

61. Alecio MR, Fazolin M, Coelho Netto RA, Catani V, Estrela JL, Alves SB, et al. Ação inseticida do extrato de *Derris amazonica* Killip para *Cerotoma arcuatus* Olivier (Coleoptera: Chrysomelidae). Acta Amazonica. 2010;40(4):719-28.

62. Costa JPC, Alves SM, Bélo M. Teores de rotenona em clones de timbó (Derris spp. fabaceae) de diferentes regiões da Amazônia e os seus efeitos na emergência de imagos em *Musca domestica* L. Acta Amazonica. 1999;29(4):563-73.

63. Melo MM, De Oliveira N, Lago LA. Intoxicações causadas por pesticidas em cães e gatos. Parte II: amitraz, estricnina, fluoracetado de sódio e fluoracetamida, rodenticidas anticoagulantes e avermectinas. Revista de Educação Contínua. 2002;5(3):259-67.

64. Brito MF, Seixas JN, Jabour FF, Andrade GB, Cunha BRM, França TN, et al. Sobre um surto de envenenamento por derivado cumarínico em bovinos. Pesquisa Veterinária Brasileira. 2005;25(3):143-9.

65. Amaral AF, Jühlich LM, Takeuti KL, Rolim VM, Gonçalves MA, Cruz RAS, et al. Surto de intoxicação por cumarínico em leitões de maternidade. Acta Scientiae Veterinariae. 2015;43(Suppl 1):80.

66. Kaewamatawong T, Lohavanijaya A, CharoenlertkulP, Srichairat S. Retrospective histopathological study of hemorrhagic lesion of coumarin intoxication in dogs. Thai Journal of Veterinary Medicine. 2011;41:239-44.

67. Ribeiro MJ, Matioli JC, Carvalho CF. Efeito da avermectina-bi (MK-936) sobre o desenvolvimento larval de *Chrysoperla externa* (Hagen) (Neuroptera; Chrysopidae). Pesquisa Agropecuária Brasileira. 1988;23(11):1189-96.

68. Berrueta LA, Gallo B, Vicente F. A review of solid phase extraction: basic principles and new developments. Chromatographia. 1995;40(7-8):474-83.

69. Kole PL. Venkatesh G, Kotecha J, Sheshala R. Recent advances in sample preparation techniques for effective bioanalytical methods. Biomedical Chromatography. 2011;25:199-217.

70. Jickells, S.; Negrusz, A. (editors) Clarke's Analytical Forensic Toxicology. Londres: Pharmaceutical Press, 2008.

CAPÍTULO 27

TOXICOGENÉTICA FORENSE

Marina Venzon Antunes

Rafael Linden

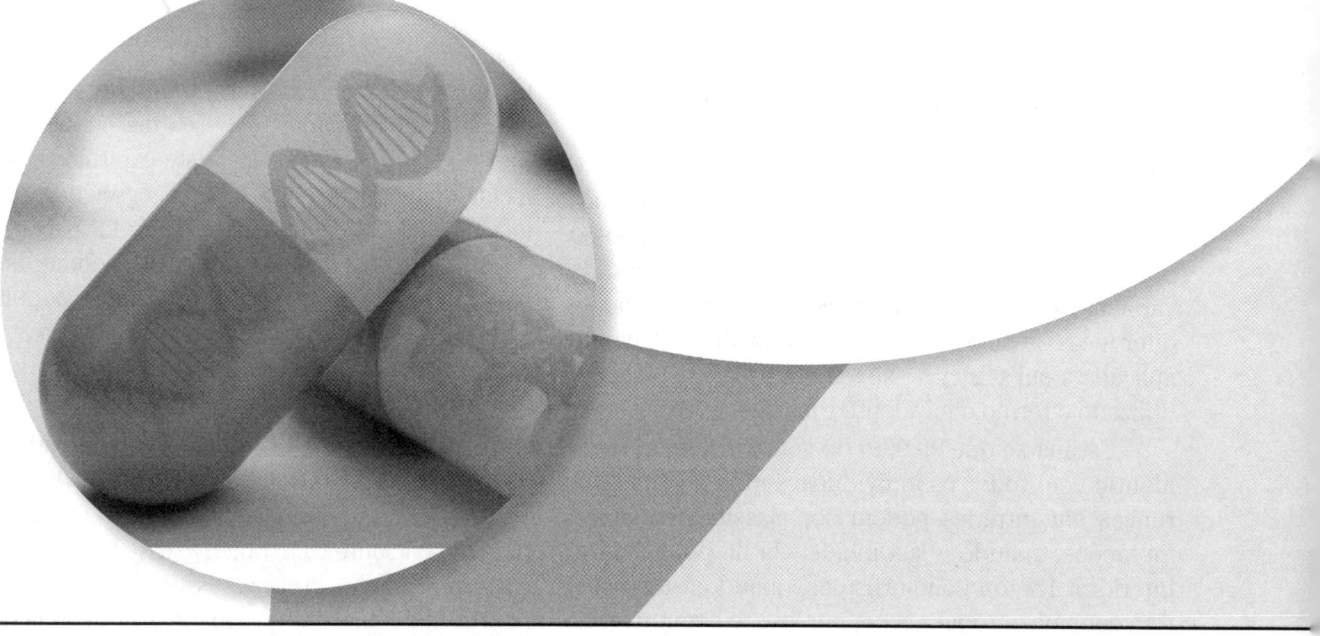

27.1 Resumo

A variabilidade genética entre os indivíduos contribui com uma parcela significativa das diferenças interindividuais na disposição de fármacos e em seus efeitos farmacológicos. Essas variações são consequência dos polimorfismos em genes que codificam enzimas metabolizadoras de fase I e II, proteínas de transporte ou alvos/receptores farmacológicos. O impacto dessas variações genéticas pode ser especialmente importante para algumas classes de fármacos, por exemplo, opioides e antidepressivos, podendo levar à presença de efeitos adversos graves e, em alguns casos, à morte por intoxicação. Apesar de ser um conceito relativamente novo no contexto forense, a toxicogenética tem propiciado novos meios interpretativos para auxiliar na resolução de episódios de intoxicação ou casos *post mortem* com achados ambíguos, particularmente em situações não intencionais em que a causa da morte não é clara. Entretanto ainda existe a clara necessidade de aprofundamento e realização de estudos envolvendo a combinação da genética, toxicologia e patologia, antes que a toxicogenética possa ser utilizada de forma sistemática na rotina forense. Dessa forma, este capítulo revisa os fundamentos da farmacogenética na perspectiva da toxicologia forense, bem como descreve algumas de suas aplicações descritas na literatura científica.

27.2 Introdução

A resposta terapêutica aos fármacos pode variar consideravelmente entre os indivíduos, sendo que um fármaco cuja dose-padrão é altamente eficaz para alguns pacientes pode ser ineficaz ou ainda mesmo tóxico para outros [1]. As reações adversas aos medicamentos (RAM) representam um problema de saúde pública, aumentando a morbidade, mortalidade e os custos com a saúde. Estudos conduzidos nos Estados Unidos indicam que as RAM são responsáveis por cerca de 5% das mortes por fatalidades em pacientes hospitalizados [2] e estão listadas entre quarta e sexta maior causa de morte [3]. Na Austrália, até 4% de todas as admissões hospitalares (30% para os pacientes > 75 anos) são relacionadas à RAM [4]. Em um estudo realizado na Inglaterra, as reações adversas foram responsáveis por pelo menos cinco mil mortes anuais [5].

A variação na resposta individual aos fármacos ou toxicantes pode ter origem fisiológica, patofisiológica, ambiental ou genética. No geral, potenciais fatores de risco para reações adversas incluem a idade do paciente, sexo, comorbidades, interações medicamentosas, disfunção hepática e/ou renal, dieta, bem como alguns hábitos de vida, como fumo e ingestão de álcool. Entretanto, a absorção, distribuição, biotransformação e eliminação de fármacos assim como suas interações com alvos/receptores são por muitas vezes determinadas por diferenças genéticas [6].

A conclusão do projeto Genoma Humano e o desenvolvimento de tecnologia para a identificação em larga escala de polimorfismos têm contribuído para o avanço clínico e das ciências forenses. O termo farmacogenética foi utilizado pela primeira vez em 1959 por Vogel [7] e pode ser definido como o estudo da variabilidade na resposta farmacológica em função de diferenças genéticas entre os indivíduos. Quando aplicada a substâncias exógenas não terapêuticas, é utilizado o termo equivalente toxicogenética.

Estima-se que 99,99% do genoma humano seja idêntico em todos os indivíduos, sendo que as diferenças encontradas podem ser classificadas como mutações, quando a sua incidência na população é inferior a 1%, ou polimorfismos, quando estas ocorrem com mais frequência e, por isso, é comum a sua presença na população. Os polimorfismos de nucleotídeo único (*single nucleotide polymorphisms*, SNP) são os mais comuns, representando 90% de todos os polimorfismos do genoma humano. Um SNP é uma variação de um único par de bases na sequência de ácido desoxirribonucleico (DNA) [8]. Mais de 1,4 milhão de SNP foram identificados no genoma humano, sendo 60 mil deles na região codificadora dos genes [9].

Apesar do uso da toxicogenética no cenário forense ainda ser bastante raro, sua aplicação é relevante, visto que deficiências genéticas individuais podem causar reações adversas graves ou ainda mortes ocasionais [10]. Essa abordagem é especialmente promissora nos casos em que a causa da morte continua a ser ambígua mesmo após investigações toxicológicas e necroscópicas. Nesses casos, pode-se considerar a genotipagem *post mortem* e a análise da proporção de metabólitos no sangue de forma a identificar alterações metabólicas relevantes e descartar outras causas de morte [11]. Nesse sentido, neste capítulo será estabelecida uma relação entre a farmacogenética e a toxicologia forense, revisando aspectos da farmacocinética e da farmacodinâmica, os principais polimorfismos de relevância toxicológica e sua distribuição populacional, além da apresentação de casos relatados na literatura.

27.3 Variabilidade genética na disposição cinética de fármacos e resposta farmacológica

Escolher o fármaco e a dosagem apropriados para um paciente é um objetivo essencial na terapêutica. A dificuldade em atingir esse objetivo surge quando fatores individuais como a idade, peso, condições fisiológicas, interações medicamentosas e predisposição genética têm impacto nos mecanismos farmacocinéticos e farmacodinâmicos (Figura 27.1) [12]. Essas alterações atribuídas a fatores ambientais ou genéticos estão envolvidas na eficácia terapêutica e desencadeamento de reações adversas [13] em importantes classes de fármacos (por exemplo, opioides, antidepressivos tricíclicos, inibidores da recaptação de serotonina, agonistas beta-adrenérgicos, estatinas etc.) [6].

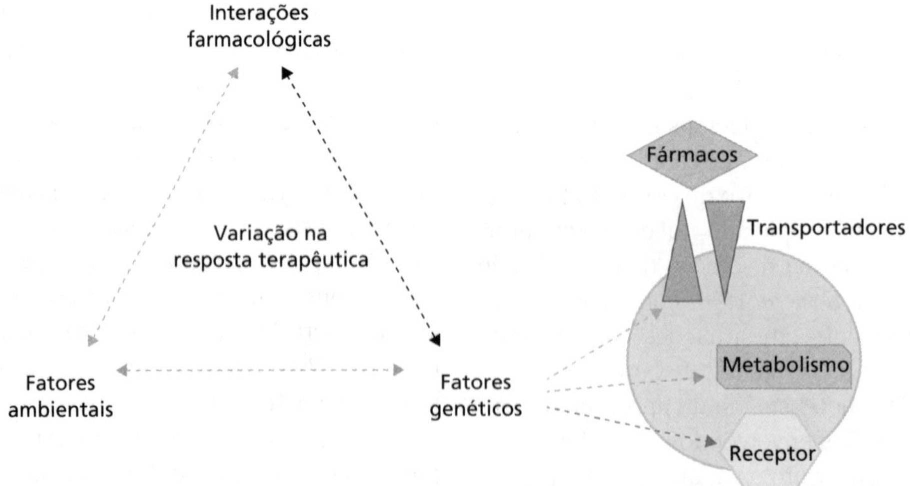

Figura 27.1 Fatores associados a alterações farmacocinéticas e farmacodinâmicas e a resposta terapêutica.

Diferentemente dos fatores ambientais, que podem ser modificáveis, os fatores genéticos permanecem estáveis ao longo da vida. Cada vez mais, a variabilidade genética entre os indivíduos e a consequente susceptibilidade fisiológica à toxicidade tem sido vista como um dos principais contribuintes para reações idiossincráticas, contando com uma estimativa de 15% a 30% das diferenças interindividuais na disposição e efeito farmacológico, podendo em alguns casos chegar a até 95% [10]. Polimorfismos têm sido observados em genes que codificam enzimas metabolizadoras, proteínas de transporte e alvos/receptores farmacológicos. Produtos de genes polimórficos podem afetar a eliminação do fármaco, provocando assim efeitos adversos e podendo implicar a necessidade de personalização da dose [8].

27.4 Variações farmacocinéticas da biotransformação de fármacos

Os fármacos e muitos compostos endógenos aos quais os organismos estão expostos possuem, na sua maioria, algum grau de lipofilia. Assim, para serem excretados, passam por alterações de forma a tornarem-se mais hidrossolúveis. A biotransformação ocorre principalmente no fígado, onde, pela ação de enzimas, os compostos são modificados quimicamente, formando substâncias conhecidas como metabólitos, para serem excretados, principalmente através dos rins, pulmões ou outros fluidos corporais. Algumas substâncias não sofrem alteração na estrutura química e são removidas do corpo inalteradas [14]. É importante também destacar que a biotransformação, além de ser responsável pela detoxificação de compostos, pode converter pró-fármacos em seus compostos farmacologicamente ativos [1]. Dois diferentes tipos de reações metabólicas estão envolvidos: na fase I as moléculas são modificadas por reações de oxidação, redução e hidrólise, enquanto que na fase II os fármacos são conjugados com outros compostos polares e, em seguida, eliminados. Se dois ou mais genes polimórficos regulam o metabolismo e o transporte do fármaco dentro de uma célula, a variabilidade na resposta ao tratamento depende da interação dessas variantes genéticas [15].

27.4.1 Polimorfismos no metabolismo de fase I

O sistema enzimático citocromo P450 desempenha um papel central no metabolismo oxidativo de fase I. A superfamília P450 compreende diversas subfamílias que são designadas por letras de acordo com o sistema de nomenclatura recomendado internacionalmente [16]. Os diferentes alelos estão sumarizados na página do Comitê de Nomenclatura de alelos humanos da CYP (<www.cypalleles.ki.se>) [17].

A CYP1A2, CYP2B6, CYP2C9, CYP2C19, CYP2D6 e CYP3A4/5 são responsáveis pelo metabolismo da grande maioria dos fármacos e outros xenobióticos. Entre as principais formas de eliminação dos fármacos atualmente prescritos, estimam-se que cerca de 20% sejam eliminados inalterados, 30%-40% após biotransformação pelas CYP3A4/5, 20%-25% após biotransformação pela CYP2D6 e 10% pela ação das CYP2C9/19 [18]. Com relação à toxicidade, cerca de 60% dos fármacos citados em estudos sobre reações adversas são metabolizados por enzimas de fase I, e, destas, 86% pertencem à superfamília P450 [19].

Os polimorfismos funcionais da CYP consistem em deleções, multiplicações gênicas e mutações deletérias criando produtos inativos, por exemplo, pequenas inserções e deleções de par de nucleotídeos causando mutações do tipo *frameshift* [15]. Variantes relacionadas à perda da função, como deleções, levam à redução na depuração e consequente aumento das concentrações plasmáticas do substrato, enquanto variantes relacionadas ao ganho de função, como multiplicação gênica, promovem o aumento na depuração e concentrações diminuídas do fármaco [1].

A tradução do fenótipo metabolizador a partir do dado genético pode ser baseada no pressuposto da dominância, no qual a variante mais eficiente no genoma determina o fenótipo. Por exemplo, para a enzima CYP2D6 são previstos quatro fenótipos distintos: metabolizadores lentos (ML) que não possuem enzima funcional (presença de dois alelos nulos), intermediários (MI) que possuem atividade enzimática residual (presença heterozigótica de alelo com atividade reduzida e nulo ou homozigótica com alelos de atividade reduzida), metabolizador rápido (MR) com atividade enzimática normal (presença de pelo o menos um alelo funcional) e ultrarrápidos (UR) com elevada atividade enzimática (presença de multiplicação gênica ou outra mutação aumentando a atividade da enzima) [12]. O fenótipo previsto para o grupo de MR pode ainda ser dividido em dois grupos, os metabolizadores rápidos com atividade rápida (MR-R) (dois alelos funcionais) ou metabolizadores rápidos com atividade diminuída (MR-D) (um alelo funcional em combinação com alelo de atividade reduzida ou nula) [20]. Os MR-D possuem expressão da enzima pouco prejudicada, porém não é correto afirmar que possam ser classificados como MI [21].

Diversos aspectos devem ser considerados com relação ao impacto clínico dos polimorfismos nas enzimas metabolizadoras. De uma forma geral, os fármacos mais afetados por interações mediadas pelo P450 são aqueles em que o metabolismo e a eliminação são atribuídos exclusivamente às enzimas CYP, particularmente quando a biotransformação é dependente exclusivamente de uma via enzimática. Nesse caso, a inibição da enzima pode levar a uma redução substancial na depuração da substância. Alternativamente, se o metabolismo envolver múltiplas vias, a inibição de uma delas irá provavelmente resultar em uma alteração mínima na concentração do xenobiótico [10].

O índice terapêutico de cada fármaco também deve ser considerado quanto ao impacto dos polimorfismos na ocorrência de toxicidade. Quando a substância envolvida possui um alto índice terapêutico (por exemplo, ibuprofeno), é improvável que haja toxicidade em virtude da variação causada pelo polimorfismo genético. Entretanto, se o fármaco possui baixo índice terapêutico (por exemplo, metadona, varfarina), pequenas modificações nas concentrações séricas causadas pelo fator genético podem resultar em toxicidade séria ou até mesmo fatal [18].

Outro aspecto importante para a implicância clínica do polimorfismo é o contexto farmacológico, considerando as características do substrato. Quando a substância é farmacologicamente ativa, os ML potencialmente apresentarão toxicidade por causa da sobredose. Já os indivíduos UR poderiam necessitar de doses mais elevadas e administração mais frequente para atingir concentrações terapêuticas. No entanto, o oposto pode ser esperado quando o fármaco precisa ser convertido em seu metabólito ativo (pró-fármaco): a terapia será ineficaz em indivíduos ML e pacientes UR estarão sujeitos à toxicidade em virtude do acúmulo do metabólito, por exemplo, na formação de morfina via metabolismo da codeína mediado pela CYP2D6 [1].

Indivíduos com genótipos idênticos podem também exibir diferentes atividades fenotípicas, o que pode ser explicado por fatores populacionais específicos, como algum fator genético não identificado em outras enzimas e proteínas, além de fatores não genéticos. Tal como acontece com as variações genéticas, as interações medicamentosas também podem levar a importantes consequências clínicas. Fármacos indutores ou inibidores, se administrados concomitantemente durante a terapia, levarão ao aumento ou diminuição do metabolismo enzimático [12]. Na Tabela 27.1 são apresentados os alelos e a associação com atividades metabólicas para as principais enzimas CYP, bem como exemplos de substratos e de fármacos moduladores. A influência de polimorfismos genéticos sobre a expressão e função de CYP, bem como sua distribuição populacional, será discutida a seguir para cada CYP.

Tabela 27.1 Alelos polimórficos dos genes da CYP1A2, CYP2B6, CYP2C9, CYP2C19, CYP2D6, CYP3A4/5, atividades enzimáticas, substratos e fármacos moduladores

ENZIMA	ALELOS E ATIVIDADE ENZIMÁTICA	SUBSTRATOS	INIBIDORES	INDUTORES
CYP1A2	• Atividade funcional: **1* • Atividade reduzida: **1C, *1K, *3, *4, *6* • Atividade aumentada: **1F* • Defeito de *splicing*: **7*	Antidepressivos: amitriptilina, clomipramina, duloxetina, fluvoxamina, imipramina, maprotilina, mirtazapina Antipsicóticos: clozapina, haloperidol, olanzapina, promazina, tioridazina, zotepina Outros: aminoprina, amiodarona, cafeína, melatonina, paracetamol, fenacetina, propafenona, propranolol, tacrina, theofilina, verapamil, zolpidem	Cimetidina Ciprofloxacina Disulfiram Fluvoxamina Mexiletina	Aminoglutetimida Antipirina Carbamazepina Nelfinavir Omeprazol Fenobarbital e outros barbitúricos Fenitoína Fumo Rifampicina Ritonavir
CYP2B6	• Atividade funcional: **1* • Atividade reduzida: **6 *16, *18, *26* • Atividade aumentada: **4*	Bupropiona, ciclofosfamida, metadona, efavirenz	Bergamottin Clopidogrel Clotrimazol Imidazóis Mifepristona	Fenobarbital Rifampina Carbamazepina Ciclofosfamida Efavirenz Nelfinavir

(*continua*)

Tabela 27.1 Alelos polimórficos dos genes da CYP1A2, CYP2B6, CYP2C9, CYP2C19, CYP2D6, CYP3A4/5, atividades enzimáticas, substratos e fármacos moduladores (*continuação*)

ENZIMA	ALELOS E ATIVIDADE ENZIMÁTICA	SUBSTRATOS	INIBIDORES	INDUTORES
CYP2B6	• Atividade funcional: *1 • Atividade reduzida: *6 *16, *18, *26 • Atividade aumentada: *4	Bupropiona, ciclofosfamida, metadona, efavirenz	Raloxifeno Sertraline thioTEPA Ticlopidina Voriconazol	Nevirapina Fenitoína Ritonavir Estatinas Vitamina D
CYP2C9	• Atividade funcional: *1 • Atividade reduzida: *2, *3, *5	Anti-inflamatórios não esteroidais: diclofenaco, ibuprofeno, naproxeno, piroxicam Outros: losartana, fenobarbital, fenitoína, tolbutamida, ácido valproico, valsartana, S-varfarina	Amiodarona Fluconazol Fluoxetina Fluvoxamina Sulfafenazol Voriconazol	Fenobarbital Carbamazepina Ciclofosfamida Dexametasona Fenitoína Nelfinavir Prednisona Rifampicina Ritonavir
CYP2C19	• Atividade funcional: *1 • Ausência de atividade: *2, *8, *11, *13, • Atividade aumentada: *17,	Antidepressivos: amitriptiptilina, citalopram, clomipramina, escitalopram, imipramina Outros: diazepam, lansoprazol, omeprazol, fenitoína, proguanil, propranolol	Fluvoxamina Omeprazol Ticlopidina	Carbamazepina Fenitoína Rifampicina
CYP2D6	• Atividade funcional: *1, *2, *33, *35 • Atividade reduzida: *9, *10, *17, *29, *36, *37, *41 • Ausência de atividade: *3-*8, *11-*16, *18-*20, *38, *40, *42, *44 • Atividade aumentada: *duplicação alelos funcionais*	Antiarrítmicos: encainida, flecainida, propafenona Antidepressivos: amitriptilina, citalopram, clomipramina, desipramina, escitalopram, fluoxetina, fluvoxamina, imipramina, mirtazapina, nortriptlina, paroxetina, venlafaxina Antipsicóticos: aripiprazol, clozapina, haloperidol, olanzapina, perfenazina,risperidona, sertindola, tioridazina β-Bloqueadores: alpenolol, bufuralol, metoprolol, propranolol, timolol Outros: atomoxetina, debrisoquina, dextrometorfano, codeina, donepezil, galantamina, fenformina, tramadol, tamoxifeno	Amiodarona Bupropiona Celecoxib Cimetidina Duloxetina Fluoxetina Paroxetina Quinidina Tioridazina	Nenhum indutor significativo
CYP3A4/5	*CYP3A4* • Atividade funcional: *1 • Atividade reduzida: *22 *CYP3A5* • Atividade funcional: *1A • Atividade reduzida: *3, *6, *7	Antidepressivos: amitriptilina, citalopram, clomipramina, escitalopram, imipramina, mirtazapina, nefazodona, sertralina, venlafaxina Antipsicóticos: aripiprazol, clozapina, haloperidol, pimozida, quetiapina, risperidona,sertindol, ziprasidona Benzodiazepínicos: alprazolam, clonazepam, diazepam, midazolam, triazolam Antagonistas de canais de cálcio: diltiazem, felodipina, nifedipina, verapamil Estatinas: atorvastatina, lovastatina, pravastatina, sinvastatina Imunossupressores: ciclosporina, sirolimus, tacrolimo Outros: amiodarona, astemizol, carbamazepina, claritromicina, donepezila, eritromicina, galantamina, levonorgestrel, metadona, quinidina, ritonavir, tamoxifeno, terfenadina	Eritromicina Suco de toranja (*grapefruit*) Iraconazol Cetoconazol Nefazodona Ritonavir Troleandomicina	Barbitúricos Carbamazepina Fenitoína Rifampicina Ritonavir

Fonte: extraído de [1], [6], [16] e [17].

27.4.1.1 CYP2D6

A CYP2D6 é a enzima envolvida no metabolismo humano mais extensivamente estudada, tendo sido a primeira do sistema P450 a ter seus polimorfismos caracterizados em nível molecular [6]. É responsável pelo metabolismo de 25% de todos os fármacos prescritos, incluindo beta-bloqueadores, antiarrítmicos, antidepressivos, neurolépticos, analgésicos e fármacos anticâncer. A maioria deles é metabolizada para a sua forma inativa; outros, como a codeína e o tramadol, são bioativados. A CYP2D6 é a única CYP que não é induzível e, por conseguinte, a variação genética desempenha um papel importante na variação interindividual da sua atividade metabólica [6]. Os polimorfismos da CYP2D6 afetam significativamente cerca de 50% desses fármacos [1,15].

A distribuição dos alelos e genótipos da CYP2D6 varia entre as populações. O grupo com atividade metabólica alterada de maior prevalência é do fenótipo UR, com prevalência de até 40% no norte da África, 26% na Oceania e 8% na América, em virtude da duplicação gênica de alelos funcionais. Entre indivíduos caucasianos o fenótipo UR apresenta baixa frequência, de 1% a 3%, entretanto, esse grupo apresenta a maior prevalência mundial de indivíduos ML, de 7% a 11%, especialmente em atribuição ao alelo *CYP2D6*4*. O fenótipo de atividade lenta apresenta menor importância entre asiáticos, < 1%, e entre populações negras, de 1% a 5%. Já o fenótipo MI apresenta maior relevância para os países asiáticos, atingindo cerca de 30% dos indivíduos, especialmente em virtude das variantes *CYP2D6*10 e CYP2D6*17* [22]. No Brasil, país caracterizado por uma população altamente heterogênea, como resultado da miscigenação de origem africana, europeia e ameríndia, poucos estudos indicam prevalência de 3% a 6 % de ML, 7% a 12% de MI e de 4,5% de UR [23,24].

27.4.1.2 CYP2C9

A CYP2C9 está envolvida no metabolismo de cerca de 10% de todos os fármacos prescritos, com destaque para anti-inflamatórios não esteroidais (AINE), antidiabéticos orais, benzodiazepínicos, antiepiléticos e anticoagulantes orais. Variações genéticas nessa isoenzima podem ser fatais, especialmente em casos que envolvam a varfarina e outros medicamentos com baixo índice terapêutico [10]. A *CYP2C9*1* é o alelo do tipo selvagem que codifica a atividade enzimática funcional, enquanto que os alelos *CYP2C9*2* e **3* são variantes relacionados à diminuição da atividade, sendo que o último apresenta a maior taxa de redução do metabolismo. Para a maior parte dos substratos, os indivíduos heterozigotos para *CYP2C9*3* possuem cerca de 50% da capacidade de depuração em relação à enzima funcional, e indivíduos homozigotos para o alelo têm redução na depuração de cinco a dez vezes [25]. Os polimorfismos da CYP2C9 demonstraram afetar o metabolismo de pelo menos dezessete fármacos, como: acenocumarol, femprocumona, varfarina, glimepirida, glibenclamida, tolbutamida, nateglinida, candesartana, losartana, celecoxib, diclofenaco, flurbiprofeno, ibuprofeno, tenoxicam, fluvastatina, fenitoína e torsemida. Estudos *in vitro* indicam que a afinidade da *CYP2C9*2* pelos substratos pode variar, podendo estar inalterada para alguns fármacos, ao passo que em outros pode ser severamente diminuída, como na depuração da varfarina, acenocumarol, tolbutamida e celecoxibe. Isso sugere diferenças na especificidade dos substratos entre as três variantes da enzima *CYP2C9*1*, **2* e **3*, demonstrando que os polimorfismos dessa enzima são substrato-dependentes [25].

Em indivíduos caucasianos as frequências para os genótipos *CYP2C9*1/*2* e *CYP2C9*1/*3* são de 15% a 20% e 8% a 10%, respectivamente. Considerando a presença homozigota para os alelos variantes, o fenótipo ML é estimado para cerca de 2% a 6% dos indivíduos caucasianos. Em africanos as frequências são inferiores e em asiáticos o alelo *CYP2C9*2* ainda não foi detectado [10]. Na população brasileira, a prevalência dos genótipos *CYP2C9*1/*2* e *CYP2C9*1/*3* é de aproximadamente 10% e 7%, respectivamente [26].

27.4.1.3 CYP2C19

Polimorfismos no gene CYP2C19 podem afetar o metabolismo de diversas classes de fármacos, incluindo inibidores da bomba de próton, anticâncer (ciclofosfamida), antifúngico (voriconazol) e antidepressivos: inibidores da monoamina-oxidase, tricíclicos (amitriptilina e clomipramina), inibidores seletivos da receptação de serotonina (sertralina e citalopram). A base molecular da biotransformação reduzida da CYP2C19 é conhecida há cerca de vinte anos e é representada principalmente pelos alelos *CYP2C19*2* em europeus e *CYP2C19*3* em asiáticos. No entanto, há apenas cerca de dez anos foi identificado o alelo *CYP2C19*17*, que promove o aumento na taxa de transcrição e do metabolismo enzimático em virtude do aumento da transcrição da enzima. O polimorfismo *CYP2C19 *17* foi relacionado a redução das concentrações de diversos fármacos, entre eles, antidepressivos escitalopram e clomipramina, antifúngico voriconazol e o inibidor da bomba de prótons omeprazol (área sob a curva 50% menor em pacientes com essa variante). Além disso, o alelo **17* também foi associado ao aumento do metabolismo dos pró-fármacos clorproguanil (malária) e clopidogrel (trombose), este último com risco aumentado de complicações hemorrágicas [16]. Já a redução da atividade da CYP2C19 em ML foi associada ao aumento das concentrações séricas e de efeitos adversos durante o tratamento com amitriptilina [15].

A frequência de ML para a CYP2C19 em caucasianos e na população africana varia entre 2% e 5%, já para os asiáticos é em média de 25% [1], atingindo de 60% a 70% da população nas Ilhas do Pacífico [6]. Um estudo realizado no Sul do Brasil indicou uma prevalência de 10% de ML e 29% de MI [37]. Com relação ao polimorfismo *CYP2C19*17*, está presente em até 18% dos caucasianos e da população do nordeste da África [15]. Na população brasileira sua frequência é de 16% em descendentes de ameríndios, 18% em caucasianos e 26% em afrodescendentes [28].

27.4.1.4 CYP2B6

A CYP2B6 representa uma minoria (2% a 5%) do conteúdo hepático do sistema P450, contudo sua expressão apresenta variabilidade de até trezentas vezes. Apesar de inicialmente não ser considerada importante na biotransformação de xenobióticos, novas investigações indicaram uma alta prevalência dessa enzima no metabolismo de produtos químicos ambientais e de alguns fármacos, por exemplo, os quimioterápicos ciclofosfamida e ifosfamida, os antirretrovirais efavirenz e nevirapina, o antidepressivo bupropiona e os anestésicos propofol e cetamina [15]. Seu papel também tem sido discutido em relação à toxicidade da metadona e a formação de metabólitos neurotóxicos da droga sintética 3,4-metilenodioxi-metanfetamina (MDMA ou *ecstasy*) [6]. As variantes *CYP2B6*6*, *CYP2B6*16* e *CYP2B6*18* estão associadas à diminuição da expressão e da atividade enzimática [17]. Entre elas, a *CYP2B6*6* é mais frequente na população (20% a 40%) e está associada à redução de 50% a 75% da expressão da proteína, enquanto ambos os alelos *CYP2B6*16* e *CYP2B6*18* são comuns apenas em indivíduos africanos, com frequências de 4% a 12% [1]. Outro alelo variante, o *CYP2B6*4*, está presente em 2% a 6% dos indivíduos e tem sido associado ao aumento da atividade enzimática, implicando o aumento da velocidade de eliminação, ($V_{máx}$) de diversos fármacos, como a bupropiona [29]. Entretanto a variante foi incapaz de metabolizar outro substrato da enzima, o 17- -etilenoestradiol, e estudos seguintes indicaram topologia alterada no local ativo da variante, resultando em mais reações cinéticas desacopladas [1].

De uma forma geral, existe uma marcada variabilidade interindividual na atividade da CYP2B6, entretanto o conhecimento farmacogenético atual dessa enzima ainda não é suficiente para predizer eficientemente a capacidade metabólica para os substratos da CYP2B6. A maior parte das alterações na função de diversos alelos tem sido consistente apenas em experimentos *in vitro* [1].

27.4.1.5 CYP3A4/5

As enzimas CYP3A4/5 promovem o metabolismo e eliminação de uma vasta gama de xenobióticos, incluindo aproximadamente 40% dos fármacos atualmente prescritos. A atividade metabólica da CYP3A, examinada pela fenotipagem com diversos substratos (por exemplo, midazolam, eritromicina, quinina e omeprazol), possui uma moderada variação interindividual, de quatro a seis vezes para a maior parte da população. O alelo polimórfico *CYP3A5*3* é altamente frequente, com prevalência aproximada de 90% em caucasianos, 75% em asiáticos e 20% em africanos. Já os alelos *CYP3A5*6* e *CYP3A5*7* não foram identificados em caucasianos ou asiáticos, e na população africana têm frequência de 17% e 8%, respectivamente [15]. Apesar da alta frequência, os polimorfismos no gene da *CYP3A5* pouco contribuem para modificações no metabolismo hepático total da CYP3A, visto que sua proporção no conjunto enzimático é significativamente inferior em relação à proteína CYP3A4. De fato, as variantes nulas da CYP3A5 demonstraram um impacto modesto sobre o metabolismo total da CYP3A, quando medido por estratégias de fenotipagem com o midazolam ou quinina [30].

Apesar da reconhecida interferência de alguns fatores ambientais sobre a atividade da CYP3A4, como a sua inibição pelo consumo de suco de toranja, acredita-se que até 90% da sua variabilidade possa ter uma base genética. Embora diversas mutações no gene da *CYP3A4* tenham sido descritas (**2-*21*), não suportam a ampla variação interindividual na atividade metabólica, possivelmente por apresentarem efeitos limitados sobre a síntese enzimática ou, ainda, em virtude de suas frequências serem consideravelmente baixas (< 0,1%) [31]. Recentemente, no ano de 2011, um promissor biomarcador da atividade hepática da CYP3A4 foi identificado. O polimorfismo no gene *CYP3A4*22* está associado à redução da expressão de mRNA e diminuição da atividade da enzima. A sua frequência e, como consequência, de ML para a CYP3A4 na população caucasiana é de aproximadamente 5% a 7% [32]. Até o presente momento, apenas um estudo retratou a prevalência de indivíduos carreadores do alelo **22* na população brasileira, sendo esta de 6% [33].

27.4.1.6 CYP1A2

A CYP1A2 representa de 4 a 16% do conteúdo enzimático do sistema P450 hepático. Está envolvida no metabolismo de antidepressivos, antipsicóticos, cafeína, entre outros. A sua atividade pode ser induzida por fatores ambientais tais como o fumo, consumo de alguns alimentos (por exemplo, brócolis) e interações medicamentosas (por exemplo, fenobarbital, contraceptivos orais). Além disso, são conhecidos 21 alelos variantes da CYP1A2 associados com a redução ou indução da expressão enzimática. Apesar da sua multiplicidade, os polimorfismos comuns da CYP1A2 não demonstraram ter valor preditivo alto para a estimativa do fenótipo da enzima, possuindo impacto limitado sobre o metabolismo [1].

27.4.2 Polimorfismos no metabolismo de fase II

Enzimas de fase II do metabolismo aumentam a excreção dos xenobióticos pela conjugação das moléculas com grupos polares (sulfato, ácido glicurônico, grupamento acetila, grupamento metila e glutationa). Um exemplo bastante conhecido é a enzima tiopurina S–metiltransferase (TPMT), que metaboliza as tiopurinas mercaptopurina e azatioprina, pró-fármacos anticâncer que são convertidos *in vivo* em mercaptopurina. A atividade da TPMT apresenta variações genéticas, sendo que aproximadamente 90% dos indivíduos caucasianos exibem atividade funcional, 10% atividade intermediária e 0,3% atividade reduzida ou não detectável [8]. A administração de doses-padrão de tiopurinas a indivíduos homozigotos para redução ou ausência de atividade da TPMT pode levar à toxicidade em virtude do acúmulo dos metabólitos tóxicos, bem como o elevado aumento no risco de vida pela mielossupressão induzida [14].

Outras enzimas de fase II incluem a glutationa-S-transferase, sulfotransferases e *N*-acetiltransferase 1 e 2 (NAT1 e NAT2). O polimorfismo no gene da *NAT2* é responsável pela alteração no metabolismo dos fármacos e está normalmente associado a reações adversas no tratamento com isoniazida, dapsona e sulfoniazida [8]. A distribuição da variante relacionada ao fenótipo lento para a NAT2 está presente em 52% dos americanos brancos e 17% dos japoneses [14].

27.4.3 Polimorfismos em transportadores de fármacos

Proteínas transportadoras possuem um papel fundamental na absorção, disposição, toxicidade e eficácia dos fármacos, uma vez que auxiliam na transposição de barreiras fisiológicas (por exemplo, barreira hematoencefálica, biliar, intestinal, tubular e epitélio renal). Os polimorfismos genéticos resultam em inibição, indução ou ambos e podem envolver transportadores de influxo ou de efluxo [8]. A modulação dos transportadores por fatores genéticos é clinicamente importante quando a eliminação do fármaco ou a distribuição no tecido-alvo é mediada essencialmente pelo transportador, afetando assim a sua concentração na corrente sanguínea e no local de ação [6].

Um exemplo clássico é o gene de resistência a múltiplas drogas (*ABCB1/MDR1*), que codifica a glicoproteína P (Gp-P), expressa na superfície luminal de tecidos de barreira (por exemplo, pequeno intestino e cérebro) e em órgãos com funções excretórias (por exemplo, fígado e rins). A Gp-P funciona como uma bomba de efluxo contra xenobióticos, protegendo o organismo da ação de determinados fármacos. A sua função é impedir a entrada de fármacos na célula ou promover a eliminação para a bile, urina e lúmen intestinal, dependendo de sua localização. Quando esse mecanismo está afetado em virtude de mutações no gene *ABCB1*, pode haver intoxicação por substratos dessa proteína. São reconhecidos pelo menos 29 SNP para a *ABCB1*. A Gp-P intervém no transporte da digoxina, inibidores da protease, alguns antineoplásicos, morfina, metadona, fentanil, entre outros [34].

Também são importantes os polimorfismos funcionais nos genes transportadores de solutos (*SLCO*), que codificam polipeptídeos transportadores de ânions orgânicos (OATP). Os OATP são proteínas transmembrana expressas na membrana basolateral (sinusoidal) dos hepatócitos, funcionando como transportadores de influxo de uma vasta gama de compostos endógenos e xenobióticos, exercendo um papel importante na absorção, distribuição e excreção de diversos fármacos, por exemplo, a sinvastatina [6].

27.5 Polimorfismos envolvidos na farmacodinâmica

A maior parte dos fármacos/drogas exerce os seus efeitos por meio da ligação e, subsequentemente, modulação de alvos específicos do organismo, que podem ser proteínas, ácidos nucleicos ou outros alvos moleculares. Esses alvos incluem receptores β2-adrenérgicos, receptores de insulina, enzima conversora da angiotensina, entre outros. Fatores como interações medicamentosas e, especialmente, polimorfismos em genes que codificam esses alvos podem influenciar a sensibilidade aos medicamentos específicos. Esses polimorfismos são considerados significativos nos casos em que as variações interindividuais nas concentrações plasmáticas do fármaco são mínimas, mas em que maiores diferenças farmacodinâmicas podem ser observadas [6].

Holloway e colaboradores [35] verificaram que os indivíduos com uma ou mais cópias do alelo variante contendo o aminoácido glicina no lugar da arginina no gene β2-adrenérgico apresentam maior resistência ao tratamento com broncodilatadores. Dessa forma, estão mais suscetíveis aos riscos da asma [35]. Outro exemplo de polimorfismo em um alvo farmacológico é descrito para o quimioterápico 5-fluorouracil, cuja ação ocorre pela inibição da enzima timidilato sintase (TS). A TS é um elemento crítico na síntese e reparo de DNA, e a resistência clínica ao 5-fluorouracil e outros antimetabólitos tem sido ligada à superexpressão da TS em virtude de alterações genéticas [36].

27.6 Aplicações em toxicologia forense

A toxicologia forense é uma área do conhecimento de características multidisciplinares que engloba, entre outros, conhecimentos de farmacologia e toxicologia analítica. É responsável pela detecção e identificação de xenobióticos no organismo humano, usualmente no seguimento de solicitações processuais de investigação criminal. Dessa forma, é uma ferramenta essencial na interpretação de dados toxicológicos *post mortem* e normalmente tem um papel crítico na determinação da causa e circunstância da morte [6]. Uma investigação toxicológica consiste em três principais etapas: obtenção da história do caso e espécimes adequados; realização das análises toxicológicas; e interpretação dos achados. Nos casos relacionados às intoxicações medicamentosas, conhecimentos acerca dos registros médico-farmacêuticos, possíveis interações farmacológicas, local da colheita da amostra, período de tempo a que o indivíduo esteve exposto e conhecimentos farmacocinéticos e farmacodinâmicos sobre a substância são fundamentais para a adequada interpretação do caso [37].

De uma forma geral, o objetivo da farmacogenética é a individualização da terapia farmacológica com base na informação genética, facilitando desse modo a escolha do fármaco e a adoção de doses adequadas individualmente. A aplicação de tais conhecimentos permite a redução das falhas terapêuticas, reações adversas e, consequentemente, das mortes provocadas por estas em casos extremos [38]. No contexto forense, a farmacogenética pode auxiliar na interpretação de mortes relacionadas a intoxicações por fármacos, especialmente em circunstâncias acidentais ou em casos de morte repentina com necropsia inconclusiva. Nesses casos, a determinação da circunstância da morte (acidental ou intencional) pode ser difícil, mesmo com informações bem fundamentadas a respeito do caso e o conhecimento das concentrações da substância. Dessa forma, a farmacogenética pode ser determinante para esclarecer se a sobredose foi acidental, em consequência de caraterísticas intrínsecas do indivíduo relacionadas à farmacocinética do fármaco [39]. Além disso, um benefício adicional é que essa abordagem pode fornecer informações úteis com baixo risco associado, particularmente em casos envolvendo indivíduos vivos [22].

A toxicogenética *post mortem* é uma área relativamente nova de investigação, considerada desafiadora por diversas razões. Primeiramente, o material *post mortem* frequentemente é de má qualidade, o que pode dificultar a genotipagem. Em segundo lugar, a interpretação das análises toxicogenéticas pode ser difícil, em virtude das múltiplas interações medicamentosas e várias condições fisiopatológicas que impactam os processos farmacocinéticos, que são achados comuns nesses casos. De fato, as interações medicamentosas têm sido consideradas um problema muito maior em intoxicações medicamentosas do que a variação genética individual [11]. Terceiro, a redistribuição *post mortem* pode contribuir para o aumento das concentrações observadas, o que não reflete necessariamente as concentrações encontradas no momento da morte [22].

Os prós e contras do uso da toxicogenética como biomarcador auxiliar nas investigações médico-legais também foram discutidos por Wong *et al.* (2003) [40]. Os autores sinalizaram como prós: estabilidade do DNA nas amostras *post mortem*; abordagem personalizada para avaliar a resposta farmacológica; auxílio na interpretação das concentrações dos fármacos e metabólitos encontradas *post mortem*; avaliação da adesão do paciente; tempo despendido para as análises compatível com a necessidade das aplicações médico-legais; custo baixo em comparação às consequências legais; e possibilidade de diferenciar a toxicidade crônica *versus* aguda. Como fatores contrários a aplicação forense da farmacogenética, os mesmos autores citam: limitação de dados e informações nos casos *post mortem*; interpretação legal desafiadora em virtude da complexidade dos processos fisiológicos; presença de inibidores ou indutores das enzimas e outros fatores ambientais que podem dificultar a interpretação dos resultados genéticos; não consideração das modificações pós-translacionais e do fato de que múltiplas enzimas estão muitas vezes envolvidas no metabolismo.

Estudos como o de Andresen, Augustin e Streichert [41] têm sido realizados buscando avaliar a aplicabilidade dos testes genéticos na rotina das investigações forenses. Durante um período de quatro anos, esses autores rastrearam casos em que as razões das concentrações do fármaco inalterado e seus metabólitos (por exemplo, diazepam para nordiazepam) não eram consistentes com as informações fornecidas pelos réus envolvidos em diferentes investigações, assim como no esclarecimento de um caso envolvendo a condução de veículo sob influência de substância psicoativa, associados a avaliações genéticas. Onze casos foram selecionados e os polimorfismos nos genes da *CYP2D6* e *CYP2C19* foram analisados. Foram identificados dois ML e três MI para a CYP2D6 e dois MI para a CYP2C19. Em apenas um dos casos o polimorfismo pôde explicar claramente as mudanças no metabolismo do fármaco, sendo que as interações medicamentosas demonstraram impactar mais frequentemente no metabolismo. Entretanto, os autores sugerem que os genótipos MI podem ser mais relevantes no contexto da toxicogenética do que previamente suposto. Considerando esses achados, os autores concluíram que a relevância global do toxicogenética no campo forense é moderada. No momento, os autores não recomendam a inserção da genotipagem na rotina dos casos forenses, apesar de, em questões pontuais, essa ferramenta ser útil para a validação dos resultados analíticos [41].

Considerando a dificuldade em reconhecer os casos nos quais a toxicogenética pode auxiliar na investigação *post mortem*, Jannetto e colaboradores [42] propuseram algoritmo baseado em Milwaukee que direciona o seu uso no contexto forense. O modelo leva em consideração uma série de covariáveis, incluindo o tipo de intoxicação crônica ou aguda, achados da necropsia, local de coleta da amostra, intervalo *post mortem*, uso concomitante de outros fármacos, histórico médico/caso, investigação da cena do crime e intenção. Uma versão modificada e em português é apresentada na Figura 27.2.

A implicância das variações genéticas pode ser especialmente importante para algumas classes de fármacos e serão discutidas a seguir. Alguns relatos de caso demonstram a importância da avaliação farmacogenética no contexto forense, pelo reconhecimento de metabolizadores lentos, que podem acumular o fármaco e atingir níveis tóxicos, bem como a identificação de indivíduos ultrarrápidos quando a enzima converte um pró-fármaco em substância ativa.

27.6.1 Antiarrítmicos – digoxina

A digoxina é um glicosídeo cardiotônico utilizado no tratamento de disfunções cardíacas, como a fibrilação atrial. Possui janela terapêutica estreita e os seus efeitos adversos estão estritamente relacionados com as concentrações plasmáticas. Dessa forma, o metabolismo ou eliminação ineficaz tem como consequência o acúmulo de digoxina, podendo ser letal. Concentrações abaixo de 2,6 nmol/L são consideradas terapêuticas, e acima de 7 nmol/L são consideradas tóxicas. Entretanto, quando as concentrações detectadas nas análises toxicológicas *post mortem* estão dentro dos limites de toxicidade, a determinação da causa da morte é dificultada. A Gp-P tem um papel importante na eliminação da digoxina e, por essa razão, alterações genéticas no gene *ABCB1* podem dificultar esse processo [43].

Neuvonen, Palo e Sajantila [43] avaliaram o impacto dos polimorfismos do gene *ABCB1* na fatalidade por digoxina. Os autores identificaram uma correlação positiva entre as concentrações *post mortem* de digoxina e o número de alelos mutantes da *ABCB1*, indicando uma ligação entre os polimorfismos da proteína de transporte e o aumento da mortalidade por intoxicação à digoxina [43].

27.6.2 Opioides

A CYP2D6 possui papel importante no metabolismo dos opioides, incluindo a codeína, tramadol, di-hidrocodeína, oxicodona, hidrocodona, etilmorfi-

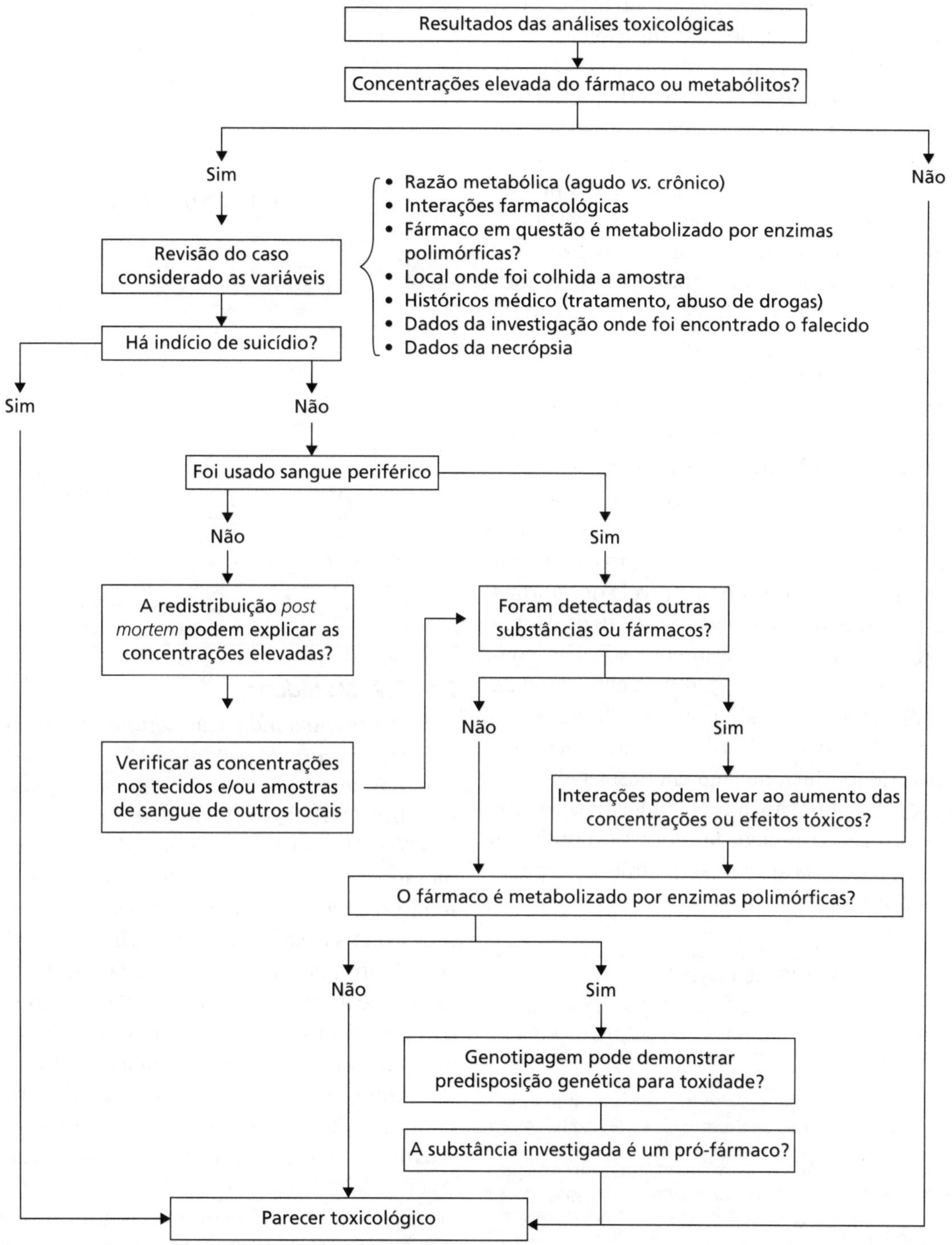

Figura 27.2 Algoritmo de Milwaukee para aplicação da farmacogenética em toxicologia forense.

Fonte: adaptado de [42].

na e metadona. Os fenótipos ML para a CYP2D6 podem afetar os analgésicos opioides de diferentes formas, por exemplo, reduzindo o efeito analgésico da codeína, diminuindo a depuração da metadona e reduzindo a eficácia do tramadol [6].

27.6.2.1 Codeína/morfina

A codeína é um opioide analgésico indicado para o alívio da dor branda a moderadamente grave. A propriedade analgésica da codeína provém de sua conversão a morfina e morfina-6-glicuronídeo, visto que a codeína tem afinidade pelos receptores µ-opioide duzentas vezes inferior à da morfina. Ambas apresentam propriedades antitussígenas. A O-desmetilação da codeína em morfina é mediada pela CYP2D6 e representa uma menor via de metabolismo em indivíduos MR para a enzima, contando com 5% a 10% da depuração da codeína nesses indivíduos, porém essencial para a sua atividade opioide. Entretanto o percentual de codeína convertida à morfina pode ser muito maior em metabolizadores UR para a CYP2D6 e pode ser afetada por interações medicamentosas. Reações adversas comuns à codeína incluem náuseas, vômitos, sonolência, tonturas, vertigens, sedação, falta de ar, constipação e prurido. As reações adversas graves incluem depressão respiratória e, raramente, depressão circulatória, parada respiratória, choque e parada cardíaca.

A associação entre o fenótipo da CYP2D6 com a formação de morfina a partir de codeína é bem definida. Estudos farmacocinéticos e farmacodinâmicos mostram uma diminuição nos níveis de morfina e, consequentemente, da analgesia em ML que receberam codeína, em comparação com MR. Em contraste, os estudos indicam aumento da conversão de codeína à morfina em metabolizadores UR em comparação aos MR, o que pode resultar em concentrações tóxicas de morfina, mesmo em doses baixas de codeína [44]. A seguir são apresentados dois relatos de caso sobre a ocorrência de efeitos secundários graves ou risco de vida após dose-padrão de codeína em metabolizadores UR.

RELATO DE CASO 1

Um homem de 62 anos foi hospitalizado com histórico de leucemia linfocítica crônica, apresentando há três dias fadiga, dispneia, febre e tosse. Após diagnóstico de pneumonia, iniciou tratamento com ceftriaxona, claritromicina e voriconazol, além de codeína oral (25 mg três vezes ao dia) para redução da tosse. Além desses, o paciente fazia uso há anos de ácido valproico para controle de epilepsia. No quarto dia de internação o seu nível de consciência deteriorou rapidamente até a ausência de resposta. O exame neurológico mostrou escore 6 na escala de coma Glasgow (sem abertura dos olhos, ausência de resposta verbal com retirada de membro após estímulo de dor). Após receber por minutos ventilação, não houve melhora no quadro neurológico, e a medida do ácido valproico estava dentro da faixa terapêutica. Foi administrado naloxona intravenosa e o paciente retomou o nível de consciência e a falência respiratória foi resolvida. Após sete dias da alta da unidade de tratamento intensivo foi realizada a genotipagem da *CYP2D6*, bem como sua fenotipagem e da *CYP3A4* através da administração do fármaco sonda dextrometorfano. Os resultados das análises indicaram que o paciente era um metabolizador UR para a CYP2D6, justificando a resposta não usual à codeína em virtude do aumento da conversão a morfina. O ensaio de fenotipagem confirmou esse achado e, além disso, demonstrou que atividade metabólica da CYP3A4 estava prejudicada.

O paciente estava sendo tratado concomitantemente com um antibiótico macrolídeo e um antifúngico azólico (voriconazol), sendo ambos inibidores da CYP3A4. Esses agentes podem, portanto, ter reduzido a depuração da codeína e aumentado ainda mais o risco de overdose por opioide associado à duplicação do gene da *CYP2D6* [45].

RELATO DE CASO 2

Um recém-nascido de 13 dias de idade foi encontrado morto em sua casa e a necropsia revelou intoxicação por morfina como a causa da morte. A investigação permitiu apurar que a mãe foi medicada no pós-parto com codeína (30 mg) e paracetamol (500 mg), de forma a aliviar as dores decorrentes da episiotomia. A genotipagem realizada posteriormente revelou que a mãe era metabolizadora UR para a *CYP2D6*, justificando a concentração elevada de morfina encontrada no leite materno e no sangue do recém-nascido. Dessa forma, conclui-se que a elevada atividade da CYP2D6 resultou no aumento da bioativação da codeína à morfina, que foi transferida para o recém-nascido através do leite materno, resultando no acúmulo fatal do opioide [46]. Este caso ilustra bem que, sem a realização de testes farmacogenéticos e cuidadosa consideração médico-legal, o caso poderia ter sido interpretado como um infanticídio ou má conduta médica/negligência. Apesar da causa da morte ter sido envenenamento por morfina, a forma foi comprovadamente acidental.

27.6.2.2 Metadona

A principal indicação terapêutica da metadona é no tratamento de substituição em casos de toxicodependência a opiáceos. Pela ação das enzimas CYP3A4, CYP2B6 e CYP2C19 e, em menor extensão, da CYP2D6 e a CYP2C9, a metadona é convertida ao metabolito inativo, o 2-etilideno-1,5-dimetil-3,3-difenilpirrolideno (EDDP). A toxicidade à metadona tem sido associada aos polimorfismos da CYP2D6 e sua biotransformação reduzida. Entretanto um estudo realizado por Wong e colaboradores [40] com 21 casos fatais não confirmou essa hipótese, sendo que a maioria das causas de morte estava relacionada a interações entre fármacos administrados concomitantemente com a metadona e que inibem as enzimas da CYP, levando ao aumento da sua concentração plasmática. Apesar dessas conclusões, os investigadores reconheceram que a farmacogenética ajudou a complementar os achados e a interpretar melhor a toxicidade da metadona nos ML e MI.

A metadona está disponível majoritariamente como mistura racêmica, entretanto o metabolismo mediado pela CYP2B6 é estéreo seletivo para o enantiômero (S)-metadona. O efeito narcótico da metadona é mediado pelo enantiômero (R)-metadona, por meio da ativação de receptores µ-opioides, enquanto o (S)-metadona inibe os canais de potássio cardíacos. Dessa forma, a atividade diminuída da CYP2B6 está associada ao aumento das concentrações plasmáticas de (S)-metadona e do risco de efeitos adversos cardiovasculares [6].

RELATO DE CASO

Uma mulher de 41 anos, grávida de seis meses, foi diagnosticada com sopro cardíaco e artrite reumatoide. Foi iniciado tratamento com metadona e, adicionalmente, foram prescritos antidepressivos tricíclicos para o tratamento da depressão. Na manhã seguinte após celebrar a noite de ano-novo com seu esposo, foi encontrada inconsciente na sala de estar.

As análises toxicológicas indicaram níveis sanguíneos de metadona de 0,7 mg/L, associadas a concentrações de amitriptilina de 1,5 mg/L e de nortriptilina de 2,2 mg/L. A genotipagem da *CYP2D6* demonstrou homozigose para o alelo *CYP2D6*4*, indicando ser uma ML para a enzima. A partir desses achados, concluiu-se que a atividade prejudicada da enzima levou à inabilidade de biotransformar amitriptilina, nortriptilina e metadona, resultando em um acúmulo geral dos fármacos e toxicidade. A causa determinada da morte foi overdose acidental aos fármacos [40].

27.6.2.3 Tramadol

O tramadol é um opioide sintético eficaz no tratamento da dor, que apresenta baixo potencial para depressão respiratória, desenvolvimento de tolerância, dependência e abuso. Pela ação da CYP2D6, o tramadol é biotransformado a (+)*O*-demetiltramadol ((+)-ODT), metabólito com afinidade pelos receptores μ-opioides cerca de duzentas vezes maior do que o fármaco inalterado. Dessa forma, o (+)-ODT é amplamente responsável pela analgesia mediada pelo receptor opioide, enquanto a mistura racêmica do tramadol contribui para a analgesia por meio da inibição da receptação de serotonina e noradrenalina.

Em consequência das concentrações séricas inferiores de (+)ODT, pacientes ML para a CYP2D6 apresentam redução significativa na resposta ao tratamento da analgesia com tramadol em comparação ao genótipo funcional [47]. Por outro lado, indivíduos metabolizadores UR para a CYP2D6 podem apresentar mais sensibilidade e incidência de efeitos adversos ao tramadol em comparação aos MR. Essa é uma preocupação em especial para populações africanas que possuem alta proporção de metabolizadores UR [48].

RELATO DE CASO

Um homem de 66 anos realizou cirurgia para retirada de um carcinoma renal e recebeu 200 mg de tramadol intravenoso para analgesia pós-operatória. Na sala de recuperação, o paciente reclamou de dor severa e recebeu novas doses de tramadol. Após algumas horas, o paciente apresentou quadro de depressão respiratória, com perda de consciência e sem reação ao estímulo de dor.

Foi administrado naloxona, com completa recuperação do quadro do paciente, confirmando a intoxicação relacionada ao opioide. A análise do genótipo revelou duplicação para o gene funcional da *CYP2D6*, resultando no metabolismo ultrarrápido para a formação do metabólito ativo (+)-ODT. Adicionalmente, o quadro concomitante de insuficiência renal contribuiu para a diminuição da depuração do metabólito tóxico [49].

27.6.3 Antidepressivos

As variações na biotransformação dos antidepressivos, especialmente ligadas à CYP2D6, têm sido relacionadas à toxicidade ou ineficácia terapêutica. Um estudo retrospectivo indicou que 29% dos indivíduos com reações adversas aos antidepressivos, especialmente tricíclicos, eram ML, enquanto 19% dos não responsivos eram UR [50]. Embora a toxicidade e falha terapêutica sejam evidentemente os maiores problemas na psiquiatria, a maior parte das respostas indesejáveis ocorre em indivíduos que são MR, uma vez que o número de indivíduos MR em comparação aos ML e UR é substancialmente superior. Além disso, apesar do ajuste de dose baseado no genótipo ter sido proposto para essa classe, a efetividade dessa abordagem ainda não foi validada [18].

27.6.3.1 Antidepressivos tricíclicos

Os antidepressivos tricíclicos (ADT) têm sido a base para a terapia antidepressiva há mais de quatro décadas. A amitriptilina é um dos ADT mais antigos e permanece sendo amplamente utilizada, em virtude de sua alta eficácia e baixo custo, apesar de apresentar estreita faixa terapêutica e alta toxicidade em concentrações aumentadas. A principal CYP envolvida na biotransformação da amitriptilina é a CYP2C19, responsável por reações de demetilação e formação de seu metabólito ativo nortriptilina. A CYP2D6 media reações de hidroxilação para ambos os compostos ativos, formando metabólitos hidroxilados de baixa atividade biológica. A presença de variações genéticas nos genes da *CYP2C19* e *CYP2D6* têm sido relacionadas às concentrações séricas de amitriptilina e nortriptilina, assim como a ocorrência de efeitos adversos relacionados a terapia com amitriptilina [12].

Na avaliação de 202 casos *post mortem*, Koski e colaboradores [39] encontraram uma correlação positiva entre a proporção de metabólitos hidroxilados e o número de cópias funcionais da *CYP2D6* e entre a proporção de metabólitos desmetilados e a atividade funcional da *CYP2C19*. Entretanto nenhum dos casos de intoxicação fatal acidental pela amitriptilina estava associado com a falta dos alelos funcionais da CYP2D6. Dos dezessete casos de intoxicação acidental por amitriptilina, nove (53%) tinham um alelo funcional do gene da *CYP2D6*, seis (35%) tinham dois, e um (6%) tinha três cópias do alelo funcional. O caso restante tinha genótipo ML, porém com níveis sanguíneos de apenas 0,2 mg/L de amitriptilina e 0,05 mg/L de nortriptilina, estando a morte relacionada a outros fatores. Entre 63 casos de intoxicações intencionais por amitriptilina, dois (3,2%) envolveram pacientes com genótipo lento para *CYP2D6*, e, entre os outros 132 casos, treze (8,3%), porém sem diferença estatística. De forma interessante, foi identificado um caso de suicídio em que o genótipo era **4/*4* ML para a *CYP2D6*, com concentrações excepcionalmente altas de amitriptilina (60 mg/L). Apesar da considerável heterogeneidade da amostra e a presença de fatores de confusão na investigação (por exemplo, diversas doenças e politerapia), foi possível identificar que o metabolismo da amitriptilina é afetado pelos polimorfismos das enzimas, porém de forma mais dependente da CYP2D6. Os autores sugerem que a presença heterozigótica do alelo funcional da *CYP2D6* pode constituir um fator de risco para a toxicidade [39].

Em outra perspectiva, indivíduos com duplicação de alelos funcionais no gene da *CYP2D6* podem apresentar falha na resposta terapêutica aos antidepressivos tricíclicos amitriptilina e nortriptilina, visto que ambos são inativados por intermédio dessa via. Recentemente, o impacto do genótipo da *CYP2D6* nas mortes causadas por intoxicações, suicídios ou mortes naturais foi avaliado. A frequência de duplicações dos alelos funcionais da *CYP2D6* em casos de suicídio (4,5% em 254 casos) foi até nove vezes maior às encontradas nas mortes naturais (0,5% de 205 casos), indicando que indivíduos UR não estavam recebendo resposta apropriada da terapia antidepressiva [51].

27.6.3.2 Fluoxetina

A fluoxetina é um inibidor seletivo da recaptação de serotonina (ISRS), que apresenta índice terapêutico superior aos tricíclicos. É frequentemente utilizada no tratamento da depressão associada ou não à ansiedade. Assim como os tricíclicos, ela é altamente lipossolúvel e sujeita a múltiplas vias de metabolismo [18]. Apesar do metabolismo da fluoxetina não ser exclusivamente mediado pela CYP2D6 e ter pequena contribuição das CYP2C9/19 e CYP3A4, essa é a via majoritária da sua biotransformação a norfluoxetina. Dessa forma, indivíduos ML para a CYP2D6 podem apresentar maior incidência de efeitos adversos no tratamento com esse antidepressivo [52].

RELATO DE CASO

Um menino de 9 anos de idade com diagnóstico de déficit de atenção e hiperatividade, transtorno obsessivo-compulsivo e síndrome de Tourette foi tratado com uma combinação dos fármacos metilfenidato, clonidina e fluoxetina. Durante um período de dez meses, o paciente apresentou sinais e sintomas sugestivos de toxicidade metabólica, marcada por crises gastrointestinais, febre baixa, falta de coordenação e desorientação. O paciente apresentou convulsões generalizadas e entrou em estado de mal epiléptico, seguido de parada cardíaca que o levou à morte. Os resultados toxicológicos *post mortem* indicaram concentrações extremamente altas de fluoxetina e norfluoxetina. Dessa forma, a causa do óbito foi atribuída à toxicidade pela fluoxetina. Por meio da genotipagem da *CYP2D6* foi constatado que a criança era ML para a enzima, o que levou à redução do metabolismo da fluoxetina e aumento de suas concentrações. O teste genético foi de extrema importância para elucidar a circunstância da morte, indicando que a intoxicação por fluoxetina foi acidental. Além disso, o paciente usava outros medicamentos que possivelmente exacerbaram os efeitos tóxicos da fluoxetina. Perante a evidência genética, a investigação que recorria sobre os pais, que eram responsáveis pelo controle da medicação, foi encerrada [52].

27.6.4 Benzodiazepínicos

Os benzodiazepínicos pertencem ao grupo de substâncias que apresentam limitada capacidade de depressão central profunda. São normalmente usados como sedativos, amnésicos, ansiolíticos, relaxantes musculares e anticonvulsivantes. O diazepam é um dos benzodiazepínicos mais comumente utilizados em todo o mundo, essencialmente como ansiolítico e indutor do sono. As principais enzimas envolvidas na sua biotransformação são a CYP3A4 e a CYP2C19, responsáveis pela hidroxilação e N-desmetilação, respectivamente [41].

Benzodiazepínicos, especialmente o diazepam, são usualmente encontrados em amostras de motoristas usuários de drogas. Em alguns casos, indivíduos que utilizam fármacos com prescrição médica não podem ser processados ao menos que seja comprovado que a dose utilizada foi acima da recomendada. Nesse caso, uma razão metabólica elevada entre diazepam e desmetildiazepam indica um caso de ingestão aguda. Em casos específicos, dependendo do histórico, a genotipagem pode ser necessária, visto que indivíduos ML para a CYP2C19 também terão uma razão metabólica elevada mesmo não tendo deliberadamente tomado uma sobredose de diazepam [6].

27.6.5 *Ecstasy*

A 3,4-metilenodioximetanfetamina (MDMA), principal ingrediente do *ecstasy*, é metabolizada majoritariamente via CYP2D6, sendo que indivíduos ML podem estar mais susceptíveis à toxicidade aguda pela droga. Entretanto em dois estudos pilotos não foram encontrados indivíduos ML entre os casos fatais envolvendo o uso de MDMA. Mas esses estudos investigaram apenas um número limitado de *SNP*, o que não descartaria uma classificação incorreta dos genótipos [53,54].

RELATO DE CASO

Um rapaz italiano de 19 anos deu entrada na emergência de um hospital após a ingestão de MDMA, apresentando hipertermia, taquicardia, sudorese profunda e sinais laboratoriais de rabdomiólise. Análises toxicológicas revelaram concentrações sanguíneas de MDMA de 2,8 mg/L e 0,12 mg/L de metilenodioxianfetamina (MDA), e a análise molecular indicou genótipo *CYP2D6*4/*4*, codificando metabolismo lento para a enzima. Segundo Riccardi e colaboradores [55], mesmo que a relação entre o metabolismo da CYP2D6 e a toxicidade ao MDMA ainda não tenha sido devidamente estabelecida, em virtude da escassez de dados sobre o metabolismo do MDMA em ML e a participação de outras enzimas no metabolismo, a capacidade metabólica do indivíduo deve ser considerada em casos de intoxicações agudas associadas a níveis séricos elevados de MDMA. Entretanto é importante destacar a necessidade da realização de novos estudos de forma a esclarecer o impacto dos polimorfismos da CYP2D6 sobre a toxicidade ao *ecstasy*.

27.7 MÉTODOS DE INVESTIGAÇÃO

Os métodos para genotipagem devem ser capazes de identificar os polimorfismos que tenham um impacto significativo na expressão e/ou função das enzimas metabólicas, transportadores ou receptores, considerando também a frequência em cada população [11].

Nos últimos anos, diversas técnicas e *kits* para a identificação de SNP têm sido desenvolvidos, baseados em distintas formas para discriminação dos alelos e de plataformas de detecção. Em virtude da rápida e contínua evolução desse campo, por muitas vezes é uma tarefa difícil manter-se atualizado e escolher a melhor opção disponível para cada caso. Entre os diversos fatores determinantes na escolha do método de análise, estão incluídos o nível de conhecimento acerca do polimorfismo, sensibilidade e especificidade do método, requisitos de amostra, tempo e custo [56].

De uma forma geral, as técnicas envolvem três principais passos, que incluem a extração do DNA, amplificação e detecção, podendo ser realizados em plataformas automatizadas. Com base no mecanismo molecular, a maioria dos ensaios para genotipagem SNP pode ser realizada em: alelo hibridização específica, extensão com iniciador (primer), sonda oligonucleotídica alelo-específica ou clivagem invasiva. Os métodos de detecção para analisar os produtos de cada tipo de reação incluem a fluorescência, luminescência, medição de massa etc. Além disso, existem duas categorias diferentes relacionadas com o formato geral do ensaio, no que se refere à detecção: reações homogêneas, quando ocorrem em solução, e reações em suporte sólido, como em lâmina de vidro, *chip* etc. [56]. Informações a respeito dos ensaios e produtos comercialmente disponíveis são apresentadas no Genetic Testing Registry do Instituto Nacional de Saúde dos Estados Unidos (<http://www.ncbi.nlm.nih.gov/gtr>) [57].

A interpretação dos resultados da genotipagem para as enzimas do sistema P450 pode ser realizada através da determinação de "escores de atividade" (EA). Esse sistema busca traduzir o genótipo em uma medida qualitativa do fenótipo, de forma a superar as dificuldades de interpretação e comparação de diferentes estudos. Por exemplo, para cada variante alélica é atribuído um valor com base na atividade da CYP2D6: "1" para alelos totalmente funcionais, "0" para alelos não funcionais, "0,5" para alelos com atividade reduzida e o dobro do valor para os genes duplicados. O EA é a soma dos valores dos alelos individuais [58].

Além da abordagem genotípica, o efeito combinado dos fatores genéticos e ambientais sobre a capacidade metabólica das enzimas pode ser medido *in vivo* pela administração de fármacos sonda (por exemplo, CYP2D6 debrisoquina e dextrometrofano, CYP3A4 midazolam e omeprazol e CYP2C19 omeprazol) e posterior quantificação das concentrações urinárias ou séricas da substância inalterada e de seu metabólito. A seguir é apresentado um exemplo para a fenotipagem da CYP2D6. Passadas três horas da administração de uma dose oral de 30 mg de dextrometorfano (DMT) são determinadas as suas concentrações plasmáticas e de seu metabólito dextrorfano (DTF), a partir do qual os fenótipos são classificados conforme a razão metabólica em ML $\geq$ 0,3; 0,3 $>$ MI $\geq$ 0,03; 0,03 $>$ MR $\geq$ 0,0003; UR $<$ 0,0003 [59]. Na Figura 27.3 é apresentado um exemplo da distribuição dos possíveis fenótipos da CYP2D6 obtidos por meio de razões metabólicas Log [DMT]/[DTF] e as combinações de alelos relacionadas a cada fenótipo e suas atividades enzimáticas.

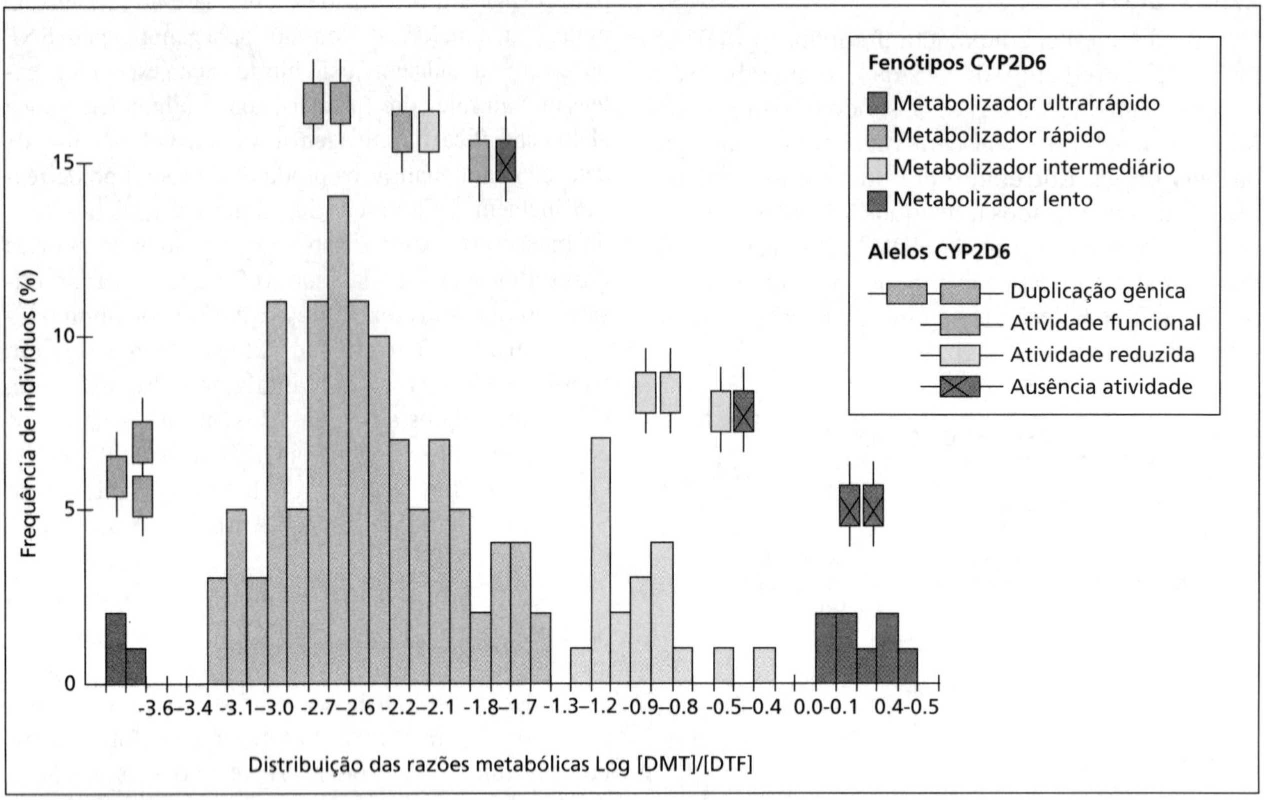

Figura 27.3 Exemplo de distribuição das razões metabólicas do dextrometorfano a seu metabólito dextrorfano como indicativo da atividade da CYP2D6 e alelos associados.

É importante destacar que a fenotipagem reflete um dado momentâneo limitado a avaliações *in vivo*; já a genotipagem remete a um dado para a vida toda, visto que as características genéticas permanecem estáveis ao longo da vida do indivíduo. Além disso, quando identificada a alteração na atividade enzimática na fenotipagem, não é possível concluir se é decorrente de um fator genético ou ambiental [1].

27.8 Conclusões

Estabelecer a causa e circunstância de uma morte no contexto forense é com frequência um desafio, especialmente em suicídios, acidentes e em casos sem histórico. O diagnóstico de intoxicação por um xenobiótico deve ser feito em conjunto com os achados da necropsia, histórico médico e investigação da cena do crime. Apesar de ser um conceito relativamente novo no campo forense, a toxicogenética tem propiciado novos meios interpretativos para auxiliar na resolução de episódios de intoxicação ou casos *post mortem* com achados ambíguos, particularmente em situações não intencionais em que a causa da morte não é clara. Entretanto, ainda existe uma significativa necessidade de aprofundamento e realização de estudos envolvendo a combinação da genética, toxicologia e patologia antes que a toxicogenética possa ser utilizada de forma sistemática na rotina forense. Embora os polimorfismos nos genes das enzimas responsáveis pelo metabolismo dos principais fármacos estejam relacionados com a variação de suas concentrações e de seus metabólitos, até o presente momento, apenas um pequeno número de estudos, limitados a alguns xenobióticos, foram capazes de estabelecer uma ligação direta entre o genótipo e as mortes provocadas por intoxicação. Embora a toxicogenética forense ainda não esteja suficientemente desenvolvida para uso forense sistemático, ela pode ser relevante para elucidar casos em particular. No futuro, o genótipo poderá atuar como um biomarcador adjuvante útil nas investigações forense relacionadas à sensibilidade e intoxicações por xenobióticos.

Questões para estudo

1. Qual das opções a seguir é o tipo mais comum de polimorfismo no genoma humano?
   a) Polimorfismos de inserção e deleção (I/D).
   b) Número variável de repetições sequenciais (VNTR).
   c) Polimorfismos de nucleotídeo único (SNP).
   d) As opções A, B e C ocorrem na mesma proporção.
   e) Nenhuma das alternativas.
2. Com relação à implicância clínica dos polimorfismos em genes codificadores de enzimas metabolizadoras do sistema P450, marque a alternativa incorreta:
   a) Quando a substância é farmacologicamente ativa, os indivíduos metabolizadores ultrarrápidos potencialmente apresentarão toxicidade por causa da sobredose.
   b) Se o metabolismo envolver múltiplas vias, a inibição de uma delas provavelmente não resultará em alteração na concentração do xenobiótico.
   c) Quando a substância envolvida possui um alto índice terapêutico, é improvável que haja toxicidade.
   d) Indivíduos com genótipos idênticos podem exibir diferentes fenótipos em virtude de interações medicamentosas, podendo levar a importantes consequências clínicas.
   e) Modificações nas concentrações sanguíneas de fármacos com baixo índice terapêutico em virtude do metabolismo lento para as enzimas CYP resultam em toxicidade.
3. Um polimorfismo no gene ABCB1 que promova a redução da atividade da glicoproteína-P (diminuição da função transportadora) levaria a quais efeitos na farmacocinética da digoxina?
   a) Diminuição da biodisponibilidade, diminuição da depuração renal e risco de toxicidade.
   b) Aumento da biodisponibilidade, aumento da depuração renal e risco de falha terapêutica.
   c) Diminuição da biodisponibilidade, aumento da depuração renal e risco de toxicidade.
   d) Aumento da biodisponibilidade, diminuição da depuração renal e risco de toxicidade.
   e) Diminuição da biodisponibilidade, diminuição da depuração renal e risco de falha terapêutica.
4. Apesar de ser um conceito relativamente novo no campo forense, a toxicogenética tem propiciado novos meios interpretativos para auxiliar na resolução de episódios de intoxicação ou casos *post mortem* com achados ambíguos. Nesse contexto, considere verdadeiras (V) ou falsas (F) as afirmações que seguem:
   ( ) A toxicogenética pode auxiliar na interpretação de casos *post mortem*, especialmente em circunstâncias de suicídio.
   ( ) A genotipagem não possui utilidade em casos *post mortem* em que os registros médicos indicarem possíveis interações farmacológicas, mesmo em se tratando de um fármaco metabolizado por enzimas polimórficas.
   ( ) De uma forma geral, as interações medicamentosas têm sido consideradas um problema muito maior em intoxicações medicamentosas do que a variação genética individual
   ( ) A redistribuição *post mortem* pode alterar as concentrações sanguíneas do xenobiótico e ser um fator limitante para a interpretação dos achados farmacogenéticos.
   Assinale a alternativa que indica as afirmações verdadeiras:
   a) V, F, F, V
   b) V, V, F, F
   c) F, V, V, V
   d) F, F, V, V
   e) V, V, F, V

5. De forma a minimizar as dores decorrentes da cesariana, uma mãe está recebendo terapia analgésica com codeína/paracetamol. Qual das situações a seguir pode representar um risco de intoxicação para o recém-nascido em amamentação?
   a) A mãe tem genótipo ML para a CYP2D6.
   b) A mãe tem genótipo UR para a CYP2D6.
   c) O recém-nascido tem genótipo MR para a CYP2D6.
   d) A mãe tem genótipo ML para a CYP2C19.
   e) O recém-nascido tem genótipo IM para CYP2C19.
6. A razão metabólica do dextrometorfano (DMT) a dextrorfano (DTF) tem sido utilizada como um marcador fenotípico da atividade da CYP2D6. Com relação a essa avaliação, marque a alternativa correta:
   a) A razão [DMT]/[DTF] será maior em indivíduos com genótipo *CYP2D6*1/*1*, em comparação aos indivíduos com genótipo *CYP2D6*4/*4*.
   b) Metabolizadores ultrarrápidos apresentam razões metabólicas [DMT]/[DTF] superiores às encontradas em metabolizadores rápidos.
   c) Metabolizadores lentos apresentaram os maiores valores de razões metabólicas [DMT]/[DTF].
   d) As alternativas A e C estão corretas.
   e) Todas as alternativas estão corretas.

Respostas

1. Alternativa C.
2. Alternativa A.
3. Alternativa D.
4. Alternativa D.
5. Alternativa B.
6. Alternativa C.

Lista de abreviaturas

(+)-ODT	(+)-*O*-demetiltramadol	MDMA	3,4-metilenodioxi-metanfetamina
ABCB1	Gene de resistência a múltiplas drogas	MDR1	Gene de resistência a múltiplas drogas
ADT	Antidepressivos tricíclicos	MR	Metabolizador rápido
AINE	Anti-inflamatórios não esteroidais	MR-D	Metabolizador rápido com atividade diminuída
DMT	Dextrometorfano	MR-R	Metabolizador rápido com atividade rápida
DNA	Ácido desoxirribonucleico	NAT1	N-acetiltransferase 1
DTF	Dextrorfano	NAT 2	N-acetiltransferase 2
EA	Escores de atividade	OATP	Transportadores de ânions orgânicos
EDDP	2-etilideno-1,5-dimetil-3,3-difenilpirrolideno	RAM	Reações adversas aos medicamentos
ISRS	Inibidor seletivo da recaptação de serotonina	SLCO	Genes transportadores de solutos
MI	Metabolizador intermediário	TPMT	Tiopurina S-metiltransferase
ML	Metabolizador lento	SNP	Polimorfismos de nucleotídeo único (*single nucleotide polymorphisms*)
MDA	Metilenodioxianfetamina		

LISTA DE PALAVRAS

Citocromo P450
CYP1A2
CYP2B6
CYP2C19
CYP2C9
CYP2D6
CYP3A4/5
Enzimas transportadoras
Farmacocinética
Farmacodinâmica
Farmacogenética
Gene de resistência a múltiplas drogas (*ABCB1/MDR1*)
Genes transportadores de solutos (*SLCO*)
Glicoproteína P
Metabolismo fase I
Metabolismo fase II
N-acetiltransferase 1 e 2 (NAT1 e NAT2)
Polimorfismos
Post mortem
Reações adversas aos medicamentos
Receptores
Tiopurina S-metiltransferase (*TPMT*)
Toxicogenética

REFERÊNCIAS

1. Zanger UM, Schwab M. Cytochrome P450 enzymes in drug metabolism: regulation of gene expression, enzyme activities, and impact of genetic variation. Pharmacol Ther. 2013;138(1):103-41.

2. Lazarou J, Pomeranz BH, Corey PN. Incidence of adverse drug reactions in hospitalized patients: a meta-analysis of prospective studies. JAMA. 1998;279(15):1200-5.

3. Nebert DW. Pharmacogenetics and pharmacogenomics: why is this relevant to the clinical geneticist? Clin Genet. 1999;56(4):247-58.

4. Runciman WB, Roughead EE, Semple SJ, Adams RJ. Adverse drug events and medication errors in Australia. Int J Qual Health Care. 2003;15 Suppl 1:i49-59.

5. Pirmohamed M, James S, Meakin S, Green C, Scott AK, Walley TJ, et al. Adverse drug reactions as cause of admission to hospital: prospective analysis of 18 820 patients. BMJ. 2004;329(7456):15-9.

6. Musshoff F, Stamer UM, Madea B. Pharmacogenetics and forensic toxicology. Forensic Sci Int. 2010;203(1-3):53-62.

7. Vogel F. Moderne Probleme der Humangenetik. Ergeb Inner Medizin und Kinderheilkunde. 1959;12(6):52-125.

8. Kupiec TC, Raj V, Vu N. Pharmacogenomics for the forensic toxicologist. J Anal Toxicol. 2006;30(2):65-72.

9. Evans WE, Johnson JA. Pharmacogenomics: the inherited basis for interindividual differences in drug response. Annu Rev Genomics Hum Genet. 2001;2:9-39.

10. Pilgrim JL, Gerostamoulos D, Drummer OH. Review: pharmacogenetic aspects of the effect of cytochrome P450 polymorphisms on serotonergic drug metabolism, response, interactions, and adverse effects. Forensic Sci Med Pathol. 2011;7(2):162-84.

11. Druid H, Holmgren P, Carlsson B, Ahlner J. Cytochrome P450 2D6 (CYP2D6) genotyping on postmortem blood as a supplementary tool for interpretation of forensic toxicological results. Forensic Sci Int. 1999;99(1):25-34.

12. Sajantila A, Palo JU, Ojanpera I, Davis C, Budowle B. Pharmacogenetics in medico-legal context. Forensic Sci Int. 2010;203(1-3):44-52.

13. Evans WE, Relling MV. Moving towards individualized medicine with pharmacogenomics. Nature. 2004;429(6990):464-8.

14. Weinshilboum R. Inheritance and drug response. N Engl J Med. 2003;348(6):529-37.

15. Ingelman-Sundberg M, Sim SC, Gomez A, Rodriguez-Antona C. Influence of cytochrome P450 polymorphisms on drug therapies: pharmacogenetic, pharmacoepigenetic and clinical aspects. Pharmacol Ther. 2007;116(3):496-526.

16. Ingelman-Sundberg M, Sim SC. Pharmacogenetic biomarkers as tools for improved drug therapy; emphasis on the cytochrome P450 system. Biochem Biophys Res Commun. 2010;396(1):90-4.

17. Committee THCPCAN. The Human Cytochrome P450 (CYP) Allele Nomenclature Database [updated 2014; cited 2015 Apr 28]. Available from: http://www.cypalleles.ki.se/

18. Gardiner SJ, Begg EJ. Pharmacogenetics, drug-metabolizing enzymes, and clinical practice. Pharmacol Rev. 2006;58(3):521-90.

19. Phillips KA, Veenstra DL, Oren E, Lee JK, Sadee W. Potential role of pharmacogenomics in reducing adverse drug reactions: a systematic review. JAMA. 2001;286(18):2270-9.

20. Von Ahsen N, Binder C, Brockmöller J, Oellerich M. CYP2D6 and tamoxifen: pharmacogenetic reinvention of an established drug? J Lab Med. 2009;33(5):9.

21. Brauch H, Murdter TE, Eichelbaum M, Schwab M. Pharmacogenomics of tamoxifen therapy. Clin Chem. 2009;55(10):1770-82.

22. Sistonen J, Sajantila A, Lao O, Corander J, Barbujani G, Fuselli S. CYP2D6 worldwide genetic variation shows high frequency of altered activity variants and no continental structure. Pharmacogenet Genomics. 2007;17(2):93-101.

23. Antunes MV, Oliveira V, Raymundo S, Staudt DE, Gossling G, Biazus JV, et al. CYP3A4*22 is related to increased plasma levels of 4-hydroxytamoxifen and partially compensates for reduced CYP2D6 activation of tamoxifen. Pharmacogenomics. 2015;16(6):601-17.

24. Kohlrausch FB, Gama CS, Lobato MI, Belmonte-de--Abreu P, Gesteira A, Barros F, et al. Molecular diversity at the CYP2D6 locus in healthy and schizophrenic southern Brazilians. Pharmacogenomics. 2009;10(9):1457-66.

25. Kirchheiner J, Brockmoller J. Clinical consequences of cytochrome P450 2C9 polymorphisms. Clin Pharmacol Ther. 2005;77(1):1-16.

26. Lima MV, Ribeiro GS, Mesquita ET, Victer PR, Vianna-Jorge R. CYP2C9 genotypes and the quality of anticoagulation control with warfarin therapy among Brazilian patients. Eur J Clin Pharmacol. 2008;64(1):9-15.

27. Linden R, Ziulkoski AL, Tonello P, Wingert M, Soutoll AA. Relation between CYP2C19 phenotype and genotype in a group of Brazilian volunteers. Brazilian Journal of Pharmaceutical Sciences. 2009;45(3):7.

28. Santos PC, Soares RA, Santos DB, Nascimento RM, Coelho GL, Nicolau JC, et al. CYP2C19 and ABCB1 gene polymorphisms are differently distributed according to ethnicity in the Brazilian general population. BMC Med Genet. 2011;12:13.

29. Kirchheiner J, Klein C, Meineke I, Sasse J, Zanger UM, Murdter TE, et al. Bupropion and 4-OH-bupropion pharmacokinetics in relation to genetic polymorphisms in CYP2B6. Pharmacogenetics. 2003;13(10):619-26.

30. Mirghani RA, Sayi J, Aklillu E, Allqvist A, Jande M, Wennerholm A, et al. CYP3A5 genotype has significant effect on quinine 3-hydroxylation in Tanzanians, who have lower total CYP3A activity than a Swedish population. Pharmacogenet Genomics. 2006;16(9):637-45.

31. Elens L, van Gelder T, Hesselink DA, Haufroid V, van Schaik RH. CYP3A4*22: promising newly identified CYP3A4 variant allele for personalizing pharmacotherapy. Pharmacogenomics. 2013;14(1):47-62.

32. Wang D, Guo Y, Wrighton SA, Cooke GE, Sadee W. Intronic polymorphism in CYP3A4 affects hepatic expression and response to statin drugs. Pharmacogenomics J. 2011;11(4):274-86.

33. Santoro AB, Struchiner CJ, Felipe CR, Tedesco-Silva H, Medina-Pestana JO, Suarez-Kurtz G. CYP3A5 genotype, but not CYP3A4*1b, CYP3A4*22, or hematocrit, predicts tacrolimus dose requirements in Brazilian renal transplant patients. Clin Pharmacol Ther. 2013;94(2):201-2.

34. Lotsch J, Skarke C, Liefhold J, Geisslinger G. Genetic predictors of the clinical response to opioid analgesics: clinical utility and future perspectives. Clin Pharmacokinet. 2004;43(14):983-1013.

35. Holloway JW, Dunbar PR, Riley GA, Sawyer GM, Fitzharris PF, Pearce N, et al. Association of beta2-adrenergic receptor polymorphisms with severe asthma. Clin Exp Allergy. 2000;30(8):1097-103.

36. Lee W, Lockhart AC, Kim RB, Rothenberg ML. Cancer pharmacogenomics: powerful tools in cancer chemotherapy and drug development. Oncologist. 2005;10(2):104-11.

37. Wyman JF. Principles and procedures in forensic toxicology. Clin Lab Med. 2012;32(3):493-507.

38. Koo SH, Lee EJ. Pharmacogenetics approach to therapeutics. Clin Exp Pharmacol Physiol. 2006;33(5-6):525-32.

39. Koski A, Sistonen J, Ojanpera I, Gergov M, Vuori E, Sajantila A. CYP2D6 and CYP2C19 genotypes and amitriptyline metabolite ratios in a series of medicolegal autopsies. Forensic Sci Int. 2006;158(2-3):177-83.

40. Wong SH, Wagner MA, Jentzen JM, Schur C, Bjerke J, Gock SB, et al. Pharmacogenomics as an aspect of molecular autopsy for forensic pathology/toxicology: does genotyping CYP 2D6 serve as an adjunct for certifying methadone toxicity? J Forensic Sci. 2003;48(6):1406-15.

41. Andresen H, Augustin C, Streichert T. Toxicogenetics – cytochrome P450 microarray analysis in forensic cases focusing on morphine/codeine and diazepam. Int J Legal Med. 2013;127(2):395-404.

42. Jannetto PJ, Wong SH, Gock SB, Laleli-Sahin E, Schur BC, Jentzen JM. Pharmacogenomics as molecular autopsy for postmortem forensic toxicology: genotyping cytochrome P450 2D6 for oxycodone cases. J Anal Toxicol. 2002;26(7):438-47.

43. Neuvonen AM, Palo JU, Sajantila A. Post-mortem ABCB1 genotyping reveals an elevated toxicity for female digoxin users. Int J Legal Med. 2011;125(2):265-9.

44. Crews KR, Gaedigk A, Dunnenberger HM, Leeder JS, Klein TE, Caudle KE, et al. Clinical Pharmacogenetics Implementation Consortium guidelines for cytochrome P450 2D6 genotype and codeine therapy: 2014 update. Clin Pharmacol Ther. 2014;95(4):376-82.

45. Gasche Y, Daali Y, Fathi M, Chiappe A, Cottini S, Dayer P, et al. Codeine intoxication associated with ultrarapid CYP2D6 metabolism. N Engl J Med. 2004;351(27):2827-31.

46. Koren G, Cairns J, Chitayat D, Gaedigk A, Leeder SJ. Pharmacogenetics of morphine poisoning in a breastfed neonate of a codeine-prescribed mother. Lancet. 2006;368(9536):704.

47. Stamer UM, Lehnen K, Hothker F, Bayerer B, Wolf S, Hoeft A, et al. Impact of CYP2D6 genotype on postoperative tramadol analgesia. Pain. 2003;105(1-2):231-8.

48. Kirchheiner J, Keulen JT, Bauer S, Roots I, Brockmoller J. Effects of the CYP2D6 gene duplication on the pharmacokinetics and pharmacodynamics of tramadol. J Clin Psychopharmacol. 2008;28(1):78-83.

49. Stamer UM, Stuber F, Muders T, Musshoff F. Respiratory depression with tramadol in a patient with renal impairment and CYP2D6 gene duplication. Anesth Analg. 2008;107(3):926-9.

50. Rau T, Wohlleben G, Wuttke H, Thuerauf N, Lunkenheimer J, Lanczik M, et al. CYP2D6 genotype: impact on adverse effects and nonresponse during treatment with antidepressants-a pilot study. Clin Pharmacol Ther. 2004;75(5):386-93.

51. Zackrisson AL, Lindblom B, Ahlner J. High frequency of occurrence of CYP2D6 gene duplication/multiduplication indicating ultrarapid metabolism among suicide cases. Clin Pharmacol Ther. 2010;88(3):354-9.

52. Sallee FR, DeVane CL, Ferrell RE. Fluoxetine-related death in a child with cytochrome P-450 2D6 genetic deficiency. J Child Adolesc Psychopharmacol. 2000;10(1):27-34.

53. Schwab M, Seyringer E, Brauer RB, Hellinger A, Griese EU. Fatal MDMA intoxication. Lancet. 1999;353(9152):593-4.

54. Gilhooly TC, Daly AK. CYP2D6 deficiency, a factor in ecstasy related deaths? Br J Clin Pharmacol. 2002;54(1):69-70.

55. Riccardi LN, Rossi F, Carano F, Garagnani M, Mazzotti MC, Poli F, et al. Tossicogenetica forense: un caso di acute narcotism da ecstasy

(MDMA) e considerazioni in una prospettiva di genere. Italian Journal of Legal Medicine. 2013;2:8.

56. Sobrino B, Brion M, Carracedo A. SNPs in forensic genetics: a review on SNP typing methodologies. Forensic Sci Int. 2005;154(2-3):181-94.

57. Information NCfB. The Genetic Testing Registry [cited 2015 Jul 5]. Available from: http://www.ncbi.nlm.nih.gov/gtr

58. Gaedigk A, Simon SD, Pearce RE, Bradford LD, Kennedy MJ, Leeder JS. The CYP2D6 activity score: translating genotype information into a qualitative measure of phenotype. Clin Pharmacol Ther. 2008;83(2):234-42.

59. Antunes MV, Staudt DE, Raymundo S, de Oliveira V, Gossling G, Pirolli R, et al. Development, validation and clinical application of a HPLC-FL method for CYP2D6 phenotyping in South Brazilian breast cancer patients. Clin Biochem. 2014;47(12):1084-90.

CAPÍTULO 28

TOXICOLOGIA DO DESEMPENHO HUMANO: USO DE ÁLCOOL E OUTRAS DROGAS NO TRÂNSITO

Vilma Leyton

Julio de Carvalho Ponce

Gabriel Andreuccetti

28.1 RESUMO

Os acidentes de trânsito estão fortemente associados a erros humanos, imprudência, falta de atenção e reação demorada. Considerando esses fatores, podemos destacar como causa de uma grande porcentagem das ocorrências de trânsito o consumo de substâncias psicoativas. Entre elas, a mais comumente utilizada é o etanol, seguido das drogas ilícitas (maconha, cocaína e anfetaminas, com especial destaque). No presente capítulo, são discutidos os principais efeitos de cada grupo de drogas de abuso, seus efeitos cognitivos e riscos associados no trânsito, estatísticas referentes à parcela de acidentes em que o consumo de substâncias pode ser um fator contribuidor, bem como estratégias e políticas públicas voltadas para a redução dos acidentes de trânsito influenciados pelo uso de álcool e/ou outras drogas.

28.2 MORBIMORTALIDADE POR ACIDENTES DE TRÂNSITO

Segundo a Organização Mundial da Saúde (OMS), anualmente morrem 1,24 milhão de pessoas em acidentes de trânsito e entre 20 e 50 milhões de vítimas são feridas, gerando um grande impacto econômico e social. Cerca de 80% dessas fatalidades ocorrem em países em desenvolvimento como o Brasil, os quais em contrapartida possuem menores taxas de motorização do que países desenvolvidos [1].

Essa distribuição desigual da carga de doenças e agravos atribuída aos acidentes de trânsito entre países em desenvolvimento e desenvolvidos pode ser considerada um grande indicativo de que o risco de envolvimento em um acidente de trânsito varia de acordo com a condição socioeconômica de diferentes populações [2].

Entre as muitas razões apontadas para o crescimento dos problemas sociais e de saúde oriundos das lesões traumáticas ocasionadas pelos acidentes de trânsito no mundo, destacam-se o rápido aumento no número de veículos nas grandes metrópoles e a falta de políticas públicas adequadas voltadas para a segurança no tráfego [3].

Por exemplo, estima-se que apenas 7% da população mundial é coberta por regulações e/ou legislações direcionadas para os principais fatores de risco para a ocorrência de acidentes de trânsito (por exemplo, excesso de velocidade e a direção de veículos sob o efeito do álcool). Em regiões como a América Latina, esses fatores assumem uma relevância ainda maior, haja vista que cerca de 20%-30% da mortalidade no trânsito nessa região é atribuída ao uso de álcool por motoristas [1].

No Brasil, de acordo com dados registrados no Sistema de Informações sobre Mortalidade do Ministério da Saúde em 2011, ocorreu um total de 43.256 mortes por acidentes de transporte terrestre. Desse total, 82,3% foram homens e, entre estes, 38,8% se encontravam na faixa de idade de 20 a 39 anos [4]. Segundo estudo realizado pelo Instituto de Pesquisa Econômica e Aplicada (Ipea), as perdas anuais decorrentes dos acidentes de trânsito em áreas urbanas foram da ordem de R$ 5,3 bilhões [5].

Apesar de muitas estratégias serem consideradas efetivas na redução dos acidentes de trânsito, as taxas de mortalidade e feridos no Brasil ainda são muito altas se comparadas com outros países desenvolvidos ou mesmo da América Latina, além de o conhecimento acerca da aplicação dessas estratégias ainda ser escasso, com poucos estudos avaliando intervenções para esse grave problema de saúde pública [6].

28.3 Uso de álcool e drogas como fatores de risco no trânsito

Existe ampla evidência de que o consumo de álcool prejudica a habilidade de conduzir veículos automotores, sendo responsável por uma proporção substancial dos acidentes de trânsito em todo o mundo. Estudos já demonstraram que o risco relativo de se envolver em um acidente fatal no trânsito entre motoristas com uma alcoolemia entre 0,5 e 0,8 g/L (gramas de álcool/litro de sangue) é no mínimo sete vezes maior do que entre motoristas sóbrios [7].

No Brasil, não existem dados sobre a proporção de acidentes de trânsito fatais influenciados pelo uso de álcool no nível nacional [1]. Contudo estimativas regionais apontam a influência do álcool em 39,4% dos acidentes fatais de trânsito, com 56% dos motoristas fatalmente feridos em acidentes sob efeito de álcool [8].

Sabe-se que o uso de algumas substâncias psicoativas, além do álcool, está associado ao aumento do risco de o motorista se envolver em acidentes de trânsito fatais e não fatais [9-11]. Esse risco é ainda mais exacerbado quando há uso conjunto de álcool com drogas ou medicamentos [12].

Além disso, uma meta-análise recente de estudos conduzidos durante as últimas quatro décadas sobre o risco de acidentes de trânsito associado ao uso de drogas revelou que, para a maioria das drogas, o aumento no risco de acidentes pode ser considerado somente pequeno a moderado (menor que o dobro do risco relativo). Mostrou também que a qualidade dos estudos avaliados era bastante variável, com alguns considerados de alta qualidade tendo uma maior probabilidade de apresentar estimativas de risco menores, sendo que quase todas as associações identificadas não podiam ser interpretadas como relações causais [13].

Ao avaliarmos os riscos que o consumo de drogas traz ao condutor, é importante considerar o mecanismo de ação, os efeitos psicológicos, cognitivos e motores, e o tempo de efeito delas no organismo.

A *Cannabis*, entre nós conhecida por maconha, é a droga ilícita mais comumente utilizada por motoristas em todo o mundo. O Δ9-tetra-hidrocanabinol (THC), princípio ativo presente na *Cannabis sativa* L., tem ação depressora do sistema nervoso central e, por isso, influencia percepções, a performance psicomotora, cognitiva e funções afetivas. Dessa forma, são afetados no motorista a coordenação, a vigilância, o estado de alerta e, consequentemente, a capacidade de dirigir. Estudos com condutores que relataram o uso de *Cannabis* indicam que aqueles que consomem a droga mais de uma vez por semana têm uma chance relativa de 2,7 de se envolver em acidentes com veículos automotores do que pessoas que não fazem uso. Ao comparar apenas casos de condutores que foram vítimas fatais de acidentes, o risco para aqueles cujo exame toxicológico resultou positivo para THC no sangue foi 8,6 vezes maior [14]. Os efeitos na condução com concentrações sanguíneas de 300 μg/kg são equivalentes a 0,5 g/L de álcool no que se refere ao risco de acidente, limite estabelecido na maioria dos países europeus [15].

Existem evidências robustas de que a presença de maiores concentrações de THC (9-tetra-hidrocanabinol) em motoristas acaba por aumentar o risco de acidentes de trânsito. No entanto, existe ainda muita dificuldade em se estabelecer um valor mínimo (*cut-off*) da concentração de THC no sangue que poderia ser considerado para estabelecer que o indivíduo encontra-se inapto para a direção de veículos automotores [16]. Importante é frisar que a *Cannabis*, quando utilizada em combinação com o álcool, mesmo em níveis relativamente baixos, resulta em um risco de colisão maior do que para cada uma das substâncias separadamente [15].

A cocaína, alcaloide extraído das folhas da *Erythroxylum coca*, pode ocasionar uma pequena melhora na performance do motorista durante a fase de euforia. O uso de cocaína está associado com o aumento de velocidade, perda do controle do veículo, falta de atenção ao volante e direção de forma agressiva. A droga pode também causar dores de cabeça, ataques de pânico e náusea [17].

O uso de anfetaminas pode aumentar perigosamente a autoconfiança do condutor, com aumento no envolvimento em situações de risco. O motorista se torna agressivo no início e apático quando os efeitos agudos passam. Entretanto em muitos casos não são os efeitos agudos da droga, mas o efeito após a estimulação, tais como o de fadiga, que causam maior debilidade na condução [17]. A direção sob o efeito de drogas estimulantes como as anfetaminas está associada com menor uso das sinalizações de segurança, como as setas, e maior risco de passagem em sinal vermelho [10].

Os efeitos dos opiáceos na direção, por exemplo, da heroína, dependem da dose, via de administração e o desenvolvimento de tolerância à droga. Entretanto vários estudos apontaram que motoristas sob efeito dessas substâncias dirigem mais lentamente, têm baixa resposta a estímulos, coordenação prejudicada e podem adormecer ao volante. Também a constrição das pupilas tem um efeito negativo na acomodação a estímulos luminosos, especialmente à noite. O LSD e outros alucinógenos como a psilocibina e a mescalina causam alucinações, distorções na percepção do tempo e espaço, entre outros efeitos incompatíveis com a direção segura [17].

O uso de drogas além do álcool por motoristas ainda não foi sistematicamente avaliado em grande parte do mundo. A evidência existente sobre a associação entre o uso de outras drogas e os acidentes de trânsito é geralmente limitada a poucos países, na maioria das vezes países desenvolvidos. Os Estados Unidos, por exemplo, possuem uma das séries mais longas de motoristas mortos em acidentes de trânsito que foram testados para a presença de outras drogas no nível nacional, a qual revela uma proporção crescente de motoristas que apresentaram resultado positivo para drogas no período avaliado (2005-2009). Apesar das limitações na coleta de dados (apenas 63% de todos os motoristas mortos foram testados), em 2009, 33% dos motoristas testados apresentaram envolvimento com algum tipo de droga [18].

No geral, acredita-se que o prejuízo ocasionado pelo uso de outras drogas na direção de veículos automotores é muito menos frequente na população geral de motoristas do que aquele proporcionado pelo uso de álcool, apesar de a prevalência do uso de álcool em acidentes de trânsito apresentar um declínio em vários países, enquanto o uso de outras drogas entre motoristas envolvidos em acidentes de trânsito estar aumentando no nível global [19]. Deve-se, no entanto, dedicar especial atenção ao consumo concomitante de álcool e outras drogas. Em estudo de mais de 20 mil vítimas fatais nos Estados Unidos, o percentual daqueles com álcool foi de 40,2%, e o de vítimas com positividade para outras drogas, de 31,8%. Do total de motoristas, 14,6% utilizaram uma combinação de álcool e outra droga, sabidamente mais prejudicial à capacidade de conduzir um veículo automotor [20].

No Brasil, o único estudo no âmbito nacional baseado em achados toxicológicos de motoristas identificou que 4,6% fizeram uso de alguma substância ilícita. Entre os que fizeram uso dessas substâncias, 39% testaram positivo para cocaína, 32% para maconha e 16% para anfetaminas [21].

Além disso, também já foi demonstrado que motoristas profissionais de caminhão fazem uso frequente de estimulantes com o intuito de diminuir a fadiga e lidar com as longas horas de viagem, sendo as anfetaminas e a cocaína as drogas mais comumente identificadas entre eles [22-25].

Em Porto Alegre, estudo conduzido em uma unidade de emergência revelou que uma maior proporção de motoristas atendidos com lesões resultantes de acidentes de trânsito tinham consumido maconha (13,3%) do que álcool (7,8%) [26].

28.4 Estratégias voltadas à prevenção de acidentes relacionados ao uso de álcool e/ou drogas

Estratégias preventivas voltadas para a redução do beber e dirigir já foram implementadas em diferentes países ao redor do mundo; no entanto, observa-se que os resultados atingidos variam de acordo com as normas sociais relacionadas ao comportamento do beber em cada cultura.

Na França, por exemplo, a prevalência do consumo excessivo de álcool na população geral sofreu um declínio significativo entre 2001 e 2007, mas a frequência do beber e dirigir não seguiu a mesma tendência, apresentando inclusive um aumento no mesmo período [27]. Em Hong Kong, na China, apesar da redução atingida na prevalência do uso de álcool entre motoristas após a implementação de uma série de iniciativas contra o beber e dirigir, a frequência desse comportamento permaneceu praticamente inalterada entre bebedores pesados, tanto homens como mulheres [28].

Dessa forma, deve ser levado em conta que o efeito detentor (ou seja, o uso de punição com o intuito de evitar o delito em questão) de leis ou iniciativas voltadas para a redução do uso de álcool entre motoristas pode não ser o mesmo para diferentes grupos de indivíduos, fazendo com que o efeito detentor geral esperado de leis contra o beber e dirigir dependam de uma capacidade maior de as sanções punitivas serem aplicadas, e não somente do rigor delas.

A ideia de que a certeza da punição é mais efetiva em deter que as pessoas bebam e dirijam do que o rigor da punição já foi testada em países desenvolvidos com resultados satisfatórios. Nos Estados Unidos, onde a probabilidade de ser apreendido embriagado ao volante é uma a cada trezentas a 2 mil vezes em que alguém dirige embriagado [29], foi implementado o programa intitulado "24/7 Sobriety Project" na Dakota do Sul.

De acordo com esse programa, motoristas flagrados sob o efeito de álcool são encaminhados para um monitoramento constante realizado por meio de testes do etilômetro aplicados diariamente, os quais, se apresentarem resultados positivos, acabam por gerar sanções penais moderadas a esses indivíduos (por exemplo, dois dias de detenção). Resultados preliminares do referido programa já revelaram reduções significativas nas prisões por embriaguez ao volante, acidentes de trânsito entre jovens adultos e até mesmo em casos de violência doméstica [30].

Ademais, estratégias mistas parecem ter resultados mais impactantes e duradouros do que abordagens únicas. Em um estudo comparando duas comunidades, uma na qual foram feitas intervenções e outra não, pesquisadores avaliaram as mudanças nos indicadores de ferimentos relacionados ao álcool. As cinco intervenções propostas foram: participação ativa da imprensa para divulgação das intervenções; fiscalização integrada dos órgãos de segurança locais; maior foco em fiscalização da venda e consumo de bebidas alcoólicas para menores de idade; serviço de consumo responsável estimulado em bares e restaurantes; e estudo de locais de acesso ao álcool, considerando localização e concentração. Foi verificado que, na comunidade que sofreu as intervenções, houve marcada redução dos ferimentos por agressão (43%) e relatos de beber e dirigir (49%), apesar de em ambas ter havido aumento da população que consome álcool [31].

Esse tipo de estratégia pode ser considerado promissor, particularmente para países em desenvolvimento como o Brasil, onde os recursos para a fiscalização das atuais leis são escassos. Ainda, a combinação de diferentes estratégias que levem em conta os variados fatores capazes de contribuir com a efetividade de leis contra o beber e dirigir, juntamente com o envolvimento de diferentes setores da sociedade, parece ser uma estratégia muito mais razoável do que o apelo ao efeito detentor geral de leis cada vez mais rígidas.

Como observado nos Estados Unidos, dois fatores foram fundamentais para a redução na frequência do uso de álcool por motoristas observada nas últimas décadas: a criação de um suporte técnico-científico para o estudo da segurança do tráfego baseado em evidências – o National Highway Traffic Safety Administration (NHTSA) – e o apoio popular enaltecido por organizações sociais tais como a Mothers Against Drunk Driving (MADD) [32].

Ao mesmo tempo, o consumo de outras drogas, particularmente as consideradas ilícitas, tem despertado um grande interesse por parte de legisladores e profissionais de segurança do tráfego a respeito das consequências negativas oriundas da influência dessas drogas na direção de veículos automotores. Apesar da magnitude desse problema ainda ser em grande parte desconhecida ou não totalmente compreendida na maioria dos países [33], evidências científicas sugerem que uma grande variedade de drogas ilícitas e medicamentos podem prejudicar a direção de veículos automotores, aumentando assim o risco de acidentes no trânsito [34].

Estratégias como o desenvolvimento de aparelhos capazes de mensurar a quantidade de THC no ar exalado (como já existe para o álcool, com o etilômetro) prometem ajudar na fiscalização do uso de outras drogas, como a maconha, por motoristas [35].

Além disso, existem poucas pesquisas sobre os prejuízos ocasionados pelo uso de outras drogas na direção de veículos automotores em comparação ao que já se sabe sobre o efeito do álcool em motoristas [36], com evidências recentes sugerindo que, apesar de outras drogas contribuírem para o risco de acidentes de trânsito, essa contribuição é muito menor do que a do álcool, o que pode ter sérias implicações para estratégias que se concentram muito em diminuir o uso de outras drogas por motoristas em detrimento do uso de álcool por eles [37].

Dessa maneira, fica claro que há ainda muito que se fazer para aumentar o conhecimento acerca dos prejuízos ocasionados pelo uso de outras drogas entre motoristas, assim como já foi feito para o álcool. De maior preocupação para pesquisadores e legisladores da área de segurança no trânsito deve ser o fato de que existe pouca evidência sobre a efetividade das estratégias voltadas para a redução do consumo dessas substâncias entre motoristas [36].

Em relação ao uso de outras substâncias que não o álcool, as legislações variam entre países. Na Europa, países como França, Suécia, Bélgica e Portugal estabeleceram tolerância zero para substâncias ilegais, ou seja, qualquer quantidade da substância detectada no organismo do motorista é suficiente para caracterizar a sanção penal [38].

Países como a Espanha, Reino Unido e Itália preferiram levar em conta o estado de alteração do motorista devido ao uso de substâncias nas legislações, criando penas gradativas de acordo esse estado de alteração. Além disso, nove países da Europa aderiram a um sistema misto que combina leis baseadas no estado de alteração do motorista para aplicação das sanções (*impairment-based*) e as chamadas leis *per se*, para as quais a partir de um determinado limite estabelecido por lei da concentração de uma substância no organismo, nenhuma evidência a mais é necessária para que o motorista sofra as sanções cabíveis. Como exemplo, nesse sistema misto de penalização (*two-tier system*), qualquer nível encontrado de substâncias ilícitas no organismo garante ao motorista sanções administrativas, enquanto que aqueles flagrados sob efeito da droga e com alterações físicas e/ou psíquicas podem sofrer sanções criminais mais rígidas [39].

Há que se levar em conta que o uso regular de medicamentos também pode levar à tolerância, por exemplo, o uso de opiáceos e benzodiazepínicos. Nesse sentido, o risco do envolvimento em acidentes de indivíduos que fazem uso desses medicamentos pode ser menor comparado a motoristas que fazem usos esporádicos ou recreacionais [40].

Nos Estados Unidos, as leis e penalidades diferem entre os estados. Em alguns deles foram estabelecidas as leis *per se*, pelas quais a presença de qualquer concentração de drogas ilícitas no organismo do motorista é suficiente para caracterizar a sanção penal [41].

28.5 Legislação brasileira

Com a instituição do Código Brasileiro de Trânsito pela Lei nº 9.503 de 23 de setembro de 1997, o limite de alcoolemia para a direção de veículos automotores foi estabelecido em 0,6 g/L (gramas de álcool/litro de sangue) [42]. Já naquela época, um estudo realizado com vítimas de acidentes de trânsito atendidas em um hospital de Londrina mostrou uma redução no número de vítimas de acidentes de carro (–20%) e motocicletas (–9%) após a implementação do referido código, incluindo uma queda significativa na proporção de vítimas que apresentavam hálito etílico entre os motoristas de motocicletas atendidos no período do estudo [43].

Em 2008, após um período de relativa constância na taxa de mortalidade por acidentes de trânsito no país (ao redor de vinte mortes por 100 mil habitantes) [44], foi implementada a Lei nº 11.705, (popularmente conhecida como "Lei Seca"), a qual reduziu o limite de alcoolemia permitido para motoristas de 0,6 para 0,2 g/L [45], juntamente com um aumento substancial nas multas, de acordo os resultados de alcoolemia aferidos.

Segundo essa nova legislação, se o motorista fosse flagrado conduzido um veículo automotor com alcoolemia entre 0,2 e 0,6g/L, ele estaria sujeito a multa e suspensão temporária da licença para dirigir (penalidade administrativa), enquanto aqueles que apresentassem uma alcoolemia igual ou superior a 0,6 g/L sofreriam penalidades como detenção de seis meses a três anos, multa e suspensão ou proibição de se obter a permissão ou a habilitação para dirigir veículo automotor [45].

Estudos conduzidos com o intuito de avaliar a eficácia dessa nova mudança na legislação demonstraram que a implementação da nova lei reduziu de forma significativa os acidentes de trânsito e a frequência do dirigir embriagado, seguindo os achados internacionais que corroboram a redução do limite de alcoolemia como uma estratégia efetiva para a redução do beber e dirigir [46].

Na cidade de São Paulo (SP) foi observado que, após a introdução da nova lei, em 2008, houve uma redução significativa nas taxas mensais de acidentes de trânsito fatais (16%) e não fatais (–2,3%) [47], bem como uma diminuição na proporção de resultados positivos no teste do etilômetro entre motoristas aleatoriamente abordados [48].

Apesar do efeito benéfico inicial atribuído à nova legislação, o direito assegurado ao motorista de se negar à realização do teste de alcoolemia demonstrou ser uma grande barreira para a aplicação das sanções criminais previstas na lei, já que essa aplicação era dependente dos resultados de alcoolemia [49].

Como consequência, em dezembro de 2012, uma nova modificação no Código de Trânsito Brasileiro foi introduzida pela Lei nº 12.760, para assegurar o uso de outras evidências (por exemplo, imagem, vídeo, constatação de sinais que indiquem alteração da capacidade psicomotora) pelas autoridades policias para suportar a aplicação das penalidades previstas em lei, principalmente quando o motorista se recusa a realizar o teste com o etilômetro. Essa nova mudança também introduziu a chamada "tolerância zero" para os limites de alcoolemia aferidos no ar exalado e/ou sangue, assim como uma multa duas vezes superior que a implementada em 2008 [50].

Entretanto, há que enfatizar que, com relação a outras substâncias que não o álcool, o Código de Trânsito Brasileiro (CTB) estabelece, na redação do artigo 165, que "dirigir sob a influência de álcool ou de qualquer outra substância psicoativa que determine dependência" é infração gravíssima, penalizada com multa, suspensão do direito de dirigir por 12 (doze) meses, recolhimento do documento de habilitação e retenção do veículo. Entendemos que, para o cumprimento da lei, ainda há que ser definido claramente quais são os grupos de drogas que são proibidos para consumo no trânsito brasileiro, pois o CTB menciona apenas o termo "substância psicoativa que determine dependência". Como recomendação, a lei vigente deveria ser revista, adicionando como proibitivas os seguintes grupos de substâncias psicoativas: cocaína, *Cannabis* e anfetaminas [51].

No Brasil, foi recentemente estabelecida a obrigação do exame toxicológico de larga janela de detecção (em cabelo, outros pelos e unhas) para obtenção e renovação da licença para dirigir entre motoristas profissionais, realizado a cada cinco anos, com objetivo de detectar o consumo de drogas psicoativas até três meses antes da coleta e, assim, reduzir o consumo de drogas ilícitas por esses profissionais. De acordo com a legislação proposta, em caso de resultado positivo, os motoristas têm que aguardar no mínimo três meses para a realização de novo exame [52]. Apesar de haver experiências limitadas com o uso desse teste (em cabelo) para reabilitação de condutores já condenados por dirigir sob efeito de drogas na Alemanha, Itália e Suécia, não há evidências concretas de sua eficácia para obtenção e renovação da licença de dirigir [53]. Além disso, esse tipo de estratégia não leva em conta que as análises toxicológicas para detecção, tanto de drogas ilícitas quanto de outras substâncias que alteram a performance do condutor, devem ser utilizadas para a verificação da performance do condutor no momento da direção de veículos automotores, e não na condição de usuários ou não de entorpecentes. Existem evidências de que até 75% dos motoristas punidos por dirigir sob efeito de drogas continuam a dirigir de forma ilícita, ou seja, mesmo na ausência da licença para dirigir, que muitas vezes é revogada por conta desse tipo de sanção [54].

28.6 Conclusão

Já está bem documentado na literatura que tanto o uso de álcool como o de outras drogas contribuem para a ocorrência de acidentes de trânsito. No Brasil, o atual quadro de morbimortalidade em decorrência de sinistros viários encontra-se inaceitável, sendo necessária a urgente introdução de estratégias baseadas em evidências para reverter o cenário atual. É preciso fomentar pesquisas na área que subsidiem o embasamento teórico e prático de políticas públicas voltadas ao dirigir sob o efeito de álcool e/ou outras drogas, levando em conta a magnitude do problema. É fundamental ainda que o Código de Trânsito Brasileiro vigente seja revisto, deixando claro quais são as substâncias psicoativas, além do álcool, que são proibidas para consumo por motoristas. Por último, há necessidade de investimentos para que estejam disponíveis equipamentos nos laboratórios oficiais, ampliação do quadro de funcionários especializados em análises toxicológicas, treinamento de policiais e agentes de trânsito.

Questões para estudo

1. Considerando os efeitos cognitivos das drogas de abuso, com qual classe de substâncias podemos associar mais fortemente o tempo de reação aumentado?
2. Qual a importância de se estabelecer em lei as substâncias de fiscalização obrigatória nos condutores de veículos?
3. De acordo com o Código de Trânsito Brasileiro vigente, qual é concentração de álcool no sangue (alcoolemia) que caracteriza crime de trânsito?
4. De acordo com os mais recentes levantamentos epidemiológicos realizados no âmbito mundial, a ________________________ é a droga ilícita com a maior prevalência de uso entre motoristas. A substância psicoativa que preenche a lacuna acima corretamente é:
   a) Cocaína.
   b) Dietilamida do ácido lisérgico.
   c) Maconha.
   d) Morfina.
   e) Cola.
5. O álcool etílico é uma das substâncias psicoativas mais consumidas em todo o mundo. Entre as suas principais propriedades psicofarmacológicas, podemos destacar:
   a) desinibição e aumento da capacidade de julgamento.
   b) aumento da capacidade cognitiva e de julgamento.
   c) diminuição da capacidade cognitiva e prejuízo das habilidades motoras.
   d) prejuízo da atenção e aumento da capacidade cognitiva.
   e) diminuição da capacidade cognitiva e aumento do estado de alerta.

Respostas

1. Podemos associar as drogas depressoras (álcool, benzodiazepínicos, opiáceos e maconha) com o tempo de reação aumentado, em razão da diminuição de atividade do sistema nervoso central.
2. Maior homogeneidade de fiscalização, estabelecimento de substâncias proibidas de acordo com a legislação vigente, possibilidade de estabelecer valores de *cut-off* que estejam associados com prejuízo real na capacidade de dirigir com segurança.
3. A concentração de álcool no sangue que caracteriza crime de trânsito é igual ou superior a 0,6 g/L.
4. Alternativa C.
5. Alternativa C.

Lista de abreviaturas

CTB	Código de Trânsito Brasileiro	OMS	Organização Mundial da Saúde
LSD	Dietilamida do ácido lisérgico	THC	Tetra-hidrocanabinol

Lista de palavras

Acidente
Álcool
Alcoolemia
Anfetaminas
Beber
Cocaína
Dirigir
Drogas
Etilômetro
Legislação
Limites
Maconha
Motoristas
Risco
Trânsito

REFERÊNCIAS

1. WHO. Global status report on road safety: supporting a decade of action. Geneva, Switzerland: World Health Organization; 2013.

2. Van Beeck EF, Borsboom GJ, Mackenbach JP. Economic development and traffic accident mortality in the industrialized world, 1962-90. Int J Epidemiol. 2000;29(3):503-9.

3. Nantulya VM, Reich MR. The neglected epidemic: road traffic injuries in developing countries. BMJ. 2002;324(7346):1139-41.

4. Brasil. Ministério da Saúde. Sistema de Informações sobre Mortalidade (SIM). Coordenação Geral de Informações e Análise Epidemiológica (CGIAE). Consolidação da base de dados de 2011. Brasília (DF): Ministério da Saúde; 2011.

5. Instituto de Pesquisa Econômica e Aplicada/Associação Nacional de Transportes Públicos). Impactos sociais e econômicos dos acidentes de trânsito nas aglomerações urbanas brasileiras. Relatório Executivo. Brasília: Ipea/ANTP; 2003.

6. Reichenheim ME, Souza ER, Moraes CL, Mello Jorge MHP, Silva CMFP, Souza Minayo MC. Violence and injuries in Brazil: the effect, progress made, and challenges ahead. The Lancet. 2011;377(9781):1962-75.

7. Fell JC, Voas RB. The effectiveness of a 0.05 blood alcohol concentration (BAC) limit for driving in the United States. Addiction. 2014;109(6):869-74.

8. Ponce JC, Munoz DR, Andreuccetti G, de Carvalho DG, Leyton V. Alcohol-related traffic accidents with fatal outcomes in the city of Sao Paulo. Accid Anal Prev. 2011;43(3):782-7.

9. Drummer OH, Gerostamoulos J, Batziris H, Chu M, Caplehorn JR, Robertson MD, et al. The incidence of drugs in drivers killed in Australian road traffic crashes. Forensic Sci Int. 2003;134(2-3):154-62.

10. Silber BY, Papafotiou K, Croft RJ, Ogden E, Swann P, Stough C. The effects of dexamphetamine on simulated driving performance. Psychopharmacology. 2005;179(3):536-43.

11. Gjerde H, Normann PT, Christophersen AS, Samuelsen SO, Mørland J. Alcohol, psychoactive drugs and fatal road traffic accidents in Norway: a case-control study. Accid Anal Prev. 2011;43(3):1197-203.

12. Bogstrand ST, Gjerde H, Normann PT, Rossow I, Ekeberg O. Alcohol, psychoactive substances and non-fatal road traffic accidents – a case-control study. BMC Public Health. 2012;12:734.

13. Elvik R. Risk of road accident associated with the use of drugs: a systematic review and meta-analysis of evidence from epidemiological studies. Accid Anal Prev. 2013;60:254-67.

14. Hartman RL, Huestis MA. Cannabis effects on driving skills. Clin Chem. 2013;59(3):478-92.

15. Ramaekers JG, Berghaus G, Van Laar M, Drummer OH. Dose related risk of motor vehicle crashes after cannabis use. Drug Alcohol Depend. 2004;73(2):109-19.

16. Wolff K, Johnston A. Cannabis use: a perspective in relation to the proposed UK drug-driving legislation. Drug Testing and Analysis. 2014;6(1-2):143-54.

17. Transportation Research Board. Drugs and Alcohol Committee. Drugs and traffic: In: a Symposium. Transportation Research Circular E-C096; 2006; Massachusetts, EUA. Massachusset; 2005 [cited 2015 Feb 2]. Available from: http://onlinepubs.trb.org/onlinepubs/circulars/ec096.pdf

18. National Highway Traffic Safety Administration (NHTSA). Traffic safety facts: drug involvement of fatally injured drivers. Washington, DC: NHTSA; 2010.

19. Kelly E, Darke S, Ross J. A review of drug use and driving: epidemiology, impairment, risk factors and risk perceptions. Drug Alcohol Rev. 2004;23(3):319-44.

20. Brady JE, Li G. Prevalence of alcohol and other drugs in fatally injured drivers. Addiction. 2013;108(1):104-14.

21. Pechansky F, Duarte PdCAV, De Boni RB. Uso de bebidas alcoólicas e outras drogas nas rodovias brasileiras e outros estudos. Porto Alegre: Secretaria Nacional de Políticas sobre Drogas (Senad); 2010.

22. Leyton V, Sinagawa DM, Oliveira KCBG, Schmitz W, Andreuccetti G, De Martinis BS, et al. Amphetamine, cocaine and cannabinoids use among truck drivers on the roads in the State of Sao Paulo, Brazil. Forensic Sci Int. 2012;215(1-3):25-7.

23. Yonamine M, Sanches LR, Passos Bismara Paranhos BA, Almeida RM, Andreuccetti G, Leyton V. Detecting alcohol and illicit drugs in oral fluid samples collected from truck drivers in the state of Sao Paulo, Brazil. Traffic Inj Prev. 2013;14(2):127-31.

24. Oliveira LG, Endo LG, Sinagawa DM, Yonamine M, Munoz DR, Leyton V. [Persistent amphetamine consumption by truck drivers in Sao Paulo State, Brazil, despite the ban on production, prescription, and use]. Cad Saude Publica. 2013;29(9):1903-9.

25. Peixe TS, de Almeida RM, Girotto E, Andrade SM, Mesas AE. Use of illicit drugs by truck drivers arriving at Paranagua port terminal, Brazil. Traffic Inj Prev. 2014;15(7):673-7.

26. De Boni R, Bozzetti MC, Hilgert J, Sousa T, Von Diemen L, Benzano D, et al. Factors associated with alcohol and drug use among traffic crash victims in southern Brazil. Accid Anal Prev. 2011;43(4):1408-13.

27. Constant A, Lafont S, Chiron M, Zins M, Lagarde E, Messiah A. Failure to reduce drinking and driving in France: a 6-year prospective study in the GAZEL cohort. Addiction. 2010;105(1):57-61.

28. Kim JH, Wong AH, Goggins WB, Lau J, Griffiths SM. Drink driving in Hong Kong: the competing effects of random breath testing and alcohol tax reductions. Addiction. 2013;108(7):1217-28.

29. Voas RB, Fisher DA. Court procedures for handling intoxicated drivers. Alcohol Res Health. 2001;25(1):32-42.

30. Kilmer B, Nicosia N, Heaton P, Midgette G. Efficacy of frequent monitoring with swift, certain, and modest sanctions for violations: insights from South Dakota's 24/7 sobriety project. Am J Public Health. 2013;103(1):e37-e43.

31. Holder HD, Gruenewald PJ, Ponicki WR, Treno AJ, Grube JW, Saltz RF, et al. Effect of community-based interventions on high-risk drinking and alcohol-related injuries. JAMA. 2000;284(18):2341-7.

32. Voas RB, Fell JC. Preventing impaired driving opportunities and problems. Alcohol Res Health. 2011;34(2):225-35.

33. United Nations Office on Drugs and Crime (UNODC). World Drug Report 2013. Vienna: UNODC; 2013.

34. Fell JC, Voas RB. Alcohol and road traffic injury. In: Boyle P, Boffetta P, Lowenfels AB, Burns H, Brawley O, Zatonski W, et al., editors. Alcohol: science, policy, and public health. Oxford, United Kingdom: Oxford University Press; 2013a. p. 179-89.

35. Himes SK, Scheidweiler KB, Beck O, Gorelick DA, Desrosiers NA, Huestis MA. Cannabinoids in exhaled breath following controlled administration of smoked cannabis. Clin Chem. 2013;59(12):1780-9.

36. Goodwin A, Kirley B, Sandt L, Hall W, Libby T, O'Brien N, Summerlin D. Countermeasures that work: a highway safety countermeasure guide for state highway safety offices. Washington, DC: National Highway Traffic Safety Administration; 2013.

37. Romano E, Torres-Saavedra P, Voas RB, Lacey JH. Drugs and alcohol: their relative crash risk. J Stud Alcohol Drugs. 2014;75(1):56-64.

38. Canadian Centre on Substance Abuse (CCSA). Policy brief: drug per se laws. CCSA, 2014. [cited 2015 Mar 7]. Available from: http://www.ccsa.ca/Resource%20Library/CCSA-Drug-per-Se-Laws-Policy-Brief-2014-en.pdf

39. European Monitoring Centre for Drugs and Drug Addiction. Responding to drug driving in Europe Publications Office of the European Union, 2009. [cited 2015 Mar 2]. Available from: http://www.emcdda.europa.eu/publications/drugs-in-focus/driving

40. Vindenes V, Jordbru D, Knapskog AB, Kvan E, Mathisrud G, Slordal L, et al. Impairment based legislative limits for driving under the influence of non-alcohol drugs in Norway. Forensic Sci Int. 2012;219(1-3):1-11.

41. National Highway Traffic Safety Administration (NHTSA). Digest of impaired driving and selected beverage control laws. 28th ed. Washington; 2013. (DOT HS 812 119). [cited 2015 Apr 12]. Available from: http://www.nhtsa.gov/Driving+Safety/Impaired+Driving/Digest+of+State+Alcohol+Highway+Safety-Related+Legislation)

42. Brasil. Lei nº 9.503, de 23 de setembro de 1997. Diário Oficial da União, 1997.

43. Liberatti CL, Andrade SM, Soares DA. The new Brazilian traffic code and some characteristics of victims in southern Brazil. Inj Prev. 2001;7(3):190-3.

44. Bacchieri, G, Barros, AJD. Acidentes de trânsito no Brasil de 1998 a 2010: muitas mudanças e poucos resultados. Saúde Pública. 2011;45(5):949-63.

45. Brasil. Lei nº 11.705, de 19 de junho de 2008. Diário Oficial da União, 2008.

46. Mann RE, Macdonald S, Stoduto LG, Bondy S, Jonah B, Shaikh A. The effects of introducing or lowering legal per se blood alcohol limits for driving: an international review. Accid Anal Prev. 2001;33(5):569-83.

47. Andreuccetti G, Carvalho HB, Cherpitel CJ, Ye Y, Ponce JC, Kahn T, et al. Reducing the legal blood alcohol concentration limit for driving in developing countries: a time for change? Results and implications derived from a time-series analysis (2001-10) conducted in Brazil. Addiction. 2011;106(12):2124-31.

48. Campos VR, Souza e Silva R, Duailibi S, Santos JF, Laranjeira R, Pinsky I. The effect of the new traffic law on drinking and driving in Sao Paulo, Brazil. Accid Anal Prev. 2013;50:622-7.

49. Andreuccetti G, Carvalho HB, Cherpitel CJ, Kahn T, Ponce JDC, Leyton V. The right choice on the right moment. Addiction. 2010;105(8):1498-9.

50. Brasil. Lei nº 12.760, de 20 de dezembro de 2012. Altera a Lei nº 9.503, de 23 de setembro de 1997, que institui o Código de Trânsito Brasileiro. Diário Oficial da União, 21 dez. 2012.

51. Associação Brasileira de Medicina de Tráfego/Leyton V, Ponce JC, Montal JHC, Adura FE, participantes. Efeito do uso de drogas (cannabis, anfetaminas, cocaína, opiáce-

os e alucinógenos) sobre o comportamento e a cognição de motoristas. In: Associação Médica Brasileira (AMB). Projeto Diretrizes. São Paulo: AMB; 2012.

52. Brasil. Resolução nº 517, de 29 de janeiro de 2015. Conselho Nacional de Trânsito (Contran), 2015.

53. Leyton V, Andreuccetti G, Almeida RM, Munoz DR, Walls HC, Greve JM, et al. Hair drug testing in the new Brazilian regulation to obtain professional driver's licence: no parallel to any other law enforcement in the world. Addiction. 2015;110(7):1207-8.

54. Voas RB, Tippetts SS, Fisher D, Grosz M. Requiring suspended drunk drivers to install alcohol interlocks to reinstate their licenses: effective? Addiction. 2010;105(8):1422-8.

CAPÍTULO 29

TOXICOLOGIA DO DESEMPENHO HUMANO: MEDICAMENTOS E TRÂNSITO

Iolana Campestrini

Katia de Mello Cypriano

Mauricio Yonamine

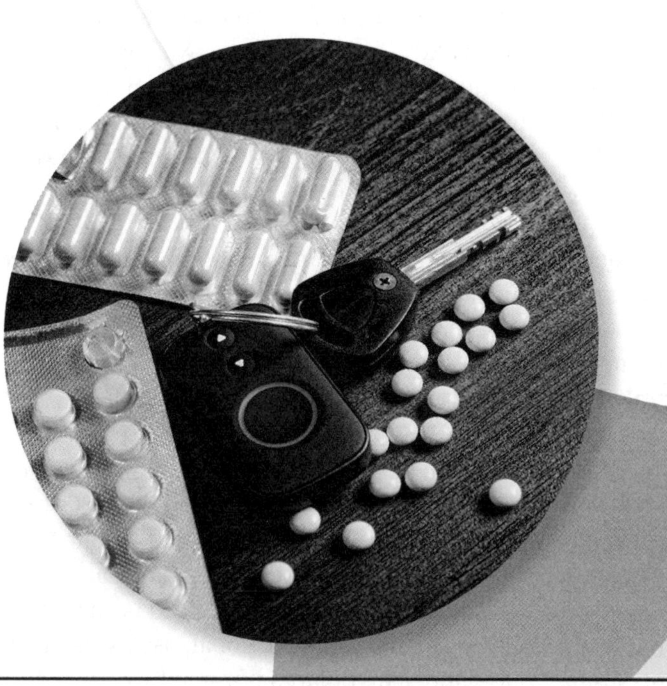

29.1 Resumo

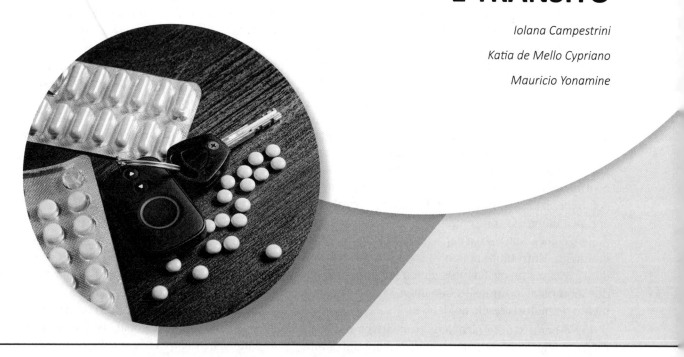

O presente capítulo tem o propósito de apresentar ao leitor dados epidemiológicos conhecidos sobre as consequências do uso de alguns medicamentos na habilidade de conduzir veículos automotivos, apresentar os principais medicamentos considerados perturbadores do sistema nervoso central mais consumidos no Brasil e no mundo, bem como atualizar o leitor sobre as legislações do trânsito relacionadas ao uso de medicamentos existentes no mundo e sobre o que diz a legislação brasileira, quais seus avanços e limitações. Introduz ainda ao leitor os métodos utilizados para avaliar o desempenho de condução veicular após o uso de medicamentos potencialmente psicoativos.

29.2 Histórico

Em 2011, a Assembleia Geral das Nações Unidas lançou no âmbito mundial a medida denominada "Década de Ação pela Segurança no Trânsito 2011-2020" (*Decade of Action for Road Safety2011-2020*), que teve o propósito de implementar ações capazes de avaliar a situação da segurança no trânsito em 182 países e de auxiliar os países na redução da mortalidade no trânsito [1]. Desde então, a Organização Mundial da Saúde (OMS), órgão que monitora o programa, publica os dados coletados na forma de relatórios anuais, os quais vêm mostrando a grave fragilidade do trânsito de muitos países.

As fatalidades em rodovias vêm somando cerca de 1,2 milhão de mortes por ano em todo o mundo. Não por acaso, acidentes de trânsito representam a nona causa de morte entre a população global, a primeira entre a população na faixa de 15 a 29 anos de idade e a segunda entre as crianças com idade entre 5 e 14 anos [2]. O maior número de mortes por lesões no trânsito ocorre entre os ocupantes de veículos (31%), seguido de motociclistas (23%) e pedestres (22%). Entretanto, o perfil das vítimas varia de acordo com a região da OMS, reflexo, em parte, das diferentes medidas de segurança no trânsito adotadas [2].

O problema de segurança no trânsito é mais grave em países em desenvolvimento. Nesse grupo de países, os acidentes dessa natureza vêm se tornando cada vez mais frequentes como resultado do aumento da frota de veículos, da falta de planejamento e do baixo investimento na segurança das vias públicas. De acordo com as estimativas da OMS, o número de vítimas pode dobrar até 2030, ou seja, muitos países terão de fortalecer a legislação sobre a segurança no trânsito [2].

Entre os principais fatores de risco de acidentes de trânsito com vítima no Brasil, a falta de atenção figura como a principal causa, sendo responsável por 20,3% das mortes [3]. Dirigir um veículo automotivo envolve processos de interação entre as funções motoras e cognitivas do motorista, tais como percepção, atenção, tomada de decisões e execução de movimentos. Todas essas funções psicomotoras podem ser alteradas pelo consumo de substâncias (lícitas ou ilícitas) que apresentam ação no sistema nervoso central (SNC). Algumas classes de medicamentos, como benzodiazepínicos, antidepressivos e alguns anti-histamínicos, apresentam ação dessa natureza e podem colocar em risco a capacidade de condução do motorista. Entretanto pouco se sabe sobre a relação do uso desses medicamentos com a falta de atenção dos motoristas no trânsito ou, ainda, com o envolvimento de motoristas em acidentes.

No contexto de fármacos psicoativos e motoristas, a legislação brasileira ainda se encontra em desenvolvimento. Nos últimos anos, a comunidade científica vem contribuindo para o entendimento do uso de substâncias psicoativas no trânsito; por exemplo, pesquisadores vêm desenvolvendo experimentos capazes de elucidar o efeito de substâncias sobre as funções motoras e cognitivas de motoristas e implementando novas estratégias analíticas menos invasivas e indicativas de ingestão recente de substâncias. Tais estudos fornecem informações de extrema importância aos órgãos competentes, que as utilizam para o aprofundamento de legislações, planejamento consistente de novas políticas públicas e de novas campanhas de prevenção à condução de veículos sob o efeito de medicamentos psicoativos.

29.3 Dados epidemiológicos

Segundo o último relatório de pesquisa em acidentes de trânsito nas rodovias brasileiras, publicado em 2015 pelo Instituto Nacional de Pesquisas Econômicas Aplicadas (Ipea), o Brasil registrou na última década um aumento de aproximadamente 50% no número de acidentes, resultando em um crescimento de cerca de 30% no número de vítimas fatais e 50% no número de feridos. Em 2014, aproximadamente 8 mil pessoas morreram nas rodovias brasileiras e cerca de 100 mil ficaram feridas [3].

Além dos danos, da dor e dos traumas psíquicos que a perda ou a grave lesão pode causar às famílias e às vítimas dessas fatalidades, os acidentes de trânsito implicam altos custos monetários à população e às famílias. Considerando os acidentes em rodovias municipais, estaduais e federais brasileiras, estima-se que aproximadamente 40 bilhões de reais são gastos por ano com o cuidado às vítimas, com perdas de produtividade e perdas materiais, entre outros gastos. No nível global, os gastos ultrapassam 500 bilhões de dólares por ano [3].

Segundo dados do relatório *Global status report on road safety 2013: supporting a decade of action*, publicado em 2013 pela Organização Mundial da Saúde (OMS), esse tipo de dano é oitava principal causa de morte mundial e a primeira causa entre os jovens (15-29 anos), gerando cerca de 1,24 milhão de mortes todos os anos e cerca de 20 a 50 milhões de vítimas com algum tipo de lesão grave.

O Brasil, país que possui seu transporte predominantemente rodoviário, é um dos recordistas mundiais em acidentes de trânsito, com um número de aproximadamente 40 mil mortes por ano por essa causa (Figura 29.1).

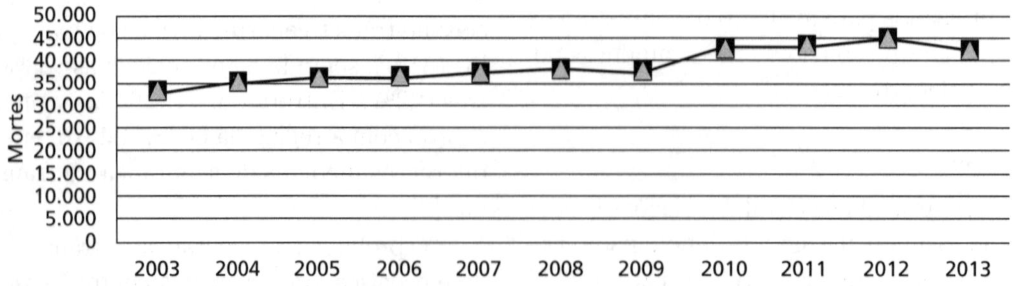

Figura 29.1 Número de mortos em acidentes de trânsito no Brasil.

Fonte: extraído de [4].

Segundo a OMS, de 3,5% a 5,7% da população mundial com idade entre 15 e 64 anos faz uso de alguma substância psicoativa [5]. Por apresentarem ação no SNC e estarem associados a diversas formas de prejuízo do desempenho no ato de dirigir [6], entre outras razões, os medicamentos psicoativos e sua prevalência em vítimas envolvidas em acidentes de veículos automotivos vêm sendo estudados em diversos países.

Um estudo realizado nos Estados Unidos que observou vítimas de acidentes de trânsito admitidas no Centro de Trauma de Maryland mostrou que 11,2% delas apresentaram resultado positivo para benzodiazepínicos e 0,2% para opioides [7]. Na Europa, o quadro não é muito diferente; as análises de amostras de sangue de motoristas que sofreram graves acidentem de trânsito em seis países (Bélgica, Dinamarca, Finlândia, Itália, Lituânia e Holanda) determinaram a presença de mais de 23 substâncias. Os pesquisadores apontaram que, além de álcool e drogas de abuso, os motoristas também haviam ingerido medicamentos, sendo que os benzodiazepínicos e os opioides foram as classes mais presentes (10,2 e 7,8%, respectivamente) [8].

Uma pesquisa semelhante com 535 motoristas vítimas de acidentes que deram entrada em centros de emergências hospitalares foi realizada na Bélgica e na Holanda. O resultado mostrou que 52% dos motoristas estudados apresentaram resultados positivos para álcool, drogas e medicamentos psicoativos, sendo que os motoristas mais gravemente feridos tiveram resultados positivos para zolpidem e zolpiclona (Bélgica: 1,8%; Holanda: 0,5%) e também para opioides (Bélgica: 3,3%; Holanda: 0,5%) [9].

Pesquisadores suíços, no ano de 2010, constataram em estudo com 4.794 motoristas envolvidos em acidentes que 89% haviam utilizado alguma substância psicoativa; desses, 6% utilizaram benzodiazepínicos e 5% metadona [10].

Infelizmente, os países em desenvolvimento não possuem muitos dados estatísticos sobre a relação entre acidentes de trânsito e uso de medicamentos. No Brasil, um estudo com análise de saliva de 2.235 motoristas mostrou que 1,2% das amostras apresentaram resultado positivo para fármacos benzodiazepínicos e 0,4% para opioides [11]. Em outro estudo realizado em Porto Alegre com 683 motoristas, foi constatada a prevalência de 3,9% de benzodiazepínicos nas amostras de saliva coletadas de condutores automotivos [12].

Os dados do Sistema Nacional de Gerenciamento de Produtos Controlados (SNGPC) da Agência Nacional de Vigilância Sanitária (Anvisa) mostraram que, entre 2007 e 2010, os medicamentos controlados pela Portaria 344/98 mais consumidos no país foram: clonazepam, bromazepam, alprazolam, amitriptilina, sibutramina, fenobarbital e carbamazepina, sendo que o clonazepam foi o medicamento controlado mais consumido nos três anos consecutivos e o consumo desses fármacos em três anos aumentou aproximadamente 359 vezes [13].

Todos esses números mostram que os medicamentos psicotrópicos são substâncias que podem estar diretamente ligadas às causas dos acidentes, uma vez que podem alterar em algum nível a capacidade psicomotora do motorista. Com isso, evidencia-se a importância de os usuários dessas substâncias serem alertados pela classe médica e farmacêutica sobre as possíveis alterações cognitivas que o consumo de psicotrópicos pode causar.

29.4 Legislação

29.4.1 No mundo

Com a disseminação dos estudos que elucidam o ato de dirigir sob efeito de drogas, conhecido mundialmente pela sigla DUID (*driving under the influence of drugs*), novas abordagens legislativas vêm sendo adotadas com o intuito de impedir que motoristas dirijam com a capacidade psicomotora alterada [14].

As legislações ao redor do mundo diferem entre si. Cada país tem sua particularidade com relação ao tipo de substância, concentrações permitidas e abordagens jurídicas nas suas constituições. Em relação às concentrações permitidas, as legislações internacionais variam desde a proibição total do consumo de alguns medicamentos até um valor-limite permitido do fármaco no sangue (*cut-off*).

Muitos países utilizam em sua legislação medidas e autuações baseadas na equivalência entre a concentração do fármaco e a concentração de etanol no sangue, conhecida como *blood alcohol concentration* (BAC). Isso se deve ao fato de já existir na maioria dos países desenvolvidos pesquisas nessa área que correlacionam a dose de etanol ingerida com a respectiva alteração psicomotora no usuário. Um exemplo é a legislação do Reino Unido, a qual apresenta não apenas os fármacos controlados, mas também as respectivas concentrações máximas permitidas (Tabela 29.1). Essa correlação permite aos juristas aplicar uma sentença baseada nos resultados analíticos da amostra coletada do motorista, além de alertar a população civil e científica do quanto um medicamento pode ser prejudicial ao motorista.

Tabela 29.1 Concentração máxima de alguns fármacos permitida em sangue para motoristas no Reino Unido

FÁRMACO	CONCENTRAÇÃO MÁXIMA PERMITIDA NO SANGUE
Anfetamina	250 μg/L
Clonazepam	50 μg/L
Diazepam	550 μg/L
Flunitrazepam	300 μg/L
Lorazepam	100 μg/L
Metadona	500 μg/L
Morfina	80 μg/L
Oxazepam	300 μg/L
Temazepam	1.000 μg/L

Fonte: extraído de [15].

Em 1959, a Noruega ampliou um programa já existente em sua legislação chamado The Norwegian Road Traffic Act, com o propósito de englobar os danos causados pelo uso de drogas ilícitas e medicamentos por motoristas, além daqueles acarretados pelo consumo de álcool. O processo jurídico exige uma declaração de um farmacologista especializado que valide a alteração psicomotora do motorista e compare essa alteração com a correspondente dose de etanol, para assim decidir a respeito da penalização [16].

Nos Estados Unidos, a legislação varia de acordo com cada estado. Alguns deles, como Havaí e Nova Iorque, separam a legislação em dois estatutos: dirigir sob influência de drogas (*DUI-drug*), que engloba os medicamentos, e dirigir sob influência de álcool (*DUI-alcohol*). Nos estados de Arizona, Delaware, Georgia, Indiana, Minnesota, Pennsylvania e Utah, a legislação é baseada nos valores de limites *per se*, sendo chamados de estados *per se* (Quadro 29.1).

Enquanto alguns países são mais rigorosos em sua legislação, outros preferem investir em campanhas de conscientização para reduzir o número de acidentes por essa causa. A França iniciou uma campanha em 2008 envolvendo pacientes e profissionais da saúde com o objetivo de alertar a população sobre os possíveis efeitos perigosos de alguns medicamentos durante a condução de veículos.

Quadro 29.1 Exemplos de abordagens jurídicas utilizadas em diferentes países em casos de DUID [17]

ABORDAGENS	JURÍDICAS – DUID
Impairment approach	Se o motorista mostra claros sintomas de deficiência em seu comportamento ou no modo de dirigir, ele é autuado
Limites *per se*	Se uma droga é constatada no fluido corporal do motorista (sangue ou, em alguns países, fluido oral) acima da concentração definida como *cut-off*, o motorista é autuado
Sistema *two-tier*	Permite combinar as vantagens de duas regulamentações. Por exemplo, combina uma sanção mais branda quando a droga está presente numa concentração acima do limite *per se* e uma sanção mais rigorosa se o motorista estiver "incapacitado". Usado em países como a Alemanha

Fonte: extraído de [17].

Para isso, foram criados criptogramas que foram inseridos nos cartuchos de medicamentos que possuem ação no sistema psicomotor, alertando os usuários. Um deles, em amarelo, indica "*tenha cuidado*"; um segundo, em laranja, indica "*ter muito cuidado*"; e um terceiro, em vermelho, indica "*não dirija*" (Figura 29.2) [18]. Essa política também está sendo adotada por Austrália, Espanha e Holanda [19-21].

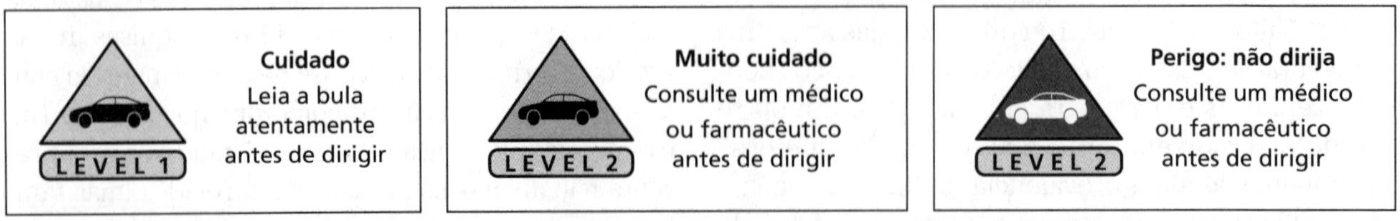

Figura 29.2 Pictogramas inseridos nos cartuchos de fármacos psicoativos na França. [Veja esta figura colorida ao final do livro.]

Fonte: adaptado de [18].

Um projeto de lei similar ao desenvolvido pela França, no qual a periculosidade dos fármacos sobre o ato de dirigir é indicada no cartucho do medicamento, já foi elaborado no Brasil pela Associação Brasileira de Medicina de Tráfego (Abramet). Porém o projeto ainda não foi posto em prática [22].

29.4.2 No Brasil

A legislação brasileira não é clara sobre quais medicamentos estão proibidos na condução de veículos automotores. A primeira menção sobre substâncias psicoativas no Código de Trânsito Brasileiro (CTB) ocorreu na Lei nº 9.503/97, que traz a proibição do uso de substâncias psicoativas no artigo 165: "[...] dirigir sobre a influência de álcool, em nível superior a seis decigramas por litro de sangue, ou de *qualquer substância que determine dependência física ou psíquica*". Essa lei foi atualizada em 2008 (Lei nº 11.705) e, posteriormente, em 2012, para a atual Lei nº 12.760, conhecida popularmente como "Lei Seca" [23]. Mesmo passando por atualizações, essa lei não deixa explícito o que se entende pelo termo "substância psicoativa que determina dependência", além de não correlacionar esse termo com a única portaria existente sobre substâncias entorpecentes – a Portaria 344.

Desse modo, a falta dessa menção clara no código de trânsito brasileiro (CTB) dá margem para muitas discussões judiciais. Ademais, a legislação vigente não estabelece como deverá ser realizada a fiscalização e a constatação do uso de fármacos psicoativos pelo motorista, ficando sem esclarecimento questões como: a escolha dos motoristas a serem abordados deve ser feita de modo aleatório, como nas *blitzes* de álcool? Qual técnica deve ser utilizada para a triagem *in loco*? Como será coletada a amostra do motorista para fazer o teste confirmatório (que garante que o motorista está sob efeito da substância psicoativa)?

29.5 Análise de desempenho

O termo análise do desempenho humano refere-se à investigação de alteração da *performance* humana em termos comportamentais ou quanto ao comprometimento do desempenho psicomotor quando há envolvimento de um toxicante que elucide o nexo causal dos eventos. Essa área da toxicologia forense determina a presença ou ausência de etanol e de substâncias psicoativas no sangue, ar alveolar ou em outras amostras biológicas, além da avaliação do seu papel na modificação do desempenho ou comportamento humano [24].

A aplicação mais comum de testes de desempenho humano é com o intuito de determinar a condução de veículos automotores sob a influência de álcool e/ou drogas, fato que vem sendo mais minuciosamente observado nas últimas décadas. Porém, a comprovação de que essas substâncias foram determinantes na causa de um acidente de trânsito é difícil, pois existem problemas jurídicos e científicos sobre a concentração do toxicante e o comprometimento da habilidade resultante desta.

Existem diferentes métodos que podem ser utilizados para avaliar a capacidade psicomotora de um indivíduo no ato de dirigir. Alguns são psicotécnicos e outros utilizam carros instrumentados em cursos fechados de rodovias ou ruas de cidades.

29.5.1 Teste em estrada

O teste em estrada, conhecido como *on-the-road test*, acontece em rodovias, num trajeto predeterminado de aproximadamente 100 km cujo motorista a ser avaliado deve percorrer numa velocidade constante e acompanhado de um instrutor. A longa distância do percurso tem como objetivo sujeitar o motorista a uma situação de "monotonia" e averiguar se o controle do veículo é mantido ainda assim [25].

O intuito é verificar o quanto o motorista desvia da posição lateral padrão (*standard deviation of lateral position*, SDLP) predeterminada após ingerir a substância em estudo (Figura 29.3). Embora seja considerado como "padrão-ouro" por alguns especialistas por ser a condição mais próxima da condição real, esse teste, além de caro, necessita de rodovias impedidas, além de oferecer risco considerável para o instrutor e para o motorista [26].

Em 2004, um estudo compilou os resultados obtidos em seis diferentes estudos que avaliaram a influência do consumo de diferentes tipos de benzodiazepínicos no ato de dirigir. Nesses estudos, foram administrados aos voluntários fármacos benzodiazepínicos no período noturno, e a avaliação do efeito destes foi realizada no dia seguinte, após dez a onze horas da administração do medicamento (barras em preto), e após dezesseis a dezessete horas da administração (barras em branco). Os voluntários foram submetidos a testes de condução na estrada, e a alteração na capacidade de dirigir sofrida pelos motoristas medicados foi avaliada em termos do SDLP com relação ao desempenho dos motoristas sob efeito de placebo (Figura 29.4). Para fins de comparabilidade, as linhas tracejadas indicam o SDLP para diferentes BAC.

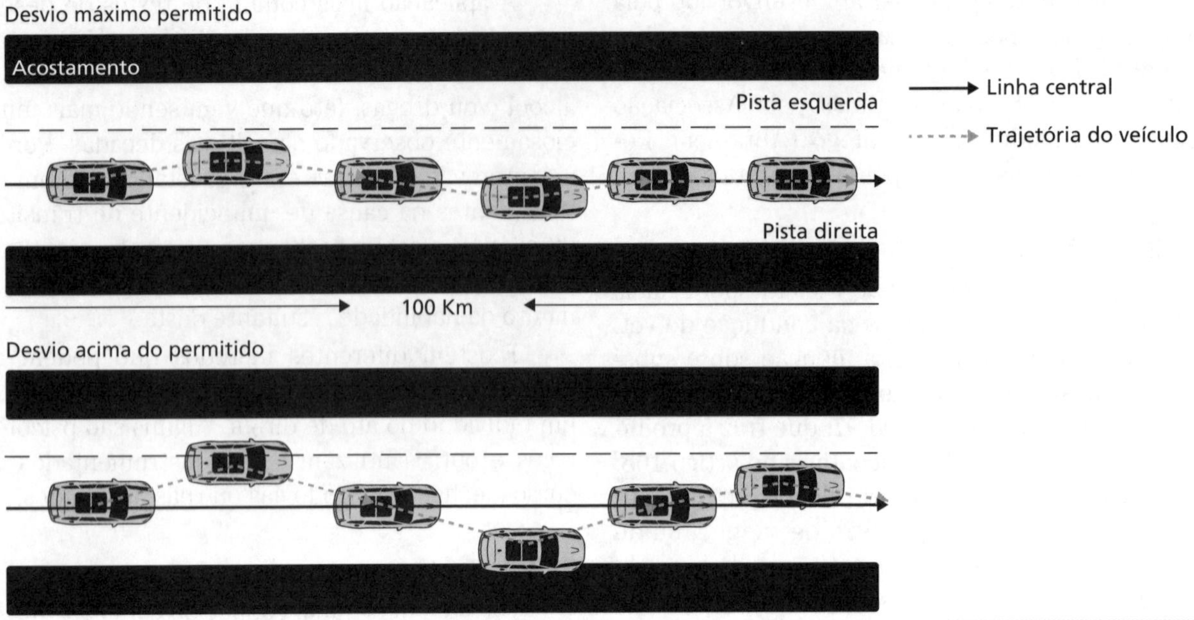

Figura 29.3 Teste de desempenho em estrada.

Fonte: adaptado de [27].

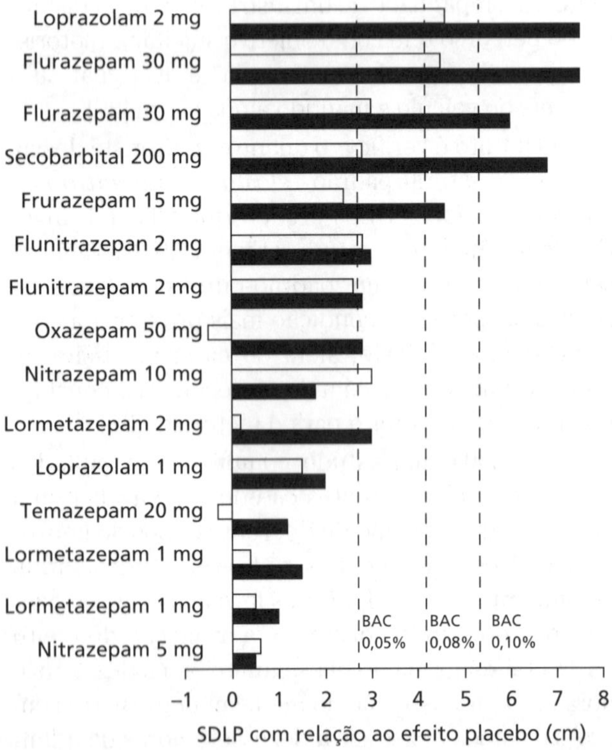

Figura 29.4 Desvio da posição lateral padrão (SLDP) após 10-11 h (▬) e após 16-17 h (▭) da administração de benzodiazepínicos por voluntários sadios com relação ao placebo e comparado com o SLDP causado por diferentes concentrações de álcool (BAC).

Fonte: adaptado de [27].

Observa-se pela figura que as substâncias avaliadas interferem de forma distinta na capacidade psicomotora do usuário, embora pertençam à mesma classe. Esse fato pode ser associado às diferentes farmacodinâmicas de cada fármaco avaliado, como tempo de meia-vida e período no qual a substância atinge a concentração máxima no plasma. Para três das substâncias estudadas (loprazolam, flurazepam e secobarbital) o SDLP foi maior do que aquele observado com BAC de 0,10%, e para a maioria dos fármacos os efeitos na capacidade de direção foram comparáveis aos efeitos de BAC de 0,08%, mostrando assim a importância dos estudos que abordam fármacos e direção.

29.5.2 Teste por meio de simuladores de direção

Os simuladores de direção têm se tornado mais sofisticados a cada dia e seu uso tem sido amplamente empregado para avaliar o desempenho de condutores com pouca ou sem experiência, após o consumo de substâncias psicoativas e com cansaço físico [28]. As vantagens dos simuladores de condução incluem a padronização do teste, da movimentação do veículo, das condições das estradas, da densidade de tráfego e da luz ambiente. Além disso, esses aparelhos permitem a simulação de situações perigosas e de colisões, eliminando os riscos tanto para o motorista quanto para o instrutor. Um dos centros mais modernos de avaliação por meio de simulador está na Universidade de Iowa; chama-se *The National Advanced Driving Simulator* e é composto de uma cabine de carro real com cenário externo projetado em 360 graus, montado sobre uma base de "trilhos" na qual a cabine do carro se movimenta e avalia a reação do motorista em alterações laterais e longitudinais da estrada projetada [29]. Esse tipo de teste é o segundo mais aceito internacionalmente em estudos científicos, ficando atrás somente do teste feito na estrada, considerado padrão-ouro na avaliação de desempenho de motoristas [27].

Os simuladores de direção comercializados atualmente no Brasil são desenvolvidos para o treinamento de motoristas em processo de habilitação nas autoescolas (Figura 29.5), não sendo nem destinados nem sensíveis o suficiente para realizar a avaliação do desempenho envolvendo medicamentos e drogas de abuso, pois, para essa finalidade, os equipamentos devem ser sensíveis a ponto de detectar pequenas variações no comportamento do motorista. Desse modo, os simuladores nacionais não são destinados à pesquisa científica e podem ser substituídos por outros tipos de teste.

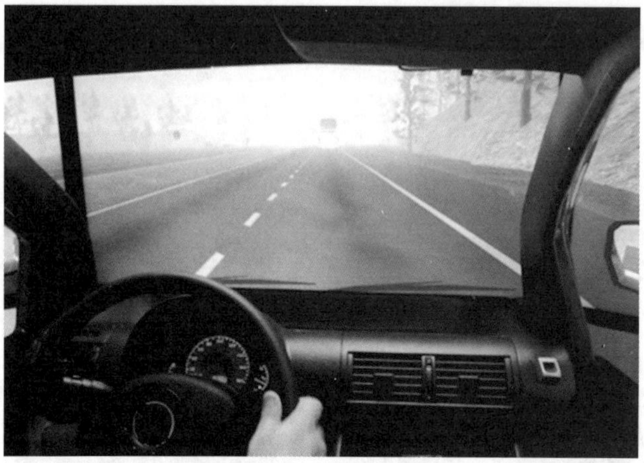

Figura 29.5 Imagem representativa do teste utilizando simulador.

Fonte: extraído de[30].

29.5.3 Teste de atenção utilizando *software*

Vários trabalhos científicos têm utilizado, como modelo experimental, *softwares* para avaliar as funções psicomotoras de motoristas em seus estudos [6,31]. Os programas disponíveis no mercado – por exemplo, Choice Reaction Time (CRT), Tower of London^{DX} 2nd Edition, Conners' Continuous Performance Test II Version 5™, entre outros –são capazes de avaliar a percepção, abuso de velocidade, atenção/alerta, habilidades motoras, funções executivas (processo cognitivo responsável pelo planejamento e pela execução de atividades) e tempo de reação do indivíduo em análise.

Cada um desses *softwares* tem sua particularidade, porém todos são simples de serem aplicados e têm duração entre sete e vinte minutos. O programa CRT, por exemplo, é um teste no qual o *software* mostra setas para a esquerda ou para a direita com o passar do tempo. Ao ver a seta, o voluntário deve pressionar o botão correspondente ao sentido da seta, localizado na tela *touch screen* do computador, ou pressionar as teclas de seta para direita e para esquerda do teclado (Figura 29.6). O teste é iniciado após o voluntário passar por um treinamento com 24 perguntas, em dois blocos com cinquenta testes cada. Todo o procedimento dura em torno de sete minutos [31,32].

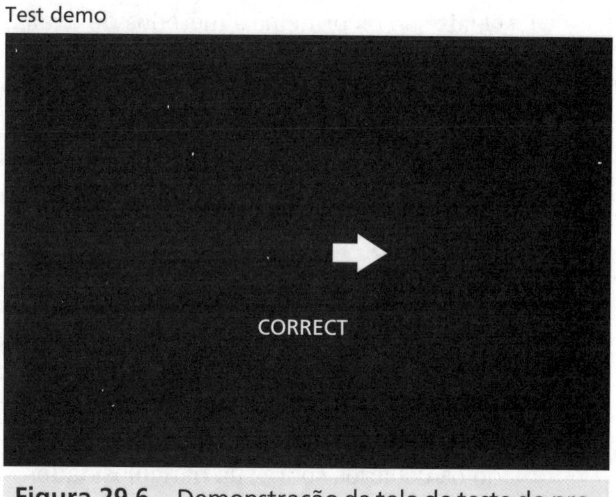

Figura 29.6 Demonstração da tela de teste do programa Choice Reaction Time (CRT).

Fonte: extraído de[32].

29.6 Conclusão

Problemas com a segurança no trânsito são uma preocupação global e, na tentativa de diminuir o número de acidentes, o debate sobre a influência da ingestão de substâncias psicoativas sobre as habilidades na direção veicular vem se tornando cada vez mais frequente. Além do álcool e drogas ilícitas, o amplo consumo de fármacos psicoativos vem chamando a atenção e despertando interesse para estudos sobre os possíveis efeitos do consumo desses medicamentos por motoristas na segurança do trânsito.

Estudos apontados neste capítulo demonstram uma possível relação causal entre o uso de fármacos psicoativos e o envolvimento de motoristas em acidentes de trânsito, pois foram encontrados indícios de uso de benzodiazepínicos, entre outras classes de psicoativos, em porcentagens significativas de motoristas envolvidos em acidentes e submetidos a exames toxicológicos. Esses medicamentos são amplamente consumidos pela população global, inclusive no Brasil, onde a população é, na maioria, desavisada dos possíveis efeitos e consequências de dirigir sobre o efeito de fármacos dessa natureza.

Países como Noruega, Estados Unidos, Austrália, França e Reino Unido vêm trabalhando no desenvolvimento de leis e ações voltadas para o controle não apenas do consumo de bebidas alcoólicas e drogas ilícitas por motoristas, mas também de substâncias psicoativas que podem influenciar nas funções motoras e cognitivas do consumidor e, consequentemente, na sua capacidade de dirigir. Medidas de alerta aos usuários também vêm sendo colocadas em prática em alguns países, a exemplo da França, onde criptogramas de alertas sobre os efeitos da ação do fármaco foram inseridos nos cartuchos de medicamentos. Nos países em desenvolvimento, entretanto, essa abordagem que relaciona o uso de medicamentos psicoativos aot rânsito ainda é tímida.

Enquanto alguns países vêm trabalhando no aprimoramento de leis e de sua fiscalização, no Brasil as leis existentes são superficiais e genéricas. Assim, evidencia-se que a inclusão do tema nos debates sobre políticas públicas é de extrema importância para que num futuro próximo possamos conhecer melhor a influência do consumo de medicamentos psicotrópicos entre os motoristas brasileiros e ter uma legislação mais aprofundada sobre essa questão.

Questões para estudo

1. Quais são os principais métodos de avaliação de alteração psicomotora causada por substâncias psicoativas?
2. Qual é o problema associado ao uso de fármacos psicoativos por motoristas?
3. Quais são as limitações da legislação vigente sobre o ato de dirigir sob efeito de substâncias psicoativas?
4. Entre as alternativas a seguir, quais são fármacos que podem alterar a capacidade psicomotora?

a) Ibuprofeno
b) Difenidramina
c) Paracetamol
d) Morfina
e) Diazepam

5. Cite exemplos de países que possuem, no cartucho de medicamentos psicoativos, avisos alertando os usuários sobre sua periculosidade.

Respostas

1. Testes de desempenho por meio de simuladores, *softwares*, circuito fechado ou teste na estrada.
2. Por terem ação no SNC, podem gerar alterações em funções cognitivas e psicomotoras necessárias no ato de dirigir, como sonolência, tremores, distúrbios visuais, perda de reflexo etc.
3. A legislação vigente não explicita quais são os fármacos proibidos nem suas respectivas doses, além de não esclarecer como deve ser feita a abordagem dos motoristas e a coleta das amostras para comprovação do uso de fármacos psicoativos.
4. Alternativas B, D e E.
5. França, Austrália, Espanha e Holanda.

Lista de abreviaturas

Anvisa	Agência Nacional de Vigilância Sanitária	DUID	*Driving under the influence of drugs*
Abramet	Associação Brasileira de Medicina de Tráfego	Ipea	Instituto Nacional de Pesquisas Econômicas Aplicadas
BAC	*Blood alcohol concentration*	OMS	Organização Mundial da Saúde
CRT	*Choice reaction time*	SDLP	*Standard deviation of lateral position*
CTB	**Código** de Trânsito Brasileiro	SNC	Sistema nervoso central
DUI	*Driving under the influence*	SNGPC	Sistema Nacional de Gerenciamento de Produtos Controlados

Lista de palavras

Acidentes	Desempenho	Medicamentos
Alteração	Direção	Motoristas
Benzodiazepínicos	Estatística	Psicoativos
Cognição	Fármacos	Simulador
Cut-off	Legislação	Trânsito

REFERÊNCIAS

1. Decade of Action for Road Safety 2011-2020 – Global Launch Brochure. 2011. Available from: http://www.who.int/roadsafety/publications/global_launch.pdf?ua=1. Acesso em: 15 abr. 2018.

2. OMS. Relatório global sobre o estado da segurança viária 2015.

3. Ipea. Acidentes de trânsito nas rodovias federais brasileiras – caracterização, tendências e custos para a sociedade. Brasília; 2015.

4. DATASUS. Óbitos por acidentes de transportes terrestres. 2011 [cited 2015 Jun 26]; Available from: http://tabnet.datasus.gov.br/cgi/tabcgi.exe?idb2012/c09.def

5. World Health Organization. Management of Substance Abuse [cited 2015]. Available from: http://www.who.int/substance_abuse/facts/psychoactives/en/

6. Hetland A, Carr DB. Medications and impaired driving. Ann Pharmacother. 2014;48(4):494-506.

7. DuPont RL. Prescription drug abuse: an epidemic dilemma. J Psychoactive Drugs. 2010;42(2):127-32.

8. Legrand SA, Isalberti C, der Linden TV, Bernhoft IM, Hels T, Simonsen KW, et al. Alcohol and drugs in seriously injured drivers in six European countries. Drug Test Anal. 2013;5(3):156-65.

9. Legrand SA, Houwing S, Hagenzieker M, Verstraete AG. Prevalence of alcohol and other psychoactive substances in injured drivers: comparison between Belgium and The Netherlands. Forensic Sci Int. 2012;220(1-3):224-31.

10. Senna MC, Augsburger M, Aebi B, Briellmann TA, Donzé N, Dubugnon JL, et al. First nationwide study on driving under the influence of drugs in Switzerland. Forensic Sci Int. 2010;198(1-3):11-6.

11. Zancanaro I, Limberger RP, Bohel PO, dos Santos MK, De Boni RB, Pechansky F, et al. Prescription and illicit psychoactive drugs in oral fluid – LC-MS/MS method development and analysis of samples from Brazilian drivers. Forensic Sci Int. 2012;223(1-3):208-16.

12. De Boni RB, Bastos FI, de Vasconcellos M, Oliveira F, Limberger RP, Pechansky F.Drug use among drivers who drank on alcohol outlets from Porto Alegre, Brazil. Accident Analysis and Prevention. 2014;62:137-42.

13. Anvisa. Panorama dos dados do sistema nacional de gerenciamento de produtos controlados: um sistema para o monitoramento de medicamentos no Brasil;2011.

14. Moffat AC. Clarke's analysis of drugs and poisons: in pharmaceuticals, body fluids and postmortem material. 4th ed. London: Pharmaceutical Press; 2011.

15. Department for Transport. Drug Driving. 2014.

16. Vindenes V, Boix F, Koksæter P, Strand MC, Bachs L, Mørland J, et al. Drugged driving arrests in Norway before and after the implementation of per se law. Forensic Sci Int. 2014;245C:171-7.

17. DRUID. How to define per se limits: a general approach 2011.

18. AFSSAPS. Medicinal products and driving. 2009.

19. Fierro I, Gomez-Talegon T, Alvarez FJ. The Spanish pictogram on medicines and driving: The population's comprehension of and attitudes towards its use on medication packaging. Accid Anal Prev. 2013;50:1056-61.

20. Monteiro SP, Huiskes R, Van Dijk L, Van Weert JC, De Gier JJ. How Effective Are Pictograms in Communicating Risk About Driving-Impairing Medicines? Traffic Injury Prevention. 2013;14(3):299-308.

21. Smyth T, Sheehan M, Siskind V, Mercier-Guyon C, Mallaret M. Consumer perceptions of medication warnings about driving: a comparison of French and Australian labels. Traffic Inj Prev. 2013;14(6):557-64.

22. Pierote AJR. Medicamentos podem comprometer a saúde do trânsito. 2013 [cited 2016 Jul 26]. Available from: http://www.perkons.com/pt/noticia/1420/medicamentos-podem-comprometer-a-saude-do-transito

23. Brasil. Lei nº 12.760, de 20 de dezembro de 2012. Altera a Lei nº 9.503, de 23 de setembro de 1997, que institui o Código de Trânsito Brasileiro. In: Diário Oficial da União. Brasília; 2012.

24. Oga S, Camargo MMAC, Batistuzzo, JAO. Fundamentos de Toxicologia. São Paulo: Editora Atheneu; 2014.

25. Verster JC, Roth T.Standard operation procedures for conducting the on-the-road driving test, and measurement of the standard deviation of lateral position (SDLP). Int J Gen Med. 2011;4:359-71.

26. Verster JC, Veldhuijzen DS, Patat A, Olivier B, Volkerts ER. Hypnotics and driving safety: meta-analyses of randomized controlled trials applying the on-the-road driving test. Curr Drug Saf. 2006;1(1):63-71.

27. Verster JC, Veldhuijzen DS, Volkerts ER. Residual effects of sleep medication on driving ability. Sleep Med Rev. 2004;8(4):309-25.

28. Mets MA,Ketzer S, Blom C, Van Gerven MH, Van Willigenburg GM, Olivier B, et al. Positive effects of Red Bull(R) Energy Drink on driving performance during prolonged driving. Psychopharmacology (Berl). 2011;214(3):737-45.

29. University of Iowa. The national advanced driving simulator [cited 2016 Jan 27]. Available from: https://www.nads-sc.uiowa.edu/sim_nads1.php

30. Real Simuladores. Fotos do simulador de direção veicular RSV-3 [cited 2016 Jan 26]. Available from: http://www.realsimuladores.com.br/osimulador-02.php#image-13

31. Gustavsen I, Hjelmeland K, Bernard JP, Mørland J. Psychomotor performance after intake of zopiclone compared with intake of ethanol: a randomized, controlled, double-blinded trial. J Clin Psychopharmacol. 2011;31(4):481-8.

32. Cambridge Cognition. Choice Reaction Time [cited 2016 Jul 26]. Available from: http://www.cambridgecognition.com/tests/choice-reaction-time-crt

CAPÍTULO 30

TOXICOLOGIA DO DESEMPENHO HUMANO: CONTROLE DO USO DE DROGAS NO AMBIENTE DE TRABALHO

Rafael Menck de Almeida

Marcelo Filonzi dos Santos

Mauricio Yonamine

30.1 Resumo

O consumo de substâncias ilícitas é um grave problema de saúde pública global. Estima-se que entre 3,6% e 6,9% da população mundial já usou substâncias ilícitas: acredita-se que 75% dos usuários de drogas são indivíduos que possuem emprego. No Brasil, apesar de poucos estudos estarem disponíveis, esses dados se assemelham com os de outros países quando apontam o crescente número de usuários de drogas de abuso e as suas consequências no ambiente de trabalho. As drogas podem influir negativamente o desempenho do trabalhador e aumentar significativamente o risco de ocorrência de acidentes dentro do ambiente de trabalho. Alguns países dispõem de legislações sobre o controle do uso de drogas no ambiente de trabalho. Até o momento, não há legislação específica, porém, desde 1992, muitas empresas com atividades no território nacional, com o intuito de proteger individual e/ou coletivamente a saúde de seus colaboradores, implantaram exames toxicológicos e programas para promover um ambiente livre de drogas. O presente capítulo visa apresentar um histórico e um panorama mundial sobre programas de prevenção do uso de drogas no ambiente de trabalho e comparar as legislações aplicadas em alguns países, como os Estados Unidos da América e outros do continente europeu.

30.2 Introdução

O consumo de substâncias ilícitas é problema de saúde pública que afeta o mundo todo. Estudos realizados pelo United Nations Office on Drugs and Crime (UNODC) apontam que entre 3,6% e 6,9% da população mundial, dentro da faixa etária compreendida entre 15 e 64 anos, já usou substâncias ilícitas. Na América do Sul, a *Cannabis* (maconha) é a droga mais utilizada (5,6% a 5,7%); em seguida, aparece o consumo de cocaína, variando entre 1,2% e 1,3% [1]. Embora no continente americano a maior prevalência de uso seja da *Cannabis*, a cocaína é a droga ilícita responsável por 50% da demanda por tratamento/internação de usuários, merecendo o título de substância de abuso mais problemática nessa região do globo terrestre [2].

No Brasil, dados estatísticos sobre o consumo de drogas são bastante escassos. Em um estudo realizado pelo Centro Brasileiro de Informações sobre Drogas Psicotrópicas (Cebrid), relativo ao período de 2001 a 2005, no qual foram desenvolvidos levantamentos domiciliares sobre o uso de drogas psicotrópicas no país, obteve-se a seguinte estatística:

- Em 2001, 1% da população brasileira, com idade entre 12 e 65 anos, utilizou maconha no ano anterior à pesquisa. O consumo de cocaína atingiu 0,4% dos entrevistados.
- Em 2005, a porcentagem de usuários de *Cannabis* aumentou consideravelmente, passando para 2,6%. Também foi expressiva a quantidade de indivíduos utilizando cocaína: 0,7% [3,4].

O último estudo brasileiro sobre o consumo de drogas de abuso foi realizado em 2011, pelo Instituto Nacional de Ciência e Tecnologia para Políticas Públicas do Álcool e Outras Drogas (Inpad), e contabilizou que 2% dos adolescentes e adultos brasileiros já utilizaram cocaína e que 3% usaram *Cannabis* [5,6]. Embora os números dos estudos epidemiológicos sejam relativamente baixos, o aumento no número de usuários nos últimos anos é expressivo.

Diante do cenário do consumo de drogas de abuso, no final da década de 1960 e no início dos anos 1970, os Estados Unidos da América iniciaram o desenvolvimento de um guia para a criação de programas, visando ao controle do uso de drogas de abuso no ambiente de trabalho. Esses programas só foram colocados em prática no final da década de 1980, após alguns acidentes terem acontecido na indústria ferroviária e também pelo grande acidente ambiental causado por um navio petroleiro na região do Alasca [7,8].

Em 1989, no estreito de Prince William, no Alasca, ocorreu um acidente grave envolvendo um cargueiro da empresa Exxon Mobil. O resultado desse acidente foi o derramamento de 40 milhões de litros de petróleo, espalhando-se por aproximadamente 28 quilômetros quadrados do oceano Pacífico e por mais de 2 mil quilômetros da costa do Alasca. A Exxon pagou os custos, totalizando uma quantia superior a 2 bilhões de dólares, para limpar os trechos de costa contaminados, 300 milhões de dólares em indenizações aos pescadores e habitantes locais, além de 900 milhões de dólares em processos penais dos governos dos Estados Unidos e do Alasca [9]. A causa da catástrofe foi atribuída ao capitão Joseph Hazelwood. Na fatídica noite do acidente, o capitão havia consumido bebida alcoólica e não estava nos controles do navio quando este atingiu o recife, resultando no vazamento. Segundo o jornal *New York Times*, após 10,5 horas do acidente, exames toxicológicos apontaram 0,6 grama de álcool por litro de sangue no comandante da embarcação. Na legislação em vigor no estado do Alasca, para a condução de veículos automotores, a quantidade mensurada de etanol estava dentro da faixa permitida, porém acima dos limites da Guarda Costeira para manobrar um navio comercial, cujo valor limítrofe é 0,4 g/L [10].

No Reino Unido, entre 10% e 13% dos empregados relataram o uso de drogas no período de um ano, 7% apontaram a utilização de alguma droga no último ano e 30% dos usuários de maconha estão empregados. Na Europa, dados estatísticos apontam que 41% dos indivíduos internados em clínicas de reabilitação estão empregados, sendo que os exames toxicológicos realizados nos programas revelaram resultados positivos para drogas ilícitas entre 1% e 20%. Nos Estados Unidos, 8,2% dos trabalhadores, com idades entre 18 e 64 anos, afirmaram ter utilizado drogas ilícitas no mês anterior à pesquisa, sendo a maior prevalência de usuários vinculados a serviços relacionados à alimentação (17,4%) e à construção civil [11].

Atualmente, estima-se a realização de 30 a 40 milhões de exames toxicológicos anualmente nos Estados Unidos. Na Europa, na Austrália e em outros países industrializados, esses programas de prevenção apresentam crescimento expressivo. Por exemplo, no Reino Unido, em 2004, o valor monetário movimentado com esses programas foi estimado em 12 milhões de libras esterlinas [7,12]. No Brasil, esses dados são bastante escassos, mas estima-se a aplicação de 40 mil testes toxicológicos para as empresas no período compreendido entre 2004 e 2007 [13].

30.3 Histórico e regulamentação do controle do uso de drogas no ambiente de trabalho

Os programas de controle do uso de drogas no ambiente de trabalho dos Estados Unidos não surgiram repentinamente. Eles foram pensados e desenvolvidos durante toda a década de 1980. Inicialmente, as estratégias de controle e análises toxicológicas eram realizadas em ambientes militares. Nos primórdios da implementação das análises laboratoriais para esses programas, não havia regulamentação, certificação laboratorial e padronização de procedimentos; além disso, a maioria dos dispositivos utilizados não apresentava a aprovação e a certificação do órgão competente (o Food and Drug Administration, FDA).

Por causa do crescimento no interesse no monitoramento do uso de drogas no ambiente de trabalho, nos setores privado e público, vários questionamentos foram realizados. Como decorrência dessa evolução, a regulamentação científica foi inserida nos exames, tornando-os mais evidentes e facilitando sua aplicação [12,14].

Mundialmente, iniciou-se em 1983 a regulamentação dos exames toxicológicos para prevenção do uso de drogas no ambiente de trabalho. Os pioneiros foram os Estados Unidos. O National Transportation Safety Board (NTSB) emitiu um relatório apontando sete acidentes de trem entre 1982 e 1983 nos quais o álcool e/ou outras drogas estavam envolvidos. Em um dos acidentes, que causou o óbito de várias pessoas, a causa foi relacionada ao uso de maconha por um dos engenheiros. Com o respaldo desse relatório, a Federal Railroad Administration (FRA), com a assistência do National Institute on Drug Abuse (NIDA), criou a primeira regulamentação sobre drogas do Departamento de Transporte Americano, em 1983 [7,14].

No período de 1983 a 1986, empresas petroquímicas, de transporte e nucleares introduziram voluntariamente em seus ambientes de trabalho programas de análises de drogas, embora não houvesse qualquer padronização ou protocolo apropriado para os procedimentos. Nesse cenário, pela ausência de diretrizes legais para esse controle, ações judiciais foram interpeladas contra essas corporações. Como agravante, muitos erros laboratoriais foram relatados, resultando na desconfiança e na preocupação de militares sobre a eficiência na aplicação da tecnologia existente na época e vinculada aos programas. Contribuiu para aumentar a desconfiança o aparecimento de histórias de funcionários constrangidos, por serem despidos e forçados a fornecer amostras de urina na presença de outros colegas ocupacionais [14].

Em 1986, houve uma reunião envolvendo o NIDA, intitulada "ponto de referência". Nessa conferência, conjuntamente com a sociedade e outros órgãos importantes, foi discutido e projetado um consenso sobre as questões dos exames de drogas no ambiente de trabalho, estabelecendo-se:

i. Todos os indivíduos submetidos aos exames para drogas devem ser devidamente informados.
ii. Todos os resultados positivos obtidos em exames de triagem deverão ser confirmados, utilizando metodologia alternativa.
iii. A confidencialidade dos exames deve ser assegurada.
iv. Análises aleatórias para drogas de abuso devem estar inseridas em um programa definido, adequado e legalmente estabelecido.

O material técnico, médico, legal e ético resultante dessa conferência proporcionou a confecção de diretrizes e o desenvolvimento de uma regulamentação federal sobre a obrigatoriedade da realização dos testes toxicológicos no ambiente de trabalho [14-16].

Desde 1998, a Substance Abuse and Mental Health Services Administration (SAMSHA) é o órgão responsável nos Estados Unidos pelas atualizações do guia com as diretrizes do controle do uso de drogas no ambiente de trabalho [7]. Na Europa, a legislação sobre a análise de drogas no ambiente de trabalho é publicada pelo European Monitoring Centre Drug and Drug Testing Addiction (EMCDDA). Apesar de decorridos quinze anos após a primeira legislação específica sobre o controle do consumo de drogas no ambiente de trabalho, apenas alguns países europeus têm leis para esse fim. Por outro lado, apesar de não possuírem leis específicas, muitos países realizam a análise toxicológica em seus ambientes de trabalho, baseados nas interpretações e nas combinações de legislações de outros países ou fundamentados em acordos sobre alguns princípios básicos publicados em convenções dos direitos humanos, como, por exemplo, a "Convenção europeia para os direitos humanos" e as "Diretrizes da União Europeia sobre a proteção de dados e a saúde e a segurança no trabalho". As análises toxicológicas no ambiente de trabalho são realizadas por esses países com o princípio de proteção à saúde ou à segurança individual e/ou coletiva, ou quando existir a suspeita do uso de drogas. Deve-se salientar que esses exames sempre devem ser justificados pelo empregador [7,17-19].

A respeito da legalidade na realização dos exames toxicológicos nos funcionários, tem havido muito debate e discussão sobre o tema. Entre os três países europeus com leis próprias para esse objetivo, a Finlândia define a legalidade do exame, desde que o empregador seja responsável pelas despesas e as provas sejam aplicadas somente aos candidatos já aptos no processo seletivo ou aqueles pertencentes ao quadro de funcionários da empresa. Os exames são realizados em circunstâncias bem definidas, como caso de intoxicação, dependência, risco à vida, à saúde, à segurança nacional ou de tráfego, segurança da informação de interesse público ou negócio ou sigilo profissional. Com o objetivo de garantir a padronização desses programas e exames toxicológicos, o governo finlandês também baixou um decreto, denominado "Boas práticas na análise toxicológica no ambiente de trabalho". Há também a lei de saúde ocupacional, promulgada em 2001, pela qual apenas o profissional da saúde pode solicitar o exame. O empregador tem o dever de preparar um programa político abrangente sobre a prevenção do uso de álcool e drogas na empresa. Os exames toxicológicos somente podem ser realizados com o consentimento do empregado, permitindo, com essa regra, a negativa do funcionário em submeter-se ao exame [20-22].

A Irlanda também implementou legislação para assegurar o ambiente de trabalho livre de álcool e drogas. Em 2005, entrou em vigor uma lei obrigando o funcionário a se apresentar para realizar os exames toxicológicos quando solicitado; caso não respeite o pedido, a atitude é considerada um delito, punível com multa ou prisão. A requisição dos exames deve ser realizada por um médico e o profissional avaliará a aptidão do funcionário para o trabalho. O empregador tem a obrigação de fornecer um local de trabalho seguro para seus funcionários [7].

Também em 2005, a Noruega sancionou a Lei nº 62/2005, na qual está definida a legitimidade do empregador na exigência de exames médicos aos empregados, incluindo os relacionados ao uso de droga, somente quando a função do trabalhador estiver associada a riscos especiais ou quando necessário a fim de proteger a vida ou saúde dos trabalhadores ou de terceiros. Todas as medidas de controle devem ser justificadas e devem ser discutidas com os representantes dos funcionários. Em muitos países da União Europeia, o exame toxicológico só é permitido nas empresas quando houver uma política global sobre a redução do uso de álcool e drogas no ambiente de trabalho. Uma política abrangente sobre álcool e drogas deve incluir vários elementos [7]:

- Prevenção de problemas de álcool e drogas, por meio de informação, educação e treinamento.
- Educação voltada aos supervisores e gerentes, capacitando-os para discutir e controlar as questões decorrentes do uso de álcool e drogas no ambiente de trabalho.
- Documento explicativo sobre a política, as regras e as consequências do seu descumprimento.
- Os procedimentos de intervenção em casos de uso e/ou abuso de álcool ou outras drogas.
- Medidas para proibir ou restringir a disponibilidade de álcool/drogas no local de trabalho.
- Disponibilização de assistência para os funcionários antes e depois de seus envolvimentos com drogas/álcool.
- A análise toxicológica é uma ferramenta para monitorar o sucesso dessa política.

No Brasil, desde 1992, existem programas de controle do uso de drogas no ambiente de trabalho. Esses programas iniciaram-se em empresas de petróleo, transportadoras de carga, fabricantes de veículos automotores, além da polícia militar do estado de São Paulo [13,23]. Considera-se difícil diagnosticar com clareza e nitidez as diretrizes do ordenamento jurídico brasileiro, pois as decisões sobre exames toxicológicos são esparsas e ainda não se consolidaram num posicionamento no âmbito do Tribunal Superior do Trabalho sobre o assunto [24].

Na discussão das análises toxicológicas no ambiente de trabalho, são nítidas a dúvida e a incerteza, como ocorrem nos demais países, sobre o eventual conflito entre a ideia de evitar riscos de acidentes (ao trabalhador e a terceiros) e as possíveis violações ao direito da intimidade do empregado. O Artigo 5º da Constituição da República Federativa do Brasil, em vigor desde 1988, no qual estão consolidados direitos e deveres individuais e coletivos, afirma, no inciso X: "são invioláveis a intimidade, a vida privada, a honra e a imagem das pessoas, assegurado o direito a indenização pelo dano material ou moral decorrente de sua violação" [25].

Na antítese, o artigo 168 da Consolidação das Leis do Trabalho (CLT), das Medidas Preventivas de Medicina do Trabalho [26], obriga a empresa a submeter seus empregados a exames médicos:

> Será obrigatório exame médico por conta do empregador, nas condições estabelecidas neste artigo e nas instruções complementares a serem expedidas pelo Ministério do Trabalho:
> I – na admissão;
> II – na demissão;
> III – periodicamente.

Recentemente, no Brasil, houve a aprovação da lei regulamentando o exercício da profissão de motorista e alterando a CLT, de 1943, em seu artigo 235-B [27]:

> são deveres do motorista profissional:
> [...]

VII – submeter-se a teste e a programa de controle de uso de droga e de bebida alcoólica, instituído pelo empregador, com ampla ciência do empregado.

Parágrafo único. A inobservância do disposto no inciso VI e a recusa do empregado em submeter-se ao teste e ao programa de controle de uso de droga e de bebida alcoólica previstos no inciso VII serão consideradas infração disciplinar, passível de penalização nos termos da lei.

A retaguarda dessa lei visa à redução de acidentes, garantindo a segurança do trabalhador e de terceiros. Novamente, a questão da intimidade do empregado pode ser violada. Nota-se que essa imposição visa à melhoria da segurança nas rodovias e que, no entanto, tornou-se obrigação legal a submissão dos motoristas ao etilômetro (bafômetro) e outros dispositivos de monitoramento, com finalidade de controlar não apenas o álcool, mas também qualquer outra droga [24].

Seguindo nesse contexto, com a preocupação em relação à segurança da aviação civil brasileira e a fim de ajustar a atividade às recomendações exigidas internacionalmente, a Agência Nacional de Aviação Civil (Anac) elaborou o Regulamento Brasileiro da Aviação Civil (RBAC nº 120/2011), intitulado *Programas de prevenção do uso indevido de substâncias psicoativas na aviação civil*. O RBAC tem por objetivo definir políticas de prevenção ao uso de drogas em empresas que desempenhem atividade de risco à segurança operacional na aviação civil (ARSO). Portanto, todas as empresas envolvidas com essas atividades deverão elaborar, executar e manter um programa de prevenção do uso indevido de substâncias psicoativas na aviação civil (PPSP), bem como seus subprogramas, todos válidos perante a Anac [28].

Esse programa deverá, basicamente, contemplar três áreas [28]:

- Educação: desenvolver políticas de educação e esclarecimento sobre o uso de drogas no ambiente de trabalho e suas consequências.
- Exames toxicológicos de substâncias psicoativas (ETSP): as empresas realizarão os exames toxicológicos em laboratórios credenciados pela Coordenação Geral de Acreditação (CGCRE/INMETRO) e/ou pelo Sistema Nacional de Acreditação, segundo requisitos da Sociedade Brasileira de Análises Clínicas (Sistema DICQ-SBAC), e/ou pelo Sistema Nacional de Acreditação, segundo requisitos da Organização Nacional de Acreditação (Sistema DICQ-ONA), e/ou pelo Programa de Acreditação de Laboratórios Clínicos (PALC) da Sociedade Brasileira de Patologia Clínica/Medicina Laboratorial (SBPC/ML).
- Tratamento e acompanhamento dos colaboradores que apresentarem resultado positivo para: álcool, opiáceos, canabinoides, cocaína e anfetaminas. O tipo de tratamento será definido pelo médico e poderá ser: orientação sobre normas e requisitos de segurança operacional da aviação civil, aconselhamento profissional, psicoterapia, farmacoterapia, programa de tratamento em regime ambulatorial e programa de tratamento em regime de internação.

O RBAC 120/2011, assim como todos os programas envolvendo a análise toxicológica no ambiente de trabalho, exige a presença de um profissional de saúde, assistindo a coleta, e o consentimento do funcionário para o procedimento.

Apesar da ausência de legislação própria para setores não pertencentes à aviação ou ao transporte, não há impedimento legal para a implementação em cláusula de instrumentos coletivos, de programas e iniciativas para a adequada abordagem da questão. No Brasil, o tema recebe atenção pelas entidades sindicais, as quais se sensibilizaram com o problema, fazendo o assunto ingressar na pauta de reivindicações dos trabalhadores. Assim, os programas de prevenção do uso de drogas no ambiente de trabalho, pela projeção e pelos resultados positivos alcançados mundialmente, atingiram diversos outros segmentos [24]. O debate em nosso país ainda está aberto e a intensidade e a repercussão social do problema recomendam sensibilidade e urgência na ciência e na condução das diretrizes, tanto por parte da sociedade civil quanto pelo Estado.

30.4 ESTRUTURA DOS PROGRAMAS DE PREVENÇÃO DO USO DE DROGAS E ÁLCOOL NO AMBIENTE DE TRABALHO

Há dificuldades na implantação de programas visando à prevenção e ao tratamento dos usuários de drogas e/ou álcool. Porém, um dos maiores problemas é o fato de a dependência muitas vezes não ser entendida como doença, mas como desvio de conduta e falta de postura adequada diante dos problemas da vida. Essa é uma visão desfigurada e presente, não somente na população em geral, mas também entre os profissionais da área da saúde.

O Código Internacional de Doenças (CID-10) define a dependência como doença em seus itens F10 a F19, denominados "Transtornos mentais e comportamentais devidos ao uso de substância psicoativa". Esse agrupamento compreende numerosos transtornos, os quais diferem entre si pela gravidade variável e por sintomatologia diversa, mas apresentando em comum o fato de serem todos atribuídos ao uso de substâncias psicoativas, sejam elas prescritas ou não por profissionais [29].

A dependência é o resultado do encontro de uma droga, uma personalidade e um meio sociocultural, sendo a droga uma porção química, que está presente na história da humanidade e na própria natureza. A personalidade é própria e exclusiva do ser humano, tornando-o ímpar e o destacando dos demais. O meio sociocultural é o espaço no qual esse ser transita, interage, relaciona-se, influencia e é influenciado, expondo suas potencialidades e vulnerabilidades dinâmicas e variáveis. Portanto, não existe um fator determinante para a dependência, mas uma confluência de fatores e condições internas e externas, produzindo o usuário de drogas e dependente destas [30]. Dessa maneira, a dependência não é um hábito nem um sintoma de transtorno da personalidade; é uma enfermidade primária crônica, progressiva e fatal, que afeta todos os aspectos da pessoa, incluindo as partes física, mental, emocional, espiritual e social. Para o tratamento global, são necessárias integrações e intervenções de abordagens em todos esses elementos afetados.

No Brasil, embora a CLT arcaicamente ainda estabeleça a dispensa justificada pela "embriaguez habitual ou em serviço", a demissão sumária do trabalhador com problemas decorrentes do uso de álcool e outras drogas vem perdendo força. A substituição pura e simples do empregado não garante a resolução do problema, pois entre 10% e 12% da população economicamente produtiva, acima de 14 anos, apresenta problemas decorrentes do abuso ou a dependência de algum tipo de droga [31]. Segundo a Organização Mundial da Saúde (OMS), 70% dos indivíduos com problemas relacionados ao abuso de álcool (e, no enquadramento dos usuários de outras drogas, a porcentagem alcança 63%) estão empregados. A cada cinco acidentes ocupacionais, um é devido ao consumo de drogas, ou seja, 20% dos acidentes de trabalho, segundo a Organização Internacional do Trabalho (OIT) [32].

O ambiente de trabalho é relevante na abordagem das questões vinculas ao uso de drogas, pois nesse local as pessoas permanecem 1/3 do seu período de vida. Na última década, pesquisas dos Estados Unidos apresentaram o álcool como responsável por prejuízos de US$ 148 bilhões anuais à sociedade norte-americana. Os gastos anuais com saúde consomem US$ 20 bilhões, com morte prematura, US$ 32 bilhões, e com criminalidade, US$ 20 bilhões. No entanto, a grande perda é a de produtividade das empresas, com cerca de US$ 70 bilhões. Os números no Brasil devem ser menores, porém proporcionais ao tamanho da nossa economia, e vêm crescendo de forma mais intensa, gerando perdas sensíveis e outras não bem dimensionadas [33].

Para garantir a avaliação mais segura e equilibrada, é importante o investimento na implantação de um programa de prevenção e tratamento do abuso e dependência de álcool e outras drogas. Como citado anteriormente, há vantagens organizacionais, econômicas e sociais: melhora do ambiente de trabalho; redução de conflitos pessoais e interpessoais; diminuição do estresse, do absenteísmo, dos atrasos e dos acidentes de trabalho; maior controle da saúde e das doenças dos colaboradores; maior produtividade; menor gasto com planos de saúde; entre outros. A prevenção é 700% mais vantajosa economicamente quando comparada ao tratamento e à recuperação de um empregado dependente de drogas. Além disso, o custo para substituição do profissional é quatro vezes superior às medidas proativas. Estudos apontam a economia de pelo menos quatro a seis reais a cada real investido [33].

A empresa, conjuntamente com seus trabalhadores e representantes, deverá definir por escrito a política a ser adotada relativa aos problemas de álcool e drogas no local de trabalho. Quando possível, a elaboração desse documento deverá ser realizada em colaboração com médico e outros especialistas da área. Devem ser apresentados de maneira clara os momentos nos quais os colaboradores poderão ser submetidos a exames toxicológicos. Normalmente, os exames são realizados no momento da demissão, no pós-acidente e na mudança de posto de trabalho, ou ainda motivados por superiores hierárquicos ou por sorteio aleatório.

O objetivo dessa política deve ser apresentado de forma clara, mostrando-a como sendo responsável por proporcionar: um ambiente livre de álcool e drogas, por meio da gestão adequada de pessoal, de boas práticas de emprego, de melhores condições de trabalho, da organização adequada do trabalho e de suas consultas, entre a direção e os trabalhadores e seus representantes; medidas para proibição ou limitação do acesso a drogas no local de trabalho; prevenção, por meio de programas de informação, educação e formação de recursos humanos; identificação, avaliação e orientação das pessoas com problemas relacionados com álcool ou drogas; intervenção, tratamento e reabilitação de dependentes; normas de conduta no local de trabalho relacionadas com álcool e drogas, cuja violação poderia desencadear a aplicação de medidas disciplinares, incluindo a dispensa; política de igualdade de oportunidades de emprego para profissionais com problemas ligados a álcool ou drogas, em conformidade com a legislação e as normas nacionais.

A Figura 30.1 mostra um fluxograma básico sobre a organização de um programa de controle do uso de drogas no ambiente de trabalho [7,34].

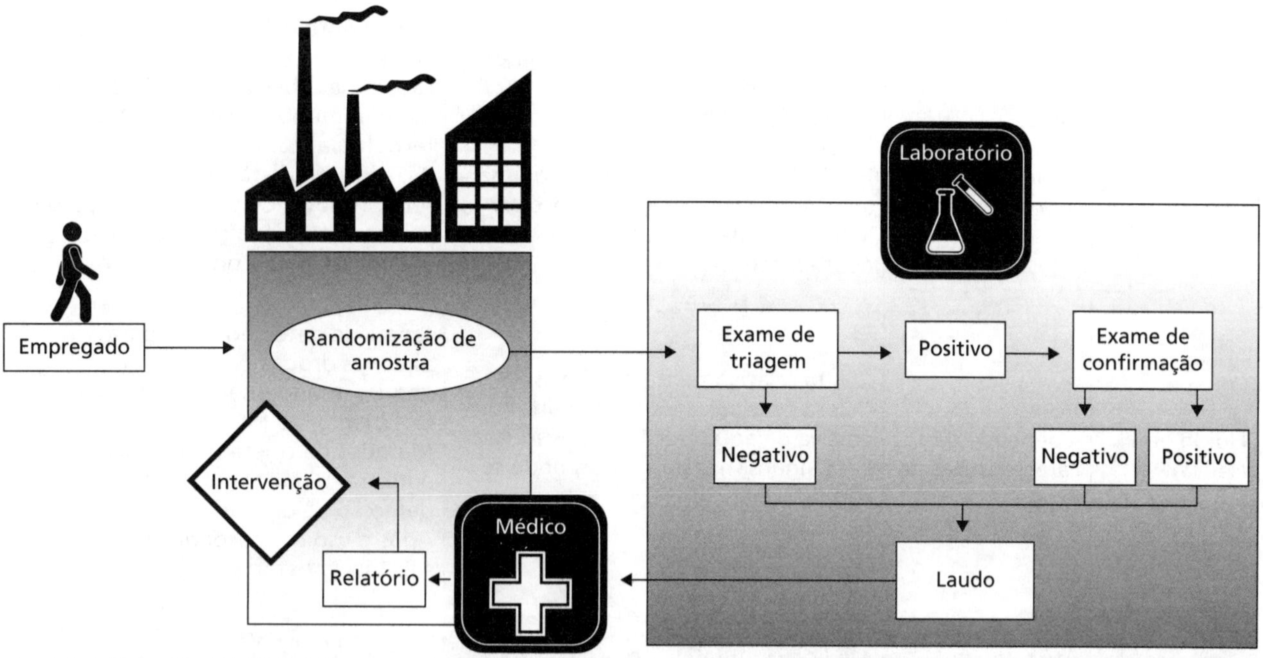

Figura 30.1 Organização de um programa drogas de abuso no ambiente de trabalho.

30.4.1 Análises toxicológicas

A análise toxicológica pode fazer parte do programa de prevenção do uso de drogas no ambiente de trabalho. O principal objetivo do exame toxicológico é a verificação da exposição do funcionário a drogas; caso o resultado seja positivo para alguma droga, esse funcionário será encaminhado ao setor médico para verificar se a condição dele é de uso, abuso ou dependência. O que se deve ponderar é que a aplicação da análise toxicológica para verificar o uso de drogas e/ou álcool isoladamente, fora de um programa estabelecido dentro da empresa, não apresentará eficácia para tornar o ambiente livre de drogas e/ou álcool.

Em todos os programas, a urina é a matriz biológica eleita para os ensaios laboratoriais. O material coletado deve ser acondicionado em um recipiente e seu conteúdo deve ser dividido em dois frascos, os quais são denominados "prova" e "contraprova".

Embora a urina seja o principal fluido biológico nos testes toxicológicos, há discussões e considerações sobre o uso de outras amostras biológicas, como cabelo, fluido oral (saliva) e suor. É importante ponderar as vantagens e as desvantagens em cada espécime biológico e a resposta desejada no monitoramento biológico. No Quadro 30.1, é possível verificar algumas características das diversas matrizes biológicas [7].

A coleta de urina para análises de drogas no ambiente de trabalho deverá ser realizada em local apropriado e assistida por profissional da área de saúde, diminuindo, com esses cuidados, a possibilidade de adulteração da amostra ou possíveis trocas. Medidas preventivas visando à garantia das análises são necessárias, por exemplo: adicionar produtos de limpeza e de coloração azul no vaso sanitário para inibir a recolha da água do vaso pelo indivíduo; realizar a identificação do indivíduo criteriosamente; solicitar ao candidato a retirada das blusas, casacos

Quadro 30.1 Comparação de algumas matrizes biológicas

AMOSTRAS	JANELA DE DETECÇÃO	VANTAGENS	DESVANTAGENS
Urina	Dias e/ou semanas – depende das características da droga	Coleta da amostra não invasiva Matriz relativamente simples (99% água) Drogas e produtos de biotransformação se encontram em grandes concentrações Valores de corte estão bem definidos na literatura	Janela de detecção curta para algumas drogas Requer imunoensaios sensíveis e tecnologia MS-MS Pode ser adulterada
Cabelo	Meses – depende das características da droga	Pode ser detectada droga de uso em longo prazo Coleta da amostra relativamente não invasiva Possibilidade de obter uma segunda amostra para reanálise (se necessário) Relativamente resistente à adulteração	Não aponta uso recente de droga Pode ser uma coleta invasiva se o cabelo da cabeça estiver indisponível Requer imunoensaios sensíveis e tecnologia MS-MS A deposição de fármaco e /ou dos seus produtos de biotransformação pode variar com a cor do cabelo Possibilidade de contaminação ambiental
Fluido oral (saliva)	Horas ou dias – depende das características da droga	Coleta relativamente não invasiva Coleta deve ser assistida e, portanto, passiva de adulteração e substituição Para alguns medicamentos, pode-se correlacionar com a concentração plasmática	Janela de detecção curta para algumas drogas Requer imunoensaios sensíveis e tecnologia MS-MS Métodos de coleta podem diluir a amostra, o que torna mais difícil a detecção de drogas Após o uso de maconha, o THC é a substância detectada
Suor	Até semanas – depende das características da droga	Medida cumulativa do uso de drogas Possibilidade de monitorar o uso de drogas por período de semanas com um único adesivo de coleta de suor	Requer imunoensaios sensíveis e tecnologia MS-MS. Alta variabilidade interindividual Para o teste de drogas no local de trabalho, a utilização de adesivos para coleta de suor por alguns dias é impraticável

Fonte: extraído de [7], [12] e [35].

e outras peças de roupas não necessárias à coleta; os bolsos do indivíduo devem estar certificadamente vazios. Ao término da coleta, lacrar os frascos corretamente e preencher com atenção a cadeia de custódia. Finalmente, proceder ao envio das amostras ao laboratório de análises toxicológicas [7,12]. Um *kit* de coleta de urina é apresentado na Figura 30.2.

A urina deverá ser coletada em frasco apropriado, e o volume, dividido em dois frascos: o frasco denominado "prova" será aberto e analisado pelo laboratório. O segundo frasco, cuja nomenclatura é "contraprova", deverá ser armazenado pelo laboratório por período definido. Na existência de dúvida sobre o resultado apresentado pelo laboratório, o empregado e/ou a empresa poderá solicitar e acompanhar a análise da contraprova.

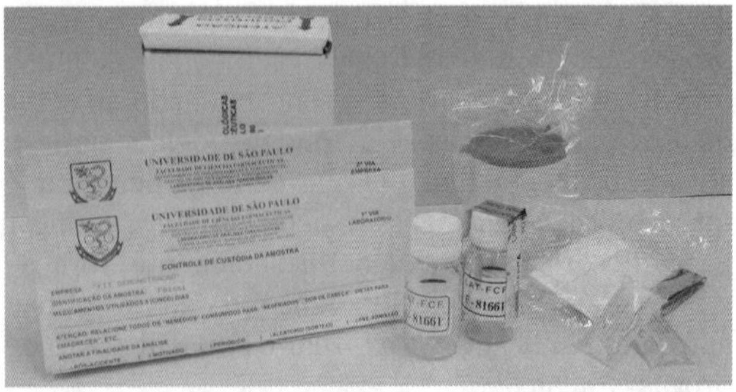

Figura 30.2 *Kit* de coleta de urina para análise de drogas no ambiente de trabalho do Laboratório de Análises Toxicológicas da Faculdade de Ciências Farmacêuticas da Universidade de São Paulo.

Uma importante exceção à regra das análises toxicológicas utilizando urina é a pesquisa do etanol nessa matriz biológica. As análises de etanol normalmente são procedidas empregando-se o etilômetro (bafômetro). A análise de etanol na urina não correlaciona com o estado clínico do indivíduo.

O processo de adulteração de amostras de urina submetidas às análises toxicológicas é bastante comum, principalmente nos Estados Unidos, onde o volume de análises é maior quando comparado com o Brasil. Essa adulteração pode acontecer de diferentes maneiras, por exemplo, a simples adição de água na amostra ou forçar a diurese, diluindo a urina e, consequentemente, a obtenção de resultado negativo para drogas. Os guias norte-americanos instituíram critérios para detectar possíveis alterações: amostras de urina com creatinina inferior a 20 mg/dL e com densidade menor que 1.003 são consideradas amostras diluídas. A medida de pH das amostras também é de fundamental importância na rotina laboratorial: amostras com valores de pH abaixo de 3 e acima de 11 são consideradas diluídas, substituídas ou adulteradas [7,12].

Por causa do advento e do crescimento do comércio de produtos e informações disponibilizados pela internet, diversos produtos foram "desenvolvidos" com o objetivo de burlar os exames toxicológicos. São apresentadas sugestões ao usuário referentes à ingestão de grandes volumes de líquido, resultando em diurese forçada; há produtos desenvolvidos para oxidar o ácido tetra-hidrocanabinol carboxílico (THCA), produto de biotransformação do tetra-hidrocanabinol, principal constituinte ativo da maconha, e assim reduzir a habilidade do laboratório para confirmar o uso de *Cannabis*. Outros exemplos incluem a adição de nitrito, cromo e peróxido de hidrogênio diretamente na urina [7,12]. Além de dicas e procedimentos aos usuários, há o comércio de produtos para ajudar a burlar os exames toxicológicos, contemplando urina liofilizada e até próteses penianas conectadas às bolsas (reservatórios) de urina "negativa".

A cadeia de custódia deve estar presente e ser respeitada durante todo o procedimento da amostra coletada. A observação desta contribui na validação da prova laboratorial e do respectivo laudo gerado. Procedimentos padronizados são necessários, pois, na hipótese de possíveis questionamentos da defesa do acusado, as provas periciais permanecem inquestionáveis e confiáveis.

No processo de análise de drogas de abuso no ambiente de trabalho, no momento da coleta, é preenchido um documento no qual constam os dados do indivíduo e as informações relevantes às análises, incluindo medicamentos de uso crônico ou eventual, problemas de saúde e data da coleta. Referente ao profissional responsável pela obtenção da amostra biológica, devem estar presentes seu nome e sua assinatura, assim como do funcionário que tem a tarefa de realizar o exame. Esse documento (ficha de custódia) acompanhará a amostra até o laboratório e será anexado ao resultado toxicológico final, demonstrando todas as etapas cumpridas pela amostra, desde a coleta até o exame final.

Pelo fato de os exames imunológicos de triagem poderem indicar resultados falso-positivos, a confirmação dos resultados é fundamental. A espectrometria de massas acoplada à cromatografia gasosa ou líquida é a técnica de escolha para confirmação. Nesse caso, toda metodologia analítica empregada deverá ser validada, obedecendo aos guias nacionais ou internacionais [15,36]. Com o objetivo de estabelecer procedimentos padronizados nas análises toxicológicas aplicadas no ambiente de trabalho, algumas instituições norte-americanas e europeias definiram limites de corte (*cut-off*), os quais permitem considerar um resultado positivo ou negativo. Valores de *cut-off* são valores de concentração de fármacos e/ou seus produtos de biotransformação em espécimes biológicos (urina) para categorização dos resultados como indicativo ou não do consumo da droga. Os valores de *cut off* adotados nos Estados Unidos e Europa para a fase analítica de triagem das principais drogas de abuso são apresentados na Tabela 30.1. Os valores de *cut-off* utilizados na fase confirmatória estão listados na Tabela 30.2 [7,37].

Tabela 30.1 Valores de concentração urinária (*cut-off*) na fase de triagem para considerar resultado positivo adotados nos Estados Unidos e na Comunidade Europeia

VALORES DE *CUT-OFF* EM URINA (µG/L)		
DROGA OU CLASSE DE DROGAS	ESTADOS UNIDOS	EUROPA
Anfetaminas	1.000	300
Canabinoides	50	50
Cocaína	300	300
Opiáceos	2.000	300

Tabela 30.2 Valores de concentração urinária (*cut-off*) na fase de confirmação para considerar resultado positivo adotados nos Estados Unidos e na Comunidade Europeia

DROGA OU CLASSE DE DROGAS	SUBSTÂNCIA ANALISADA	VALORES DE *CUT-OFF* EM URINA (μG/L)	
		EUA	EUROPA
Anfetaminas	Anfetamina	500	200
	Metanfetamina	500	200
Canabinoides	THCA[a]	15	15
Cocaína	Benzoilecgonina	150	150
Opiáceos	Morfina	2.000	200
	Codeína	2.000	200
	6-AM[b]	10	10

[a]THCA: ácido tetra-hidrocanabinol carboxílico;
[b]6-AM: 6-acetilmorfina.

Inserida na política visando à redução do uso de drogas no ambiente de trabalho está a exigência do envio dos exames toxicológicos ao médico ocupacional – profissional responsável pela interpretação dos achados laboratoriais. Na conduta médica, haverá a análise e as investigações referentes ao uso, ao abuso ou à dependência de drogas, recomendando o tratamento adequado ao colaborador.

Todos os resultados obtidos nas análises toxicológicas de drogas de abuso com intuito de prevenir o uso de drogas no ambiente de trabalho, assim como qualquer análise toxicológica, devem ser interpretados em conjunto com informações pertinentes ao colaborador, ao ambiente de trabalho e a outros fatores, permitindo uma conclusão. Na presença do resultado positivo, um indivíduo pode ser entendido como usuário esporádico, frequente ou até mesmo dependente. Somente com o apoio de profissionais habilitados, analisando cada caso, será possível a aplicação de correta interpretação e conduta.

Outra dificuldade na interpretação de resultados é a possibilidade de exposição passiva ou não intencional. Não há dúvida sobre a possibilidade da exposição passiva à fumaça da *Cannabis* e a possibilidade da indicação de resultado falso-positivo, e isso tem sido uma alegação bastante utilizada pelos indivíduos com resultado positivo para o ácido tetra-hidrocanabinol carboxílico (THCA), principal metabólito do THC encontrado na urina. Porém, não há consenso na literatura científica referente às quantidades mensuráveis e, ao tempo, nas quais o principal produto de biotransformação ativo da *Cannabis* possa ser identificado. Em um estudo controlado e em condições extremas de exposição passiva, Cone e colaboradores [38] expuseram voluntários à fumaça de quatro e dezesseis cigarros de *Cannabis* durante uma hora por seis dias consecutivos. Os resultados apontaram a presença de THCA em todas as amostras dos voluntários em contato com dezesseis cigarros de maconha e em algumas amostras dos voluntários expostos a quatro cigarros. O estudo, é importante ressaltar, foi realizado em sala pequena, sem ventilação e em condições extremas de exposição, sendo necessária a utilização de óculos pelos voluntários, por causa da extensa nuvem de fumaça decorrente da queima dos cigarros utilizados. A concentração máxima encontrada de canabinoides na urina foi de 87 ng/mL e o valor de corte foi de 50 ng/mL. Assim, uma exposição passiva à fumaça da *Cannabis* em ambientes abertos (em festas e/ou eventos em áreas ao ar livre) não deve resultar em amostra positiva – acreditam os pesquisadores [7,38].

O consumo de chá de folhas de coca, comum em alguns países da América Latina, apontará resultado positivo para benzoilecgnonina, principal produto de biotransformação da cocaína, na urina. O médico, ao interpretar esse resultado, deverá analisar cuidadosamente o paciente, verificando se o colaborador é usuário de drogas ou se viajou ou é oriundo de algum dos países consumidores de chá de coca. Normalmente, não há possibilidade de se diferenciar se a benzoilecgonina, presente na urina, é proveniente de chá ou do consumo de cocaína na forma de droga de abuso [7,39].

Para melhor interpretação dos resultados, o profissional de saúde deverá levar em consideração as características físico-químicas dos analitos estudados, por exemplo, o tempo de meia-vida das substâncias. Na Tabela 30.3, estão listadas algumas drogas e o intervalo no qual ainda é possível detectá-las na urina.

Algumas empresas instituíram em seu programa as diretrizes dos custos envolvidos no tratamento do empregado. No primeiro evento, será o próprio estabelecimento o responsável pelo ônus. Numa eventual recaída, o funcionário será o próprio financiador e, em caso de uma subsequente recaída, a empresa demitirá o colaborador. Algumas empresas realizam parceria com ambulatórios e clínicas públicas, mobilizando seus colaboradores para tratamento nesses locais ou até mesmo disponibilizando tratamento ambulatorial aos seus funcionários no próprio ambiente de trabalho.

Tabela 30.3 Algumas drogas de abuso e seus intervalos de detecção na urina

DROGA OU CLASSE DE DROGAS	TEMPO DE DETECÇÃO[a]
Anfetaminas	dias
Barbitúricos	Ação curta (1 dia), intermediária e longa (1-3 semanas)
Benzodiazepínicos	5-7 dias
Canabinoides	1-3 dias; algumas semanas para uso crônico
Cocaína	1-3 dias
Opiáceos	1-3 dias

[a]O tempo de detecção varia dependendo do método de detecção empregado, da dose, da via de administração, da frequência de uso e dos fatores individuais.

Fonte: extraído de [36].

30.5 Conclusão

O controle do uso de drogas no ambiente de trabalho existe há mais de vinte anos e alguns milhões de análises toxicológicas já foram realizadas ao redor do mundo, com mais de 10 mil resultados positivos. Poucas ações judiciais foram impetradas contra empresas e laboratórios. Há várias explicações para isso, e uma delas consiste na difícil contestação jurídica pelo empregado contra a implantação dessa política no trabalho. O grande consenso verte sobre a análise toxicológica em urina (ou outra amostra biológica), sendo essa a única ferramenta objetiva capaz de identificar o uso de drogas de abuso. Caso a ação de um funcionário, no exercício profissional vinculado a uma empresa, resulte em algum prejuízo aos clientes ou ao público em geral, após o consumo e/ou estando sob efeito de substâncias psicoativas, a responsabilidade pode ser imputada ao empregador e ao empregado. Em um acidente, por exemplo, causado por um funcionário embriagado ou sob o efeito de alguma outra droga dirigindo veículo da empresa, o colaborador poderá responder pelo crime de trânsito e o empregador será responsável por indenizações, caso sejam aplicadas. Os custos reais de um acidente causado por drogas e/ou álcool podem ser elevadíssimos, como dito em relação ao acidente envolvendo o Exxon Valdez no Alasca, em 1989. Empresas envolvidas com atividades perigosas ou cujas ações indesejáveis causem sérios prejuízos ao meio ambiente, incluindo perdas de vidas humanas e de animais, apresentam preocupação compreensível sobre o uso de drogas por seus trabalhadores e os resultados disso no ambiente de trabalho.

Agradecimentos

Agradecemos ao Dr. Tiago Franco de Oliveira pela confecção da Figura 30.1 deste trabalho.

Questões para estudo

1. Por que é necessário realizar análise confirmatória em todas as amostras que apresentarem resultado positivo no teste de triagem?
2. Qual é a importância da cadeia de custódia em análises toxicológicas forenses?
3. Por que razão se realiza análise toxicológica em amostras de urina de funcionários de empresas?
4. Quais são os pontos-chave em um programa para a prevenção do uso indevido de drogas no ambiente de trabalho?
5. Qual é a importância da contraprova em análises toxicológicas aplicadas ao controle do uso de drogas no ambiente de trabalho?

Respostas

1. Os exames imunológicos, aplicados nos testes de triagem, podem apresentar resultados falso-positivos. Dessa forma, a análise confirmatória dos resultados preliminares positivos é fundamental para garantir a confiabilidade dos resultados. A espectrometria de massas acoplada à cromatografia gasosa ou líquida é a técnica de escolha para o teste de confirmação. Todos os métodos aplicados devem ser validados em consonância com as diretrizes nacionais ou internacionais.
2. A cadeia de custódia deve estar presente e ser respeitada desde o momento da coleta da amostra até a emissão do resultado final. A observação desse procedimento contribui na validação da prova laboratorial e do respectivo laudo gerado, pois os procedimentos administrativos padronizados são necessários para a preservação e integridade da amostra durante todas as etapas das análises, envolvendo coleta, recebimento, análises e armazenamento. Na hipótese de possíveis questionamentos da defesa, as provas periciais permanecem inquestionáveis e confiáveis.
3. A obtenção das amostras de urina é um procedimento não invasivo, com disponibilidade de grandes volumes para os testes, altas concentrações das drogas e produtos de biotransformação nesse fluido, além de ser uma matriz biológica constituída por 99% de água, facilitando as análises laboratoriais. A coleta de urina para análises de drogas no ambiente de trabalho deverá ser realizada em local apropriado e assistida por profissional da área de saúde, diminuindo, com esses cuidados, a possibilidade de adulteração da amostra ou possíveis trocas.

4. • Educação: desenvolver políticas de educação e esclarecimento sobre o uso de drogas no ambiente de trabalho e suas consequências.
• Exames toxicológicos de substâncias psicoativas: as empresas realizarão os exames toxicológicos em laboratórios.
• Tratamento e acompanhamento dos colaboradores que apresentarem resultado positivo para, por exemplo, álcool, opioides, canabinoides, cocaína e seus derivados, outros estimulantes, alucinógenos. O tipo de tratamento será definido pelo médico e poderá ser: orientação sobre normas e requisitos de segurança operacional da aviação civil, aconselhamento profissional, psicoterapia, farmacoterapia, programa de tratamento em regime ambulatorial e programa de tratamento em regime de internação.
Para garantir a avaliação mais segura e equilibrada, é importante o investimento na implantação de um programa de prevenção e tratamento do abuso e dependência de álcool e outras drogas. Há vantagens organizacionais, econômicas e sociais: melhora do ambiente de trabalho; redução de conflitos pessoais e interpessoais; diminuição do estresse, do absenteísmo, dos atrasos e dos acidentes de trabalho; maior controle da saúde e das doenças dos colaboradores, maior produtividade, menor gasto com planos de saúde, entre outros. A prevenção é mais economicamente vantajosa quando comparada ao tratamento e à recuperação de um empregado dependente de drogas.
5. A contraprova, obtida no momento da coleta da urina, deve ser armazenada pelo laboratório que realizará os exames e poderá, numa eventual dúvida ou contestação dos resultados gerados, ser utilizada em uma nova análise.

Lista de abreviaturas

Arso	Atividade de Risco à Segurança Operacional na Aviação Civil	NTSB	National Transportation Safety Board
Anac	Agência Nacional de Aviação Civil	Nida	National Institute on Drug Abuse
CBRID	Centro Brasileiro de Informações sobre Drogas Psicotrópicas	OIT	Organização Internacional do Trabalho
CID	Código Internacional de Doenças	OMS	Organização Mundial da Saúde
CLT	Consolidação das Leis do Trabalho	PALC	Programa de Acreditação de Laboratórios Clínicos
EMCDDA	European Monitoring Centre Drug and Drug Testing Addiction	RBAC	Regulamento Brasileiro da Aviação Civil
ETSP	Exames Toxicológicos de Sustâncias Psicoativas	SAMSHA	Substance Abuse and Mental Health Services Administration
FDA	Food and Drug Administration	SBPC/ML	Sociedade Brasileira de Patologia Clínica/ Medicina Laboratorial
FRA	Federal Railroad Administration	THC	Tetra-hidrocanabinol
Inpad	Instituto Nacional de Ciência e Tecnologia para Políticas Públicas do Álcool e Outras Drogas		

Lista de palavras

Absenteísmo
Acidente de trabalho
Análises toxicológicas
Anfetamina
Cadeia de custódia
Cannabis
Cocaína
Consolidação das Leis do Trabalho
Dependente
Drogas no ambiente de trabalho
Maconha
Prevenção
Segurança
Relação interpessoal

REFERÊNCIAS

1. UNODC (United Nations Office on Drugs and Crime). World Drug Report 2013. 2013.

2. UNODC (United Nations Office on Drugs and Crime). World Drug Report 2011. 2011.

3. Carlini EA, Galduróz JCF, Noto AR, Nappo SA. I levantamento domiciliar sobre uso de drogas psicotrópicas no Brasil: estudo envolvendo as 107 maiores cidades do país – 2001. São Paulo: Cebrid, Universidade Federal de São Paulo; 2002.

4. Carlini EA, Galduróz JCF, Silva AAB, Noto AR, Fonseca AM, Carlini CM, et al. II levantamento domiciliar sobre uso de drogas psicotrópicas no brasil: estudo envolvendo as 108 maiores cidades do país – 2005. São Paulo: Cebrid, Universidade Federal de São Paulo; 2006.

5. Inpad (Instituto Nacional de Ciências e Tecnologia para Políticas Públicas do Álcool e Outras Drogas). II levantamento nacional de álcool e drogas – consumo de cocaína/crack/oxi no Brasil. São Paulo; 2012.

6. Inpad (Instituto Nacional de Ciências e Tecnologia para Políticas Públicas do Álcool e Outras Drogas). II levantamento nacional de álcool e drogas – o uso de maconha no Brasil. São Paulo; 2012.

7. Verstraete A, Peat M. Workplace Drug Testing. In: Moffat AC, Osselton MD, Widdop B, editors. Clarke's Analytical Forensic Toxicology. 4th ed. London: Pharmaceutical Press; 2011. p. 73-86.

8. Mostert LJ, Agius R. Guidelines for workplace drug testing. In: Verstraete A, editor. Workplace Drug Testing. 4th ed. London: Pharmaceutical Press; 2011. p. 331-50.

9. Exxon Valdez Oil Spill (1989). The New York Times. 2010;3 Aug 2010.

10. Shabecoff P. Captain of tanker had been drinking, blood tests show. The New York Times. 1989; 31 Mar 1989.

11. Verstraete AG, Pierce A. Workplace drug testing in Europe. Forensic Science International. 2001 Sep 15;121(1-2):2-6. PubMed PMID: 11516880. Epub 2001/08/23. eng.

12. Peat M. Workplace drug testing. In: Jickells S, Negrusz A, editors. Clarke's Analytical Forensic Toxicology. London: Pharmaceutical Press; 2008. p. 135-51.

13. Pierce A. Workplace drug testing outside the U.S. In: Karch SB, editor. Workplace Drug Testing. 1st ed. London: CRC Press; 2008.

14. Walsh JM. Workplace testing: development and scope of regulated testing. In: Karch SB, editor. Drug abuse handbook. 1st ed. Boca Raton: CRC Press; 1998. p. 727-98.

15. Caplan YH, Huestis MA. Introduction: drugs in the workplace. In: Karch SB, editor. Workplace drug testing. London: CRC Press; 2008. p. 1-6.

16. Bush DM. The U.S. Mandatory Guidelines for Federal Workplace Drug Testing Programs: current status and future considerations. Forensic Science International. 2008 Jan 30;174(2-3):111-9. PubMed PMID: 17434274. Epub 2007/04/17. eng.

17. EMCDDA. Legal status of drug testing in the workplace 2006 [cited 20 Jul 2014]. Available from: http://www.emcdda.europa.eu//html.cfm//index16901EN.html?

18. Dalen P, Beck O, Bergman U, Bjorklov P, Finer D, Garle M, et al. Workplace drug testing (WDT) likely to increase in Europe. Report from the First European Symposium on WDT including selected abstracts. Eur J Clin Pharmacol. 2000 Apr;56(1):103-20. PubMed PMID: 10853886. Epub 2000/06/15. eng.

19. Kazanga I, Tameni S, Piccinotti A, Floris I, Zanchetti G, Polettini A. Prevalence of drug abuse among workers: strengths and pitfalls of the recent Italian Workplace Drug Testing (WDT) legislation. Forensic Science International. 2012 Feb 10;215(1-3):46-50. PubMed PMID: 21482052. Epub 2011/04/13. eng.

20. Lamberg ME, Kangasperko R, Partinen R, Lillsunde P, Mukala K, Haavanlammi K. The Finnish legislation on workplace drug testing. Forensic Science International. 2008 Jan 30;174(2-3):95-8. PubMed PMID: 17498899. Epub 2007/05/15. eng.

21. Lillsunde P, Haavanlammi K, Partinen R, Mukala K, Lamberg M. Finnish guidelines for workplace drug testing. Forensic Science International. 2008 Jan 30;174(2-3):99-102. PubMed PMID: 17499950. Epub 2007/05/15. eng.

22. Lillsunde P, Mukala K, Partinen R, Lamberg M. Role of occupational health services in workplace drug testing. Forensic Science International. 2008 Jan 30;174(2-3):103-6. PubMed PMID: 17467212. Epub 2007/05/01. eng.

23. Silva OA, Yonamine M. Drug abuse among workers in Brazilian regions. Rev Saude Publ. 2004 Aug;38(4):552-6. PubMed PMID: ISI:000223768900011. English.

24. Massoni TO. Drogas, álcool e exames toxicológicos no ambiente de trabalho. Revista Brasileira de Previdência Atuária, Contabilidade e Direito Previdenciário. 2013;1(2).

25. Brasil. Constituição da República Federativa do Brasil de 1988 Brasília; 1988.

26. Brasil. Consolidação das Leis do Trabalho. Rio de Janeiro; 1943.

27. Dispõe sobre o exercício da profissão de motorista; altera a Consolidação das Leis do Trabalho – CLT, aprovada pelo Decreto-Lei no 5.452, de 1° de maio de 1943, e as Leis n° 9.503, de 23 de setembro de 1997, n° 10.233, de 5 de junho de 2001, n° 11.079, de 30 de dezembro de 2004, e n° 12.023, de 27 de agosto de 2009, para regular e disciplinar a jornada de trabalho e o tempo de direção do motorista profissional; e dá outras providências. 2012.

28. Anac. Programas de prevenção do uso indevido de substâncias psicoativas na aviação civil. Regulamento brasileiro da Aviação Civil RBAC nº 120. Brasília, 2011.

29. Organização Mundial da Saúde. Classificação Estatística Internacional de Doenças e Problemas Relacionados à Saúde – CID-10 [Internet]. 2014 [cited 1 Aug 2014]. Available from: http://www.datasus.gov.br/cid10/V2008/cid10.htm

30. Beck LM, David HMSL. O abuso de drogas e o mundo do trabalho: possibilidades de atuação para o enfermeiro. Escola Anna Nery. 2007;11:706-11.

31. OIT. International Labour Office Guiding principles adopted by the ILO Inter-regional Tripartite Experts Meeting on Drug and Alcohol Testing in the Workplace. Geneva; 1993.

32. OIT. Programas de prevenção do uso indevido de substâncias psicoativas na aviação civil. Academia de Ciências Médicas de Bilbao 2009.

33. Oliveira LAC. Drogas no Ambiente de Trabalho. São Paulo: Comuda; 2014.

34. OIT. Gestão das questões relacionadas com álcool e drogas nos locais de trabalho. Geneva; 2008.

35. Yonamine M, Silva OA. Confirmation of cocaine exposure by gas chromatography-mass spectrometry of urine extracts after methylation of benzoylecgonine. J Chromatogr B Analyt Technol Biomed Life Sci. 2002 Jun 15;773(1):83-7.

36. Isenschmid DS, Goldberger BA. Analytical considerations and approches for drugs. In: Karch SB, editor. Workplace Drug Testing. London: CRC Press; 2008.

37. Bush DM. Overview of the U.S. mandatory guidelines for federal workplace drug testing programs. In: Karch SB, editor. Workplace Drug Testing. London: CRC Press; 2008.

38. Cone EJ, Johnson RE, Darwin WD, Yousefnejad D, Mell LD, Paul BD, et al. Passive inhalation of marijuana smoke: urinalysis and room air levels of delta-9-tetrahydrocannabinol. J Anal Toxicol. 1987 May-Jun;11(3):89-96. PubMed PMID: 3037193. Epub 1987/05/01. eng.

39. Mazor SS, Mycyk MB, Wills BK, Brace LD, Gussow L, Erickson T. Coca tea consumption causes positive urine cocaine assay. Eur J Emerg Med. 2006 Dec;13(6):340-1. PubMed PMID: 17091055. Epub 2006/11/09. eng.

CAPÍTULO 31

DOPING NO ESPORTE

Ariana dos Santos

Sarah Carobini Werner de Souza Eller Franco de Oliveira

Mauricio Yonamine

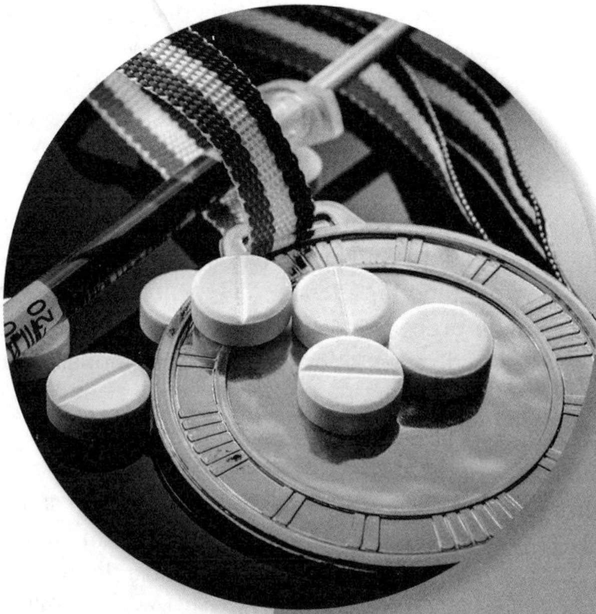

31.1 RESUMO

A luta contra o *doping* no esporte é um desafio continuamente enfrentado por governos, autoridades desportivas, laboratórios, técnicos e atletas que desejam contribuir para a concorrência justa, saudável e legal. O presente capítulo aborda as classes de substâncias dopantes, bem como os métodos de *doping* proibidos nos esportes. Os princípios básicos, os principais efeitos tóxicos e as informações sobre as técnicas de determinação dos agentes dopantes proibidos no âmbito esportivo são descritos, levando em consideração as classificações do controle mundial de *doping* entre atletas. A situação dos alimentos para atletas é exposta com ênfase na problemática da segurança e da qualidade de alguns produtos, assim como no risco de ocorrência do *doping* inadvertido.

31.2 INTRODUÇÃO

O uso e o abuso de drogas fazem parte da história do esporte. Alimentos e substâncias que visam melhorar o desempenho físico têm sido utilizados desde épocas remotas, como na Grécia antiga, até as competições esportivas da atualidade. Gladiadores romanos já faziam uso de preparações de estimulantes dissolvidos em álcool visando à diminuição da fadiga. Também há relatos do consumo de cafeína e estricnina por ciclistas europeus desde o final do século XIX.

Durante e logo após a Segunda Guerra Mundial, o mundo presenciou o surgimento de substâncias mais eficientes, utilizadas com o intuito de aumentar a performance dos atletas, entre as quais a anfetamina e os esteroides anabolizantes, que acabaram por resultar em casos letais.

Nas décadas de 1950 e 1960, junto ao desenvolvimento tecnológico da indústria farmacêutica, observa-se o aumento do uso de substâncias sintéticas no esporte. A primeira legislação de combate ao uso indiscriminado de substâncias dopantes no esporte foi introduzida em 1963, na França. Em 1966, a Federação Internacional de Futebol (Féderation Internationale de Football Association, Fifa) estabeleceu o controle da dopagem em Copas do Mundo. Um ano depois, surgiu a primeira regulação visando o controle *antidoping* nos esportes em geral, estabelecida pelo Comitê Olímpico Internacional (COI), o qual criou a primeira lista oficial de substâncias proibidas no esporte. Em 1968, os testes de dopagem em atletas começaram a ser aplicados.

Em 1999, a Agência Mundial Antidopagem (World Anti-Doping Agency, Wada) foi criada, com o objetivo de coordenar a luta contra o *doping*, em Lausanne, na Suíça, sendo composta por representantes dos cinco continentes. As principais atividades da Wada incluem pesquisa científica, educação, desenvolvimento e suporte para as atividades *antidoping,* bem como a regulação do Código Mundial Antidoping (Code). O Code é o documento que harmoniza as políticas *antidoping*, as regras e os regulamentos dentro de organizações desportivas e entre autoridades públicas ao redor do mundo. De acordo com o Code, é considerado como *doping* "o uso de substância ou método, que possa ser potencialmente prejudicial à saúde do atleta e capaz de aumentar seu desempenho físico". A Wada atualiza todos os anos a lista de substâncias e métodos proibidos, na qual são informadas todas as práticas reconhecidas como *doping.*

No Brasil, o Conselho Nacional do Desporte instituiu o Controle da Dopagem por meio da Deliberação 5/72. Atualmente, o assunto é regido pela Resolução nº 2, de 5 de maio de 2004, do Ministério do Esporte. Posteriormente, em 2011, o Brasil criou um órgão específico de controle *antidoping*, pelo qual ficou instituída a Autoridade Brasileira de Controle de Dopagem (ABCD) na estrutura regimental do Ministério do Esporte

Substâncias químicas e/ou métodos cujo uso pelos atletas caracteriza o *doping* serão abordados neste capítulo. É importante ressaltar que a ausência de substâncias farmacológicas na lista de substâncias proibidas da Wada não implica a sua permissão de uso pelo atleta. O uso de qualquer substância só será legal quando o fármaco for aprovado por autoridades regulamentares governamentais de saúde para o uso terapêutico humano. Medicamentos em desenvolvimento pré-clínico, clínico ou descontinuados, assim como drogas sintéticas e substâncias aprovadas apenas para uso veterinário, estão proibidos em todos os momentos.

31.3 Substâncias proibidas dentro e fora de competição

31.3.1 Agentes anabolizantes

Os esteroides anabolizantes constituem o grupo mais extenso em número de substâncias proibidas no esporte. A prevalência do uso dessa classe de substâncias é maior em modalidades como o fisiculturismo, o levantamento e o arremesso de peso; porém o abuso também ocorre entre atletas de outras modalidades, frequentadores de academias de ginástica e musculação [1,2].

Em 2004, um estudo norte-americano realizado com 496 usuários de agentes anabolizantes reportou os sintomas adversos mais comuns advindos do uso dessas drogas: acne, insônia/distúrbios do sono, retenção de fluidos/edemas, alterações de humor, ginecomastia, atrofia testicular, estrias, disfunção sexual e dor no local da injeção. Outros efeitos secundários relatados com menos frequência incluíam alopecia, hipertensão e colesterol alto [3]. Além disso, usuários de agentes anabolizantes apresentam aumento dos marcadores inflamatórios e do estresse oxidativo, bem como hipertrofia, disfunção cardíaca e mortalidade precoce [4]. O uso dessas substâncias também tem sido associado a casos de tendinopatia, rabdomiólise e ruptura de tendão [5-9].

31.3.1.1 Esteroides endógenos

Os esteroides endógenos (EEn) são aqueles que ocorrem naturalmente no ser humano. Alguns dos EEn proibidos pela Wada são a deidroepiandrosterona (DHEA), a diidrotestosterona (DHT) e a testosterona (Figura 31.1), bem como seus isômeros e seus produtos de biotransformação. Boldenona, nortestosterona e seus pró-hormônios podem ser classificados ao mesmo tempo como EEn e exógenos, pois podem ser sintetizados fisiologicamente em concentrações muito pequenas [10-13]. A testosterona é a substância com o maior potencial de abuso. Desde 1996, nos Estados Unidos, os chamados pró-hormônios da testosterona ou da 19-nortestosterona já eram disponíveis na forma de suplementos nutricionais esportivos [14].

Os EEn, que têm uma estrutura básica de dezessete átomos de carbono dispostos em quatro anéis ligados entre si (Figura 31.2), são extensivamente metabolizados pelo corpo humano. As reações metabólicas mais importantes de fase I incluem a oxidação ou a redução das posições C3 e C17, que convertem suas estruturas químicas originais em moléculas mais polares. Outras vias de metabolização incluem a 5 -hidrogenação de delta-4 esteroides e as reações de hidroxilação, seguidas por reações de conjugação com ácido glicurônico e sulfato [12,15]. Por serem intermediários do metabolismo dos esteroides, moléculas como a DHEA, a 4-androstenodiona e a 1-androstenodiol são convertidas em testosterona, resultando assim no aumento dos níveis desse hormônio no organismo (Figura 31.3).

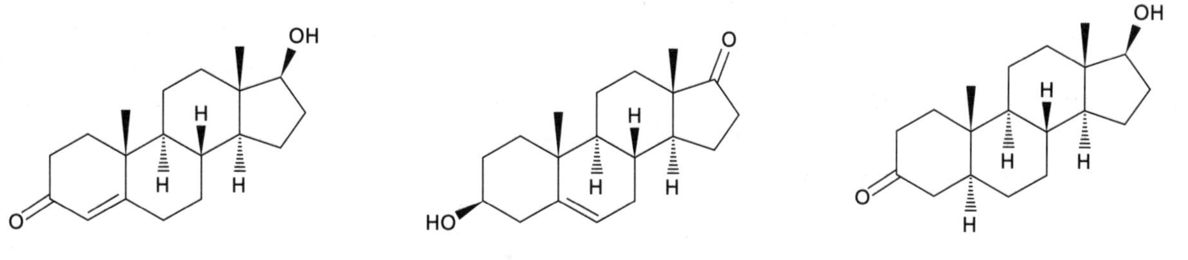

Testosterona

Deidroepiandrosterona (DHEA)

Diidrotestosterona (DHT)

Figura 31.1 Estrutura dos esteroides endógenos proibidos pela Wada.

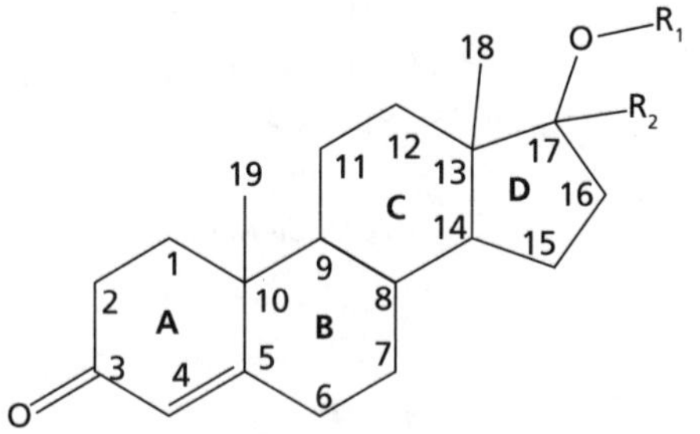

Figura 31.2 Estrutura-base dos esteroides.

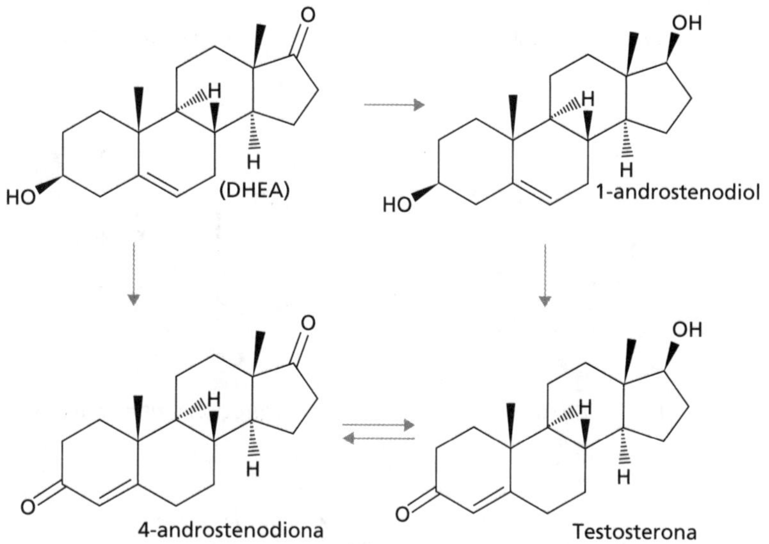

Figura 31.3 Conversão dos intermediários do metabolismo dos esteroides em testosterona.

O controle de qualquer substância endógena requer o estabelecimento de intervalos de referência "normais". Sendo assim, a avaliação longitudinal e retrospectiva do perfil de esteroides oferece uma base adequada para a obtenção de valores de referência individuais. A comparação com valores de referência populacionais também é reconhecida como um indicador da administração de esteroides endógenos. Os parâmetros mais importantes para a detecção da administração exógena de EEn são as proporções de testosterona/epitestosterona, androsterona/etiocholanolone, androsterona/testosterona e 5α/5β-androstano-3α,17βdiol. Para isso, técnicas como a cromatografia em fase gasosa acoplada à espectrometria de massas (*gas chromatography-mass spectrometry*, GC-MS) e a espectrometria de massas de razão isotópica (*isotope ratio mass spectrometry*, IRMS) são comumente empregadas [16]. Em 2014, a Wada emitiu um documento técnico descrevendo um método de análise para a detecção da presença de formas sintéticas de EEn por cromatografia gasosa equipada com um sistema de combustão e acoplada à espectrometria de massas de razão isotópica (*gas chromatography combustion isotope ratio mass spectrometry*, GC-C-IRMS) em amostras de urina [17].

A discriminação entre esteroides sintéticos e hormônios esteroidais naturais também pode ser determinada com base na distinção entre isótopos estáveis de carbono (C13/C12). A fim de compensar as variações e as incertezas da calibração da linha de base, as proporções C13/C12 de hormônios esteroidais e metabólitos-alvo são comparadas com compostos endógenos independentes da via androgênica (por exemplo: 5β-pregnano-3α,20α-diol, 5β-pregnano-3α,17α,20α-triol, 11β-hidroxiandrosterona e 11-oxoetiocolanolona) [16,18,19,20]. Além disso, a determinação da razão isotópica de hidrogênios H2/H1 também foi relatada como medida complementar às medições dos isótopos de carbono [19].

31.3.1.2 Esteroides exógenos

Entre os vários esteroides exógenos (EEx) classificados como agentes dopantes pela Wada, podemos citar: 1-androstenediol, 1-androstenediona, boldenona, clostebol, deidroclormetiltestosterona, metandienona, metiltestosterona e nandrolona. As estruturas dessas substâncias estão descritas na Figura 31.4.

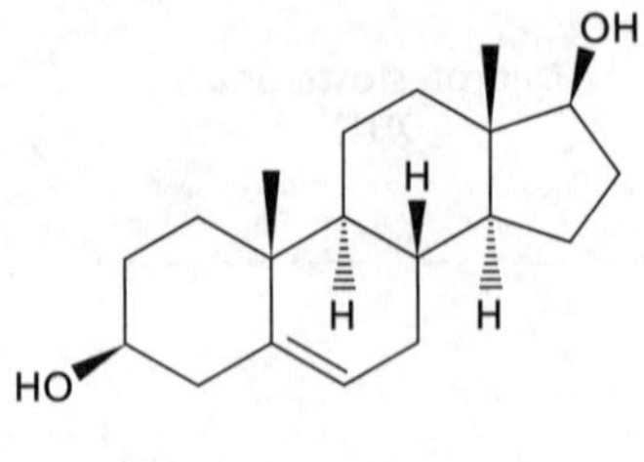

1-androstenodiol

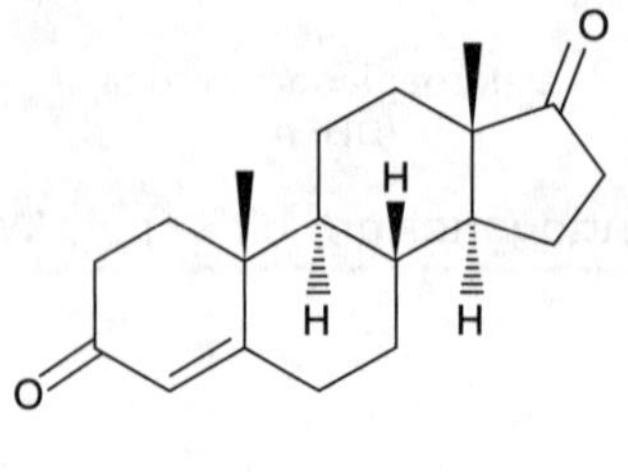

1-androstenodina

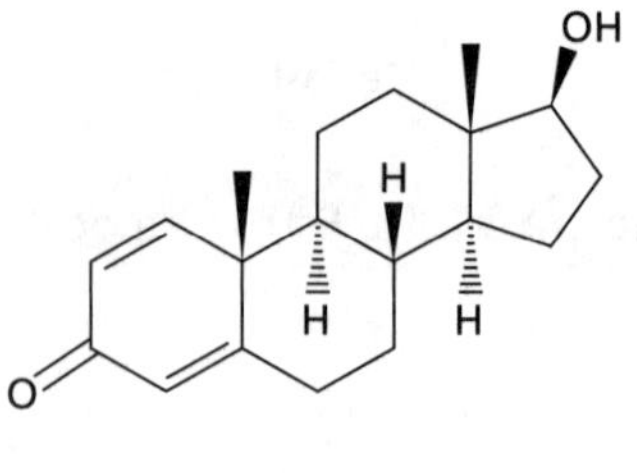

Boldenona

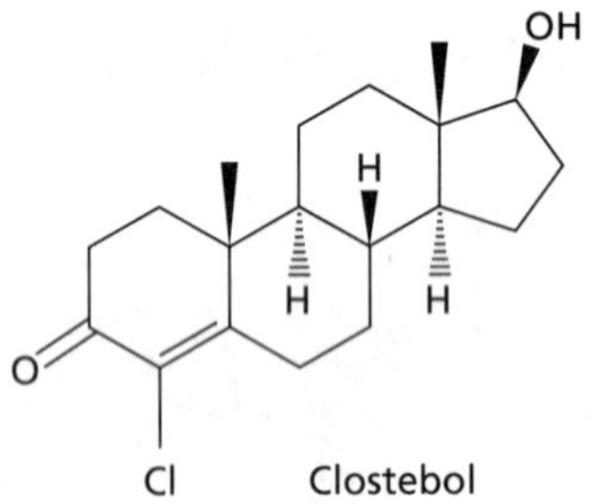

Clostebol

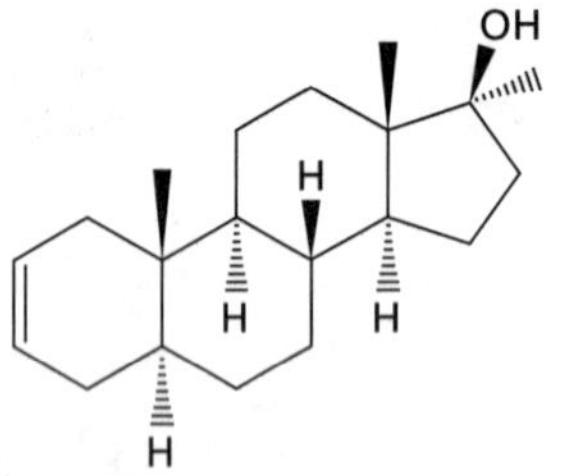

Deidroclormetiltestosterona

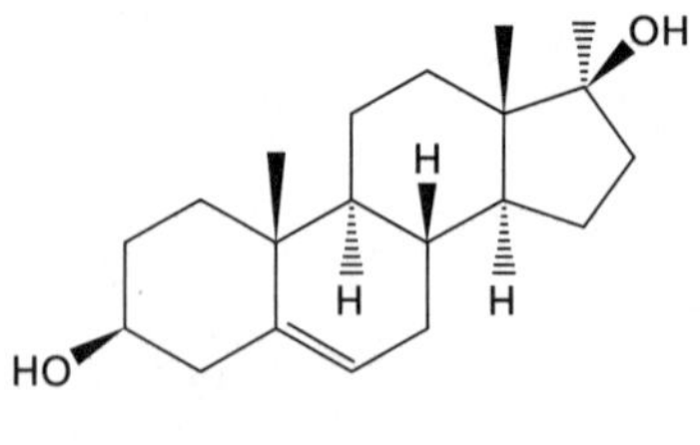

Metandienona

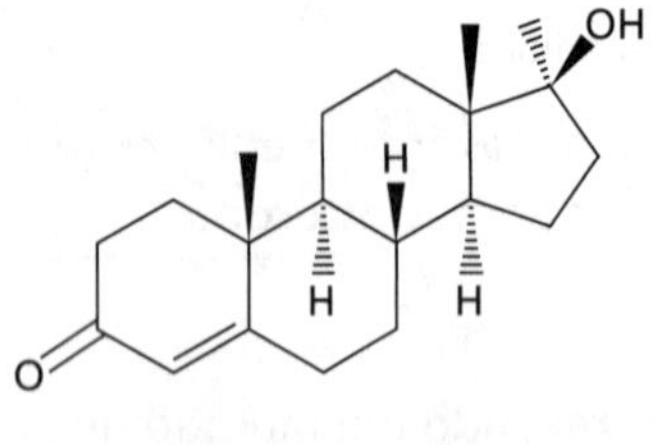

Metiltestosterona

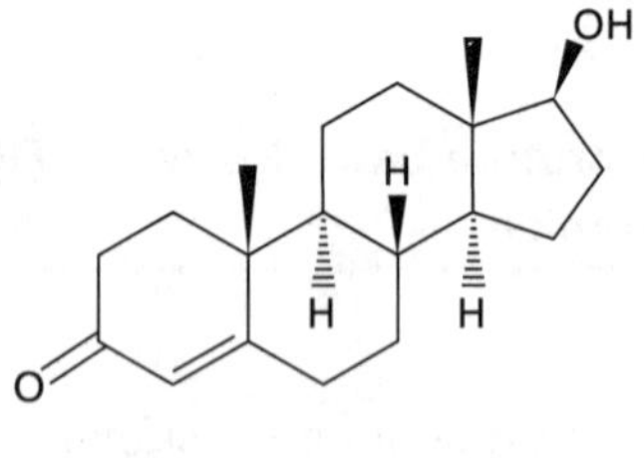

Nandrolona

Figura 31.4 Estruturas dos esteroides exógenos.

O metabolismo dos EEx, em geral, segue princípios análogos aos descritos para os EEn (redução e oxidação do carbono 3 e 17, 5α-hidrogenação de delta-4-esteroides e reações de hidroxilação seguidas por reações de conjugação com ácido glicurônico e sulfato). No entanto, ligações duplas adicionais no anel A ou B, ou outros substituintes ligados ao carbono 4 ou 6, direcionam a redução sentido 5 . Os 5 -metabólitos são relatados como sendo normalmente inativos [21, 12].

As análises são geralmente realizadas utilizando as técnicas de GC-MS e cromatografia líquida acoplada à espectrometria de massas (*liquid chromatography-mass spectrometry*, LC-MS), principalmente após clivagem dos glucuronídeos. Alguns métodos como a técnica de LC-MS/MS usam moléculas conjugadas com glucuronídeos ou com sulfato como analitos [22,23,24]. Em geral, os laboratórios são obrigados a testar o agente anabolizante original ou seus produtos de biotransformação com sensibilidade mínima de 5 ng/mL para EEx(s) e 2 ng/mL para os produtos deidroclorometiltestosterona, metandienona, metiltestosterona e estanozolol [25].

Para a determinação de alguns metabólitos e a subsequente interpretação dos resultados, procedimentos particulares devem ser aplicados. A norandrosterona, por exemplo, pode ser detectada na urina em decorrência da administração da substância proibida nortestosterona ou de seus pró-hormônios – e também por gravidez ou pela administração do contraceptivo oral noretisterona, cujo uso não é proibido. Em caso de positividade para a norandrosterona, a ocorrência de gonadotrofina coriônica humana (*human chorionic gonadotropin*, hCG) < 5 mUI/mL exclui a gravidez ou o tetraidro metabólito da noretisterona. Em indivíduos do sexo masculino não tratados com o agente dopante, a concentração de norandrosterona urinária é geralmente muito baixa [21,26,27,28]. A formação de norandrosterona também é relatada devido à desmetilação de esteroides endógenos C19 em amostras de urina armazenadas sob determinadas condições [29]. Considerando o acima exposto, um limiar de concentração de 2 ng/mL deve ser ultrapassado para caracterizar um resultado analítico adverso, considerando sempre a medida de incerteza [25]. A confirmação da origem exógena por IRMS tem sido relatada como técnica analítica adequada para concentrações de norandrosterona inferiores à ordem de nanogramas, com fins de complementar os dados analíticos [11].

31.3.1.3 Outros agentes anabólicos dopantes

Substâncias que não apresentam estrutura química ou mecanismo de ação similar aos esteroides são agrupadas na classe de outros agentes anabólicos, como é o caso de clembuterol, tibolona, zeranol, zilpaterol e moduladores seletivos dos receptores androgênicos.

31.3.1.3.1 Clembuterol

O clembuterol é um broncodilatador simpatomimético que age principalmente nos receptores beta-adrenérgicos. Experimentos em animais de diferentes espécies tratados oralmente com clembuterol resultaram em hipertrofia da massa muscular. No entanto, os mecanismos celulares dos efeitos da administração crônica de clembuterol no músculo esquelético não estão completamente compreendidos [30,31].

31.3.1.3.2 Tibolona

A tibolona é um 7α-metil derivado da 19-noretinodrel, listada como substância proibida desde janeiro de 2006. Essa substância é utilizada para fins terapêuticos no tratamento de sintomas do climatério em mulheres na pós-menopausa (terapia de substituição hormonal). Efeitos anabólicos androgênicos são relatados, além de sua atividade estrogênica [32]. A detecção no controle de dopagem pode ser realizada pela inclusão de seu metabólito 3α-hidroxi no procedimento de triagem em GC-MS [33].

31.3.1.3.3 Moduladores seletivos dos receptores androgênicos

Os moduladores seletivos dos receptores de androgênicos (*selective androgen receptor modulators*, SARM) são uma nova classe de ligantes seletivos dos receptores androgênicos que vêm sendo desenvolvidos e testados com o objetivo de evitar os efeitos indesejáveis advindos do tratamento com fármacos androgênicos. Essa classe de compostos está terapeuticamente relacionada com a compensação do declínio funcional relacionado à idade, por exemplo, no tratamento de osteoporose, doenças da próstata, caquexia e várias outras doenças debilitantes [34,35].

As ações anabólicas dos SARM no músculo esquelético e o aumento do balanço geral de proteínas poderiam proporcionar uma abordagem inovadora e segura para ajudar a reconstruir a massa muscular e a força [34]. A Wada, em 2008, reconheceu o potencial de abuso dos SARM e proibiu o uso dessas substâncias pelos atletas. A partir de 2009, substâncias pertencentes a essa classe química começaram a ser detectadas em controles de *doping* [36].

31.3.2 Hormônios peptídicos, fatores de crescimento e substâncias relacionadas

31.3.2.1 Agentes estimulantes da eritropoiese

O aumento da quantidade de oxigênio que chega ao músculo em exercício é um dos meios mais eficazes de melhoria do desempenho físico, principalmente em esportes aeróbicos. As duas abordagens mais bem-sucedidas para manipular o aumento direto no número de células vermelhas do sangue são a transfusão sanguínea (método discutido no item 31.4.1, "Manipulação de sangue e seus componentes") e o uso de eritropoietina e/ou análogos. A eritropoietina (EPO) é um hormônio glicoproteico produzido principalmente pelo rim, que atua estimulando a proliferação e a diferenciação de células eritroides [37]. O uso de EPO e/ou análogos baseia-se na administração de várias gerações de medicamentos relacionados com a EPO, ou até mesmo de EPO-miméticos (por exemplo, hematide ou sestide), com o objetivo de aumentar a quantidade de oxigênio que chega ao músculo em exercício [38,39]. Entre as várias abordagens possíveis, pode-se citar a administração de substâncias que alteram a saturação da curva de hemoglobina/oxigênio (por exemplo, efaproxiral) ou o uso de novos transportadores de oxigênio, baseados tanto na hemoglobina como também em outros compostos químicos (por exemplo, perfluorocarbonos). Em virtude das alterações fisiológicas produzidas por esses agentes, existe a possibilidade de se mensurar mudanças na hematopoiese, pelo monitoramento de marcadores indiretos, que podem ser consideradas evidências dessa prática ilícita no esporte.

A eritropoietina humana recombinante (*recombinant human erythropoietin*, rHuEPO) vem sendo utilizada com frequência crescente por atletas que desejam melhorar o potencial aeróbico [40]. Assim como a EPO endógena, o hormônio recombinante interage com células precursoras eritroides por meio de um receptor específico de membrana, causando a proliferação e a diferenciação dessas células em eritrócitos maduros. Parisotto e colaboradores [41] estudaram os principais parâmetros que descrevem o estado hematopoiético, antes e após a administração de rHuEPO. Além disso, dois modelos matemáticos foram desenvolvidos: um capaz de detectar mudanças na eritropoiese durante a administração de rHuEPO (modelo ON); e outro sensível ao efeito *feedback* produzido após a administração de rHuEPO (modelo OFF). As variáveis que apresentaram alterações significativas no modelo ON foram: reticulócito hematócrito (retHct), hematócrito (Hct), percentual de macrócitos (%Macro), receptor de transferrina solúvel (Tfrs) e EPO; enquanto que, no modelo OFF, somente retHct, Hct e EPO apresentaram alterações. Outros autores propuseram o uso de marcadores adicionais, como a concentração de -globina mRNA, e acabaram por desenvolver uma abordagem pela qual o verdadeiro valor da linha de base de um atleta pode ser estimado a partir de um único exame de sangue anterior. Dessa forma, um valor universal para a variabilidade intraindividual de parâmetros hematológicos utilizando grupos distintos de atletas do sexo masculino pôde ser estimado [40,42]. Outros estudos também já avaliaram a mesma abordagem, utilizando diferentes contextos demográficos e populacionais, bem como aspectos genéticos e de saúde [43-46].

Com o objetivo de estabelecer uma estratégia ainda mais eficaz, foi investigada a possibilidade de definição de valores de referência específicos para cada indivíduo, o que permitiria a distinção entre achados fisiológicos e variabilidades anormais, dando origem ao chamado "passaporte sanguíneo" do atleta [47]. O passaporte sanguíneo tem como objetivo a detecção de qualquer modificação na eritropoiese, seja pela transfusão de sangue ou pelo uso de agentes estimulantes da eritropoiese, tais como a rHuEPO. Alguns parâmetros hematológicos que constituem o passaporte sanguíneo do atleta são: eritrócitos, volume corpuscular médio, hematócrito, hemoglobina, concentração de hemoglobina corpuscular média, contagem de células brancas e contagem de plaquetas. A estabilidade e a robustez das variáveis sanguíneas monitoradas foi estabelecida e protocolos rigorosos para coleta, transporte e análise de amostras foram criados, na tentativa de otimizar a robustez [48]. A Wada converteu esses parâmetros em regulamentos obrigatórios a serem seguidos, e o passaporte sanguíneo tornou-se um teste *antidoping* [49,50]. Assim, desvios nas variações intraindividuais, previstos com base no modelo estatístico bayesiano aplicado, podem ser usados para indicar casos de *doping* em atletas.

A Wada criou, em 2014, um documento técnico com o objetivo de harmonizar a detecção e a notificação de rHuEPO e seus análogos pelos laboratórios, quando analisados por meio de técnicas eletroforéticas utilizando como matriz urina ou plasma/soro. Além disso, o documento faz menção a outras técnicas disponíveis (por exemplo, Elisa e LC-MS) [51].

O uso de agentes estimulantes da eritropoiese está associado ao aumento da incidência de tromboembolia em pacientes com câncer, bem como aumento da pressão arterial em pacientes com hipertensão não controlada. Outros efeitos observados foram encefalopatias, trombose, diminuição do fluxo sanguíneo e hipóxia. Parece provável que a ocorrência de tais eventos é, em parte, relacionada ao aumento da viscosidade sanguínea [52-56]. Além disso, o uso desses agentes tem sido relacionado ao aparecimento de alguns tipos de tumores; contudo, a forma como os agentes estimulantes da eritropoiese poderiam afetar o crescimento de tumores é ainda incerta [53,57,58].

31.3.2.2 Hormônio do crescimento

O hormônio do crescimento (*growth hormone*, GH) é um hormônio pituitário que apresenta atividades anabólicas e promotoras do crescimento. É responsável pelo estímulo do crescimento de vários tecidos do corpo humano e pela diferenciação de certos tipos celulares, como as células do crescimento ósseo e as células musculares primitivas. O GH estimula a liberação hepática do fator de crescimento do tipo insulínico I (*insulin-like growth factor-I*, IGF-I) [59].

Estudos sugerem que o GH implica benefício no desempenho de atletas, especialmente quando combinado com esteroides anabolizantes. Ensaios realizados em usuários de esteroides anabolizantes abstinentes demonstraram melhorias significativas na força, na potência máxima e no volume máximo de oxigênio [60]. Outro estudo clínico randomizado demonstrou melhoria de curta duração na capacidade de *sprint* (corrida de alta velocidade) em homens e mulheres que fizeram uso de GH, bem como efeito sinérgico com a testosterona em homens [61].

Duas abordagens diferentes porém complementares de imunoensaios são utilizadas para detectar o abuso do GH exógeno. A primeira é baseada na detecção de diferentes isoformas de GH. O GH pituitário é constituído por certo número de variantes moleculares (isoformas), enquanto que o GH recombinante (GHr) corresponde a uma única (mais prevalente) isoforma, o 22K-GH. Essa diferença é a base de um teste de detecção na qual a razão entre o 22K-GH e o GH pituitário é utilizada para a determinação. O teste de detecção de isoformas possui boa performance, mas apresenta período de detecção curto (doze a 24 horas após a última injeção de GH). Além disso, esse teste pode ser superado pelo uso de GH cadavérico ou o uso de secretagogo de GH.

A segunda abordagem utiliza a medição de marcadores sensíveis ao GH, baseando-se em alterações bioquímicas: aumento dos níveis séricos do IGF-I e do pró-peptídeo amino-terminal do procolágeno de tipo III (*procollagen type III amino-terminal propeptide*, P-III-NP) por cerca de sete dias após uma dose de GH. Estes não são marcadores específicos para o GH; contudo estudos de validação extensos forneceram uma fórmula conhecida como "GH-2000 *score method*", a qual permite distinguir entre a elevação induzida pelo GH ou por outros estímulos quaisquer. Entretanto, além da falta de especificidade, o método apresenta problemas de falta de normalização, em razão da ausência de um padrão de referência internacional de P-III-NP [59,62].

O abuso, por longo prazo, de GH por indivíduos saudáveis pode levar a sérios efeitos adversos. Com base em alterações patológicas relatadas em pacientes com superprodução de GH, o abuso pode ocasionar acromegalia e aumentar o risco de diabetes mellitus, hipertensão, cardiopatias e insuficiência renal aguda. Taquicardia, dor de cabeça, retenção de líquidos, deformação facial, irregularidades menstruais e impotência são considerados os efeitos adversos mais frequentes – alguns dos quais podem ser reversíveis após a retirada da droga [63]. O abuso do GH é também vinculado ao potencial aumento do risco a certos tipos de câncer, incluindo colorretal, de tireoide, de mama e de próstata [64].

31.3.2.3 Gonadotrofinas

A gonadotrofina coriônica humana (*human chorionic gonadotrophin*, hCG) é um hormônio placentário necessário para a manutenção da gravidez. Além disso, a hCG é utilizada para diagnóstico e monitoramento de tumores trofoblásticos e não trofoblásticos [65].

Em controle de *doping*, a hCG é determinada em homens, pois possui a propriedade de estimular as células de Leydig dos testículos, aumentando assim a produção endógena de testosterona. De fato, esse hormônio teve seu uso proibido em 1987, pois vinha sendo utilizado para estimular a produção endógena de testosterona e/ou restaurar a sua produção após o uso prolongado de substâncias androgênicas [66]. Métodos baseados no imunoensaio e na espectrometria de massas foram desenvolvidos especialmente para o controle de *doping* com hCG. Esses dois métodos são utilizados com fins de rastreio e confirmação, uma vez que a Wada exige a utilização de dois ensaios diferentes com limite de detecção mínimo de 5 UI/L. Em mulheres, esse hormônio não tem demonstrado benefícios efetivos na melhoria da *performance* física, portanto não há restrições quanto à presença de hCG em exames *antidoping* de atletas do sexo feminino [65]. O uso abusivo e contínuo de hCG pode provocar ginecomastia em homens adultos sadios [67].

O hormônio luteinizante (*luteinizing hormone*, LH) é outra gonadotrofina que exerce a mesma função da hCG, contudo apresenta meia-vida relativamente menor. Os receptores de LH estão presentes em grande número de tecidos, além do ovário, podendo exercer funções até agora desconhecidas. A administração de LH tem sido associada a diversos efeitos adversos, por exemplo, ondas de calor, disfunção sexual e osteopenia [68]. O LH pode ser determinado por meio de imunoensaio, sendo que um relatório visando definir valores de referência de LH em amostras de urina de atletas femininos e masculinos foi publicado por Robinson e colaboradores [69]. Outro método mais específico utilizando LC-MS também foi desenvolvido [70].

31.3.2.4 Corticotrofina

A corticotrofina (*corticotrophin*, ACTH) é um hormônio que atua sobre as células da glândula adrenal estimulando a síntese e a secreção de corticosteroides endógenos (por exemplo, o cortisol). O ACTH possui potencial razoável de uso indevido nos esportes, pois o acréscimo da liberação de corticosteroides após a administração sistêmica da droga pode aumentar ações anti-inflamatórias e analgésicas. Esse uso pode estar relacionado com benefícios no desempenho e na recuperação do atleta, embora a inexistência de melhoria em exercícios de resistência tenha sido discutida [71].

O uso do ACTH costuma ser feito por breve período, uma vez que usos prolongados podem acarretar diminuição da síntese proteica e perda da massa muscular. Outros efeitos indesejáveis que podem advir do uso desse hormônio são: hipertensão arterial, amenorreia, osteoporose, fraqueza muscular, ansiedade e síndromes psiquiátricas [72,73].

Métodos analíticos utilizando cromatografia líquida (LC) e cromatografia líquida de ultraeficiência (*ultra performance liquid chromatography*, UPLC), acoplados à espectrometria de massas, são descritos para a detecção de ACTH sintético [71,74].

31.3.3 Beta-2 agonistas

Os beta-2 agonistas adrenérgicos ou β2-agonistas são considerados medicamentos broncodilatadores essenciais para o tratamento da asma brônquica. Eles são utilizados sozinhos, com fins de diminuição dos sintomas, ou em combinação com corticosteroides inalados, para o controle da doença. O uso de β2-agonistas é proibido nos esportes pela Wada desde 2009, por causa dos efeitos anabólicos declarados; contudo os compostos formoterol, salbutamol e salmeterol continuam sendo permitidos para uso inalatório quando uma "exceção para uso terapêutico" é emitida pelo médico do atleta [75,76].

Os efeitos anabólicos de β2-agonistas administrados oralmente em animais estão associados ao aumento de proteína do músculo esquelético em virtude da inibição da degradação de proteínas [77]. Os 2-agonistas são também classificados como agentes repartidores, pois atuam na diminuição da gordura corporal [78].

Estudos avaliando efeitos broncodilatadores e anabólicos de 2-agonistas inalatórios foram conduzidos, porém efeitos anabólicos não foram verificados [79,80,81]. A presença, na urina, de salbutamol em concentrações acima de 1.000 ng/mL ou de formoterol acima de 40 ng/mL é indicativa do uso abusivo dessas substâncias, sendo considerado como um resultado analítico adverso positivo, a menos que o atleta prove, por meio de estudo farmacocinético controlado, que o resultado anormal foi consequência do uso inalatório de doses terapêuticas [76].

Os efeitos colaterais dos β2-agonistas são maiores quando os fármacos são administrados por via oral ou parentérica. Os efeitos colaterais mais comuns são tosse e irritação da garganta. Essas substâncias também podem produzir efeitos clínicos cardiovasculares significativos em alguns pacientes, sendo que taquicardia, palpitações, broncoespasmos, tremores e nervosismo são os mais comuns. Outras reações menos frequentes incluem hipersensibilidade, angioedema, *rash* cutâneo, enxaqueca e broncoespasmo paradoxal [82,83]. Se o fármaco é administrado por inalação, muitos efeitos secundários são evitados, pois a carga sistêmica do fármaco no plasma é reduzida [84].

Métodos baseados na espectrometria de massas são os mais reportados recentemente em análises de controle de *doping*. Entre esses métodos, as técnicas GC-MS e LC-MS, muitas vezes em modo tandem ou configuradas em alta resolução (*high resolution mass spectrometry*, HRMS), têm sido reconhecidas como abordagens eficientes para a determinação de β2-agonistas [79,80,85,86].

31.3.4 Hormônios e moduladores metabólicos

31.3.4.1 Inibidores da aromatase

Os inibidores da aromatase compreendem uma classe de compostos que atuam restringindo o complexo enzimático aromatase, o qual é responsável pela conversão de androgênios em estrogênios (Figura 31.5). Esses fármacos são utilizados terapeuticamente na diminuição da produção de estrogênios, visando à supressão da recorrência de tumores das mamas e também no tratamento do câncer do ovário em mulheres pós-menopausa [87,88].

Os inibidores de aromatase podem ser subdivididos em duas classes: inibidores não esteroidais (por exemplo, anastrozol e letrozol), que inibem a enzima por competição reversível; e inibidores esteroidais (por exemplo, exemestano, formestano e testolactona), os quais bloqueiam de forma irreversível a aromatase, através da ligação permanente com o complexo enzimático (também chamados de inibidores da aromatase suicidas) [89]. Nos esportes, os inibidores da aromatase são utilizados para minimizar os efeitos colaterais advindos do uso indevido de esteroides anabolizantes, pois atuam inibindo a aromatização dos esteroides anabolizantes que eleva os níveis de estrogênio e desencadeia efeitos indesejáveis, tais como retenção de água, ganho de gordura e ginecomastia.

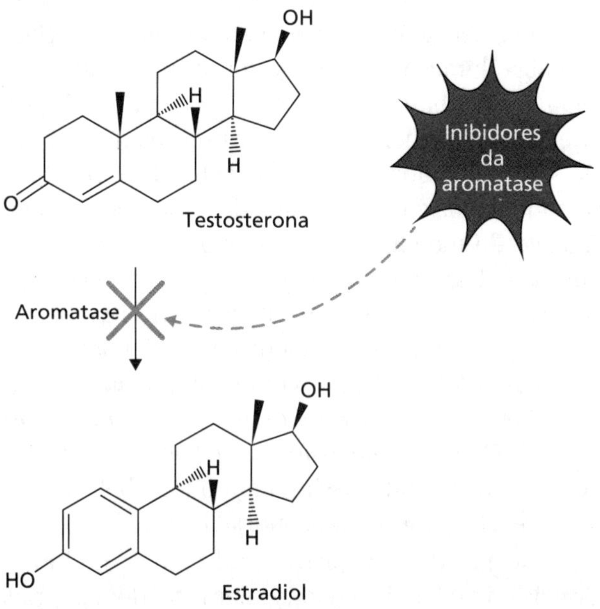

Figura 31.5 Mecanismo de ação dos inibidores da aromatase

Várias metodologias têm sido desenvolvidas para a determinação desses compostos, como as técnicas GC-MS, LC-MS/MS e cromatografia líquida de alta eficiência acoplada ao detector de fluorescência (*high performance liquid chromatography coupled with fluorescence detection*, HPLC--FL) [27,90,91]. A estrutura química dos inibidores da aromatase esteroidais está intimamente relacionada com a dos esteroides androgênicos anabólicos que possuem como base o núcleo androstano. Sendo assim, também podem ser facilmente incorporados aos métodos de rotina para a triagem dos esteroides anabólicos androgênicos.

Os inibidores da aromatase pareceram ser bem tolerados em estudos realizados com indivíduos do sexo feminino. Efeitos adversos reportados na literatura compreendem: queda de cabelo, artralgia, sintomas osteomusculares, ondas de calor, comprometimento cognitivo, náusea e vaginite atrófica [92,93].

31.3.4.2 Inibidores da miostatina

A miostatina é um regulador negativo de crescimento do tecido muscular e contribui para a homeostase muscular. Originalmente designada como fator 8 de crescimento e diferenciação, a miostatina é um membro da superfamília de fatores de crescimento transformante-ß (*transforming growth factor-ß*, TGF-ß), os quais desempenham papéis críticos no crescimento, na diferenciação e na regeneração dos tecidos, bem como no desenvolvimento embrionário [94].

Os agentes modificadores da função da miostatina, que não são limitados somente aos inibidores da miostatina, foram incluídos, em 2008, na lista de substâncias proibidas da Wada. Estudos em animais e humanos demonstraram que a redução dos níveis desse fator de crescimento, ou a inibição da sua função, pode aumentar significativamente o tamanho do músculo. Dessa maneira, aplicações terapêuticas da inibição da miostatina para o tratamento de miopatias e atrofias musculares têm sido propostas. Existe preocupação crescente entre as autoridades *antidoping* de que os inibidores da miostatina possam estar entre a próxima geração de produtos farmacêuticos ergogênicos – ou até mesmo na vanguarda da tecnologia do *doping* genético [95]. Embora a capacidade de estimular o crescimento muscular pela inibição da miostatina seja bem documentada, grande número de evidências tem sugerido que tal aumento pode não resultar em melhora no desempenho atlético [96,97].

O pró-peptídeo miostatina (Myopro) e a folistatina (Folli) são dois potentes inibidores da miostatina. Um estudo conduzido por Diel e colaboradores [98] analisou os efeitos de exercícios físicos e androgênios em presença desses dois inibidores no sangue e no músculo esquelético, usando a técnica de imunorreação em cadeia de polimerase (*immuno polymerase chain reaction*, IPCR). Os dados obtidos demonstraram que o treinamento físico moderado não afetou as concentrações de ambas as substâncias. Em contraste, o tratamento com androgênios resultou no aumento significativo de Myopro no músculo esquelético e no soro sanguíneo [98].

31.3.4.3 Moduladores seletivos do receptor de estrogênio

Os moduladores seletivos do receptor de estrogênio (*selective estrogen receptor modulators*, SERM) são moléculas que pertencem a várias classes químicas diferentes, mas possuem a propriedade em comum de se ligarem aos receptores estrogênicos. Eles podem atuar como agonistas ou antagonistas dos receptores de estrogênio, dependendo do tecido ou do órgão no qual agem, apresentando, assim, ações estrogênicas e antiestrogênicas em diferentes tecidos e órgãos. A combinação dos efeitos agonistas e antagonistas permite que cada um desses moduladores tenha uma utilidade clínica específica. Os efeitos agonistas no tecido ósseo são relevantes no tratamento da osteoporose pós-menopausa. Já os efeitos antagonistas centrais ou no tecido mamário tornam essas moléculas úteis no tratamento da infertilidade por anovulação, assim como na prevenção e no tratamento adjuvante do carcinoma da mama dependente de estrogênio [99-102]. Indicações clínicas para o uso de SERM em homens não são bem estabelecidas na literatura científica.

No esporte, o uso de SERM é proibido desde 2005 pela Wada. O mecanismo de ação proposto é a inibição da conversão de testosterona em estrogênio, reduzindo, assim, o estrogênio sérico e aumentando os níveis de testosterona. Dessa forma, os atletas fazem uso de agentes como raloxifeno, tamoxifeno e toremifeno com o objetivo de aumentar a testosterona endógena e/ou para compensar os efeitos colaterais resultantes do abuso prolongado de esteroides anabólicos androgênicos (por exemplo, a ginecomastia) [103,104,105]. Métodos analíticos adequados visando à detecção do abuso de SERM e metabólitos focam no uso de LC-MS e GC-MS [103-106].

Estudos relatam aumento na taxa de eventos tromboembólicos venosos atribuídos aos dois primeiros anos de uso do tamoxifeno e risco adicional quando essa substância é associada ao tratamento quimioterápico. Fatores de risco para a trombose venosa profunda induzida pelo tamoxifeno incluem: idade avançada, obesidade, cirurgia prévia, fratura e imobilização [107-110]. Um estudo clínico randomizado mostrou, entretanto, que a incidência de tromboembolismo pulmonar e trombose venosa profunda foi menor com o uso de raloxifeno, em comparação ao tamoxifeno [111]. O uso de tamoxifeno também está associado ao aumento do risco de desenvolvimento de hiperplasia, pólipos, tumores endometriais e sarcoma uterino, riscos estes que não foram observados com o uso de raloxifeno [112,113].

31.3.4.4 Moduladores metabólicos da resposta ao exercício

GW501516 e AICAR são dois exemplos de moduladores metabólicos, também conhecidos como "miméticos do exercício". GW501516, também denominado GW-501,516, GW1516 ou GSK-516, é um agonista do receptor delta ativador de proliferação do peroxissoma (*peroxisome proliferator-activated receptor delta*, PPARd). Esse receptor pertence à família do receptor nuclear PPAR, o qual é ativado por inúmeras substâncias naturais e sintéticas, tais como ácidos graxos, esteroides, tiroxina, retinoides, fibratos e tiazolidinedionas. O receptor PPARd foi descrito como sendo um regulador-chave do metabolismo lipídico, a principal fonte de energia durante o exercício de longa duração. De fato, já foi documentado o aumento do nível de transcritos de receptores PPARd no músculo esquelético após exercícios de resistência em intervalos constantes [114,115]. O AICAR (5-aminoimidazol-4-carboxamida ribonucleotídeo), análogo do monofosfato de adenosina, é uma substância endógena e um metabólito intermediário da síntese de purinas. Atua na ativação de enzimas sensíveis à monofostato de adenosina (*adenosine monophosphate*, AMP), tais como quinase ativada pela AMP (*adenosine monophosphate activated kinase*, AMPK), glicogênio fosforilase e frutose-1,6-bisfosfatase, contribuindo, assim, para o metabolismo oxidativo e a biogênese mitocondrial [116,117].

A capacidade de provocar alterações multidirecionais no metabolismo muscular já foi demonstrada para o GW501516 e o AICAR. Essas substâncias parecem estimular a oxidação de ácidos graxos e a remodelação do tecido muscular. Esses compostos já foram considerados candidatos promissores de drogas para o tratamento de doenças crônicas, tais como a obesidade e a diabetes do tipo 2 [118]. Além disso, têm recebido atenção considerável no controle de *doping*, pelas propriedades de melhoramento da performance física e às apreensões recentes de drogas ilicitamente distribuídas contendo AICAR. Dessa maneira, esses compostos acabaram sendo incluídos na lista de substâncias proibidas da Wada em 2009.

Um ensaio biológico para detecção de agonistas do PPARd em diferentes matrizes, incluindo suplementos alimentares, foi desenvolvido por Bovee e colaboradores [119]. Esse tipo de ensaio, em combinação com outras técnicas confirmatórias tais como a espectrometria de massas e a ressonância magnética nuclear (*nucler magnetic ressonance*, NMR), pode ser utilizado por laboratórios *antidoping* como uma ferramenta na identificação de agonistas do PPARd. A detecção do abuso de AICAR foi descrita em urina, para fins de controle de *doping*, por Thomas e colaboradores [120]. O estudo demonstrou que os níveis de AICAR urinário foram maiores nas amostras colhidas de homens (2.141 ng/mL), em comparação com as de mulheres

(1.433 ng/mL), e maiores nas amostras coletadas em competição (2.144 ng/mL) do que entre competições (1.503 ng/mL). Além disso, os atletas de esportes coletivos ou de resistência manifestaram maiores níveis de AICAR (1.912 ng/mL) do que os atletas de esportes de força (1.319 ng/mL). Com base nos dados coletados, o valor basal para o AICAR endógeno na urina foi estabelecido em 2.186 ng/mL, com o desvio-padrão de 1.655 ng/mL [120]. Como o uso de urina como matriz biológica acarreta estreita janela de detecção (horas), métodos voltados à análise de amostras de sangue foram desenvolvidos utilizando a técnica LC-MS. Isso se justifica pelo fato de que o composto em questão se acumula nas células vermelhas do sangue, nas quais seus níveis são conservados durante o tempo de vida do eritrócito (até 120 dias), oferecendo, assim, a possibilidade de detecção a longo prazo [120,121].

31.3.5 Diuréticos e outros agentes mascarantes

Os fármacos diuréticos aumentam a taxa de produção de urina, bem como a excreção de eletrólitos e água; são utilizados, em terapêutica clínica, para o tratamento de várias doenças e síndromes, incluindo hipertensão, insuficiência cardíaca, cirrose hepática, insuficiência renal, doenças pulmonares, bem como na redução da retenção de água [122]. A família dos diuréticos inclui compostos com estruturas moleculares amplamente diversas e distintas propriedades físicas e químicas. Além dos diuréticos osmóticos manitol e sorbitol, esses compostos podem ser classificados em [123]:

- Inibidores da anidrase carbônica: bloqueiam a reabsorção de HCO_3^- no túbulo proximal (exemplos: acetazolamida e diclorfenamida).
- Tiazidas e drogas tiazídicas de longa ação; inibem o cotransporte de Na^+/Cl^- no túbulo distal (exemplos: bendroflumetiazida, clortiazida, hidroclorotiazida e clortalidona).
- Diuréticos de alça: caracterizados por inibirem rapidamente o cotransporte de $Na^+/K^+/2Cl^-$ na alça de Henle (exemplos: bumetanida e furosemida).
- Diuréticos poupadores de potássio: atuam na porção final do túbulo distal e na parte proximal do ducto coletor (exemplos: amilorida, espironolactona e seu metabólito ativo canrenona).

Os diuréticos são proibidos nos esportes desde 1985; no entanto, são utilizados indevidamente por diversas razões, tais como: perda rápida de peso em esportes que envolvem categorias de peso; diminuição da retenção de líquidos induzida pelo uso de esteroides anabólicos androgênicos; alteração do mecanismo de excreção urinária. Este último efeito pode ser atingido diretamente, pelo aumento do volume de urina, ou indiretamente, por meio da alteração do pH da urina, reduzindo, assim, a excreção de agentes de dopagem com características ácido/básicas. Dessa forma, a concentração dos analitos pode cair abaixo do limiar estabelecido ou abaixo do limite de detecção do método analítico [124].

Entre os efeitos colaterais decorrentes do uso de diuréticos, destacam-se: vertigens, desidratação, problemas renais e diminuição do volume sanguíneo. Além disso, todos os diuréticos que agem antes da porção final do túbulo distal (como os de alça e os tiazídicos) promovem aumento da excreção de potássio, o que pode causar câimbras, perda de apetite, náuseas e vômitos. O uso contínuo dessas substâncias pode elevar as concentrações sanguíneas de ácido úrico. Distúrbios eletrolíticos promovidos pelos diuréticos também podem aumentar a toxicidade de diversos medicamentos [125].

Outros agentes mascarantes, como a probenecida (um derivado lipossolúvel do ácido benzoico), atuam principalmente no túbulo renal, inibindo o transporte de ácidos orgânicos, através da barreira epitelial. Assim, a excreção urinária de esteroides anabolizantes é diminuída, dificultando a detecção em amostras de urina. A probenecida também ocasiona o aumento da excreção renal de ácido úrico, sendo indicada para o tratamento da hiperuricemia induzida por diuréticos.

Com a finalidade de assegurar que todos os laboratórios de controle de *doping* possam relatar uniformemente a presença de substâncias proibidas, a Wada estabeleceu o limite mínimo de detecção para métodos analíticos (*minimum recquired performance limits*, MRPL) de 200 ng/mL, para a classe dos diuréticos e outros agentes mascarantes [126]. O monitoramento destas substâncias proibidas é um desafio para o controle de *doping* de rotina, em razão da heterogeneidade química dos compostos pertencentes ao grupo. Atualmente, esses compostos são determinados por meio das técnicas LC-MS e GC-MS, sendo que, pelo uso da GC-MS, essas substâncias são geralmente rastreadas na forma de metil derivados [123,124,127,128,129].

31.4 Métodos proibidos dentro e fora de competição

31.4.1 Manipulação de sangue e seus componentes

A manipulação sanguínea está relacionada com a introdução de sangue ou concentrado de hemácias de um indivíduo em seus próprios vasos sanguíneos (autóloga) ou a transfusão de sangue ou concentrado de hemácias de um indivíduo para outro (homóloga). O aprimoramento do desempenho atlético pela administração de sangue autólogo ou homólogo foi relatado no início dos anos 1970 [130], quando os métodos disponíveis na época (por exemplo, o treinamento em altitude) não apresentavam a mesma eficácia no aumento dos níveis de hemoglobina em comparação com os resultados obtidos por transfusões de hemácias [131].

Possíveis efeitos negativos oriundos do *doping* sanguíneo consistem na formação de coágulos de sangue, sobrecarga do sistema circulatório, danos hepáticos decorrentes de reações alérgicas, transmissão de doenças infecciosas e reações hemolíticas agudas. Mesmo em condições hospitalares normais, a transfusão necessita de um procedimento detalhado e cuidadosamente executado, uma vez que a prática sem a correta supervisão pode aumentar o risco de infecções por patógenos. Além disso, o aumento do hematócrito além dos níveis fisiologicamente normais pode ocasionar aumento da viscosidade do sangue, elevando assim o risco de tromboses e enfarte do miocárdio [132].

31.4.1.1 Marcadores da transfusão de sangue homólogo

O sangue ou os glóbulos vermelhos (GV) utilizados para a transfusão homóloga devem ser compatíveis com o grupo ABO sanguíneo e o antígeno RhD do doador, assim como ocorre em transfusões terapêuticas. A detecção da utilização dessa técnica baseia-se nas diferenças antigênicas observadas entre as membranas dos GV do doador e do receptor [38,133,134]. O perfil antigênico celular está sob o controle genético; sendo assim, os GV de um mesmo indivíduo possuem um espectro idêntico de antígenos do grupo sanguíneo. Dessa forma, a detecção de populações mistas de GV é indicativa de uma transfusão homóloga.

O perfil antigênico dos GV é determinado quantitativamente por citometria de fluxo, utilizando anticorpos específicos para cada um dos antígenos a serem medidos, em combinação com anticorpos secundários dirigidos contra imunoglobulinas marcadas com fluorocromo, a fim de introduzir um marcador no antígeno positivo das células vermelhas. Populações mistas de GV na mesma amostra de sangue podem ser analisadas individualmente, por meio de diferenças nos níveis de fluorescência. Assim, quando a expressão antigênica é fraca, o número de locais de ligação com anticorpos é baixo, resultando em baixos níveis de fluorescência. Uma única transfusão de sangue resulta em porcentagem de glóbulos vermelhos vinda do doador de aproximadamente 10%, assumindo o volume de sangue de 5 L [135,136]. Essa estratégia permite detecção analítica inferior a 5% de diferentes populações antigênicas de glóbulos vermelhos, sendo que a janela de detecção após a transfusão de uma ou mais unidades de sangue pode exceder três a quatro semanas [136].

Atualmente, cerca de trezentos antígenos do grupo sanguíneo têm sido descritos; contudo os antígenos mais úteis para a detecção de populações mistas de células são aqueles encontrados com frequência moderada na população. Antígenos com alta (presente em mais de 99% dos indivíduos) ou baixa prevalência (ausente em mais de 99% dos indivíduos) não são de caráter informativo [133].

A aglutinação deve ser evitada na citometria de fluxo, uma vez que cada célula é analisada individualmente. Em geral, anticorpos IgM podem ligar-se a diferentes GV, por causa de seu grande tamanho, produzindo assim a aglutinação. Em contraste, a IgG é de menor tamanho e usualmente não causa a aglutinação dos GV. Além disso, os anticorpos IgM podem ligar-se a diversos antígenos, enquanto que os anticorpos IgG ligam-se a não mais do que dois antígenos. Por essa razão, anticorpos primários da classe IgG são preferencialmente utilizados na determinação. A falta de anticorpos monoclonais IgG adequados é considerada um dos principais problemas da técnica de citometria de fluxo, pois a maior parte dos anticorpos monoclonais comercialmente disponíveis é IgM.

Um resultado falso-negativo pode ser fornecido pelo método quando ocorrer a utilização de sangue de um doador com o mesmo perfil antigênico do atleta receptor. Contudo, essa possibilidade é remota; além disso, o painel de antígenos testados no laboratório pode ser alterado e não divulgado publicamente, para evitar que atletas procurem doadores adequados. Por outro lado, resultados falso-positivos podem sobrevir em casos particulares de indivíduos que possuem população mista de GV, como resultado de um quimerismo hematopoiético. Entretanto testes em série facilmente permitem a discriminação entre uma situação transitória (indicativa de transfusão de sangue homólogo) ou permanente (indicativa de quimerismo). Quimerismo no sangue pode também ser demonstrado por análise de DNA [137].

31.4.1.2 Marcadores da transfusão de sangue autólogo

A possibilidade de utilizar o sangue do próprio atleta ou produtos derivados do próprio sangue (autotransfusão) tem aparecido cada vez mais como um método alternativo de dopagem. Assim, os GV transfundidos carregam os mesmos antígenos de superfície dos GV presentes no corpo do atleta, sendo não detectáveis pelo método analítico utilizado no controle da transfusão homóloga.

Diferentes métodos capazes de detectar a transfusão de sangue autólogo têm sido propostos na literatura, sendo a maioria baseada na medição de diferentes marcadores indiretos no sangue. Entre eles, podemos citar os marcadores da eritropoiese, os quais sofrem alterações durante o processo de remoção de sangue, como consequência da situação anêmica temporária do sujeito. Parâmetros como a hemoglobina e a eritropoietina sérica reagem muito rapidamente, enquanto outros, como o percentual de reticulócitos e o receptor de transferina solúvel, reagem lentamente. Para a hemoglobina, especificamente, uma diferença maior do que 15% pode ser correlacionada com uma fase entre a anemia e a recuperação obtida várias semanas depois [138].

Quando o sangue retirado é reinfundido, esperam-se alterações mais evidentes para vários parâmetros sanguíneos. Assim, se duas amostras de sangue são obtidas a partir de um mesmo sujeito, antes e após a autotransfusão de sangue e dentro de um intervalo de quinze dias, podem ser observadas mudanças nos valores de hematócrito, hemoglobina e "*OFFhr score*", cuja fórmula é: [hemoglobina – 60 (percentual de reticulócitos)$^{1/2}$] [139]. Apesar de essa abordagem ter sido proposta como base para a detecção desse tipo de dopagem, alguns desses parâmetros podem ser afetados pela desidratação ou pelo treinamento em altitude, limitando a utilidade desse protocolo [140]. Outros parâmetros mais sensíveis têm sido propostos, tais como a proporção entre concentração de hemoglobina em hemácias/concentração de hemoglobina nos retibulócitos (RBCHb/reticHb) [141].

Quando o período do estudo é estendido para várias semanas após a transfusão autóloga de sangue, o valor de *OFFhr* se mostra um indicador potencialmente útil [142]. No entanto, Segura, Ventura e Pascual [143] apontaram que a ausência de sensibilidade desse marcador nas fases agudas após a reinfusão de sangue pode ser considerada uma séria desvantagem desse método, levando em consideração que os benefícios ergogênicos buscados por atletas que recebem a transfusão autóloga de sangue duram pouco tempo após a reinfusão [143].

A massa de hemoglobina total tem se mostrado como o indicador agudo mais sensível de autotransfusão [141,144,145,146]. Estudos iniciais realizados com apenas dois dias entre a retirada e a reinfusão de sangue mostraram a adequação desse tipo de abordagem [145]. No entanto, quando o método é estendido para a prática mais usual, ou seja, períodos mais longos entre os dois processos de manipulação do sangue, torna-se necessário o conhecimento da linha de base estável do atleta para efeitos de comparação, o que dificulta o procedimento. Assim, esse indicador pode ser considerado uma ferramenta adicional, e não um método *antidoping* por si só. Ademais, o teste requer a respiração de monóxido de carbono, o que coloca restrições adicionais à sua aplicabilidade rotineira.

Alguns dos inconvenientes já mencionados podem ser neutralizados pela implementação do acompanhamento longitudinal desses marcadores no âmbito da abordagem do passaporte biológico do atleta.

O QUE É O PASSAPORTE BIOLÓGICO?
O passaporte biológico baseia-se no monitoramento de determinados parâmetros biológicos em atletas (por meio da análise de amostras de sangue e de urina), os quais, de forma indireta, podem revelar os efeitos da utilização de substâncias ou métodos proibidos no esporte. O monitoramento desses parâmetros ao longo do tempo visa tornar praticamente impossível a utilização de agentes dopantes durante a carreira de um atleta.

31.4.1.3 Marcadores em urina

Apesar da potencial utilidade das abordagens descritas anteriormente, o sangue é uma matriz nem sempre disponível para o controle do *doping*. Como alternativa, a aplicação de um método baseado na análise de urina pode oferecer aplicabilidade maior, uma vez que pode ser utilizado em todos os testes de controle de *doping* nos quais as amostras de urina estão comumente disponíveis. A técnica desenvolvida baseia-se na detecção, na urina, de produtos de biotransformação de moléculas plastificantes, presentes nas embalagens para armazenamento de sangue ou concentrado de hemácias, por meio da técnica LC-MS/MS. Tais embalagens são feitas a partir de cloreto de polivinila (*polyvinyl chloride*, PVC), ao qual são adicionados outros plastificantes para conceder flexibilidade adequada. O plastificante mais utilizado e o único autorizado para tal propósito em alguns países é o di-2-etil-hexil-ftalato (DEHP). A descoberta de grandes quantidades de produtos de biotransformação do DEHP tem sido um indicador para a superexposição indevida, evidenciando assim a transfusão de sangue homólogo ou autólogo [143,147].

O DEHP é utilizado como um aditivo em uma variedade de materiais plásticos, sendo, portanto, ambientalmente ubíquo. Por conseguinte, em quase toda urina humana pode-se encontrar pequenas quantidades desses produtos, especialmente produtos de dealquilação (ftalato-hexilo-mono-2-etil) e oxidação (mono-2-etil-5-hidroxi-hexil-ftalato e mono-2-etil-5-oxoyhexil-ftalato). Recentemente, dois metabólitos adicionais foram propostos para avaliar a exposição ao DEHP. Esses compostos são o mono-2-etil-5-carboxipentil-ftalato e o mono-2-carboximetilexil-ftalato. Este último é especialmente interessante, pois pode oferecer maior retroatividade [143]. Estudos realizados em diferentes grupos populacionais indicaram concentrações significativamente maiores dos produtos do DEHP em pacientes que receberam transfusões de sangue homólogo, quando em comparação com o grupo controle e com o grupo de desportistas [147,148]. Os produtos de biotransformação do DEHP também foram medidos em uma coorte de indivíduos treinados e saudáveis submetidos a uma situação experimental de autotransfusão. Os resultados mostraram que as concentrações, no mesmo dia e no dia seguinte, da reinfusão foram estatisticamente maiores do que em todas as outras situações [149]. A partir dos sujeitos comuns da população, as análises estatísticas permitiram propor limites iniciais potencialmente indicativos para a exposição aguda incomum ao DEHP.

Esses resultados demonstram a utilidade da análise de urina no controle do *doping*, principalmente na indicação de casos suspeitos de transfusão autóloga, bem como na complementação dos resultados obtidos por citometria de fluxo em sangue total.

31.4.2 Manipulação química ou física

A manipulação química ou física visando alterar a integridade de amostras que serão submetidas ao controle de *doping* tem se tornado um problema sério, principalmente para os laboratórios responsáveis por essas análises. Exemplos de manipulação são o uso de diuréticos e agentes mascarantes, já discutidos no item 31.3.5 ("Diuréticos e outros agentes mascarantes"), bem como o uso de glicerol e a adição de enzimas proteolíticas às amostras.

O glicerol (1,2,3-propanotriol) é um composto que ocorre naturalmente no corpo humano e cuja ingestão aumenta o volume corporal de água acima dos padrões normais, podendo desempenhar papel na diminuição da concentração de hemoglobina. Por conseguinte, o potencial do glicerol em atuar como um agente de expansão do volume plasmático torna-o atrativo para atletas que desejam mascarar possíveis práticas de dopagem no sangue [150]. Como consequência, o glicerol foi adicionado à lista de substâncias proibidas da Wada, em janeiro de 2010, e todas as suas formas de administração estão proibidas no esporte. Concentrações plasmáticas fisiológicas do glicerol em indivíduos adultos comumente encontram-se entre 4,6 e 27,6 µg/mL [151]. A análise de 1.039 amostras de urina em controles de *doping* mostrou que a concentração endógena de glicerol foi, na maioria dos casos, inferior a 20 µg/mL [152]. A determinação analítica do agente pode ser realizada utilizando as técnicas HPLC [153,154], GC-MS [152,155] ou LC-MS (/MS) [156,157], sendo as duas últimas indicadas como técnicas confirmatórias.

Atenção especial também tem sido direcionada sobre as enzimas proteolíticas ou proteases, uma vez que podem ser discretamente introduzidas na amostra de urina pelo atleta durante o procedimento de amostragem, com o intuito de mascarar a administração de hormônios peptídicos, como a EPO. Estudos iniciais demonstraram que a adição exógena de baixas quantidades de proteases, tais como subtilisina A (subA), bromelina, papaína, tripsina, quimotripsina, proteinase K e protease de *Streptomyces griseus*, em amostras de urina, foi suficiente para eliminar o sinal endógeno da rHuEPO [158,159]. A combinação das técnicas eletroforese em gel de poliacrilamida com dodecilsulfato de sódio e LC-MS(/MS) tem sido aplicada visando a triagem e a confirmação dos produtos de degradação de proteases em amostras de urina [160].

Métodos de estabilização podem ser utilizados para proteger amostras de urina da ação de enzimas proteolíticas, bem como da degradação decorrente de atrasos no transporte e/ou condições impróprias de armazenamento. Alguns desses métodos foram revistos e uma série de testes preliminares foi conduzida para testar a eficácia dos métodos físicos e químicos de estabilização selecionados. Depois de levar em conta várias questões práticas e econômicas, os métodos de estabilização físicos foram considerados impraticáveis, sendo o interesse posteriormente voltado para os métodos químicos [161]. Tsivou e colaboradores [162] apresentaram uma mistura química de ação abrangente, que consiste em uma combinação de antibióticos, antimicóticos e substâncias inibidoras da protease. A avaliação dos resultados mostrou que a aplicação de tal metodologia nas amostras inibiu o crescimento de microrganismos e impediu a degradação de esteroides, rHuEPO e hCG.

31.4.3 *Doping* genético

É considerado *doping* genético quando a técnica de terapia gênica é utilizada para aumentar o desempenho físico de uma pessoa saudável, ou seja, consiste no uso não terapêutico de genes, elementos genéticos e/ou células que tenham capacidade de melhorar o desempenho atlético. O método é proibido pelo COI desde 2003, tendo a Wada incluído o *doping* genético na lista de métodos proibidos no esporte posteriormente, em 2004. Isso porque as novas pesquisas em genética e genômica podem ser utilizadas não somente no diagnóstico e no tratamento de doenças, mas também na tentativa de melhorar o desempenho físico humano.

A terapia gênica tem mostrado evolução, e os procedimentos genéticos desenvolvidos para o tratamento de doenças, tais como anemia (gene da eritropoietina), distrofia muscular (gene do IGF-1) e doenças vasculares periféricas (genes para o fator de crescimento endotelial vascular – VEGF-A e VEGF-D) são considerados métodos com potencial de dopagem. Sabe-se, até agora, que aproximadamente duzentos genes já foram vinculados às funções relacionadas com a performance física. Embora nem todos possam ser considerados como alvos potenciais de dopagem, é notório que, com o progresso da tecnologia genética, muitos outros genes como esses serão descobertos. Por essa razão, e com o fim de proteger a saúde dos atletas e garantir condições de concorrência equitativas, é importante estabelecer normas legais oportunas e pesquisar o campo do *doping* genético, visando ao desenvolvimento de métodos de detecção cada vez mais abrangentes [163,164].

Diferenças individuais estão relacionadas com a variação genética, também chamada de polimorfismo. Os polimorfismos dos genes são analisados como marcadores genéticos de predisposição a determinados esportes e habilidade de adaptação a determinadas condições, por exemplo. Em alguns genes polimórficos, tais como o gene da enzima conversora de angiotensina e o gene da -actinina-3, quantidades significativas de dados já foram compiladas e mecanismos que explicam os seus efeitos sobre a capacidade atlética têm sido propostos e analisados. Em contraste, outros genes, como os receptores ativados por proliferadores de peroxissoma (*peroxisome proliferator-activated receptor alpha*, PPAR), só receberam atenção, neste contexto, muito recentemente. Técnicas de biologia molecular, tais como hibridação *in situ*, microarranjos de DNA (também conhecido como *chips* de DNA) e análise por PCR, permitem a identificação de uma variedade de sequências de DNA no genoma, mesmo no nível de um único nucleotídeo. Por meio de uma única experiência, pesquisadores podem medir níveis de um grande número de genes de expressão simultânea ou verificar o genótipo de várias regiões de um genoma específico [165,166].

Entre os anos 2004 e 2007, a Wada coordenou 21 projetos nas áreas da genômica, transcriptoma, proteoma, metabolômica, virologia e bioinformática, com o objetivo de identificar genes e suas variantes que possam ser de potencial interesse para os atletas. Dois dos principais cenários do *doping* genético são descritos como sendo o abuso da terapia genética "clássica", ou seja, a introdução de sequências de DNA sintéticas através de veículos virais no organismo, e outro baseado em estratégias de interferência no RNA [167].

Entre 2010 e 2011, dois projetos voltados ao desenvolvimento de métodos de detecção de *doping* genético foram coordenados pela Wada. De acordo com dados da literatura, casos de *doping* utilizando os genes codificadores de EPO, IGF-1, VEGF-A/VEGF-D, GH e folistatina, além de reguladores de fatores de transcrição, já são atualmente detectáveis. As estratégias de detecção do *doping* genético utilizando os fatores de crescimento mencionados acima envolvem a detecção direta de sequências de DNA [168].

A terapia gênica ainda apresenta muitos problemas não resolvidos e que podem oferecer riscos à saúde do atleta. Um deles é o risco de reações imunes e a possibilidade de indução de respostas negativas contra as proteínas endógenas. Outro risco decorre da integração dos vírus. Embora nem todos os vírus se integrem, aqueles que realizam esse processo podem apresentar problemas, como a cisão de um gene supressor do tumor ou o aumento da produção de um proto-oncogene, podendo, assim, induzir ao câncer. Adicionalmente, o risco de infecção de células germinativas com a transferência de genes exógenos para as gerações futuras e o risco de uma superexpressão gênica não controlável também são possibilidades preocupantes [169,170-173].

A manipulação genética exige instrução, treinamento e formas adequadas de armazenamento das amostras. Mesmo profissionais bem habilitados enfrentam dificuldades, por exemplo, ao lidar com a manutenção da linearidade na relação dose-expressão. Sendo assim, são questionáveis a qualidade e a segurança de produtos obtidos em laboratórios desonestos. Além disso, a terapia gênica é uma nova tecnologia, com estudos conduzidos apenas em curto prazo. Isso significa que as consequências em longo prazo são desconhecidas e os resultados atuais ainda não estão totalmente compreendidos [164].

31.5 Substâncias proibidas durante competição

31.5.1 Estimulantes

Os fármacos denominados "estimulantes" referem-se às substâncias utilizadas voluntariamente que alteram as funções mentais e comportamentais, decorrentes da estimulação do sistema nervoso central (SNC). Dentre os efeitos, ressaltam-se sensações de excitação, euforia, redução da fadiga e diminuição da fome. A Wada e o COI proibiram o uso de estimulantes nos esportes no final de 1960, sendo os estimulantes a segunda maior classe de substâncias proibidas em número, perdendo somente para os agentes anabolizantes [174]. Todos os compostos estimulantes são proibidos, com exceção daqueles elencados no "programa de monitoramento". Isso significa que tais substâncias podem ser consumidas, contudo devem ser monitoradas pelos laboratórios de controle *antidoping*, os quais, por sua vez, reportam suas conclusões à Wada. Os compostos são bupropiona, cafeína, nicotina, fenilefrina, fenilpropanolamina, pipradrol e sinefrina. Outras substâncias, como pseudonorefedrina, efedrina, metilefedrina e pseudoefedrina, possuem pontos de corte estipulados, ou seja, valores de referência acima dos quais o resultado é considerado positivo [76].

O controle de *doping* para os estimulantes é realizado em urina, por meio das técnicas de cromatografia gasosa com detector de nitrogênio e fósforo (*gas chromatography with nitrogen phosphorus detector*, GC-NPD), GC-MS e LC-MS. Em particular, esta última técnica tem permitido a detecção de estimulantes antes não identificados por GC-MS, possibilitando também o procedimento de injeção direta da matriz aquosa de urina no MS [4,174-178]. O MRPL estabelecido pela Wada é 100 ng/mL [126].

A classe dos estimulantes tem sido uma grande causa de preocupação para as autoridades públicas e sanitárias, por conta dos efeitos colaterais dessas substâncias, bem como pelo potencial de abuso que elas apresentam. Os efeitos adversos oriundos do abuso de estimulantes incluem aumento da pressão arterial, paranoia, irritabilidade, agitação, ansiedade, síndrome serotonérgica e insuficiência cardíaca, podendo evoluir, inclusive, para o desenvolvimento de dependência [4,179,180].

31.5.1.1 Estimulantes do tipo efedrina

Os estimulantes do tipo efedrina são ainda utilizados terapeuticamente, em muitos países, como descongestionante das vias aéreas (por exemplo, a pseudoefedrina comercializada no Brasil, em associação ao paracetamol, para o tratamento de gripes e casos de sinusites). No início de 2004, a Wada removeu a pseudoefedrina da lista proibida e, desde então, o número de amostras positivas para essa substância aumentou substancialmente. Com base nesses resultados, a partir de janeiro de 2010, a Wada introduziu um limite (ponto de corte) de 150 mg/mL para a pseudoefedrina na urina.

31.5.1.2 Anfetaminas

As anfetaminas são outro importante grupo de estimulantes, que cobre ampla classe de compostos estruturalmente derivados de feniletilamina. Alguns compostos conhecidos são fentermina, fenfluramina, fenmetrazina e metilenodioximetanfetamina (MDMA) [181]. A anfetamina também pode ser o metabólito principal ou secundário de muitos outros estimulantes. Podemos citar como exemplos o femproporex e a metanfetamina, os quais, ao serem biotransformados, geram a anfetamina, entre outros produtos. Outro fator digno de nota é que diferentes estereoisômeros das anfetaminas podem ter ações farmacológicas muito distintas. Um exemplo é a metanfetamina, que existe na forma do enantiômero destrógiro e levógiro. De acordo com a atual regulamentação da Wada, somente a forma destrógira da metanfetamina é proibida. A forma levógira tem cerca de 25%-33% de atividade no SNC, em comparação com seu enantiômero destrógiro [182].

31.5.1.3 Estricnina e cocaína

A estricnina e a cocaína são dois estimulantes, porém não estruturalmente relacionados com os compostos previamente descritos. Embora poucos casos de *doping* tenham sido detectados, o uso da estricnina e vários outros agentes analépticos (por exemplo, niquetamida, crotetamida e cropropamida) continua sendo vedado pela Wada. O aumento do volume respiratório e o aumento do estímulo de várias partes do sistema nervoso central são os principais efeitos desejados no esporte. A detecção adequada do abuso de cocaína na urina concentra-se em seu produto de biotransformação, benzoilecgonina [183], enquanto que, para a estricnina, o próprio fármaco pode ser detectado [184].

31.5.1.4 Sibutramina

Outro composto frequentemente detectado como agente dopante é a sibutramina, incluída na lista de substâncias proibidas da Wada desde janeiro de 2006. A sibutramina possui efeitos simpaticomiméticos sobre o sistema cardiovascular, reduz a ingestão de alimentos e também atua como um estimulante do SNC [185,186]. A sibutramina é um pró-fármaco que se degrada rapidamente em seus dois produtos de biotransformação ativos: a desmetilsibutramina e a didesmetilsibutramina. Vários laboratórios de controle de *doping* têm investigado a detecção dessas substâncias por GC-MS ou LC-MS [187,188,189], sendo que muitos resultados analíticos adversos têm sido relacionados à presença não declarada dessa substância em produtos adulterados destinados ao emagrecimento [179].

31.5.1.5 Novas drogas sintéticas

A Wada também proíbe o uso de substâncias não explicitamente mencionadas na lista, mas que apresentam estrutura química e/ou efeitos biológicos similares. Assim, a lista proibida também é aplicável às novas drogas sintéticas (*designer drugs*) comumente comercializadas no mercado clandestino [190]. Essa definição abrangente é importante e provou ser útil para a detecção da 4-metil-2-hexaneamina, a qual já havia sido detectada antes de ser incluída na lista da Wada [191]. Outros *designer drugs* descobertos nos últimos anos foram a mefedrona [192], a flefedrona [193] e as fluoroanfetaminas [194]. Em particular, a mefedrona já teve o seu consumo vinculado a vários casos fatais na Escócia [195,196].

31.5.2 Narcóticos

Os agentes narcóticos não são utilizados no esporte com o intuito de melhorar o desempenho físico, mas para aliviar a dor de lesões traumáticas e/ou para obter o relaxamento muscular. Com a utilização dessas drogas, os atletas podem superar a dor provocada por lesões e participar de sessões de treinamento ou competições. Entre os agentes narcóticos, a oxicodona, um analgésico opioide potente, parece ser muito utilizada entre estudantes do ensino médio e jovens atletas [197].

Algumas dessas drogas podem ter efeitos arritmogênicos. Existem evidências de que o uso prolongado de narcóticos pode induzir o desenvolvimento de formas de cardiomiopatia hipertrófica ou dilatada, doença arterial coronariana e miocardite [198,199].

É possível mensurar esses compostos utilizando GC-MS ou LC-MS(/MS) [200-203]; o MRPL estipulado pela Wada é de 5 ng/mL para a buprenorfina, 2 ng/mL para o fentanil e 50 ng/mL para os demais narcóticos.

31.5.3 Canabinoides

O uso de canabinoides provenientes de fontes naturais ou sintéticas bem como o abuso de canabimiméticos (por exemplo, *Spice*, JWH018, JWH073, HU-210) são proibidos. A *Cannabis sativa* é conhecida por seu amplo uso em todo o mundo. No total, são conhecidos mais de quatrocentos compostos diferentes, incluindo a principal substância ativa, o delta-9-tetra-hidrocanabinol (THC). Produtos contendo THC e derivados da *Cannabis*, como a maconha e o haxixe, são comumente consumidos na forma de cigarros ou de pequenos cachimbos.

Os efeitos dos canabinoides ocorrem mediante a ligação destas substâncias com os receptores canabinoides CB1 e CB2. Os receptores CB1 têm sido encontrados principalmente no SNC, o que provavelmente explica os efeitos psicotrópicos centrais. Os receptores CB2, por outro lado, encontram-se principalmente em tecidos sensoriais que medeiam efeitos analgésicos [204,205].

O dronabinol, um THC sintético, foi aprovado em muitos países para o tratamento de condições médicas, tais como HIV/aids e câncer. A popularidade do uso de substâncias derivadas da *Cannabis* entre os jovens atletas levou a uma alta frequência de detecção. Nos Estados Unidos, 7,6 milhões de indivíduos com 12 ou mais anos de idade relataram ter usado maconha por no mínimo vinte dias no mês anterior, em 2012 [206].

Os efeitos ergogênicos da maconha, tais como o melhoramento do desempenho atlético, são questionáveis. Estudos avaliando os efeitos da maconha inalada no desempenho de exercícios físicos já relataram efeitos negativos na performance física, como o aumento da frequência cardíaca em repouso ou em atividade, levando à diminuição da resistência e à exaustão mediante atividades aeróbicas. Déficits no tempo de reação e no desempenho psicomotor também foram relatados. Em contraste, a atividade broncodilatadora da maconha pode favorecer indiretamente pacientes asmáticos na melhoria do desempenho aeróbico [207]. Outros possíveis benefícios seriam decorrentes das propriedades relaxantes e sedativas da *Cannabis* [75].

A detecção de canabinoides é realizada por meio da análise de urina em GC-MS. A molécula-alvo é a 11-nor-9-carboxi-Δ9-THC e um quantitativo superior a 15 ng/mL deve ser obtido para a caracterização de um resultado positivo, uma vez que esse limite pode diferenciar usuários ativos de fumantes passivos ou indivíduos que tenham consumido alimentos contendo traços de canabinoides [208]. No entanto, Brenneisen e colaboradores [209] sugeriram que tanto o 11-nor-9-carboxi-Δ9-THC como o 11-hidroxi- 9-THC devem ser considerados analitos-alvo para a detecção da dopagem pela *Cannabis* [209].

31.5.4 Glicocorticosteroides

O abuso de glicocorticosteroides é frequentemente realizado por atletas com o objetivo de melhorar o desempenho físico. Isso é possível por causa dos efeitos dos glicocorticosteroides relacionados ao metabolismo de energia, euforia e supressão da dor. Eles são fármacos muito potentes no tratamento de processos inflamatórios e doenças respiratórias obstrutivas crônicas [210]. Além disso, podem aliviar dores em geral e são comumente utilizados no tratamento de casos de insuficiência da glândula suprarrenal.

A utilização de glicocorticosteroides é proibida somente quando a administração for realizada pelas vias intravenosa, intramuscular, retal ou oral. Portanto estratégias capazes de diferenciar as vias de administração são necessárias para a correta distinção entre os tratamentos terapêuticos e o uso proibido. Na tentativa de fazer essa distinção, a Wada estabeleceu um MRPL de 30 ng/mL para os glicocorticosteroides e seus produtos de biotransformação como critério geral.

Estudos têm demonstrado que tratamentos prolongados com injeções epidurais de glicocorticosteroides podem potencialmente contribuir para o desenvolvimento de resistência à insulina [211,212]. Os glicocorticoides são também conhecidos por alterar a homeostase do cálcio, o que pode ocasionar redução da formação óssea e consequente aumento da probabilidade de fraturas ósseas [213]. Além disso, o uso de glicocorticoides sem acompanhamento médico pode levar à supressão do eixo hipotalâmico-hipofisário-adrenal, bem como a ocorrência de coriorretinopatia serosa central [214,215,216].

A maioria dos compostos é excretada inalterada (não biotransformada) na urina; contudo produtos biotransformados 6-hidroxilados também são detectáveis. A budesonida, em especial, é excretada principalmente na forma do produto 16 -hidroxiprednisolona [217]. A maioria dos métodos utilizados para a análise utiliza LC-ESI-MS/MS [218-221], uma vez que as análises por GC-MS requerem derivatização, demandando, assim, maior tempo para a preparação das amostras. Outro problema é a formação de diferentes isômeros e/ou derivados com estabilidade limitada, resultantes do processo de derivatização [222,223].

31.6 Substâncias proibidas em esportes específicos

31.6.1 Álcool

A administração de álcool (etanol) é proibida somente em competição para as seguintes modalidades: esportes aéreos, arco e flecha e automobilismo. A detecção é realizada por meio de análise de ar alveolar e/ou sangue. A concentração limiar para a caracterização do *doping* é a equivalente à concentração de álcool no sangue de 0,10 g/L [76].

O etanol é uma droga consumida amplamente no âmbito social. Entre os atletas, seu uso é bastante disseminado, porém os efeitos negativos, advindos do consumo na performance física fazem com que seja considerado prejudicial ao desempenho dos esportistas.

O álcool é uma substância que causa dependência e afeta negativamente vários órgãos do corpo humano, aumentando o risco de morbidade [224]. Evidências científicas sugerem que o consumo crônico provoca efeitos prejudiciais ao músculo cardíaco, sendo que o aumento do estresse oxidativo é apontado como um dos possíveis mecanismos pelos quais o álcool pode induzir disfunção cardíaca [225,226]. Outros estudos têm demonstrado que o consumo de álcool diminui a utilização de glicose e aminoácidos, prejudicando, assim, o fornecimento de energia para o músculo em exercício [227-230].

31.6.2 Betabloqueadores

Os betabloqueadores, também chamados de agentes bloqueadores beta-adrenérgicos ou antagonistas beta-adrenérgicos, são uma classe de substâncias utilizadas principalmente para controle de arritmias cardíacas, proteção cardiovascular após infarto do miocárdio e hipertensão. Como eles reduzem a pressão arterial e o tremor nos esportes, seu uso foi proibido pela Wada.

Os betabloqueadores não são permitidos em competição para os seguintes esportes: arco e flecha (também proibido fora de competição), automobilismo, bilhar, dardo, golfe, tiro (também proibido fora de competição), esqui e modalidades diversas de *snowboarding*. Os betabloqueadores incluem as seguintes substâncias (mas não se limitam a elas): acebutolol, alprenolol, atenolol, betaxolol, bisoprolol, bunolol, carteolol, carvedilol, celiprolol, esmolol, labetalol, levobunolol, metipranolol, metoprolol, nadolol, oxprenolol, pindolol, propranolol, sotalol e timolol [76].

Métodos multirresíduos para a análise de betabloqueadores têm sido relatados no controle de dopagem utilizando principalmente a técnica LC-MS/MS [231,232,219,178]. Pujos e colaboradores [233] descreveram um estudo comparativo das técnicas Elisa, GC-MS e LC-MS. Apesar da baixa sensibilidade e seletividade das análises por Elisa, o método demonstrou utilidade no rastreio de agentes betabloqueadores, enquanto que as técnicas GC-MS e LC-MS foram mais sensíveis e precisas [233].

31.7 Suplementos alimentares e o risco do *doping* involuntário

Em 2012, a comercialização de suplementos alimentares movimentou R$ 450 milhões no Brasil, aumento de 23% em relação ao ano anterior, segundo dados da Associação Brasileira das Empresas de Produtos Nutricionais (Abenutri). A busca pelo corpo ideal e a obtenção de benefícios à saúde são os principais objetivos dos consumidores. Atletas profissionais também fazem uso de suplementos, com o intuito de suprir necessidades nutricionais específicas e de melhorar o desempenho esportivo [234,235].

No Brasil, Brunacio e colaboradores [236], após entrevistarem 865 indivíduos da cidade de São Paulo entre os anos 2007 e 2008, estimaram que a prevalência do uso de suplementos alimentares pela população em geral era de 6,35%, valor similar ao observado em países como Grécia, Espanha e Itália, porém menor que nos Estados Unidos. Produtos contendo vitaminas e minerais foram os mais relatados [236].

O percentual de usuários aumenta quando são consideradas populações específicas, como frequentadores de academias e atletas. Em 1999, uma amostra de 309 frequentadores de sete academias de ginástica da cidade de São Paulo foi entrevistada, sendo que 23,9% destes consumiam algum tipo de suplemento. Os suplementos mais consumidos foram aminoácidos ou outros concentrados proteicos (38,9%), sendo que a maioria dos frequentadores fazia uso diário desses suplementos. A correlação entre gasto com suplemento e renda individual foi de 27,5% (n = 52), sendo o gasto com suplementos maior entre homens do que entre mulheres [237]. Goston e Correia [238] analisaram o consumo de suplementos alimentares entre 1.112 frequentadores de academias na cidade de Belo Horizonte (MG). O uso de suplementos foi relatado por 36,8% dos participantes e os produtos mais consumidos foram aqueles ricos em proteínas e aminoácidos. Além disso, grande parte dos entrevistados (55%) reportou o uso de suplementos sem nenhum auxílio de profissional especializado. De Rose e colaboradores [239] descreveram a prevalência do uso de medicamentos e suplementos alimentares em atletas que participaram dos controles obrigatórios de dopagem dos VII Jogos Desportivos Sul-Americanos de 2002. Nesse estudo, foram analisados dados coletados de 234 atletas em 25 esportes, sendo 136 do sexo masculino e 98 do feminino, distribuídos entre os treze países participantes. Constatou-se, no controle de *doping*, que 50% dos atletas relataram o uso de suplementos alimentares, entre os quais as vitaminas (39,7%), os sais minerais (21,9%) e os aminoácidos (18,9%) foram os mais relatados.

31.7.1 Regulamentação

A Agência Nacional de Vigilância Sanitária (Anvisa) não define a categoria "suplemento alimentar". Esses produtos, quando comercializados no Brasil, podem ser classificados, por exemplo, como suplemento vitamínico e/ou mineral, alimentos para atletas ou novos alimentos [240].

As definições fornecidas pela Anvisa são:

a) Suplementos vitamínicos e/ou minerais: são os alimentos compostos exclusivamente por nutrientes vitamínicos e/ou minerais, que servem para complementar a dieta diária de uma pessoa saudável, em casos em que sua ingestão, a partir da alimentação, seja insuficiente ou quando a dieta requerer algum suplemento.

b) Alimentos para atletas: os alimentos formulados para auxiliar os atletas a atenderem suas necessidades nutricionais específicas e auxiliar no desempenho físico também são denominados suplementos, podendo ser classificados, de acordo com a finalidade a que se destinam, em suplementos: hidroeletrolíticos, energéticos, proteicos, de creatinina, de cafeína e para substituição parcial de refeições de atletas.

c) Novos alimentos: são os alimentos ou substâncias sem histórico de consumo no país, ou alimentos com substâncias que já são consumidas, mas que venham a ser adicionadas ou utilizadas em níveis muito superiores aos atualmente observados nos alimentos utilizados na dieta regular. Alguns exemplos de novos alimentos são: ômega 3 proveniente do óleo de peixe, resveratrol sintético ou extraído da uva, licopeno sintético ou extraído de tomate e fitoesteróis de óleos vegetais.

d) Alimentos com alegação de propriedade funcional e/ou de saúde: são os alimentos que apresentam em seus dizeres de rotulagem e/ou material publicitário a alegação de propriedade funcional relativa ao papel metabólico ou fisiológico que o nutriente ou não nutriente tem no crescimento, no desenvolvimento, na manutenção e em outras funções normais do organismo humano.

Suplementos vitamínicos e/ou minerais e os alimentos para atletas não podem conter indicações terapêuticas ou fármacos em sua composição, sendo proibida qualquer expressão que se refira ao uso do suplemento para prevenir, aliviar ou tratar uma enfermidade. Alegações como as de ganho de massa muscular, definição corporal, redução de gordura, aceleração do metabolismo ou melhora do desempenho sexual poderiam induzir uso indiscriminado desses produtos. São permitidas somente informações sobre as funções normais cientificamente comprovadas das vitaminas e minerais, descrevendo o papel fisiológico desses nutrientes no organismo [241].

Produtos apresentados em formatos farmacêuticos (cápsulas, tabletes ou outros formatos destinados a serem ingeridos em dose), fabricados no país ou importados, devem ser regularizados como medicamentos ou alimentos, de acordo com sua composição e finalidade de uso. Quando comercializados como alimentos, esses produtos geralmente têm obrigatoriedade de registro na Anvisa, conforme determina a RDC/Anvisa nº 27/2010. Porém alimentos em cápsulas e comprimidos também são permitidos para produtos das categorias de suplementos vitamínicos e/ou minerais, assim como alimentos para atletas, os quais estão atualmente isentos da obrigatoriedade de registro [242]. A dispensa de registro, todavia, não exime a empresa de cumprir os requisitos de composição e qualidade estabelecidos pelos respectivos regulamentos técnicos.

Alguns países, por exemplo, os Estados Unidos, regulam os "suplementos alimentares" de forma diferente. Assim, alguns "suplementos alimentares" produzidos em outros países podem conter ingredientes (fármacos estimulantes, hormônios, entre outros) que não são seguros para serem consumidos como alimentos ou substâncias com propriedades terapêuticas. O uso desses produtos tem sido relacionado na literatura científica a danos graves à saúde do consumidor, tais como: dependência, efeitos tóxicos no fígado, insuficiência renal, disfunções metabólicas, alterações cardíacas, alterações do sistema nervoso e, em alguns casos, até a morte [243-246]. Como exemplo, podemos citar a 4-metil-hexano-2-amina (DMAA), um estimulante proibido pela Wada e utilizado como princípio ativo em suplementos emagrecedores e estimulantes físicos. A Organização Mundial da Saúde (OMS) alertou que vários países têm identificado efeitos adversos associados a essa substância, tais como insuficiência renal, falência hepática e problemas cardíacos. Alguns países, como Austrália e Nova Zelândia, já proibiram a comercialização de produtos que contenham DMAA. O Brasil acrescentou essa substância na lista F2 (Lista das Substâncias Psicotrópicas de Uso Proscrito) da Portaria 344/98, conforme RDC nº 37, de 2 de julho de 2012, fato que impede a importação e o comércio de suplementos que a contenham [247].

31.7.2 Adulteração

Um grande problema enfrentado pela população em geral e pelos atletas que consomem suplementos é a insegurança sobre a qualidade do produto e a veracidade das declarações contidas em rótulos e embalagens. Em todo o mundo, a adição dolosa de ativos farmacêuticos em suplementos é um problema comum e permanente. De fato, suplementos comercializados para a perda de peso são alvos frequentes de fraudes. Inibidores do apetite e/ou estimulantes, associados ou não a laxantes, podem estar presentes em formulações aparentemente inofensivas ao consumidor e sem qualquer indicação na embalagem. Ariburnu e colaboradores [248] determinaram e quantificaram a presença de sibutramina em três produtos emagrecedores comercializados na Turquia. Outra análise, desenvolvida pela Food and Drug Administration (FDA), para a triagem de possíveis adulterantes em produtos destinados à perda de peso identificou dois casos de adulteração em suplementos, sendo que um continha o análogo da sibutramina, denominado didesmetilsibutramina, e o outro apresentava, além da didesmetilsibutramina, o laxante fenolftaleína [249]. Phattanawasin e colaboradores [250] investigaram a sibutramina em vinte suplementos alimentares à base de plantas comprados na Tailândia e verificaram que 30% continham sibutramina em suas formulações [250]. Na Holanda, a presença de rimonabanto foi encontrada em cinco produtos destinados à perda de peso comprados de fontes não oficiais na internet. Além disso, traços dos análogos do rimonabanto, sibutramina, N-desmetilsibutramina e bis-N-desmetilsibutramina também foram detectados [251]. Na França, vinte suplementos emagrecedores à base de ervas foram investigados e, do total, quatorze estavam adulterados com sibutramina, fenolftaleína ou sinefrina [252]. Por fim, 22 suplementos alimentares à base de plantas foram investigados na China, sendo que onze destes estavam adulterados com fenolftaleína, sibutramina ou N-mono-desmetil-sibutramina [253].

Existem estudos que constataram, além dos compostos citados anteriormente, a presença de antidepressivos, hormônios anabolizantes, diuréticos e analgésicos/anti-inflamatórios em tais produtos. Cianchino e colaboradores [254] descreveram dois produtos à base de ervas que continham adulterantes: um contendo efedrina, norefedrina e furosemida e outro apresentando efedrina e norefedrina. Outro trabalho investigou 105 suplementos alimentares à base de plantas, em Shangai, todos suspeitos de adulteração. Do total, 35 estavam adulterados com substâncias, tais como: lovastatina, glibenclamida, sibutramina, fenfluramina, fenformina, fenolftaleína ou sildenafila [255].

De Carvalho e colaboradores [256] conduziram uma investigação de sete substâncias (anfepramona, sibutramina, femproporex, fluoxetina, paroxetina, sertralina e bupropiona) em 106 suplementos à base de ervas comercializados no Brasil. Os produtos foram coletados em 73 farmácias localizadas em nove estados brasileiros, sendo que femproporex ou sibutramina foram encontrados em 3,8% dos produtos analisados [256]. O mesmo grupo de pesquisadores investigou a presença de oito analitos (furosemida, hidroclorotiazida, clortalidona e amilorida, fenolftaleína, amfepramona, fluoxetina e paroxetina) em 26 fitoterápicos vendidos no país. As 26 amostras foram adquiridas em farmácias de diferentes regiões do Brasil e três delas estavam adulteradas com hidroclorotiazida, um fármaco diurético utilizado como adulterante em suplementos com o propósito de perda de líquido e, consequentemente, diminuição do peso corporal [257].

Em suma, estudos têm mostrado que a rotulagem dos suplementos alimentares pode não refletir o seu conteúdo real. Com base nesse conhecimento, existe a possibilidade de que alimentos desenvolvidos para atletas, tais como vitaminas, minerais e aminoácidos, possam conter substâncias dopantes não declaradas nos rótulos, levando inadvertidamente a resultados analíticos adversos em exames *antidoping*.

31.8 Conclusões

A quantidade sempre crescente de novas drogas dopantes presentes no cenário esportivo representa um contínuo desafio para os laboratórios de controle de *doping*. Estratégias analíticas precisam ser continuamente expandidas, de tal modo que as drogas emergentes também possam ser identificadas. Como observado diversas vezes no passado, o abuso de drogas no esporte não é limitado às substâncias clinicamente aprovadas. Dessa forma, se faz necessária a aplicação de medidas preventivas que apoiem a implementação de novos métodos de detecção para quaisquer compostos com potencial de utilização indevida no esporte.

A capacidade de detecção de agentes dopantes tem se tornado cada vez mais abrangente e os métodos proibidos também estão mais perto de serem adequadamente controlados. Técnicas de GC-MS e LC-MS são particularmente relevantes nesse aspecto, pois oferecem adequada sensibilidade, precisão e versatilidade na detecção de grande número de moléculas. Por outro lado, o estabelecimento do chamado "passaporte sanguíneo do atleta" tem servido não só para o propósito de detectar variações anômalas nos parâmetros hematológicos dos atletas, mas também como um teste *antidoping* válido. Assim, marcadores indiretos estão sendo cada vez mais reconhecidos como uma ferramenta poderosa na luta contra o *doping* no esporte.

Até que ponto as metodologias mencionadas ganharão aplicabilidade ou serão substituídas por novos testes ainda é uma questão em aberto. O que permanece com o passar do tempo é o cerne das medidas *antidoping*, tais como as descritas neste capítulo, cujos objetivos são manter a integridade do atleta e proporcionar a igualdade de competição para todos.

Questões para estudo

1. Qual a definição de *doping*, de acordo com o Código Mundial *Antidoping*?
2. Como são classificados os agentes anabolizantes e quais são os principais esteroides utilizados como *doping*?
3. Quais os principais riscos para a saúde do atleta que faz uso de agentes estimulantes da eritropoese?
4. A utilização de diuréticos é proibida no esporte desde 1985. Qual objetivo os atletas buscam com a utilização dessas substâncias proibidas?
5. Quais estimulantes fazem parte do "programa de monitoramento" da Wada e quais os métodos utilizados no controle de *doping* para os estimulantes?

Respostas

1. É considerado como *doping* "o uso de substância ou método que possa ser potencialmente prejudicial à saúde do atleta e capaz de aumentar seu desempenho físico".
2. Os agentes anabolizantes são classificados em esteroides endógenos (EEn) e esteroides exógenos (EEx). Os EEn são aqueles que ocorrem naturalmente no ser humano. Alguns dos EEn proibidos pela Wada são a deidroepiandrosterona, a diidrotestosterona e a testosterona. Entre os vários EEx classificados como agentes dopantes pela Wada, podemos citar: 1-androstenediol, 1-androstenediona, boldenona, clostebol, deidroclormetiltestosterona, metandienona, metiltestosterona e nandrolona.
3. O uso de agentes estimulantes da eritropoiese está associado ao aumento da incidência de tromboembolia em pacientes com câncer, bem como aumento da pressão arterial em pacientes com hipertensão não controlada. Outros efeitos que podem ser observados são encefalopatias, trombose, diminuição do fluxo sanguíneo e hipóxia.
4. Os diuréticos são utilizados indevidamente por diversas razões, tais como: perda rápida de peso em esportes que envolvem categorias de peso; diminuição da retenção de líquidos induzida pelo uso de esteroides anabólicos androgênicos; alteração do mecanismo de excreção urinária.
5. Os estimulantes que são incluídos no "programa de monitoramento" podem ser consumidos, contudo devem ser monitorados pelos laboratórios de controle *antidoping*, os quais, por sua vez, devem reportar suas conclusões à Wada. Esses compostos são bupropiona, cafeína, nicotina, fenilefrina, fenilpropanolamina, pipradrol e sinefrina. O controle de *doping* para os estimulantes é realizado em urina, por meio das técnicas de cromatografia gasosa com detector de nitrogênio e fósforo, cromatografia gasosa e cromatografia líquida acopladas à espectrometria de massas.

Lista de abreviaturas

%Macro	Percentual de macrócitos	HRMS	Espectrometria de massa de alta resolução (do inglês *high resolution mass spectrometry*)
Δ9-THC	Delta-9-tetra-hidrocanabinol	IGF-I	Fator de crescimento do tipo insulínico I (do inglês *insulin-like growth factor-I*)
ABCD	Autoridade Brasileira de Controle de Dopagem	IPCR	Técnica de imunorreação em cadeia de polimerase (do inglês: *immuno polymerase chain reaction*)
ACTH	Corticotrofina (do inglês *corticotrophin*)	IRMS	Espectrometria de massas de razão isotópica (do inglês *isotope ratio mass spectrometry*)
AMP	Monofostato de adenosina (do inglês *adenosine monophosphate*)	LC	Cromatografia líquida (do inglês *liquid chromatography*)

AMPK	Quinase ativada pela AMP (do inglês *adenosine monophosphate activated kinase*)	LC-MS	Cromatografia líquida acoplada à espectrometria de massas (do inglês *liquid chromatography-mass spectrometry*)
Code	Código Mundial Antidoping	LH	Hormônio luteinizante (do inglês *luteinizing hormone*)
COI	Comitê Olímpico Internacional	MDMA	Metilenodioximetanfetamina
DEHP	Di-2-etil-hexil-ftalato	MRPL	Limite mínimo de detecção para métodos analíticos (do inglês *minimum required performance limits*)
DHEA	Deidroepiandrosterona	NMR	Ressonância magnética nuclear (do inglês *nucler magnetic ressonance*)
DHT	Di-hidrotestosterona	OMS	Organização Mundial da Saúde
DMAA	4-metilhexano-2-amina	P-III-NP	Pró-peptídeo amino-terminal do pró-colágeno de tipo III (do inglês *procollagen type III amino-terminal propeptide*)
EEn	Esteroides endógenos	PPARd	Receptor delta ativador de proliferação do peroxissoma (do inglês *peroxisome proliferator-activated receptor delta*)
EEx	Esteroides exógenos	PPARα	Receptores α ativados por proliferadores de peroxissoma
EPO	Eritropoietina	PVC	Cloreto de polivinila (do inglês *polyvinyl chloride*)
FDA	Food and Drug Administration	retHct	Reticulócito hematócrito
FIFA	Federação Internacional de Futebol (Féderation Internationale de Football Association)	rHuEPO	Eritropoietina humana recombinante (do inglês *recombinant human erythropoietin*)
GC-C-IRMS	Cromatografia gasosa equipada com um sistema de combustão e acoplada à espectrometria de massas de razão isotópica (do inglês *gas chromatography combustion isotope ratio mass spectrometry*)	SARM	Moduladores seletivos dos receptores de androgênicos (do inglês *selective androgen receptor modulators*)
GC-MS	Cromatografia gasosa acoplada à espectrometria de massas (do inglês *gas chromatography-mass spectrometry*)	SERM	Moduladores seletivos do receptor de estrogênio (do inglês *selective estrogen receptor modulators*)
GC-NPD	Cromatografia gasosa com detector de nitrogênio e fósforo (do inglês *gas chromatography with nitrogen phosphorus detector*)	SNC	Sistema nervoso central
GH	Hormônio do crescimento (do inglês *growth hormone*)	Tfrs	Receptor de transferrina solúvel
GHr	GH recombinante	TGF-β	Fatores de crescimento transformante-β (do inglês *transforming growth factor*-β)
GV	Glóbulos vermelhos	UPLC	Cromatografia líquida de ultraeficiência (do inglês *ultra performance liquid chromatography*)
hCG	Gonadotrofina coriônica humana (do inglês *human chorionic gonadotropin*)	VEGF	Genes para o fator de crescimento endotelial vascular
Hct	Hematócrito	WADA	Agência Mundial Antidopagem (World Anti-Doping Agency)
HPLC-FL	Cromatografia líquida de alta eficiência acoplada ao detector de fluorescência (do inglês *high performance liquid chromatography coupled with fluorescence detection*)		

Lista de palavras

Agentes anabolizantes
Álcool
Betabloqueadores
Beta-2-agonistas
Canabinoides
Diuréticos e agentes mascarantes
Doping genético
Estimulantes
Fatores de crescimento
Glicocorticosteroides
Hormônios peptídicos
Inibidores da aromatase
Inibidores da miostatina
Moduladores seletivos do receptor de estrogênio
Moduladores metabólicos da resposta ao exercício
Manipulação de sangue e componentes
Manipulação química
Narcóticos

REFERÊNCIAS

1. De Siqueira Nogueira FR, Freitas Brito A, Oliveira CVC, Vieira TI, Beniz Gouveia RL. Anabolic-Androgenic Steroid Use Among Brazilian Bodybuilders. Subst Use Misuse. 2014 Jul;49(9):1138-45.

2. Silva PRP, Machado LC, Jr, Figueiredo VC, Cioffi AP, Prestes MC, Czepielewski MA. [Prevalence of the use of anabolic agents among strength training apprentices in Porto Alegre, RS]. Arq Bras Endocrinol Metabol. 2007;51:104-110.

3. Parkinson AB, Evans NA. Anabolic androgenic steroids: a survey of 500 users. Med Sci Sports Exerc. 2006;38:644-51.

4. Pereira HMG, Sardela VF. Stimulant Doping Agents Used in Brazil: Prevalence, Detectability, Analytical Implications, and Challenges. Subst Use Misuse. 2014 Jul;49(9):1098-114.

5. Adamson R, Rambaran C, D'Cruz DP. Anabolic steroid-induced rhabdomyolysis. Hosp Med Lond Engl. 2005 Jun;66(6):362.

6. Braseth NR, Allison EJ, Gough JE. Exertional rhabdomyolysis in a body builder abusing anabolic androgenic steroids. Eur J Emerg Med Off J Eur Soc Emerg Med. 2001;8:155-7.

7. Farkash U, Shabshin N, Pritsch Perry M. Rhabdomyolysis of the deltoid muscle in a bodybuilder using anabolic-androgenic steroids: a case report. J Athl Train. 2009;44:98-100.

8. Laseter JT, Russell JA. Anabolic steroid-induced tendon pathology: a review of the literature. Med Sci Sports Exerc. 1991 ;23:1-3.

9. Masár PP, Krämer S, Vogt M. [Rhabdomyolysis in body building. Report of a case and literature review]. Schweiz Rundsch Für Med Prax Rev Suisse Médecine Prax. 1992;81:1055-8.

10. Bricout V, Wright F. Update on nandrolone and norsteroids: how endogenous or xenobiotic are these substances? Eur J Appl Physiol. 2004;92:1-12.

11. Hebestreit M, Flenker U, Fusshöller G, Geyer H, Güntner U, Mareck U, Piper T, Thevis M, Ayotte C, Schänzer W. Determination of the origin of urinary norandrosterone traces by gas chromatography combustion isotope ratio mass spectrometry. Analyst 2006;131:1021-6.

12. Schänzer W. Metabolism of anabolic androgenic steroids. Clin Chem. 1996;42:1001-20.

13. Verheyden K, Noppe H, Vanhaecke L, Wille K, Bussche JV, Bekaert K, Thas O, Janssen CR, De Brabander HF. Excretion of endogenous boldione in human urine: influence of phytosterol consumption. J Steroid Biochem Mol Biol. 2009;117:8-14.

14. Parr MK, Kazlauskas R, Schlörer N, Opfermann G, Piper T, Schulze G, Schänzer W. 6 -Methylandrostenedione: gas chromatographic mass spectrometric detection in doping control. Rapid Commun Mass Spectrom. 2008;22:321-9.

15. Choi MH, Skipper PL, Wishnok JS, Tannenbaum SR. Characterization of testosterone 11 beta-hydroxylation catalyzed by human liver microsomal cytochromes P450. Drug Metab Dispos Biol Fate Chem. 2005;33:714-8.

16. Cawley AT, Flenker U. The application of carbon isotope ratio mass spectrometry to doping control. J Mass Spectrom. 2008;43:854-64.

17. Wada. WADA Technical Document – TD2014IRMS – Detection of synthetic forms of endogenous anabolic androgenic steroids by GC-C-IRMS. 2014.

18. Piper T, Mareck U, Geyer H, Flenker U, Thevis M, Platen P, Schänzer W. Determination of 13C/12C ratios of endogenous urinary steroids: method validation, reference population and application to doping control purposes. Rapid Commun Mass Spectrom. 2008;22:2161-75.

19. Piper T, Thevis M, Flenker U, Schänzer W. Determination of the deuterium/hydrogen ratio of endogenous urinary steroids for doping control purposes. Rapid Commun Mass Spectrom. 2009;23:1917-26.

20. Saudan C, Baume N, Mangin P, Saugy M. Urinary analysis of 16(5alpha)-androsten-3alpha-ol by gas chromatography/combustion/isotope ratio mass spectrometry: implications in anti-doping analysis. J Chromatogr B Analyt Technol Biomed Life Sci. 2004;810:157-164.

21. Ayotte C. Significance of 19-norandrosterone in athletes' urine samples. Br J Sports Med. 2006;40(Suppl 1):i25-9.

22. Hintikka L, Kuuranne T, Leinonen A, Thevis M, Schänzer W, Halket J, Cowan D, Grosse J, Hemmersbach P, Nielen MWF, Kostiainen R. Liquid chromatographic-mass spectrometric analysis of glucuronide-conjugated anabolic steroid metabolites: method validation and interlaboratory comparison. J Mass Spectrom. 2008;43:965-73.

23. Kuuranne T, Kotiaho T, Pedersen-Bjergaard S, Einar Rasmussen K, Leinonen A, Westwood S, Kostiainen R. Feasibility of a liquid-phase microextraction sample clean-up and liquid chromatographic/mass spectrometric screening method for selected anabolic steroid glucuronides in biological samples. J Mass Spectrom. 2003;38:16-26.

24. Pozo OJ, Van Eenoo P, Van Thuyne W, Deventer K, Delbeke FT. Direct quantification of steroid glucuronides in human urine by liquid chromatography-electrospray tandem mass spectrometry. J Chromatogr A. 2008;1183:108-18.

25. Wada. Technical Document – TD2004NA. Reporting norandrosterone findings. 2004.

26. Le Bizec B, Bryand F, Gaudin I, Monteau F, Poulain F, Andre F. Endogenous nandrolone metabolites in human urine: preliminary results to discriminate between endogenous and exogenous origin. Steroids 2002 ;67:105-10.

27. Mareck U, Sigmund G, Opfermann G, Geyer H, Schänzer W. Identification of the aromatase inhibitor aminoglutethimide in urine by gas chromatography/mass spectrometry. Rapid Commun Mass Spectrom. 2002;16:2209-14.

28. Van Eenoo P, Delbeke FT, De Jong, FH, De Backer P. Endogenous origin of norandrosterone in female urine: indirect evidence for the production of 19-norsteroids as by-products in the conversion from androgen to estrogen. J Steroid Biochem. Mol. Biol. 2001;78:351-7.

29. Grosse J, Anielski P, Hemmersbach P, Lund H, Mueller RK, Rautenberg C, Thieme D. Formation of 19-norsteroids by in situ demethylation of endogenous steroids in stored urine samples. Steroids. 2005;70:499-506.

30. Kim KH, Kim YS, Yang J. The muscle-hypertrophic effect of clenbuterol is additive to the hypertrophic effect of myostatin suppression. Muscle Nerve. 2011;43:700-7.

31. Sirvent P, Douillard A, Galbes O, Ramonatxo C, Py G, Candau R, Lacampagne A. Effects of chronic administration of clenbuterol on contractile properties and calcium homeostasis in rat extensor digitorum longus muscle. PLoS ONE 2014;9.

32. Canalis E. Update in new anabolic therapies for osteoporosis. J Clin Endocrinol Metab. 2010;95:1496-1504.

33. Parr M, Opfermann G, Schänzer W. Detection of new 17-alkylated anabolic steroids on wada 2006 list. In: Recent Advances in Doping Analysis (14). Köln: Sport Und Buch Strauß; 2006.

34. Gao W, Dalton JT. Expanding the therapeutic use of androgens via selective androgen receptor modulators (SARMs). Drug Discov Today. 2007;12:241-8.

35. Thum T, Springer J. Breakthrough in cachexia treatment through a novel selective androgen receptor modulator?! J Cachexia Sarcopenia Muscle. 2011;2:121-3.

36. Thevis M, Piper T, Beuck S, Geyer H, Schänzer W. Expanding sports drug testing assays: mass spectrometric characterization of the selective androgen receptor modulator drug candidates RAD140 and ACP-105. Rapid Commun Mass Spectrom. 2013;27:1173-82.

37. Liboi E, Carroll M, D'Andrea AD, Mathey-Prevot B. Erythropoietin receptor signals both proliferation and erythroid-specific differentiation. Proc Natl Acad Sci USA. 1993;90:11351-5.

38. Giraud S, Robinson N, Mangin P, Saugy M. Scientific and forensic standards for homologous blood transfusion anti-doping analyses. Forensic Sci Int. 2008;179:23-33.

39. Leuenberger N, Lamon S, Robinson N, Giraud S, Saugy M. How to confirm C.E.R.A. doping in athletes' blood? Forensic Sci Int. 2011;213(1-3):101-3.

40. Magnani M, Corsi D, Bianchi M, Paiardini M, Galluzzi L, Gargiullo E, Parisi A, Pigozzi F. Identification of blood erythroid markers useful in revealing erythropoietin abuse in athletes. Blood Cells Mol Dis. 2001;27:559-71.

41. Parisotto R, Gore CJ, Emslie KR, Ashenden MJ, Brugnara C, Howe C, Martin DT, Trout GJ, Hahn AG. A novel method utilising markers of altered erythropoiesis for the detection of recombinant human erythropoietin abuse in athletes. Haematologica. 2000;85:564-72.

42. Sharpe K, Ashenden MJ, Schumacher YO. A third generation approach to detect erythropoietin abuse in athletes. Haematologica. 2006;91:356-63.

43. Ashenden MJ, Gore CJ, Parisotto R, Sharpe K, Hopkins WG, Hahn AG. Effect of altitude on second-generation blood tests to detect erythropoietin abuse by athletes. Haematologica. 2003;88:1053-62.

44. Julian CG, Gore CJ, Wilber RL, Daniels JT, Fredericson M, Stray-Gundersen J, Hahn AG, Parisotto R, Levine BD. Intermittent normobaric hypoxia does not alter performance or erythropoietic markers in highly trained distance runners. J Appl Physiol. 2004;96:1800-7.

45. Parisotto R, Ashenden MJ, Gore CJ, Sharpe K, Hopkins W, Hahn AG. The effect of common hematologic abnormalities on the ability of blood models to detect erythropoietin abuse by athletes. Haematologica. 2003;88:931-40.

46. Sharpe K, Hopkins W, Emslie KR, Howe C, Trout GJ, Kazlauskas R, Ashenden MJ, Gore CJ, Parisotto R, Hahn AG. Development of reference ranges in elite athletes for markers of altered erythropoiesis. Haematologica. 2002;87:1248-57.

47. Malcovati L, Pascutto C, Cazzola M. Hematologic passport for athletes competing in endurance sports: a feasibility study. Haematologica. 2003;88:570-81.

48. Robinson N, Sottas PE, Pottgiesser T, Schumacher YO, Saugy M. Stability and robustness of blood variables in an antidoping context. Int J Lab Hematol. 2011;33:146-53.

49. Wada. Technical Document – TD 2010 BAR. Reporting Blood Analytical Requirements for the Athlete Biological Passport. 2010.

50. Wada. Athlete Biological Passport – Operating Guidelines & Compilation of Required Elements. 2013.

51. Wada. WADA Technical Document – TD2014EPO – Harmonization of analysis and reporting of erythropoiesis stimulating agents (ESAs) by electrophoretic techniques. 2014.

52. Bennett CL, Silver SM, Djulbegovic B, Samaras AT, Blau CA, Gleason KJ, Barnato SE, Elverman KM, Courtney DM, McKoy JM, Edwards BJ, Tigue CC, Raisch DW, Yarnold PR, Dorr DA, Kuzel TM, Tallman MS, Trifilio SM, West DP, Lai SY, Henke M. Venous thromboembolism and mortality associated with recombinant erythropoietin and darbepoetin administration for the treatment of cancer-associated anemia. JAMA J Am Med Assoc. 2008;299:914-24.

53. Bohlius J, Wilson J, Seidenfeld J, Piper M, Schwarzer G, Sandercock J, Trelle S, Weingart O, Bayliss S, Brunskill S, Djulbegovic B, Benett CL, Langensiepen S, Hyde C, Engert E. Erythropoietin or darbepoetin for patients with cancer. Cochrane Database Syst. Rev. 2006 Jul 19;(3).

54. Corrigan B. Beyond EPO. Clin J Sport Med Off J Can Acad Sport Med. 2002;12:242-4.

55. Henry DH, Dahl NV, Auerbach MA. Thrombocytosis and venous thromboembolism in cancer patients with chemotherapy induced anemia may be related to ESA induced iron restricted erythropoiesis and reversed by administration of IV iron. Am J Hematol. 2012;87:308-10.

56. Krapf R, Hulter HN. Arterial hypertension induced by erythropoietin and erythropoiesis-stimulating agents (ESA). Clin J Am Soc Nephrol. 2009;4:470-80.

57. Cao Y. Erythropoietin in cancer: a dilemma in risk therapy. Trends Endocrinol Metab. 2013;24:190-9.

58. Jelkmann W, Elliott S. Erythropoietin and the vascular wall: the controversy continues. Nutr Metab Cardiovasc Dis. 2013;23(Suppl 1):S37-43.

59. Baumann GP. Growth hormone doping in sports: a critical review of use and detection strategies. Endocr Rev. 2012;33:155-86.

60. Graham MR, Baker JS, Evans P, Kicman A, Cowan D, Hullin D, Thomas N, Davies B. Physical effects of short-term recombinant human growth hormone administration in abstinent steroid dependency. Horm Res. 2008;69:343-54.

61. Meinhardt U, Nelson AE, Hansen JL, Birzniece V, Clifford D, Leung K-C, Graham K, Ho KKY. The effects of growth hormone on body composition and physical performance in recreational athletes: a randomized trial. Ann Intern Med. 2010;152:568-77.

62. Powrie JK, Bassett EE, Rosen T, Jørgensen JO, Napoli R, Sacca L, Christiansen JS, Bengtsson BA, Sönksen PH, GH-2000 Project Study Group. Detection of growth hormone abuse in sport. Growth Horm IGF Res Off J Growth Horm Res Soc In IGF Res Soc. 2007;17:220-6.

63. Cook DM. Shouldn't adults with growth hormone deficiency be offered growth hormone replacement therapy? Ann Intern Med. 2002;137:197-201.

64. Jenkins PJ, Mukherjee A, Shalet SM. Does growth hormone cause cancer? Clin Endocrinol. (Oxf.) 2006;64:115-21.

65. Stenman U-H, Alfthan H. Determination of human chorionic gonadotropin. Best Pract Res Clin Endocrinol Metab. 2013;27:783-93.

66. Fitch K. Proscribed drugs at the Olympic Games: permitted use and misuse (doping) by athletes. Clin Med Lond Engl. 2012;12:257-60.

67. Deepinder F, Braunstein GD. Drug-induced gynecomastia: an evidence-based review. Expert Opin Drug Saf. 2012;11:779-95.

68. Walker LM, Tran S, Robinson JW. Luteinizing hormone-releasing hormone agonists: a quick reference for prevalence rates of potential adverse effects. Clin Genitourin Cancer 2013;11:375-84.

69. Robinson N, Saudan C, Sottas P-E, Mangin P, Saugy M. Performance characteristics of two immunoassays for the measurement of urinary luteinizing hormone. J Pharm Biomed Anal. 2007;43:270-76.

70. Badoud F, Guillarme D, Boccard J, Grata E, Saugy M, Rudaz S, Veuthey J-L. Analytical aspects in doping control: Challenges and perspectives. Forensic Sci Int. 2011;213:49-61.

71. Baume N, Steel G, Edwards T, Thorstensen E, Miller BF. No variation of physical performance and perceived exertion after adrenal gland stimulation by synthetic ACTH (Synacthen) in cyclists. Eur J Appl Physiol. 2008;104:589-600.

72. Grillon C, Heller R, Hirschhorn E, Kling MA, Pine DS, Schulkin J, Vythilingam M. Acute hydrocortisone treatment increases anxiety but not fear in healthy volunteers: a fear--potentiated startle study. Biol Psychiatry. 2011;69 :549-55.

73. Yonamine M, De Paula D. Dopagem no Esporte. In: Oga S. Fundamentos de Toxicologia. São Paulo: Atheneu; 2008.

74. Thomas A, Kohler M, Schänzer W, Kamber M, Delahaut P, Thevis M. Determination of Synacthen in urine for sports drug testing by means of nano-ultra-performance liquid chromatography/tandem mass spectrometry. Rapid Commun Mass Spectrom. 2009;23:2669-74.

75. Thevis M, Kuuranne T, Geyer H, Schänzer W. Annual banned-substance review: analytical approaches in human sports drug testing. Drug Test Anal. 2010;2:149-61.

76. Wada. List of Prohibited Substances and Methods. 2014 [cited 2014 Dec 12]. Available from: http://list.wada--ama.org/prohibited-all-times/prohibited-substances/

77. Zeman RJ, Ludemann R, Easton TG, Etlinger JD. Slow to fast alterations in skeletal muscle fibers caused by clenbuterol, a beta 2-receptor agonist. Am J Physiol. 1988;254:E726-32.

78. Yang YT, McElligott MA. Multiple actions of beta-adrenergic agonists on skeletal muscle and adipose tissue. Biochem J. 1989;261:1.

79. Deventer K, Pozo OJ, Delbeke FT, Van Eenoo P. Quantitative detection of inhaled salmeterol in human urine and relevance to doping control analysis. Ther Drug Monit. 2011;33:627-31.

80. Deventer K, Pozo OJ, Delbeke FT, Van Eenoo P. Quantitative detection of inhaled formoterol in human urine and relevance to doping control analysis. Drug Test Anal. 2012;4:449-54.

81. Ikezono K, Maeda T, Kamata M, Mori T, Yabuuchi Y. Bronchodilating effect and anabolic effect of inhaled procaterol. Int J Sports Med. 2008;29:888-94.

82. DeBellis RJ. Mechanism of Action of Long-Acting Bronchodilators. Clin Pulm Med. 2005;12:S10-S12.

83. Sears MR, Ottosson A, Radner F, Suissa S. Long-acting -agonists: a review of formoterol safety data from asthma clinical trials. Eur Respir J. 2009;33:21-32.

84. Sears MR, Lötvall J. Past, present and future – β2-adrenoceptor agonists in asthma management. Respir Med. 2005;99:152-70.

85. Fragkaki AG, Georgakopoulos C, Sterk S, Nielen MWF. Sports doping: Emerging designer and therapeutic β< sub> 2</sub>-agonists. Clin Chim Acta. 2013;425:242-58.

86. Sardela VF, Deventer K, Pereira HMG, Aquino Neto FR, Van Eenoo P. Development and validation of a ultra high performance liquid chromatography-tandem mass spectrometric method for the direct detection of formoterol in human urine. J Pharm Biomed Anal. 2012;70:471-5.

87. Cohen MH, Johnson JR, Li N, Chen G, Pazdur R. Approval summary: letrozole in the treatment of postmenopausal women with advanced breast cancer. Clin Cancer Res Off J Am Assoc Cancer Res. 2002;8:665-9.

88. Parr MK, Schänzer W. Detection of the misuse of steroids in doping control. J Steroid Biochem Mol Biol. 2010;121:528-37.

89. Mokbel K. The evolving role of aromatase inhibitors in breast cancer. Int J Clin Oncol. 2002;7:279-83.

90. De Albuquerque Cavalcanti G, Carius Garrido B, Dias Leal F, Costa Padilha M, Mazzarino M, De la Torre X, Botre F, Radler de Aquino Neto F. Detection of new exemestane metabolites by liquid chromatography interfaced to electrospray-tandem mass spectrometry. J Steroid Biochem Mol Biol. 2011;127:248-54.

91. Mareck U, Sigmund G, Opfermann G, Geyer H, Thevis M, Schänzer W. Identification of the aromatase inhibitor letrozole in urine by gas chromatography/mass spectrometry. Rapid Commun Mass Spectrom. 2005;19:3689-93.

92. George S, Feng Y, Manola J, Nucci MR, Butrynski JE, Morgan JA, Ramaiya N, Quek R, Penson RT, Wagner AJ, Harmon D, Demetri GD, Krasner C. Phase 2 trial of aromatase inhibition with letrozole in patients with uterine leiomyosarcomas expressing estrogen and/or progesterone receptors. Cancer. 2014;120:738-43.

93. Goss PE, Hershman DL, Cheung AM, Ingle JN, Khosla S, Stearns V, Chalchal H, Rowland K, Muss HB, Linden HM, Scher J, Pritchard KI, Elliott CR, Badovinac-Crnjevic T, St Louis J, Chapman J-AW, Shepherd LE. Effects of adjuvant exemestane versus anastrozole on bone mineral density for women with early breast cancer (MA.27B): a companion analysis of a randomised controlled trial. Lancet Oncol. 2014;15:474-82.

94. Fedoruk MN, Rupert JL. Myostatin inhibition: a potential performance enhancement strategy? Scand J Med Sci Sports. 2008;18:123-31.

95. Baoutina A, Alexander IE, Rasko JE, Emslie KR. Potential Use of Gene Transfer in Athletic Performance Enhancement. Mol Ther. 2007;15:1751-66.

96. Amthor H, Macharia R, Navarrete R, Schuelke M, Brown SC, Otto A, Voit T, Muntoni F, Vrbova G, Partridge T, Zammit P, Bunger L, Patel K. Lack of myostatin results in excessive muscle growth but impaired force generation. Proc Natl Acad Sci. 2007;104:1835-40.

97. Krivickas LS, Walsh R, Amato AA. Single muscle fiber contractile properties in adults with muscular dystrophy treated with MYO-029. Muscle Nerve. 2009;39:3-9.

98. Diel P, Schiffer T, Geisler S, Hertrampf T, Mosler S, Schulz S, Wintgens KF, Adler M. Analysis of the effects of androgens and training on myostatin propeptide and follistatin concentrations in blood and skeletal muscle using highly sensitive immuno PCR. Mol Cell Endocrinol. 2010;330:1-9.

99. Clarke BL, Khosla S. New selective estrogen and androgen receptor modulators. Curr Opin Rheumatol. 2009;21:374-9.

100. Goldstein SR, Siddhanti S, Ciaccia AV, Plouffe L. A pharmacological review of selective oestrogen receptor modulators. Hum Reprod Update. 2000;6:212-24.

101. Johnson MD, Zuo H, Lee K-H, Trebley JP, Rae JM, Weatherman RV, Desta Z, Flockhart DA, Skaar TC. Pharmacological characterization of 4-hydroxy-N-desmethyl tamoxifen, a novel active metabolite of tamoxifen. Breast Cancer Res Treat. 2004;85:151-9.

102. Morello KC, Wurz GT, DeGregorio MW. SERMs: current status and future trends. Crit Rev Oncol Hematol. 2002;43:63-76.

103. Chen F-F, Xie X-Y, Shi Y-P. Magnetic molecularly imprinted polymer for the selective extraction of sildenafil, vardenafil and their analogs from herbal medicines. Talanta. 2013;115:482-9.

104. Lu J, He G, Wang X, Xu Y, Wu Y, Dong Y, He Z, Liu X, Bo T, Ouyang G. Mass spectrometric identification and characterization of new clomiphene metabolites in human urine by liquid chromatography-quadrupole time-of-flight tandem mass spectrometry. J Chromatogr A. 2012;1243:23-32.

105. Mazzarino M, Biava M, De la Torre X, Fiacco I, Botrè F. Characterization of the biotransformation pathways of clomiphene, tamoxifen and toremifene as assessed by LC--MS/(MS) following in vitro and excretion studies. Anal Bioanal Chem. 2013;405:5467-87.

106. Trdan T, Roškar R, Trontelj J, Ravnikar M, Mrhar A. Determination of raloxifene and its glucuronides in human urine by liquid chromatography-tandem mass spectrometry assay. J Chromatogr B Analyt Technol Biomed Life Sci. 2011;879:2323-31.

107. Cuzick J, Forbes J, Edwards R, Baum M, Cawthorn S, Coates A, Hamed A, Howell A, Powles T, IBIS investigators. First results from the International Breast Cancer Intervention Study (IBIS-I): a randomised prevention trial. Lancet. 2002;360:817-24.

108. Early Breast Cancer Trialists' Collaborative Group (EBCTCG). Effects of chemotherapy and hormonal therapy for early breast cancer on recurrence and 15-year survival: an overview of the randomised trials. Lancet. 2005;365:1687-17.

109. Garber JE, Halabi S, Tolaney SM, Kaplan E, Archer L, Atkins JN, et al. Factor V Leiden mutation and thromboembolism risk in women receiving adjuvant tamoxifen for breast cancer. J Natl Cancer Inst. 2010;102:942-9.

110. Hernandez RK, Sørensen HT, Pedersen L, Jacobsen J, Lash TL. Tamoxifen treatment and risk of deep venous thrombosis and pulmonary embolism: a Danish population-based cohort study. Cancer. 2009;115:4442-9.

111. Pickar JH, MacNeil T, Ohleth K. SERMs: progress and future perspectives. Maturitas. 2010;67:129-38.

112. Cohen FJ, Watts S, Shah A, Akers R, Plouffe L. Uterine effects of 3-year raloxifene therapy in postmenopausal women younger than age 60. Obstet Gynecol. 2000;95:104-10.

113. Polin SA, Ascher SM. The effect of tamoxifen on the genital tract. Cancer Imaging. 2008;8:135.

114. Green S. PPAR: a mediator of peroxisome proliferator action. Mutat Res. 1995;333:101-9.

115. Wang L, Psilander N, Tonkonogi M, Ding S, Sahlin K. Similar expression of oxidative genes after interval and continuous exercise. Med Sci Sports Exerc. 2009;41:2136-44.

116. Frederich M, O'Rourke MR, Furey NB, Jost JA. AMP--activated protein kinase (AMPK) in the rock crab, Cancer irroratus: an early indicator of temperature stress. J Exp Biol. 2009;212:722-30.

117. Kahn BB, Alquier T, Carling D, Hardie DG. AMP-activated protein kinase: ancient energy gauge provides clues to modern understanding of metabolism. Cell Metab. 2005;1:15-25.

118. Pokrywka A, Cholbinski P, Kaliszewski P, Kowalczyk K, Konczak D, Zembron-Lacny A. Metabolic modulators of the exercise response: doping control analysis of an agonist of the peroxisome proliferator-activated receptor (GW501516) and 5-aminoimidazole-4-carboxamide ribonucleotide (AICAR). J Physiol Pharmacol Off J Pol Physiol Soc. 2014;65:469-76.

119. Bovee TFH, Blokland M, Kersten S, Hamers ARM, Heskamp HH, Essers ML, Nielen MWF, Van Ginkel LA. Bioactivity screening and mass spectrometric confirmation for the detection of PPAR agonists that increase type 1 muscle fibres. Anal Bioanal Chem. 2014;406:705-13.

120. Thomas A, Beuck S, Eickhoff JC, Guddat S, Krug O, Kamber M, Schänzer W, Thevis M. Quantification of urinary AICAR concentrations as a matter of doping controls. Anal Bioanal Chem. 2010;396:2899-908.

121. Thomas A, Vogel M, Piper T, Krug O, Beuck S, Schänzer W, Thevis M. Quantification of AICAR-ribotide concentrations in red blood cells by means of LC-MS/MS. Anal Bioanal Chem. 2013;405:9703-9.

122. Musini VM, Nazer M, Bassett K, Wright JM. Blood pressure-lowering efficacy of monotherapy with thiazide diuretics for primary hypertension. Cochrane Database Syst Rev. 2014;5.

123. Amendola L, Colamonici C, Mazzarino M, Botrè F. Rapid determination of diuretics in human urine by gas chromatography–mass spectrometry following microwave assisted derivatization. Anal Chim Acta. 2003;475:125-36.

124. Morra V, Davit P, Capra P, Vincenti M, Di Stilo A, Botrè F. Fast gas chromatographic/mass spectrometric determination of diuretics and masking agents in human urine: Development and validation of a productive screening protocol for antidoping analysis. J Chromatogr A. 2006;1135:219-29.

125. Kildare L, Jones T, Neher JO, St Anna L. Clinical inquiry: How do hydrochlorothiazide and chlorthalidone compare for treating hypertension? J Fam Pract. 2014;63:227-8.

126. Wada. WADA Technical Document – TD2014MRPL – Minimum Required Performance Levels. 2014.

127. Ahrens BD, Starcevic B, Butch AW. Detection of prohibited substances by liquid chromatography tandem mass spectrometry for sports doping control. Methods Mol Biol Clifton NJ. 2012;902:115-28.

128. Goebel C, Trout GJ, Kazlauskas R. Rapid screening method for diuretics in doping control using automated solid phase extraction and liquid chromatography-electrospray tandem mass spectrometry. Anal Chim Acta. 2004;502:65-74.

129. Thieme D, Grosse J, Lang R, Mueller RK, Wahl A. Screening, confirmation and quantitation of diuretics in urine for doping control analysis by high-performance liquid chromatography–atmospheric pressure ionisation tandem mass spectrometry. J Chromatogr B Biomed Sci App. 2001;757:49-57.

130. Ekblom BT. Blood boosting and sport. Baillières Best Pr Res Clin Endocrinol Metab. 2000;14:89-98.

131. Ashenden MJ, Hahn AG, Martin DT, Logan P, Parisotto R, Gore CJ. A comparison of the physiological response to simulated altitude exposure and r-HuEpo administration. J Sports Sci. 2001;19:831-7.

132. Veikutiene A, Sirvinskas E, Adukauskiene D. [Transfusion of autologous blood]. Med Kaunas Lith. 2008;44:482-8.

133. Arndt PA, Kumpel BM. Blood doping in athletes--detection of allogeneic blood transfusions by flow cytofluorometry. Am J Hematol. 2008;83:657-67.

134. Voss SC, Thevis M, Schinkothe T, Schänzer W. Detection of homologous blood transfusion. Int J Sports Med. 2007;28:633-7.

135. Nelson M, Ashenden M, Langshaw M, Popp H. Detection of homologous blood transfusion by flow cytometry: a deterrent against blood doping. Haematologica. 2002;87:881-2.

136. Nelson M, Popp H, Sharpe K, Ashenden M. Proof of homologous blood transfusion through quantification of blood group antigens. Haematologica. 2003;88:1284-95.

137. Waterhouse M, Bertz H, Finke J, 2014. A fast and simple approach for the simultaneous detection of hematopoietic chimerism, NPM1, and FLT3-ITD mutations after allogeneic stem cell transplantation. Ann. Hematol. 2014;3:293-8. doi:10.1007/s00277-013-1858-2.

138. Damsgaard R, Munch T, Morkeberg J, Mortensen SP, Gonzalez-Alonso J. Effects of blood withdrawal and reinfusion on biomarkers of erythropoiesis in humans: Implications for anti-doping strategies. Haematologica. 2006;91:1006-8.

139. Sallet P, Brunet-Guedj E, Mornex R, Baverel G. Study of a new indirect method based on absolute norms of variation to detect autologous blood transfusion. Int J Hematol. 2008;88:362-8.

140. Pialoux V, Mounier R, Brugniaux JV. Hemoglobin and hematocrit are not such good candidates to detect autologous blood doping. Int J Hematol. 2009;89:714-5.

141. Morkeberg J, Belhage B, Rasmussen AB, Damsgaard R, Ashenden MJ, Dziegiel MH. Changes in red blood cell volume, plasma volume, and total blood volume after autologous blood collections. Transfusion (Paris). 2008;48:1524-6.

142. Mørkeberg J, Sharpe K, Belhage B, Damsgaard R, Schmidt W, Prommer N, Gore CJ, Ashenden MJ. Detecting autologous blood transfusions: a comparison of three passport approaches and four blood markers. Scand J Med Sci Sports. 2011;21:235-43.

143. Segura J, Ventura R, Pascual JA. Current strategic approaches for the detection of blood doping practices. Forensic Sci Int. 2011;213:42-8.

144. Mørkeberg J, Belhage B, Ashenden M, Bornø A, Sharpe K, Dziegiel MH, Damsgaard R. Screening for autologous blood transfusions. Int J Sports Med. 2009;30:285-92.

145. Pottgiesser T, Umhau M, Ahlgrim C, Ruthardt S, Roecker K, Schumacher YO. Hb mass measurement suitable to screen for illicit autologous blood transfusions. Med Sci Sports Exerc. 2007;39:1748-56.

146. Pottgiesser T, Specker W, Umhau M, Roecker K, Schumacher YO. Post-transfusion stability of haemoglobin mass. Vox Sang. 2009;96:119-27.

147. Monfort N, Ventura R, Latorre A, Belalcazar V, López M, Segura J. Urinary di-(2-ethylhexyl)phthalate metabolites in athletes as screening measure for illicit blood doping: a comparison study with patients receiving blood transfusion. Transfusion (Paris). 2010;50:145-9.

148. Solymos E, Guddat S, Geyer H, Flenker U, Thomas A, Segura J, Ventura R, Platen P, Schulte-Mattler M, Thevis M, Schänzer W. Rapid determination of urinary di(2-ethylhexyl) phthalate metabolites based on liquid chromatography/tandem mass spectrometry as a marker for blood transfusion in sports drug testing. Anal Bioanal Chem. 2011;401:517-28.

149. Monfort N, Ventura R, Platen P, Hinrichs T, Brixius K, Schänzer W, Thevis M, Geyer H, Segura J. Plasticizers excreted in urine: indication of autologous blood transfusion in sports. Transfusion (Paris). 2012;52:647-57.

150. Nelson JL, Harmon ME, Robergs RA. Identifying Plasma Glycerol Concentration Associated with Urinary Glycerol Excretion in Trained Humans. J Anal Toxicol. 2011;35:617-23.

151. Robergs DRA, Griffin SE. Glycerol. Sports Med. 1998;26:145-67.

152. Thevis M, Guddat S, Flenker U, Schänzer W. Quantitative analysis of urinary glycerol levels for doping control purposes using gas chromatography-mass spectrometry. Eur J Mass Spectrom. 2008;14.

153. Frieler RA, Mitteness DJ, Golovko MY, Gienger HM, Rosenberger TA. Quantitative determination of free glycerol and myo-inositol from plasma and tissue by high--performance liquid chromatography. J Chromatogr B. 2009;877:3667-72.

154. Li H, Dong J, Chen W, Wang S, Guo H, Man Y, Mo P, Li J. Measurement of serum total glycerides and free glycerol by high-performance liquid chromatography. J Lipid Res. 2006;47:2089-96.

155. Adiels M, Larsson T, Sutton P, Taskinen M-R, Borén J, Fielding BA. Optimization of N-methyl-N-[tert-butyldimethylsilyl]trifluoroacetamide as a derivatization agent for determining isotopic enrichment of glycerol in very--low density lipoproteins. Rapid Commun Mass Spectrom. 2010;24:586-92.

156. Dong Y, Ma Y, Yan K, Shen L, Wang X, Xu Y, He G, Wu Y, Lu J, Yang Z, Feng F. Quantitative analysis of glycerol levels in human urine by liquid chromatography-tandem mass spectrometry. J Chromatogr B Analyt Technol Biomed Life Sci. 2014;957:30-5.

157. McIntosh TS, Davis HM, Matthews DE. A Liquid Chromatography–Mass Spectrometry Method to Measure Stable Isotopic Tracer Enrichments of Glycerol and Glucose in Human Serum. Anal Biochem. 2002;300:163-9.

158. Lamon S, Robinson N, Sottas P-E, Henry H, Kamber M, Mangin P, Saugy M. Possible origins of undetectable EPO in urine samples. Clin Chim Acta Int J Clin Chem. 2007;385:61-6.

159. Thevis M, Maurer J, Kohler M, Geyer H, Schänzer W. Proteases in doping control analysis. Int J Sports Med. 2007;28:545-9.

160. Thomas A, Kohler M, Walpurgis K, Schänzer W, Thevis M. Proteolysis and autolysis of proteases and the detection of degradation products in doping control. Drug Test Anal. 2009;1:81-6.

161. Tsivou M, Livadara D, Georgakopoulos DG, Koupparis MA, Atta-Politou J, Georgakopoulos CG. Stabilization of human urine doping control samples: II. microbial degradation of steroids. Anal Biochem. 2009;388:146-54.

162. Tsivou M, Georgakopoulos DG, Dimopoulou HA, Koupparis MA, Atta-Politou J, Georgakopoulos CG. Stabilization of human urine doping control samples: a current opinion. Anal Bioanal Chem. 2011;401:553-61.

163. Pokrywka A, Kaliszewski P, Majorczyk E, Zembro - Łacny A. Genes in sport and doping. Biol Sport Inst Sport. 2013;30 :155-61.

164. Van der Gronde T, De Hon O, Haisma HJ, Pieters T. Gene doping: an overview and current implications for athletes. Br J Sports Med. 2013;47:670-8.

165. Maciejewska A, Sawczuk M, Ci szczyk P. Variation in the PPAR gene in Polish rowers. J Sci Med Sport Sports Med Aust. 2011;14:58-64.

166. Zilberman-Schapira G, Chen J, Gerstein M. On sports and genes. Recent Patents DNA Gene Seq. 2012;6:180-8.

167. Thevis M, Kuuranne T, Geyer H, Schänzer W. Annual banned-substance review: analytical approaches in human sports drug testing. Drug Test Anal. 2013;5:1-19.

168. Beiter T, Zimmermann M, Fragasso A, Hudemann J, Niess AM, Bitzer M, Lauer UM, Simon P. Direct and long--term detection of gene doping in conventional blood samples. Gene Ther. 2011;18:225-31.

169. Elliott S. Erythropoiesis-stimulating agents and other methods to enhance oxygen transport. Br J Pharmacol. 2008;154:529-41.

170. Mingozzi F, High KA. Therapeutic in vivo gene transfer for genetic disease using AAV: progress and challenges. Nat Rev Genet. 2011;12:341-55.

171. Sharp NCC. The human genome and sport, including epigenetics and athleticogenomics: a brief look at a rapidly changing field. J Sports Sci. 2008;26:1127-33.

172. Thaci B, Ulasov IV, Wainwright DA, Lesniak MS. The challenge for gene therapy: innate immune response to adenoviruses. Oncotarget. 2011;2:113-21.

173. Wells DJ. Gene doping: the hype and the reality. Br J Pharmacol. 2008;154:623-31.

174. Sardela VF, Sardela PDO, Deventer K, Araujo ALD, Cavalcante KM, Padilha MC, Pereira HMG, Van Eenoo P, Aquino Neto FR. Identification of sympathomimetic alkylamine agents in urine using liquid chromatography-mass spectrometry and comparison of derivatization methods for confirmation analyses by gas chromatography-mass spectrometry. J Chromatogr A. 2013;1298:76-85.

175. Deventer K, Pozo OJ, Van Eenoo P, Delbeke FT. Development and validation of an LC-MS/MS method for the quantification of ephedrines in urine. J. Chromatogr B Analyt Technol Biomed Life Sci. 2009;877:369-74.

176. Eichhorst J, Etter M, Lepage J, Lehotay DC. Urinary screening for methylphenidate (Ritalin) abuse: a comparison of liquid chromatography-tandem mass spectrometry, gas chromatography-mass spectrometry, and immunoassay methods. Clin Biochem. 2004;37:175-83.

177. Spyridaki M-H, Kiousi P, Vonaparti A, Valavani P, Zonaras V, Zahariou M, Sianos E, Tsoupras G, Georgakopoulos C. Doping control analysis in human urine by liquid chromatography–electrospray ionization ion trap mass spectrometry for the Olympic Games Athens 2004: Determination of corticosteroids and quantification of ephedrines, salbutamol and morphine. Anal Chim Acta, Instrumental Methods of Analysis 2005. 2006;573-4:242-9.

178. Thevis M, Schänzer W. Examples of doping control analysis by liquid chromatography-tandem mass spectrometry: ephedrines, beta-receptor blocking agents, diuretics, sympathomimetics, and cross-linked hemoglobins. J Chromatogr Sci. 2005;43:22-31.

179. Geyer H, Parr MK, Koehler K, Mareck U, Schänzer W, Thevis M. Nutritional supplements cross-contaminated and faked with doping substances. J Mass Spectrom. 2008;43:892-902.

180. Miotto K, Striebel J, Cho AK, Wang C. Clinical and pharmacological aspects of bath salt use: a review of the literature and case reports. Drug Alcohol Depend. 2013;132:1-12.

181. Kraemer T, Maurer HH. Toxicokinetics of amphetamines: metabolism and toxicokinetic data of designer drugs, amphetamine, methamphetamine, and their N--alkyl derivatives. Ther Drug Monit. 2002;24:277-89.

182. Logan BK. Metamphetamine-effects on human performance and behavior. Forensic Sci Rev. 2002;14:133-51.

183. Yonamine M, Silva OA. Confirmation of cocaine exposure by gas chromatography-mass spectrometry of urine extracts after methylation of benzoylecgonine. J Chromatogr B Analyt Technol Biomed Life Sci. 2002;773:83-7.

184. Van Eenoo P, Deventer K, Roels K, Delbeke FT. Quantitative LC-MS determination of strychnine in urine after ingestion of a Strychnos nux-vomica preparation and its consequences in doping control. Forensic Sci Int. 2006;164:159-63.

185. Glick SD, Haskew RE, Maisonneuve IM, Carlson JN, Jerussi TP. Enantioselective behavioral effects of sibutramine metabolites. Eur J Pharmacol. 2000;397:93-102.

186. King DJ, Devaney N. Clinical pharmacology of sibutramine hydrochloride (BTS 54524), a new antidepressant, in healthy volunteers. Br J Clin Pharmacol. 1988;26:607-11.

187. Sardela VF, Motta MTR, Padilha MC, Pereira HMG, Neto FRA. Analysis of sibutramine metabolites as N-trifluoroacetamide and O-trimethylsilyl derivatives by gas chromatography-mass spectrometry in urine. J Chromatogr B Analyt Technol Biomed Life Sci. 2009;877:3003-11.

188. Strano-Rossi S, Colamonici C, Botrè F. Detection of sibutramine administration: a gas chromatography/mass spectrometry study of the main urinary metabolites. Rapid Commun Mass Spectrom. 2007;21:79-88.

189. Thevis M, Sigmund G, Schiffer A-K, Schänzer W. Determination of N-desmethyl- and N-bisdesmethyl metabolites of Sibutramine in doping control analysis using liquid chromatography-tandem mass spectrometry. Eur J Mass Spectrom Chichester Engl. 2006;12:129-36.

190. Meyer MR, Maurer HH. Metabolism of designer drugs of abuse: an updated review. Curr Drug Metab. 2010;11:468-82.

191. Perrenoud L, Saugy M, Saudan C. Detection in urine of 4-methyl-2-hexaneamine, a doping agent. J Chromatogr B Analyt Technol Biomed Life Sci. 2009;877:3767-770.

192. Gibbons S, Zloh M. An analysis of the "legal high" mephedrone. Bioorg Med Chem Lett. 2010;20:4135-9.

193. Archer RP. Fluoromethcathinone, a new substance of abuse. Forensic Sci Int. 2009;185:10-20.

194. Rösner P, Quednow B, Girreser U, Junge T. Isomeric fluoro-methoxy-phenylalkylamines: a new series of controlled-substance analogues (designer drugs). Forensic Sci Int. 2005;148:143-56.

195. Maskell PD, De Paoli G, Seneviratne C, Pounder DJ. Mephedrone (4-methylmethcathinone)-related deaths. J Anal Toxicol. 2011;35:188-91.

196. Torrance H, Cooper G. The detection of mephedrone (4-methylmethcathinone) in 4 fatalities in Scotland. Forensic Sci Int. 2010;202:e62–63.

197. Friedman RA. The changing face of teenage drug abuse--the trend toward prescription drugs. N Engl J Med. 2006;354:1448-50.

198. Furlanello F, Bentivegna S, Cappato R, De Ambroggi L. Arrhythmogenic effects of illicit drugs in athletes. Ital Heart J Off J Ital Fed Cardiol. 2003;4:829-37.

199. Furlanello F, Serdoz LV, Cappato R, De Ambroggi L. Illicit drugs and cardiac arrhythmias in athletes. Eur J Cardiovasc Prev Rehabil Off J Eur Soc Cardiol Work Groups Epidemiol Prev Card Rehabil Exerc Physiol. 2007;14:487-94.

200. Deventer K, Pozo OJ, Van Eenoo P, Delbeke FT. Development of a qualitative liquid chromatography/tandem mass spectrometric method for the detection of narcotics in urine relevant to doping analysis. Rapid Commun Mass Spectrom. 2007;21:3015-23.

201. Mazzarino M, Orengia M, Botrè F. Application of fast gas chromatography/mass spectrometry for the rapid screening of synthetic anabolic steroids and other drugs in anti-doping analysis. Rapid Commun Mass Spectrom. 2007;21:4117-24.

202. Thevis M, Geyer H, Bahr D, Schänzer W. Identification of fentanyl, alfentanil, sufentanil, remifentanil and their major metabolites in human urine by liquid chromatography/tandem mass spectrometry for doping control purposes. Eur J Mass Spectrom Chichester Engl. 2005;11:419-27.

203. Van Thuyne W, Van Eenoo P, Delbeke FT. Comprehensive screening method for the qualitative detection of narcotics and stimulants using single step derivatisation. J Chromatogr B Analyt Technol Biomed Life Sci. 2007;857:259-65.

204. Anand P, Whiteside G, Fowler CJ, Hohmann AG. Targeting CB2 receptors and the endocannabinoid system for the treatment of pain. Brain Res Rev. 2009;60:255-66.

205. Pertwee RG. Pharmacology of cannabinoid CB1 and CB2 receptors. Pharmacol Ther. 1997;74:129-80.

206. SAaMHS. H-46 NS: In Substance Abuse and Mental Health Services Administration, Results from the 2012 National Survey on Drug Use and Health: Summary of National Findings. 2013.

207. Pesta DH, Angadi SS, Burtscher M, Roberts CK, et al. The effects of caffeine, nicotine, ethanol, and tetrahydrocannabinol on exercise performance. Nutr Metab. 2013;10:71.

208. De Brabanter N, Van Gansbeke W, Hooghe F, Van Eenoo P. Fast quantification of 11-nor-Δ9-tetrahydrocannabinol-9-carboxylic acid (THCA) using microwave-accelerated derivatisation and gas chromatography-triple quadrupole mass spectrometry. Forensic Sci Int. 2013;224:90-5.

209. Brenneisen R, Meyer P, Chtioui H, Saugy M, Kamber M. Plasma and urine profiles of Δ9-tetrahydrocannabinol and its metabolites 11-hydroxy-Δ9-tetrahydrocannabinol and 11-nor-9-carboxy-Δ9-tetrahydrocannabinol after cannabis smoking by male volunteers to estimate recent consumption by athletes. Anal Bioanal Chem. 2010;396:2493-502.

210. Wuestenfeld JC, Wolfarth B. Special considerations for adolescent athletic and asthmatic patients. Open Access J Sports Med. 2013;4:1-7.

211. Maillefert JF, Aho S, Huguenin MC, Chatard C, Peere T, Marquignon MF, Lucas B, Tavernier C. Systemic effects of epidural dexamethasone injections. Rev Rhum Engl Ed. 1995;62:429-32.

212. Younes M, Neffati F, Touzi M, Hassen-Zrour S, Fendri Y, Béjia I, Ben Amor A, Bergaoui N, Najjar MF. Systemic effects of epidural and intra-articular glucocorticoid injections in diabetic and non-diabetic patients. Jt Bone Spine Rev Rhum. 2007;74:472-6.

213. Kang S-S, Hwang B-M, Son H, Cheong I-Y, Lee S-J, Chung T-Y. Changes in bone mineral density in postmenopausal women treated with epidural steroid injections for lower back pain. Pain Physician. 2012;15:229-36.

214. Iida T, Spaide RF, Negrao SG, Carvalho CA, Yannuzzi LA. Central serous chorioretinopathy after epidural corticosteroid injection. Am J Ophthalmol. 2001;132:423-5.

215. Jacobs S, Pullan PT, Potter JM, Shenfield GM. Adrenal suppression following extradural steroids. Anaesthesia. 1983;38:953-6.

216. Pizzimenti JJ, Daniel KP. Central serous chorioretinopathy after epidural steroid injection. Pharmacotherapy. 2005;25:1141-6.

217. Wang Y, Tang Y, Moellmann H, Hochhaus G. Simultaneous quantification of budesonide and its two metabolites, 6beta-hydroxybudesonide and 16alpha-hydroxyprednisolone, in human plasma by liquid chromatography negative electrospray ionization tandem mass spectrometry. Biomed Chromatogr. 2003;17:158-64.

218. Deventer K, Delbeke FT. Validation of a screening method for corticosteroids in doping analysis by liquid chromatography/tandem mass spectrometry. Rapid Commun Mass Spectrom. 2003;17 :2107-114.

219. Mazzarino M, De la Torre X, Botrè F. A screening method for the simultaneous detection of glucocorticoids, diuretics, stimulants, anti-oestrogens, beta-adrenergic drugs and anabolic steroids in human urine by LC-ESI--MS/MS. Anal Bioanal Chem. 2008;392:681-98.

220. Reddy IM, Beotra A, Jain S, Ahi S. A simple and rapid ESI-LC-MS/MS method for simultaneous screening of doping agents in urine samples. Indian J Pharmacol. 2009;41:80-6.

221. Touber ME, Van Engelen MC, Georgakopoulus C, Van Rhijn JA, Nielen MWF. Multi-detection of corticosteroids in sports doping and veterinary control using high-resolution liquid chromatography/time-of-flight mass spectrometry. Anal Chim Acta. 2007;586:137-46.

222. McLaughlin LG, Henion JD. Determination of dexamethasone in bovine tissues by coupled-column normal--phase high-performance liquid chromatography and capillary gas chromatography-mass spectrometry. J Chromatogr. 1990;529:1-19.

223. Yap BK, Johnston GA, Kazlauskas R. Routine screening and quantitation of urinary corticosteroids using bench-top gas chromatography-mass-selective detection. J Chromatogr. 1992;573:183-90.

224. El-Sayed MS, Ali N, El-Sayed Ali Z. Interaction between alcohol and exercise: physiological and haematological implications. Sports Med Auckl. 2005;35:257-69.

225. Husain K, Somani SM. Response of cardiac antioxidant system to alcohol and exercise training in the rat. Alcohol Fayettev N. 1997;14:301-7.

226. Richardson P, McKenna W, Bristow M, Maisch B, Mautner B, O'Connell J, Olsen E, Thiene G, Goodwin J, Gyarfas I, Martin I, Nordet P. Report of the 1995 World Health Organization/International Society and Federation of Cardiology Task Force on the Definition and Classification of cardiomyopathies. Circulation. 1996;93:841-2.

227. Spolarics Z, Bagby GJ, Pekala PH, Dobrescu C, Skrepnik N, Spitzer JJ. Acute alcohol administration attenuates insulin-mediated glucose use by skeletal muscle. Am J Physiol. 1994;267:E886-91.

228. Trounce I, Byrne E, Dennett X. Biochemical and morphological studies of skeletal muscle in experimental chronic alcoholic myopathy. Acta Neurol Scand. 1990;82:386-91.

229. Vella LD, Cameron-Smith D. Alcohol, athletic performance and recovery. Nutrients. 2010;2:781-9.

230. Vila L, Ferrando A, Voces J, Cabral de Oliveira C, Prieto JG, Alvarez AI. Effect of chronic ethanol ingestion and exercise training on skeletal muscle in rat. Drug Alcohol Depend. 2001;64:27-33.

231. Gergov M, Robson JN, Duchoslav E, Ojanperä I. Automated liquid chromatographic/tandem mass spectrometric method for screening beta-blocking drugs in urine. J Mass Spectrom. 2000;35:912-8.

232. Li S, Liu G, Jia J, Liu Y, Pan C, Yu C, Cai Y, Ren J. Simultaneous determination of ten antiarrhythic drugs and a metabolite in human plasma by liquid chromatography – tandem mass spectrometry. J Chromatogr B Analyt Technol Biomed Life Sci. 2007;847:174-81.

233. Pujos E, Cren-Olivé C, Paisse O, Flament-Waton M-M, Grenier-Loustalot M-F. Comparison of the analysis of -blockers by different techniques. J Chromatogr B. 2009;877:4007-14.

234. Guo X, Willows N, Kuhle S, Jhangri G, Veugelers PJ. Use of vitamin and mineral supplements among Canadian adults. Can J Public Heal Rev Can Santé Publique. 2009;100:357-60.

235. Housman J, Dorman S, Pruitt B, Ranjita M, Perko M. Consumption of sport-related dietary supplements among NCAA Division 1 female student athletes. Am J Health Behav. 2011;35:438-46.

236. Brunacio KH, Verly-Jr E, Cesar CLG, Fisberg RM, Marchioni DM. [Use of dietary supplements among inhabitants of the city of São Paulo, Brazil]. Cad Saúde Pública. 2013;29:1467-72.

237. Pereira RF, Lajolo FM, Hirschbruch MD. Supplement consumption among fitness center users in São Paulo, Brazil. Rev Nutr. 2003;16:265-72.

238. Goston JL, Correia MITD. Intake of nutritional supplements among people exercising in gyms and influencing factors. Nutr Burbank Los Angeles Cty Calif 2010;26:604-11.

239. De Rose EH, Feder MG, Pedroso PR, Guimarães AZ. Referred use of medication and dietary supplements in athletes selected for doping control in the South-American Games. Rev Bras Med Esporte. 2006;12:239-42.

240. Portal da Anvisa. Alerta aos consumidores [cited 2014 Dec 12]. Available from: http://portal.anvisa.gov.br/wps/wcm/connect/3091b2804beca59091d0d9bc0f9d5b29/Alerta+aos+Consumidores_Suplementos_pos+Infosan.pdf?MOD=AJPERES

241. Brasil P. Boletim de saúde alerta contra o consumo excessivo de suplemento alimentar [WWW Document]. Portal Bras. URL. 2013 [cited 2014 Dec 12]. Available from: http://www.brasil.gov.br/saude/2013/05/boletim-de-saude-alerta-contra-o-consumo-excessivo-de-suplemento-alimentar.

242. Anvisa. Resolução RDC nº 27, de 06 de agosto de 2010. Dispõe sobre o Dispõe sobre as categorias de alimentos e embalagens isentos e com obrigatoriedade de registro sanitário. Brasília: Ministério da Saúde; 2010.

243. Brasil P. Consumo de suplemento alimentar pode causar danos à saúde, alertam autoridades [WWW Document]. Portal Bras. URL. 2012 [cited 2014 Dec 12]. Available from: http://www.brasil.gov.br/saude/2012/07/consumo-de-suplemento-alimentar-pode-causar-danos-a-saude-alertam-autoridades

244. Chen SPL, Tang MHY, Ng SW, Poon WT, Chan AYW, Mak TWL. Psychosis associated with usage of herbal slimming products adulterated with sibutramine: a case series. Clin Toxicol Phila Pa. 2010;48:832-8.

245. Unuma K, Tojo A, Harada K, Saka K, Nakajima M, Ishii T, Fujita T, Yoshida K-I. Autopsy report on pseudo-Bartter syndrome with renal calcification induced by diuretics and diet pills. BMJ Case Reports 2009.

246. Yuen YP, Lai CK, Poon WT, Ng SW, Chan AYW, Mak TWL. Adulteration of over-the-counter slimming products with pharmaceutical analogue – an emerging threat. Hong Kong Med J Xianggang Yi Xue Za Zhi Hong Kong Acad Med. 2007;13:216-20.

247. Anvisa. Resolução RDC nº 27, de 02 de julho de 2012. Dispõe sobre a atualização do Anexo I, Listas de Substâncias Entorpecentes, Psicotrópicas, Precursoras e Outras sob Controle Especial, da Portaria SVS/MS nº 344, de 12 de maio de 1998 e dá outras providências. Brasília: Ministério da Saúde; 2012.

248. Ariburnu E, Uludag MF, Yalcinkaya H, Yesilada E. Comparative determination of sibutramine as an adulterant in natural slimming products by HPLC and HPTLC densitometry. J Pharm Biomed Anal. 2012;64-5:77-81.

249. Dunn JD, Gryniewicz-Ruzicka CM, Mans DJ, Mecker-Pogue LC, Kauffman JF, Westenberger BJ, Buhse LF. Qualitative screening for adulterants in weight-loss supplements by ion mobility spectrometry. J Pharm Biomed Anal. 2012;71:18-26.

250. Phattanawasin P, Sotanaphun U, Sukwattanasinit T, Akkarawaranthorn J, Kitchaiya S. Quantitative determination of sibutramine in adulterated herbal slimming formulations by TLC-image analysis method. Forensic Sci Int. 2012;219:96-100.

251. Venhuis BJ, Vredenbregt MV, Kaun N, Maurin JK, Fijałek Z, de Kaste D. The identification of rimonabant polymorphs, sibutramine and analogues of both in counterfeit Acomplia bought on the internet. J Pharm Biomed Anal. 2011;54:21-6.

252. Vaysse J, Balayssac S, Gilard V, Desoubdzanne D, Malet-Martino M, Martino R. Analysis of adulterated herbal medicines and dietary supplements marketed for weight loss by DOSY 1H-NMR. Food Addit Contam Part Chem Anal Control Expo Risk Assess. 2010;27:903-16.

253. Wang J, Chen B, Yao S. Analysis of six synthetic adulterants in herbal weight-reducing dietary supplements by LC electrospray ionization-MS. Food Addit Contam Part. 2008;25:822-30.

254. Cianchino V, Acosta G, Ortega C, Martínez LD, Gomez MR. Analysis of potential adulteration in herbal medicines and dietary supplements for the weight control by capillary electrophoresis. Food Chem. 2008;108 :1075-81.

255. Chen Y, Zhao L, Lu F, Yu Y, Chai Y, Wu Y. Determination of synthetic drugs used to adulterate botanical dietary supplements using QTRAP LC-MS/MS. Food Addit Contam Part. 2009 ;26:595-603.

256. Carvalho LM, Cohen PA, Silva CV, Moreira APL, Falcão TM, Dal Molin TR, Zemolin G, Martini M. A new approach to determining pharmacologic adulteration of herbal weight loss products. Food Addit Contam Part Chem Anal Control Expo Risk Assess. 2012;29:1661-7.

257. Moreira APL, Motta MJ, Dal Molin TR, Viana C, Carvalho LM. Determination of diuretics and laxatives as adulterants in herbal formulations for weight loss. Food Addit Contam Part Chem Anal Control Expo Risk Assess. 2013;30:1230-7.

CAPÍTULO 32

DROGAS FACILITADORAS DE CRIME

André Valle de Bairros

Mauricio Yonamine

32.1 Resumo

As drogas facilitadoras de crime (DFC) constituem uma série de substâncias químicas que permitem o ato sexual e/ou o roubo com pouca ou nenhuma resistência da vítima, sendo relatadas desde os tempos bíblicos. Não há legislação específica no Brasil para crimes associados à sua administração nas vítimas, tampouco dados oficiais, enquanto outros países já apresentam leis específicas para essa situação. Em relação aos números de casos, há ausência de dados brasileiros e subestimação dos números mundiais, em virtude da logística laboratorial e processual, assim como por fatores relacionados à vítima. Um crime praticado com o uso de DFC sobre um indivíduo pode ser considerado um duplo crime, que pode levar à perda de quase dez anos de vida saudável da vítima. Entre as drogas mais comumente utilizadas, estão as da classe dos benzodiazepínicos (BDZ), o gama-hidroxibutirato (GHB), a cetamina (KT), o etanol e a escopolamina. Porém outros princípios ativos são utilizados para propósitos criminais, como hipnóticos não benzodiazepínicos e anti-histamínicos. A matriz de escolha em análises toxicológicas é a urina, pois é uma amostra não invasiva e com janela de detecção maior do que o sangue. Além disso, o limite mínimo necessário de detecção do método para os analitos-alvo é baseado em valores urinários. Porém cada caso deve ser avaliado individualmente na tentativa de solucionar o crime, e a matriz biológica deve ser adequada para cada situação. A determinação de DFC e de seus principais produtos de biotransformação requer metodologias analíticas altamente sensíveis e inequívocas, destacando-se os métodos cromatográficos acoplados à espectrometria de massas. Em razão das diferentes classes de DFC, das dificuldades logísticas e da necessidade de métodos sensíveis, a determinação dessas substâncias é um desafio aos toxicologistas forenses.

32.2 Introdução

O uso de substâncias psicoativas para obtenção de algum bem e/ou benefício de natureza humana sem consentimento e/ou sem resistência da vítima é descrito desde tempos remotos [1]. Essas substâncias já foram conhecidas como *date rape drugs* ou drogas facilitadoras de abuso sexual, mas, recentemente, a denominação droga facilitadora de crime (DFC) tem sido a mais utilizada [2,3]. No Brasil, esse tipo de delito é conhecido como o golpe "Boa Noite, Cinderela".

Não há tipificação específica no Código Penal Brasileiro para situações que envolvam o uso de DFC, mas esse crime pode ser enquadrado como roubo, pelo artigo 157, e/ou estupro, pelo artigo 213, conforme o caso [4,5]. Em relação à vítima, as lesões causadas pelas DFC são consideradas graves, podendo ser de origem psicológica e física, como traumas e até intoxicações [6,7]. Isso se deve à dose e à droga administrada, pois a gama de substâncias que podem promover a submissão química de um indivíduo é imensa, com diferentes classes de compostos que podem levar à sedação [2,3,8,9]. Entre as drogas consideradas DFC, as principais são os benzodiazepínicos, a cetamina, o gama-hidroxibutirato, o etanol e a escopolamina. Entretanto vários outros compostos estão especificados nas listas da Society of Forensic Toxicologists (SOFT) e do United Nations Office on Drugs and Crime (UNODC) como substâncias utilizadas nesses crimes [3,10].

No Brasil e em vários países do mundo, não há dados referentes ao grau de envolvimento de DFC em crimes, o que é um fato preocupante. Isso se deve ao sentimento de vergonha do qual padece a vítima, à capacidade da substância em promover amnésia, aos baixos níveis em que a droga e seus produtos de biotransformação são excretados na urina e aos métodos analíticos com baixa sensibilidade utilizados em situações suspeitas do envolvimento de DFC [3,11]. Diante das adversidades impostas por esse tipo de crime, o UNODC lançou um guia com diversas diretrizes visando à identificação das principais DFC e dos limites mínimos recomendados para detecção em amostras de urina [3].

A urina é uma amostra biológica que pode ser coletada de forma não invasiva, na qual a maioria dos fármacos e/ou produtos de biotransformação é geralmente excretada em altas concentrações. Além disso, a urina possibilita período relativamente longo de tempo de detecção. Ela é considerada a matriz biológica de escolha para análises em vítimas de estupro e/ou roubo com suspeita do uso de DFC [3,6]. Em relação às técnicas analíticas utilizadas na determinação de DFC, a cromatografia gasosa acoplada à espectrometria de massas (GC-MS) e a cromatografia líquida acoplada à espectrometria de massas (LC-MS) são as ferramentas de análise utilizadas pelos laboratórios forenses como referência para confirmação de DFC, em razão da seletividade e da sensibilidade [3,6,12,13]. Apesar da capacidade de detecção da GC-MS e da LC-MS, resultados negativos não eliminam a possibilidade da administração de uma DFC em um caso suspeito.

As vítimas de DFC sofrem danos físicos e psicológicos que podem ser irreparáveis em sua vida [14]. Por sua alta incidência e suas consequências biopsicossociais, esse delito adquiriu as proporções de um problema de saúde pública [15,16]. Diante de todos os fatores apresentados, as DFC são um desafio para um toxicologista forense.

32.3 Histórico e conceitos

Em uma passagem da Bíblia, após a destruição de Sodoma e Gomorra, a mulher de Ló é transformada em estátua de sal e ele fica somente com as duas filhas. Diante disso, as filhas de Ló decidem ter relações sexuais com o próprio pai, para manter a linhagem da família. Para isso, elas incentivaram que seu pai ingerisse vinho à noite, até ficar bêbado, e, assim, praticavam o ato sexual com ele [1].

Assim como o relato bíblico, compostos psicoativos que facilitam as relações sexuais têm sido usados para esse fim e recebem a denominação de droga de estupro ou droga facilitadora de abuso sexual (*rape drug*, *date rape drug* ou *drug-facilitated sexual assault*). A vítima é sujeita a atos sexuais não consensuais enquanto está incapacitada ou inconsciente, pelo efeito de álcool e/ou drogas [6]. Quando um indivíduo é vítima de roubo, a nomenclatura geralmente atribuída para o agente químico utilizado nessas situações é droga facilitadora de roubo (*drug-facilitated robbery*) [17].

Ao longo dos anos, verificou-se que essas drogas tinham várias finalidades criminais além do ato sexual, tendo o termo "droga facilitadora de crime" (DFC) passado a ser utilizado com maior frequência em artigos científicos a partir de meados dos anos 2000 [2,9,18,19]. Essa nomenclatura é recente, porém mais abrangente do que as denominações anteriores. Nesse sentido, as DFC são definidas como uma série de substâncias químicas que são administradas de forma voluntária ou involuntária à vítima, permitindo o estupro ou qualquer outro ato sexual, como também o roubo e a extorsão de dinheiro, além de maus-tratos a crianças ou idosos ou qualquer outro delito com pouca ou nenhuma resistência e sem o consentimento do indivíduo [2,3]. No Brasil, esse tipo de delinquência é conhecido de forma comumente como o golpe "Boa Noite, Cinderela", que, basicamente, tem por finalidade deixar a vítima incapacitada de reação, permitindo ao criminoso agir sem a interferência da vítima. Acredita-se que esta alcunha foi dada pela polícia que investigava esse tipo de caso. No conto infantil, a Cinderela vai à festa e perde o sapato de um dos pés, o que seria equivalente à perda do controle sobre si mesmo. Além disso, entre os anos 1960-1970 um programa televisivo brasileiro chamando "Boa Noite, Cinderela" era destinado a meninas que desejam ter seus sonhos de consumo realizados. Partindo dessas inspirações, autoridades policiais intitularam assim o golpe com essas características [20].

32.4 Criminalidade e uso de drogas facilitadoras de crime (DFC)

No Código Penal Brasileiro, o artigo 157 configura como crime de roubo subtrair coisa móvel alheia, para si ou para outrem, mediante grave ameaça ou violência à pessoa, ou depois de havê-la, por qualquer meio, reduzido à impossibilidade de resistência, com pena prevista entre quatro e dez anos, mais uma multa para o infrator [4]. O furto é qualificado pelo artigo 155 como subtrair, para si ou para outrem, coisa alheia móvel, com pena prevista de um a quatro anos de prisão e multa [21]. Não existe uma lei específica no Brasil para crimes que envolvam o uso de substâncias químicas para obtenção de alguma coisa móvel.

Indivíduos acusados de roubo nessas situações são defendidos perante a Justiça sob a conduta de furto, porque, na maioria desses casos, a defesa alega que a vítima não sofreu grave ameaça ou violência, e pode argumentar que a droga foi administrada de forma voluntária pela vítima. Dessa forma, o artigo 157 não é claro para situações com a presença de DFC. Contudo, o detalhamento presente na expressão "por qualquer meio", conforme descrito pelo artigo 157, permite que advogados de acusação e promotores usem esse termo para adotar o artigo em situações de uso de DFC [22]. De maneira semelhante, o trecho "mediante grave ameaça ou violência à pessoa" pode ser considerado uma violência imprópria, na qual há o uso de outros meios que promovem efeitos idênticos e grave ameaça ou violência à pessoa, como embriaguez, uso de narcóticos etc. [23].

Em relação ao estupro, a definição legal para esse crime varia conforme o país, sendo normalmente definido como o ato sexual não consensual. Nos Estados Unidos, há estados que consideram estupro quando há penetração pênis-vagina, enquanto outros ampliam o conceito, incluindo sexo oral, vaginal e anal com o uso do pênis, dedos ou objetos. Esse crime pode ser acompanhado de ameaças de morte e uso excessivo de força física, mesmo quando a vítima está sob efeito de alguma droga [6].

De acordo com o artigo 213 da Lei nº 12.015/2009, do Código Penal Brasileiro [5], o estupro é classificado como conjunção carnal não consensual, imposta por meio de violência ou grave ameaça de qualquer natureza, ou ainda imposta contra pessoas incapazes de consentir o sexo. Antes da Lei nº 12.015, feita para os crimes contra a dignidade sexual, esse crime era definido como a conduta de constranger a mulher à conjunção carnal, mediante violência ou grave ameaça.

Dessa forma, entendia-se que somente a mulher seria vítima desse crime. Para qualquer outra forma de conjunção carnal que fosse praticada, o delito era enquadrado como atentado violento (artigo 214), o que incluía outras condutas distintas além do sexo vaginal, como sexo anal, oral etc. Portanto, homens jamais seriam vítimas de estupro e seus agressores, nesse caso, seriam enquadrados por atentado violento ao pudor. Com a alteração do Código Penal ocorrida em 2009, ambos os gêneros são possíveis vítimas de estupro, que não se limita à conjunção carnal, mas também engloba outros atos libidinosos.

O estupro é considerado crime hediondo e a condenação do agressor varia entre seis e dez anos de reclusão, podendo chegar até trinta anos, conforme o número de agravantes decorrentes dessa prática [5]. Apesar de não haver uma lei específica para crimes sexuais ou roubo sob indução de drogas no Brasil, outros países demonstram particularidades perante o crime sob influência de DFC [11,24,25] (Quadro 32.1).

Quadro 32.1 País e legislação vigente em relação aos crimes sob influência de DFC

PAÍS	DISPOSIÇÃO LEGAL	SANÇÕES PARA ESTUPRO
França	Código Criminal Francês Artigo 222-3: Estupro Artigo 222-15: Administração de substâncias nocivas, através de outra pessoa, causando consequências físicas e mentais Decreto nº 2003-1126: aumento da penalidade para importação e exportação de algumas DFC *DFC não é uma circunstância agravante*	Estupro: até quinze anos de prisão. Aumento para vinte anos se uma das oito circunstâncias agravantes é reconhecida (por exemplo, mutilação) Administração de substâncias nocivas para outra pessoa causando consequências físicas e mentais: mais de quinze anos

(continua)

Quadro 32.1 País e legislação vigente em relação aos crimes sob influência de DFC *(continuação)*

PAÍS	DISPOSIÇÃO LEGAL	SANÇÕES PARA ESTUPRO
Espanha	Código Criminal Espanhol Artigos 181, 182, 183: abuso sexual sem o consentimento da vítima, mas sem violência ou intimidação Artigos 178, 179, 180: agressão sexual com a adição de violência ou intimidação *DFC não é uma circunstância agravante*	Abuso sexual sem consentimento da vítima, mas sem violência ou intimidação: um a dois anos na ausência de penetração Agressão sexual com adição de violência ou intimidação: um a doze anos dependendo de haver penetração e de acordo com circunstâncias agravantes
Itália	Código Criminal Italiano Artigo 609 b: vítimas em posição de inferioridade e física ou mental por ação direta do réu Artigo 613: vítimas reduzidas a estado no qual não são capazes de compreender ou consentir Artigo 643: vítimas em estado de enfermidade ou deficiência (não necessariamente em completa ausência das capacidades mentais) Artigo 728: supressão da consciência alheia (hipnose, administração de narcóticos) *DFC é uma circunstância agravante*	
Alemanha	Código Criminal Alemão Capítulo 13, seção 177: coerção sexual ou estupro Capítulo 13, seção 178: coerção sexual ou estupro resultando na morte da vítima Capítulo 13, seção 179: ataque a uma pessoa incapaz de resistir. Capítulo 13, seção 250: roubo com agravante *DFC é uma circunstância agravante*	Coerção sexual ou estupro: deis meses a dez anos de prisão Coerção sexual ou estupro resultando na morte da vítima: dez anos de prisão ou perpétua Ataque sobre uma pessoa incapaz de resistir: três meses a cinco anos de prisão
Grécia	Código Penal Artigo 336: estupro Artigo 13: Aquele que leva outra pessoa a estado de inconsciência, utilizando sedativos ou substâncias narcóticas, ou outros meios, considera-se que exerceu força física	
Canadá	Código Criminal Canadense Artigos 271, 272, 273: estupro e seus agravantes Nenhuma menção sobre o uso de drogas pela vítima, seja de forma voluntária ou involuntária	
Reino Unido	Decreto de Crimes Sexuais (1956) Seção 1: relações sexuais entre homem e uma pessoa que não consente o ato naquele momento Seção 4: administrando drogas para obter e facilitar o ato sexual. *Administração de DFC é uma circunstância agravante ou uma infração distinta* – Lei de abuso de drogas 1971 Uso e posse de GHB ilegal	
Estados Unidos	Decreto de prevenção ao estupro induzido por drogas (1996) Administração de substância controlada por uma pessoa sem o conhecimento da vítima, com intenções de cometer um crime, incluindo estupro. Decreto de Substâncias Controladas. Leis estaduais: Código Penal de Nova York: artigos 130.00 e 130.05 Código Penal do Kentucky: artigos 510.010 e 510.020 Estatuto Consolidado da Pensilvânia: título LXII, seção 632-A:2 Código de Iowa, 1999 apêndice: seção 709-4 Estatuto Revisado de Nevada: 200.366, seção I Estatuto Revisado do Missouri: seção 566.030 Código Criminal da Geórgia: seção 16-6-1 Leis Gerais de Massachusetts: parte IV, capítulo 265, seção 22 *DFC é uma circunstância agravante em alguns estados*	Administração de uma substância controlada por uma pessoa sem o conhecimento da vítima, com a intenção de cometer o crime, incluindo estupro: mais de vinte anos de prisão Posse ilegal de uma DFC: três anos de prisão

(continua)

Quadro 32.1 País e legislação vigente em relação aos crimes sob influência de DFC *(continuação)*

PAÍS	DISPOSIÇÃO LEGAL	SANÇÕES PARA ESTUPRO
Nova Zelândia	Decreto Criminal 1961 Seção 128A (4): indivíduo que não consente ato sexual se a atividade ocorre enquanto ele(a) está sob efeito de álcool ou outra droga a ponto de ser incapaz de reagir	Sexo com outra pessoa sem consentimento: até vinte anos de pena
México	Código Penal Federal Artigos 265 e 266: administração de produtos tornando a vítima incapaz de resistência DFC é uma circunstância agravante	O uso de DFC aumenta o tempo da pena de estupro em mais de 50%

Em relação ao atendimento em emergências e ao tratamento de vítimas que sofreram esse crime, os profissionais de saúde têm encontrado problemas. Além disso, as consequências biopsicossociais são consideradas irreversíveis e traumatizantes [6,12].

32.5 Perfil da vítima de DFC e suas consequências biopsicossociais

As vítimas de DFC podem sofrer perda de controle, violação física e também risco de vida, seja pela violência corporal e/ou por uma eventual intoxicação. Algumas vítimas apresentam inconsciência intermitente, como se fossem *flashbacks*, o que as possibilita descrever o delito e até o suposto agressor, enquanto outros indivíduos perdem completamente a consciência e não se lembram de nada sobre o ocorrido (*mind rape*) [6]. O fato de não recordar do abuso sexual é também assustador e de difícil aceitação para a vítima, o que dificulta sua reconstrução psicológica após o trauma [7].

As vítimas de DFC descrevem seus traumas como um "duplo crime", pois a pessoa que promoveu a sedação do indivíduo pode não ter sido a mesma que cometeu o estupro e/ou roubo, indicando que esse delito pode ter sido praticado por mais de uma pessoa [6]. As consequências desse crime podem levar a sérios problemas ligados à autoimagem. O abuso sexual sob efeito de drogas é caracterizado por pesadelos, distúrbios do sono, medo, preocupação, angústia e dificuldade de envolvimento social a curto prazo. As sequelas que surgem nas vítimas meses após o ataque incluem ansiedade, depressão profunda, agressividade e raiva. Pode ocorrer perda de autocontrole, com frequente dependência química, além de dificuldades comportamentais e sexuais [7].

Os profissionais de saúde têm enfrentado dificuldades para realizar os primeiros socorros e o posterior tratamento para essas vítimas; em muitos casos, confundem um típico caso de DFC com uma situação de intoxicação, seja acidental ou suicida. Consequentemente, a coleta de provas forenses fica prejudicada [26]. Diante desse problema, nos Estados Unidos, o Office for Victims of Crime, ligado ao US Department of Justice, financiou a implementação do *Sexual Assault Nurse Examiner* (SANE) – um tipo de programa no qual a equipe de enfermagem trabalha em colaboração com a equipe médica, interagindo com outros centros de apoio à vítima de abuso sexual (policiais, promotores, juízes, laboratoristas forenses e serviços de proteção à criança e ao adolescente) [12]. Assim, antes da realização da perícia criminal, qualquer vestígio de violência deve ser observado, como roupas rasgadas, ferimentos, traumas e arranhões. As lesões físicas que ocorrem em casos de roubo são menores, em virtude da incapacidade de reação do indivíduo. Porém, ocorrido ato sexual, pode haver o surgimento de equimoses e/ou hematomas na parte interna de coxas, braços e joelhos [7].

As mulheres são as maiores vítimas do abuso sexual e estão expostas a diferentes riscos, que podem comprometer sua saúde física e mental. Os traumas físicos podem variar de pequenos hematomas até lesões graves, que podem resultar na morte da vítima, além da exposição a doenças sexualmente transmissíveis (DST) e gravidez indesejada. Esta última é encarada como uma segunda violência, intolerável para a maioria das mulheres [6,7,15]. Os danos decorrentes desse delito causam perda estimada de 9,5 anos saudáveis na vida da vítima [14].

32.6 Drogas facilitadoras de crime (DFC)

As DFC são capazes de causar uma série de efeitos, como sedação, relaxamento muscular, confusão, tonturas, problemas de julgamento, amnésia anterógrada, perda da consciência, inibição reduzida, náuseas, hipotensão e bradicardia [7]. As altas doses dessas substâncias, tanto se consumidas isoladamente ou misturadas com outras DFC, podem acarretar depressão respiratória e até morte [27]. A imprensa geralmente destaca que poucos agentes psicoativos são utilizados como DFC. Entretanto, qualquer droga capaz de promover a submissão de um indivíduo pode ser considerada um potencial DFC [3,6]. Dentre os fármacos com essa peculiaridade, destacam-se os benzodiazepínicos (BZD).

32.6.1 Benzodiazepínicos (BZD)

Benzodiazepínicos (BDZ) são fármacos ansiolíticos utilizados como sedativos, hipnóticos e relaxantes musculares, além de apresentarem atividade anticonvulsivante, sendo os medicamentos mais prescritos e consumidos do mundo. O grande número de prescrições se dá em decorrência da sua relativa margem de segurança, quando comparada **à** de outros fármacos semelhantes (por exemplo, barbitúricos) [28]. Somente no Brasil, clonazepam (CZ), bromazepam (BZ) e alprazolam (AZ) estão entre os cinco princípios ativos mais vendidos no país [29].

Esses fármacos são bases fracas; entretanto apresentam ampla faixa de pKa (1,3 a 12,7) e são classificados em três grupos: 1,4-benzodiazepínicos; triazolobenzodiazepínicos; 1,5-benzodiazepínicos [6,30-33]. Essas substâncias sofrem biotransformação hepática envolvendo reações de fase I e fase II, sendo que os produtos formados podem ter atividade farmacológica similar ao composto original. Tal fenômeno acomete o diazepam (DZ), que se converte em nordiazepam (ND) e oxazepam (OXZ), sendo este último um produto de biotransformação ativo e comum a outros BZD. Lorazepam e temazepam podem sofrer glicuronidação direta e, assim, serem excretados [28,30-34]. Um resumo da biotransformação é descrito na Figura 32.1.

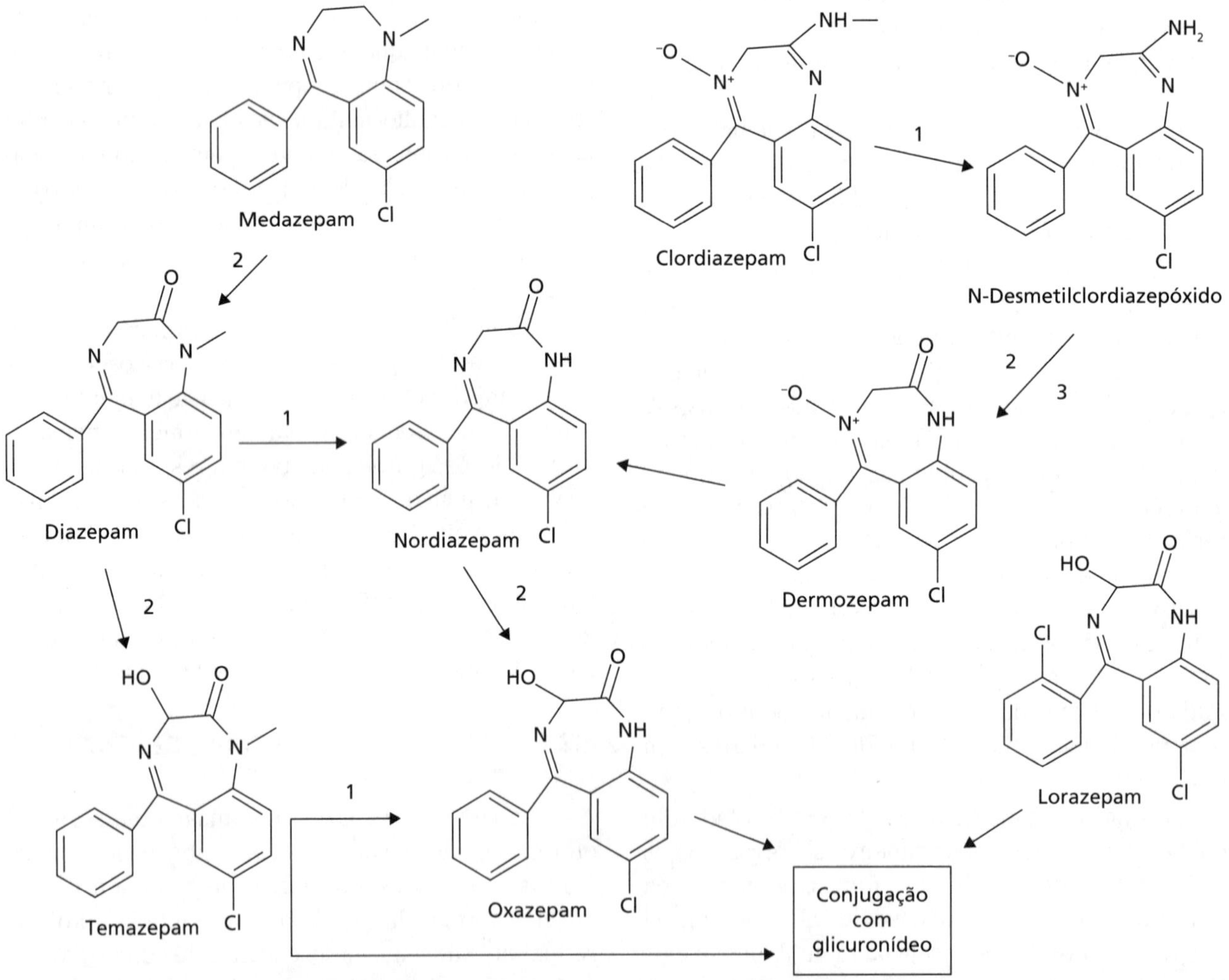

Figura 32.1 Principais vias de biotransformação de medazepam, diazepam, temazepam, clordiazepóxido, oxazepam e lorazepam. 1) Desmetilação; 2) oxidação; e 3) desaminação.

Os nitrobenzodiazepínicos sofrem ação de nitrorredutases e apresentam o grupamento 7-amino como os mais abundantes produtos de sua biotransformação. Bromazepam, midazolam, alprazolam e triazolam são convertidos a formas hidroxiladas. De modo geral, em torno de 0,5% a 3% desses fármacos são eliminados inalterados na urina [28,31,34].

Os BZD exercem ação potencializadora sobre a atividade do GABA, considerado um neurotransmissor inibitório do sistema nervoso central, permitindo o aumento da frequência de abertura do canal de cloreto, resultando em hiperpolarização da membrana e, consequentemente, inibindo a excitação celular [6,28]. Qualquer agente dessa classe de substâncias pode induzir amnésia anterógrada, em maior ou menor grau, em doses terapêuticas, além de alterações negativas sobre as atividades sensorial e motora e sobre a atenção e o aprendizado. Em altas doses e associadas com outros depressores do SNC, essas substâncias psicoativas apresentam potencial de ocasionar o coma e até a morte [6,11,25,28].

Um medicamento dessa classe recebe atenção especial das autoridades quando há o envolvimento de estupro e/ou roubo sob ação de alguma substância psicoativa. Trata-se do flunitrazepam (FZ), conhecido como Rohypnol®, considerado uma clássica DFC.

32.6.1.1 Flunitrazepam (FZ)

O flunitrazepam (FZ) é um BZD distribuído em vários países, sendo que, no Brasil, é comercializado sob a tutela da Anvisa, conforme RDC nº 36, de agosto de 2011, que definiu que esse fármaco pertence à lista B1 de substâncias psicotrópicas sujeitas à notificação de receita "B" [29]. Nos Estados Unidos, não é permitida a comercialização do FZ, apesar de esse medicamento estar presente na Lista de Substâncias Controladas IV, conforme o Decreto de Substâncias Controladas do Governo Americano. A presença desse fármaco no território norte-americano deve-se ao contrabando oriundo de países da América do Sul com destino à cidade de Miami (estado da Flórida) ou através da fronteira com o México [35].

O FZ é facilmente dissolvido na bebida, não apresenta cor ou gosto característico, rapidamente incapacita a vítima e dificilmente é detectado em exames de triagem [12]. Em virtude dessas características, a empresa farmacêutica Hoffmann-La Roche Company, fabricante do Rohypnol®, adicionou um corante azul na formulação de seus comprimidos, o que desencorajaria sua adição em uma bebida [6]. Esse fármaco tem valor de pKa em torno de 1,8 e apresenta as mesmas características farmacodinâmicas da classe dos BZD, sendo dez vezes mais potente que o DZ, por sua dissociação mais lenta ao receptor GABA. Seus efeitos sedativos levam de vinte a trinta minutos para manifestar-se, podendo durar de oito a 24 horas [11]. Após a absorção, o FZ apresenta meia-vida de eliminação em torno de treze a dezenove horas, sendo biotransformado no fígado, conforme mostra a Figura 32.2 [35].

O resultado desse processo é a formação de 7-aminoflunitrazepam (7-NHFZ), produto de biotransformação predominante que pode ser encontrado na urina e no sangue. Além disso, a nitrorredução do grupo 7-nitro em 7-amino também ocorre *in vitro* e apenas pequena fração do fármaco é excretada inalterada (2%), sendo o restante eliminado na urina ou na forma conjugada por essa via – o que também é característico para NZ e CZ [6,36].

Por causa da baixa dosagem terapêutica (0,5 a 2 mg), da extensa biotransformação e do alto volume de distribuição, as concentrações de FZ e de seus produtos de biotransformação são relativamente baixas, o que dificulta sua determinação em matrizes biológicas em situações de roubo e/ou estupro [35]. Assim como esse fármaco, outras substâncias também são consideradas clássicas DFC: etanol, gama-hidroxibutirato (GHB), cetamina (KT) e escopolamina.

32.6.2 Etanol

O etanol, também conhecido como álcool, é o composto químico mais associado com as DFC, por seu baixo custo e sua legalidade. Essa substância psicoativa é considerada uma depressora do sistema nervoso central, por ser um ativador do GABA e por inibir as ações de glutamato. Em concentrações sanguíneas próximas a 0,10 g/dL, a memória, a concentração, a visão e a coordenação ficam prejudicadas. De fato, todas as funções corporais governadas pelo cérebro são progressivamente depreciadas, conforme os níveis de álcool, a ponto de, em uma intoxicação aguda (acima de 0,40 g/dL), pode ocorrer perda de controle corporal e das funções vitais, causando depressão respiratória [6,25,38].

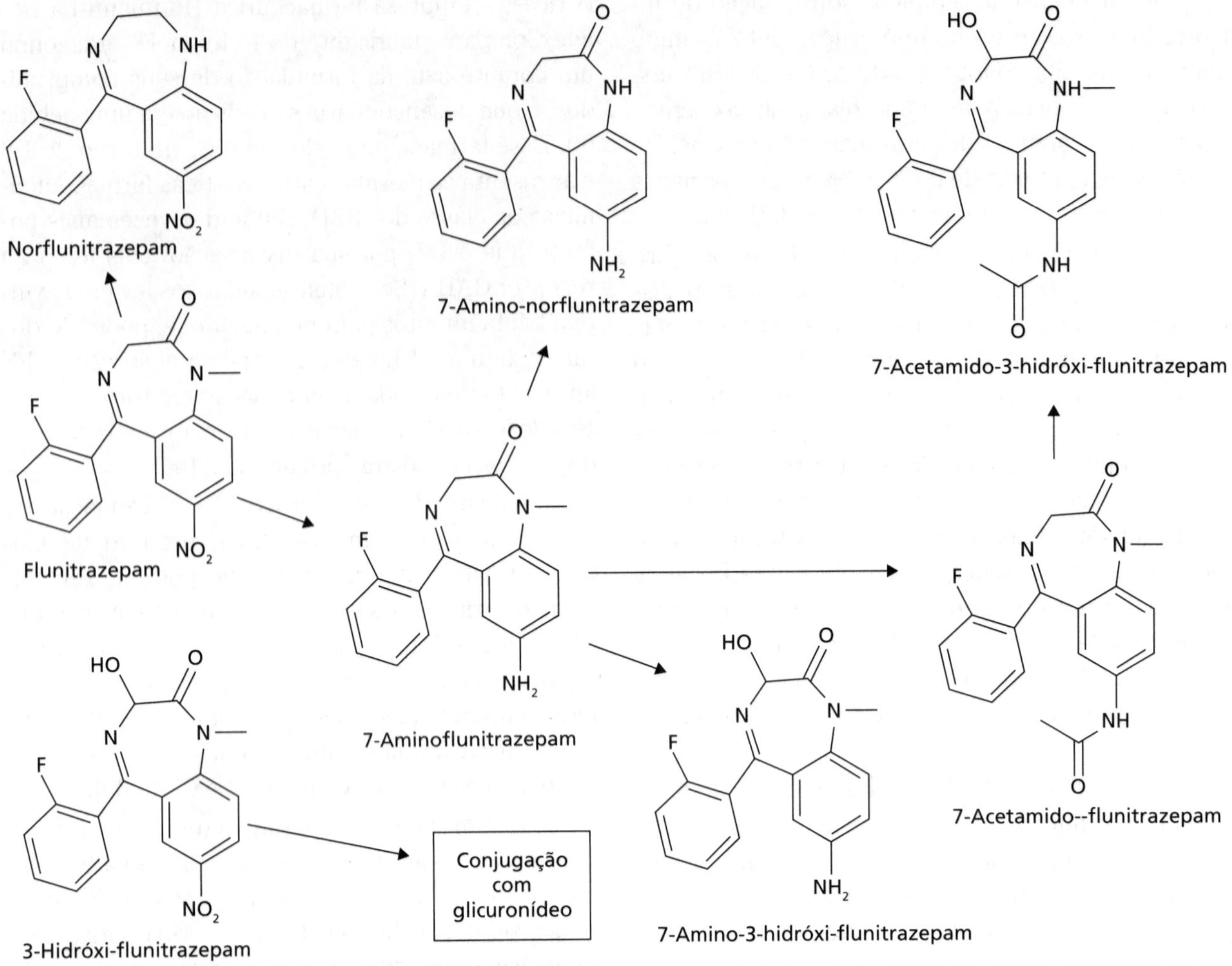

Figura 32.2 Principais vias de biotransformação do flunitrazepam.

Essa substância apresenta rápida absorção (principalmente em concentrações que variam entre 10% e 30%) e distribuição nos fluidos biológicos, pois atravessa facilmente as membranas biológicas. Após ingestão, o etanol tem concentração sanguínea máxima dentro de trinta a 120 minutos, quando o indivíduo está em jejum. Em torno de 80% a 90% do etanol ingerido é biotransformado a nível hepático, e 0,1% dessa molécula sofre um processo não oxidativo, formando o etilglicuronídeo (EtG), conforme mostra a Figura 32.3 [6,37].

Sua biotransformação exibe diferenças de gênero e cronicidade, além de fatores como peso, composição corporal e taxa de absorção do trato gastrointestinal poderem determinar a alcoolemia após sua ingestão.

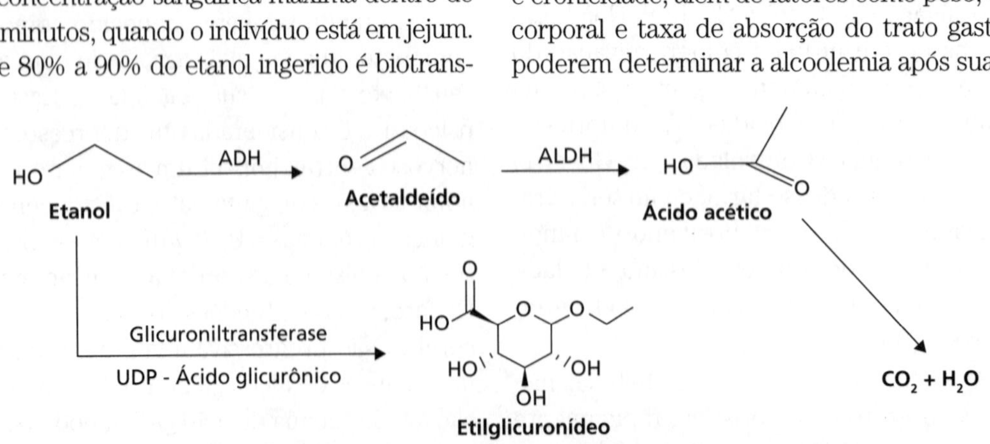

Figura 32.3 Biotransformação do etanol. ADH, álcool desidrogenase; ALDH, aldeído desidrogenase.

As mulheres tendem a apresentar maiores alcoolemias, pelo menor volume de água corpóreo e, consequentemente, menor volume de distribuição, assim como menor atividade da enzima álcool desidrogenase (ADH) [38].

A excreção de etanol inalterado na urina é em torno de 2% a 10%, com taxa de eliminação média de 0,1 g/kg/hora em uma pessoa saudável [6]. Em relação ao EtG (pKa = 3,21), esse produto de biotransformação apresenta período de detecção na urina maior do que o seu precursor. Em voluntários que ingeriram controladamente e de forma única a quantia de 0,5 g/kg de etanol, a detecção desse analito variou entre 24 e 35 horas, podendo chegar até noventa horas [39]. Em etilistas, a margem de tempo verificada é maior, podendo ser mensurada em amostras urinárias de dois a cinco dias após interrupção do consumo de álcool [40].

Estudos relacionados à DFC indicam o significativo papel do álcool em casos de abuso sexual, por sua capacidade de promover a desinibição da vítima e ser socialmente aceito, o que facilita sua administração. Nesse aspecto, as mulheres são mais facilmente entorpecidas, por sua menor taxa de biotransformação do etanol, facilitando a ação do criminoso. Além disso, o álcool tem sido utilizado como veículo de outra DFC, promovendo efeitos sedativos mais pronunciados [6,38].

32.6.3 Gama-hidroxibutirato (GHB)

Outra substância psicoativa que recebe atenção especial das autoridades é o gama-hidroxibutirato (GHB), também conhecido popularmente como *ecstasy* líquido. Esse fármaco apresenta estrutura molecular relativamente simples, com valor de pKa = 4,72, e é derivado do neurotransmissor GABA – produzido naturalmente pelos mamíferos. Seu mecanismo de ação é baseado na sua ligação a um receptor específico do GABA, além de exercer alteração da recepção dopaminérgica [6,41].

Essa substância pode ser administrada por via intravenosa ou oral (cápsulas de GHB sódico). Sua absorção é rápida, quando ingerido, e sua concentração plasmática máxima ocorre em torno de 25 a 45 minutos. O GHB não se liga a proteínas plasmáticas, sua distribuição é rápida e seus efeitos duram em torno de uma a quatro horas, dependendo da dose [42]. Sua biotransformação promove a formação de produtos de origem endógena que participam de vários processos bioquímicos (ácidos que participam do ciclo do ácido cítrico) e fisiológicos (GABA). Essa molécula não é acumulativa e 1% a 5% da dose administrada é excretada inalterada, podendo ser determinada em até doze horas na urina [43]. Em 2011, foi possível determinar GHB em cabelo utilizando GC-MS/MS, ampliando a janela de detecção [44]. A Figura 32.4 apresenta os passos da biotransformação.

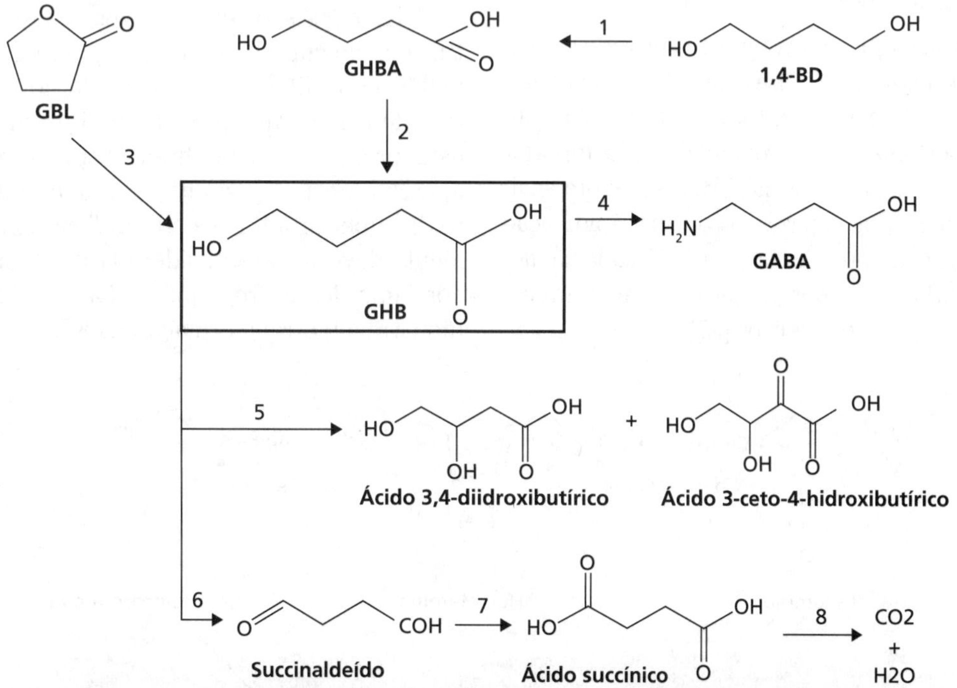

Figura 32.4 Estrutura química do GHB e sua biotransformação. GBL: gama-butirolactona; 1,4-BD: 1,4-butanodiol; GHBA: gama-hidroxibutiraldeído; GABA: gama-aminobutirato. 1) Álcool desidrogenase; 2) aldeído desidrogenase; 3) lactonase; 4) GABA transaminase; 5) beta-oxidação; 6) gama-hidroxibutirato desidrogenase; 7) succinaldeído desidrogenase; 8) ciclo de Krebs.

Apesar do uso clínico do GHB nos anos 1960 como anestésico e agente hipnótico intravenoso [6,43], essa substância começou a ter seu uso indiscriminado por meio de fisiculturistas, em razão de sua capacidade de liberação de hormônio de crescimento (GH) [43]. A partir dos anos 1990, o GHB e seus precursores (gama-butirolactona e 1,4-butanediol) começaram a ser utilizados em situações envolvendo abuso sexual, pela obtenção e a manufatura relativamente fáceis e a rapidez dos seus efeitos [6,43,45].

Os sintomas são similares aos do etanol, como desinibição e aumento da sociabilidade, além da promoção de amnésia anterógrada e do aumento da libido [43,46]. Diante dos problemas causados por essa substância psicoativa, vários países, incluindo Estados Unidos, Reino Unido e Japão, consideram a posse, a venda e a fabricação clandestina dessa droga como atos ilegais. Contudo, desde julho de 2002, esse fármaco foi aprovado pelo governo norte-americano para o tratamento da narcolepsia [45]. No Brasil, somente o GHB está na lista B1 de substâncias psicotrópicas sujeita à Notificação de Receita "B" da Anvisa, conforme RDC nº 36, de agosto de 2011, e seu uso terapêutico está restrito a raros casos de distúrbios de sono e epilepsia [29].

32.6.4 Cetamina (KT)

A cetamina (KT) é um composto derivado do cloridrato de fenciclidina (PCP) e é um potente antagonista não competitivo do receptor N-metil-D-aspartato (NMDA), importante na neuroquímica do comportamento e na informação sensorial. Trata-se de um analgésico/anestésico geral capaz de produzir rápida ação dissociativa. Atualmente, a cetamina é utilizada na medicina veterinária e em emergências médicas, com restrições, pelos efeitos psicodélicos [47].

O valor de pKa da KT é em torno de 7,5, e essa substância pode ser comercializada na forma líquida ou em pó, além de ser administrada pelas vias intramuscular, intravenosa, intranasal, oral e retal. A cetamina também é fumada isolada ou concomitantemente com tabaco ou maconha. A ingestão dessa substância é realizada após sua dissolução em água, sucos e demais líquidos [47]. Esse fármaco apresenta fraca ligação proteica e tem distribuição altamente perfundida, por sua elevada lipossolubilidade, atingindo coração, pulmão e cérebro, além do tecido periférico e adiposo. Sua meia-vida de eliminação é em torno de duas a três horas e cerca de 90% da dose é excretada na urina em 72 horas [47,49,50].

A biotransformação dessa molécula ocorre principalmente no fígado, através de enzimas hepáticas do citocromo P-450; porém esse processo também ocorre nos pulmões, intestinos e rins [12,50,51]. Cerca de 2% desse fármaco é eliminado inalterado, outros 2% são excretados como norcetamina (NK) (pKa 6,7), 16% sob a forma de deidronorcetamina (DHNK) (pKa 7,4 calculado pelo *software* ACD/Labs®) e o restante como conjugados de produtos de biotransformação hidroxilados [50]. O principal produto de biotransformação dessa DFC, para análises toxicológicas, é a NK, sendo possível sua detecção entre um e quatorze dias por GC-MS [48,450-52].

KT e NK são considerados analitos-alvo, em situações de submissão química, pelo UNODC e pela SOFT, com diferentes valores de corte para amostras de urina (Anexo II) [3,10]. Porém a DHNK não está presente em nenhuma lista dessas agências, apesar de estudos apontarem uma abundância urinária superior a KT e a NK, indicando que essa molécula deveria ser considerada um biomarcador do consumo dessa droga [50,52-54]. A Figura 32.5 demonstra a biotransformação da KT.

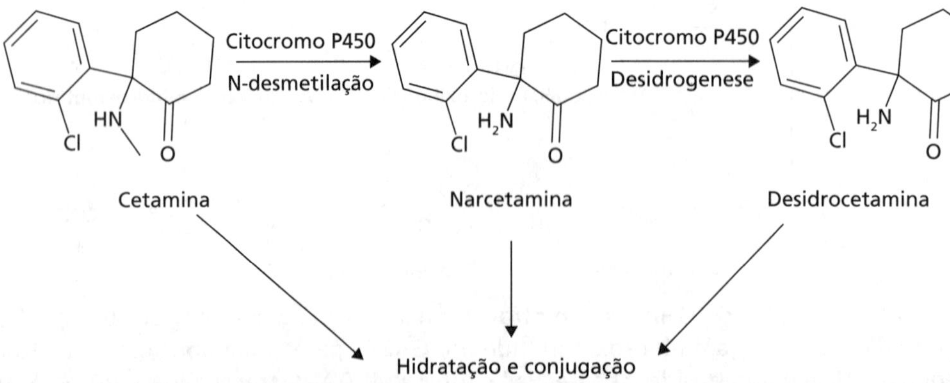

Figura 32.5 Estrutura química da cetamina e principais vias de biotransformação.

Em virtude de seus efeitos, como fala prejudicada, déficit de atenção, dificuldade de raciocínio, amnésia anterógrada e até *flashbacks*, a KT tem sido usada como DFC e tem chamado a atenção das autoridades. Sua utilização em casos de estupro começou no fim da década de 1980 e, durante os anos seguintes, observou-se aumento de seu uso até 1999, nos Estados Unidos [12]. Por isso, no fim dos anos 1990, foi considerada uma tradicional DFC [6] e enquadrada na lista III de substâncias controladas pelo governo norte-americano, em agosto de 1999 [55].

Desde 2002, a KT foi classificada no Anexo III pelo governo de Taiwan para o qual há punições mais brandas e que diz que quantias acima de 20 g são consideradas um delito (multa e prisão). No entanto, devido ao aumento de casos na Ásia, há possibilidade de mudança de classificação para Lista I ou II (maiores restrições ao uso, posse e comércio). Em Hong Kong, está classificada na Lista I conforme a portaria de drogas perigosas desde 2000, considerada a mais restritiva [56, 57].

De acordo com a lei do Reino Unido, essa substância está regulamentada como medicamento controlado, conforme o Misuse of Drug Act de 1971, no qual está definida como droga de classe C desde janeiro de 2006, junto com GHB e outros tranquilizantes. A posse e o fornecimento ilegal de KT preveem, respectivamente, até dois e quatorze anos de prisão, mais fiança [58]. No Brasil, a Anvisa enquadrou esse fármaco na lista C1 de substâncias sujeitas a controle especial (receita de controle especial em duas vias) [29]. Contudo, esse medicamento tem sido vendido em estabelecimentos veterinários, sendo a forma mais comum de se obter ilicitamente essa droga [59].

32.6.5 Escopolamina

Entre os anticolinérgicos, destaca-se a escopolamina. Esse composto age como um antagonista competitivo no receptor muscarínico (M1). Trata-se de um alcaloide pertencente à família Belladonna, que é utilizado como antiespasmódico, em casos de úlceras e cólicas. A escopolamina também é aplicada em casos de enjoo e é adjuvante de anestesia para proporcionar sedação e amnésia [12]. Por sua alta potência, o início rápido de seus efeitos e a sua capacidade de provocar amnésia, é considerada uma DFC [6,12]. Após a administração por via oral, a escopolamina é facilmente absorvida e sintomas clínicos começam a aparecer entre quinze e trinta minutos, causando midríase, boca e narinas secas, constipação, alucinações e diminuição da pressão arterial. Vômitos, confusão e amnésia também são efeitos do uso dessa substância. Os efeitos podem durar até três dias [12]. Aproximadamente 95% a 99% do fármaco é excretado na urina, na forma de produtos de biotransformação, e menos de 5% são eliminados na forma inalterada [60].

Nos Estados Unidos, a escopolamina está classificada na lista II da Controlled Substance Act, enquanto, no Brasil, o princípio ativo pode ser obtido por meio do chá de plantas popularmente conhecidas como saia-branca, lírio, trombeta, zabumba, cartucho etc. [61]. A comercialização de escopolamina em território brasileiro acontece sob a forma de butilbrometo de escopolamina, utilizado para alívio rápido de dores abdominais e cólicas. Por se tratar de um composto de amônio quaternário, não atravessa a barreira hematoencefálica e, assim, não produz efeitos anticolinérgicos no sistema nervoso central [62].

32.6.6 Hipnóticos não benzodiazepínicos

Trata-se de uma nova geração de sedativo-hipnóticos que apresentam estrutura diferente dos benzodiazepínicos tradicionais, sendo representados por zopiclone, eszopiclone, zolpidem e zaleplona [12,25]. Esses fármacos são semelhantes ao BDZ em seu mecanismo de ação, porém são mais seletivos na ligação ao sub-receptor ômega 1 do receptor GABA, sendo bem tolerados e estando muito pouco associados à ocorrência de tolerância e à dependência ao uso prolongado [63]. Nesse grupo, destaca-se o zolpidem (Figura 32.6).

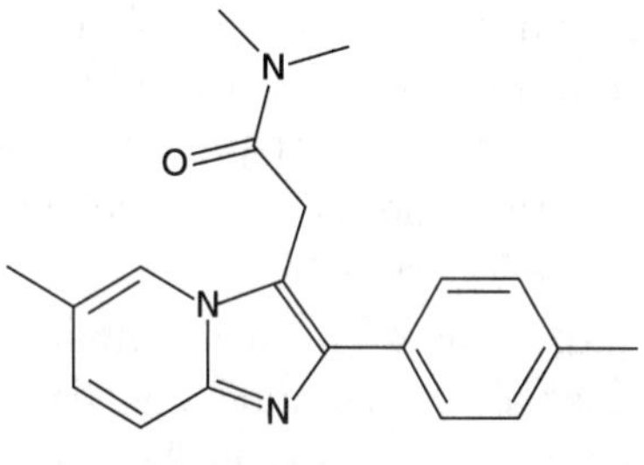

Zolpidem

Figura 32.6 Estrutura química do zolpidem.

O zolpidem é comercializado como Stilnox®, Hypnogen®, entre outros, e está inserido na lista B1 de substâncias psicotrópicas da Anvisa, assim como os demais benzodiazepínicos e GHB [29]. Tem boa absorção (70%) e os sintomas clínicos são sentidos em aproximadamente 1,5 hora após administração, podendo durar até seis horas, apesar de sua meia-

-vida curta. Isso garante efeito hipnótico de ação curta, sem interferência na estrutura do sono, não promovendo efeitos residuais durante o dia. Esse fármaco forma metabólitos inativos oriundos da biotransformação hepática, que são eliminados através da urina (56%) e das fezes (37%) [12,63].

Como efeitos colaterais, discinesia, sedação, problemas psicomotores, confusão, amnésia e até alucinações já foram relatados pelos usuários [12]. Em virtude de suas implicações clínicas, o zolpidem tem chamado a atenção das autoridades por sua utilização em casos de estupro [6,12].

32.6.7 Anti-histamínicos

Outra classe de fármacos que se tem associado ao estupro são os anti-histamínicos, dos quais se destaca a difenidramina. A difenidramina é um derivado da etanolamina e compete pela histamina nos receptores H1, além de apresentar atividade anticolinérgica. Essa substância é utilizada no tratamento de náuseas, alergias, resfriados e insônia, apresentando rápida absorção oral e alta ligação proteica (85%-98%), com seu pico de concentração plasmática entre 1,5 e três horas e tempo de meia-vida plasmática de cerca de nove horas [6]. Tem valor de pKa em torno de 9,0, sendo amplamente distribuída no organismo e biotransformada no fígado. Produtos secundários são excretados na urina após conjugação e cerca de 40% a 60% são excretados como ácido difenilmetoxiacético. Em torno de 5% a 15% são eliminados inalterados pela via urinária [64].

O dimenidrinato, pertencente à classe dos inibidores H1, é um sal de 8-cloroteofilina de difenidramina, que, durante o processo de biotransformação, promove a dissociação do sal, permitindo sua detecção e sua quantificação na matriz biológica quando esse composto é ingerido [3].

A difenidramina é um medicamento de venda livre em vários países no mundo, com capacidade de produzir efeitos semelhantes aos benzodiazepínicos em altas doses. De fato, essa droga tem sido utilizada para promover a submissão química de pessoas na Inglaterra [65] e na Alemanha [25]. Além disso, a difenidramina tem seus efeitos sedativos mais acentuados quando ingerida com etanol [6].

32.6.8 Outras classes de DFC

Determinados fármacos de prescrição livre são analitos-alvo, como o carisoprodol (miorrelaxante), considerado uma pró-droga, pela formação de meprobamato, um tranquilizante da classe dos carbamatos [66]. Apesar de as substâncias sedativas serem o principal foco em casos de DFC, outros compostos químicos podem ser encontrados na matriz biológica da vítima. Drogas ilícitas, como maconha, ácido lisérgico (LSD), derivados da piperazina, fenciclidina, cocaína e *ecstasy*, podem estar presentes nesse tipo de situação, em decorrência da diminuição da inibição da vítima e/ou de a capacidade de raciocínio estar prejudicada [2,3,6,10,12].

Chamam a atenção, na literatura, os relatos do envolvimento de outras substâncias psicoativas que podem promover a submissão de um indivíduo, como o uso de solventes aromáticos ou clorofórmio [67,68], ranitidina [69], acepromazina [70], tetra-hidrozolina [71] e até sildenafila (Viagra®), por sua popularização como afrodisíaco [72].

Diante dessa amplitude de alternativas químicas, em 1998, um comitê internacional de DFC foi formado e, em 2005, o Comitê de Drogas Facilitadoras de Abuso Sexual (DFAS), pertencente à SOFT, lançou uma lista, intitulada "Limites máximos recomendados para detecção de DFAS e metabólitos em amostras de urina", que recentemente foi atualizada [10]. Em 2012, o UNODC lançou um guia com vários procedimentos e uma listagem de analitos-alvo e seus respectivos valores de corte, semelhante à declaração da SOFT [3]. Apesar da descrição das drogas e seus respectivos produtos de biotransformação, recomenda-se que cada laboratório selecione as substâncias que são mais utilizadas para esses fins em sua região/país [10,44].

32.7 Incidência de roubos, estupros e das DFC

Em 2014, o roubo foi responsável por 42% dos delitos praticados no Brasil, enquanto 47.646 casos de estupro foram registrados, obtendo-se uma taxa de média de 23,5 notificações para 100 mil habitantes. Confrontando esses dados com 2013, houve uma queda de 7% nos registros de estupros. Porém, estima-se que apenas 10% das vítimas prestam queixa no território brasileiro. Nos Estados Unidos, o US Department of Justice revelou que cerca de 35% dos casos foram reportados às autoridades [15,73,74]. Essa baixa taxa de notificações deve-se ao constrangimento da vítima e seu receio quanto à falta de compreensão ou à interpretação dúbia de parceiro, familiares, colegas, vizinhos e autoridades, que não permitem o correto registro de queixa nos órgãos de defesa público. Existe um temor, em relação ao interrogatório policial e ao atendimento no IML, da divulgação de sua imagem na imprensa e da ameaça de vingança do agressor, caso revelado o ocorrido [15,74]. As vítimas que foram roubadas sob efeito de substância psicoativa também demonstram dificuldades em prestar queixa às autoridades, por motivos semelhantes aos que ocorre em casos de estupro [75].

No Brasil, os dados relacionados ao uso de DFC para efetuar o abuso sexual ou qualquer outro delito não são relatados de forma específica pelo Serviço Nacional de Segurança Pública (Senasp) ou por qualquer outro órgão do poder público. Isso dificulta a ação de profissionais da área da segurança pública na busca de respostas perante esse crime, o que facilita sua perpetuação. Diferentemente, entidades governamentais e laboratórios forenses de outros países demonstram os seus números em relação ao uso de substâncias psicoativas para promover o crime, conforme o Quadro 32.2.

Quadro 32.2 Dados de números totais de casos analisados com suspeita de envolvimento de DFC

PAÍS	PERÍODO	NÚMERO DE CASOS ANALISADOS	REFERÊNCIA
Noruega	2003-2010	264	[82]
Holanda	2004-2006	135	[81]
Canadá	2005-2007	184	[80]
Alemanha	1997-2006	40-50	[79]
Estados Unidos	2002-2004	144	[78]
França	2003-2007	309	[77]
Polônia	2003-2004	23	[76]
Reino Unido	2000-2002	1014	[65]
Irlanda do Norte	1999-2005	294	[27]
Austrália	2002-2003	76	[8]

Conforme os dados disponíveis, o etanol é a DFC que está presente na maioria dos casos, seja de forma isolada ou concomitantemente com outras substâncias psicoativas [6]. Por conta disso, os casos do uso de álcool relacionado a situações de estupro e/ou roubo variam muito, estando entre 30% e 81% [12,25,65,82]. Apesar de sua presença não ser uma surpresa em situações de submissão química, um estudo britânico revelou que mais de 60% dos casos detinham níveis maiores do que 150 mg/dL [83].

Em virtude da alta comercialização e da fácil obtenção desses BDZ, eles têm sido utilizados como DFC em vários países [6,31,77,82]. Na Inglaterra, o DZ é a DFAS mais prevalente [65], enquanto DZ, ND e OXZ são prevalentes na Noruega [82]. Na França, o BZ e o CZ estão envolvidos, respectivamente, em 11% e 17% dos casos positivos em situações de violência sexual envolvendo DFAS [7], enquanto FZ foi identificado em 7% das vítimas no período entre 2003 e 2007 [77]. Um estudo norte-americano demonstrou que, durante um período de 26 meses, FZ esteve presente em 3% dos casos [24].

Nos Estados Unidos, 3% dos casos de violência sexual envolviam a presença de GHB nas vítimas [24]. No Canadá, em um grupo de 184 pessoas, 1,1% dos lesados apresentaram resultados positivos para essa droga [80]. Embora os números europeus sejam semelhantes ao estudo norte-americano, há sinais de alto consumo dessa droga em determinados lugares da Europa, o que pode elevar de 3% para até 19% de casos positivos [42].

Apesar do uso ilícito de KT ter se tornado um fenômeno mundial e de esse consumo variar de região para região, a sua prevalência é inestimada [56]. No Brasil, a primeira apreensão ilegal registrada de KT ocorreu em 2004 [59]. Na China, foi verificada alta proporção do impulso e/ou da violência sexual (45,8%) pelo uso desse fármaco [56]. Em relação ao seu uso para submissão química de um indivíduo, o número de vítimas está em torno de 2% a 3% [65,77,80].

Outras classes de medicamentos têm importância para situações que envolvem DFC. Nesse aspecto, destaca-se o zolpidem (hipnóticos não benzodiazepínicos), a segunda DFC mais utilizada em situações de violência sexual, com 15,5% dos casos, conforme um estudo de quatro anos realizado pela França, apenas sendo ultrapassado pelo CZ [77]. Entretanto esse fármaco foi responsável por apenas 1% dos casos na Holanda [81].

Cocaína, maconha, *ecstasy* e outras drogas ilícitas não são caracterizadas como típicas DFC, mas estão presentes em situações de estupro e/ou roubo. A maconha esteve presente em 30,3% dos casos investigados, enquanto a cocaína foi identificada em 11% [27]. Um estudo canadense demonstrou que o uso da maconha foi relacionado em 40,2% dos casos analisados, enquanto cocaína, anfetamina e *ecstasy* apresentaram, respectivamente, 32,2%, 13,8% e 9,2% [80]. Na Holanda, cocaína e *ecstasy* foram mais prevalentes do que maconha. Porém, analgésicos não opioides foram a segunda classe de substância química identificada nas amostras de urina [81]. Provavelmente, o consumo dessas substâncias ocorreu após o abuso sexual ou durante o tratamento da vítima [84].

Apesar dos esforços de entidades governamentais, laboratórios forenses e instituições de pesquisa para a coleta e a divulgação de dados referentes à DFC, a real prevalência desse tipo de ato é desconhecida. O impacto que essas substâncias provocam no sistema nervoso central afeta a memória e/ou a consciência e, por isso, diminui o número de casos reportados para as autoridades, se comparado a um crime sem a submissão química. Além disso, outros fatores dificultam as investigações dessa natureza, como:

- Falta de comunicação entre investigadores, profissionais de saúde, laboratórios e promotoria.
- Atraso na notificação do incidente e da coleta de evidências.
- Ampla gama de substâncias que podem ser utilizadas para se cometer o delito.
- Rápida eliminação de algumas drogas e seus respectivos produtos de biotransformação.
- Falta de laboratórios devidamente equipados com metodologias analíticas validadas.
- Ausência de protocolo-padrão internacional, para facilitar a detecção e a identificação de DFC, assim como a ausência de um sistema uniforme definido para a coleta de dados estatísticos para DFC [3,6,11].

Diante dessas adversidades, o UNODC lançou um guia visando padronizar a identificação de DFC, abordando as principais substâncias, seus limites mínimos recomendados para detecção, preparação de amostras biológicas e instrumentação analítica para determinação dos analitos-alvo [3].

32.8 Aspectos analíticos envolvendo as DFC

32.8.1 Matriz biológica

Diferentes técnicas podem ser utilizadas, conforme a amostra disponível (urina, sangue, cabelo, saliva, vômitos, resíduos da cena do crime e roupas). As matrizes biológicas devem ser coletadas antes que qualquer medicação seja administrada à vítima, mas, se isso não for possível, toda a medicação administrada deve ser documentada. O material coletado deve ser devidamente rotulado, com data e hora da coleta e as iniciais do coletor, selado e armazenado de forma segura [26]. Embora cada crime tenha sua própria história e suas peculiaridades, que podem justificar o uso de uma matriz em relação à outra, a urina é geralmente o espécime de escolha para o exame toxicológico para investigação de DFC [3,26].

32.8.1.1 Urina

A urina é a uma amostra biológica não invasiva e de fácil coleta, considerada a matriz de escolha para análises em vítimas de estupro e/ou roubo com suspeita de uso de DFC. Isso se deve aos níveis elevados de fármacos e produtos de biotransformação excretados e à maior janela de detecção, se comparada ao sangue. Recomenda-se a coleta de 50 mL de urina, sem a necessidade de adicionar conservantes. O armazenamento da urina deve ser entre 2 °C e 8 °C, durante as primeiras 24 horas pós-coleta, para posterior análise. O armazenamento dessa amostra biológica deve ser em *freezer* (–18 °C) por até doze meses [3].

Quanto antes a amostra é obtida após o alegado evento, maior a chance de detectar as substâncias que são rapidamente eliminadas do corpo. Sugere-se, como tempo máximo hábil para detecção de um analito-alvo, 96 horas pós-ingestão [3,6]. Entretanto, fatores como dose, metabolização, forma de administração e outras variantes podem estender esse período de identificação [6,11]. Contudo, há drogas (GHB e precursores) que são excretadas em menos de um dia [37,43]. A tentativa de correlacionar valores urinários, a partir do momento da coleta, com a dose e os efeitos da droga no tempo de exposição é desencorajada. Dessa forma, qualquer substância psicoativa identificada na urina deve ser procurada no sangue – se a amostra estiver disponível [3].

32.8.1.2 Sangue

O sangue deve ser coletado concomitantemente à urina, dentro de 48 horas do alegado incidente. Pelo menos duas amostras de 5 mL devem ser coletadas em tubos de sangue contendo fluoreto de sódio (NaF) ou oxalato de potássio (concentração recomendada para NaF: 2,5 g/L; para oxalato de potássio: 2 g/L) para evitar a degradação e a coagulação. As amostras sanguíneas devem ser refrigeradas (2-8 °C) e, caso não seja possível conduzir a análise dentro de 24 horas, é aconselhável preservar a amostra em congelador (–18 °C) após separação do plasma [3,6].

A determinação de DFC no sangue pode ser usada para predizer e correlacionar os sintomas descritos pela vítima [3,44]. Entretanto a amnésia anterógrada e/ou a perda de consciência pode resultar em dificuldade para precisamente estimar o tempo do incidente suspeito. Outro aspecto é a pequena janela de detecção de uma suposta DFC nessa matriz, diminuindo a possibilidade de identificação do(s) analito(s) no sangue [3,35].

32.8.1.3 Cabelo

Nos casos de notificação tardia do suposto crime, o cabelo é a matriz de escolha [85]. Isso é possível graças à capacidade de incorporação capilar de determinadas DFC e ao substancial progresso de metodologias analíticas nos últimos anos [44,86,87]. A amostra deve ser coletada pelo menos quatro semanas após o delito, por causa da velocidade média de crescimento dessa amostra (1,0 ± 0,2 centímetros por mês). Duas mechas de cabelo (espessura de um lápis) devem ser cortadas o mais próximo possível do couro cabeludo, armazenadas em temperatura ambiente, sem umidade e protegidas da luz. Em casos de alopécia ou cabelo curto, pelos de outras regiões do corpo também podem ser recolhidos para exame laboratorial, embora se recomende análise qualitativa nessa situação [3].

Como vantagens, o cabelo apresenta maior período de detecção e estabilidade de amostra, além de baixo risco de adulteração [44]. Entretanto, é inviável a triagem para determinadas drogas e há necessidade de métodos analíticos capazes de detectar baixas concentrações de analitos. Além disso, ao administrar uma DFC, geralmente se trata de uma dose única, o que pode dificultar sua incorporação no fio capilar. Em caso de resultado positivo, isso indica que a suposta vítima consumiu o composto em qualquer momento, mas não necessariamente no momento do ataque [6,85].

32.8.2 Metodologias analíticas para DFC

32.8.2.1 Triagem e confirmação

A detecção de DFC e seus produtos de biotransformação exigem técnicas analíticas altamente sensíveis e seletivas. Questões práticas precisam ser estabelecidas, como a triagem para as amostras biológicas, a gama de substâncias a serem analisadas, o volume da matriz, a velocidade de análise, assim como sensibilidade e especificidade [3,87].

O passo inicial é a triagem, que inclui testes qualitativos colorimétricos, imunoensaios e análises cromatográficas [3,6]. Os resultados obtidos nessa etapa devem ser avaliados com cautela, pois o resultado negativo não significa ausência da droga e o caso positivo necessita de confirmação por técnica mais seletiva e sensível. Além disso, não pode haver esgotamento da amostra, pela necessidade de quantia suficiente para a análise de confirmação [2,3].

Diante desses inconvenientes, técnicas cromatográficas e espectroscópicas, como cromatografia líquida com detector de arranjo de diodos (LC-DAD), cromatografia líquida acoplada à espectrometria de massas simples (LC-MS) ou tandem (LC-MS/MS), cromatografia gasosa com detector de ionização em chama (GC-FID) e cromatografia gasosa acoplada à espectrometria de massas simples (GC-MS) ou tandem (GC-MS/MS), devem ser empregadas sempre que possível. Em situação de confirmação, sempre utilizar técnicas cromatográficas acopladas à espectrometria de massas, como GC-MS, GC-MS-MS, LC-MS e LC-MS-MS. Caso esses equipamentos não estejam disponíveis, é recomendável estocar a amostra a –18 °C até a condição oportuna [2,3,25]. Contudo essas técnicas exigem a efetiva preparação da amostra, com o objetivo de eliminar interferentes e concentrar os analitos de interesse.

32.8.2.2 Tratamento da amostra para análise toxicológica

Muitas substâncias sofrem biotransformação de fase II, especificamente a O-glicuronidação, em moléculas com grupamentos hidroxilas livres [88], demandando a realização de processo prévio, chamado hidrólise, para posterior extração do analito livre. N-glicuronidação ocorre em menor proporção, permitindo que moléculas eliminadas na forma aminada não necessitem de hidrólise para sua mensuração [89,90].

A técnica pode ser química ou enzimática, sendo que a primeira ocorre sob ação de uma base ou um ácido em determinada condição, porém pode promover a degradação dos compostos de interesse (exemplo: os BZD podem converter-se em benzofenonas). A hidrólise enzimática é variável, conforme o analito, e é a mais utilizada por sua capacidade de promover a liberação da droga e/ou seus produtos de biotransformação, sem ocorrer a degradação das moléculas-alvo [3,13,89,91]. As enzimas beta-glicuronidases mais empregadas são as provenientes de *Escherichia coli*, *Patela vulgata* e *Helix pomatia*, geralmente combinadas com arilsulfatase. O UNODC preconiza 1 mL de urina (com padrão interno) para 1-2 mL de tampão pH 5,2 e adição de mil a 20 mil unidades de enzima, incubando a 37 °C por dezesseis horas ou a 50 °C por noventa minutos. Posteriormente, realiza-se a adequada extração dos analitos [3].

Os procedimentos extrativos predominantes em relação aos trabalhos que envolvem DFC são a extração líquido-líquido (LLE) e a extração em fase sólida (SPE) [13,49,92], sendo esses procedimentos recomendados pelo guia do UNODC [3]. Para a análise de compostos voláteis, como o etanol, a utilização de GC-FID ou GC-MS com auxílio do *headspace* é considerada procedimento-padrão para esses analitos [3,93].

Muitas vezes, é necessária a etapa de derivatização, que pode ser *in situ* ou *ex situ*. Trata-se de uma reação química que modifica a estrutura molecular do analito de interesse, permitindo aumentar a resolução, a seletividade e a sensibilidade. Vários reagentes podem ser usados como derivatizantes, conforme o equipamento e o detector. Para a técnica de GC-MS, agentes sililantes (BSTFA) são mais comuns para derivatização de moléculas orgânicas, seguidos de substâncias acilantes (TFAA) e alquilantes [3,94]. Da mesma forma, LC-MS também pode utilizar tal recurso, mas em menor escala com determinados reagentes [95].

Em resumo, a complexidade da extração matricial depende da grandeza de medição da amostra e da natureza da droga a ser analisada (incluindo sua estabilidade e/ou biotransformação), assim como o processo cromatográfico e o detector a serem usados [3,6,92].

32.9 Conclusão

O uso de substâncias químicas para facilitação de crimes é datado de tempos bíblicos e, no Brasil, é conhecido como o golpe "Boa noite, Cinderela". No Código Penal Brasileiro não há nenhuma lei específica em relação ao uso de DFC em situações de estupro e/ou roubo. Outros países, no entanto, consideram essa situação como agravante no processo judicial. Os danos físicos e psicológicos podem ser irreversíveis, principalmente para as mulheres, suas maiores vítimas. Drogas sedativas, como a classe dos benzodiazepínicos, o etanol, a cetamina e a escopolamina, são consideradas clássicas para a perpetração desse tipo de crime, mas outras substâncias que perturbem a noção de julgamento do indivíduo são enquadradas da mesma forma.

Em virtude de seus efeitos e de aspectos sociológicos, muitas vezes a vítima não declara o ato criminal. Outros fatores, como a logística de obtenção de amostras, o tratamento da vítima, a ineficácia jurídica e a falta de dados fidedignos sobre DFC, levam a subestimar esses casos. Essa série de eventos culmina na perpetuação desse tipo de crime. Além disso, a ampla gama de analitos-alvo e suas diferenças físico-químicas, assim como a necessidade de metodologias analíticas sensíveis e inequívocas, elevam os casos de DFC como um desafio para a toxicologia forense.

Questões para estudo

1. A definição "droga facilitadora de abuso sexual" ou *date rape drug* foi recentemente modificada para "droga facilitadora de crime". Qual(is) motivo(s) está(ão) relacionado(s) a esta nova descrição? Explique.
2. Quais as dificuldades pré-analíticas e analíticas encontradas na identificação de casos de DFC?
3. Entre a classe dos benzodiazepínicos, os nitrobenzodiazepínicos, em especial o flunitrazepam, são considerados clássicos DFC. O que justifica determinada fama?
4. Um rapaz participante de uma festa *rave* dá entrada em um hospital apresentando depressão respiratória. Seus pertences foram roubados e suspeita-se de um caso do golpe "Boa noite, Cinderela". A triagem toxicológica para benzodiazepínicos, cocaína, canabinoides, fenciclidina, anfetaminas, antidepressivos, barbituratos e opioides foi negativa. O amigo que levou o paciente ao hospital admitiu que ele ingeriu bebida alcoólica e que havia comprado um líquido que acreditava ser *ecstasy*, sendo que, após o consumo, o rapaz demonstrou sedação e hipnose dentro de 25 minutos. Quais recomendações seriam apropriadas em relação à amostra biológica? Qual(is) analito(s) alvo(s) mais provável(is) seria(m) indicado(s) para este caso, levando em consideração os resultados da triagem?
5. Você é o responsável pela elaboração de métodos analíticos para identificação de DFC de um laboratório em uma determinada região. Quais fatores devem ser levados em consideração para o estabelecimento dos métodos de análise para DFC?

Respostas

1. A denominação "droga facilitadora de crime" (DFC) é a melhor definição para situações de submissão química de um indivíduo para posterior realização de um crime. Verificou-se que essas drogas tinham várias finalidades criminais, além do ato sexual; assim, o termo DFC começou a ser utilizado com maior frequência. Nesse sentido, as DFC são definidas como uma série de substâncias químicas que são administradas de forma voluntária ou involuntária à vítima, permitindo o estupro ou qualquer outro ato sexual, o roubo e a extorsão de dinheiro, bem como maus-tratos a crianças ou idosos ou qualquer outro delito com pouca ou nenhuma resistência e sem o consentimento do indivíduo.
2. As dificuldades pré-analíticas são relacionadas à vítima, em virtude do impacto das DFC no sistema nervoso central, afetando a memória e/ou a consciência do crime, diminuindo a reportagem do caso para as autoridades; além de constrangimento e receio da falta de compreensão ou da interpretação dúbia de parceiro, familiares, colegas, vizinhos e autoridades. Os problemas analíticos podem ser caracterizados pela ampla gama de substâncias que podem ser utilizadas para cometer o delito, pela baixa dosagem para promoção da submissão química, pela rápida eliminação de algumas drogas e seus respectivos produtos de biotransformação, pela escolha apropriada da matriz biológica e seus respectivos analitos-alvo e pela falta de laboratórios devidamente equipados com metodologias analíticas validadas.
3. O flunitrazepam é dissolvido facilmente na bebida, não apresenta cor ou gosto característico, incapacita rapidamente a vítima e dificilmente é detectado em exames de triagem. Apresenta potência dez vezes maior do que o diazepam, por sua dissociação mais lenta ao receptor GABA. Em razão da baixa dosagem terapêutica, da extensa biotransformação e do alto volume de distribuição, as concentrações de FZ e seus produtos de biotransformação são relativamente baixos, o que dificulta sua determinação em matrizes biológicas em situações de roubo e/ou estupro.
4. As amostras biológicas (urina e sangue) devem ser coletadas o quanto antes. No caso da urina, certificar-se de que será a primeira micção. O tempo decorrido entre a provável hora da administração da DFC e a coleta urinária/sanguínea auxilia no diagnóstico da DFC. O sangue pode ser colhido em tubos de NaF e/ou oxalato de potássio em volume de 5mL, com tempo hábil máximo de 48 horas, apesar de poucos analitos-alvo estarem presentes nessa matriz após esse período. Para urina, recomenda-se a coleta de 50 mL, sem conservantes, em tempo hábil de 96 horas, apesar de determinados analitos apresentarem maiores ou menores períodos de detecção. O cabelo seria uma matriz desnecessária no exemplo descrito, e somente seria útil dentro do prazo de um mês, em virtude da velocidade média de crescimento capilar; além disso, há limitações, como incorporação do analito no pelo após única exposição; assim, resultados positivos devem ser avaliados com cautela.

   Entre a vasta gama de substâncias, poder-se-ia pensar em cetamina e escopolamina, clássicas DFC que podem ser administradas na forma de líquidos e que têm efeitos rápidos. Porém a sedação e a hipnose foram muito rápidas por essa via para essas substâncias, o que permite acreditar que poderia ser GHB. Essa DFC tem pico de concentração plasmática entre quinze e 45 minutos, o que corresponde ao tempo de submissão do paciente. Além disso, para esse analito, ainda não há um imunoensaio para detecção. Por conta disso, sua mensuração sanguínea e urinária somente seria possível dentro de quatro e doze horas, respectivamente, após ingestão do líquido e utilizando outra técnica analítica, como a cromatografia.
5. A escolha da urina como amostra prioritária para DFC, em virtude de: grande quantidade, fácil obtenção, quantias relativamente abundantes de analitos-alvo e período de detecção maior do que para o sangue. O estabelecimento de processos de triagem toxicológica para algumas DFC, o que é viável utilizando a matriz urinária. Considerar a natureza da DFC a ser analisada, incluindo sua estabilidade e/ou sua biotransformação. Dessa forma, possibilita avaliar quais são os analitos-alvo e se há necessidade de hidrólise para posterior passagem por técnicas de preparação de amostras como *headspace* (voláteis), LLE ou SPE. A etapa de derivatização, caso seja necessária, é dependente do analito e do equipamento disponível. É possível utilizar novas metodologias extrativas, desde que sejam validadas e atendam às necessidades laboratoriais. A validação de metodologias analíticas para DFC exige sensibilidade e seletividade e, se possível, identificação do maior número possível de analitos, principalmente por GC-FID (voláteis), LC-MS e GC-MS e suas versões tandem para confirmação. Sempre utilizar padrões de referência e reagentes de alta pureza e considerar as substâncias sedativas/perturbadoras mais comuns na região como possíveis analitos-alvo. Caso esses equipamentos não estejam disponíveis, é recomendável estocar a amostra a –18 °C, até que seja encaminhada para um laboratório especializado. Protocolos de obtenção e histórico da amostra biológica, assim como da vítima, permitem melhor diagnóstico e interpretação dos dados resultantes das análises.

Lista de abreviaturas

7-NHCZ	7-aminoclonazepam	Log P	Coeficiente de partição octanol/água
7-NHFZ	7-aminoflunitrazepam	LZ	Lorazepam
ADH	Álcool desidrogenase	MS	Espectrometria de massas
ALDH	Aldeído desidrogenase	MZ	Medazepam
AZ	Alprazolam	MIZ	Midazolam
BSTFA	*N,O*-Bis-(trimetilsilil)trifluoroacetamida	MTBSTFA	*N*-metil-*N*-(*t*-butildimetilsilil)trifluoroacetamida
BZ	Bromazepam	NMDA	N-metil-D-aspartato

BZD	Benzodiazepínicos	NPD	Detector de nitrogênio-fósforo
KT	Cetamina	NZ	Nitrazepam
CDZ	Clordiazepóxido	NK	Norcetamina
CZ	Clonazepam	ND	Nordiazepam
DFC	Droga facilitadora de crime	OXZ	Oxazepam
DHNK	Deidronorcetamina	PCP	Fenciclidina
DZ	Diazepam	PFPA	Ácido pentafluoropropiônico anidrido
EtG	Etilglicuronídeo	pKa	Constante de acidez
FID	Detector de ionização em chama	SIM	Monitoramento seletivo de íons
FZ	Flunitrazepam	SOFT	Sociedade de Toxicologistas Forenses
GABA	Ácido gama aminobutírico	SPE	Extração em fase sólida
GC	Cromatografia gasosa	SPME	Microextração em fase sólida
GHB	Gama-hidroxibutirato	TFAA	Ácido trifluoroacético anidrido
LC	Cromatografia líquida	TZ	Temazepam
LD	Limite de detecção	UNODC	Escritório das Nações Unidas sobre Drogas e Crimes
LLE	Extração líquido-líquido		

Lista de palavras

Analitos-alvo
Anti-histamínicos
Benzodiazepínicos
Boa Noite, Cinderela
Cromatografia
Cetamina
Cabelo
Droga facilitadora de crime
Escopolamina
Espectrometria de massas
Estupro
Etanol
Flunitrazepam
Gama-hidroxibutirato
Incidência
Legislação
Roubo
SOFT
UNODC
Urina
Sangue
Vítima

REFERÊNCIAS

1. Aggrawal A. References to the paraphilias and sexual crimes in the Bible. Journal of Forensic and Legal Medicine. 2009;16:109-14.

2. Shbair MK, Lhermitte M. Drug-facilitated crimes: definitions, prevalence, difficulties and recommendations. A review. Annales Pharmaceutiques Françaises. 2010;68:136-47.

3. UNODC. United Nations Office on Drugs and Crime: Guidance for the forensic analysis of drugs facilitating sexual assault and other criminal acts [Internet]. February 2012 [cited 2014 Jun 13]. Available from: http://www.unodc.org/unodc/en/scientists/guidelines-for-the-forensic-analysis-of-drugs-facilitating-sexual-assault-and-other-criminal-acts.html

4. Brasil. Código Penal Brasileiro: artigo 157, Lei nº 002.848, jurisprudência atualizada nº 32 de 15 junho de 2009 [Internet]. 2009a [cited 2014 Jul 22]. Available from: http://www.dji.com.br/codigos/1940_dl_002848_cp/cp157a160.htm

5. Brasil. Código Penal Brasileiro: artigo 213, Lei nº 012.015 de 7 de agosto de 2009 [Internet]. 2009b [cited 2014 Jul 23]. Available from: http://www.dji.com.br/codigos/1940_dl_002848_cp/cp213a216.htm

6. Lebeau MA, Mozayani A. Drug-Facilitated Sexual Assault: A Forensic Handbook. San Diego: Academic Press; 2001.

7. Marc B. Current clinical aspects of drug-facilitated sexual assaults in sexually abused victims examined in a forensic emergency unit. Therapy Drug Monitoring. 2008;30:218-24.

8. Hurley M, Parker H, Wells D. The epidemiology of drug facilitated sexual assault. Journal of Clinical Forensic Medicine. 2006;13:181-5.

9. Kintz P. Bioanalytical procedures for detection of chemical agents in hair in the case of drug-facilited crimes. Analitycal Bioanalitycal Chemistry. 2007;388:1467-74.

10. SOFT. Society of Forensic Toxicologists: SOFT's Drug Facilitated Sexual Assault- Drug list and cutoffs [Internet]. 2014 [cited 2014 Jul 31]. Available from: http://soft-tox.org/sites/default/files/SOFT%20DFC%20Rec%20Det%20Limits%201-2014.pdf

11. Papadodima SA, Athanaselis SA, Spiliopoulou C. Toxicological investigation of drug-facilitated sexual assaults. International Journal of Clinical Practice. 2007;61:259-64.

12. Bechtel LK, Holstege CP. Criminal poisoning: Drug-facilitated sexual assault. Emergency Medicine Clinics of North America. 2007;25:499-525.

13. Adamowicz P, Kala M. Simultaneous screening for and determination of 128 date-rape drugs in urine by gas chromatography-electron ionization-mass spectrometry. Forensic Science International. 2010;198:39-45.

14. Heinse L, Pitanguy J, Germain A. Violence against women: the hidden health burden. The International Bank for Reconstruction and Development/The World Bank. 1994;255.

15. Drezzett J, Baldacini I, Nisida I, Nassif V, Nápoli P. Estudo da adesão à quimioprofilaxia antirretroviral para a infecção por HIV em mulheres sexualmente vitimadas. Revista Brasileira de Ginecologia e Obstetrícia. 1999;21:539-44.

16. Campbell R, Ahrens CE, Seft T. The impact of rape on women´s sexual health risk behaviors. Health Psychology. 2004;23:67-74.

17. Senol E, Kaya A, Kocak A, Aktas EO, Erbas K, Islam M. Watch out for nuts in your travels: an unusual case of drug-facilitated robbery. Journal of Travel Medicine. 2009;16:431-432.

18. Villain M, Chèze M, Tracqui A, Ludes B, Kintz P. Testing for zopliclone in hair application to drug-facilitated crimes. Forensic Science International. 2004;145:157-61.

19. Concheiro M, Villain M, Bouchet S, Ludes B, López-Rivadulla M, Kintz P. Windows of detection of tetrazepam in urine, oral fluid, beard, and hair, with special focus on drug-facilitated crimes. Therapeutic Drug Monitoring. 2005;27(5):565-70.

20. Superinteressante. Se quem dorme é a Bela Adormecida, por que o "Boa noite, Cinderela" tem esse nome? 07/10/2015. Disponível em: http://super.abril.com.br/blogs/oraculo/se--quem-dorme-e-a-bela-adormecida-por-que-o-boa-noite--cinderela-tem-esse-nome/. Acesso em: 31/10/2016.

21. Brasil. Código Penal Brasileiro: artigo 155, Lei nº 002.848, jurisprudência atualizada nº 32, de 15 junho de 2009 [Internet]. 2009 [cited 2014 Aug 30]. Available from: http://www.dji.com.br/codigos/1940_dl_002848_cp/cp157a160.htm

22. Bittencourt CR. Tratado de Direito Penal: Parte Especial. Volume 3. São Paulo: Editora Saraiva; 2003.

23. Jesus DE. Direito Penal: Parte Especial. 24. ed. São Paulo: Saraiva, 2001. vol. 2.

24. Dorandeu AH, Pagès CA, Sordino M-C, Pépin G, Baccino E, Kintz P. A case in south-eastern France: A review of drug facilitated sexual assault in European and English- speaking countries. Journal of Clinical Forensic Medicine. 2006;13:253-61.

25. Madea B, Mußhoff F. Knock-out drugs: Their prevalence, modes of action, and means of detection. Deutsches Ärzteblatt International. 2009;106:341-7.

26. Juhascik M, Le NL, Tomlinson K, Moore C, Gaensslen RE, Negrusz A. Development of an analytical approach to the specimens collected from victims of sexual assault. Journal of Analytical Toxicology. 2004;28:400-6.

27. Hall JA, Moore CBT. Drug facilitated sexual assault – A Review. Journal of Forensic and Legal Medicine. 2008;15:291-7.

28. Almeida MG, Lima IV. Barbitúricos e Benzodiazepínicos. In: Oga S, Camargo MMA, Batistuzzo JAO, editors. Fundamentos de Toxicologia. 3. ed. São Paulo: Atheneu; 2008. p. 381-5.

29. Anvisa. Agência Brasileira de Vigilância Sanitária: RDC nº 36, 5 de agosto de 2011 [Internet]. 2011 [cited 2012 Mar 12]. Available from: http://portal.anvisa.gov.br/wps/wcm/connect/6db4200047f8b639bb80bf9f306e0947/RDC_36_2011.pdf?MOD=AJPERES

30. Greenblatt DJ, Shader RI, Franke K, MacLaughlin DS, Harmatz JS, Allen MD, Werner A, Woo E. Pharmacokinetics and bioavailatibility of intravenous, intramuscular and oral lorazepam in humans. Journal of Pharmaceutical Sciences. 1979;68:57-63.

31. Chèze M, Villain M, Pépin G. Determination of bromazepam, clonazepam and metabolites after a single intake in urine and hair by LC-MS/MS. Application to forensic cases of drug facilitated crimes. Forensic Science International. 2004;145: 123-

32. Kintz P, Villain M, Cirimele V, Pépin G, Ludes B. Window of detection of lorazepam in urine, oral fluid and hair, with a special focus on drug-facilitated crimes. Forensic Science International. 2004;145:131-5.

33. Laloup M, Fernandez MMR, Wood M, Maes V, Boeck G, Vanbeckevoort Y, Samyn N. Detection of diazepam in urine, hair and preserved oral fluid samples with LC-MS-MS after single and repeated administration of Myolastan® and Valium®. Analytical Bioanalytical Chemistry. 2007;388:1545-56.

34. Straughan JL, Cathcart-Rake WF, Shoeman DW, Azarnoff DL. Quantification of chlordiazepoxide and its metabolites in biological fluids by thin-layer chromatography. Journal of Chromatography. 1978;146:473-80.

35. Elsohly MA, Feng S. Analysis of flunitrazepam and its metabolites in biological specimens. In: Salamone S, editor. Benzodiazepines and GHB – Detection and Pharmacology. Totowa: Humana Press Inc; 2001. p. 33-49.

36. Deinl I, Mahr G, Von Meyer L. Determination of flunitrazepam and its main metabolites in serum and urine by HPLC after mixed-mode solid-phase extraction. Journal of Analytical Toxicology. 1998;22:197-202.

37. Sarkola T, Dahl H, Eriksson CJP, Helander A. Urinary ethyl glicuronide and 5-hydroxytryptophol levels during repeated ethanol ingestion in healthy human subjects. Alcohol & Alcoholism. 2003;38:347-51.

38. Drummer OH, Odell M. Ethanol. In: Drummer OH, editor. The forensic pharmacology of drug of abuse. 1st ed. London: Arnold Publishers; 2001. p. 274-309.

39. Walsham NE, Sherwood RA. Ethyl glucuronide. Annals of Clinical Chemistry. 2012;49 (Pt 2):110-17.

40. Helander A, Bottcher M, Fehr C, Dahmen N, Beck O. Detection times for urinary ethyl glucuronide and ethyl sulfate in heavy drinkers during alcohol detoxification. Alcohol Alcoholism. 2009;44:55-61.

41. Mari F, Politi L, Trignano C, Di Milia MG, Di Padua M, Bertol E. What constitutes a normal ante-mortem urine GHB concentration? Journal of Forensic and Legal Medicine. 2009;16:148-51.

42. Andresen H, Stimpfl, T, Sprys N, Müller A. Liquid ecstasy – a significant drug problem. Deutsches Ärzteblatt International. 2008;105:599-603.

43. Haller C, Thai D, Jacob III P, Dyer JE. GHB urine concentrations after single-dose administration in humans. Journal of Analytical Toxicology. 2006;30:360-4.

44. Paul R, Tsanaclis L, Kingston R, Berry A, Guwy A. Simultaneous determination of GHB and EtG in hair using GC-MS/MS. Drug Testing and Analysis. 2011;3:201-5.

45. Negrusz A, Gaensslen RE. Drug-facilitated sexual assault. Negrusz A, Cooper, G, editors. Clarke's Analytical Forensic Toxicology. Cambrigde: Pharmaceutical Press; 2008. p. 287-98.

46. Elsohly MA, Salamone SJ. Prevalence of drugs use in cases of alleged sexual assault. Journal of Analytical Toxicology. 1999;23:141-6.

47. Vasconcelos SMM, Andrade MM, Soares PM, Chaves BG, Patrocínio MCA, Souza FCF, Macedo DS. Cetamina: aspectos gerais e relação com esquizofrenia. Revista de Psiquiatria Clínica. 2005;32:10-6.

48. Adamowicz P, Kala M. Urinary excretion rates of ketamine and norketamine following therapeutic ketamine administration: method and detection window considerations. Journal of Analytical Toxicology. 2005; 28:376-82.

49. Hijazi Y, Bodonian C, Bolon M, Salord F, Boulieu R. Pharmacokinetics and haemodynamics of ketamine in intensive care patients with brain or spinal cord injury. British Journal of Anaesthesia. 2003;90:155-60.

50. Kim E-M, Lee J-S, Choi S-K, Lim M-A, Chung H-S. Analysis of ketamine and norketamine in urine by automatic solid-phase extraction (SPE) and positive ion chemical ionization-gas chromatography-mass spectrometry (PCI-GC-MS). Forensic Science International. 2008;174:197-202.

51. Garcia JBS. Cetamina – Uma nova leitura. Prática Hospitalar. 2007;53:214-6.

52. Bairros AV, Lanaro R, Almeida RM, Yonamine M. Determination of ketamine, norketamine and dehydronorketamine in urine by hollow-fiber liquid-phase microextraction using an essential oil as supported liquid membrane. Forensic Science International. 2014;234C:47-54.

53. Chen CY, Lee MR, Cheng FC, Wu GJ. Determination of ketamine and metabolites in urine by liquid chromatography-mass spectrometry. Talanta. 2007;72:1217-22.

55. Cheng PS, Fu CY, Lee CH, Liu C, Chien CS. GC-MS quantification of ketamine, norketamine, and dehydronorketamine in urine specimens and comparative study using ELISA as the preliminary test methodology. Journal of Chromatography B. 2007;852:443-9.

55. CSA. Controlled Substance Act: Placement of Ketamine into Schedule III. Agency: Drug Enforcement Administration, Department of Justice. Action: Final rule [Internet]. 1999 [cited 2014 Jun 10]. Available from: http://www.gpo.gov/fdsys/pkg/FR-1999-07-13/html/99-17803.htm

56. Li J-H, Vicknasigam B, Cheung Y-W, Zhou W, Nurhidayat AW, Jarlais DCD, Schottenfeld R. To use or not to use: an update on licit and illicit ketamine use. Substance Abuse and Rehabilitation. 2011;2:11-20.

57. AAPS. Asian Association of Police Studies. An issue about ketamine in Taiwan. Disponível em: http://www.the-aaps.org/wp-content/uploads/2015/05/29.Lin-Chang_ketamine.pdf. Acessado em: 31 out. 2016.

58. Misuse Drugs Act. Drug Laws. Ketamine: Class C [Internet]. January 2006 [cited 2014 Jul 5]. Available from: http://www.drugscope.org.uk/resources/drugsearch/drugsearchpages/laws

59. Quesada AM, Silva AMM, Drumond KO, Souza JM, Rodrigues MC, Almendra SRS. Comercialização de cetamina em estabelecimentos veterinários em Teresina-PI. Revista UNOPAR Científica-Ciências Biológicas e da Saúde. 2009;11:51-2.

60. Putcha L, Cintrón NM, Tsui J, Vanderploeq JM, Kramer WG. Pharmacokinetics and oral bioavailability of scopolamine in normal subjects. Pharmaceutical Research. 1989;6:481-5.

61. Cebrid. Centro Brasileiro de Informações sobre Drogas Psicotrópicas: Anticolinérgicos [Internet] [cited 2014 Jul 12]. Available from: http://www.unifesp.br/dpsicobio/cebrid/quest_drogas/anticolinergicos.htm#3

62. Pasricha PJ. Procinéticos, antieméticos e agentes usados na síndrome do intestino irritável. In: Goodman & Gilman. As bases farmacológicas da terapêutica. 10. ed. Rio de Janeiro: McGraw-Hill; 2005. p. 769-79.

63. Poyares D, Pinto LR, Tavares S, Barros-Vieira S. Hipnoindutores e insônia. Revista Brasileira de Psiquiatria. 2005;27:2-7.

64. Kumar S, Riggs KW, Rurak DW. Comparative formation, distribution, and elimination kinetics of diphenylmethoxyacetic acid (a diphenydramine metabolite) in maternal and fetal sheep. Drug Metabolism & Disposition. 1999;27:463-70.

65. Scott-Ham M, Burton FC. Toxicological findings in cases of alleged drug-facilitated sexual assault in the United Kingdom over a 3-year period. Journal of Clinical Forensic Medicine. 2005;12:175-86.

66. Carter, LP. Potencial impact of drug effects, availability, pharmacokinetics, and screening on estimates of drugs implicated in cases of assault. Drug Testing and Analysis. 2011;3:586-93.

67. Gaillard Y, Masson-Seyer MF, Giroud M, Roussot JF, Prevosto, JM. A case of drug-facilitated sexual assault leading to death by chloroform poisoning. International Journal of Legal Medicine. 2006;120:241-5.

68. Martínez MA, Ballesteros S. An unusual case of drug-facilitated sexual assault using aromatic solvents. Journal of Analytical Toxicology. 2006;30:449-53.

69. Celinski R, Skowronek R, Chowaniec C. Unusual case of the criminal administration of ranitidine. Archiwum medycyny sadowej i kryminologii. 2010;60(2-3):159-63.

70. Gaulier JM, Sauvage FL, Pauthier H, Saint-Marcoux F, Marquet P, Lachâtre G. Identification of acepromazine in hair: na illustration of the difficulties encoutered in investigating drug-facilitated crimes. Journal of Forensic Science. 2008;53:755-9.

71. Spiller HA, Rogers J, Sawyer TS. Drug facilitated sexual assault using an over-the-counter ocular solution containing tetrahydrozoline (Visine). Legal Medicine. 2007;9:192-5.

72. Kintz P, Evans J, Villain M, Chatterton C, Cirimele V. Hair analysis to demonstrate administration of sildenafil to a woman in case of drug-facilitated sexual assault. Journal of Analytical Toxicology. 2009;33:553-6.

73. IX Anuário do Fórum Brasileiro de Segurança Pública, 2015. Disponível em: http://www.forumseguranca.org.br/storage/download//anuario_2015.retificado_.pdf. Acessado em: 31 out. 2016.

74. Vianna LAC, Bonfim GFT, Chicone G. Autoestima de mulheres que sofreram violência. Revista Latino-Americana de Enfermagem. 2006;14:695-701.

75. Beato CF, Peixoto BT, Andrade MV. Crime, oportunidade e vitimização. Revista Brasileira de Ciências Sociais. 2004;19:73-90.

76. Adamowicz P, Kala M. Date rape drugs scene in Poland. Prezglad Lekarski. 2005;62:572-5.

77. Djezzar S, Questel F, Burin E, Dally S. Chemical submission: results of 4-year French inquiry. International Journal of Legal Medicine. 2009;123:213-9.

78. Juhascik MP, Negrusz A, Faugno D, Ledray L, Greene P, Lindner A, Haner B, Gaensslen RE. An estimate of the proportion of drug-facilitation of sexual assault in four U.S. localities. Journal of Forensic Science. 2007;52:1396-400.

79. Madea B, Plieger S, Musshoff F. Begutachtung in Fällen von drogenassoziierten Sexualdelikten. In: Pragst F, Aderjan R. GTFCh-Symposium. 2008. p. 116-24.

80. Du Mont J, MacDonald S, Rotbard N, Bainbridge D, Asllani E, Smith N, Cohen MM. Drug-facilitated sexual assault in Ontario: Toxicological and DNA findings. Journal of Forensic and Legal Medicine. 2010;17:333-8.

81. Bosman IJ, Verschraagen M, Lusthof KJ. Toxicological findings in cases of sexual assault in the Netherlands. Journal of Forensic Science. 2011;56:1562-8.

82. Hagemann CT, Helland A, Spigset O, Espnes KA, Ormstad K, Schei B. Ethanol and drug findings in women consulting a sexual assault center-associations with clinical characteristics and suspicions of drug-facilitated sexual assault. Journal of Forensic Legal Medicine. 2013;20:777-84.

83. Scott-Ham M, Burton FC. A study of blood and urine alcohol concentrations in cases of alleged drug-facilitated sexual assault in the United Kingdom over a 3-year period. Journal of Clinical Forensic Medicine. 2006;13:107-11.

84. Hall J, Goodall EA, Moore T. Alleged drug facilitated sexual assault (DFAS) in Northern Ireland from 1999 to 2005. A study of blood alcohol levels. Journal of Forensic and Legal Medicine. 2008;15:497-504.

85. Scott KS. The use of hair as a toxicological tool in DFC casework. Science & Justice. 2009;49:250-3.

86. Lendoiro E, Quintela O, Castro A, López-Rivadulla M, Concheiro M. Target screening and confirmation of 35 licit and illicit drugs and metabolites in hair by LC-MS/MS. Forensic Science International. 2012;217:207-15.

87. Parkin MC, Brailsford AD. Retrospective drug detection in cases of drug-facilitated sexual assault: challenges, and perspectives for the forensic toxicologist. Bioanalysis. 2009;1:1001-13.

88. Nguyen H, Nau DR. Rapid method for the solid-phase extraction and GC-MS analysis of flunitrazepam and its major metabolite in urine. Journal of Analytical Toxicology. 2000;24:37-45.

89. Meatherall R. Optimal enzymatic hydrolysis of urinary benzodiazepine conjugates. Journal of Analytical Toxicology. 1994;18:382-4.

90. Turfus SC, Braithwait RA, Cowan DA, Parkin MC, Smith NW, Kicman AT. Metabolites of lorazepam: relevance of past findings to present day use of LC-MS/MS in analytical toxicology. Drug Testing and Analysis. 2011;3:695-704.

91. Peters FT, Drvarov O, Lottner S, Spellmeier A, Riegger K, Haefeli WE, Maurer HH. A systematic comparison of four different workup procedures for systematic toxicological analysis of urine samples using gas chromatography-mass spectrometry. Analytical Bioanalytical Chemistry. 2009;393:735-45.

92. Flanagan RJ, Taylor A, Watson ID, Whelpton R. Sample Preparation. In: Fundamentals of Analytical Toxicology. Chichester: John Wiley & Sons; 2008. p. 49-93. Kovatsi L, Giannakis D, Arzouglou V, Samanidou V. Development and validation of a direct headspace GC-FID method of sevoflurane, desflurane, and other volatile compounds of forensic interest in biological fluids: applications on clinical and post-mortem samples. Journal of Separation Science. 2011;34:1004-10.

94. Segura J, Ventura R, Jurado C. Derivatization procedures for gas chromatographic-mass spectrometric determination of xenobiotics in biological samples, with special attention to drugs of abuse and doping agents. Journal of Chromatography B. 1998;713:61-90.

95. Santa T. Derivatization reagents in liquid chromatography/electrospray ionization tandem mass spectrometry. Biomedical Chromatography. 2010;25:1-10.

96. Dinis-Oliveira RJ, Magalhães T. Forensic toxicology in drug-facilitated sexual assault. Toxicology Mechanisms and Methods. 2013;23:471-8.

ANEXO 1 Modelo de pedido de análise toxicológica para DFC

Fonte: adaptado de [96].

LOGOTIPO DO LABORATÓRIO	PEDIDO DE ANÁLISE TOXICOLÓGICA PARA DFC	*ANTE MORTEM* ( ) *POST MORTEM* ( )

Nome da entidade solicitante: ______________________________ Telefone de contato: ____________________

Código da amostra: ______________________ Número do processo judicial: ______________________

Identificação da vítima

Nome: ______________________________________ Data de nascimento: ______________________

( ) Masculino ( ) Feminino Vítima está menstruada: ( ) Sim ( ) Não
Peso: ________ Altura: _________ Profissão: ______________________________ ________

Informações sobre a DFC

Data, hora e local da administração da DFC (se souber): ______________________________

Data, hora e local do ato criminal (se souber): ______________________________

Histórico da vítima

Fonte de informação: ( ) Vítima ( ) Testemunha ( ) Ambos Aparecimento de sintomas/sinais:__________

( ) Agressividade ( ) Ataxia ( ) Confusão ( ) Delírio ( ) Tontura ( ) Diarreia ( ) Dissociação

( ) Sonolência ( ) Excitabilidade ( ) Alucinação ( ) Incontinência urinária ( ) Incontinência fecal ( ) Miose

( ) Perda da consciência ( ) Perda da inibição ( ) Perda da memória ( ) Midríase ( ) Relaxamento muscular

( ) Paralisia ( ) Vômitos ( ) Fala arrastada ( ) Sedação ( ) Convulsões ( ) Desejo sexual ( ) Estupor

( ) Fraqueza ( ) Hipotensão ( ) Bradicardia ( ) Depressão respiratória

( ) Outros sintomas:____

Recente histórico médico da vítima

Detalhes de uma recente infecção e/ou doença:______________________________

Uso recreacional de drogas (dia e hora): ______________________________

A amostra fornecida pode apresentar indícios de hepatite, tuberculose, outra grave doença ou contaminação por HIV? ( ) Sim ( ) Não

Caso sim, detalhes:______________________________

Amostra para análise toxicológica

Sangue (tubo de tampa cinza)	**Número da amostra**	**Quantidade (mL)**	**Data da coleta**
Periférico			
Cardíaco			
Outros			
Urina 1ª urina coletada: Sim ( ) Não ( ) Caso não, esta é micção nº ________			
Cabelo			
Conteúdo estomacal			
Outros. Qual(is): ______________			

Análise toxicológica requisitada			
Alguma análise toxicológica foi realizada anteriormente? ( ) Sim ( ) Não			
Caso sim, descreva os resultados:____________________			
Se há suspeitas, a qual(is) xenobiótico(s) o indivíduo teve acesso?____________________			
Xenobióticos requesitados para análise de DFC: Etanol ( ) Quanto foi consumido:____________________			
( ) Benzodiazepínicos ( ) Derivados canabinoides ( ) Opioides/opiáceos ( ) Derivados de anfetaminas			
( ) Hipnóticos não benzodiazepínicos ( ) Barbitúricos ( ) GHB, GLB e 1,4-BD ( ) Cetamina			
( ) Fenciclidina ( ) LSD ( ) Escopolamina ( ) Cocaína ( ) Anti-histamínicos			
( ) Medicamentos de venda livre. Qual(is): ____________________			
( ) Outras. Qual(is): ____________________			

ANEXO 2 Lista adaptada da SOFT e do UNODC contendo os limites mínimos recomendados para detecção dos analitos-alvo em amostras de urina

Fonte: extraído de [3] e [10].

DROGA PRECURSORA	ANALITO(S)-ALVO(S)	LIMITE DE DETECÇÃO MÍNIMO REQUISITADO	LISTA
GHB e percursores			
GBL, 1,4-BD e GHB	GHB GBL e 1,4-BD	10 µg/mL	UNODC e SOFT SOFT
Etanol			
Etanol	Etanol Etilglicuronídeo	100 µg/mL 100 ng/mL	UNODC e SOFT UNODC
Benzodiazepínicos			
Alprazolam	Alprazolam e alfa-hidroxialprazolam	10 ng/mL	UNODC e SOFT
Bromazepam	Bromazepam e hidroxibromazepam	10 ng/mL	UNODC e SOFT
Clobazam	Clobazam	10 ng/mL	UNODC
Clordiazepóxido	Clordiazepóxido, nordiazepam e oxazepam	10 ng/mL	UNODC e SOFT
Clonazepam	Clonazepam e 7-aminoclonazepam	5 ng/mL	UNODC e SOFT
Clotiazepam	Clotiazepam	10 ng/mL	UNODC
Diazepam	Diazepam, nordiazepam, oxazepam e temazepam	10 ng/mL	UNODC e SOFT
Estazolam	Estazolam	10 ng/mL	UNODC
Fenazepam	Fenazepam	5 ng/mL	UNODC
Flunitrazepam	Flunitrazepam e 7-aminoflunitrazepam	5 ng/mL	UNODC e SOFT
Loprazolam	Loprazolam	10 ng/mL	UNODC
Lorazepam	Lorazepam	10 ng/mL	UNODC e SOFT
Lormetazepam	Lormetazepam	10 ng/mL	UNODC
Midazolam	Midazolam	10 ng/mL	UNODC e SOFT
Nitrazepam	Nitrazepam e 7-aminonitrazepam	5 ng/mL	UNODC e SOFT
Nordiazepam	Nordiazepam e oxazepam	10 ng/mL	UNODC e SOFT
Oxazepam	Oxazepam	10 ng/mL	UNODC e SOFT
Prazepam	Prazepam	10 ng/mL	UNODC
Temazepam	Temazepam	10 ng/mL	UNODC e SOFT
Tetrazepam	Tetrazepam	10 ng/mL	UNODC
Triazolam	Triazolam e 4-hidroxitriazolam	5 ng/mL	UNODC e SOFT
Hipnóticos não benzodiazepínicos			
Zaleplon	Zaleplon	10 ng/mL	UNODC e SOFT
Zolpidem	Zolpidem e metabólito	10 ng/mL	UNODC e SOFT
Zopiclone	Zopiclone e metabólito Zopiclone e eszopiclone	10 ng/mL	UNODC SOFT
Barbitúricos			
Amobarbital	Amobarbital	25 ng/mL	UNODC e SOFT
Butalbital	Butalbital	25 ng/mL	UNODC e SOFT

(continua)

(continuação)

DROGA PRECURSORA	ANALITO(S)-ALVO(S)	LIMITE DE DETECÇÃO MÍNIMO REQUISITADO	LISTA
Fenobarbital	Fenobarbital Tiopental	25 ng/mL	UNODC e SOFT SOFT
Pentobarbital	Pentobarbital Primidona	25 ng/mL	UNODC e SOFT SOFT
Secobarbital	Secobarbital	25 ng/mL 20 ng/mL	UNODC SOFT
Anti-histamínicos e outros			
Bronfeniramina	Bronfeniramina Bronfeniramina e desmetil-bronfeniramina	10 ng/mL	SOFT UNODC
Carisoprodol	Carisoprodol e meprobamato	50 ng/mL	UNODC e SOFT
Cetirizina	Cetirizina	10 ng/mL	UNODC
Ciclobenzaprina	Ciclobenzaprina Ciclobenzaprina e norciclobenzaprina	10 ng/mL	UNODC SOFT
Clonidina	Clonidina	10 ng/mL 1 ng/mL	UNODC SOFT
Clorfeniramina	Clorfeniramina Clorfeniramina e desmetil-clorfeniramina	10 ng/mL	SOFT UNODC e SOFT
Dextrometorfano	Dextrometorfano	10 ng/mL	UNODC e SOFT
Difenidramina	Difenidramina	10 ng/mL	UNODC e SOFT
Doxilamina	Doxilamina Doxilamina e desmetildoxilamina	10 ng/mL	SOFT UNODC
Hidroxizina	Hidroxizina	10 ng/mL	UNODC e SOFT
Meprobamato	Carisoprodol e meprobamato	50 ng/mL	UNODC e SOFT
Prometazina	Prometazina	10 ng/mL	SOFT
Antidepressivos e antipsicóticos			
Aceprometazina	Aceprometazina	10 ng/mL	UNODC
Alimemazina	Alimemazina	10 ng/mL	UNODC
Amitriptilina	Amitriptilina e nortriptilina	10 ng/mL	UNODC e SOFT
Ciamemazina	Ciamemazina	10 ng/mL	UNODC
Citalopram	Citalopram e desmetilcitalopram	10 ng/mL	UNODC e SOFT
Clozapina	Clozapina e norclozapina	10 ng/mL	SOFT
Desipramina	Desipramina Desipramina e imipramina	10 ng/mL	UNODC SOFT
Doxepina	Doxepina e nordoxepina	10 ng/mL	UNODC e SOFT
Fluoxetina	Fluoxetina e norfluoxetina	10 ng/mL	UNODC e SOFT
Haloperidol	Haloperidol	10 ng/mL	UNODC
Imipramina	Imiprimina	10 ng/mL	UNODC e SOFT
Niaprazina	Niaprazina	10 ng/mL	UNODC
Oxomemazina	Oxomemazina	20 ng/mL	UNODC
Paroxetina	Paroxetina	10 ng/mL	UNODC e SOFT

(continua)

(continuação)

DROGA PRECURSORA	ANALITO(S)-ALVO(S)	LIMITE DE DETECÇÃO MÍNIMO REQUISITADO	LISTA
Quetiapina	Quetiapina, norquetiapina e 7-hidroxiquetiapina	10 ng/mL	SOFT
Sertralina	Sertralina e norsertralina	10 ng/mL	UNODC e SOFT
Venlafaxina	Venlafaxina e norvenlafaxina	10 ng/mL	SOFT
Ziprasidona	Ziprasidona	10 ng/mL	SOFT
Narcóticos e não narcóticos			
Buprenorfina	Buprenorfina e norbuprenorfina	1 ng/mL	SOFT
Codeína	Codeína Codeína e morfina	10 ng/mL	UNODC SOFT
Dextrometorfano	Dextrometorfano	10 ng/mL	UNODC
Di-hidrocodeína	Di-hidrocodeína	10 ng/mL	UNODC e SOFT
Fentanil	Fentanil Fentanil e norfentanil	10 ng/mL 1 ng/mL	UNODC e SOFT SOFT
Heroína	6-acetilmorfina e morfina	10 ng/mL	UNODC
Hidrocodona	Hidrocodona Hidrocodona, hidromorfona, hidrocodol e di-hidrocodeinona	10 ng/mL	UNODC SOFT
Hidromorfona	Hidromorfona	10 ng/mL	UNODC e SOFT
Meperidina	Meperidina Meperidina e normeperidina	10 ng/mL	UNODC SOFT
Metadona	Metadona Metadona e EDDP	10 ng/mL	UNODC SOFT
Morfina	Morfina Morfina e hidromorfona	10 ng/mL	UNODC SOFT
Oxicodona	Oxicodona Oxicodona e oximorfona	10 ng/mL	UNODC SOFT
Oximorfona	Oximorfona	10 ng/mL	SOFT
Petidina	Petidina	10 ng/mL	UNODC
Propoxifeno	Propoxifeno e norpropoxifeno	10 ng/mL	UNODC e SOFT
Tramadol	Tramadol	10 ng/mL	SOFT
Trazadona	Trazadona	10 ng/mL	SOFT
Canabinoides			
Tetra-hidrocanabinol	Carboxi-tetra-hidrocanabinol	10 ng/mL	UNODC e SOFT
Estimulantes			
Anfetamina	Anfetamina e metanfetamina	50 ng/mL 10 ng/mL	SOFT UNODC
Cocaína	Cocaína e benzoilecgonina Cocaína, benzoilecgonina, cocaetileno e metilecgonina	50 ng/ml	SOFT UNODC
Metanfetamina	Anfetamina e metanfetamina	50 ng/mL 10 ng/mL	SOFT UNODC
Metilenodioxianfetamina (MDA, MDE)	Metilenodioxianfetamina	10 ng/mL	UNODC e SOFT

(continua)

(continuação)

DROGA PRECURSORA	ANALITO(S)-ALVO(S)	LIMITE DE DETECÇÃO MÍNIMO REQUISITADO	LISTA
Metilenodioximetanfetamina (MDMA)	Metilenodioximetanfetamina	10 ng/mL	UNODC e SOFT
Metilbenzodioxilbutanamina (MBDB)	Metilbenzodioxilbutanamina	10 ng/mL	UNODC
Drogas diversas			
Ácido lisérgico (LSD)	Ácido lisérgico	1 ng/mL	UNODC
Ácido valproico	Ácido valproico	50 ng/mL	UNODC e SOFT
Cetamina	Cetamina e norcetamina	1 ng/mL 10 ng/mL	UNODC SOFT
Escopolamina	Escopolamina	10 ng/mL	UNODC e SOFT
Fenciclidina	Fenciclidina	10 ng/mL	UNODC e SOFT
Fenitoína	Fenitoína	25 ng/mL	SOFT
Grupo piperazina	Derivados da piperazina	10 ng/mL	UNODC
Tetra-hidrozolina	Tetra-hidrozolina	10 ng/mL	SOFT

CAPÍTULO 33

ABORTIFACIENTES E EXPOSIÇÃO INFANTIL

Raphael Caio Tamborelli Garcia

Larissa Helena Torres

Tania Marcourakis

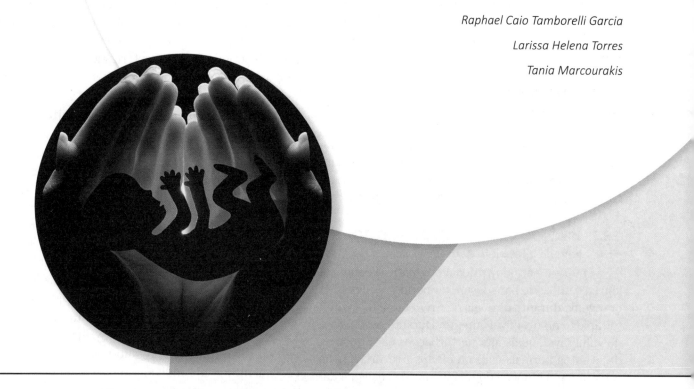

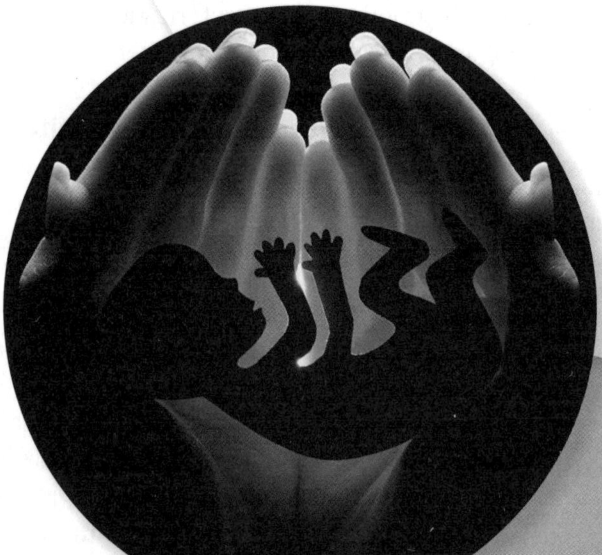

33.1 RESUMO

A prática do aborto inseguro, definido pela Organização Mundial da Saúde (OMS) como o procedimento utilizado para interromper a gravidez, realizado por pessoas não habilitadas ou em ambiente inadequado, pode levar a sérias consequências à saúde da mulher e aumentar o risco de mortalidade materna. No Brasil, o aborto inseguro é a quarta causa de mortalidade materna, representando 8% desses óbitos [1,2].

Em geral, o aborto inseguro ocorre em países em que as leis são restritivas a esse procedimento. No Brasil a prática do aborto é classificada como crime contra a vida, com pena de um a três anos de detenção (Código Penal Brasileiro, Lei nº 7.209, de 11 de julho de 1984), sendo os únicos casos de exceção aqueles em que há risco de vida para a gestante, gravidez resultante de estupro ou fetos com anencefalia comprovada (inserção do inciso III ao artigo 128 do Código Penal, Lei 2.848, de 1940, com parecer favorável pelo Supremo Tribunal Federal em 12 de abril de 2012). Cabe ressaltar que há considerável diferença na legislação em diversos países, sendo que há uma menor restrição à interrupção da gestação em países desenvolvidos.

Estima-se que ocorra entre 750 mil e 1,5 milhão de abortos inseguros anualmente no Brasil, se considerarmos apenas os dados de internação do Sistema Único de Saúde (SUS). Contudo, por seu caráter ilegal e por envolver questões religiosas, culturais e políticas, é difícil estimar a real prevalência do aborto, pois os dados existentes são subnotificados. Em diversos casos, óbitos por septicemia e hemorragia decorrentes de complicações pelo aborto não são devidamente registrados [2].

O aborto é muitas vezes induzido por automedicação ou preparações caseiras, além de métodos físicos. Quando esse procedimento não é bem-sucedido, pode haver ainda o agravante da exposição infantil a substâncias que podem comprometer o desenvolvimento fetal.

Por outro lado, é importante destacar o uso de drogas de abuso lícitas e ilícitas durante a gestação e no período pós-natal, que, mesmo sem serem utilizados com a finalidade de interromper a gestação, podem provocar sérios danos ao desenvolvimento da criança.

De acordo com o Estatuto da Criança e do Adolescente (Lei nº 8.069/90, atualizada pela Lei nº 12.010 de 2009), entre as medidas de proteção está a inclusão dos pais ou responsáveis em programa oficial ou comunitário de auxílio, orientação e tratamento a alcoólatras e toxicômanos (artigo 101, VI). O Conselho Tutelar é responsável por atender e aconselhar os pais ou responsáveis, aplicando as medidas previstas no artigo 129, I a VII (artigo 136, II). Tais medidas visam à proteção física e psicológica de crianças e adolescentes, além de evitar a exposição a substâncias que podem prejudicar seu desenvolvimento.

Nesse contexto, o foco deste capítulo é discutir os meios e as substâncias que geralmente são utilizadas para induzir o aborto, bem como as consequências da exposição a agentes químicos durante a gestação e o desenvolvimento pré ou pós-natal.

33.2 Períodos do desenvolvimento e vulnerabilidade

O termo período crítico é originário da embriologia e é utilizado para descrever períodos iniciais da ontogenia durante os quais ocorrem mudanças muito rápidas no desenvolvimento. Durante esse período vulnerável, quaisquer perturbações na sequência de eventos normais causam efeitos irreversíveis na estrutura e na função do tecido, que é sensível a danos ambientais em diferentes momentos e regiões, dependendo do processo em desenvolvimento, como proliferação, migração, diferenciação, histogênese e organogênese. Portanto, em razão das rápidas alterações que ocorrem durante o desenvolvimento, os alvos do embrião/feto para toxicidade também se alteram.

No período entre a fecundação e a implantação do blastocisto (em humanos, até o dia gestacional 17; em roedores e coelhos, até o dia gestacional 05), o embrião encontra-se com células totipotentes[1], em divisão sem acréscimo citoplasmático. A exposição a um agente tóxico nesse período pode levar à reposição das células atingidas por células normais, tendo como produto final um indivíduo normal ou, em caso de exposição de grande número de células, à embrioletalidade.

O período seguinte compreende a organogênese, período mais vulnerável à ação de agentes teratogênicos, já que é caracterizado por intensa proliferação celular. A organogênese ocorre entre a segunda e a oitava semana de gestação em humanos. Nesse período a exposição a agentes teratogênicos pode interferir em processos de proliferação celular que resultam em alterações funcionais de sistemas importantes, como o sistema nervoso central (SNC) e os sistemas imunológico e endócrino, ou mesmo levar a retardo geral do desenvolvimento ou a malformações na prole. Após o período embrionário, inicia-se o período fetal, caracterizado pela diferenciação histológica e funcional dos diferentes órgãos [3].

33.2.1 Caracterização geral dos efeitos

Os efeitos desencadeados pela exposição de agentes tóxicos podem ser *previsíveis*, em razão do conhecimento das propriedades farmacológicas e toxicológicas das substâncias. O chumbo, por exemplo, mimetiza o cálcio, que é fundamental para a neurotransmissão, afetando assim a transmissão sináptica durante o desenvolvimento do SNC. Os efeitos *imprevisíveis* afetam o desenvolvimento do embrião/feto e não podem ser predeterminados pelo conhecimento farmacológico e toxicológico [4,5].

Como mencionado anteriormente, o efeito tóxico de uma substância também pode ser *reversível*, ou seja, sem afetar o embrião/feto, levando ao nascimento de um indivíduo normal; ou *irreversível*, levando à morte se incompatível com a vida, ou a alterações morfológicas e/ou funcionais, dependendo do estágio de desenvolvimento (Figura 33.1). Assim, o período de exposição é determinante e crucial para o desenvolvimento da toxicidade de uma substância. Os antimicrobianos da classe das tetraciclinas, por exemplo, se incorporam na matriz óssea e afetam tecidos cujo processo de mineralização é ativo, especialmente dentes e ossos. Esses processos ocorrem após o terceiro mês de gestação [6]. Vale ressaltar que, além do período gestacional, os efeitos desencadeados são dependentes do tipo de agressão (física ou química, quando há tentativa de aborto), da dose e frequência do agente agressor e da suscetibilidade individual.

33.2.2 Toxicocinética da placenta

A placenta é um órgão multifuncional, responsável pela transferência de nutrientes, pela excreção de metabólitos e pelas trocas gasosas entre a gestante e o feto. Formada por várias camadas de células justapostas, a placenta constitui uma "barreira" lipídica entre a circulação materna e fetal que permite que substâncias lipossolúveis cheguem ao feto mais facilmente do que as substâncias hidrossolúveis [8,9].

1 É a capacidade de uma célula se dividir e produzir células diferenciadas.

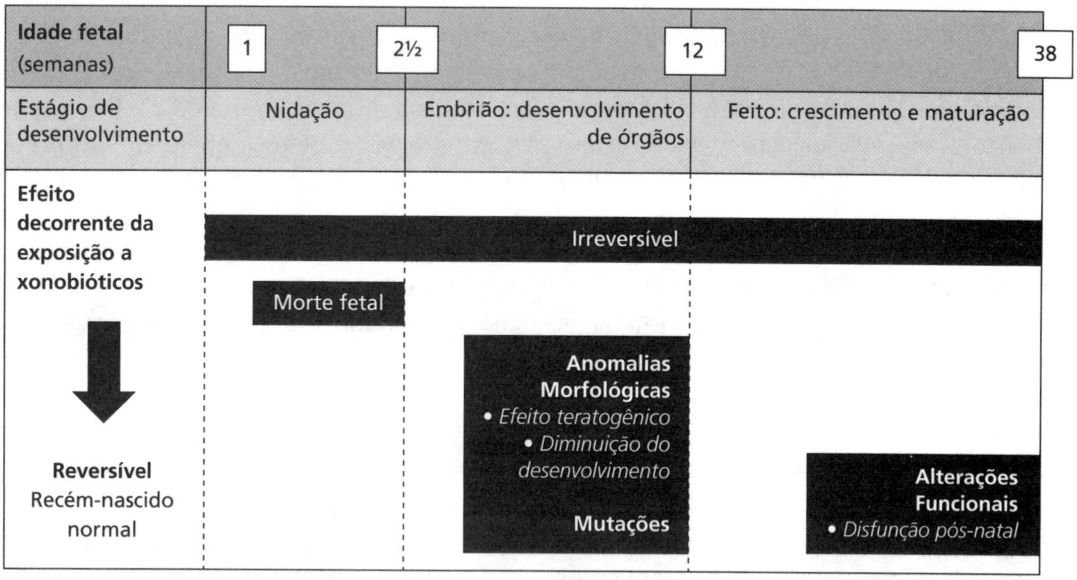

Figura 33.1 Relação entre os efeitos decorrentes da exposição a xenobióticos e o estágio de desenvolvimento embrionário e fetal.

Fonte: adaptado de Lüllmann *et al.* [7].

Assim como as substâncias endógenas, diversos xenobióticos podem passar à circulação fetal por difusão passiva, difusão facilitada ou por meio de transportadores. Quando os toxicantes atravessam a placenta por difusão passiva, atingem concentrações aproximadamente iguais em ambos os lados da circulação materno/fetal. Substâncias não ionizadas e com baixo peso molecular tendem a atravessar mais rapidamente. O etanol, por exemplo, é rapidamente absorvido e distribuído, passando facilmente pela placenta.

O transporte das substâncias também pode ser realizado por difusão facilitada, que ocorre a favor do gradiente de concentração (sem gasto de energia) e depende do auxílio de transportadores. A glicose é transferida ao feto por esse mecanismo de transporte.

Há ainda o transporte ativo de substâncias, que ocorre contra o gradiente de concentração (com gasto de energia) e depende de molécula transportadoras. Na última década diversos transportadores foram identificados na placenta. As proteínas transportadoras da família ABC (*ATP-binding protein*), como as glicoproteínas-P (PGP), assim como as da família BCRP (*breast cancer resistance protein*) e as MRP1-3 (*multidrug resistance-associated proteins*) são fortemente expressas na placenta. Fármacos utilizados no tratamento do câncer (vimblastina e doxorrubicina), da insuficiência cardíaca congestiva (digoxina), bem como imunossupressores (ciclosporina), opioides (morfina) e inibidores das proteases virais (ritonavir) são substratos da PGP, que é codificada pelo gene MDR1 (*multidrug resistance 1*) e tem a função de bombear as substâncias de volta à circulação materna. Assim, tais transportadores podem proteger o feto de possíveis agentes tóxicos, já que limitam a concentração de xenobióticos na circulação fetal. A glibenclamida, por exemplo, apresenta concentração fetal insignificante, mesmo quando a concentração na circulação materna é de três a cinco vezes maior do que a concentração terapêutica [10-12].

Além dos transportadores, o tecido placentário expressa enzimas responsáveis pela biotransformação de substâncias, por exemplo, enzimas do citocromo P450. Tais enzimas são expressas em diferentes estágios da gestação e possuem seletividade e atividade mais restritas do que as expressas no fígado materno. Diversos tipos de reações aromáticas, como hidroxilação, *N*-desalquilação e desmetilação, foram observadas na placenta. A fumaça do cigarro induz a atividade da enzima placentária CYP1A1, que atua na biotransformação do benzopireno, uma das muitas substâncias cancerígenas presentes na fumaça do cigarro. Sabe-se que a biotransformação do benzopireno leva à formação de epóxidos, que são mais tóxicos e podem causar danos ao DNA. Estudo publicado em 2010 demonstrou que a exposição materna ao benzopireno leva à exposição fetal desse xenobiótico e de seus produtos de biotransformação, sendo que as PGP não atuam em sua remoção. Esse mesmo trabalho demonstrou que a biotransformação do benzopireno pela placenta leva à formação de adutos de DNA, mecanismo-chave para seu efeito carcinogênico [10].

33.3 Efeitos da exposição pré-natal

O efeito tóxico dos xenobióticos e/ou de seus produtos de biotransformação no embrião/feto pode ocorrer *diretamente*, atravessando a barreira placentária; *indiretamente*, pela toxicidade causada à mãe e/ou à placenta; ou pela *combinação de efeitos* diretos e indiretos (Figura 33.2). É importante destacar que esses efeitos dependem das propriedades físico-químicas dos toxicantes (peso molecular, lipossolubilidade e grau de ionização), das características da membrana que compõe a placenta, a qual as substâncias devem transpor (espessura, composição, porosidade e eficiência dos transportadores ativos), e da farmacocinética da mãe.

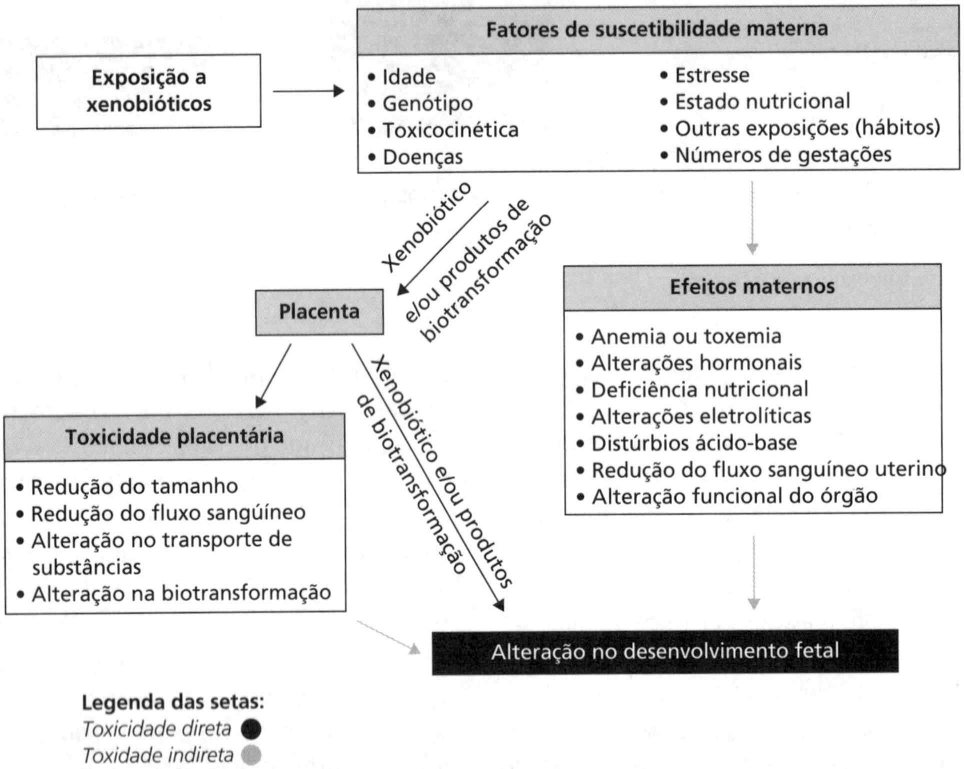

Figura 33.2 Relação entre fatores de suscetibilidade materna, biotransformação, alterações fisiológicas e funcionais maternas, toxicidade placentária e alterações no desenvolvimento fetal. O xenobiótico pode causar alterações no desenvolvimento fetal direta ou indiretamente, bem como pela combinação dessas vias, sendo o último caso o mais comum. Os fatores de suscetibilidade materna determinam a predisposição do embrião/feto em responder a um estímulo tóxico. Os efeitos maternos podem afetar indiretamente o desenvolvimento do embrião/feto. Apesar de muitos toxicantes atravessarem a barreira placentária, esta também pode ser o sítio-alvo de diversas substâncias, desencadeando um efeito tóxico indireto ao feto.

Fonte: adaptado de [13].

33.3.1 Fatores maternos que afetam o desenvolvimento

O desenvolvimento fetal pode ser afetado adversamente por condições fisiopatológicas maternas, tais como diminuição do fluxo sanguíneo uterino, anemia, alterações nutricionais, toxemia[2], alterações funcionais da placenta, doenças autoimunes,

2 Intoxicação sanguínea por debilidade dos sistemas responsáveis pela excreção dos xenobióticos.

diabetes e distúrbios ácido-base, eletrolítico e comportamental [14,15]. Tais condições dependem de fatores genéticos, idade, número de gestações, nutrição, doenças preexistentes, estresse e hábitos maternos e podem ser induzidas ou exacerbadas por agentes tóxicos [14,16].

A utilização de drogas de abuso, como o etanol e a cocaína, durante o período gestacional pode afetar o desenvolvimento do embrião/feto predominantemente por causa dos distúrbios fisiopatológicos ocasionados à mãe. O estado nutricional de alcoólatras, por exemplo, é deficiente e os efeitos no feto podem ser exacerbados pelo etanol na transferência de nutrientes pela placenta. Além disso, o consumo crônico de etanol pode afetar o metabolismo materno de folato e zinco, levando à síndrome alcoólica fetal [17].

33.3.1.1 Genética

A constituição genética de mulheres grávidas tem um papel fundamental para o desenvolvimento fetal. A incidência de fissura labial e/ou palatina depende, basicamente, do genótipo da mãe e ocorre com mais frequência em brancos que em negros. A suscetibilidade aos efeitos teratogênicos da fenitoína e mutagênicos da vitamina A foi determinada pelo genótipo materno, e não do embrião. O polimorfismo para um dos genes que codifica a enzima álcool desidrogenase (ADH), responsável pela conversão de etanol a acetaldeído, o *ADH1B*, contribui para a vulnerabilidade de transtornos fetais relacionadas ao consumo de etanol, como será discutido no item 33.5.2.1 [18-21].

33.3.1.2 Doenças preexistentes

Muitas doenças podem comprometer o desenvolvimento fetal durante a gestação. A hipertensão crônica materna, por exemplo, é um fator de risco para o desenvolvimento de pré-eclâmpsia[3], eclâmpsia[4] e toxemia, podendo levar à morte materna e fetal. A diabetes *mellitus* gestacional não controlada é uma manifestação transiente de disfunção metabólica que está associada à hipertensão gestacional, causando significativa morbidade pré-natal. Algumas doenças infecciosas podem afetar o feto em decorrência das alterações fisiopatológicas desencadeadas à mãe ou por meio de infecção transplacentária. Um fator comum a muitas doenças é a hipertermia, a qual, durante o primeiro trimestre de gestação, pode levar a malformações principalmente no SNC [22,23].

33.3.1.3 Estado nutricional e estresse

A deficiência de vitaminas, minerais essenciais e/ou cofatores enzimáticos pode afetar o desenvolvimento embrionário/fetal. Os defeitos no desenvolvimento do tubo neural caracterizam-se por uma falha no seu fechamento adequado que ocorre durante a quarta semana de embriogênese e são os achados mais comuns decorrentes da deficiência nutricional, especialmente pela falta de ácido fólico [24].

Os fatores psicológicos maternos também podem causar complicações significativas na gravidez, prejudicando o desenvolvimento fetal. O estresse materno pré-natal pode resultar em mudanças funcionais no encéfalo, levando a alterações da regulação neuroendócrina e comportamental de recém-nascidos [25].

33.3.1.4 Toxicidade placentária

Alguns xenobióticos podem ser biotransformados e/ou armazenados na placenta, impedindo sua ação no embrião/feto. Contudo, em alguns casos, a ação de toxicantes pode comprometer a função do tecido placentário, facilitando ou contribuindo com os efeitos indesejáveis no embrião/feto. Diversos metais (cádmio, mercúrio e chumbo), drogas de abuso (tabaco, etanol e cocaína), produtos do metabolismo de bactérias (endotoxinas) e alguns medicamentos (ácido salicílico) são tóxicos à placenta [15,26,27].

A exposição a alguns contaminantes, como alguns metais pesados (mercúrio e chumbo), produz efeitos deletérios no desenvolvimento intelectual de crianças. O cádmio se acumula na placenta e exerce sua toxicidade no local de depósito, levando à redução do fluxo sanguíneo e necrose tecidual, além de inibir o transporte de nutrientes, especialmente o de zinco, possivelmente via indução placentária da enzima metalotioneína, uma proteína ligante de metais com alta afinidade para o zinco. Além do cádmio, outras substâncias, como o ácido valproico e o etanol, podem levar a deficiência de zinco pela indução hepática de metalotioneína [17,27-30].

33.3.2 Mecanismos de toxicidade embrionária e fetal

A teratologia é a ciência que estuda a cinética, os mecanismos, a patogênese e as consequências decorrentes da exposição a agentes tóxicos, origi-

3 Também chamada de toxemia gravídica é caracterizada pelo aumento de pressão arterial, edema e proteinúria.

4 É caracterizada por crises convulsivas que podem levar a um estado comatoso.

nando as malformações congênitas ou o desenvolvimento anormal do organismo. Três aspectos básicos devem ser destacados com relação à teratogenicidade de uma substância química: (1) a suscetibilidade depende do *genótipo do feto* e (2) varia de acordo com o *estágio de desenvolvimento* (Figura 33.1); (3) as manifestações dependem da dose, da frequência e do tempo de exposição [31,32].

Mesmo sabendo que as anomalias contribuem para a mortalidade infantil, a etiologia dessas alterações não está completamente elucidada, já que os mecanismos que podem levar a lesão celular são múltiplos e complexos, limitando as tentativas de prevenção [33,34].

Considerando uma população celular normal, quatro processos morfogenéticos caracterizam o desenvolvimento de qualquer componente embrionário: (1) proliferação celular; (2) distribuição; (3) integração, por meio de contato célula-célula, para a formação de estruturas maiores; e (4) redução do número de células por vias de morte celular seletiva. Os principais mecanismos de lesão celular que afetam os quatro processos morfogenéticos descritos não são exclusivos para a toxicidade embrionária, já que ocorrem por meio de mutações, anormalidades cromossômicas, interferência no ciclo de divisão celular, mudanças na composição dos ácidos nucleicos e na síntese proteica, diminuição da quantidade de precursores ou substratos essenciais à biossíntese, redução do estoque energético para o desenvolvimento embrionário/fetal, distúrbios no sistema enzimático e na regulação hidroeletrolítica e alteração das características da membrana [31,32,35].

O processo de morte celular tem um papel fundamental na morfogênese normal. A *morte celular programada*[5], controlada geneticamente pelo embrião, é necessária para a separação dos dedos e assegurar a conectividade funcional apropriada entre o SNC e as estruturas distais. Qualquer mecanismo que promova danos ao DNA pode alterar o ciclo celular (proliferação e diferenciação) e induzir à morte de populações celulares específicas. A sinalização do dano ao DNA pode inibir o ciclo celular entre as fases G_1 e S, a fase S e entre as fases G_2 e M. Paralelamente, há ativação de mecanismos de reparo, fazendo com que a célula retorne seu ciclo ao estado normal. No entanto, se o dano for extenso ou a interrupção do ciclo celular for muito longa, pode haver ativação de apoptose (Figura 33.3-A) [36].

O gene supressor de tumor *p53* pode desempenhar um papel crítico na interrupção do ciclo celular ou na indução da apoptose diante de um estímulo lesivo ao DNA. Alguns fatores de crescimento celular e citocinas (IL-3 e IL-6) previnem a apoptose mediada pela *p53*. A talidomida, um antimetabólito e análogo da desoxiguanilato, se liga especificamente aos sítios promotores dos genes que codificam os fatores de crescimento IGF-I (*insulin-like growth factor I*) e FGF-2 (*fibroblast growth factor 2*), diminuindo a eficácia da transcrição. O acúmulo desse efeito altera a angiogênese normal, com consequente malformação dos membros [37].

A ativação de oncogenes pode levar à apoptose pela via intrínseca. A proteína Bcl-2 exerce uma atividade antiapoptótica e pode formar um heterodímero com a Bax, inibindo a apoptose. No entanto, homodímeros da Bax induzem a ativação da via intrínseca da apoptose por meio do aumento da permeabilidade da membrana mitocondrial. Consequentemente, há liberação de citocromo c e ativação da caspase 9, responsável pela conversão da pró-caspase 3 em sua forma ativa, a caspase 3, levando à apoptose (Figura 33.3-B). É importante mencionar que a apoptose pode ocorrer por efetores independentes de caspase, como o fator indutor de apoptose (*apoptosis-inducing factor*, AIF) e a endonuclease G [38,39].

É importante destacar que diferentes populações celulares podem responder variavelmente diante de um mesmo estímulo, visto que inúmeros fatores regulam o ciclo celular e a predisposição à apoptose pode variar de um tipo de célula para outra.

Além das alterações da proliferação e da viabilidade celular, alterações moleculares e celulares podem afetar os processos morfogenéticos descritos. Vale ressaltar que as malformações dependerão do balanço entre dano e reparo de cada etapa da patogênese.

5 Kerr, Wyllie e Currie [40] sugeriram o termo *apoptose*, processo essencial para a manutenção do desenvolvimento de um organismo e importante na medida em que elimina células defeituosas ou envelhecidas. Morfologicamente, é um processo caracterizado pela diminuição do citoplasma, perda da aderência com a matriz extracelular e células vizinhas, formação de vacúolos citoplasmáticos, condensação da cromatina, fragmentação do DNA, formação de corpos apoptóticos, sem inflamação tecidual [38,41].

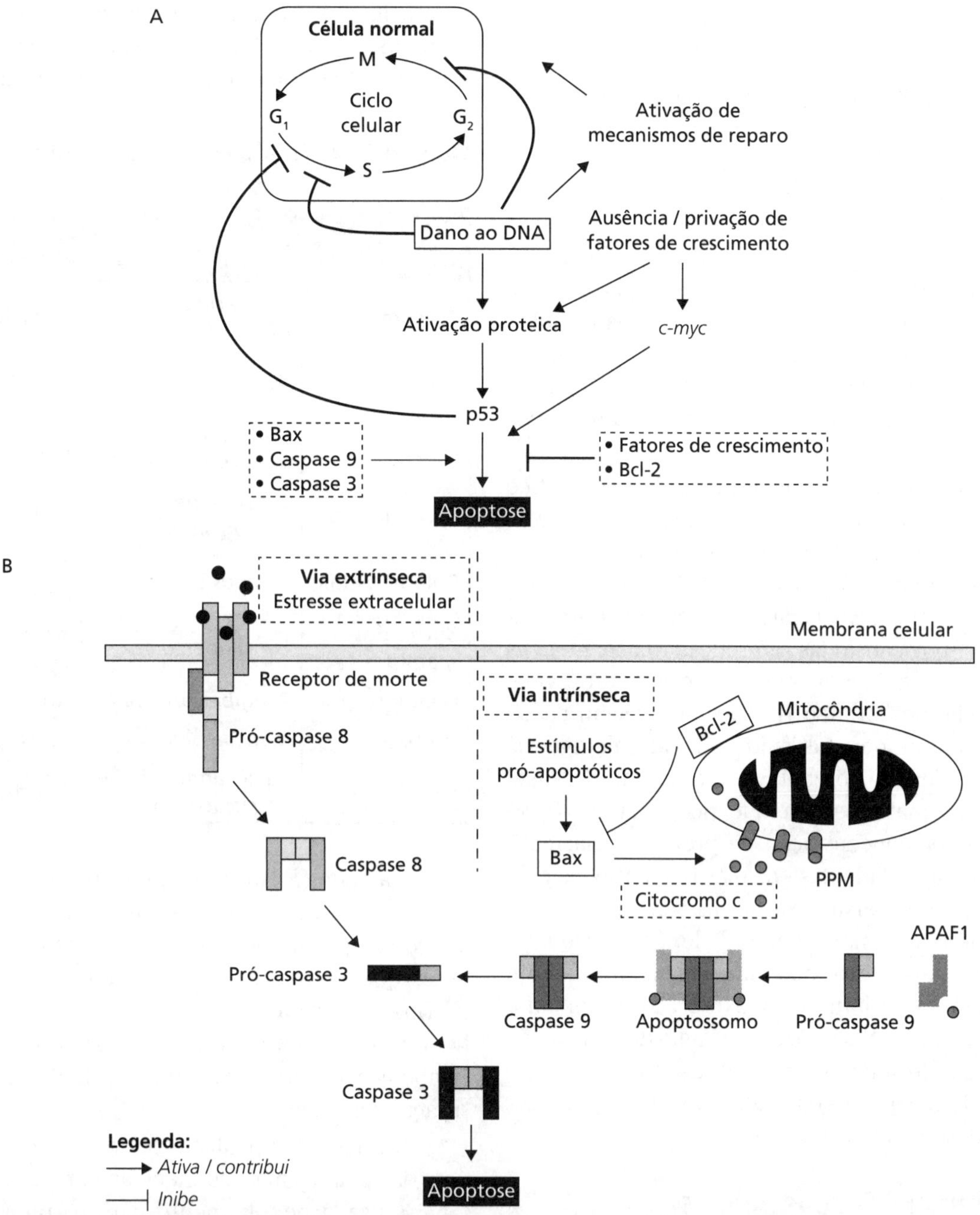

Figura 33.3 Relação entre o dano ao DNA e a alteração do ciclo celular ou indução de apoptose. A) Quando o DNA sofre um dano, há uma sinalização que inibe o ciclo celular entre as fases G_1 e S, a fase S ou entre a fase G_2 e a mitose (M). A sinalização pode ainda ativar mecanismos de reparo e síntese proteica, como o *p53*, o qual participa da regulação do ponto de checagem em G_1 e remove as células danificadas por apoptose, mantendo a integridade genômica. Fatores de crescimento, produtos de proto-oncogenes (*c-myc*), genes da família Bcl-2 (proteínas antiapoptóticas: Bcl-2; proteínas pró-apoptóticas: Bax e Bak), estado de diferenciação e fase do ciclo celular são fatores determinantes para o desfecho do desenvolvimento embrionário. B) Via extrínseca e intrínseca (mitocondrial) de ativação de apoptose. Ambas ativam uma protease efetora, a caspase 3, mas a primeira via é ativada por receptores de morte celular, enquanto que a segunda envolve um aumento da permeabilidade da membrana mitocondrial (PMM) e liberação de citocromo c, o qual interage com o *APAF1* (*apoptotic peptidase activating factor 1*) e a pró-caspase 9, formando o apoptossomo e, consequentemente, ativando a caspase 9.

Fonte: extraído de [13], [38] e [39].

33.4 Xenobióticos e lactação

A maioria dos xenobióticos pode ser detectada no leite após exposição materna e a concentração depende de suas características físico-químicas, bem como da forma e da duração da exposição. A passagem dos xenobióticos para o leite materno depende de seu peso molecular, de seu coeficiente de partição água/óleo, de sua ionização (pKa) e do pH do meio, já que o pH do plasma é de 7,4, enquanto o do leite é de 6,8. Apenas as substâncias livres no plasma passam para o leite materno, portanto substâncias com alta capacidade de se ligar a proteínas plasmáticas apresentam menor concentração no leite.

Além de analisar a quantidade do xenobiótico presente no leite materno, é essencial observar as características fisiológicas do lactente para avaliar o risco dessa exposição. A idade e a maturação dos tecidos são os principais fatores que devem ser considerados, por causa das diferenças toxicocinéticas e dinâmicas significativas no primeiro ano de vida, em especial nos primeiros meses. Os recém-nascidos apresentam peristaltismo irregular e na maioria das vezes lento; porcentagem corporal de água (70%-75%) mais elevada que dos adultos (50%-60%); menor concentração de proteínas plasmáticas; menor atividade das enzimas responsáveis pelo metabolismo; e baixa taxa de filtração glomerular, que tende a aumentar com a idade. Esses são apenas alguns parâmetros que influenciam diretamente a absorção, a distribuição e a excreção dos xenobióticos. Além disso, variações no estágio de maturação dos tecidos levam a diferenças fisiológicas (como número de receptores) que alteram a resposta a determinada substância [42,43].

33.5 Principais substâncias

33.5.1 Substâncias que provocam aborto

A utilização de medicamentos orais e injetáveis, preparações vaginais e drogas ilícitas constituem os principais métodos arriscados de indução do aborto [44].

33.5.1.1 Plantas medicinais

No Brasil, cerca de 60% das mulheres com intenção de interromper a gestação no primeiro trimestre utilizam chás ou infusões. Algumas das principais plantas utilizadas com essa finalidade estão descritas no Quadro 33.1. Em geral, as plantas utilizadas como abortifacientes causam falhas da implantação por promover alterações morfológicas no embrião e fetotoxicidade, além de induzir alterações nos níveis hormonais e na motilidade uterina.

Quadro 33.1 Principais plantas utilizadas como abortifacientes

NOME POPULAR	NOME CIENTÍFICO	EFEITO
Alecrim	*Rosmarinus officinales*	Abortivo
Arnica	*Arnica montana*	Teratogênico/ abortivo
Arruda	*Ruta chalepensis/ Ruta graveolens*	Embriotóxico
Barbatimão	*Stryphnodendron polyphyllum*	Embriotóxico
Boldo-do-chile	*Peumus boldus*	Teratogênico/ abortivo
Bucha-dos-paulistas	*Luffa operculata*	Abortivo/ embriotóxico
Gengibre	*Zengiber officinalis*	Abortivo
Hortelã	*Mentha piperita*	Teratogênico
Sene	*Cassia angustifolia/ Cassia acutifolia*	Abortivo

A arruda (*Rosmarinus officinales*) é uma das plantas mais utilizadas para interromper a gestação, sendo composta por cerca de 90% de metilnonilcetona, que possui ação estimulante na motilidade uterina. A arruda é abortiva em altas doses e também possui efeitos teratogênicos. Sua utilização também pode provocar vômitos, diarreias e menstruação excessiva.

A bucha-dos-paulistas (*Luffa operculata*) é uma das plantas mais conhecidas por sua ação abortiva. É usada popularmente para o tratamento da sinusite, contudo é extremamente irritante e seu uso deve ser evitado, já que provoca intensa diarreia, cólica, náuseas, vômitos e hemorragias que podem colaborar para seu efeito abortivo. De maneira geral, os casos de intoxicação são relacionados ao seu uso nas tentativas de interrupção da gravidez.

O sene (*Cassia angustifolia/Cassia acutifolia*) é amplamente utilizado por seu efeito laxativo. Durante a gestação é comum problemas de constipação intestinal, e muitas mulheres utilizam o sene sem conhecimento do seu efeito estimulante na motilidade uterina. O sene também é utilizado popularmente para estimular a menstruação. No primeiro trimestre de gestação, a interrupção da gravidez pode ocorrer por causa das contrações uterinas e malformações no feto, mesmo em casos de curta exposição.

Além das plantas citadas, o alecrim, a arnica, o barbatimão, o boldo-do-chile, o gengibre e a hortelã são algumas das muitas plantas que possuem efeitos teratogênicos e que podem induzir o aborto. De maneira geral, o uso de plantas medicinais deve ser evitado, em especial durante a gestação e amamentação [45-49].

33.5.1.2 Principais fármacos

33.5.1.2.1 Misoprostol

As prostaglandinas sintéticas, utilizadas para a indução do trabalho de parto desde a década de 1970, além de mimetizarem a ação das endógenas, apresentam um período mais longo de biodisponibilidade. O ácido araquidônico, um ácido graxo essencial, é o precursor das prostaglandinas e está presente em todas as membranas celulares, particularmente em maior abundância na musculatura lisa, como o útero. As prostaglandinas participam da maturação do colo uterino, do início do trabalho de parto, da ruptura da membrana fetal e da contração uterina. Elas atuam como hormônio e aumentam a concentração de AMPc, mediando um efeito autócrino (ligação com os receptores de membrana da própria célula), ou parácrino (afetam uma população de células vizinhas) [50-53].

Entre as mais utilizadas na prática clínica, o misoprostol (Cytotec®), um análogo da prostaglandina E_1, merece destaque na obstetrícia pela sua ação dupla: facilitar a abertura do colo e induzir a contração uterina. É um fármaco eficaz na prevenção e no tratamento de úlceras pépticas causadas por anti-inflamatórios não esteroides, pois aumenta a produção de muco protetor e o fluxo sanguíneo local, o qual contém bicarbonato e neutraliza o ácido estomacal. No entanto, o conhecimento de suas propriedades abortivas fez com que esse medicamento fosse utilizado indiscriminadamente para interromper a gravidez, podendo ocasionar hemorragias e óbito materno [44].

O misoprostol é administrado por via oral, retal, sublingual ou vaginal. O perfil farmacocinético desse fármaco inclui rápida absorção, extensa biotransformação e rápida excreção (Quadro 33.2).

Quadro 33.2 Estudos farmacocinéticos do misoprostol

DESENHO EXPERIMENTAL	DOSE	AMOSTRAGEM	ACHADOS	REFERÊNCIA
Estudo prospectivo e comparativo do perfil farmacocinético de doses repetidas de misoprostol após administração vaginal ou sublingual	400 µg	20 grávidas (< 12 semanas de gestação) solicitando aborto cirúrgico	• Pico de concentração plasmática: entre 20-60 minutos após cada dose sublingual; 20 minutos após administração vaginal (exceto para a quarta dose: 60 minutos) • Concentração plasmática após cada dose de misoprostol e sua biodisponibilidade foi maior na administração sublingual • Picos de concentração plasmática diminuíram com doses sucessivas por via vaginal, enquanto que via sublingual permaneceu similar	[54]
Estudo prospectivo e comparativo do perfil farmacocinético após administração vaginal e oral	400 µg (2 × 200 µg)	10 grávidas (entre 7-13 semanas de gestação) procurando aborto; 10 mulheres não grávidas, saudáveis, usando contraceptivos	• Pico de concentração plasmática: aumentou rapidamente, entre 12,5-60 minutos após administração oral, e diminuiu rapidamente (120 minutos), mantendo-se baixo; aumento gradual entre 60-120 minutos após administração vaginal (p < 0,001 comparado à via oral) e diminuiu lentamente • Biodisponibilidade do misoprostol administrado via vaginal foi 3× maior que a via oral	[55]

O número de casos de tentativa de aborto por uso de medicamentos no Brasil é grande, especialmente com o uso de misoprostol. As falhas nas tentativas de aborto com o uso desse fármaco estão relacionadas à síndrome de Möebius, uma doença congênita caracterizada pela paralisia de nervos faciais e abducentes, estrabismo e malformações de membros [56,57].

Por determinação da Portaria 344/98 do Ministério da Saúde, que regulamenta a distribuição de medicamentos sujeitos a controle especial, a comercialização do misoprostol está proibida em farmácias de todo o país, restringindo seu uso apenas ao âmbito hospitalar sob a supervisão da Vigilância Sanitária municipal.

33.5.1.2.2 Mifepristona

A mifepristona, um antagonista competitivo dos receptores de progesterona, é uma alternativa para indução do aborto e pode ser administrada por via sublingual ou vaginal. Atualmente, sua utilização associada ao misoprostol é ampla e efetiva para interromper a gravidez no segundo trimestre de gestação. Os efeitos farmacológicos dessa substância incluem: diminuição da secreção do hormônio luteinizante (LH), regressão rápida do corpo lúteo e aumento da contração uterina. Apesar de atravessar a barreira placentária, a mifepristona não altera as concentrações de progesterona fetal. Estudos de caso relataram recém-nascidos normais após tratamento com esse fármaco no início da gravidez. A agência regulamentadora dos Estados Unidos, a Food and Drug Administration (FDA), aprovou, em setembro de 2000, a mifepristona para interrupção da gravidez em todos os estados norte-americanos onde o aborto é legalizado e considerado um procedimento seguro [44,58-62].

33.5.1.2.3 Metotrexato

O metotrexato é um antagonista do ácido fólico, ou seja, atua como antimetabólito e interfere na síntese do DNA. Possui efeitos benéficos no tratamento do câncer e de doenças inflamatórias crônicas, como a artrite reumatoide.

Por seu mecanismo de ação, é utilizado nas tentativas de aborto, em geral entre a quinta e a nona semana de gestação, e associado a uma prostaglandina. Em casos de insucesso há um risco elevado de malformações congênitas múltiplas, como retardo do crescimento, defeitos nos membros, anomalias craniofaciais, digitais, vertebrais e genitais e alterações cardíacas. Estudos entre 1968 e 2013 mostraram que em todos os casos houve malformações características do uso de metotrexato, que foi administrado em doses entre 10 e 100 mg [42,43,63-71].

33.5.2 Exposição fetal e infantil

33.5.2.1 Etanol

A ingestão de etanol durante a gravidez pode causar diversas alterações no desenvolvimento, mais recentemente descritas como transtornos do espectro alcoólico fetal (*fetal alcohol spectrum disorders*, FASD), os quais incluem a síndrome alcoólica fetal (*fetal alcohol syndrome*, FAS). Não existe correlação entre dose e efeitos, tampouco uma dose considerada segura. Os efeitos do etanol no SNC são a causa principal dos prejuízos funcionais originados ao feto e a razão mais comum de retardo do neurodesenvolvimento em humanos. A FAS é caracterizada por: (1) redução no crescimento, por exemplo, do peso ao nascer, do comprimento corpóreo e da circunferência da cabeça; (2) alterações no SNC, como anormalidades neurológicas, atraso no desenvolvimento e deficiência intelectual; (3) dimorfismos craniofaciais, como microcefalia, fissura palpebral estreita, nariz curto e ponte nasal rebaixada, filtro labial pouco visível e bochechas planas. O consumo de etanol pode ainda diminuir a fertilidade, aumentar a incidência de aborto espontâneo e morte fetal e contribuir com partos prematuros [72].

Os danos pré-natais resultantes do alcoolismo materno crônico acontecem, primariamente, pela ação direta do etanol ou do acetaldeído que cruzam facilmente as barreiras placentária e hematoencefálica do feto. O mecanismo exato pelo qual o etanol exerce sua teratogenicidade não é conhecido e envolve uma complexa combinação de fatores maternos e morte celular de populações sensíveis, mas existe uma forte correlação entre o risco de FASD e o grau de alcoolismo da mãe [43].

A biotransformação do etanol a acetaldeído possivelmente é o mecanismo mais relevante, uma vez que ela varia dependendo do indivíduo. A oxidação praticamente irreversível do acetaldeído a acetato é a responsável direta pela reação de oxidação do etanol, já que a constante de equilíbrio da ADH favorece a redução do acetaldeído a etanol. Como consequência, a concentração plasmática de acetaldeído é da ordem de micromolar, enquanto que a de etanol e acetato é da ordem de milimolar [21,73].

O etanol é biotransformado por diversas isoenzimas da ADH (por exemplo, *ADH1A*, *ADH1B* e *ADH1C*), as quais podem apresentar polimorfismos funcionais distintos. Indivíduos que apresentam o alelo *ADH1B*2* codificam uma isoenzima com uma velocidade de biotransformação oitenta vezes maior que a isoenzima codificada pelo gene *ADH1B*1*, resultando em aumento da taxa de oxidação etanólica. A presença do alelo *ADH1B*2* materno e fetal, comparado ao *ADH1B*1*, parece conferir um efeito protetor. Hipoteticamente, quanto maior a atividade cinética da ADH, maior o grau de proteção, justificado pelo aumento da concentração de acetaldeído que causa um efeito fisiológico desagradável, desencorajando o consumo de etanol. Acredita-se ainda que o alelo que codifica uma variante de baixa atividade da enzima aldeído desidrogenase (ALDH) mitocondrial, o *ALDH2*2*, também possa proteger o feto ante os efeitos teratogênicos do etanol pelo mesmo princípio: acúmulo de acetaldeído [21,74,75] (Figura 33.4).

Além disso, o etanol compromete o desenvolvimento do SNC, reduzindo o número e retardando a migração de neurônios serotoninérgicos nos núcleos da rafe. Foram observados aumento da atividade da caspase 3 e diminuição do número de neurônios serotoninérgicos no tronco encefálico de camundongos no 18º dia de gestação. Logo, é possível que o sistema serotoninérgico esteja envolvido na teratogenicidade do etanol [76,77].

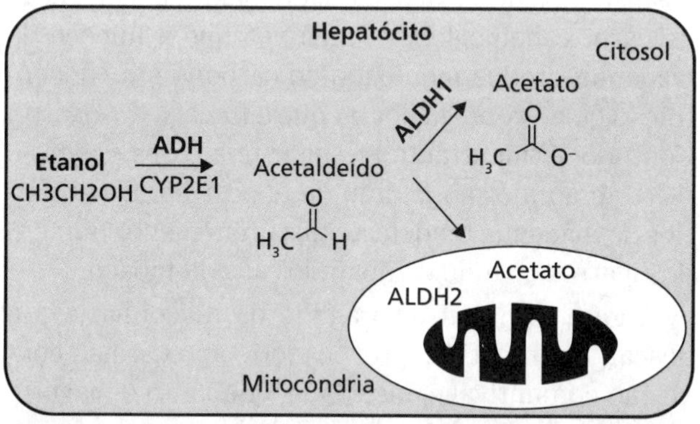

Figura 33.4 Biotransformação do etanol pelas células hepáticas. O etanol é oxidado a acetaldeído pela enzima álcool desidrogenase (ADH), enquanto que o acetaldeído é oxidado a acetato pela enzima aldeído desidrogenase citossólica e mitocondrial (ALDH1 e 2, respectivamente).

Fonte: adaptado de [21].

Importante destacar que alguns ésteres etílicos de ácido graxo (*fatty acid ethyl esters*, FAEE) presentes em amostras de mecônio podem ser utilizados como biomarcadores da exposição ao etanol durante a gestação. Apesar da detecção de FAEE em recém-nascidos não expostos ao etanol durante a gravidez, as concentrações encontradas foram muito abaixo das obtidas em indivíduos expostos [78].

Como a relação entre a concentração de etanol no leite e no plasma materno é igual a 1,0, crianças amamentadas por mães expostas chegam a ingerir grandes quantidades de etanol. Consequentemente o consumo de leite materno diminui, pois o etanol altera suas propriedades organolépticas. Apesar da atividade limitada da ADH e da taxa de eliminação lenta na infância, o consumo ocasional de etanol pelas mães no período de amamentação não causa prejuízo no desenvolvimento da criança. No entanto, crianças de 1 ano de idade apresentaram atraso no desenvolvimento psicomotor quando amamentadas por mães que consumiam regularmente etanol duas vezes ao dia, tanto na gravidez quanto na lactação. A criança é passível de sofrer os danos do etanol, como o desenvolvimento da síndrome de pseudo-Cushing[6], quando o consumo materno de bebidas alcoólicas é regular e excessivo [43,79].

33.5.2.2 Tabaco

O tabaco é a principal droga lícita utilizada por mulheres grávidas. Em estudo publicado em 2011 pela Substance Abuse and Mental Health Services Administration (SAMHSA), foi possível observar que nos Estados Unidos o número de mulheres que fumam diminuiu de 30,7% para 25,4% na última década. Contudo não houve diferença na prevalência de mulheres que fumam durante a gestação, que permaneceu em 18%. Em alguns países como Holanda, Turquia, Marrocos, Suriname, Cabo Verde e Antilhas, o uso de tabaco entre gestantes chega a 30%. É importante salientar que 40% das crianças no mundo são expostas ao fumo passivo, sendo que crianças que vivem em condições socioeconômicas desfavoráveis são expostas regularmente [80-83].

O hábito de fumar durante a gravidez está relacionado à maior incidência de aborto espontâneo, retardo do crescimento intrauterino, baixo peso ao nascer e mortalidade fetal. Crianças que são expos-

6 Grupo heterogêneo de doenças, incluindo o alcoolismo e depressão, que compartilham muitas das características clínicas e bioquímicas da síndrome de Cushing. Sugere-se que o hipercortisolismo da síndrome de pseudo-Cushing possa ser resultante do aumento da secreção do hormônio liberador de corticotrofina (CRH) hipotalâmico.

tas à fumaça do cigarro durante a gestação apresentam déficits nas habilidades motoras finas, atenção, processo auditivo e distúrbios comportamentais como hiperatividade, impulsividade, agressividade e distúrbios de conduta, além de maior susceptibilidade ao abuso de drogas na adolescência [84-87].

A fumaça do cigarro contém uma mistura de mais de 4.700 substâncias químicas, entre as quais nicotina, monóxido de carbono (CO), substâncias irritantes (acroleína e fenol) e cancerígenas (benzopireno, antracenos), metais pesados, resíduos de praguicidas e amônia, que é utilizada para alcalinizar a fumaça e favorecer a absorção da nicotina. Como já mencionado, o benzopireno pode ser detectado no soro de neonatos antes da primeira alimentação oral, assim como metais pesados, organoclorados e outros praguicidas que também podem ser encontrados na placenta de mulheres fumantes em concentrações significativas [9,10,43,88].

A formação do CO ocorre durante a queima do tabaco, sendo que cada cigarro produz em torno de 400 ppm de CO. A concentração de carboxi-hemoglobina (COHb) no sangue fetal é duas a três vezes maior do que no sangue materno, já que a hemoglobina fetal possui maior afinidade pelo CO. Vale destacar que a alta concentração de COHb pode comprometer a funcionalidade da placenta, pois estimula a hipóxia tecidual e a eritropoese, que leva a hiperviscosidade sanguínea.

A nicotina, principal agente psicoativo do tabaco, é uma base fraca (pKa = 8,0) que pode ser absorvida pela mucosa bucal, pelo trato gastrointestinal e pelo sistema respiratório. Cerca de 90% da nicotina inalada com a fumaça do cigarro é absorvida pelos alvéolos. A nicotina possui meia-vida de duas horas e sua biotransformação ocorre principalmente no fígado, onde 70%-80% da nicotina é biotransformada em cotinina, que possui meia-vida de dezesseis horas. A nicotina é amplamente distribuída no organismo e passa facilmente pela placenta, causando aumento da frequência cardíaca no feto. Por causar vasoconstrição, ela aumenta o risco de abortamento, além de interferir na transferência de nutrientes e nas trocas gasosas entre a gestante e o feto.

O tabaco também deve ser evitado durante a amamentação. Contudo nutrizes tabagistas devem manter a amamentação, pois sua suspensão pode trazer riscos ainda maiores à saúde do lactente [43].

Estudos em roedores indicam que a exposição ao fumo passivo no início do período pós-natal causa danos ao desenvolvimento encefálico, com prejuízo aos processos de aprendizado e memória na infância e na adolescência, além de diminuição de proteínas envolvidas na transmissão sináptica e na mielinização do nervo óptico [89].

Durante os primeiros anos de vida as crianças são mais suscetíveis aos efeitos do tabagismo passivo. Por viverem a maior parte do tempo em ambiente restrito e pela maior vulnerabilidade de suas vias aéreas, há elevada morbidade respiratória e mortalidade. Essas crianças apresentam mais tosse e infecções virais e são mais propensas a sofrer infecções do trato respiratório superior e inferior. A síndrome de morte súbita infantil é outra consequência importante da exposição de crianças ao fumo passivo. Estudo da OMS com 700 milhões de crianças no mundo demonstrou um risco aumentado em cinco vezes para essa síndrome em filhos de mães fumantes [90].

33.5.2.3 Maconha

A maconha (*Cannabis sativa*) é a droga ilícita mais utilizada por gestantes. Na América do Norte e na Europa cerca de 4% das mulheres grávidas utilizam maconha, enquanto na Turquia, Marrocos, Suriname, Cabo Verde e Antilhas a prevalência é de 13% [80,81].

Indivíduos que fazem uso da maconha apresentam concentração plasmática de substâncias presentes no alcatrão três vezes maior quando comparados aos usuários de tabaco, além de maior concentração de carboxi-hemoglobina, uma vez que a fumaça da maconha produz monóxido de carbono em concentração cinco vezes maior do que a fumaça do cigarro. Contudo, é importante ressaltar que esses dados se referem ao mesmo padrão de exposição, mas usuários da maconha tendem a utilizar um menor número de cigarros quando comparados aos de tabaco.

Para a mãe, o uso agudo da maconha leva à descarga simpática, provocando taquicardia, congestão conjuntival e ansiedade, enquanto o uso crônico pode levar a letargia, irritabilidade e alterações no sistema respiratório, como bronquite crônica e infecções repetidas. Há também aumento do apetite e alívio das náuseas e da fadiga [43,91].

A maconha é composta por diversas substâncias, incluindo sessenta canabinoides, como o tetra-hidrocanabinol (THC), sua principal substância ativa. O THC é altamente lipofílico e atravessa a placenta com facilidade, podendo levar a uma diminuição na frequência cardíaca do feto. A passagem de THC da mãe para o feto é maior nos primeiros meses da gestação. Alguns estudos demonstram que em ovinos e caninos a concentração de THC no sangue e nos tecidos do feto é menor do que nos tecidos maternos. Em primatas, a quantidade de THC no sangue no cordão umbilical é de três a seis vezes menor do que no sangue materno. É interessante notar que o THC possui alta afinidade pelos transportadores PGP e BCRP e, embora não haja comprovação de que tais transportadores modulem a concentração de THC no sangue fetal, isso pode explicar a menor concentração dessa substância nos tecidos do feto em relação aos da mãe. O THC também é encontrado no leite materno, sendo que sua concentração é 8,4 vezes maior no leite do que no plasma materno, o que leva a uma exposição infantil diária de 0,01 a 0,1 mg de THC para a mãe que fuma um a dois cigarros por dia. A absorção oral é de praticamente 100% e a meia-vida é de 57 horas [92-95].

Apesar de sua ampla utilização, os estudos em humanos possuem resultados conflitantes e não há evidências que comprovem uma relação direta entre o uso da maconha e problemas no desenvolvimento, embora haja relatos de aumento da morbidade perinatal. Além disso, o uso simultâneo com outras drogas de abuso é frequente, o que dificulta a identificação dos efeitos diretos da maconha sobre o feto.

Há indícios de que a maconha induz diminuição da perfusão placentária, prejudicando o crescimento fetal, além de levar ao retardo da maturação do sistema nervoso quando utilizada no período perinatal e ao aumento da concentração plasmática de norepinefrina no nascimento, o que poderia induzir distúrbios neurocomportamentais precoces. A exposição infantil em crianças em torno de 3 anos pode levar a prejuízo verbal, abstrato, além de dano à memória de curto prazo e ao raciocínio quantitativo. Em crianças de 4 anos, há prejuízo na memória e no aprendizado verbal, e a partir dos 6 anos é possível observar aumento da impulsividade, hiperatividade e déficit de atenção [96-98].

Por outro lado, estudo realizado com filhos de 1 mês de vida de mulheres que utilizam maconha intensamente na Jamaica mostrou que as crianças apresentaram melhor estabilidade fisiológica, melhor estabilidade autonômica (função vitais: controle térmico, respiração e digestão), menor irritabilidade, qualidade de alerta e autocontrole [99].

33.5.2.4 *Cocaína/crack*

A cocaína, um alcaloide extraído das folhas de *Erythroxylum coca*, foi utilizada em 1884 como um anestésico local potente. Ela bloqueia a recaptura de noradrenalina e dopamina na fenda sináptica, aumentando a concentração dessas catecolaminas e levando aos efeitos simpatomiméticos e estimulantes no SNC. Durante a década de 1980, o uso de cocaína disseminou-se, o que se tornou um problema de saúde pública. Existem pelo menos três formas de administração: intravenosa, intranasal e inalatória (caso do *crack*). A rapidez na obtenção dos efeitos eufóricos da cocaína decresce na seguinte ordem: intravenosa = inalatória > intranasal > oral [100].

As consequências do uso de cocaína durante a gravidez são difíceis de estabelecer, uma vez que diversos fatores podem estar envolvidos, incluindo os socioeconômicos e o uso concomitante de outras drogas de abuso, como o tabaco e o etanol. Contudo alguns efeitos estão relacionados à cocaína, como parto prematuro, síndromes associadas à placenta (por exemplo, deslocamento prematuro da placenta, pré-eclâmpsia e infarto placentário) e disfunção do crescimento fetal. Outros efeitos que parecem estar associados ao uso de cocaína incluem: microcefalia, alteração no desenvolvimento do prosencéfalo, diminuição do peso do recém-nascido, convulsões ocasionais e alguns distúrbios neurológicos, associados à síndrome de abstinência [101,102].

As alterações morfológicas podem ser explicadas pela vasoconstrição com redução do fluxo sanguíneo uterino, placentário e nos órgãos fetais, levando a hipóxia e acidose tecidual. Como consequência, a diferenciação celular e distúrbios do crescimento podem ocorrer ao longo de todo o período gestacional. Discute-se ainda que os danos ao organismo fetal sejam causados pela produção excessiva de espécies reativas de oxigênio em decorrência da reperfusão de um tecido isquêmico, já que a defesa antioxidante é insuficiente no primeiro trimestre de gestação, tanto o tecido fetal quanto o placentário.

Algumas deficiências cognitivas, como dificuldade no desenvolvimento da linguagem, aprendizado, raciocínio perceptivo e efeitos adversos relacionados à memória e à função executiva foram descritas. De fato, muitos estudos reforçam os efeitos neurotóxicos da cocaína em neurônios corticais, relacionados às funções executivas; em células dopaminérgicas; e em neurônios hipocampais, relacionados à consolidação da memória. No caso de gestantes usuárias de *crack*, os efeitos tóxicos podem surgir não só pela ação da cocaína, mas também de seu produto de pirólise, a anidroecgonina metil éster (AEME), a qual é inalada concomitantemente. Estudo *in vitro* sugere que a associação entre essa substância e a cocaína resulta em um alto risco de neurotoxicidade, mostrando que o *crack* pode ser mais devastador que outras vias de administração de cocaína. Vale ressaltar que ambas as substâncias aumentaram a atividade da caspase 3 [102-105].

A avaliação de biomarcadores em amostras de mecônio fornecem informações importantes acerca da exposição fetal a diversas drogas, incluindo a cocaína e suas vias de administração. Os biomarcadores de exposição à cocaína/*crack* foram detectados em 5,6% das amostras de mecônio randomicamente coletadas do Hospital Universitário da Universidade de São Paulo (HU-USP). As amostras positivas para exposição fetal a cocaína/*crack* confirmam os achados clínicos, como redução do peso, comprimento e circunferência encefálica [106].

A cocaína pode ser encontrada no leite materno e é completamente biodisponível por via oral, sendo detectada no plasma após quinze minutos. A meia-vida é de aproximadamente uma hora, com uma depuração total de cerca de cinco horas. Alguns efeitos foram descritos em lactentes de mães expostas, como taquicardia, hipertonia, tremores e excitação. A exposição passiva à cocaína, no caso do *crack*, está associada com episódios de convulsão afebril na infância [43,107].

33.6 SÍNDROME DE MÜNCHAUSEN POR PROCURAÇÃO

A síndrome de Münchausen foi descrita pela primeira vez nos anos 1950, pelo psiquiatra inglês Richard Asher, para descrever um transtorno factício no qual o paciente é capaz de mimetizar sinais e sintomas e se apresentar aguda e profundamente doente, sem que obtenha algo em troca, como ganho financeiro, liberação de responsabilidade legal ou melhora do bem-estar físico. A denominação "síndrome de Münchausen" é uma referência ao barão alemão Karl Friedrich Hieronymus von Münchausen, que lutou a serviço da Rússia contra os turcos de 1763-1772 e ficou conhecido por contar histórias exageradas e fantasiosas sobre a guerra e suas aventuras. Essa síndrome é caracterizada pelo histórico de inúmeras consultas médicas e hospitalizações, com possível alternância de hospitais; anseio por fazer procedimentos médicos complexos e cirurgias; relato de sintomas que se modificam ou se agravam de acordo com os resultados dos exames ou após o início do tratamento; conhecimento da terminologia médica [108-110].

Já o termo "síndrome de Münchausen por procuração", é uma forma de abuso infantil que foi introduzido pelo pediatra inglês Roy Meadow em 1977 [111,112], sendo considerada um transtorno psiquiátrico pelo DSM-V [113]. A expressão "por procuração" (*by proxy*) destaca o papel do perpetrador e da vítima: o adulto tem uma necessidade patológica de enganar os profissionais de saúde e a criança é a vítima "por procuração" [114]. Os primeiros casos descritos por Meadow eram de duas crianças com doença produzida: uma com "hematúria", cuja urina foi adulterada com o sangue da mãe, e outra que veio a óbito por envenenamento por sal de cozinha [111]. São encontrados relatos de síndrome de Münchausen por procuração em crianças que variam desde as 7 semanas de vida até os 14 anos em diversos países, inclusive no Brasil [108,115].

Existem três formas de apresentação de sintomas na síndrome de Münchausen por procuração: (1) indução de lesão; (2) fabricação de sintomas; e (3) exagero dos sintomas que a criança apresenta, fazendo com que o perpetrador solicite exames complementares, intervenções e procedimentos. Uma grande variedade de sintomas está descrita na literatura médica, por exemplo, apneia por sufocação; vômitos provocados por intoxicação ou falso relato; sangramentos provocados por intoxicação ou falsificados por meio da adição de substâncias como tintas, corantes, sangue de terceiro nas fezes ou no ouvido da criança; exantemas decorrentes de intoxicação, arranhões, aplicação de substâncias cáusticas e pintura da pele; crises convulsivas como resultado de intoxicações, falso relato e sufocação; diarreia provocada pela intoxicação por laxativos; febre com falsificação da temperatura. As crises convulsivas estão presentes em 42% dos casos, uma vez que são especialmente fáceis de serem inventadas, por serem comuns e intermitentes [114,116-118].

Entre os agentes mais utilizados pelo perpetrador, destacam-se fármacos antiepilépticos como fenobarbital e carbamazepina; benzodiazepínicos; cloreto de sódio; insulina; aspirina; xarope de ipeca; antidepressivos; antieméticos; e codeína. Há relatos que vão desde desidratação, causada por restrição de oferta de líquidos, até septicemia, causada pela injeção de material contaminado por sonda ou cateter [114].

Apesar de qualquer pessoa envolvida diretamente com o cuidado da criança poder ser o autor dos sintomas, em 90% dos casos, o perpetrador é a mãe, casada e com idade entre 20 e 30 anos [108,115]. Grande parte dessas mães é excelente relatora, tem familiaridade com a terminologia médica e frequentemente possui histórico no meio médico. A mãe demonstra dedicação e cuidados excepcionais em relação ao paciente, e em geral não se ausenta do quarto da criança por mais de poucos minutos. É comum a mãe aprovar e incentivar a realização de exames complexos, além de demonstrar calma diante do sofrimento de seu filho [116].

Estudos a respeito das características da mãe perpetradora mostraram que elas apresentam altas taxas de privação; abuso na infância e perda significativa, como o da mãe, por exemplo; hipocondria; depressão e distúrbios de personalidade (conduta antissocial, histriônica, *borderline* e narcisista). Ao contrário da mãe, o pai quase não é visto no hospital e também não presencia as manifestações clínicas da criança, sendo a mãe a única observadora. Em geral, o pai não perpetrador tende a ser distante tanto física quanto emocionalmente em relação à família. Entretanto, quando os pais são confrontados pelos médicos ou enfermeiros a respeito da suspeita de diagnóstico de síndrome de Münchausen por procuração, geralmente reagem de forma agressiva e deixam o hospital [116,117].

Frequentemente, essa forma grave de abuso na criança passa despercebida pelos médicos, uma vez que o diagnóstico é dificultado pela aparente devoção da mãe, que procura recursos médicos profundamente preocupada com a saúde da criança, sensibilizando e enganando a equipe médica. O diagnóstico tardio pode resultar em complicações decorrentes dos tratamentos e procedimentos desnecessários, podendo levar à morte do paciente pela recorrência do abuso. Em algum momento, geralmente retrospectivo, o médico reconhece que o cuidado médico não era clinicamente justificável e causou dano real ou potencial à criança.

Pouco se sabe a respeito da epidemiologia da síndrome de Münchausen por procuração, e sua incidência depende dos critérios adotados por cada estudo. A incidência anual da doença varia de 2-2,8 a cada 100 mil crianças abaixo de 1 ano e 0,4 a cada 100 mil crianças abaixo de 16 anos [109]. A idade média na época do diagnóstico foi de 2,7 anos [118]. A taxa de mortalidade estimada para crianças vítimas da síndrome de Münchausen por procuração é de 6% a 10%; entretanto, por não ser muito conhecida pelos profissionais da área de saúde, acredita-se que o número de diagnósticos seja subestimado [114,116,119]. É frequente a presença de histórico semelhante de abuso em outros filhos, podendo inclusive haver casos de morte pregressa de irmãos da vítima.

A motivação para a mãe desempenhar o papel de perpetradora não é clara. Uma possível explicação é a necessidade do cuidador em ter o reconhecimento da criança como doente quando ela não está, ou mais doente do que ela realmente está. Entre as motivações, destacam-se: (1) a atenção dispensada por equipes médicas para a doença de seus filhos; (2) manter seu companheiro por perto ou forçar uma reaproximação; e (3) sentir-se útil no cuidado da criança.

De acordo com o artigo 130 do Estatuto da Criança e do Adolescente [120]: "Verificada a hipótese de maus-tratos, opressão ou abuso sexual impostos pelos pais ou responsável, a autoridade judiciária poderá determinar, como medida cautelar, o afastamento do agressor da moradia comum". Assim, a equipe médica deve recorrer ao Conselho Tutelar e ao Ministério Público para afastar a criança do convívio com o perpetrador, o qual deve receber tratamento adequado para evitar recidivas. O desfecho desses casos depende da aceitação do perpetrador em aceitar o tratamento e de sua efetividade. O retorno da criança ao convívio com o perpetrador deve ser feito com extremo cuidado e somente se não houver riscos para a criança, uma vez que o risco de morte é iminente [108,115].

33.7 Conclusões

A prática do aborto inseguro ocorre em locais em que as leis são restritivas a esse procedimento, em especial nos países em desenvolvimento. Em geral as mulheres que praticam o aborto o fazem em ambiente doméstico ou em clínicas clandestinas, sem acompanhamento médico e condições apropriadas, o que representa um problema de saúde pública, já que o aborto inseguro causa elevada morbidade e mortalidade materna.

A tentativa de interrupção da gravidez ocorre muitas vezes pela utilização de medicamentos e plantas medicinais. Quando o procedimento é malsucedido, há sério risco para a mãe e alto risco de comprometer o desenvolvimento embriofetal.

Além das substâncias utilizadas para induzir o aborto, o desenvolvimento embriofetal pode ser prejudicado pela exposição a drogas de abuso. Como discutido neste capítulo, as drogas consideradas lícitas (etanol e tabaco) são as que mais causam danos tanto no período gestacional quando no pós-natal, tanto por exposição passiva quanto pelo aleitamento materno.

Vale ressaltar que a exposição infantil a substâncias tóxicas, seja ela intencional (síndrome de Münchausen por procuração) ou não (hábitos maternos e paternos), além de causar intoxicações, pode prejudicar o desenvolvimento da criança.

Questões para estudo

1. A.N. é uma mulher de 25 anos que está grávida de seu primeiro filho. Ela fuma cerca de dez cigarros por dia e está preocupada principalmente com a transferência de substâncias presentes no cigarro para seu bebê.
   a) Por quais mecanismos as substâncias presentes no tabaco podem chegar à circulação fetal?
   b) Sabendo que o benzopireno é a principal substância cancerígena presente na fumaça do cigarro, discuta a toxicocinética placentária dessa substância e seus possíveis efeitos no embrião/feto.
2. O uso concomitante de mifepristona e misoprostol é amplamente utilizado para o aborto seguro e efetivo em países onde essa prática é legalizada. Contudo, em países em que o aborto é ilícito, diversas substâncias podem ser utilizadas com essa finalidade. Uma jovem brasileira de 17 anos na décima semana de gestação procurou uma clínica clandestina para interromper a gestação. Foi recomendado o uso de misoprostol e outra substância. A tentativa de aborto foi malsucedida e a criança nasceu com malformações, como defeitos nos membros, anomalias craniofaciais e alterações cardíacas.
   a) Além do misoprostol, qual possível medicamento foi recomendado?
   b) Além do estágio de desenvolvimento, quais outros fatores contribuem para a toxicidade embriofetal?
   c) Se essa mulher tivesse realizado este procedimento na trigésima semana de gestação, os efeitos seriam os mesmos? Justifique sua resposta.
3. Um novo fármaco "*F*" foi sintetizado para o tratamento de tumores gastrointestinais. A substância *F*, que atua em uma enzima envolvida na síntese do DNA, foi testada quanto à sua teratogenicidade em ratos. O gráfico abaixo mostra a relação entre as alterações de peso e a porcentagem de malformações fetais de diversas doses de *F* administradas a ratas prenhes saudáveis no 15º dia de gestação. A taxa de mortalidade fetal e materna foi de 0% em todas as doses testadas.

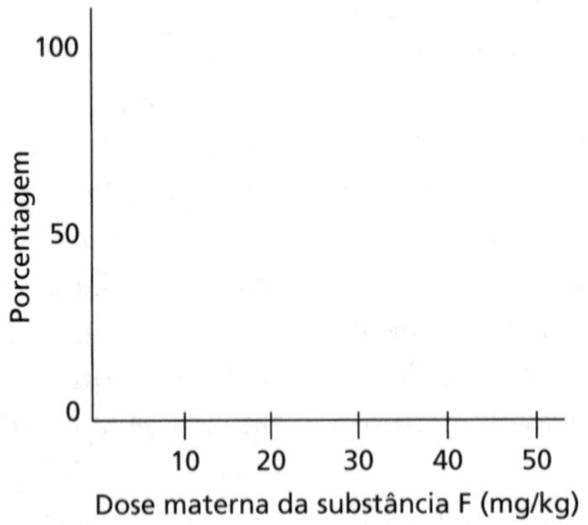

   a) Classifique a toxicidade de *F* como direta ou indireta.
   b) Esboce, no gráfico a seguir, a atividade da enzima na qual esse fármaco atua (% em relação ao grupo controle), justificando sua resposta.
   c)

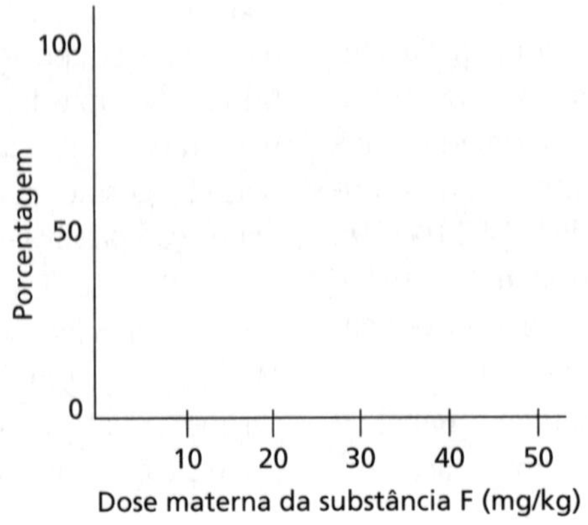

d) Os hábitos maternos podem contribuir com as alterações de desenvolvimento embriofetal. Discuta como o uso de cocaína durante a gestação poderia levar a alterações morfológicas fetais.

5. A síndrome alcoólica fetal é uma síndrome bem caracterizada e pode ser reconhecida facilmente por sinais faciais na criança.
   a) Quais são as principais alterações craniofaciais decorrentes do uso de etanol durante a gestação?
   b) Julgue a afirmação a seguir como verdadeira ou falsa, justificando sua escolha: "A ingestão de bebidas alcoólicas durante a gravidez deve ser cautelosa, de modo que a ingestão excessiva deve ser evitada".
   c) Explique como o polimorfismo genético das enzimas de biotransformação do etanol pode influenciar a sua teratogenicidade.
5. J.C.R. é uma mulher de 29 anos que está grávida de seu segundo filho. Durante o exame de ultrassom o médico observou que sua placenta estava significativamente reduzida. Após conversar com a paciente o médico descobriu que ela havia fumado um cigarro imediatamente antes do exame, então pediu que ela retornasse após algumas horas após e que não fumasse nesse período. No segundo exame o tamanho da placenta estava normal. Discuta por que a placenta estava reduzida no primeiro exame e quais os possíveis efeitos da fumaça do cigarro no desenvolvimento fetal.
6. O trecho a seguir retrata, de maneira cômica, uma síndrome de difícil diagnóstico:

   Paciente: *Doutor, tenho uma dor que passa daqui pra* **lá e de lá pra cá. O que pode ser?**

   Médico: *Uma dor passageira!*

   Muitas vezes o transtorno psiquiátrico dos pais, geralmente da mãe, faz com que a criança, a qual apresenta *sinais e sintomas de uma doença*, seja utilizada como veículo para ludibriar os profissionais da saúde, tornando-se vítima.
   a) Que síndrome é essa? Descreva os *sinais e sintomas* geralmente apresentados pela criança, citando um exemplo.
   b) Discuta a importância da toxicologia na prevenção e diagnóstico dessa síndrome.

Respostas

1. a) Os xenobióticos presentes na fumaça do cigarro podem passar à circulação fetal por difusão passiva, difusão facilitada ou por meio de transportadores.

   b) O benzopireno pode ser biotransformado por enzimas presentes na placenta. Sua biotransformação leva à formação de epóxidos, que são mais tóxicos e podem causar danos ao DNA por meio de formação de adutos de DNA, mecanismo-chave para seu efeito carcinogênico. A exposição materna ao benzopireno leva à exposição fetal a esse xenobiótico e seus metabólitos, sendo que as PGP não atuam em sua remoção.
2. a) Metotrexato.

   b) Tempo de exposição, dose do xenobiótico e o genótipo do feto.

   c) Não, já que o feto estaria em outro período de desenvolvimento e provavelmente ocorreriam alterações funcionais e não morfológicas.
3. a) Toxicidade direta.

   b) O mecanismo geral de embriotoxicidade envolve a morte celular por apoptose diante de danos promovidos ao DNA. Como foram observadas diminuição de peso e alterações morfológicas nos fetos em doses crescentes de *F*, é bem provável que essa substância diminua a síntese de DNA e, portanto, iniba a atividade enzimática. Assim, o gráfico que melhor representa a atividade dessa enzima, que não atinge 0% de atividade, pois haveria morte fetal, é:

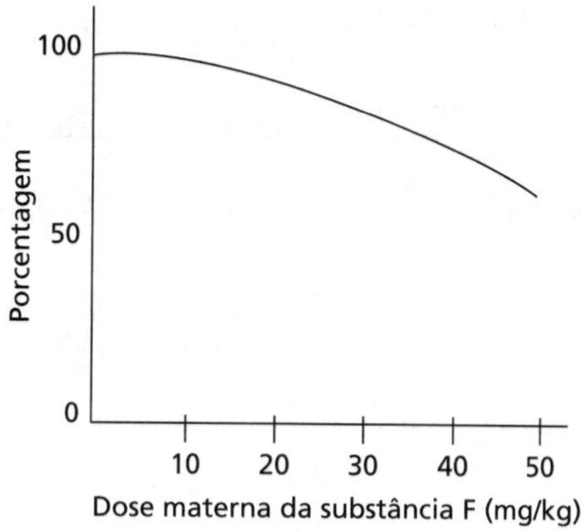

c) A cocaína causa vasoconstrição, reduzindo o fluxo sanguíneo uterino, placentário e nos órgãos fetais, levando a um quadro de hipóxia e acidose tecidual. Pode haver ainda produção excessiva de espécies reativas de oxigênio em razão da reperfusão do tecido isquêmico, já que a defesa antioxidante do feto é baixa. Como consequência, há prejuízo na diferenciação celular que pode resultar em distúrbios do crescimento ao longo de todo o período gestacional.

4. a) Microcefalia, fissura palpebral estreita, nariz curto e ponte nasal rebaixada, filtro labial pouco visível e bochechas planas.

   b) Falsa. Não existe uma dose considerada segura para a ingestão de álcool na gravidez, uma vez que baixas doses de etanol podem ocasionar transtornos do espectro alcoólico fetal.

   c) Genes que codificam ADH menos ativas podem promover o acúmulo de etanol no organismo. Assim, o efeito fisiológico desagradável do acetaldeído será muito inferior, deixando de limitar o consumo de etanol, o que pode contribuir com a sua teratogenicidade. Genes que codificam ALDH mais ativas também poderiam contribuir, já que o acúmulo de acetaldeído e seu efeito desagradável estariam diminuídos.

5. No primeiro exame a placenta, que é um órgão altamente vascularizado, estava reduzida por causa do efeito vasoconstritor da nicotina. O hábito de fumar durante a gravidez está relacionado à maior incidência de aborto espontâneo, retardo do crescimento intrauterino, baixo peso ao nascer e mortalidade fetal. Crianças que são expostas à fumaça do cigarro durante a gestação apresentam déficits nas habilidades motoras finas, atenção, processo auditivo e distúrbios comportamentais como hiperatividade, impulsividade, agressividade e distúrbios de conduta, além de maior susceptibilidade ao abuso de drogas na adolescência.

6. a) Síndrome de Münchausen por procuração. Sinais e sintomas: indução de lesão; fabricação de sintomas; exagero dos sintomas apresentados pela criança. Exemplo: diarreia desencadeada pela intoxicação por laxativos.

   b) No caso da utilização de toxicantes para forjar os sintomas na criança, a determinação dessas substâncias e/ou seus produtos de biotransformação em diferentes matrizes biológicas pode fornecer indícios importantes relacionados ao abuso infantil, bem como estimar o grau de intoxicação da vítima e estabelecer medidas preventivas adequadas diante do toxicante identificado.

LISTA DE ABREVIATURAS

ABC	Proteínas transportadoras da família ABC (do inglês *ATP-binding protein*)	FGF-2	Fator 2 de crescimento de fibroblasto (do inglês *fibroblast growth factor 2*)
ADH	Álcool desidrogenase	IGF-I	Fator i de crescimento análogo à insulina (do inglês *insulin-like growth factor i*)
AEME	Anidroecgonina metil éster	LH	Hormônio luteinizante
AIF	Fator indutor de apoptose (do inglês *apoptosis-inducing factor*)	MDR1	*Multidrug resistance 1*
ALDH	Aldeído desidrogenase	MRP1-3	*Multidrug resistance-associated proteins*
APAF1	Fator 1 ativador de peptidase apoptótica (do inglês *apoptotic peptidase activating factor 1*)	OMS	Organização Mundial da Saúde
BCRP	Proteínas associadas à resistência ao câncer de mama (do inglês *breast cancer resistance protein*)	PGP	Glicoproteínas-P
FAEE	Ésteres etílicos de ácido graxo (do inglês *fatty acid ethyl esters*)	SAMHSA	Substance Abuse and Mental Health Services Administration
FAS	Síndrome alcoólica fetal (do inglês *fetal alcohol syndrome*)	SNC	Sistema nervoso central
FASD	Transtornos do espectro alcoólico fetal (do inglês *fetal alcohol spectrum disorder*)	SUS	Sistema Único de Saúde
FDA	*Food and Drug Administration*	THC	Tetra-hidrocanabinol

Lista de palavras

Abortifacientes
Aborto
Cocaína
Crack
Embriotoxicidade
Etanol
Fetotoxicidade
Gestação
Glicoproteína-P
Lactação
Maconha
Metotrexato
Mifepristona
Misoprostol
Placenta
Plantas medicinais
Síndrome alcoólica fetal
Síndrome de Münchausen
Síndrome de Münchausen por procuração
Tabaco
Teratogênese
Tetra-hidrocanabinol

REFERÊNCIAS

1. World Health Organization. The World health report 2005 – make every mother and child count. Geneva; 2005.

2. Rede Nacional Feminista de Saúde e Direitos Reprodutivos. Dossiê aborto inseguro – direito de decidir sobre o aborto: uma questão de cidadania e democracia. Saúde da mulher e direitos reprodutivos. Belo Horizonte; 2001.

3. Moura-Ribeiro MVL, Gonçalves V. Neurologia do desenvolvimento da criança. Rio de Janeiro: Revinter; 2006. 485 p.

4. Marchetti, C. Molecular targets of lead in brain neurotoxicity. Neurotox Res. 2003;5:221-36.

5. Neal AP, Stansfield KH, Worley PF, Thompson RE, Guilarte TR. Lead exposure during synaptogenesis alters vesicular proteins and impairs vesicular release: potential role of NMDA receptor-dependent BDNF signaling. Toxicol Sci. 2010;116(1):249-63.

6. Vennila V, Madhu V, Rajesh R, Ealla KKR, Velidandla SR, Santoshi S. Tetracycline-induced discoloration of deciduous teeth: case series. Journal of International Oral Health. 2014;6(3):115-9.

7. Lüllmann H, Mohr K, Hein L, Bieger D. Color Atlas of Pharmacology. 3rd ed. New York: Thieme Stuttgart; 2005. 402 p.

8. Vähäkangas K, Myllynen P. Drug transporters in the human blood-placental barrier. Br J Pharmacol. 2009;158(3):665-78.

9. Cavalli RC, Baraldi CO, Cunha SP. Transferência placentária de drogas. Rev Bras Ginecol Obstet. 2006;28(9):557-64.

10. Karttunen V, Myllynen P, Prochazka G, Pelkonen O, Segerbäck D, Vähäkangas K. Placental transfer and DNA binding of benzo(a)pyrene in human placental perfusion. Toxicol Lett. 2010;197(2):75-81.

11. Elliott BD, Schenker S, Langer O, Johnson R, Prihoda T. Comparative placental transport of oral hypoglycemic agents in humans: a model of human placental drug transfer. Am J Obstet Gynecol. 1994;171(3):653-60.

12. Lankas GR, Wise LD, Cartwright ME, Pippert T, Umbenhauer DR. Placental P-glycoprotein deficiency enhances susceptibility to chemically induced birth defects in mice. Reprod Toxicol. 1998;12(4):457-63.

13. Rogers JM, Kavlock RJ. Developmental toxicology. In: Klaassen CD, editor. Casarett & Doull's toxicology: the basic science of poisons. 7th ed. New York: McGraw-Hill Medical; 2008. pp. 415-51.

14. Chernoff N, Rogers JM, Alles AJ, Zucker RM, Elstein KH, Massaro EJ, Sulik KK. Cell cycle alterations and cell death in cyclophosphamide teratogenesis. Teratogenesis Carcinog Mutagen. 1989;9:199-209.

15. Daston GP. Relationships between maternal and developmental toxicity. In: Kimmel CA, Buelke-Sam J, editors. Developmental toxicology. 2nd ed. New York: Raven Press; 1994. pp. 189-212.

16. Rogers JM, Chernoff N, Keen CL, Daston GP. Evaluation and interpretation of maternal toxicity in Segment II studies: issues, some answers, and data needs. Toxicol Appl Pharmacol. 2005;207:367-74.

17. Keen CL, Uriu-Adams JY, Skalny A, Grabeklis A, Grabeklis S, Green K, Yevtushok L, Wertelecki WW, Chambers CD. The plausibility of maternal nutritional status being a contributing factor to the risk for fetal alcohol spectrum disorders: the potential influence of zinc status as an example. Biofactors. 2010;36(2):125-35.

18. Khoury MJ, Erickson JD, James LM. Maternal factors in cleft lip with or without palate: evidence from interracial crosses in the United States. Teratology. 1983;27:351-7.

19. Hansen DK, Hodes ME. Comparative teratogenicity of phenytoin among several inbred strains of mice. Teratology. 1983;28:175-9.

20. Seller MJ, Perkins KJ, Adinolfi M. Differential response of heterozygous curly-tail mouse embryos to vitamin A teratogenesis depending on maternal genotype. Teratology. 1983;28:123-9.

21. Warren KR, Li T-K. Genetic polymorphisms: impact on the risk of fetal alcohol spectrum disorders. Birth Defects Research (Part A). 2005;73:195-203.

22. Carpenter MW. Gestational diabetes, pregnancy hypertension, and late vascular disease. Diabetes Care. 2007;30(2):S246-S250.

23. Milunsky A, Ulcickas M, Rothman KJ, Willett W, Jick SS, Jick H. Maternal heat exposure and neural tube defects. JAMA. 1992;268:882-5.

24. Aguiar MJB, Campos AS, Aguiar RALP, Lana AMA, Magalhães RL, Babeto LT. Defeitos de fechamento do tubo neural e fatores associados em recém-nascidos vivos e natimortos. Jornal de Pediatria. 2003;79(2):129-34.

25. Mulder EJ, Robles de Medina PG, Huizink AC, Van den Bergh BR, Buitelaar JK, Visser GH. Prenatal maternal stress: effects on pregnancy and the (unborn) child. Early Human Development. 2002;70(1-2):3-14.

26. Slikker W, Miller RK. Placental metabolism and transfer: role in developmental toxicology. In: Kimmel CA, Buelke-Sam J, editors. Developmental toxicology. 2nd ed. New York: Raven Press; 1994. pp. 245-83.

27. Esteban-Vasallo MD, Aragonés N, Pollan M, López-Abente G, Perez-Gomez B. Mercury, cadmium, and lead levels in human placenta: a systematic review. Environ Health Perspect. 2012;120(10):1369-77.

28. Hazelhoff Roelfzema WR, Roelofsen AM, Herber RF, Leene W, Copius Peereboom-Stegeman JH. Effects of chronic cadmium administration on placental and fetal development. Journal of Trace Elements and Electrolytes in Health and Disease. 1987;1:49-53.

29. Sorrell TL, Graziano JH, Effect of oral cadmium exposure during pregnancy on maternal and fetal zinc metabolism in the rat. Toxicol Appl Pharmacol. 1990;102:537-45.

30. Keen CL, Peters JM, Hurley LS. The effect of valproic acid on ^{65}Zn distribution in the pregnant rat. J Nutr. 1989;119:607-11.

31. Ujhazi 2012 Ujházy E, Mach M, Navarová J, Brucknerová I, Dubovický M. Teratology – past, present and future. Interdiscip Toxicol. 2012;5(4):163-8.

32. Wilson JG. Environment and birth defects. New York: Academic Press; 1973.

33. Nelson K, Holmes LB. Malformations due to presumed spontaneous mutations in newborn infants. N Engl J Med. 1989;320:19-23.

34. Callaghan WM, MacDorman MF, Rasmussen SA, Qin C, Lackritz EM. The contribution of preterm birth to infant mortality rates in the United States. Pediatrics. 2006;118:1566-73.

35. Niesink RJM, De Vries J, Hollinger MA. Toxicology principles and applications. Boca Raton: CRC Press; 1996.

36. Lavin M, Watters D. Programmed cell death: the cellular and molecular biology of apoptosis. Chur, Switzerland: Harwood Academic Publishers; 1993.

37. Stephens TD, Bunde CJ, Fillmore BJ. Mechanism of action in thalidomide teratogenesis. Biochem Pharmacol. 2000;59(12):1489-99.

38. Grivicich I, Regner A, da Rocha AB. Morte celular por apoptose. Revista Brasileira de Cancerologia. 2007;53(3):335-43.

39. Galluzzi L, Blomgren K, Kroemer G. Mitochondrial membrane permeabilization in neuronal injury. Nat Rev Neurosci. 2009;10(7):481-94.

40. Kerr JF, Wyllie AH, Currie AR. Apoptosis: a basic biological phenomenon with wide-ranging implications in tissue kinetics. Br J Cancer. 1972;26:239-57.

41. McConkey DJ. Biochemical determinants of apoptosis and necrosis. Toxicol Lett. 1998;99(3):157-68.

42. Koren G. Aspectos especiais da Farmacologia perinatal e pediátrica. In: Katzung BG, Masters SB, Trevor AJ, editors. Farmacologia básica & clínica. 12. ed. São Paulo: McGraw-Hill Interamericana; 2014. pp. 1039-49.

43. Schafer C, Peters P, Miller RK. Drugs during pregnancy and lactation – Treatment options and assessment. 2nd ed. San Diego: Academic Press; 2007. 873 p.

44. Roehsig M, Sant'Anna SG, Salles KRRD, Santos MF, Yonamine M. Abortifacientes: efeitos tóxicos e riscos. Saúde, Ética & Justiça. 2011;16(1):1-8.

45. Moreira LMA, Dias AL, Ribeiro HBS, Falcão CL, Felício TD, Stringuetti C, Santos MDF. Associação entre o uso de abortifacientes e defeitos congênitos. Rev Bras Ginecol Obst. 2001;23(8):517-21.

46. Souza-Maria NCV, Tangerina MMP, Silva VC, Vilegas W, Sannomiya M. Plantas medicinais abortivas utilizadas por mulheres de UBS: etnofarmacologia e análises cromatográficas por CCD e CLAE. Rev Bras Pl Med. 2013;15(4):763-73.

47. Rodrigues HG, Meireles CG, Lima JTS, Toledo GP, Cardoso JL, Gomes SL. Efeito embriotóxico, teratogênico e abortivo de plantas medicinais. Rev Bras Plantas Med. 2011;13(3):359-66.

48. Bakke LA, Leite RS, Marques MFL, Batista LM. Estudo comparativo sobre o conhecimento do uso de plantas abortivas entre alunas da área de saúde e da área de humanas da universidade federal da Paraíba. Rev Eletr de Farm. 2008;5(1):24-31.

49. Silva LA, Rau C. Potencial abortivo e teratogênico de plantas medicinais. Caderno de artigos da 7ª Mostra de produção científica da Pós-graduação Lato Sensu da PUC Goiás. 2012. 1829 p.

50. Rayburn WF. Minimizing the risks from elective induction of labor. J Reprod Med. 2007;52(8):671-6.

51. Fittkow CT, Maul H, Olson G, Martin E, MacKay LB, Saade GR, Garfield RE. Light-induced fluorescence of the human cervix decreases after prostaglandin application for induction of labor at term. Eur J Obstet Gynecol Reprod Biol. 2005;123:62-6.

52. Fortier MA, Krishnaswamy K, Danyod G, Boucher-Kovalik S, Chapdalaine P. A postgenomic integrated view of prostaglandins in reproduction: implications for other body systems. J Physiol Pharmacol. 2008;59(1):65-89.

53. Hertelendy F, Zakár T. Prostaglandins and the myometrium and cervix. Prostaglandins Leukot Essent Fatty Acids. 2004;70:207-22.

54. Tang OS, Schweer H, Lee SWH, Ho PC. Pharmacokinetics of repeated doses of misoprostol. Human Reprod. 2009;24:1862-9.

55. Zieman M, Fong SK, Benowitz NL, Banskter D, Darney PD. Absorption kinetics of misoprostol with oral or vaginal administration. Obstet Gynecol. 1997;90:88-92.

56. Costa SH, Vessey MP. Misoprostol and illegal abortion in Rio de Janeiro, Brazil. Lancet. 1993;341:1258-61.

57. Lipp A. A review of developments in medical termination of pregnancy. J Clin Nursing. 2008;17:1411-8.

58. Gemzell-Danielsson K, Lalitkumar S. Second trimester medical abortion with mifepristone–misoprostol and misoprostol alone: a review of methods and management. Reprod Health Matters. 2008;16:162-72.

59. Dickinson JE, Brownell P, McGinnis K, Nathan E. Mifepristone and second trimester pregnancy termination for fetal abnormality in Western Australia: worth the effort. Aust NZ J Obstet Gynaecol. 2010;50:60-4.

60. Dickinson JE, Jennings BG, Doherty DA. Mifepristone and oral, vaginal, or sublingual misoprostol for second-trimester abortion: a randomized controlled trial. Obstet Gynecol. 2014;123(6):1162-8.

61. Lim BH, Lees DA, Bjornsson S, Lunan CB, Cohn MR, Stewart P, Davey A. Normal development after exposure to mifepristone in early pregnancy. Lancet. 1990;336(8709):257-8.

62. Pons JC, Imber MC, Elefant E, Roux C, Herschkorn P, Papiernik E. Development after exposure to mifepristone in early pregnancy. Lancet. 1991;338(8769):763.

63. Donoway T, Mandeville J, Gauer R. When a fetus survives methotrexate exposure. J Fam Pract. 2012;61(3):E1-4.

64. MacDonald K, Norman WV, Popescu O. New anomalies due to methotrexate and misoprostol exposure in early pregnancy. Int J Gynaecol Obstet. 2013;122(3):267-8.

65. Adam MP, Manning MA, Beck AE, Kwan A, Enns GM, Clericuzio C, Hoyme HE. Methotrexate/misoprostol embryopathy: report of four cases resulting from failed medical abortion. Am J Med Genet A. 2003;123(1):72-8.

66. Bawle EV, Conard JV, Weiss L. Adult and two children with fetal methotrexate syndrome. Teratology. 1998;57(2):51-5.

67. Chapa JB, Hibbard JU, Weber EM, Abramowicz JS, Verp MS. Prenatal diagnosis of methotrexate embryopathy. Obstet Gynecol. 2003;101:1104-7.

68. Krähenmann F, ØStensen M, Stallmach T, Huch A, Chaoui R. In utero first trimester exposure to low-dose methotrexate with increased fetal nuchal translucency and associated malformations. Prenat Diagn. 2002;22(6):489-90.

69. Milunsky A, Graef JW, Gaynor MF Jr. Methotrexate-induced congenital malformations. J Pediatr. 1968;72(6):790-5.

70. Seidahmed MZ, Shaheed MM, Abdulbasit OB, Al Dohami H, Babiker M, Abdullah MA, Abomelha AM. A case of methotrexate embryopathy with holoprosencephaly, expanding the phenotype. Birth Defects Res A Clin Mol Teratol. 2006;76(2):138-42.

71. Wheeler M, O'Meara P, Stanford M Fetal methotrexate and misoprostol exposure: the past revisited. Teratology. 2002;66(2):73-6.

72. Rasmussen SA, Erickson JD, Reef SE, Ross DS. Teratology: from science to birth defects prevention. Birth Defects Res A Clin Mol Teratol. 2009;85(1):82-92.

73. Bosron WF, Li TK. Catalytic properties of human liver alcohol dehydrogenase isoenzymes. Enzyme. 1987;37:19-28.

74. Hurley TD, Edenberg HJ, Li TK. Pharmacogenomics of alcoholism. In: Licinio J, Wong MA, editors. Pharmacogenomics: the search for individualized therapies. Weinheim, Germany: Wiley-VCH; 2002. pp. 417-41.

75. Viljoen DL, Carr LG, Foroud TM, Brooke L, Ramsay M, Li TK. Alcohol dehydrogenase-2*2 allele is associated with decreased prevalence of fetal alcohol syndrome in the mixed-ancestry population of the Western Cape Province, South Africa. Alcohol Clin Exp Res. 2001;25:1719-22.

76. Zhou FC, Sari Y, Powrozek T, Powrozek T, Goodlett CR, Li TK. Moderate alcohol exposure compromises neural tube midline development in prenatal brain. Brain Res Dev Brain Res. 2003;144:43-55.

77. Sari Y, Zhou FC. Prenatal alcohol exposure causes long-term serotonin neuron deficit in mice. Alcohol Clin Exp Res. 2004;28(6):941-8.

78. Roesig M, Paula DM, Moura S, Diniz EM, Yonamine M. Determination of eight fatty acid ethyl esters in meconium samples by headspace solid-phase microextraction and gas chromatography-mass spectrometry. J Sep Sci. 2010;33(14):2115-22.

79. Romanholi DJPC, Salgado LR. Estados de Pseudo--Cushing. Arq Bras Endocrinol Metab. 2007;51(8):1303-13.

80. SAMHSA – Substance Abuse and Mental Health Services Administration. Results from the 2011 national survey on drug use and health: summary of national findings. Rockville, MD: Substance Abuse and Mental Health Services Administration. NSDUH Series H-44, HHS Publication No. (SMA) 12-4713, 2012.

81. Troe EJ, Raat H, Jaddoe VW, Hofman A, Steegers EA, Verhulst FC, Witteman JC, Mackenbach JP. Smoking during pregnancy in ethnic populations: the Generation R study. Nicotine Tob Res. 2008;10(8):1373-84.

82. Morris C, V DiNieri JA, Szutorisz H, Hurd YL. Molecular mechanisms of maternal cannabis and cigarette use on human neurodevelopment. Eur J Neurosci. 2011;34(10):1574-83.

83. Oberg M, Jaakkola MS, Woodward A, Peruga A, Prüss-Ustün A. Worldwide burden of disease from exposure to second-hand smoke: a retrospective analysis of data from 192 countries. Lancet. 2011;377(9760):139-46.

84. Boffetta P, Trédaniel J, Greco A. Risk of childhood cancer and adult lung cancer after childhood exposure to passive smoke: A meta-analysis. Environ Health Perspect. 2000;108(1):73-82.

85. Cook DG, Strachan DP. Health effects of passive smoking. 3. Parental smoking and prevalence of respiratory symptoms and asthma in school age children. Thorax. 1997;52(12):1081-94.

86. Mitchell EA, Milerad J. Smoking and the sudden infant death syndrome. Rev Environ Health. 2006;21(2):81-103.

87. Rückinger S, Rzehak P, Chen CM, Sausenthaler S, Koletzko S, Bauer CP, Hoffmann U, Kramer U, Berdel D, von Berg A, Bayer O, Wichmann HE, von Kries R, Heinrich J. Prenatal and postnatal tobacco exposure and behavioral problems in 10-year-old children: results from the GINI-plus prospective birth cohort study. Environ Health Perspect. 2010;118(1):150-4.

88. INCA – Instituto Nacional de Câncer. Mortalidade atribuível ao tabagismo passivo na população urbana do Brasil. 2008.

89. Torres LH, Annoni R, Balestrin NT, Coleto PL, Duro SO, Garcia RC, Pacheco-Neto M, Mauad T, Camarini R, Britto LR, Marcourakis T. Environmental tobacco smoke in the early postnatal period induces impairment in brain myelination. Arch Toxicol. 2014. Epub ahead of print.

90. Mitchell EA, Milerad J. Smoking and the sudden infant death syndrome. Reviews Environ Health. 1999;21(2):81-103.

91. Wheeler SF. Substance abuse during pregnancy. Prim Care. 1993;20:191-207.

92. Atkinson HC, Begg EJ, Darlow BA. Drugs in human milk. Clinical pharmacokinetic considerations. Clin Pharmacokinet. 1988;14(4):217-40.

93. Bailey JR, Cunny HC, Paule MG, Slikker W Jr. Fetal disposition of delta 9-tetrahydrocannabinol (THC) during late pregnancy in the rhesus monkey. Toxicol Appl Pharmacol. 1987;90(2):315-21.

94. Blackard C, Tennes K. Human placental transfer of cannabinoids. N Engl J Med. 1984;311(12):797.

95. Huestis MA. Human cannabinoid pharmacokinetics. Chem Biodivers. 2007;4(8):1770-804.

96. Fried PA. Prenatal exposure to tobacco and marijuana: effects during pregnancy, infancy and early childhood. Clin Obstet Gynecol. 1993;36:319-37.

97. Zuckerman B, Frank DA, Hingson R, Amaro H, Levenson SM, Kayne H, Parker S, Vinci R, Aboagye K, Fried LE, et al. Effects of maternal marijuana and cocaine use on fetal growth. N Engl J Med. 1989;320:762-8.

98. Yamaguchi ET, Cardoso MMSC, Torres MLA, Andrade AG. Drogas de abuso e gravidez. Rev Psiq Clín. 2008;35(1):44-7.

99. Dreher MC, Nugent K, Hudgins R. Prenatal marijuana exposure and neonatal outcomes in Jamaica: an ethnographic study. Pediatrics. 1994;93(2):254-60.

100. Haas C, Karila L, Lowenstein W. Cocaine and crack addiction: a growing public health problem. Bull Acad Natl Med. 2009;193(4):947-62.

101. Addis A, Moretti ME, Ahmed Syed F, Einarson TR, Koren G. Fetal effects of cocaine: an updated meta-analysis. Reprod Toxicol. 2001;15(4):341-69.

102. Cressman AM, Natekar A, Kim E, Koren G, Bozzo P. Cocaine abuse during pregnancy. J Obstet Gynaecol Can. 2014;36(7):628-31.

103. Cunha-Oliveira T, Rego AC, Oliveira CR. Cellular and molecular mechanisms involved in the neurotoxicity of opioid and psychostimulant drugs. Brain Research Reviews. 2008;58:192-208.

104. Cunha-Oliveira T, Rego AC, Garrido J, Borges F, Macedo T, Oliveira CR. Neurotoxicity of heroin-cocaine combinations in rat cortical neurons. Toxicology. 2010;276:11-7.

105. Garcia RCT, Dati LMM, Fukuda S, Torres LHL, Moura S, Carvalho ND et al. Neurotoxicity of anhydroecgonine methyl ester, a crack cocaine pyrolysis product. Toxicol Sci. 2012;128:223-34.

106. Mantovani CC, Lima MB, Oliveira CD, Menck RA, Diniz EM, Yonamine M. Development and practical application of accelerated solvent extraction for the isolation of cocaine/crack biomarkers in meconium samples. J Chromatogr B Analyt Technol Biomed Life Sci. 2014;957:14-23.

107. Aguilera S, Salado C, Díaz Lopes I, Montiano JI, Botella MP. Generalized epileptic seizures in an infant due to passive exposure to cocaine. An Sist Sanit Navar. 2009;32(3):453-6.

108. Menezes APT, Holanda EM, Silveira VAL, Oliveira KCS. Síndrome de Munchausen: relato de caso e revisão da literature. Rev Bras Psiquiatr. 2002;24:83-85.

109. Ferrara P, Vitelli O, Bottaro G, Gatto A, Liberatore P, Binetti P. Factitious disorders and Münchausen syndrome: the tip of the iceberg. Journal of Child Health Care. 2012;17:366-74.

110. Ferrão ACF, Neves MGC. Síndrome de Munchausen por Procuração: quando a mãe adoece o filho. Com Ciências Saúde. 2013;24:179-86.

111. Meadow R. Munchausen syndrome by proxy. The hinterland of child abuse. Lancet. 1977;2:343-5.

112. Meadow R. Non-accidental salt poisoning. Arch Dis Child. 1993;68:448-52.

113. American Psychiatric Association. Diagnostic and Statistical Manual of Mental Disorders. 5th ed. Washington, DC: American Psychiatric Association; 2013.

114. Squires JE, Squires RH. A Review of Munchausen Syndrome by Proxy. Pediatric Annals. 2013;42:e67-e71.

115. Pires JMA, Molle LD. Síndrome de Münchausen por procuração – Relato de dois casos. J Pediatr (Rio J.). 1999;75:281-6.

116. Morais MB, Aline, Marchette C, Speridião PGLS, Lopes, LHC, Robles RM, Benedito, Fagundes Neto, U. Síndrome de Munchausen por terceiro simulada como alergia alimentar múltipla: relato de caso. Rev Paul Pediatria. 2006;24:373-8.

117. Ashraf N, Thevasagayam MS. Munchausen syndrome by proxy presenting as hearing loss. J Laryngol Otol. 2014;128(6):540-2.

118. Bass C, Glaser D. Factitious disorders 1. Early recognition and management of fabricated or induced illness in children. Lancet. 2014;383:1412-21.

119. Boyd AS, Ritchie C, Likhari S. Munchausen syndrome and Munchausen syndrome by proxy in dermatology. J Am Acad Dermatol. 2014;71:376-81.

120. Estatuto da Criança e do Adolescente. 7. ed. Brasília: Câmara dos Deputados; 2010.

CAPÍTULO 34

TOXICOLOGIA DE AGENTES QUÍMICOS DE GUERRA SOB A PERSPECTIVA DA CONVENÇÃO SOBRE A PROIBIÇÃO DE ARMAS QUÍMICAS

Paulo Fernando Pinto Malízia Alves

Evandro de Souza Nogueira

34.1 Resumo

Com os recentes relatos de uso alegado de armas químicas na Síria e no Iraque, renasceram as preocupações com essa categoria de armas de destruição em massa [2], bem como as ações visando coibir o uso não pacífico das substâncias químicas, mantendo, contudo, os incentivos ao desenvolvimento econômico e social, pelo uso responsável da tecnologia química [2].

Embora o uso de armas químicas remonte à Antiguidade [3], foi apenas com o advento da Primeira Grande Guerra e, principalmente, dos conflitos bélicos da década de 1970 que o uso massivo de substâncias tóxicas veio impulsionar discussões internacionais concretas para o banimento dessa classe de armas de destruição em massa (ADM) [4], levando à assinatura da Convenção sobre a Proibição das Armas Químicas (CPAQ), em Paris, em janeiro de 1993 [5].

Este capítulo visa discutir as principais características dos agentes químicos de guerra, seu histórico, os desafios para a coibição da ressurgência, bem como aspectos relativos ao tratamento dos sintomas e aspectos regidos pela CPAQ.

34.2 Introdução

A Convenção sobre a Proibição de Armas Química [6] define como armas químicas aquelas que atendem a um ou mais dos seguintes critérios:

a) Substâncias tóxicas e seus precursores, assim entendidos como qualquer substância química cuja ação sobre seres humanos ou animais, bem como os reagentes que possam dar origem à essas substâncias.
b) Munições e outros dispositivos especialmente projetados para causar morte ou lesão por meio das propriedades tóxicas das substâncias químicas.
c) Qualquer equipamento que possa ser utilizado com os objetivos descritos nas letras A e B.

Uma primeira análise da definição constante da CPAQ, em especial da letra A, poderia levar a uma ideia errônea de que se trata de uma família restrita de substâncias químicas. Na verdade, trata-se de milhões de diferentes substâncias químicas que podem ser enquadradas nessa categoria. Assim, a principal diferenciação para fins práticos reside no uso comercial dessas substâncias, levando ao estabelecimento de três listas diferentes: a chamada lista I, que enquadra aquelas substâncias químicas tóxicas que são usadas exclusivamente para fins bélicos; a lista II, que enquadra substâncias de limitado uso comercial e que podem dar origem às substâncias da lista I; e, finalmente, a lista III, que enquadra precursores de armas químicas com intenso uso comercial, como, por exemplo, a trietanolamina.

De uma forma geral, as armas químicas se dividem em diferentes classes, de acordo com o efeito tóxico sobre o ser humano. Assim usualmente se classificam em: substâncias neurotóxicas, vesicantes, hemotóxicas, sufocantes e incapacitantes. Grande parte dessas substâncias foi desenvolvida no período das duas grandes guerras, e apenas a família do VX foi desenvolvida durante a Guerra Fria.

Nesse sentido, embora o uso de substâncias químicas para fins pacíficos remonte à Antiguidade, com exemplos de uso na China e na Grécia antigas, foi durante a Primeira Guerra Mundial e, principalmente, durante o conflito Irã-Iraque na década de 1980 que as armas químicas encontraram seu uso mais intenso.

Contudo, a rápida evolução da tecnologia química, bem como da crescente sinergia entre a química e a biologia, tem aumentado a preocupação com o uso potencial de substâncias química e bioquímicas tóxicas para fins não pacíficos [7].

A despeito da visão de que o problema das armas químicas se exauriu no século XX, em 2013 a Organização para a Proibição das Armas Químicas (OPAQ) confirmou o uso de agentes químicos de guerra na República da Síria, reacendendo as discussões sobre o tema, bem como as discussões sobre o papel de agentes não estatais em possíveis ações não pacíficas utilizando armas químicas.

Dessa forma, nas próximas seções, serão apresentados um breve histórico das armas químicas, as principais famílias de substâncias que são enquadradas como agentes químicos de guerra, as suas características químicas e toxicológicas, as principais metodologias para detecção, identificação e descontaminação, bem como o papel da OPAQ e da CPAQ na erradicação dessa classe de armas de destruição em massa.

34.3 Histórico das armas químicas

O uso de substâncias químicas para fins militares não é recente. Na verdade, existem registros históricos de uso de substâncias que se enquadram nas definições de arma química da CPAQ e que remontam a 600 a.C., quando atenienses usaram substâncias vegetais para contaminar depósitos de água, bem como enxofre, piche e resina para confecção de artefatos pirotécnicos entre 430 e 360 a.C. Já durante a Idade Média, fumaças arsenicais foram utilizadas como defesa em diversos cercos entre os anos 960-1600 d.C. [8].

Contudo, foi com o advento da Primeira Guerra Mundial que o uso de armas químicas como armas de destruição em massa foi claramente demarcado. Nesse sentido, o evento que deu origem ao termo guerra química foi o ataque alemão às tropas aliadas sediadas em Ypres, Bélgica, realizado em 22 de abril de 1915 e utilizando cloro em larga escala. Esse ataque levou a uma escalada de ataques usando substâncias químicas por ambos os lados [8].

Nesse contexto, entre 1915 e 1918, foram registrados ataques utilizando agentes hemotóxicos, notadamente cianeto de hidrogênio, cloreto de cianeto e agentes vesicantes, incluindo mostardas e arsinas, bem como agentes sufocantes tais como cloro e fosgênio [8].

Os agentes neurotóxicos são tipicamente substâncias tóxicas organofosforadas que foram desenvolvidos a partir da década de 1930, na Alemanha, dos quais os mais conhecidos são o sarin, o tabun e o soman. Na década de 1960, durante a Guerra Fria, foi desenvolvido nos Estados Unidos um poderoso agente neurotóxico conhecido como VX. China e União Soviética também desenvolveram versões próprias desse agente químico.

Contudo, tanto durante a Segunda Guerra Mundial quanto em conflitos da época da chamada Guerra Fria, na segunda metade do século XX, não foi registrado o uso em larga escala de agentes químicos, tendo em vista que poderia levar a retaliação severa do lado adversário, incluindo o uso de artefatos nucleares a partir do final da década de 1940. Foi apenas com a eclosão do conflito Irã-Iraque que tais armas vieram a ser utilizadas para causar baixas massivas novamente [8,9].

Nesse sentido, o conflito entre o Irã e o Iraque, no período de 1983 a 1988, foi marcado pelo uso em larga escala de agentes químicos pelo Iraque, principalmente vesicantes, representado pela mostarda sulfúrica, e neurotóxicos, representados pelo sarin e tabun. Nesse mesmo sentido, houve o ataque criminoso feito pelo Iraque contra a população civil curda, na cidade de Halabdja, em 1988, utilizando mostarda sulfúrica, que causou a morte de cerca de 5 mil pessoas e feriu cerca de outras 10 mil pessoas [8,10].

Uma das mais trágicas consequências dos ataques com agentes químicos realizados durante o conflito Irã-Iraque foram os efeitos de longo prazo sobre as vítimas, principalmente os devidos à ação dos agentes mostardas, que, cerca de trinta anos após os ataques, ainda afligem as vítimas [11]. Estudos realizados com cerca de duas centenas de pessoas que foram vítimas de ataques com agentes mostarda na década de 1980 mostraram uma série de complicações respiratórias e oftalmológicas, incluindo tosse persistente, dispneia, sufocação, estreitamento da parede bronquial, fibrose, edema da córnea, hipervascularização da córnea, opacidade da córnea, fotofobia e cegueira definitiva [12].

Na década de 1990, houve os ataques realizados com sarin pela seita Aum Shinrikyo em Matsumoto e no metrô de Tóquio. Os dois ataques fizeram centenas de vítimas, muitas das quais psicológicas, e levaram à constatação de que agentes não estatais poderiam utilizar conhecimentos sensíveis para realizar ataques contra a população civil.

Finalmente, em 2013 a OPAQ confirmou o uso de armas químicas na República da Síria. Foram coletadas evidências que indicaram o uso reiterado de cloro como arma de guerra. A República da Síria aderiu à CPAQ e foi iniciado o trabalho para destruição de seus arsenais e instalações para produção de armas químicas.

Na atual conjuntura, de ressurgência de ataques terroristas com substâncias químicas, em especial na região do Oriente Médio, a OPAQ está propondo uma profunda discussão de suas bases, bem como a aproximação com outros organismos internacionais, de forma a considerar modificações em suas atribuições para a manter sua capacidade de inibir a proliferação, ressurgência e uso de armas químicas, em especial por agentes não estatais [13].

At a time when chemical weapons are likely being made and used by terrorists, we must seek novel solutions to ensure our non-proliferation regime remains practicable and does not become brittle with age.

Ahmet Üzümcü, 3º Simpósio Internacional de Desenvolvimento da CBRN, 2015 [14]

34.4 Classificação de agentes químicos de guerra

Os agentes químicos de guerra podem ser classificados de diferentes formas, de acordo com as características analisadas, tais como volatilidade, estrutura química e, principalmente, modo de ação, rota de absorção pelo organismo, bem como seus efeitos tóxicos sobre o organismo.

Dessa forma, considerando a volatilidade, os agentes químicos podem ser persistentes (os que possuem baixa volatilidade) ou não persistentes (os com elevada volatilidade). Deve-se ainda levar em consideração que a volatilidade é uma propriedade que se relaciona tanto com a estrutura química quanto com a temperatura, pressão, umidade e características físicas da superfície onde o agente se deposita.

Sob as mesmas condições ambientais, em superfície lisa, são exemplos de agentes não persistentes:

- sarin;
- soman;
- fosgênio;
- cloro;
- cianeto de hidrogênio.

Da mesma forma, são considerados agentes persistentes as mostardas e o VX – este o agente menos volátil.

Normalmente, superfícies porosas, baixas temperaturas, pressões e umidade contribuem para baixa persistência do agente químico.

A Tabela 34.1 ilustra as pressões de vapor de diversos agentes químicos.

Tabela 34.1 Propriedades físicas de agentes químicos selecionados.

NOME DO AGENTE	DENSIDADE RELATIVA/ AR 25 °C	VOLATILIDADE 25 °C (G/M³)	PRESSÃO DE VAPOR 25 °C (MMHG)
Cloro (CL)	2,5	21.900	5.168
Fosgênio (CG)	3,4	4.300	1.180
Difosgênio (DP)	6,8	45	4,2
Sarin (GB)	4,86	22	2,9
Cloreto de cianogênio (CK)	2,10	2,60	1.000
Cianeto de hidrogênio (AC)	1,01	1,08	742
Levisita (L)	7,1	4,48	0,35
Mostarda de enxofre (HD)	5,4	0,6	0,11
VX	7,29	0,075	0,0007

Fonte: extraído de [15] e [16].

Com relação à estrutura química, normalmente os agentes químicos mais perigosos são compostos orgânicos contendo átomos de fósforo, enxofre, cloro e flúor. A Figura 34.1 ilustra a estrutura de alguns agentes químicos.

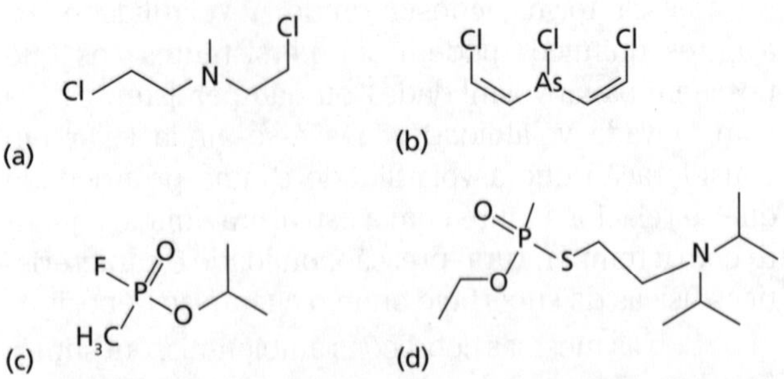

Figura 34.1 Estrutura química de agentes químicos: A) mostarda de nitrogênio; B) levisita; C) sarin; D) VX.

Finalmente, com base em seus efeitos tóxicos sobre o organismo, os agentes químicos são classificados da seguinte forma:

- hemotóxicos;
- sufocantes;
- vesicantes;
- neurotóxicos;
- controle de distúrbios (*riot control*);
- incapacitantes.

34.4.1 Hemotóxicos

São compostos de cianeto que interferem na respiração celular. O efeito letal ocorre por anóxia histotóxica (redução dos níveis de oxigênio nos tecidos) em função da ligação do cianeto ao íon férrico da enzima citocromo c oxidase, uma proteína terminal na cadeia de transporte de elétrons na membrana da mitocôndria. Tal interação inibe a mudança de estado do ferro à forma ferrosa (Fe^{++}) e a transferência de elétrons para o oxigênio molecular, impossibilitando o uso do oxigênio e a síntese de ATP (adenosina trifosfato) na cadeia respiratória. Dessa forma, o oxigênio se acumula no sangue, mas o processo de respiração celular se interrompe.

Os principais sintomas de envenenamento por cianetos são:

- inquietação e aumento da taxa respiratória;
- tontura e dor de cabeça;
- palpitações e dificuldade respiratória;
- vômitos, convulsões, parada respiratória;
- perda da consciência;
- coloração rosada na pele;
- morte.

Os dois representantes mais conhecidos dessa família são o HCN (AC) e o CNCL (CK). O cianeto não apresenta nenhum efeito quando a exposição é curta e sob baixas concentrações, o que pode vir a ser muito perigoso, pois seus efeitos são cumulativos, de forma que, se a vítima permanecer no ambiente com baixas concentrações por tempo considerável, poderá sofrer efeitos severos e vir a falecer. Já o cloreto de cianogênio causa irritação imediata aos olhos, nariz e vias aéreas superiores, mesmo em baixas concentrações e, da mesma forma que com o cianeto, levará a convulsões, parada respiratória e morte em elevadas concentrações ou tempo de exposição. A Tabela 34.2 resume algumas dessas características.

É importante destacar que as forma salinas do cianeto, tais como o cianeto de sódio (NaCN), o cianeto de cálcio ($CaCN_2$) ou o cianeto de potássio (KCN), também podem apresentar grande perigo, uma vez que dão origem ao HCN quando hidrolisados ou na presença de um ácido forte, como o HCL. As reações de hidrólise do NaCN e do KCN são apresentadas a seguir:

$$NaCN + H_2O \rightarrow HCN + NaOH \quad \text{(I)}$$

$$KCN + H_2O \rightarrow HCN + KOH \quad \text{(II)}$$

$$Ca(CN)_2 + 2H_2O \rightarrow 2HCN + Ca(OH)_2 \quad \text{(III)}$$

Tabela 34.2 Toxicologia, efeitos e outras características de agentes hemotóxicos

AGENTE CARACTERÍSTICA	HCN	CNCL
Cor	Incolor	Incolor
Odor	Amêndoas ou pêssego	–
LCT_{50} (mg.min/m³)	2.500-5.000	11.000
LD_{50} (mg/kg)	100	
Efeitos em baixa concentração e tempo de exposição curto	Nenhum	Irritação de olhos, narinas e vias aéreas respiratórias
Efeitos em baixa concentração e tempo de exposição elevado	Náuseas, fraqueza, dor de cabeça, perda de consciência, convulsões, morte	Irritação, náuseas, fraqueza, perda de consciência, convulsões, morte
Efeitos em concentrações elevadas	Náuseas, rápida perda de consciência, convulsões, morte	Irritação, náuseas, rápida perda de consciência, convulsões, morte

(continua)

Tabela 34.2 Toxicologia, efeitos e outras características de agentes hemotóxicos *(continuação)*

AGENTE CARACTERÍSTICA	HCN	CNCL
Antídotos	Hidroxocobalamina (vitamina B12a)	Hidroxocobalamina (vitamina B12a)
Tempo de persistência no solo em ambientes abertos (h)	< 1	–
Tempo (min) para óbito em concentrações elevadas (≥ LCT_{50})	< 10	< 10

Fonte: extraído de [15] e [16].

34.4.2 Sufocantes

São substâncias químicas que irritam e danificam a membrana pulmonar, causando edema pulmonar e impedindo a troca gasosa nos alvéolos, bem como secreção constante de fluidos (plasma sanguíneo) no interior do pulmão, afogando a vítima em seus próprios fluidos. Normalmente, há um período de latência de duas a 24 horas desde a contaminação até o aparecimento de edema pulmonar, dependendo da dose recebida.

Os principais sintomas da contaminação por agente sufocantes são:

- irritação dos olhos, nariz e vias aéreas superiores;
- tosse;
- sensação de falta de ar;
- aumento do ritmo respiratório;
- hipovolemia;
- eliminação volumosa de muco de cor clara;
- hipotensão;
- vômitos;
- cianose;
- edema pulmonar;
- morte por insuficiência respiratória.

Os três principais representantes dessa classe de agentes químicos são o fosgênio ou cloreto de carbonila (CG), difosgênio (DP) e cloro (CL). As duas primeiras substâncias encontram vasto uso industrial e, anualmente, um imenso volume desses gases é transportado através das estradas em tanques multipropósito por caminhões. O consumo de cloro no Brasil é de cerca de 1,2 milhão de toneladas por ano. O fosgênio é utilizado na produção de poliuretanos e praguicidas.

Tabela 34.3 Toxicologia, efeitos e outras características de agentes sufocantes

AGENTE CARACTERÍSTICA	CG	CL
Cor	Incolor	Esverdeado
Odor	Feno	Pungente
LCT_{50} (mg.min/m³)	3.200	–
LD_{50} (mg/kg)	–	–
Efeitos em baixa concentração e tempo de exposição curto	Irritação de olhos, pele e vias aéreas superiores, falta de ar, tosse, vômitos, aumento do ritmo respiratório	Irritação de olhos, pele e vias aéreas superiores, dor no peito, edema pulmonar
Efeitos em concentrações elevadas	Irritação de olhos, pele e vias aéreas superiores, falta de ar, tosse, vômitos, aumento do ritmo respiratório, morte	Irritação de olhos, pele e vias aéreas superiores, dor no peito, edema pulmonar, morte
Antídotos	–	–

Fonte: extraído de [15] e [16].

Finalmente, deve-se citar que o cloro, por sua abundância como reagente industrial, tem sido apontado como o agente utilizado em recentes ataques alegados na Síria e no Iraque. Entretanto as investigações realizadas pela OPAQ indicam baixa probabilidade do uso dessa substância como arma química [17].

34.4.3 Vesicantes

Os chamados agentes vesicantes são basicamente agentes organoclorados ligados a um átomo de enxofre ou nitrogênio, no caso das mostardas, ou arsênio, no caso da levisita. Os efeitos tóxicos dos agentes vesicantes provêm da sua capacidade de se ligar covalentemente a outras moléculas. Dessa forma, a perda de um íon cloreto (Cl^-), por exemplo, leva à formação do íon sulfônio. Esse íon pode se ligar aos átomos de nitrogênio das bases nucleotídicas do DNA, bem como de enxofre nos grupos SH^- de proteínas e peptídeos. Dessa forma, a atuação dos agentes vesicantes pode levar aos seguintes efeitos:

- aumento do processo de reparação celular;
- quebra da cadeia de DNA;
- ligação cruzada da cadeia de DNA;
- inibição enzimática;
- destruição das proteínas de membrana;
- hipervascularização;
- dispneia;
- sufocação;
- estreitamento da parede bronquial;
- fibrose;
- edema da córnea;
- opacidade da córnea;
- fotofobia;
- cegueira definitiva.

Da mesma forma que alguns agentes sufocantes, a mostarda também possui um período de latência e, assim, a vítima permanece exposta ao agente assintomática por horas. Dessa forma, após um período que pode variar de duas a 24 horas depois da exposição é que surgirão os primeiros sintomas, normalmente representados por conjuntivite, vermelhidão da pele (eritema), sensação de queimadura e surgimento de bolhas, tosse, rinorreia, danos à medula óssea, infecção e morte. As mostardas causam morte celular de forma similar aos efeitos da radiação e possuem grande capacidade de penetração através das roupas, tecidos sintéticos, roupas de proteção química comuns, bem como pela própria pele. Não existe antídoto para as mostardas e o tratamento é basicamente sintomático e paliativo.

A levisita, por outro lado, causa forte dor imediatamente ao tocar a pele, o que é uma forma de diferenciá-la das mostardas. Na forma de vapor, causa efeitos similares aos agentes de controle de distúrbio, como irritação da pele, olhos e mucosas. Contudo, ao contrário dos agentes de controle de distúrbio, os efeitos da levisita se intensificam com o passar do tempo. Outra característica é a formação de manchas de cor cinzenta na pele em função de necrose da pele minutos após o contato. Ao contrário da mostarda, existe tratamento específico para a levisita. Para absorção pela pele, aplica-se a pomada BAL (*British Anti-Lewisite* – 2,3-ditiopropanol). No caso de ingestão, DMSA (ácido 2,3-dimercaptossuccínico) e DMPS (ácido dimercapto-1-propanossulfônico), solúveis em água [18].

As Tabelas 34.4 e 34.5 apresentam o símbolo, nome, fórmula química, bem como outras propriedades dos agentes vesicantes mais importantes.

Tabela 34.4 Nomenclatura e estrutura química de agentes vesicantes

SÍMBOLO	NOME	FÓRMULA	ODOR
HD (mostarda de enxofre)	Sulfeto de bis (2-cloroetila)	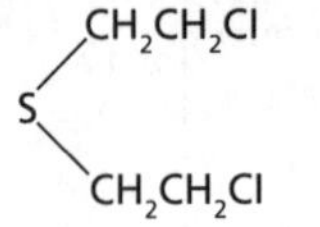	Alho ou mostarda
L (levisita)	Dicloro (2-clorovinil) arsina	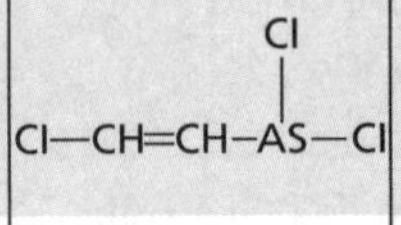	Gerânios
HN3 (mostarda de nitrogênio)	tris(2--cloroetil)amina	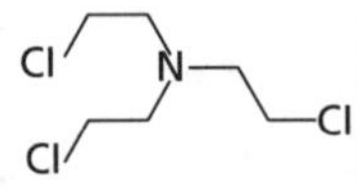	Alho ou mostarda

Tabela 34.5 Persistência, limites tóxicos e aparências da mostarda de enxofre e da levisita

SÍMBOLO	APARÊNCIA	PERSISTÊNCIA	LCT_{50}(VAPOR) ($MG.MIN/M^3$)	LD_{50} (LÍQUIDO) (G)
HD	Líquido amarelo-claro ou marrom-escuro	Duas semanas a três anos	1.500 (inalação) 10.000 (pele)	7,0 (pele)
L	Líquido âmbar a marrom-escuro	Dias	1.200-1.500 (inalação)	2,8-3,5 (pele)

34.4.4 Neurotóxicos

São compostos organofosforados, com elevada toxicidade e que receberam o nome de neurotóxicos ou tóxico dos nervos em função de sua ação em inibir a aceticolinesterase, uma enzima do sistema nervoso colinérgico responsável pela quebra da acetilcolina, molécula que transmite o sinal para a contração muscular. Os primeiros agentes neurotóxicos, os da chamada série G, foram desenvolvidos na Alemanha, na década de 1930. Assim, foram desenvolvidos o tabun (GA), o sarin (GB) e o soman (GD). Posteriormente, na década de 1960, foram desenvolvidos agentes persistentes e com maior toxicidade, chamados de agentes VX. As Tabela 34.6 e 34.7 apresentam o símbolo, nome, fórmula química, bem como outras propriedades dos principais agentes neurotóxicos.

Esses agentes levam à síndrome tóxica colinérgica, que representa uma hiperatividade da acetilcolina pela inibição da enzima acetilcolinesterase. A acetilcolina (ACh) é um neurotransmissor sintetizado pelos chamados neurônios colinérgicos. Uma vez liberada, a ACh deve ser removida rapidamente para permitir que ocorra a repolarização. A enzima acetilcolinesterase promove degradação contínua da Ach. Contudo os agentes neurotóxicos bloqueiam o sítio ativo da acetilcolinesterase, impedindo que ela remova a acetilcolina e causando hiperatividade muscular. A Figura 34.2 ilustra esse mecanismo de ação.

Tabela 34.6 Nomenclatura e fórmula química de agentes neurotóxicos

SÍMBOLO	NOME	FÓRMULA
GA (tabun)	N,N-dimetilfosforamidocianidrato de O-etila	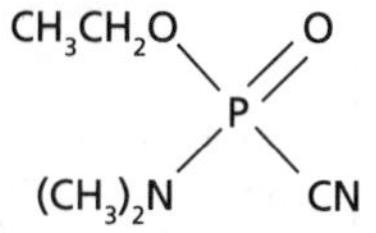
GB (sarin)	Metilfosfonofluoridrato de O-isopropila	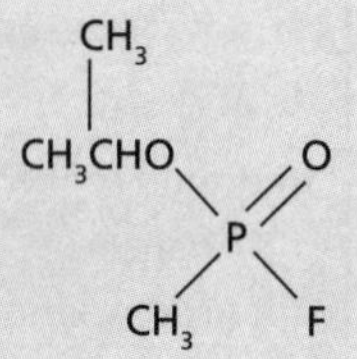
GD (soman)	Metilfosfonofluoridrato de O-pinacolila	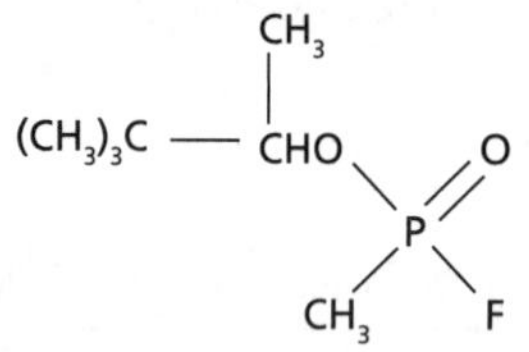
VX	S-2 diisopropilaminoetilmetilfosfonotiolato de O-etila	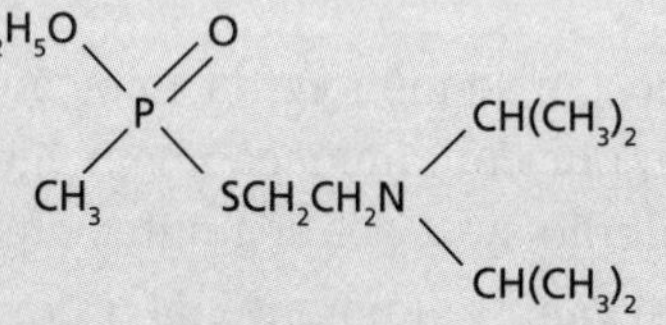

Tabela 34.7 Propriedades de agentes neurotóxicos

SÍMBOLO	APARÊNCIA	ODOR	PERSISTÊNCIA NO SOLO	LCT_{50} (MG.MIN/M³)	LD_{50} (G)
GA (tabun)	Líquido incolor ou marrom	Frutas	Meia-vida de 1-1,5 dia	400	1,0
GB (sarin)	Líquido incolor	Sem odor	Duas a 24 horas para faixa de temperatura de 5 °C a 25 °C	100	1,7
GD (soman)	Líquido incolor	Frutas; óleo de cânfora	Relativamente persistente	50	0,35
VX	Líquido incolor	Sem odor	2-6 dias	10	0,01

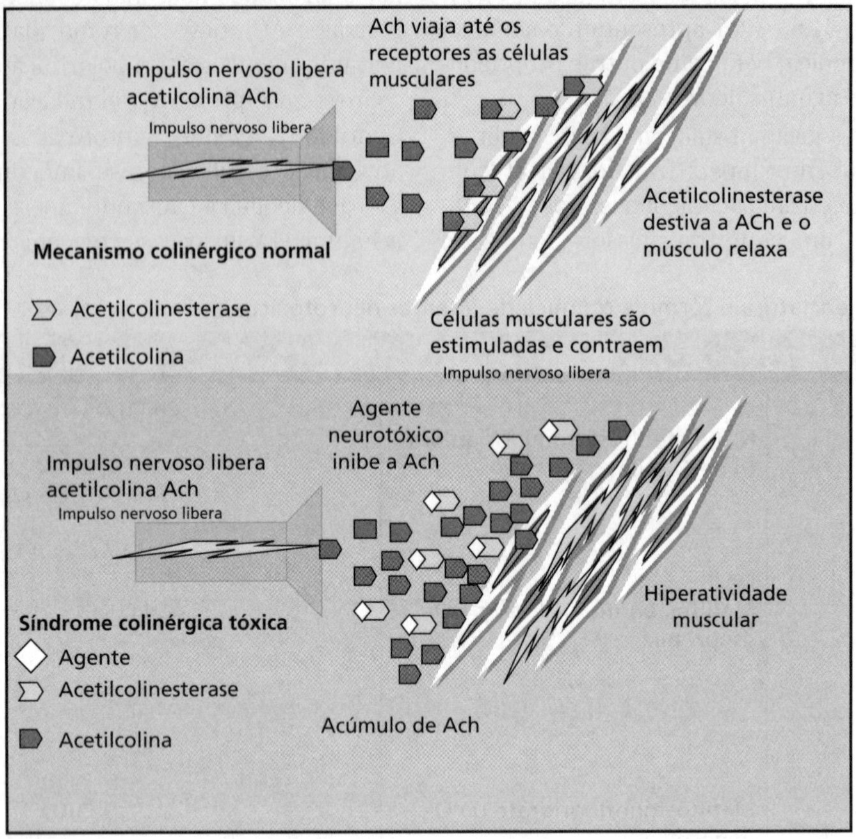

Figura 34.2 Mecanismo de ação de agentes neurotóxicos.

Como consequência da inibição da acetilcolinesterase, por contaminação com agentes neurotóxicos, poderão surgir os seguintes efeitos:

Doses baixas:
- aumento da produção de saliva;
- pressão no peito;
- nariz escorrendo;
- contração das pupilas (miose);
- dor ao tentar focalizar objetos próximos;
- dor de cabeça.

Doses médias:
- todos os sintomas anteriores mais pronunciados;
- constrição dos brônquios e secreção de muco no sistema respiratório torna a respiração difícil e provoca tosse;
- câibra e vômitos;
- produção de saliva é muito acentuada;
- olhos lacrimejantes;
- suor;
- cansaço muscular, tremores localizados e convulsões.

Doses altas:
- sintomas musculares mais pronunciados;
- convulsões e perda da consciência;
- paralisia muscular;
- parada respiratória;

Normalmente, os efeitos são mais pronunciados e se manifestam mais rapidamente quando a absorção ocorre pelas vias respiratórias. Na absorção pela pele, os efeitos podem vir a se manifestar de forma mais lenta, num intervalo de vinte a trinta minutos desde a contaminação. O tratamento é feito por meio de antídotos para os agentes neurotóxicos com ações diferenciadas, que normalmente são utilizados de forma combinada.

Assim, o primeiro tratamento consiste na administração de atropina. Esta compete com a ACh pelos receptores musculares, reduzindo os efeitos do acúmulo daquela enzima. A atropina é eficaz contra todos os agentes químicos, uma vez que atua sobre o receptor muscular e, portanto, deve ser administrada imediatamente e pelo período necessário até que se perceba que os sintomas estão regredindo. A dose inicial usual é de 2 mg por via intramuscular.

Contudo, nem todas as células musculares possuem receptores compatíveis com a atropina. As células musculares esqueléticas, com músculos estriados, por exemplo, não os possuem. Dessa forma, há necessidade de aplicar outro antídoto, as oximas (cloreto de pralidoxima – 2 PAM CL, metilsulfato de pralidoxima etc.), que reativam a acetilcolinesterase. Contudo, para o caso do soman, a administração de oximas deve ser realizada dentro dos dois primeiros minutos da contaminação; após esse tempo, a ligação do soman com a acetilcolinesterase se torna irreversível.

Finalmente, para as convulsões musculares utiliza-se diazepam. A Figura 34.3 ilustra o mecanismo de ação combinada da atropina e das oximas.

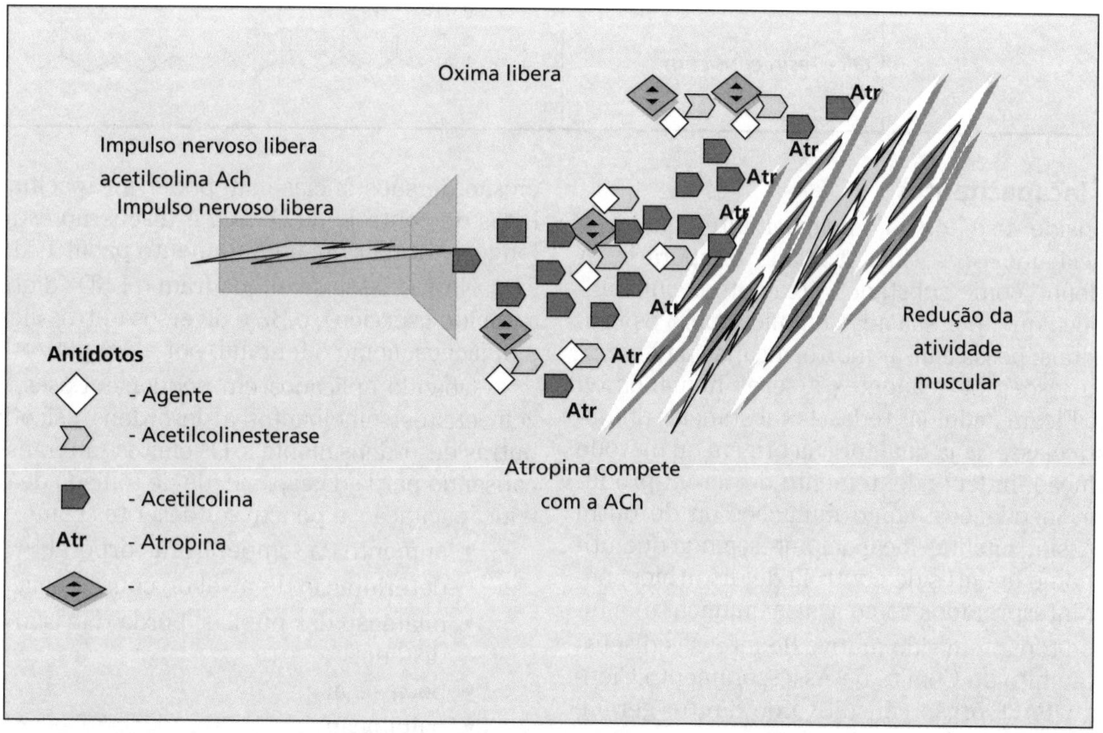

Figura 34.3 Mecanismo de ação combinada da atropina e das oximas como antídotos para agentes neurotóxicos.

34.4.5 Controle de distúrbios

São agentes que possuem ação química irritante sobre os receptores sensoriais da pele e de mucosas. Apesar de causar intensa irritação sensorial na pele e nos olhos (lacrimação) principalmente, esta não é acompanhada de efeitos tóxicos. São basicamente os agentes lacrimogênios e os baseados em capsaicinas. São muito utilizados para a contenção de distúrbios civis pelas agências de manutenção da ordem.

Os principais efeitos desses agentes são:

- irritação intensa dos olhos (lacrimação e cegueira temporária);
- irritação das mucosas do nariz, traqueia e pulmões (tosse e espirros);
- irritação da garganta e estômago (vômitos);
- irritação da pele (eritema);
- salivação.

Como não possuem efeito tóxico, normalmente o tratamento se limita à aeração e remoção do ambiente contaminado. Casos severos de irritação dos olhos e das vias aéreas superiores podem ser abrandados pela administração de solução de ácido acético ou vinagre.

Tabela 34.8 Agentes de controle de distúrbios

SÍMBOLO	NOME	FÓRMULA
CN	1-cloroacetofenona	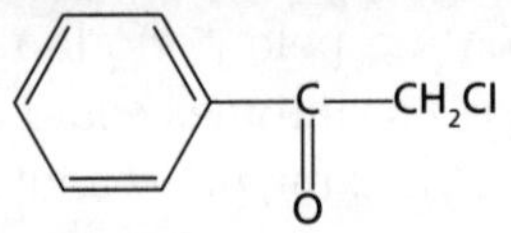
CS	O-clorobenzilmalonitrila	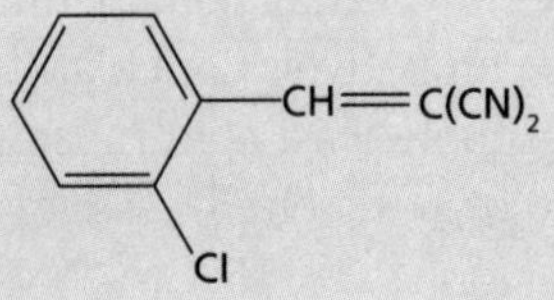
OC	*Oleoresin capsicum*	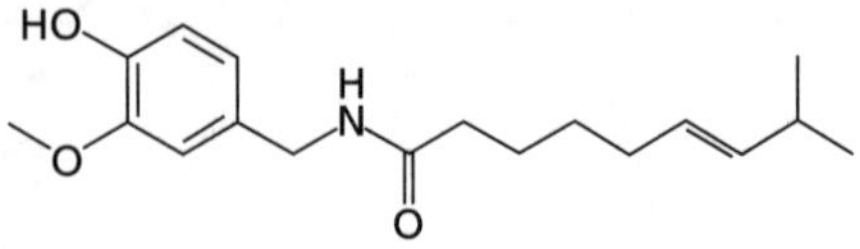

34.4.6 Incapacitantes

Considera-se como incapacitante qualquer substância que cause incapacidade temporária. A CPAQ define como substância tóxica toda substância química que, por sua ação química sobre os processos vitais, possa causar morte, incapacidade temporal ou lesões permanentes a seres humanos ou animais. Ficam incluídas todas as substâncias químicas dessa classe, seja qual for sua origem ou método de produção, independentemente de serem produzidas em instalações, como munições ou de outra forma. Assim, agentes incapacitantes, ainda que utilizados como agentes de controle de distúrbios, podem ser interpretados como armas químicas.

Esse tema tem sido motivo de intensas discussões no âmbito do Comitê de Assessoramento Científico da OPAQ, órgão consultivo do diretor-geral e que tem feito reiteradas recomendações para a inclusão de substâncias com poder incapacitante nas listas de controle da OPAQ. A discussão está muito longe de atingir um entendimento pacífico [19].

Nessa classe se enquadram o LSD (dietilamida do ácido lisérgico), o BZ e diversos outros alcaloides e opiáceos, como o fentanil, por exemplo.

Quando aplicados em pequenas doses, produzem efeitos semelhantes a desordens psicóticas ou outras desordens mentais. Os efeitos são transitórios, causando perda da capacidade de tomada de decisão e incapacitação, e podem ser descritos como:

- aumento da temperatura corporal;
- deterioração do nível de consciência;
- dilatação das pupilas, perda da visão a curta distância;
- boca seca;
- palpitação.

Tabela 34.9 Agentes incapacitantes

SÍMBOLO	NOME	FÓRMULA
BZ	Benzilato de 3-quinuclidinila	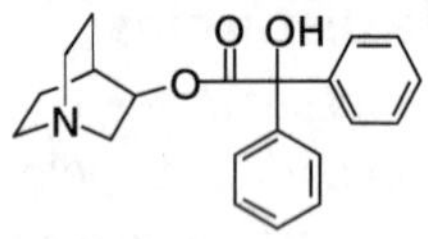
LSD	Dietilamida do ácido lisérgico	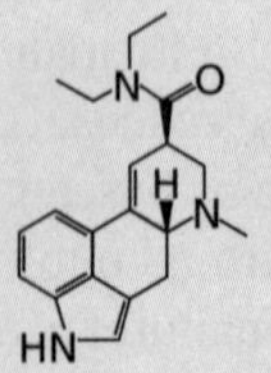
Fentanil	*N*-fenil-*N*-[1-(2-feniletil)piperidina-4-il]propanamida	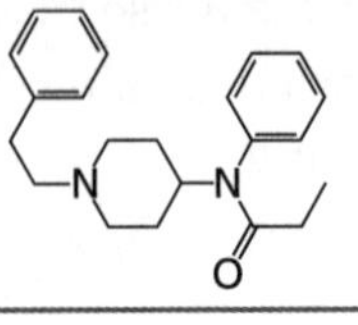

34.5 Conclusões

Como foi visto neste capítulo, os agentes químicos de guerra constituem um grande risco tendo em vista sua elevada toxicidade bem como a disponibilidade de substâncias tóxicas de grande uso comercial que podem ser alvo de atores não estatais.

Em particular, os agentes sufocantes, vesicantes e neurotóxicos já foram utilizados em ações contra populações civis, o que motiva a preocupação com a divulgação dos conhecimentos básicos sobre agentes químicos de forma a preparar os profissionais que possam vir a se envolver na resposta a emergências com agentes químicos.

Embora o século XX tenha sido marcado pelo uso massivo de agentes químicos de guerra e tenham sido completados cem anos do primeiro uso de armas químicas em Ypres, Bélgica, em 1915, fatos recentes têm reacendido as preocupações com a ressurgência dessa classe de armas de destruição em massa.

Dessa forma, o estudo dessas substâncias tóxicas assume especial relevância dentro do contexto da prevenção de usos não pacíficos da tecnologia química e tem sido motivo de grande preocupação por parte da OPAQ.

Agradecimentos

Ao Exército Brasileiro, pela formação e oportunidades de aperfeiçoamento na área de defesa química.

A nossas famílias, pelo suporte ao desenvolvimento deste trabalho.

A Deus, que é fonte de inspiração e humildade.

Questões para estudo

1. Como podem ser classificados os agentes químicos utilizados como armas de guerra?
2. Como agem os agentes para controles de distúrbios?
3. O gás mostarda, que recebe esse nome pelo seu odor característico, foi muito utilizado em guerras e é classificado como um agente vesicante. Qual é a característica desse gás que o difere da levisita, um outro gás utilizado em guerras e classificado dentre os vesicantes?

Respostas

1. Resposta: Hemotóxicos, sufocantes, vesicantes, neurotóxicos, incapacitantes e para controle de distúrbios.
2. Resposta: Esses agentes causam irritação de pele e mucosas provocando lacrimação, vômito, tosse, salivação e eritema cutâneo.
3. Resposta: Enquanto a levisita leva a uma reação imediata, causando forte dor ao tocar a pele, o gás mostarda pode ter um tempo de latência que varia entre 2 e 24 horas até os efeitos começarem a se manifestar.

Lista de abreviaturas

ADM	Armas de destruição em massa	KCN	Cianeto de potássio
CPAQ	Convenção sobre Proibição das Armas Químicas	CaCN	Cianeto de cálcio
OPAQ	Organização para a Proibição das Armas Químicas	DL_{50}	Dose letal para 50% da população exposta
ATP	Adenosina trifosfato	LCT_{50}	Concentração de vapor que provoca letalidade de 50% da população exposta
HCN	Cianeto de hidrogênio	DMSA	Ácido 2,3-dimercaptossuccínico
CNCl	Cloreto de cianogênio	DMPS	Ácido 1-dimercapto-1-propanosulfônico
NaCN	Cianeto de sódio		

Lista de palavras

Armas químicas
CPAQ
OPAQ
Toxicologia

REFERÊNCIAS

1. OPAQ. Nota do Diretor-Geral à imprensa, 19 de março de 2013 [cited 2016 Aug 2]. Available from: https://www.opcw.org/news/article/statement-by-the-opcw-director-general-on-allegations-of-chemical-weapons-use-in-syria/

2. OPAQ. SAB-21/WP.3 – Report of the third meeting of the Scientific Advisory Board's temporary working group on education and outreach in science and technology relevant to the Chemical Weapons Convention, 7 Jan 2014.

3. Delfino RT, Ribeiro TS, Figueroa-Villar JD. Organophosphorus Compounds as Chemical Warfare Agents: a Review. J Braz Chem Soc. 2009;20(3)407-28.

4. OPAQ. Chemical Weapons Convention Genesis and Historical Development [cited 2016 Aug 2]. Available from: https://www.opcw.org/chemical-weapons-convention/genesis-and-historical-development/

5. Szinicz L. History of chemical and biological warfare agents. Toxicology. 2005;214:167-81.

6. OPAQ. Convenção sobre a Proibição de Armas Químicas, 1993.

7. OPAQ. SAB-21/WP.2 – Report of the fourth meeting of the Scientific Advisory Board temporary working group on the convergence of Chemistry and Biology, 25 Nov 2013.

8. Prockop LD. Weapons of mass destruction: Overview of the CBRNEs (Chemical, Biological, Radiological, Nuclear, and Explosives). Journal of the Neurological Sciences. 2006;249:50-4.

9. Chauhan S, Chauhan S, D'Cruz R, Faruqi S, Singh KK, Varm S, Singh M, Karthik V. Chemical warfare agents. Environmental Toxicology and Pharmacology. 2008;26:113-22.

10. Mansour Razavi S, Salamati P, Saghafinia M, Abdollahi M. A review on delayed toxic effects of sulfur mustard in Iranian veterans. Journal of Pharmaceutical Sciences. 2012;20(1):51.

11. Graham JS, Schoneboom BA. Historical perspective on effects and treatment of sulfur mustard injuries. Chemico-Biological Interactions. 2013;206:512-22.

12. Bijani K, Moghadamnia AA. Long-term effects of chemical weapons on respiratory tract in Iraq–Iran war victims living in Babol. Ecotoxicology and Environmental Safety. 2002;53:422-4.

13. OPAQ. Note by the Technical Secretariat s/1316/2015, informal summary of the permanent representatives' retreat on the future of the OPCW, 14 Oct 2015.

14. OPAQ. Note to the pressfrom 22 de outubro de 2015, Director General, Third International Symposium on Development of Chemical, Biological, Radiological and Nuclear (CBRN) Defence Capabilities in Berlin, Germany [cited 2016 Aug 2]. Available from: https://www.opcw.org/news/article/opcw-director-general-visits-germany/

15. Jane's Chem-Bio Handbook. Surrey: Janes Information Group; 2002.

16. Ganesan K, Raza SK, Vijayaraghavan R. Chemical warfare agents. J Pharm Bioallied Sci. 2010 Jul-Sep;2(3):166-78.

17. OPAQ. Note by the Technical Secretariat S/1320/2015, report of the OPCW fact-finding mission in Syria regarding alleged incidents in Marea, Syrian Arab Republic, 29 Oct 2015.

18. Ellison DH. Handbook of chemical and biological warfare agents. Florida: CRC Press; 2000.

19. International Committee of the Red Cross. Report of an Expert Meeting. "Incapacitating chemical agents": Law enforcement, human rights law and policy perspectives, Montreux, Switzerland, 24-26 April 2012. Geneva; 2013.

CAPÍTULO 35

ADULTERAÇÃO DE PRODUTOS

Sarah Carobini Werner de Souza Eller Franco de Oliveira

Rafael Menck de Almeida

Mauricio Yonamine

35.1 Resumo

O número de itens do nosso cotidiano sujeitos a adulterações é crescente e engloba desde fraudes nos setores de alimentos, bebidas e remédios até em combustíveis. Diversos tipos de produtos têm sido alvo de falsificações, tornando-se um grave problema de saúde e segurança pública. Nesse aspecto, a toxicologia forense torna-se uma ferramenta imprescindível contra essas fraudes e, por meio dela, é possível aplicar técnicas específicas para identificar o conteúdo e as características envolvidas nas falsificações. Neste capítulo, serão abordados os principais aspectos relacionados às adulterações. Serão apresentados, ainda, casos reais de adulterações de produtos alimentícios, medicamentos, bebidas alcoólicas, cosméticos e outros produtos que representaram ameaças à saúde dos consumidores.

35.2 Introdução

A adulteração de produtos é definida como a substituição deliberada, adição, falsificação de produtos, ingredientes ou embalagens; ou declarações falsas ou enganosas feitas sobre um produto. A adulteração de produtos comerciais é uma prática antiga que ocorre em muitos países e tem como principal motivação aumentar os lucros. Entre as práticas realizadas, pode-se citar a adição de sais de chumbo em cervejas, para tornar o gosto mais doce, e o uso da estricnina, ao invés de lúpulos, para dar amargura às cervejas. As fraudes podem ocorrer em todos os gêneros, sejam alimentícios ou terapêuticos, e o objetivo das fraudes geralmente é aumentar o lucro ou diminuir o custo final do produto. Alguns tipos de adulteração estão descritos na Figura 35.1.

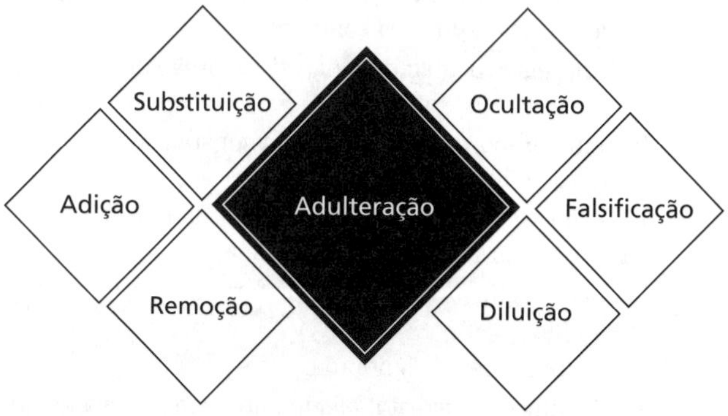

Figura 35.1 Principais tipos de adulteração em produtos.

Os produtos (ou seus ingredientes) deveriam ser submetidos a rigorosos controles de qualidade, principalmente aqueles destinados a fins terapêuticos ou medicinais, e a grande preocupação recai sobre as diferentes consequências que acompanham as referidas fraudes, as quais podem ser vislumbradas em curto ou em longo prazo e são capazes de acarretar desde mal-estar até a morte do consumidor.

No Brasil, a legislação é bastante rígida e muitos desses comportamentos ajustam-se, especificamente, em dois artigos do Código Penal Brasileiro (Decreto-Lei nº 2.848/40):

> **Art. 272** – Corromper, adulterar, falsificar ou alterar substância ou produto alimentício destinado a consumo, tornando-o nociva à saúde ou reduzindo-lhe o valor nutritivo: (Redação dada pela Lei nº 9.677, de 2.7.1998). Pena – reclusão, de 4 (quatro) a 8 (oito) anos, e multa.
>
> § 1º-A – Incorre nas penas deste artigo quem fabrica, vende, expõe à venda, importa, tem em depósito para vender ou, de qualquer forma, distribui ou entrega a consumo a substância alimentícia ou o produto falsificado, corrompido ou adulterado.
>
> § 1º – Está sujeito às mesmas penas quem pratica as ações previstas neste artigo em relação a bebidas, com ou sem teor alcoólico.
>
> § 2º – Se o crime é culposo: **Pena** – detenção de 1 (um) a 2 (dois) anos, e multa.
>
> **Art. 273** – Falsificar, corromper, adulterar ou alterar produto destinado a fins terapêuticos ou medicinais: **Pena** – reclusão, de 10 (dez) a 15 (quinze) anos, e multa.
>
> § 1º – Nas mesmas penas incorre quem importa, vende, expõe à venda, tem em depósito para vender ou, de qualquer forma, distribui ou entrega a consumo o produto falsificado, corrompido, adulterado ou alterado.
>
> § 1º-A – Incluem-se entre os produtos a que se refere este artigo os medicamentos, as matérias-primas, os insumos farmacêuticos, os cosméticos, os saneantes e os de uso em diagnóstico.
>
> § 1º-B – Está sujeito às penas deste artigo quem pratica as ações previstas no § 1º em relação a produtos em qualquer das seguintes condições:
>
> I – sem registro, quando exigível, no órgão de vigilância sanitária competente;
>
> II – em desacordo com a fórmula constante do registro previsto no inciso anterior;
>
> III – sem as características de identidade e qualidade admitidas para a sua comercialização;
>
> IV – com redução de seu valor terapêutico ou de sua atividade;
>
> V – de procedência ignorada;
>
> VI – adquiridos de estabelecimento sem licença da autoridade sanitária competente.
>
> § 2º – Se o crime é culposo: **Pena** – detenção, de 1 (um) a 3 (três) anos, e multa.

Os produtos/alimentos são classificados como funcionais quando, embora sejam verdadeiros alimentos em sua essência, prestam-se também a finalidades terapêuticas, ou seja, à prevenção ou à cura de enfermidades. Esses produtos, assim como os alimentos convencionais, sujeitam-se às mesmas práticas fraudulentas indicadas no artigo 272.

Vela ressaltar que o crime tratado no artigo 273 do Código Penal Brasileiro é classificado na categoria dos crimes contra a saúde pública, ou seja, é um crime hediondo, pois o bem juridicamente tutelado por esse tipo penal é a incolumidade pública, especificadamente a saúde pública. A partir da promulgação da Lei de Crimes Hediondos, em 1990 (Lei nº 8.072), o Estado passou a conduzir de maneira mais agressiva e também punitiva os crimes considerados pela sociedade como de maior gravidade. Basicamente, toda vez que uma conduta delituosa for excepcionalmente grave, seja na execução, quando o agente revela total desprezo pela vítima, insensível ao sofrimento físico ou moral a que a submete, seja quanto à natureza do bem jurídico ofendido, ela será classificada como hedionda.

A Constituição Federal brasileira diz, em seu artigo 5º, LVIII: "a lei considerará crimes inafiançáveis e insuscetíveis de graça ou anistia a prática de tortura, o tráfico ilícito de entorpecentes e drogas afins, o terrorismo e os definidos como hediondos, por eles respondendo os mandantes, os executores e os que, podendo evitá-los, se omitirem".

35.3 ADULTERAÇÃO EM MEDICAMENTOS

A produção e o comércio de medicamentos falsificados são um problema criminal e possuem dimensões internacionais. A disseminação desses medicamentos é geralmente mais pronunciada em países nos quais a fabricação, a importação, a distribuição, o fornecimento e a venda são menos regulamentados e o cumprimento das leis não se dá na sua totalidade. As informações acerca da escala do problema são inadequadas e não há estudos globais sendo conduzidos, o que agrava ainda mais a situação [1].

As falsificações de medicamentos representam alto risco para a saúde pública, pois, sendo esses medicamentos adulterados de maneira culposa ou dolosa, os testes de qualidade e eficácia exigidos pela Agência Nacional de Vigilância Sanitária (Anvisa) deixam de ser efetivos; isso porque, a partir do momento que ocorre a adulteração, na prática, cria-se um novo produto, que pode em parte parecer com o original, porém não tem a mesma eficácia. A adulteração e/ou a falsificação de medicamentos pode desencadear efeitos incalculáveis, pois não há conhecimento sobre a dose ou o princípio ativo ingerido, se o produto irá ou não produzir os efeitos terapêuticos desejados ou, ainda, se provocará o aparecimento de reações clínicas inesperadas. Como consequência, agravam-se as condições de saúde dos pacientes e prolonga-se o tempo de tratamento, onerando a população e/ou o sistema público de saúde [2,3].

Com a necessidade de garantir maior controle sanitário na produção, na distribuição, no transporte e no armazenamento dos medicamentos, e considerando que todos esses seguimentos são responsáveis solidários pela identidade, eficácia, qualidade e segurança dos produtos farmacêuticos, foram criados mecanismos de controle e fiscalização em toda a cadeia dos produtos farmacêuticos. Em 1998, a Anvisa baixou a Portaria 802, que instituiu que as empresas produtoras estão obrigadas a informar, em cada unidade produzida para venda final ao consumidor, o número de registro no Ministério da Saúde, conforme publicado no Diário Oficial da União, e o número do lote a que a unidade pertence. Além dessas informações, devem constar, em todas as unidades de produtos farmacêuticos, o código de barra para identificação do produto, podendo o código ser gravado diretamente nas embalagens ou ser impresso em etiquetas que impossibilitem a reutilização [4].

As embalagens secundárias de todos os medicamentos destinados e comercializados no varejo devem, como mais um fator de segurança para coibir o comércio de produtos falsificados, conter identificação de fácil distinção, que possibilite ao consumidor identificar a origem do produto. Essa identificação deverá ser feita através de tinta reativa, na qual deverá constar a palavra qualidade e a logomarca da empresa. E ainda, na mesma portaria, define-se que o distribuidor de produtos farmacêuticos deve obter prévia autorização de funcionamento com a Anvisa para a comercialização desses produtos. As empresas produtoras devem manter arquivo informatizado, com o registro de todas as suas transações comerciais [4].

Outra medida para coibir a falsificação de medicamentos foi instituída através da Resolução de Diretoria Colegiada (RDC) nº 320/2002, da Anvisa, que obriga as distribuidoras a efetuarem transações comerciais e operações de circulação a qualquer título, de produtos farmacêuticos, por meio de notas fiscais que contenham obrigatoriamente os números dos lotes dos produtos. Em 2007, a RDC nº 27 criou o Sistema Nacional de Gerenciamento de Produtos Controlados (SNGPC) e estabeleceu a implantação do módulo para drogarias e farmácias. As farmácias e drogarias credenciadas no SNGPC devem realizar o controle da movimentação e do estoque de substâncias ou medicamentos sujeitos a controle especial, por meio de sistema informatizado compatível com as especificações e os padrões de transmissão estabelecidos pela Anvisa [5].

A Lei nº 6.360/76 define as infrações sanitárias. Segundo ela, considera-se alterado, adulterado ou impróprio para o uso o medicamento, a droga e o insumo farmacêutico [6]:

> I – que houver sido misturado ou acondicionado com substância que modifique seu valor terapêutico ou a finalidade a que se destine;
>
> II – quando houver sido retirado ou falsificado, no todo ou em parte, elemento integrante de sua composição normal, ou substituído por outro de qualidade inferior, ou modificada a dosagem, ou lhe tiver sido acrescentada substância estranha à sua composição, de modo que esta se torne diferente da fórmula constante do registro;
>
> III – cujo volume não corresponder à quantidade aprovada;
>
> IV – quando suas condições de pureza, qualidade e autenticidade não satisfizerem às exigências da Farmacopeia Brasileira ou de outro Código adotado pelo Ministério da Saúde.

As infrações à legislação sanitária federal, no que diz respeito a medicamentos falsificados, são definidas na Lei 6437/77; entre elas, destacam-se as seguintes [7]:

> XV – rotular alimentos e produtos alimentícios ou bebidas, bem como medicamentos, drogas, insumos farmacêuticos, produtos dietéticos, de higiene, cosméticos, perfumes, correlatos, saneantes, de correção estética e quaisquer outros, contrariando as normas legais e regulamentares: Pena – advertência, inutilização, interdição e/ou multa.
>
> XVI – Alterar o processo de fabricação dos produtos sujeitos a controle sanitário, modificar os seus componentes básicos, nome, e demais elementos objeto do registro, sem a necessária autorização do órgão sanitário competente:
>
> Pena – advertência, interdição, cancelamento do registro, da licença e autorização, e/ou multa
>
> XXVIII – fraudar, falsificar ou adulterar alimentos, inclusive bebidas, medicamentos, drogas, insumos farmacêuticos, correlatos, cosméticos, produtos de higiene, dietéticos, saneantes e quaisquer outros que interessem à saúde pública.
>
> Pena – advertência, apreensão, inutilização e/ou interdição do produto, suspensão de venda e/ou fabricação do

produto, cancelamento do registro do produto, interdição parcial ou total do estabelecimento, cancelamento de autorização para funcionamento da empresa, cancelamento do alvará de licenciamento do estabelecimento.

De acordo com a International Federation of Pharmaceutical Manufacturers & Associations (IFPMA), não só o número total de incidentes reportados a cada ano continua a crescer, mas também tem crescido o número de países envolvidos. Acredita-se que esse fenômeno seja impulsionado também pela facilidade de acesso às tecnologias necessárias para copiar produtos farmacêuticos [8]. Cerca de 808 diferentes produtos farmacêuticos falsificados foram encontrados em 118 países ao longo de 2009, com até 43 diferentes medicamentos falsificados envolvidos em um incidente único. De acordo com a Organização Mundial da Saúde (OMS), entre os principais fatores que contribuem para a prática da falsificação de medicamentos estão a falta de legislação adequada, o déficit na fiscalização, as sanções penais fracas e/ou ineficientes, as situações de maior demanda do que oferta de produtos e os altos preços. Contribui também o grande crescimento do comércio pela internet, pois permite a qualquer pessoa comprar qualquer medicamento sem receita médica, de forma fácil e anônima, muitas vezes em *sites* fraudulentos [8,9].

A falsificação pode ser aplicada aos produtos de referência e também aos medicamentos classificados como genéricos. Os maiores alvos são os medicamentos com alto consumo pela sociedade, os medicamentos caros e inovadores, juntamente com os medicamentos genéricos que já estão bem estabelecidos no mercado. As principais classes de medicamentos adulteradas incluem medicamentos utilizados para disfunção erétil, hormônios e esteroides, anorexígenos, antibióticos, analgésicos, antineoplásicos e medicamentos que só podem ser vendidos com receitas especiais, ou seja, os medicamentos controlados pela Portaria 344/1998 da Anvisa. Portanto, as falsificações são direcionadas para medicamentos que sejam de difícil acesso (controlado ou não) e que tenham grande valor agregado [1,3].

Alguns tipos de adulteração de medicamentos incluem: produtos que não contêm nenhum dos princípios ativos especificados; produtos que contêm os princípios ativos especificados, mas em concentrações diferentes daquela que foi declarada ou com o princípio ativo errado; forma farmacêutica diferente daquela especificada na embalagem; embalagem falsa; nomes do fabricante, números de lote ou data de validade adulterados. Produtos que contam com outros princípios ativos que não sejam os especificados em seus rótulos podem também conter diferentes impurezas ou diferente quantidade do princípio ativo [1].

Existem diversas possibilidades de falsificação de medicamentos, e a verificação da falsificação fundamenta-se basicamente na comparação entre o produto original (ou dados da literatura) e o produto suspeito. A detecção exige a análise detalhada de alguns elementos apresentados nas embalagens e na forma farmacêutica, por exemplo: (1) exame macroscópico das embalagens e bulas – eventualmente, não há embalagem no momento da apreensão; (2) avaliação visual externa da forma farmacêutica (para comprimidos, analisam-se aspectos da tecnologia farmacêutica, como medidas de dimensão e massa); (3) análise química para identificar e quantificar os princípios ativos e seus adjuvantes [10]. Alguns casos de adulteração em medicamentos são descritos a seguir.

35.3.1 Dietilenoglicol

O dietilenoglicol, também denominado DEG ou éter de glicol, é um composto orgânico que se apresenta como um líquido claro, higroscópico e sem odor. É miscível com água e solventes polares tais como os álcoois. A solução de dietilenoglicol e água é usada como um anticongelante. Ambos diminuem o ponto de fusão e aumentam o ponto de ebulição da solução, fazendo-a mais adequada para climas frios [11].

Os mecanismos exatos de toxicidade do DEG não são completamente elucidados. A oxidação da molécula intacta é a provável via metabólica que conduz aos efeitos tóxicos. Estudos em animais demonstraram que o DEG é metabolizado por oxidação por meio da enzima álcool desidrogenase (ADH) formando (2-hidroxietoxi)-acetaldeído, que é então rapidamente metabolizado pela enzima aldeído desidrogenase (ALDH), gerando então o ácido (2-hidroxietoxi)-acético (HEAA), como descrito na Figura 35.2. O HEAA é o principal contribuinte para as toxicidades renais e neurológicas. Os mecanismos de toxicidade celular sugeridos incluem desestabilização da membrana e acumulação intracelular de produtos de biotransformação ativos. O aumento das concentrações de HEAA pode contribuir também para acidose metabólica [11].

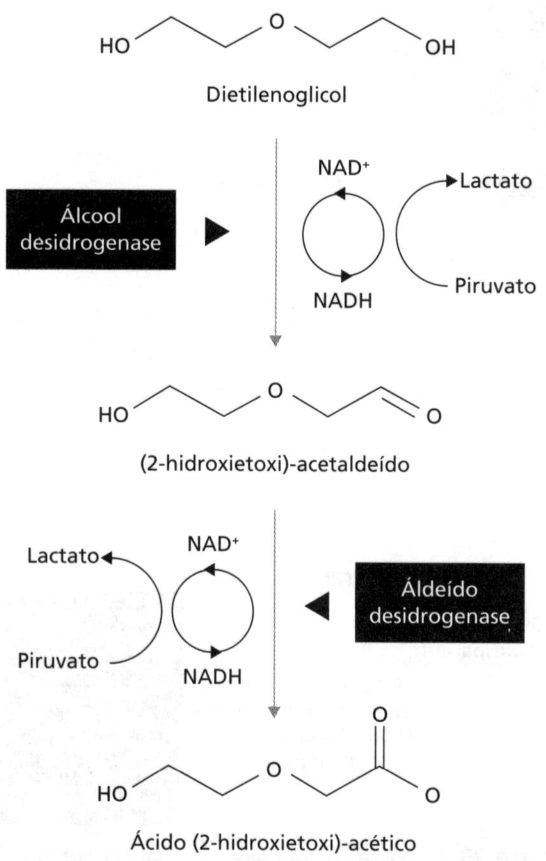

Figura 35.2 Via do metabolismo do dietilenoglicol.

Casos de intoxicações com DEG não são comuns; no entanto, em 1937, nos Estados Unidos da América, no intuito de fabricar um xarope de sulfanilamida, medicamento usado para tratar infecções e que era, até então, fabricado na forma de comprimidos e como pó para injetáveis, a indústria farmacêutica S. E. Massengill utilizou o DEG como diluente da sulfanilamida. O xarope, que continha 10% de sulfanilamida e 72% de dietilenoglicol, recebeu o nome de elixir de sulfanilamida. Como naquela época não havia lei que obrigasse a realização de provas toxicológicas, a nova formulação da sulfanilamida não foi testada para toxicidade. Entretanto o que não se sabia era que o DEG é um solvente orgânico altamente tóxico, que causa insuficiência renal e hepática, podendo inclusive levar a óbito quando ingerido [12].

O medicamento foi distribuído e, até a sua retirada completa do mercado, foram relatadas 107 mortes, a maioria crianças que utilizaram o medicamento para tratar dor de garganta. Na época, não se conhecia antídoto nem tratamentos para esse tipo de intoxicação. Os sintomas comuns em todos os casos eram forte dor abdominal, interrupção da micção, náuseas, vômitos, cegueira, convulsões e coma. A morte ocasionada pela falência renal não era imediata, podia acontecer até três semanas depois da ingestão do elixir. O problema de intoxicação por DEG voltou a se repetir em 1995, no Haiti, onde várias crianças morreram após consumirem xarope de paracetamol contaminado com DEG, e em 1998, na Índia, onde xaropes para tosse contaminados com a mesma substância causaram a morte de muitas crianças. Em 2006, a Anvisa recebeu informações da existência de medicamentos adulterados no Panamá que resultaram em vários casos de insuficiência renal aguda, muitos dos quais fatais. O Ministério da Saúde panamenho investigou esses casos e concluiu que as reações adversas resultaram do uso de xarope para tosse contaminado com DEG [13].

O DEG pode estar presente como impureza na glicerina, a qual, quando utilizada como insumo farmacêutico, normalmente em xaropes, deve ter teor de DEG controlado para níveis máximos de 0,1%, conforme especificação farmacopeica. A atual evidência disponível sobre as intoxicações relacionadas ao DEG sugere que a sua utilização como ingrediente farmacêutico resulta de: (1) fraude na substituição de outros componentes da formulação; (2) engano quanto à verdadeira natureza de certos ingredientes, em algum ponto no processo de fabricação dos produtos farmacêuticos; e (3) não cumprimento dos procedimentos de controle de qualidade na fabricação de produtos farmacêuticos (13).

35.3.2 Caso Celobar

Em 2003, o medicamento conhecido como Celobar® pode ter causado a morte de pelo menos 21 pessoas no Brasil. Esse medicamento era uma suspensão de sulfato de bário ($BaSO_4$), um sal insolúvel em água, que é administrado por via oral ou retal. O $BaSO_4$ comumente utilizado como contraste, no intuito de melhorar a visualização de órgãos do aparelho digestivo durante a realização de radiografias ou tomografias. O $BaSO_4$ não sofre absorção no trato gastrointestinal, pois é insolúvel em água e não se dissocia nesse meio, sendo eliminado do organismo sem que quantidades significativas de íons de bário sejam absorvidas pelo corpo [14].

O Laboratório Enila, Indústria e Comércio de Produtos Químicos e Farmacêuticos S/A, responsável pela produção do Celobar® – com a possível intenção de gastar menos com matéria-prima, de modo a aumentar os lucros –, provavelmente utilizou carbonato de bário ($BaCO_3$) para sintetizar sulfato de bário durante o processo de fabricação do Celobar®. No entanto, o $BaCO_3$, apesar de ser pouco solúvel em água, reage com o ácido clorídrico presente no estômago (o que não acontece com o sulfato de bário). Após a dissolução, o $BaCO_3$ se dissocia e gera íons de bário. O processo de formação de íons de bário ocorre pelas seguintes reações:

$$BaCO_3 + 2\,HCl \rightarrow BaCl_2 + H_2CO_3$$

$$BaCl_2 + H_2CO_3 \rightarrow BaCl_2 + H_2O + CO_{2(g)}$$

$$BaCl_2 + H_2O \rightarrow H_2O + Ba^{2+} + 2\,Cl^-$$

Após a formação dos íons de bário, estes podem ser absorvidos pelo trato gastrointestinal, ocasionando grave intoxicação, caracterizada por sintomas como: vômito, cólicas, diarreia, tremores, convulsões e até morte.

Investigações realizadas pela Anvisa apontaram que houve adulteração do produto Celobar® durante a sua fabricação. Todos os casos de intoxicação pelo contraste foram notificados ao Centro de Informações Toxicológicas do Estado de Goiás e foram relatados 86 casos suspeitos de reações adversas após a exposição ao Celobar®, dos quais dezesseis foram a óbito. Todos os casos de óbitos ocorreram em menos de 24 horas após a exposição aguda. Foram necropsiados onze corpos pelo Instituto Médico-Legal de Goiânia, e dez deles apresentaram altas concentrações de bário em seu organismo. Acredita-se que nove das mortes tenham relação direta com o contraste Celobar®, que fora utilizado para a realização de exames de raio-X. O presidente da empresa, a responsável técnica, o químico e o gerente foram indiciados pela Delegacia de Repressão a Crimes contra a Saúde Pública, por adulteração voluntária do medicamento Celobar®, e a justiça decretou a falência do Laboratório Enila [14]. O ensaio descrito pela Farmacopeia Britânica para verificar a existência de íons de bário solúveis em suspensão de sulfato de bário poderia ter sido realizado a fim de evitar a liberação do produto [15]. O ensaio está descrito na Figura 35.3.

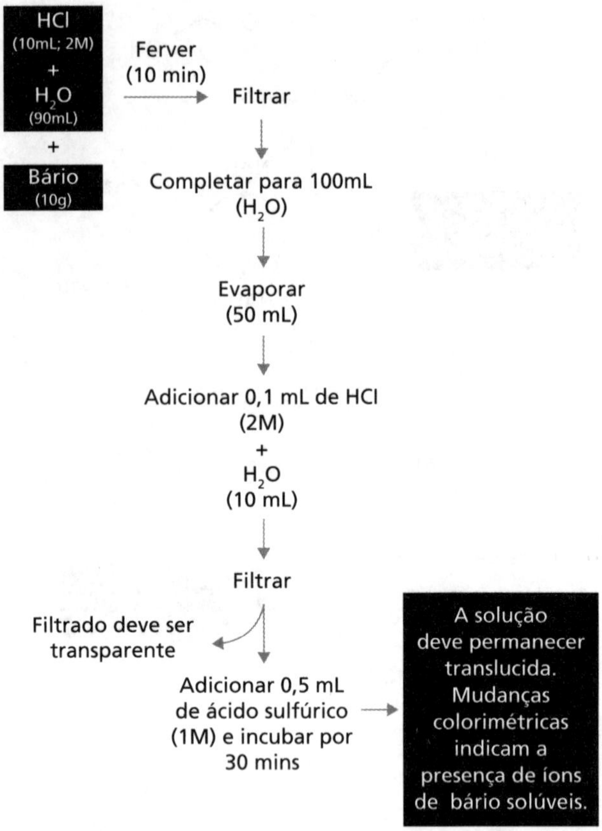

Figura 35.3 Ensaio para verificar a existência de íons de bário solúveis.

35.4 ADULTERAÇÃO EM ALIMENTOS

No século XVII, os governos de diversos países começaram a introduzir leis de pureza de alimentos no intuito de controlar as fraudes, pois essas práticas geravam preocupações sobre segurança alimentar. De acordo com a OMS, são identificados a cada ano cerca de duzentos casos de fraude e contaminação de grandes proporções em alimentos. A adulteração de alimentos geralmente ocorre pela adição de substâncias proibidas ou a substituição parcial ou total de algum componente do alimento. A motivação econômica é a principal causa do fornecimento de alimentos adulterados. Tal prática tem contribuído para a questão das fraudes em alimentos e vem chamando a atenção mundial. Além disso, outro fator que influencia o aumento da fraude alimentar inclui a constante pressão sobre a indústria alimentar para manter os preços baixos [16]. A Food and Drug Administration (FDA) define adulteração economicamente motivada como "fraudulenta substituição intencional ou adição de uma substância em um produto com a finalidade de aumentar o valor aparente do produto ou reduzir o custo da sua produção".

O azeite de oliva, o suco de laranja e o leite são os principais exemplos de produtos que podem ter sua composição alterada ou substituída com substâncias ou componentes mais baratos. Os sucos geralmente são adulterados com adição de açúcar, adição de água ou diluição com água. Outro exemplo é a adição de leite bovino, de baixo custo, a produtos de alta qualidade, como leite de cabra ou de ovelha. Outros exemplos de adulteração em alimentos estão descritos no Quadro 35.1.

Quadro 35.1 Alimentos sujeitos a adulterações

PRODUTO	TIPOS DE ADULTERAÇÃO
Sucos de frutas	Adição de açúcar, adição de água ou diluição com água
Mel	Adição de açúcar
Carne	Adição de carne mais barata
Leite	Adição de água e troca por outros leites mais baratos. No Brasil, utiliza-se a adição de produtos para mascarar o sabor de produto estragado
Soja	Modificação genética
Óleo vegetal	Adição de óleos mais baratos
Vinho	Diluição com água

35.4.1 Molho inglês contaminado por corante Sudan I

Sudan I é um corante azo sintético utilizado como aditivo pelas indústrias na coloração de plásticos e outros materiais sintéticos. Entretanto, sua utilização como corante alimentício sofre, há muitos anos, fortes restrições por suspeitas de ação genotóxica e carcinogênica e, por isso, seu uso é considerado indevido em alimentos. Em 1975, o Sudan I foi classificado no grupo 3 pela Agência Internacional para Pesquisa sobre Câncer (Iarc). Embora o Sudan I seja estritamente proibido para ser adicionado a alimentos, ainda é encontrado em alimentos como aditivo, em razão de seu baixo custo, sua cor vermelho-alaranjado e sua boa estabilidade, em ração para aves, páprica, *ketchup*, salsicha, tortas etc. [17,18].

Em 2005, foi realizado o maior *recall* do Reino Unido quando o Sudan I foi encontrado em um carregamento de molho inglês tipo Worcester, da companhia Crosse & Blackwell. Esse corante foi popularmente utilizado até 2003, quando se descobriu que era carcinogênico, sendo banido em muitos países da União Europeia, inclusive no Reino Unido. A empresa responsável pelo produto teve que enfrentar a mídia e a revolta popular quando as análises comprovaram a presença do Sudan I. O corante também foi encontrado em outros itens e, no fim, mais de quatrocentos produtos foram recolhidos. Outros produtos contaminados também foram encontrados na Itália e na África do Sul. Apesar de não ter havido nenhuma morte direta e do consenso de que o risco era relativamente baixo, o efeito futuro desse carcinogênico banido poderia ser sério. A contaminação foi rastreada, tendo sido associada a um lote adulterado de pimenta em pó produzido na Índia. Por causa da grande repercussão internacional e da péssima reputação advinda do incidente, o governo do Sudão apresentou um pedido para que o nome do corante fosse modificado [19].

35.4.2 Melamina no leite

A melamina é uma substância alcalina, com 66% de sua massa composta de nitrogênio (Figura 35.4). É utilizada industrialmente na fabricação de plásticos, adesivos, resinas, colas, fertilizantes, entre outros. No entanto, é ilicitamente usada para adulterar testes por conteúdo de proteínas, em alguns produtos alimentícios como o leite. O leite é diluído e a melamina, adicionada para "repor" o nitrogênio da proteína, porém sem valor alimentício. O teor de proteína presente no leite é controlado por um teste que avalia o conteúdo de nitrogênio. A adição de melamina, que é rica em nitrogênio, aumenta a concentração de nitrogênio no leite; portanto mesmo com a diluição do leite a medida das concentrações proteicas se mantém. A melamina é um produto nefrotóxico, pois, graças à sua baixa solubilidade, se acumula nos rins e pode ocasionar crises renais [20].

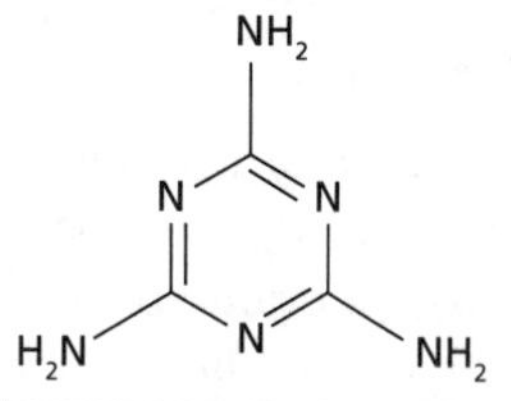

Figura 35.4 Estrutura molecular da melamina.

Em 2008, na China, foram descobertos altos níveis de melamina no leite em pó destinado à alimentação de bebês e em outros produtos derivados de leite, com resultados trágicos. Várias empresas estavam envolvidas, sendo acusadas de adulterar o leite intencionalmente com a substância. Mais de setecentas toneladas de leite foram adulteradas com melamina. Estima-se que pelo menos 300 mil pessoas tenham sido expostas. Seis bebês morreram com cálculo renal, ou com problemas relacionados aos rins, e outros 860 bebês foram hospitalizados. Os processos criminais resultaram em duas penas de morte, uma sentença de morte suspensa e prisões perpétuas. O escândalo manchou a imagem da indústria de laticínios chinesa e, consequentemente, onze países deixaram de importar esses produtos da China. Esta, provavelmente, foi a pior e mais chocante calamidade envolvendo alimentos já registrada na história [19].

35.4.3 Ureia e formaldeído no leite

No início de 2014, no Brasil, o Ministério Público Federal recebeu documentação do Ministério da Agricultura noticiando que doze amostras de leite cru coletadas, colhidas em um posto de resfriamento de um laticínio no estado do Rio Grande do Sul, apontavam a presença de formaldeído (formol) em sua composição. O formaldeído adicionado ao leite permitiria que más condições higiênico-sanitárias de obtenção, conservação e transporte, isoladas ou associadas, fossem dissimuladas. Conforme o órgão federal, parte desse leite, imprópria para o consumo humano, foi entregue a uma empresa de laticínios, que processou o produto e o disponibilizou para venda no mercado. Por conta disso, cerca de 300 mil litros de leite adulterados com ureia e formol foram comercializados em Guaratinguetá (SP) e Lobato (PR). O formaldeído pode ser considerado um agente com propriedades tumorogênicas em humanos.

35.4.4 Adulteração de leite pela adição de hidróxido de sódio e peróxido de hidrogênio

Em 2013, o Ministério Público descobriu uma fraude no Rio Grande do Sul; produtos químicos, como a soda cáustica, eram adicionados ao leite *in natura* para mascarar a adição da água e aumentar o volume do produto final e assim elevar a lucratividade. Com essa prática havia redução do valor nutritivo do leite e sérios riscos à saúde dos consumidores. O uso fraudulento de soda cáustica – o hidróxido de sódio (NaOH) – tem a finalidade de substituir as boas práticas na produção/processamento do leite, pois a intenção é enquadrar em um leite padronizado um outro fora do padrão em relação a acidez. O padrão de acidez do leite tem relação com a contagem de bactérias, e, portanto, o produto que antes tinha acidez fora do limite permitido (e essa acidez foi corrigida com hidróxido de sódio) poderia estar com a contagem microbiana fora do padrão estabelecido, sendo este um dos riscos à saúde em função do uso fraudulento. O NaOH é uma substância corrosiva, que pode causar danos graves no sistema gastrintestinal se ingerido concentrado. No caso da adulteração do leite, pelo seu objetivo, embora ilegal, não haveria consequências danosas ao organismo, pois a concentração é baixa [21].

Além disso, eles também colocavam peróxido de hidrogênio (H_2O_2), conhecido comercialmente como água oxigenada, para elevar a durabilidade do leite, uma vez que esse produto atua como bactericida, inibindo o desenvolvimento de microrganismos deterioradores do leite. Essa adição de H_2O_2 permitia que más condições higiênico-sanitárias de obtenção, conservação e transporte, isoladas ou associadas, fossem dissimuladas [22]. O H_2O_2 em concentrações de até 3% é pouco irritante de mucosas. Problemas gastrintestinais podem ocorrer, como vômitos e diarreia. Soluções mais concentradas (> 10%, mas particularmente > 30% ou 40%), se ingeridas, podem ser corrosivas para mucosas e trazer complicações mais graves [23].

35.4.5 Adição de nitritos e sulfitos em carne bovina

Os nitritos e nitratos são compostos nitrogenados e podem estar presentes naturalmente nos alimentos de origem vegetal e animal e na água, em decorrência do uso de fertilizantes na agricultura. São também usados como aditivos alimentares, nas formas de sais de sódio e potássio em conserva, produtos cárneos e queijos, com o objetivo de fixar a cor, conferir sabor e aroma característicos, retardar a oxidação lipídica e inibir o crescimento de alguns micro-organismos. Por sua toxicidade, são estabelecidos limites regulamentados pela Anvisa para a presença desses compostos nos alimentos. Nitrito de sódio e nitrato de sódio possuem limites máximos para uso de, respectivamente, 0,015 e 0,03 g para cada 100 g, sendo que a quantidade residual máxima é expressa como nitrito de sódio. Entretanto é importante ressaltar que essa mesma legislação proíbe o uso de qualquer aditivo em carnes frescas (resfriadas e congeladas) [24].

Os principais riscos toxicológicos associados à ingestão em excesso dos íons de nitrato e nitrito são a produção de metemoglobina (com especial relevância para a população infantil). O nitrito ingerido em excesso pode agir sobre a hemoglobina e originar a metemoglobina, que se liga irreversivelmente ao oxigênio, sendo menos efetiva em transportá-lo para todo o organismo, e as células acabam sofrendo anóxia. Outro aspecto toxicológico importante em relação à ingestão de nitritos é a possibilidade de estes interagirem com aminas e amidas, originando compostos *N*-nitrosos, como as nitrosaminas, que, sob certas condições de exposição, são agentes potencialmente mutagênicos, carcinogênicos e teratogênicos [25,26].

O sulfito de sódio é adicionado ilegalmente em carnes para o controle do escurecimento enzimático e não enzimático do produto por sua ação antimicrobiana, antioxidante e clarificante. O uso de sulfito em carnes é proibido, pois suprime maus odores e devolve à carne cinza-esverdeada, em vias de degradação, uma cor vermelha viva, o que propicia aspecto atraente à carne alterada. A adição de sulfito em alimentos é questionável pelos riscos potenciais à saúde. Uma pequena porcentagem dos indivíduos asmáticos, entre 3% e 8%, é sensível aos sulfitos. Nas pessoas em que essa sensibilidade é mais elevada, os níveis presentes em alguns desses alimentos nos quais é utilizado como conservante são suficientes para produzir reações prejudiciais, podendo apresentar graves espasmos bronquiais [25,26].

35.4.6 Bromato de potássio em pão francês

O bromato oxida os grupos sulfídricos (-SH) das proteínas gliadina e glutenina (chamadas formadoras de glúten) a grupos dissulfídricos (-SS-) por desidrogenação da cisteína. Essa reação favorece a formação da rede proteica pelo entrelaçamento entre as proteínas anteriormente citadas, através de pontes dissulfeto. Assim, poderiam ser obtidos pães com maior capacidade de retenção de gases (aumento do volume) [27]. Apesar das supostas vantagens tecnológicas foram evidenciados efeitos danosos à saúde em animais de laboratório. Como consequência, a legislação brasileira o considera impróprio para uso como aditivo em farinhas e pães, conforme a Lei nº 10.273/2001 [28]. O $KBrO_3$ é extremamente irritante e prejudicial para os tecidos especialmente do sistema nervoso central e dos rins, e efeitos cancerígenos e mutagênicos também têm sido relatados em animais. Em seres humanos, doses orais de 185-385 mg/kg podem resultar em danos renais irreversíveis, tais como insuficiência renal e surdez, enquanto que doses mais baixas são associadas com vômitos, diarreia, náusea e dor abdominal [29].

35.5 Adulteração de cosméticos

35.5.1 Formaldeído

De acordo com a Anvisa, a utilização do formaldeído em produtos cosméticos capilares somente é permitida durante a fabricação do produto, na concentração de apenas 0,2%, com a função de conservante. No entanto, em alguns salões de beleza, o formaldeído tem sido extensivamente empregado como adulterante em produtos utilizados para alisamentos capilares [30].

O formaldeído é um gás incolor em temperatura ambiente, produzido a partir do metanol. Em sua forma líquida (misturado a água e álcool), é chamado de formalina ou formol – solução aquosa: 37% a 50% de formaldeído. Possui diversas aplicações, sendo usado normalmente como preservativo, desinfetante e antisséptico. É utilizado para embalsamento de cadáveres, confecção de borracha sintética, produção de drogas e praguicidas, além de outras finalidades. No entanto, o formaldeído é considerado uma molécula altamente reativa, que pode causar irritação nos olhos, no nariz, na garganta e no trato respiratório superior, causando dores de cabeça, tosse, vertigem, forte lacrimação e dificuldade na respiração. Em altas concentrações, pode causar bronquite, pneumonia e laringite. O vapor ou a solução de formaldeído pode deixar a pele esbranquiçada e áspera, além de causar forte sensação de anestesia e necrose na pele superficial. Longos períodos de exposição podem causar dermatite e hipersensibilidade, rachaduras na pele (ressecamento) e ulcerações – principalmente entre os dedos. Em contato direto com os olhos, pode causar conjuntivite. O U. S. Department of Health and Human Services (DHHS) determinou que o formaldeído em altas concentrações pode ser considerado um carcinogênico humano [31].

Com a RDC nº 162, de 11 de setembro de 2001, a Anvisa estabeleceu que a concentração máxima permitida de formaldeído e paraformaldeído é de 0,1% (em produtos de higiene oral) e 0,2% (produtos não destinados à higiene oral), determinando ainda a proibição dessa substância em produtos na forma de aerossóis [32].

Em junho de 2009, foi publicada a RDC nº 36, que proibiu a exposição, a venda e a entrega ao consumo de formol ou de formaldeído (solução a 37%) em drogarias, farmácias, supermercados, armazéns e empórios, lojas de conveniência e *drugstores*.

> Art. 1º Fica proibida a exposição, a venda e a entrega ao consumo de formol ou formaldeído (solução a 37%) em drogaria, farmácia, supermercado, armazém e empório, loja de conveniência e *drugstore*.
>
> Art. 2º A adição de formol ou formaldeído a produto cosmético acabado em salões de beleza ou qualquer outro estabelecimento acarreta riscos à saúde da população,

> contraria o disposto na regulamentação de produtos de higiene pessoal cosméticos e perfumes e configura infração sanitária nos termos da Lei nº 6.437 de agosto de 1977, sem prejuízo das responsabilidades civil, administrativa e penal cabíveis.

O intuito dessa resolução foi limitar o acesso da população ao formaldeído em determinadas concentrações, evitando assim a sua utilização, seja criminosa ou não, como alisante capilar.

35.6 Adulteração em bebidas

As fraudes em bebidas, principalmente as alcoólicas, têm como objetivo burlar a legislação tributária; no entanto, essas adulterações afetam diretamente a população, podendo acarretar danos à saúde. O Decreto nº 2.314, de 4 de setembro de 1997, regulamenta a Lei nº 8.918, de 14 de julho de 1994, que dispõe sobre a padronização, a classificação, o registro, a inspeção, a produção e a fiscalização de bebidas [33]; no seu artigo 129, estabelece ainda como infrações:

> I – adulterar, falsificar ou fraudar bebida e sua matéria-prima;
>
> II – produzir, preparar, beneficiar, envasar, acondicionar, rotular, transportar, ter em depósito ou comercializar bebida em desacordo com as disposições deste Regulamento e atos complementares do Ministério da Agricultura e do Abastecimento;
>
> III – instalar ou fazer funcionar estabelecimento industrial de bebida, em qualquer parte do território nacional, sem o prévio registro no Ministério da Agricultura e do Abastecimento;
>
> IV – ampliar, reduzir ou remodelar a área de instalação industrial registrada, sem a prévia comunicação ao Ministério da Agricultura e do Abastecimento;
>
> V – modificar a composição ou a rotulagem de produto registrado, sem a prévia autorização do Ministério da Agricultura e do Abastecimento;
>
> VI – manter, no estabelecimento de produção de bebida, substância que possa ser empregada na alteração proposital do produto, observado o disposto no art. 38, deste Regulamento;
>
> VII – deixar de atender notificação ou intimação em tempo hábil;
>
> VIII – empregar qualquer processo de manipulação para aumentar, imitar ou produzir artificialmente bebida natural;
>
> IX – impedir ou dificultar por qualquer meio a ação fiscalizadora;
>
> X – substituir, subtrair ou remover, total ou parcialmente, bebida ou matéria-prima apreendida pelo órgão fiscalizador;
>
> XI – deixar de cumprir o disposto nos §§ 2º e 4º do art. 44 e §§ 2º e 4º do art. 45, deste Regulamento;
>
> XI – deixar de cumprir o disposto nos §§ 2º e 4º do art. 28 deste Regulamento; (Redação dada pelo Decreto nº 3.510, de 2000)
>
> XII – utilizar aditivos não autorizados pela legislação específica;
>
> XIII – alterar propositalmente bebida ou matéria-prima;
>
> XIV – utilizar-se de falsa declaração perante o órgão fiscalizador.

35.6.1 Intoxicação por metanol

O metanol está presente em bebidas alcoólicas como um constituinte natural, pois é produzido conjuntamente no processo de fermentação para a obtenção do etanol – porém em quantidades inferiores aos demais componentes. Nas bebidas clandestinas, em virtude de eventual mistura com álcool não potável, podem ser encontrados valores de metanol bem acima do limite tolerado pela legislação brasileira, que é de 200 mg a cada 100 mL de álcool anidro para aguardentes, uísques e outras bebidas destiladas; e de 400 mg a cada 100 mL de álcool anidro para conhaques e aguardentes de frutas [33].

Por causa da grande solubilidade em água e afinidade por lipídeos, o metanol é rapidamente absorvido pelo trato digestivo, sendo encontrado em tecidos com altos teores de água e lipídeos, por exemplo, olhos, músculos e sangue. A toxicidade do metanol em si é baixa, porém, no seu processo metabólico, é produzido formaldeído e ácido fórmico (Figura 35.5) e esses compostos podem provocar acidose metabólica, lesões oculares, degeneração parenquimatosa do fígado, rins e coração; alterações epiteliais, enfisema e disfunção cerebral progressiva, além de necrose pancreática. A sintomatologia da intoxicação por metanol ao ser humano está condicionada à quantidade ingerida e varia desde dor de cabeça, náuseas e vômitos até cegueira e morte [34]. A enzima que transforma o metanol é a mesma que tem como substrato o etanol: a desidrogenase alcoólica hepática. O etanol por via intravenosa tem sido um tratamento eficaz, mas será provavelmente substituído pelo 4-metilpirazol ou fomepizol, que é igualmente um inibidor enzimático da álcool desidrogenase, mas com uma posologia mais simples (Figura 35.5) [35].

A ingestão de bebidas adulteradas contendo concentrações elevadas de metanol pode causar intoxicação, com sintomas que vão desde cefaleia, vertigem, dor abdominal, diarreia, náuseas e vômitos até cegueira parcial ou total e morte [36,37].

Nas duas últimas décadas, foram relatadas, por diferentes autores de diversos países, ocorrências de intoxicação e morte causadas pelo consumo de bebidas alcoólicas contaminadas por metanol. Em setembro de 2012, a República Tcheca baniu a comercialização de bebidas alcoólicas com teor de álcool superior a 20% (v/v) após uma série de mortes e doenças causadas pelo consumo de bebidas adulteradas com metanol. Estima-se que vinte indivíduos morreram em duas semanas após a ingestão dessas bebidas e, de acordo com os relatórios do caso, outras pessoas ficaram cegas ou tiveram danos cerebrais como sequelas do incidente. Outra situação ocorreu na Estônia, em 2001, quando 68 pessoas morreram por ingerirem bebidas alcoólicas adulteradas. A adulteração de bebidas com adição de metanol é uma das fraudes mais comuns em bebidas alcoólicas [19,34].

No Brasil, existem registros de casos de intoxicação por metanol, comprovados pelas análises realizadas em aguardentes de cana procedentes de Santo Amaro e Salvador, municípios do estado da Bahia, apontados como suspeita de terem provocado intoxicação aguda seguida de morte pela presença de metanol [34].

35.6.2 Dietilenoglicol em vinho

Em 1985, algumas vinícolas austríacas decidiram adulterar intencionalmente o estoque de vinho utilizando dietilenoglicol, no intuito de lucrar ainda mais com a popularidade de seus vinhos mais doces e de colheita tardia. Essa substância tóxica foi utilizada para conferir um sabor mais doce e enriquecido ao vinho. O escândalo foi descoberto na Alemanha, onde os vinhos locais eram ilegalmente misturados aos vinhos austríacos, espalhando a contaminação. Apesar de não ter sido registrada nenhuma morte direta relacionada a esse incidente, o escândalo espalhou-se pelo mundo e os vinhos adulterados foram retirados imediatamente das prateleiras. Multas severas e prisões ocorreram na Alemanha e na Áustria [19].

35.7 ADULTERAÇÃO EM FITOTERÁPICOS E SUPLEMENTOS ALIMENTARES

Grande parte da população mundial acredita na utilização da medicina herbal para os cuidados primários da saúde. Esses medicamentos fitoterápicos são categorizados pela FDA como alimentos, e não como drogas. Para algumas pessoas, os medicamentos fitoterápicos são "puramente naturais", com poucos efeitos colaterais. No entanto, conforme tem sido relatado, a fim de aumentar o efeito terapêutico ou com o objetivo de obter um efeito mais rápido e efetivo, princípios ativos farmacêuticos são incluídos na fórmula de produtos comercializados como fitoterápicos ou suplementos alimentares durante o processo de fabricação.

Há vários princípios ativos farmacêuticos que devem ser investigados como possíveis adulterantes em produtos utilizados em programas de controle de peso, por seus potenciais efeitos tóxicos (anorexígenos, diuréticos, estimulantes, agentes laxantes etc.) [38,39]. Essa prática de adulteração viola as leis de muitos países, pois as formulações são registradas em desacordo com suas composições reais. Os adulterantes que têm sido mais frequentemente encontrados em fitoterápicos utilizados para fins de emagrecimento são os anorexígenos derivados das anfetaminas. Além dos anorexígenos, alguns coadjuvantes, como benzodiazepínicos e antidepressivos, também têm sido frequentemente encontrados como adulterantes em formulações de fitoterápicos. Medicamentos diuréticos e laxantes, como a fenolftaleína, espironolactona, furosemida, altiazida e hidroclorotiazida, já foram relatados como produtos farmacêuticos não declarados em formulações de fitoterápicos utilizados para o emagrecimento [40].

A FDA emitiu, em 2005, um alerta aos consumidores para não utilizarem produtos vendidos em *sites* da internet para tratamento de disfunção erétil e melhora do desempenho sexual, chamados de Actra-Rx ou Yilishen. Esses produtos eram comercializados como suplementos alimentares. O problema é que eles continham sildenafil, o princípio ativo do Viagra®, em concentrações que acarretavam danos à saúde [41].

Um estudo realizado entre outubro de 2000 e novembro de 2001 avaliou 634 suplementos nutricionais não hormonais comprados em treze países da União Europeia, de 215 fornecedores diferentes. Verificou-se que cerca de 15% dos suplementos não hormonais analisados continham esteroides androgênicos anabólicos não declarados nos rótulos e embalagens [42].

A sibutramina, fármaco utilizado no tratamento da obesidade, é um dos adulterantes mais encontrados em suplementos alimentares com indicação para perda de peso. Em 2010, a Agência Europeia de Medicamentos ordenou a retirada da sibutramina do mercado, com base em vários estudos que indicavam riscos cardiovasculares graves. Apesar da retirada da sibutramina do mercado, o produto continuava disponível para compra por canais ilegais, como a internet. Os riscos associados a essas adulterações não podem ser subestimados. Os produtos geralmente são vendidos como 100% naturais, compostos de diferentes extratos de ervas ou como suplementos dietéticos contendo uma mistura de plantas, vitaminas e minerais. No entanto, os consumidores, muitas vezes, não estão cientes da composição real dos produtos que estão ingerindo [43].

35.8 Adulteração em outros produtos

Duas marcas de pasta dentífrica (Amalfi-dent Classic e Amalfi-dent Herbal), fabricadas na China, foram proibidas por conterem dietilenoglicol, uma substância tóxica. E em um gel da marca Disoderme Gel foi detectado, em sua composição, cloridrato de lidocaína, substância utilizada pela indústria farmacêutica em medicamentos indicados para anestesia local. A lidocaína é proibida na composição de produtos cosméticos e de higiene pessoal [44].

Em 2007, milhões de brinquedos fabricados na China foram recolhidos nos Estados Unidos e na Austrália depois de ser constatado que eles continham uma substância ligada à droga GHB (ácido gama-hidroxibutírico), usada em estupros facilitados por drogas em um golpe conhecido no Brasil como "Boa Noite, Cinderela". As peças, contas de bijuteria comercializadas com a marca Aqua Dots nos Estados Unidos e como Bindeez na Europa e Ásia, foram recolhidas depois que quatorze crianças adoeceram ao colocá-las na boca; algumas das crianças chegaram a ficar em coma por breves períodos. Pesquisadores australianos descobriram que os ingredientes usados na cola se decompõem no organismo em forma de GHB. Entre os sintomas causados pelo uso de GHB destacam-se náuseas, vômitos, sedação, desmaios, alucinações, confusão mental, diminuição do ritmo cardíaco e respiratório. Por causar diminuição do nível de consciência, depressão respiratória e convulsões, podendo levar a inconsciência e morte, foi banido nos Estados Unidos pelo FDA [45,46].

35.9 Técnicas analíticas para detecção de adulterantes

O número crescente de adulteração, falsificação e contaminação de produtos alimentares e produtos destinados a fins terapêuticos ou medicinais estimulou os avanços das tecnologias analíticas para suprir a necessidade de se estabelecer a autenticidade desses produtos, seja no âmbito da qualidade para o consumidor ou da investigação forense. Diversas técnicas podem ser utilizadas, especialmente aquelas baseadas em espectroscopia e cromatografia. Em princípio, existem duas maneiras de usar a química analítica para verificar a integridade dos produtos: testes para confirmar a ausência de adulterantes ou testes para confirmar a identidade, a qualidade e a pureza de um ingrediente.

Quando há falsificadores sofisticados, os testes irão exigir o uso de técnicas analíticas mais avançadas, tais como espectrometria de massas, ressonância magnética nuclear etc. Técnicas como a espectrofotometria no infravermelho também são úteis. A aparelhagem é simples de operar e pode ser utilizada para identificação e semiquantificação das substâncias presentes no produto. Independentemente do método analítico utilizado, o primeiro passo na identificação do produto potencialmente falsificado é uma cuidadosa inspeção visual do produto, da embalagem e do rótulo. A adulteração em sucos de frutas, pela adição de açúcar, pode ser identificada por °Brix ou, ainda, por cromatografia gasosa, que também é utilizada para avaliar a composição de óleos vegetais (por exemplo, azeite). Tratando-se de adulterações em medicamentos, uma comparação com o medicamento autêntico é sempre preferível. As diferenças nos rótulos, na embalagem e na aparência física da fórmula farmacêutica (por exemplo, formato e cor) indicam potencial falsificação. Várias abordagens analíticas foram desenvolvidas para determinação de adulterantes em suplementos alimentares, como a cromatografia líquida de alta eficiência (HPLC), a cromatografia gasosa e a eletroforese capilar.

35.10 Conclusões

Falsificadores, anteriormente, limitavam-se a produtos de alto valor agregado. Agora, no entanto, qualquer produto é alvo de adulterações. É assegurado por lei que os consumidores tenham direito de acesso a alimentos e medicamentos que apresentem as características e possuam os efeitos indicados no rótulo ou anunciados pelo vendedor. Conteúdo, componentes e resultados diversos dos informados no próprio produto (ou pelo vendedor) correspondem a verdadeiras fraudes, que podem causar o comprometimento da saúde do consumidor e até sua morte.

Não há uma solução simples ou padronizada aplicável a todos os países para eliminar o problema. Cada país tem que desenvolver uma estratégia baseada em sua própria situação, levando em consideração a infraestrutura disponível e os recursos humanos, entre outros recursos.

Agradecimentos

Os autores agradecem a Tiago Franco de Oliveira, PhD, pela disponibilização das figuras.

Questões para estudo

1. Quais são os artigos do Código Penal Brasileiro em que se insere a prática de adulteração de produtos?
2. Quais são as principais classes de medicamentos adulterados/falsificados, e por que esses fármacos são alvos de adulterações?
3. Por que razão, em 2008, na China, foi adicionada melamina no leite em pó destinado à alimentação de bebês e em outros produtos derivados de leite?
4. Qual o principal adulterante tóxico de bebidas alcoólicas? Quais seus efeitos para a saúde humana?
5. Quais as principais técnicas utilizadas para identificação das adulterações?

Respostas

1. A adulteração de produtos se insere em dois artigos do Código Penal Brasileiro (Decreto Lei nº 2.848/40): Art. 272 – Corromper, adulterar, falsificar ou alterar substância ou produto alimentício destinado a consumo, tornando-o nociva à saúde ou reduzindo-lhe o valor nutritivo (Redação dada pela Lei nº 9.677, de 2 julho de 1998). Pena – reclusão, de 4 (quatro) a 8 (oito) anos, e multa. Art. 273 – Falsificar, corromper, adulterar ou alterar produto destinado a fins terapêuticos ou medicinais: Pena – reclusão, de 10 (dez) a 15 (quinze) anos, e multa.
2. As principais classes de medicamentos adulterados incluem medicamentos utilizados para disfunção erétil, hormônios e esteroides, anorexígenos, antibióticos, analgésicos, antineoplásicos e medicamentos que só podem ser vendidos com receitas especiais. Esses medicamentos são alvos de adulteração pois são medicamentos com alto consumo pela sociedade, caros e inovadores, e de difícil acesso.
3. A melamina foi adicionada ao leite para burlar testes de qualidade que indicam a concentração de proteína. A adição de melamina, que é rica em nitrogênio, aumenta a concentração de nitrogênio no leite, portanto, mesmo com a diluição do leite as medidas equivalentes de concentrações proteicas se manteriam.
4. O principal adulterante das bebidas alcoólicas é o metanol. Após a ingestão do metanol, ele é biotransformado no organismo, e então são produzidos formaldeído e ácido fórmico. Esses compostos podem provocar acidose metabólica, lesões oculares, degeneração parenquimatosa do fígado, rins e coração; alterações epiteliais, enfisema e disfunção cerebral progressiva, além de necrose pancreática.
5. As técnicas mais utilizadas para identificar as adulterações são: espectroscopia e cromatografia. Podem ser utilizadas ainda técnicas como espectrometria de massas, ressonância magnética nuclear.

Lista de abreviaturas

ADH	Álcool desidrogenase	GHB	Ácido gama-hidroxibutírico
ALDH	Aldeído desidrogenase	HEAA	Ácido (2-hidroxietoxi)-acético
Anvisa	Agência Nacional de Vigilância Sanitária	H_2O_2	Peróxido de hidrogênio
$BaCO_3$	Carbonato de bário	$KBrO_3$	Bromato de potássio
DEG	Dietilenoglicol	NaOH	Hidróxido de sódio
DHHS	Department of Health and Human Services	OMS	Organização Mundial da Saúde
FDA	Food and Drug Administration		

Lista de palavras

Adulterantes
Bebidas alcóolicas
Crimes
Dietilenoglicol
Fitoterápicos
Formaldeído
Legislação brasileira
Medicamentos falsificados
Melamina
Motivação econômica
Regulamentação
Saúde pública
Suplementos alimentares
Técnicas analíticas
Vigilância Sanitária

REFERÊNCIAS

1. OMS (Organização Mundial da Saúde). Departamento de Medicamentos Essenciais e Outros Medicamentos. Medicamentos falsificados: diretrizes para desenvolvimento de medidas de combate a medicamentos falsificados. Brasília: Organização Pan-Americana da Saúde; Agência Nacional de Vigilância Sanitária; 2005.

2. Ames J, Souza DZ. Falsificação de medicamentos no Brasil. Rev Saude Publ. 2012;46(1):154-159.

3. Hurtado RL, Lasmar MC. Medicamentos falsificados e contrabandeados no Brasil: panorama geral e perspectivas de combate ao seu consumo. Cadernos de Saúde Pública. 2014;30(4):891-5.

4. Ministério da Saúde, Secretaria de Vigilância Sanitária. Portaria nº 802, de 8 de outubro de 1998. Brasília: Ministério da Saúde; 1998.

5. Anvisa. Resolução RDC nº 27, de 30 de março de 2007. Dispõe sobre o Sistema Nacional de Gerenciamento de Produtos Controlados – SNGPC, estabelece a implantação do módulo para drogarias e farmácias e dá outras providências. Brasília: Ministério da Saúde; 2007.

6. Brasil. Lei nº 6.360, de 23 de setembro de 1976. Dispõe sobre a Vigilância Sanitária a que ficam sujeitos os Medicamentos, as Drogas, os Insumos Farmacêuticos e Correlatos, Cosméticos, Saneantes e Outros Produtos, e dá outras providências. Brasília; 1976.

7. Brasil. Lei nº 6.437, de 20 de agosto de 1977. Configura infrações à legislação sanitária federal, estabelece as sanções respectivas, e dá outras providências. Brasília; 1977.

8. Fernandez FM, Hostetler D, Powell K, Kaur H, Green MD, Mildenhall DC, Newton PN. Poor quality drugs: grand challenges in high throughput detection, countrywide sampling, and forensics in developing countries. Analyst. 2011;136(15):3073-82.

9. International Federation of Pharmaceutical Manufacturers & Associations [cited 2014 Jun 6]. Available from: http://www.ifpma.org/global-health/counterfeits.html?print=1

10. Ortiz RS. Perfil químico e tecnológico de medicamentos falsificados: uma abordagem estatística multivariada para os casos do Viagra e do Cialis. Porto Alegre: Universidade Federal do Rio Grande do Sul; 2013.

11. Schep LJ, Slaughter RJ, Temple WA, Beasley DM. Diethylene glycol poisoning. Clinical Toxicology. 2009;47(6):525-35.

12. FDA. This Week In FDA History [cited 2014 Jul 30]. Availablr from: http://www.fda.gov/aboutfda/whatwedo/history/thisweek/ucm117880.htm

13. Anvisa (Agência Nacional de Vigilância Sanitária). Informe SNVS/Anvisa/GFARM no 5, de 11 de junho de 2007 [cited 2014 Jul 31]. Available from: http://portal.anvisa.gov.br/wps/content/Anvisa+Portal/Anvisa/Pos+-Comercializacao+-+Pos+Uso/Farmacovigilancia/Alertas+por+Regiao+Geografica/INFORMES/Informes+de+2007/Informe+GFARM+n+5+de+11+de+junho+de+2007

14. Tubino M, Simoni JdA. Refletindo sobre o caso Celobar®. Quim Nova. 2007;30(2):505-7.

15. British Pharmacopoeia. London: The Stationery Office; 2005. vol. I, p. 205-6.

16. Pimentel P. Trends and Solutions in Combating Global Food Fraud. Food Safety Magazine. 2014.

17. Lian Y, Gao W, Zhou L, Wu N, Lu Q, Han W, et al. Occurrence of Sudan I in Paprika Fruits Caused by Agricultural Environmental Contamination. J Agric Food Chem. 2014. Epub 2014/04/29.

18. Elyasi M, Khalilzadeh MA, Karimi-Maleh H. High sensitive voltammetric sensor based on Pt/CNTs nanocomposite modified ionic liquid carbon paste electrode for determination of Sudan I in food samples. Food Chem. 2013;141(4):4311-7.

19. Food Safety Brasil. Os dez maiores escândalos de segurança de alimentos. 2013.

20. Bradley D. Melamine in Milk. Sep 2008 [cited 2014 Oct 14]. Available from: Disponível em: http://www.sciencebase.com/science-blog/melamine-in-milk.html

21. Anvisa. Informe Técnico – no 33 de 25 de outubro de 2007. Hidróxido de Sódio (soda cáustica) – INS 524 [cited 2014 Oct 14]. Available from: http://www.anvisa.gov.br/alimentos/informes/33_251007.htm

22. Portal Terra [Internet]. RS: investigação aponta adição de água oxigenada em nova fraude no leite [cited 2014 Oct 14]. Available from: http://noticias.terra.com.br/brasil/policia/rs-investigacao-aponta-adicao-de-agua-oxigenada-em-nova-fraude-no-leite,da333d8778232410VgnVCM3000009af154d0RCRD.html

23. Anvisa. Informe Técnico – nº 34 de 31 de outubro de 2007 [cited 2014 Oct 14]. Available from: http://www.anvisa.gov.br/alimentos/informes/34_311007.htm

24. Brasil. Secretaria de Vigilância Sanitária do Ministério da Saúde. Portaria nº 1004, de 11 de dezembro de 1998, republicada no Diário Oficial da União de 22 de março de 1999. Aprova Regulamento Técnico: "Atribuição de função de aditivos, aditivos e seus limites máximos de uso para a categoria 8 – carne e produtos cárneos" [cited 2014 Oct 16]. Available from: http://www.anvisa.gov.br/alimentos

25. Silva C, Monteiro MLG, Ribeiro ROR, Guimarães CFM, Mano SB, Pardi HS, Mársico ET. Presença de aditivos conservantes (nitrito e sulfito) em carnes bovinas moídas, comercializadas em mercados varejistas. Revista Brasileira de Ciência Veterinária. 2009;16(1):33-6.

26. Melo Filho AB, Biscontini TMB, Andrade SAC. Níveis de nitrito e nitrato em salsichas comercializadas na região metropolitana do Recife. Ciênc Tecnol Aliment. 2004;24(3):390-2.

27. Dallago RM, Filho IN, Zanella R, Maroneze AM. Determinação de bromato em melhoradores de farinha por cromatografia de troca iônica com detecção espectrofotométrica. Química Nova. 2005;8(4):716-8.

28. Brasil. Agência Nacional de Vigilância Sanitária. Lei nº 10273, de 5 de setembro de 2001. Dispõe sobre o uso do bromato de potássio na farinha e nos produtos de panificação. Diário Oficial da União, 6 de setembro de 2001 [cited 2014 Oct 16]. Available from: http://www.anvisa.gov.br

29. Oloyede OB. Sunmonu TO. Potassium bromate content of selected bread samples in Ilorin, Central Nigeria and its effect on some enzymes of rat liver and kidney. Food and Chemical Toxicology. 2009;47(8):2067-70.

30. Anvisa. Cosméticos – Formol, Glutaraldeído, Alisante e Escova Capilar. 2012 [cited 2014 Jul 30]. Available from: http://portal.anvisa.gov.br/wps/portal/anvisa

31. U.S. Department of Health and Human Services. Toxicological profile for formaldehyde. Public Health Service. Agency for Toxic Substances and Disease Registry. 1999.

32. Anvisa. Resolução – RDC nº 162 de 11 de setembro de 2001. Estabelece a Lista de Substâncias de Ação Conservante para Produtos de Higiene Pessoal, Cosméticos e Perfumes e dá outras providências. Brasília: Ministério da Saúde; 2001.

33. Brasil. Decreto nº 2.314, de 4 de setembro de 1997. Regulamenta a Lei nº 8918, de 14 de julho de 1994, que dispõe sobre a padronização, a classificação, o registro, a inspeção, a produção e fiscalização de bebidas. Brasília: Ministério da Saúde; 1997.

34. Badolato ESG, Duran MC. Risco de intoxicação por metanol pela ingestão de bebidas alcoólicas. Revista de Psiquiatria Clínica. 2000;27(2):9-92.

35. Barceloux DG, Bond GR, Krenzelok EP, Cooper H, Vale JA. American Academy of Clinical Toxicology practice guidelines on the treatment of methanol poisoning. J Toxicol Clin Toxicol. 2002;40:415-46.

36. Bindler F, Voges E, Laugel P. The problem of methanol concentration admissible in distilled fruit spirits. Food Addit Contam. 1988;5(3):343-51. Epub 1988/07/01.

37. Nagato LAF, Duran MC, Caruso MSF, Barsotti RCF, Badolato ESG. Monitoramento da autenticidade de amostras de bebidas alcoólicas enviadas ao Instituto Adolfo Lutz em São Paulo. Ciência e Tecnologia de Alimentos. 2001;21(1):39-42.

38. Chen Y, Zhao L, Lu F, Yu Y, Chai Y, Wu Y. Determination of synthetic drugs used to adulterate botanical dietary supplements using QTRAP LC-MS/MS. Food Addit Contam A. 2009;26(5):595-603.

39. Cianchino V, Acosta G, Ortega C, Martinez LD, Gomez MR. Analysis of potential adulteration in herbal medicines and dietary supplements for the weight control by capillary electrophoresis. Food Chem. 2008;108(3):1075-81.

40. De Carvalho LM, Martini M, Moreira APL, Lima APS, Correia D, Falcão T, Garcia SC, Bairros AV, do Nascimento PC, Bohrer D. Presence of synthetic pharmaceuticals as adulterants in slimming phytotherapeutic formulations and their analytical determination. Forensic Science International. 2011;204(1-3):6-12.

41. FDA. Warning on Supplements for Sexual Enhancement. 2005 [cited 2014 Aug 20]. Available from: http://www.accessdata.fda.gov/scripts/cdrh/cfdocs/psn/printer.cfm?id=289

42. Geyer H, Parr MK, Mareck U, Reinhart U, Schrader Y, Schänzer W. Analysis of non-hormonal nutritional supplements for anabolic androgenic steroids – Results of an International Study. Int J Sports Med. 2004;25(2):124-9.

43. Deconinck E, Cauwenbergh T, Bothy JL, Custers D, Courselle P, De Beer JO. Detection of sibutramine in adulterated dietary supplements using attenuated total reflectance-infrared spectroscopy. Journal of Pharmaceutical and Biomedical Analysis. 2014;100:279-83.

44. Infarmed. Produtos Cosméticos e de Higiene Corporal da marca "Amalfi", fabricados na República Popular da China e podendo conter a substância "Diethylene Glycol". Nº 134/CD/2007, 13 de agosto de 2007 [cited 2014 Aug 21]. Available from: http://www.infarmed.pt/portal/pls/portal/docs/1/8667336.PDF

45. BBC Brasil. Brinquedo é recolhido por conter droga usada em golpe de estupro. Novembro de 2007 [cited 2014 Oct 20]. Available from: http://www.bbc.co.uk/portuguese/reporterbbc/story/2007/11/071108_chinabrinquedos.shtml

46. Wojtowicz JM, Yarema MC, Wax PM, Withdrawal from gamma-hydroxybutyrate, 1,4-butanediol and gammabutyrolactone: a case report and systematic review. CJEM. 2008;10(1):69-74.

CAPÍTULO 36

TOXICOLOGIA AMBIENTAL FORENSE

Gisele Augusto Rodrigues de Oliveira

Daniela Morais Leme

Daniel Junqueira Dorta

Danielle Palma de Oliveira

36.1 Resumo

Os constantes desastres ambientais têm despertado a atenção das nações, que passaram a refletir sobre os erros do passado e a ajustar o avanço econômico com a conservação do patrimônio ambiental. Alguns debates internacionais surgiram como reação aos problemas globais de ordem ambiental e resultaram em compromissos que, de uma forma geral, estabeleceram um conjunto de direitos e obrigações de governos e indivíduos referentes à preservação do meio ambiente. Diante de um crime ambiental, a toxicologia forense auxiliará na responsabilização e punição do agressor, por meio da avaliação da contaminação ambiental e da capacidade de reparação dos recursos ambientais afetados, atuando assim como um instrumento de preservação do bem-estar humano e ambiental.

36.2 Introdução

As áreas de análise forense e toxicologia ambiental passaram a atuar em conjunto nos últimos anos a partir da conscientização da necessidade de preservar o meio ambiente e punir, mediante as legislações vigentes, as atividades antropogênicas não compatíveis com essa preservação.

Em 2000, o lançamento do filme *Erin Brockovich – Uma mulher de talento*, escrito por Susannah Grant e dirigido por Steven Soderbergh, foi um marco importante da divulgação do trabalho conjunto entre análise forense e toxicologia ambiental para a população leiga. Esse filme é a dramatização da história real de Erin Brockovich, interpretada por Julia Roberts, que no começo da década de 1990 lutou contra a empresa de energia Pacific Gas and Electric Company (PG&E), responsável por contaminar as águas subterrâneas de Hinkley (Califórnia, Estados Unidos) com cromo hexavalente (cancerígeno), o que teria resultado em aproximadamente duzentos casos de câncer na região. A empresa divulgou informações falsas sobre a segurança de suas operações e tentou enganar a população local, mas foi condenada a pagar mais de U$ 300 milhões em indenizações.

Esse exemplo esclarece o papel da toxicologia ambiental forense, que é a avaliação do risco ambiental e da toxicidade de xenobióticos lançados no meio ambiente a fim de garantir a qualidade dos recursos naturais disponíveis para seres humanos e não humanos, sinalizando a necessidade de medidas de prevenção e restauração quando necessárias, bem como avaliando a efetividade de tais medidas após adotadas, além de fornecer dados científicos para as conclusões legais dentro dos processos judiciais que se façam necessários.

36.2.1 Conceitos relacionados

O meio ambiente natural é definido pela junção entre os elementos naturais existentes em todo planeta, ou seja, é o conjunto composto por água, solo, ar, fauna e flora, que interagem de forma harmônica e dinâmica para que a vida seja possível. O meio ambiente artificial é compreendido pelo espaço urbano construído, composto por edificações (espaço urbano fechado), e pelos equipamentos públicos (espaço urbano aberto), estando diretamente relacionado com o conceito de cidade [1].

Já o meio ambiente do trabalho é aquele onde o ser humano, nesse caso, o trabalhador, desenvolve suas atividades laborais de forma rotineira e está exposto diretamente a condições variadas, às vezes adversas, que podem comprometer a sua saúde física ou mental [1]. Esses aspectos são abordados dentro dos estudos da toxicologia ocupacional.

A relação entre o desenvolvimento econômico e a proteção ambiental tem sido tema de pesquisas e preocupação constante no cenário mundial [2]. Por volta dos anos 1970, existia uma crença generalizada de que o crescimento econômico de uma nação seria a fonte da maioria dos problemas ambientais. Nos anos 1980, uma visão crítica começou a surgir entre os países desenvolvidos e em desenvolvimento, preocupados com o uso excessivo dos recursos naturais sem considerar a capacidade de sustentação dos ecossistemas, gerando um forte impacto ambiental no futuro do planeta. Já nos anos 1990, alguns economistas começaram a argumentar que essa visão era muito pessimista, na medida em que rejeitava as alterações educacionais, tecnológicas, econômicas e políticas que acompanham o desenvolvimento de uma nação e que podem amenizar os problemas ambientais, buscando saber se existia um *trade-off* (conflito de escolha) entre o crescimento e a poluição, ou se era possível almejar um amadurecimento das economias sem que o meio ambiente fosse por isso sacrificado [3].

A avaliação da responsabilidade do desenvolvimento econômico sobre os problemas ambientais faz uso de modelos econométricos, por exemplo, a curva de Kuznets ambiental (CKA), que estabelece uma relação hipotética, expressa na forma da letra U invertida, entre os vários indicadores de degradação ambiental e a renda *per capita*, como observado na Figura 36.1. De acordo com essa metodologia, nos estágios iniciais do desenvolvimento econômico a degradação ambiental aumentaria, porque as preocupações com a renda se sobrepõem ao meio ambiente. Já ao aumentar a renda *per capita*, essa tendência inverte, de modo que há um declínio gradual da degradação ambiental [2,3].

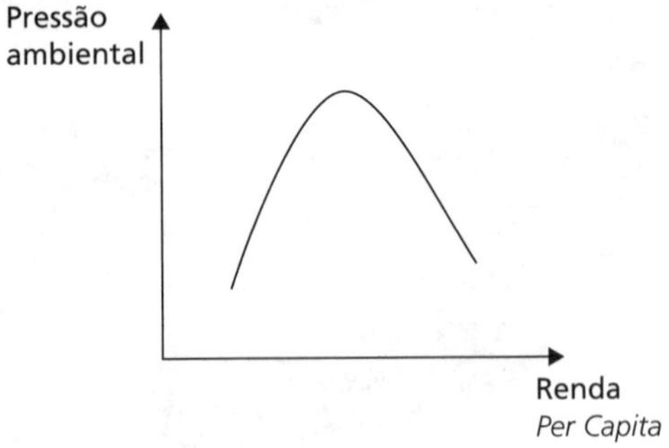

Figura 36.1 Curva de Kuznets ambiental (CKA).

Fonte: extraído de [3].

36.3 Histórico

O meio ambiente equilibrado é um pressuposto para uma melhor qualidade de vida, sendo um direito de todos. Diante da degradação da natureza e da escassez de recursos naturais, passa a ser também uma condição para a existência de vida no planeta [4]. A proteção ambiental não se encontra apenas no direito pátrio, sendo uma preocupação das legislações de cada nação. Por isso, pode-se observar uma tendência, cada vez mais crescente, de normas no âmbito internacional que visam proteger o meio ambiente [1].

A Revolução Industrial ocorrida no século XVIII desencadeou e introduziu uma nova forma de produção e consumo que alterou significativamente práticas comerciais até então consolidadas. A transformação no consumo foi seguida por uma explosão demográfica sem precedentes. Esse aumento da pressão sobre os recursos naturais em conjunto com o acelerado crescimento demográfico chamou a atenção da comunidade internacional. Países com avançado estágio de desenvolvimento econômico passaram a testemunhar, com frequência, desastres ambientais em seus próprios territórios. Em paralelo, o desenvolvimento científico, principalmente no último século, começou a confirmar muitas das hipóteses relacionadas à degradação do meio ambiente [5].

Alguns debates sobre as questões globais da contaminação do meio ambiente tiveram espaço nas reuniões da Organização das Nações Unidas (ONU), para que fossem encontradas soluções para os problemas de ordem ambiental que afligiam o planeta [6]. As principais características e resultados obtidos estão descritos na sequência.

36.3.1 Declaração de Estocolmo

O histórico de conferências ambientais e de desenvolvimento humano e sustentável teve início em 1972, na cidade de Estocolmo, com a Conferência das Nações Unidas sobre Meio Ambiente Humano, também conhecida como Declaração de Estocolmo. Essa conferência foi a primeira grande reunião promovida pela ONU para a inserção da temática do meio ambiente em nível mundial. Sua convocação foi consequência da crescente atenção internacional para a preservação da natureza, e do descontentamento de diversos setores da sociedade quanto às repercussões da poluição sobre a qualidade de vida das populações. A atenção da opinião pública e as pressões políticas verificavam-se principalmente nos países industrializados, onde as comunidades científicas e um número crescente de organizações não governamentais conquistavam amplo espaço para a divulgação de suas denúncias e alertas. A convenção introduziu alguns dos conceitos e princípios que, ao longo dos anos, se tornariam a base sobre a qual evoluiria a diplomacia na área do meio ambiente [7].

A partir de então, abriu-se um precedente para que as constituições posteriores à Declaração de Estocolmo adotassem em seu âmbito a proteção ao meio ambiente [1]. Tal fato ocorreu no Brasil em 1988, quando a Constituição Federal (CF) brasileira abordou pela primeira vez o tema do meio ambiente, dedicando a este um capítulo inteiro que contempla não somente seu conceito normativo, ligado ao meio ambiente natural, mas também reconhecendo suas outras faces, como o meio ambiente artificial, o do trabalho, o patrimônio cultural e o genético, garantindo à sociedade o dever de preservar e o direito de ter um meio ambiente ecologicamente equilibrado [1,4]. A CF/88 traz em seu artigo 225 esses princípios, reconhecendo o complexo teor dos direitos relacionados à preservação do meio ambiente e a obrigação do Estado e da sociedade quanto à garantia de um meio ambiente ecologicamente equilibrado, reconhecendo que se trata de um bem de uso comum da população e essencial à qualidade de vida, devendo ser preservado para as presentes e futuras gerações [1,4,5].

A Declaração de Estocolmo foi o marco inicial da aceitação pela comunidade internacional de que conhecer a questão ambiental é fundamental para obter o desenvolvimento econômico do país e, por isso, a partir daí, inúmeras conferências e convenções foram realizadas para tratar desse tema. Em 1987, a Conferência das Nações Unidas para o Meio Ambiente e Desenvolvimento publicou o Relatório Brundtland, também conhecido como Nosso Futuro Comum, que determinava o rompimento do paradigma de desenvolvimento aliado à exploração ilimitada dos recursos naturais e à exploração do ser humano nas regiões mais carentes do planeta como meio de alcançar o sucesso econômico [8].

36.3.2 Conferência Rio-92

Dando sequência às discussões anteriores, a Conferência Rio-92 (ou simplesmente Rio-92, ou ainda Cúpula da Terra), realizada na cidade do Rio de Janeiro em 1992, consagrou o conceito de desenvolvimento sustentável, estabelecido como sendo o equilíbrio entre as dimensões econômica, social e ambiental, contribuindo para a ampla conscientização de que os danos ao meio ambiente seriam majoritariamente de responsabilidade dos países desenvolvidos [7].

Além disso, essa reunião reconheceu a necessidade de os países em desenvolvimento receberem apoio financeiro e tecnológico para avançarem na direção do desenvolvimento sustentável [7], reafirmando e aperfeiçoando os princípios da Declaração de Estocolmo, de forma a colocar o ser humano no centro das preocupações relacionadas a esse modelo de desenvolvimento e o considerando participante da diversidade biológica existente no meio ambiente [5,8,9].

A Rio-92 gerou diversos documentos que impactaram a percepção da comunidade internacional sobre o meio ambiente, entre eles a Agenda 21, também chamada de Agenda 21 Global, um documento que reúne uma série de encontros e debates sobre o meio ambiente e suas relações com o desenvolvimento das nações. O foco da Agenda 21 era a mudança do atual padrão de desenvolvimento global, a ser implantado no século XXI, com planejamentos para a construção de sociedades sustentáveis, em diferentes bases geográficas, conciliando métodos de proteção ambiental, justiça social e eficiência econômica, assim como uma profunda reestruturação da política de resíduos estabelecida pelos governos [9,10].

Para enfrentar os desafios de implementar a Agenda 21, a ONU recomendou que os países signatários criassem conselhos de desenvolvimento e planos de ação com adaptações conforme as características e necessidades de cada país. A Agenda 21 Brasileira foi construída a partir das diretrizes da Agenda 21 Global, e visa garantir um meio ambiente equilibrado para as presentes e futuras gerações, cumprindo, dessa forma, os deveres e os direitos dos cidadãos, já mencionados na CF/88 [9].

Ressalta-se que a Convenção-Quadro das Nações Unidas sobre Mudança do Clima (CQNUMC), adotada durante a Conferência Rio-92, também foi um passo importante dado pela comunidade internacional na tentativa de reduzir as emissões de gases que agravam o efeito estufa [11].

36.3.3 Protocolo de Quioto

Em dezembro de 1997, a CQNUMC adotou o Protocolo de Quioto, constituído inicialmente por 174 signatários (chegando a 189 ratificações), com o intuito de proteger o meio ambiente de atividades antrópicas, reduzindo as emissões de seis gases relacionados ao efeito estufa: metano (CH_4), óxido nitroso (N_2O), hidrofluorcarbono (HFC), perfluorcarbono (PFC), hexafluorsulfúrico (SF_6) e carbônico (CO_2), de modo a retardar o processo de aquecimento global [11].

Esse acordo internacional fixou metas e prazos para limitar a poluição gerada pela queima de combustíveis das atividades humanas no setor energético, em processos industriais, no setor agropecuário e no tratamento de resíduos. O Protocolo exigia dos países-membros da Organização de Cooperação para o Desenvolvimento Econômico, da União Europeia e dos países do antigo bloco soviético uma redução total das emissões de 5,2% entre 2008 e 2012 em comparação aos níveis de 1990 [2].

Além da redução interna da emissão de gases do efeito estufa, os países envolvidos no Protocolo de Quioto teriam outras três alternativas: investir em projetos de redução da emissão de gases do efeito estufa de outras nações vinculadas ao acordo, comprar créditos de carbono em bolsas mundiais que comercializam esse produto ou alocar recursos em projetos de mitigação de poluentes em países em desenvolvimento, no âmbito do Mecanismo de Desenvolvimento Limpo (MDL). Os países também ganhariam créditos por atividades que aumentem a sua capacidade de absorver carbono, como o plantio de árvores e a conservação do solo. O Acordo de Marrakech, que regulamentou o MDL, criou um potencial de mobilização de recursos para projetos de redução de emissões de gases de efeito estufa ou reflorestamento [12].

Ressalta-se que alguns países com grande emissão desses gases, como os Estados Unidos, não ratificaram o Protocolo. Ele foi estendido até 2020 durante a Conferência das Nações Unidas sobre Mudança Climática (COP-18) ocorrida em Doha/Catar, que conta atualmente com 23 adesões. Entre os países que não ratificaram essa extensão estão Japão, Rússia, Canadá e Nova Zelândia. O Brasil participou do protocolo original e da sua extensão como país voluntário, já que é considerado um país em desenvolvimento. Estima-se que o Brasil seja responsável por aproximadamente 2,5% das emissões mundiais de gases relacionados ao efeito estufa.

Atualmente, muitos pesquisadores apontam o fracasso do Protocolo de Quioto, já que as emissões mundiais de gases relacionados ao efeito estufa aumentaram em 16,2% entre 2005 e 2012. Outros apontam a importância que esse protocolo teve na conscientização da sociedade e na implantação de projetos relacionados ao tema.

36.4 Legislação ambiental brasileira

Dentre os legados dos conceitos iluministas relacionados à Revolução Francesa de 1789, pode-se destacar a "Terceira Geração" dos Direitos Humanos, baseada no princípio da Fraternidade (*Liberté, Égalité, Fraternité*), que inclui o bem-estar ambiental como um dos direitos fundamentais do ser humano.

Em dezembro de 1948, a Assembleia Geral da ONU proclamou a Declaração Universal dos Direitos Humanos. Em seu artigo III, a Declaração estabelece que todos têm direito à vida, com o desdobramento de que um ambiente equilibrado é essencial à vida plena, nascendo o direito ambiental.

No entanto, até a década de 1970, nenhum instrumento jurídico previa a proteção e a qualidade ambiental, quando a Conferência de Estocolmo iniciou uma ampla discussão sobre a relação homem × meio ambiente. A Declaração do Meio Ambiente, fruto dessa conferência, foi um marco para as políticas de proteção ambiental, pois reconheceu pela primeira vez, de forma explícita, o direito ao ambiente saudável, estabelecendo os princípios do direito ambiental. Além disso, a Declaração dispõe sobre a responsabilidade de todos na preservação ambiental, como pode ser verificado em seu quarto princípio:

Man has a special responsibility to safeguard and wisely manage the heritage of wildlife and its habitat, which are now gravely imperilled by a combination of adverse factors. Nature conservation, including wildlife, must therefore receive importance in planning for economic development.

(O homem tem a responsabilidade especial de salvaguardar e gerir com sabedoria o patrimônio da vida selvagem e do seu habitat, que agora estão seriamente ameaçados por uma combinação de fatores adversos. A conservação da natureza, incluindo a vida selvagem, deve, portanto, receber importância no planejamento do desenvolvimento econômico.)

No Brasil, três instrumentos normativos principais regem a Legislação Ambiental: a Política Nacional do Meio Ambiete (Lei nº 6.938/81), a Constituição Federal de 1988 e a Lei dos Crimes Ambientais (Lei nº 9.605/98), que serão abordados com maior ênfase neste capítulo. No entanto, a legislação brasileira é considerada uma das mais completas do mundo, possuindo diversas leis relacionadas à proteção ambiental, como por exemplo:

a) Lei nº 7.802, de 10 de julho de 1989, conhecida como Lei dos Agrotóxicos, que regulamenta o uso de praguicidas desde a pesquisa até o destino final das embalagens.
b) Lei nº 6.902, de 27 de abril de 1981, ou Lei da Área de Proteção Ambiental, que dispõe sobre a criação de estações ecológicas e áreas de proteção ambiental.
c) Lei nº 6.453, de 17 de outubro de 1977, conhecida como Lei das Atividades Nucleares, que dispõe sobre a responsabilidade civil por danos nucleares e a responsabilidade criminal por atos relacionados com atividades nucleares.
d) Lei nº 11.105, de 24 de março de 2005, ou Lei de Biossegurança, que estabelece normas de segurança e mecanismos de fiscalização de atividades que envolvam organismos geneticamente modificados (OGM) e seus derivados.
e) Lei nº 7.805, de 18 de julho de 1989, ou Lei da Exploração Mineral, que cria o regime de permissão de lavra garimpeira e regulamenta a atividade no país.
f) Lei nº 5.197, de 3 de janeiro de 1967, conhecida como Lei da Fauna Silvestre, que estabelece que os animais de quaisquer espécies, em qualquer fase do seu desenvolvimento e que vivem naturalmente fora do cativeiro, constituem a fauna silvestre, bem como seus ninhos, abrigos e criadouros naturais, sendo propriedades do Estado, proibida a sua utilização, perseguição, destruição, caça ou apanha.
g) Lei nº 9.985, de 18 de julho de 2000, ou Lei da Conservação da Natureza, que institui o Sistema Nacional de Unidades de Conservação da Natureza.
h) Lei nº 12.651, de 25 de maio de 2012, também conhecida como Novo Código Florestal, que estabelece normas gerais sobre a proteção da vegetação, áreas de preservação permanente e as áreas de Reserva Legal.
i) Lei nº 7.661, de 16 de maio de 1988, ou Lei do Gerenciamento Costeiro, que define as diretrizes para criar o Plano Nacional de Gerenciamento Costeiro.
j) Lei nº 6.766, de 19 de dezembro de 1979, conhecida como Lei do Parcelamento do Solo Urbano, que fixa as regras de loteamento urbanos, que não podem ser realizados em áreas de preservação ecológica, naquelas onde a poluição representa perigo à saúde e em terrenos alagadiços.
k) Decreto-Lei nº 25, de 30 de novembro de 1937, ou Lei do Patrimônio Cultural, que estabelece como patrimônio histórico artístico nacional os monumentos naturais, além dos sítios e paisagens de valor notável pela natureza ou a partir de uma intervenção humana, que podem ser tombados.
l) Lei nº 8.171, de 17 de janeiro de 1991, ou Lei da Política Agrícola, que estabelece a obrigatoriedade do poder público em disciplinar e fiscalizar o uso racional do solo, da água, da fauna e da flora, relacionados às atividades agropecuárias e agroindustriais, além do planejamento das atividades pesqueira e florestal.
m) Lei nº 9.433, de 8 de janeiro de 1997, conhecida como Lei de Recursos Hídricos, que instituiu a Política Nacional de Recursos Hídricos e criou o Sistema Nacional de Gerenciamento de Recursos Hídricos, que se baseia nos princípios de que a água é um bem limitado e de domínio público. Para implementar a Política Nacional de Recursos Hídricos, a Lei nº 9.984, de 17 de julho de 2000, criou a Agência Nacional de Águas, que tem como objetivos controlar, fiscalizar, outorgar o uso e proteger os recursos hídricos nacionais.

n) Lei nº 6.803, de 2 de julho de 1980, ou Lei do Zoneamento Industrial nas Áreas Críticas de Poluição, que permite que estados e municípios estabeleçam limites e padrões ambientais para a instalação e o licenciamento das indústrias, exigindo o Estudo de Impacto Ambiental.

36.5 Constituição Federal de 1988 (CF/88)

Embora diversos instrumentos normativos tenham sido publicados antes de 1988, como já citado, a promulgação da Constituição Federal teve um caráter reorientador do ordenamento jurídico brasileiro, possibilitando a promulgação e/ou atualização de diversas leis de proteção ao meio ambiente.

As constituições anteriores à CF/88 não traziam nenhum capítulo específico sobre a proteção ao meio ambiente, exceto a de 1946, que atribuía à União a competência de legislar sobre água, ar e florestas.

Assim, a Constituição da República Federativa do Brasil promulgada em 1988 foi a primeira a tratar diretamente da questão ambiental no Brasil, sendo considerada essencialmente ambientalista. Por esse motivo, a Carta Magna de 1988 é conhecida como a "Constituição Verde", principalmente por possuir um capítulo inteiro dedicado ao meio ambiente (capítulo VI do título VIII – "Ordem social").

O texto constitucional diz que tanto pessoas físicas quanto jurídicas são responsáveis pela qualidade ambiental e têm o dever de mantê-la. Dessa forma, o artigo 225 é considerado como o núcleo normativo do direito ambiental, e em seu parágrafo 3.º estabelece que:

> As atividades e condutas lesivas ao meio ambiente sujeitarão os infratores, pessoas físicas ou jurídicas, às sanções penais e administrativas, independentemente da obrigação de reparar os danos causados.

Além desse capítulo específico, a questão ambiental permeia todo o texto constitucional de forma explícita, como no artigo 5.º (inciso LXXIII), que diz claramente que qualquer cidadão pode propor uma ação popular visando anular um ato lesivo ao meio ambiente e ao patrimônio histórico. Adicionalmente, o artigo 20 (inciso II) considera as terras devolutas como patrimônio da União, indispensáveis à preservação ambiental. Já os artigos 23 e 24 estabelecem que a União, estados e municípios possuem a competência de proteger o meio ambiente e combater a poluição, além de legislar sobre as questões ambientais. A CF/88 ainda estabelece em seu artigo 200 que uma das atribuições do Sistema Único de Saúde é colaborar com a proteção ambiental. Outra referência importante ao meio ambiente pode ser encontrada no artigo 216, que considera os conjuntos ecológicos e paisagísticos como patrimônio cultural brasileiro e, portanto, danos e ameaças a esses conjuntos serão punidos por lei. Cabe ainda destacar a inovação presente no artigo 170, integrante do título VII, "Da ordem econômica e financeira", que institui a proteção ambiental como um dos princípios da ordem econômica.

Diversas referências ambientais podem ser notadas implicitamente no texto constitucional, por exemplo, o artigo 20, que traz várias referências ambientais implícitas ao considerar como "bens da União" lagos, rios, praias fluviais e quaisquer correntes de água de seu território (inciso III); os recursos naturais da Plataforma Continental e Zona Econômica Exclusiva (inciso V); o mar territorial (VIII); recursos minerais, incluindo os do subsolo (inciso IX), entre outros [13,14].

Além disso, são considerados bens dos estados as águas superficiais e subterrâneas (artigo 26, inciso I) [13,14]. Já o artigo 21, em seu inciso XIX, inclui entre as diversas competências da União "instituir sistema nacional de gerenciamento de recursos hídricos e definir critérios de outorga de direitos de seu uso" [13]. Ainda nesse mesmo capítulo, a Constituição estabelece que a União deve legislar sobre o desenvolvimento urbano (inciso XX), a exploração e a instalação de serviços nucleares (inciso XXIII) e o exercício de garimpagem (inciso XXV) [13,14]. Vários outros pontos também tratam da proteção ambiental, com destaque para o conjunto de normas sobre a saúde (artigos 196-200), que relacionam a qualidade ambiental com a qualidade de vida da população. De acordo com Silva [14], no direito à saúde inclui-se o direito ao ambiente ecologicamente equilibrado, como explicitado no artigo 225 da Carta Magna.

36.5.1 Política Nacional do Meio Ambiente

Conforme já apresentado, os recursos naturais brasileiros estão presentes na esfera jurídica desde a década de 1930, iniciando com o Decreto nº 23.793, de 23 de janeiro de 1934, que trata do primeiro Código Florestal Brasileiro [15], substituído pelo vigente, que foi estabelecido pela Lei nº 12.651, de 25 de maio de 2012. No entanto, a proteção ambiental dispunha de textos normativos fragmentados, e apenas em

1981 foi criada uma abordagem jurídica sistêmica, tratando a questão ambiental de forma direta e ampla. Esse marco jurídico se deu com a publicação da Política Nacional do Meio Ambiente [16]. Até então, a gestão ambiental era responsabilidade de cada estado ou município e, na prática, pouco era feito dentro dessa temática [17]. Essa foi a primeira legislação brasileira que estabeleceu uma definição clara do significado de "meio ambiente", como sendo "o conjunto de condições, leis, influências e interações de ordem física, química e biológica, que permite, abriga e rege a vida em todas as suas formas" [16,18].

Embora a promulgação nessa lei tenha sido anterior à Constituição Federal de 1988, a Política Nacional do Meio Ambiente foi recepcionada pelo artigo 225 da CF/88, tendo em vista a alteração prevista pela Lei nº 8.028/1990 [19].

Essa política tem como objetivo a "preservação, melhoria e recuperação da qualidade ambiental propícia à vida, visando assegurar, no País, condições ao desenvolvimento socioeconômico, aos interesses da segurança nacional e à proteção da dignidade da vida humana" [16]. Para atingir esse objetivo, com a promulgação dessa lei, foi criado o Sistema Nacional do Meio Ambiente (Sisnama), constituído, entre outros, pelo Conselho Nacional do Meio Ambiente (Conama) e pelo Instituto Brasileiro do Meio Ambiente e dos Recursos Naturais Renováveis (Ibama). Dentro desse contexto, o Conama deve propor as diretrizes de políticas governamentais para o meio ambiente e para os recursos naturais e deliberar, no âmbito de sua competência, sobre as normas e os padrões compatíveis com o meio ambiente ecologicamente equilibrado e essencial para garantir a qualidade de vida [16,19]. Já ao Ibama compete executar as políticas propostas pelo Conama [16].

Diante do exposto, pode-se observar que a Política Nacional do Meio Ambiente se baseia não só no princípio da prevenção, mas também no princípio do poluidor-pagador, já que obriga o poluidor, independentemente da existência de culpa, a indenizar ou reparar os danos causados ao meio ambiente e a terceiros afetados por sua atividade. Além disso, a Lei nº 6.938/1981 prevê a pena de reclusão de um a três anos, que pode ser dobrada de acordo com a gravidade da ação, além de multa para aqueles que causarem danos ao ambiente [16].

Essa lei criou também dois cadastros obrigatórios:

- Cadastro Técnico Federal de Atividades e Instrumentos de Defesa Ambiental, para registro obrigatório de pessoas físicas ou jurídicas que se dedicam a consultoria técnica sobre problemas ecológicos e ambientais e à indústria e comércio de equipamentos, aparelhos e instrumentos destinados ao controle de atividades efetiva ou potencialmente poluidoras [16].
- Cadastro Técnico Federal de Atividades Potencialmente Poluidoras ou Utilizadoras de Recursos Ambientais, para registro obrigatório de pessoas físicas ou jurídicas que se dedicam a atividades potencialmente poluidoras e/ou à extração, produção, transporte e comercialização de produtos potencialmente perigosos ao meio ambiente, assim como de produtos e subprodutos da fauna e flora [16].

As pessoas físicas ou jurídicas que exercerem atividades sem o devido cadastro podem ser punidas com multa que variam de R$ 500,00 a R$ 9.000,00 [16].

36.5.2 Lei dos Crimes Ambientais

Conforme já citado, o artigo 225 da CF/88, em seu parágrafo 3º, prescreve que tanto pessoas físicas quanto jurídicas podem sofrer sanções penais e administrativas ao causar danos ao meio ambiente [13]. Dessa maneira, o texto constitucional define tais danos como crime ou contravenção [14], conferindo definitivamente a tutela penal do meio ambiente [18]. Visando regulamentar esse artigo, foi sancionada a Lei nº 9.605, de 12 de fevereiro de 1998, que dispôs sobre as sanções penais e administrativas derivadas de condutas e atividades lesivas ao meio ambiente [20]. Esse instrumento legal, também conhecido como Lei dos Crimes Ambientais ou Lei Penal Ambiental, teve o mérito de unificar as infrações ambientais em um único texto, embora ainda existam outras leis prevendo a punição contra danos ao meio ambiente [18], como já citado neste capítulo.

Essa lei divide os crimes de acordo com os objetos de tutela [14,20], como se segue:

- Crimes contra a fauna (artigos 29-37), com penas previstas de três meses a cinco anos, dependendo da gravidade do ato. Além disso, essas penas podem ser aumentadas em situações especiais, por exemplo, se o crime for executado durante a noite ou quando ocorrer morte do animal, entre outras [20].
- Crimes contra a flora (artigos 38-53), com penas de reclusão também de três meses a cinco anos, além de multa. As penas podem

ser aumentadas em alguns casos, como quando o fato resultar na diminuição de águas naturais, na erosão do solo ou na modificação do regime climático [20].

- Poluição e outros crimes (artigos 54-61), se referindo a atos que podem levar à poluição atmosférica, de águas, solos ou praias; extração e uso de minerais sem autorização; manipular, transportar e comercializar substâncias tóxicas em desacordo com as exigências estabelecidas em leis ou nos seus regulamentos; construir, reformar, instalar ou fazer funcionar estabelecimentos, obras ou serviços potencialmente poluidores, sem licença ou autorização dos órgãos ambientais competentes; ou ainda disseminar doenças e pragas nocivas aos ecossistemas, à agricultura, pecuária, fauna e flora. As penas são as mesmas citadas anteriormente [20].
- Crimes contra o ordenamento urbano e o patrimônio cultural (artigos 62-65), se referindo ao meio ambiente de uma forma ampla, incluindo a proteção a monumentos e patrimônios culturais por seu valor paisagístico, ecológico, turístico, artístico, histórico, cultural, religioso, arqueológico ou etnográfico. Prevê detenção de três meses a três anos e multa para quem destruir, inutilizar ou deteriorar esses bens [20].
- Crimes contra a administração ambiental (artigos 66-69), em que estão previstos os crimes que atrapalham ou impedem a emissão de autorizações e licenciamentos ambientais; concessão de licenças ou permissões em desacordo com as normas e regulamentos; ou que dificultam ou impedem a fiscalização ambiental. As penas previstas são de reclusão de três meses a três anos, além de multa [20].

Os crimes ambientais são passíveis de punição tanto por ação dolosa, ou seja, quando o agente assumiu o risco de produzir o dano (dolo eventual); quanto culposa, ou seja, quando o dano foi causado por negligência, imprudência ou imperícia, como previsto no Código Penal [21,22]. Adicionalmente, seguindo os princípios da precaução e da prevenção, de acordo com a Lei nº 9.605/98, basta a mera conduta, independente do resultado, tendo assim um caráter intimidativo e educativo [18].

A Lei dos Crimes Ambientais leva em consideração pessoas físicas e jurídicas, sendo estas as principais agressoras ambientais. Consequentemente, estão previstas nessa lei penas restritivas às pessoas jurídicas, que vão de multa e reclusão até sanções previstas para as pessoas físicas, como suspensão parcial ou total de atividades, interdição temporária de estabelecimento, obra ou atividade, proibição de assinar contratos com o poder público [20,21]. Tanto para pessoas físicas quanto jurídicas cabe ainda a pena de prestação de serviços à comunidade [20].

36.6 Relato de casos

36.6.1 Aterros sanitários

O aumento da população em regiões próximas a aterros sanitários é uma preocupação atual de políticas públicas pelos riscos que os resíduos dispostos nessas áreas podem promover à saúde humana. Apesar dos aterros serem inicialmente instalados em regiões de baixa densidade populacional, o aumento da população ao redor dessas áreas muitas vezes é inevitável, uma vez que ela é atraída pela infraestrutura de acesso, energia elétrica e saneamento básico, necessários para a instalação dos aterros [23]. Há diversos relatos de casos de contaminação ambiental promovida por aterros sanitários e danos à saúde humana. O mais famoso e reconhecido como marco histórico neste quesito é o caso ocorrido em Love Canal, nos Estados Unidos.

36.6.1.1 Tragédia de Love Canal

Love Canal (LC) é um bairro situado a sudoeste da cidade de Cataratas de Niágara, Nova Iorque, e a história de contaminação dessa região iniciou-se nos anos de 1940. No entanto, como veremos, medidas públicas foram tomadas apenas após 1978, com a evidente contaminação da população local.

A área de LC foi contaminada entre o período de 1942 a 1953 pela empresa Hooker Chemical Corporation (HCC), atualmente integrante de outra empresa denominada Occidental Petroleum Corporation (OXY). Foram aterrados nesta área 21,8 mil toneladas de resíduos industriais provenientes dessa empresa e, durante o período de disposição dos resíduos, não foi tomada nenhuma medida que pudesse evitar futuras lixiviações dos poluentes [24,25]. Entre os tipos de resíduos depositados nessa região incluíam-se vários hidrocarbonetos clorados, lodos, cinzas de combustível pulverizadas, entre outros. No total, foram detectados em LC mais de duzentos tipos diferentes de agentes químicos, os quais foram originalmente dispostos em tambores de metal e outros tipos de recipientes [24].

O crescimento populacional aos redores de LC surgiu com o tempo, iniciando-se nos anos de 1950 [23] e, além da construção de novas residências, a HCC recobriu a área de aterro com uma camada de argila e a vendeu, posteriormente, para uma escola pública do distrito de Cataratas de Niágara. O problema teve origem com as variações de nível de água do lençol freático promovidas pelas condições climáticas do local (por exemplo, degelo e chuvas de primavera), o que comprometeu a camada de argila e, consequentemente, o isolamento dos resíduos aterrados [24].

Apesar da contaminação de LC ter se iniciado nos anos de 1940, a contaminação das residências localizadas próximas ao local tornou-se evidente apenas em meados dos anos 1960, quando a população fez contestações sobre a ocorrência de odores químicos, pequenas explosões e outros sinais de contaminações provenientes do aterro [24-26]. Em 1976, o Departamento de Conservação Ambiental de Nova York (New York Department of Environmental Conservation, NYDEC) realizou as primeiras investigações de suspeitas de lixiviação e, em 1978, o Departamento de Saúde de Nova York (New York Department of Health, NYDOH) relatou quantidades significativas de substâncias químicas, como tolueno e compostos benzênicos, em amostras de água provenientes de fossas de residências adjacentes ao local (contaminação de águas subterrâneas). No entanto, apenas no verão de 1978, a contaminação generalizada da população vizinha se tornou evidente, por causa da severidade das condições climáticas do inverno, que levaram ao efeito denominado de *bathtub effect*, o qual proporcionou o aumento da lixiviação dos poluentes de LC [24]. Medidas federais e estaduais para a realocação da população de LC foram tomadas entre 1978 e 1980 [25].

Mediante a severidade da contaminação, o NYDOH e pesquisadores independentes realizaram diversos estudos, entre 1980 e 1987, para verificar o comprometimento da população de LC, principalmente quanto aos efeitos adversos relacionados a problemas reprodutivos, desenvolvimento infantil e cânceres. Contudo, as investigações dos danos promovidos à saúde humana não ficaram restritas apenas ao momento imediato da exposição, e até recentemente estudos são conduzidos para averiguar os impactos promovidos à população exposta.

Gensburg e colaboradores [26], com o objetivo de verificar os efeitos a longo prazo à saúde de moradores de LC, mostraram que, embora a incidência total de cânceres entre residentes de LC, no período de 1979 a 1996, fossem similares aos da população geral, foi associada elevada incidência de cânceres de rim e bexiga, principalmente aos residentes expostos quando crianças.

Kielb e colaboradores [25], com o intuito de verificar o impacto da exposição da população local de LC, realizaram as análises químicas de amostras de soro de 373 indivíduos residentes nas proximidades, coletadas durante o período de 1978 a 1979. Dos resultados obtidos, os autores verificaram uma associação entre os indivíduos residentes na área próxima a LC e níveis significativos de dois solventes voláteis (1,2-diclorobenzeno e 1,2,4-triclorobenzeno) nas amostras de soro coletadas. Esse resultado suporta a ideia de que moradores antigos de LC foram expostos pelo menos a alguns químicos provenientes desde aterro sanitário.

Austin e colaboradores [27] realizaram um estudo para avaliar as condições reprodutivas de mulheres que residiram próximas à área de LC. Os resultados desse estudo mostraram um risco estatisticamente significante de partos prematuro entre crianças nascidas em LC antes da realocação em comparação com a população de Nova York (população-padrão). Além disso, a relação de indivíduos do sexo masculino e feminino se mostrou menor para crianças que viviam na área antes do período de realocação, e a frequência de malformações congênitas também se mostrou maior entre meninos de LC nascidos entre 1983 e 1996. O aumento do risco relacionado ao baixo peso de recém-nascidos de mulheres que residiram nas proximidades de LC durante sua infância também foram observadas.

36.6.1.2 Conjunto residencial Barão de Mauá

O conjunto residencial Barão de Mauá, localizado no Parque São Vicente, no município de Mauá, São Paulo, foi construído em parte sobre uma área contaminada com compostos orgânicos e inorgânicos, alguns deles voláteis, como benzeno, clorobenzeno, trimetilbelzeno e decano. O terreno no qual esse condomínio foi construído pertencia à empresa de amortecedores Cofap, sendo aterrados anteriormente no local resíduos sólidos industriais, principalmente areias de fundição. Além disso, como não havia controle da área pelos proprietários, outras substâncias tóxicas de origem desconhecida também foram ali depositadas inadequadamente [28].

A intervenção de órgãos públicos nessa área iniciou-se apenas em abril de 2000, após uma explosão seguida de incêndio ocorrida durante a manutenção de uma bomba da caixa d'água situada no subsolo de um dos edifícios desse condomínio, o que resultou em morte e queimaduras de terceiro grau dos trabalhadores atuantes [29]. A partir desse ocorrido, a Companhia de Tecnologia de Saneamento Ambiental (Cetesb), do estado de São Paulo, passou a intervir na área e averiguar as causas relacionadas ao acidente.

O relatório gerado por parte da Cetesb apontou que alguns dos edifícios desse conjunto habitacional foram construídos sobre o antigo depósito de resíduos industriais e domiciliares da Cofap, criando condições favoráveis à formação de gás metano. Ainda de acordo com esse relatório, era de conhecimento público e notório que, no passado, aquela era uma área destinada a resíduos industriais, o que tornaria o evento (explosão e morte) previsível [28].

Nessa ocasião, a Cetesb aplicou penalidade de multa à empresa SQG Empreendimento e Construções Ltda., responsável pela construção dos edifícios, e exigiu a adoção de ações de monitoramento, identificação, caracterização e remediação do solo e águas subterrâneas. Entre as exigências técnicas solicitadas pela Cetesb encontravam-se: monitoramento de índices de explosividade; ventilação forçada dos espaços fechados; monitoramento da qualidade do ar na área do condomínio; proibição do uso das águas subterrâneas; monitoramento da qualidade da água de abastecimento público fornecida aos edifícios; cobertura dos resíduos expostos com material inerte; realização de investigação detalhada, para delimitação, caracterização e quantificação dos resíduos depositados e da contaminação do solo e das águas subterrâneas; realização de avaliação de risco à saúde; adequação dos *playgrounds*, posicionando-os sobre uma camada de argila compactada; extração forçada de vapores e gases do subsolo, com monitoramento da eficiência do sistema de tratamento dos gases coletados; apresentação de projeto destinado à remoção dos bolsões de materiais orgânicos geradores de gases e vapores e implantação de medidas para remediação das plumas de contaminação das águas subterrâneas mapeadas no local [28].

A adoção dessas medidas possibilitou o controle da situação emergencial da área e a redução dos riscos de exposição inalatória dos compostos voláteis pelos residentes. O fato de a maioria dos edifícios ocupados não estarem situados sobre a massa de resíduos e a constante operação do sistema de extração de vapores do solo foram os dois principais fatores que contribuíram favoravelmente para a melhoria do quadro [28].

Quanto aos danos efetivos promovidos à saúde da população exposta, o relatório do Ministério da Saúde, o qual contempla a avaliação de risco dos resíduos perigosos no condomínio Barão de Mauá, mostrou a não constatação de nenhuma rota completa de exposição atual às substâncias existentes no subsolo dos prédios. Segundo informações apresentadas, esses contaminantes não estão presentes na água de uso domiciliar e no solo superficial. Os gases que chegam à superfície não apresentam concentrações dos contaminantes acima dos níveis de segurança permitidos pelas legislações nacional e internacional. As concentrações existentes no ar são semelhantes às encontradas no meio urbano em geral, inclusive para as substâncias consideradas carcinogênicas, como o benzeno [29].

Dessa forma, não foi possível estabelecer a ocorrência de nenhum efeito lesivo sobre a saúde da população exposta a partir da contaminação ambiental pelos compostos voláteis em Barão de Mauá. Provavelmente os trabalhadores que manipulavam os resíduos para sua deposição no aterro clandestino e os operários da construção do condomínio nos solos contaminados foram expostos. Há a possibilidade também da exposição de alguns residentes dos blocos situados na área contaminada. Todavia, efeitos adversos à saúde da população receptora podem ser estimados apenas durante um período de seis anos de exposição a tais poluentes. Após as medidas de remediação e contingência da contaminação da área, não há indicativos de que a população atual esteja sendo exposta, e os riscos a populações futuras referem-se a situações de exalação de compostos voláteis e arraste de material particulado a partir do solo para os compartimentos atmosféricos [29].

36.6.2. Praguicidas

36.6.2.1 Tragédia de gás de Bhopal

A cidade de Bhopal, situada na Índia, foi severamente impactada por um desastre industrial causado por uma fábrica de praguicidas. A empresa Union Carbide (UC) foi criada em 1968, iniciando a produção de um inseticida denominado Carbaryl em 1979. O isocianato de metila (*methyl isocyanate*, MIC) era uma substância volátil intermediária da produção do Carbaryl.

Em dezembro de 1984, aproximadamente 41 toneladas de MIC foram acidentalmente liberadas para a atmosfera pelo vazamento de um tanque da planta da UC situada em Bophal. As prováveis causas do acidente referem-se ao aumento da pressão no tanque, por causa de uma reação exotérmica causada pela água ali presente, associada a falhas no sistema de segurança [30]. O gás MIC espalhou-se por uma área de 30 km^2, o que resultou na morte e danos à saúde de muitos indivíduos. A exposição desses indivíduos se deu em diferentes graus, dependendo de sua proximidade com a planta e fatores climáticos. Estima-se que há mais de 500 mil sobreviventes da tragédia [31].

As estimativas dos danos causados pelo gás MIC à população exposta foram objeto de muitos estudos. O conselho indiano de pesquisas médicas (Indian Council of Medical Research, ICMR) foi uma das organizações de destaque a conduzir estudos clínicos para verificação da severidade do impacto dessa tragédia sobre a população de Bhopal.

Efeitos tóxicos agudos decorrentes da inalação do gás MIC foram devastadores. No entanto, o tratamento foi limitado de acordo com os sintomas apresentados pelos indivíduos afetados. Informações sobre a toxicidade do gás MIC não eram disponíveis no momento, sendo um grande empecilho para a intervenção de gestão terapêutica das vítimas. Lesões necrosantes graves na mucosa do trato respiratório, bronquíolos, alvéolos e capilares pulmonares também foram efeitos observados nas vítimas, e tais resultados apontaram para a severidade do comprometimento do sistema respiratório [31].

Segundo o relatório elaborado pelo ICMR, a asfixia decorrente de lesão pulmonar aguda ou a síndrome do desconforto respiratório agudo, provavelmente, foram as principais causas da maioria das mortes associadas à tragédia de Bhopal. Problemas oculares, como grave ardor ocular, dor e fotofobia, foram relatados pelas vítimas nos primeiros meses após a exposição ao gás MIC. No entanto, estudos clínicos posteriores mostraram o desaparecimento desses sintomas oculares com o tempo na maioria dos casos. Houve apenas algumas exceções de casos que necessitaram de intervenção cirúrgica para a substituição da córnea. Problemas neurológicos, neurocomportamentais e fisiológicos também foram observados nas vítimas desse desastre ambiental [31].

Efeitos reprodutivos foram associados à tragédia mesmo após vinte anos de sua ocorrência. Por exemplo, alterações menstruais, corrimento vaginal e menopausa prematura são problemas comuns entre as mulheres expostas ao gás MIC e os seus descendentes do sexo feminino. Estudos para verificação dos efeitos causados ao material genético mostraram que esse gás é capaz de induzir danos no DNA de indivíduos expostos. Diferentes tipos de danos no DNA foram associados ao MIC, como trocas de cromátides-irmãs, quebras cromossômicas, entre outros tipos de aberrações cromossômicas. No entanto, uma correlação entre o potencial de indução de danos no DNA pelo gás MIC e com o desenvolvimento de cânceres na população exposta não foi estabelecida, mas isso pode ser devido à limitação de estudos que contemplem esse objetivo [31].

36.6.3 Material radioativo

36.6.3.1 Acidente de Chernobyl

A usina nuclear de Chernobyl (*Chernobyl nuclear power plant*, CNPP) está localizada no norte da Ucrânia, perto da junção das fronteiras dos estados da Ucrânia, Bielorrússia e Rússia. Em abril de 1986, uma explosão de um reator, por falhas de projeto do reator e erros de operação, levou à liberação de grandes quantidades de materiais radioativos, configurando o acidente da CNPP [32,33]. Uma nuvem radioativa proveniente do acidente se dispersou por todo o hemisfério norte e resultou na deposição de quantidades substanciais de materiais radioativos em regiões da antiga União Soviética e de outros países nas imediações do local do acidente. A liberação desses materiais para a atmosfera se estendeu por cerca de dez dias [33].

Antes desse acidente, a única experiência com exposição radioativa referia-se às bombas atômicas de Hiroshima e Nagasaki em 1945. No entanto, por causa da distinta natureza da radiação liberada, muitas das consequências relacionadas à saúde e à sociedade não puderam ser antecipadas a partir da experiência com a tragédia japonesa [32].

Quanto à exposição da população, há três grupos principais de indivíduos para os quais a estimativa dos efeitos adversos à saúde pela radiação de Chernobyl é particularmente relevante, como segue: (1) trabalhadores envolvidos nas ações de mitigação do acidente; (2) indivíduos que residiam nas proximidades da CNPP – área evacuada após o acidente; (3) indivíduos que continuam residindo em áreas contaminadas distantes da CNPP. Todos esses grupos foram expostos à radiação em tempos, circunstância e magnitude diferentes após o acidente [32]. Além disso, diferentes tipos de materiais radioativos foram liberados, incluindo radioisótopos com meia-

-vida curta, como o iodo-131 (meia-vida de oito dias) e radioisótopos com longo tempo de duração, como o césio-137 (meia-vida de trinta anos) [33].

Radioisótopos de iodo são quimicamente ativos e afetam a glândula tireoide quando ingeridos e/ou inalados. Adicionalmente, considerando-se o tempo de meia-vida dos radioisótopos anteriormente mencionados, o perigo biológico do iodo radioativo é significativo por um período relativamente curto, enquanto que as projeções de indução de cânceres pelo césio radioativo estendem-se por longos períodos de tempo.

Estudos de investigação dos danos a mamíferos causados pela exposição aos radioisótopos pelas diferentes vias de absorção, em especial o iodo radioativo, apontaram que a inalação de radioisótopos é a via de menor relevância quanto aos efeitos adversos causados às tireoides desse grupo de organismo em comparação com a ingestão de alimentos contaminados/pastagem. No caso da exposição humana, a principal via de incorporação de radioisótopos foi pela ingestão de leite contaminado [34].

Pode-se dizer que, dentre os efeitos adversos promovidos pelo acidente da CNPP à saúde dos indivíduos expostos, o câncer de tireoide se destaca. A quantificação das doses de radiação nessa glândula após o acidente de Chernobyl está associada com o aumento da incidência de câncer de tireoide entre indivíduos que foram expostos a radiação durante as fases de infância e adolescência. A incidência de câncer de tireoide na população afetada ultrapassou 6.848 casos de pacientes com menos de 18 anos em 1986, e 5.127 deles tinham 14 anos na época do acidente. O tratamento desse tipo de câncer, geralmente, é bem-sucedido, porém quinze mortes foram registradas a partir de 2006. Riscos de desenvolvimento de câncer de tireoide relacionados à radiação não foram observadas nos grupos de pessoas expostas na idade adulta. Estudos epidemiológicos recentes mostraram um aumento do risco de leucemia, neoplasias hematológicas e catarata nos trabalhadores envolvidos nas ações de contenção do acidente. Não houve uma correlação estatisticamente significativa entre casos de tumores sólidos, defeitos no nascimento e alterações genéticas na população exposta com a contaminação por radioisótopos do acidente da CNPP [34].

Em 2006, a Agência Internacional de Energia Atômica (International Atomic Energy Agency, IAEA) classificou o acidente nuclear de Chernobyl como a "catástrofe nuclear mais importante da história humana". Tal afirmativa continua válida mesmo após o acidente de Fukushima, o qual será relatado a seguir [34].

36.6.3.2 Acidente de Fukushima

Em março de 2011, o terremoto *Tohoku Earthquake*, também designado como Grande Terremoto do Leste do Japão, provocou um *tsunami* devastador que atingiu alturas de até 40,5 m, o que acarretou a destruição em massa da costa na região nordeste de Fukushima. O *tsunami* atingiu uma extensão de aproximadamente 10 km para o interior, resultando em 15.854 mortes e 3.089 pessoas desaparecidas [34].

A usina nuclear de Fukushima Daiichi situava-se entre as regiões afetadas. A água do mar proveniente do *tsunami* causou um distúrbio nos sistemas de energia e resfriamento de quatro reatores nucleares, o que aumentou a pressão interna, por causa do aquecimento extremo da água de refrigeração. Tal fato levou a explosões de hidrogênio, que resultaram na liberação de grandes quantidades de radioatividade para a atmosfera. Vários radionuclídeos, aproximadamente 73 tipos, foram liberados para a atmosfera e dispersados por longas distâncias. As emissões duraram cerca de quarenta dias e traços de radionuclídeos foram detectados em todo o mundo [35,36]. Logo após o acidente, cerca de 200 mil habitantes residentes do local e imediações foram removidos de suas casas, evacuando a área, a fim de mitigar o impacto radiológico a saúde humana.

Dois anos após o acidente, o risco de câncer para a população permanece desconhecido, assim como não existem ainda estudos epidemiológicos. De fato, os efeitos da radiação para os seres humanos só podem ser estimados após um período de tempo mais longo da ocorrência do acidente. Essa estimativa é realizada pelo sistema de registro japonês de casos de cânceres, o qual considera para essa predição os atestados de óbito associado a análises estatísticas [35].

Alguns estudos têm sido realizados com o objetivo de quantificar os efeitos do acidente de Fukushima à saúde da população global. Esses estudos utilizam o modelo linear *Nothreshold* (LNT) de exposição humana. Pesquisadores estimaram que, principalmente no Japão, a radiação do acidente de Fukushima pode eventualmente levar a óbito 130 indivíduos por problemas relacionados ao desenvolvimento de câncer. É demasiadamente cedo para prever qualquer incidência de câncer de tireoide em Fukushima, porém as primeiras estimativas cuidadosamente sugerem que as doses para a grande maioria da população em Fukushima não foram altas o suficiente para se esperar qualquer aumento na incidência de câncer no futuro [34,37].

36.6.3.3 Césio-137

Em setembro de 1987, em Goiânia, no estado de Goiás, Brasil, vivenciou um acidente com material radioativo, cujas consequências persistem até os dias atuais. O acidente ocorreu quando indivíduos removeram das instalações do desativado Instituto de Radioterapia de Goiás um equipamento radioterapêutico que continha como fonte radiativa 19,26 g de cloreto de césio-137 ($^{137}CsCl$). Com o objetivo de vender a parte metálica do equipamento, os indivíduos desmembraram o aparelho, liberando a cápsula que continha o sal radioativo. Dessa forma, várias pessoas foram expostas a radiação gama pelo manuseio inadequado desse material radioativo, bem como pela limpeza dos locais contaminados. Estima-se que cerca de 250 pessoas foram expostas à radiação ionizante do césio-137, o que resultou em quatros mortes imediatas [38,39].

Os impactos da exposição acidental humana ao césio-137 em Goiânia, quanto à indução de mutações em linhagens germinativas, foram avaliados por Costa e colaboradores [38]. Segundo os autores, um aumento na taxa de mutações em células germinativas de descendentes da população exposta à radiação gama do césio-137 foi verificada. Crianças acidentalmente expostas a esse acidente radiológico também apresentaram uma maior frequência de danos no DNA, quantificados pelo teste do micronúcleo [40].

36.6.4 Petróleo e derivados

36.6.4.1 Vazamento no Golfo do México

Em 2010, ocorreu um dos mais severos desastres de óleo em ambiente marinho, denominado *Deepwater Horizon* (DWH). Foram liberados no ambiente aproximadamente 4,9 milhões de barris de óleo entre abril e julho de 2015, e 2 milhões de galões de dispersantes químicos foram aplicados às águas da área impactada. Ambos, óleo e dispersante químico, tiveram impactos a curto e longo prazo nos ecossistemas da região norte do Golfo do México.

Óleo cru é uma mistura complexa que contém milhares de substâncias químicas diferentes e, consequentemente, os impactos ambientais por ele provocados estão diretamente associados à sua composição. O óleo vazado em DWH era um óleo leve, com baixa concentração de enxofre (MC252) [41].

Por causa da menor densidade que a água, aproximadamente uma fração > 65% do óleo MC252 liberado encontrava-se na superfície da água do mar. A emulsificação e diluição dos componentes do óleo pode ocorrer com água não contaminada por processos físicos dinâmicos. No entanto, a dissolução dos hidrocarbonetos de petróleo foi aumentada pela adição dos dispersantes e aumento dos níveis de hidrocarbonetos policíclicos aromáticos (HPAs) foram detectados na costa da região impactada do Golfo do México sem a presença visível do óleo cru [42].

O grande problema da aplicação de dispersantes nesse caso foi a ausência dos impactos toxicológicos a organismos marinhos desses agentes. Dois tipos de dispersantes foram empregados: Corexit 9500 e Corexit 9527. Wise e colaboradores mostraram que ambos os dispersantes utilizados são citotóxicos (morte celular), e o Corexit 9527 é genotóxico (danos no DNA) a células da pele de baleia cachalote. Estudos recentes mostram que cetáceos do Golfo do México estão sofrendo de problemas reprodutivos e respiratórios [43].

Estudos para verificação da toxicidade aguda de amostras de águas do Golfo do México coletadas durante o incidente de DWH mostraram que o óleo MC252 apresenta uma toxicidade limitada utilizando bactérias luminescentes (*Vibrio fischeri*), crustáceo semelhante ao camarão (*Americamysis bahia*) e peixe (*Menidia beryllina*) [41].

Vazamentos de óleo podem ser nocivos pela ação do óleo *per si*, assim como pelo uso de agentes químicos, por exemplo, dispersantes, durante os processos de limpeza e remediação das áreas contaminadas. Nesse caso, parece que os maiores impactos do DWH foram decorrentes do uso de dispersantes químicos, em vez da ação do óleo MC252 propriamente dito.

36.6.5 Metais

36.6.5.1 Derrame tóxico de alumínio de Ajka

Em 2010, a cidade de Ajka, na Hungria, sofreu um grave acidente industrial de uma fábrica de alumínio. Um reservatório de lodo residual foi danificado e liberou resíduos tóxicos (lama vermelha) para o meio ambiente [44]. Estima-se que foram liberados 600.000 a 700.000 m^3 de lama vermelha tóxica, o que inundou três cidades e afetou outras quatro zonas residenciais, em alguns lugares com uma profundidade de até 2 m, e rapidamente cobriu uma área agrícola de cerca de 40 km^2. Essa catástrofe levou a óbito dez pessoas e centenas de outras sofreram injúrias severas, sendo queimaduras pelo contato direto com o material altamente alcalino (pH ~ 13) uma das principais. No entanto, os problemas à saúde da população não se limitaram à fase crítica inicial do acidente, se estendendo ao longo dos anos [45].

Grandes quantidades de alumínio (Al) e cromo VI (Cr VI) biologicamente disponíveis foram liberadas para os ambientes aquáticos e terrestres durante o acidente de Ajka. No entanto, o monitoramento de Al e Cr VI durante as ações de remediação indicaram uma redução nas concentrações desses poluentes nas áreas contaminadas [44].

Profissionais da saúde destacam que os principais problemas estão relacionados à inalação da poeira formada pela secagem da lama vermelha, sendo as partículas inseridas na atmosfera pelo vento. Estudos para verificação dos problemas respiratórios relacionados à inalação das partículas da lama vermelha foram realizados por análises de propriedades químicas e físicas dessas partículas. Esses estudos indicaram que o tamanho das partículas de lama vermelha era maior que o tamanho crítico necessário para atingir os compartimentos alveolares. Todavia, algumas partículas de lama vermelha podem alcançar e irritar o epitélio tanto na via aérea central como na periférica [45,46]. Contudo, embora o alto potencial de ressuspensão e a alcalinidade estejam relacionados a alguns problemas de saúde, tais como a irritação do trato respiratório e olhos, a distribuição de tamanho e a composição da poeira da lama vermelha faz com que ela seja menos nociva à saúde humana do que as partículas provenientes da poluição urbana [46].

36.6.5.2 Exposição ao cádmio dos residentes da Tailândia

Em 2003, a contaminação ambiental por cádmio (Cd) foi descoberta no distrito de Mae Sot, da província de Tak, localizada na região noroeste da Tailândia. Essa contaminação originou-se em uma área rica em zinco (Zn), localizada ao norte dos riachos de irrigação de culturas de arroz, tendo sido um local de atuação de uma mineradora de zinco (Zn) por mais de vinte anos. Os arrozais em doze vilas do distrito de Mae Sot mostraram marcantes concentrações de Cd, e os níveis de Cd urinário mostraram uma elevada carga corporal de Cd nos residentes da região contaminada [47].

O Cd é um importante poluente ambiental de preocupação à saúde pública, pela toxicidade causada a vários órgãos. O rim é o principal órgão-alvo de exposição ao Cd. Um sinal inicial da nefrotoxicidade causada pela exposição ao Cd é a proteinúria tubular, demonstrado pelo aumento da concentração urinária de proteínas de baixo peso molecular, como a β_2-microgobulina (β_2-MG). O Cd é um elemento amplamente distribuído na crosta terrestre, principalmente em associação com minérios de Zn. Ele é um subproduto comum do processo de mineração de Zn [48].

A maior exposição dos residentes das vilas de Mae Sot se deu pela ingestão de arroz contaminado, e uma redução na ingestão de Cd pela dieta ocorreu entre 2004 e 2007, quando o governo comprou todo o estoque de arroz produzido na área e compensou monetariamente a população para não realizar mais plantio de alimentos na região. O plantio de cana de açúcar para a produção de etanol foi a principal cultura estabelecida [48]. Dentre os efeitos encontrados na população do local, destacavam-se disfunções renais, efeitos tóxicos aos ósseos, hipertensão e cálculos urinários, sendo todos associados aos elevados níveis de Cd corpóreo detectados nos residentes da área contaminada [47,48].

36.6.6 Usina de açúcar e álcool

A produção de etanol tem crescido consideravelmente no Brasil, entretanto, uma pequena parcela dos cultivos de cana-de-açúcar (25%), a qual é a matéria-prima das usinas sucroalcooleira, tem sua colheita mecanizada. A colheita de cana-de-açúcar é realizada principalmente pela queima pré-colheita, seguida do corte manual, o que contribui para o aumento da poluição atmosférica em cidades localizadas próximas as áreas de plantio [49]. A qualidade do ar nas cidades localizadas em áreas de plantio de cana-de-açúcar do estado de São Paulo é dramaticamente deteriorada em períodos de safra (temporada de colheita que requer a queima) [50]. Estudos epidemiológicos demonstraram a relação entre queima de biomassa e aumento da frequência de visitas aos serviços de emergências médicas [49].

36.6.7 Produtos de limpeza

A proteção do meio ambiente e a saúde humana pelo consumo responsável tem emergido como uma importante mudança no comportamento do consumidor. Embora muitos fatores estejam relacionados a essa mudança, as relações diretas entre ingredientes de produtos de limpeza convencionais e impactos negativos ao ambiente, como a eutrofização, e a saúde humana, como a desregulação endócrina, tiveram um impacto significativo sobre o ponto de vista do consumidor na aquisição de produtos domésticos ambiental e toxicologicamente seguros [51].

Estudos de exposição doméstica mostraram que as pessoas estão expostas no ambiente interno (por exemplo, nas casas) a misturas complexas de substâncias tóxicas provenientes de materiais de construção e uma ampla gama de produtos de consumo. Poluentes domésticos tendem a ter vários efeitos sobre a saúde, porque muitos são classificados como substâncias desreguladoras endócrinas (DE), as quais apresentam a capacidade de interferir com o sistema hormonal do organismo. Produtos domésticos relacionados aos DE incluem ftalatos, retardantes de chama halogenados e alquilfenóis. Estudos contemplando análise química de produtos de limpeza e cuidados pessoais confirmam que muitos são fontes potenciais de DE, destacando a necessidade de uma abordagem mais efetiva para a redução do uso dessas substâncias tóxicas minimizando os riscos de exposição ocupacionais e residenciais [52].

A execução de tarefas domésticas de limpeza envolve o uso de detergentes químicos, o que são associados a casas limpas e mais seguras quanto à eliminação de "sujeiras". Estudos de saúde ocupacional têm associado o uso de detergentes com riscos à saúde humana, os quais abrangem problemas respiratórios e de pele. As mulheres são as principais utilizadoras de detergentes domésticos, uma vez que, em geral, desempenham a maioria das atividades domésticas [53].

O uso de produtos de limpeza em *spray* tem aumentado nas últimas décadas e muitas pessoas, principalmente mulheres, estão expostas sem o conhecimento da periculosidade tóxica desses produtos. A presença de substâncias tóxicas já foi relatada nos produtos de limpeza, especialmente as fragrâncias. Produtos de limpeza doméstica são classificados como os mais frequentemente envolvidos em queixas de exposição humana. Há uma crescente evidência de que produtos de limpeza na forma de *spray* aumentam os riscos de asma (doença inflamatória crônica das vias aéreas) [54].

36.6.8 Resíduos do serviço de saúde

A gestão de resíduos hospitalares tem recebido grande atenção por causa do potencial de riscos à saúde pela disposição e tratamentos inadequados dos resíduos. Tais resíduos tipicamente contêm materiais potencialmente infecciosos e tóxicos produzidos nos hospitais. A mistura de resíduos hospitalares é frequentemente descartada em aterros sanitários, onde pessoas de comunidades carentes podem ser expostas pela busca de algo para a subsistência. Essa prática se dá, entre outras coisas, em razão de uma legislação deficiente e da falta de conscientização pública dos gestores de resíduos hospitalares quanto aos seus potenciais riscos. O desenvolvimento de uma gestão eficiente de resíduos hospitalares é extremamente importante para prevenir o potencial de exposição de trabalhadores, pacientes e do público a infecções e químicos tóxicos [55].

No Brasil, órgãos como a Agência Nacional de Vigilância Sanitária (Anvisa) e o Conselho Nacional do Meio Ambiente (Conama) têm assumido o papel de orientar, definir regras e regular a conduta dos diferentes agentes, no que se refere à geração e ao manejo dos resíduos de serviços de saúde, com o objetivo de preservar a saúde e o meio ambiente, garantindo a sua sustentabilidade [56].

36.7 Conclusões

O bem-estar da sociedade, assim como a sua sobrevivência, depende da compatibilização entre o crescimento econômico e a preservação do meio ambiente. Portanto, é fundamental conscientizar a população sobre a importância do desenvolvimento sustentável, assim como punir as atividades antropogênicas não compatíveis com essa preservação.

Questões para estudo

1. Qual a contribuição da toxicologia forense na caracterização do crime ambiental?
2. Quais são os principais instrumentos normativos da Legislação Ambiental Brasileira?
3. Cite as principais classes de poluentes de origem antropogênica que podem gerar danos ambientais.

Respostas

1. As análises toxicológicas auxiliarão no estabelecimento do nexo causal entre a atividade lesiva e os danos à saúde ambiental e humana. Assim, a aplicação da toxicologia, somada ao cumprimento das legislações ambientais, permitirá a punição do agressor (pessoa física ou jurídica), que, além de ser o responsável pela reparação ambiental, responderá com processo criminal e pagamento de multa.

2. Os três instrumentos normativos principais que regem a Legislação Ambiental no Brasil são: a Política Nacional do Meio Ambiente, a Constituição Federal de 1988 e a Lei dos Crimes Ambientais.
3. Dentre as classes de poluentes de origem antropogênica mais comuns, destacam-se: praguicidas, metais, substâncias radioativas e hidrocarbonetos de petróleo.

Lista de abreviaturas

CF	Constituição Federal	MDL	Mecanismo de Desenvolvimento Limpo
CKA	Curva de Kuznets ambiental	ONU	Organização das Nações Unidas
COP-18	Conferência das Nações Unidas sobre Mudança Climática	PG&E	Pacific Gas and Electric Company
CQNUMC	Convenção-Quadro das Nações Unidas sobre Mudança do Clima		

Lista de palavras

Aterros sanitários
Atividade antropogênica
Césio-137
Crime ambiental
Hidrocarbonetos
Isocianato de metila
Legislação ambiental
Metais
Poluição
Praguicidas
Substâncias radioativas

REFERÊNCIAS

1. Dotto AC, Cunha DR. Tutela ambiental constitucional. Rev. CEPPG CESUC. 2010;22:187-98.

2. Huang WM, Lee GWM, Wu CC. GHG emissions, GDP growth and the Kyoto Protocol: A revisit of Environmental Kuznets Curve hypothesis. Energy Policy. 2008;36:239-47.

3. Carvalho TS, Almeida E. A Hipótese da Curva de Kuznets Ambiental Global: Uma Perspectiva Econométrico-Espacial. Est Econ. 2010;40(3):587-615.

4. Scalassara LM, Oliveira VM. A tutela do ambiente na jurisprudência. Rev Jurid CESUMAR. 2001;1:413-36.

5. Sampaio R. Direito Ambiental. FGV Direito Rio [cited 2014 Oct 16]. Available from: http://academico.direito-rio.fgv.br/ccmw/images/a/a9/DIREITO_AMBIENTAL_2012-1.pdf

6. Secretaria de Estado do Meio Ambiente. Tratados e organizações internacionais em matéria de meio ambiente. In: Entendendo o meio ambiente. São Paulo; 1997. v. 2.

7. Lago AAC. Estocolmo, Rio, Joanesburgo: o Brasil e as três conferências ambientais das Nações Unidas. Brasília: Fundação Alexandre de Gusmão; 2006.

8. Cunha GF, Pinto CRC, Martins SR, Castilhos AB. Princípio da precaução no Brasil após a Rio-92: impacto ambiental e saúde humana. Ambiente & Sociedade. 2013;16(3):65-82.

9. Franzoi A, Baldin N. Agenda 21 Escolar: impactos em educação, meio ambiente e saúde. Cadernos de Educação FaE/PPGE/UFPel. 2009;34:97-118.

10. Chaves GLD, Santos JL, Rocha SMS. The challenges for solid waste management in accordance with Agenda 21: a Brazilian case review. Waste Manag Res. 2014;32(9):19-31.

11. Silva DH. Protocolos de Montreal e Kyoto: pontos em comum e diferenças fundamentais. Rev Bras Polít Int. 2009;52(2):155-72.

12. Moreira HM, Giometti ABR. O Protocolo de Quioto e as possibilidades de inserção do Brasil no Mecanismo de Desenvolvimento Limpo por meio de projetos em energia limpa. Rev Contexto Int. 2008;30(1):9-47.

13. Brasil. Constituição da República Federativa do Brasil. 1988.

14. Silva RMP. O meio ambiente na Constituição Federal de 1988 [cited 2014 Sep 26]. Available from: https://jus.com.br/artigos/25529/o-meio-ambiente-na-constituicao-federal-de-1988

15. Brasil. Decreto N 23.793 que aprova o Código Florestal Brasileiro. 1934. Available from: https://www.planalto.gov.br/ccivil_03/decreto/1930-1949/D23793impressao.htm

16. Brasil. Lei nº 6.938, de 31 de agosto de 1981 [cited 2014 Sep 26]. Available from: http://www.planalto.gov.br/ccivil_03/LEIS/L6938.htm

17. Farias TL. Aspectos gerais da política nacional do meio ambiente – comentários sobre a Lei nº 6.938/81 [cited 2014 Sep 26]. Available from: http://www.egov.ufsc.br/portal/sites/default/files/anexos/26875-26877-1-PB.pdf

18. Langoni RC, Carneiro LF. A viabilidade da tutela penal ambiental. Tribuna Virtual. 2013;45-83.

19. Brasil. Lei nº 8.028/1990; Brasília; 1990.

20. Brasil. Lei nº 9.605, de 12 de fevereiro de 1998 [cited 2014 Sep 26]. Available from: http://www.planalto.gov.br/ccivil_03/LEIS/L9605.htm

21. Estevam NJS. A responsabilidade penal da pessoa jurídica pela prática de crimes ambientais e a atuação do ministério público [cited 2014 Sep 26]. Available from: http://www.publicadireito.com.br/conpedi/manaus/arquivos/anais/bh/nura_jorge_silva_estevam.pdf

22. Brasil. Decreto-Lei nº 2.848, de 7 de dezembro de 1940 [cited 2014 Sep 26]. Available from: http://www.planalto.gov.br/ccivil_03/decreto-lei/Del2848.htm

23. Graudez GS, Aguiar AO, Ribeiro AP. Disposição final de resíduos em aterros sanitários e saúde humana. Rev Gestão Ambient e Sustentabilidade. 2012;1:47-69.

24. Fletcher T. Neighborhood change at Love Canal: contamination, evacuation and resettlement. L Use Policy. 2002;19:311-23.

25. Kielb CL, Pantea CI, Gensburg LJ, Jansing RL, Hwang S, Stark AD. Concentrations of selected organochlorines and chlorobenzenes in the serum of former Love Canal residents, Niagara Falls, New York. Environ Res. 2010;110(3):220-5.

26. Gensburg LJ, Pantea C, Kielb C, Fitzgerald E, Stark A, Kim N. Cancer incidence among former Love Canal residents. Environ Health Perspect. 2009;117(8):1265-71.

27. Falls N, York N, Austin AA, Fitzgerald EF, Pantea CI, Gensburg LJ. Reproductive outcomes among former Love Canal residents. Environ Res. 2011;111(5):693-701.

28. Cetesb (Companhia de Tecnologia de Saneamento Ambiental). Áreas contaminadas – Condomínio Residencial Barão de Mauá [cited 2014 Oct 14]. Available from:. Disponível em: http://www.cetesb.sp.gov.br/areas-contaminadas/rela%C3%A7%C3%B5es-de-%C3%A1reas-contaminadas/18-condominio-residencial-barao-de-maua

29. Ministério da Saúde. Avaliação de risco por resíduos perigosos no condomínio Barão de Mauá, município de Mauá/SP. 2002. p. 1-15.

30. Bisarya RK, Puri S. The Bhopal gas tragedy – A perspective. J Los Prev Process Ind. 2005;18:209-12.

31. Mishra PK, Samarth RM, Pathak N, Jain SK, Banerjee S, Maudar KK. Bhopal Gas Tragedy: review of clinical and experimental findings after 25 years. Int J Occup Med Environ Health. 2009;22(3):193-202.

32. Saenko V, Ivanov V, Tsyb A, Bogdanova T, Tronko M, Demidchik Y. The Chernobyl accident and its consequences statement of search strategies used and sources of information accident and radioactive releases from the Chernobyl Nuclear Power Plant. Clin Oncol. 2011;23(4):234-43.

33. Kortov V, Ustyantsev Y. Chernobyl accident: Causes, consequences and problems of radiation measurements. Radiat Meas. 2013;55:12-6.

34. Steinhauser G, Brandl A, Johnson TE. Comparison of the Chernobyl and Fukushima nuclear accidents: a review of the environmental impacts. Sci Total Environ. 2014;470-1:800-17.

35. Evangeliou N, Balkanski Y, Cozic A, Pape A. Global and local cancer risks after the Fukushima Nuclear Power Plant accident as seen from Chernobyl: A modeling study for radiocaesium (134 Cs & 137 Cs). Environ Int. 2014;64:17-27.

36. Evangeliou N, Balkanski Y, Cozic A, Pape A. How "lucky" we are that the Fukushima disaster occurred in early spring Predictions on the contamination levels from various fission products released from the accident and updates on the risk assessment for solid and thyroid cancers. Sci Total Environ. 2014;500-501:155-72.

37. Koo Y, Yang Y, Song K. Progress in Nuclear Energy Radioactivity release from the Fukushima accident and its consequences: a review. Prog Nucl Energy. 2014;74:61-70.

38. Costa EOA, Silva DM, Melo A V, Godoy FR, Nunes HF, Pedrosa ER. The effect of low-dose exposure on germline microsatellite mutation rates in humans accidentally exposed to caesium-137 in Goiania. Mutagenesis. 2011;26(5):651-5.

39. Fuini SC, Souto R, Amaral GF, Amaral RG. Qualidade de vida dos indivíduos expostos ao césio-137, em Goiânia, Goiás, Brasil. Cad Saúde Pública. 2013;29(7):1301-10.

40. Fucic A, Brunborg G, Lasan R, Jezek D, Knudsen LE, Merlo DF. Genomic damage in children accidentally exposed to ionizing radiation: a review of the literature. Mutat Res. 2008;658:111-23.

41. Echols BS, Smith AJ, Gardinali PR, Rand GM. Acute aquatic toxicity studies of Gulf of Mexico water samples collected following the Deepwater Horizon incident. Chemosphere. 2015;120:131-7.

42. Liu Z, Liu J, Gardner WS, Shank GC, Ostrom NE. The impact of Deepwater Horizon oil spill on petroleum hydrocarbons in surface waters of the northern Gulf of Mexico. Deep Res Part II. 2014;1-9.

43. Wise CF, Wise JTF, Wise SS, Thompson WD, Pierce J, Jr W. Chemical dispersants used in the Gulf of Mexico oil crisis are cytotoxic and genotoxic to sperm whale skin cells. Aquat Toxicol. 2014;152:335-40.

44. Milačič R, Zuliani T, Ščancar J. Environmental impact of toxic elements in red mud studied by fractionation and speciation procedures. Sci Total Environ. 2012;426:359-65.

45. Czövek D, Novák Z, Somlai C, Asztalos T, Tiszlavicz L, Bozóki Z. Respiratory consequences of red sludge dust inhalation in rats. Toxicol Lett. 2012;209:113-20.

46. Gelencser A, Kovats N, Turoczi B, Rostasi A, Hoffer A, Imre K, et al. The red mud accident in Ajka (Hungary): characterization and potential health effects of fugitive dust. Environ Sci Technol. 2011;45:1608-15.

47. Suvagandha D, Nishijo M, Swaddiwudhipong W, Honda R. A biomarker found in cadmium exposed residents of Thailand by metabolome analysis. Int J Env Res Public Heal. 2014;11:3661-77.

48. Swaddiwudhipong W, Limpatanachote P, Mahasakpan P, Krintratun S, Punta B, Funkhiew T. Progress in cadmium-related health effects in persons with high environmental exposure in northwestern Thailand: A five-year follow-up. Environ Res. 2012;112:194-8.

49. Mazzoli-Rocha F, Carvalho GMC, Lanzetti M, Valenc SS, Silva LFF, Saldiva PHN, Zin WA, Faffe DS. Respiratory toxicity of repeated exposure to particles produced by traffic and sugar cane burning. Respir Physiol Neurobiol. 2014;191:106-13.

50. Malm O, Hila P, Mazzoli-Rocha F, Magalha CB, Faffe S, Zin WA. Comparative respiratory toxicity of particles produced by traffic and sugar cane burning. Environ Res. 2008;108:35-41.

51. Bondi CAM. Applying the precautionary principle to consumer household cleaning product development. J Clean Prod. 2011;19(5):429-37.

52. Dunagan SC, Dodson RE, Rudel RA, Brody JG. Toxics use reduction in the home: lessons learned from household exposure studies. J Clean Prod. 2011;19(5):438-44.

53. Habib RR, El-masri A, Heath RL. Women's strategies for handling household detergents. Environ Res. 2006;101:184-94.

54. Bédard A, Varraso R, Sanchez M, Clavel-Chapelon F, Zock J-P, Kauffmann F, Le Moual N. Cleaning sprays, household help and asthma among elderly women. Respir Med. 2014;108:171-80.

55. Jang YC, Korea S. Infectious/medical/hospital waste: general characteristics. 2011. p. 227-31.

56. Anvisa (Agência Nacional de Vigilância Sanitária). Gerenciamento dos resíduos de serviços de saúde. Brasília; 2006. p. 182.

FIGURAS COLORIDAS

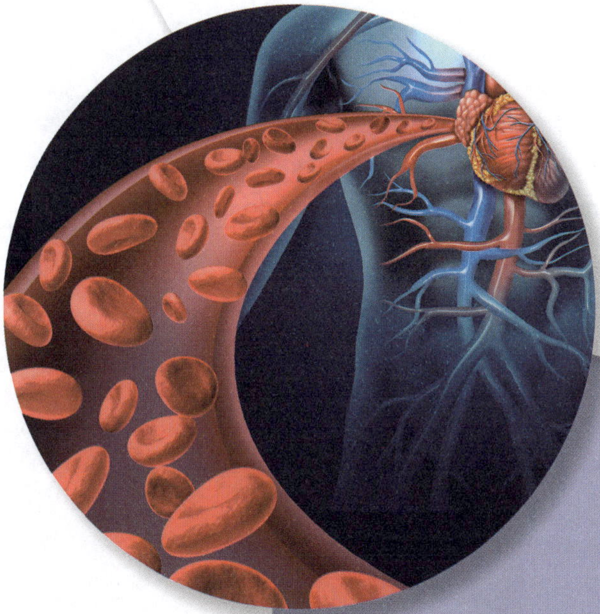

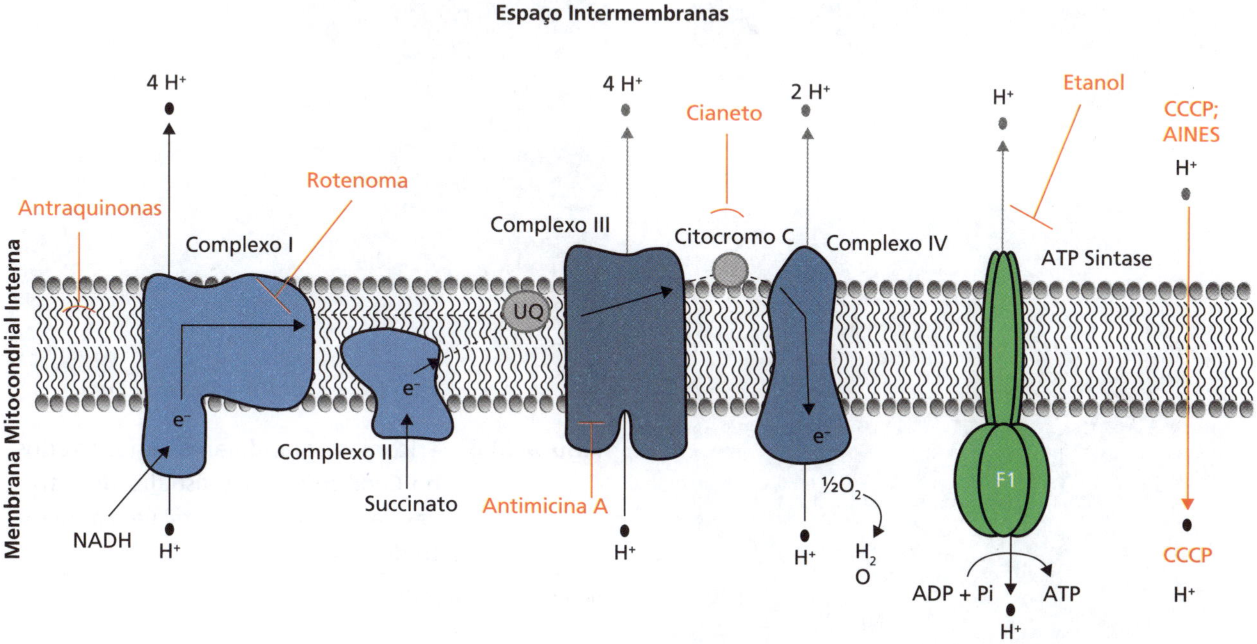

Figura 4.6 Influência de substâncias químicas na fosforilação oxidativa. Transferência de elétrons entre os complexos I, II, III e IV para o aceptor final (O_2). Concomitantemente, há o bombeamento de prótons pelos complexos I, III e IV gerando um potencial eletroquímico entre o espaço intermembranas e a matriz mitocondrial. Os prótons bombeados retornam à matriz mitocondrial com o auxílio da ATP-sintase e a força motriz fosforila o ADP em ATP.

Figura 7.1 Algumas amostras identificadas como *crack* pela polícia do estado de São Paulo.

Fonte: extraído de [5].

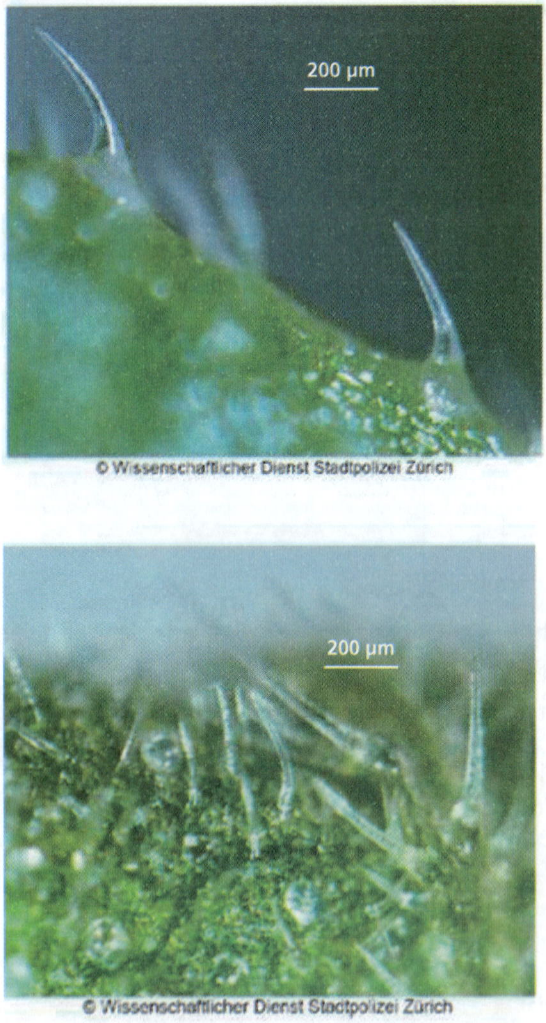

Figura 10.7 Tricomas não glandulares cistolítico e não cistolítico encontrados na *Cannabis sativa* visualizados com microscopia óptica com aumento de 40×.

Fonte: extraído de [19].

Figura 10.8 Tricomas glandulares encontrados na *Cannabis sativa*, visualizados através de microscopia optica em aumento de 40×.

Fonte: extraído de [19].

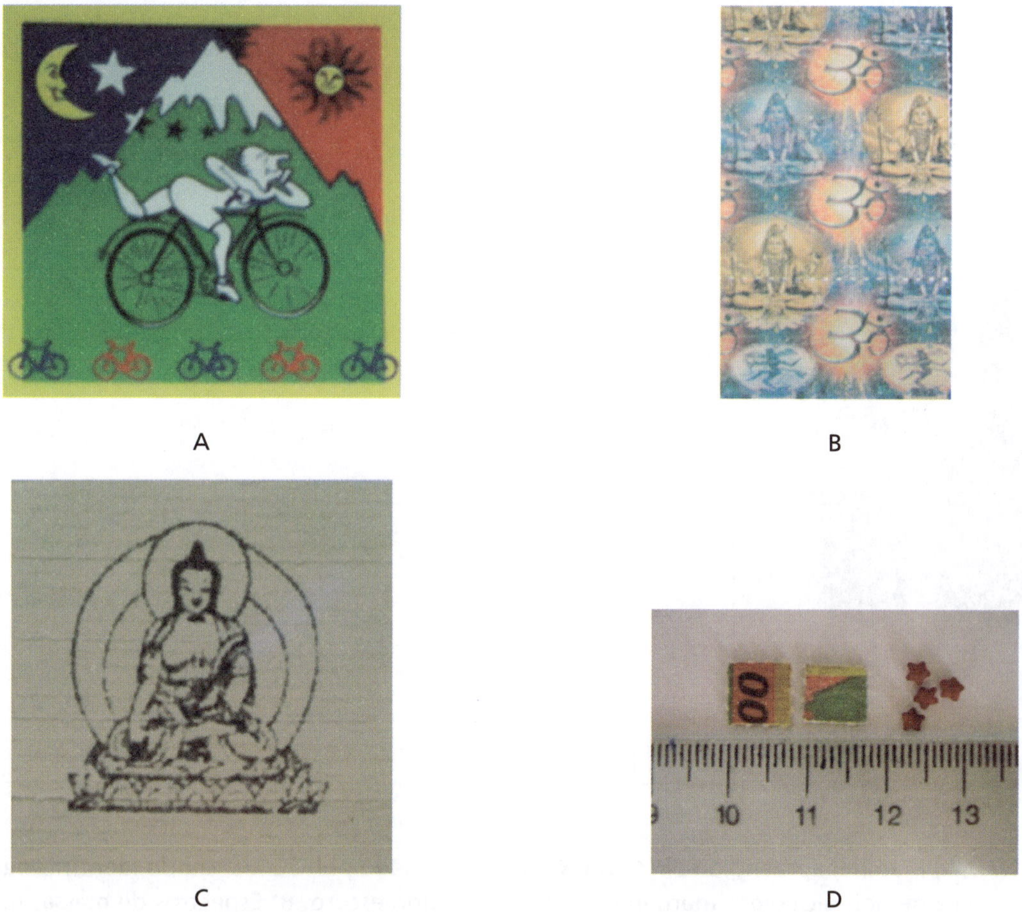

Figura 11.2 A) a C) Selos de papel; e D) micropontos no formato de estrela contendo LSD.

Fonte: Autor.

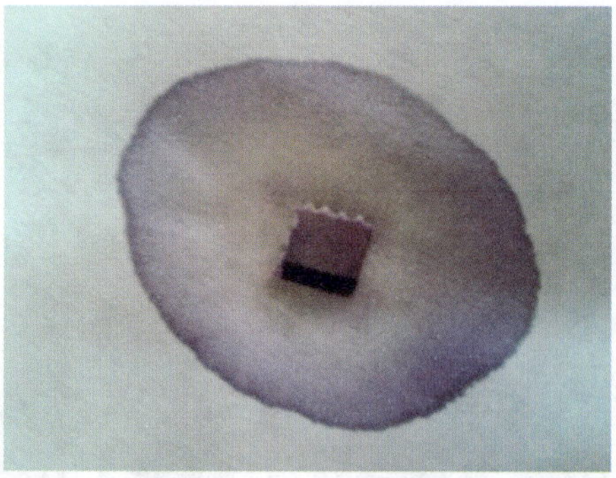

Figura 11.3 Reação do LSD presente em selo com o reagente de Ehrlich.

Fonte: Autor.

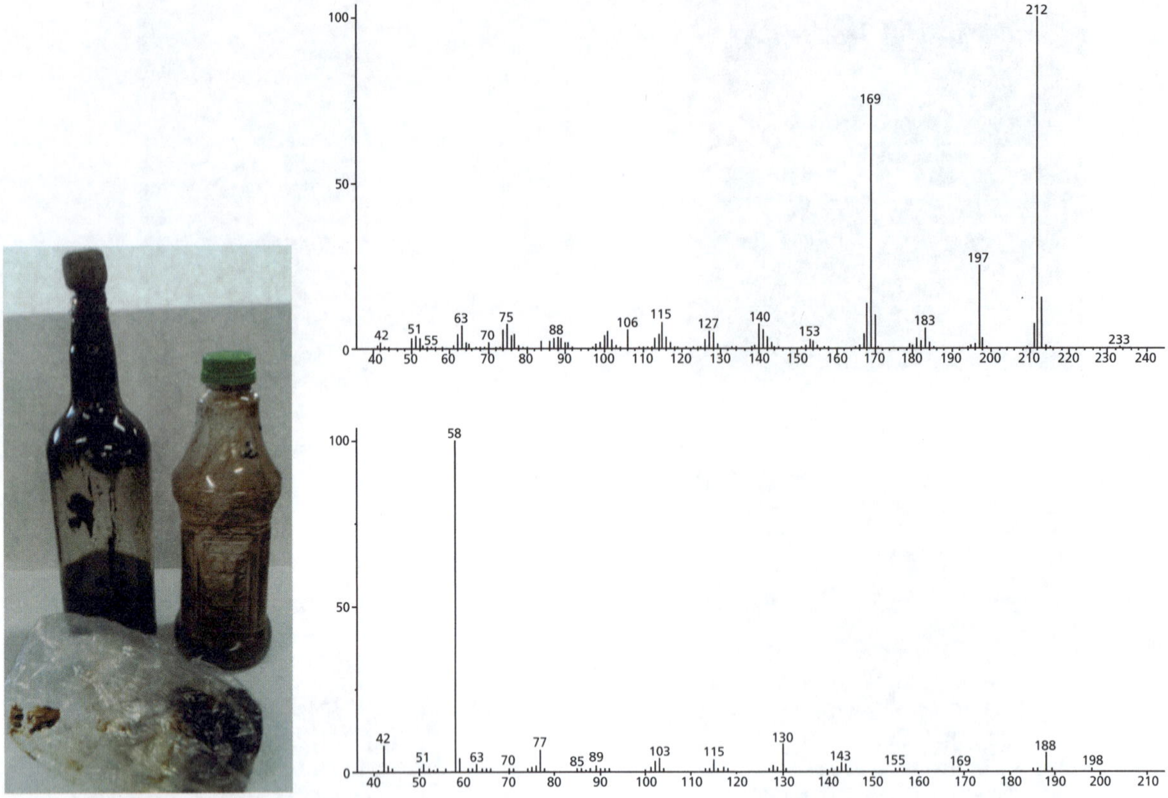

A B

Figura 11.7 A) Material apreendido em Minas Gerais e analisado por GC-MS, sendo identificada a presença de dois alcaloides (harmina e DMT) no líquido escuro. B) Espectros de massas da harmina (superior) e da DMT (inferior).

Figura 12.1 Foto de uma embalagem de *Spice*.

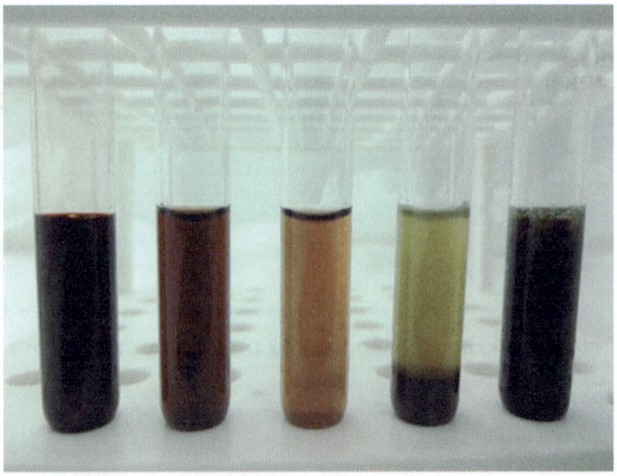

Figura 20.2 Diferentes aspectos encontrados em amostras de sangue coletadas para análise *post mortem*.

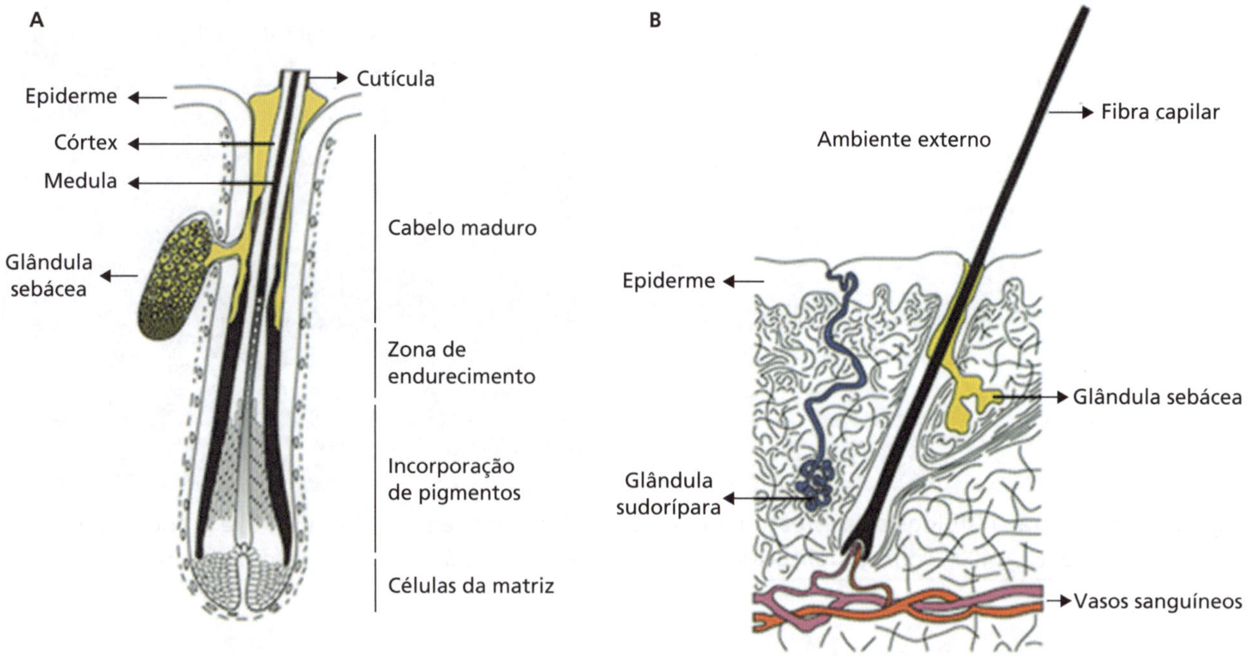

Figura 21.1 A) Desenho esquemático da parte interna da fibra capilar, mostrando as diferentes estruturas e constituintes; B) mecanismos de incorporação de substâncias no cabelo.

Fonte: adaptado de [88]. Ilustração produzida e gentilmente cedida por Juliana Ramos Martins.

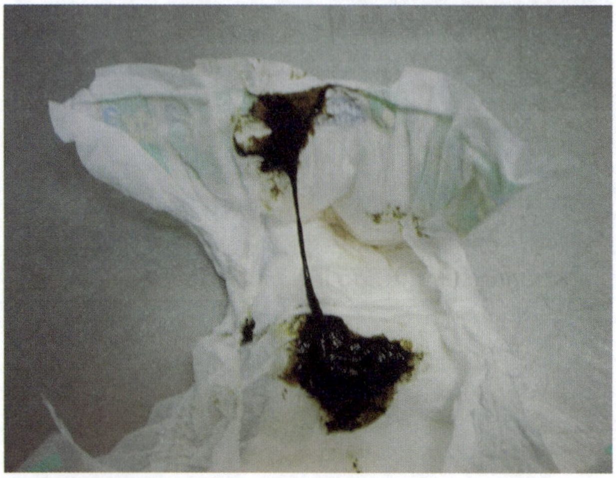

Figura 21.3 Amostra de mecônio em fralda.

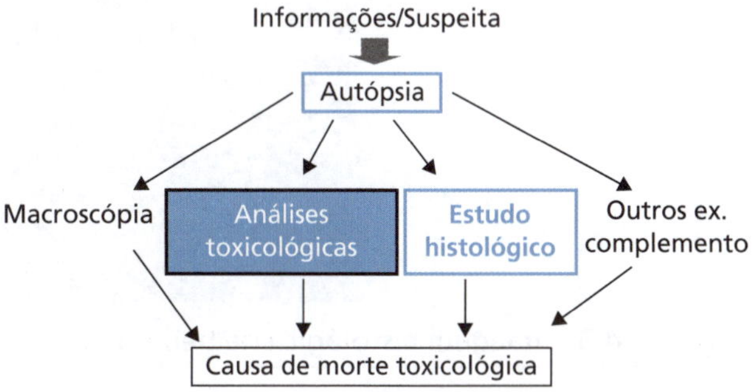

Figura 24.1 Fluxograma para a autópsia toxicológica.

A

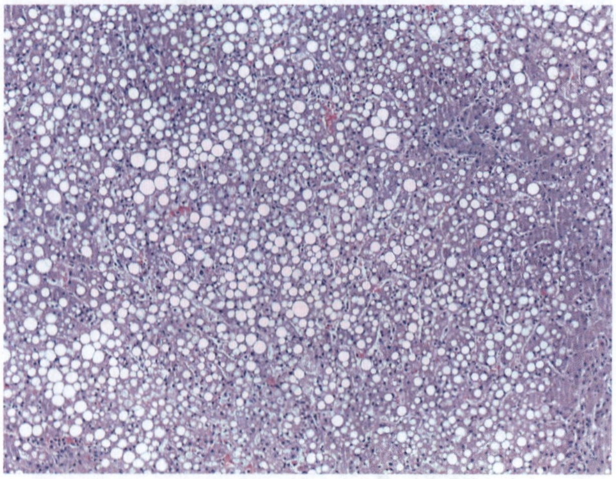

B

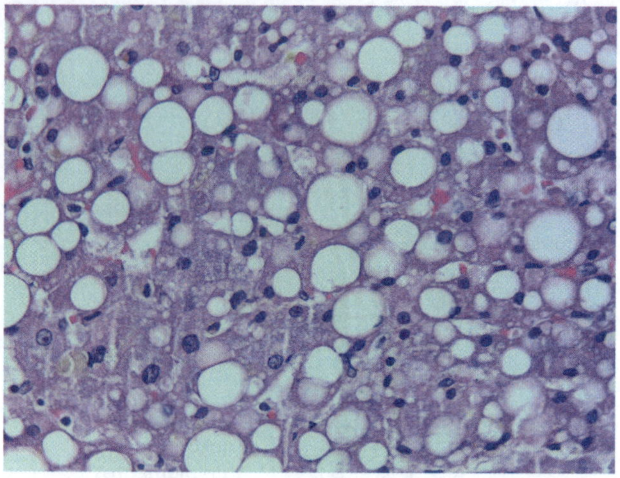

Figura 24.2 Padrão histológico da esteatose hepática alcoólica, em pequena (**A**: HE ×40) e grande ampliação (**B**: HE ×400), com vacuolização do citoplasma hepatocitário numa secção de fígado.

Fonte: INMLCF.

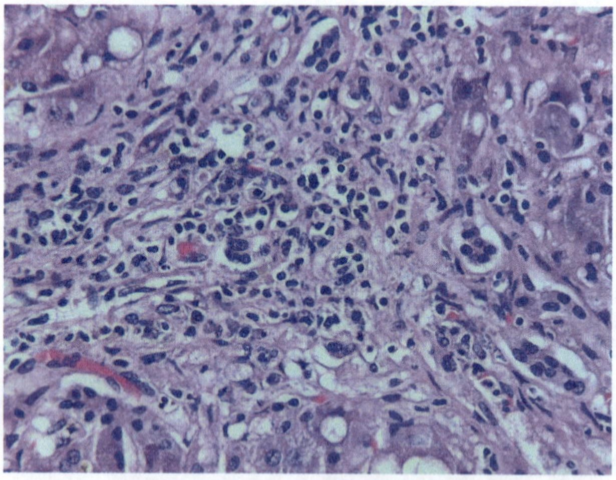

Figura 24.3 Imagem histológica de hepatite alcoólica, mostrando o infiltrado inflamatório (HE ×400).

Fonte: INMLCF.

A

Figura 24.4 Aspecto macroscópico de cirrose hepática alcoólica, com arquitetura nodular (**A**). Tradução microscópica em HE (×40: **B**), ilustrando os nódulos e os septos que os delimitam; e em TM (×40: **C**), colocando em evidência a fibrose septal. (*continua*)

B

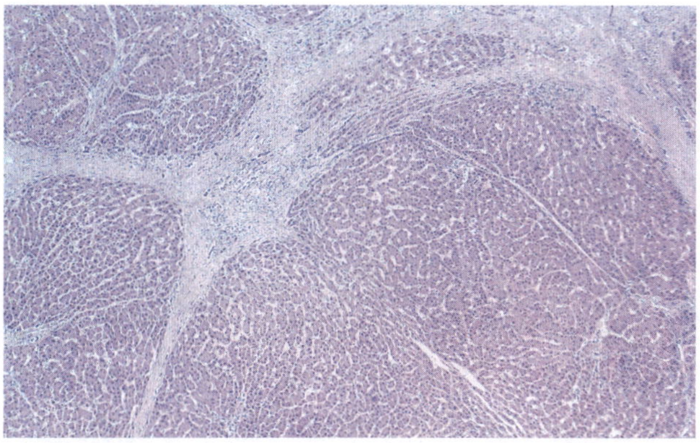

C

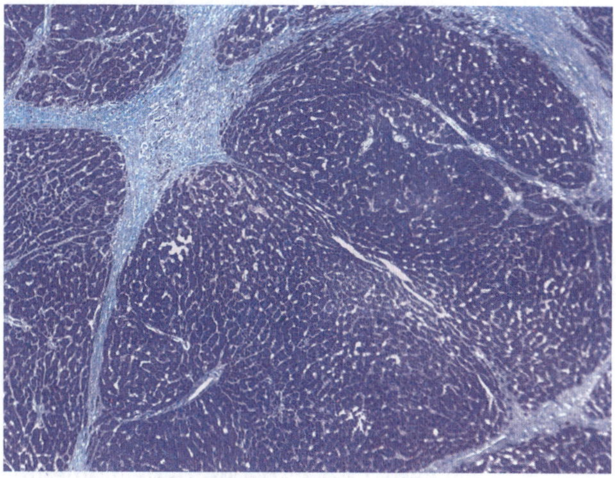

Figura 24.4 Aspecto macroscópico de cirrose hepática alcoólica, com arquitetura nodular (**A**). Tradução microscópica em HE (×40: **B**), ilustrando os nódulos e os septos que os delimitam; e em TM (×40: **C**), colocando em evidência a fibrose septal. (*continuação*)

Fonte: INMLCF.

A

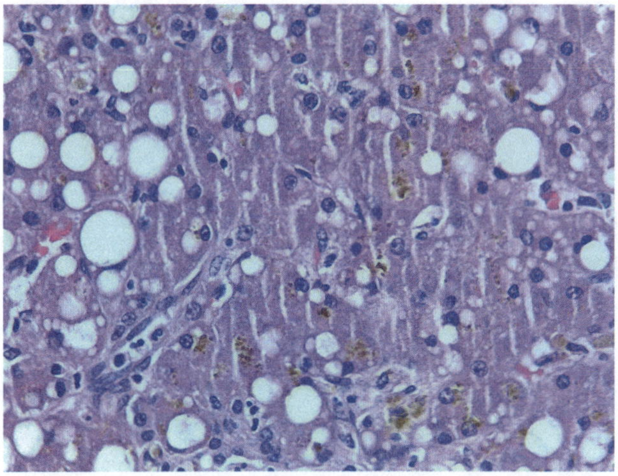

B

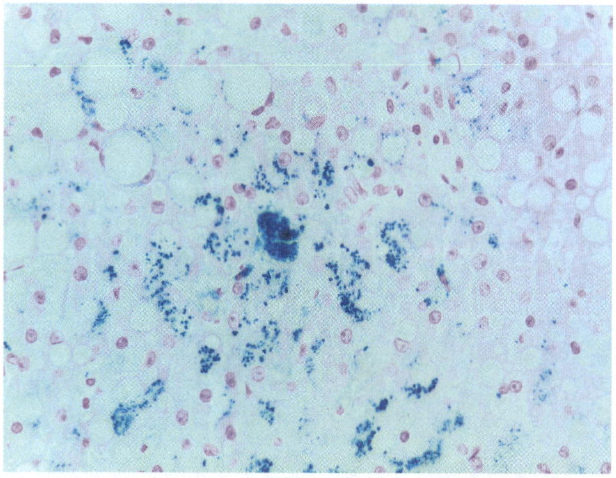

Figura 24.5 Siderose hepática alcoólica, que em HE (x200: **A**) se apresenta como pigmento castanho do citoplasma intra-hepatocitário e das células de Küpffer; adquirindo a cor azul, quando corado com o Perls (×400: **B**).

Fonte: INMLCF.

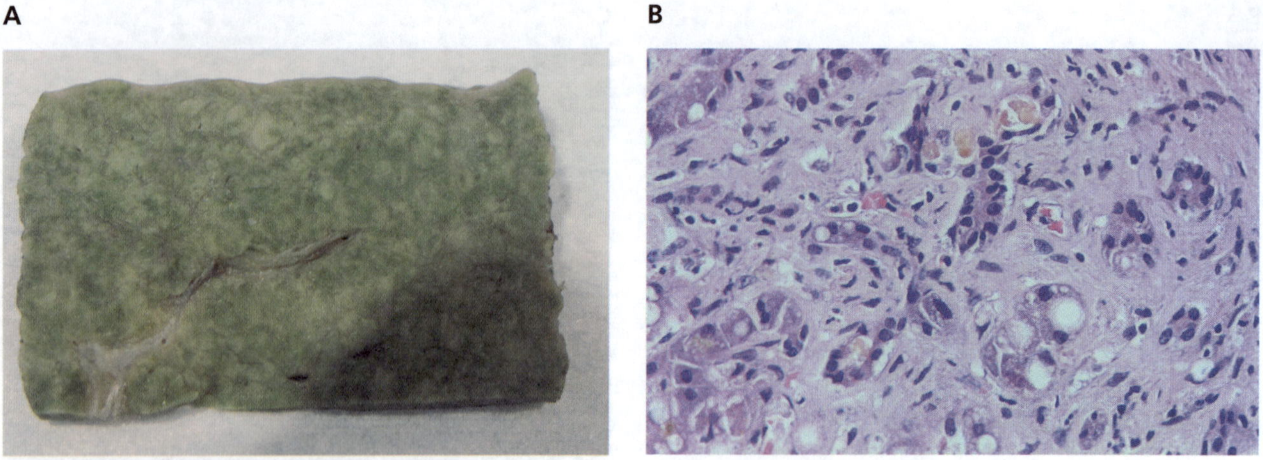

Figura 24.6 Colestase hepática alcoólica imprimindo cor esverdeada ao fígado (A). Microscopicamente, neste caso, os depósitos de pigmento biliar são intraductais (B: HE ×100).

Fonte: INMLCF.

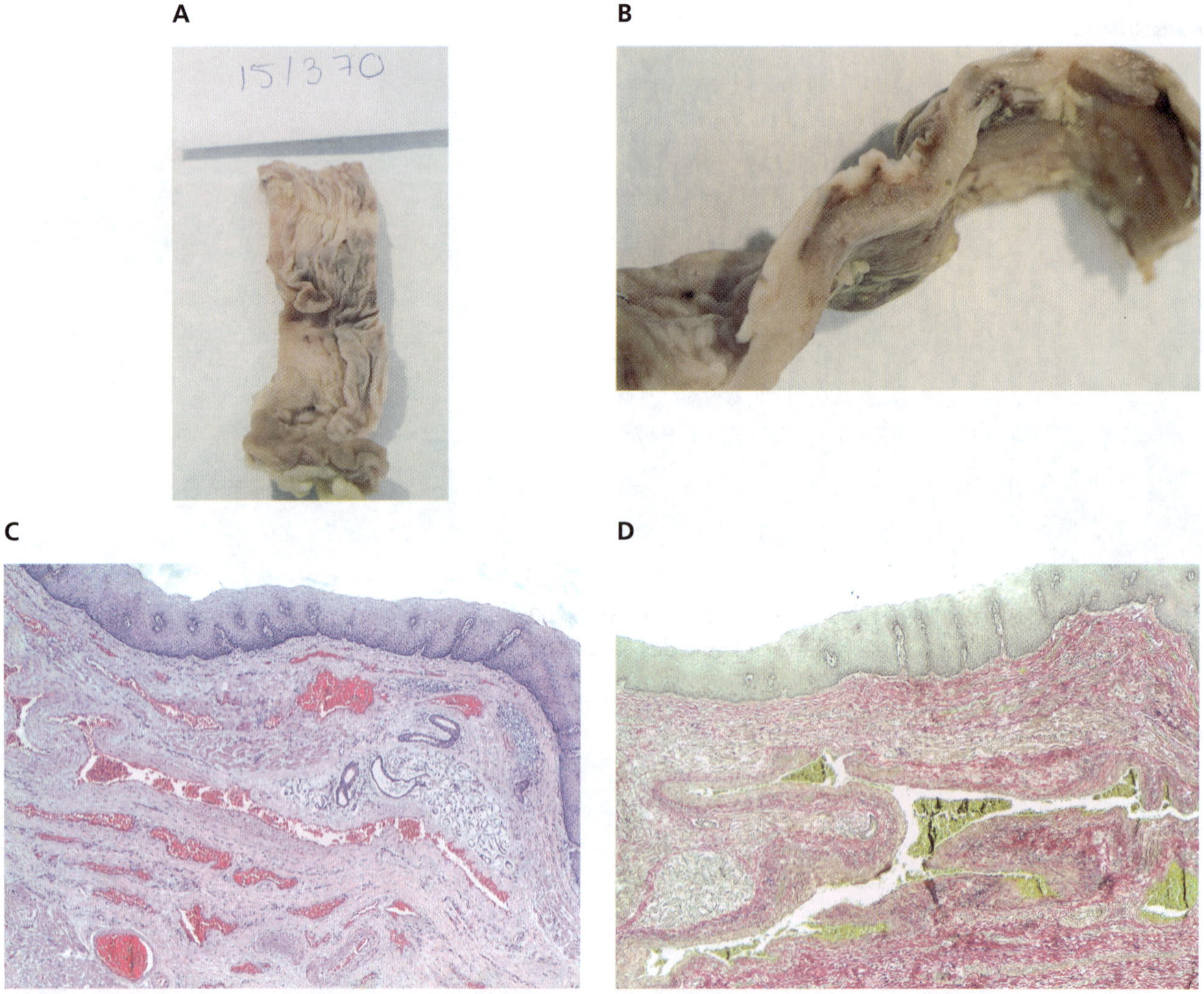

Figura 24.7 Varizes esofágicas alcoólicas. **A** e **B** mostram o aspecto macroscópico. **C** (HE ×40) e **D** (EvG ×40) confirmam histologicamente a dilatação e tortuosidade venosas na mucosa e submucosa.

Fonte: INMLCF.

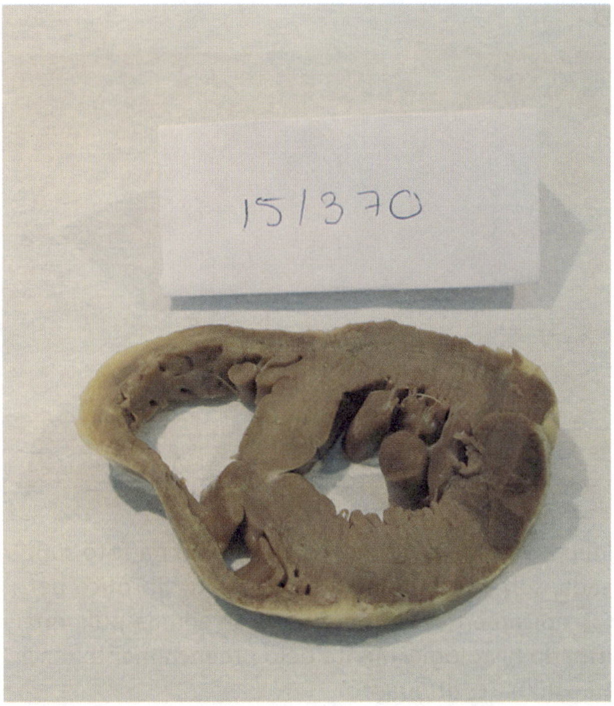

Figura 24.8 Secção cardíaca biventricular com dilatação cavitária, em vítima com hábitos etílicos.

Fonte: INMLCF.

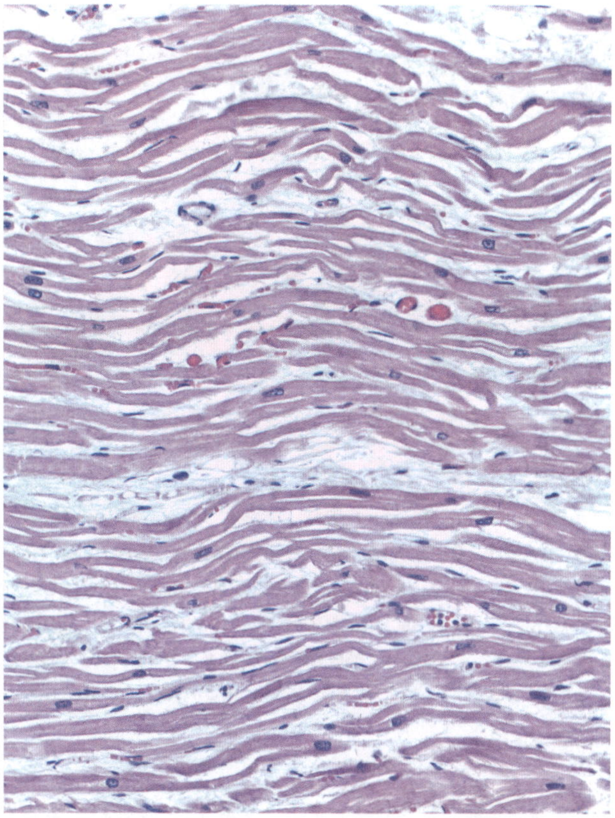

Figura 24.9 Tradução microscópica da cardiomiopatia dilatada alcoólica (Figura 24.8), revelando alongamento, adelgaçamento e ondulação das fibras musculares cardíacas, bem como alargamento intersticial (HE ×40).

Fonte: INMLCF.

A

B

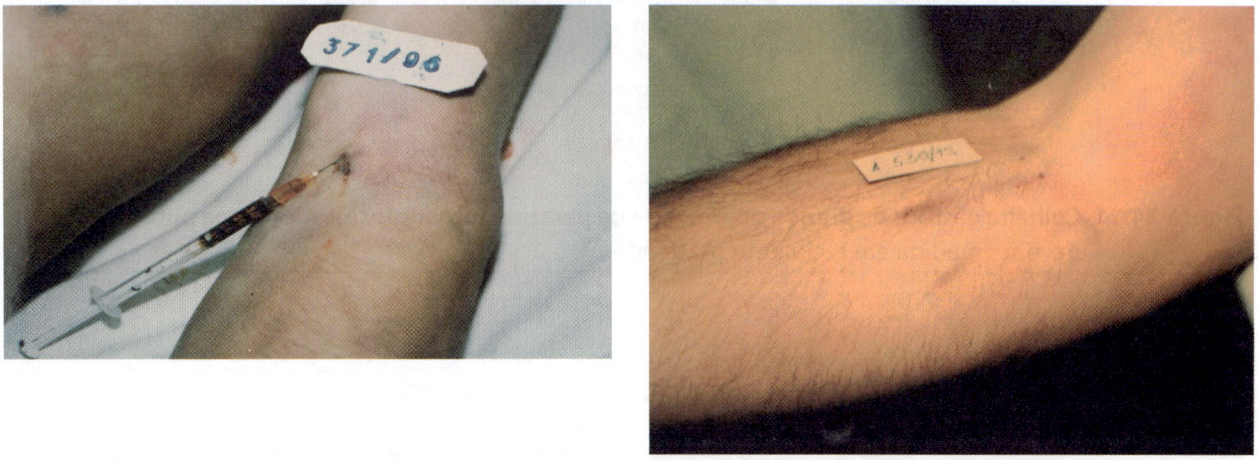

Figura 24.10 Morte tão rápida numa overdose que colheu a vítima no momento da injeção na foto à esquerda (**A**); à direita (**B**), sinais antigos de picada, sob a forma de endurecimento fibrótico perivascular e esclerose vascular visíveis macroscopicamente. Em **C,** observa-se edema pulmonar num caso de overdose por opiáceos, confirmado histologicamente pelo preenchimento maciço dos espaços alveolares por líquido (**D**: HE ×400). (*continua*)

C D

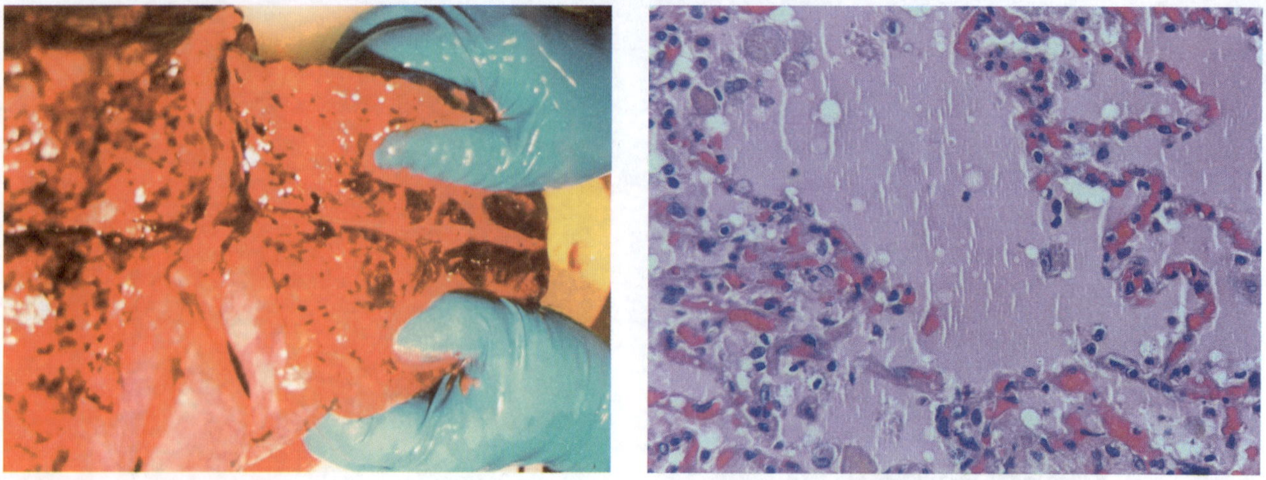

Figura 24.10 Morte tão rápida numa overdose que colheu a vítima no momento da injeção na foto superior (**A**); embaixo (**B**), sinais antigos de picada, sob a forma de endurecimento fibrótico perivascular e esclerose vascular visíveis macroscopicamente. Em **C**, observa-se edema pulmonar num caso de overdose por opiáceos, confirmado histologicamente pelo preenchimento maciço dos espaços alveolares por líquido (**D**: HE ×400). *(continuação)*

Fonte: INMLCF.

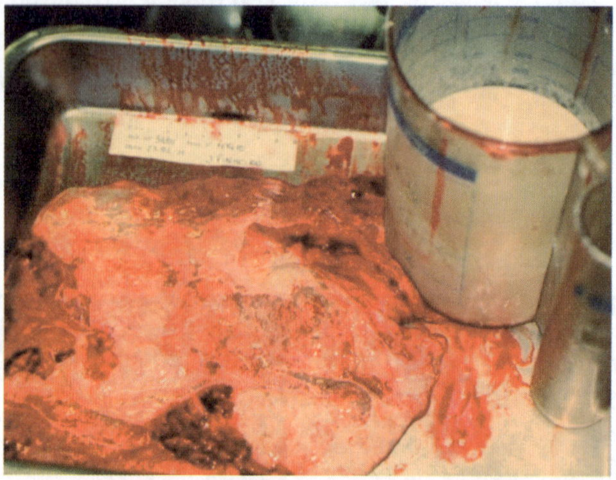

Figura 24.11 Colheita gástrica de grande quantidade de paration (organofosforado) numa autópsia, a qual deve ser medida em recipiente graduado.

Fonte: INMLCF.

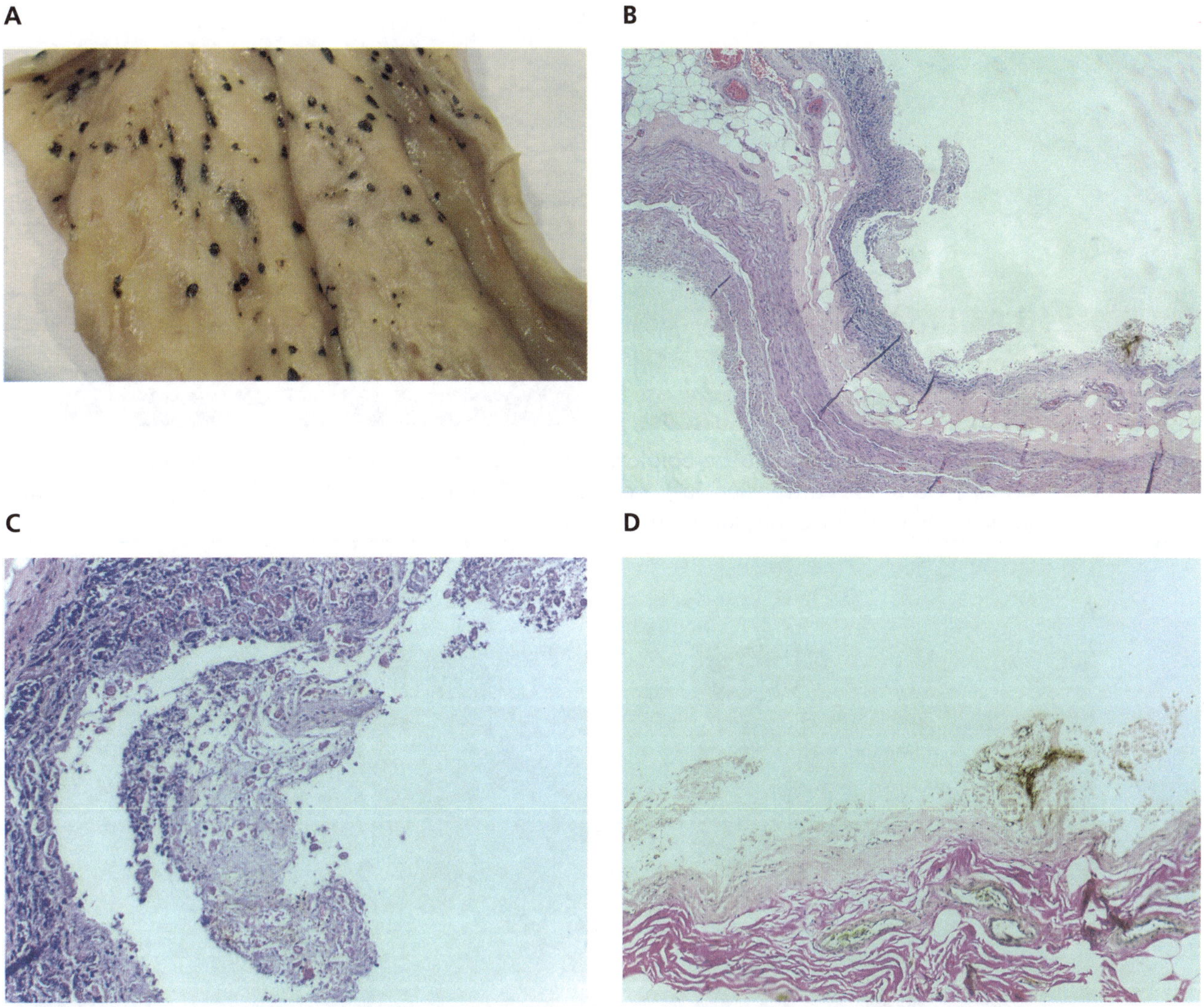

Figura 24.12 Visão macroscópica da mucosa gástrica com erosões abundantes e difusas (**A**), consequente à ingestão de organofosforados. Microscopicamente, observa-se perda superficial de tecido da mucosa (**B**: HE ×40, **C**: HE ×200, **D**: EvG ×200).

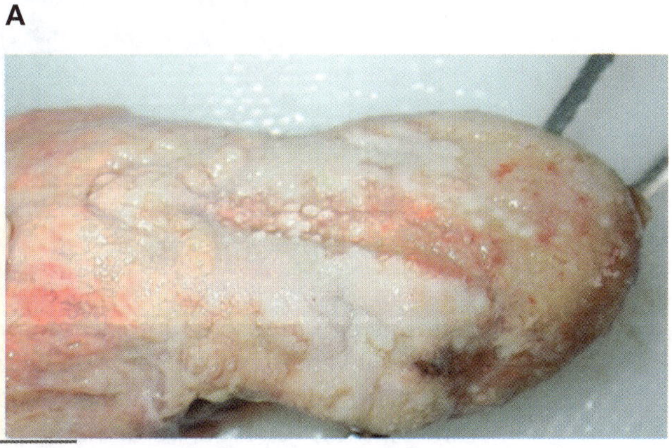

Figura 24.13 Lesões da mucosa lingual (**A**) e epiglótica (**B**) (queimaduras cáusticas, com membranas "saponosas", hidratadas e translúcidas) e esofágica (**C**) (erosões circulares dispersas) num caso de intoxicação oral por paraquat. (*continua*)

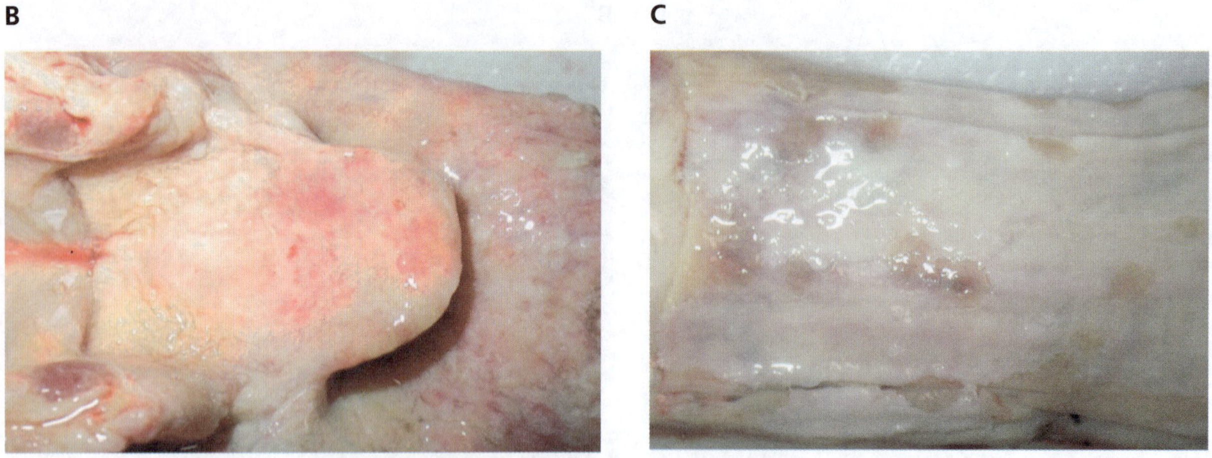

Figura 24.13 Lesões da mucosa lingual (**A**) e epiglótica (**B**) (queimaduras cáusticas, com membranas "saponosas", hidratadas e translúcidas) e esofágica (**C**) (erosões circulares dispersas) num caso de intoxicação oral por paraquat. (*continuação*)

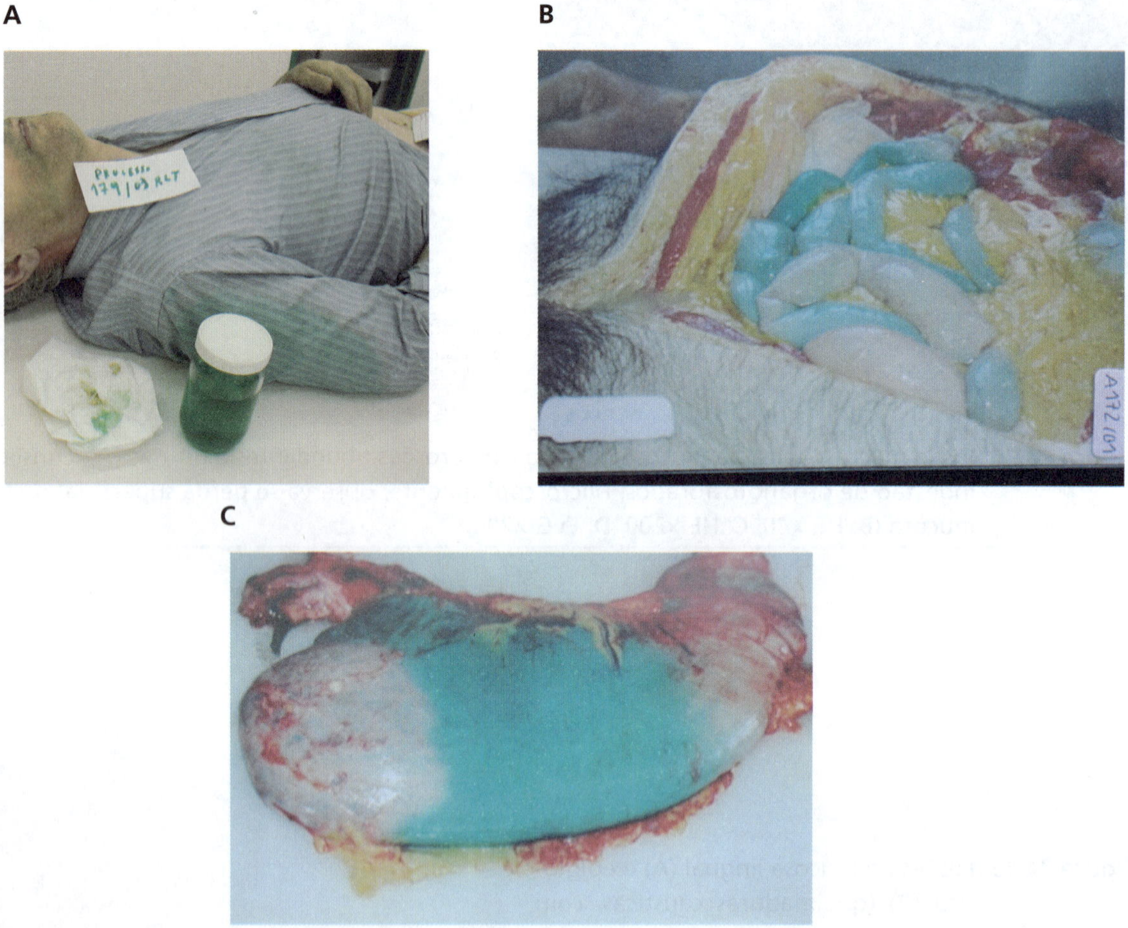

Figura 24.14 Autópsia de um caso de intoxicação oral pelo paraquat: líquido verde encontrado ao lado do corpo, com escorrência a partir da boca (**A**); intestinos corados de verde (**B**), observado logo ao abrir o tronco, o que, de imediato, sugeria a intoxicação em causa; estômago com as mesmas características (**C**). A cor verde não é própria do paraquat, antes resulta do corante adicionado aos praguicidas em alguns países como Portugal, para prevenção das intoxicações.

Fonte: INMLCF.

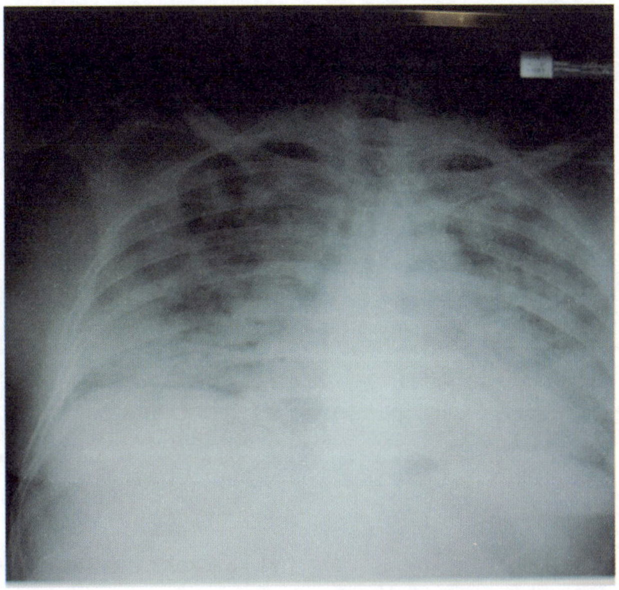

Figura 24.15 Radiografia do tórax: sinais de consolidação pulmonar bilateral e com predomínio central associados a broncograma aéreo. Na zona média do hemitórax direito observam-se opacidades intersticiais focais sugerindo alterações fibróticas subjacentes. Há cardiomegalia e alargamento do mediastino médio. As alterações pulmonares são compatíveis com uma pneumonite não infecciosa, mas química por aplicação tópica prolongada de paraquat, que determinou grave insuficiência respiratória terminal. Este Rx pertence à mesma vítima das Figuras 24.16, 24.17 e 24.18.

Fonte: INMLC.

A B

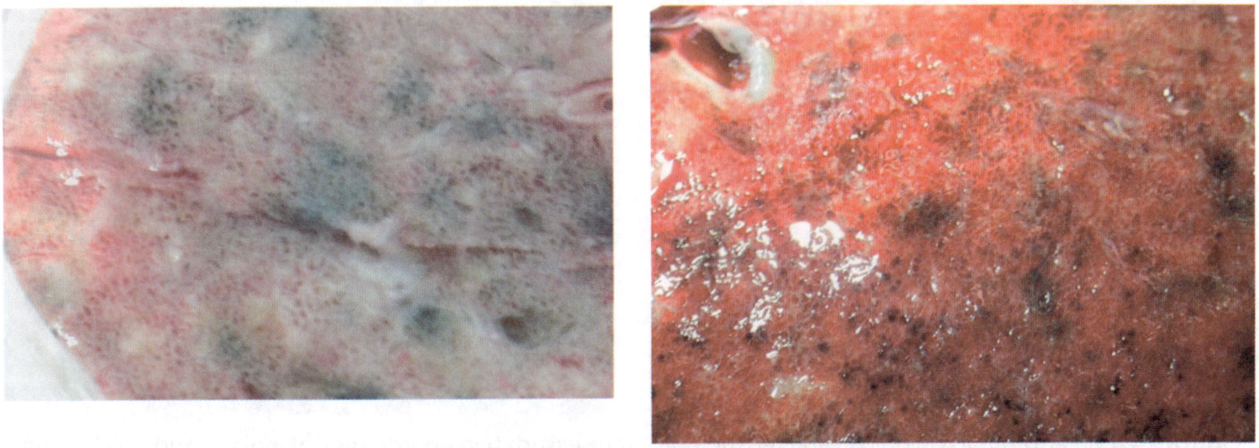

Figura 24.16 Aspectos macroscópicos de pulmão em "favo de mel" (*honeycomb lung*) por paraquat (**A, B**). A sua importância na acusação do suspeito foi vital, suplantando a dos resultados toxicológicos, nesse caso de homicídio.

Fonte: INMLCF.

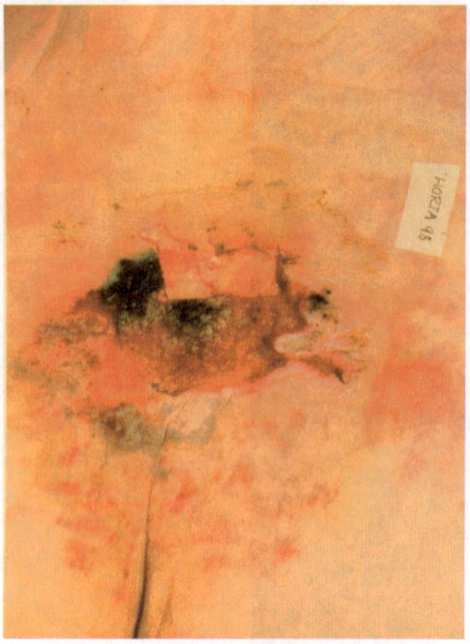

Figura 24.17 Lesões cutâneas pelo paraquat, num caso mortal de intoxicação subaguda por via cutânea.

Fonte: INMLCF.

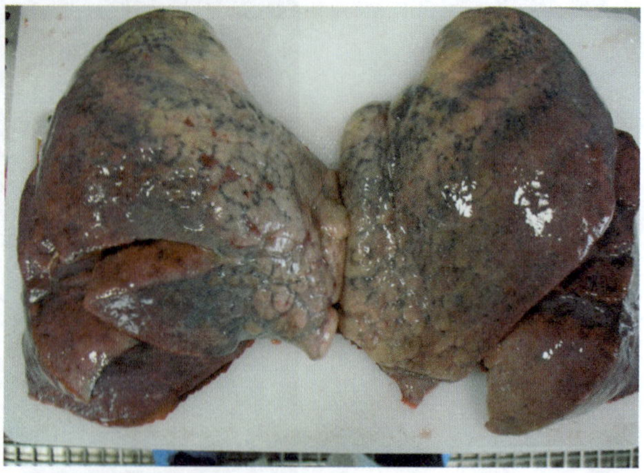

Figura 24.18 Pulmões firmes e hirtos, mantendo a sua forma, por densificação fibrótica em caso de intoxicação por paraquat.

Fonte: INMLCF.

A B

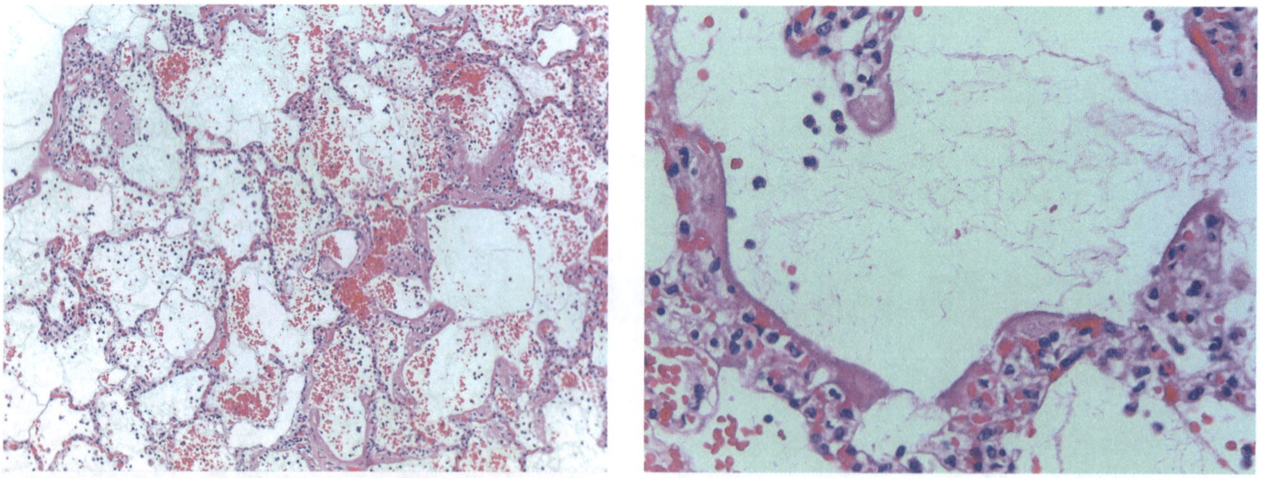

Figura 24.19 Padrão microscópico característico da "fase exsudativa" da doença alveolar aguda (DAD), em intoxicações por paraquat. Sobressaem-se as "membranas hialinas" e o "infiltrado inflamatório de polimorfonucleares neutrófilos" (**A**: HE ×100, **B**: HE ×400).

Fonte: INMLCF.

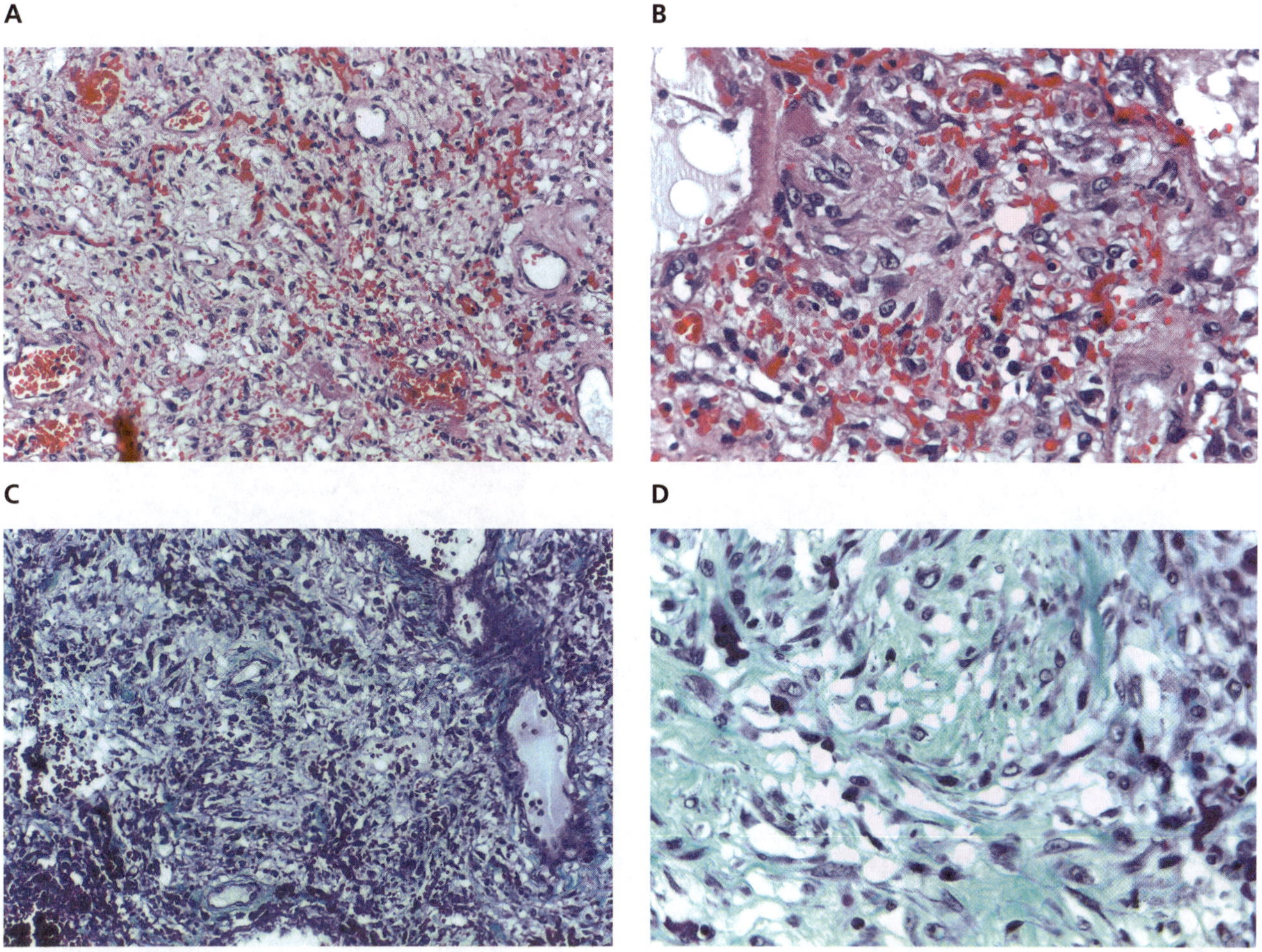

Figura 24.20 Padrão microscópico característico da "fase proliferativa" da doença alveolar aguda (DAD), em intoxicações por paraquat. Sobressai a "proliferação fibroblástica intra-alveolar" (**A**: HE ×100, **B**: HE ×200), confirmada pelo *tricrômico de Masson* (**C**: TM ×100, **D**: TM ×200).

Fonte: INMLCF.

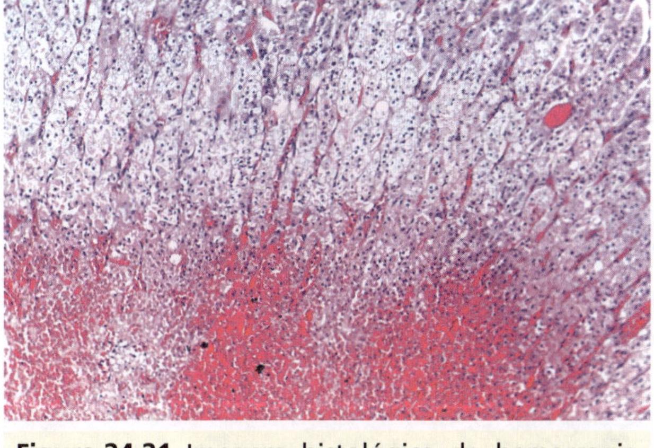

Figura 24.21 Imagem histológica de hemorragia suprarrenal aguda bilateral, extensa (HE ×40), em intoxicação intramuscular de paraquat.

Fonte: INMLCF.

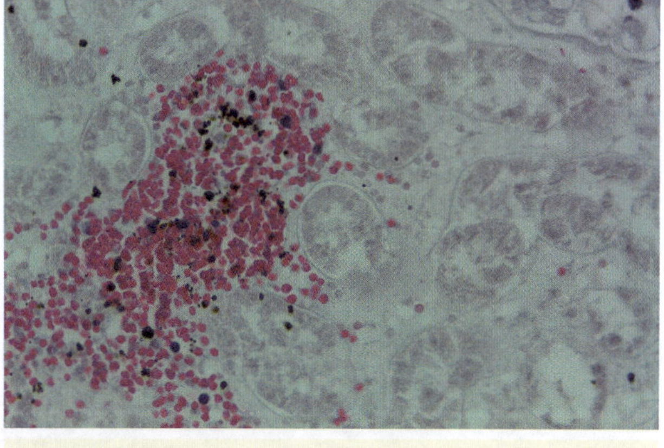

Figura 24.22 Secção histológica de hemorragia renal aguda (HE ×200), em intoxicação por paraquat, via venosa.

Fonte: INMLCF.

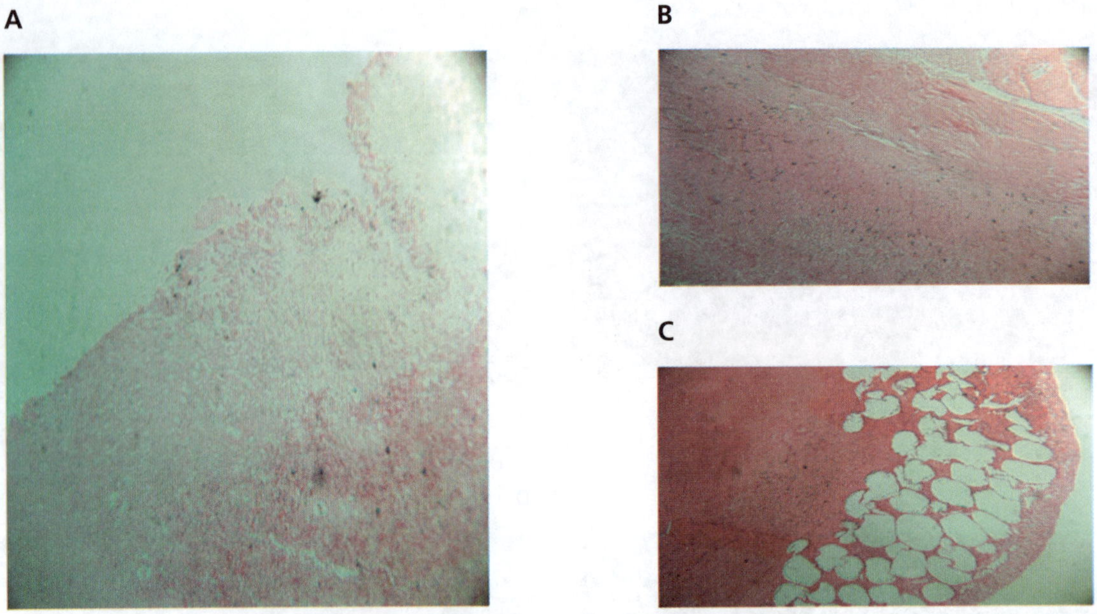

Figura 24.23 Imagens seriadas de lesão necro-hemorrágica maciça e transmural da parede vesical, em caso de intoxicação por rodenticida (HE ×40; **A**: vertente mucosa, **B**: zona muscular, **C**: vertente externa).

Fonte: INMLCF.

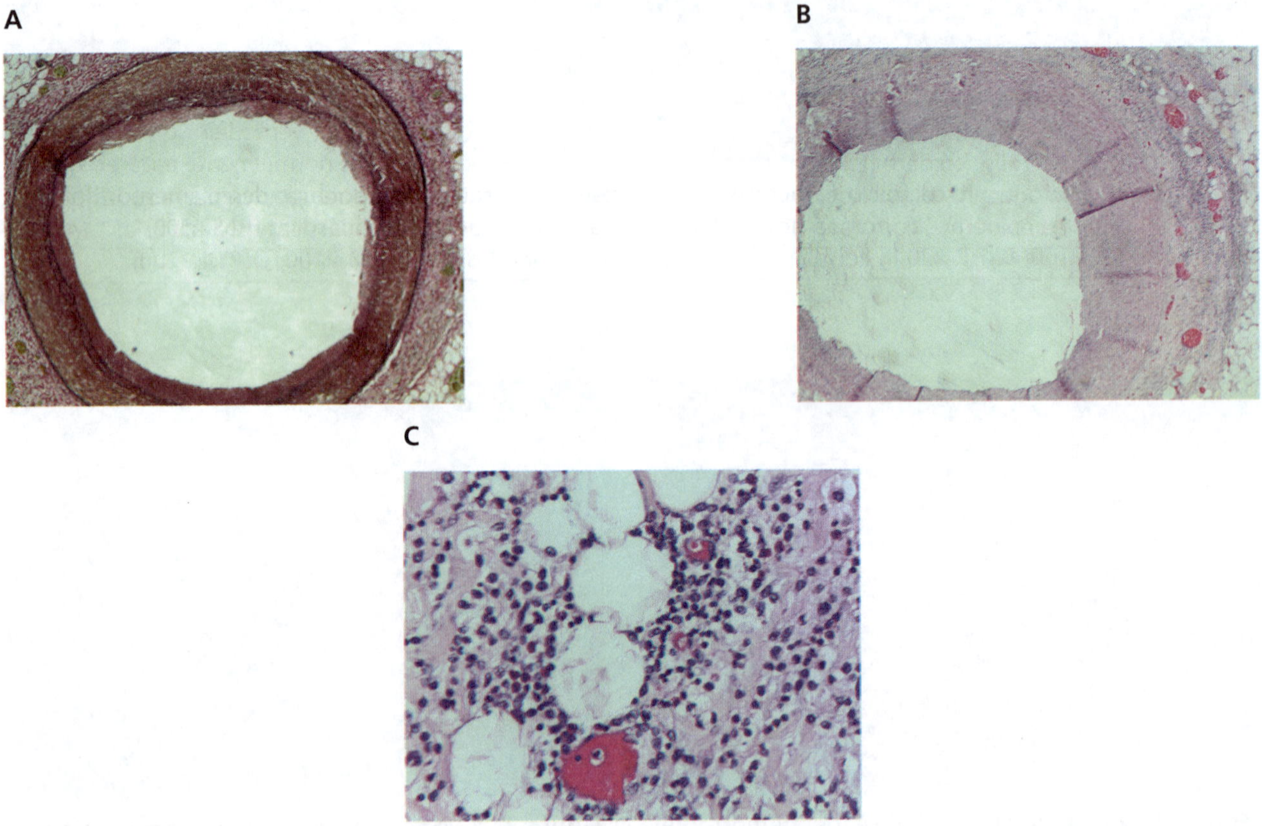

Figura 24.25 Lesões histopatológicas de inflamação aguda das artérias coronárias, de celularidade mista (rica em eosinófilos), reveladas no exame microscópico das amostras colhidas do coração de vítima medicada para patologia psiquiátrica. Note-se que o lúmen arterial está patente e amplo (**A**: EvG ×40, **B**: HE ×40, **C**: HE ×400).

Fonte: INMLCF.

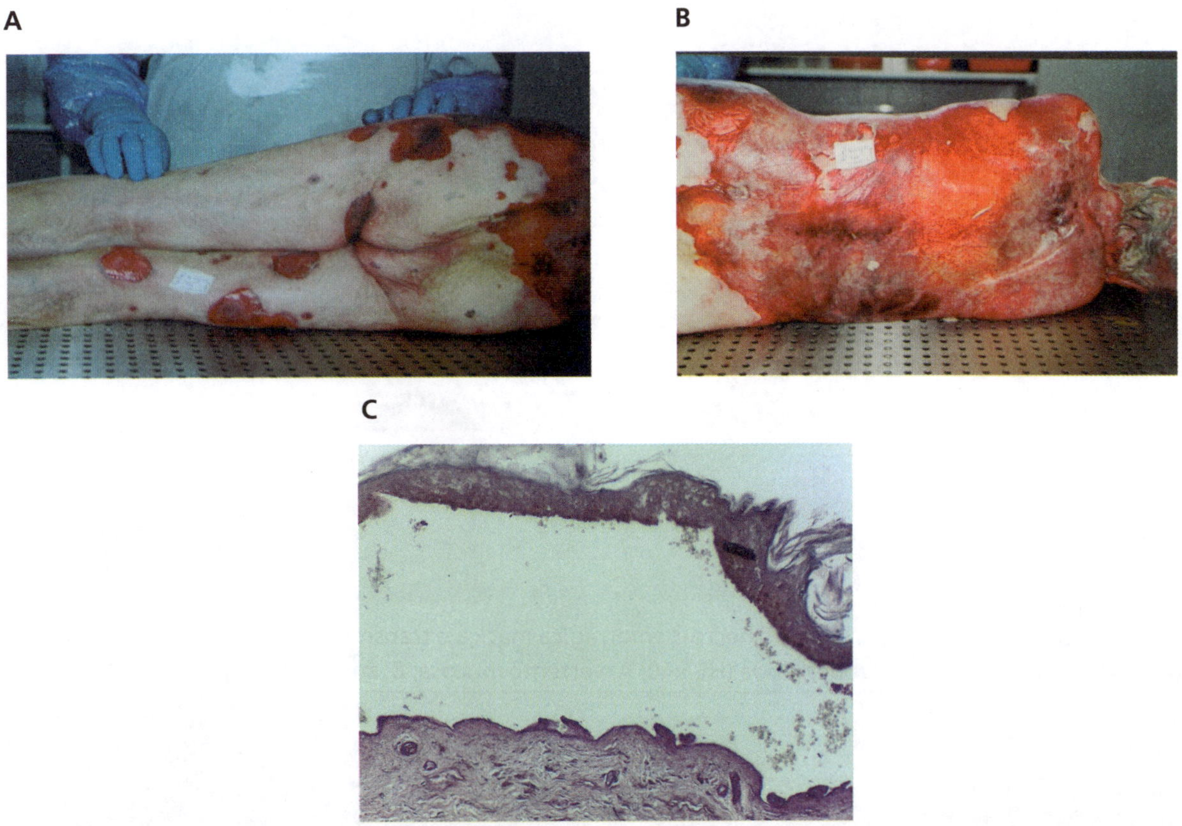

Figura 24.26 **A**: Lesões de "exantema macular" arredondadas, num caso de necrólise epidérmica tóxica, mimetizando queimaduras de 1° e 2° graus. **B**: "Queimadura" praticamente total do dorso, num caso de necrólise epidérmica tóxica. O diagnóstico diferencial entre uma verdadeira queimadura e a necrólise epidérmica tóxica é essencial, sendo que a história clínica é normalmente esclarecedora. **C**: Imagem histológica de amostra de uma das lesões cutâneas, apresentando descolamento "bolhoso" da epiderme, com zona de clivagem no nível da junção dermo-epidérmica (PAS ×200).

Fonte: INMLCF; **A** e **B** – Cortesia de: Dr.ª Beatriz Simões da Silva.

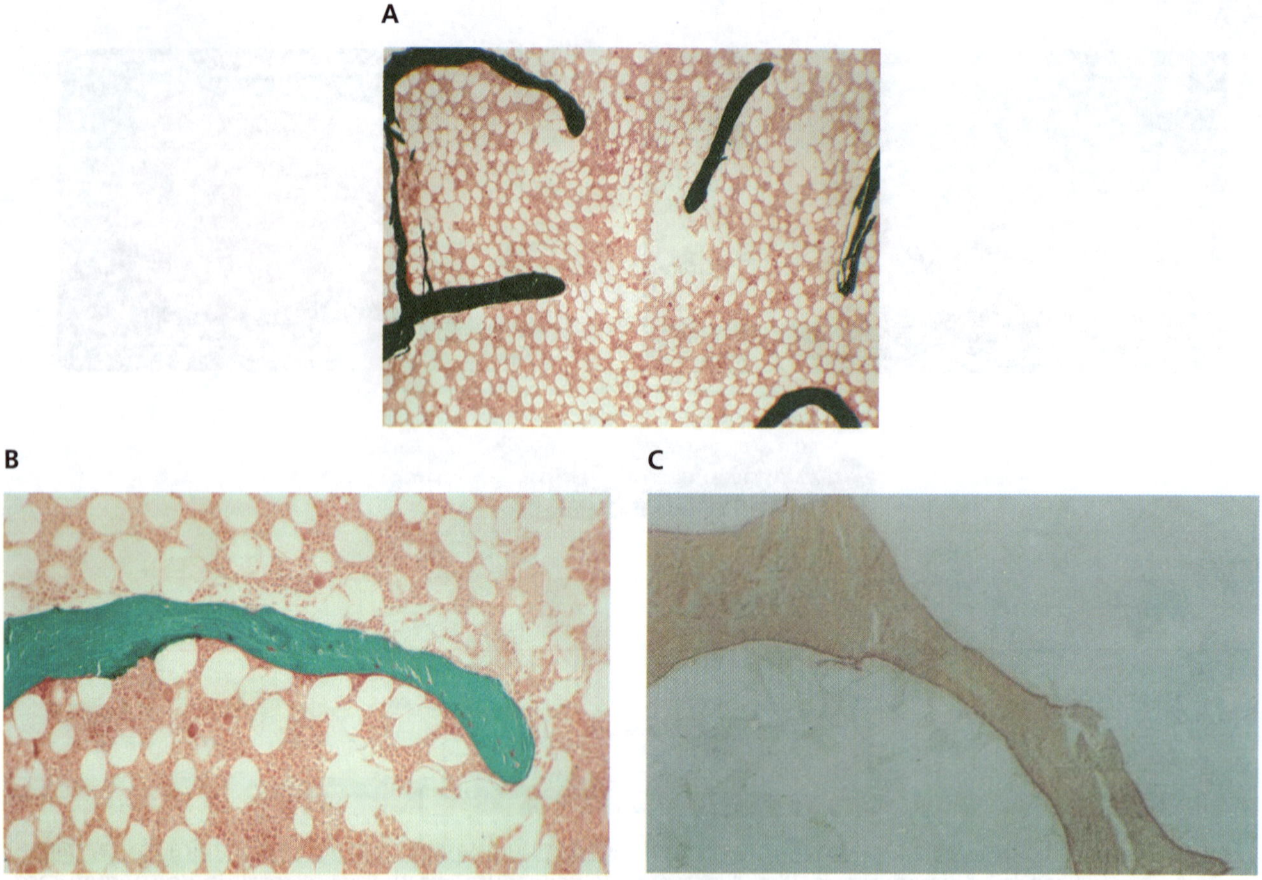

Figura 24.27 Secções ósseas de biópsia transilíaca na doença óssea adinâmica, evidenciando trabéculas escassas e finas (**A**: vKossa/TGoldner x40, **B**: TGoldner) e barreira linear "vermelha" de depósitos anómalos de alumínio (**C**: ATA ×100).

Fonte: CHLO – HSC, cortesia de Dr.ª Ana Paula Martins.

Figura 25.3 Exemplos de HAB em água doce e marinha: **A**) floração de cianobactérias no Reservatório Salto Grande em Americana, São Paulo; e **B**) maré vermelha formada por dinoflagelados na costa do Panamá.

Fonte: A) autoria própria; B) foto de CollinLab, utilizada com permissão, 2013 [100].

Figura 26.7 Algumas formas de apresentação do rodenticida clandestino "chumbinho", em material procedente de casos admitidos no CCI de Campinas em 2012.

Fonte: extraído de [6].

Figura 29.2 Pictogramas inseridos nos cartuchos de fármacos psicoativos na França.

Fonte: adaptado de [18].